Arthur Schopenhauer

Le monde comme volonté et représentation

II

qui contient les compléments
des quatre livres du tome I

Traduit de l'allemand par Christian Sommer,
Vincent Stanek et Marianne Dautrey
Annoté par Vincent Stanek, Ugo Batini
et Christian Sommer

Ouvrage traduit avec le concours du Centre national du livre

Gallimard

La présente traduction est le fruit d'un travail d'équipe sous la direction de Christian Sommer.

Le livre I, § 1-7, l'*Appendice* et les *Compléments* du livre I, chap. 1-4 ont été traduits par Vincent Stanek ;

les préfaces, le livre I, § 8-16, le livre II, les *Compléments* du livre I, chap. 5-17, et les *Compléments* du livre II par Marianne Dautrey ;

le livre III, le livre IV, les *Compléments* du livre III et les *Compléments* du livre IV par Christian Sommer.

L'ensemble a été harmonisé pour assurer la plus grande homogénéité terminologique possible.

Un index des noms figure à la fin du présent tome.

Paucis natus est, qui populum aetatis suae cogitat.

[Il est né pour peu d'hommes, celui qui ne pense qu'aux gens de son siècle[1].]

SÉNÈQUE

A : version du *Monde* 1818-1819
B : version du *Monde* 1844
C : version du *Monde* 1859
Cm : additions manuscrites intégrées dans C
m : gloses ou ajouts manuscrits dans l'exemplaire personnel de Schopenhauer (1859)

COMPLÉMENTS DU

LIVRE I

« Warum willst du dich von uns allen
Und unsrer Meinung entfernen ? »
Ich schreibe nicht, euch zu gefallen,
Ihr sollt was lernen.

[« Pourquoi veux-tu t'éloigner
De nous tous et de nos opinions ? »
Je n'écris point pour vous complaire,
Mais pour vous donner une leçon.]

GOETHE [1BIS]

LA DOCTRINE
DE LA REPRÉSENTATION
INTUITIVE

(Sur les § 1 à 7 du tome I)

CHAPITRE 1

SUR LA CONCEPTION FONDAMENTALE
DE L'IDÉALISME

Des sphères innombrables qui brillent dans l'espace infini, chacune éclairant une douzaine environ de sphères plus petites tournant autour d'elles, brûlantes à l'intérieur et recouvertes d'une croûte figée et froide, sur laquelle une couche de moisissure a engendré des êtres vivants et connaissants — voilà la vérité empirique, le réel, le monde[2]. Cependant, pour un être pensant, c'est une situation difficile que de se trouver sur l'une de ces sphères innombrables qui oscillent librement dans l'espace infini, sans savoir ni d'où il vient ni où il va, et d'être UN SEUL parmi une multitude d'êtres semblables qui se bousculent, se poussent, s'importunent, qui sans relâche se pressent de naître et de mourir, dans un temps sans commencement et sans fin, tandis que rien n'a de persistance, sauf la matière et le retour de la même diversité de formes organiques grâce à certains moyens et canaux qui existent une fois pour toutes. Tout ce qu'on peut apprendre par science empirique, c'est seulement quelle est plus précisément la constitution et la règle de ce processus. — Or la philosophie des temps modernes, grâce à Kant et Berkeley surtout, s'est finalement avisée que tout cela n'était pourtant avant tout qu'un simple PHÉNOMÈNE CÉRÉBRAL, et affecté de conditions SUBJECTIVES si grandes, si nombreuses, si diverses, que sa réalité qu'on s'imaginait absolue s'évanouit pour laisser place à un ordre du monde tout différent, qui se trouvait au fondement de ce phénomène <*Phänomen*>, c'est-à-dire se rapportait à lui comme la chose en soi à son simple phénomène <*Erscheinung*>.

« Le monde est ma représentation » — c'est, comme les axiomes d'Euclide, un principe que chacun doit reconnaître comme vrai, dès qu'il le comprend, quoique ce ne soit pas un principe que chacun comprenne sitôt qu'il l'entend[3]. — Avec le problème de la liberté morale, ce qui fait le caractère spécifique de la philosophie des temps modernes, c'est d'avoir porté cette proposition à la conscience des hommes et de l'avoir articulée avec le problème du rapport de l'idéalisme au réel, c'est-à-dire du monde tel qu'il est dans notre tête avec le monde tel qu'il est en dehors de notre tête. Car c'est seulement après qu'on a cherché pendant des millénaires avec une méthode philosophique purement objective qu'on a trouvé que, parmi toutes les choses qui rendent le monde si énigmatique et si douteux, la toute première est qu'en dépit de l'immensité et de la masse du monde, son existence ne tient pourtant qu'à un fil : et ce fil, c'est la conscience de tout un chacun, dans laquelle le monde existe. Cette condition, dont est grevée l'existence du monde de façon irrévocable, imprime en lui, malgré toute sa réalité EMPIRIQUE, la marque de l'IDÉALITÉ, et par suite celle de la simple PHÉNOMÉNALITÉ. C'est pourquoi on doit reconnaître qu'il est apparenté au rêve[4], au moins par un côté, et le placer dans la même catégorie que lui. Car la même fonction cérébrale qui, pendant le sommeil, produit l'illusion d'un monde parfaitement objectif, intuitif, et même palpable, doit de la même façon participer à la présentation du monde objectif durant la veille. En effet, ces deux mondes, certes différents par leur matière, sont pourtant manifestement moulés d'après une seule forme. Cette forme est l'intellect, la fonction cérébrale. — Descartes est probablement le premier à être parvenu au degré de méditation nécessaire pour atteindre cette vérité fondamentale, à la suite de quoi il en fait le point de départ de sa philosophie, même s'il n'était que provisoire, et ne prenait que la forme du doute sceptique. En vérité, c'est parce qu'il considérait comme seul assuré le *cogito ergo sum* [je pense donc je suis], mais comme provisoirement problématique l'existence du monde que Descartes a trouvé le point de départ essentiel et seul juste de toute philosophie, en même temps que sa VÉRITABLE assise[5]. En effet, cette assise c'est essentiellement et nécessairement le SUBJECTIF, la CONSCIENCE INDIVIDUELLE. Car seule cette dernière est et reste la donnée immédiate ; tout le reste, quel qu'il soit, est d'abord médiatisé et conditionné par elle, et par là en est dépendant. Aussi est-ce à bon droit que l'on considère Descartes comme le père de la philosophie moderne, et qu'on la fait commencer avec lui. En continuant sur cette voie, il n'a pas fallu longtemps à Berkeley pour parvenir au véritable IDÉALISME, c'est-à-dire à connaître que ce qui est étendu dans l'espace, à savoir le monde objectif et matériel en général, n'a en tant que tel absolument aucune existence, si ce n'est dans notre REPRÉSEN- TATION, et qu'il est faux, absurde même, de lui attri-

buer EN TANT QUE TEL une existence en dehors
de toute représentation et indépendante du sujet
connaissant, et donc d'admettre une matière existant
absolument, une matière en soi. Cette vue très juste
et profonde constitue même, à vrai dire, toute la
philosophie de Berkeley : il s'était épuisé à l'établir.

Par suite, la vraie philosophie doit toujours être
IDÉALISTE : elle doit l'être si elle veut être ne serait-
ce que sincère. Car rien n'est plus sûr : personne
n'est jamais sorti hors de soi pour s'identifier de
manière immédiate avec les choses différentes de
soi, mais tout ce dont nous avons une connaissance
certaine, et donc immédiate, réside à l'intérieur de
notre conscience. On ne peut, par conséquent, donner
aucune certitude IMMÉDIATE supérieure à celle-là ;
or les premiers principes d'une science doivent posséder une telle certitude. Il est tout à fait conforme
au point de vue empirique des autres sciences de
supposer que le monde objectif aurait une existence
inconditionnelle ; mais il n'en va pas de même pour
la philosophie, puisqu'elle doit remonter à l'élément
premier et originel. Seule la CONSCIENCE est immédiatement donnée, et c'est pourquoi le fondement de
la PHILOSOPHIE est limité aux faits de la conscience,
c'est-à-dire qu'elle est essentiellement IDÉALISTE. —
Le réalisme, qui s'impose à l'intellect grossier parce
qu'il se donne l'apparence d'être conforme aux faits,
provient directement d'une hypothèse arbitraire, et
n'est par conséquent qu'un édifice bâti sur le vide,
puisqu'il ignore ou nie le tout premier fait : que tout
ce que nous connaissons réside à l'intérieur de la
conscience. Car le fait que l'EXISTENCE OBJECTIVE
des choses est conditionnée par un être qui se les
représente, le fait que, par suite, le monde objectif
n'existe qu'à titre de REPRÉSENTATION, ce n'est pas
là une hypothèse, encore moins une décision arbi-

traire ou un paradoxe forgé par goût de la dispute : c'est la vérité la plus certaine et la plus simple. Sa connaissance n'est rendue difficile que parce qu'elle est trop simple, et que tout le monde n'a pas la capacité suffisante de réflexion pour remonter aux premiers éléments de sa conscience des choses. Elle ne peut jamais nous donner une existence objective absolue, une existence en soi, qui est même totalement impensable. En effet, ce qui est objectif n'existe jamais, en tant que tel et pour l'essentiel, que dans la conscience d'un sujet, dont il est donc la représentation. Par suite, l'élément objectif est conditionné par la conscience et aussi par les formes de sa représentation, puisqu'elles dépendent du sujet, et non de l'objet.

Que le MONDE OBJECTIF PUISSE EXISTER, même si aucun être connaissant n'existait, c'est ce qui semble certain au premier abord, parce qu'on peut penser cela *in abstracto*, sans qu'apparaisse au jour la contradiction que renferme cette proposition en elle. — Seulement, si l'on veut RÉALISER cette pensée abstraite, c'est-à-dire la reconduire à des représentations intuitives, qui seules peuvent lui donner (comme à tout ce qui est abstrait) une teneur et une vérité, si l'on essaie par conséquent d'IMAGINER UN MONDE OBJECTIF SANS SUJET CONNAISSANT, on se convaincra que ce qu'on imagine ainsi est en vérité le contraire de ce qu'on visait : ce n'est rien d'autre que le processus intellectuel d'un être connaissant qui intuitionne un monde objectif, et c'est précisément ce que l'on voulait exclure. Car ce monde intuitif et réel est manifestement un phénomène cérébral. Par conséquent, il y a une contradiction à supposer que ce monde, en tant que tel, devrait aussi exister indépendamment de tout cerveau[6].

L'objection majeure contre l'inévitable et essentielle IDÉALITÉ DE TOUT OBJET, cette objection qui, clairement ou non, s'élève dans l'esprit de chacun, est la suivante : ma propre personne est aussi un objet pour autrui, elle en est donc la représentation ; et pourtant je sais de façon certaine que j'existerais même si je n'étais pas une représentation pour autrui. Or tous les autres objets se trouvent, eux aussi, dans le même rapport à l'intellect d'autrui que je me trouve MOI-MÊME : par conséquent, ces objets existeraient aussi sans que cette autre personne se les représente. — Voici la réponse à cette objection : j'ai considéré ici que ma personne était objet pour autrui, mais ce dernier n'est pas le SUJET dans l'absolu, il est tout d'abord un individu connaissant. Par conséquent, même s'il N'existait PAS, et même si, en général, aucun être connaissant autre que moi-même n'existait, le SUJET ne serait supprimé en aucune façon, ce sujet dans la seule représentation duquel tous les objets trouvent leur existence. Car je suis justement moi aussi ce SUJET, comme l'est tout être connaissant. Par suite, dans le cas supposé, ma personne existerait assurément encore, mais, de nouveau, comme une représentation, c'est-à-dire dans ma propre connaissance. Car, même lorsqu'il s'agit de moi-même, la personne n'est jamais immédiatement connue, mais toujours seulement médiatement, car toute représentation est médiate. Ainsi, je ne connais mon corps que dans l'intuition de mon cerveau, à savoir toujours comme OBJET, c'est-à-dire comme quelque chose d'étendu, remplissant l'espace, agissant. Cette intuition est produite par l'entremise des sens, dont les données permettent à l'entendement intuitif d'accomplir sa fonction consistant à passer de l'effet à la cause[7]. Ainsi, lorsque l'œil voit le corps ou que la main le palpe, l'entendement peut construire la figure qui dans l'espace se présente comme étant mon corps.

Mais ce n'est pas du tout de façon immédiate, dans une sorte de sentiment général <*Gemeingefühl*> du corps ou dans la conscience de soi intime, que m'est donnée une quelconque étendue, forme ou activité <*Wirksamkeit*>, laquelle viendrait alors coïncider avec mon être lui-même, qui, par suite, n'aurait besoin, pour exister, d'aucun autre être, dans la connaissance duquel il se présenterait. Au contraire, ce sentiment global, tout comme la conscience de soi, n'existe qu'en relation avec la VOLONTÉ, à savoir comme agréable ou désagréable, et comme actif dans les actes de la volonté, lesquels se présentent, pour l'intuition externe, comme des actions du corps. Il en découle que l'existence de ma personne ou de mon corps COMME CELLE D'UN ÊTRE ÉTENDU ET AGISSANT présuppose toujours un être CONNAISSANT qui en soit distinct. En effet, cette existence est essentiellement une existence dans l'appréhension, dans la représentation, et donc une existence POUR UN AUTRE. En réalité, elle est un phénomène cérébral, et peu importe que le cerveau, dans lequel elle se présente, appartienne à la même personne, ou à une personne différente. Dans le premier cas, la même personne se divise en un être connaissant et un être connu, en un objet et un sujet, qui, ici comme partout, s'opposent l'un à l'autre comme des termes inséparables et irréductibles. — Si donc ma propre personne, pour exister comme telle, a toujours besoin d'un être connaissant, cela vaut au moins autant des autres objets, pour lesquels l'objection mentionnée plus haut tendait à revendiquer une existence indépendante de la connaissance et de son sujet.

Cependant, on comprend que l'existence qui est conditionnée par un être connaissant est une existence qui n'est que DANS L'ESPACE, qu'elle est par conséquent l'existence d'un être étendu et agissant.

Seulement, c'est toujours une existence connue, et par suite une existence POUR UN AUTRE. À l'inverse, tout être qui existe de cette façon peut avoir aussi une EXISTENCE POUR SOI-MÊME, pour laquelle il n'a besoin d'aucun sujet. Néanmoins, cette existence pour soi-même ne peut être ni une extension ni une activité (ni non plus un volume); c'est nécessairement un être d'un autre genre, à savoir celui d'une CHOSE EN SOI, qui, précisément parce qu'elle est chose en soi, ne peut jamais être un OBJET. — Ce serait donc la réponse à l'objection majeure présentée plus haut, qui par suite ne renverse pas cette vérité fondamentale : que le monde présent objectivement n'existe que dans la représentation, et donc seulement pour un sujet.

Remarquons ici en outre que Kant lui aussi, avec sa chose en soi, ne peut avoir pensé à aucun OBJET, du moins tant qu'il est resté conséquent[8]. En effet, cela résulte déjà du fait qu'il a prouvé que l'espace, tout comme le temps, n'est qu'une forme de notre intuition, qui par suite n'appartient pas aux choses en soi. Ce qui n'est ni dans l'espace ni dans le temps ne peut pas non plus être un OBJET. L'être de la CHOSE EN SOI ne peut donc pas davantage être OBJECTIF, mais il est d'un tout autre genre, c'est un être métaphysique[9]. Dans ce principe de Kant, on trouve donc déjà celui-ci : le monde OBJECTIF n'existe que comme REPRÉSENTATION.

Aucune doctrine n'est, comme l'idéalisme, l'objet de méprises si incessantes, et qui resurgissent constamment en dépit de tout ce qu'on peut dire. Car on l'interprète comme le déni de la réalité EMPIRIQUE du monde extérieur. C'est là-dessus que repose le retour constant de l'appel au bon sens, qui apparaît sous maints tours et déguisements, par exemple comme «CONVICTION FONDAMENTALE» dans l'école écossaise[10], ou chez Jacobi comme CROYANCE dans la réalité du monde extérieur[11]. Mais, contrairement à ce qu'avance Jacobi, le monde extérieur ne se donne pas du tout à crédit, nous ne l'acceptons pas sur la base de la bonne foi : il se donne pour ce qu'il est et accomplit immédiatement ce qu'il promet. On doit se souvenir que Jacobi, qui a établi un tel système de crédit pour le monde, et l'a par chance fait accroire à quelques professeurs de philosophie qui, pendant trente ans, l'ont complaisamment et largement développé, on doit se souvenir donc que ce même Jacobi a jadis dénoncé Lessing comme spinoziste, et plus tard Schelling comme athée, ce qui lui valut, comme chacun sait, de recevoir de ce dernier un châtiment bien mérité[12]. Avec un tel zèle, Jacobi, en rabaissant la réalité du monde extérieur à une affaire de croyance, voulait seulement ouvrir une petite porte pour la foi et préparer le crédit de ce qui ensuite devait être effectivement donné à l'homme à crédit, comme si, pour introduire un papier-monnaie, on voulait se réclamer du fait que la valeur de l'argent des monnaies sonnantes et trébuchantes ne se fonde elle aussi que sur la marque que l'État y a apposée[13]. Jacobi, dans sa philosophie sur la réalité du monde extérieur admise par croyance, est très exactement ce « réaliste transcendantal qui joue à l'idéaliste empirique » dont Kant fait la critique (*Critique de la raison pure*, première édition, p. 369)[14].

Au contraire, le vrai idéalisme n'est justement pas l'idéalisme empirique, mais l'idéalisme transcendantal[15]. Ce dernier ne touche pas à la réalité EMPIRIQUE du monde, mais il maintient que tout OBJET, et donc en général tout le réel empirique, est doublement conditionné par le SUJET : d'abord MATÉRIELLEMENT, ou en tant qu'OBJET en général, parce qu'une existence objective n'est pensable que par rapport à un sujet et comme représentation de ce sujet ; ensuite FORMELLEMENT, puisque les MODA-LITÉS de l'existence de l'objet, c'est-à-dire de son devenir-représenté (temps, espace, causalité), proviennent du sujet et sont prédéterminées dans le sujet. Ainsi, l'idéalisme KANTIEN, qui concerne les MODA-LITÉS de l'être-objet, données d'une façon particulière, exclut d'emblée l'idéalisme BERKELEYEN, qui concerne L'OBJET EN GÉNÉRAL. L'idéalisme kantien démontre que l'ensemble du monde matériel, avec ses corps dans l'espace lesquels sont étendus et entretiennent, au moyen du temps, des rapports causaux les uns avec les autres — que tout cela n'existe PAS INDÉPENDAMMENT de notre tête, mais est fondamentalement présupposé par nos fonctions cérébrales, AU MOYEN desquelles et DANS lesquelles est seulement possible un TEL ordre objectif des choses. Car le temps, l'espace et la causalité, sur lesquels reposent tous ces événements réels et objectifs, ne sont eux-mêmes rien de plus que des fonctions du cerveau[16]. Ainsi donc, cet ORDRE immuable des choses, qui donne le critère et le fil conducteur de sa RÉALITÉ empirique, provient lui-même d'abord du cerveau, et tient de lui seul ses lettres de créance. Cela, Kant l'a montré en détail et à fond, à ceci près qu'il ne parle pas du cerveau, mais de la « faculté de connaissance » <*Erkenntnisvermögen*>. Il a même tenté de prouver que, si l'on examine suffisamment cet ordre objectif qui se trouve dans le temps, l'espace, la causalité, dans la matière, etc., et sur lequel reposent finalement tous les événements du monde réel, on ne peut même pas le PENSER comme un ordre doté d'une consistance autonome, c'est-à-dire comme un ordre des choses en soi elles-mêmes, ou comme quelque chose d'absolument objectif et existant. Si l'on essayait de le penser ainsi jusqu'au bout, cela nous conduirait à des contradictions. Le but des antinomies était de prouver cela ; dans l'appendice à mon ouvrage, j'ai cependant montré l'échec de cette tentative. — Au contraire, la doctrine de Kant, sans même recourir aux antinomies, nous permet de voir que les choses et l'ensemble des modalités de leur existence sont indissolublement liées à la conscience que nous en avons. Par conséquent, celui qui a bien saisi cela parvient bientôt à la conviction qu'il est vraiment absurde de supposer que les choses pourraient exister comme telles même en dehors de notre conscience et indépendamment d'elle. Car le fait que nous sommes si profondément plongés dans le temps, l'espace, la causalité, et dans le cours régulé de l'expérience qui se fonde tout entier sur eux, le fait que nous y sommes si parfaitement à l'aise (comme le sont les bêtes elles-mêmes[17]) et que dès la naissance nous savons nous y orienter — tout cela ne serait pas possible, si notre intellect et les choses étaient deux entités distinctes ; on ne peut l'expliquer que par le fait qu'ils forment un tout, que l'intellect élabore lui-même cet ordre, et qu'il n'existe que pour les choses, tandis qu'elles n'existent, à leur tour, que pour lui.

Seulement, même abstraction faite des vues profondes que seule offre la philosophie kantienne, on peut aussi bien démontrer immédiatement, ou du moins rendre sensible le caractère intenable de l'hypothèse si obstinément maintenue du RÉALISME absolu, en se bornant à clarifier le sens de cette hypothèse ; on peut y parvenir par des considérations comme celles qui suivent. — Selon le réalisme, le monde, tel que nous le connaissons, doit exister même indépendamment de cette connaissance. Supprimons-en tous les êtres connaissants, pour ne laisser subsister que la nature inorganique et végétale. Les

rochers, les arbres, les ruisseaux existent, et le ciel
bleu; le soleil, la lune et les étoiles éclairent ce
monde comme avant. Seulement, c'est sans doute
en vain, puisqu'il n'y a pas d'œil pour le voir. Intro-
duisons à présent un être connaissant. Maintenant,
ce monde se présente alors une SECONDE FOIS dans
son cerveau, et il s'y répète exactement tel qu'il était
précédemment à l'extérieur. Au PREMIER monde,
un SECOND s'est donc maintenant ajouté qui, totalement séparé du premier, lui est cependant semblable au détail près. Comme le monde OBJECTIF est
constitué dans l'espace OBJECTIF, infini, il en va
maintenant de même pour le monde SUBJECTIF de
cette intuition dans l'espace SUBJECTIF, connu. Mais
à ce monde subjectif appartient en outre la connaissance que cet espace objectif est infini au-dehors;
elle peut même indiquer à l'avance, au détail près,
avec une exactitude parfaite et sans examen préalable, l'ensemble des lois de tous les rapports qui
sont possibles en lui, mais non encore réalisés; de
même,. elle peut nous en dire autant au sujet du cours
du temps, tout comme du rapport de cause à effet,
qui règle les changements au-dehors. Je pense qu'à
un examen plus poussé, tout cela se présente comme
suffisamment absurde pour nous convaincre que ce
monde absolument OBJECTIF, hors de ma tête, indépendant d'elle, ce monde PRÉCÉDANT toute connaissance, ce monde que nous nous étions auparavant
imaginé avoir pensé, n'était justement rien d'autre
que, déjà, le second, le monde connu SUBJECTIVE-
MENT, le monde de la représentation, qui est le seul
que nous puissions penser vraiment. Par suite,
s'impose d'elle-même l'hypothèse que le monde tel
que nous le connaissons n'existe lui aussi que pour
notre connaissance, par conséquent dans notre seule
REPRÉSENTATION, et non pas en dehors d'elle[18].

Conformément à cette hypothèse, il faut poser la chose en soi, cette chose existant indépendamment de toute connaissance, la nôtre comprise, comme un terme totalement distinct de la REPRÉSENTATION et de tous ses attributs, et donc de l'objectivité en général. Ce qu'est cette chose en soi, ce sera ensuite le thème de notre livre II.

Au contraire, l'hypothèse, que j'ai critiquée plus haut, de deux mondes, l'un objectif, l'autre subjectif, tous les deux dans l'ESPACE, et l'impossibilité d'un passage, d'un pont entre les deux découlant de ce présupposé forment la base de la dispute sur la réalité du monde extérieur, examinée au § 5 du livre I. À ce propos, je dois encore ajouter ce qui suit.

Le subjectif et l'objectif ne forment aucun continuum : ce dont on a conscience immédiatement est limité par la peau, ou plutôt par les terminaisons nerveuses qui partent du système cérébral. Il en sort un monde, sur lequel nous ne savons rien de plus que ce que nous offrent les images dans notre tête. La question est de savoir si et dans quelle mesure il existe un monde indépendant de nous qui leur correspond. Le rapport entre les deux mondes ne pourrait être médié que par la loi de causalité, car elle seule conduit d'un donné à quelque chose qui en est totalement distinct. Mais cette loi elle-même doit au préalable attester sa validité. Or elle ne doit être ni d'origine OBJECTIVE ni d'origine SUBJECTIVE : dans un cas comme dans l'autre, elle repose sur une rive ou l'autre, mais ne peut donc pas nous donner le pont. Si, comme Locke et Hume le supposent[19], elle est *a posteriori*, et donc tirée de l'expérience, alors elle est d'origine OBJECTIVE. Elle appartient alors elle-même au monde extérieur dont il est question, et ne peut par conséquent garantir sa réalité, car, selon la méthode de Locke, il faudrait prouver

la loi de causalité à partir de l'expérience, et la
réalité de l'expérience à partir de la loi de causalité.
À l'inverse, si, comme Kant nous l'a bien appris,
cette loi est donnée *a priori*, elle est alors d'origine
SUBJECTIVE, et il est clair qu'avec elle nous restons
toujours dans le SUBJECTIF. Car le seul donné
vraiment EMPIRIQUE dans l'intuition est l'apparition
d'une sensation <*Empfindung*> dans un organe
sensoriel. L'hypothèse que celle-ci, même considérée
seulement d'un point de vue général, devrait avoir
une CAUSE repose sur une loi enracinée dans la
forme de notre connaissance, c'est-à-dire dans les
fonctions de notre cerveau, une loi dont l'origine
est par conséquent tout aussi subjective que cette
sensation éprouvée par les sens elle-même. La CAUSE
qui, selon cette loi, est présupposée pour la sensation
donnée se présente aussitôt dans l'intuition comme
un OBJET, qui a l'espace et le temps pour forme de sa
phénoménalisation. Mais CES formes elles-mêmes
sont elles aussi d'une origine toute subjective, car
elles sont les modalités de notre faculté d'intuition.
Ce passage de la sensation éprouvée par les sens
à sa cause, passage qui, comme je l'ai montré à
plusieurs reprises, est au fondement de l'intuition
sensorielle <*Sinnesanschauung*>, est assurément
apte à nous indiquer la présence empirique d'un
objet dans le temps et l'espace, et est donc parfaitement suffisant pour la vie pratique. Mais il n'est
pas du tout apte à nous informer sur l'existence et
l'être en soi des phénomènes qui pour nous se produisent de cette façon, ou *a fortiori* sur leur substrat
intelligible. À l'occasion de certaines sensations qui
apparaissent dans mes organes sensoriels, il se forme
dans ma tête une INTUITION de choses étendues
dans l'espace, persistantes dans le temps et agissant
causalement ; mais cela ne m'autorise pas du tout à

supposer que ces mêmes choses existeraient aussi en elles-mêmes, c'est-à-dire indépendamment de ma tête et en dehors d'elle, avec de telles propriétés qui leur seraient tout simplement inhérentes. — La philosophie kantienne aboutit à ce résultat exact. Celui-ci se rattache à un résultat plus ancien, tout aussi exact, mais bien plus facile à comprendre : celui obtenu par Locke. En effet, même si, comme l'admet la doctrine de Locke, on suppose simplement que des choses extérieures sont causes des sensations sensorielles, il ne peut cependant y avoir aucune RESSEMBLANCE entre la SENSATION, en quoi consiste l'EFFET, et la NATURE objective de la cause qui l'occasionne : la sensation comme fonction organique est déterminée d'abord par la constitution très sophistiquée et très compliquée de notre appareil sensoriel ; par conséquent, elle est simplement excitée par les causes externes, mais ensuite elle est élaborée selon ses lois propres. Elle est donc totalement subjective. — La philosophie de Locke consistait en une critique des fonctions sensorielles[20]. Kant a produit la critique des fonctions cérébrales. — Il faut encore soumettre à tout cela le résultat obtenu par Berkeley et renouvelé par moi : à savoir que tout objet, quelle que soit son origine, est déjà, EN TANT QU'OBJET, conditionné par le sujet, c'est-à-dire qu'il est essentiellement une simple REPRÉSENTATION de celui-ci. C[L'objectif du réalisme est justement l'objet sans sujet, mais il n'est même pas possible de penser clairement une telle chose.]C

De toute cette présentation, il découle clairement et avec certitude que le projet de concevoir l'ÊTRE EN SOI des choses est strictement irréalisable au moyen DE LA CONNAISSANCE ET DE LA REPRÉSENTATION, parce qu'elles s'ajoutent toujours DE L'EXTÉRIEUR aux choses et doivent donc rester éternellement À

L'EXTÉRIEUR. Ce projet ne pourrait être réalisé que si NOUS-MÊMES nous trouvions à l'intérieur des choses, grâce à quoi nous les connaîtrions immédiatement. Mon livre II examine dans quelle mesure cela peut être effectivement le cas. Mais aussi longtemps que nous en restons à la conception objective, et donc à la CONNAISSANCE, comme c'est le cas dans ce livre I, le monde est et reste pour nous une simple REPRÉSENTATION, parce qu'ici il n'y a pas de voie qui pourrait nous conduire au-delà.

Or, en outre, le fait de conserver le point de vue IDÉALISTE constitue un contrepoids nécessaire au point de vue MATÉRIALISTE. En effet, on peut considérer que la controverse sur le réel et l'idéal concerne l'existence de la MATIÈRE. Car c'est la réalité ou l'idéalité de cette dernière qui est finalement l'objet du débat. La matière, en tant que telle, existe-t-elle simplement dans notre représentation, ou bien est-elle indépendante d'elle? Dans ce dernier cas, elle serait la chose en soi, et celui qui admet une matière existant en soi doit, par conséquent, être aussi un matérialiste, c'est-à-dire faire de la matière le principe explicatif de toutes les choses. Celui qui, au contraire, lui dénie le statut de chose en soi est par le fait même un idéaliste. Parmi les auteurs modernes, seul Locke a affirmé franchement et sans ambages la réalité de la matière[21]. Sa doctrine, par la médiation de Condillac, a donc conduit au sensualisme et au matérialisme français. Mais seul Berkeley a nié la matière franchement et sans restrictions. L'opposition, développée, recouvre donc celle de l'idéalisme et du matérialisme, dont les deux extrêmes sont représentés par Berkeley et les matérialistes français (d'Holbach). Il n'est pas nécessaire de mentionner Fichte ici: il ne mérite aucune place parmi les vrais philosophes, parmi ces élus de l'humanité qui, avec le plus grand sérieux, ne cherchent pas leur avantage, mais la vérité. Il ne peut donc pas être confondu avec ceux-là qui, sous ce prétexte de rechercher la vérité, n'ont en vue que leur réussite personnelle. Fichte est le père de la pseudo-philosophie, de la méthode malhonnête, qui, par l'équivoque dans l'usage des mots, par des discours incompréhensibles et des sophismes, cherche à tromper, à en imposer par un ton important, et donc à duper ceux qui désirent s'instruire. Après que Schelling l'eut appliquée à son tour, on sait que cette méthode a atteint son apogée chez Hegel, puisque c'est chez lui qu'elle s'est épanouie en une véritable charlatanerie. Celui qui, très sérieusement, place même Fichte à côté de Kant montre qu'il n'a aucune idée de qui était Kant. — Le matérialisme, en revanche, possède une justification. Il est tout aussi vrai de dire que l'être connaissant est un produit de la matière, et de dire que la représentation est une simple représentation de l'être connaissant : mais, dans un cas comme dans l'autre, c'est une proposition unilatérale. Car le matérialisme est la philosophie d'un sujet qui s'oublie lui-même dans ses calculs. C'est pourquoi, face à l'affirmation selon laquelle je suis une simple modification de la matière, il faut faire valoir que toute matière n'existe que dans ma représentation ; et cette dernière affirmation n'est pas moins vraie. C[Il semble que l'expression platonicienne ὕλη ἀληθινὸν ψεῦδος (*materia mendacium verax*) [la matière est un mensonge non moins vrai[22]] provienne d'une connaissance encore obscure de ces rapports.]C

Le réalisme, avons-nous dit, conduit nécessairement au matérialisme. Car si l'intuition empirique nous donne la chose en soi, telle qu'elle existe indépendamment de notre connaissance, de même l'expérience donne aussi l'ordre des choses en soi, c'est-à-dire l'unique et véritable ordre du monde. Mais cette voie conduit à supposer qu'il n'y aurait qu'UNE SEULE chose en soi, la matière, et tout le reste n'en serait que la modification, puisque ici le cours naturel est l'ordre unique et absolu du monde. Pour éviter ces conséquences, et tant que le RÉALISME a eu une valeur inattaquable, on a mis sur pied le SPIRITUALISME, et donc l'hypothèse d'une deuxième substance supplémentaire, différente de la matière, une SUBSTANCE IMMATÉRIELLE. Ce spiritualisme dualiste, échappant à toute expérience, à toute démonstration et à toute compréhension, a été nié par Spinoza, et Kant en a montré la fausseté — il le devait, puisqu'en même temps il établissait dans ses droits l'IDÉALISME. Ainsi, avec le RÉALISME, le MATÉRIALISME tombe de lui-même, ce matérialisme pour lequel on avait inventé le SPIRITUALISME à titre de contrepoids : en effet, la matière, et le cours de la nature avec elle, devient alors un simple PHÉNOMÈNE, conditionné par l'intellect, et ne trouve son existence que dans la REPRÉSENTATION de ce dernier. Ainsi, contre le MATÉRIALISME, le SPIRITUALISME est une arme illusoire et fausse ; c'est alors bien l'IDÉALISME qui est l'arme réelle et véritable : en posant la dépendance PAR RAPPORT À NOUS du monde objectif, l'idéalisme constitue le contrepoids nécessaire à la dépendance dans laquelle le cours de la nature NOUS met PAR RAPPORT À LUI. Le monde, auquel m'arrache la mort, n'était d'un autre côté que ma représentation. Le centre de gravité de l'existence retombe dans le SUJET. Ce n'est pas, comme dans le spiritualisme, l'indépendance de l'être connaissant par rapport à la matière qui est prouvée, mais la dépendance de toute matière par rapport à lui. À vrai dire, cela n'est pas aussi facile à concevoir, et commode à manier, que le spiritualisme avec ses deux substances; mais χαλεπὰ τὰ καλά [les choses belles sont difficiles[23]].

Il est vrai, en effet, qu'au point de départ SUBJECTIF — «le monde est ma représentation» — on peut opposer, avec pour l'instant une égale légitimité, le point de départ OBJECTIF — «le monde est matière», ou «la matière seule est vraiment» (puisqu'elle seule n'est pas soumise au devenir et à la corruption), ou encore «toute chose existante est matière». C'est le point de départ de Démocrite, Leucippe et Épicure. Mais, à y regarder de plus près, le fait de partir du SUJET conserve un réel avantage: cela nous donne une étape d'avance, ce qui est parfaitement justifié. En effet, la conscience seule est l'IMMÉDIAT, mais nous passons par-dessus quand nous allons à la matière pour en faire notre point de départ. D'un autre côté, il devrait être possible de construire le monde à partir de la matière et de ses propriétés, connues exactement, complètement et à fond (ce dont nous sommes encore loin). Car tout ce qui se produit a résulté effectivement de CAUSES, qui n'ont pu agir de concert que grâce aux FORCES FONDA-MENTALES DE LA MATIÈRE: ces dernières doivent être parfaitement démontrables du moins objective-ment, si nous ne pouvons jamais parvenir à les connaître subjectivement. Mais une telle explication et construction du monde n'aurait pas seulement comme fondement le présupposé d'une existence en soi de la matière (alors qu'en réalité elle est condi-tionnée par le sujet), mais elle devrait encore se borner à tenir toutes ses PROPRIÉTÉS ORIGINELLES INHÉ-RENTES À CETTE MATIÈRE pour strictement inexpli-cables, et donc pour des *qualitates occultae* [qualités occultes[24]] (cf. § 26, 27 du tome I). Car la matière n'est que le support de ces forces, comme la loi de causalité n'est que l'ordre de leurs phénomènes. Par conséquent, une telle explication du monde ne serait jamais malgré tout qu'une explication relative et conditionnée, c'est-à-dire l'œuvre d'une PHYSIQUE, qui, à chaque fois qu'elle progresse, aspire à une MÉTAPHYSIQUE. — Mais, d'un autre côté, le point de départ et principe fondamental subjectif « le monde est ma représentation » a quelque chose d'inadéquat : d'abord parce que ce principe est unilatéral, puisque le monde est encore bien plus que cela (à savoir une chose en soi, une volonté), et que le fait d'être une représentation lui est dans une certaine mesure accidentel. Mais ce principe est inadéquat aussi parce qu'il exprime le fait que l'objet est conditionné par le sujet, sans dire en même temps que le sujet en tant que tel est lui aussi conditionné par l'objet. Car la proposition de l'entendement fruste : « le monde, l'objet seraient là même s'il n'y avait pas de sujet » est tout aussi fausse que celle-ci : « le sujet serait un être connaissant, même s'il n'y avait aucun objet, c'est-à-dire aucune représentation ». Une conscience sans objet n'est pas une conscience. Un sujet qui pense possède des CONCEPTS pour son objet, un sujet qui a des intuitions sensibles a des objets dotés de qualités correspondant à son organisation. Si nous dépouillons à présent le SUJET de toutes les déterminations et formes les plus essentielles[25] de sa connaissance, alors l'objet perd lui aussi toutes ses propriétés, et il ne reste plus rien d'autre que la MATIÈRE SANS FORME NI QUALITÉ. Cette dernière est aussi peu susceptible de se présenter dans l'expérience que le sujet sans les formes de sa connaissance, mais elle demeure, face au sujet nu, comme son reflet, qui ne peut disparaître qu'avec lui. Même si le matérialisme s'imagine ne postuler rien de plus que cette matière, ou une sorte d'atome, il y ajoute pourtant de façon inconsciente non seulement le sujet, mais aussi l'espace, le temps et la causalité, qui reposent sur des déterminations spécifiques du sujet.

Le monde comme représentation, le monde objectif, possède donc comme deux pôles : à savoir le sujet connaissant *stricto sensu*, sans les formes de sa connaissance, et la matière brute sans forme ni qualité. Tous les deux sont totalement inconnaissables : le sujet, parce qu'il est l'être connaissant, la matière, parce qu'il est impossible de l'intuitionner sans forme ni qualité. Cependant, ils sont tous deux les conditions fondamentales de toute intuition empirique. Ainsi, la matière brute, sans forme, morte (c'est-à-dire sans volonté), qui n'est donnée dans aucune expérience mais est supposée dans toutes, s'oppose, comme à son reflet, au pur sujet connaissant, lequel est tout autant un présupposé de toute expérience. Ce sujet n'est pas dans le temps, car le temps n'est que la forme la plus essentielle à sa capacité représentative. La matière qui s'oppose à lui est, par conséquent, éternelle, impérissable, persistante dans le temps, mais elle n'est au vrai pas même étendue, parce que l'extension donne une forme ; elle est donc non spatiale. Tout le reste est pris dans une constante génération <*Enstehen*> et corruption <*Vergehen*>, tandis que la matière et le sujet se présentent comme les pôles stables du monde comme représentation. On peut donc considérer la permanence de la matière comme le reflet de l'intemporalité <*Zeitlosigkeit*> du sujet pur, pris seulement comme condition de tout objet. Tous les deux appartiennent au phénomène, non à la chose en soi, mais ils sont le fondement du phénomène. Ces deux pôles n'ont été dégagés que par abstraction ; ils ne sont pas immédiatement donnés à l'état pur et en eux-mêmes.

Le défaut fondamental de tous les systèmes consiste à méconnaître cette vérité, que l'intellect et la matière sont des termes corrélatifs, ce qui veut dire que l'un n'existe que pour l'autre, qu'ils existent et disparaissent ensemble, que l'un est seulement le reflet de l'autre. À vrai dire, ils ne sont même qu'une seule et même chose, considérée sous deux aspects opposés, et cette unité (j'anticipe ici) est le phénomène de la volonté, ou de la chose en soi. Par suite, ils sont tous les deux secondaires, et il ne faut donc chercher l'origine du monde dans aucun de ces deux termes. Mais, par suite de cette méconnaissance, tous les systèmes (excepté peut-être le spinozisme) ont cherché l'origine de toute chose dans l'un de ces deux termes. En effet, les uns admettent un intellect, un νοῦς, comme absolument premier et δημιουργός [démiurge[26]], et par suite font précéder dans cet intellect une représentation des choses et du monde avant leur existence effectivement. Ils distinguent donc le monde réel du monde comme représentation, ce qui est une erreur. Par conséquent, apparaît en tant que ce qui distingue ces deux mondes la matière qui est une chose en soi. De là naît l'embarras à élaborer de cette matière, ὕλη, dont la fonction est de venir s'ajouter à la simple représentation du monde, afin de lui conférer cette réalité. Deux possibilités se présentent alors : dans la première, cet intellect originaire trouve la matière existant déjà avant lui ; en ce cas, elle est, tout comme lui, un terme absolument premier, et nous obtenons deux termes absolument premiers : le δημιουργός [démiurge] et la ὕλη [matière]. Dans la seconde hypothèse, l'intellect produit la matière à partir de rien, une hypothèse qui s'oppose à notre entendement, puisqu'il n'est capable de concevoir que les changements dans la matière, mais non sa naissance ou sa disparition, ce qui se fonde précisément sur le fait que la matière est son corrélat essentiel. — Les systèmes opposés à ceux-là, qui font de l'autre terme corrélatif, de la matière donc, un terme absolument premier, posent une matière qui existerait sans être représentée, ce qui est une contradiction dans les termes, comme tout ce qu'on a dit plus haut l'a suffisamment montré, puisque, dans l'existence de la matière, nous ne pensons jamais que son devenir représenté. C'est ce qui explique la difficulté qu'éprouvent ces systèmes à ajouter à la matière, qui est pour eux le seul terme premier absolu, l'intellect censé en faire l'expérience. J'ai fait le tableau de ce défaut du matérialisme dans le § 7 du tome I. — Chez moi, au contraire, la matière et l'intellect sont des corrélats inséparables. Ils n'existent que l'un pour l'autre, et donc de façon simplement relative. La matière est la représentation de l'intellect; l'intellect est cela seul dans la représentation duquel la matière existe. Tous les deux constituent le MONDE COMME REPRÉSENTATION, lequel est exactement le PHÉNOMÈNE KANTIEN, et donc un terme secondaire. L'élément primitif est ce qui se manifeste, la CHOSE EN SOI ELLE-MÊME, en quoi nous apprendrons à reconnaître la VOLONTÉ. Cette dernière n'est, en elle-même, ni représentant ni représentée, mais elle est totalement différente de son mode d'apparition.

Pour conclure avec insistance cet examen à la fois si important et si difficile, je vais maintenant personnifier ces deux abstractions, et les faire dialoguer, selon le procédé du *Prabod'h Chandro'Daya*[27]. On peut aussi rapprocher de cela un dialogue semblable entre matière et forme dans le *Duodecim principia philosophiae, c. 1 et 2*, de Raymond Lulle[28].

LE SUJET

Je suis, et en dehors de moi il n'y a rien. Car le monde est ma représentation.

LA MATIÈRE

Illusion présomptueuse! C'est moi, moi qui suis, et en dehors de moi il n'y a rien. Car le monde est ma forme passagère. Tu n'es qu'un résultat d'une partie de cette forme, une chose totalement contingente.

LE SUJET

Quelle suffisance insensée! Ni toi ni ta forme n'existeriez sans MOI : vous êtes conditionnés par moi. Celui qui me révoque en pensée et croit alors pouvoir encore vous penser est victime d'une illusion grossière : car votre existence en dehors de ma représentation est précisément une contradiction, une chimère. VOUS ÊTES ne veut rien dire de plus que «vous êtes représentés par moi». Ma représentation est le lieu de votre existence. Je suis donc votre condition première.

LA MATIÈRE

Par chance, la présomption de ton affirmation sera bientôt réfutée par le réel et non par de simples mots. Encore quelques instants et tu ne seras plus effectivement, avec tes fanfaronnades tu auras sombré dans le néant, passé comme une ombre, en subissant le destin de chacune de mes formes passagères. Mais moi, je demeure, sans que rien ne m'atteigne ni ne m'entame, je demeure de millénaire en millénaire, à travers le temps infini, et j'observe, inébranlable, le jeu du changement de mes formes.

LE SUJET

Le temps infini, que tu te vantes de traverser, tout comme l'espace que tu remplis, n'existe que dans ma représentation. Ce n'est qu'une simple forme de ma représentation, que je porte toute prête en moi, forme dans laquelle tu te présentes, qui t'accueille, et par laquelle tu as un commencement d'être. L'anéantissement dont tu me menaces ne ME concerne pas, ou sinon tu serais réduite au néant AVEC moi : il ne concerne bien plutôt que l'individu, qui, pour un temps bref, est mon support et qui est représenté par moi, comme tout le reste.

LA MATIÈRE

Même si je t'accorde cela, même si j'accepte de considérer ton existence, qui est pourtant indissolublement liée à ces individus périssables, comme existant pour elle-même, elle demeure néanmoins dépendante de moi. Car tu n'es sujet qu'autant que tu as un objet, et cet objet, c'est moi. Je suis son noyau et sa teneur, ce qu'il y a de persistant en lui, ce qui le maintient cohérent, et sans quoi il serait aussi inconsistant et son être aussi évanescent que les rêves et les imaginations de tes individus, qui m'ont eux-mêmes emprunté leur teneur illusoire.

LE SUJET

Tu fais bien de ne pas vouloir contester mon existence pour la raison qu'elle est liée aux individus : car, de même que je suis indissociable de ceux-ci, de même tu es enchaînée à ta sœur, la forme, et ne t'es jamais encore manifestée sans elle. Aucun œil ne t'a vue nue et isolée, pas plus que moi, car nous ne sommes tous deux que des abstractions. Il n'y a fondamentalement QU'UN SEUL être, qui s'intuitionne lui-même, et qui est intuitionné par lui-même, un être dont l'essence ne peut cependant consister ni dans l'acte d'intuitionner ni dans celui d'être intuitionné, puisque ces deux actes sont partagés entre nous deux.

LES DEUX

Nous sommes donc indissolublement liés comme les parties nécessaires d'un tout, qui nous comprend tous les deux, et qui existe par nous. Seul un malentendu peut faire de nous des ennemis l'un pour l'autre, et conduire à ce que l'un combatte l'existence de l'autre, à laquelle la sienne est liée et avec laquelle elle disparaît.

Le tout qui embrasse ces deux termes constitue le monde comme représentation ou phénomène. Une fois qu'on les a retirés, il ne reste que l'élément purement métaphysique, la chose en soi, que nous reconnaîtrons, dans le livre II, être la volonté.

CHAPITRE 2

SUR LA DOCTRINE DE LA CONNAISSANCE
INTUITIVE, OU INTELLECTUELLE

Malgré toute son idéalité TRANSCENDANTALE, le monde objectif conserve une réalité EMPIRIQUE : l'objet n'est certes pas la chose en soi, mais il est réel en tant qu'objet empirique. L'espace n'est certes que dans ma tête, mais, d'un point de vue empirique, ma tête est dans l'espace. La loi de causalité ne peut jamais servir à écarter l'idéalisme, en construisant un pont entre les choses en soi et la connaissance que nous en avons, et en garantissant ainsi une réalité absolue pour le monde qui se présente grâce à l'application de cette loi[29]. Pourtant, cela ne supprime en aucune façon le rapport de causalité entre les objets, ni par suite celui qui trouve incontestablement place entre le corps propre de tout être connaissant et le reste des objets matériels. Mais le rapport de causalité ne lie que les phénomènes, il ne permet pas d'aller plus loin qu'eux. Avec le rapport de causalité, nous sommes et nous restons dans le monde des objets, c'est-à-dire des phénomènes, et donc, plus précisément, dans le monde des représentations. Cependant, la totalité de ce monde de l'expérience reste d'abord conditionnée par la connaissance d'un sujet en général, qu'il faut nécessairement présupposer, et par les formes spécifiques de notre intuition et de notre appréhension. Ce monde relève donc nécessairement du simple PHÉNOMÈNE, sans pouvoir lui-même prétendre au titre de monde des choses en soi. Même le sujet (dans la mesure où il est simplement un être connaissant) appartient au simple phénomène, dont il constitue l'autre moitié complémentaire.

Cependant, l'intuition d'un monde OBJECTIF ne pourrait jamais se produire sans l'application de la loi de causalité, car cette intuition, comme je l'ai souvent exposé[30], est essentiellement INTELLECTUELLE et non pas simplement SENSUELLE. Les sens donnent seulement une SENSATION, qui n'est pas encore, loin s'en faut, une INTUITION. Locke a distingué la part de la sensation sensorielle dans l'intuition en lui donnant le nom de QUALITÉS SECONDES, qu'il a refusé, à bon droit, de donner aux choses en soi elles-mêmes[31]. Mais Kant, poussant plus loin la méthode de Locke, a en outre distingué et refusé aux choses en soi ce qui relève du TRAITEMENT CÉRÉBRAL de cette matière (la sensation sensorielle). Cette catégorie en vint donc à comprendre tout ce que Locke avait laissé aux choses en soi en tant que qualités PRIMAIRES, à savoir l'extension, la forme, la solidité, etc. C'est ainsi que, chez Kant, la chose en soi est devenue un terme totalement inconnu = X[32]. Chez Locke, la chose en soi est certes dénuée de couleur, de son, d'odeur, de goût, elle n'est ni chaude ni froide, ni molle ni dure, ni lisse ni rugueuse, et pourtant elle possède encore une extension, une forme, elle est impénétrable, en mouvement ou en repos, elle a une masse et un nombre. Kant, au contraire, a aussi écarté toutes ces propriétés en bloc, parce qu'elles ne sont possibles que par le temps, l'espace et la causalité, et que ces derniers sont produits par notre intellect (le cerveau), tout comme les couleurs, les sons, les odeurs, etc., le sont par les nerfs des organes sensoriels. Chez Kant, la chose en soi est devenue non spatiale, inétendue, incorporelle. Ainsi, la contribution des simples SENS à la production de l'intuition, lieu d'existence du monde objectif, est à la contribution de la FONCTION CÉRÉBRALE (espace, temps, causalité) ce que la masse des nerfs sensoriels est à la masse du cerveau — si l'on en excepte la partie qui est spécifiquement affectée en outre à la production de la PENSÉE, c'est-à-dire de la représentation abstraite, et dont par conséquent les animaux sont dépourvus. Car les nerfs des organes sensoriels confèrent aux objets phénoménaux couleur, son, goût, odeur, température, etc. De même, le cerveau leur confère extension, forme, impénétrabilité, mobilité, etc., en somme : tout ce qui n'est représentable que par le temps, l'espace et la causalité. La comparaison entre l'appareil nerveux de réception des impressions et celui qui est affecté à leur transformation montre combien est modeste la part des sens dans l'intuition par rapport à celle de l'intellect : la masse des nerfs sensoriels dans tous les organes sensoriels est très modeste comparée à celle du cerveau. C'est encore vrai même chez les animaux : leur cerveau, puisqu'il ne sert pas vraiment à penser, c'est-à-dire à abstraire, ne sert qu'à la production de l'intuition, et pourtant, quand l'intuition est parfaite (chez les mammifères, donc), il possède une masse IMPORTANTE, même si l'on excepte le cervelet, dont la fonction est de régler la direction du mouvement.

En guise de confirmation des vérités kantiennes, par une voie NÉGATIVE, l'excellent ouvrage de Thomas Reid, *Inquiry into the human mind, first edition 1764, 6th edition 1810*[33], donne de très bonnes raisons pour se convaincre de l'insuffisance des sens dans la production de l'intuition objective des choses, de même que de l'origine non empirique de l'intuition de l'espace et du temps. Cet auteur réfute la doctrine de Locke, selon laquelle l'intuition serait un produit des SENS, en montrant de façon profonde et pénétrante que toutes les sensations éprouvées par les sens réunies n'ont pas la moindre ressemblance avec le monde intuitivement connu, et en particulier que les cinq qualités primaires de Locke (l'extension, la forme, la solidité, le mouvement, le nombre) ne peuvent pas du tout nous être données par une sensation sensorielle. Par suite, Reid présente comme totalement insoluble la question du mode de production et de l'origine de l'intuition. Bien qu'il n'ait pas du tout été au fait de l'œuvre de Kant, Reid nous livre donc, pour ainsi dire selon la *regula falsi* [règle du faux[34]], une preuve fondamentale de l'intellectualité de l'intuition (preuve qu'en fait j'ai exposée le premier, en suivant la doctrine de Kant), ainsi qu'une preuve de l'origine *a priori*, découverte par Kant, des composants fondamentaux de l'intuition (le temps, l'espace et la causalité) d'où proviennent immédiatement ces qualités primaires de Locke, et au moyen desquels elles sont faciles à construire. L'ouvrage de Thomas Reid est très riche d'enseignements, et il vaut dix fois plus la peine d'être lu que l'ensemble de tout ce qui a été écrit depuis Kant. Les philosophes sensualistes français nous donnent une autre preuve indirecte de la doctrine de Kant, même si c'est par la voie de l'erreur. Depuis que Condillac a marché dans les pas de Locke, ils se sont épuisés à montrer effectivement que toute notre faculté de représenter et de penser renvoie à de simples SENSATIONS ÉPROUVÉES PAR LES SENS (*penser, c'est sentir*[35] [en français dans le texte]). À la manière de Locke, ils les nomment *idées simples* [en français dans le texte] et les présentent comme étant censées construire dans notre tête tout le monde objectif par la simple réunion et comparaison de ces idées. Ces messieurs ont vraiment des *idées bien simples* [en français dans le texte]: il est amusant de voir comment ces auteurs, étrangers à la profondeur du philosophe allemand comme à la probité de l'anglais, tournent en tout sens cette pauvre matière de la sensation sensorielle et cherchent à en faire quelque chose d'important, pour en tirer, par assemblage, le phénomène, si riche de sens, du monde de la représentation et du monde de la pensée. Mais l'homme qu'ils construisent devrait, anatomiquement parlant, être un anencéphale, *une tête de crapaud* [en français dans le texte], doté d'un simple appareil sensoriel mais sans cerveau. Pour ne citer, à titre d'exemple parmi d'innombrables autres travaux, que deux tentatives plus réussies de ce genre, je voudrais nommer Condorcet, au début de son livre *Des progrès de l'esprit humain*[36], ainsi que les analyses de Tourtual sur la vue dans le livre II des *Scriptores ophtalmologici minores; edidit Justus Radius (1828)*[37].

Le sentiment de l'insuffisance d'une explication purement sensualiste de l'intuition apparaît de même dans l'affirmation, exprimée peu de temps avant l'apparition de la philosophie kantienne, selon laquelle nous n'aurions pas seulement des REPRÉSENTATIONS des choses suscitées l'impression sensorielle, mais percevrions immédiatement LES CHOSES ELLES-MÊMES, même si elles résident hors de nous — ce qui est franchement incompréhensible. Et ce n'était pas une opinion en quelque sorte idéaliste, mais une théorie énoncée à partir du point de vue réaliste traditionnel. Le célèbre Euler, dans ses *Lettres à une princesse allemande*, vol. 2, p. 68, exprime cette affirmation correctement et nettement: «Je pense donc que les sensations (des sens) comportent quelque chose de plus que ce que les philosophes s'imaginent. Elles ne sont pas simplement de vaines perceptions de certaines impressions faites dans le cerveau. Elles ne donnent pas simplement à l'âme de simples IDÉES des choses, mais ELLES LUI REPRÉSENTENT AUSSI VRAIMENT DES OBJETS, qui existent en dehors d'elle, quoiqu'on ne puisse pas comprendre comment cela se produit au juste[38].» Voici comment s'explique cette opinion : même si, comme je l'ai suffisamment montré, c'est l'application de la loi de causalité, dont nous avons conscience *a priori*, qui rend possible l'intuition, cependant, lorsque nous voyons, l'acte d'entendement qui nous permet de passer de l'effet à sa cause ne nous apparaît pas du tout dans une conscience claire. Voilà pourquoi la sensation des sens ne se distingue pas de la représentation qui tire d'elle sa matière brute, et que seul l'entendement peut former. Encore moins pouvons-nous parvenir à la conscience d'une distinction qui, de manière générale, n'a pas lieu d'être : la distinction entre ob-jet <*Gegenstand*> et représentation[39]. Nous percevons, de façon absolument immédiate, les CHOSES ELLES-MÊMES, et telles qu'elles résident À L'EXTÉRIEUR DE NOUS, même s'il est certain que l'immédiat ne peut être que la SENSATION et que celle-ci est limitée à ce qui se trouve sous notre épiderme. Cela s'explique par le fait que ce qui est À L'EXTÉRIEUR DE NOUS est une détermination exclusivement SPATIALE, tandis que l'espace lui-même est une forme de notre faculté d'intuition, c'est-à-dire une fonction de notre cerveau ; c'est pourquoi ce qui est l'extérieur de nous, ce lieu où, à l'occasion de la sensation visuelle, nous disposons des objets, se trouve donc lui-même à l'intérieur de notre tête, car là est toute la scène où il se développe. C'est un peu comme lorsque au théâtre nous voyons des montagnes, la forêt et la mer et que tout cela demeure pourtant à l'intérieur de la maison. Cela permet de comprendre que nous intuitionnons les choses avec leur détermination EXTÉRIEURE et pourtant IMMÉDIATEMENT ; nous n'avons pas l'intuition d'une représentation intérieure distincte des choses qui sont situées à l'extérieur. Car les choses ne sont DANS L'ESPACE et donc À L'EXTÉRIEUR DE NOUS que dans la mesure où nous les REPRÉSENTONS. Ces CHOSES que nous intuitionnons, pour ainsi dire, elles-mêmes immédiatement, et non pas leur simple image, ne sont donc elles-mêmes que NOS REPRÉ-SENTATIONS, et, à ce titre, n'existent que dans notre tête. Ainsi, nous n'intuitionnons pas immédiatement les choses elles-mêmes situées à l'extérieur de nous, comme le prétend Euler, mais il faudrait plutôt dire que les choses intuitionnées par nous comme situées à l'extérieur de nous ne sont que nos représenta-tions, raison pour laquelle elles sont perçues par nous immédiatement. La juste remarque d'Euler, que j'ai citée ci-dessus dans ses propres termes, nous donne donc une nouvelle confirmation de l'Esthé-tique transcendantale de Kant, de la théorie de l'in-tuition que j'ai édifiée sur ses fondements, et en général de l'idéalisme. S'agissant de l'intuition, on peut éclaircir le caractère immédiat et inconscient, mentionné plus haut, du PASSAGE DE LA SENSATION À SA CAUSE en recourant à un processus semblable qui se produit dans l'ordre des représentations ABSTRAITES, celui de la pensée. En effet, quand nous lisons ou écoutons, nous recevons de simples mots, mais nous passons si immédiatement de ces mots aux concepts qu'ils signifient que c'est comme si nous avions IMMÉDIATEMENT la sensation DES CONCEPTS : nous n'avons pas du tout conscience du passage qui nous mène à eux. Voilà pourquoi souvent nous ne savons plus dans quelle langue nous avons lu hier ce que nous nous rappelons. On ne remar-quera pourtant qu'un tel passage a lieu qu'à chaque fois que, par exception, il ne peut s'effectuer, par exemple quand, pris par une distraction, nous lisons sans y penser, et que nous nous rendons compte que nous avions bien reçu tous les mots mais aucun concept. C'est seulement quand nous passons des concepts abstraits à leurs images dans l'imagination que nous prenons conscience de leur transposition.

Au demeurant, pour la perception empirique, c'est seulement dans l'intuition au sens étroit du terme, et donc dans la vision, que le passage de la sensation à sa cause s'effectue inconsciemment. Au contraire, dans toutes les autres perceptions sensibles, il a lieu avec une conscience plus ou moins claire. On peut donc immédiatement constater sa réalité dans les faits quand l'appréhension se fait au moyen des quatre sens les plus grossiers. Dans le noir, nous palpons une chose de tous les côtés jusqu'à ce que les différents effets qu'elle produit sur nos mains nous permettent d'en reconstruire la cause, à titre de forme déterminée[40]. En outre, quand quelque chose est lisse au toucher, il nous arrive de nous demander si nous n'avons pas un peu de gras ou d'huile sur les mains, ou, de même, quand nous touchons quelque chose de froid, si nos mains ne sont pas très chaudes. Quand nous avons entendu un son, il nous arrive de nous demander si c'était une affection purement interne de l'oreille ou venant réellement de l'extérieur, si son émission était proche et faible, ou bien lointaine et forte, de quelle direction il venait, et enfin si ce son était produit par un homme, une bête ou un instrument : quand un effet est donné, nous recherchons donc sa cause. Pour l'odorat et le goût, nous expérimentons quotidiennement notre manque de certitude sur la nature de la cause objective de l'effet ressenti : cause et effet sont si clairement dissociés. Pour la vision, le passage de l'effet à la cause se produit de façon totalement inconsciente, d'où l'illusion que ce genre de perception est complètement immédiat, qu'il consiste dans la seule sensation sensible sans l'opération de l'entendement. Cela s'explique en partie par la grande perfection de l'organe, et en partie par le mode d'action de la lumière, exclusivement rectiligne. Grâce à ce dernier, l'impression elle-même conduit au lieu de la cause, et puisque l'œil a la faculté de percevoir de façon très fine et en UN SEUL regard toutes les nuances dans la lumière, l'ombre, la couleur et le contour, tout comme les données d'après lesquelles l'entendement évalue la distance, alors, dans les impressions visuelles, l'opération de l'entendement a lieu avec une rapidité et une sûreté qui parviennent tout aussi peu à la conscience que la décomposition en syllabes quand on lit. Il en résulte donc l'illusion que la sensation elle-même suffirait à donner immédiatement les objets. Pourtant, c'est justement dans la vue que l'opération de l'ENTENDEMENT, qui consiste dans la connaissance de la cause à partir de l'effet, est la plus importante : grâce à cette opération, la double sensation ressentie par nos deux yeux donne une perception unique ; grâce à elle, l'impression qui, en raison du croisement des rayons dans la pupille, se forme à l'envers sur la rétine, la partie supérieure en bas — cette impression est remise dans le bon sens parce que l'entendement prend le chemin inverse et remonte, dans la même direction, vers sa cause : comme on dit, nous voyons les choses à l'endroit, même si leur image se trouve à l'envers dans l'œil. Enfin, c'est grâce à cette opération de l'entendement qu'en partant de cinq données spécifiques, fort bien et fort clairement décrites par Thomas Reid, nous estimons la taille et la distance dans l'intuition immédiate. Tout cela, et les preuves qui montrent de façon irréfutable l'INTELLECTUALITÉ DE L'INTUITION, je l'ai déjà exposé en 1816 dans

mon traité *Sur la vue et les couleurs* (dans sa
deuxième édition de 1854[41]), publié avec d'importants ajouts dans l'édition refondue et améliorée,
parue quinze ans plus tard en latin, et qui se trouve
sous le titre *Theoria colorum physiologica eademque
primaria* dans le troisième tome des *Scriptores ophtalmologici minores* édités par Justus Radius en 1830[42].
Mais l'exposé le plus complet et le mieux étayé se
trouve dans la seconde édition de ma dissertation
sur le principe de raison, § 21. J'y renvoie donc pour
ce qui touche à cet important sujet, afin de ne pas
grossir davantage les présentes explications[43].

En revanche, une remarque peut trouver ici sa
place et elle relève de l'esthétique. Grâce à l'intellectualité de l'intuition, qui a été démontrée, le regard
qu'on porte sur de beaux objets, par exemple sur un
beau panorama, est lui aussi un PHÉNOMÈNE CÉRÉ-
BRAL. La pureté et la perfection de ce regard ne
dépendent donc pas seulement de l'objet, mais aussi
de la constitution du cerveau, c'est-à-dire de sa
forme et de sa taille, du raffinement de sa texture et
de la mise en mouvement de son activité par l'énergie
de la circulation dans ses artères. C'est pourquoi,
dans des têtes différentes, même douées d'une acuité
visuelle identique, l'image d'un même panorama
sera aussi différente que peuvent l'être, par exemple,
la première et la dernière impression d'une plaque
à gravure soumise à un usage intense. C'est ce qui
explique l'aptitude très inégale des hommes à jouir
des beautés naturelles, et, par suite, à les reproduire,
c'est-à-dire à produire le même phénomène cérébral
au moyen d'une cause d'un tout autre genre : des
taches de couleur sur une toile.

Du reste, l'apparente immédiateté de l'intuition, qui
repose sur sa totale intellectualité, et grâce à laquelle,
comme dit Euler, nous appréhendons les choses elles-

mêmes comme étant situées à l'extérieur de nous, possède un *analogon* dans la façon dont nous sentons les parties de notre propre corps, surtout quand elles nous font mal, ce qui est le cas la plupart du temps lorsque nous les sentons. En effet, de même que nous nous imaginons percevoir immédiatement les choses là où elles sont, alors que cela se produit en réalité dans le cerveau, de même nous croyons sentir la douleur dans le membre lui-même, alors qu'elle est de la même façon sentie dans le cerveau, où la conduit le nerf de la partie affectée. Par conséquent, seules sont senties les affections de ces parties du corps dont les nerfs vont au cerveau, et non celles dont les nerfs appartiennent au système ganglionnaire; à moins qu'une affection de ces derniers exceptionnellement forte ne se fraie un chemin détourné jusqu'au cerveau, où, le plus souvent, elle ne se donne pourtant à connaître que comme un malaise confus, et jamais avec une localisation suffisamment déterminée. Voilà aussi pourquoi on ne ressent pas la blessure d'un membre dont le réseau nerveux a été sectionné ou ligaturé. Voilà pourquoi enfin il arrive à celui qui a perdu un membre de sentir en lui pourtant encore de la douleur: parce que les nerfs qui conduisent au cerveau existent encore. — Ainsi, dans les deux phénomènes ici comparés, ce qui se produit dans le cerveau est appréhendé comme extérieur à lui: dans l'intuition, par l'entremise de l'entendement, qui étend ses fils sensitifs jusque dans le monde extérieur; dans la sensation des membres, par l'entremise des nerfs.

CHAPITRE 3

SUR LES SENS

Répéter ce qui a été dit par d'autres n'est pas le but de mes ouvrages. Je ne livre donc ici, à propos des sens, que des considérations originales et personnelles.

C[Les sens ne sont que les terminaisons du cerveau, grâce auxquelles il reçoit de l'extérieur, sous forme de sensation, la matière qu'il élabore en représentation intuitive.]C Ces sensations, censées servir principalement à l'appréhension OBJECTIVE du monde extérieur, ont dû n'être en elles-mêmes ni agréables ni désagréables, ce qui veut dire qu'elles ont dû ne jamais toucher la volonté. Car sinon, c'est la sensation ELLE-MÊME qui aurait retenu notre attention, et nous en serions restés à l'EFFET, au lieu de passer immédiatement à sa CAUSE, comme c'était ici le but : en effet, c'est la conséquence du fait que notre attention se porte toujours avec une nette préférence sur la VOLONTÉ plutôt que sur la simple représentation, puisque nous nous tournons vers la représentation seulement quand la volonté se tait. Par conséquent, en eux-mêmes, et tant que leur effet ne dépasse pas le niveau normal, les couleurs et les sons sont des sensations ni douloureuses ni agréables ; elles se produisent avec cette indifférence qui fait qu'elles se prêtent bien à être la matière d'intuitions purement objectives. C'est en effet ce qui se produit, autant qu'il est possible pour un corps qui est en soi-même volonté de part en part. À cet égard, c'est un phénomène digne d'admiration. C[Du point de vue physiologique, cela repose sur le fait que, dans les organes des sens les plus nobles, à savoir la vue et l'ouïe, les nerfs qui doivent recevoir l'impression externe spécifique ne sont capables d'aucune sensation de douleur, et ne connaissent aucune autre sensation que celle qui est leur propriété spécifique, et qui sert à la pure perception. Par suite, la rétine tout comme le nerf optique sont insensibles à toute blessure, et il en va de même pour le nerf auditif : dans ces deux organes, la douleur n'est ressentie que dans leurs autres parties, qui se trouvent à la périphérie de leurs nerfs sensitifs spécifiques, et non dans les organes eux-mêmes : pour l'œil, principalement dans la *conjunctiva* [conjonctive] ; pour l'oreille, dans le *meatus auditorius* [conduit auditif]. Il en va de même pour le cerveau, puisque ce dernier, même quand il est entaillé directement, donc par le haut, n'en éprouve aucune sensation.]C C'est donc seulement grâce à leur propriété spécifique d'indifférence par rapport à la volonté que les sensations de l'œil sont propres à fournir à l'entendement les données si diverses et si subtilement nuancées à partir desquelles il construit dans notre tête, en appliquant la loi de causalité et sur la base des pures intuitions de l'espace et du temps, l'admirable monde objectif. Le fait que les sensations des couleurs n'ont pas d'effet sur la VOLONTÉ leur permet, quand leur énergie est accrue par la transparence (comme lors d'un coucher de soleil ou grâce à des vitraux), de nous mettre facilement dans un état de pure intuition objective, sans volonté, laquelle intuition, comme je l'ai montré dans le livre III, constitue une composante essentielle de l'impression esthétique. C'est précisément cette indifférence par rapport à la VOLONTÉ qui fait que les sons constituent un matériau particulièrement apte à désigner l'infinie diversité des concepts de la raison.

Le sens externe, c'est-à-dire la sensibilité aux impressions externes en tant que pures données pour l'entendement, en se divisant en cinq sens, a permis à ces derniers de se régler sur les quatre éléments, c'est-à-dire sur les quatre états d'agrégation, avec celui de l'impondérabilité. Ainsi, le sens du solide (terre) est le toucher, le goût celui du liquide (eau), l'odorat celui de l'état gazeux, c'est-à-dire du volatil (odeur, parfum), l'ouïe celui de l'état élastique permanent (air), la vue celui de l'impondérable (feu, lumière). Le second état impondérable, la chaleur, n'est à proprement parler pas un objet des sens, mais d'un sentiment général, et il agit aussi par conséquent toujours directement sur la volonté, comme agréable ou désagréable. De cette classification résulte aussi la dignité relative des sens[44]. La vision occupe le premier rang, parce que sa sphère s'étend le plus loin et que sa réceptivité est la plus fine, ce qui repose sur le fait qu'elle est stimulée par un impondérable, c'est-à-dire quelque chose qui est à peine corporel, mais quasi spirituel. Le second rang est occupé par l'ouïe, avec l'air, son élément correspondant. Cependant, l'enseignement du toucher reste plus fondamental et plus riche. Car, tandis que les autres sens ne nous donnent qu'une relation unilatérale à l'objet, comme son bruit ou son rapport à la lumière, le toucher, qui est étroitement lié à la sensibilité générale et à la force musculaire, livre dans le même temps à l'entendement des données pour la forme, la taille, la dureté, le poli, la texture, la solidité, la température et le poids du corps, et tout cela sans la moindre possibilité d'illusion ou d'erreur, ce à quoi tous les autres sens sont bien davantage exposés. Les deux sens les plus bas, l'odorat et le goût, ne sont déjà plus exempts d'une excitation immédiate de la volonté, c'est-à-dire qu'ils sont toujours affectés de façon agréable ou désagréable. Voilà pourquoi ils sont plus subjectifs qu'objectifs.

Les perceptions de l'OUÏE sont exclusivement dans le TEMPS. Toute l'essence de la musique tient donc dans la mesure du temps ; c'est sur elle que reposent, au moyen des vibrations, la qualité ou hauteur du son, tout comme sa quantité ou durée, au moyen de la mesure. Au contraire, les perceptions de la VISION sont d'abord et principalement dans l'ESPACE ; mais, par leur durée, elles sont aussi, de façon secondaire, dans le temps.

La vision est le sens de l'ENTENDEMENT, qui intuitionne, l'ouïe le sens de la RAISON, qui pense et perçoit. Les signes visibles ne remplacent les mots que de manière imparfaite. Voilà pourquoi je doute qu'un sourd-muet, capable de lire mais ne possédant aucune représentation de la prononciation des mots, manipule, dans sa pensée, les signes conceptuels visibles aussi facilement que nous le faisons avec les mots réels, c'est-à-dire audibles. S'il ne sait pas lire, on sait bien que le sourd-muet est presque semblable à un animal dépourvu de raison, C[tandis que l'aveugle de naissance est, dès le départ, un être parfaitement rationnel]C.

La vision est un sens ACTIF, l'ouïe un sens PASSIF. C'est pourquoi les sons, quand ils agissent sur notre esprit, le troublent et l'agressent, et cela d'autant plus qu'il est plus actif et plus développé. Ils rompent toutes les pensées, et dérangent momentanément la force pensante. Au contraire, l'œil ne provoque aucune gêne analogue ; ce qui est vu n'a, EN TANT QUE TEL, aucune influence immédiate sur l'activité de la pensée (car, naturellement, il n'est pas ici question de l'influence sur la volonté des objets regardés[45]) : la plus grande variété des choses passant devant nos yeux autorise une pensée parfaitement libre et tranquille. Par suite, l'esprit pensant vit dans une paix perpétuelle avec l'œil, et dans une guerre perpétuelle avec l'oreille. Cette opposition entre ces deux sens se montre ainsi : les sourds-muets guéris par galvanisme prennent peur et deviennent pâles comme la mort quand ils entendent un son pour la première fois (Gilbert, *Annales de physique*, t. 10, p. 382[46]). À l'inverse, les aveugles opérés contemplent avec ravissement la lumière qu'ils voient pour la première fois, et ne se laissent bander les yeux qu'à contrecœur. Tout ce qu'on vient de rapporter s'explique par le fait que l'audition se produit grâce à un ébranlement mécanique du nerf auditif qui se propage immédiatement jusqu'au cerveau. Au contraire, la vue est une véritable ACTION de la rétine, qui est simplement excitée et sollicitée par la lumière et ses modifications, comme je l'ai montré en détail dans ma théorie physiologique des couleurs. C[En revanche, toute cette opposition est dans un rapport de totale contradiction avec la théorie de l'éther coloré qui viendrait tambouriner sur la rétine <*kolorierte Äther-Trommel-schlag-Theorie*>[47], cette théorie qu'on sert partout maintenant sans vergogne, et qui veut rabaisser la sensation lumineuse de l'œil à un ébranlement mécanique, comme c'est d'abord effectivement le cas pour l'ouïe, et cela alors même que rien ne peut être plus différent de l'effet tranquille et doux de la lumière que l'effet de l'ouïe, pareil à celui d'un tambour d'alarme. Mettons encore en rapport avec ce que nous venons de dire ce détail particulier : bien que nous entendions avec deux oreilles, dont la sensibilité <*Empfindlichkeit*> est souvent très différente, nous ne percevons cependant jamais un son dédoublé, à la façon dont nous voyons souvent double avec nos deux yeux. Ainsi, nous sommes conduits à supposer que la sensation auditive ne naît pas dans le labyrinthe[48] ou limaçon, mais seulement dans les profondeurs du cerveau, là où se rencontrent les deux nerfs auditifs, d'où la simplicité de l'impression : c'est là où le *pons Varolii* [pont de Varole[49]] entoure la *medulla oblongata* [moelle allongée[50]], et donc cet endroit absolument vital qui, atteint par une blessure, provoque la mort instantanée de n'importe quel animal, et à partir duquel le nerf auditif n'est qu'à une courte distance du labyrinthe, siège de l'ébranlement acoustique. C'est parce que l'ébranlement provient de cet endroit dangereux, d'où partent aussi tous les mouvements des membres, qu'on sursaute en entendant une détonation, ce qui ne se produit jamais avec une soudaine lumière, un éclair par exemple. Au contraire, le nerf optique sort beaucoup plus loin devant les *thalamis*[51] (même si son origine première se trouve peut-être derrière eux). Pendant tout son trajet, il est couvert par les lobes antérieurs du cerveau, même s'il est constamment séparé d'eux, jusqu'au moment où il sort complètement du cerveau, pour s'épanouir dans la rétine. C'est là seulement que se produit la sensation à l'occasion de l'excitation lumineuse ; c'est là aussi qu'elle a son véritable siège, comme je l'ai montré dans mon traité *Sur la vue et les couleurs*. Cette origine des nerfs auditifs]C explique aussi la grande perturbation que provoquent les sons dans le pouvoir de penser, à cause de quoi les têtes pensantes et plus généralement les personnes douées d'un esprit supérieur sont, toutes sans exception, incapables de supporter le bruit. Car il dérange le cours paisible de leurs réflexions, il interrompt et paralyse leur pensée, précisément parce que l'ébranlement du nerf auditif se propage à une telle profondeur dans le cerveau, qui entre en résonance et participe alors aux vibrations produites par le nerf auditif. L'autre raison est que le cerveau de ces gens-là est beaucoup plus facilement mis en mouvement que celui des têtes communes. Cette grande mobilité et cette force conductrice que possèdent ces cerveaux expliquent que chez eux chaque pensée évoque si facilement toutes celles qui lui sont analogues ou apparentées : les ressemblances, les analogies, les rapports des choses leur viennent en général si facilement et si rapidement à l'esprit que la même occasion, qu'ont eue avant eux des millions de têtes communes, les conduit à ces réflexions, à cette découverte que les autres, ensuite, s'étonnent de n'avoir pas faites. C'est que, pour la pensée, ils peuvent bien être des suiveurs, mais pas des précurseurs : le soleil brille sur toutes les colonnes, mais seule celle de Memnon résonne. Ainsi, Kant, Goethe, Jean Paul étaient extrêmement sensibles au moindre bruit, comme le montrent leurs biographies[52]. Dans ses dernières années, Goethe acheta, à côté de la sienne, une maison tombée en ruine, simplement pour n'avoir pas à supporter le bruit qu'aurait provoqué sa restauration. C'est donc en vain que, dans sa jeunesse, il avait suivi le tambour, pour s'endurcir contre le bruit. Il ne s'agit pas d'une question d'habitude. En revanche, c'est une chose étonnante que l'indifférence vraiment stoïque dont témoignent les têtes communes à l'égard du bruit : aucun bruit ne peut les déranger dans leurs pensées, quand elles lisent, écrivent, etc., tandis que cela rend une tête supérieure incapable de faire quoi que ce soit. Mais la même propriété qui les rend insensibles à n'importe quel bruit fait qu'elles sont aussi insensibles à la beauté dans les arts plastiques, à la profondeur de pensée ou à la finesse d'expression dans les arts du discours : en un mot, insensibles à tout ce qui ne touche pas à leur intérêt personnel. À l'action paralysante qu'exerce au contraire le bruit sur les esprits bien dotés, on peut appliquer la remarque suivante de Lichtenberg : « C'est toujours un bon signe, quand un artiste est susceptible d'être empêché par des petits riens d'exercer son art comme il faut. Quand F... voulait jouer du piano, il plongeait ses doigts dans de la poudre de lycopode[53] [...]. De telles choses ne constituent pas d'obstacle pour l'esprit moyen : il se comporte comme un filtre à trous larges » (*Vermischte Schriften*, t. I, p. 398)[54]. Je nourris depuis très longtemps l'idée que la quantité de bruit que chacun peut supporter sans difficulté est en raison inverse de la puissance de son esprit ; elle peut donc être considérée comme sa mesure approximative. Voilà pourquoi quand j'entends dans la cour d'une maison des chiens aboyer sans cesse des heures durant, sans qu'on les fasse taire, je sais déjà à quoi m'en tenir quant aux forces intellectuelles du propriétaire. Celui qui a l'habitude de claquer les portes au lieu de les fermer avec sa main, ou qui tolère ce comportement dans sa maison, n'est pas seulement un homme mal élevé, mais aussi grossier et borné. En Angleterre, *sensible* signifie aussi « intelligent » <*verständig*> : cet usage repose donc sur une observation fine et précise. Nous deviendrons parfaitement civilisés seulement quand nos oreilles auront elles aussi droit de cité, et quand plus personne ne sera autorisé, dans un périmètre de mille pas, à venir troubler la conscience d'un être pensant par des sifflements, des hurlements, des vociférations, des coups de marteau ou de fouet, des aboiements, etc. Les Sybarites[55] bannissaient hors de la ville les métiers bruyants. La vénérable secte des Quakers[56] en Amérique du Nord ne souffre aucun bruit inutile dans ses villages. On rapporte la même chose au sujet des frères moraves[57].

— Cm[On trouve plus de développements sur ce sujet dans le chapitre 30 du tome II des *Parerga*[58].]Cm

La nature PASSIVE de l'ouïe, qu'on vient d'exposer, permet d'expliquer l'effet si puissant, si immédiat, si irrésistible de la musique sur l'esprit, ainsi que l'action qui se produit parfois après coup, et qui consiste dans une élévation particulière de notre état affectif. En effet, les vibrations sonores qu'elle produit, dans une combinaison de rapports numériques rationnels, transmettent aux fibres du cerveau les mêmes vibrations. À l'inverse, la nature ACTIVE de la vision explique pourquoi il est impossible de donner un analogue visuel de la musique : le clavier des couleurs a été une erreur ridicule[59]. De même, en raison de sa nature ACTIVE, le sens de la vue est exceptionnellement développé chez les animaux chasseurs, et donc chez les prédateurs, comme l'est, inversement, le sens PASSIF, celui de l'ouïe, chez les animaux traqués, fuyants, craintifs : cela leur permet de se tenir avertis à temps de l'approche, rapide ou furtive, d'un poursuivant.

Cm[Nous avons reconnu dans la vision le sens de l'entendement, et dans l'ouïe celui de la raison. De même, nous pourrions nommer l'odorat le sens de la mémoire, parce que, plus immédiatement que n'importe quel autre sens, il nous rappelle l'impression spécifique d'une action ou d'une circonstance, même s'il s'agit d'un passé très lointain.]Cm

CHAPITRE 4

DE LA CONNAISSANCE *A PRIORI*

À partir du fait que nous pouvons par nous-mêmes indiquer et déterminer les lois des rapports spatiaux, sans recourir pour ce faire à l'expérience, Platon (*Meno, p. 353, Bip.*) en a déduit que tout ce que nous apprenons n'est qu'un souvenir[60] ; Kant, au contraire, que l'espace est subjectivement conditionné et n'est qu'une forme de la faculté de connaissance[61]. Combien Kant est supérieur à Platon de ce point de vue !

Cogito ergo sum [je pense donc je suis] est un jugement analytique : Cm[Parménide l'a même considéré comme un jugement identique <*identisches Urteil*> : τὸ γὰρ αὐτὸ νοεῖν ἐστίν τε καὶ εἶναι (*nam intelligere et esse idem est* [car la pensée et l'être ne sont qu'une même chose[62]], *Clem. Alex., Strom, VI, 2, § 23*).]Cm Mais en tant que jugement identique, ou même analytique, il ne peut comporter aucune sagesse particulière, pas même si, en prenant les choses de plus haut, on voulait le déduire comme une conséquence du principe général *non entis nulla sunt praedicata* [ce qui n'est pas ne possède aucun prédicat]. Cm[Mais, en réalité, Descartes a voulu avec ce jugement exprimer cette grande vérité, que la certitude immédiate revient à la seule conscience de soi, et donc au subjectif et que, au contraire, à l'objectif, c'est-à-dire à tout le reste, vu qu'il se produit seulement par l'intermédiaire du subjectif, ne revient qu'une certitude médiate ; que l'objectif, parce qu'il est de seconde main, doit donc être considéré comme problématique. C'est ce qui fait la valeur de ce principe si célèbre. En nous inspirant de la philosophie kantienne, nous pouvons établir comme son contraire:]Cm *cogito, ergo est* [je pense, donc cela est] — c'est-à-dire: je pense certains rapports comme inhérents aux choses (les rapports mathématiques), et c'est précisément tels que je les pense qu'ils doivent toujours échoir à toute expérience possible — voilà un *aperçu* [en français dans le texte] important, profond, et tardif, qui s'est fait jour sous les apparences du problème de la POSSIBILITÉ DES JUGEMENTS SYNTHÉTIQUES *A PRIORI*[63], et qui a vraiment ouvert la voie à une connaissance plus profonde. Ce problème est la devise de la philosophie kantienne, comme le premier principe est celle de la philosophie cartésienne, et il montre ἐξ οἴων εἰς οἷα [de quoi vers quoi].

C'est très opportunément que Kant place ses recherches sur le temps et l'espace à la pointe de toutes les autres. Car, pour l'esprit spéculatif, les questions qui s'imposent en priorité sont: qu'est-ce que le TEMPS? quel est cet être qui consiste en un pur mouvement, sans rien qui se meuve? — et qu'est-ce que l'ESPACE? Ce néant omniprésent, auquel aucune chose ne peut échapper sans cesser d'être quelque chose?

Que le temps et l'espace dépendent du SUJET, qu'ils constituent la modalité selon laquelle s'accomplit, dans le cerveau, le processus de l'aperception objective, c'est ce que prouve déjà l'impossibilité de révoquer en pensée l'espace et le temps, alors qu'on révoque très facilement en pensée tout ce qui se présente en eux. La main peut tout lâcher, sauf elle-même. Cependant, je veux ici, par quelques exemples et explications, éclairer la preuve la plus immédiate de cette vérité, donnée par Kant, non pas pour réfuter les sottes objections, mais à l'usage de ceux qui, dans l'avenir, auront à exposer les doctrines de Kant.

Un «triangle rectangle équilatéral» ne comporte

aucune contradiction logique, car les prédicats, pris séparément, n'invalident d'aucune façon le sujet, pas plus qu'ils ne sont incompatibles les uns avec les autres. C'est seulement quand on construit leur objet dans l'intuition pure que s'y révèle leur incompatibilité. Si, pour cette raison, on voulait justement la considérer comme une contradiction, alors serait aussi une contradiction toute impossibilité physique, mise en évidence seulement des siècles plus tard : par exemple la composition d'un métal à partir de ses constituants, ou l'existence d'un mammifère ayant plus ou moins de sept vertèbres cervicales*[64], ou encore la présence, chez un même animal, de cornes et d'incisives supérieures. Mais seule l'impossibilité LOGIQUE est une contradiction, pas la contradiction physique, et pas plus que la contradiction mathématique. «Équilatéral» et «à angle droit» ne se contredisent pas mutuellement (dans un carré, ils vont ensemble), pas plus que chacun d'eux n'est contradictoire avec le triangle. Par conséquent, l'incompatibilité des concepts sus-nommés ne peut jamais être reconnue par la simple PENSÉE, mais elle résulte d'abord de cette intuition, qui, pour être telle, n'a besoin d'aucune expérience, d'aucun objet réel : une intuition purement mentale[65]. C'est aussi d'une telle expérience que relève le principe de Giordano Bruno, qu'on pourra trouver tout aussi bien chez Aristote : «un corps d'une grandeur infinie est nécessairement immobile[66]» — puisque ce principe ne peut reposer ni sur l'expérience ni sur le principe de contradiction. En effet, il parle de choses qui ne peuvent se présenter dans aucune expérience ; les concepts d'«in-

---

* C[Que le paresseux tridactyle en ait neuf semble devoir être reconnu comme une erreur. Pourtant Owen soutient encore cette allégation (*Ostéologie comp.*, p. 405).]C

finiment grand» et de «mobile» ne se contredisent pas: c'est de la seule intuition pure qu'il résulte que le mouvement réclame un espace en dehors du corps, et que sa grandeur infinie n'en laisse aucun. — Pour lever une objection contre le premier exemple mathématique, on pourrait objecter que cela dépend uniquement du degré de complétude du concept de triangle que possède celui qui porte un jugement; si ce concept était vraiment complet, il comprendrait aussi l'impossibilité, pour un triangle, d'être à la fois rectangle et équilatéral. Voici la réponse: à supposer que son concept de triangle ne soit pas complet, il peut l'élargir, sans consulter l'expérience, simplement en le construisant dans son imagination, et se convaincre ainsi de l'impossibilité, de toute éternité, d'une telle liaison conceptuelle[67]. Ce processus est justement un jugement synthétique *a priori*, c'est-à-dire un jugement par lequel nous formons et complétons nos concepts, sans aucune expérience, et pourtant avec une validité s'étendant à toute expérience. — Car, en général, qu'un jugement donné soit analytique ou synthétique, c'est ce qu'on peut déterminer, dans un cas particulier, seulement en fonction du degré de complétude du concept dans la tête de celui qui juge: le concept de «chat», dans la tête de Cuvier, comprend cent fois plus que dans celle de son valet. Par conséquent, le même jugement sur ce concept est chez le second synthétique, et analytique chez le premier. Mais si l'on prend les concepts objectivement, et que l'on veut déterminer si un jugement donné est analytique ou synthétique, il suffit de changer le prédicat en son opposé contradictoire, et de le mettre, sans copule, à côté du sujet: si cela donne une *contradictio in adjecto* [contradiction dans les termes], le jugement était analytique, et sinon synthétique.

Que l'ARITHMÉTIQUE repose sur l'intuition pure du TEMPS, voilà qui n'est pas aussi évident que le fait, pour la géométrie, de se fonder sur celle de l'espace*[68]. Mais on peut le montrer de la façon suivante. Toute numération consiste dans la répétition de la position de l'unité. Simplement, pour savoir, dans chaque cas, combien de fois nous avons déjà posé l'unité, nous la marquons chaque fois par un autre mot : ce sont les noms des nombres. Or la répétition n'est possible que par la succession ; mais cette dernière, c'est-à-dire le fait de poser une chose après l'autre, repose immédiatement sur l'intuition du TEMPS. Seule cette dernière fait de la succession un concept compréhensible. La numération n'est donc, elle aussi, possible que par le temps.

---

* C[Cela n'excuse pourtant pas les propos d'un professeur de philosophie qui, montant dans la chaire de Kant, se fait ainsi entendre : « La mathématique en tant que telle comprend l'arithmétique et la géométrie, c'est vrai. Mais il est faux de concevoir l'arithmétique comme la science du temps, sans autre raison, en fait, que celle de donner un pendant (*sic*) à la géométrie, en tant que science de l'espace » (Rosenkranz, *Deutsches Museum*, 1857, 14 mai, n° 20). Tels sont les fruits de l'hégélânerie. Et une fois qu'une tête a radicalement été corrompue par son galimatias absurde, le sérieux d'une philosophie kantienne ne peut plus y rentrer. Et l'on a hérité du maître l'effronterie de parler au grand jour de choses qu'on ne comprend pas. Ainsi, on en vient finalement à user d'un ton résolument péremptoire pour condamner sans ménagement les théories fondamentales d'un grand esprit, comme s'il s'agissait justement des bouffonneries hégéliennes. Mais nous ne devons pas tolérer que les petites gens minables ici-bas s'efforcent de quitter le sillage du grand penseur. Par conséquent, ils feraient mieux de ne pas se frotter à Kant, mais de se contenter de donner à leur public des renseignements plus précis sur Dieu, l'âme, la liberté effective de la volonté, et sur tout ce qui s'y rapporte ; ensuite, qu'ils s'offrent un plaisir solitaire avec le « Journal philosophique », au fond de leur obscure arrière-boutique : là ils peuvent sans honte faire et manigancer ce qu'ils veulent, personne ne les observe.]C

— Que toute numération repose sur le TEMPS se laisse aussi deviner par le fait que, dans toutes les langues, la multiplication est désignée par «fois», et donc par un concept de temps : *sexies*, ἑξάκις, six fois, *six times*. Or la simple numération est déjà une multiplication par un, et c'est pourquoi aussi, dans l'école de Pestalozzi[69], les enfants devaient toujours multiplier ainsi : «deux fois deux égale quatre fois un». — Aristote lui aussi avait déjà reconnu la parenté étroite du nombre avec le temps, et l'avait exposée dans le chapitre 14 du quatrième livre de la *Physique*. Selon lui, le temps est le «nombre du mouvement» (ὁ χρόνος ἀριθμός ἐστι κινήσεως)[70]. Avec profondeur, il soulève la question de savoir si le temps pourrait être si l'âme n'était pas, et il répond par la négative[71]. —

Quoique le TEMPS, comme l'espace, soit la forme de la connaissance du sujet, il se présente, tout comme l'espace, comme quelque chose qui existe de façon pleinement objective, et indépendante du sujet. Contre notre volonté ou à notre insu, le temps se hâte ou musarde : on demande l'heure, on s'enquiert du temps comme de quelque chose qui serait totalement objectif. Et qu'est-ce que cet élément objectif ? Ce n'est pas la marche des étoiles ou celle des heures, puisqu'elles ne servent qu'à mesurer le cours du temps : il est différent de toutes les choses, tout en étant cependant, comme elles, indépendant de notre vouloir et de notre savoir. Il n'existe que dans la tête de l'être connaissant, mais la régularité de son cours et son indépendance par rapport à la volonté lui donnent la qualité de l'objectivité.

Le TEMPS est avant tout la forme du sens IN-TERNE[72]. Anticipant sur le livre suivant, je remarque que le seul véritable objet du sens interne est la VOLONTÉ de l'être connaissant. Le temps est donc la forme qui rend possible la conscience de soi pour la volonté individuelle, originellement et en elle-même dépourvue de connaissance. C'est, en effet, dans le temps que l'essence de la volonté, en soi simple et identique, apparaît étirée aux dimensions du cours d'une vie. Mais c'est précisément parce que son essence se présente avec cette simplicité et identité originelles que son CARACTÈRE demeure toujours exactement le même. C'est pourquoi aussi le cours de la vie lui-même conserve constamment la même TONALITÉ FONDAMENTALE, et que la variété des événements et des scènes qui s'y produisent ne sont pourtant, au fond, que l'analogon de variations sur un seul et même thème.

Chez les Anglais et les Français, l'APRIORITÉ DE LA LOI DE CAUSALITÉ n'a pas été encore APERÇUE, ou bien elle a été mal conçue. Voilà pourquoi quelques-uns parmi eux poursuivent les vieilles recherches qui visent à lui trouver une origine EMPIRIQUE. Pour Maine de Biran, cette origine est dans l'expérience de la succession de l'acte de la volonté comme cause et du mouvement du corps comme effet[73]. Mais ce fait lui-même est faux. En aucune façon nous ne connaissons l'authentique acte de volonté immédiat comme quelque chose qui diffère de l'action du corps, pas plus que nous ne les connaissons comme liés par le lien de causalité : tous deux forment une chose unique et indivisible. Entre eux, il n'y a aucune succession : ils sont simultanés. Ils sont une seule et même chose, perçue de deux façons différentes. En effet, ce qui se donne à la perception INTERNE (à la conscience de soi) comme un ACTE DE VOLONTÉ réel, cela même se présente immédiatement à l'intuition EXTERNE, dans laquelle se tient le corps OBJECTIF, comme une ACTION de ce dernier. Cm[Que, d'un point de vue physiologique, l'action du nerf précède celle du muscle ne rentre pas ici en ligne de compte : ce fait ne pénètre pas dans la conscience de soi, et il n'est pas ici question de la relation entre muscle et nerf, mais entre acte de la volonté et action du corps. Or celle-ci ne se manifeste pas comme une relation de causalité. Si acte de la volonté et action du corps se présentaient à nous comme une cause et son effet, leur liaison ne nous serait pas aussi incompréhensible qu'elle ne l'est ici. En effet, ce que nous comprenons à partir de sa cause, nous le comprenons autant qu'il nous est possible en général de comprendre les choses. Au contraire, le mouvement de nos membres grâce à un simple acte de la volonté est, à la vérité, un miracle[74] tellement ordinaire que nous ne le remarquons plus. Mais, dès que nous dirigeons notre attention sur ce fait, nous avons une très vive conscience du caractère incompréhensible de la chose, précisément parce que quelque chose se présente à nous que nous NE comprenons PAS comme un effet à partir de sa cause.]Cm Jamais cette perception ne pourrait donc nous conduire à la représentation de la causalité, puisque cette dernière ne s'y produit pas du tout. Maine de Biran lui-même reconnaît la parfaite simultanéité de l'acte de la volonté et du mouvement (*Nouvelles considérations des rapports du physique au moral, p. 377, 78*)[75]. — En Angleterre, Thomas Reid (*On the first principles of contingent truths, Ess. VI, c. 5*) a déjà dit que la connaissance du rapport de causalité trouve son fondement dans la constitution de notre faculté de connaître elle-même[76]. Plus récemment, dans son livre si prolixe, *Inquiry into the relation of cause and effect, 4th edit.*, 1835), Thomas Browne enseigne à peu près la même chose, à savoir que cette connaissance naît chez nous d'une conviction innée, intuitive et instinctive[77] : il est donc, pour l'essentiel, sur la

bonne voie. Mais on ne peut pardonner l'ignorance
crasse à cause de laquelle, dans ce gros livre de 476
pages, dont 130 sont consacrées à la réfutation de
Hume, n'apparaît pas même une allusion à Kant,
qui avait déjà élucidé la question soixante ans auparavant. Si le latin était resté l'unique langue de la
science, une telle chose ne serait pas arrivée. Malgré
l'exposé de Browne, globalement exact, on a vu
pourtant s'introduire en Angleterre une variante de
la théorie biranienne de l'origine empirique de notre
connaissance originelle du rapport causal ; car cette
théorie n'est pas dépourvue d'une certaine vraisemblance. D'après elle, nous abstrayons la loi de causalité de la perception empirique de l'action de notre
corps <*Leib*> propre sur des corps étrangers <*Kör-
per*>. Cm[Hume avait déjà réfuté cette théorie. Mais]
Cm dans mon écrit *De la volonté dans la nature*, j'ai
mis en lumière le caractère inadmissible de cette
théorie, en montrant que, parce que nous percevons
objectivement notre corps propre comme les autres
corps dans l'intuition spatiale, la connaissance de la
causalité doit déjà être là, puisqu'elle est la condition
d'une telle intuition[78]. En réalité, le fait que, pour
produire l'intuition du monde extérieur, il est nécessaire d'effectuer un passage de la sensation sensorielle, seule donnée empirique, à sa cause, voilà ce
qui constitue la seule raison véritable permettant de
prouver que nous avons une conscience de la loi de
causalité avant toute expérience. J'ai donc substitué cette preuve à celle de Kant, dont j'avais montré
l'inexactitude. Quant à ce sujet d'une importance
cruciale, que je ne fais ici qu'effleurer, à savoir
l'apriorité de la loi de la causalité et l'intellectualité
de l'intuition empirique, on le trouve présenté de la
façon la plus détaillée et la plus approfondie dans la
deuxième édition de ma dissertation sur le principe

de raison, § 21 ; j'y renvoie, afin de ne pas répéter ici tout ce que j'y ai dit[79]. C[Dans ce même ouvrage, j'ai montré l'énorme différence qu'il y a entre la simple sensation sensible et l'intuition d'un monde objectif, et j'ai mis en évidence le large fossé qui les sépare :]C seule la loi de causalité permet de le franchir, dont l'application présuppose cependant les deux autres formes qui lui sont apparentées : l'espace et le temps. Seule la réunion de ces trois formes donne la représentation OBJECTIVE. Mais c'est au fond la même chose que de se demander si la SENSATION, de laquelle nous partons afin d'obtenir la perception, naît de la résistance que rencontre l'exercice de notre force musculaire, ou de l'impression visuelle sur la rétine, ou encore de l'impression sonore sur les nerfs auditifs, etc. : la SENSATION reste toujours un simple *datum* pour l'ENTENDEMENT, qui est seul capable de la concevoir comme EFFET d'une cause distincte d'elle. Cette cause, il l'intuitionne alors comme quelque chose d'extérieur, c'est-à-dire qu'il la transfère dans cette forme qui réside justement dans notre intellect avant toute expérience, c'est-à-dire dans l'ESPACE, comme quelque chose qui y prend place et le remplit. Sans cette opération intellectuelle, pour laquelle les formes doivent se trouver prêtes en nous, jamais, à partir d'une simple sensation épidermique, ne pourrait se produire l'intuition d'un MONDE EXTÉRIEUR OBJECTIF. Comment peut-on seulement concevoir qu'on y parvienne par le simple sentiment d'être entravé dans un mouvement volontaire — sentiment qui, du reste, se produit aussi dans les cas de paralysie ? Ajoutons encore que, pour que JE puisse chercher à agir sur des choses extérieures, CELLES-CI doivent nécessairement avoir agi au préalable sur MOI comme des motifs. Mais cela suppose déjà l'appréhension du monde extérieur. Selon la théorie en question (comme je l'ai déjà remarqué dans le passage mentionné plus haut), un homme né sans bras ni jambe ne pourrait pas parvenir à la représentation de la causalité, ni non plus, par conséquent, à la perception du monde extérieur. Or ce n'est pas le cas : c'est ce que prouve un fait rapporté dans les *Notes* de Froriep, juillet 1839, n° 133[80] : il s'agit d'un rapport très complet, accompagné d'une gravure, sur une Estonienne, Eva Lauk, âgée alors de 14 ans, et née sans bras ni jambes, rapport qui se conclut sur les mots suivants : « Selon les dires de sa mère, son intelligence s'est développée à la même vitesse que celle de ses frères et sœurs ; en particulier, elle est parvenue avec la même rapidité à juger exactement de la taille et de l'éloignement des objets, sans pouvoir pourtant se servir des mains (Dorpat, le 1er mars 1838, Dr Alexander Huek). »

Selon Hume, le concept de CAUSALITÉ naîtrait simplement de l'habitude de voir deux états se suivre de façon constante. Mais même cette théorie trouve une réfutation FACTUELLE dans la plus vieille de toutes les successions, à savoir celle du jour et de la nuit, que personne encore n'a pris pour une cause et un effet. Et cette même succession réfute aussi ce qu'affirme Kant[81] : à savoir que la réalité OBJECTIVE d'une succession ne serait connue que parce qu'on saisirait deux termes successifs dans un rapport de cause à effet. C'est même l'inverse de ce que dit Kant qui est vrai : nous connaissons EMPIRIQUEMENT, par leur seule succession, lequel des deux états reliés est CAUSE, et lequel est EFFET. Par ailleurs, de nos jours, beaucoup de professeurs de philosophie affirment absurdement que la cause et l'effet sont SIMULTANÉS. Il faut les réfuter en arguant que, dans les cas où la rapidité de la succession ne nous permet pas de la percevoir, nous formons *a priori* et avec certitude l'hypothèse qu'elle existe pourtant, et qu'elle occupe un certain laps de temps. Ainsi, par exemple, nous savons qu'entre la pression sur la détente du fusil et la sortie de la balle, un certain temps doit s'écouler, même si nous ne le percevons pas, et que ce même temps doit être de nouveau divisé en plusieurs états qui prennent place dans une succession rigoureusement déterminée : la pression, l'étincelle, l'explosion, et la sortie de la balle. Personne encore n'a perçu cette succession d'états ; mais parce que nous savons lequel AGIT sur l'autre, nous savons aussi par là même lequel doit PRÉCÉDER l'autre dans le temps, et donc aussi que, pendant le cours de cette série, un certain temps doit s'écouler, même s'il est tellement bref qu'il échappe à notre perception empirique : car personne n'affirmera que la sortie de la balle est vraiment contemporaine de la pression sur la détente. Ainsi donc, ce n'est pas seulement la loi de causalité que nous connaissons *a priori*, mais aussi son rapport au TEMPS et la nécessité de la SUCCESSION de la cause et de l'effet. De deux états, si nous savons lequel est cause et lequel est effet, alors nous savons aussi lequel précède l'autre dans le temps. À l'inverse, si nous NE savons PAS lequel est la cause de l'autre, tout en sachant qu'ils sont en général dans un rapport de causalité, alors nous cherchons à produire empiriquement la succession, et à déterminer par là lequel est la cause, et lequel est l'effet. — Voici une considération supplémentaire, qui permet elle aussi de montrer qu'il est erroné d'affirmer que la cause et l'effet sont simultanés : le temps dans son ensemble est rempli par une chaîne ininterrompue de causes et d'effets (car, si elle était brisée, le monde s'immobiliserait, ou alors, pour le remettre en mouvement, il faudrait qu'apparaisse un effet sans cause). Si chaque effet était SIMULTANÉ à sa cause, chaque effet remonterait pour prendre place dans le temps de sa cause, et alors, si nombreux ses maillons soient-ils, cette chaîne de causes et d'effets ne remplirait aucun temps, à plus forte raison si ce temps est infini : les causes et effets se produiraient tous ensemble, en UN SEUL instant. Ainsi, en admettant que la cause et l'effet sont contemporains, on réduit le cours du monde à l'affaire d'un instant. Cette preuve est analogue à celle qui montre que chaque page doit avoir une épaisseur, car sinon le livre entier n'en aurait aucune. Indiquer QUAND cesse la cause et commence l'effet est difficile dans presque tous les cas, et souvent impossible. Car les CHANGEMENTS (c'est-à-dire la succession des états) constituent un continuum, comme le temps qu'ils remplissent ; ils sont donc, comme lui, divisibles à l'infini. Mais la série des changements est déterminée d'une façon aussi nécessaire et irréversible que la série des moments du temps eux-mêmes. Chacun d'eux se nomme « effet » par rapport à ceux qui le précèdent, et « cause » par rapport à ceux qui le suivent.

CHAQUE CHANGEMENT DANS LE MONDE MATÉRIEL NE PEUT SE PRODUIRE QUE S'IL EST IMMÉDIATEMENT PRÉCÉDÉ D'UN AUTRE : c'est tout le contenu de la vraie loi de causalité. Seulement, aucun concept dans la philosophie n'a été plus mal utilisé que celui de CAUSE : c'est un artifice <*Kunstgriff*>, ou plutôt un travers <*Missgriff*> très apprécié que de se servir de la pensée abstraite pour lui donner une étendue trop LARGE, ou le prendre en un sens trop GÉNÉRAL. Depuis la scolastique, et même à vrai dire depuis Platon et Aristote, une grande part de la philosophie se résume en un CONSTANT ABUS DE CONCEPTS GÉNÉRAUX, comme par exemple : la substance, la raison, la cause, le bien, la perfection, la nécessité, la possibilité, et beaucoup d'autres. On a vu presque en tout temps se manifester un penchant des esprits à fonctionner avec de tels concepts abstraits et conçus trop largement : peut-être repose-t-il en fin de compte sur une certaine paresse de l'intellect, à qui il est pénible de contrôler sans cesse ce qu'il pense au moyen de l'intuition. De tels concepts trop larges seront alors peu à peu utilisés presque comme des signes algébriques, dont on parsème les écrits, en sorte que la philosophie dégénère en une simple combinatoire, en une espèce de calcul stérile, qui, comme tout calcul, n'exige et ne mobilise que des facultés inférieures. Finalement, il n'en sort qu'un FATRAS DE MOTS CREUX. L'hégélânerie débilitante nous en offre l'exemple le plus monstrueux, vu qu'il y est poussé jusqu'à l'absurde pur et simple. Mais la scolastique elle aussi a souvent tourné en un fatras de mots. C'est le cas même pour les concepts topiques d'Aristote, ces principes très abstraits, conçus d'une façon toute générale, que dans les disputes contradictoires on pouvait appliquer aux objets de genres divers, et ressortir partout : leur origine se trouvait déjà dans un abus de concepts généraux. Les ouvrages de la scolastique, en particulier ceux de Thomas d'Aquin, comportent d'innombrables exemples de la façon dont elle procède avec de telles abstractions[82]. À vrai dire, la philosophie a suivi la voie ouverte par la scolastique jusqu'à Locke et Kant, qui ont enfin réfléchi à l'origine des concepts. Et même Kant, dans ses jeunes années, nous le voyons emprunter encore ce chemin dans sa *Preuve de l'existence de Dieu* (p. 191 du tome I de l'édition Rosenkranz), ouvrage dans lequel les concepts de SUBSTANCE, RAISON, RÉALITÉ sont utilisés comme on n'aurait jamais pu le faire si l'on était retourné à l'origine de ces concepts et, par là, à leur VÉRITABLE CONTENU[83]. Car on aurait alors trouvé que la matière seule cons-

titue l'origine et le contenu du concept de SUBS-
TANCE, et que, pour celui de RAISON (s'il est question
de choses du monde réel), il s'agit de la cause, c'est-
à-dire du changement antérieur qui produit le suivant. Il est vrai que cela n'aurait pas ici conduit au
résultat recherché. Mais, partout ailleurs de fausses
propositions et, partant, de faux systèmes sont nés de
ce genre de concepts conçus TROP LARGEMENT, sous
lesquels par conséquent on a pu subsumer plus que
ce que leur véritable contenu aurait permis. Toute la
méthode de démonstration de Spinoza repose elle
aussi sur de tels concepts admis sans examen et
conçus trop largement[84]. C'est ce qui fait l'éminent
mérite de Locke qui, pour faire barrage à tout ce
fléau dogmatique, a insisté sur la nécessité d'étudier
l'ORIGINE DES CONCEPTS, ce qui lui a permis de
l'imputer à l'INTUITION et à l'EXPÉRIENCE. Avant
lui, Bacon avait agi dans le même sens, qui cependant
visait davantage la physique que la métaphysique.
Kant s'est engagé sur la voie ouverte par Locke,
mais beaucoup plus loin, et avec un objectif plus
ambitieux (comme cela a été mentionné plus haut).
À l'inverse, les hommes de la simple apparence réus-
sirent à détourner l'attention du public de Kant sur
leur propre personne, pour qui les résultats de Locke
et de Kant étaient par trop difficiles. Seulement,
dans un cas comme celui-là, ils savent y faire pour
ignorer les morts comme les vivants. Ils quittèrent
donc, sans aucune précaution, le chemin que ces
sages avaient enfin découvert, le seul valable, et se
mirent à philosopher au grand jour avec des concepts
ramassés au petit bonheur, sans se soucier ni de leur
origine ni de leur vraie teneur; en sorte que, finalement, la sagesse dégénérée de Hegel en arriva à
soutenir que les concepts n'ont pas d'origine, mais
qu'au contraire ils sont eux-mêmes l'origine des

choses. — Cependant, Kant a commis une erreur en
négligeant trop l'intuition empirique lorsqu'il traite
de l'intuition PURE, ce dont j'ai parlé en détail dans
ma critique de sa philosophie. Chez moi, c'est l'intuition qui est la source de toute connaissance[85].
Ayant reconnu de bonne heure le caractère séducteur
et insidieux des abstractions, j'ai montré, dès 1813,
dans ma dissertation sur le principe de raison[86], que
des rapports différents sont pensés sous CE MÊME
concept. Les concepts généraux doivent être la matière
DANS LAQUELLE la philosophie place et dépose la
connaissance qu'elle délivre, mais ils ne sont pas
pour autant la source D'OÙ elle la puise : le *terminus
ad quem*, et pas le *terminus a quo*. La philosophie
n'est pas, comme Kant la définit, une science À
PARTIR DE concepts, mais une science EN concepts[87].
— Même le concept de CAUSALITÉ, dont il est ici
question, a toujours été conçu par les philosophes
d'une manière TROP LARGE, et ce afin de favoriser
leurs intentions dogmatiques : ils y ont mis ce qui ne
s'y trouve pas du tout. De là sont nées des propositions comme : « tout ce qui EST possède une cause » ;
« l'effet ne peut contenir plus que la cause, et donc
rien qui ne s'y trouve pas aussi » ; *causa est nobilior
suo effectu* [la cause est plus noble que son effet], et
beaucoup d'autres impropriétés du même acabit.
On en trouve un exemple précis et particulièrement
savoureux dans cette ratiocination du fade et bavard
Proclus dans son *Institutio theologica*, § 76 : Πᾶν τὸ
ἀπὸ ἀκινήτου γιγνόμενον αἰτίας, ἀμετάβλητον ἔχει τὴν ὕπαρξιν·
πᾶν δὲ τὸ ἀπὸ κινουμένης, μεταβλητήν. Εἰ γὰρ ἀκίνητόν ἐστι
πάντῃ τὸ ποιοῦν, οὐ διὰ κινήσεως ἀλλ' αὐτῷ τῷ εἶναι παράγει
τὸ δεύτερον ἀφ' ἑαυτοῦ. C[(*Quidquid ab immobili causa
manat, immutabilem habet essentiam* [*substantiam*].
*Quidquid vero a mobili causa manat, essentiam habet
mutabilem. Si enim illud, quod aliquid facit, est pror-*

sus immobile, non per motum, sed per ipsum «esse»
producit ipsum secundum ex se ipso) [Tout ce qui
procède d'une cause immobile possède une existence
immuable; mais tout ce qui procède d'une cause
mobile, a une existence changeante. Car si l'élément
agissant en ce sens est non mû, il fera sortir de lui
l'autre non par un mouvement mais par son simple
être[88]].]C Fort bien! Mais montrez-moi donc une
cause immobile: c'est justement une chose impossible. Seulement, ici comme dans tant d'autres cas,
l'abstraction a révoqué en pensée toutes les déterminations, sauf celle dont on a justement besoin, sans
prendre garde qu'elle ne peut exister sans les
autres[89]. — La seule véritable expression de la loi de
causalité est celle-ci : TOUT CHANGEMENT A SA CAUSE
DANS UN AUTRE CHANGEMENT, QUI LE PRÉCÈDE
IMMÉDIATEMENT. Quand quelque chose ARRIVE,
c'est-à-dire quand un nouvel état se produit, c'est-à-
dire encore quand quelque chose CHANGE, quelque
chose doit AVOIR CHANGÉ juste avant, et quelque
chose d'autre avant elle, et ainsi de suite à l'infini.
Car une cause PREMIÈRE est aussi impossible à
concevoir qu'un commencement dans le temps ou
une limite de l'espace. La loi de causalité n'affirme
rien de plus que ce qui a été indiqué : ses prétentions
portent donc seulement sur les CHANGEMENTS. Tant
que rien ne CHANGE, il n'est pas question de s'en-
quérir d'une cause : car il n'y a aucune raison *a*
priori de conclure de l'existence de choses présentes,
c'est-à-dire d'états de la matière, à leur non-existence
antérieure, et de cette inexistence à leur naissance et
donc à un changement. Par conséquent, la simple
EXISTENCE d'une chose ne justifie pas de déduire
qu'elle a une cause. On peut cependant fournir des
raisons *a posteriori*, c'est-à-dire tirées d'une expérience antérieure, à l'hypothèse que l'état présent

n'a pas existé DEPUIS TOUJOURS, mais qu'il est APPARU à la suite d'un premier état, et donc par un CHANGEMENT, auquel on doit alors trouver une cause, et ainsi de suite : dans ce cas, nous sommes alors pris dans une RÉGRESSION INFINIE, à laquelle conduit toujours l'application de la loi de causalité. On a dit plus haut : « DES CHOSES, C'EST-À-DIRE DES ÉTATS DE LA MATIÈRE », car le CHANGEMENT et la CAUSALITÉ ne se rapportent qu'à des ÉTATS. Ces états sont ce que l'on comprend sous le nom de FORME au sens large : seules les FORMES changent, la matière demeure. Seule la FORME est donc soumise à la loi de causalité. Mais c'est aussi la FORME qui constitue la CHOSE, c'est-à-dire qui fonde la DIVERSITÉ des choses, tandis que la matière doit être pensée comme une chose qui est homogène dans toutes. Voilà pourquoi les scolastiques disaient : *forma dat esse rei* [la forme confère l'être à la chose[90]]. On pourrait dire plus précisément : *forma dat rei essentiam, materia existentiam* [la forme confère l'essence à la chose et la matière son existence]. Voilà pourquoi la recherche de la cause d'une CHOSE concerne toujours exclusivement sa forme, c'est-à-dire son état, sa constitution, mais pas sa matière, et seulement dans la mesure où l'on a des raisons de penser qu'elle n'a pas existé DEPUIS TOUJOURS, mais qu'elle est apparue à la suite d'un changement. La liaison de la FORME avec la MATIÈRE ou de l'essence avec l'existence donne le CONCRET, qui est toujours une réalité singulière, et donc une CHOSE. Et ce sont ces FORMES qui, liées avec la matière, c'est-à-dire apparues en elle grâce à un CHANGEMENT, sont soumises à la loi de causalité. La conception TROP LARGE et *in abstracto* du concept a donc été à l'origine d'un abus insidieux : on a étendu la causalité à la CHOSE prise dans l'absolu, donc aussi à toute son essence et EXIS-

TENCE, partant à la matière elle aussi, et l'on a fini par se croire autorisé à poser même la question d'une cause du monde. C'est de là qu'est sortie la PREUVE COSMOLOGIQUE. Cette preuve vient précisément de ce que, sans aucune justification, elle conclut de l'existence du monde à son inexistence, à savoir celle qui aurait précédé son existence. Mais pour arriver à son but, elle admet cette terrible inconséquence : elle abolit cette même loi de la causalité, de laquelle seule elle tirait toute sa force probatoire, en s'arrêtant à une cause PREMIÈRE, sans vouloir aller plus loin, ce qui aboutit à une sorte de parricide, comme lorsque les abeilles tuent les bourdons, après qu'ils ont accompli leur office. Mais c'est bien à une preuve cosmologique honteuse, et donc dissimulée, que se ramène tout ce qu'on dit sur l'ABSOLU, et qui, depuis soixante ans, malgré la *Critique de la raison pure*, passe pour de la philosophie. Car que signifie l'absolu ? Quelque chose qui est une fois pour toutes, et dont, sous peine de punition, on ne peut demander ni d'où il vient ni pourquoi il est. C'est une pièce de curiosité pour professeurs de philosophie[91] ! — Pourtant, lorsqu'on expose honnêtement la preuve cosmologique, qu'on suppose une cause première, et donc un premier commencement dans un temps absolument sans commencement, et qu'on pose cette question : pourquoi pas plus tôt ?, alors ce commencement est repoussé toujours plus haut, et si haut qu'il est impossible en partant de lui d'arriver au présent, et qu'on doit toujours s'étonner que le présent n'ait pas déjà eu lieu depuis des années. La loi de causalité peut donc s'appliquer en général à toutes les choses DANS le monde, mais pas au monde lui-même. Car cette loi est IMMANENTE au monde, pas transcendante : elle est posée AVEC LUI et elle disparaît AVEC

LUI. En voici la raison fondamentale : cette loi appartient à la simple forme de notre entendement, elle est conditionnée par lui, tout comme le monde objectif qui pour cette raison n'est qu'un simple phénomène. Elle s'entend donc de toutes les choses DANS le monde : du point de vue de leur forme, la loi de causalité s'applique pleinement à la variation de ces formes, et donc à leurs changements. Cette loi ne souffre pas d'exception : elle vaut pour l'action des hommes comme pour le choc d'une pierre, mais seulement, comme on l'a dit, par rapport à des processus, à des CHANGEMENTS. Mais si, dans notre entendement, nous faisons abstraction de son origine, et si nous voulons la concevoir d'une façon purement OBJECTIVE, cette loi repose en dernière analyse sur le fait que toute chose agissante agit en vertu de sa force originelle, et donc éternelle, c'est-à-dire intemporelle. Son action présente aurait donc déjà dû se produire infiniment plus tôt, c'est-à-dire avant tout temps concevable, si, pour ce faire, la condition temporelle n'avait pas fait défaut. Cette condition, c'est l'occasion, c'est-à-dire la cause, qui seule permet à l'action de se produire MAINTENANT — maintenant, mais de façon nécessaire : elle lui assigne sa place dans le temps.

Seulement, à cause de cette conception TROP LARGE du concept de CAUSE dans la pensée abstraite, on a aussi confondu avec lui le concept de FORCE. La force, totalement distincte de la cause, est pourtant ce qui donne à toute cause sa causalité, c'est-à-dire la possibilité d'agir ; c'est ce que j'ai montré précisément et de manière approfondie dans le livre II du tome I, puis dans la *Volonté dans la nature*[92] C[et enfin aussi dans la seconde édition de ma dissertation sur le principe de raison (§ 20, p. 44)[93]]C. Cette confusion est présente de la façon la plus grossière dans le livre de Maine de Biran mentionné plus haut C[(pour plus de précisions, se reporter au passage cité en dernier)[94]]C. Mais cette confusion est partout très fréquente, par exemple quand on s'interroge sur la cause d'une force originelle — la pesanteur, par exemple. Kant lui-même (*Sur l'unique preuve possible*, t. I, p. 211 et 215 de l'édition de Rosenkranz) nomme les forces naturelles «causes agissantes» et affirme : «la pesanteur est une cause[95]». Il est pourtant impossible de tirer sa pensée au clair, tant qu'on ne reconnaît pas clairement que la force et la cause sont deux choses totalement distinctes. Mais en usant de concepts abstraits et en laissant de côté l'examen de leur origine, on est conduit très facilement à la confusion de ces deux-là. On abandonne la connaissance des causes et des effets, fondée sur la forme de l'entendement et toujours INTUITIVE, pour s'en tenir à la cause ABSTRAITE : cela suffit à expliquer que le concept de causalité, si simple, a été si souvent mal conçu. Voilà pourquoi, même chez Aristote (*Metaph.*, IV, 2[96]), nous trouvons les causes divisées en quatre catégories et conçues d'une façon complètement fausse, voire grossière. Que l'on compare cette division des causes avec celle que j'ai établie d'abord dans mon traité *Sur la vue et les couleurs*, chap. 1[97], puis brièvement abordée au § 6 de notre premier tome (première édition), et enfin exposée en détail dans mon *Mémoire sur la liberté de la volonté* (p. 30-33)[98]. — Dans la nature, deux choses échappent à la chaîne causale, qui se prolonge à l'infini en amont comme en aval : la matière et les forces naturelles. Elles sont en effet les conditions de la causalité, tandis que tout le reste est conditionné par elles. Car le premier terme (la matière) est ce DANS QUOI se produisent les états et leurs changements. Le second terme (les forces naturelles) est, d'une façon générale, EN VERTU DE QUOI ils peuvent se produire. À ce propos, qu'on se rappelle que, dans le livre II et plus tard, de façon plus complète, dans la *Volonté dans la nature*[99], on a montré que les forces naturelles sont identiques à la VOLONTÉ en nous, et qu'il en résulte que la matière est la simple VISIBILITÉ DE LA VOLONTÉ, en sorte qu'elle aussi peut finalement être considérée, en un certain sens, comme identique à la volonté.

D'autre part, ce qui a été expliqué au § 4 du tome I, et mieux encore dans la seconde édition de ma dissertation sur le principe de raison à la fin du § 21, p. 77[100], n'en reste pas moins vrai et exact à savoir que la matière est la causalité elle-même conçue objectivement, et puisque tout son être se résume dans l'AGIR EN GÉNÉRAL <*Wirken überhaupt*>, elle est donc elle-même l'EFFICIENCE <*Wirksamkeit*> en général (ἐνέργεια = réalité effective <*Wirklichkeit*>) des choses, l'abstraction, pour ainsi dire, de leurs différents genres d'agir. Ainsi, l'essence, l'*essentia* de la matière consiste dans l'AGIR EN GÉNÉRAL, tandis que la réalité effective, l'*existentia* des choses tient dans leur matérialité, laquelle, à son tour, ne fait donc qu'un avec l'agir en général. Ainsi, on peut affirmer de la matière que son *existentia* et son *essentia* coïncident et ne font qu'un, car elle n'a pas d'autre attribut que l'EXISTENCE ELLE-MÊME en général, abstraction faite de toute détermination plus précise. Au contraire, toute matière EMPIRIQUEMENT DONNÉE C[c'est-à-dire tout MATÉRIAU <*Stoff*> (que les matérialistes ignorants d'aujourd'hui confondent avec la matière)]C est déjà entrée dans le cadre des FORMES et ne se manifeste que par leurs qualités et avatars <*Akzidenzien*> : car, dans l'expérience, tout agir relève d'un genre déterminé et particulier, il n'est jamais simplement général. Voilà précisément

pourquoi la matière pure n'est qu'un objet de PEN-
SÉE, et pas un objet d'intuition. C'est ce qui a conduit
Plotin (*Enneas, II, lib. 4, c. 8 et 9*[101]) et Giordano
Bruno (*Della causa, dial. 4*[102]) à cette formulation
paradoxale : la matière n'a pas d'extension, vu qu'elle
est inséparable de la forme ; elle est donc INCORPO-
RELLE. C[Aristote avait déjà enseigné que la matière,
quoique corporelle, n'est pas un corps : σῶμα μὲν οὐκ
ἂν εἴη, σωματικὴ δέ (Stob., *Ecl., lib.1, c. 12, § 5*[103])]C.
C'est qu'en réalité, sous le nom de PURE MATIÈRE,
nous pensons le simple AGIR *IN ABSTRACTO*, en faisant totalement abstraction du mode de cet agir, et
donc la PURE CAUSALITÉ elle-même. Et, en tant que
telle, la matière n'est pas un OBJET, mais la CONDITION
de l'expérience, tout comme le temps et l'espace.
C'est ce qui explique que, dans la table ci-jointe de
nos connaissances fondamentales *a priori*, la MATIÈRE
a pu prendre la place de place de la CAUSALITÉ, et
qu'elle figure, à côté du temps et de l'espace, comme
la troisième forme pure — donc comme dépendante
de notre entendement.

Cette table, en effet, contient l'ensemble des vérités
fondamentales qui, dans notre connaissance intuitive, ont une racine *a priori* ; elles y sont présentées
comme les principes les plus élevés, qui ne dépendent
d'aucun autre. Mais on n'y a pas mis ces éléments
plus particuliers qui constituent le contenu de l'arithmétique et de la géométrie, ni ce qui résulte seulement de la liaison et de l'application de ces
connaissances formelles, puisque c'est précisément
ce qui constitue l'objet des *Premiers principes métaphysiques de la science de la nature*[104] que Kant a
exposés. La présente table, qui forme, en quelque
sorte, l'introduction et la propédeutique à ces principes, s'arrête donc juste à ce point. Dans cette table,
j'ai eu surtout en vue le très remarquable PARALLÉ-

LISME de nos connaissances *a priori* qui constituent
l'ossature de toute expérience, mais aussi en particulier ce que j'ai expliqué dans le § 4 du livre I : à
savoir que la matière (tout comme la causalité) doit
être considérée comme une réunion — ou si l'on
veut une fusion — de l'espace et du temps. En accord
avec cette idée, nous trouvons ceci : ce que la géométrie est à l'intuition pure de l'espace, ce que
l'arithmétique est à celle du temps, la phoronomie
de Kant l'est pour l'intuition pure du temps et de
l'espace PRIS ENSEMBLE : car la matière est avant
tout CE QUI SE MEUT dans l'espace. En effet, on ne
peut pas même penser le point mathématique comme
mobile, comme Aristote l'a montré : *Phys.*, VI, *10*[105].
Ce philosophe nous a lui-même déjà donné le
premier exemple d'une telle science en déterminant
a priori les lois du repos et du mouvement dans les
cinquième et sixième livres de sa *Physique*.

Cette table, on peut la considérer, à sa convenance, de deux façons : ou bien comme une compilation des lois fondamentales et éternelles du monde,
et comme la base d'une ontologie, ou bien comme
un chapitre tiré de la physiologie du cerveau. C'est
selon qu'on adopte le point de vue réaliste ou idéaliste (quoique le second l'emporte en dernière instance). Sur ce point, je me suis déjà expliqué dans le
premier chapitre, mais je veux l'éclaircir encore sur
un point particulier par un exemple. Le livre d'Aristote *de Xenophane etc.* commence avec cette importante sentence de Xénophane : Ἀίδιον εἶναί φησιν εἴ τί
ἐστιν, εἴπερ μὴ ἐνδέχεται γενέσθαι μηδὲν ἐκ μηδενός (*Aeternum
esse, inquit, quicquid est, siquidem fieri non potest, ut
ex nihilo quippiam existat*) [Il affirme que s'il existe
quelque chose en général, alors cette chose devrait
être éternelle car il est impossible que quelque chose
naisse du néant[106]]. Ici, Xénophane émet donc un

jugement sur l'origine possible de choses dont il
ne peut y avoir aucune expérience, pas même par
analogie. Aussi Xénophane n'invoque aucune expérience, mais il juge apodictiquement, et donc *a
priori*. Comment le peut-il, lui qui porte son regard,
de l'extérieur et en étranger, sur un monde qui existe
d'une façon purement objective, c'est-à-dire indépendamment de sa connaissance ? Comment lui, un
fugitif éphémère, qui peut tout juste jeter un rapide
coup d'œil sur ce monde, peut-il à l'avance, sans
expérience, émettre un jugement apodictique sur ce
monde, sur son existence et son origine ? — La clé
de l'énigme, c'est que l'homme n'a affaire qu'à ses
propres représentations, qui sont, en tant que telles,
l'œuvre du cerveau. Les lois qui les règlent ne constituent par conséquent que les modalités indispensables à l'accomplissement de la fonction cérébrale,
à savoir la forme de sa capacité représentative. Son
jugement ne porte donc que sur son propre PHÉ-
NOMÈNE CÉRÉBRAL, et il exprime ce qui entre ou
n'entre pas dans ses formes (temps, espace, causalité) : là, il est vraiment comme chez lui, et il s'exprime
apodictiquement. C'est donc dans le même esprit
qu'on doit prendre la table ci-jointe des *praedica-
bilia a priori* du temps, de l'espace et de la matière.

REMARQUES SUR LA TABLE CI-JOINTE

1) Sur le n° 4 de la matière

L'essence de la matière consiste dans l'agir : elle est
l'agir lui-même *in abstracto*, et donc l'agir en général,
indépendamment de toutes les diverses modalités
de l'agir : elle est causalité de part en part. C[Voilà
justement pourquoi, dans son existence, elle n'est

PRÉDICABLES A PRIORI

Temps	Espace	Matière
1. Il n'y a qu'un SEUL temps, et tous les temps divers en sont des parties.	1. Il n'y a qu'un SEUL espace, et tous les espaces divers n'en sont que des parties.	1. Il n'y a qu'une SEULE matière, et tous les matériaux divers n'en sont que divers états. Comme telle, elle se nomme SUBSTANCE.
2. Des temps divers ne sont pas contemporains, mais successifs.	2. Des espaces divers ne sont pas successifs, mais contemporains.	2. Ce n'est pas par la substance qu'il y a diverses matières (matériaux), mais par les accidents.
3. On ne peut révoquer le temps en pensée, mais on peut le faire pour tout ce qu'il contient.	3. On ne peut révoquer l'espace en pensée, mais on peut le faire pour tout ce qu'il contient.	3. On ne peut penser un anéantissement de la matière, mais on peut le faire pour toutes ses formes et qualités.
4. Le temps a trois segments: le passé, le présent et l'avenir, qui forment deux directions avec un point d'indifférence.	4. L'espace a trois dimensions: hauteur, largeur et profondeur.	4. La matière existe, c'est-à-dire agit dans toutes les dimensions de l'espace, et durant toute la durée du temps. Elle unit le temps et l'espace, et par là elle les remplit. C'est en cela que consiste son essence. Elle est donc de part en part causalité.
5. Le temps est divisible à l'infini.	5. L'espace est divisible à l'infini.	5. La matière est divisible à l'infini.
6. Le temps est homogène et constitue un continuum: aucune de ses parties n'est différente d'une autre, ni séparée d'elle par quelque chose qui ne serait pas le temps.	6. L'espace est homogène et constitue un continuum: aucune de ses parties n'est différente d'une autre, ni séparée d'elle par quelque chose qui ne serait pas l'espace.	6. La matière est homogène et constitue un continuum: elle ne consiste pas en parties qui seraient originairement de différentes sortes (homéoméries), ou séparées (atomes). Elle n'est donc pas constituée de parties qui seraient essentiellement séparées par quelque chose qui ne serait pas la matière.

[Temps]

7. Le temps n'a ni commencement ni fin, mais il comprend tout commencement et toute fin.
8. Le temps nous permet de compter.
9. Le rythme n'existe que dans le temps.
10. Nous connaissons *a priori* les lois du temps.
11. Le temps peut être intuitionné *a priori*, quoique sous la simple forme d'une ligne.
12. Le temps n'a aucune consistance: il passe sitôt qu'il est là.
13. C[Le temps ne connaît pas le repos.]C
14. Tout ce qui est dans le temps a une durée.
15. Le temps n'a pas de durée; la durée est la permanence de ce qui demeure, par opposition à la course sans fin du temps.
16. Tout mouvement n'est possible que dans le temps.
17. La vitesse est, espace constant, en rapport inverse avec le temps.

[Espace]

7. L'espace n'a pas de limites, mais il prend toutes les limites.
8. L'espace nous permet de mesurer.
9. La symétrie n'existe que dans l'espace.
10. Nous connaissons *a priori* les lois de l'espace.
11. L'espace peut être immédiatement intuitionné *a priori*.
12. L'espace ne peut jamais passer: il existe toujours.
13. C[L'espace est immobile.]C
14. Tout ce qui est dans l'espace a un lieu.
15. L'espace n'a aucun mouvement: il comprend tout mouvement; le mouvement est le changement de lieu du mobile, par opposition au repos inébranlable de l'espace.
16. Tout mouvement n'est possible que dans l'espace.
17. La vitesse est, à temps constant, en rapport direct avec l'espace.

[Matière]

7. La matière ne connaît ni origine ni disparition: toute génération et toute corruption se font EN ELLE.
8. La matière nous permet de peser.
9. L'équilibre n'existe que dans la matière.
10. Nous connaissons *a priori* les lois de la substance de tous les accidents.
11. La matière peut être seulement pensée *a priori*.
12. Les accidents changent, la substance demeure.
13. C[La matière est indifférente par rapport au repos et au mouvement: originellement, elle ne tend ni vers l'un ni vers l'autre.]C
14. Tout ce qui est matériel a une efficience.
15. La matière est ce qui demeure dans le temps et se meut dans l'espace; nous mesurons la durée en comparant ce qui reste en repos avec ce qui est en mouvement.
16. Tout mouvement n'est possible que par la matière.
17. La QUANTITÉ DE MOUVEMENT est, à vitesse constante, en rapport géométrique direct avec la matière (la masse).

18. Le temps n'est pas mesurable directement par lui-même, mais seulement de façon indirecte par le mouvement, puisque ce dernier est à la fois dans l'espace et le temps : ainsi, le mouvement du Soleil et celui de l'horloge mesurent le temps.

19. Le temps est omniprésent : chaque partie de temps est partout, c'est-à-dire simultanément dans la totalité de l'espace.

20. S'il n'y avait que du temps, tout serait succession.

21. Le temps rend possible le changement des accidents.

22. Chaque partie du temps contient toutes les parties de la matière.

23. Le temps est *principium individuationis*.

---

18. L'espace est directement mesurable par lui-même, ou indirectement par le mouvement, puisque ce dernier est à la fois dans l'espace et le temps : voilà pourquoi, par exemple, on dit « une heure de route », ou bien on exprime l'éloignement des étoiles fixes par le nombre d'années que la lumière met à parcourir cette distance.

19. L'espace est éternel : chacune de ses parties existe de tout l'espace.

20. S'il n'y avait que de l'espace, tout serait simultanéité.

21. L'espace rend possible la permanence de la substance.

22. Aucune partie de l'espace ne partage la même matière avec une autre.

23. L'espace est *principium individuationis*.

---

18. On ne peut mesurer la matière en tant que telle (la masse), c'est-à-dire la déterminer selon sa quantité, que de façon indirecte, à savoir seulement par la QUANTITÉ DE MOUVEMENT qu'elle reçoit et qu'elle donne, lorsqu'elle est frappée d'un choc ou attirée.

19. La matière est absolument : elle ne peut ni naître ni périr, et sa quantité ne peut donc ni augmenter ni diminuer.

20. 21. La matière réunit la fuite inconsistante et l'immobilité figée de l'espace : aussi est-elle la substance permanente du changement des accidents. Ce changement détermine en chaque lieu, en chaque temps, la causalité qui relie précisément par la temps et espace et qui constitue l'essence tout entière de la matière.

22. Car la matière est aussi permanente qu'impénétrable.

23. Les individus sont matériels.

25. Le temps est en soi vide et dépourvu de détermination.

26. Chaque instant est conditionné par ce qui est passé et n'existe que dans la mesure où il a cessé d'exister (principe de raison d'être dans le temps, cf. ma dissertation sur le principe de raison[107]).

27. Le temps est condition de possibilité de l'arithmétique.

28. L'élément simple de l'arithmétique est l'unité.

25. Le temps est en soi vide et dépourvu de détermination.

26. Grâce à la position de toute limite dans l'espace par rapport à n'importe quelle autre, sa position par rapport à toute limite possible est elle aussi très strictement déterminée (principe de raison d'être dans l'espace).

27. L'espace est condition de possibilité de la géométrie.

28. L'élément simple de la géométrie est le point.

25. La matière est en soi inerte, c'est-à-dire indifférente vis-à-vis du repos et du mouvement, et donc sans détermination.

26. Aucun changement ne peut se produire dans la matière sans un autre changement qui le précède : voilà aussi pourquoi un premier changement, et donc aussi un premier état de la matière, est aussi inconcevable qu'un commencement du temps ou une limite de l'espace (principe de raison du devenir).

27. La matière en tant que mobile dans l'espace est condition de possibilité de la phoronomie.

28. L'élément simple de la phoronomie est l'atome.

pas en elle-même soumise à la loi de causalité, et donc ne naît ni ne passe, car si c'était le cas, la loi de causalité aurait été appliquée à elle-même.]C Puisque nous sommes conscients *a priori* de la causalité, le concept de matière, en tant que fondement indestructible de tout ce qui existe, peut donc prendre place parmi les connaissances *a priori*, dans la mesure où ce concept est la réalisation d'une forme de la connaissance qui nous est donnée *a priori*. Car, dès que nous intuitionnons quelque chose qui agit, elle se présente par là même comme matérielle, tout comme, à l'inverse, quelque chose de matériel se présente nécessairement comme efficient <*wirksam*> : en fait, il s'agit de concepts réciproques. Voilà pourquoi on utilise le mot « effectif » <*wirklich*> comme synonyme de « matériel ». L'expression grecque κατ' ἐνέργειαν [en acte], opposée à κατὰ δύναμιν [en puissance], témoigne de la même origine, puisque ἐνέργεια signifie l'agir en général. C'est la même chose pour *actu* [en acte], opposé à *potentia* [en puissance]. Même chose aussi pour le mot anglais *actually* qui signifie « effectif ». — Ce qu'on nomme extension <*Raumerfüllung*> ou impénétrabilité, et qu'on donne pour le caractère essentiel du corps (c'est-à-dire de ce qui est matériel) n'est seulement que ce MODE D'ACTION <*Wirkungsart*> qui échoit à TOUS les corps sans exception, c'est-à-dire l'action mécanique. Ce caractère universel de l'action mécanique, grâce à quoi elle appartient au concept de corps, résulte *a priori* de ce concept, et ne peut donc pas même être révoqué en pensée sans qu'on abolisse ce corps lui-même. C'est cela seul qui distingue l'action mécanique de toute autre modalité d'action, comme l'action électrique, chimique, lumineuse, calorifère. Kant a très justement divisé cette extension ou modalité mécanique d'action en force d'attraction et force de répulsion[108], comme on décompose en deux une forme mécanique donnée grâce aux parallélogrammes des forces. Tout cela, au fond, n'est pourtant que l'analyse réfléchie du phénomène en ses composantes. La réunion des deux forces présente le corps à l'intérieur de ses limites, c'est-à-dire dans un volume déterminé, alors que la première, à elle seule, l'aurait détruit en le dispersant à l'infini, tandis que la seconde, à elle seule, l'aurait contracté en un point unique. Indépendamment de ce balancement entre ces deux forces contraires ou neutralisation, la première de ces deux forces permet au corps de repousser les autres, et la seconde d'attirer tous les autres dans le phénomène de gravitation. Ainsi, les deux forces ne s'annulent pas dans leur résultat (le corps), pareilles à deux forces d'impulsion agissant avec la même intensité dans deux directions opposées, ou comme $+ E$ et $- E$, ou comme l'oxygène et l'hydrogène dans l'eau. Que l'impénétrabilité et la pesanteur soient effectivement liées l'une à l'autre, quoique nous puissions les séparer en pensée, c'est ce qu'atteste le fait qu'elles sont empiriquement inséparables, puisque jamais l'une n'apparaît sans l'autre.

Je ne peux cependant passer sous silence le fait que la doctrine de Kant ici mentionnée, et qui constitue la pensée fondamentale de la deuxième grande partie de ses *Premiers principes métaphysiques de la science de la nature*[109] (la dynamique donc), avait déjà, AVANT Kant, été exposée clairement et en détail par Priestley dans ses si remarquables *Disquisitions on matter and spirit, sect. 1 et 2*, livre qui parut en 1777, 1782 pour la deuxième édition[110], tandis que les *Premiers principes métaphysiques* sont de 1786. Quand il s'agit de pensées secondaires, d'aperçus ingénieux, de comparaisons, etc., on peut toujours supposer qu'il s'agit de réminiscences inconscientes, mais pas quand il s'agit d'une pensée principale et fondamentale. Devons-nous donc penser que Kant se serait approprié sans rien dire cette pensée si importante, conçue par un autre que lui? Et qu'il l'aurait tirée d'un livre qui était récent à l'époque? Ou bien qu'il aurait ignoré l'existence de ce livre et que la même pensée aurait surgi à peu d'intervalle dans deux têtes différentes? — Ce n'est pas tout: dans les *Premiers principes métaphysiques de la science de la nature* (première édition p. 88; éd. de Rosenkranz, p. 384)[111], l'explication que Kant donne de la différence entre liquide et solide se trouve elle aussi déjà, pour l'essentiel, dans la *Theorie von der Generation* de Kaspar Friedrich Wolff, Berlin 1764, p. 132[112]. C[Mais qu'allons-nous dire, en trouvant la théorie kantienne la plus importante et la plus brillante, celle de l'idéalité de l'espace et de l'existence purement phénoménale du monde corporel, déjà exprimée trente ans plus tôt par Maupertuis? (On peut le voir plus en détail dans les *Briefe* de Frauenstädt sur ma philosophie, lettre 14[113].) Maupertuis exprime cette doctrine paradoxale avec un ton si décidé, et sans y adjoindre pourtant aucune preuve, qu'on doit le soupçonner de l'avoir prise quelque part ailleurs. Il serait très souhaitable qu'on fasse une enquête plus poussée là-dessus. Et puisque cela demande des recherches pénibles et longues, l'une des Académies allemandes pourrait très bien créer un prix pour ce sujet.]C La situation qu'occupe ici Kant par rapport à Priestley, et peut-être aussi par rapport à Kaspar Wolff, à Maupertuis ou à son prédécesseur, cette situation est aussi celle de Laplace par rapport à Kant: son admirable et indubitable théorie de l'origine du système planétaire, présentée dans son *Exposition du système du monde*, liv. 5, ch. 2[114]), Kant l'avait développée, pour l'essentiel et dans les grandes lignes, cinquante ans plus tôt environ, en 1755, dans son *Histoire de la nature et théorie du ciel*[115], et plus longuement encore en 1763 dans son *Unique preuve possible de l'existence de Dieu*, chap. 7[116]. Et puisque, dans une lettre tardive, Kant laisse aussi entendre que Lambert lui a emprunté cette théorie sans mot dire (dans ses *Lettres cosmologiques* de 1761)[117], C[et comme ces lettres sont parues à la même époque aussi en français (*Lettres cosmologiques sur la constitution de l'univers*), nous devons donc supposer que Laplace a connu cette théorie kantienne. Il est vrai que]C Laplace, à proportion de ses connaissances plus poussées en astronomie, a exposé cette théorie avec plus de profondeur, de force de conviction, d'exhaustivité et de simplicité que Kant. Mais, pour l'essentiel, cette théorie est déjà clairement présente chez Kant, et sa haute importance aurait suffi, à elle seule, à rendre son nom immortel. — Cela doit nous troubler au plus haut point que de trouver des esprits de première classe suspects d'un manque de probité qui ferait honte même aux esprits du dernier rang : nous sentons bien qu'à un homme riche on devrait pardonner encore moins qu'à un homme démuni. Mais nous ne pouvons pas garder le silence là-dessus : car nous appartenons maintenant à leur postérité, et nous devons être justes, comme nous espérons aussi qu'un jour la postérité sera juste envers nous. Voilà pourquoi je veux ajouter un troisième exemple aux cas que j'ai mentionnés : les principes de la *Métamorphose des plantes* de Goethe[118], qui avaient été déjà exprimés par Kaspar Friedrich Wolff dans sa *Theorie von der Generation*, p. 148, 229, 243, etc.[119] — Et, d'ailleurs, en va-t-il autrement du système de la gravitation ? Sur le continent européen, sa découverte est toujours attribuée à Newton ; en revanche, les savants savent très bien, en Angleterre du moins, qu'elle appartient à Robert Hooke qui, en 1666, dans une «Communication à la Société royale», l'avait déjà exposée, certes à titre de simple hypothèse et sans preuve, mais de façon parfaitement claire[120]. L'essentiel de l'affaire est reproduit dans la *Philosophy of the human mind* de Dugald Stewards, vol. 2, p. 434[121], vraisemblablement emprunté aux *Œuvres posthumes* de Robert Hooke[122]. Dans la *Biographie universelle*[123], à l'article «Newton», on trouve aussi le déroulement de l'affaire et comment Newton s'en est trouvé embarrassé. Dans une brève histoire de l'astronomie, *Quarterly review*, août 1828[124], il est question, comme d'une affaire bien établie, de la priorité de Hooke. L'exposé le plus complet sur ce sujet se trouve dans mes *Parerga*, t. II, § 86[125]. Quant à l'histoire de la chute de la pomme, c'est un conte aussi populaire que dénué de fondement et dépourvu de toute autorité.

2) Sur le n° 18 de la matière:
la QUANTITÉ DE MOUVEMENT
(la *quantitas motus*, présente déjà chez Descartes)
est le produit de la masse par la vitesse.

Cette loi ne fonde pas seulement, dans la MÉCANIQUE, la théorie du choc, mais aussi, dans la STATIQUE, la théorie de l'équilibre. D'après la force résultant du choc de deux corps lancés à même vitesse, on peut déterminer le rapport que leurs masses ont l'une par rapport à l'autre. Ainsi, si deux marteaux frappent à la même vitesse, celui qui possède la plus grande masse enfoncera le clou plus profondément dans le bois, ou le pieu dans la terre. Par exemple, un marteau qui pèse 6 livres, à une vitesse = 6, aura le même effet qu'un marteau de trois livres à une vitesse = 12: car, dans les deux cas, la QUANTITÉ DE

MOUVEMENT = 36. Étant donné deux sphères roulant à la même vitesse, celle qui possède une masse plus importante poussera une troisième sphère plus loin que ne le peut celle qui a une masse inférieure : c'est parce que la masse, multipliée par une vitesse égale, donne une QUANTITÉ DE MOUVEMENT plus grande. Le canon porte plus loin que le fusil, parce que dans ce cas une vitesse égale, communiquée à une masse beaucoup plus importante, donne une QUANTITÉ DE MOUVEMENT beaucoup plus importante, ce qui résiste plus longtemps à l'action affaiblissante de la pesanteur. La même raison explique que le même bras jettera une sphère de plomb plus loin qu'une sphère en pierre de même taille, ou une grosse pierre plus loin qu'une pierre toute petite. Voilà pourquoi aussi un tir à la mitraille porte moins loin que le tir avec balle.

La même loi fonde la théorie du levier et celle de la balance : car, ici aussi, une masse plus petite, placée sur un bras de levier ou un fléau de balance plus long, possède, LORSQU'ELLE DESCEND, une plus grande vitesse, grâce à quoi elle s'en trouve multipliée et peut égaler voire surpasser en QUANTITÉ DE MOUVEMENT une masse plus grande située sur un bras plus court. Cependant, dans l'état de repos produit par l'ÉQUILIBRE, cette vitesse existe de façon purement intentionnelle ou virtuelle, en puissance, et non en acte, mais elle agit pourtant aussi bien qu'en acte, ce qui est très remarquable[126].

Après le rappel de ces vérités, l'explication suivante sera plus facile à comprendre.

La QUANTITÉ D'UNE MATIÈRE DONNÉE ne peut, en général, être évaluée que d'après sa FORCE, et cette dernière ne peut être connue que selon sa MANIFES-TATION. Quand il s'agit d'examiner la matière seulement selon sa quantité, et non pas selon sa qualité, cette manifestation ne peut être que MÉCANIQUE : elle ne consiste que dans le MOUVEMENT qu'elle communique à une autre matière. Car c'est seulement dans le MOUVEMENT que la force de la matière est pour ainsi dire vivante : d'où l'expression de FORCE VIVE pour la manifestation de la force de la matière en mouvement. Voilà pourquoi, pour évaluer la quantité d'une matière donnée, la seule mesure est la QUANTITÉ DE SON MOUVEMENT. Mais quand cette dernière est donnée, la quantité de la matière apparaît mélangée et fusionnée avec l'autre facteur de la quantité de mouvement : la VITESSE. Cet autre facteur doit donc être éliminé, si l'on veut connaître la quantité de la matière (la masse). Or la VITESSE est immédiatement connue, car elle est égale à $\frac{S}{T}$[127]. Seulement, l'autre facteur, celui qui reste après l'élimination de la vitesse, c'est-à-dire la masse, ne peut être connu que de façon RELATIVE, à savoir par comparaison avec d'autres masses, mais qui elles-mêmes, à leur tour, ne peuvent être connues qu'au moyen de la QUANTITÉ DE LEUR MOUVEMENT, et donc mélangées avec la vitesse. On est donc obligé de comparer une *QUANTUM* DE MOUVEMENT avec une autre, puis de soustraire leur vitesse respective pour voir de combien chacune des deux quantités de mouvement était redevable à sa masse. Cela se fait en pesant les deux masses l'une par rapport à l'autre : on y compare cette QUANTITÉ DE MOUVEMENT que dans chacune des deux masses suscite la force d'attraction de la terre, laquelle n'agit sur elles qu'à proportion de leur QUANTITÉ. Voilà pourquoi il y a deux façons d'évaluer le poids : dans la première, on donne une *même* vitesse aux deux masses à comparer, afin de voir laquelle COMMUNIQUE à l'autre encore du mouvement et donc en POSSÈDE une plus grande quantité (*quantum*); et puisque la vitesse est égale des deux côtés, cela ne peut être attribué qu'à l'autre facteur de la QUANTITÉ DE MOUVEMENT, et donc à la masse (cas de la balance à fléaux égaux). Dans la seconde méthode, pour déterminer le poids, on cherche combien de VITESSE SUPPLÉMENTAIRE doit recevoir la première masse par rapport à l'autre pour en égaler la QUANTITÉ DE MOUVEMENT, et donc pour qu'elle ne lui en COMMUNIQUE plus. Car, dans ce cas, l'accroissement qu'il faut donner à sa vitesse indique dans quelle mesure sa masse, c'est-à-dire sa quantité de matière, est moindre (cas de la balance romaine). Cette estimation des masses par la PESÉE repose sur cette heureuse circonstance que la force de mouvement, prise en elle-même, agit de façon parfaitement identique sur les deux masses, et que chacune se trouve dans la situation de COMMUNIQUER immédiatement à l'autre sa QUANTITÉ DE MOUVEMENT excédentaire, ce qui rend cet excédent perceptible[128].

La substance de ces théories a déjà été exprimée depuis longtemps par Newton et par Kant, mais, grâce à une exposition cohérente et claire, j'espère l'avoir rendue plus compréhensible, et permis ainsi à chacun d'accéder à l'intelligence des principes qui, à mon sens, étaient nécessaires à la justification de la proposition n° 18.

LA DOCTRINE
DE LA REPRÉSENTATION
ABSTRAITE, OU DE LA PENSÉE

CHAPITRE 5*
DE L'INTELLECT IRRATIONNEL[129]

Une connaissance complète de la conscience des animaux devrait nécessairement être possible, dans la mesure où nous pouvons construire cette conscience en lui retirant certaines propriétés de la nôtre. Toutefois, par ailleurs pénètre dans celle-ci l'instinct plus développé chez tous les animaux que dans l'homme, au point même de devenir chez quelques-uns d'entre eux un instinct industrieux <*Kunsttrieb*>.

Les animaux ont un entendement sans avoir de raison et ils possèdent, par suite, une connaissance INTUITIVE mais non abstraite : ils appréhendent avec justesse, ils saisissent également les connexions causales immédiates, et les animaux supérieurs vont même jusqu'à les saisir à travers plusieurs maillons de la chaîne causale, toutefois ils ne PENSENT pas à proprement parler. Car il leur manque les CONCEPTS, c'est-à-dire les représentations abstraites. Mais la pre-

* Ce chapitre et le suivant se rapportent aux § 8 et 9 du tome I.

mière conséquence en est qu'il leur manque la mémoire proprement dite, manque qui affecte même les animaux les plus intelligents et qui est précisément ce qui fonde principalement la distinction entre leur conscience et la conscience humaine. La réflexion, au sens plein du terme, repose en effet sur la conscience distincte du passé et de l'avenir éventuel en tant que tels et en rapport avec le présent. Requise à cette fin, la mémoire proprement dite est par conséquent une remémoration ordonnée, cohérente, pensante : mais elle n'est possible qu'au moyen de CONCEPTS GÉNÉRAUX ; ce qui est tout entier individuel lui-même a besoin de tels concepts pour être rappelé à son ordre et son enchaînement. Car la foule immense des choses et des événements semblables et de même nature qui emplissent le cours de notre vie ne permet pas immédiatement une remémoration intuitive et individuelle de chaque chose particulière ; ni les forces de notre aptitude à nous souvenir, fussent-elles même très étendues, ni le temps de notre vie n'y suffiraient : c'est pourquoi toutes ces choses peuvent seulement être conservées au moyen de leur subsomption sous des concepts généraux ; il en résulte alors leur réduction à un nombre relativement faible de propositions, au moyen desquelles nous avons aussitôt constamment à notre disposition une vue d'ensemble ordonnée et suffisante de notre passé. Nous pouvons rendre intuitivement présentes à notre esprit seulement certaines scènes particulières de notre passé ; mais du temps qui s'est écoulé depuis et de ce qu'il a contenu, nous en avons simplement conscience *in abstracto* au moyen de concepts de choses et de nombres qui sont dès lors les représentants des jours et des années et de ce qu'ils ont contenu. À l'opposé, la faculté des animaux à se souvenir est, comme leur intellect dans son ensemble,

limitée à l'intuitif et consiste d'abord simplement
en ceci : une impression qui revient fait connaître
qu'elle a déjà été là en ce que l'intuition présente
ravive la trace d'une intuition antérieure ; le souvenir
s'accomplit donc constamment, chez eux, par l'intermédiaire de ce qui est maintenant effectivement
présent. Mais, à son tour, ce présent stimule à cet
effet précisément la sensation <*Empfindung*> et l'état
affectif <*Stimmung*> que le phénomène précédent
avait suscités. En vertu de quoi le chien reconnaît la
personne connue, distingue amis et ennemis, retrouve
facilement un chemin parcouru une fois ou les maisons qu'il a déjà visitées et la vue de l'écuelle ou du
bâton le met aussitôt dans l'état affectif correspondant. Toutes les formes de dressage reposent sur cette
faculté du souvenir par l'intuition et sur le pouvoir
de l'habitude qui est extrêmement fort chez les animaux : il s'ensuit que le dressage est aussi différent
de l'éducation humaine que l'intuition l'est de la pensée. Dans certains cas, quand la mémoire proprement
dite nous refuse ses services, nous sommes nous
aussi limités à cette remémoration par l'intuition, ce
qui nous permet de mesurer à l'aune de notre propre
expérience la distinction qu'il y a entre les deux
mémoires. Par exemple, à la vue d'une personne qu'il
nous semble connaître, sans que nous nous rappe-
lions quand et où nous l'avons vue ; de même quand
nous pénétrons dans un lieu où nous avons été dans
notre prime enfance, c'est-à-dire quand notre raison
n'était pas encore développée et que, pour ce motif,
nous avons totalement oublié, à ce moment-là, nous
éprouvons l'impression du présent comme celle de
quelque chose qui a déjà été là. Les souvenirs des
animaux sont tous de cette nature. S'ajoute à cela le
seul fait que, chez les animaux les plus intelligents,
cette simple mémoire par intuition s'intensifie jus-

qu'à un certain degré d'IMAGINATION qui vient à son tour lui apporter un soutien et grâce à laquelle, par exemple, l'image de son maître absent vient flotter dans l'esprit du chien, suscitant en lui le besoin de le voir, de sorte qu'il le recherche partout quand son absence se prolonge. Ses rêves reposent aussi sur cette imagination. La conscience des animaux est, par suite, une simple succession de présents, sans qu'aucun d'eux n'existe ni comme futur avant d'apparaître, ni comme passé après sa disparition, puisque c'est là ce qui distingue la conscience humaine. C'est ce qui explique justement qu'en fin de compte les animaux ont aussi moins à SOUFFRIR que nous, parce qu'ils ne connaissent pas d'autres douleurs que celles que le PRÉSENT suscite immédiatement. Mais le présent est sans étendue ; le futur et le passé, qui contiennent la plupart des causes de nos souffrances, ont au contraire une vaste étendue et, à leur contenu effectif, s'ajoute encore le simple possible, qui ouvre au souhait et à la crainte un champ à perte de vue : sans être troublés par le souhait ni par la crainte, les animaux jouissent paisiblement et sereinement de chaque présent, pour peu qu'il soit supportable. Il est bien possible que des êtres humains très limités soient sur ce point proches de l'animal. En outre, les souffrances qui appartiennent PUREMENT au présent ne peuvent être que physiques. Même la mort, les animaux ne l'éprouvent pas, à proprement parler ; d'ailleurs ils ne pourraient apprendre à la connaître que lorsqu'elle fait son apparition, alors qu'ils ne sont déjà plus. La vie de l'animal est donc un présent prolongé. Il vit, se laisse vivre sans réflexion et se fond constamment tout entier dans le présent : la grande masse des humains elle-même vit avec une capacité de réflexion très limitée. De la qualité propre à l'intellect animal présentée ici s'ensuit également que sa conscience est en corrélation précise avec son environnement. Entre l'animal et le monde extérieur, il n'y a rien, mais entre nous et le monde extérieur subsistent toujours ces idées que nous nous en faisons ; souvent elles nous rendent inaccessibles à celui-ci et, souvent, elles nous le rendent inaccessible. Il n'y a que chez les enfants et chez les humains très incultes que ce rempart devient parfois si mince qu'il suffit, pour savoir ce qui se passe en eux, de voir ce qui se passe autour d'eux. C'est pourquoi aussi les animaux ne sont capables ni de projet ni de feinte : ils ne possèdent rien par-devers eux. De ce point de vue, le chien est à l'homme ce qu'une coupe de verre est à une coupe de métal, ce qui contribue grandement à lui donner la valeur qu'il a pour nous, C[car cela nous procure le grand amusement de voir en lui, exposés nus au grand jour, tous nos penchants et affects que nous dissimulons si souvent. De manière générale, les animaux jouent constamment pour ainsi dire cartes sur table : c'est pourquoi nous avons tant de plaisir à les regarder faire quand ils sont entre eux, qu'ils appartiennent à la même espèce ou à des espèces différentes. Une certaine empreinte de l'innocence marque le caractère de leurs faits et gestes, contrairement aux actes de l'homme qui se voient retirer l'innocence de la nature par l'apparition de la raison et, avec celle-ci, de la réflexion. À la place, ils portent de bout en bout la marque de la préméditation ; le caractère fondamental de toute action animale est au contraire que la préméditation en est absente et que, par suite, elle est déterminée par l'impulsion du moment. Aucun animal n'est en effet capable d'un projet proprement dit ; concevoir et exécuter un projet est une prérogative humaine, et des plus riches en conséquence. Certes un instinct comme celui des oiseaux migrateurs ou des abeilles, ou encore un désir durable et persistant, comme la nostalgie du chien pour son maître absent, peuvent produire l'apparence d'un projet, mais il est toutefois impossible de les confondre. — Tout cela possède sa raison dernière dans le rapport entre l'intellect humain et l'intellect animal, et que l'on peut également exprimer comme suit : les animaux ont seulement une connaissance IMMÉDIATE, tandis que nous avons, à côté de celle-ci, également une connaissance MÉDIATE ; comme en tant de domaines, dans la trigonométrie et l'analyse, le remplacement du travail manuel par les machines, etc., se manifeste ici encore la supériorité du médiat sur l'immédiat. En conséquence de quoi, nous pouvons dire encore une fois :]C les animaux ont seulement un intellect SIMPLE, nous avons un intellect DOUBLE, à savoir un intellect pensant à côté de l'intellect connaissant par l'intuition ; et leurs opérations se déroulent souvent indépendamment les unes des autres : nous intuitionnons une chose tout en pensant à une autre. Souvent aussi, à l'inverse, elles s'engrènent l'une dans l'autre. Cette description des choses rend particulièrement compréhensibles la franchise et la naïveté essentielle aux animaux, évoquées plus haut, par opposition à la dissimulation humaine.

Cependant, à cet égard, la loi du *natura non facit saltus* [la nature ne fait pas de saut[130]] ne s'en trouve pas totalement invalidée, même en tenant compte de l'intellect des animaux ; même si, de celui-ci à l'intellect humain, c'est évidemment le plus grand pas que la nature ait fait en produisant les êtres qui sont les siens. Une faible trace de réflexion, de raison, de compréhension des mots, de pensée, d'une aptitude aux projets, de délibération, se fait d'ailleurs parfois connaître chez les individus les plus évolués des espèces animales supérieures, suscitant chaque fois notre admiration. L'éléphant nous en a fourni les traits les plus frappants, lui dont l'intellect très développé s'élève et se renforce encore au moyen de l'exercice et de l'expérience que lui procure une vie longue parfois de deux cents ans. Il a souvent donné des signes indéniables de ce qui nous étonne toujours le plus chez un animal, de la préméditation ; d'innombrables anecdotes très connues les ont conservés : parmi ces dernières, il y a en particulier l'histoire du tailleur dont il s'est vengé à cause d'une piqûre d'aiguille. Mais je veux arracher à l'oubli une histoire qui en est le pendant parce qu'elle a l'avantage d'être authentifiée par une enquête judiciaire. À Morpeth, en Angleterre, eut lieu, le 27 août 1830, une *Coroner's inquest* sur le gardien Baptist Bernhard qui avait été tué par son éléphant : l'audition des témoins révéla qu'il avait grossièrement offensé l'éléphant deux ans auparavant et qu'à présent, sans motif apparent, mais alors que s'offrait une occasion propice, celui-ci avait brusquement saisi l'homme et l'avait piétiné (voir le *Spectator* et d'autres journaux anglais datés de ce jour). Pour une connaissance spécifique de l'intellect animal, je recommande l'excellent livre de Leroy, *Sur l'intelligence des animaux*, nouv. éd. 1802[131].

CHAPITRE 6

SUR LA DOCTRINE DE LA CONNAISSANCE
ABSTRAITE, OU RATIONNELLE

L'impression extérieure sur les sens, associée à l'état affectif qu'elle seule et par elle-même suscite en nous, s'évanouit avec la présence des choses. Tous deux ne peuvent donc constituer en eux-mêmes l'EXPÉRIENCE proprement dite dont les leçons sont censées orienter nos futurs actes. L'image de cette impression, que conserve l'imagination, devient aussitôt plus faible que l'impression elle-même et s'affaiblit tous les jours un peu plus jusqu'à ce qu'elle finisse par s'éteindre totalement avec le temps. Il n'y a qu'une seule chose qui ne soit soumise ni à cet évanouissement instantané de l'impression ni à celui progressif de son image et qui, par suite, est affranchie de la violence du temps : c'est LE CONCEPT. C'est en lui donc que doivent se déposer les leçons de l'expérience et lui seul est propre à devenir le gouvernail sûr de nos pas dans la vie. C'est pourquoi Sénèque dit à juste titre : *Si vis tibi omnia subicere, te subice rationi* [Si tu veux soumettre toute chose à ton pouvoir, alors soumets-toi à ta raison] (*ep. 37*[132]). Et j'ajoute que la condition indispensable pour être supérieur *<überlegen>* aux autres dans la vie réelle, c'est d'être RÉFLÉCHI *<überlegt>*, c'est-à-dire de ne procéder que d'après des concepts. Un instrument de l'intelligence aussi important que le CONCEPT ne peut évidemment pas être identique avec le mot, qui n'est qu'un simple son, se perdant avec la présence des choses comme une impression des sens, puis, avec le temps, comme une image *<Phantasma>* auditive. Néanmoins le concept est une représentation dont la conscience nette et la conservation sont liées au mot ; c'est ce qui explique que les Grecs ont donné au mot, au concept, au rapport, à la pensée et à la raison le nom du premier, à savoir celui de mot : ὁ λόγος. Cependant le CONCEPT est aussi totalement différent du MOT, auquel il est attaché, que le sont les intuitions, dont il procède. Il est d'une nature tout autre que ces impressions des sens. Toutefois, il possède le pouvoir d'absorber en lui tous les résultats de l'intuition pour les restituer très longtemps après, sans les avoir changés, sans les avoir amoindris : c'est d'abord par cela que naît L'EXPÉRIENCE. Cependant, ce que le concept garde n'est pas ce qui a été connu par l'intuition ni ce qui a été perçu, mais quelque chose qui leur est essentiel à tous deux, une essence qui apparaît sous une forme totalement changée et qui, cependant, leur tient lieu de représentant suffisant. Ainsi les fleurs ne se conservent pas mais on garde leurs huiles essentielles et leur essence qui, elles, en conservent tout le parfum et toute la force. L'agir qui se laisse guider par des concepts exacts coïncidera dans son résultat avec la réalité visée par l'intention. — On pourra mesurer toute la valeur inestimable des CONCEPTS et, par suite, de la RAISON, en jetant un regard sur la foule et la variété infinie des choses et des états de ces choses qui coexistent ou se succèdent, et en songeant alors que l'écriture et l'écrit (les signes des concepts) sont cependant capables de nous donner une connaissance exacte de chaque chose et de chaque rapport, indépendamment du lieu et du moment ; parce que relativement PEU de concepts sont capables de saisir et de représenter une infinité de choses et d'états. — Dans notre réflexion propre, l'ABSTRACTION est une élimination de tous les bagages inutiles, afin de faciliter le maniement des connaissances qu'il convient de comparer, de tourner et de retourner dans tous les sens. On y abandonne ainsi nombre d'éléments inessentiels qui ne faisaient qu'introduire de la confusion dans les choses réelles et l'on n'opère qu'avec quelques déterminations cependant essentielles, pensées *in abstracto*[133]. Mais justement, comme les concepts généraux ne naissent que de la suppression et de l'omission des déterminations présentes, et comme ils s'en trouvent, alors, d'autant plus généraux et plus vides, l'usage de ce procédé doit se limiter à l'ÉLABORATION de nos connaissances déjà acquises, dont relève aussi tout raisonnement qui part de prémisses contenues en elles. En revanche, des aperçus fondamentaux et inédits ne peuvent être puisés qu'à cette connaissance pleine et riche qu'est la connaissance intuitive, et en s'aidant de la faculté de juger. — Comme, en outre, le contenu et l'extension des concepts sont dans un rapport inversement proportionnel, c'est-à-dire que plus on met de choses SOUS un concept moins il en est pensé EN lui, les concepts forment une gradation, une hiérarchie qui va des concepts les plus spécifiques aux plus généraux; à son extrémité inférieure se trouve le réalisme scolastique et à son extrémité supérieure, le nominalisme, et tous deux ont presque raison. Car le concept le plus spécifique est déjà presque l'individu, c'est-à-dire qu'il est presque réel, tandis que le concept le plus général, comme par exemple l'être (qui est l'infinitif de la copule), n'est pour ainsi dire rien d'autre qu'un mot. C'est pourquoi les systèmes philosophiques qui n'évoluent qu'à l'intérieur de ce type de concepts très généraux sans redescendre au réel ne sont qu'un fatras de mots creux. Car, comme toute abstraction consiste en une suppression par la pensée, plus on la poursuit, moins il reste de réel. Aussi, lorsque je lis ces philosophèmes modernes, qui ne progressent que par de très vastes *abstracta*, en dépit de toute l'attention que j'y porte, j'ai tôt fait de ne presque plus rien pouvoir penser là-dedans, parce que, précisément, je n'y trouve aucune matière à penser, de sorte que je me retrouve obligé de n'opérer qu'à partir de cosses vides, ce qui procure une sensation semblable à celle que l'on ressent lorsqu'on

essaie de lancer des corps très légers : on y met toute
sa force et aussi tout son effort, seulement il manque
l'objet qui les absorberait de façon à produire un
mouvement dans le moment qui suit. Celui qui
voudra faire cette expérience n'aura qu'à lire les
écrits de l'école de Schelling ou, mieux encore, ceux
des hégéliens. — Les concepts SIMPLES devraient
être à proprement parler des concepts inanalysables
<*unauflösbar*>, de sorte qu'ils ne pourraient jamais
être le sujet d'un jugement analytique ; or je soutiens
que c'est impossible car, lorsque l'on pense un
concept, on doit nécessairement pouvoir aussi indiquer quel est son contenu. Les exemples de concepts
simples qu'on a l'habitude d'introduire ne sont déjà
plus du tout des concepts, ce sont soit des sensations
éprouvées par les sens, comme par exemple celle
d'une couleur déterminée, soit des formes de l'intuition conscientes *a priori*, donc, à proprement parler,
les ultimes éléments de la CONNAISSANCE INTUITIVE.
Or celle-ci est pour le système de toutes nos pensées
ce que le granit est à la géologie, c'est-à-dire l'ultime
couche solide qui supporte tout et au-delà de laquelle
on ne peut aller. La DISTINCTION <*Deutlichkeit*>
d'un concept exige en effet qu'on le décompose en
ces éléments caractéristiques <*Merkmale*> mais aussi
que l'on puisse analyser ceux-ci à leur tour, s'ils sont
eux aussi des *abstracta*, et ainsi de suite jusqu'à
atteindre la connaissance INTUITIVE pour arriver
aux choses concrètes dont l'intuition claire nous
permettra de prouver ces dernières abstractions, et
de leur assurer de cette manière une réalité ainsi
qu'à toutes les abstractions plus élevées qui reposent
sur elles. C'est pourquoi l'explication habituelle qui
consiste à dire qu'un concept serait distinct dès que
l'on peut indiquer quels sont ses éléments caractéristiques n'est pas suffisante : car peut-être la dé-

composition de ces éléments caractéristiques ne conduit sans cesse qu'à des concepts, sans qu'il y ait à leur fondement des intuitions qui leur confèrent une réalité. Prenons, par exemple, le concept d'«esprit» et analysons-le dans ses éléments caractéristiques : «un être pensant, voulant, immatériel, simple, ne remplissant aucun espace et indestructible». On n'a rien pensé de distinct là-dedans, parce que les éléments de ces concepts ne peuvent être prouvés par des intuitions, puisqu'un être pensant sans cerveau est comme un être qui digère sans estomac. Seules les intuitions sont CLAIRES <*klar*>, les concepts ne le sont pas, ils peuvent tout au plus être DISTINCTS <*deutlich*>. C'est ce qui explique que l'on ait pu associer et employer comme deux synonymes «clair et confus», bien que cela fût absurde, et que l'on ait pu expliquer que la connaissance intuitive ne serait qu'une connaissance abstraite confuse parce qu'en effet cette dernière serait la seule qui puisse être intelligible. Duns Scot a été le premier à le faire, mais Leibniz partage, au fond, cette conception, puisque son *identitas indiscernibilium* [identité des indiscernables] repose là-dessus. Il faut lire à ce sujet la réfutation qu'en fait Kant p. 275 de la première édition de la *Critique de la raison pure*[134].

Le lien étroit, que nous avons abordé plus haut, qui rattache le concept au mot, c'est-à-dire le langage à la raison, repose en dernier ressort sur la chose suivante. Toute notre conscience avec sa perception intérieure et extérieure a continuellement pour forme LE TEMPS. Les concepts, en revanche, parce qu'ils sont des représentations nées par l'abstraction, totalement générales et différentes de toutes les choses particulières, ont, en raison de cette propriété, une existence d'une certaine manière objective, laquelle, cependant, n'appartient à aucune série temporelle.

Aussi doivent-elles, pour apparaître dans le présent immédiat d'une conscience individuelle et, par suite, pour pouvoir être réinsérées dans une série temporelle, en quelque sorte être ramenées à l'état de choses particulières, individualisées et ainsi rattachées à une représentation sensible : le MOT est cette représentation sensible. Le mot est, par conséquent, le signe sensible du concept et, en tant que tel, le moyen nécessaire pour le FIXER, c'est-à-dire pour le rendre présent à la conscience attachée à la forme du temps et pour, ainsi, établir un lien entre la raison, dont les objets ne sont que généraux, des *universalia* [universaux] qui ne connaissent ni lieu ni temps, et la conscience sensible liée au temps, laquelle, dans cette mesure, n'est qu'une conscience animale. Ce moyen seul rend possible la reproduction volontaire, c'est-à-dire la remémoration et la conservation des concepts en ce qu'il les rend disponibles et permet les opérations qu'il convient d'entreprendre avec les concepts, à savoir le jugement, la démonstration, la comparaison, la limitation, etc. Certes, il arrive parfois que des concepts occupent la conscience, privés de leur signe, parce que, parcourant rapidement une chaîne de raisonnements, nous n'aurions pas le temps de penser les mots. Seulement ce sont là des exceptions qui présupposent un grand exercice de la raison qu'elle n'a pu acquérir que grâce au langage. Nous voyons par l'exemple des sourds-muets à quel point l'usage de la raison est lié au langage ; s'ils n'ont appris aucune sorte de langage, ils ne font montre de guère plus d'intelligence que les orangs-outans et les éléphants : car ils n'ont de raison que *potentia* [en puissance] et non *actu* [en acte].

Le mot et le langage sont donc le moyen indispensable d'une pensée distincte. Mais comme tout moyen et toute machine, le langage est une complication et une entrave, parce qu'il contraint la pensée infiniment nuancée, mobile et plastique à entrer dans certaines formes fixes et immobiles et, en la fixant, elle l'enchaîne dans un même temps. On peut écarter cette entrave en partie en apprenant plusieurs langues. Car alors la pensée, coulée dans une forme, passe dans une autre et en chacune de ses figures, elle se trouve quelque peu changée, se détache de plus en plus de chacune de ses formes et enveloppes, permettant à l'être qui lui est propre de pénétrer de manière plus distincte dans la conscience et de recouvrer sa plasticité originelle. Les langues anciennes remplissent ce service bien mieux que les langues modernes en raison de l'importante différence qui les distingue de celles-là, la même pensée devant être exprimée d'une tout autre manière et donc prendre une forme hautement différente, à quoi s'ajoute que la grammaire plus accomplie des langues anciennes rend possible une construction plus accomplie et plus sophistiquée des pensées et de leurs connexions. C'est pourquoi un Grec ou un Romain pouvait toujours se contenter de sa propre langue. Mais qui ne comprend rien d'autre qu'un seul patois moderne, ne tardera pas à révéler toute son indigence, dès qu'il prendra la parole ou écrira, car sa pensée, fermement attachée à de piètres formes stéréotypées, semblera sans souplesse et monotone. Le génie, qui, bien sûr, supplée à tout, supplée aussi à cela. Ainsi en va-t-il, par exemple, de Shakespeare.

Sur ce que j'ai établi dans le § 9 du tome I, à savoir que les paroles d'un discours sont parfaitement comprises sans donner lieu à des représentations intuitives et à des images dans notre esprit, sur ce point, donc, Burke a déjà mené une discussion très juste et très circonstanciée dans son *Inquiry into the Sublime and Beautiful, p. 5, sect. 4 et 5*[135] ; seulement il en tire une conclusion totalement fausse et affirme que nous entendons, percevons et utilisons les paroles sans les relier avec une quelconque représentation (*idea*), alors qu'il aurait dû en conclure que toutes les représentations (*ideas*) ne sont pas toutes des images (*images*) intuitives et que, précisément, celles qui doivent être désignées par des mots ne sont que des CONCEPTS (*abstract notions*) et ne sauraient être intuitives en raison de leur nature. — C'est précisément parce que les mots ne transmettent que des concepts généraux, lesquels sont parfaitement différents des représentations intuitives, que, lorsque par exemple on raconte un fait, tous les auditeurs recevront les mêmes CONCEPTS, mais que, lorsqu'ils voudront après coup se représenter intuitivement l'événement, chacun en esquissera dans son imagination une IMAGE différente, celle-ci divergeant considérablement de l'image exacte que seul le témoin oculaire possède. C'est la première raison (mais d'autres encore l'accompagnent) pour laquelle un fait est nécessairement déformé lorsqu'il est repris par d'autres, car le second narrateur transmet des concepts tirés de l'image de SON imagination <*Phantasiebild*>, et à partir de ces concepts le troisième à son tour esquisse une autre image plus divergente encore qu'il traduit de nouveau en concepts, et ainsi de suite. Celui qui a une imagination suffisamment sèche pour en rester aux concepts qui lui ont été transmis et pour les transmettre à son tour sera le plus fidèle des chroniqueurs.

Mais la meilleure et la plus raisonnable discussion sur l'être et la nature des concepts qu'il m'ait jamais été donné de lire se trouve chez Thomas Reid, *Essays on the powers of human mind, vol. 2, essay 5, ch. 6*[136]. Celle-ci a été depuis réprouvée par Dugald Stewart dans sa *Philosophy of the human mind*[137], mais, à propos de celui-ci, je ne veux pas gâcher de papier, aussi me contenterai-je de dire brièvement qu'il a fait partie des nombreux qui ont acquis une renommée par la faveur et les amitiés; aussi ne puis-je que conseiller de ne pas perdre une seule heure à la lecture des scribouillis de cet esprit plat.

Que, au demeurant, la RAISON soit la faculté de la représentation abstraite et l'ENTENDEMENT celle de la représentation intuitive, c'est là ce que ce prince de la scolastique, Pic de La Mirandole, avait déjà reconnu, lui qui dans son ouvrage *De imaginatione, c. 11*[138], fait scrupuleusement la distinction entre raison et entendement et déclare que la première est la faculté discursive propre à l'homme tandis que la seconde, qui est faculté intuitive, correspond au mode de connaissance des anges et est même apparentée à celle de Dieu. — Spinoza, lui aussi, définit très justement la raison comme la faculté de former des concepts généraux: *Eth. II, prop. 40, schol. 2*[139]. Je n'aurais pas eu besoin de mentionner tout cela, n'étaient les bouffonneries que ces pseudo-philosophes d'Allemagne ont organisées ces cinquante dernières années autour du concept de RAISON, voulant par une audace éhontée le noircir en plaçant sous ce mot une faculté entièrement mensongère d'une connaissance immédiate, métaphysique, prétendument suprasensible, alors que la raison réelle, ils l'appelaient ENTENDEMENT et que, l'entendement proprement dit, ils l'ignoraient comme une faculté qui leur était très étrangère et attribuaient à la sensibilité ses fonctions intuitives.

De même que pour toute chose en ce monde, à tout moyen de renseignement, à tout avantage, à tout privilège s'attachent aussitôt de nouveaux inconvénients, de même la raison, qui confère à l'homme de si grands avantages, implique, elle aussi, ses inconvénients particuliers et lui ouvrent des possibilités de fourvoiements dans lesquels l'animal ne peut jamais tomber. Elle permet qu'une toute nouvelle sorte de motifs inaccessible à l'animal puisse exercer son pouvoir sur la volonté : ce sont les motifs ABS-TRAITS, les pures pensées, lesquelles ne sont en aucun cas toujours tirées de l'expérience personnelle mais souvent seulement des discours et des exemples des expériences des autres qui lui ont été transmis par la tradition et les écrits. Devenue perméable à la PENSÉE, elle devient aussitôt accessible à l'ERREUR. Seulement, toute erreur doit tôt ou tard créer des dommages et ils sont d'autant plus grands qu'elle était grande elle-même. Tout individu qui commet une erreur doit l'expier et souvent la payer cher, mais cela vaut aussi sur une grande échelle, pour les erreurs collectives commises par les peuples. Aussi ne répétera-t-on jamais assez qu'il faut poursuivre toute erreur, quel que soit le lieu où on la rencontre, l'éradiquer comme le plus grand ennemi de l'humanité et qu'il ne saurait y avoir d'erreurs privilé-giées ou sanctionnées. Le penseur doit s'y attaquer, en dépit des hauts cris que pourrait alors pousser l'humanité, semblable à un malade dont le médecin touche les plaies. — L'animal, lui, ne peut jamais s'égarer loin des chemins tracés par la nature, car ses motifs ne résident que dans le monde INTUITIF, où il n'y a de place que pour le possible, voire pour le seul réel. Dans les concepts abstraits, en revanche, dans les pensées et les mots entre tout ce qui peut n'être qu'imaginé, et cela comprend, par suite, le faux, l'impossible, l'absurde, l'insensé. Comme la raison a été accordée à tous et la faculté de juger à un petit nombre, il s'ensuit que l'homme est sujet à l'illusion, qu'il est offert à toutes les chimères imaginables dont on réussit à le convaincre et qui agissent comme des

motifs de sa volonté, pouvant le pousser à des absurdités, à des sottises en tout genre, à des extravagances
inouïes ainsi qu'à des actions les plus contraires à sa
nature animale. L'éducation proprement dite, dans
laquelle connaissance et jugement marchent main
dans la main, ne peut être accordée qu'à un petit
nombre et plus rares encore sont ceux qui sont
capables de l'assimiler. Pour la grande masse, une
forme de dressage tient lieu d'éducation; elle est
mise en œuvre par l'exemple, par l'habitude et par
quelques concepts inculqués très tôt, avant que l'expérience, l'entendement, la faculté de juger puissent
venir perturber le travail. Ainsi des pensées sont-
elles greffées, et se trouvent-elles ensuite si fermement
attachées qu'aucun enseignement ne peut plus les
ébranler; elles sont comme des pensées INNÉES, ce
pourquoi d'ailleurs souvent bien des philosophes les
ont tenues. Sur cette voie, il en coûte autant d'efforts
d'inculquer aux hommes le juste et le raisonnable
que la plus grande des absurdités; on peut par
exemple les habituer à ne s'approcher de telle ou
telle idole que traversés d'une sainte terreur et à ne
prononcer son nom qu'en se jetant à terre et en se
roulant dans la poussière leur corps mais avec
toute leur âme aussi, à mettre volontairement en jeu
leur vie et leurs biens pour un mot, pour un nom,
pour la défense de la plus aventureuse des lubies, à
attribuer arbitrairement le plus grand honneur et la
plus profonde infamie à telle ou telle chose et ensuite
à la chérir ou à la mépriser avec la plus ardente
conviction, à se priver de toute nourriture animale
comme dans l'Hindoustan ou à découper des animaux vivants et à en dévorer les morceaux encore
chauds et palpitants, comme en Abyssinie, à manger
des hommes comme en Océanie ou encore à sacrifier
ses enfants au Moloch, à se castrer soi-même, à se

précipiter volontairement dans le bûcher — en un mot : à ce que l'on veut. De là les croisades, les débordements fanatiques des sectes, de là les chiliastes, les flagellants, les persécutions d'hérétiques, les autodafés, et tout ce que le long registre des absurdités humaines peut encore proposer. Cm[Et que l'on n'aille pas penser que de tels exemples sont réservés aux seuls siècles obscurs, parce que je m'en vais en ajouter d'autres tout récents. En l'an 1818, 7 000 chiliastes quittèrent le Wurtemberg pour rejoindre les environs du mont Ararat parce que le nouveau royaume de Dieu annoncé en particulier par Jung (-Stilling) était censé commencer là*[140]. Gall raconte que, de son temps, une mère aurait tué et rôti son enfant pour, à l'aide de sa graisse, soigner les rhumatismes de son mari]Cm**[141]. Le versant tragique de l'erreur et du préjugé se situe dans la pratique, son versant comique est réservé à la théorie : si l'on réussissait, par exemple, à convaincre fermement ne serait-ce que trois personnes que le soleil n'est pas la cause de la lumière du jour, il est permis d'espérer qu'une telle assertion aura tôt fait de devenir une conviction générale. En Allemagne on a pu crier au plus grand philosophe de tous les temps à propos d'un charlatan répugnant et dépourvu d'esprit, d'un barbouilleur d'inepties du nom de Hegel et ils ont été des milliers à y croire fermement vingt années durant. À l'étranger, même l'Académie danoise a défendu sa renommée contre moi et l'a fait passer pour un *summus philosophus* (voir à ce sujet la préface à mes *Problèmes fondamentaux de l'éthique*)[142]. —

---

* Cm[Illgens, *Zeitschrift für historische Theologie*, 1839, cahier 1, p. 182]Cm

** Cm[*Gall et Spurzheim, Des dispositions innées, 1811, p. 253*] Cm

Tels sont donc les inconvénients attachés à l'existence de la raison, lorsque le jugement est rare. Vient s'ajouter à ceux-ci encore la possibilité de la folie : les animaux ne deviennent jamais fous, encore que les carnivores soient exposés à la rage, et les herbivores à une forme de fureur.

CHAPITRE 7*

DU RAPPORT DE LA CONNAISSANCE
INTUITIVE À LA CONNAISSANCE
ABSTRAITE

Ainsi qu'il a été montré, les concepts empruntent leur matière à la connaissance intuitive et comme, par conséquent, tout l'édifice du monde de nos pensées repose sur le monde de l'intuition, nous devons pouvoir, en partant de tout concept et, si besoin est, en passant par des degrés intermédiaires, remonter jusqu'aux intuitions dont il a été immédiatement extrait lui-même, à moins qu'il ne l'ait été des concepts de l'intuition, qui en sont l'abstraction, autrement dit, nous devons pouvoir le prouver avec ces intuitions qui, pour l'abstraction, jouent le rôle d'un modèle. Ces intuitions donc livrent la teneur réelle de toute notre pensée et, partout où elles font défaut, ce ne sont pas des concepts, mais de simples mots que nous avons en tête. Dans cette perspective, notre intellect ressemble à une banque d'émission qui, pour pouvoir être fiable, suppose qu'il y ait des espèces numéraires dans la caisse pour, le cas échéant, pou-

---

* Ce chapitre se rapporte au § 12 du tome I.

voir solder tous les billets émis : les intuitions sont
les espèces numéraires ; les concepts, les billets. —
En ce sens, on pourrait très justement donner aux
intuitions le nom de représentations PRIMAIRES et
aux concepts celui de représentations SECONDAIRES ;
en revanche, les scolastiques, reprenant Aristote
(*Metaphys.*, *VI, 11 ; IX, 1*)[143], n'étaient pas tout à fait
dans le juste quand ils nommaient les choses réelles
des *substantias primas* [substances premières] et
les concepts des *substantias secundas* [substances
secondes]. — Les livres ne communiquent que des
représentations secondaires. Le pur concept d'une
chose sans son intuition ne donne qu'une connaissance générale de celle-ci. On n'atteint à une compréhension absolument fondamentale des choses et de
leurs rapports que dans la mesure où l'on est capable
d'en avoir une représentation dans une intuition
pure et claire sans avoir recours aux mots. Expliquer
des mots par d'autres mots, comparer des concepts
avec d'autres concepts, en quoi consiste la majeure
partie de l'activité philosophique, revient, au fond, à
se livrer à un jeu de passe-passe avec les sphères
conceptuelles pour voir laquelle peut entrer dans
telle ou telle et laquelle ne le peut pas. Dans le
meilleur des cas, on arrive par là à des conclusions,
mais même des conclusions ne donnent lieu à aucune connaissance nouvelle, elles ne font que nous
montrer tout ce qui était déjà présent en cette connaissance et ce qui, en elle, pourrait éventuellement être
retenu pour être appliqué au cas concerné. Au
contraire, connaître les choses par l'intuition, les laisser nous parler, les appréhender sous de nouveaux
rapports et, après cela seulement, placer et déposer
le tout dans des concepts, pour le posséder plus
sûrement, c'est cela qui donne lieu à de nouvelles
connaissances. Seulement, si tout le monde est plus

ou moins capable de comparer des concepts avec d'autres concepts, comparer des concepts avec des intuitions est un don que seuls certains élus ont reçu. Ce don, selon le degré de perfection qu'il atteint, est la condition de l'esprit, de la faculté de juger, de la pénétration, du génie, alors que de la première faculté il ne ressort guère au mieux que des considérations rationnelles. — Le noyau le plus intime de toute connaissance authentique et réelle est une intuition, si bien que toute nouvelle vérité est, elle aussi, le fruit d'une intuition. C[Toute pensée primordiale <*Urdenken*> se produit en images, c'est pourquoi l'imagination est un instrument tellement nécessaire à la pensée, de sorte que les têtes sans imagination ne produiront jamais rien de grand — sauf peut-être en mathématiques.]C Au contraire, les pensées purement abstraites, dépourvues de tout noyau intuitif, sont semblables à des figures nébuleuses privées de réalité. Tout écrit ou tout discours, qu'il soit théorie ou poésie, se pose comme fin ultime de conduire son lecteur ou son auditeur à cette même connaissance intuitive dont l'auteur est parti ; s'ils en sont exempts, c'est qu'ils sont mauvais. C'est pourquoi justement l'observation et la considération de tout réel <*Wirkliches*>, pour peu qu'il propose quelque chose de nouveau à son observateur, seront toujours plus instructives que n'importe quelle lecture ou audition. Tant il est vrai que, si nous allons au fond des choses, la vérité et la sagesse et, à vrai dire, même l'ultime mystère des choses se logent tout entiers dans le réel, tout comme l'or se cache dans le minerai : il s'agit simplement de savoir l'en extraire. D'un livre, en revanche, dans le meilleur des cas, on ne peut tirer qu'une vérité de seconde main, encore que, la plupart du temps, on n'en puisse rien tirer du tout.

L'auteur d'un livre absolument dépourvu de contenu empirique, comme c'est le cas de la plupart des livres, abstraction faite de ceux qui sont proprement mauvais, démontre sans doute qu'il a PENSÉ, mais non qu'il a VU, qu'il a écrit à partir de sa réflexion et non à partir de son intuition, et c'est cela précisément qui rend la plupart des livres médiocres et ennuyeux. Car ce que tel auteur a pensé, le lecteur, en y mettant un peu du sien, aurait pu lui aussi y penser puisqu'il ne s'agit que de pensées rationnelles ou encore de discussions étayées déjà *implicite* contenues dans le sujet. Mais, de cette manière, aucune réelle connaissance nouvelle ne voit le jour ; une telle connaissance ne sera engendrée que dans l'instant de l'intuition, que dans l'appréhension immédiate d'un nouvel aspect des choses. Par conséquent, là où la pensée de l'auteur se fonde sur UN VOIR <*Schauen*>, il semblera que cet auteur écrive d'un pays où le lecteur n'a encore jamais été ; là, tout y est frais et nouveau, car là tout est puisé à la source originelle de toute connaissance. Je voudrais expliciter ici cette distinction à l'aide d'un exemple très facile et très simple. Un écrivain ordinaire décrirait l'attitude figée de la méditation ou encore cet étonnement propre à nous pétrifier en recourant à cette image facile : « Il se tenait là semblable à une statue. » Cervantès, lui, écrit : « semblable à une statue, mais vêtue, car seuls ses vêtements flottaient encore au vent » (*D. Quix.*, vol. 6, chap. 19)[144]. Ainsi, les grands esprits n'ont jamais pensé qu'EN PRÉSENCE DE L'IN-TUITION, et dans leurs pensées, ils gardent sans cesse leur regard fixement attaché à cette intuition. On reconnaît ce trait entre autres au fait que les plus différents d'entre eux sont cependant très souvent en accord sur des points de détail et se retrouvent précisément parce qu'ils parlent tous de cette chose qu'ils avaient tous ensemble sous les yeux à ce moment-là, à savoir du monde, de la réalité perceptible ; et même, d'une certaine manière, ils disent tous la même chose, seulement les autres ne les croient jamais. On le reconnaît à ce que leur expression, ayant été inspirée par l'intuition, est juste, originale et toujours exactement adaptée à la chose ; on le reconnaît à la naïveté des énoncés, à la nouveauté des images et au caractère percutant des symboles, autant d'éléments qui, sans exception, définissent les ouvrages des grands esprits et qui font, en revanche, toujours défaut aux autres ; voilà pourquoi ils n'ont à leur disposition que des formules banales et des images éculées et ne peuvent jamais se permettre d'être naïfs sous peine de révéler leur vulgarité dans sa plus désolante nudité : à la place, ils sont précieux. Aussi Buffon disait-il : « le style est l'homme même[145] ». Si des esprits ordinaires se mêlent de poésie, ils sont traversés par certaines dispositions d'esprit, passions, sentiments nobles et autres mouvements du même ordre, lesquels, cependant, ne sont que traditionnels voire conventionnels, c'est-à-dire qu'ils leur ont été transmis *in abstracto*, et comme ils les prêtent ensuite aux héros de leurs poèmes, ces derniers deviennent les simples incarnations de ces dispositions, c'est-à-dire qu'ils deviennent eux-mêmes d'une certaine manière des *abstracta*, si bien qu'ils sont aussi fades qu'ennuyeux. Si ces esprits ordinaires se mettent à faire de la philosophie, ils s'emparent de quelques concepts largement abstraits et ils jonglent avec, comme s'il s'agissait d'équations algébriques, dans l'espoir qu'il en ressortira quelque chose : au mieux, on s'aperçoit qu'ils ont tous lu la même chose. Cet art de la jonglerie avec les concepts abstraits selon la méthode des équations algébriques, que, de nos jours, l'on nomme dialectique, ne livre toutefois pas des résultats aussi assurés que ceux que livre l'algèbre véritable, parce que ici le concept représenté dans le mot ne représente pas une grandeur fixe et exactement déterminée comme l'est celle désignée par les caractères algébriques mais une grandeur flottante, polyvalente, susceptible d'être étendue comme d'être réduite. Tout bien considéré, toute pensée, c'est-à-dire toute combinaison de concepts abstraits, a pour matière, dans le meilleur des cas, les SOUVENIRS de ce qui fut autrefois connu dans l'intuition, et encore de manière indirecte dans la mesure où, en effet, ce qui fut autrefois connu dans l'intuition constitue déjà le soubassement de tous les concepts. En revanche, il n'est de connaissance effective, c'est-à-dire immédiate, que dans l'intuitionner, que dans le percevoir lui-même, nouveau et frais. Or les concepts que la raison a formés, et que la mémoire a gardés, ne peuvent être tous présents à la fois, ils ne sont bien plutôt présents qu'en très petit nombre à un moment donné, alors que, au contraire, l'énergie avec laquelle est appréhendé le présent de l'intuition, dans lequel est toujours virtuellement contenu et représenté l'essentiel de toutes choses en général, cette énergie, donc, pénètre la conscience et l'emplit de toute sa puissance en UN SEUL instant. C'est ce qui explique la prépondérance infinie du génie sur l'érudition : ils sont l'un à l'autre ce que les textes des anciens classiques sont à leurs commentaires. À dire vrai, toute vérité et toute sagesse résident, en dernière instance, dans l'INTUITION. Malheureusement, celle-ci ne se laisse ni fixer ni communiquer. Dans le meilleur des cas, les conditions OBJECTIVES requises pour l'intuition peuvent être présentées aux autres, purifiées et clarifiées, dans les arts plastiques tandis que, dans la poésie déjà, elles apparaissent de manière plus médiate. L'intuition repose tout autant sur des conditions subjectives ; or celles-ci ne sont pas toujours offertes à tous, et même n'atteignent à leur plus haut degré de perfection que chez quelques privilégiés. N'est absolument communicable que la plus mauvaise des connaissances, la connaissance abstraite, les concepts, qui ne sont que l'ombre de la connaissance proprement dite. Si l'on pouvait communiquer les intuitions, il existerait alors une communication qui vaille la peine ; mais chacun est voué, en définitive, à rester cantonné dans sa peau, dans sa boîte crânienne et nul ne peut venir en aide aux autres. La poésie et la philosophie s'efforcent sans relâche d'enrichir le concept à partir de l'intuition. — Cependant, l'humanité n'a pour l'essentiel que des objectifs pratiques, et dans cette perspective, les traces qu'a laissées en elle ce qui a été appréhendé par l'intuition y suffisent amplement puisqu'elles lui permettent de le reconnaître toutes les fois où il se reproduit en des cas semblables : l'homme acquiert alors la sagesse pratique de celui qui a l'expérience du monde. C'est pourquoi, en règle générale, l'homme du monde est incapable d'enseigner la sagesse et toutes les vérités qu'il a collectées, il peut seulement les exercer en appréhendant avec justesse tout ce qui arrive et en prenant les décisions adéquates. — Que les livres ne puissent jamais remplacer l'expérience et ni l'érudition, le génie, ce sont là deux phénomènes apparentés en ce qu'ils possèdent une même et seule raison, à savoir que l'abstraction ne pourra jamais remplacer l'intuition. Les livres ne se substituent pas à l'expérience parce que les concepts ne restent jamais que généraux et que, par conséquent, ils ne peuvent descendre jusqu'au cas particulier qui est cependant ce dont il est question dans la vie. À cela s'ajoute que tous les concepts sont abstraits précisément à partir du cas particulier et de ce qui est intuitionné dans l'expérience, si bien qu'il faut en être déjà passé par là pour comprendre convenablement ne serait-ce que le général que les livres communiquent. L'érudition ne remplace pas le génie, parce qu'elle aussi ne livre que des concepts, alors que les connaissances du génie consistent dans l'appréhension des Idées (platoniciennes) des choses; voilà pourquoi elles sont essentiellement intuitives. Par conséquent, il manque au premier phénomène la condition OBJECTIVE de la connaissance intuitive et, au second, la condition SUBJECTIVE. La première peut encore s'acquérir, mais non la seconde

La sagesse et le génie, ces deux sommets du Parnasse de la connaissance humaine, n'ont pas leurs racines dans la faculté d'abstraction ni dans la faculté discursive, mais dans la faculté d'intuition. La sagesse proprement dite est quelque chose d'intuitif et non quelque chose d'abstrait. Elle ne consiste pas dans des principes et des pensées, résultats de sa propre recherche ou de celle d'un autre que l'on aurait présents à l'esprit tout prêts : elle consiste bien plutôt dans la manière dont le monde se présente à notre esprit. La différence est si grande qu'elle fait que le sage vit dans un monde tout autre que le fou, et que le génie perçoit un monde autre que l'esprit stupide. Que les œuvres du génie surpassent de très loin les autres, provient juste de ce que le monde qu'il voit et celui auquel il emprunte ses énoncés est bien plus clair, et, en quelque sorte, plus profondément mis en relief que celui qui existe dans les têtes des autres. Ce dernier, sans doute, contient les mêmes objets mais il est au monde du génie ce qu'une gravure chinoise sans ombre et sans perspective est à une peinture à l'huile réalisée soigneusement. La matière est la même dans toutes les têtes mais c'est dans le degré de perfection qu'atteint sa forme en chacune que réside la distinction sur laquelle reposent, en dernière analyse, les gradations si variées des intelligences. Cette distinction donc est déjà présente à la racine, dans l'appréhension INTUITIVE, et ne naît pas qu'au moment du travail de l'abstraction. C'est pourquoi la supériorité intellectuelle, originelle, se manifeste si facilement en toute occasion, c'est pourquoi elle sera perçue par les autres sur l'instant et aussitôt honnie.

Dans la pratique, la connaissance intuitive de l'entendement peut immédiatement diriger nos actes et notre comportement, alors que la connaissance abstraite de la raison a besoin, pour ce faire, d'en passer par l'intermédiaire de la mémoire. De là découle le privilège de la connaissance intuitive dans tous les cas où le temps de la réflexion ne nous est pas accordé, et donc dans les échanges quotidiens, à quoi les femmes excellent. Seul celui qui a une connaissance intuitive de l'essence des hommes, tels qu'ils sont en règle générale, et qui a tout aussi bien appréhendé l'individualité d'une personne particulière dans le cas présent, saura assurément traiter cette personne comme il se doit. Un autre pourra connaître par cœur les trois cents règles de prudence <*Klugheit*> qui figurent chez Gracián[146], il n'en sera pas pour autant plus prémuni contre les balourdises et les bévues pour peu que cette connaissance intuitive lui fasse défaut. Car, si toute CONNAISSANCE ABSTRAITE ne livre tout d'abord que des principes universels et des règles générales, le cas particulier, lui, n'est presque jamais exactement taillé à la mesure de la règle, si bien qu'il convient encore que la mémoire la rende présente au bon moment. Or la mémoire est rarement ponctuelle. Il s'agit alors d'élaborer à partir du cas particulier la *propositio minor* [proposition mineure[147]] afin de pouvoir, ultimement, en tirer la conclusion qui s'impose. Mais, avant d'en arriver là, l'occasion nous aura déjà tourné le dos et sera passée, si bien que tous ces principes et règles si pertinents nous serviront au mieux à prendre la mesure de l'énormité de l'erreur que nous venons de commettre. Mais c'est par ces erreurs, c'est avec le temps, l'expérience et la pratique que, lentement, la sagesse pratique acquise avec l'expérience du monde grandit en nous et, ainsi, ces règles *in abstracto*, mises en relation avec l'expérience, pourront, sans doute, devenir fructueuses. En revanche, la CONNAISSANCE INTUITIVE, qui n'appréhende jamais que le particulier, est toujours en relation directe avec le cas présent; règle, cas et application ne sont pour elle qu'une seule et même chose et l'action leur emboîte le pas. De là s'explique que, dans la vie réelle, le savant, si supérieur par la richesse de ses connaissances abstraites, soit tellement inférieur à l'homme du monde dont la supériorité réside en une connaissance parfaitement intuitive des choses qui lui a été accordée par des dispositions originelles, et qu'il a formée par la richesse de son expérience. Et il y a toujours entre ces deux modes de connaissance le même rapport que celui qu'il y a entre la monnaie de papier et les espèces sonnantes et trébuchantes; mais de même que, dans certains cas et à certaines occasions, celle-là est préférable à celle-ci, de même, pour certaines choses et dans certaines situations, la connaissance abstraite est aussi plus pratique que la connaissance intuitive. Lorsque, en effet, dans une circonstance donnée, un concept dirige notre action, il présente l'avantage, une fois saisi, de rester immuable; aussi pouvons-nous nous mettre à l'œuvre sous sa direction avec une parfaite assurance et fermeté. Seulement cette assurance, que le concept confère du côté subjectif, est contrebalancée par l'incertitude qui l'accompagne du côté objectif : en effet, ce concept pourrait bien être faux et infondé ou encore l'objet visé pourrait lui être parfaitement inapproprié, en ce qu'il ne serait pas tout à fait ou pas du tout de la même nature. Si, subitement, nous venons à prendre conscience de ce genre de choses dans le cas particulier, nous perdons aussitôt nos esprits, mais si nous n'en prenons pas conscience, alors les suites nous l'apprendront. C[C'est pourquoi Vauvenargues dit : « Personne n'est sujet à plus de fautes, que ceux qui n'agissent que par réflexion[148]. »]C — Si, en revanche, c'est la connaissance intuitive des objets visés et de leurs rapports qui guide notre action, alors nous pouvons facilement chanceler à chaque pas, car l'intuition est susceptible de se modifier entièrement, elle est ambivalente, comporte un nombre inépuisable de détails et affiche les unes après les autres bien des facettes ; aussi n'agissons-nous pas dans une entière assurance. Seulement cette incertitude subjective est compensée par la certitude objective, car ici il n'y a aucun concept entre l'objet et nous, nous ne le perdons jamais des yeux ; par conséquent, il suffit que nous distinguions bien ce que nous avons devant nous et ce que nous faisons, pour qu'alors nous visions juste. — Aussi notre action n'est-elle parfaitement assurée que lorsqu'elle est guidée par un concept dont le fondement exact, sa perfection et la possibilité qu'il offre de l'appliquer au cas présent sont entièrement assurés. Agir selon des concepts peut virer à la pédanterie, mais agir sur des impressions intuitives peut virer à la légèreté et à la folie.

L'intuition n'est pas seulement la source de

toute connaissance, elle est elle-même la connaissance κατ' ἐξοχήν [par excellence], elle est la seule
connaissance qui soit inconditionnellement vraie,
authentique, parfaitement digne du nom de connaissance, car elle seule nous confère la COMPRÉHEN-
SION <*Einsicht*> DES CHOSES à proprement parler,
elle seule est réellement assimilée par l'homme, elle
seule pénètre dans son être et peut à juste titre être
dite SIENNE : les concepts, eux, ne sont que des
pièces rapportées. Dans le livre IV, nous avons même
vu la vertu proprement dite émaner de la connaissance intuitive, car seules les actions immédiatement
suscitées par elle, et qui par suite n'ont lieu qu'engendrées par les impulsions pures propres à notre
nature, sont à proprement parler des symptômes de
notre caractère vrai et immuable, au contraire de
celles qui, produites par la réflexion et ses dogmes,
sont souvent imposées au caractère et n'ont par
conséquent aucun point d'ancrage immuable en
nous. Mais la SAGESSE aussi, cette conception vraie
de la vie, ce regard exact et ce jugement juste procèdent de la manière dont l'homme appréhende le
monde intuitif et non de son seul savoir, c'est-à-dire
des concepts abstraits. De même que le fonds ou la
teneur fondamentale de toute science ne consiste ni
dans la démonstration ni dans ce qui est démontré,
mais dans l'indémontré, sur quoi s'appuient les
preuves et qui, en dernière instance, n'est jamais
saisi qu'intuitivement, de même le fonds de la sagesse
proprement dite et de la véritable compréhension
chez tout homme consiste non pas dans les concepts
et dans le savoir *in abstracto*, mais dans l'intuition et
dans le degré d'acuité, d'exactitude et de profondeur
avec lequel il l'a appréhendée. Qui excelle à cela
connaît les Idées (platoniciennes) du monde et de la
vie, et chacun des cas qu'il voit en représente d'in-

nombrables autres à ses yeux; il appréhende les
êtres en pénétrant toujours plus leur nature propre,
et son action, tout comme son jugement, correspondent à la compréhension qu'il en a. Peu à peu
son visage adopte, lui aussi, l'expression de ce juste
regard porté sur les choses, il prend les traits de
l'authentique raisonnabilité et, si cela va très loin, il
prend même les traits de la sagesse. Car seule la
supériorité dans la connaissance intuitive imprime
aussi sa marque sur les traits du visage, ce que nulle
supériorité dans la connaissance abstraite ne peut
faire. La conséquence de ce qui vient d'être dit, c'est
que l'on peut trouver à tous les rangs de la société
des hommes doués d'une supériorité intellectuelle et
cependant souvent dépourvus de toute érudition. Car
si l'entendement naturel peut remplacer la culture,
à presque tous ses degrés, jamais aucune culture ne
pourra jamais remplacer l'entendement naturel. Le
savant a sur les autres l'avantage de posséder en
abondance des cas et des faits (connaissance historique) ainsi que des déterminations causales (théorie
de la nature), tous placés dans un système bien
ordonné et dont il a une vision globale; mais pour
autant il ne possède pas encore cette compréhension
plus profonde et plus juste de ce qui est à proprement
parler essentiel à chacun de ces cas, à chacun de ces
faits, à chacune de ces causalités. L'ignorant qui
possède acuité du regard et pénétration sait se passer
de cette abondance de cas, de faits et de causalités :
car, dans l'abondance, on mène grand train, dans le
dénuement, on se suffit. L'expérience qu'il fait d'un
cas l'instruit bien plus qu'un savant n'est instruit par
les mille cas qu'il CONNAÎT mais ne COMPREND pas
à proprement parler, car le peu de savoir de l'ignorant est VIVANT en ce que chaque fait connu de lui
s'appuie sur une intuition juste et correctement saisie,

si bien que ce seul cas en représente mille autres semblables pour lui. À l'inverse, l'abondance de savoir du savant ordinaire est un savoir MORT, car il consiste, sinon en de simples mots, comme c'est souvent le cas, du moins en des connaissances purement abstraites, lesquelles n'acquièrent de valeur que par la connaissance INTUITIVE de l'individu, à laquelle elles se rapportent et qui doit finalement donner réalité à l'ensemble des concepts. Mais, si celle-ci est par trop indigente, c'est que la tête qui l'abrite est conformée comme une banque dont les assignats sont dix fois plus importants que les fonds numéraires si bien qu'elle finit par faire banqueroute. C'est pourquoi, alors que l'appréhension juste du monde imprime le sceau de la compréhension et de la sagesse au front de plus d'un ignorant, le visage de bien des savants ne porte aucune autre trace de leurs nombreuses études sinon celle de l'épuisement et de l'usure due à une astreinte démesurée à laquelle est forcée leur mémoire pour procéder à cette accumulation contre nature de tant de concepts morts. Et cependant, un tel homme semble souvent si simple d'esprit, si niais et si stupide que l'on est bien obligé de croire que cette astreinte démesurée de la connaissance médiate tournée vers l'abstraction a eu pour effet direct, chez lui, d'affaiblir sa connaissance immédiate et intuitive et que son regard naturel et juste a été de plus en plus aveuglé par la lumière des livres. Au demeurant, l'afflux incessant de pensées étrangères ne peut que bloquer et étouffer les siennes propres, et même, à la longue, paralyser sa force intellectuelle si celle-ci ne possède pas ce ressort nécessaire pour résister à un tel flux contre nature. C'est pourquoi les lectures incessantes et l'étude continuelle gâtent littéralement l'esprit, d'autant que le système de nos propres pensées et de nos connaissances perd de son caractère intégral et cohérent à être aussi souvent rompu de manière arbitraire, pour faire de la place au cheminement d'une pensée qui lui est parfaitement étrangère. Si je chassais mes propres pensées pour faire de la place à celles d'un livre, je me ferais l'effet d'être l'un de ces touristes de l'époque de Shakespeare auxquels ce dernier faisait le reproche d'aller vendre leurs propres terres pour en voir d'autres que les leurs[149]. Toutefois, cette manie de la lecture est, chez la plupart des savants, une *fuga vacui*, une manière de fuir le vide intellectuel de leur propre tête et qui attire puissamment à elle la pensée des autres. Car, pour avoir quelque pensée, il leur faut bien aller en lire ailleurs, aussi lisent-ils beaucoup, et ils font figure de ces corps inanimés qui ne se meuvent qu'actionnés de l'extérieur, tandis que ceux qui pensent par eux-mêmes sont semblables à des corps animés qui se meuvent d'eux-mêmes. Or il est dangereux de faire des lectures sur un sujet avant d'y avoir soi-même réfléchi. Car on introduit alors dans notre tête, au moment même où une nouvelle matière y entre, les conceptions des autres et la manière dont ils l'ont traitée, et cela, d'autant plus volontiers que la paresse et l'apathie nous conseillent de nous épargner la peine de penser, ainsi que d'admettre et de reconnaître comme valable ce qui a déjà été pensé en la matière. Et cette attitude s'installe alors en nous et, par la suite, nos pensées sur le sujet, semblables aux ruisseaux que l'on a redirigés vers des sillons, reprennent sans cesse le même chemin, si bien qu'en inventer un nouveau qui leur soit propre devient deux fois plus difficile. C'est ce qui contribue largement au manque d'originalité des savants. Mais à cela vient s'ajouter qu'ils pensent devoir, comme les autres, partager leur temps entre plaisir et travail. Comme ils considèrent que la lecture fait partie de leur travail, voire qu'elle est une question de profession, ils s'en gavent jusqu'à l'indigestion. Si bien qu'alors la lecture ne joue plus le rôle de *praevenire* [propédeutique] pour la pensée, mais elle s'y substitue entièrement, car ils ne pensent à leur affaire que le temps qu'ils consacrent à la lecture d'ouvrages sur leur sujet, de sorte qu'ils n'y pensent qu'avec la tête d'un autre et non avec la leur propre. Mais, une fois le livre écarté, ce sont des sujets tout à fait différents qui sollicitent leur intérêt et cela, de manière bien plus vivace, à savoir des affaires personnelles ou la perspective d'un prochain spectacle, d'une partie de cartes, d'un jeu de quilles, ou encore les menus événements du jour et les cancans. Une tête pensante est pensante justement parce que ce genre de choses n'est d'aucun intérêt pour elle, parce que ne l'intéressent que ses pro-blèmes auxquels, par conséquent, elle se consacre partout, d'elle-même, sans livre. On ne peut se créer un tel intérêt si on ne le possède pas, c'est impos-sible. Voilà la raison. Et c'est aussi la raison pour laquelle les uns ne parlent que de ce qu'ils ont lu quand les autres parlent de ce qu'ils ont pensé, C[ils sont ainsi que les décrit Pope :

For ever reading, never to be read*[150]]C

Par sa nature, l'esprit est un être affranchi et non asservi ; ne lui réussit que ce qu'il fait de lui-même et avec plaisir. En revanche, astreindre un esprit de force à des études alors qu'elles ne sont pas faites pour lui, alors qu'il est trop fatigué ou encore in-capable de persévérer en dépit de la volonté de Minerve, cela use le cerveau tout comme la lecture à

---

* C[Sans cesse lisant pour ne jamais être lu]C

la lueur de la lune use les yeux. Et cela à plus forte raison encore lorsque le cerveau n'est pas encore assez mûr, comme dans la prime enfance. Je crois que l'apprentissage de la grammaire grecque et latine de six à douze ans est à l'origine de la stupidité qui atteint par la suite la plupart des savants. L'esprit a besoin de puiser sa nourriture, sa matière à l'extérieur. Mais tout ce que nous mangeons n'est pas aussitôt incorporé dans l'organisme et ne l'est que dans la mesure où cette nourriture est digérée si bien que seule une infime partie est réellement assimilée et le reste est éliminé, de sorte que manger plus qu'on ne peut assimiler est vain, voire nocif. De la même façon, pour ce que nous lisons, seul ce qui nous donne matière à penser enrichit notre compréhension des choses et notre savoir à proprement parler. C'est en ce sens qu'Héraclite disait déjà : πολυμαθία νοῦν οὐ διδάσκει (*multiscitia non dat intellectum*) [un savoir universel n'instruit pas l'intellect[151]]. Pour ma part, l'érudition me fait l'effet d'une lourde cuirasse, parce qu'elle rend l'homme fort entièrement invulnérable tandis qu'elle est, pour l'homme faible, un fardeau sous lequel il sombre et finit par s'effondrer.

Nous avons présenté la connaissance des Idées (platoniciennes), exposée dans notre livre III, comme étant la connaissance la plus haute à laquelle l'homme puisse accéder et comme étant, dans le même temps, une connaissance absolument INTUITIVE. Elle est pour nous la preuve que ce n'est pas dans le savoir abstrait mais dans l'appréhension intuitive juste et approfondie du monde que réside la source de la vraie sagesse. C'est aussi la raison pour laquelle les sages peuvent vivre à toutes les époques et que ceux des époques passées le restent encore pour toutes les générations à venir. L'érudition en revanche est relative, les érudits des époques passées sont pour la plupart d'entre eux des enfants à côté de nous et réclament notre indulgence.

Mais pour celui qui étudie dans le but d'atteindre à la COMPRÉHENSION, les livres et les études ne sont que les degrés de l'échelle qui l'élève jusqu'au sommet de la connaissance : dès que, d'un pas, il a gravi un degré, il s'en désintéresse. Nombreux sont, en revanche, ceux qui étudient pour remplir leur mémoire. Ceux-là n'utilisent pas les degrés de l'échelle pour la gravir, ils les en retirent, s'en chargent et les emportent, tout heureux de voir que leur poids s'alourdit de plus en plus. Ils restent en bas, puisqu'ils portent ce qui aurait dû les porter.

Sur cette vérité que l'on vient de discuter ici et selon laquelle le noyau de toute connaissance est l'appréhension INTUITIVE, repose aussi cette remarque juste et profonde qu'a faite Helvétius : il soutenait que les conceptions fondamentales réellement personnelles et originales dont est capable un individu talentueux, et dont l'élaboration, le développement et les divers usages sont ses œuvres propres, ne naissent en lui que jusqu'à sa trente-cinquième, au plus tard jusqu'à sa quarantième année, quand bien même les œuvres qui en ressortent seront réalisées bien plus tard, parce que ces dernières ne s'inscrivent, à vrai dire, que dans la suite de combinaisons qui ont été conçues dès la prime jeunesse[152]. Car, précisément, il ne s'agit pas de simples enchaînements de concepts abstraits, mais de l'appréhension intuitive, qui lui appartient en propre, du monde et de l'essence des choses. Que celle-ci doive avoir fini son œuvre à l'âge indiqué, cela repose en partie sur le fait que jusque-là les ectypes[153] de toutes les Idées (platoniciennes) se sont présentés à lui, de sorte qu'aucun autre n'a pu ensuite apparaître avec la force de cette première impression ; cela repose en partie aussi sur le fait que cette quintessence de toute connaissance, cette impression *avant la lettre* [en français dans le texte] de l'appréhension nécessite la plus haute énergie de l'activité cérébrale, et que cette activité cérébrale est conditionnée par la jeunesse et la souplesse des fibres et par la puissance avec laquelle le sang afflue au cerveau par le système artériel. Or cette énergie ne reste à son maximum que tant que le système artériel est nettement prépondérant sur le système veineux. Or le système artériel commence à diminuer dès le début de la trentième année jusqu'à ce qu'après la quarante-deuxième année le système veineux devienne à son tour prépondérant, ainsi que Cabanis[154] l'a excellemment développé. Aussi les vingt et trente premières années sont pour l'intellect ce que le mois de mai est à l'arbre : c'est à ce moment-là seulement qu'éclosent les bourgeons qui, par la suite, se développeront et donneront naissance aux fruits. Le monde intuitif a produit son impression et a ainsi enraciné le fonds de toutes les futures pensées de l'individu. Celui-ci pourra alors éclaircir ce qu'il a appréhendé par la réflexion, il peut encore acquérir un grand nombre de connaissances qui serviront à nourrir le fruit une fois greffé, il peut élargir ses conceptions, redresser ses concepts et ses jugements, par d'infinies combinaisons devenir enfin maître de la matière qu'il a acquise : quant à ses meilleures œuvres, il ne les produira que plus tard[155] ; mais à ce moment-là, il ne pourra espérer puiser à la seule source vive de l'intuition de nouvelles connaissances primordiales. Tel est le sentiment qui éclate dans cette plainte magnifiquement belle de Byron :

> *No more — no more — oh! never more on me*
> *The freshness of the heart can fall like dew,*

Which out of all the lovely things we see
Extracts emotions beautiful and new,
Hived in our bosoms like the bag o' the bee:
Thinkst thou the honey with those objects grew?
Alas! 't was not in them, but in thy power
To double even the sweetness of a flower[*][156].

J'espère, dans tout ce qui a précédé, avoir fait la lumière sur cette vérité importante que toute connaissance abstraite, telle qu'elle a jailli de la connaissance intuitive, ne tire sa valeur que de sa relation avec cette connaissance intuitive, donc de ce que ses concepts ou ses représentations partielles doivent être réalisées, c'est-à-dire attestées par les intuitions, et que, de même, presque tout repose sur la qualité de ces intuitions. Les concepts et les abstractions qui ne conduisent pas en dernière instance à des intuitions sont semblables à des sentiers de forêt qui se finissent sans issue. La grande utilité des concepts consiste en ce que, grâce à eux, on peut plus facilement manier, circonscrire et ordonner la matière primordiale de la connaissance; mais si variées, si logiques, si dialectiques que soient les opérations qu'ils rendent possibles, ils n'en produiront pour autant jamais une connaissance nouvelle et complètement primordiale, c'est-à-dire une connaissance dont la matière ne serait pas déjà présente dans l'intuition ou puisée à la conscience de soi. Tel est le

[*]   Jamais plus, plus jamais, oh!, jamais plus sur moi
        La fraîcheur du cœur ne versera sa rosée
        Qui, de tous les objets aimables qu'il contemple,
        Tire des émotions magnifiques et neuves,
        Pour les recueillir comme une abeille en son sein.
        Croyez-vous que le miel se fasse en ces objets?
        Hélas, ce n'est pas eux, mais toi qui détenais
        Le pouvoir de redoubler la douceur des fleurs!

sens véritable de cette théorie attribuée à Aristote : *nihil est intellectu, nisi quod antea fuerit in sensu* [il n'est rien dans l'intellect qui n'ait d'abord été dans les sens[157]]. C'est également le sens de la philosophie de Locke[158] qui, parce qu'elle pose pour la première fois enfin sérieusement la question de l'origine de notre connaissance, fera pour toujours date dans l'histoire de la philosophie. C'est pour l'essentiel aussi ce que nous enseigne la *Critique de la raison pure*. En effet, elle aussi veut que l'on ne s'en tienne pas aux CONCEPTS, mais que l'on remonte à l'ORIGINE de ceux-ci, autrement dit à l'INTUITION ; mais elle ajoute encore cette remarque vraie et importante que ce qui vaut pour l'intuition elle-même s'étend aussi aux conditions subjectives de cette même intuition, c'est-à-dire aux formes qui résident dans le cerveau en tant que siège de l'intuition et de la pensée : elles y sont prédisposées comme ses fonctions naturelles, bien que celles-ci soient *virtualiter* [virtuellement] antérieures à la véritable intuition des sens, c'est-à-dire *a priori* ; autrement dit elles ne dépendent pas de l'intuition mais l'intuition dépend d'elles, puisque ces formes n'ont, à vrai dire, d'autre fin ni d'autre capacité que celle de faire naître l'intuition empirique à la suite d'excitations des nerfs sensoriels ; et de même, à partir de la matière de cette intuition, d'autres formes, à leur tour, sont destinées à former des pensées *in abstracto*. Par conséquent, la *Critique de la raison pure* est à la philosophie de Locke ce que l'analyse de l'infini est à la géométrie élémentaire ; néanmoins, il convient de la considérer absolument comme LE PROLONGEMENT DE LA PHILOSOPHIE DE LOCKE. — Il s'ensuit qu'il n'est d'autre matière donnée pour toute philosophie que la CONSCIENCE EMPIRIQUE, laquelle se divise en conscience du soi individuel (conscience de soi) et en conscience des autres choses (intuition externe). Et cela seul est ce qui est immédiat, ce qui est réellement donné. Toute philosophie qui, au lieu de partir de là, prendrait comme point de départ des concepts abstraits choisis arbitrairement, comme par exemple l'*absolutum* [l'absolu], la substance absolue, Dieu, l'infini, le fini, l'identité absolue, l'être, l'essence et ainsi de suite, flotte en l'air sans point d'attache et ne peut par conséquent jamais aboutir à de réels résultats. Et pourtant c'est ce que, de tout temps, bien des philosophes ont cherché à faire. C'est pourquoi il est même arrivé à Kant, par tradition et plus par habitude que par esprit de suite, de définir la philosophie comme une science travaillant à partir de purs concepts[159]. Mais l'entreprise d'une telle philosophie consisterait, à proprement parler, à tirer des seules représentations partielles (car les abstractions ne sont pas autre chose) ce qu'il est impossible de trouver dans les représentations entières (les intuitions) puisque ces représentations abstraites en ont été tirées par élimination[160]. C'est la possibilité des syllogismes qui a conduit à cela, parce que ici l'assemblage des jugements donne lieu à un nouveau résultat, encore que celui-ci soit plus apparent que réel, car la conclusion ne fait que souligner ce qui était déjà présent dans les jugements donnés, puisque, en effet, la conclusion ne peut rien contenir de plus que les prémisses. Bien sûr, les concepts sont le matériau de la philosophie, mais ils le sont seulement comme le marbre est le matériau du sculpteur : elle ne doit jamais travailler à PARTIR des concepts mais EN eux, c'est-à-dire qu'elle doit déposer ses résultats en eux et ne pas partir d'eux comme d'un donné. Quiconque voudrait avoir un exemple éclatant d'un mauvais départ à partir des seuls concepts n'aura qu'à considérer l'*Institutio theologica* de Proclus pour avoir une image claire de ce qu'est l'inanité de toute cette méthode. On ramasse là des *abstracta* telles que ἕν, πλῆθος ἀγαθόν, παράγον καὶ παραγόμενον, αὔταρκες, αἴτιον, κρεῖττον, κινητόν, ἀκίνητον, κινούμενον (*unum, multa, bonum, producens, et productum, sibi sufficiens, causa, melius, mobile, immobile, motum*) [l'un, le multiple, le bien, le principe créateur, le créé, l'autosuffisance, la cause, le mieux, le mobile, l'immobile, le mû[161]], etc., mais les intuitions auxquelles cependant ces abstractions doivent leur origine et toute leur teneur, on les ignore, on s'en détourne avec superbe. Après quoi, on construit une théologie à partir de ces concepts tout en en cachant le but, le θέος [dieu], si bien que l'on fait mine de procéder absolument sans idée préconçue, comme si, dès la première page, l'auteur comme le lecteur ne savaient pas déjà où tout cela est censé mener. J'en ai déjà cité un fragment plus haut. À la vérité, ce produit de Proclus est tout particulièrement approprié à montrer clairement à quel point pareilles combinaisons de concepts abstraits sont ineptes et illusoires puisque à partir de ceux-ci on peut faire ce que l'on veut, surtout si l'on utilise en plus la polysémie de certains mots, comme par exemple celle de κρεῖττον [meilleur]. Si l'on se trouvait en présence de pareil architecte de concepts, il suffirait de lui demander naïvement où se trouvent toutes ces choses sur lesquelles il a tant à nous dire, d'où il connaît ces lois à partir desquelles il tire ses si pertinentes conclusions ? Il serait alors bientôt forcé de renvoyer à l'intuition empirique puisque, en effet, c'est en elle seule que se présente le monde réel auquel ces concepts sont puisés. Après cela, il ne restera plus qu'à lui demander pourquoi il n'est pas parti honnêtement de l'intuition donnée d'un tel monde, ce qui lui aurait permis alors de prouver à chacun de ses pas ses assertions par cette même intuition, au lieu d'opérer avec des concepts qui, n'étant tirés que de celle-ci, ne peuvent avoir d'autre validité que celle qu'elle leur confère. Mais il est vrai qu'il a réussi là un tour de force puisque, par de tels concepts, dans lesquels, en vertu de l'abstraction, est pensé comme séparé ce qui est inséparable, comme uni ce qui est inconciliable, il est allé au-delà de l'intuition, qui cependant est à la source de ces concepts et a ainsi outrepassé les limites de la possibilité de leur application pour aboutir dans un autre monde que celui qui lui a fourni le matériau de sa construction, à savoir justement dans un monde de chimères. J'ai abordé ici le cas de Proclus, parce que, chez lui, ce procédé apparaît de manière particulièrement nette en raison de l'audace ingénue avec laquelle il le met en œuvre. Mais, même chez Platon, on trouve un certain nombre de cas de ce genre, encore que moins éclatants il est vrai, et, d'une manière générale, la littérature philosophique en livre une foultitude à toutes les époques. Et notre époque en est riche : que l'on considère par exemple les écrits de l'école de Schelling et que l'on voie quelles constructions ont été élaborées à partir d'*abstracta* comme le fini, l'infini — l'être, le non-être, l'être-autre — l'activité, l'entrave[162], le produit — le déterminer, l'être-déterminé, la déterminité — la limite, le limiter, l'être-limité — l'unité, la multiplicité, la pluralité — l'identité, la diversité, l'indifférence — la pensée, l'être, l'essence, etc. Mais à propos de ces constructions élaborées à partir de ce type de matériau, outre tout ce que l'on vient de dire, il faudrait encore ajouter que, parce que des abstractions aussi vastes permettent de penser, à TRAVERS elles, un nombre si infini de choses, on n'en peut penser qu'extrê-mement peu EN elles : ce ne sont que des coques vides. Or cela rend la matière de l'ensemble de la philosophie étonnamment indigente et misérable, si bien qu'il en ressort cet ennui ineffable qui nous met au supplice et qui est propre à tous les écrits de cette nature. Mais si je voulais rappeler les abus que Hegel et ses compagnons ont pratiqués en matière d'abstractions aussi vastes que vides, il me faudrait veiller à ce que le lecteur ne s'en trouve pas mal, ni moi-même d'ailleurs, car sur tout ce fatras de paroles creuses de ce pseudo-philosophe plane un ennui des plus nauséabonds.

Que, dans la philosophie PRATIQUE également, nulle sagesse ne sera jamais révélée à partir de concepts purement abstraits, voilà bien la seule chose que l'on peut apprendre à la lecture des traités de morale du théologien Schleiermacher, avec lesquels il a ennuyé des années durant l'Académie de Berlin par une série de conférences qui, récemment, ont été rassemblées et publiées en un recueil[163]. Là, l'auteur n'a pris comme point de départ que des concepts abstraits, tels que le devoir, la vertu, le bien suprême, la loi éthique et autres du même genre, sans autre introduction puisque, en effet, ces concepts ont l'habitude d'apparaître dans les systèmes moraux et sont alors traités comme des réalités données. Ils font, ensuite, l'objet ici et là de propos fort sophistiqués sans que jamais on aille à l'origine de ceux-ci, à la chose elle-même <*die Sache selbst*>, à la vie humaine réelle, à laquelle, cependant, se rapportent ces concepts, à laquelle ils doivent être puisés et dont la morale est censée s'occuper à proprement parler. C'est précisément pour cette raison que ces diatribes sont aussi stériles et inutiles qu'elles sont ennuyeuses, ce qui est déjà beaucoup dire. Des personnes telles que ces théologiens, qui philosophent trop volontiers, on en trouve à toutes les époques, ils sont célèbres de leur vivant mais sont très vite oubliés après. Je conseillerais plutôt de lire ceux à qui il est arrivé l'inverse : car le temps est trop court et trop précieux.

Si, d'après ce qui vient d'être dit, les concepts étendus, abstraits, à plus forte raison ceux qu'aucune intuition ne réalise, ne doivent en aucun cas être pris comme source de la connaissance, comme point de départ ou comme matière de la philosophie, il peut cependant parfois arriver que certains résultats de celle-ci soient de nature à ne pouvoir être pensés qu'*in abstracto*, sans qu'aucune intuition puisse les prouver. Mais il est vrai que de telles connaissances ne sont que des demi-connaissances : elles ne font qu'indiquer le lieu où se trouve ce qui doit être connu et qui, cependant, reste voilé. C'est pourquoi on ne doit se contenter de ceux-ci qu'en cas d'extrême nécessité, là où l'on est arrivé à la limite de nos capacités de connaissance possible. Un exemple du genre serait, mettons, le concept d'un être hors du temps, ou encore cette proposition : l'indestructibilité de notre essence véritable par la mort ne signifie pas la perdurance de cette essence. Avec des concepts de cette nature, le sol ferme qui supporte toute notre connaissance, l'intuitif, se met en quelque sorte à vaciller. C'est pourquoi la philosophie peut parfois et en cas de nécessité aboutir à des connaissances de cette nature, mais elle ne peut jamais commencer par eux.

Opérer avec des *abstracta* étendus, ce que nous avons critiqué plus haut, en abandonnant entièrement la connaissance intuitive dont ils ont été tirés et qui, donc, exerce sur eux un contrôle permanent et naturel, cela a de tout temps été la principale source des erreurs de la philosophie dogmatique. Une science qui ne consisterait qu'à comparer des concepts et qui donc serait bâtie sur des principes généraux ne pourrait être sûre que si tous ses prin-

cipes étaient des principes synthétiques *a priori*,
comme c'est le cas dans les mathématiques, car ce
sont les seuls principes qui ne souffrent aucune
exception. Mais dès que les principes recèlent une
matière empirique, quelle qu'elle soit, il faut alors
constamment l'avoir à portée de main afin de
contrôler les principes généraux. Car toutes les
vérités puisées d'une manière ou d'une autre à l'expérience ne sont jamais absolument sûres et n'ont,
par suite, qu'une validité générale approximative,
parce que ici aucune règle n'est exempte d'exception.
Si j'enchaînais de tels principes les uns aux autres
en vertu de l'interpénétration de leurs sphères
conceptuelles, alors il pourrait aisément arriver qu'un
concept en rencontre un autre en ce point précisément où se trouve l'exception. Mais il suffit que
cela ne se produise qu'une seule fois dans une longue
chaîne de raisonnements pour que l'édifice tout
entier soit arraché à son fondement et se mette à
flotter dans l'air. Si je dis, par exemple : «les ruminants n'ont pas d'incisives antérieures» et que je
l'applique, avec ce qui s'ensuit, aux chameaux, tout
devient faux, car ce principe ne vaut que pour les
ruminants dotés de cornes. — Ce que Kant nomme
RATIOCINER, <*vernünfteln*> et qu'il dénonce si
souvent, relève de ce procédé et consiste justement en une subsomption de concepts sous d'autres
concepts sans prendre en compte l'origine de ces
mêmes concepts et sans vérifier ni la justesse ni l'exclusivité d'une telle subsomption, par quoi on peut
arriver, au prix de plus ou moins longs détours, à
presque n'importe quel résultat arbitraire que l'on
s'est proposé comme objectif ; aussi n'y a-t-il qu'une
différence de degré entre ce ratiocinage et la sophistique. Or la sophistique est à la théorie ce que la
chicane est à la pratique. Et, pourtant, Platon a très

fréquemment autorisé ce type de ratiocinations. Proclus, ainsi qu'on l'a dit, a repris cette erreur de ces prédécesseurs, en la poussant bien plus loin encore, comme le font tous les imitateurs. Le *De divinis nominibus* de Denys l'Aréopagite en est également lourdement entaché[164]. Mais, dans les fragments de l'Éléate Mélissos, nous trouvons déjà des exemples très nets de ce type de ratiocinations (en particulier dans les § 2-5, dans les *Comment. Eleat.* de Brandis[165]). Sa manière de procéder en utilisant les concepts qui n'entrent jamais en contact avec la réalité dont ils tiennent leur contenu mais qui flottent dans une atmosphère faite de généralités abstraites, et sa manière d'aller encore au-delà de ceux-ci, est semblable à ces semblants de coups qui ne touchent jamais leur cible. L'opuscule *De Diis et Mundo* du philosophe Saloustios offre lui aussi encore un véritable spécimen de cette ratiocination, en particulier *c. 7, 12 et 17*[166]. Mais le raisonnement du platonicien Maxime de Tyr est une pièce de curiosité rare en matière de ratiocination philosophique, qui arrive même au niveau de la sophistique la plus prononcée. Comme ce raisonnement est court, je le reproduis ici: «Toute injustice consiste à arracher un bien à quelqu'un, or il n'est d'autre bien que la vertu, mais comme on ne peut arracher la vertu, il est donc impossible qu'un homme vertueux subisse jamais une injustice venue d'un homme méchant. Il ne reste alors que cette alternative: soit on ne peut jamais subir aucune injustice, soit l'injustice n'est subie que par les méchants et ne vient que des méchants. Seulement, le méchant ne possède aucun bien puisque la vertu est le seul bien, de sorte que rien ne peut lui être dérobé. Donc, lui non plus ne peut subir aucune injustice. Donc, l'injustice est une chose impossible.» L'original, un peu moins concis en raison des répétitions, donne ceci : Ἀδικία ἐστὶ ἀφαίρεσις ἀγαθοῦ· τὸ δὲ ἀγαθὸν τί ἂν εἴη ἄλλο ἢ ἀρετή, — ἡ δὲ ἀρετὴ ἀναφαίρετον. Οὐκ ἀδικήσεται τοίνυν ὁ τὴν ἀρετὴν ἔχων, ἢ οὔκ ἐστιν ἀδικία ἀφαίρεσις ἀγαθοῦ· οὐδὲν γὰρ ἀγαθὸν ἀφαίρετον, οὐδ᾽ ἀπόβλητον, οὐδ᾽ ἐλετόν, οὐδὲ ληιστόν. Εἶεν οὖν, οὐδ᾽ ἀδικεῖται ὁ χρηστός, οὐδ᾽ ὑπὸ τοῦ μοχθηροῦ· ἀναφαίρετος γάρ. Λείπεται τοίνυν ἢ μηδένα ἀδικεῖσθαι καθάπαξ, ἢ τὸν μοχθηρὸν ὑπὸ τοῦ ὁμοίου· ἀλλὰ τῷ μοχθηρῷ οὐδενὸς μέτεστιν ἀγαθοῦ· ἡ δὲ ἀδικία ἦν ἀγαθοῦ ἀφαίρεσις· ὁ δὲ μὴ ἔχων ὅ, τι ἀφαιρεθῇ, οὐδὲ εἰς ὅ, τι ἀδικηθῇ, ἔχει [Commettre une injustice envers quelqu'un, c'est lui ôter ce qui constitue son bien. Or, ce qui constitue le bien de quelqu'un, qu'est-ce autre chose que la vertu? Mais la vertu ne saurait être enlevée. Celui donc qui possède la vertu ne pourra souffrir d'injustice, ou bien commettre une injustice envers quelqu'un n'est pas lui enlever ce qui constitue son bien. Car le bien ne peut être ni enlevé, ni arraché, ni ravi, ni volé. À la bonne heure : l'homme de bien ne peut donc recevoir d'injustice de la part du méchant, puisque celui-ci ne peut lui rien enlever. Reste donc, ou que personne ne puisse éprouver d'injustice, ou que le méchant seul puisse l'éprouver de la part de son semblable. Mais le méchant n'a rien de ce qui constitue le bien ; et l'injustice consiste à enlever ce qui constitue le bien. Celui qui n'a rien qu'on puisse lui enlever ne peut, sous ce rapport, éprouver aucune injustice] (*Sermo 2*[167]). Mais je voudrais encore introduire un exemple moderne de ce type de démonstrations à partir de concepts abstraits dans lequel un principe à l'évidence absurde est établi comme une vérité et je le tire des œuvres d'un grand homme, Giordano Bruno. Dans son livre *Del infinito, universo e mondi* (p. 87 de l'édition d'A. Wagner[168]), il fait démontrer à un aristotélicien (en usant et abusant du passage I, 5 du *De caelo* d'Aristote[169]) qu'il ne peut plus y avoir

AUCUN ESPACE au-delà de l'univers. L'univers, en
effet, serait clos par les huit sphères d'Aristote mais,
au-delà de celles-ci, il n'y aurait PLUS D'ESPACE.
Car, s'il était encore un corps au-delà de ces huit
sphères, celui-ci serait soit un corps SIMPLE, soit un
corps COMPOSÉ. Or il est sophistiquement démontré
à partir de principes simplement requis pour l'occasion qu'aucun corps SIMPLE ne saurait se trouver
là, mais aussi qu'aucun corps COMPOSÉ ne saurait
s'y trouver non plus, car ce dernier devrait être
composé de corps simples. Donc, il n'y a là aucun
corps — et donc aussi AUCUN ESPACE. Car l'espace
est défini comme «ce dans quoi les corps peuvent
être»; or il vient d'être démontré que, là, il ne
pouvait y avoir AUCUN corps. Aussi n'y a-t-il AUCUN
ESPACE. Ce dernier exemple représente le comble de
la farce propre à ce type de démonstrations conduites
à partir de concepts abstraits. Il repose au fond sur
le fait que le principe selon lequel «là où il n'y a pas
d'espace, il ne peut y avoir aucun corps» est pris
comme un principe universel négatif et est, par
conséquent, *simpliciter* converti en «là où il ne peut
y avoir de corps, il ne peut y avoir d'espace». Mais,
tout bien considéré, ce principe est un principe
universel assertif, à savoir : «tout ce qui est sans
espace est sans corps» et ne peut donc être converti
aussi simplement que cela. Toutefois, toute démonstration à partir de concepts abstraits qui aboutit à
un résultat manifestement contesté par l'intuition
(comme ici la finitude de l'espace) ne peut être
ramenée à une faute de logique. Car la sophistique
ne réside pas toujours dans la forme mais souvent
aussi dans la matière, dans les prémisses et dans
l'indétermination des concepts et de leur extension.
C[En la matière, on en trouve de nombreux exemples
chez Spinoza dont la méthode, il est vrai, consiste à

faire des démonstrations à partir de concepts. Qu'on voie, par exemple, dans son *Ethica, p. IV, prop. 29-31*[170], les pitoyables sophismes qu'il forme en utilisant la polysémie des concepts vacillants de *convenire* [concorder] et de *commune habere* [avoir en commun]. Mais cela n'a pas empêché que les néo-spinozistes contemporains prennent tout ce qu'il a dit pour parole d'évangile. Certains d'entre eux en particulier, les hégéliens, dont il reste effectivement encore quelques spécimens, sont bien amusants en raison de la vénération qu'ils manifestent devant cette proposition : *omnis determinatio est negatio* [toute détermination est négation[171]] et, conformément à l'esprit charlatanesque de cette école, ils affichent la mine de ceux qui croient que ce principe aurait le pouvoir de faire sortir le monde de ses gonds ; pourtant, personne ne s'y fera prendre, puisque même le plus simple d'esprit comprend par lui-même que, si je délimite quelque chose en le déterminant, j'en exclus par là même ce qui se trouve au-delà de cette limite, autrement dit, je le nie.

Au spectacle de toutes ces ratiocinations,]c on voit donc à quels fourvoiements se prête une algèbre qui procède seulement avec des concepts qu'aucune intuition ne contrôle et que, par suite, l'intuition est à notre intellect ce qu'est à notre corps le sol ferme sur lequel il se tient : dès que nous le quittons, tout devient *instabilis tellus, innabilis unda* [une terre sur laquelle on ne peut se tenir, une mer dans laquelle on ne peut nager[172]]. On saura gré à celui qui enseigne ces analyses et ces exemples de son exhaustivité. J'ai voulu souligner et prouver la distinction importante, quoique trop peu considérée jusqu'ici, voire la contradiction qu'il y a entre la connaissance intuitive et la connaissance abstraite ou réfléchie. La position de cette distinction constitue même un trait fondamental de ma philosophie, tant il est vrai que nombreux sont les phénomènes de notre vie intellectuelle qui ne sauraient s'expliquer sans elle. Le moyen terme entre ces deux modes de connaissances différents, ainsi que je l'ai présenté dans le § 14 du tome I, est la FACULTÉ DE JUGER[173]. Celle-ci, il est vrai, est active sur le terrain de la connaissance simplement abstraite où elle se limite à comparer des concepts avec d'autres concepts ; aussi tout jugement au sens logique du terme est-il en effet une œuvre de la faculté de juger en ce que, dans ce processus, chaque fois un concept plus étroit est subsumé sous un concept plus vaste. Toutefois, cette activité de la faculté de juger, qui consiste à comparer des concepts entre eux, est plus réduite et plus simple que cette autre activité qui consiste à opérer le passage du particulier, de l'intuitif, à ce qui est universel par essence, au concept. En effet, dans la première fonction, il doit être possible, en empruntant un chemin de la pure logique et par l'analyse des concepts à travers leurs prédicats essentiels, de décider de leur compatibilité ou de leur incompatibilité, à quoi suffit la simple raison qui habite en chacun ; dans cette première fonction, donc, la faculté de juger ne sert qu'à abréger ce processus, celui qui en est doté voyant très vite ce que d'autres n'arrivent à produire qu'à la suite d'une série de réflexions. Mais son activité, au sens strict du terme, n'intervient, en effet, que là où ce qui est connu par l'intuition, c'est-à-dire le réel, l'expérience, doit être transporté dans la connaissance claire et abstraite, là où il doit être subsumé sous des concepts qui lui correspondent exactement et ainsi déposé dans un savoir réfléchi. Aussi appartient-il à cette faculté d'établir les FONDEMENTS solides de toutes les sciences,

puisque ces fondements consistent toujours dans ce
qui est immédiatement connu et qu'il est impossible
de déduire d'autre chose. C'est ici, dans les jugements fondamentaux, que réside la difficulté de ces
sciences et non dans les raisonnements qui en procèdent. Raisonner est chose simple, juger est une
affaire difficile. Les raisonnements faux sont rares,
les jugements faux sont de tout temps à l'ordre du
jour. Dans la vie pratique, la tâche de la faculté de
juger n'en est pas moins de faire pencher la balance
dans toutes les décisions fondamentales, dans toutes
les résolutions capitales, tout comme la sentence
judiciaire est, pour l'essentiel, son œuvre. De même
que la lentille concentre les rayons du soleil en un
foyer étroit, de même, dans l'exercice de cette activité, l'intellect doit concentrer en un point étroit
toutes les données qu'il possède sur un sujet, de sorte
à pouvoir les saisir d'UN SEUL regard ; il les fixe alors
exactement et, œuvrant par la réflexion <*Besonnenheit*>, il se fait ensuite une représentation claire
de ce résultat. D'autant que, dans la plupart des cas,
la grande difficulté du jugement repose sur le fait
que nous devons aller de la conséquence à la raison
et que ce chemin est toujours incertain ; j'ai même
montré que la source de toutes les erreurs réside là.
Cependant, dans toutes les sciences empiriques, de
même que dans les circonstances de la vie, ce chemin
est la plupart du temps le seul qui existe. L'expérimentation est déjà une tentative d'en inverser la
direction, c'est pourquoi elle est décisive et permet
au moins de révéler l'erreur au grand jour, à condition qu'elle soit justement choisie et disposée de bonne
foi et qu'elle ne soit pas comme les expériences que
Newton a faites pour établir sa théorie des couleurs ;
car l'expérimentation doit, elle aussi, faire l'objet
d'un jugement. La parfaite certitude des sciences *a*

priori, donc de la logique et des mathématiques, repose principalement sur le fait qu'en elles nous est offert le chemin qui va de la raison à la conséquence et que ce chemin est toujours sûr. C'est ce qui leur confère le caractère de sciences purement OBJEC-TIVES, c'est-à-dire que ceux qui les comprennent doivent nécessairement juger de leurs vérités de manière concordante, ce qui est d'autant plus frappant que ces sciences reposent justement sur les formes subjectives de l'intellect, alors que les sciences empiriques, elles, n'ont affaire qu'à l'objectif, qui se situe à portée de main.

L'esprit <*Witz*> et la perspicacité <*Scharfsinn*> sont aussi des manifestations de la faculté de juger; dans le premier elle est réfléchissante, dans la seconde subsumante[174]. Chez la plupart des hommes, la faculté de juger n'en a plus que le nom: il y a comme une ironie à vouloir la compter au nombre des facultés normales de l'esprit, plutôt que l'attribuer aux seuls *monstra per excessum* [monstres par excès]. Les esprits ordinaires font preuve d'un manque de confiance en leur propre faculté de juger jusque dans les moindres circonstances, parce qu'ils savent d'expérience qu'elle n'est d'aucune valeur. Chez eux, les préjugés et les jugements d'autrui tiennent lieu de faculté de juger, si bien qu'ils se maintiennent sous une tutelle prolongée et, parmi plusieurs milliers, un à peine peut s'en affranchir. Leur faculté de juger n'est, en effet, pas autonome, d'autant qu'ils se donnent à eux-mêmes l'illusion de juger alors qu'ils ne font que loucher sur les opinions des autres qui restent leur repère secret. Alors que tout un chacun aurait honte d'aller avec un habit, un manteau ou un chapeau d'emprunt, ils n'ont tous que des opinions d'emprunt qu'ils ramassent avidement là où ils peuvent s'en emparer, et qu'ensuite ils font passer pour leurs afin de se pavaner. D'autres leur empruntent à leur tour et en font exactement le même usage. C'est ce qui explique que les erreurs se propagent si vite et si loin, tout comme la renommée des mauvaises œuvres : car ceux qui font profession de bailleurs d'opinion, comme les journalistes et autres de la même espèce, ne livrent que de la fausse marchandise, à l'instar des revendeuses à la toilette[175] qui ne donnent que de faux bijoux.

CHAPITRE 8*

SUR LA THÉORIE DU RISIBLE

C'est sur l'opposition entre les représentations intuitives et les représentations abstraites, explicitée et soulignée avec insistance dans les chapitres précédents, que repose également ma théorie du risible <*Theorie des Lächerlichen*>. Aussi les précisions qu'il convient d'ajouter afin de l'éclairer trouvent-elles leur place ici, même si, selon l'ordre du texte du tome I, elles n'auraient dû intervenir que plus loin.

Cicéron avait déjà reconnu le problème du rire, à savoir que son origine était partout identique et que, par suite, il possédait une signification propre, mais il n'a soulevé ce problème que pour aussitôt le délaisser, le jugeant insoluble (*De orat.*, II, 58[176]). À ma connaissance, la plus ancienne tentative entreprise pour établir une explication psychologique du

***

* Ce chapitre se rapporte au § 13 du tome I.

rire se trouve dans Hutcheson, *Introduction into moral philosophy, bk. 1, ch. 1, § 14*[177]. Un écrit anonyme un peu plus tardif, le *Traité des causes physiques et morales du rire* de 1768[178], n'est pas sans avoir eu le mérite d'examiner en détail cet objet. Quant aux opinions des philosophes qui, de Home[179] à Kant, se sont essayés à une explication de ce phénomène singulier de la nature humaine, Platner les a rassemblées dans son *Anthropologie*, § 894[180]. — Les théories du risible de Kant[181] et de Jean Paul[182] sont connues. Démontrer leur fausseté me semble superflu puisqu'il suffit de tenter de soumettre à celles-ci quelques cas donnés de risible, pour aussitôt se convaincre de leur insuffisance.

D'après l'explication que j'ai présentée dans le tome I, l'origine du risible est toujours la C[subsomption paradoxale et, par suite, inattendue d'un objet sous un concept qui lui est, par ailleurs, hétérogène, et le phénomène du rire, par conséquent, définit toujours la]C perception soudaine d'une incongruité <*Inkongruenz*> entre ce concept et l'objet réel qui est pensé à travers lui, c'est-à-dire entre l'abstrait et l'intuitif. Plus cette incongruité apparaîtra grande et inattendue dans l'appréhension de celui qui rit, plus le rire sera véhément. En conséquence de quoi il convient nécessairement de démontrer la présence, dans tout ce qui provoque le rire, d'un concept et d'un élément particulier, à savoir d'une chose ou d'un événement, qui certes peut être subsumé sous ce concept et par là être pensé à travers lui mais qui, toutefois, placé dans une autre relation, plus essentielle celle-là, s'avère n'en plus relever du tout et, au contraire, se différencier de manière frappante de tout ce qui est d'ordinaire pensé à travers ce concept[183]. Si, comme c'est notamment le cas avec les mots d'esprit, en lieu et place de ce réel intuitif, intervient un concept spécifique <*Artbegriff*> subordonné à un autre plus élevé ou à un concept générique <*Gattungskonzept*>, alors il ne provoquera le rire que parce que l'imagination le réalise, c'est-à-dire parce qu'elle le fait représenter par un substitut intuitif et que se produit, de la sorte, un conflit entre ce qui est pensé et ce qui est perçu intuitivement. C[Assurément, on peut, si l'on veut avoir une connaissance explicite de la chose, ramener tout risible à un syllogisme de la première figure[184] qui aurait une *major* [majeure] incontestée et une *minor* [mineure] inattendue, ne valant en quelque sorte que par l'effet d'une chicane, et dans lequel la relation entre ces deux propositions serait telle que la conclusion posséderait en elle-même la propriété du risible.]C

Dans le tome I, j'avais jugé superflu d'expliciter cette théorie par des exemples, parce qu'il suffit de réfléchir un tant soit peu à des cas de risible mémorables pour être capable de le faire soi-même aisément. Pour, cependant, venir en aide à la paresse d'esprit de certains lecteurs qui aiment à rester dans une attitude passive, je veux bien consentir à en passer par là. C[Je vais même démultiplier et accumuler les exemples dans cette troisième édition afin que l'on ne conteste plus qu'enfin la théorie du risible est établie et que le problème est enfin définitivement résolu, après tant de tentatives infructueuses par le passé depuis que Cicéron l'a soulevé pour le délaisser lui aussi.]C

Si nous songeons que former un angle nécessite deux lignes qui se rencontrent, c'est-à-dire que ces deux lignes, si on les prolonge, se recoupent, et que, à l'inverse, une tangente ne touche la circonférence d'un cercle qu'en un seul point mais que, en ce point, elle lui est en réalité parallèle, si, en conséquence de quoi, nous avons présente à l'esprit la conviction abstraite de l'impossibilité d'un angle entre une circonférence et une tangente, il n'en reste pas moins que, sur le papier, c'est un angle qui se présente à nos yeux : voilà un événement qui n'aura aucun mal à nous arracher un sourire. Mais il est vrai que, dans ce cas, le risible est d'un degré extrêmement faible ; en revanche, c'est avec une incroyable clarté que surgit en lui précisément l'origine du risible et qui est l'incongruité entre ce qui est pensé et ce qui est perçu intuitivement. — Selon que, lorsque nous découvrons une telle incongruité, nous passons du réel, c'est-à-dire de l'intuitif, au concept ou, à l'inverse, du concept au réel, le risible sera soit un mot d'esprit, soit une inconséquence, ou encore une extravagance à un degré plus élevé et à plus forte raison dans la pratique, ainsi que nous l'avons exposé dans le texte du tome I. Afin d'aborder à présent des exemples du premier type, c'est-à-dire des exemples d'esprit <*Witz*>, nous commencerons par citer l'anecdote connue de tous du Gascon dont le roi se rit de le voir en plein dans le froid d'un hiver rigoureux, vêtu d'un léger vêtement d'été. Et celui-ci de rétorquer au roi : « Si Sa Majesté était vêtue comme je le suis, elle se croirait chaudement vêtue », et de répondre à la question sur ce qu'il porte : « Toute ma garde-robe. » — Derrière ce dernier concept, on peut en effet tout autant songer à l'incommensurable garde-robe d'un roi qu'à l'unique tenue d'été d'un pauvre diable, et la vision de ce vêtement sur son corps grelottant se révèle être parfaitement incongrue avec le concept. — C[Un jour, le public d'un théâtre parisien réclama qu'on lui jouât la *Marseillaise*. Mais, voyant qu'on ne le satisfaisait pas, le public s'emporta dans un tapage

de tous les diables, de sorte que, pour finir, un com-
missaire de police en uniforme fit son entrée en
scène et expliqua qu'il n'était pas permis que l'on
représentât autre chose que ce qui était inscrit sur
l'affiche. Alors une voix de s'élever : *Et vous, Monsieur, êtes-vous aussi sur l'affiche ?* [en français dans
le texte]. La réplique provoqua dans le public une
hilarité générale. Tant il est vrai qu'ici la subsomption
de l'hétérogène apparaît dans une clarté immédiate
et sans être forcée.]C. L'épigramme :

Brav *ist der treue Hirt, von dem die Bibel sprach :*
Wenn seine Heerde schläft, bleibt er allein noch wach

[*Brave* est le pâtre fidèle dont parlait la Bible :
Quand son troupeau dort, il reste seul à veiller encore[185]]

subsume, sous le concept d'un pâtre veillant un troupeau endormi, le prédicateur ennuyeux qui a plongé
toute sa communauté dans le sommeil et continue
à glapir, seul, sans plus être écouté. C[C'est un cas
analogue que présente cette épitaphe gravée sur la
tombe d'un médecin « Il repose ici, semblable à un
héros, tandis que les vaincus reposent tout autour
de lui » ; elle subsume sous le concept « reposer au
milieu des cadavres de ses victimes », tout à l'honneur
d'un héros, le médecin censé maintenir toute personne en vie.]C — Il est très fréquent que le mot
d'esprit se réduise à n'être qu'une seule expression à
travers laquelle n'est indiqué que le concept sous
lequel le cas en question peut être subsumé mais
qui, cependant, reste très hétérogène à tout ce que
d'ordinaire l'on entend derrière ce concept. Ainsi,
dans *Roméo*, lorsque le personnage très vivace qu'est
Mercutio, et qui vient juste d'être blessé à mort,
répond à ses amis qui promettent de lui rendre visite

le lendemain : « Demandez à me voir demain, vous me trouverez RIGIDE[186]. » Or c'est un homme mort qui se trouve être subsumé sous ce concept. C[Mais l'anglais y rajoute encore un trait d'esprit puisque *a grave man* désigne à la fois un homme grave, sérieux, et un homme proche de la tombe. La célèbre anecdote de l'acteur Unzelmann est d'une nature semblable : Unzelmann était censé entrer en scène à cheval, après que l'on eut strictement interdit toute improvisation sur la scène du Berliner Theater. Alors qu'il se trouvait sur le devant de la scène, son cheval lâcha un étron, ce qui provoqua l'hilarité générale du public mais celle-ci, toutefois, n'atteignit son comble que lorsque Unzelmann dit à son cheval : « Mais que fais-tu ? Ne sais-tu pas qu'il nous est interdit d'improviser[187] ? » Ici la subsomption de notions hétérogènes sous un concept plus général est très claire, aussi le mot d'esprit s'en trouve-t-il d'autant plus approprié et l'effet de risible auquel on aboutit, d'autant plus puissant. — On peut ensuite citer dans le même registre cette nouvelle parue dans le journal de Hall en mars 1851 : « La bande de filous juifs, dont nous avons déjà parlé, a été reconduite chez nous avec accompagnement obligé[188]. » Cette subsomption de l'escorte policière sous une expression musicale est très heureuse encore qu'elle se rapproche déjà du simple jeu de mots. — En revanche, on est tout à fait dans le genre que nous traitons ici, lorsque Saphir[189], dans une polémique contre l'acteur Angeli, décrit ce dernier en disant : « l'Angeli, aussi grand par le corps que par l'esprit ». Ici, sachant que la minuscule stature de l'acteur est connue de toute la ville, derrière le concept de « grand » se présente à l'intuition de chacun l'extraordinairement petit. Il en va de même encore]C lorsque Saphir nomme les *arie* d'un opéra récent de «bonnes vieilles connaissances», c'est-à-dire que, pour en désigner la propriété qui fait l'objet de sa critique, il emploie un concept qui, en toute autre circonstance, servirait de recommandation. On procéderait de manière absolument semblable si l'on voulait dire d'une dame dont on obtient les faveurs par des présents qu'elle sait mêler *utile dulci* [l'utile à l'agréable[190]]. En disant cela, on reprend la règle qu'Horace recommande dans une perspective esthétique pour, derrière cette règle, désigner ce qui, dans une perspective morale, qualifie une attitude vile. De même lorsque, pour suggérer un bordel, on le décrit, par exemple, comme «la modeste demeure des joies paisibles». La bonne société, qui, dans son souci d'être parfaitement fade, a banni toute expression tranchée et, par suite, toute expression fortement évocatrice, a coutume, pour désigner des choses scandaleuses ou révoltantes, de les exprimer à l'aide de concepts plus généraux, afin de les atténuer, mais, de ce fait, celles-ci se trouvent assimilées à d'autres choses qui leur sont plus ou moins hétérogènes. De là provient justement l'effet de risible qui s'exprime avec une intensité variable, à la mesure de cette hétérogénéité. En fait partie, donc, l'*utile dulci* mentionné plus haut, de même quand on dit qu'«il a connu quelques déboires au bal», pour dire qu'une personne a été mise à la porte après avoir été rossée; ou encore qu'«il s'est fait un peu trop de bien», pour dire d'une personne qu'elle est ivre, ainsi que «cette femme doit avoir des moments de faiblesse» pour dire qu'une femme plante des cornes à son mari, et ainsi de suite. En relèvent également les équivoques, à savoir les concepts qui en soi et pour soi ne contiennent rien d'inconvenant mais qui, toutefois, rapportés à certaines situations, conduisent à une représentation inconvenante. C[Elles se produisent très fréquemment en société. Mais un exemple parfait de l'équivoque dans tout son accomplissement et toute sa grandeur est l'incomparable épitaphe inscrite sur le *Justice of Peace* de Shenstone[191]. Alors que celle-ci ne semble évoquer que causes nobles et sublimes dans son style emphatique et lapidaire, sous chacun de ses concepts, est subsumé autre chose qui n'est révélé qu'au dernier mot comme la clé de l'ensemble, de sorte que le lecteur découvre dans un éclat de rire qu'il n'a lu qu'une équivoque assez obscène.]C La produire ici ou ne serait-ce que la traduire serait difficilement admissible à notre époque si policée : on la trouvera dans les *Poetical Works* de Shenstone sous le titre d'*Inscription*. Les équivoques virent parfois au simple jeu de mots, mais, sur les jeux de mots, a déjà été dit dans le texte du tome I tout ce qu'il était nécessaire de dire.

Cette subsomption sous un concept de ce qui lui est, dans une certaine perspective, hétérogène et, dans une autre, approprié, cette subsomption, donc, qui est au fondement de tout risible peut parfois aussi advenir à l'encontre de toute intention. Par exemple l'un de ces Noirs affranchis d'Amérique du Nord, qui s'efforcent d'imiter en tout point les Blancs, a très récemment posé à l'intention de son enfant décédé une épitaphe qui commence ainsi : «Lys charmant et trop tôt brisé.» — Subsumer un objet réel et intuitif précisément sous son concept de son contraire, sera, en revanche, le fait d'une intentionnalité grossière ; c'est même ainsi que naît la plus plate et la plus commune des ironies. Par exemple, lorsque l'on s'exclame sous une pluie battante : «il fait un temps délicieux», ou lorsque l'on dit d'une fiancée affreuse : «le joli trésor qu'il s'est trouvé là», ou encore lorsque l'on parle d'un fripon en disant : «homme d'honneur[192]», et ainsi de suite. Seuls les

enfants et les personnes dépourvues de toute instruction peuvent rire de ce genre de plaisanteries car,
ici, l'incongruité entre l'objet de la pensée et celui de
l'intuition est totale. Cependant, c'est justement dans
cette outrance grossière à l'œuvre dans la réalisation
du risible que se manifeste le plus évidemment le
caractère fondamental de ce même risible, à savoir
ladite incongruité. — En raison de cette outrance et
de cette intentionnalité évidente, en un certain point,
la PARODIE est apparentée à cette catégorie de
risible. Sa manière de procéder consiste en ce qu'elle
se saisit des événements et des paroles d'un poème
sérieux ou d'un drame pour les attribuer à des
personnes insignifiantes et viles ou à des mobiles
et des actions mesquines. Elle subsume donc les
réalités plates qu'elle représente sous les concepts
élevés donnés dans ce contexte thématique ; or il
faut bien que ses réalités plates se conforment à certains égards à ceux-ci, bien qu'elles leur soient, au
demeurant, très incongrues, de façon qu'ensuite le
conflit entre ce qui est pensé par le concept et ce qui
est perçu par l'intuition se manifeste de manière
particulièrement violente. Les exemples célèbres ne
manquent pas en la matière. Aussi n'en introduirais-
je qu'un seul que je tire de la *Zobéide* de Carlo Gozzi
acte I, scène 3[193] où a été placé mot pour mot dans
la bouche de deux bouffons qui, juste après s'être
roués de coups, fatigués, se reposent l'un à côté de
l'autre, la fameuse stance de l'Arioste (*Orl. fur., I,
22*) *oh gran bontà de' cavalieri antichi*, etc. [ô magni-
fique excellence des anciens chevaliers[194]]. — Cm[Est
aussi de cette nature l'emploi très prisé en Allemagne que l'on fait de vers sérieux, en particulier de
ceux de Schiller, pour les appliquer à des incidents
triviaux, application qui contient à l'évidence une

subsomption de l'hétérogène sous le concept général que le vers exprime. Ainsi, par exemple, lorsqu'une personne commet un coup pendable bien caractéristique, il manquera rarement quelqu'un pour dire : « Je reconnais bien à cela mes cuirassiers de Pappenheim[195]. » Mais celui-là fut vraiment original et spirituel qui adressa à un jeune couple récemment uni, dont la moitié féminine lui plaisait, les paroles finales de la ballade de Schiller « La caution » (je ne sais s'il les a dites à voix haute) :

> *Ich sei, erlaubt mir die Bitte,*
> *In euerm Bunde der Dritte.*

> [Que je sois, permettez m'en la demande,
> Le troisième dans votre union[196].]

L'effet de risible est ici puissant et infaillible, parce que, sous les concepts à travers lesquels Schiller nous suggère de penser une relation moralement noble, c'est une autre relation, interdite et immorale celle-là, qui est subsumée avec une parfaite exactitude et sans introduire aucune modification, c'est-à-dire qu'elle est pensée à travers ces mêmes concepts. — Dans tous les exemples d'esprit cités ici, on trouvera qu'un objet réel est subsumé immédiatement ou au moyen d'un concept plus étroit sous un concept ou, d'une manière générale, sous une pensée abstraite, et que si cet objet réel en relève à la rigueur, il est cependant à mille lieues du sens de la pensée authentique et primitive et de l'intention qui y a présidé. Conformément à quoi l'esprit <*Witz*>, en tant que faculté de l'esprit <*Geistesfähigkeit*>, consiste uniquement dans la facilité à trouver pour chaque objet rencontré un concept sous lequel celui-ci peut en effet être pensé alors qu'il est profondément hétérogène à tous les autres objets qui s'y rapportent par ailleurs.]Cm

La seconde espèce de risible suit, comme on l'a évoqué, la direction inverse et procède en allant du concept abstrait à l'objet réel pensé, c'est-à-dire à la réalité intuitive. Or, ce faisant, celui-ci révèle une incongruité avec celui-là que l'on n'avait pas perçue, de sorte qu'il en résulte une inconséquence et, par suite, dans la pratique, une action absurde. Comme le spectacle réclame l'action, cette espèce de risible est essentielle à la comédie. C'est là-dessus que repose cette observation de Voltaire : « J'ai cru remarquer aux spectacles, qu'il ne s'élève presque jamais de ces éclats de rire universels, qu'à l'occasion d'une *méprise* » (*Préface de l'enfant prodigue*[197]). Cm[Voici dans ce qui suit des cas qui peuvent valoir comme des exemples de cette espèce de risible. Alors qu'une personne exprime le désir d'aller se promener seule, un Autrichien lui dit : « Vous aimez vous promener seul, eh bien moi aussi : alors allons-y ensemble. » Il part du concept que « deux personnes qui apprécient un même plaisir peuvent en jouir ensemble » et subsume sous ce dernier le cas où, précisément, toute communauté est exclue. Ensuite cet autre exemple :] Cm un valet enduit d'huile de Macassar la peau de phoque usée de la valise de son maître afin qu'y repoussent les poils, ce faisant il part du concept : « l'huile de Macassar fait repousser les cheveux ». — Dans la salle de garde, des soldats permettent à un sujet condamné aux arrêts, que l'on vient juste de leur amener là, de se joindre à eux pour leur partie de cartes, mais celui-ci les chicanant et provoquant ainsi une dispute, ils décident de le mettre dehors : ils obéissent au concept général selon lequel « on se débarrasse d'un mauvais compagnon » mais en oublient que cet homme était aussi mis aux

arrêts, c'est-à-dire qu'ils étaient censés le retenir. —
Cm[Deux jeunes paysans, qui avaient chargé leur
fusil d'une grenaille de plomb grossière et cher-
chaient à la remplacer par de la grenaille plus fine,
tentaient d'en extraire la première sans pour autant
perdre la poussière de plomb. Alors l'un deux plaça
l'embouchure du canon dans son chapeau qu'il
tenait entre ses deux jambes et dit à l'autre : « Maintenant, appuie doucement, doucement, très doucement sur la détente : la grenaille viendra en
premier. » Ce jeune paysan partait du concept selon
lequel « un ralentissement de la cause provoque un
ralentissement de l'effet ».]Cm — Mais les actions de
Don Quichotte peuvent également servir d'exemples :
sous des concepts que Don Quichotte échafaude à
partir de romans de chevalerie, il subsume toutes les
réalités qui se présentent à lui, bien qu'elles soient
très hétérogènes à ces concepts. Par exemple, pour
protéger les opprimés, il décide de libérer tous les
galériens. Et, au fond, les aventures de Münchhausen,
elles aussi, doivent être citées ici : à cette seule différence que ce sont des actions non pas insensées mais
impossibles qui y sont accomplies et celles-ci sont
racontées au lecteur à qui l'on fait croire qu'elles
se sont effectivement produites. Les faits y sont
présentés de sorte que, si on ne les considère qu'*in
abstracto*, par suite que comparativement et *a priori*,
elles apparaissent à la fois possibles et plausibles,
mais si, après coup, on redescend jusqu'à l'intuition
du cas individuel, c'est-à-dire *a posteriori*, alors l'impossibilité de l'affaire, voire l'absurdité de la chose
admise, éclate au grand jour et l'incongruité entre
ce qui a été pensé par l'intuition et ce qui a été pensé
par le concept saute aux yeux du lecteur, provoquant
ainsi son hilarité. Par exemple, lorsque les mélodies,

après avoir gelé dans le cor du postillon, se mettent à dégeler dans une pièce bien chauffée; lorsque Münchhausen, assis sur son arbre par temps de gel rigoureux, fait remonter son couteau tombé à terre le long du filet d'eau gelée de son urine, etc.[198]. Du même registre est également l'histoire des deux lions qui, une nuit, transpercèrent le mur les séparant et qui, dans leur rage, se dévorèrent mutuellement, de sorte qu'au petit matin on n'en retrouva que leurs deux seules queues. Il existe aussi des cas de risible où le concept sous lequel est placé l'intuitif n'est ni énoncé ni suggéré mais pénètre de lui-même dans la conscience en vertu d'une association d'idées. Ainsi du rire qui saisit Garrick[199] en plein dans une déclamation tragique alors qu'il voit un boucher se tenant debout devant le parterre qui, pour essuyer la sueur de son front, avait posé sa perruque sur son chien, lequel, les pattes de devant placées sur la barrière du parterre, regardait en direction de la scène; ce rire fut provoqué parce que Garrick avait commencé à penser en même temps au concept de spectateur. C'est ce même type d'association d'idées qui explique justement pourquoi certaines figures animales comme les singes, les kangourous, les gerboises et autres du même genre nous paraissent parfois ridicules, parce qu'une certaine ressemblance avec l'homme nous incite à les subsumer sous le concept de la figure humaine et, partant de cette dernière, nous percevons toute l'incongruité qu'il y a entre celle-ci et celles-là.

Or les concepts, qui nous portent à rire parce qu'ils manifestent une incongruité avec l'intuition, sont soit ceux des autres, soit les nôtres propres. Dans le premier cas, nous rions des autres; dans le second, nous éprouvons une surprise souvent agréable, à tout le moins réjouissante. Les enfants et les personnes

incultes rient, par conséquent, des moindres incidents et même si ceux-ci leur sont contraires, du
moment qu'ils les prennent par surprise, c'est-à-dire
qu'ils déplacent leur concept préconçu de l'erreur.
— En règle générale, le rire est un état réjouissant :
la perception de l'incongruité de ce qui est pensé
avec ce qui est perçu intuitivement, autrement dit
avec la réalité, nous procure de la joie et c'est volontiers que nous nous abandonnons aux secousses
convulsives que cette perception provoque. La raison
tient à ce qui suit. Dans ce conflit qui surgit brusquement entre ce qui est perçu intuitivement et
ce qui est pensé, l'intuition aura toujours raison
sans que rien puisse en faire douter, car l'intuition
n'est pas sujette à l'erreur, elle n'a besoin d'aucune
authentification extérieure, car elle est son propre
garant. Son conflit avec ce qui est pensé découle en
dernier ressort de ce que, avec ses concepts abstraits,
ce dernier ne peut descendre jusqu'à l'infinie diversité et nuance de ce qui est perçu intuitivement.
C'est cette victoire de la connaissance intuitive sur
la pensée qui nous réjouit. Car l'intuition est le mode
de connaissance primitif, indissociable de la nature
animale, dans lequel se présente tout ce qui procure
une satisfaction immédiate à la volonté : elle est le
médium du présent, de la jouissance et de l'allégresse, et elle est aussi ce qui ne demande jamais
d'effort. Or l'inverse vaut pour la pensée : celle-ci
est la connaissance à une puissance supérieure,
dont l'exercice n'a de cesse d'exiger quelques efforts,
le plus souvent importants ; ce sont également ses
concepts qui, fréquemment, s'opposent à la satisfaction de nos souhaits immédiats puisque, en tant
que médium du passé, de l'avenir et du sérieux, ils
se font le véhicule de nos craintes, de notre remords
et de tous nos soucis. De voir alors et pour une fois

cette gouvernante sévère, infatigable et pesante qu'est la raison être convaincue d'insuffisance ne peut, par conséquent, que nous être délectable. C'est pourquoi donc la mine du rire est très proche de celle de la joie.

En raison de son manque de raison, c'est-à-dire de son manque de concepts généraux, l'animal est incapable tout autant de rire que de parler. C[Le rire est, par suite, un privilège et un signe distinctif de l'homme. Toutefois, soit dit en passant, son seul ami, le chien, peut se prévaloir devant tous les autres animaux d'un acte semblable, qui lui appartient en propre et spécifiquement, à savoir son frétillement si expressif, si bienveillant et si foncièrement sincère. Comme cette manière de saluer, dont la nature lui a fait don, tranche en sa faveur au regard des révérences et des témoignages de politesse grimaçants que font les hommes, et comme elle surpasse mille fois en fiabilité leurs assurances d'amitié ardente et de dévouement, au moins sur le moment présent!]C

Le contraire du rire et de la plaisanterie est le SÉRIEUX <*Ernst*>. En conséquence de quoi, il consiste dans la conscience d'une concordance parfaite et de la coïncidence du concept ou de la pensée avec l'intuition ou la réalité. L'homme sérieux est convaincu qu'il pense les choses telles qu'elles sont et qu'elles sont telles qu'il les pense. C'est la raison pour laquelle précisément le passage du plus profond sérieux au rire est si particulièrement facile à réaliser et qu'il suffit de broutilles pour cela, parce que, plus cette concordance admise par l'esprit de sérieux a semblé accomplie, plus la plus petite incongruité intervenant de manière inattendue la détruira facilement. Par suite, un homme rira d'autant plus franchement qu'il est·capable d'un grand sérieux. Les hommes chez qui le rire sort affecté et contraint sont d'une teneur légère sur le plan aussi bien intellectuel que moral comme, d'une manière générale, la nature du rire ainsi que par ailleurs l'occasion qui le provoque sont très spécifiques de la personne. Les rapports sexuels ne fourniraient pas la matière la plus facile, la plus évidemment disponible à tout instant au trait d'esprit même le plus faible, comme le prouve la fréquence des propos graveleux, s'ils n'avaient à leur fondement précisément le plus profond sérieux.

Si le rire des autres à propos de ce que nous disons ou faisons sérieusement nous blesse si sensiblement, c'est parce qu'il révèle qu'il y a une incongruité prodigieuse entre nos concepts et la réalité objective. C'est aussi ce qui explique que le prédicat «ridicule» soit blessant. Un rire de dédain rappelle de manière criante et triomphante au contradicteur vaincu à quel point les concepts qu'il est en train de caresser sont en désaccord avec la réalité qui s'offre à lui à ce moment-là. Le rire amer qui nous vient lorsque se révèle à nous l'effroyable vérité, qui réduit à n'être qu'illusions les attentes que nous avions nourries, est la plus vive expression de la découverte désormais faite de l'incongruité, qui se dévoile à nous à ce moment-là, entre les pensées que nous avions chéries dans une folle confiance dans les hommes ou dans le destin et la réalité.

Le risible INTENTIONNEL est la PLAISANTERIE <*Scherz*> : il est l'effort que l'on fait pour établir une divergence entre les concepts d'autrui et la réalité, en opérant un déplacement de l'un de ces deux éléments. Quant au contraire de la plaisanterie, à savoir le SÉRIEUX, il consiste dans la conformité exacte entre le concept et la réalité ou du moins dans l'effort pour obtenir cette conformité exacte. Mais, quand la plaisanterie se dissimule derrière le sérieux, en résulte alors l'IRONIE. Ainsi, par exemple, lorsque nous abondons dans le sens des opinions d'un autre, bien que celles-ci soient contraires aux nôtres, et que nous faisons semblant de les partager avec lui avec un sérieux manifeste jusqu'à ce que le résultat finisse par le désorienter autant à notre sujet qu'à celui de ses propres opinions. C'est ainsi que Socrate se comportait vis-à-vis d'Hippias, de Protagoras, de Gorgias et des autres sophistes, c'est ainsi que, d'une manière générale, il se comportait vis-à-vis de la plupart de ses interlocuteurs. — L'inverse de l'ironie serait, par conséquent, le sérieux dissimulé derrière la plaisanterie. On le nomme HUMOUR. On pourrait l'appeler le double contrepoint de l'ironie. — Des explications comme celle qui consiste à dire que «l'humour est l'interpénétration du fini et de l'infini[200]» n'expriment rien d'autre que la parfaite incapacité de penser des personnes qui tirent leur satisfaction de ce genre de formules creuses. — L'ironie est objective, à savoir calculée par rapport à l'autre. L'humour, en revanche, est subjectif, il n'est là à proprement parler que pour soi. Il s'ensuit que nous trouvons les chefs-d'œuvre de l'ironie chez les Anciens et les chefs-d'œuvre de l'humour chez les Modernes. Car, à le considérer plus précisément, l'humour s'avère reposer sur un état affectif qui, pour être subjectif, n'en est pas moins sérieux et sublime ; celui-ci entre involontairement en conflit avec un monde extérieur qui lui revient en partage tout en lui étant extrêmement hétérogène et qu'il lui est impossible d'éviter, pas plus qu'il ne lui est possible de renoncer à lui-même. De sorte qu'il tente de réaliser cette médiation qui consiste à penser à la fois ses propres conceptions et le monde extérieur à travers les mêmes concepts, si bien que ceux-ci acquièrent ainsi une double relation d'incongruité avec le réel pensé, se situant tantôt du côté de ses idées, tantôt du côté du monde extérieur, il en résulte le sentiment d'avoir affaire à un risible volontaire, c'est-à-dire à une plaisanterie derrière laquelle cependant se dissimule et transperce le plus grand sérieux. Si l'ironie commence par une mine sérieuse et finit dans un sourire, l'humour, lui, suit le chemin inverse. L'expression de Mercutio que nous avons déjà citée plus haut pourrait en être un exemple. De même dans *Hamlet* : « POLONIUS : Mon honorable seigneur, je prends très humblement congé de vous. — HAMLET : Vous ne pourriez, monsieur, rien me prendre dont je sois plus désireux de me séparer, à part ma vie, à part ma vie, à part ma vie[201]. » — Et Hamlet de dire ensuite à Ophélie avant la représentation de la pièce de théâtre à la cour : « Qu'a-t-on de mieux à faire que d'être gai ? Car voyez comme ma mère a l'air enjoué et mon père est mort il y a moins de deux heures. — OPHÉLIE : Non, deux fois deux mois, mon seigneur. — HAMLET : Si longtemps ? Alors si le diable s'habille en noir, moi je porterai de riches fourrures de deuil[202]. » — De même dans le *Titan* de Jean Paul, lorsque Schoppe pris de mélancolie et ruminant sur lui-même, considérant à plusieurs reprises ses propres mains, se dit à part soi : « Il y a là un homme de chair et je suis en cet homme : mais lui, qui est-il[203] ? » — C[Quant à Heine, il se révèle être un véritable humoriste dans son *Romanzero*[204] : derrière toutes ses plaisanteries et ses farces, nous notons un profond sérieux qui rougit d'apparaître sans voile.]C — Il s'ensuit que l'humour repose sur une forme particulière de l'humeur <*Laune*> (le mot dérive vraisemblablement de *luna*), et c'est à travers ce concept et dans toutes les variations de ce dernier qu'est pensée une prédominance décisive du subjectif sur l'objectif dans la conception du monde extérieur. Et même toute présentation poétique ou artistique d'une scène comique, voire farcesque, est un produit de l'humour; elle est donc humoristique dès lors qu'y transparaît la faible lueur d'un arrière-plan dissimulé et constitué d'une pensée sérieuse. C'est par exemple le cas d'un dessin en couleurs de Tischbein[205] qui représente une pièce totalement vide, seulement éclairée par un feu pétillant dans la cheminée. Devant ce dernier se tient un homme en bras de chemise dont l'ombre, partant de ses pieds, s'étend sur toute la pièce. «En voilà un, commente Tischbein, qui n'a jamais rien pu réussir en ce monde et qui n'est arrivé à rien: à présent le voilà tout réjoui de pouvoir tout de même projeter une ombre aussi grande.» C[Or, s'il me fallait énoncer le sérieux qui se cache derrière cette plaisanterie, je ne pourrais mieux le faire qu'en reprenant les vers suivants tirés du poème perse l'*Anwari Soheili*:

> La possession d'un monde est-elle perdue pour toi,
> Ne sois pas en peine, ce n'est rien,
> As-tu acquis la possession d'un monde pour toi,
> Ne sois pas en joie, ce n'est rien,
> Passent les douleurs, passent les joies,
> Passe outre le monde, ce n'est rien[206].

Qu'à ce jour, dans la littérature allemande, l'adjectif «humoristique» soit couramment employé dans le sens de «comique» en général, c'est là un phénomène qui découle de cette déplorable manie de donner aux choses un nom plus noble que celui qui leur revient en propre, à savoir de leur donner le nom d'une classe d'objets qui leur est supérieure; ainsi une auberge prétend-elle être un hôtel; tout agent de change, un banquier; tout manège, un cirque; tout concert, une académie musicale; tout comptoir de vente, un bureau ; tout potier, un sculpteur — en conséquence de quoi tout bouffon est un humoriste. Le mot HUMOUR a été emprunté aux Anglais pour désigner et distinguer un génie à part du risible, que l'on a d'abord remarqué chez eux, et qui, très singulier, s'apparente au sublime ; ce qui n'est pas une raison pour affubler de ce nom n'importe quelle farce ou bouffonnerie comme les littérateurs et savants le font généralement aujourd'hui en Allemagne, sans rencontrer aucune opposition. Parce que le véritable concept de cette variété, de cette orientation de l'esprit, de ce rejeton du risible et du sublime serait trop subtil et trop élevé pour son public et, pour lui complaire, ils s'évertuent à tout aplatir et à tout vulgariser. Mais voilà : « les grands mots pour un sens vil », telle est la devise de notre noble présent <*Jetztzeit*> : d'après quoi, à ce jour, on nomme humoriste ce qu'autrefois on aurait appelé un bouffon.]C

CHAPITRE 9*

SUR LA LOGIQUE EN GÉNÉRAL

La logique, la dialectique et la rhétorique vont ensemble car, à elles trois, elles constituent le tout de la TECHNIQUE DE LA RAISON <*Technik der Vernunft*>. Aussi est-ce sous cette même dénomination qu'elles doivent être enseignées ensemble : la logique en tant que technique de la pensée propre, la dialectique en tant que technique de la dispute avec autrui et la

* Ce chapitre ainsi que le suivant se rapportent au § 9 du tome I.

rhétorique en tant que technique du discours adressé à une pluralité de personnes (*concionatio* [harangue]) ; à chacune d'elles correspond donc respectivement le singulier, le duel, le pluriel ou encore le monologue, le dialogue et le panégyrique.

Par DIALECTIQUE j'entends, en accord avec Aristote (*Metaph. III, 2 et Analyt. post., 1, 1*[207]), l'art du dialogue, tendant vers la recherche commune de la vérité et notamment de la vérité philosophique. Mais, nécessairement, un dialogue de cette nature aura plus ou moins tendance à dériver dans la controverse ; c'est pourquoi la dialectique peut aussi être déclarée art de la dispute. Nous trouverons des exemples et des modèles de dialectique dans les dialogues de Platon, mais pour la théorie propre de celle-ci, c'est-à-dire pour la théorie de la dispute, l'éristique, peu de choses ont été accomplies jusqu'ici. Pour ma part, j'ai élaboré un essai sur le genre et j'en ai communiqué un échantillon dans le livre II des *Parerga*[208] ; aussi passerai-je ici entièrement sous silence l'exposition de cette science.

Les figures rhétoriques sont à la rhétorique à peu près ce que les figures syllogistiques sont à la logique ; il n'en reste pas moins qu'elles valent la peine d'être prises en considération. Du temps d'Aristote, elles n'ont pas semblé faire l'objet d'une étude théorique puisqu'il n'en traite dans aucune de ses rhétoriques et que, à cet égard, nous sommes renvoyés à Rutilius Lupus[209], qui a signé l'épitomé d'un Gorgias plus tardif.

Ces trois sciences ont ceci en commun que, sans les avoir apprises, nous en suivons les règles, lesquelles d'ailleurs ne peuvent être abstraites qu'à partir de cet exercice naturel. — Par conséquent, elles ne possèdent, en dépit d'un intérêt théorique

élevé, qu'une faible utilité pratique : en partie parce
que, si elles définissent des règles, elles ne disent
rien de leur application au cas particulier ; en partie
parce que, au cours de la pratique, on n'a d'ordinaire pas le temps de se souvenir de ces règles. Aussi
n'enseignent-elles que ce que chacun sait et pratique
déjà. Il n'empêche que la connaissance théorique
de ces sciences est intéressante et importante. La
LOGIQUE n'aura que difficilement une utilité pratique, du moins pour notre propre manière de penser.
Car les erreurs de notre propre raisonnement ne se
situent presque jamais dans ses conclusions ni dans
sa forme mais dans les jugements que nous produisons, c'est-à-dire dans la matière de notre pensée.
En revanche, dans la controverse, la logique peut parfois nous être d'une certaine utilité pratique, lorsque
nous cherchons à ramener à la forme rigoureuse de
la déduction selon les règles l'argumentation trompeuse qu'emploie notre adversaire dans une intention
plus ou moins clairement consciente, et qu'il présente
maquillée et recouverte par le flux de son discours,
et ensuite lorsque nous lui démontrons les erreurs
qu'il a commises à l'encontre de la logique comme,
par exemple, C[la simple conversion de jugements
affirmatifs universels,]C des syllogismes à quatre
termes, des syllogismes remontant de la conséquence
à la raison, des syllogismes de la deuxième figure
composés uniquement de prémisses affirmatives et
autres erreurs du même ordre[210].

Il me semble que l'on pourrait simplifier la théorie
des LOIS DE LA PENSÉE en la réduisant à seulement
deux lois : celle du tiers exclu et celle de la raison
suffisante. Ainsi de la première loi : « À tout sujet tel
prédicat est ou attribué ou dénié. » Ici, dans ce ou
bien/ou bien, est exprimé que ces deux choses ne
sont pas possibles en même temps et c'est, par

conséquent, précisément ce qu'affirment les lois de
l'identité et de la contradiction ; celles-ci viendraient
donc comme des corollaires de ce principe qui affirme
à proprement parler que deux sphères d'application
conceptuelles quelconques ne peuvent être pensées
qu'en tant qu'elles sont soit réunies, soit séparées,
mais jamais comme étant les deux simultanément ;
par suite, là où des propos expriment, cependant,
par la manière dont ils sont articulés, cette dernière
éventualité, ces propos indiquent qu'un processus
de pensée est à l'œuvre, qui ne saurait être prati-
cable : la prise de conscience de cette impraticabilité
est le sentiment de la contradiction. — La seconde
loi de la pensée, le principe de raison, dirait que
cette attribution ou cette dénégation dont il a été
question ci-dessus doivent être déterminées par
quelque chose qui n'est pas le jugement lui-même et
qui peut être une intuition (pure ou empirique) mais
aussi simplement un autre jugement ; cet autre jugement, distinct du précédent, s'appelle alors la raison
du jugement. Quand un jugement satisfait la première loi de la pensée, il est PENSABLE ; quand un
jugement satisfait la seconde loi de la pensée, il est
VRAI, ou du moins logiquement et formellement vrai,
lorsque la raison du jugement n'est elle aussi qu'un
jugement. Mais la vérité matérielle ou absolue n'est
toutefois jamais que la relation entre un jugement et
une intuition, à savoir entre la représentation abstraite
et la représentation intuitive. Cette relation est soit
immédiate, soit médiatisée par d'autres jugements,
c'est-à-dire par d'autres représentations abstraites.
À partir de là, il est facile de prévoir qu'une vérité ne
pourra jamais en invalider une autre mais que toutes
doivent être en dernier ressort nécessairement en
harmonie entre elles puisque, dans la réalité intuitive,
leur fondement commun, nulle contradiction n'est

possible. Par conséquent, une vérité n'a rien à craindre d'une autre vérité. En revanche, l'illusion et l'erreur ont à craindre toute vérité, parce que, par l'enchaînement logique de toutes les vérités, même la plus éloignée dans cette chaîne doit finir par se répercuter sur chaque erreur. Cette seconde loi de la pensée est, par conséquent, le point d'articulation de la logique à ce qui n'est plus la logique, mais le matériau de la pensée. Par suite, c'est dans la concordance des concepts, autrement dit de la représentation abstraite, avec ce qui est donné dans la représentation intuitive que réside, du côté de l'objet, la VÉRITÉ et, du côté du sujet, le SAVOIR.

Exprimer que deux sphères conceptuelles sont réunies ou séparées, telle est la fonction de la copule «est/n'est pas». Tout verbe peut être exprimé à travers cette copule dès lors qu'il prend la forme de son participe. De là résulte que tout jugement réside dans l'emploi d'un verbe et *vice versa*. C[Aussi, la copule signifie seulement que le prédicat doit être également pensé dans le sujet, et rien de plus. On voit à partir de là à quoi se réduit le contenu de l'infinitif de la copule «être». Cela ne l'a pas empêché de devenir le thème principal des professeurs de philosophie d'aujourd'hui. Cependant, il n'est pas nécessaire de trop verser dans l'exactitude avec eux: la plupart d'entre eux, en effet, n'entendent désigner par là rien d'autre que les choses matérielles, le monde des corps auquel ils prêtent, en réalistes parfaitement innocents, et du fond de leur cœur, la plus haute réalité. C'est que parler ainsi de manière littérale des corps leur semble par trop vulgaire, aussi disent-ils «l'être» — ce qui, en tant que tel, revêt une consonance bien plus distinguée —, tout en pensant à la table et aux chaises qu'ils ont devant eux.]C

«Car, parce que, pourquoi, c'est pourquoi, donc,

comme, quoique, certes, pourtant, mais, si — alors, ou bien — ou bien», et autres particules de même nature, sont à proprement parler des PARTICULES LOGIQUES, puisque leur unique objectif est d'exprimer la forme des processus de pensée. Elles sont, par conséquent, une possession précieuse pour une langue et toutes les langues n'en ont pas en nombre égal. C[La particule *zwar* [certes] notamment (qui est la contraction de *es ist wahr* [il est vrai]) semble une propriété exclusive de la langue allemande : elle renvoie toujours à un «mais» qui soit la suit effectivement, soit est sous-entendu, de même que le SI renvoie à un ALORS.]C

La règle logique qui stipule que les JUGEMENTS SINGULIERS,. ainsi dénommés d'après le critère de la quantité, autrement dit les jugements qui n'ont pour sujet qu'un CONCEPT SINGULIER (*notio singularis*), doivent être traités exactement de la même manière que les JUGEMENTS UNIVERSELS ; cette règle repose sur le fait que ceux-ci sont, en réalité, des jugements universels qui se distinguent par cette seule propriété qu'ils ont pour sujet un concept qui ne peut être porteur que d'un seul objet réel et qui, par suite, n'en comprend qu'un seul. C'est le cas quand le concept est désigné par un nom propre. Mais cela n'entre vraiment en considération que lorsque l'on passe de la représentation abstraite à la représentation intuitive, c'est-à-dire lorsque l'on veut réaliser les concepts. Dans l'acte de penser lui-même, dans cet acte d'opérer avec des jugements, il n'en résulte aucune différence puisque, précisément, entre les concepts singuliers et les concepts universels, il n'y a aucune différence logique : «Emmanuel Kant» signifie logiquement «TOUS les Emmanuel Kant». Aussi, pour les concepts, la quantité n'est-elle que de deux natures : universelle ou particulière. Une représentation singulière ne peut absolument pas être le sujet d'un jugement, parce qu'elle n'est pas un *abstractum* et qu'elle est quelque chose non pas de pensé mais d'intuitif. En revanche, tout concept est par essence universel et tout jugement doit nécessairement avoir pour sujet un CONCEPT.

La différence entre les JUGEMENTS PARTICULIERS (*propositiones particulares*) et les jugements UNIVERSELS ne repose souvent que sur cette circonstance extérieure et accidentelle que la langue ne possède pas de mot pour exprimer à part la partie dérivée du concept universel et qui est le sujet d'un tel jugement. Si cela avait été le cas, bien des jugements particuliers seraient devenus des jugements universels. Prenons l'exemple de ce jugement particulier : «certains arbres portent des noix de galle», il devient un jugement universel parce qu'on possède un mot propre pour cette dérivation du concept d'arbre : «tous les chênes portent des noix de galle». Et l'on retrouve le même rapport entre le jugement suivant : «certains hommes sont noirs» et celui-ci : «tous les Maures sont noirs». — À moins que cette différence ne repose sur le fait que, dans la tête de celui qui produit le jugement, ce dernier n'a pas clairement séparé du concept universel le concept qu'il prend comme sujet de son jugement particulier, de sorte qu'il le définit comme une partie de celui-ci et non comme un concept autonome, ce qui lui aurait permis d'énoncer un concept universel : ainsi, par exemple, au lieu du jugement «certains ruminants ont des dents de devant supérieures», celui-ci : «tous les ruminants sans cornes ont des dents de devant supérieures».

Le JUGEMENT HYPOTHÉTIQUE et le JUGEMENT DISJONCTIF énoncent la relation qu'entretiennent entre eux deux jugements catégoriques (ils peuvent être plus nombreux encore dans le cas du jugement disjonctif). — Le JUGEMENT HYPOTHÉTIQUE énonce que de la vérité du premier des jugements catégoriques ici reliés dépend celle du second, et que de la non-vérité du second dépend celle du premier, c'est-à-dire donc que ces deux propositions, en ce qui concerne leur vérité et leur non-vérité, se trouvent directement liées. — Le JUGEMENT DISJONCTIF en revanche énonce que de la vérité de l'un des jugements catégoriques reliés ici dépend la non-vérité des autres et inversement, c'est-à-dire donc que ces propositions, pour ce qui concerne leur vérité et leur non-vérité, entrent ici en conflit. — C[La QUESTION est un jugement dont l'une des trois composantes est laissée ouverte ; c'est soit la copule : « Gaius est-il romain ou ne l'est-il pas ? », soit le prédicat : « Gaius est-il romain ou est-il autre chose ? », soit le sujet : « Est-ce Gaius qui est romain ou est-ce un autre ? » — La place du concept laissé indéterminé peut également rester totalement vide ; par exemple : « QU'est-ce que Gaius ? » ou encore « QUI est romain ? ».]C

Chez Aristote[211], l'ἐπαγωγή (*inductio*) est le contraire de l'ἀπαγωγή [déduction]. La déduction démontre qu'une proposition est fausse en rendant évident que ce qui s'ensuivrait n'est pas vrai, c'est-à-dire qu'elle procède par l'*instantia in contrarium* [par la preuve du contraire]. L'ἐπαγωγή, en revanche, démontre la vérité d'une proposition en rendant évident que ce qui s'ensuivrait est vrai. À partir d'exemples, elle nous conduit à admettre une hypothèse, quand l'ἀπαγωγή conduit à l'exclure. Par suite, l'ἐπαγωγή, ou induction, est une conclusion qui remonte des conséquences à la raison et cela, *modo ponente* [par une position[212]] : car elle établit à partir d'une pluralité de cas quelle est la règle dont ces cas sont, en retour, les conséquences. C'est précisément la raison pour laquelle

elle n'est jamais certaine mais aboutit au mieux à une très forte vraisemblance. Cependant, cette incertitude formelle peut, grâce à la foule des conséquences énumérées, donner lieu à une certitude matérielle, de la même manière qu'en mathématiques, les rapports irrationnels peuvent être infiniment rapprochés de la rationalité par des fractions décimales. À l'inverse, l'ἀπαγωγή est d'abord la conclusion que l'on a tirée en descendant de la raison aux conséquences, et elle procède par la suite *modo tollente* [par suppression[213]], en ce qu'elle démontre la non-existence d'une conséquence nécessaire et, ce faisant, annule la vérité de la raison admise. Voilà justement pourquoi elle est toujours parfaitement certaine et réalise, à l'aide d'un unique exemple établi *in contrarium*, bien plus que l'induction à l'aide d'innombrables exemples en faveur de la proposition admise. Tant il est vrai qu'il est bien plus facile de réfuter que de démontrer, de renverser que d'établir.

CHAPITRE 10

SUR LA SYLLOGISTIQUE

Quoiqu'il soit très difficile d'établir une conception fondamentale, nouvelle et juste, à propos d'un objet qui a été traité d'innombrables fois depuis plus de deux mille ans et auquel, de surcroît, les expériences ne sauraient rien ajouter, cela ne saurait toutefois m'empêcher de présenter ici et de soumettre à l'examen du penseur l'essai que j'en ai fait et qui suit.

Un syllogisme <*Schluss*> est l'opération de notre raison par laquelle de deux jugements en naît un troisième au moyen d'une simple comparaison de ces deux premiers jugements et sans qu'il soit besoin de l'aide d'aucune autre connaissance. La condition en est que ces deux jugements aient UN concept en commun car, autrement, ils seraient étrangers l'un à l'autre et privés de tout point commun. Mais, une fois cette condition acquise, ils deviennent respectivement père et mère d'un enfant qui possédera en lui quelque chose de chacun d'eux deux. Aussi l'opération citée n'est-elle pas un acte arbitraire, elle est un acte de la raison qui, se consacrant à la considération de ce type de jugements, le réalise d'elle-même suivant ses propres lois ; dans cette mesure, un tel acte est objectif et non subjectif, il est, par conséquent, soumis aux règles les plus strictes.

On pourrait, soit dit en passant, se demander si, à travers cette proposition nouvellement engendrée, l'auteur d'un syllogisme apprend vraiment quelque chose de nouveau qui lui ait été inconnu jusqu'ici. — La réponse est : non, absolument parlant, et pourtant oui, d'une certaine façon. Ce qu'il apprend repose dans ce qu'il savait, ce qui revient à dire qu'il le savait déjà. Mais il ne savait pas qu'il le savait, et ne pas savoir que l'on sait, est en tout point semblable à posséder quelque chose sans savoir qu'on le possède, c'est-à-dire à ne pas le posséder. En réalité, il ne le savait que *implicite* et, désormais, il le saura *explicite* ; or la différence peut être si grande que la proposition finale peut lui apparaître comme une nouvelle vérité. Ainsi, par exemple :

> Tous les diamants sont des pierres,
> Tous les diamants sont combustibles,
> Donc, certaines pierres sont combustibles.

C[L'essence du syllogisme consiste, par conséquent, à rendre clairement présent à la conscience
que l'énoncé de la conclusion avait été déjà pensé
dans les prémisses.]C Le syllogisme est, par conséquent, un moyen d'avoir une conscience plus claire
de nos propres connaissances et d'apprendre plus
exactement ce que l'on sait ou encore d'en prendre
plus exactement conscience. La connaissance que
transmet la proposition conclusive était LATENTE,
de sorte qu'elle avait aussi peu d'effet que la chaleur
latente sur le thermomètre. Quiconque a du sel a
aussi du chlore, mais c'est comme s'il n'avait rien,
car ce n'est qu'après avoir été séparé par un processus chimique qu'il peut agir en tant que chlore et
donc qu'on le possède réellement. Ainsi en va-t-il de
l'acquisition que nous transmet la seule conclusion
tirée de deux prémisses déjà connues : elle LIBÈRE
une connaissance auparavant LIÉE à d'autres connaissances ou encore LATENTE. Ces comparaisons peuvent,
il est vrai, sembler exagérées, pourtant, elles ne le
sont pas. Car nombreuses sont ces conclusions possibles que nous avons tôt fait de tirer de nos connaissances, à la hâte, sans respecter les formes, et c'est
pourquoi il ne nous en reste aucun souvenir distinct,
de sorte qu'il semble qu'aucune prémisse ne reste
longtemps sans servir à une conclusion possible et
que, au contraire, nous aurions des conclusions déjà
prêtes pour toutes les prémisses qui résident dans le
champ de notre connaissance. Seulement ce n'est
pas toujours le cas : il arrive que deux prémisses
restent longtemps dans un esprit et y mènent une
existence isolée jusqu'à ce qu'enfin une occasion
quelconque les rassemble et qu'alors la conclusion
en jaillisse, comme de la pierre et du métal jaillit
l'étincelle une fois qu'on les a entrechoqués. Ainsi, il
y a des prémisses propres à nourrir des vues théo-

riques, ou encore des motifs suscitant des décisions, et qui, tirées de l'extérieur, restent souvent longtemps en nous-mêmes, où des actes de pensée à peine conscients et même privés de langage les comparent, les ruminent, et pour ainsi dire les secouent avec notre stock de connaissances jusqu'à ce qu'enfin la majeure appropriée rencontre la mineure appropriée, et qu'instantanément elles se présentent comme il se doit ; alors la conclusion apparaît d'un coup, semblable à une lumière qui subitement nous éclairerait sans que nous ayons eu à l'allumer, à l'image d'une inspiration qui surgirait abruptement. À ce moment-là, nous ne comprenons plus comment nous-mêmes ou les autres ont mis tant de temps à arriver à cette connaissance. Bien sûr, dans les têtes bien faites, ce processus sera plus rapide et plus aisé que dans les têtes ordinaires et, parce que, justement, ce processus est spontané, voire parce qu'il se produit sans qu'on en ait clairement conscience, il ne peut s'apprendre. Aussi Goethe disait-il :

> *Wie etwas sei leicht,*
> *Weiss, der es erfunden und der es erreicht.*

> [Combien une chose est facile,
> Le sait celui qui l'a inventée et réalisée[214].]

Pour donner une métaphore du processus de pensée que nous venons de décrire, on pourrait imaginer un cadenas composé d'anneaux de lettres : suspendus à la malle d'une diligence, ces anneaux seraient secoués jusqu'à ce qu'enfin les lettres se trouvent disposées dans l'ordre voulu par le mot de passe et que la serrure s'ouvre. Mais il convient par ailleurs d'avoir présent à l'esprit que le syllogisme ne consiste que dans le cheminement même des idées et que les

mots et les propositions par lesquels on l'exprime ne
désignent que les traces de celui-ci restées après
coup. Ces mots et propositions sont au syllogisme ce
que les figures ondulatoires sont aux sons dont elles
représentent les vibrations. Lorsque nous voulons
penser quelque chose, nous rassemblons nos données,
les condensons en des jugements, lesquels sont rapidement rapprochés les uns des autres puis comparés,
suite à quoi et au moyen des trois figures du syllogisme[215] se livrent, dans l'instant, les conclusions
qu'il est possible d'en déduire. Cependant la rapidité
de ces opérations est telle que, parfois, elles nécessitent très peu de mots, voire aucun, et que seule la
conclusion est formellement énoncée. Il arrive aussi
parfois qu'ayant pris conscience de quelque nouvelle
vérité, en empruntant soit ce chemin soit celui de
la simple intuition, c'est-à-dire celui d'un heureux
aperçu [en français dans le texte], nous recherchions
les prémisses qui nous ont conduits jusqu'à cette
vérité qui en réalité est une conclusion, autrement dit
que nous voulions présenter une preuve de celle-ci :
tant il est vrai que les connaissances se présentent à
nous plus rapidement que leurs preuves. Alors nous
retournons notre stock de connaissances pour voir
si nous ne pourrions pas y trouver une vérité qui
contiendrait implicitement la nouvelle ou encore deux
propositions qui, une fois agencées dans un ordre
régulier, engendreraient celle-ci comme leur résultat.
— Le moindre procès juridique, en revanche, livre
un syllogisme et même un syllogisme de la première
figure dans sa forme la plus parfaite et la plus grandiose[216]. La transgression civile ou criminelle qui
constitue le chef d'accusation y est la mineure : elle
fait l'objet du constat du plaignant. La loi appropriée
à un tel cas est la majeure. Quant au jugement, il est

la conclusion que le juge ne fait, par suite, que simplement «reconnaître» comme nécessaire.

Mais je souhaiterais à présent tenter de donner du mécanisme propre du syllogisme la plus simple et la plus exacte présentation.

L'ACTE DE JUGER, ce processus élémentaire et si important de la pensée, consiste dans la comparaison de deux CONCEPTS ; le SYLLOGISME, dans la comparaison de deux JUGEMENTS. Cependant, dans les manuels, le syllogisme est d'ordinaire rapporté à la comparaison de CONCEPTS, et à vrai dire de TROIS concepts, puisque, en effet, à partir de la relation que deux de ces concepts entretiennent avec le troisième, on pourrait connaître la relation qu'ils entretiennent entre eux. La vérité de cette conception ne saurait être contestée car, offrant l'occasion d'une présentation intuitive, dont j'ai moi-même fait l'éloge dans le texte du tome I, des relations syllogistiques au moyen de schémas des sphères conceptuelles, elle présente l'avantage de rendre l'affaire facile à comprendre. Seulement, il me semble qu'ici comme dans bien des cas, la facilité de la compréhension n'est obtenue qu'au détriment de l'approfondissement. On n'y reconnaît pas le véritable processus de pensée qui est à l'œuvre dans le syllogisme, et avec lequel les trois figures syllogistiques et leur nécessité sont exactement mises en relation. En effet, nous opérons dans un syllogisme NON PAS avec de simples CONCEPTS mais avec des JUGEMENTS entiers, auxquels la qualité, qui réside non dans les concepts mais dans la copule seule, et la quantité sont absolument essentielles, à quoi vient encore également s'ajouter la modalité. Toute présentation qui fait du syllogisme un rapport entre TROIS CONCEPTS échoue en ce qu'elle décompose aussitôt les jugements en leurs éléments derniers (les concepts), si bien que le moyen de relier ces concepts disparaît et que l'on perd de vue ce qui appartient en propre aux jugements EN TANT QUE TELS et dans leur totalité et qui, justement, implique la nécessité de la conclusion qu'ils engendrent. Elle échoue donc par une erreur analogue à celle que commettrait la chimie organique si, par exemple, dans son analyse des plantes, elle réduisait aussitôt celles-ci à leurs DERNIERS éléments, de sorte que là où elle identifierait le charbon, l'hydrogène et l'oxygène, qui sont les éléments présents en toute plante, elle perdrait leurs différences spécifiques car, pour les obtenir, il convient de s'arrêter sur leurs éléments LES PLUS PROCHES, comme ce qu'on appelle les alcaloïdes[217], et de se garder de les décomposer aussitôt. — À partir de trois CONCEPTS donnés il est impossible de tirer un syllogisme. Bien sûr, dira-t-on, encore faut-il que soit indiqué le rapport de deux de ces concepts au troisième. Or, précisément, les JUGEMENTS reliant les concepts sont l'expression de ce rapport, ce sont donc les JUGEMENTS et non les seuls CONCEPTS qui constituent la matière du syllogisme. En conséquence de quoi, faire un syllogisme est, par essence, faire une comparaison de deux JUGEMENTS : c'est avec eux, avec les pensées exprimées à travers eux et non simplement avec trois concepts que le processus de pensée se produit dans notre tête et cela, même s'il est incomplet, même si aucun mot ne peut le désigner et c'est en tant que tel, en tant qu'agencement de jugements entiers, indécomposables, que l'on doit le considérer afin de comprendre correctement le processus technique à l'œuvre dans le syllogisme, d'où résultera aussi la nécessité de trois figures syllogistiques qui sont effectivement conformes à la raison.

De même que, dans la présentation de la syllogistique au moyen des SPHÈRES CONCEPTUELLES, on se figurait ces dernières sous la forme de cercles, de même, dans sa présentation au moyen de JUGEMENTS entiers, on se figurera ces derniers sous la forme de bâtonnets qui seront, en vue de leur comparaison, rattachés l'un à l'autre tantôt par une extrémité tantôt par une autre et les différentes combinaisons auxquelles cela donnera lieu définiront les trois figures du syllogisme. Or, comme chaque prémisse contient son sujet et son prédicat, ces deux concepts devront être représentés aux deux extrémités de chaque bâtonnet. Dès lors les deux jugements seront comparés par rapport aux deux concepts DIFFÉRENTS contenus en eux, car, comme on l'a déjà mentionné, le troisième concept devra être le même en chacun d'eux et, ne faisant l'objet d'aucune comparaison mais étant ce À QUOI le terme par rapport auquel les deux autres sont comparés, il sera le MOYEN TERME. Celui-ci, par suite, ne représente jamais que le terme intermédiaire et non le terme principal. Ce sont, en revanche, les deux concepts disparates qui sont l'objet de la réflexion, tandis que le but du syllogisme est la mise en évidence, au moyen des jugements, du rapport qu'ils entretiennent. Aussi la conclusion ne porte-t-elle que sur eux et non sur ce moyen terme qui n'était qu'un simple auxiliaire, qu'un étalon, que l'on abandonne sitôt qu'on a fini de s'en servir. Si ce concept IDENTIQUE dans les deux propositions, à savoir le moyen terme, est dans l'une des prémisses le sujet de cette prémisse, alors le concept qui fait l'objet de la comparaison en sera nécessairement le prédicat, et *vice versa*. Aussitôt se présentent ici trois cas possibles *a priori* : soit le sujet de l'UNE des prémisses est comparé au prédicat de l'AUTRE prémisse, soit le sujet de l'une est comparé au sujet de l'autre, soit, enfin, le prédicat de l'une est comparé au prédicat de l'autre. De ces comparaisons naissent les trois figures syllogistiques d'Aristote : la quatrième, qui a été introduite par quelque finasserie, est inauthentique, c'est une pseudo-figure. On l'attribue à Galien mais cela ne repose que sur les dires d'autorités arabes[218]. Chacune de ces trois figures représente une démarche rationnelle différente, juste et naturelle de la raison quand elle fait des syllogismes.

Si, en effet, dans les deux jugements censés être comparés, le rapport entre LE PRÉDICAT DE L'UN ET LE SUJET DE L'AUTRE constitue l'objectif de la comparaison ; il en naît alors la PREMIÈRE FIGURE. Celle-ci a pour seul avantage que les concepts qui, dans la conclusion, sont le sujet et l'objet apparaissent tous deux déjà dans les prémisses sous cette même forme, tandis que, dans les deux autres figures, l'un d'entre eux est toujours obligé de changer de rôle dans la conclusion. C'est pourquoi, toutefois, dans la première figure, la nouveauté et la surprise du résultat sont bien moindres que dans les deux autres. Cet avantage de la première figure ne provient que de ce que le prédicat de la majeure est comparé avec le sujet de la mineure et non l'inverse. C'est là, par conséquent, son trait essentiel et il s'ensuit que le terme médian occupe dans chacune des prémisses des positions aux noms différents, c'est-à-dire qu'il est sujet dans la majeure et prédicat dans la mineure. De là précisément ressort, encore une fois, que sa signification est secondaire, puisqu'il fait figure d'un poids que l'on pose à l'envi tantôt dans l'un, tantôt dans l'autre plateau de la balance. Dans cette figure, le raisonnement consiste à attribuer au sujet de la majeure le prédicat de la mineure, parce que le sujet de la mineure est son propre prédicat ; ou l'inverse, dans le cas négatif, et cela pour la même raison. Ici, donc, une propriété est assignée à des objets pensés à travers un concept parce que cette propriété se trouve liée à une autre que nous leur connaissons déjà, ou inversement. De là le principe directeur : *nota notae est nota rei ipsius, et repugnans notae repugnat rei ipsi* [ce qui est attribué à un prédicat est aussi attribué à son sujet et ce qui est nié d'un prédicat est aussi nié de son sujet[219]].

Si, en revanche, nous comparons deux jugements dans l'intention de faire ressortir le rapport que LES SUJETS entretiennent TOUS DEUX l'un avec l'autre, il nous faut choisir comme mesure commune le prédicat de ceux-ci : il devient alors, ici, le moyen terme et doit, en conséquence, être le même dans les deux jugements. De là naît la DEUXIÈME FIGURE syllogistique. Ici, le rapport réciproque entre deux SUJETS est déterminé par celui qu'ils entretiennent avec un seul et même prédicat. Mais ce rapport ne peut avoir une signification que si ce même prédicat est attribué à UN SEUL sujet et est refusé à l'autre, de sorte qu'il devient une RAISON essentielle de la DISTINCTION des deux sujets. Car, aurait-il été attribué aux deux sujets, il ne saurait alors être décisif quant au rapport entre ces deux sujets, puisque presque tout prédicat revient à un nombre infini de sujets. Et il serait encore moins décisif s'il leur avait été refusé à tous deux. De là s'ensuit le caractère fondamental de la deuxième figure, à savoir que les deux prémisses doivent, en effet, avoir des QUALITÉS CONTRAIRES, l'une doit affirmer ; l'autre, dénier. Par suite, la règle première est ici : *sit altera negans* [l'une des prémisses doit être négative] et son corollaire : *e meris affirmativis nihil sequitur* [de deux prémisses affirmatives il ne s'ensuit rien], règle contre laquelle on a maintes fois péché en recourant à une argumentation creuse dissimulée derrière une accumulation de propositions intermédiaires. Ce qui vient d'être dit fait clairement apparaître le raisonnement que présente cette figure du syllogisme: il s'agit de l'étude de deux sortes d'objets dans l'intention de les distinguer, c'est-à-dire de faire le constat qu'ils NE sont PAS de la même espèce. Cette distinction se décide du fait qu'une propriété essentielle à l'une des deux espèces fait défaut à l'autre. Que ce cheminement emprunte de lui-même cette deuxième figure et ne se révèle dans toute son acuité que dans cette dernière, voilà ce que montre cet exemple:

> Tous les poissons ont le sang froid,
> Les baleines n'ont pas le sang froid:
> Donc, les baleines ne sont pas des poissons.

Cette pensée, en revanche, reprise dans la première figure, ne sera présentée que sous une forme atténuée, contrainte, comme rafistolée au dernier moment:

> Rien de ce qui a le sang froid n'est une baleine,
> Or tous les poissons ont le sang froid:
> Donc aucun poisson n'est une baleine
> Et, par suite, aucune baleine n'est un poisson.

Et voici encore un exemple avec une mineure affirmative:

> Aucun Mahométan n'est juif,
> Or certains Turcs sont juifs:
> Donc certains Turcs ne sont pas des Mahométans.

Aussi présenterai-je le principe directeur de cette figure pour les modes à mineure négative comme suit: *cui repugnat nota, etiam repugnat notatum* [ce qui est nié du sujet est aussi nié du prédicat de ce sujet]; et pour les modes à mineure affirmative:

notato repugnat id cui nota repugnat [ce qui est nié du sujet du prédicat est aussi nié de son prédicat]. On pourrait le résumer ainsi : deux sujets qui entretiennent un rapport opposé à un prédicat entretiennent entre eux un rapport de négation.

Le troisième cas est celui où, pour étudier le rapport qu'entretiennent entre eux les PRÉDICATS de deux jugements, nous avons rassemblé ces deux mêmes jugements. De là naît la TROISIÈME FIGURE dans laquelle, par conséquent, le moyen terme est le sujet des deux prémisses. Il est, là aussi, le *tertium comparationis* [troisième terme comparatif], la mesure à l'aune de laquelle sont considérés les deux concepts qu'il s'agit d'étudier, ou, en quelque sorte, le réactif chimique à l'épreuve duquel on les soumet pour apprendre de leur rapport à ce dernier le rapport qui existe entre eux. En conséquence de quoi, la conclusion dira s'il existe entre eux un rapport de sujet à prédicat et jusqu'où s'étend ce rapport. Aussi, dans cette figure, la réflexion porte-t-elle sur deux QUALITÉS que l'on est tenté de tenir soit pour INCOMPATIBLES, soit pour INSÉPARABLES, et, afin d'en décider, on tente d'en faire les prédicats d'un seul et même sujet que l'on place dans deux jugements différents. De là en résulte soit que ces deux qualités se rapportent à un seul et même objet et donc qu'elles sont COMPATIBLES, soit qu'un objet en a une sans avoir l'autre et donc qu'elles sont SÉPARABLES : dans le premier cas, il s'agira de tous les modes avec deux prémisses affirmatives, dans le second, de tous les modes avec une prémisse négative :

> Certains animaux peuvent parler,
> Or tous les animaux sont privés de raison :
> Donc certains être privés de raison peuvent parler.

D'après Kant (*La fausse subtilité*, § 4[220]), ce syllogisme ne serait vraiment conclusif que si on y ajoutait en pensée : «donc, certains êtres privés de raison sont des animaux». Mais cela semble être parfaitement superfétatoire et en aucun cas ne suivre le cheminement naturel de la pensée. Toutefois, pour réaliser directement le même raisonnement au moyen de la première figure, je serais obligé de dire :

> Tous les animaux sont privés de raison,
> Certains être doués de parole sont des animaux,

ce qui, manifestement, n'est pas un raisonnement naturel ; bien plus, la conclusion qui en résulte : «certains êtres doués de parole sont privés de raison» devrait être inversée pour obtenir la proposition finale que la troisième figure produit d'elle-même, et vers laquelle tend tout le raisonnement. — Mais prenons encore un autre exemple :

> Tous les métaux alcaloïdes flottent sur l'eau,
> Or tous les métaux alcaloïdes sont des métaux :
> Donc certains métaux flottent sur l'eau.

Si on le transpose dans la première figure, la mineure doit être inversée, ce qui donne : «certains métaux sont des alcaloïdes» ; la première figure ne se contente, par conséquent, que d'affirmer que certains métaux s'inscrivent dans la sphère des «métaux alcaloïdes» :

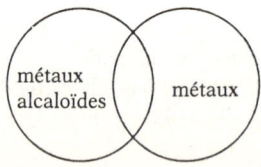

alors que nous avons la connaissance effective que TOUS les métaux alcaloïdes se trouvent dans la sphère des métaux :

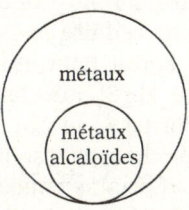

Par conséquent, si la première figure devait être la seule figure qui soit normale, nous serions obligés, pour penser naturellement, de penser moins que nous ne savons et de penser de manière indéterminée alors que nous savons de manière déterminée. Cette supposition a trop d'arguments contre elle. De manière générale, il convient de nier le fait qu'en réalisant un syllogisme de la seconde et de la troisième figures, on renverse tacitement une proposition. Bien plus, la troisième ainsi que la deuxième figure représentent un raisonnement tout aussi conforme à la raison que la première[221]. À présent, considérons un exemple de l'autre mode de la troisième figure dont le résultat est la séparabilité des deux prédicats, ce qui implique qu'ici une prémisse doit être négative :

Aucun bouddhiste ne croit en un Dieu,
Or certains bouddhistes sont raisonnables :
Donc certains êtres raisonnables ne croient pas en un Dieu.

Si, dans les exemples précédents, la COMPATIBILITÉ de deux propriétés constituait l'objet de la réflexion, dans celui-ci, le problème soulevé est celui de leur

SÉPARABILITÉ et on le tranche ici aussi en les comparant à UN SEUL sujet et en démontrant que ce sujet en accepte UNE sans l'AUTRE : par là, on atteint directement son objectif alors qu'en recourant à la première figure, on n'aurait pu l'atteindre qu'indirectement. Car, pour réduire le syllogisme à cette première figure, il aurait fallu inverser la mineure et, par conséquent, dire : «Certains êtres raisonnables sont bouddhistes», ce qui ne serait qu'une expression manquée du sens visé dans cette proposition qui affirme : «Certains bouddhistes sont donc tout de même raisonnables.»

Aussi établirai-je le principe directeur de cette figure pour les modes affirmatifs comme suit : *ejusdem rei notae, modo sit altera universalis, sibi invicem sunt notae particulares* et, pour les modes négatifs : *nota rei competens, notae eidem repugnanti, particulariter repugnat, modo sit altera universalis.* C'est-à-dire : «Si d'un même sujet deux prédicats sont affirmés et cela sur le mode universel au moins pour l'un d'entre eux, alors ils sont affirmés l'un de l'autre sur un mode particulier ; en revanche, ils sont niés l'un de l'autre sur un mode particulier, dès lors que l'un des deux est contradictoire avec le sujet dont l'autre est affirmé : seulement, l'une et l'autre opération doivent se produire sur un mode universel.»

Dans la QUATRIÈME FIGURE, le sujet de la majeure doit être comparé avec le prédicat de la mineure et ce n'est que dans la conclusion que tous deux échangent à nouveau leur valeur et leur place, de sorte que ce qui était le sujet apparaît comme prédicat dans la majeure et comme sujet, ce qui était le prédicat dans la mineure. On peut voir à cela que cette figure n'est que le renversement intentionnel de la PREMIÈRE et que l'on n'a nullement affaire à un véritable raisonnement qui serait naturel à la raison.

Les trois premières figures sont, en revanche, l'ectype de trois opérations réelles et essentiellement différentes de la pensée. Elles ont ceci en commun de consister dans la comparaison de deux jugements, comparaison qui ne devient fertile que lorsqu'elles ont UN concept en commun. Si nous représentons les prémisses sous la forme de bâtonnets, nous pouvons penser ce concept sous la forme d'un crochet qui les relierait entre elles, d'autant que l'on pourrait fort bien user de ces bâtonnets lors d'une conférence publique. Ces trois figures se distinguent, en revanche, par le fait que les jugements y sont comparés soit relativement à leurs deux sujets, soit relativement à leurs deux prédicats, soit, enfin, relativement au sujet de l'un et au prédicat de l'autre. Comme le sujet seul, dans la mesure où il est déjà un élément d'un jugement, possède la propriété d'être sujet ou prédicat, s'en trouve confirmée ma conception selon laquelle dans le syllogisme seul des jugements sont tout d'abord comparés et des concepts seulement dans la mesure où ils sont des parties des jugements. Mais la comparaison de deux jugements dépend essentiellement de ce À QUOI on les compare et non de ce PAR RAPPORT À QUOI on les compare, le premier correspond aux différents concepts tandis que le second correspond au terme médian, c'est-à-dire au concept qui se trouve être identique dans les deux jugements. Par conséquent, n'est pas juste le point de vue adopté par Lambert, et même par Aristote et par presque tous les nouveaux logiciens, et qui consiste, pour l'analyse des syllogismes, à partir du MOYEN TERME, à faire de celui-ci son élément principal et à définir la position qu'il occupe comme le caractère essentiel des syllogismes. Son rôle n'est bien plutôt que secondaire et sa position, une suite de la valeur logique des concepts qu'il s'agit, à proprement parler, de comparer dans le syllogisme. Si l'on considère que ces concepts sont semblables à deux substances qu'il s'agirait d'éprouver chimiquement, le moyen terme pourrait alors être comparé à un réactif PAR RAPPORT AUQUEL elles sont éprouvées. Aussi occupe-t-il chaque fois la place que les concepts qu'il s'agit de comparer laissent vacante et n'apparaît-il plus dans la conclusion. On le choisit selon que son rapport aux deux concepts en question est connu et selon qu'il est ou non approprié à la place qu'il s'agit d'occuper. C'est ce qui explique que, dans bien des cas, il est tout à fait possible de le remplacer par un autre sans que le syllogisme s'en trouve affecté. Ainsi, par exemple, dans ce syllogisme :

> Tous les hommes sont mortels,
> Or Gaius est un homme,

il m'est tout à fait possible de changer le moyen terme « homme » par « créature animale ». Dans celui-ci :

> Tous les diamants sont des pierres,
> Or tous les diamants sont combustibles,

je puis remplacer le moyen terme « diamant » par « anthracite ». En tant que signe distinctif extérieur auquel on reconnaît aussitôt la figure d'un syllogisme, le moyen terme est tout à fait utile. Mais quand il s'agit du caractère fondamental d'un problème qu'il convient d'expliquer, alors il faut aller à l'essentiel et, ici, cet essentiel est de savoir si l'on rassemble deux propositions pour comparer leurs prédicats, leurs sujets ou bien le prédicat de l'une et le sujet de l'autre.

Ainsi, pour pouvoir engendrer une conclusion, au titre de prémisses, deux jugements doivent avoir un concept en commun, ils ne doivent pas être tous les deux des négations ni être particuliers, enfin, au cas où les deux concepts à comparer en eux sont leurs sujets, ils ne devront pas non plus être affirmatifs.

La pile Volta pourrait être considérée comme un symbole du syllogisme : son point de neutralité en son centre représenterait le moyen terme, qui maintient ensemble les deux prémisses, et au moyen duquel elles possèdent leur force conclusive. Quant aux deux concepts disparates, qui forment à proprement parler l'objet de la comparaison, ils seraient représentés par les deux pôles hétérogènes de la pile. Ce n'est que lorsque ceux-ci sont rassemblés au moyen de leurs deux fils conducteurs que représenteraient les copules des deux jugements, que jaillit l'étincelle — la lumière nouvelle que diffuse la conclusion.

CHAPITRE 11

SUR LA RHÉTORIQUE*

L'éloquence <*Beredsamkeit*> est la faculté de susciter chez autrui notre vision personnelle à propos d'une chose ou notre propre disposition d'esprit au sujet de cette même chose, d'éveiller en eux le même sentiment que le nôtre, de les amener de cette manière à être en sympathie avec nous ; cela se fait en introduisant dans leur esprit le courant de nos pensées par nos seules paroles, mais avec une puissance telle que ce courant les détourne du cheminement de leurs propres pensées et les emporte dans

* Ce chapitre se rapporte au § 9 du tome I.

son propre cours. Ce coup de maître sera d'autant plus grandiose que la marche de leur pensée était au départ éloignée de la nôtre. Il est alors aisé de comprendre pourquoi les convictions personnelles et la passion rendent éloquent et surtout pourquoi l'éloquence est bien plus un don de la nature qu'une œuvre de l'art, même si ici l'art peut assurément aussi prêter son concours à la nature.

Pour convaincre autrui d'une vérité qui va à l'encontre d'une erreur à laquelle il est fermement attaché, la première règle à suivre est simple et naturelle : FAIRE PRÉCÉDER LES PRÉMISSES POUR LES FAIRE SUIVRE ENSUITE DE LA CONCLUSION. Toutefois, on observe rarement cette règle et l'on procède plutôt à l'inverse, parce que notre fougue, notre précipitation, le désir d'avoir raison nous amènent à crier haut et clair la conclusion à l'adresse de celui qui est attaché à l'erreur opposée. Or voilà qui le rend facilement farouche, et à ce moment-là il tend sa volonté contre toutes les raisons et les prémisses dont il connaît déjà la conclusion. Aussi vaut-il mieux maintenir cachée la conclusion et ne livrer que les prémisses, clairement, complètement, sous toutes leurs facettes. Si possible, on ne prononcera même pas du tout la conclusion ; d'elle-même elle pénétrera nécessairement et inéluctablement la raison de nos auditeurs et la conviction, ainsi spontanément née en eux, n'en sera que plus sincère et, de surcroît, elle s'accompagnera d'un sentiment de mérite personnel plutôt que de honte. Dans les cas difficiles, on pourra feindre de vouloir atteindre une conclusion parfaitement opposée à celle que l'on vise effectivement. Le célèbre discours d'Antoine dans le *Jules César* de Shakespeare[222] est un modèle du genre.

Nombreux sont ceux qui gâchent leur plaidoyer parce qu'ils présentent tranquillement tous les arguments qui leur traversent l'esprit à propos de la cause qu'ils défendent : et les voilà qui mélangent la vérité, les demi-vérités, les apparences de vérités. Mais si le public a tôt fait, sinon d'identifier le faux, du moins de le sentir et de le suspecter, il se met alors à l'entendre partout, même dans les arguments justes et vrais qui lui ont été présentés tout ensemble. Donnons-leur donc seulement ce qui est juste et vrai, et sans mélange, C[et gardons-nous de défendre une vérité avec des raisons insuffisantes et qui, parce qu'elles sont présentées comme suffisantes, en deviennent sophistiques : car l'adversaire les retournera et donnera de ce fait l'apparence d'avoir aussi retourné la vérité elle-même, laquelle repose également sur celles-ci, c'est-à-dire qu'il fera valoir des *argumenta ad hominem* [arguments personnels] pour des *argumenta ad rem* [arguments objectifs]. Mais sans doute les Chinois vont-ils trop loin dans la direction opposée quand ils énoncent une maxime comme celle-ci : « Toute personne éloquente et dotée d'une langue acérée pourra toujours passer sous silence la moitié d'une proposition, mais toute personne qui a le droit de son côté peut tranquillement concéder trois dixièmes de son assertion. »]C

CHAPITRE 12[*]

SUR LA DOCTRINE DE LA SCIENCE

De l'ensemble de notre analyse, exposée dans les chapitres précédents, des différentes fonctions de

[*] Ce chapitre se rapporte au § 14 du tome I.

notre intellect, il ressort clairement que, pour un usage réglé de cet intellect, que ce soit dans une intention théorique ou dans une intention pratique, est nécessaire ce qui suit: 1) l'exacte appréhension intuitive des choses réelles ainsi que de toutes leurs propriétés essentielles et de leurs rapports, c'est-à-dire de toutes les DONNÉES ; 2) la formation, à partir de ces données, de CONCEPTS exacts, c'est-à-dire la COMPRÉHENSION <*Zusammenfassung*> de ces propriétés sous des *abstracta* exacts, lesquels constitueront, dès lors, le matériau de la pensée qui s'ensuivra; 3) la comparaison de ces concepts en partie avec ce qui a été appréhendé dans l'intuition, en partie entre eux, en partie avec ce qui reste de concepts, de façon qu'en ressortent des JUGEMENTS exacts, appropriés à la chose, la traitant intégralement et exhaustivement: c'est-à-dire l'exacte APPRÉCIATION <*Beurteilung*> de la chose; 4) la coordination ou COMBINAISON de ces jugements en prémisses de SYLLOGISMES ; cette COMBINAISON faite selon le choix et l'agencement des jugements peut prendre des formes très différentes, bien que ce soit en tout premier lieu d'elle que dépende le RÉSULTAT propre de l'opération tout entière. Il importe ici que, parmi toutes les nombreuses combinaisons possibles de ces différents jugements portant sur la chose en question, la libre réflexion rencontre précisément celles qui se révèlent efficaces et décisives. — Mais s'il arrive qu'au cours de la première fonction, c'est-à-dire au cours de l'appréhension intuitive, un point essentiel, quel qu'il soit, est ignoré, alors l'exactitude de toutes les opérations suivantes ne pourra empêcher que le résultat soit faux, car là résident toutes les DONNÉES, la matière de l'ensemble de l'étude. Sans la certitude que celles-ci ont été exactement reconnues et collectées, mieux vaut s'abstenir de trancher de manière définitive dans les questions importantes.

C[Un concept est EXACT; un jugement, VRAI; un corps, RÉEL; un rapport, ÉVIDENT.]C Une proposition immédiatement certaine est un AXIOME. Seuls les principes fondamentaux de la logique et ceux des mathématiques élaborés à partir de l'intuition *a priori* ainsi que, enfin, la loi de la causalité, possèdent une certitude immédiate. — Une proposition d'une certitude médiate est un THÉORÈME et ce par quoi elle est transmise est la démonstration. Si à une proposition dépourvue de certitude immédiate est assignée une telle certitude immédiate, alors elle est une *petitio principii* [pétition de principe]. — Une proposition qui repose directement sur l'intuition sensible est une ASSERTION, sa confrontation avec cette intuition sensible nécessite la faculté de juger. — L'intuition empirique ne peut, tout d'abord, fonder que des vérités SINGULIÈRES et non des vérités universelles; après de nombreuses répétitions et confirmations, elles acquièrent aussi, il est vrai, une universalité qui n'est toutefois que comparative et précaire, en ce qu'elle reste susceptible d'être contestée. — Mais si une proposition possède une valeur absolument universelle, alors l'intuition sur laquelle elle repose n'est pas empirique, elle est *a priori*. Il s'ensuit que les seules sciences parfaitement certaines sont les mathématiques et la logique, mais celles-ci ne nous enseignent à proprement parler que ce que nous savons déjà. Car elles ne sont que l'explicitation de ce nous connaissons déjà *a priori*, à savoir les formes de notre propre connaissance : l'une est l'explicitation des formes pensantes, l'autre, celle des formes de l'intuition. C[Par conséquent, nous tirons ces sciences entièrement de nous-mêmes.]C Tout autre savoir est empirique.

Une DÉMONSTRATION démontre TROP lorsqu'elle s'étend à des objets ou à des cas pour lesquels l'objet de la démonstration n'est apparemment pas valable, aussi est-elle réfutée par ceux-ci apagogiquement. La *deductio ad absurdum* [la déduction par l'absurde] consiste, à proprement parler, à prendre pour majeure l'énoncé d'une affirmation fausse et à y ajouter une mineure exacte, de sorte que l'on obtient une conclusion en contradiction avec les faits de l'expérience et les vérités indubitables. Mais, en biaisant, une telle conclusion doit être possible pour toute théorie pourvu qu'elle soit fausse et pour peu que ses partisans reconnaissent tout de même une vérité quelconque et la concèdent, car alors les conséquences de cette dernière ainsi que, par ailleurs, celles tirées de l'affirmation fausse pourront être poursuivies jusqu'au point où en ressortiront deux propositions qui se contredisent directement. De ce beau tour d'adresse d'une authentique dialectique, nous trouverons nombre d'exemples chez Platon.

Une HYPOTHÈSE EXACTE n'est rien de plus que l'expression vraie et entière d'un fait présent que l'auteur de cette hypothèse a intuitivement appréhendé dans son être propre et dans sa cohérence interne. Elle ne nous dit rien d'autre que ce qui se passe réellement.

Nous trouvons, déjà évoquée chez Aristote, l'opposition entre la méthode ANALYTIQUE et la méthode SYNTHÉTIQUE ; toutefois, celle-ci n'est clairement décrite pour la première fois que chez Proclus qui dit très justement : Μέθοδοι δὲ παραδίδονται· καλλίστη μὲν ἡ διὰ τῆς ἀναλύσεως ἐπ' ἀρχὴν ὁμολογουμένην ἀνάγουσα τὸ ζητούμενον· ἢ καὶ Πλάτων, ὥς φασι, Λαοδάμαντι παρέδωκεν, κ.τ.λ. C[(*Methodi traduntur sequentes: pulcherrima quidem ea quae per analysin quaesitum refert ad principium, de quo jam convenit; quam etiam Plato Lao-*

damanti tradidisse dicitur) [Des méthodes nous ont
été données cependant, et la plus belle est celle qui
présente la chose cherchée comme accordée en principe par l'analyse. Cette méthode est celle que l'on
dit avoir été transmise par Platon à Léodamas[223]].JC
In primum Euclidis librum, l. III. En effet, la méthode
analytique consiste à ramener le donné à un principe
admis alors que la méthode synthétique consiste à le
déduire d'un tel principe. Aussi présentent-elles des
analogies avec l'ἐπαγωγή et l'ἀπαγωγή que nous avons
commentés au chapitre 9, sauf que cette dernière
ne tend pas à fonder mais toujours à renverser des
propositions. La méthode analytique part des faits,
du particulier pour remonter aux théorèmes, à l'universel, ou encore elle part des effets pour remonter
aux causes, quant à la méthode synthétique, elle procède en sens inverse. Aussi serait-il bien plus exact
de les décrire l'une comme la méthode INDUCTIVE,
et l'autre comme la méthode DÉDUCTIVE, tant il est
vrai que leurs dénominations traditionnelles s'avèrent
inappropriées et expriment fort mal la chose[224].

Un philosophe qui voudrait commencer par imaginer la MÉTHODE suivant laquelle il philosophera
serait semblable à un poète qui commencerait par
rédiger pour lui-même une esthétique et ne se mettrait
à composer qu'après, et tous deux sont semblables
à un homme qui commencerait par se chanter à
lui-même une chanson et ne se mettrait à danser sur
cet air qu'après. L'esprit pensant doit trouver sa voie
à partir d'une impulsion originelle : règle et application, méthode et réalisation doivent, à l'instar de
la matière et de la forme, se produire ensemble.
Mais nous voilà arrivés en un point qui nous permet
de désormais considérer tout le chemin parcouru.
L'esthétique et la méthodologie sont, en vertu de
leur nature même, plus jeunes que la poésie et la

philosophie, tout comme la grammaire est plus récente que la langue, la basse continue que la musique, et la logique que la pensée.

Je placerai ici, incidemment, une remarque dans l'espoir qu'elle serve à mettre un terme, tant qu'il en est encore temps, à une perversion qui ne cesse de gagner du terrain. — Le latin a cessé d'être la langue de toutes les études scientifiques, ce qui présente le désavantage qu'il n'existe plus de littérature scientifique immédiatement accessible et commune à l'Europe entière : il n'y a plus que des littératures nationales. D'où le fait que tout savant est limité à un public bien plus restreint et, de surcroît, prisonnier de la partialité et des préjugés de sa nation. En outre, il se doit désormais d'apprendre, en sus des deux langues mortes, les quatre langues principales de l'Europe. Aussi éprouvera-t-il un grand soulagement à la pensée que les *termini technici* [termes techniques] de toutes les sciences (à l'exception de la minéralogie) nous ont été transmis en grec et en latin par nos prédécesseurs. Voilà pourquoi toutes les nations les conservent sagement. Seuls les Allemands ont eu cette malheureuse idée de vouloir germaniser les *termini technici* de toutes les sciences. Cela présente deux grands désavantages. Tout d'abord le savant étranger, mais aussi l'allemand, se verra obligé d'apprendre par deux fois les expressions techniques de sa science, ce qui, comme par exemple en anatomie où elles sont en grand nombre, suppose un labeur incroyablement minutieux et pénible. Et si, en cette affaire, les autres nations n'avaient pas été plus avisées que les Allemands, il nous faudrait en plus nous donner la peine d'apprendre cinq fois chaque *terminus technicus*. Si les Allemands poursuivent dans cette voie, les savants étrangers se garderont désormais de lire leurs livres, d'autant que la plupart d'entre eux se noient dans les détails et sont rédigés dans un style négligé, mauvais, souvent affecté, contraire au bon goût et qu'ils révèlent fréquemment aussi un manque parfaitement grossier d'égards vis-à-vis du lecteur et de ses besoins. — Mais il y une seconde conséquence à cela, et c'est que les traductions en allemand des *termini technici* donnent presque toutes lieu à des noms trop longs, qui semblent rafistolés, choisis avec maladresse ; ils sont languissants, sonnent creux et se distinguent à peine de la langue vernaculaire, de sorte qu'ils se gravent difficilement dans la mémoire, alors que les expressions grecques et latines choisies par ces antiques et inoubliables fondateurs des sciences possèdent toutes les qualités opposées et se mémorisent très aisément en raison de leurs sonorités mélodieuses. *Stickstoff*, n'est-ce pas là un mot hideux et cacophonique pour remplacer *Azot* ! *Verbum, Substantiv, Adjectiv* se retiennent et se différencient bien mieux que *Zeitwort, Nennwort, Beiwort* ou même que *Umstandswort* pour *adverbium*. Mais, en anatomie, ce phénomène a atteint des proportions parfaitement accablantes, C[sans parler de toute la grossièreté et de la trivialité de ces mots]C. D'emblée, *Pulsader* et *Blutader* prêtent bien plus facilement à une confusion visuelle que *Arterie* et *Vene*. Mais la confusion atteint son comble quand on entend des termes tels que *Fruchthälter*, *Fruchtgang* et *Fruchtleiter* à la place d'*uterus*, *vagina* et *tuba Faloppii* que, pourtant, tout médecin se doit de connaître et qui conviennent parfaitement dans toutes les autres langues européennes. Et il en va de même pour *Speiche* et *Ellenbogenröhre* qui remplacent *radius* et *ulna* alors que toute l'Europe les comprend depuis des siècles : à quoi bon toutes ces germanisations <*Verdeutschungen*> maladroites, déconcertantes, languissantes, absolument insipides ? Non moins rébarbative est la traduction des expressions techniques de la logique dans laquelle nos géniaux professeurs de philosophie sont devenus les créateurs d'une nouvelle terminologie, de sorte qu'ils possèdent presque tous la leur : chez G. E. Schulze[225], par exemple, le sujet se dit *Grundbegriff* [concept fondamental] ; le prédicat, *Beilegungsbegriff* [concept d'attribution], et puis il y a les *Beilegunsschlüsse* [les raisonnements par attribution], les *Voraussetzungsschlüsse* [les raisonnements par supposition] et les *Entgegensetzungsschlüsse* [les raisonnements par contradiction] ; les jugements sont dotés de *Grösse, Beschaffenheit, Verhältnis* et *Zuverlässigkeit*, c'est-à-dire de quantité, qualité, relation et modalité. Dans toutes les sciences on trouve le même effet rébarbatif produit par cette germanomanie <*Deutschtümelei*>. — Les expressions grecques et latines présentent en outre l'avantage d'apposer sur ces termes le cachet du concept scientifique et de les extraire ainsi du vocabulaire propre aux échanges du vulgaire, ainsi que des associations d'idées qui s'y attachent immanquablement. C[Ainsi dit-on par exemple *Speisebrei* [bouillie] au lieu de *chymus*, pour parler de la nourriture des petits enfants, *Lungensack* [sac à poumon] en lieu et place de *pleura* ou encore *Herzbeutel* [bourse du cœur] en lieu et place de *pericardium* : voilà qui semble relever bien plus du langage des bouchers que de l'anatomie.]C Ajoutons, pour finir, que la nécessité de l'étude des langues anciennes, directement liée à ces antiques *terminis technicis*, est de plus en plus menacée d'être évincée par l'usage des langues vivantes dans les recherches savantes. Mais si l'on en arrivait jusque-là, l'esprit des Anciens, si intimement lié à leur langue, disparaîtrait de l'enseignement et laisserait la grossièreté, la platitude et la vulgarité s'emparer de toute la littérature. C[Car les œuvres des Anciens sont l'étoile conductrice de toute aspiration artistique ou littéraire. Si elle venait à s'éteindre, vous seriez perdus.]C On remarque déjà au style piteux et inepte de la plupart des écrivailleurs qu'ils n'ont jamais écrit en latin[226]. On nomme très justement l'étude des écrivains de l'Antiquité HUMANITÉS, car c'est par elles que l'écolier devient, à son tour, un HOMME, en ce qu'il entre là dans un monde encore indemne de toutes les figures grotesques du Moyen Âge et du romantisme lequel a, par la suite, si profondément pénétré l'humanité européenne qu'aujourd'hui encore on vient au monde tout enduit du suc de ces époques et qu'il nous faut d'abord nous en laver pour redevenir un HOMME. Ne croyez pas que votre sagesse moderne pourra jamais remplacer cette initiation à l'HUMANITÉ : vous n'êtes pas nés libres, enfants affranchis de la nature, comme les Grecs et les Romains l'étaient. Vous n'êtes d'abord que les enfants et les héritiers de l'insanité d'un Moyen Âge barbare, des tromperies honteuses de ses prêtres et de sa chevalerie déchirée entre brutalité et infatuation. Et tout cela finirait-il par disparaître progressivement avec les prêtres et la chevalerie, vous ne pourriez pas pour autant vous tenir sur vos propres jambes. Privée de l'école des Anciens, votre littérature ne peut que dégénérer en un vulgaire bavardage et une philistinerie doucereuse. Pour toutes ces raisons donc, mon conseil bienveillant sera de mettre un terme sans plus tarder à cette teutonnerie <*Deutschmichelei*>[227] fustigée plus haut.

J'ai bien l'intention en outre de saisir cette occasion pour critiquer l'ineptie que l'on pratique depuis quelques années d'une manière inédite dans l'orthographe allemande[228]. Les scribouilleurs en tout genre ont, en effet, ouï dire quelque chose au sujet de la concision de l'expression, mais ils ne savaient pas que cette concision consiste à abandonner scrupuleusement tout ce qui est superflu, y compris, bien évidemment, toutes leurs scribouilles. Ils prétendent bien plutôt y arriver par la force en taillant dans les mots comme les fripouilles taillent dans les pièces de monnaie, et chaque syllabe qui leur semble superflue, parce qu'ils n'en sentent nullement la valeur, ils l'escamotent, tout simplement. Ainsi, nos ancêtres, avec un sens très juste de la nuance, ont dit : *Beweis* [démonstration], *Verweis* [référence], mais *Nachweisung* [justification] ; cette subtile distinction, analogue à celle qu'il y a entre *Versuch* [tentative] et *Versuchung* [tentation], ou entre C[*Betracht* [égard] et *Betrachtung* [considération]]C, les oreilles épaisses et les esprits obtus de nos contemporains ne la perçoivent pas. Ils ont donc inventé le mot *Nachweis* qui a tôt fait d'entrer dans l'usage commun car, pour qu'une nouvelle idée entre dans l'usage commun, il suffit qu'elle soit bien pesante, et le solécisme, bien grossier. Aussi a-t-on entrepris ce type d'amputations sur d'innombrables mots, ainsi, au lieu de *Untersuchung* [examen], écrit-on *Untersuch*, et on va même jusqu'à écrire *mälig* à la place de *allmälig* [progressivement], et pour un peu écrirait-on *nahe* [proche] à la place de *beinahe* [presque], *ständig* [continuel] à la place de *beständig* [constant]. Mais, un Français se hasarderait-il à écrire *près* au lieu de *presque*, ou encore un Anglais *most* au lieu de *almost*, tous, comme un seul homme, se riraient de lui comme d'un fou ; en Allemagne, cependant, de telles idées passent pour être celles d'un esprit plein d'originalité. Les chimistes écrivent d'ores et déjà *löslich* et *unlöslich* à la place de *auflöslich* [soluble] et de *unauflöslich* [insoluble] et, si les grammairiens ne leur tapent pas sur les doigts, ils auront ainsi volé à la langue un mot précieux : *löslich* se dit des nœuds, des lacets de chaussures, mais aussi des amalgames qui assouplissent le ciment et de toute chose analogue ; *unauflöslich*, en revanche, désigne ce qui disparaît entièrement dans un liquide, comme le sel, par exemple. C[*Auflösen* est le *terminus ad hoc*, qui dit une chose sans en dire une autre, isolant ainsi un concept déterminé. Mais c'est, pourtant, ce concept que nos subtils correcteurs de la langue versent et dissolvent dans la lessiveuse *lösen*. S'ils étaient conséquents, ils devraient aussi employer *lösen* à la place de *ablösen* [relayer] (qui se dit de la garde), de *auslösen* [provoquer], de *einlösen* [honorer], et même l'employer partout et, en ce cas comme en n'importe quel autre cas, priver un mot de sa détermination. Or, appauvrir la langue d'un mot revient à appauvrir d'un concept la pensée de la nation. C'est pourtant à cela que tendent les efforts unifiés de presque tous nos écrivailleurs de livres depuis dix à vingt ans. Car ce que j'ai démontré ici à partir d'un exemple, je pourrais encore le faire à partir de centaines d'autres,]C tant il est vrai que ces économies de bouts de syllabes parfaitement infâmes sévissent comme un fléau. Ces misérables comptent réellement les lettres et n'ont aucun scrupule à amputer un mot ou à en employer un autre dans un faux sens du moment qu'ils peuvent y gagner ne serait-ce que deux lettres. Alors qu'on est incapable d'une seule pensée nouvelle, on prétend néanmoins mettre sur le marché des mots nouveaux et tout barbouilleur d'encre se croit appelé à perfectionner la langue. Mais les plus impudents sont encore les écrivailleurs des journaux, et parce que leurs feuilles de chou, en raison de la trivialité de leur contenu, touchent un public des plus larges, public qui, il est vrai, ne lit pour ainsi dire rien d'autre, c'est un grand danger

qui menace la langue ; aussi conseillerais-je sérieusement de les soumettre à une censure orthogra-
phique et de les mettre à l'amende pour tout mauvais
usage ou toute mutilation d'un mot. Car qu'y a-t-il
de plus indigne qu'une langue en proie aux métamorphoses que lui impose la branche la plus vile de
la littérature ? La langue, et surtout une langue relativement primordiale <*Ursprache*> comme l'est la
langue allemande, est l'héritage le plus précieux de
la nation, elle est une œuvre d'art complexe, facile à
gâcher et impossible à restaurer : elle est un *noli me
tangere* [ne me touche pas[229]]. D'autres peuples l'ont
senti et ont fait montre d'une grande piété à l'endroit de leur langue, pourtant bien plus imparfaite
que l'allemand. Ainsi la langue de Dante et de
Pétrarque ne diffère-t-elle que par quelques détails
de celle d'aujourd'hui ; Montaigne reste lisible, Shakespeare aussi, même dans ses plus anciennes
éditions. — Pourtant, il est même bon pour l'Allemand d'avoir à la bouche des mots un peu longs :
comme il pense lentement, ils lui laissent le temps
de réfléchir. Or cette économie de la langue, qui se
propage aujourd'hui, se manifeste à travers bien
d'autres phénomènes encore : ainsi emploie-t-on, à
l'encontre de la logique et de la grammaire, l'imparfait à la place du parfait et du plus-que-parfait,
souvent on met l'auxiliaire dans sa poche, on emploie
l'ablatif à la place du génitif et, afin de gagner
quelques particules logiques, on fait des périodes
alambiquées de sorte que l'on doit s'y reprendre à
quatre fois pour accéder au sens, car on n'entend
économiser que le papier et non le temps de la
lecture ; pour les noms propres, on procède tout
comme des Hottentots[230], on ne marque le cas ni par
la flexion ni par l'article : au lecteur de le deviner.
On prend un plaisir tout particulier à estropier les

consonnes redoublées et le *h* qui prolonge l'into-
nation, toutes ces lettres bénies de la prosodie. Or,
procéder de cette manière revient à vouloir bannir
du grec les lettres η et ω et les remplacer par ε et o.
Et celui qui, désormais, écrit *Scham, Märchen, Mass,
Spass*[231], devrait aussi pouvoir écrire *Lon, Son, Stat,
Sat, Jar, Al*[232] et ainsi de suite. Quant à nos descendants, puisque l'écriture est le reflet de la parole, ils
prétendront que l'on prononce comme on écrit, si
bien qu'il ne restera de la langue allemande qu'un
bruit de consonnes étouffé et sourd et la prosodie
sera perdue à jamais. Reste qu'aujourd'hui, encore
pour des raisons d'économie, en l'occurrence celle
d'une seule lettre, on préfère à l'orthographe exacte
de *Litteratur* celle-ci, *Literatur*. Pour le justifier, on
prétexte que l'origine du mot serait le participe du
verbe *linere* qui, cependant, signifie BARBOUILLER
<*schmieren*> : or il se pourrait bien que, pour la
majeure partie de la fabrique de livres en Allemagne,
cette orthographe tant affectionnée soit réellement
la bonne, ce qui nous permet, de la sorte, de faire la
différence entre la très restreinte *Litteratur* et la très
répandue *Literatur*. Pour écrire avec concision, qu'on
ennoblisse son style et qu'on évite les bavardages
et les ruminations, alors on n'aura plus besoin d'es-
croquer d'une syllabe ou d'une lettre en raison de la
cherté du papier. Mais écrire tant de pages pour
rien, gâcher tant de papier pour rien, tant de livres
pour rien et vouloir ensuite mettre ce gâchis de
temps et de papier sur le compte de pauvres syllabes et de lettres innocentes — c'est porter jusqu'à
son superlatif l'expression anglaise *pennywise and
poundfoolish* [avare en monnaie, prodigue en billets].
— Il est regrettable qu'il n'y ait pas une Académie
allemande qui protège sous son aile la langue allemande contre ce sans-culottisme littéraire, surtout à

une époque où les ignorants de l'ancienne langue aussi peuvent oser faire marcher la presse. C[Sur toutes ces frasques impardonnables commises aujourd'hui avec la langue allemande, je me suis déjà étendu dans les *Parerga* (II, 23[233]).]C

De la CLASSIFICATION DES SCIENCES selon la forme du principe de raison dominant en elles, que j'avais déjà proposée dans ma dissertation sur le principe de raison, § 51[234], et que j'avais encore une fois abordée ici, dans les § 7 et 15 du tome I, je donnerai ici un petit échantillon qui, sans aucun doute, sera susceptible d'être complété et nettement amélioré.

I) Sciences pures *a priori*

1) Doctrine de la raison de l'être :
   a) dans l'espace : la géométrie ;
   b) dans le temps : l'arithmétique et l'algèbre.
2) Doctrine de la raison de la connaissance : la logique.

II) Sciences empiriques ou *a posteriori*

Toutes fondées sur la raison du devenir, c'est-à-dire sur la loi de la causalité et ce, selon ses trois modes.

1) Doctrine des causes :
   a) générales : la mécanique, l'hydrodynamique, la physique, la chimie ;
   b) particulières : l'astronomie, la minéralogie, la géologie, la technologie.
2) Doctrine des excitations :
   a) générales : la physiologie des plantes et des animaux avec sa science auxiliaire, l'anatomie ;
   b) particulières : la botanique, la zoologie, la zootomie, la physiologie comparative, la pathologie, la thérapie.

3) Doctrine des motifs :
    a) généraux : l'éthique, la psychologie ;
    b) particuliers : le droit et l'histoire.

La philosophie, ou métaphysique, en tant qu'elle est théorie de la conscience et de son contenu en général, ainsi que de la totalité de l'expérience en tant que telle, n'entre pas dans cette série, parce qu'elle ne fait pas que suivre les considérations que réclame le principe de raison et qu'elle a bien plutôt, en tout premier lieu, ce dernier pour objet. Il convient de la considérer comme la basse fondamentale de toutes les sciences, encore qu'elle soit d'une nature supérieure à ces dernières et parente presque autant de l'art que de la science. — De même qu'en musique, où chaque période particulière se doit de correspondre au ton, auquel précisément est arrivée la basse fondamentale, de même chaque auteur devra, compte tenu de sa discipline, porter la marque de la philosophie dominante de son temps. — À quoi il faut ajouter que chaque science possède sa philosophie spécifique : aussi parle-t-on d'une philosophie de la botanique, de la zoologie, de l'histoire et ainsi de suite. Par là, il ne faut raisonnablement rien entendre de plus que les résultats principaux de cette science elle-même considérés et compris du point de vue le plus élevé, c'est-à-dire du point de vue le plus général qui soit à l'intérieur de cette même science. Ces résultats généraux se rattachent immédiatement à la philosophie générale en ce qu'ils lui livrent leurs données importantes et lui épargnent l'effort de les chercher elle-même dans la matière encore non travaillée par la philosophie des sciences spécialisées. Aussi ces philosophies spécialisées se tiennent-elles dans une position médiane entre leurs sciences spécialisées et la philosophie à proprement parler. Car, puisque celle-ci est censée transmettre les explications les plus générales sur l'ensemble des choses, alors ces explications générales doivent aussi pouvoir être ramenées et appliquées à chaque individu de toutes les espèces de celles-ci. La philosophie spécifique à chaque science naît cependant indépendamment de la philosophie générale; en effet, elle procède des données de sa propre science elle-même. Aussi n'a-t-elle pas besoin d'attendre que cette philosophie ait enfin été trouvée mais, déjà élaborée au préalable, elle s'adapte à tout coup à la véritable philosophie générale. Celle-ci, en revanche, doit pouvoir recevoir confirmation et explicitation des philosophies des sciences particulières, car la vérité la plus générale doit pouvoir être attestée par des vérités particulières. Goethe a livré un bel exemple de philosophie de la zoologie dans ses réflexions sur les squelettes des rongeurs de Dalton et Pander (*Hefte zur Morphologie*, 1824[235]). Un mérite du même ordre dans cette même science revient à Kielmayer, de Lamarck, Geoffroy Saint-Hilaire, Cuvier[236], et d'autres, dans la mesure où ils ont souligné l'analogie constante des formes animales, leur parenté intrinsèque, la persistance de leur type et le caractère réglé de leurs rapports. — Les sciences empiriques poursuivies seulement pour elles-mêmes et sans orientation philosophique ressemblent à un visage privé d'yeux. Elles sont cependant une activité convenable pour des personnes dotées de bonnes capacités mais toutefois dépourvues de ces plus hautes facultés qui, justement, pourraient constituer un obstacle pour ce genre d'études minutieuses. Ces personnes concentrent toute leur force et l'ensemble de leur savoir sur un unique domaine limité, dans lequel ils peuvent, à condition toutefois d'ignorer totalement

le reste, accéder à la connaissance la plus parfaite
qui soit, tandis que le philosophe se doit d'embrasser
tous les domaines et même, jusqu'à un certain point,
de s'y sentir comme chez soi et, cependant, de cette
perfection, que l'on n'obtient que par le détail, il
restera nécessairement exclu. De sorte que les premiers seraient comparables à ces ouvriers de Genève
dont l'un ne fabrique que les rouages, l'autre que les
ressorts et le troisième que les chaînes. Le philosophe, en revanche, serait comparable à l'horloger
qui, à partir de tous ces éléments, produit un tout
doté de mouvement et de signification. Mais l'on
pourrait aussi comparer ces ouvriers aux musiciens
d'orchestre : chacun d'eux est un maître dans le maniement de son instrument, mais le philosophe, lui,
est le maître de chapelle, qui doit connaître la nature
et le maniement de chaque instrument sans pour
autant savoir en jouer de tous ni même d'un seul
parfaitement. Scot Érigène rassemble toutes les
sciences sous le nom de *scientia* et l'oppose à la
philosophie à laquelle il donne le nom de *sapientia*[237].
Mais il existe une comparaison particulièrement
heureuse et piquante pour ce rapport entre ces deux
modes de l'aspiration intellectuelle, et les Anciens
l'ont si souvent reprise que l'on ne sait plus à qui elle
revient. Diogène Laërce (II, 79) l'attribue à Aristippe,
Stobée (*Floril., tit., IV, 110*) à Ariston de Chios, le
scholiaste d'Aristote (p. 8 de l'édition de Berlin) l'attribue à Aristote, mais Plutarque (*Moralia, De puer.
educ., c. 10*) à Bion, *qui ajebat, sicut Penelopes proci,
cum non possent cum Penelope concumbere, rem cum
ejus ancillis habuissent ; ita qui philosophiam nequeunt
apprehendere, eos in aliis nullius pretii disciplinis sese
conterere* [qui remarquait : de même que les préten-
dants incapables d'obtenir les faveurs de Pénélope

s'unissaient à des servantes, de même ceux qui ne peuvent parvenir à la philosophie se dessèchent dans les autres sciences qui n'ont pas de valeur[238]]. À notre époque dominée par l'empirisme et l'histoire, il n'est pas inutile de rappeler ces propos.

CHAPITRE 13

SUR LA MÉTHODOLOGIE DES MATHÉMATIQUES*

La méthode de démonstration d'Euclide a fait naître en son propre sein une parodie et une caricature parfaitement judicieuse : on peut la voir dans la fameuse discussion sur la théorie des PARALLÈLES et les tentatives, répétées tous les ans, pour démontrer le onzième axiome. Cet axiome stipule, en effet, et ce par le moyen d'une troisième ligne sécante, que deux droites qui convergent l'une vers l'autre (ce qui justement signifie « être plus petit que deux droits ») se recoupent dès lors qu'on les prolonge suffisamment[239]. Or cette vérité doit être trop compliquée pour être considérée comme évidente par elle-même ; voilà pourquoi elle nécessite une démonstration qui, cependant, s'avère impossible à établir, précisément parce qu'il n'y a rien de plus immédiat que cette vérité. Ces scrupules de conscience me rappellent la question de droit que souleva Schiller :

Jahre lang schon bedien' ich mich meiner Nase zum Riechen :
Hab'ich denn wirklich an sie auch ein erweisliches Recht ?

---

* Ce chapitre se rapporte au § 15 du tome I.

[Depuis des années, je me sers de mon nez pour sentir :
Puis-je prouver ainsi que j'ai réellement un droit sur lui[240] ?]

Au vrai, il me semble bien plus encore que la méthode logique s'élève ici jusqu'à la niaiserie. Mais, précisément, ces discussions ajoutées aux vaines tentatives de représenter une certitude IMMÉDIATE comme une certitude seulement MÉDIATE font apparaître le contraste qui sépare l'autonomie et la clarté de l'évidence intuitive de l'inutilité et de la difficulté de la démonstration logique, contraste qui est tout autant édifiant que réjouissant. On refuse ici, en effet, de faire valoir une certitude immédiate parce qu'elle n'est pas purement logique et qu'elle ne découle pas d'un concept, c'est-à-dire parce qu'elle ne repose pas seulement sur le rapport du prédicat au sujet conformément au principe de contradiction. Or cet axiome est une proposition synthétique *a priori* et, en tant que tel, il a la garantie de l'intuition pure non empirique, laquelle, justement, est aussi immédiatement certaine que le principe de contradiction dont toutes les démonstrations tirent leur certitude. Au fond, cela vaut de tout théorème géométrique et il sera toujours arbitraire de tracer ici ou là la frontière entre ce qui est immédiatement certain et ce qu'il convient de d'abord démontrer. — Je m'étonne qu'on ne se soit pas plutôt attaqué au huitième axiome : « Deux figures qui coïncident sont semblables l'une à l'autre[241]. » Car soit ce COÏNCIDER désigne une simple tautologie, soit il désigne quelque chose d'entièrement empirique qui relève non pas de l'intuition mais de l'expérience extérieure sensible. Il présuppose, en effet, la mobilité des figures. Or seule la matière est mobile dans l'espace. Par conséquent, ce qui provoque ce coïncider quitte le domaine de l'espace pur, seul élément de la géométrie, et se déplace dans celui du matériel et de l'empirique.

L'inscription prétendument gravée à l'entrée de l'Académie de Platon Ἀγεωμέτρητος μηδεὶς εἰσίτω [Nul n'entre s'il n'est géomètre], et dont les mathématiciens sont si fiers, était sans nul doute motivée par le fait que Platon considérait les figures géométriques comme des entités intermédiaires entre les IDÉES éternelles et les choses particulières, ainsi que l'a souvent mentionné Aristote dans sa *Métaphysique* (en particulier dans *I, c. 6*, p. 887, 998 *et Scholia*, p. 827, *ed. Berol.*[242]). En outre, c'est à partir des figures géométriques que l'opposition entre ces formes éternelles, existant pour elles-mêmes, à savoir les IDÉES, et les choses particulières éphémères est le plus facile à rendre compréhensible, de sorte que ce contraste peut servir de fondement à la doctrine des Idées, laquelle constitue le point central de la philosophie de Platon et même son seul dogme théorique sérieux et décisif. C'est pourquoi Platon partait toujours de la géométrie pour présenter ce dogme. C'est dans ce même sens qu'Aristote nous dit aussi que Platon considérait la géométrie comme un exercice préparatoire qui permettait à l'esprit du disciple de s'habituer à s'occuper d'objets immatériels, lui qui n'avait jusqu'ici, dans sa vie pratique, jamais eu affaire qu'à des objets physiques (*Schol. in Arist.*, *p. 12, 15*[243]). C'est en ce sens, donc, que Platon recommandait la géométrie au philosophe. Mais rien ne nous fonde à prolonger cette recommandation. Sur le sujet, je recommanderais bien plutôt la lecture d'un traité parfaitement approfondi et très érudit, qui peut tenir lieu d'enquête sur l'influence des mathématiques sur nos facultés intellectuelles et de son usage pour la formation scientifique en générale.

Ce traité a paru sous la forme d'un compte rendu du livre de Whewell, dans l'*Edinbourgh' Review* de janvier 1836. Son auteur, qui par la suite l'a publié sous son nom avec d'autres essais, est William Hamilton, professeur de logique et de métaphysique en Écosse[244]. Cette étude a même trouvé un traducteur allemand et a été publiée comme tiré à part sous le titre *Über den Wert und Unwert der Mathematik*, traduit de l'anglais, 1836[245]. Sa conclusion est que la valeur des mathématiques ne serait que médiate, c'est-à-dire que les mathématiques ne vaudraient que dans la perspective d'une application à des fins qu'elles seules permettent d'atteindre. Cependant, en soi, les mathématiques laisseraient l'esprit là où elles l'ont trouvé, et elles ne seraient nullement utiles à sa formation ni à son développement ; au contraire, elles l'entraveraient même de manière décisive. Voilà une conclusion qui est non seulement amenée par une étude dianoiologique approfondie de l'activité de l'esprit en mathématiques, elle est également affermie par une accumulation très érudite d'exemples et de références à des auteurs. La seule utilité immédiate qui soit ici reconnue aux mathématiques, c'est qu'elles ont le pouvoir d'accoutumer des têtes inconstantes et frivoles à fixer leur attention. — C[Même Descartes, qui était pourtant un mathématicien célèbre, a porté un jugement semblable sur les mathématiques. Dans *La vie de Descartes* de Baillet, 1693, il est dit au liv. II, ch. 6, p. 54 : « Sa propre expérience l'avait convaincu du peu d'utilité des mathématiques, surtout lorsqu'on ne les cultive que pour elles-mêmes [...] Il ne voyait rien de moins solide, que de s'occuper de nombres tout simples et de figures imaginaires, etc.[246] »]C

CHAPITRE 14

SUR L'ASSOCIATION DE PENSÉES

La présence des pensées et des représentations dans notre conscience est aussi rigoureusement soumise aux différentes formes du principe de raison que le mouvement des corps l'est à la loi de la causalité. De même qu'un corps ne peut entrer en mouvement sans cause, de même il est impossible qu'une pensée entre dans la conscience sans une occasion. Cette dernière est soit une occasion EXTÉRIEURE, c'est-à-dire impression des sens, soit une occasion INTÉRIEURE, c'est-à-dire qu'elle est elle-même aussi une pensée qui en suscite une autre au moyen d'une ASSOCIATION. Alors celle-ci, à son tour, repose soit sur un rapport de cause à effet entre ces deux pensées, soit sur une ressemblance, ou encore sur une simple analogie, soit, enfin, sur la simultanéité de leur première appréhension laquelle peut, elle aussi, avoir pour raison le voisinage de leurs objets dans l'espace. L'expression *à propos* [en français dans le texte] se rapporte à ces deux derniers cas. C'est la prédominance, dans une tête, de l'une de ces trois relations définissant l'association de pensées qui caractérise la valeur intellectuelle de cette tête. La première prédomine dans les têtes pensantes et profondes, la deuxième dans les têtes poétiques, spirituelles, pleines d'esprit, la troisième dans les esprits limités. Non moins caractéristique de cette valeur intellectuelle est le degré de facilité avec lequel une pensée en suscite une autre, quelle que soit la relation de celle-ci à celle-là. Il définit la vivacité d'un esprit. Parfois cependant, sans la présence d'une occasion suffisante, une pensée ne peut pénétrer notre esprit, et cela en dépit de toute la force de la volonté que nous y mettons; de cette impossibilité témoignent tous ces cas où nous nous efforçons vainement de nous rappeler quelque chose et où nous fouillons de fond en comble toute notre réserve de pensées pour en trouver n'importe quelle autre qui soit associée à celle que nous recherchons : si nous trouvons celle-ci, l'autre se présente aussi. c[Quiconque veut invoquer une pensée, recherchera toujours par le biais de l'association de pensées d'abord le fil auquel elle tient. La mnémotechnique repose là-dessus. Elle prétend pourvoir tous les concepts, pensées ou mots que nous voulons garder, d'occasions faciles à retrouver. Mais le malheur est que ces occasions doivent elles-mêmes d'abord être aussi retrouvées et que, pour cela, d'autres occasions deviennent, à leur tour, aussi nécessaires. On peut démontrer l'importance de l'occasion dans le souvenir à travers le cas d'une personne qui a lu cinquante anecdotes dans un livre, l'a ensuite abandonné, et qui, parfois juste après même, ne peut se souvenir d'aucune : il suffit alors qu'une occasion se présente ou encore qu'une pensée lui traverse l'esprit qui contienne une analogie quelconque avec l'une de ces anecdotes, pour que cette dernière lui revienne aussitôt et ainsi, par la même occasion, toutes les cinquante autres. — Dans le fond, notre mémoire immédiate des mots, celle donc qui n'est pas transmise par le truchement des arts de la mnémotechnique, et, avec elle, toute notre faculté de langage reposent sur l'association immédiate de pensées. Car l'apprentissage de la langue consiste dans le fait que nous enchaînons un mot à un concept de façon

que, devant ce concept, le mot nous apparaisse aussitôt et que, devant ce mot, ce concept nous apparaisse à son tour. C'est ce même processus que nous
répétons chaque fois que nous apprenons une langue
nouvelle. Si, cependant, nous apprenons une langue
pour en avoir un usage non pas actif mais passif, c'est-
à-dire pour lire et non pour parler, comme c'est le cas
la plupart du temps avec le grec par exemple, alors
cet enchaînement se fera en sens unique, le concept
nous apparaîtra devant le mot, mais, en aucun
cas, le mot ne nous apparaîtra devant le concept.
L'apprentissage de tout nouveau nom propre relève
manifestement du même procédé que celui de l'apprentissage de la langue, sauf qu'il s'applique à un
cas particulier. Mais nous doutons parfois de notre
capacité à associer immédiatement à l'idée d'une
personne EN PARTICULIER ou bien d'une ville, d'un
fleuve, d'une montagne, d'une plante ou encore d'un
animal, un nom aussi fermement que s'il l'engen-
drait de lui-même ; dans ces moments-là, nous nous
aidons en recourant aux moyens de la mnémotechnique
et associons l'image de la personne ou de la chose en
question à quelque propriété intuitive, dont le nom
apparaît dans le leur. Mais ce n'est là qu'un palliatif
provisoire que nous laissons tomber par la suite,
lorsque l'association de pensées se fait immédiate.

La recherche d'un fil conducteur du souvenir]C se
manifeste d'une étrange manière lorsqu'il s'agit d'un
rêve que nous avons oublié à notre réveil, et que
nous recherchons vainement ce qui à peine quelques
minutes plus tôt nous apparaissait avec toute la puissance de la présence la plus évidente, mais qui s'est
désormais totalement évanoui. Aussi recherchons-
nous quelque impression refoulée à laquelle se rac-
crocherait le fil qui, au moyen d'une association,
ramènerait alors le rêve à notre conscience. Il devrait

même parfois être possible de se souvenir des sommeils magnético-somnambuliques grâce à quelque signe sensible découvert au réveil (d'après Kieser, *Tellurismus*, t. II, § 271[247]). C'est sur cette même impossibilité de faire apparaître une pensée sans l'occasion qui l'a générée que repose ce phénomène qui fait que, quand nous prévoyons de faire quelque chose à un moment donné, cela ne peut effectivement se produire que parce que, jusqu'à ce moment voulu, nous n'avons pensé à rien d'autre, ou alors parce que, au moment voulu, quelque chose nous l'a RAPPELÉ, qui, à son tour, peut être ou une impression extérieure qui avait été préalablement prévue à cet effet ou encore une pensée elle-même invoquée de manière régulière. Ces deux causes entrent toutes deux dans la catégorie des motifs. — Chaque matin, au réveil, notre conscience est une *tabula rasa* [table rase]. Toutefois, elle a tôt fait de se remplir. C'est, dans un premier temps, l'environnement de la veille au soir qui resurgit à ce moment-là et qui nous rappelle ce que, dans cet environnement précisément, nous avons pensé. À cela viennent se rattacher les événements de la veille, et ainsi de suite, une pensée en amenant une autre, jusqu'à ce que tout ce qui nous occupait la veille soit de nouveau là. Sur le bon déroulement de ces opérations repose la santé de l'esprit, et sur l'inverse, la folie qui, ainsi qu'il est montré dans le livre III, consiste en ce que d'importantes lacunes apparaissent dans les connexions créées par la remémoration. Reste que nous pouvons mesurer à partir des imperfections ponctuelles de ces opérations à quel point le sommeil rompt complètement le fil du souvenir, si bien que, tous les matins, il nous faut le renouer. Par exemple, il nous arrive de ne plus retrouver le lendemain matin une mélodie qui, la veille encore, nous trottait dans la tête jusqu'à la nausée.

Il y a une exception à tout ce qui vient d'être dit, et ce sont tous les cas dans lesquels une pensée ou bien une image de l'imagination nous vient subitement à l'esprit sans qu'aucune occasion l'y ait amenée. Le plus souvent, cependant, ce n'est qu'une illusion qui repose sur le fait que l'occasion était si faible et la pensée si lumineuse et si intéressante qu'elle a, le temps d'un instant, expulsé celle-là de la conscience. Mais parfois ce genre d'apparitions subites d'une représentation peut avoir pour cause des impressions physiques intérieures, que ce soient des parties du cerveau qui agissent sur d'autres parties de notre cerveau ou encore notre système nerveux, sur notre cerveau.

En général, dans la réalité, le processus de nos pensées intérieures ne se présente jamais de façon aussi simple que dans sa théorie, car nombreuses et diverses sont les choses qui viennent y interférer. Si, afin de rendre le problème sensible, nous comparons notre conscience à une eau d'une certaine profondeur, alors on trouvera, toutes rassemblées à la surface, les pensées distinctes ; la masse, au contraire, est constituée par l'indistinct, par les sentiments, les relents des intuitions et de l'expérience en général, et tout cela se mêle à l'état affectif de notre volonté, laquelle constitue le cœur de notre être. Or toute la masse de notre conscience est plus ou moins, c'est-à-dire en proportion avec notre vitalité intellectuelle, perpétuellement en mouvement, et ce qui, mû par ce mouvement, se hisse à la surface, ce sont les images claires de l'imagination ou les pensées distinctes et conscientes, exprimées à travers des mots ou encore les résolutions de notre volonté. Rarement, le processus de notre pensée et de nos résolutions se trouve tout entier à la surface, rarement il consiste dans un enchaînement distinct de jugements réfléchis, bien que nous y aspirions, afin de pouvoir nous en justifier à nous-mêmes comme aux autres. Mais, d'ordinaire, c'est dans les profondeurs obscures que se fait cette rumination de la matière reçue de l'extérieur par laquelle cette dernière est retravaillée en pensées ; à vrai dire, elle procède pour ainsi dire de manière aussi inconsciente que la transformation de la nourriture en sucs et substances du corps. De là vient que, souvent, nous sommes dans l'incapacité de rendre compte de la manière dont naissent nos pensées les plus profondes : elles sont les créations de notre être intérieur mystérieux. Les jugements, les idées, les résolutions surgissent de ces profondeurs, subrepticement, à notre propre étonnement. Une lettre nous apporte d'importantes nouvelles imprévues qui introduisent dans nos pensées et nos motifs une certaine confusion : nous écartons alors l'affaire et n'y pensons plus. Mais le jour suivant, le troisième ou peut-être même le quatrième jour, la situation, avec tout ce en quoi elle nous concerne, se présente à nous de manière parfaitement distincte. La conscience n'est que la surface de notre esprit et, à l'instar des corps terrestres, nous n'en connaissons que l'écorce et non l'intérieur[248].

Mais ce qui met en activité l'association de pensées dont les lois ont été présentées ci-dessus est, en dernière instance ou encore dans notre être intime secret, la VOLONTÉ qui commande à son serviteur, l'intellect, et dans la mesure de ses capacités, d'enchaîner des pensées à des pensées, de rappeler le semblable, le simultané, de connaître les causes et les effets : car il en va de l'intérêt de la volonté que l'on pense, afin que l'on soit, en tout cas échéant, le mieux orienté possible. Aussi la forme du principe de raison, qui régit les associations de pensées et les maintient en activité, est-elle en dernier ressort la loi de la motivation C[parce que ce qui infléchit le sensorium et le détermine à suivre l'analogie ou quelque autre association de pensées dans telle ou telle direction, c'est la volonté du sujet pensant. De même qu'ici les lois de connexion des idées n'existent que sur la base de la volonté, de même le lien causal des corps dans le monde réel n'existe à proprement parler aussi que sur la base de la volonté qui se manifeste dans les phénomènes de ces derniers. C'est pourquoi aucune explication ne pourra jamais ni être absolue ni épuiser son objet, mais elle renvoie aux forces de la nature comme à ses conditions, dont l'essence est justement la volonté en tant que chose en soi. Mais je viens ici à l'évidence d'anticiper sur le livre suivant]C.

Or les occasions EXTÉRIEURES (sensibles) de la présence de nos représentations tout comme les occasions INTÉRIEURES C[(de l'association de pensées)]C agissent constamment sur la conscience, et cela, indépendamment les unes des autres. De là naissent donc des interruptions du cours de nos pensées, qui produisent un certain morcellement et une certaine confusion dans notre pensée qui participent de ses imperfections qu'on aurait tort d'écarter et que nous entendons considérer maintenant dans un chapitre particulier.

CHAPITRE 15

DES IMPERFECTIONS ESSENTIELLES DE L'INTELLECT

La conscience de soi n'a pas l'espace mais LE TEMPS seul comme forme : c'est pourquoi notre pensée procède non pas comme l'intuition, selon TROIS dimensions, mais selon UNE SEULE dimension, c'est-à-dire sur une ligne sans largeur ni profondeur. De là provient la plus grande d'entre toutes les imperfections essentielles de notre intellect. Nous ne pouvons, en effet, tout connaître que successivement ; seule UNE chose peut dans un même temps accéder à notre conscience et cela, à la condition qu'entre-temps nous ayons oublié tout le reste, donc, que nous n'en soyons même pas conscients, par suite, que ce reste cesse, tout ce temps-là, d'exister pour nous. En vertu de cette propriété, notre intellect est semblable à un télescope qui aurait un champ de vision très restreint, C[précisément parce que notre conscience n'est pas un état d'immobilité mais un flux constant. L'intellect n'appréhende, en effet, que successivement et, pour saisir UNE chose, il lui faut en laisser s'échapper une autre, dont elle ne retient que les traces laissées derrière elle, lesquelles vont en s'amenuisant. La pensée qui, à présent, m'occupe vivement DEVRA après un court instant m'échapper tout à fait : si une nuit d'un bon sommeil vient s'interposer, il peut arriver que je ne la retrouve plus jamais, à moins qu'elle ne soit liée à mon intérêt personnel, c'est-à-dire à ma volonté qui, en tant que telle, reste maîtresse des lieux]C.

C'est sur cette imperfection de l'intellect que repose le caractère rhapsodique et SOUVENT FRAGMENTAIRE DU COURS DE NOS PENSÉES, caractère que j'ai déjà abordé à la fin du chapitre précédent, et c'est de lui que procède cette DISPERSION inévitable de notre pensée. En partie, parce que les impressions extérieures des sens exercent leur pression sur elle, la perturbant et l'interrompant, lui imposant à tout moment même les choses qui lui sont les plus étrangères ; en partie, parce que, dans le réseau d'associations, UNE pensée entraînant l'autre, la première se retrouve refoulée par la seconde ; en partie, enfin, aussi parce que l'intellect n'est pas même capable de se fixer très longuement et de manière soutenue sur UNE SEULE pensée. Semblable à l'œil qui regarderait longtemps un objet fixement et bientôt ne pourrait plus le voir de manière distincte, ses contours se brouillant, se confondant, jusqu'à ce que, finalement, tout sombre dans le noir, la pensée, après une méditation prolongée sur un objet, se trouble peu à peu, s'émousse et finit dans une totale torpeur. Aussi nous faut-il interrompre toute méditation ou délibération qui, par bonheur, n'aurait pas été perturbée mais n'en aurait pas pour autant été menée à son terme, et, même si elle concerne les plus essentielles de nos affaires, nous devons l'abandonner au bout d'un certain temps, à la mesure de chacun, et faire sortir de notre conscience cet objet qui nous intéresse tant, pour, quel que soit le poids dont ce souci pèse sur nous, nous occuper de choses insignifiantes et indifférentes. Pendant tout ce temps, cet objet si important ne sera plus présent à notre esprit : à l'instar de la chaleur dans l'eau froide, il sera alors LATENT. Et, lorsque nous le reprendrons à un autre moment, nous l'y appréhenderons comme un sujet inédit dans lequel nous nous orienterons à nouveau, sans doute plus rapidement, et à nouveau apparaîtra l'impression qu'il produit sur notre volonté, agréable ou rébarbative. C'est que nous n'y revenons pas sans être tout à fait inchangés nous-mêmes. Car, suivant le mélange physique des sucs et des tensions nerveuses qui change sans cesse selon l'heure, le jour et la saison, notre humeur et notre manière de voir se modifient elles aussi, et surtout les représentations étrangères qui nous ont traversés dans l'intervalle ont laissé derrière elles comme un écho, dont la tonalité ne sera pas sans exercer une influence sur celles qui suivront. Aussi, selon le moment, le matin, le soir, l'après-midi ou encore un autre jour, une même chose nous apparaît-elle très différente, de sorte que s'imposent des points de vue opposés qui ne font qu'accroître notre doute. C'est pourquoi on parle de laisser dormir une affaire ; c'est pourquoi on exige pour des décisions importantes un long temps de réflexion. Cette constitution de notre intellect, et qui découle de sa propre faiblesse, possède des inconvénients évidents, mais elle n'en présente pas moins, par ailleurs, l'avantage qu'après la dispersion et la transformation physique, nous revenons frais et extérieurs à notre affaire et pouvons ainsi la considérer à plusieurs reprises sous une lumière changée. — De tout cela, il ressort que la conscience et la pensée humaines sont nécessairement fragmentaires en vertu même de leur nature. C'est pourquoi les résultats théoriques ou pratiques que l'on obtient en composant de tels fragments sont le plus souvent défaillants. Ainsi, notre conscience pensante ressemble à une *laterna magica* [lanterne magique], dont le foyer ne laisserait apparaître qu'une seule image à la fois et cette image, serait-elle la plus noble, n'en sera pas moins vouée à disparaître bientôt pour céder la place aux choses les plus hétérogènes, voire les plus communes. Dans les affaires pratiques, on détermine d'une façon générale quels sont les décisions et les projets les plus essentiels ; ceux-ci alors en subordonnent d'autres au titre de moyens pour accéder à leurs fins, qui à leur tour en font autant avec d'autres encore, et l'on descend ainsi jusqu'à ce point particulier qu'il s'agit alors d'exécuter *in concreto*. Mais ils ne sont jamais exécutés selon leur ordre de dignité : au contraire, alors que nous nous consacrons à des plans grandioses et universels, nous sommes obligés de nous débattre avec les détails et les soucis du moment. Ce qui ne fait qu'accentuer plus encore les intermittences de notre conscience. En général, les occupations théoriques de l'esprit rendent impropres aux occupations pratiques et celles-ci à celles-là.

Ainsi, comme nous l'avons exposé, notre pensée possède un caractère inévitablement dispersé et fragmentaire, et, par suite, le mélange des représentations les plus hétérogènes est attaché même au plus noble des esprits humains. Aussi ne possédons-nous, à vrai dire, qu'UNE DEMI-CONSCIENCE et, dotés de cette demi-conscience, nous errons à tâtons dans le labyrinthe de notre vie, dans les ténèbres de nos recherches : des instants de lumière, semblables à des éclairs, illuminent notre chemin. C[Mais qu'attendre seulement de têtes parmi lesquelles même la plus sage se fait toutes les nuits le terrain de jeu des rêves les plus insensés et les plus hasardeux et qui, au sortir de ceux-ci, doit reprendre le fil de ses méditations ?]C Manifestement, une conscience soumise à de telles limitations n'est guère à même de sonder l'énigme du monde et, venant de sa part, un tel effort devrait sembler étrange et pitoyable à des êtres d'une espèce plus élevée dont l'intellect n'aurait pas le temps pour forme, et dont la pensée serait véritablement une et complète. Mais il est même étonnant qu'avec ce mélange hautement hétérogène de fragments de représentations et de pensées de toute sorte, lesquels s'entrecroisent sans cesse dans notre esprit, nous n'ayons pas sombré dans la plus complète confusion et que, au contraire, nous y retrouvions toujours et réussissions même à tout y concilier. Manifestement, il doit bien exister un fil élémentaire, le long duquel tout s'ordonne : mais quel est-il ? — La mémoire à elle seule n'y suffit pas, parce qu'elle possède des limites essentielles dont je parlerai bientôt et qu'elle est, en outre, hautement imparfaite et infidèle. Le MOI LOGIQUE ou même L'UNITÉ SYNTHÉTIQUE TRANSCENDANTALE DE L'APERCEPTION[249] — sont des expressions et des explications qui ne contribueront que difficilement à rendre le problème plus clair, mais qui rappelleront bien plutôt à plus d'un ces vers :

Zwar euer Bart ist kraus, doch hebt ihr nicht die Riegel.

[Vous êtes, il est vrai, plus hérissés qu'une clef, mais vous ne levez pas les verrous[250].]

La phrase de Kant : «Le JE PENSE doit accompagner toutes nos représentations[251]» est insuffisante, car le Je est une grandeur inconnue, c'est-à-dire qu'il est à lui-même un mystère. — Ce qui confère à la conscience unité et cohérence, ce qui lui sert de support permanent, de fondement, traversant l'ensemble de ses représentations, ne saurait être soi-même déterminé par la conscience ; par conséquent ce ne peut être une représentation mais bien plutôt son *prius*, la racine de l'arbre dont elle est le fruit. Ce fondement, dis-je, est la VOLONTÉ : elle seule n'est pas sujette aux transformations, elle seule reste absolument identique, et c'est elle qui a créé la conscience à ses propres fins. Aussi est-ce elle aussi qui confère son unité à la conscience et qui maintient la cohérence de ses représentations et pensées, l'accompagnant en quelque sorte comme sa basse fondamentale. Sans elle, l'intellect n'aurait pas plus d'unité qu'un miroir dans lequel paraît tour à tour tantôt ceci, tantôt cela ou, au mieux, autant qu'un miroir convexe dont les rayons convergeraient vers un point imaginaire situé derrière sa surface. Or, dans la conscience, seule LA VOLONTÉ est permanente et immuable. Elle est ce qui maintient ensemble toutes les pensées et les représentations, dont elle fait ses moyens pour ses propres fins, elle leur confère la couleur de son caractère, de son humeur et de son intérêt, elle régit l'attention et tient en main le fil des motifs dont l'influence, en dernier ressort, met en branle la mémoire et les associations de pensées. C'est fondamentalement d'elle qu'il est question chaque fois qu'apparaît le moi dans un jugement. Elle est donc le véritable, l'ultime point d'unité de la conscience et le lien entre tous les actes et fonctions de celle-ci. C'est pourquoi elle n'est pas un élément de l'intellect mais n'en est que la racine, l'origine, le maître.

De LA FORME DU TEMPS ET DE LA DIMENSION ÉLÉMENTAIRE de la succession des représentations, en vertu desquelles l'intellect ne peut saisir une chose qu'en laissant tomber toutes les autres, résulte autant sa dispersion que sa DISPOSITION À OUBLIER *<Vergesslichkeit>*. Ce qu'il a laissé tomber, dans sa majeure partie, l'intellect ne le reprend jamais, d'autant que cette reprise est liée au principe de raison, c'est-à-dire qu'elle nécessite une occasion que l'association de pensées et la motivation se doivent d'abord de fournir[252]. Et cette occasion pourra être d'autant plus éloignée et minime que sera élevée notre sensibilité suscitée par l'intérêt que nous y portons. Or la mémoire, ainsi que je l'ai montré dans ma dissertation sur le principe de raison, n'est pas un réservoir, elle n'est qu'une simple faculté, acquise par l'exercice, de produire des représentations quelconques, lesquelles, par conséquent, doivent sans cesse être exercées par la répétition, faute de quoi elles s'évanouissent peu à peu. Par conséquent, même le savoir de la plus savante des têtes n'est jamais présent que *virtualiter* [virtuellement], comme une faculté acquise par la production de certaines représentations ; *actualiter* [actuellement], en revanche, cette tête savante se limite à une seule et unique représentation qui est la seule dont elle peut prendre conscience à ce même moment. De là résulte un étrange contraste entre ce qu'elle sait *potentia* [en puissance] et ce qu'elle sait *actu* [en acte], c'est-à-dire entre ce qu'est son savoir et ce qu'est à chaque fois sa pensée : le premier est une masse incommensurable, toujours un peu chaotique, la seconde est une seule et unique pensée distincte. Ce rapport est semblable à celui qu'il y a entre les étoiles célestes sans nombre et le champ de vision restreint du télescope. Mais il se manifeste de manière particulièrement évidente lorsque, sous quelque prétexte, cette tête savante entend tirer de son savoir un détail quelconque pour en faire ressortir un souvenir distinct : le retrouver dans ce chaos nécessite à la fois temps et effort. La rapidité de cette opération est un don spécial, encore qu'elle dépende grandement du jour et de l'heure, de sorte que la mémoire peut parfois échouer dans sa fonction même et rater certaines choses qu'en un autre temps elle aurait facilement trouvées à portée de main. Cette considération nous encourage, dans nos études, à privilégier la compréhension <*Einsicht*> juste par rapport à l'enrichissement de notre érudition, et à retenir que la QUALITÉ du savoir est bien plus importante que sa QUANTITÉ. Celle-là ne donne aux livres qu'une épaisseur quand celle-ci leur donne dans le même temps profondeur et style. Car la seconde est une grandeur INTENSIVE, alors que la première est simplement extensive. Elle consiste dans la clarté et l'intégrité des concepts, ainsi que dans la pureté et la justesse des connaissances intuitives qui la fondent. Aussi le savoir, selon qu'il est plus ou moins empreint de celle-ci jusque dans ses moindres détails, est-il précieux ou dérisoire. À l'aide d'une grande qualité et d'une petite quantité de savoir, on va bien plus loin qu'avec une très grande quantité et une mauvaise qualité de ce même savoir.

La connaissance la plus parfaite et la plus suffisante est la connaissance intuitive, mais elle se borne au particulier, à l'individuel. La compréhension <*Zusammenfassung*>, au sein d'UNE SEULE représentation, à la fois du multiple et du divers n'est possible que par le CONCEPT, c'est-à-dire en écartant les différences, ce qui en fait une manière très imparfaite de représenter. Bien évidemment, le particulier peut être lui aussi appréhendé immédiatement comme un universel, lorsqu'il est en effet érigé en IDÉE (platonicienne). Mais, dans ce processus, comme je l'ai analysé dans le livre III, l'intellect franchit également les limites de l'individualité et, par suite, du temps ; c'est pourquoi ce processus n'est qu'une exception.

Ces imperfections internes et essentielles à notre intellect sont encore amplifiées par une perturbation qui lui est d'une certaine manière extérieure, mais non moins inéluctable, à savoir par l'influence que la VOLONTÉ exerce sur ses opérations dès lors qu'elle est d'une manière ou d'une autre partie prenante dans le résultat auquel elles arrivent. Chaque passion, et même chaque inclination ou répugnance, teint de sa coloration les objets de la connaissance. La falsification que le souhait et l'espoir exercent sur la connaissance est encore ce qu'il y a de plus courant ; elle nous peint l'à peine possible aux couleurs de la vraisemblance ou du presque certain et nous rend quasi incapables d'en appréhender l'élément contrariant. Semblable est l'action de la crainte ; analogue, celle de toute opinion préconçue, de tout parti pris et, comme il a déjà été dit, de tout intérêt, affection, penchant de la volonté.

À toutes ces imperfections de l'intellect s'ajoute encore, pour finir, le fait que l'intellect vieillit avec le cerveau, c'est-à-dire que, comme toutes les fonctions physiologiques, il perd de son énergie à la fin de sa vie ; ce qui ne fait qu'amplifier encore ses imperfections.

La constitution défaillante de l'intellect présentée ici n'aura cependant rien d'étonnant pour nous, si nous nous reportons à son origine et à sa destination, comme je l'ai démontré dans le livre II. La nature a créé l'intellect pour le mettre au service d'une volonté individuelle. Aussi est-il le seul à avoir vocation à connaître les choses dans la mesure où elles livrent les motifs de cette volonté ; il n'a pas vocation à les fonder ou à saisir leur essence en soi. L'intellect humain n'est que l'intellect animal élevé à son niveau supérieur ; or, de même que ce dernier est entièrement limité au présent, de même le nôtre porte les traces profondes de cette limitation. Aussi notre mémoire et notre remémoration sont-elles particulièrement imparfaites : de tout ce que nous avons fait, vécu, appris, lu, combien est dérisoire ce que nous nous rappelons ! et encore, même ce peu, nous nous en souvenons si laborieusement et si imparfaitement ! C'est pour la même raison encore qu'il nous est tellement difficile de nous affranchir du présent. — L'inconscience <*Bewusstlosigkeit*> est l'état originel et naturel de toute chose ; par suite, elle est aussi la base d'où émerge, chez des espèces particulières d'êtres, la conscience, laquelle est l'efflorescence suprême de celle-ci ; c'est pourquoi aussi elle reste toujours prédominante. Il s'ensuit que la plupart des êtres sont dépourvus de conscience de sorte qu'ils n'agissent que conformément aux lois de leur nature, c'est-à-dire de leur seule volonté. Les plantes ont tout au plus un *analogon* très faible de la conscience, les animaux inférieurs n'en ont qu'une faible lueur crépusculaire. Et après avoir remonté toute la chaîne animale jusqu'à l'homme et à sa raison, il s'avère que l'inconscience des plantes, qui est le point de départ de cette chaîne, en demeure cependant la base commune ; elle se fait sentir autant dans la nécessité du sommeil que dans toutes ces imperfections importantes et essentielles que nous venons de présenter et qui sont le propre de l'intellect procédant de fonctions physiologiques. Mais le fait est que nous n'en connaissons pas d'autre.

Or les imperfections ESSENTIELLES de l'intellect, démontrées ici, ne cessent d'être encore aggravées, dans les cas particuliers, par des imperfections INES-SENTIELLES. Jamais l'intellect n'est, à TOUT égard, ce qu'il pourrait être possiblement : les perfections qu'il pourrait atteindre s'avèrent en si grande contra-diction les unes avec les autres qu'elles s'excluent mutuellement. Aussi personne ne peut-il être DANS UN MÊME TEMPS Platon, Aristote, Shakespeare, New-ton, ou même Kant et Goethe. Les imperfections de l'intellect, en revanche, s'assemblent fort bien. C'est pourquoi celui-ci se maintient, dans la réalité, sou-vent bien en dessous de ce qu'il pourrait être. Ses fonctions dépendent, il est vrai, de tant de condi-tions, que nous appréhendons, dans le PHÉNOMÈNE où seul elles nous sont données, comme exclusi-vement anatomiques et physiologiques, au point que ses productions sont conservées des siècles durant, la moindre relique d'un individu aussi avantagé prenant la valeur du plus précieux des joyaux. Entre un tel intellect et celui qui se rapproche de la stu-

pidité, les gradations sont innombrables. Par conséquent, les HORIZONS INTELLECTUELS apparaissent,
dans un premier temps, très différents d'un individu
à l'autre ; cela va, en effet, de celui qui n'a, comme
l'animal lui-même, que l'appréhension du présent, à
celui qui appréhende aussi l'heure suivante, à celui
qui embrasse toute la journée, à celui qui pense
même jusqu'au lendemain, à la semaine, au mois, à
l'année, à la durée d'une vie, aux siècles, aux millénaires, jusqu'à la conscience qui a presque constamment présent à l'esprit, encore que perçu de
manière indistincte et crépusculaire, l'horizon de
l'infini et dont la pensée, par conséquent, revêt un
caractère à la mesure de cet infini. — Mais cette
différence entre les intelligences se révèle également
dans la VITESSE de leur pensée, dont dépendent
bien des choses et dont les variations sont aussi
disparates et progressives que celles des points du
rayon d'un disque. La distance qui nous sépare des
conséquences et des raisons auxquelles la pensée de
tout un chacun peut encore accéder semble entretenir un certain rapport avec cette vitesse de la pensée.
En effet, la tension maximale de la faculté de penser
ne peut, en général, durer qu'un très court instant
et, le temps qu'elle dure, n'envisager jusqu'au bout
et dans toute son entière unité qu'une seule pensée ;
de sorte que tout dépend de la distance que peut
parcourir l'intellect en un temps si court pour atteindre
cette pensée, c'est-à-dire du chemin qu'il est capable
de remonter en ce laps de temps. D'un autre côté,
chez certains, la vitesse peut être compensée par un
arrêt du temps prolongé, aussi longtemps que dure
cette pensée absolument unique. Sans doute, une
pensée lente et soutenue fait le mathématicien, tandis
qu'une pensée rapide fait le génie : celle-ci est une

envolée, celle-là une marche assurée qui progresse pas à pas sur la terre ferme. Que, cependant, cette dernière soit insuffisante même dans les sciences, dès lors qu'il n'en va plus seulement de mesurer des grandeurs, mais de comprendre l'essence des phénomènes, c'est ce qu'ont prouvé, par exemple, la théorie des couleurs de Newton[253] et, plus tard, les élucubrations de Biot sur les anneaux colorés[254], élucubrations qui, cependant, ne faisaient que répéter la conception atomistique de la lumière qu'affectionnent les Français et reprendre leurs *molécules de lumière* [en français dans le texte], mais surtout leur idée fixe qui consiste à vouloir tout ramener dans la nature à des simples actions mécaniques. — Enfin, là où se manifeste le mieux cette grande différence individuelle des intelligences dont il est question ici, c'est encore dans LE DEGRÉ DE CLARTÉ <*Klarheit*> DE LA COMPRÉHENSION et par suite dans LA DISTINCTION <*Deutlichkeit*> DE L'ENSEMBLE DE LA PENSÉE. Telle personne en est déjà à comprendre, quand telle autre n'en est encore qu'à simplement noter ; la première a déjà fini et a atteint son but quand la seconde n'en est encore qu'au début ; la solution est, pour la première, ce qui pour la seconde est encore un problème. Cette différence repose sur la QUALITÉ DE LA PENSÉE et du savoir qui a déjà été mentionnée plus haut. De même que le degré de lumière varie dans les pièces d'un appartement, de même dans les têtes. Pour sentir cette QUALITÉ DE LA PENSÉE TOUT ENTIÈRE, il suffit de lire seulement quelques pages d'un auteur. Car, pour ce faire, il nous faut bien comprendre par le truchement de son entendement et dans son sens. Aussi, avant même de savoir tout CE qu'il a pensé, on voit déjà COMMENT il pense, c'est-à-dire quelle est la qualité FORMELLE, la

TEXTURE de sa pensée, texture qui reste la même quel que soit ce sur quoi il pense et qui, en quelque sorte, s'imprime dans le cheminement de sa pensée et dans son style. C'est au style, en effet, que l'on sent aussitôt l'allure et la démarche d'un auteur, sa souplesse, sa légèreté, voire s'il a un esprit ailé ou, inversement, s'il est pesant, raide, paralysé, s'il est d'une nature plombée. Car, de même que la langue est le reflet de l'esprit d'un peuple, de même le style est le reflet immédiat de l'esprit d'un auteur, sa physionomie même[255]. Si l'on remarque qu'un livre nous entraîne dans des contrées plus obscures que les nôtres, jetons-le, à moins que nous n'en voulions retenir que les faits et non les idées. D'ailleurs, ne nous sera profitable que L'auteur dont l'intelligence sera plus acérée et plus claire que la nôtre, que celui qui arrive à accélérer notre pensée et ne l'entrave pas à l'instar de ces têtes émoussées qui entendent nous obliger à suivre le rythme de tortue de leur pensée. Un auteur ne nous sera donc profitable que si penser une fois au moyen de son esprit nous apporte un soulagement et une stimulation sensibles, par lesquels nous nous sentirions entraîné là où nous n'aurions pu arriver tout seul. Goethe me disait, un jour, que, lorsqu'il lisait une page de Kant, il lui semblait pénétrer dans une pièce claire. Les têtes mal faites ne le sont pas seulement parce que, étant de travers, elles jugent faux; elles le sont, en premier lieu, en raison de l'INDISTINCTION de leur pensée dans son ensemble. En tant que telle, cette pensée serait comparable à la vision que l'on a lorsque l'on regarde à travers une longue-vue de mauvaise qualité et que tous les contours nous paraissent indistincts, comme effacés, et que les objets se confondent les uns avec les autres. L'exigence de distinction des concepts devant laquelle ces entendements frappés

de faiblesse reculent en tremblant, ils ne se l'appli-
quent pas et préfèrent s'aider d'un clair-obscur dans
lequel, pour se rassurer, ils recourent à certains
MOTS, de préférence ceux qui désignent des concepts
indéterminés, parfaitement abstraits, inusités et particulièrement compliqués à expliquer, comme par
exemple l'infini et le fini, le sensible et le suprasensible, l'idée de l'être, les idées de la raison, l'absolu,
l'idée du Bien, le divin, la liberté morale, la faculté
d'auto-engendrement, l'idée absolue, le sujet-objet,
etc. Et ce sont ces mots-là qu'ils sèment tranquillement à l'entour, pensant vraiment qu'ils expriment
des pensées et supposant que tout le monde s'en
satisfera, car le seul sommet de la sagesse envisageable pour eux est d'avoir à disposition pour chaque
question possible tout un arsenal de ces mots tout
faits. Cet incroyable SENTIMENT DE SUFFISANCE
TROUVÉ DANS LES MOTS est précisément ce qui
caractérise les têtes mal faites ; il repose sur leur
inaptitude aux concepts distincts dès lors qu'il s'agit
d'aller au-delà des relations les plus triviales et les
plus simples, par suite, sur la faiblesse et la paresse
de leur intellect, voire sur la conscience secrète
qu'elles ont de leurs défauts qui, chez les savants, est
liée à la dure nécessité, reconnue de bonne heure,
de devoir passer pour un être pensant ; ils estiment
que leur réserve de mots tout faits est à même, en
toute occasion, de répondre à cette exigence. Il doit
être vraiment réjouissant de voir un professeur de
philosophie de cette trempe débiter du haut de sa
chaire pareil fatras de paroles creuses *bona fide* [de
bonne foi] et dans l'illusion qu'il s'agit là de pensées,
et de voir également les étudiants en face de lui, tout
autant *bona fide*, c'est-à-dire partageant la même
illusion, en train d'écouter avec recueillement et de
tout noter alors que ni celui sur sa chaire ni les

autres ne peuvent aller au-delà de ces mots, si bien
que la seule chose qui soit réelle en cette affaire, ce
sont ces mots précisément et le crissement des plumes
sur le papier. Ce singulier SENTIMENT DE SUFFI-
SANCE TROUVÉ DANS LES MOTS contribue plus que
toute autre chose à la perpétuation des erreurs. Car,
forts de ces mots et phrases légués par ses prédécesseurs, chacun passe tranquillement à côté des points
d'obscurité et des problèmes, de sorte que, à l'insu
de tous, ces erreurs se reproduisent de siècle en
siècle, de livre en livre, et que la tête pensante,
surtout si elle est jeune, est saisie par le doute et se
demande si elle seule est incapable de comprendre
tout cela ou s'il n'y aurait là absolument rien à comprendre, ou encore si le problème que tous contournent
avec un sérieux aussi comique, en prenant le même
sentier de traverse, n'en est pas un ou si c'est eux
qui ont seulement refusé de le voir. Combien de
vérités restent sans être découvertes pour cette seule
raison que personne n'a le courage de regarder le
problème en face et de s'y atteler. — À l'inverse, la
distinction de la pensée et la clarté des concepts
propre aux têtes éminentes font que même des vérités
connues, une fois présentées par ELLES, apparaissent
sous une lumière nouvelle ou du moins acquièrent
un charme nouveau. Quand on les écoute ou quand
on les lit, c'est comme si l'on avait troqué notre
mauvaise longue-vue contre une bonne. Que l'on lise
seulement dans les *Briefe an eine Prinzessin* d'Euler[256]
la manière dont ce dernier présente les vérités fondamentales de la mécanique et de l'optique. C'est
encore le même constat C[que fait Diderot quand il
remarque dans le *Neveu de Rameau*[257]]C que seuls les
maîtres accomplis sont capables de réellement bien
exposer les éléments d'une science, justement parce
qu'ils sont les seuls à comprendre effectivement les

choses et que, chez eux, jamais les mots ne prennent la place des pensées.

Mais il faut savoir que les têtes mal faites sont la règle ; les têtes bien faites, l'exception ; les éminentes, extrêmement rares ; quant au génie, il est un *portentum* [prodige]. Car s'il n'en était ainsi, comment une espèce humaine d'environ huit cents millions d'individus aurait-elle pu laisser, après six siècles, tant de choses à découvrir, à inventer, à penser et à dire ? L'intellect n'a été prévu que pour la conservation de l'individu et, en règle générale, il n'y suffit qu'à peine. Mais la nature fut sage de s'être montrée très parcimonieuse vis-à-vis du plus grand nombre, car un esprit limité aura plus de facilité à embrasser les quelques situations se jouant dans sa sphère d'action exiguë et d'en manier les leviers, et même bien plus de facilité que n'en pourrait avoir un esprit éminent qui, lui, embrasse du regard une sphère incomparablement plus étendue et plus riche, et agit à l'aide de leviers bien plus longs. Ainsi, un insecte voit avec une précision minutieuse, et bien mieux que nous, tout ce qui se passe sur sa tige et ses feuilles, mais il ne perçoit pas la présence d'un homme qui se tient à deux pas. C'est là-dessus que repose l'astuce des sots ainsi que le paradoxe : *Il y a un mystère dans l'esprit des gens qui n'en ont pas* [en français dans le texte]. Quant au génie, il est aussi peu utile dans la vie pratique qu'un télescope astronomique[258] l'est au théâtre. Aussi, pour ce qui est de l'intellect, la nature est hautement ARISTOCRATIQUE. Les distinctions qu'elle a instaurées ici sont bien plus importantes que celles qu'établissent la naissance, le rang, la richesse ou encore la distinction de caste. Mais de même que dans les autres aristocraties, il y a, dans la sienne aussi, des milliers de plébéiens pour un noble, des millions pour un prince, et la grande masse n'est que populace, *mob, rabble, la canaille.* Mais il n'en reste pas moins qu'entre la hiérarchie de la nature et celle que fonde la convention il y a un contraste criant, et il faudra la venue d'un âge d'or pour en espérer quelque mise en équivalence. En attendant, ceux qui sont très haut placés dans l'une et l'autre hiérarchie ont ceci en commun qu'ils vivent dans un suprême isolement, ainsi que le suggère Byron, lorsqu'il dit :

> *To feel me in the solitude of kings,*
> *Without the power that make them bear a crown**
> *Proph. of Dante. C. 1*[259]

Car l'intellect est un principe de différenciation et, par suite, de séparation : les diverses gradations qu'il produit, bien plus que celles qui résultent de la simple culture, confèrent à chacun des concepts distincts qui font que chacun vit dans un monde distinct où il ne rencontre immédiatement que son égal ; quant aux autres, il ne peut que les interpeller de loin et tenter de se faire comprendre d'eux. Des différences de degré, mais aussi des différences dans le développement de l'entendement, ouvrent entre un homme et un autre un vaste abîme que seule la bonté de cœur peut franchir, étant donné que cette dernière est, au contraire, un principe d'unification par lequel chacun identifie l'autre à son propre moi. Toutefois, ce lien reste un lien moral, il ne saurait devenir intellectuel. Et même à un degré de culture relativement semblable, la conversation entre un grand esprit et une tête ordinaire n'en ressemblera pas moins au voyage que feraient ensemble un homme chevauchant

---

* C[Éprouver la solitude des rois
Sans la puissance qui leur fait supporter la couronne]C

une vaillante monture et un piéton. À tous deux, le voyage deviendra bientôt pénible et, à la longue, impossible. Il est vrai que le cavalier pourra descendre de son cheval et, sur une courte distance, marcher aux côtés de son compagnon, encore que l'impatience de son cheval lui donnera alors du fil à retordre.

Mais rien ne peut mieux édifier le public que la connaissance de cette ARISTOCRATIE INTELLEC-TUELLE DE LA NATURE. Celle-ci lui fera comprendre que, certes, là où il en va de faits, c'est-à-dire là où il convient de s'en référer à des expériences, à des voyages, à des formulaires, à des livres d'histoire, une tête normalement faite y suffit amplement, mais, en revanche, là où il n'en va que de PENSÉES et, de préférence, de pensées qui ne disposent que de la matière et des données, c'est-à-dire là où il s'agit à proprement parler de DEVANCER les autres PAR LA PENSÉE, dans ces cas-là il est impérativement requis d'être doté d'une supériorité nette, d'une éminence innée, que seule la nature délivre, mais qu'elle ne délivre que très rarement, et nul ne méritera d'être entendu qui n'en donne aussitôt les preuves. Si l'on pouvait amener le public à s'en apercevoir par lui-même, alors il ne perdrait plus le temps qui lui est si parcimonieusement accordé pour sa culture à des ouvrages engendrés par des esprits ordinaires, à ces sabotages sans nombre qui, tous les jours, fleurissent en poésie et en philosophie ; il cesserait de s'emparer tout le temps des ouvrages les plus récents, dans l'illusion puérile que les livres se consomment frais, comme les œufs, et il s'en tiendrait aux œuvres des quelques élus, appelés de tous les temps et de tous les peuples, il chercherait alors à les connaître et à les comprendre, et pourrait ainsi peu à peu accéder à une véritable culture. Mais, surtout, ces milliers de productions envahissantes qui, comme la mauvaise herbe, empêchent le bon grain de sortir cesseraient alors de paraître.

CHAPITRE 16

SUR L'USAGE PRATIQUE DE LA RAISON ET LE STOÏCISME*

J'ai montré dans le septième chapitre que partir de CONCEPTS en théorie ne donne lieu qu'à des œuvres médiocres et que les œuvres d'excellence, en revanche, requièrent que la création procède de l'intuition elle-même en tant que source première de toute connaissance. Or, dans la pratique, c'est tout le contraire : ce qui est déterminé par l'intuition relève de la manière des animaux mais est indigne de l'homme, lequel, en tant que tel, dispose de CONCEPTS pour conduire son action et, de ce fait, se trouve émancipé de l'emprise du présent qui s'offre à lui intuitivement et auquel l'animal, lui, est voué absolument. Dans la mesure où l'homme fait valoir ce privilège, on dira de son action qu'elle est RAISONNABLE <*vernünftig*> et c'est en ce sens seulement que l'on peut parler de RAISON PRATIQUE, et non dans le sens kantien dont j'ai amplement montré, dans mon *Mémoire sur le fondement de la morale*, à quel point il était inadéquat[260].

Mais il n'est pas facile de se laisser déterminer seulement par des CONCEPTS. Le monde extérieur tout proche assaille violemment de sa réalité intuitive même la plus forte des âmes. Or, justement, c'est

* Ce chapitre se rapporte au § 16 du tome I.

en triomphant de ces impressions, en anéantissant ses fantasmagories, que l'esprit de l'homme fait la démonstration de sa dignité et de sa grandeur. Ainsi, lorsque les incitations au plaisir et à la jouissance le laissent indifférent, ou lorsque la menace et la rage de ses ennemis en proie à la colère ne l'ébranlent nullement, lorsque les supplications de ses amis dans l'erreur ne font aucunement vaciller ses résolutions, lorsque les figures trompeuses dont l'entourent les intrigues ne l'émeuvent pas, lorsque la raillerie des fous et de la populace ne lui fait perdre ni la tête ni le sens de sa propre valeur, c'est à ce moment-là qu'il semble être sous l'influence d'un monde des esprits (c'est-à-dire celui des concepts) qu'il est seul à pouvoir voir, et devant lequel le présent intuitif offert à tout un chacun se désagrège comme un fantôme. — Ce sont, en revanche, la proximité et l'immédiateté du monde extérieur et de la réalité visible qui confèrent à ces derniers un immense pouvoir sur l'âme. De même que l'aiguille magnétique est maintenue dans sa direction par l'action combinée de forces naturelles qui, largement disséminées, agissent sur toute la terre, et qu'il suffit cependant qu'un tout petit morceau d'acier vienne se placer juste à côté d'elle pour qu'elle en soit perturbée et se mette à osciller, de même il suffit parfois de circonstances et de personnes parfaitement insignifiantes, pourvu qu'elles agissent de très près, pour qu'un esprit vigoureux soit perturbé et sorte de ses gonds ; de même encore une résolution fermement réfléchie peut être ébranlée par un motif contraire insignifiant pour peu qu'il soit immédiatement présent. Car l'influence relative des motifs est régie par une loi exactement contraire à celle qui détermine l'action des poids sur la balance, si bien qu'un motif tout petit mais tout proche peut peser plus lourd

qu'un autre bien plus puissant, mais agissant à distance. Cette constitution de l'âme qui fait qu'elle
se détermine conformément à cette loi et ne peut,
même en recourant à la véritable raison pratique[261],
lui échapper, c'est ce que les Anciens désignaient
sous l'expression d'*animi impotentia* [impuissance
de l'âme] et qui désigne, en réalité, une *ratio regendae
voluntatis impotens* [une raison impuissante à régir
la volonté]. Tout AFFECT (*animi perturbatio* [pertur-
bation de l'âme]) naît de ce qu'une représentation
agissant sur notre volonté est si proche de nous qu'elle
nous cache tout le reste, et que nous ne pouvons plus
voir qu'ELLE, si bien qu'en cet instant nous devenons
incapables de considérer toute autre chose. Il y aurait
un bon remède à cela qui consisterait à se contraindre
à considérer le présent en s'imaginant qu'il est le
passé, c'est-à-dire à accoutumer notre aperception
au style épistolaire des Romains. Et pourtant nous
sommes parfaitement capables, à l'inverse, de considérer comme présent ce qui est depuis longtemps
passé et de le percevoir avec tant de vivacité que
d'anciens affects, sommeillant depuis longtemps,
s'éveillent avec fracas. — De même, personne ne
s'offusquerait ni ne sortirait de ses gonds devant un
accident ou une contrariété si la raison nous rendait
toujours présent ce qu'est l'homme : un être désarmé,
exposé chaque jour et chaque heure à des accidents
petits ou grands, τὸ δειλότατον ζῷον [l'être vivant le plus
misérable] qui, par suite, doit vivre dans une inquiétude et une crainte continuelles. Πᾶν ἐστι ἄνθρωπος
συμφορά C[(*Homo totus est calamitas*)]C [l'homme
n'est qu'incertitude], disait déjà Hérodote[262].

L'application de la raison à la pratique réalise tout
d'abord cet exploit de rassembler les aspects partiaux
et morcelés de la simple connaissance intuitive et
d'utiliser les contradictions que présente cette der-

nière comme des moyens de les faire se corriger entre elles ; c'est ainsi que l'on accède à un résultat objectivement juste. Par exemple, si nous regardons en face la mauvaise action d'un homme, alors nous la condamnons, en revanche, si nous ne considérons que la nécessité qui l'a poussé à agir ainsi, nous le tiendrons en pitié. La raison, en recourant à ses concepts, pèse l'un et l'autre et conduit à ce résultat selon lequel un châtiment proportionné doit refréner, entraver et redresser cet homme.

Je rappellerai ici encore une fois cette maxime de Sénèque : *Si vis tibi omnia subicere, te subice rationi* [si tu veux te soumettre toutes choses, soumets-toi à la raison[263]]. Or, parce que la souffrance est positive tandis que le plaisir est négatif, comme il est montré dans le livre IV, celui qui prend la connaissance abstraite, c'est-à-dire la connaissance par la raison comme fil conducteur de son action et qui, par conséquent, pense constamment à ses suites et au futur, cet homme-là devra très fréquemment pratiquer le *sustine et abstine* [supporte et abstiens-toi], puisque, pour accéder dans sa vie à l'état le plus affranchi de la douleur qui soit, il sacrifie le plus souvent et les joies et les plaisirs, ayant présent à l'esprit ὁ φρόνιμος τὸ ἄλυπον διώκει, οὐ τὸ ἡδύ (p. 193) C[(*quod dolore vacat, non quod suave est, perquitur vir prudens*) [le prudent cherche à éviter ce qui est pénible, pas à trouver l'agrément] d'Aristote[264]]C. Aussi, chez ce sage, l'avenir emprunte toujours au présent, tandis que, chez les sots insouciants, c'est le présent qui emprunte au futur, lequel, considérablement appauvri, finira par faire banqueroute. Auprès du sage, la raison se doit, il est vrai, de jouer le rôle d'un mentor morose et de prêcher inlassablement le renoncement, sans pouvoir promettre en contrepartie autre chose qu'une existence relativement exempte de douleur. Cela est dû au fait que la raison, par ses concepts, embrasse du regard LE TOUT de la vie et que le résultat, dans le plus heureux des cas prévisibles, ne peut être autre que celui évoqué.

Or cette aspiration à une existence sans douleur, si tant est qu'il soit possible de l'atteindre en appliquant et en suivant les réflexions de la raison, ainsi que la connaissance acquise de la vraie qualité de la vie, cette aspiration, donc, lorsqu'elle a été réalisée dans la plus rigoureuse conséquence et jusqu'aux extrêmes, a engendré le CYNISME dont procède par conséquent le STOÏCISME ; c'est ce que j'ai l'intention de développer brièvement ici, afin d'apporter un fondement plus solide à notre description qui clôt le livre I.

Tous les systèmes de morale de l'Antiquité, à l'exception de celui de Platon, n'étaient que méthodes pour une vie bienheureuse ; aussi, chez eux, la vertu n'avait absolument pas sa fin dans l'au-delà de la mort, mais dans ce monde-ci. Car elle n'est pour eux que le juste chemin qui mène à la vie heureuse ; c'est pourquoi le sage choisit la vertu. De là ces débats infinis et ces investigations sans cesse renouvelées ; nous avons notamment conservé celles de Cicéron, où l'on demande si la vertu est aussi vraiment ce par quoi on accède à la vie heureuse et si, à elle seule et en elle-même, elle y suffit, ou si l'intervention d'un autre élément extérieur ne serait pas nécessaire, ou encore si l'homme vertueux et sage est également heureux sous la torture, sur la roue ou bien dans le taureau de Phalaris[265], ou enfin si, tout de même, cela n'allait pas jusque-là. Car, assurément, là se situerait la pierre de touche d'une éthique de cette nature, à savoir que pratiquer cette éthique rendrait immédiatement et absolument heureux. Et ne le pourrait-elle pas, alors elle ne réaliserait pas ce qu'elle est censée réaliser, et il ne resterait plus qu'à la rejeter. C[Il est aussi juste qu'approprié au point de vue chrétien qu'Augustin (*De civ. Dei, lib. XIX, c. 1*) fasse précéder sa présentation des systèmes moraux des Anciens de cette explication : *Exponenda sunt nobis argumenta mortalium, quibus sibi ipsi beatitudinem facere* in hujus vitae infelicitate *moliti sunt; ut ab eorum rebus vanis spes nostra, quid differat, clarescat. De finibus bonorum et malorum multa inter se philosophi dispuntarunt; quam quaestionem maxima intentione versantes, invenire conati sunt, quid efficiat hominem beatum : illud enim est finis bonorum* [Il me faut d'abord exposer les arguments au moyen desquels les mortels, *dans l'infortune de cette vie*, ont travaillé à se fabriquer, pour eux-mêmes, une béatitude : de la sorte, ce qui sépare de leurs biens illusoires notre espérance apparaîtra clairement. Sur le sujet des fins des biens et des maux, les philosophes ont beaucoup discuté entre eux; retournant cette question avec la plus grande attention, ils se sont efforcés de découvrir ce qui rend un homme heureux : c'est cela en effet la fin de notre bien[266]]]C. Afin de mettre hors de doute que la fin indiquée de la morale antique est eudémonique, j'introduis ici quelques maximes des Anciens. Aristote dit, dans l'*Eth. Magna, I, 4* : ἡ εὐδαιμονία ἐν τῷ εὖ ζῆν ἐστίν, τὸ δὲ εὖ ζῆν ἐν τῷ κατὰ τὰς ἀρετὰς ζῆν C[(*Felicitas in bene vivendo posita est : verum bene vivere est in eo positum, ut secundum virtutem vivamus*) [Le bonheur réside dans le fait de vivre d'une vie bienheureuse, et le fait de vivre d'une vie bienheureuse réside dans le fait de vivre selon les vertus[267]]]C. Et il conviendrait de comparer ce passage avec l'*Eth. Nicom. I, 5*. — *Cic., Tusc., V, 1* : *Nam, cum ea causa impulerit eos, qui primi se ad philosophiae studia contulerunt, ut omnibus rebus posthabibis totos se in optimo vitae statu exquirendo collocarent ; perfecto spe beate vivendi tantam in eo studio curam operamque posuerunt* [Car le motif qui a poussé ceux qui les premiers se sont portés à l'étude de la philosophie, c'est de tout laisser pour se placer dans la meilleure condition de vie possible ; et c'est bien avec l'espoir de vivre heureusement qu'ils ont mis tant de soin et de travail à cette étude[268]]. — Selon Plutarque (*De repugn. stoic.*, c. 18), Chrysippe aurait dit : τὸ κατὰ κακίαν ζῆν τῷ κακοδαιμόνως ζῆν ταὐτόν ἐστιν. C[(*Vitiose vivere idem est, quod vivere infeliciter*) [Une vie dans le vice est une vie malheureuse[269]]]C. *Ibid. c. 26* : Ἡ φρόνησις οὐχ ἕτερόν ἐστι τῆς εὐδαιμονίας καθ᾽ ἑαυτό, ἀλλ᾽ εὐδαιμονία C[(*Prudentia nihil differt a felicitate estque ispa adeo felicitas*) [La prudence ne se distingue pas du bonheur, auquel elle s'identifie[270]].]C — *Stob. Ecl.*, C[*lib. II, c. 7* : Τέλος δέ φασιν εἶναι τὸ εὐδαιμονεῖν, οὗ ἕνεκα πάντα (*Finem esse dicunt felicitatem, cujus causa fiunt omnia*) [Ils (*sc.* les stoïciens) désignent la félicité comme le souverain bien qui est la fin de toute nos actions]. — Εὐδαιμονίαν συνωνυμεῖν τῷ τέλει λέγουσι (*Finem bonorum et felicitatem synonyma esse dicunt*) [Ils déclarent que la félicité et la fin suprême sont synonymes[271]]]C. — Arrien, *diss. Epict. I, 4*) : Ἡ ἀρετὴ ταύτην ἔχει τὴν ἐπαγγελίαν, εὐδαιμονίαν ποιῆσαι. (*Virtus profitetur se felicitatem praestare*) [La vertu recèle dans le même temps la promesse d'accéder à la félicité[272]]. — *Sen. ep. 90* : *Ceterum (sapientia) ad beatum statum tendit, illo ducit, illo vias aperit* [La possession du bonheur est sa (*sc.* la sagesse) fin véritable ; elle nous y conduit, elle nous ouvre les voies pour y atteindre[273]]. — *Id. ep. 108* : *Illud ad moneo auditionem philosophorum lectionemque ad propositum beatae vitae trahendam* [Je rappelle donc qu'il faut écouter ou lire les philosophes en rapportant tout à notre but, l'œuvre du bonheur[274]].

La vie heureuse, telle est aussi la fin que postulait l'éthique des CYNIQUES, ainsi qu'en témoigne expressément l'empereur Julien, *Orat. VI* : Τῆς Κυνικῆς δὲ φιλοσοφίας σκοπὸς μὲν ἐστι καὶ τέλος, ὥσπερ δὴ καὶ πάσης φιλοσοφίας, τὸ εὐδαιμονεῖν· τὸ δὲ εὐδαιμονεῖν ἐν τῷ ζῆν κατὰ φύσιν, ἀλλὰ μὴ πρὸς τὰς τῶν πολλῶν δόξας C[(*Cynicae philosophiae ut etiam omnis philosophiae scopus et finis est feliciter vivere : felicitas vitae autem in eo posita est, ut secundum naturam vivatur nec vero secundum opiniones multitudinis*) [Le but et la fin que se propose la philosophie cynique, comme d'ailleurs toute philosophie, est le bonheur. Or ce bonheur consiste à vivre conformément à la nature, et non selon les opinions de la foule[275]]]C. Or les cyniques ont pris, pour parvenir à cette fin, un chemin tout particulier et même exactement opposé au chemin habituel : celui de la privation portée le plus loin possible. Ils partaient en effet de ce savoir : les mouvements qu'impriment sur notre volonté les objets qui l'excitent et la sollicitent, l'effort pénible et le plus souvent vain que nous faisons pour les atteindre ou bien encore la crainte de les perdre une fois que nous les avons atteints et, enfin, la perte elle-même sont la cause de bien plus grandes douleurs que celles que la privation de tout objet pourra jamais engendrer. C'est pourquoi ils choisissaient, afin d'atteindre une vie exempte de douleur, le chemin de la privation la plus absolue et fuyaient tous les plaisirs comme des pièges qui eux aussi nous exposent après coup à la douleur. Et, ensuite, ils pouvaient froidement braver la fortune et ses caprices. Tel est l'esprit du cynisme. C[Sénèque l'exprime clairement dans le huitième chapitre du *De tranquillitate animi* : *cogitandum est, quanto levior dolor sit, non habere, quam perdere : et intelligemus, paupertati eo minorem tor-*

mentorum, quo minorem damnorum esse materiam.
Et ensuite: *Tolerabilius est faciliusque non acquirere
quam amittere* [...] *Diogenes effecit, ne quid sibi eripi
posset* [...] *qui se fortuitis omnibus exuit* [...] *videtur
mihi dixisse: age tum negocium fortuna: nihil apud
Diogenem iam tuum est* [Aussi faut-il remarquer
combien la peine de n'en pas avoir (*sc.* des richesses)
est plus légère que celle de la perdre: et l'on comprendra qu'il y a, pour la pauvreté, d'autant moins
de sujets de se tourmenter qu'il y a moins d'occasions d'éprouver du dommage [...] Il est plus supportable et plus simple de ne pas acquérir [...] Diogène,
cette grande âme, fit en sorte que rien ne pût lui être
enlevé [...] il a voulu dire, je crois: occupe-toi,
Fortune, de ce qui te regarde; il n'est rien chez
Diogène qui soit de ton ressort[276]]. Et l'on retrouve
un passage parallèle à ce dernier dans]C Stob. (*Ecl.*,
II, 7); Διογένης ἔφη νομίζειν ὁρᾶν τὴν Τύχην ἐνορῶσαν αὐτὸν
καὶ λέγουσαν· τοῦτον δ'οὐ δύναμαι βαλέειν κύνα λυσσητῆρα.
C[(*Diogenes credere se dixit, videre Fortunam, ipsum
intuentem ac dicentem: ast hunc non potui tetigisse
canem rabiosum*) [Diogène disait qu'il croyait voir la
Fortune le regarder et lui dire: ce chien enragé, je
n'arrive pas à l'attraper[277]]]C. C'est C[de ce même
esprit du cynisme]C qu'atteste l'épitaphe de Diogène
dans le lexique de Suidas, au mot Φιλίσκος C[et dans
Diogène Laërte *VI, 2*]C :

Γηράσκει μὲν χαλκὸς ὑπὸ χρόνου· ἀλλὰ σὸν οὔτι
Κῦδος ὁ πᾶς αἰών, Διόγενες, καθελεῖ.
Μοῦνος ἐπεὶ βιοτῆς αὐτάρκεα δόξαν ἔδειξας
Θνητοῖς, καὶ ζωῆς οἶμον ἐλαφροτάτην

C[(*Aera quidem absumit tempus, sed tempore numquam
Interitura tua est gloria, Diogenes:
Quandoquidem ad vitam miseris mortalibus aequam
Monstrata est facilis, te duce, et ampla via*)]C

[Même le bronze subit le vieillissement du temps,
Mais ta renommée, Diogène, l'éternité ne la détruira point.
Car toi seul as montré aux mortels la gloire d'une vie
Indépendante et le sentier de l'existence le plus facile à parcourir[278]].

L'idée fondamentale du cynisme est, donc, que la vie, dans sa forme la plus simple et la plus nue et avec toutes les vicissitudes dont la nature l'a pourvue, est encore ce qu'il y a de plus supportable et, par conséquent, que c'est celle-là qui doit être choisie, car toutes les aides, toutes les commodités, tous les ravissements et plaisirs par quoi on tente de la rendre plus agréable, ne font qu'entraîner de nouveaux tourments plus grands encore que ceux qui lui appartiennent originellement. Aussi peut-on considérer que cette proposition exprime le cœur de la philosophie cynique : Διογένης ἐβόα πολλάκις λέγων, τὸν τῶν ἀνθρώπων βίον ῥᾴδιον ὑπὸ τῶν θεῶν δεδόσθαι, ἀποκεκρύφθαι δὲ αὐτὸν ζητούντων μελίπηκτα καὶ μύρα καὶ τὰ παραπλήσια C[(*Diogenes clamabat saepius hominum vitam facilem a diis dari, verum occultari illam quaerentibus mellita cibaria, unguenta et his similia*) [Diogène répétait à cor et à cri que la vie accordée aux hommes par les dieux est une vie facile, mais que cette facilité leur échappe, car ils recherchent gâteaux de miel, parfums et raffinements du même genre[279]] — *Diog. Laert. VI, 2*)]C. Et aussi un peu plus loin : Δέον, ἀντὶ τῶν ἀχρήστων πόνων, τοὺς κατὰ φύσιν ἑλομένους, ζῆν εὐδαιμόνως· παρὰ τὴν ἄνοιαν κακοδαιμονοῦσι [...] τὸν αὐτὸν χαρακτῆρα τοῦ βίου λέγων διεξάγειν, ὅνπερ καὶ Ἡρακλῆς, μηδὲν ἐλευθερίας προκρίνων. C[(*Cum igitur, repudiatis inutilibus laboribus, naturales insequi, ac vivere beate debeamus, per summam dementiam infelices sumus [...] eandem vitae formam quam Hercules se vivere affirmans nihil libertati praeferens* — [Alors qu'ils devraient vivre heureux en ayant choisi, au lieu des labeurs inutiles, ceux qui sont conformes à la nature, les gens, à cause de leur folie, sont malheureux [...] il disait qu'il menait précisément le même genre de vie qu'Héraclès, en mettant la liberté au-dessus de tout[280]] — *ibid.*)]c Par conséquent, les premiers cyniques, les plus authentiques, Antisthène, Diogène, Cratès[281] et leurs disciples, avaient, une bonne fois pour toutes, renoncé à toute possession, à toute commodité et à tout plaisir pour échapper à jamais aux fatigues et aux soucis, à la servitude et aux douleurs qui s'y attachent inéluctablement et qui ne peuvent être compensés par ces mêmes commodités, plaisirs, etc. En ne satisfaisant que les besoins les plus impérieux, en se privant de tout superflu, ils pensaient être quittes à bon compte. Et ils se contentaient de ce qu'ils pouvaient obtenir gratuitement à Athènes, à Corinthe : des lupins, de l'eau, un mauvais manteau, une besace et un bâton ; ils mendiaient à l'occasion, autant que cela était nécessaire, mais ils ne travaillaient pas. Ils n'acceptaient absolument jamais ce qui allait au-delà du nécessaire que l'on a évoqué plus haut. L'indépendance, dans son sens le plus large, tel était leur dessein. Ils passaient leur temps à se reposer, à aller ici et là, à parler à toute sorte de gens, ils se moquaient beaucoup, riaient et plaisantaient : leur caractère était fait d'insouciance et de gaieté. Et comme, menant cette vie, ils n'avaient aucune aspiration, aucun dessein, aucun but à poursuivre, comme ils s'étaient élevés au-dessus même de l'agitation humaine, et cependant jouissaient toujours pleinement de leur oisiveté, ils se révélaient, en hommes dotés d'une force d'âme assurée, parfaitement propres à endosser le rôle de conseillers et précepteurs des autres. D'ailleurs, Apulée disait : (*Florid., IV*) : *Crates, ut lar familiaris apud homines suae aetatis cultus est. Nulla domus ei unquam clausa erat : nec erat patris familias tam absconditum secretum, quin eo tempestive Crates interveniret, litium omnium et jurgiorum inter propinquos disceptator et arbiter* [Cratès fut honoré comme une sorte de génie domestique par les Athéniens de son temps. Jamais aucune demeure ne lui était fermée ; nul père de famille n'avait affaire si secrète ni si intime que l'intervention de Cratès y parût intempestive ; dans tous les procès, toutes les disputes entre proches, il faisait office de médiateur et d'arbitre[282]]. En cela comme en bien d'autres points encore, ils présentent une grande ressemblance avec les moines mendiants de l'époque moderne, c'est-à-dire avec les meilleurs et les plus authentiques d'entre eux, dont on peut se représenter l'idéal à travers la figure du capucin Christophe du fameux roman de Manzoni[283]. Toutefois, cette ressemblance ne réside que dans les effets et non dans la cause. Tous deux, le cynisme et le monachisme, se rejoignent dans le résultat, mais la pensée fondamentale de chacun d'eux est absolument différente. Chez les moines, tout comme chez les *sannyâsins*[284] qui leur sont apparentés, cette pensée fondamentale réside dans un but placé dans un au-delà de la vie ; chez les cyniques, elle réside dans la conviction qu'il est plus facile de réduire au minimum ses désirs et ses besoins que d'obtenir le maximum de leur satisfaction, ce qui d'ailleurs est impossible puisque les désirs et les besoins grandissent à l'infini, à mesure qu'ils sont satisfaits. Aussi, pour atteindre au but de toute morale antique, à savoir accéder autant que faire se peut dans cette vie à la félicité, ils ont emprunté le chemin du renoncement comme le plus court et le plus facile à parcourir : ὅθεν καὶ τὸν Κυνισμὸν εἰρήκασιν σύντομον ἐπ' ἀρετὴν ὁδόν C[(*unde et Cynismus dixere compendiosam ad virtutem viam* [aussi ont-ils dit que le cynisme est un raccourci vers la vertu[285]] *Diog. Laert. VI, 9*). — Ce qui différencie fondamentalement l'esprit du cynisme de celui de l'ascèse est parfaitement évident : c'est l'humilité. L'humilité est essentielle à l'ascèse, alors qu'elle est tellement étrangère au cynisme qui aurait plutôt pour dessein d'afficher morgue et mépris à l'égard de tous les autres :

Sapiens uno minor est Jove, dives,
Liber, honoratus, pulcher, rex denique regum.

[Le sage ne le cède qu'à Jupiter
Il est riche, libre, au faîte des honneurs, beau, le roi des rois
    enfin[286]].

Hor.

En revanche, la conception de la vie qu'avaient les cyniques rencontre, dans l'esprit, celle qu'en avait Jean-Jacques Rousseau, ainsi qu'il la présente dans son *Discours sur l'origine de l'inégalité*[287], puisque Rousseau entend, lui aussi, nous ramener à un état de nature brut et qu'il considère également que réduire nos besoins au minimum est le plus sûr chemin vers la félicité. — D'ailleurs,]C les cyniques étaient presque exclusivement des philosophes PRATIQUES ; du moins je n'ai connaissance d'aucun élément qui indiquerait l'existence d'une philosophie théorique chez eux.

C'est des cyniques que sont issus les STOÏCIENS, puisque de leur pratique ils ont fait une théorie. Or les stoïciens pensaient qu'il n'était pas nécessaire de se priver EFFECTIVEMENT de tout ce dont on pouvait se priver, mais qu'il suffisait amplement que l'on considère à tout instant que la propriété et le plaisir étaient SUPERFLUS et qu'ils se trouvaient entre les mains du hasard. Alors la privation effective, si d'aventure elle devait intervenir, ne nous prendrait plus au dépourvu et ne nous serait plus pénible. On peut tout avoir et jouir de tout, du moment que l'on reste à tout instant convaincu, d'un côté, de l'absence de valeur et du caractère superflu de ces biens et, de l'autre, qu'ils sont incertains et vulnérables, du moment qu'on en fait peu de cas et se montre prêt à tout instant à y renoncer. D'autant que celui qui aurait besoin de s'en défaire effectivement, pour ne pas être ému par ces objets, démontrerait par là combien il les tient en son cœur pour de véritables biens, de sorte qu'il lui faudrait les écarter de son horizon afin de ne pas les convoiter. À l'inverse, le sage reconnaît qu'ils ne sont nullement des biens mais des objets parfaitement indifférents, ἀδιάφορα [choses indifférentes], ou tout au plus προηγμένα [choses préférables]. Aussi les acceptera-t-il, s'ils s'offrent à lui, mais il restera, cependant, toujours prêt à les laisser partir dans la plus parfaite indifférence si le hasard, auquel ils appartiennent, les rappelait à lui, parce qu'ils sont τῶν οὐκ ἐφ' ἡμῖν [du ressort de ce qui n'est pas en notre pouvoir]. C'est dans ce sens qu'Épictète dit, au chap. 7, que le sage ressemble à cet homme qui quitte son navire pour descendre à terre et qui, là, s'abandonne à l'amour d'une femme ou d'un enfant mais, cependant, est prêt à tout instant à les abandonner sitôt que le capitaine le rappelle[288]. — Les stoïciens ont ainsi porté à sa perfection la théorie de l'égalité d'âme et de l'indépendance au détriment de la pratique, en ramenant tout à un processus mental et en utilisant des arguments qui, à l'instar de ceux que présente le premier chapitre d'Épictète, mâtinaient de sophistique leur acceptation de toutes les commodités[289]. Mais, ce faisant, ils avaient omis de considérer que toute accoutumance devient un besoin dont, par suite, on ne peut se priver que dans la douleur, que la volonté ne permet pas que l'on joue avec elle et ne peut jouir qu'en aimant ses jouissances, qu'un chien ne reste pas indifférent quand on lui fait passer sous le museau un morceau de rôti et qu'un sage, lorsqu'il a faim, ne l'est pas moins, et qu'entre le désir et le renoncement il n'y a aucun moyen terme. Voilà comment ils croyaient pouvoir s'arranger avec leurs principes : ils prenaient place à l'une de ces fastueuses tables romaines et, là, ils ne laissaient passer aucun plat sans y goûter tout en assurant qu'il n'y avait là, en tout et pour tout, que des προηγμένα [choses préférables] et non des ἀγαθά [biens] ; ou encore, pour le dire clairement, ils mangeaient, buvaient, passaient du bon temps mais, pour rien au monde, n'en rendaient grâce au bon Dieu : au contraire, ils se taillaient des mines écœurées et assuraient, toujours bravaches, qu'ils envoyaient au diable toute cette goinfrerie. Voilà bien par quels moyens les stoïciens présentaient leur doctrine ; autrement dit, ils n'étaient que forts en gueule et, entre eux et les cyniques, il y avait à peu près le même rapport qu'entre des bénédictins ou des augustiniens bien gavés et des franciscains ou encore des capucins[290]. Plus ils négligeaient la pratique, plus ils en affinaient la théorie. J'ai livré une analyse de cette théorie à la fin de notre livre I ; je voudrais encore l'étayer et la compléter ici.

Si nous recherchons dans les écrits des stoïciens qui nous sont restés, et qui tous sont conçus sans aucun systématisme, quelle est la raison dernière de cette égalité d'âme inébranlable qu'on exige de nous sans relâche, alors nous n'y trouvons rien sinon cette connaissance que le cours du monde est entièrement indépendant de notre volonté et, par suite, que le mal qui nous frappe est inéluctable. Une fois que nous aurons compris cela et réglé nos prétentions en conséquence, le deuil, la jubilation, la crainte, l'espoir nous sembleront des folies que nous ne saurions plus nous permettre désormais. Parallèlement à cela, en particulier dans les commentaires d'Arrien, s'est glissée cette idée qui consiste à dire que tout ce qui οὐκ ἐφ' ἡμῖν (c'est-à-dire ne dépend pas de nous) serait aussi οὐ πρὸς ἡμᾶς (c'est-à-dire ne nous concernerait pas). Il n'en reste pas moins vrai que tous les biens de la vie tombent au pouvoir de la contingence ; par conséquent, sitôt qu'elle exerce son pouvoir, elle nous les dérobe et nous rend malheureux dès lors que nous y avons placé notre bonheur. De ce destin indigne nous délivre un bon usage de la raison en vertu de quoi nous ne considérons jamais ces biens-là comme nôtres mais comme nous étant accordés pour un temps indéterminé : c'est la seule manière de ne jamais les perdre. Aussi Sénèque dit-il (*Ep. 98*) : *si, quid humanarum rerum varietas possit, cogitaverit, antequam senserit* [à condition de s'être figuré la loi des vicissitudes humaines en toute sa portée avant d'en avoir subi les effets][291]. Et Diogène Laërce (*VII, 1, 87*) : Ἴσον δέ ἐστι τὸ κατ' ἀρετὴν ζῆν τῷ κατ' ἐμπειρίαν τῶν φύσει συμβαινόντων ζῆν. C[(*Secundum virtutem vivere idem est quod secundum experientiam eorum, quae secundum naturam accidunt, vivere*) [vivre selon la vertu équivaut à vivre en conformité avec l'expérience des événements naturels[292]].]C Ici s'impose notamment ce passage des commentaires d'Épictète d'Arrien, vol. III, 24, 84-89 et, à l'appui du § 16 du livre I, particulièrement le passage : Τοῦτο γάρ ἐστι τὸ αἴτιον τοῖς ἀνθρώποις πάντων τῶν κακῶν, τὸ τὰς προλήψεις τὰς κοινὰς μὴ δύνασθαι ἐφαρμόζειν τοῖς ἐπὶ μέρους, *ibid. IV, 1, 42*) C[(*Haec enim causa est hominibus omnium malorum, quod anticipationes generales rebus singularibus accommodare non possunt*) [Car ceci est pour les hommes la cause première de tous les maux, à savoir qu'ils ne sont pas en mesure d'appliquer les concepts généraux aux cas particuliers[293]]]C. De même ce passage dans Marc Aurèle (IV, 29) : Εἰ ξένος κόσμου ὁ μὴ γνωρίζων τὰ ἐν αὐτῷ ὄντα, οὐχ ἧττον ξένος καὶ ὁ μὴ γνωρίζων τὰ γιγνόμενα, c'est-à-dire : « Si c'est être étranger au monde d'ignorer les êtres qui sont en lui, on ne l'est pas moins en ignorant ce qui y arrive[294]. » C[Le onzième chapitre de *De tranquillitate animi* de Sénèque confirme aussi parfaitement cette opinion[295].]C La pensée des stoïciens va en gros jusqu'à dire que l'homme, après avoir contemplé pendant un certain temps les mirages de la fortune <*Glück*> et avoir alors fait usage de sa raison, l'homme donc se met à comprendre que le rapide échange de dés, tout comme le moindre sou, est dépourvu de valeur intrinsèque, et qu'alors il doit continuer à ne pas s'en émouvoir. En général, on exprime la pensée des stoïciens aussi comme suit : notre souffrance découle toujours du désaccord entre nos désirs et le cours du monde. Aussi faut-il changer l'un des deux termes et l'adapter à l'autre. Or, comme le cours du monde n'est pas en notre pouvoir (οὐκ ἐφ' ἡμῖν), nous devons donc donner à notre vouloir et à nos souhaits une direction conforme à celle du cours des choses : car la volonté seule est ἐφ' ἡμῖν. Cette adaptation du vouloir au cours du monde extérieur, c'est-à-dire à la nature des choses, est souvent comprise à travers ce κατὰ φύσιν ζῆν [vivre conformément à la nature[296]] ambigu. Il n'y a qu'à voir dans Arrien, *Diss., II, 17, 21, 22.* C'est ce point que définit Sénèque lorsqu'il écrit (*Ep. 119*): *Nihil interest, utrum non desideres an habeas. Summa rei in utroque est eadem : non torqueberis* [Entre posséder vraiment et ne pas sentir le manque, il n'y a aucune différence. Dans l'un et l'autre état, bilan identique : tourments en moins[297]]. De même Cicéron (*Tusc. IV, 26*) par ces mots : *Solum habere velle summa dementia est* [C'est le comble de la folie de se borner à une velléité[298]]. De même Arrien (IV, 1, 175): Οὐ γὰρ ἐκπληρώσει τῶν ἐπιθυμουμένων ἐλευθερία παρασκευάζεται, ἀλλὰ ἀνασκευῇ τῆς ἐπιθυμίας C[(*Non enim explendis desideriis libertas comparatur, sed tollenda cupiditate*) [Car ce n'est pas en se rassasiant des choses désirées que l'on prépare la liberté, c'est par la suppression des désirs[299]]]C.

On peut considérer que les citations rassemblées dans l'*Historia philosophiae Graeco-Romanae* de Ritter et Preller, § 398[300], viennent appuyer encore ce que j'ai avancé sur la ὁμολογουμένως ζῆν [vie harmonieuse]; de même cette remarque de Sénèque (*Ep. 31* et encore *Ep. 74*): *Perfecta virtus est aequalitas et tenor vitae per omnia consonans sibi* [Pour que la vertu soit parfaite doivent se joindre une égalité, une continuité, une totale harmonie d'existence[301]]. Ce passage du même Sénèque décrit parfaitement l'esprit du Portique (*Ep. 92*): *Quid est beata vita? Securitas et perpetua tranquillitas. Hanc dabit animi magnitudo, dabit constantia bene judicati tenax* [Qu'est-ce que le bonheur? Un état de paix, de sérénité continuelle. Les moyens d'atteindre à cet état sont la grandeur d'âme, la constance obstinément attachée aux saines décisions du jugement[302]]. Une étude systématique de l'ensemble des stoïciens nous convaincra que la fin de leur éthique, tout comme celle du CYNISME, qui en est issu, n'est absolument rien d'autre que la vie la plus exempte de douleur, et par suite la vie la plus heureuse qui soit. Il en découle que la morale stoïcienne est une forme particulière d'EUDÉMO-NISME. Contrairement à l'éthique hindoue et chrétienne ou même à l'éthique platonicienne, elle ne possède pas de dimension métaphysique, de fin transcendante. Sa fin est entièrement immanente et accessible en cette vie : elle est l'impassibilité (ἀταραξία) du sage, sa félicité sans mélange que rien ne peut atteindre. On ne peut nier cependant que certains stoïciens tardifs, notamment Arrien, ont parfois perdu de vue cette fin, trahissant une tendance à l'ascétisme, qu'il faut attribuer à l'esprit chrétien qui alors se propageait déjà, et, de façon plus générale, à l'esprit oriental[303]. — Si nous considérons de plus près et sérieusement la fin du stoïcisme, cette ἀταραξία, nous constatons alors qu'elle n'est qu'une simple forme de durcissement et d'insensibilité vis-à-vis des coups du destin, et que les stoïciens y accédaient en ayant sans cesse présents à l'esprit la brièveté de la vie, le vide des plaisirs et l'inconstance du bonheur, et en ayant pris conscience que la différence entre le bonheur et l'infortune est bien plus dérisoire que ce que leur anticipation nous fait imaginer. Mais cela n'est pas encore l'état de bonheur, ce n'est que l'épreuve de la souffrance endurée avec calme et qu'on avait prévue comme inéluctable. Mais précisément, la grandeur d'esprit et la dignité résident dans cette capacité à endurer en silence et en toute quiétude l'inévitable tout en restant le même, dans un calme mélancolique, pendant que d'autres ne cessent de passer de la jubilation au désespoir et du désespoir à la jubilation. — Aussi peut-on aussi appréhender le stoïcisme comme une diététique spirituelle : de même que l'on endurcit son corps contre les effets du vent et des intempéries, contre les fatigues et les fourbures, de même on endurcit son âme contre l'infortune, le danger, la perte, l'orgueil, l'injustice, la trahison et la folie des hommes.

Je ferai encore cette remarque que les καθήκοντα des stoïciens, que Cicéron traduit par *officia*, signifient en allemand à peu près obligations <*Obliegenheiten*>, c'est-à-dire ce qu'il est approprié de faire compte tenu du problème, en anglais *incumbencies*, en italien *quel che tocca a me di fare, o di lasciare*, c'est-à-dire ce qu'en général il INCOMBE à un homme raisonnable de faire. Voir *Diog. Laert., VII, I, 109*[304]. — Et pour finir notons le PANTHÉISME des stoïciens qui sied si mal aux capucinades d'un Arrien et auquel Sénèque a donné son expression la plus claire : *Quid est Deus ? Mens universi. Quid est Deus ? Quod vides totum et quod non vides totum. Sic demum magnitudo sua illi redditur, qua nihil majus excogitari potest : si solus est omnia, opus suum et extra et intra tenet* [Qu'est-ce que Dieu ? La pensée de l'univers. Qu'est-ce que Dieu ? Le tout que tu vois et le tout que tu ne vois pas. Sa grandeur dépasse toute imagination. Rendons-lui sa juste mesure : à lui seul, il est toutes choses ; il maintient son œuvre de dedans et de dehors[305]] (*Quaest. natur., I, praefatio 12*).

CHAPITRE 17

SUR LE BESOIN MÉTAPHYSIQUE
DE L'HOMME*

Hormis l'homme, aucun être ne s'étonne de sa propre existence ; c'est pour tous une chose qui se

* Ce chapitre se rapporte au § 15 du tome I.

comprend tellement bien d'elle-même qu'ils ne la remarquent pas. Dans la quiétude du regard de l'animal s'exprime encore la sagesse de la nature, parce qu'en l'animal la distance qui sépare la volonté de l'intellect n'est pas encore suffisamment importante pour que tous deux puissent s'étonner l'un de l'autre lorsqu'ils se rencontrent. Ainsi, le monde phénoménal tout entier se trouve ici encore fermement attaché au tronc de la nature dont il est issu; il participe encore de l'omniscience inconsciente de la mère de toutes les mères. — Ce n'est qu'une fois que l'essence intime de la nature (la volonté de vivre dans son objectivation) a traversé les deux règnes des êtres dépourvus de conscience[306], puis a remonté d'un pas assuré et hardi la vaste série des animaux, ce n'est qu'au moment où elle arrive enfin au seuil de la raison, dans l'homme, donc, qu'elle accède pour la première fois à la réflexion <*Besinnung*> : et là, elle se prend à s'étonner de sa propre œuvre et se demande ce qu'elle est elle-même. Son étonnement est d'autant plus sérieux qu'elle se retrouve pour la première fois et en toute conscience face à la mort et, avec la finitude de toute existence, s'impose à elle plus ou moins clairement la vanité qu'il y a dans toute aspiration. Avec cette réflexion et cet étonnement naît, par suite, le besoin d'une métaphysique propre à l'homme seul; aussi l'homme est-il un *animal metaphysicum* [un animal métaphysique]. C[Dans les débuts de sa conscience, lui aussi, bien sûr, se figure être quelque chose qui se comprend de soi-même. Mais cela ne dure pas longtemps; très tôt, au moment même où naît la première réflexion <*Reflexion*>, cet étonnement apparaît déjà qui deviendra plus tard la mère de la métaphysique.]C Conformément à cela, Aristote dit, lui aussi, à l'ouverture de sa *Métaphysique* : Διὰ γὰρ τὸ θαυμάζειν οἱ ἄνθρωποι καὶ νῦν καὶ τὸ πρῶτον ἤρξαντο φιλοσοφεῖν C[(*Propter admirationem enim et nunc et primo inceperunt homines philosophari*) [Ce fut, en effet, l'étonnement qui poussa, comme aujourd'hui, les premiers penseurs aux spéculations philosophiques[307]]]C. La disposition philosophique, il est vrai, consiste tout d'abord dans l'aptitude à s'étonner de l'ordinaire et du quotidien; or c'est elle, précisément, qui nous amène à faire notre problème de ce qu'il y a d'UNIVERSEL dans le phénomène; de leur côté, les chercheurs des sciences réelles ne s'étonnent que de phénomènes rares et choisis, et leur problème se réduit à ramener ceux-ci à d'autres phénomènes plus connus. Plus un homme est inférieur du point de vue de l'intelligence, moins l'existence lui semblera énigmatique. Que toute chose est telle qu'elle est, et même qu'elle soit, voilà qui lui semble bien plutôt aller de soi. Cela vient de ce que son intellect est resté encore fidèle à sa destination première, qui est de servir de médium des motifs auprès de la volonté, et de ce que, pour cette raison, il reste étroitement lié au monde et à la nature comme une partie intrinsèque de ceux-ci; il est donc très loin de se détacher en quelque sorte du tout des choses, de lui faire face et d'appréhender ainsi le monde de manière purement objective, c'est-à-dire comme existant pour soi. L'étonnement philosophique, qui naît de cette aptitude, est conditionné, au contraire, dans l'individu par un développement plus avancé de l'intelligence, encore que, de manière générale, ce n'en soit pas la seule condition. C'est, sans nul doute, le savoir de la mort et, à côté de celui-ci, la considération de la souffrance et de la misère de la vie, qui donnent son impulsion la plus puissante à la réflexion philosophique et aux interprétations métaphysiques du monde. Si notre vie était infinie et exempte de douleur, il ne viendrait sans doute à l'esprit de personne de demander pourquoi le monde existe et pourquoi il est précisément doté de cette nature ; tout irait de soi. Par conséquent, nous trouvons que l'intérêt qu'inspirent les systèmes philosophiques, et même les systèmes religieux, repose tout entier sur le dogme d'une quelconque perdurance de la vie après la mort. Et même si les systèmes religieux semblent faire de l'existence de leurs dieux leur affaire capitale, et la défendent avec un zèle des plus ardents, ce n'est au fond que parce qu'ils ont rattaché leur dogme de l'immortalité à l'existence de ces dieux et considèrent ce dogme comme inséparable de celle-là : l'immortalité, c'est la seule chose dont il est question pour eux à proprement parler. Car pourrait-on la leur assurer autrement, alors ce zèle si ardent dont ils font montre pour leurs dieux se refroidirait aussitôt et ferait place à une presque entière indifférence. Mais, à l'inverse, si on leur avait fait la démonstration de l'impossibilité absolue de toute immortalité, alors l'intérêt pour l'existence des dieux disparaîtrait avec l'espoir de les connaître de plus près, ainsi que tout le reste, qui se rattache à leur éventuelle influence sur les événements de la vie. Mais si, d'aventure, on pouvait démontrer que la perdurance de la vie après la mort est incompatible avec l'existence des dieux, par exemple, parce que cette perdurance présupposerait le caractère originel de l'être[308], alors ils auraient tôt fait de les sacrifier à leur propre immortalité, et ils s'enflammeraient pour l'athéisme. C'est pour cette même raison que les systèmes proprement matérialistes, ou encore absolument sceptiques, ne réussissent jamais à exercer une influence universelle ou durable.

La présence de temples, d'églises, de pagodes et de mosquées, dans tous les pays et à toutes les époques, leur splendeur et leur magnificence sont autant de preuves du besoin métaphysique de l'homme, lequel, puissant et irréductible, talonne son besoin physique. Bien sûr, si l'on était d'une humeur satirique, on pourrait ajouter que celui-ci est bien un modeste gaillard et qu'il se contente à peu de frais. Parfois, il se suffit de fables grossières et de contes de mauvais goût : pour peu qu'ils aient été inculqués assez tôt, ces fables et contes lui sont des explications suffisantes de son existence et un pilier pour sa moralité. Prenons par exemple le Coran : ce mauvais livre a suffi à fonder une religion universelle, à satisfaire le besoin métaphysique de millions de personnes depuis plus de 1 200 ans, et à devenir le fondement de leur morale, à leur inspirer un mépris considérable pour la mort, ainsi qu'un enthousiasme pour les guerres sanglantes et les plus vastes conquêtes. Nous trouvons en lui la figure la plus triste et la plus misérable du théisme. Sans doute, beaucoup de choses se sont perdues dans la traduction, mais je n'ai pu y découvrir une seule pensée de valeur. Cela prouve que le besoin métaphysique et l'aptitude métaphysique ne vont pas de pair. Pourtant, il semblerait qu'aux premiers âges de la surface terrestre, il en allait autrement, et que les hommes, qui alors étaient considérablement plus proches que nous de la naissance de l'espèce humaine et de la source première de la nature organique, auraient eu, d'un côté, une faculté de connaître intuitive bien plus énergique que la nôtre et, d'un autre côté, une disposition d'esprit plus juste, de sorte qu'ils étaient capables d'une appréhension plus pure et immédiate de l'essence de la nature, et qu'ainsi ils étaient en mesure de satisfaire leur besoin métaphysique plus dignement; ainsi naquirent parmi les pères originels des brahmanes, les *rishis*, ces conceptions presque surhumaines qui allaient par la suite se déposer dans les *Upanishads* du *Véda*[309].

En revanche, il n'a jamais manqué de personnes qui fondent leur subsistance sur ce besoin métaphysique, et qui s'évertuent à l'exploiter au maximum. Aussi y a-t-il toujours eu chez tous les peuples des captateurs de monopoles et des fermiers généraux : les prêtres. Il a, cependant, bien fallu garantir partout leur activité en leur accordant le droit d'inculquer aux hommes leurs dogmes métaphysiques très tôt, avant que la faculté de juger n'émerge de sa somnolence matinale, c'est-à-dire dès la prime enfance : car c'est à ce moment-là que tout dogme, aussi insensé soit-il, s'imprime pour toujours. S'ils devaient attendre le moment où la faculté de juger arrive à maturité, leurs privilèges ne subsisteraient pas.

Il existe une seconde classe, quoique moins nombreuse, de personnes qui tirent leur subsistance du sentiment métaphysique de l'homme : elle est constituée de ceux qui vivent DE la philosophie. Chez les Grecs, on les appelait sophistes, à l'époque moderne, on les appelle les professeurs de philosophie. Aristote n'hésitait pas à compter Aristippe (*Metaph.* II, 2[310]) au nombre des sophistes et nous en trouvons la raison chez Diogène Laërce (*II, 65*[311]), qui explique qu'il était en effet l'un des premiers parmi les disciples de Socrate à se faire payer pour sa philosophie ; c'est pourquoi même Socrate refusait ses présents. Chez les Modernes aussi, ceux qui vivent DE la philosophie ne sont pas seulement, en règle générale et à quelques exceptions près, fondamentalement différents de ceux qui vivent POUR la philosophie, mais ils en sont même aussi très souvent les

adversaires, leurs ennemis intimes les plus irréductibles ; car toute production philosophique importante
et authentique jetterait bien trop d'ombre sur les
leurs, d'autant que cette production ne se plierait
jamais aux desseins et limitations de leur guilde ;
c'est pourquoi ceux qui vivent de la philosophie
passent tout leur temps à s'évertuer à empêcher que
naisse une telle œuvre, employant à cette fin, selon
les critères de l'époque et les circonstances, tantôt
la dissimulation, l'étouffement, le silence, la fausse
ignorance, tantôt la dénégation, le dénigrement, le
blâme, la calomnie, la déformation, tantôt la dénon-
ciation et les poursuites. Tels sont leurs moyens
courants. Ainsi, maint grand esprit a été obligé de se
traîner péniblement sa vie durant, méconnu, sans
honneurs, sans salaire, jusqu'à ce qu'enfin, après sa
mort, le monde ait été désabusé sur lui, et sur eux.
Mais, entre-temps, ils avaient atteint leurs fins, ces
professeurs de philosophie qui se sont fait valoir
parce qu'ils ne le faisaient pas valoir et, avec femme
et enfants, ils ont réussi à vivre DE la philosophie,
tandis que l'autre vivait POUR elle. Mais, le grand
homme à peine mort, la situation se renverse : la
nouvelle génération de ces professeurs de philosophie — parce qu'ils seront toujours présents, eux
— se fait l'héritière de ses productions, s'en taille
une doctrine à sa mesure et se met désormais à vivre
DE lui[312]. Que Kant ait pu à la fois vivre DE et POUR
la philosophie était dû à cette circonstance rare que,
pour la première fois depuis le *Divo Antonio* [Marc
Aurèle] et depuis le *Divo Juliano* [Julien], un philosophe était assis sur le trône[313]. Ce n'est que sous ces
auspices que la *Critique de la raison pure* a pu voir le
jour. Mais à peine le roi était-il mort que nous avons
vu Kant, parce que lui aussi appartenait à la guilde,
subitement saisi par la terreur, se mettre à modifier

son chef-d'œuvre et à en faire paraître une deuxième édition castrée, gâchée, pour, malgré cela, se retrouver bientôt exposé au danger de perdre son poste, si bien que Campe l'a invité à le rejoindre à Brunswick et lui a proposé de venir vivre chez lui pour prendre la tête de sa famille (Ring, *Ansichten aus Kants Leben*, p. 68[314]). En règle générale, la philosophie n'est qu'un miroir aux alouettes : la véritable fin de celle-ci est de donner aux étudiants et d'imprimer au plus profond de leur pensée une direction d'esprit que le ministère, occupé par des professeurs de philosophie, juge adéquate. Et ce ministère pourrait bien avoir raison du point de vue de l'homme d'État ; seulement, la conséquence en est qu'une philosophie *ex cathedra* de cette nature est un *nervis alienis mobile lignum* [une marionnette mise en mouvement par des ressorts étrangers[315]] qui, en aucun cas, ne saurait être prise au sérieux ; elle peut uniquement tenir lieu de ces philosophies de comédie. Aussi est-il juste, cependant, que cette surveillance et direction du ministère ne s'étende qu'à cette philosophie *ex cathedra* et non à la véritable philosophie qui est, elle, une affaire sérieuse. Car, s'il est une chose souhaitable en ce monde, tellement souhaitable que même la foule grossière et abrutie, dans ses moments les plus inspirés, l'estimerait encore au-dessus de l'or et de l'argent, ce serait qu'un rayon de lumière tombe sur les ténèbres de notre existence et que nous soient donnés quelques éclaircissements sur cette énigme, dont nous ne savons rien, sinon sa misère et sa vanité *<Nichtigkeit>*. Mais, même en admettant qu'une telle chose puisse arriver, les solutions que l'on prescrit et impose au problème la rendent impossible.

Nous entendons à présent soumettre à un examen

général les différentes manières de satisfaire ce besoin métaphysique tellement impérieux.

Par MÉTAPHYSIQUE, je comprends toute prétendue connaissance qui dépasse la possibilité de l'expérience, c'est-à-dire la nature ou le phénomène donné des choses, afin d'apporter quelque éclaircissement sur ce par quoi la nature serait conditionnée dans l'un ou l'autre sens ou, pour le dire en langage populaire, sur ce qu'il y a derrière la nature et ce qui la rend possible[316]. — Or la grande diversité originelle des facultés de l'entendement, à quoi s'ajoutent encore les diverses manières dont on les forme (ce qui nécessite un long temps de loisir), implique une telle différence entre les hommes que, aussitôt qu'un peuple s'extrait avec effort de son état d'inculture, UNE SEULE métaphysique pour tous n'y peut plus suffire. C'est pourquoi, chez les peuples civilisés, il est courant d'en trouver deux espèces différentes qui se distinguent l'une de l'autre en ce que l'une trouve sa légitimation EN ELLE et l'autre, À L'EXTÉRIEUR D'ELLE. Comme, pour identifier cette légitimation, les systèmes métaphysiques de la première espèce requièrent méditation, éducation, loisir et jugement, ils ne peuvent être accessibles qu'à un nombre extrêmement restreint de personnes, ils ne peuvent naître et perdurer qu'à un degré important de civilisation. Pour le plus grand nombre, en revanche, pour ces gens qui, à défaut d'avoir acquis la capacité de penser, ne peuvent que croire et qui, étant insensibles aux raisons, sont sensibles à l'autorité, pour ceux-là sont exclusivement destinés les systèmes métaphysiques de la seconde espèce. Pour cette raison, on les appellera métaphysiques populaires, par analogie avec la poésie populaire, ou encore la sagesse populaire, par quoi on désigne les proverbes. Cependant, ces systèmes sont connus sous le nom de religions, et se retrouvent dans tous les peuples, à l'exception des plus primitifs. Leur légitimation est, comme on l'a dit, extérieure et a pour nom, en tant que telle, révélation, laquelle se doit d'être attestée par des signes et des miracles. Pourtant, l'argumentation des systèmes de la seconde espèce repose principalement sur des menaces brandies sous la forme de peines éternelles ou encore d'autres, temporelles, et toutes sont dirigées à l'encontre des incroyants et même des simples sceptiques : comme *ultima ratio theologorum* [ultime raison des théologiens], nous trouvons chez certains peuples le bûcher ou d'autres supplices du même genre. Si ces religions en viennent à rechercher une autre légitimation ou à user d'une autre argumentation, elles passent dans le camp des systèmes de la première espèce, à moins qu'elles ne dégénèrent en un moyen terme entre les deux ; ce qui, pour elles, présente bien plus de dangers que d'avantages. Car leur inestimable privilège de pouvoir êtres inculquées aux ENFANTS leur donne la plus sûre des garanties de posséder les esprits durablement, puisque leurs dogmes s'y développent comme de seconds intellects innés, à l'image d'une branche greffée sur un tronc. Les systèmes de la première espèce en revanche ne s'adressent jamais qu'aux adultes chez qui cependant ils découvrent toujours un système de la seconde espèce sous la forme de la conviction. — Ces deux espèces de métaphysiques, qu'on peut en somme différencier en doctrines de la conviction <*Überzeugungslehre*> et doctrines de la foi <*Glaubenslehre*>, ont ceci en commun que chacun de ces systèmes, pris isolément, entretient avec tous les autres de son espèce un rapport d'hostilité. Entre ceux de la première espèce, la guerre n'est menée qu'à coups de mots et d'écrits, entre ceux de la seconde espèce, en revanche, on emploie le feu et le glaive ; nombre d'entre eux n'ont réussi à se propager que par ce genre de polémique, et tous se sont peu à peu partagé la terre, et cela avec une autorité si tranchée que les peuples se sont mis à se distinguer et à s'isoler bien plus en raison de leur religion qu'en raison de leur nationalité ou de la forme de leur gouvernement. Il n'y a que ces systèmes qui exercent une DOMINATION, chacun dans son secteur, ceux de la première espèce étant au mieux TOLÉRÉS et cela, seulement parce qu'en raison du petit nombre de leurs adeptes, on ne les estime pas dignes d'être combattus par le feu et le glaive ; encore que, quand la nécessité s'est imposée, on y a aussi eu recours et ce, avec d'autant plus de succès, qu'on ne les trouve plus qu'à l'état sporadique. Cependant, les systèmes de la seconde espèce, dominant les pays, ne les ont le plus souvent supportés que maintenus en bride ou dans un état d'assujettissement, en leur intimant de plus ou moins conformer leur doctrine à la leur. Parfois, ils ne les ont pas seulement assujettis, ils se sont servis d'eux aussi comme d'un renfort, ce qui cependant s'avère être une expérience fort périlleuse, puisque ces systèmes de la première espèce, privés de la violence, croient pouvoir s'aider de la ruse et ne se départissent jamais tout à fait d'une perfidie secrète qui, parfois, se manifeste sans que personne s'y attende, et crée des dommages difficiles à réparer. Mais leur dangerosité est encore accrue du fait que l'ensemble des sciences positives, et même les plus innocentes d'entre elles, est leur allié secret contre les systèmes de la seconde espèce et, sans entrer dans une guerre ouverte contre ceux-ci, soudainement et de manière inopinée, ils occasionnent des dommages considérables sur le terrain de leurs ennemis. D'autant que cette tentative qui consiste à les utiliser à leur service, pour donner à leur système, qui, à l'origine, trouve sa légitimation à l'extérieur, une légitimation supplémentaire qui soit intérieure, est une tentative scabreuse qui met en danger leur nature même : car s'ils étaient capables d'une telle légitimation, ils n'auraient pas besoin d'en avoir une extérieure. Et, d'ailleurs, c'est toujours un tour d'audace que de vouloir glisser de nouvelles fondations sous un bâtiment achevé. Mais surtout : en quoi une religion pourrait-elle avoir besoin du suffrage de la philosophie ! À vrai dire, elle a tout pour elle : révélation, écritures, miracles, prophéties, soutien du gouvernement, le plus haut rang comme il sied à la vérité, adhésion et vénération de tous, des milliers de temples dans lesquels elle est proclamée et exercée, des hordes de prêtres assermentés et, ce qui importe plus que tout, le privilège inestimable de pouvoir inculquer sa doctrine aux hommes dès leur tendre enfance, et d'en faire, de cette manière, en quelque sorte des idées innées. Car, pour avoir encore besoin d'exiger l'adhésion des pauvres philosophes, alors qu'elle possède déjà une telle richesse de moyens, il faudrait qu'elle soit plus avide, ou, pour ne pas être contredit par eux, plus craintive qu'il ne conviendrait à une bonne conscience.

À la différence présentée plus haut entre les métaphysiques de la première et de la seconde espèce vient s'en ajouter encore une autre. Un système de la première espèce, une philosophie donc, a l'ambition et par suite le devoir d'être vraie *stricto sensu et proprio sensu* [au sens strict et au sens propre] dans tout ce qu'elle dit. Elle s'adresse à la pensée et à la conviction. En revanche, une religion est destinée au plus grand nombre lequel, incapable de tout examen et de toute pensée, ne pourrait jamais comprendre *sensu proprio* les vérités les plus profondes et les plus difficiles ; elle n'a donc pour seul devoir que

d'être vraie *sensu allegorico* [au sens allégorique].
La vérité ne peut apparaître nue devant le peuple.
Comme symptôme de cette nature ALLÉGORIQUE des
religions, il y a ces MYSTÈRES que l'on trouve dans
chacune d'elles, je veux dire certains dogmes qui ne
sauraient être clairement saisis par la pensée, ni
même pouvoir être vrais au sens littéral. Peut-être
même pourrait-on aller jusqu'à affirmer que certains
non-sens contrevenant pleinement à la raison et certaines absurdités effectives sont des ingrédients essentiels aux religions accomplies, car ils sont précisément
la marque de sa nature ALLÉGORIQUE, et la seule
manière convenable de rendre SENSIBLE au sens
commun et à un entendement inculte ce qui lui
serait, sinon, inintelligible : que la religion traite, au
fond, d'un tout autre ordre des choses, d'un ordre des
CHOSES EN SOI, devant lequel les lois de ce monde
phénoménal, conformément à quoi elle est censée
parler, disparaissent et que, par conséquent, non seulement ses dogmes absurdes mais aussi les compréhensibles ne sont que des allégories et des manières
de s'accommoder à l'entendement de l'homme.
Dans cet esprit, il me semble qu'Augustin et même
Luther ont su conserver les mystères du christianisme
quand le pélagianisme, au contraire, prétendait les
rabaisser et les réduire à une plate compréhension[317].
C'est en ce sens que l'on peut comprendre que Tertullien ait pu dire sans se moquer : *Prorsus credibile
est, quia ineptum est : [...] certum est, quia impossibile* [Il faut y croire puisque c'est absurde : [...]
cela est certain puisque c'est impossible] (*De carne
Christi, c. 5*[318]). — Cette nature ALLÉGORIQUE
dispense aussi les religions des démonstrations que
la philosophie est tenue de fournir et, de manière
générale, de toute vérification. À la place, elles exigent
la foi, c'est-à-dire une acceptation volontaire qu'il en

soit ainsi. Comme alors la foi dirige l'action et que l'allégorie est toujours ainsi faite que, sur le plan pratique, elle mène précisément là où la vérité *stricto sensu* mènerait elle aussi, c'est à bon droit que la religion promet à ceux qui croient une béatitude éternelle. Nous voyons donc que, pour l'essentiel et pour le plus grand nombre, qui n'est pas tenu à la pensée, les religions peuvent fort bien occuper la place de la métaphysique en général, dont l'homme ressent le besoin irrépressible. En effet, elle est, d'une part, sur le plan pratique, semblable à une étoile conductrice pour l'action, à l'instar de ces étendards de la légitimité et de la vertu, ainsi que Kant l'a excellemment exprimé[319] et, d'autre part, une consolation indispensable dans les dures souffrances de la vie. Dans ces moments-là, en effet, elle prend parfaitement la place d'une métaphysique objectivement vraie, car elle élève l'homme au-dessus de lui-même, elle le hisse au-dessus de son existence temporelle aussi bien que le ferait n'importe quelle métaphysique objective. En cela se révèlent de manière éclatante la grande valeur des religions et même leur caractère indispensable. Car φιλόσοφον πλῆθος ἀδύνατον εἶναι (*vulgus philosophum esse impossibile est*) [il est impossible pour la foule d'être philosophe], disait déjà Platon avec raison (*De rep.*, *VI*, p. 89, Bip.[320]). Aussi le seul sujet de scandale est-il celui-ci : jamais les religions ne peuvent avouer leur nature allégorique, elles sont, au contraire, tenues de s'affirmer vraies *stricto sensu*. Ce faisant, elles empiètent sur le domaine de la métaphysique proprement dit et provoquent chez cette dernière une opposition qui s'est exprimée à toutes les époques où les philosophies n'étaient pas entravées par des chaînes. — C'est sur la méconnaissance de la nature allégorique de toute religion que reposent aussi les batailles sans fin qui, de nos jours, opposent les partisans du surnaturel aux rationalistes. Tous deux prétendent, en effet, trouver le christianisme vrai *sensu proprio*. C'est en ce sens que les premiers entendent l'affirmer tout entier, sans rien lui retirer, ce qui les met dans une position difficile face aux connaissances et à la culture générale de notre époque. Les autres, au contraire, cherchent à en expulser par l'interprétation tout ce qui est proprement chrétien. Ce qu'ils laissent après cela est un résidu qui n'est vrai ni *sensu proprio* ni *sensu allegorico*, mais bien plutôt une simple platitude, à peine du judaïsme, au mieux un pélagianisme insipide, et, ce qui est le plus grave, un infâme optimisme parfaitement étranger au christianisme. De surcroît, la tentative de fonder une religion en raison la déplace et la fait entrer dans l'autre catégorie de la métaphysique, celle qui a son principe de légitimation EN ELLE-MÊME ; elle la fait passer sur un sol étranger, celui des systèmes philosophiques, ce qui revient, par conséquent, à l'envoyer au front, en plein dans la bataille que ces systèmes se livrent dans leur propre arène, à l'exposer aux coups de feu du scepticisme et à la lourde massue de la *Critique de la raison pure*: donc, aller là serait de sa part faire preuve d'une présomption manifeste.

C[La solution la plus supportable pour ces deux formes de métaphysique serait que chacune reste à l'écart l'une de l'autre et s'en tienne à son propre domaine pour pouvoir amplement y développer son essence. Au lieu de quoi, on n'a cessé durant toute l'époque chrétienne d'œuvrer à une fusion d'elles deux en transportant les dogmes et les concepts de l'une chez l'autre, si bien qu'on est arrivé à les pervertir toutes deux. C'est ce qui s'est récemment passé d'une manière parfaitement évidente dans cet]C être bâtard ou centaure et qui est cette prétendue philosophie de la religion[321] qui, endossant le rôle d'une sorte de gnose, s'efforce d'interpréter la religion donnée, et de gloser le vrai *sensu allegorico* au moyen d'un vrai *sensu proprio*. Encore aurait-il fallu, pour ce faire, déjà posséder et connaître la vérité *sensu proprio*. Mais alors toute interprétation serait superfétatoire. Vouloir ne trouver la métaphysique, c'est-à-dire la vérité *sensu proprio*, qu'à partir de la seule religion, au moyen de l'exégèse et de l'interprétation, serait une entreprise fort dangereuse et délicate à laquelle on ne saurait se résoudre que s'il était établi que la vérité, à l'image de l'acier ou de tout autre métal impur, ne peut se produire qu'à l'état de minerai et non à l'état pur, c'est-à-dire par conséquent que l'on ne peut l'obtenir que par réduction à partir de cet alliage[322].

C[Les religions sont nécessaires au peuple. Elles sont pour lui un bienfait inestimable. Si, toutefois, elles entendent s'opposer aux progrès de l'humanité dans la connaissance de la vérité, il convient de les écarter en y mettant le plus de ménagement possible. Mais exiger que même un grand esprit — un Shakespeare, un Goethe — se convainque des dogmes d'une religion quelconque *simpliciter* [tout simplement], *bona fide* [de bonne foi] et *proprio sensu* [au sens propre], revient à exiger d'un géant qu'il enfile les chaussures d'un nain.]C

Les religions, parce qu'elles sont établies en fonction du discernement du plus grand nombre, ne peuvent posséder qu'une vérité médiate et non immédiate ; exiger d'elles une vérité immédiate serait comme vouloir lire les lettres sur le marbre de l'imprimerie plutôt que sur le papier où elles sont imprimées. La valeur d'une religion, par conséquent, dépendra de la plus ou moins grande teneur en vérité qu'elle porte en elle derrière le voile de l'allé-

gorie, et donc de la plus ou moins grande distinction
avec laquelle celle-ci se rend visible à travers ce
voile, c'est-à-dire de la transparence de ce voile. On
dirait presque qu'il en va comme avec les langues :
les plus anciennes sont les plus parfaites. Si j'entendais prendre les résultats auxquels aboutit ma
philosophie comme le critère de la vérité, alors je
serais bien forcé d'accorder la préséance au bouddhisme sur toutes les autres religions. Sans aller
jusque-là, je ne peux cependant que me réjouir de
voir ma théorie être en si grande concordance avec
une religion qui, sur terre, a la majorité pour elle,
puisqu'elle compte plus d'adeptes qu'aucune autre[323].
Et cette concordance me réjouit d'autant plus que ma
pensée philosophique ne s'est jamais trouvée sous son
influence. Car, jusqu'en 1818, date à laquelle mon
ouvrage est paru, on ne trouvait en Europe que de
très rares, de très imparfaits et de très insuffisants
travaux sur le bouddhisme ; ils se réduisaient presque
entièrement à quelques études parues dans les
premiers volumes des *Asiatic researches* qui concer-
naient principalement le bouddhisme des Birmans.
Mais depuis nous est peu à peu arrivée une docu-
mentation plus complète sur cette religion, principalement grâce aux traités approfondis et instructifs
de ce membre méritant de l'Académie de Saint-
Pétersbourg, I. J. Schmidt[324], et qui furent publiés
dans les Annales de l'Académie[325] C[et, par la suite,
grâce à des savants anglais et français, de sorte que
j'ai pu livrer un répertoire assez fourni des meilleurs
écrits sur cette doctrine de la foi dans mon ouvrage *De la volonté dans la nature*, sous la rubrique
« Sinologie »[326]].C Malheureusement, Csoma Körösi[327],
ce Hongrois persévérant qui, pour étudier la langue
et les écrits saints du bouddhisme, avait passé de
nombreuses années au Tibet et en particulier dans

les monastères bouddhistes, nous a quittés il y a peu, arraché par la mort juste au moment où il commençait à exploiter les résultats de ses recherches. Mais je ne peux cependant pas dissimuler la joie que j'ai ressentie lorsque j'ai lu, dans ses rapports provisoires, quelques passages directement tirés du *Kangyur*[328], ainsi par exemple cet entretien du Bouddha mourant avec *Brâhma* venu lui rendre hommage : *There is a description of their conversation on the subject of creation, — by whom was the world made.* Shakya *asks several questions of* Brahma, — *whether was it he, who made or produced such and such things, and endowed or blessed them with such and such virtues or properties, — whether was it he who caused the several revolutions in the destruction and regeneration of the world. He denies that he had ever done anything to that effect. At last he himself asks* Shakya *how the world was made, — by whom? Here are attributed all changes in the world to the moral works of the animal beings, and it is stated that in the world all is illusion, there is no reality in the things; all is empty.* Brahma *being instructed in his doctrine, becomes his follower (Asiatic researches, vol. 20, p. 434)**[329].

---

* « Il se trouve une description de leur entretien dont l'objet est la création. — Par qui le monde a-t-il été produit ? *Shâkya* pose plusieurs questions à *Brâhma* : Était-ce *lui* qui avait fait ou produit telle ou telle chose et l'avait-il dotée de telle ou telle autre qualité ? Était-ce lui qui avait causé les différentes révolutions en vue de la destruction et de la régénération du monde ? *Brâhma* nie avoir jamais fait rien de pareil. Pour finir, lui-même demande à *Shâkya* comment le monde a été produit — par qui ? Ici tous les changements du monde sont attribués *aux œuvres morales d'êtres animaux* et il est dit que tout dans le monde n'est qu'*illusion*, il n'y a aucune réalité dans les choses, tout n'est que vide. *Brâhma*, ainsi instruit de la doctrine de Bouddha, devient son adepte. »

Je ne puis situer, comme on le fait couramment, la DIFFÉRENCE FONDAMENTALE entre les religions dans le fait qu'elles sont ou monothéistes ou polythéistes ou panthéistes ou athéistes. Cette différence se situe bien plutôt dans le fait de savoir si elles sont optimistes ou pessimistes, c'est-à-dire si elles présentent l'existence de ce monde comme se justifiant d'elle-même et, par suite, la louent et la célèbrent, ou si elles considèrent que l'on ne peut la comprendre que comme la suite de notre culpabilité, et, par conséquent, comme ne devant pas être, dans la mesure où elles reconnaissent que la douleur et la mort ne peuvent résider dans l'ordre éternel, originel, immuable des choses, dans ce qui doit être à tous égards. C[La force en vertu de laquelle le christianisme a pu vaincre d'abord le judaïsme, puis le paganisme grec et romain, réside tout entière dans ce pessimisme, dans cet aveu selon lequel nous vivons dans un état à la fois de grande misère et de péché, alors que le judaïsme et le paganisme étaient, au contraire, des religions optimistes. Cette vérité, profondément et douloureusement ressentie par chacun, a percé, entraînant à sa suite le besoin d'une rédemption.]C

J'en arrive, à présent, à la considération générale de l'autre espèce de métaphysique, c'est-à-dire celle qui a son principe de légitimation en elle-même et que l'on nomme PHILOSOPHIE. Je rappelle que son origine, explicitée plus haut, se situe dans un ÉTONNEMENT au sujet du monde et de notre propre existence, lesquels s'imposent alors à notre intellect comme une énigme dont la solution est propre à occuper l'humanité sans relâche. Mais je voudrais ici auparavant faire remarquer qu'il ne pourrait en être ainsi si le monde était, au sens où l'entendait Spinoza, ou encore au sens si fréquemment revendiqué aujourd'hui par les formes et présentations modernes qui se réclament du panthéisme, une «SUBSTANCE ABSOLUE», autrement dit un ÊTRE ABSOLUMENT NÉCESSAIRE[330]. Ce qui signifie que le monde existerait avec une nécessité tellement forte que, à côté de lui, toute autre nécessité concevable comme telle par l'intellect ne pourrait sembler qu'une contingence. Le monde serait alors, en effet, une entité qui comprendrait en elle-même non seulement toute existence réelle, mais aussi toute existence possible, de sorte que, ainsi que Spinoza l'indique, la possibilité et la réalité de cette existence seraient une seule et même chose[331] ; par suite, son non-être serait l'impossibilité elle-même, c'est-à-dire que l'on ne pourrait absolument pas penser le non-être ou l'être-autre de l'existence et que, par conséquent, on pourrait faire aussi peu abstraction de cette existence que, par exemple, du temps et de l'espace. En outre, étant NOUS-MÊMES des parties, des *modi* [modes], des attributs ou des avatars d'une telle substance absolue, qui serait la seule chose qui ait, en quelque sens que ce soit, jamais pu exister quelque part, notre existence, celle du monde, ainsi que le mode d'être de cette dernière, loin de nous apparaître surprenants et problématiques, comme une énigme insondable qui n'aurait de cesse de nous inquiéter, se comprendraient bien plus au contraire d'eux-mêmes, au même titre que deux et deux font quatre. Car nous ne serions absolument pas capables de penser autre chose sinon que le monde est, et qu'il est comme il est. Aussi devrions-nous être aussi peu conscients de son existence EN TANT QUE TELLE, c'est-à-dire en tant qu'elle est un problème de la pensée, pas plus que nous ne ressentons le mouvement incroyablement rapide de notre planète.

Mais il n'en va nullement ainsi. Le monde, l'exis-

tence ne semblent aller de soi que pour le seul
animal privé de pensée ; pour l'homme, en revanche,
ils sont un problème que même le plus inculte, le
plus limité des esprits se représente vivement, dans
ses rares moments de lumière. Cependant, il pénètre
d'autant plus distinctement et d'autant plus durablement la conscience de chacun que celle-ci est claire
et réfléchie et qu'est importante la matière à penser
qu'elle s'est appropriée par la culture, de sorte que,
pour finir, tout cela, placé dans des têtes aptes à la
philosophie, s'élève jusqu'au θαυμάζειν, μάλα φιλοσο-
φικὸν πάθος (*mirari, valde philosophicus affectus*)
[l'étonnement, un affect très philosophique[332]], à
savoir jusqu'à cet ÉTONNEMENT <*Verwunderung*>
susceptible de saisir le problème dans toute son
ampleur, lequel problème n'aura de cesse d'occuper,
à tout instant, l'humanité la plus noble de toutes les
époques et de toutes les contrées, sans jamais lui
laisser un moment de quiétude. En réalité, l'inquiétude <*Unruhe*>, qui maintient en mouvement l'horloge de la métaphysique qui jamais ne s'arrête, est
cette conscience que le non-être <*Nichtsein*> de ce
monde est tout autant possible que son existence
<*Dasein*>. Aussi, c'est une fausse conception que la
conception spinoziste du monde, selon laquelle ce
monde serait un être absolument nécessaire, c'est-
à-dire quelque chose qui pourrait et devrait être, au
sens strict, comme dans tous les sens du terme.
Pourtant, même le simple théisme, dans sa preuve
cosmologique, a pour point de départ tacite l'inférence qui conclut de l'existence du monde à son
non-être antérieur ; il le présuppose donc comme
une entité contingente. D'ailleurs, nous-mêmes avons
tôt fait d'appréhender le monde comme une entité
dont le non-être serait non seulement pensable, mais
encore préférable à son existence. C'est pourquoi on

peut facilement passer de l'étonnement à son sujet à une sombre méditation sur la FATALITÉ, qui a été capable, malgré tout, d'en provoquer l'existence, et qui fait qu'une force aussi incommensurable que celle que supposent la production et la conservation d'un tel monde, peut se retourner contre son propre intérêt. L'étonnement philosophique est donc, dans le fond, profondément affligé et consterné : la philosophie commence, à l'instar de l'ouverture de *Don Juan*, avec un accord en mineur. Il s'ensuit qu'elle ne saurait être ni spinoziste ni optimiste. — La nature plus précise de l'étonnement, énoncée juste ci-dessus, qui incite à philosopher, découle manifestement du spectacle DU MAL *<das Übel>* ET DE LA MÉCHANCETÉ *<das Böse>* dans ce monde. Car seraient-ils l'un et l'autre dans le plus juste des rapports, le bien *<das Gute>* serait-il même largement prépondérant, il n'en demeure pas moins qu'ils ne devraient absolument et en aucun cas être. Or, parce que rien ne peut naître de rien, il faut bien qu'ils aient leur germe dans l'origine, au cœur même de ce monde. Il nous est difficile d'admettre une telle chose à l'instant où nous considérons la grandeur, l'ordre et la perfection du monde physique. Nous songeons bien plutôt que ce qui a eu le pouvoir de produire un tel monde aurait bien dû avoir aussi celui d'éviter ce mal et cette méchanceté. C'est ce constat (dont Ormuzd et Ahriman sont l'expression la plus sincère[333]) que le théisme a le plus de mal à admettre. C'est, en tout premier lieu, pour écarter la MÉCHANCETÉ que l'on a inventé la liberté de la volonté, mais celle-ci n'est en réalité qu'une manière dissimulée de création *ex nihilo*, puisqu'elle admet un *operari* [acte] qui ne procède d'aucun *esse* [être] (voir *Les deux problèmes fondamentaux de l'éthique*, p. 58 sq.[334]). C'est ainsi que l'on a cherché à se débarrasser du MAL, en l'imputant à la matière ou à une nécessité inéluctable, en écartant à regret le diable, qui est à proprement parler le bon *expediens ad hoc* [expédient pour cette fin]. La MORT fait partie du mal; mais la MÉCHANCETÉ, elle, ne consiste que dans le fait de se décharger sur un autre <*Von-sich-auf-einen-Andern-schieben*> des maux du moment. Donc, comme on vient de le dire, la méchanceté, le mal, la mort sont ce qui confère à l'étonnement philosophique sa qualité, et ce qui le surhausse : non seulement que le monde soit existant, mais bien plus, qu'il soit un monde aussi affligeant, tel est le *punctum pruriens* [point de démangeaison] de la métaphysique, tel est le problème qui plonge l'humanité dans une inquiétude que ni le scepticisme ni le criticisme ne sauraient apaiser.

La PHYSIQUE (dans le sens le plus vaste du terme) s'occupe de l'explication des phénomènes dans le monde. Mais il appartient à la nature même de ses explications qu'elles ne peuvent être suffisantes. La PHYSIQUE ne peut se tenir sur ses jambes, elle a besoin d'une MÉTAPHYSIQUE pour s'y appuyer, quelle que soit la morgue qu'elle affiche à l'endroit de cette dernière. Car elle explique les phénomènes par quelque chose de plus inconnu encore qu'ils ne le sont eux-mêmes, à savoir par les lois de la nature, lesquelles reposent sur les forces de la nature, auxquelles appartient aussi la force vitale. Sans doute l'état actuel de toute chose dans le monde, ou dans la nature, doit nécessairement pouvoir être tout entier expliqué par des causes purement physiques. Seulement une telle explication, à supposer que l'on puisse effectivement la donner, devrait non moins nécessairement être toujours entachée de deux imperfections essentielles (de deux tares en quelque sorte, comme Achille avec son talon vulnérable, ou encore comme le diable affublé de son pied fourchu), qui font que tout ce qui a été ainsi expliqué n'en reste pas moins cependant à proprement parler inexpliqué. Il y a d'abord cette première tare qui fait qu'il est impossible de JAMAIS atteindre le COMMENCEMENT de la chaîne des causes et des effets, c'est-à-dire des changements successifs, cette chaîne qui explique tout, puisque ce commencement ne cesse de reculer à l'image de la limite de l'univers dans l'espace et le temps, qui recule à l'infini. Il y a ensuite cette seconde tare qui fait que l'ensemble des causes agissantes, à partir desquelles on explique tout, repose toujours sur quelque chose d'inexplicable, à savoir sur les QUALITÉS originelles des choses, sur les FORCES DE LA NATURE qui s'y manifestent, et en vertu desquelles ces qualités agissent d'une façon déterminée ; par exemple la pesanteur, la résistance, la force d'impulsion, l'élasticité, la chaleur, les forces chimiques, etc. Or celles-ci demeurent toutes inexpliquées dans toute explication donnée, comme une donnée inconnue dans une équation algébrique, qu'on ne peut supprimer, alors que tous les autres termes sont cependant parfaitement résolus. C[Aussi n'est-il pas si infime tesson d'argile qui ne soit composé de qualités purement inexplicables.]C Ces deux défauts inévitables, inhérents à toute explication purement physique, autrement dit causale, indiquent qu'une telle explication ne peut être vraie que RELATIVEMENT, et que toute la méthode employée ne peut être la seule, l'ultime, la méthode suffisante, c'est-à-dire celle qui a le pouvoir de mener un jour à une solution satisfaisante de l'énigme des choses et à une compréhension vraie du monde et de l'existence. Ces deux défauts révèlent bien plutôt que l'explication PHYSIQUE en général et en tant que telle a besoin d'une explication MÉTAPHYSIQUE qui lui livre la clé de toutes ses présuppositions mais qui, pour cette raison précisément, a dû emprunter un chemin radicalement différent. Le premier pas dans cette direction consiste à arriver à une conscience claire de la distinction entre la PHYSIQUE et la MÉTAPHYSIQUE, et à la fixer. Celle-ci repose d'un point de vue général sur la distinction que fait Kant entre le PHÉNOMÈNE et la CHOSE EN SOI. Et c'est justement parce que Kant déclarait que cette chose en soi était absolument inexplicable, qu'il n'y aurait, à l'en croire, aucune métaphysique possible[335]. Il n'y aurait qu'une connaissance immanente, c'est-à-dire une simple physique qui ne sait jamais parler que des phénomènes et, à côté d'elle, une critique de la raison qui aspire à la métaphysique. Mais ici, afin de montrer quel est le véritable point de jonction de ma philosophie avec celle de Kant, je voudrais souligner, quitte à anticiper sur le livre II, que, par sa belle explication de la coexistence de la liberté avec la nécessité (*Critique de la raison pure*, 1ʳᵉ édition, p. 532-554 et *Critique de la raison pratique*, p. 224-231 de l'édition Rosenkranz)[336], Kant expose comment une seule et même action peut être, d'un côté, entièrement explicable à partir du caractère de la personne, des influences qu'il a subies au cours de sa vie et des motifs qui à ce moment-là s'imposent à lui comme nécessaires, mais qu'elle doit, d'un autre côté, être considérée comme l'œuvre de sa volonté libre. Et c'est dans ce même sens qu'il dit, au § 53 des *Prolégomènes*, «tout enchaînement de cause et d'effet dans le monde sensible tiendra certes à une nécessité naturelle, mais on pourra cependant accorder la liberté à cette cause qui n'est pas elle-même un phénomène (bien qu'elle en soit le fondement) et donc attribuer sans contradiction nature et liberté à une même chose, mais sous des rapports différents, en la considérant tantôt comme phénomène, tantôt comme chose en soi[337] ». Ce que Kant nous enseigne ici du phénomène de l'homme et de son action, je l'étends dans ma doctrine à tous les phénomènes de la nature, car je leur donne pour fondement la volonté en tant que chose en soi. Cette démarche se justifie tout d'abord en ceci qu'il ne peut être admis que l'homme soit un être à part, *toto genere*, entièrement différent des autres êtres et choses présentes dans la nature ; il y a bien plutôt entre eux une simple différence de degré. — Mais, cette digression anticipatrice faite, je reviens à nos considérations sur l'insuffisance de la physique, laquelle ne peut livrer l'explication dernière de toute chose. Je dirais donc : si, à l'évidence, tout est explicable par la physique, rien n'en est pour autant explicable. Il doit bien, en dernière instance, y avoir aussi pour la pensée du cerveau une explication physique qui la rende intelligible, tout comme il y en a une pour le mouvement d'une bille que l'on a heurtée. Or, précisément, cette dernière, que nous avons l'illusion de comprendre si parfaitement, est au fond aussi obscure que la première. Car ce qu'est l'essence intime de l'expansion dans l'espace, celle de l'impénétrabilité, de la mobilité, de la résistance, de l'élasticité, de la pesanteur — tout cela demeure, même après toutes les explications physiques, un mystère au même titre que la pensée. Mais comme, pour cette dernière, l'inexplicable apparaît le plus immédiatement, on a tôt fait de passer d'un bond de la physique à la métaphysique, et d'hypostasier une substance d'une tout autre nature que tout ce qui est corporel — on a transféré une âme dans le cerveau. Si, cependant, on n'avait pas été stupide au point de ne pouvoir être frappé que par le plus évident des phénomènes, on aurait dû expliquer la digestion par la présence d'une âme dans l'estomac, la végétation par celle d'une âme dans les plantes, les affinités par la présence d'une âme dans les réactifs chimiques, et même la chute d'une pierre par la présence d'une âme dans celle-ci. Car la qualité d'un corps inorganique est tout aussi mystérieuse que la vie dans le vivant[338]. Partout, de la même manière, l'explication physique vient se heurter à un élément métaphysique qui l'anéantit, c'est-à-dire la fait cesser d'être une explication. Si l'on suit ce raisonnement avec rigueur, on pourrait affirmer de toutes les sciences de la nature qu'elles ne réalisent au fond rien de plus que la botanique : elles rassemblent et classent des objets de même espèce. — Une physique qui prétendrait que ses explications des choses — fondées, dans le détail, sur les causes et, sur le plan universel, sur les forces — seraient effectivement suffisantes, et donc qu'elles arriveraient à épuiser l'essence de l'univers, voilà ce que serait le NATURALISME proprement dit. En descendant de Leucippe, Démocrite et Épicure jusqu'au *Système de la nature*[339] puis à de Lamarck, Cabanis et au matérialisme réchauffé de ces dernières années, nous pouvons suivre cette tentative prolongée d'établir une PHYSIQUE SANS MÉTAPHYSIQUE, c'est-à-dire une doctrine qui fait du phénomène la chose en soi. Mais toutes les explications de cette doctrine cherchent à dissimuler à leurs explicateurs eux-mêmes et aux autres qu'elles ne font que présupposer l'essentiel. Elles s'efforcent de montrer que tous les phénomènes, y compris les phénomènes spirituels, sont physiques ; et elles ont raison. Seulement, ce qu'elles ne voient pas, c'est que tout ce qui est physique est, dans le même temps et par ailleurs, aussi métaphysique. Il était cependant difficile de le voir sans Kant, car ce constat présuppose la distinction entre le phénomène et la chose en soi.

Toutefois, Aristote, bien qu'il eût un penchant pour l'empirisme et qu'il ait été très éloigné de l'hyper-physique de Platon, était exempt de cette conception étroite, et il disait : Εἰ μὲν οὖν μή ἐστί τις ἐτέρα οὐσία παρὰ τὰς φύσει συνεστηκυίας, ἡ φυσικὴ ἂν εἴη πρώτη ἐπιστήμη· εἰ δέ ἐστί τις οὐσία ἀκίνητος, αὕτη προτέρα καὶ φιλοσοφία πρώρη, καὶ καθόλου οὕτως, ὅτι πρώτη· καὶ περὶ τοῦ ὄντος ᾗ ὄν, ταύτης ἂν εἴη θεωρῆσαι C[(*Si igitur non est aliqua alia subs-tantia praeter eas, quae natura consistunt, physica profecto prima scientia esset: quodsi autem est aliqua substantia immobilis, haec prior et philosophia prima, et universalis sic, quod prima; et de ente prout ens est, speculari hujus est*) [Mais s'il existe une subs-tance immobile, la science de cette substance doit être antérieure et doit être la philosophie première; elle est aussi, de cette façon universelle parce qu'elle est première. Il lui appartiendra de considérer l'être en tant qu'être[340]] (*Metaph. V, 1*).]C Une telle PHY-SIQUE ABSOLUE, ainsi qu'elle a été décrite plus haut, qui ne laisserait place à aucune MÉTAPHYSIQUE, ferait de la *natura naturata* [nature naturée] une *natura naturans* [nature naturante] : ce serait une physique assise sur le trône de la métaphysique qui, à cette place haut perchée, se comporterait comme le potier de théâtre d'Holberg que l'on a nommé bourgmestre[341]. Et même derrière ce reproche d'athéisme, empreint d'un profond mauvais goût et le plus souvent de malveillance, se cache comme sa signification intime et comme la vérité qui lui donne toute sa force, le concept obscur de cette PHYSIQUE SANS MÉTAPHYSIQUE. Sans nul doute, une telle physique sans métaphysique aurait nécessairement un effet destructeur pour l'éthique, et si c'est à tort qu'on a considéré que le théisme n'était pas sépa-rable de la moralité, cette proposition a cependant une certaine vérité quand on limite sa validité à une

MÉTAPHYSIQUE EN GÉNÉRAL, c'est-à-dire à la reconnaissance que l'ordre de la nature n'est pas l'unique
et absolu ordre des choses[342]. Aussi peut-on établir
quel doit être nécessairement le *credo* des justes et
des bons : « je crois en une métaphysique ». Dans
cette perspective, il est important et nécessaire de se
convaincre du caractère intenable d'une PHYSIQUE
ABSOLUE et cela d'autant plus que cette dernière,
qui n'est que le NATURALISME proprement dit, est
une conception qui ne cesse de s'imposer d'elle-
même à l'homme, de façon réitérée, et qu'elle ne
peut être anéantie que par une spéculation approfondie à laquelle, bien évidemment, tous les systèmes
et toutes les doctrines de la foi, si tant est et aussi
longtemps que ces derniers valent, servent, à cet
égard, également de succédané. Mais qu'une conception fondamentalement fausse s'impose d'elle-même
à l'homme, et qu'on ne puisse l'écarter qu'en ayant
recours à des artifices, voilà qui s'explique par le fait
que la détermination originelle de l'intellect n'est
pas de nous instruire de l'essence des choses, mais
bien plutôt de nous montrer leurs relations avec
notre volonté : comme nous l'établissons dans le
livre II, il n'est que le médium des motifs. Que, donc,
dans l'intellect, le monde soit schématisé de manière
qu'il présente un tout autre ordre des choses que
celui qui est tout simplement vrai, parce qu'il nous
en montre non pas le cœur mais la seule écorce,
voilà chose qui ne se produit qu'*accidenter* [de façon
accidentelle], et ne peut valoir comme reproche
pour l'intellect ; et cela d'autant moins que ce dernier
recèle en lui-même les moyens de rectifier cette
erreur, en accédant à la distinction entre le phénomène et la chose en soi, laquelle distinction a fondamentalement toujours existé mais n'a, la plupart du
temps, que très incomplètement pénétré la cons-

cience, si bien qu'elle a été insuffisamment énoncée, ou encore n'est apparue que sous d'insolites déguisements. Déjà, en le nommant la LUMIÈRE DE LA NATURE[343], les mystiques chrétiens déclaraient que l'intellect était insuffisant pour saisir l'essence vraie des choses. Il est en quelque sorte une force qui, à l'instar de l'électricité, n'agit qu'en surface et ne pénètre jamais l'intérieur des êtres.

L'insuffisance du naturalisme pur se manifeste d'elle-même sur le chemin de l'empirisme, ainsi qu'on l'a dit, par le fait que toute explication physique explique chaque chose particulière par sa cause alors que la chaîne de ces causes, comme nous le savons *a priori* et, par suite, de manière certaine, recule infiniment, de sorte qu'aucune cause, sans exception, ne peut jamais être première. Mais alors l'efficience de cette cause est reconduite à une loi de la nature, qui elle-même est finalement reconduite à une force de la nature, laquelle ne mène pas plus loin, vu qu'elle est strictement inexplicable. Mais cet inexplicable à quoi sont reconduits tous les phénomènes de ce monde, si clairement donnés et si naturellement explicables, depuis le plus élevé jusqu'au plus inférieur, trahit le fait que la nature d'une telle explication est entièrement contingente, qu'elle est en quelque sorte *ex concessis* [à partir de ce qui a été concédé], qu'elle n'est en aucun cas l'explication suffisante, l'explication proprement dite ; c'est la raison pour laquelle j'ai dit plus haut qu'il était impossible d'expliquer toute chose physiquement. Cet inexplicable traverse tous les phénomènes et apparaît dans toute son évidence dans le phénomène le plus haut, comme par exemple dans la procréation, tout en étant également présent dans le plus bas, comme par exemple dans un phénomène mécanique. Cet inexplicable est l'indice qu'il existe un ordre des choses en soi, qui sous-tend l'ordre physique des choses tout en étant cependant d'une nature profondément différente : c'est ce que Kant nomme précisément l'ordre des choses en soi, et qui constitue l'objectif de la métaphysique. — Mais, en second lieu, l'insuffisance du pur naturalisme découle de cette vérité philosophique fondamentale que nous avons déjà amplement considérée dans la première moitié de ce livre, et qui constitue aussi la matière de la *Critique de la raison pure* : à savoir que tout OBJET est entièrement conditionné par le SUJET connaissant, aussi bien dans son existence objective en général que dans les modalités (formelles) de cette existence[344], et que, donc, il n'est que phénomène et non chose en soi, C[ainsi qu'on l'a établi dans le § 7 du livre I]C. Cm[On a aussi montré dans ce même passage que rien n'est plus maladroit que de prendre inconsidérément l'objectif comme un donné, à la manière de tous les matérialistes, pour ensuite tout déduire de lui, et cela sans jamais tenir compte du subjectif, d'une manière ou d'une autre, lequel subjectif est cependant le moyen par lequel l'objectif existe, et même le seul lieu dans lequel il puisse exister. Le matérialisme, en vogue aujourd'hui, nous fournit bien des spécimens de cette manière de procéder, et ceux-ci l'ont fait devenir une philosophie d'apprentis apothicaires et de garçons coiffeurs. La matière que, dans son innocence, le matérialisme prend sans hésiter pour le réel absolu lui semble être la chose en soi, et la force d'impulsion la seule faculté de la chose en soi, puisque toutes les autres qualités ne peuvent être que des phénomènes de cette force.]Cm

Par conséquent, on n'arrivera jamais à rien avec le naturalisme, ni même avec aucun mode de considération qui prenne la seule physique comme point de départ. Face à cela, on se trouve comme devant un exemple de calcul qui se révèle, pour finir, parfaitement faux. Des séries causales sans commencement ni fin, des forces fondamentales insondables, un espace infini, un temps sans commencement, une matière divisible à l'infini, et tout cela, de surcroît, conditionné par un cerveau connaissant Cm[dans lequel seul ces choses existent et n'y existent que comme un rêve]Cm, et sans lequel elles disparaissent toutes, voilà bien de quoi est fait le labyrinthe dans lequel ce naturalisme nous promène sans cesse. Les hauteurs auxquelles les sciences de la nature se sont élevées aujourd'hui plongent dans une ombre profonde tous les siècles précédents, et ce sommet, l'humanité y accède pour la première fois. Seulement, quels qu'aient été les progrès qu'a pu faire la PHYSIQUE (entendue dans le sens large de la physique antique), ceux-ci n'en ont pas pour autant permis de faire le moindre pas en direction d'une MÉTAPHYSIQUE, de même que l'extension maximale d'une surface ne permettra jamais de faire de cette surface un volume. Car ces progrès ne feront jamais que parfaire la connaissance du PHÉNOMÈNE, alors que la MÉTAPHYSIQUE, elle, aspire, par-delà le phénomène, à ce qui se phénoménalise. Et si l'on y ajoutait une expérience totale et parfaite, cela ne changerait rien à l'essentiel. Aurait-on même parcouru toutes les planètes de l'ensemble des étoiles fixes, on n'en n'aurait pas pour autant avancé d'un pas dans la MÉTAPHYSIQUE. Au contraire, tous les grands progrès de la PHYSIQUE ne feront jamais que rendre plus sensible encore le besoin d'une MÉTAPHYSIQUE, parce que si l'affermissement, l'approfondissement et l'accroissement de la connaissance de la nature peuvent bien miner certaines hypothèses métaphysiques qui avaient cours jusque-là, et les renverser définitivement, le problème de la métaphysique ne s'en présentera que plus net, plus entier, plus juste, dégagé de tout élément purement physique. De même, plus on accédera à une connaissance exacte et parfaite de l'essence des choses particulières, plus l'exigence d'une explication du tout et de l'universel se fera impérieuse et, plus notre connaissance empirique sera juste, profonde et complète, plus l'objet de cette connaissance nous apparaîtra énigmatique. Bien évidemment, le petit chercheur isolé dans sa branche de la physique n'en aura pas tout de suite conscience : au lieu de cela, il dormira bien confortablement aux côtés de la servante qu'il s'est choisie dans la maison d'Ulysse, refoulant toutes les pensées qui auraient pour objet Pénélope (voir fin du chap. 12[345]). Ainsi, nous voyons bien que L'ÉCORCE DE LA NATURE a été très minutieusement explorée, que les intestins des vers intestinaux et que la vermine de la vermine sont connus jusque dans leurs infimes détails ; mais si quelqu'un comme moi, par exemple, en venait à parler à ces savants du CŒUR DE LA NATURE, alors ils ne daigneront pas lui prêter l'oreille, ils penseront que ce n'est pas leur affaire, et ils continueront à ergoter sur leur écorce. Cm[Aussi serons-nous bien tentés d'appeler fouineurs de la nature ces explorateurs de la nature tout à fait microscopiques et micrologiques. Mais ces gens qui pensent que le creuset et l'alambic représentent l'unique vraie source de la sagesse sont à leur manière tout autant dans l'erreur que l'étaient leurs antipodes, les scolastiques. De même que ceux-ci s'embourbaient dans leurs concepts abstraits et bataillaient avec eux sans connaître ni rechercher quoi que ce soit en dehors d'eux, de même ceux-là s'enlisent complètement dans leur empirisme ; ils ne font valoir que ce qu'ils voient de leurs yeux et pensent ainsi atteindre à la raison dernière des choses; ils ne soupçonnent pas qu'entre le phénomène et ce qui s'y manifeste, à savoir la chose en soi, il y a un abîme profond, une distinction radicale; or, pour expliquer cette distinction, il faut connaître et déterminer la limite précise de l'élément subjectif du phénomène, il faut aussi saisir que les éclaircissements derniers et importants sur l'essence des choses ne peuvent être tirés que de la conscience de soi — sans laquelle on ne peut faire un pas au-delà de ce qui est immédiatement donné par les sens et donc aller au-delà du problème.]Cm Mais notons aussi par ailleurs que la condition d'une EXPOSITION LA PLUS JUSTE POSSIBLE DU PROBLÈME de la métaphysique est une connaissance de la nature la plus complète qui soit; aussi personne ne doit s'aventurer à aborder la métaphysique sans avoir au préalable acquis une connaissance de toutes les branches de la science de la nature, et celle-ci, même cantonnée à un niveau général, n'en doit pas moins être approfondie, claire et cohérente. Car le problème doit précéder sa solution. Mais, après cela, le regard du chercheur doit se tourner vers l'intérieur, car les phénomènes intellectuels et éthiques sont plus importants que les phénomènes physiques, à l'instar, par exemple, du magnétisme animal, qui est un phénomène incomparablement plus important que le magnétisme minéral. Les mystères derniers et fondamentaux, l'homme les porte dans son intériorité. Or cette intériorité est ce qui lui est le plus immédiatement accessible. Aussi est-ce là qu'il peut espérer trouver la clé de l'énigme du monde et tirer le fil qui lui permettra de saisir l'essence des choses. Le domaine propre de la MÉTAPHYSIQUE se situe donc dans ce que l'on a appelé la philosophie de l'esprit.

Du führst die Reihe der Lebendigen
Vor mir vorbei und lehrst mich meine Brüder
Im stillen Busch, in Luft und Wasser kennen:
[...]
Dann führst Du mich zur sichern Höhle, zeigst
Mich dann mir selbst, und meiner eignen Brust
Geheime, tiefe Wunder öffnen sich.

[Tu as amené devant moi la longue chaîne des vivants,
Et tu m'as instruit à reconnaître mes frères
Dans le buisson tranquille, dans l'air et dans les eaux.
[...]
Tu me conduis alors dans l'asile des cavernes,
Tu me révèles à moi-même, et je vois
Se découvrir les merveilles secrètes cachées de mon propre
  sein[346].]

Concernant LA SOURCE OU LE FONDEMENT de la connaissance métaphysique, enfin, je me suis déjà exprimé plus haut; je me suis même opposé à la présupposition que Kant reprend lui aussi, et selon laquelle ce fondement résiderait dans de PURS CONCEPTS. Les concepts ne peuvent être l'élément premier d'aucune connaissance, car ils sont toujours tirés d'une intuition, quelle qu'elle soit. Toutefois, c'est vraisemblablement le modèle des mathématiques qui a conduit à une telle hypothèse. Les mathématiques ont, en effet, la possibilité de délaisser entièrement le domaine de l'intuition, comme cela se produit en algèbre, en trigonométrie et en analyse, et de n'opérer qu'avec des concepts purement abstraits qui sont eux-mêmes représentés par des signes à la place de mots, sans que cela les empêche d'arriver à des résultats parfaitement certains mais tellement loin de nous qu'on n'aurait pu les obtenir en demeurant sur le terrain solide de l'intuition. Que cela soit possible repose sur le fait que, comme Kant l'a déjà suffisamment montré, les concepts mathématiques sont tirés des intuitions les plus certaines et les plus déterminées, à savoir des rapports de grandeurs, certes connus *a priori*, mais non moins intuitivement, par lesquels, par conséquent, ils peuvent toujours être actualisés et contrôlés, soit arithmétiquement au moyen de calculs simplement indiqués par ces signes, soit géométriquement au moyen de ce que Kant appelle la construction des concepts[347]. C'est là un privilège qui fait défaut aux concepts à partir desquels on a cru pouvoir édifier la métaphysique, comme par exemple l'essence, l'être, la substance, la perfection, la nécessité, la réalité, le fini, l'infini, l'absolu, et ainsi de suite. Car, originels, tombés du ciel ou encore innés, ces concepts ne le sont aucunement : ils sont, au même titre que tous les concepts, tirés de l'intuition. Comme, cependant, ils ne se bornent pas au simple élément formel de l'intuition, à l'instar des concepts mathématiques, mais contiennent davantage, ils ont pour fondement l'intuition empirique. Aussi ne saurait-on rien puiser à leur source que ne contienne déjà l'intuition empirique, c'est-à-dire qui ne soit affaire d'expérience, et qu'on ne reçoive de première main et de façon bien plus certaine de cette même expérience, vu que ces concepts sont de très larges abstractions. Car, dans les concepts, on ne peut rien puiser de plus que ce que contiennent déjà les expériences dans lesquelles ils ont eux-mêmes été puisés. Ainsi, si l'on nous réclame des concepts PURS, c'est-à-dire des concepts qui n'aient pas une origine empirique, alors les seuls que nous puissions indiquer seraient ceux qui se rapportent au temps et à l'espace, à savoir à l'élément purement formel de l'intuition, c'est-à-dire les concepts mathématiques et peut-être à la rigueur aussi le concept de causalité qui, certes, ne découle pas de l'expérience, mais ne pénètre dans la conscience que grâce à elle (par l'intermédiaire tout d'abord de l'intuition sensible). Aussi, l'expérience n'est possible que par le concept de causalité, et ce concept n'est donc valable que dans le domaine de l'expérience. C'est précisément pour cette raison que Kant a montré que le concept ne sert qu'à donner une cohérence à l'expérience et non à la dépasser, qu'on peut donc l'appliquer à la physique, mais non à la métaphysique. Ce qui confère une certitude apodictique à une connaissance ne peut être que son origine *a priori*; mais cette origine, précisément, se borne à l'élément purement FORMEL de l'expérience en général, en ce qu'elle indique que cette connaissance est conditionnée par la nature subjective de l'intellect. Une telle connaissance donc, très loin de nous mener au-delà de l'expérience, ne nous livre qu'une PARTIE de cette expérience, à savoir sa partie FORMELLE, qui lui est entièrement propre et par conséquent universelle, c'est-à-dire une pure forme sans contenu. Or, comme la métaphysique ne saurait le moins du monde se limiter à cet élément formel, elle doit aussi puiser à des sources de connaissance EMPIRIQUES. Par conséquent, tout concept préconçu d'une métaphysique devant être trouvée de manière purement *a priori* est vain. Kant s'est effectivement fait l'auteur d'une *petitio principii* [pétition de principe] qu'il exprime le plus clairement dans le § 1 des *Prolégomènes* en disant que la métaphysique ne devrait pas puiser ses concepts fondamentaux et ses principes dans l'expérience[348]. Ce qui suppose, en effet, que l'on admette par avance que ce que nous savons AVANT toute expérience peut aller plus loin que ne le ferait n'importe quelle expérience possible.

Fort de ce postulat, Kant en arrive ensuite à démontrer que toute connaissance de cette nature n'est rien d'autre que la forme de l'intellect en vue de l'expérience et que, par conséquent, celle-ci ne peut aller au-delà de cette expérience, d'où il conclut fort logiquement à l'impossibilité de toute métaphysique. Mais ne semble-t-il pas que l'on procède ici à l'envers en disant que, pour déchiffrer l'expérience, c'est-à-dire le monde qui se présente à nous seuls, on devrait s'en détourner radicalement, ignorer son contenu, n'utiliser et ne prendre pour matière que des formes vides dont nous n'avons conscience qu'*a priori* ? N'est-il pas bien plus approprié à LA SCIENCE DE L'EXPÉRIENCE EN GÉNÉRAL en tant que telle qu'elle puise dans l'expérience ? Le problème de la métaphysique est donné empiriquement à cette même métaphysique, pourquoi sa résolution ne devrait-elle pas s'aider de l'expérience ? N'est-il pas absurde que celui qui parle de la nature des choses doive lui-même ne pas considérer ces choses et ne s'en tenir qu'à des concepts abstraits ? La tâche de la métaphysique ne réside certes pas dans l'observation des expériences singulières mais, malgré tout, dans l'explication juste de l'expérience dans son ensemble. Son fondement doit, par conséquent, être d'une nature empirique. Et bien plus, l'APRIORITÉ d'une partie de la connaissance humaine est appréhendée par elle comme un FAIT DONNÉ dont elle conclut à l'origine subjective de cette partie. Précisément, ce n'est que dans la seule mesure où l'accompagne la conscience de son apriorité que cette partie de notre connaissance est qualifiée par Kant de TRANSCENDANTALE, non de TRANSCENDANTE, ce qui signifie « dépassant toute possibilité de l'expérience », et qu'elle s'oppose à L'IMMANENT, c'est-à-dire à ce qui demeure à l'intérieur des limites de l'expérience. Je me fais un plaisir de rappeler ici la signification première de ces expressions introduites par Kant, avec lesquelles, de même qu'avec celle de «catégorie» et d'autres encore, aujourd'hui, les singes de la philosophie mènent leur jeu. — En outre, la source de la connaissance métaphysique n'est pas la seule expérience EXTÉRIEURE, elle est tout autant l'expérience INTÉRIEURE, cette expérience qui, plus que toute autre il est vrai, lui appartient en propre, et lui permet de franchir le pas décisif, à lui seul apte à résoudre la grande question, et qui consiste, comme je l'ai exposé de manière approfondie et détaillée dans la *Volonté de la nature* C[sous la rubrique «Astronomie physique»[349]]C, dans le fait de pouvoir au bon moment mettre en relation l'expérience extérieure avec l'expérience intérieure, et de faire de celle-ci la clé de celle-là[350].

L'origine de la métaphysique explicitée ici, et impossible à nier pour peu qu'on soit honnête, provient donc de sources empiriques de la connaissance et retire bien sûr à cette métaphysique toute certitude qui soit de nature apodictique[351], laquelle n'est possible qu'au moyen d'une connaissance *a priori* ; cela reste la propriété de la logique et des mathématiques, sciences qui n'enseignent d'ailleurs que ce que tout un chacun sait déjà par lui-même, encore que confusément il est vrai. Aussi les tout premiers éléments d'une théorie de la nature sont-ils les seuls à pouvoir encore être déduits de la connaissance *a priori*. Par cet aveu, la métaphysique ne fait que renoncer à une vieille ambition qui, compte tenu de ce qui vient d'être dit, reposait sur une méprise et contre laquelle n'ont cessé de témoigner la grande diversité et variabilité des systèmes métaphysiques, mais aussi l'existence du scepticisme qui les a, de tout temps, accompagnés. Toutefois, on ne saurait invoquer la variabilité pour nier la possibilité d'une métaphysique, puisqu'une même variabilité touche tout autant chaque branche des sciences de la nature, la chimie, la physique, la géologie, la zoologie et toutes les autres ; même l'histoire n'en est pas exempte. Mais le jour où l'on atteindra à un système métaphysique juste, si tant est que les limites de l'intellect humain le permettent jamais, alors lui sera accordée l'immuabilité d'une science connue *a priori* : parce que son fondement ne peut être que L'EXPÉRIENCE EN GÉNÉRAL et non les expériences singulières et particulières qui font que, en revanche, les sciences de la nature n'ont de cesse d'être modifiées, et l'histoire d'acquérir toujours une matière nouvelle. Car l'expérience prise comme un tout et en général n'échangera jamais son caractère contre un autre.

La question qui se pose alors est celle-ci : comment une science puisée à la source de l'expérience peut-elle aller au-delà de cette expérience, et ainsi mériter le nom de MÉTAPHYSIQUE ? Elle ne le peut à la manière par exemple dont on déduit de trois nombres proportionnels le quatrième, ou encore dont, de deux côtés et d'un angle, on déduit le triangle. C'était la voie de la dogmatique qui avait encore cours avant Kant et qui, en vertu de lois certaines et connues de nous *a priori*, entendait conclure du donné au non-donné, de la conséquence à la raison, c'est-à-dire de l'expérience à ce qui ne saurait être donné dans aucune expérience. Kant a exposé l'impossibilité d'une métaphysique qui emprunterait cette voie en montrant que ces lois, bien qu'elles ne soient pas puisées dans l'expérience, n'en valent pas moins que pour cette seule expérience. Aussi enseigne-t-il à raison que nous ne saurions de cette manière aller au-delà de la possibilité de toute l'expérience. Seulement, il est encore d'autres voies pour arriver à une métaphysique. Admettons que le tout de l'expérience est semblable à une écriture cryptée, et que la philosophie en soit le décodage dont l'exactitude est garantie par la cohérence qui en résulte. À condition qu'il soit appréhendé avec suffisamment de profondeur, et que l'expérience intérieure soit rattachée à l'expérience extérieure, ce tout pourra être EXPLIQUÉ ET INTERPRÉTÉ à partir de lui-même. Une fois que Kant nous a montré de manière irréfutable que l'expérience en général est issue de deux éléments qui sont les formes de la connaissance et l'essence en soi des choses, et que ces deux éléments peuvent ainsi être délimités l'un par rapport à l'autre (à savoir comme ce dont nous avons conscience *a priori* et ce qui s'y ajoute *a posteriori*), il devient possible d'indiquer, du moins généralement, ce qui, dans l'expérience donnée, n'est tout d'abord qu'un pur PHÉNOMÈNE, relevant de la FORME conditionnée par l'intellect de ce phénomène, et ce qui, après soustraction de cet élément, reste du domaine de la chose en soi. Et, même si personne ne peut reconnaître la chose en soi à travers l'enveloppe des formes de l'intuition, chacun ne la porte pas moins en soi-même ; bien plus : chacun est cette chose en soi. Aussi doit-elle, d'une façon ou d'une autre, être accessible dans la conscience de soi et cela, même de manière conditionnée. Le pont par lequel la métaphysique accède à un au-delà de l'expérience n'est rien d'autre que, précisément, cette décomposition de l'expérience en phénomène et en chose en soi où j'ai reconnu le plus grand mérite de Kant. Car elle contient la démonstration de l'existence d'un noyau du phénomène qui serait différent du phénomène. Ce noyau ne peut, il est vrai, jamais être entièrement détaché du phénomène, ni être considéré pour lui-même comme un *ens extramundanum* [être extra-mondain]; aussi ne sera-t-il jamais connu que dans ses relations et rapports avec le phénomène lui-même. Seules une interprétation et une explicitation de ce phénomène en relation avec ce noyau intérieur, qui est le sien, est à même de nous livrer sur ce même phénomène des éclaircissements qui, autrement, n'auraient pas pénétré la conscience. C'est en ce sens que la métaphysique va au-delà du phénomène, c'est-à-dire au-delà de la nature pour atteindre ce qui est caché dans la nature ou derrière la nature (τὸ μετὰ τὸ φυσικόν), mais qu'elle ne considère toutefois jamais que comme ce qui apparaît dans la nature, tout en n'étant jamais indépendant de tout phénomène : elle demeure, par conséquent, immanente et ne devient nullement transcendante. Car elle ne s'arrache jamais entièrement à l'expérience et reste la simple interprétation et explicitation de celle-ci, puisqu'elle ne parle jamais de la chose en soi autrement que dans sa relation avec le phénomène. C'est en ce sens du moins que j'ai tenté de résoudre le problème de la métaphysique en prenant constamment en compte les limites de la connaissance humaine démontrées par Kant. C'est pourquoi je maintiens les *Prolégomènes à toute métaphysique* en considérant qu'ils valent également pour la mienne. La métaphysique ne va jamais à proprement parler au-delà de l'expérience, elle ne fait que rendre possible une compréhension vraie du monde existant en elle. Elle n'est ni une science établie à partir de purs concepts, selon la définition de la métaphysique que reprend Kant, ni un système de déductions opérées à partir de principes *a priori*, dont Kant a montré combien ils étaient impropres à toute fin métaphysique. Elle est un savoir puisé dans l'intuition du monde extérieur, réel, et dans les éclaircissements que livre sur ce monde le plus intime fait de la conscience de soi, et c'est ce savoir qu'elle dépose dans des concepts clairs. Elle est donc une science de l'expérience et ce ne sont pas les expériences singulières, mais le tout et l'universel de toute expérience, qui constituent à la fois son objet et sa source. Je maintiens tout à fait la doctrine de Kant selon laquelle le monde de l'expérience est un pur phénomène, tandis que les connaissances *a priori* ne valent qu'en rapport avec ce monde de l'expérience ; mais j'ajoute qu'en tant que phénomène précisément, ce monde de l'expérience est la manifestation de ce qui se phéноménalise et que j'appelle, avec Kant, chose en soi. Celle-ci doit, par conséquent, exprimer son essence et son caractère dans le monde de l'expérience ; par suite, ce caractère et cette essence doivent ressortir de l'interprétation <*Deutung*> faite à partir de la matière et non de la seule forme de l'expérience. Par conséquent, la philosophie n'est rien d'autre que la compréhension <*Verständnis*> exacte et universelle de l'expérience elle-même, elle est l'explicitation <*Auslegung*> vraie du sens et de la teneur de l'expérience. Cette teneur est l'élément métaphysique, c'est-à-dire ce qui est voilé dans le phénomène et se dissimule dans ses formes, et qui est au phénomène ce que la pensée est aux mots.

Un tel déchiffrement du monde en relation avec ce qui apparaît dans ce monde doit trouver sa confirmation en lui-même, à travers la concordance qu'il établit entre les phénomènes du monde si divers et que l'on ne perçoit pas sans lui. — Lorsque l'on découvre des écritures dans un alphabet qui nous est inconnu, on essaie autant de dispositions des lettres qu'il est nécessaire pour arriver à une hypothèse de signification pour chacune d'entre elles qui leur permette de former des mots intelligibles et des périodes cohérentes. Or, après cela, il ne peut subsister aucun doute sur l'exactitude de ce déchiffrement : il est impossible que cette concordance et cette cohérence dans lesquelles cette disposition a placé toutes ces lettres puissent être simplement fortuites et que, en donnant une autre valeur aux lettres, on puisse, en gardant cette combinaison, y identifier également des mots et des périodes. D'une manière analogue, le déchiffrement du monde doit trouver sa confirmation entièrement en lui-même. Il doit répandre une lumière égale sur tous les phénomènes du monde et instaurer une concordance même entre les plus hétérogènes, de sorte que la contradiction entre ceux qui s'opposent radicalement se résout. Cette confirmation à partir de lui-même est le signe de son authenticité. Car tout faux déchiffrement, pour peu qu'il convienne à quelques phénomènes, entrera d'une manière d'autant plus criante en contradiction avec les autres. Ainsi, par exemple, l'optimisme de Leibniz contredit la misère manifeste de l'existence ; la doctrine de Spinoza, selon laquelle le monde est la seule substance possible et absolument nécessaire, est incompatible avec notre stupéfaction devant son être et son essence. La doctrine de Wolff, selon laquelle l'homme tire son *existentia* [existence] et son *essentia* [essence] d'une volonté qui lui serait étrangère, va à l'encontre de notre responsabilité morale face aux actes qui, dans le conflit des motifs, émanent de ceux-ci d'une manière rigoureusement nécessaire. La doctrine fréquemment reprise d'une évolution de l'humanité dans le sens d'un progrès continu vers la perfection ou encore, plus généralement, celle d'un devenir quelconque de cette même humanité en vertu d'un processus universel <*Weltprozess*>[352] vont à l'encontre d'un savoir *a priori* selon lequel, à tout instant donné, un temps infini s'est déjà écoulé, si bien que tout ce qui était censé arriver avec le temps devrait nécessairement être déjà là. On pourrait ainsi rassembler en un registre qui s'étendrait à perte de vue les contradictions des hypothèses dogmatiques avec la réalité donnée des choses. Quant à moi, je suis bien obligé de nier qu'aucune des doctrines développées dans ma philosophie puisse jamais être honnêtement portée à ce registre, justement parce que chacune d'entre elles a entièrement été pensée en présence de la réalité intuitive, et qu'aucune ne prend ses racines dans les seuls concepts abstraits. Toutefois, on y trouve aussi une pensée fondamentale qui, appliquée à chaque phénomène du monde, est comme la clé de ces phénomènes ; elle agit ainsi à l'image de cet alphabet exact dont l'application permet que tous les mots et toutes les périodes aient un sens et une signification. Le fin mot de l'énigme s'avère être le mot juste quand tous les énoncés de celle-ci lui conviennent. Ainsi ma doctrine permet-elle de percevoir une concordance et une cohérence dans l'enchevêtrement contrasté des phénomènes, et elle résout les innombrables contradictions que présente celui-ci, dès lors qu'on le considère d'un autre point de vue. Aussi est-elle semblable à une opération arithmétique qui tomberait juste, encore qu'il ne faille pas l'entendre dans le sens où elle ne laisserait plus aucun problème irrésolu ou aucune question possible sans réponse. Affirmer de telles choses reviendrait à nier avec présomption les limites de la connaissance humaine en général[353]. Quel que soit le flambeau que nous allumions, quel que soit l'espace qu'il puisse bien éclairer, notre horizon demeurera toujours enveloppé dans une nuit profonde[354]. Cm[Car le fin mot de l'énigme du monde devrait nécessairement parler des choses en soi et non des phénomènes. Or c'est précisément aux seuls phénomènes que sont conformées toutes nos formes de connaissance ; aussi ne pouvons-nous nous rendre toute chose compréhensible qu'à travers une juxta-position, une succession ou des relations de causalité. Mais ces formes n'ont de sens et de signification que par rapport au phénomène ; les choses en elles-mêmes et leurs relations possibles ne sauraient être saisies par ces formes. Aussi, la solution véritable et positive à l'énigme du monde doit être quelque chose que l'intellect humain est entièrement incapable de saisir et de penser, de sorte que, si un être d'une espèce supérieure venait et se donnait tout le mal possible pour nous l'inculquer, nous ne pourrions rien comprendre de ses révélations. Donc, ceux qui prétendent connaître les raisons dernières, c'est-à-dire les raisons premières des choses, autrement dit un être originel, un *absolutum*, ou quel que soit le nom qu'on veuille lui donner, ainsi que le processus, les raisons, les motifs ou toute autre chose, en vertu desquels doit procéder le monde, ou jaillir ou tomber, ou lesquels doivent produire ce monde, l'introduire dans l'existence, l'en congédier et l'expulser avec force compliments, ces gens-là, dis-je, sont des bouf-fons, des fanfarons, voire des charlatans.]Cm

L'un des grands mérites de ma philosophie me semble être que toutes ses vérités ont été trouvées indépendamment les unes des autres par la considé-ration du monde réel, de sorte que l'unité et la concor-dance de celles-ci, dont je ne me suis pas préoccupé, se sont toujours présentées d'elles-mêmes après coup. C'est aussi la raison pour laquelle elle est si riche et que ses larges racines plongent dans le sol de la réalité intuitive dont jaillit l'unique nourriture des vérités abstraites. Et c'est encore la raison pour laquelle elle n'est pas ennuyeuse, qualité que l'on pourrait, à en juger par les écrits philosophiques des cinquante[355] dernières années, tenir pour une qualité essentielle à la philosophie. Quand, à l'inverse, toutes les théories d'une philosophie sont simplement déduites les unes des autres et que, en dernière instance, elles découlent d'une seule proposition première, combien la philosophie semble pauvre et maigre, combien elle semble ennuyeuse aussi, car d'une proposition ne peut plus rien suivre sinon ce qu'elle a par ailleurs déjà affirmé, d'autant que tout dépend alors de l'exactitude d'une seule proposition et qu'il suffit d'une seule erreur dans la déduction pour que la vérité du système tout entier se trouve menacée. — Les systèmes qui partent d'une intuition intellectuelle, c'est-à-dire d'une sorte d'extase ou d'une seconde vue, offrent encore moins de garantie, et il convient d'écarter toute connaissance acquise de cette façon comme subjective, individuelle et, par conséquent, problématique. D'ailleurs, quand bien même cette intuition existerait réellement, elle n'en serait pas moins incommunicable, car seule la connaissance normale du cerveau est communicable par des concepts ou des mots si elle est abstraite, par des œuvres d'art si elle est intuitive.

Au lieu de reprocher à la métaphysique, comme on le fait si souvent, d'avoir fait d'aussi infimes progrès au cours de tous ces siècles, on ferait mieux de considérer qu'aucune autre science n'a, comme elle, à ce point grandi sous une pression continue ; aucune n'a été aussi empêchée, entravée par l'extérieur comme elle l'a été par les religions de tous les pays et à toutes les époques, puisque, partout en possession du monopole des connaissances métaphysiques, ces religions l'ont tenue pour une herbe folle, pour un ouvrier illégitime, pour une horde de tsiganes et, en règle générale, elles ne l'ont tolérée qu'à la condition qu'elle se résigne à les servir et à les suivre. Où y a-t-il jamais eu une véritable liberté de pensée ? On s'en est suffisamment fait gloire, mais, dès que la métaphysique a voulu aller plus loin que par exemple se distinguer des dogmes subordonnés aux religions du pays, aussitôt les apôtres de la liberté ont été saisis d'un saint frisson devant tant de témérité : pas un pas de plus, voilà ce qu'elle s'entendit dire. Quels progrès pouvait faire la métaphysique sous une telle pression ? — Car cette contrainte exercée par la métaphysique privilégiée ne se borne pas à entraver la COMMUNICATION des pensées, elle s'étend également à la PENSÉE elle-même, dans la mesure où elle prend les enfants dès l'âge tendre, quand ils sont encore flexibles, confiants et dépourvus de pensée et, affichant des mines étudiées et d'une gravité solennelle, elle leur inculque si fermement ses dogmes que ceux-ci grandissent en ne faisant qu'une seule pousse avec leur cerveau et en deviennent presque des pensées innées. Bien des philosophes les ont pris pour de telles pensées innées, d'autres, plus nombreux encore, ont feint de le faire. Or rien n'est plus opposé à l'appréhension du seul PROBLÈME de la métaphysique qu'une solution préétablie, imposée et précocement inoculée dans l'esprit : car le point de départ nécessaire de tout acte philosophique est ce sentiment profond exprimé par Socrate : « Il y a une chose que je sais, c'est que je ne sais rien[356]. » Mais, à cet égard, les Anciens avaient un avantage sur nous : sans doute les religions de leurs pays entravaient-elles la communication des pensées, mais elles ne portaient pas atteinte à la liberté de penser, parce qu'elles n'étaient pas inculquées aux enfants avec autant de formalisme et de solennité, et qu'en général on ne les prenait pas autant au sérieux.

C'est pourquoi, en métaphysique, les Anciens sont toujours nos maîtres.

Contre ce reproche fait à la métaphysique de n'avoir accompli que des progrès infimes et de n'avoir toujours pas atteint à sa fin, en dépit de tant d'efforts persévérants, on devrait aussi arguer qu'elle a entre-temps rendu cet inestimable service qui consiste à avoir imposé des limites aux prétentions infinies de cette métaphysique par privilèges et à avoir aussi, dans le même temps, travaillé à l'encontre du matérialisme et du naturalisme que celle-ci a immanquablement engendrés en réaction contre elle. Que l'on songe où nous aurait conduit l'arrogance du clergé de chaque religion, si la foi en ses doctrines avait été aussi ferme et aveugle qu'il le souhaitait véritablement. Que l'on regarde en arrière et considère toutes les guerres, les troubles, les rébellions et révolutions en Europe du VIIIe au XVIIIe siècle : on trouvera que rares sont les événements qui n'ont pas eu pour enjeu principal ou pour prétexte une quelconque querelle de la foi, c'est-à-dire des problèmes métaphysiques, devenus alors l'occasion de monter les peuples les uns contre les autres. Et tout ce millénaire ne se résume-t-il pas à un massacre incessant, tantôt sur le champ de bataille, tantôt sur l'échafaud, tantôt dans les rues — pour des affaires métaphysiques ! Je voudrais tellement disposer d'un registre authentique de tous les crimes que le christianisme a réellement empêchés, et de toutes les bonnes actions qu'il a réellement engendrées, afin de pouvoir les déposer sur l'autre plateau de la balance.

Enfin, en ce qui concerne les OBLIGATIONS de la métaphysique, elle n'en a qu'une, car c'en est une qui n'en admet pas d'autre à ses côtés : l'obligation d'être VRAIE. Et si, à côté de celle-ci, on voulait lui en ajouter une autre, comme par exemple celle d'être

spiritualiste, optimiste, monothéiste, ou même seulement celle d'être morale, alors on ne peut savoir par
avance si celle-ci n'empêcherait pas l'accomplissement de celle-là, sans laquelle tous ses autres exploits
ne pourraient qu'être, de toute évidence, sans valeur.
Une philosophie donnée ne peut donc avoir d'autre
critère d'appréciation que la vérité. — La philosophie est d'ailleurs essentiellement SAGESSE UNIVER-
SELLE <*Weltweisheit*> : son problème est le monde.
Elle n'a affaire qu'au monde et entend ne pas déranger les dieux, mais attend d'eux en retour qu'ils ne
la dérangent pas non plus.

COMPLÉMENTS DU

LIVRE II

Ihr folgt falscher Spur,
Denkt nicht, wir scherzen!
Ist nicht der Kern der Natur
Menschen im Herzen?

[Vous suivez une fausse piste
Ne pensez pas que nous plaisantons!
Le noyau de la nature n'est-il pas
Dans le cœur des hommes?]

GOETHE[1]

CHAPITRE 18*

SUR LA COGNOSCIBILITÉ
DE LA CHOSE EN SOI

À ce livre qui contient l'étape la plus singulière et la plus importante de ma philosophie, à savoir le passage du phénomène à la chose en soi, passage déclaré impossible par Kant, j'ai déjà ajouté en 1836 un complément essentiel, que j'ai publié sous le titre *De la volonté dans la nature* (deuxième édition, 1854²). On ferait une grande erreur si l'on considérait que les propos étrangers auxquels j'ai rattaché mes propres explications constituent à proprement parler la matière et l'objet de cet ouvrage modeste par sa taille mais important par son contenu : ils ne sont que le prétexte à partir duquel j'ai pu, dans ce livre même et avec une clarté et une distinction jamais égalées ailleurs, expliciter cette vérité fondamentale de ma doctrine et la suivre jusque dans le domaine de la connaissance empirique de la nature.

* Ce chapitre se rapporte au § 18 du livre I.

C'est ce qui a été réalisé de la manière la plus rigoureuse et la plus exhaustive sous la rubrique «Astronomie physique[3]», de sorte que je ne puis espérer trouver jamais expression plus juste et plus exacte du noyau de ma doctrine que celle que j'y ai formulée. Quiconque voudra connaître fondamentalement ma philosophie et la soumettre sérieusement à l'épreuve d'un examen devra donc, en premier lieu, s'intéresser à cette rubrique. Aussi ce qui a été dit dans ce petit écrit aurait-il dû constituer l'essentiel du contenu des présents compléments si, parce qu'il a été rédigé avant, il n'avait dû en rester exclu. Cependant, je le présuppose connu parce que, dans le cas contraire, le meilleur justement en serait absent.

Mais, à présent, j'entends d'abord exposer d'un point de vue général quelques considérations préliminaires pour déterminer dans quel sens on peut parler d'une connaissance de la chose en soi, et pour montrer que ce sens est nécessairement limité.

Qu'est-ce que la CONNAISSANCE ? — Elle est d'abord et essentiellement une représentation. — Qu'est-ce que la REPRÉSENTATION ? — Un processus PHYSIOLOGIQUE extrêmement compliqué qui a lieu dans le cerveau de l'animal et dont le résultat est la conscience d'une IMAGE dans ce même cerveau. — Il est évident qu'il ne peut y avoir qu'une relation très médiate entre cette image et quelque chose qui diffère fort de l'animal dans le cerveau duquel se trouve cette image. — C'est peut-être la manière la plus simple et la plus compréhensible de révéler le PROFOND GOUFFRE QUI SÉPARE L'IDÉAL DU RÉEL. Ce gouffre participe, en effet, de ces choses dont on ne prend pas immédiatement conscience, au même titre que du mouvement de la terre, ce qui explique d'ailleurs que les Anciens n'avaient pas plus remarqué ce gouffre que ce mouvement. Cependant, une fois que Descartes l'a démontré, celui-ci n'a plus laissé aucun repos aux philosophes. Et depuis que, en dernier lieu, Kant a présenté la divergence radicale qu'il y a entre l'idéal et le réel[4] et cela, avec une profondeur jamais atteinte jusqu'ici, toute tentative qui a consisté à vouloir affirmer, par une décision arbitraire fondée sur une prétendue intuition intellectuelle[5], l'IDENTITÉ ABSOLUE de l'idéal et du réel était nécessairement aussi hardie qu'absurde, même si, toutefois, une telle tentative prenait parfaitement en compte la faculté de juger du public des philosophes allemands, ce qui explique qu'elle fut couronnée d'un succès éclatant. — La vérité est qu'il y a une existence objective et une existence subjective, un être pour soi et un être pour les autres, une conscience du soi individuel et une conscience des autres choses, et que toutes deux nous sont immédiatement données, mais d'une manière si différente qu'aucune autre différence ne pourra jamais égaler celle-là. Chacun a une connaissance immédiate de SOI, mais chacun n'a une connaissance que très médiate des autres choses. Le fait est là, mais là est aussi le problème.

Quant à savoir si, par d'autres processus à l'intérieur d'un cerveau, il est possible d'abstraire des concepts universels (*universalia*) à partir de représentations intuitives ou d'images produites dans le cerveau, et si, ensuite, ceux-ci permettent de nouvelles combinaisons, par quoi la connaissance devient RATIONNELLE et prend, alors, le nom de PENSÉE — cette question ne constitue nullement le point essentiel et n'est que d'une importance secondaire. Car tous ces concepts empruntent leur contenu à la seule représentation intuitive, laquelle est, par conséquent, CONNAISSANCE PRIMORDIALE <*Urerkenntnis*>, et elle seule est en cause dans une étude du rapport entre idéal et réel. Aussi est-ce faire preuve d'une méconnaissance totale du problème, ou d'une grande maladresse, que de vouloir définir ce rapport comme étant celui qu'il y a entre l'ÊTRE et la PENSÉE. La PENSÉE n'a d'abord de rapport qu'avec l'INTUITION ; quant à l'intuition, elle a un rapport avec l'ÊTRE EN SOI <*Sein an sich*>de ce qui est perçu intuitivement, et c'est ce dernier rapport qui constitue le grand problème qui nous occupe ici. Quant à l'être empirique, tel qu'il se présente, il n'est rien d'autre que, précisément, ce qui est donné dans l'intuition : pour cette intuition, son rapport à la pensée ne constitue pas une énigme, puisque les concepts, autrement dit la matière immédiate de la pensée, sont manifestement ABSTRAITS de l'intuition, ce qu'aucun être raisonnable ne saurait mettre en doute. Soit dit en passant, on peut mesurer à quel point le choix des expressions est fondamental dans la philosophie, en constatant que l'expression maladroite que nous avons critiquée ci-dessus, et le malentendu auquel elle a donné lieu, sont devenus le fondement de toute la pseudo-philosophie de Hegel qui a occupé le public allemand vingt-cinq années durant.

On pourrait être tenté de dire : « L'intuition est déjà la connaissance de la chose en soi, car elle est l'effet de ce qui est présent à l'extérieur de nous et QUI N'EST QUE TEL QU'IL AGIT : pour lui, son agir <*Wirken*> est son être. » Mais à cela s'opposent les propositions suivantes : 1) la loi de la causalité, comme il a déjà été suffisamment démontré, est d'origine subjective, au même titre que la sensation éprouvée par les sens, sensation dont procède l'intuition ; 2) le temps et l'espace, à travers lesquels l'objet se présente, sont eux aussi d'origine subjective ; 3) si l'être de l'objet consiste précisément dans son agir, cela signifie qu'il ne consiste que dans les changements qu'il engendre dans d'autres objets, autrement dit qu'il n'est abso-

lument rien en soi. — Cela n'est vrai que de la
MATIÈRE, comme je l'ai dit dans le texte du tome I
C[et dans ma dissertation sur le principe de raison,
où, à la fin du chapitre 21⁶,]C j'ai démontré que l'être
de la matière consiste dans son agir, qu'elle n'est que
causalité de part en part, c'est-à-dire qu'elle est la
causalité elle-même, objectivement intuitionnée. Voilà
précisément pourquoi elle n'est rien en soi(ἡ ὕλη
ἀληθινὸν ψεῦδος, C[*materia mendacium verax* [la matière est un mensonge non moins vrai⁷]]C) et n'est,
en tant qu'ingrédient de l'objet intuitionné, qu'un
simple *abstractum*, lequel ne peut être donné séparément dans aucune expérience. Cependant, nous y
reviendrons plus tard en détail dans le chapitre qui
lui sera consacré. — Quant à l'objet intuitionné, il
faut bien qu'il soit quelque chose EN LUI-MÊME, et
non pas uniquement quelque chose POUR LES AUTRES,
car, sinon, il ne serait qu'une représentation et nous
aurions là un idéalisme absolu qui finirait par devenir un égoïsme théorique ; toute réalité s'évanouirait,
et le monde ne serait plus qu'une pure image <*Phan-
tasma*> subjective. Si cependant, sans prolonger plus
avant ce questionnement, nous nous en tenons au
seul MONDE COMME REPRÉSENTATION, alors c'est
évidemment une seule et même chose d'expliquer
que les objets sont des représentations dans ma tête,
ou qu'ils sont des phénomènes qui se présentent
dans le temps et dans l'espace, puisque, précisément,
le temps et l'espace eux-mêmes ne sont que dans ma
tête. Dans ce sens, il deviendrait tout à fait possible
d'affirmer une identité entre le réel et l'idéal. Cependant, après Kant, on n'ajouterait rien de neuf en disant
cela. En outre, l'essence <*Wesen*> des choses et du
monde tel qu'il se phénoménalise ne s'en trouverait
nullement épuisée ; on se situerait encore et toujours
sur le versant IDÉAL. Le versant RÉEL doit être

quelque chose qui diffère *toto genere* du MONDE COMME REPRÉSENTATION, il doit être ce que les choses sont EN ELLES-MÊMES, et c'est cette divergence absolue entre l'idéal et le réel que Kant a démontrée plus profondément que personne.

Locke avait, en effet, dénié aux sens la connaissance des choses telles qu'elles sont en elles-mêmes[8], alors que Kant l'avait aussi déniée à l'ENTENDEMENT intuitif <*anschauender Verstand*>, terme par lequel je désigne ici ce que lui appelait la sensibilité PURE <*reine Sinnlichkeit*>, et dans lequel j'inclus la loi de la causalité, médium de l'intuition empirique, dans la mesure où cette loi est donnée *a priori*. Non seulement tous deux ont raison, mais on voit aussi immédiatement qu'il y a une contradiction à affirmer qu'une chose peut être connue selon ce qu'elle est en soi et pour soi, autrement dit en dehors de la connaissance[9]. Car connaître est, comme on l'a dit, essentiellement représenter; mais ce que je représente, précisément parce que c'est moi qui le représente, ne peut jamais être identique avec l'essence de la chose en dehors de moi. L'être-en-soi-et-pour-soi <*An- und Fürsichsein*> de toute chose doit nécessairement être SUBJECTIF. Dans la représentation d'un autre, en revanche, il est non moins nécessairement présent en tant qu'OBJECTIF; il y a là une différence qu'on ne pourra jamais entièrement compenser. Car cette même différence modifie fondamentalement la nature de l'existence de la chose : en tant qu'elle est objective, elle présuppose un sujet étranger et elle n'existe que comme sa représentation; de surcroît, elle est, comme Kant l'a démontré, entrée dans des formes qui sont étrangères à sa propre essence, justement parce que ces formes appartiennent en propre à ce sujet étranger et que la connaissance n'est rendue possible que par ces mêmes formes. Imaginons qu'absorbé dans cette observation, j'examine par exemple des corps inanimés d'une taille facile à cerner et d'une forme régulière et claire, et que je tente alors d'appréhender leur existence spatiale dans ses trois dimensions comme un être en soi, comme existence subjective de ces choses : l'impossibilité de cette entreprise me deviendrait alors littéralement sensible, puisque je ne saurais jamais penser ces formes objectives comme étant un être subjectif pour les choses ; je prendrais bien plutôt immédiatement conscience que ce que je représente là est une image qui a été engendrée par mon cerveau, et qui n'existe que pour moi en tant que je suis un sujet connaissant, et que cette image ne peut constituer l'être ultime, par conséquent subjectif, en soi et pour soi, même de ces seuls corps inanimés. Mais, par ailleurs, je ne puis admettre que même ces seuls corps inanimés n'existent que dans ma représentation et, parce qu'ils sont dotés de propriétés insondables en vertu desquelles ils possèdent une efficience <*Wirksamkeit*>, je dois nécessairement leur accorder d'une manière ou d'une autre un ÊTRE EN SOI. Mais précisément ce caractère insondable de leurs propriétés, s'il indique, d'un côté, une présence indépendante de notre connaissance, il donne, de l'autre, la preuve empirique que notre connaissance, parce qu'elle ne consiste qu'en des REPRÉSENTATIONS au moyen de formes subjectives, ne livre jamais que des PHÉNOMÈNES et non l'essence en soi des choses. On peut, en effet, expliquer par là que, dans tout ce que nous connaissons, il subsiste toujours, caché, un quelque chose d'absolument insondable, et nous sommes bien obligés d'admettre que nous ne pouvons entièrement comprendre même les phénomènes les plus communs et les plus simples. Car il n'y a pas que les productions les plus

élaborées, les êtres vivants ou les phénomènes COM-
PLEXES du monde inorganique qui nous restent insondables, mais c'est aussi chaque cristal de roche,
chaque pyrite sulfureuse qui, grâce à ses propriétés
cristallographiques, optiques, chimiques et électriques,
apparaît, même après une observation et une étude
approfondies, comme un abîme d'incompréhensi-
bilités et de mystères. Cependant, il ne pourrait en
être ainsi si nous connaissions les choses telles
qu'elles sont en elles-mêmes ; car alors, au moins
pour les phénomènes les plus simples, l'accès à leurs
propriétés ne nous serait pas barré par notre méconnaissance, et eux-mêmes nous deviendraient forcément compréhensibles, de même que leur être et leur
essence devraient pouvoir, tout entiers, entrer dans
notre connaissance. Le problème n'est donc pas lié
à un manque d'intimité avec les choses, mais à
l'essence de la connaissance elle-même. Car notre
intuition et, par conséquent, l'appréhension empirique des choses qui se présentent à nous, est essentiellement et principalement déterminée par notre
faculté de connaître et conditionnée par ses formes
et ses fonctions ; il ne peut donc en aller que de
la façon suivante : les choses se présentent différemment de ce qu'est leur essence propre, elles
apparaissent comme derrière un masque, lequel
présuppose toujours ce qu'il y a derrière mais ne le
donne jamais à connaître ; voilà pourquoi elles
luisent au travers, comme autant de mystères insondables, voilà pourquoi aussi jamais la nature d'une
chose quelconque ne pourra passer dans notre
connaissance sans une certaine réserve et un objet
réel encore moins être construit *a priori* à l'instar
d'un objet mathématique. Donc l'impossibilité de
sonder empiriquement tous les êtres de la nature est
une preuve *a posteriori* et de l'idéalité et de la réalité

purement phénoménale de son existence empirique.

Aussi, en empruntant le chemin de la CONNAIS-
SANCE OBJECTIVE, c'est-à-dire en partant de la REPRÉ-
SENTATION, nous ne pourrons jamais aller au-delà
de la représentation, à savoir du phénomène, et nous
devrons nous en tenir à la face extérieure des choses
sans pouvoir jamais pénétrer à l'intérieur et étudier
ce qu'elles peuvent bien être en elles-mêmes, autrement dit pour elles-mêmes. Jusque-là, je suis pleinement d'accord avec Kant. Or j'ai fait valoir comme
contrepoint à cette vérité cette autre vérité, à savoir
que nous ne sommes pas seulement SUJET CONNAIS-
SANT, mais que nous appartenons par ailleurs aussi
aux êtres connaissants, que nous sommes NOUS-
MÊMES LA CHOSE EN SOI et que, par conséquent, un
chemin s'ouvre à nous qui mène à l'essence intime
et propre des choses que nous ne pouvions pénétrer
DE L'EXTÉRIEUR, un chemin PAR L'INTÉRIEUR, un
passage souterrain pour ainsi dire, une communication secrète qui, comme par quelque trahison,
nous transportera d'un seul coup à l'intérieur de la
forteresse qu'aucun assaut extérieur n'aurait jamais
pu prendre. — La chose en soi peut justement entrer
immédiatement dans la conscience et cela parce
qu'elle est ELLE-MÊME CONSCIENTE D'ELLE-MÊME.
Vouloir la connaître objectivement revient à exiger
une chose contradictoire. Tout ce qui est objectif est
représentation, par suite, phénomène, autrement
dit, simple phénomène du cerveau.

La conclusion essentielle à laquelle aboutit Kant
peut à grands traits être résumée ainsi : « Tous les
concepts qui ne sont pas fondés par une intuition
dans le temps et dans l'espace (intuition sensible),
c'est-à-dire qui ne sont pas puisés dans une telle intuition, sont absolument vides, c'est-à-dire qu'ils ne

délivrent aucune connaissance. Or, comme l'intuition ne peut délivrer que des PHÉNOMÈNES et non des choses en soi, il en résulte que nous n'avons aucune connaissance des choses en soi. » Je conviens de tout cela, mais j'en exclus la connaissance que chacun d'entre nous a de son propre VOULOIR <*Wollen*> : celle-ci n'est pas une intuition (car toute intuition est spatiale) et elle n'est pas non plus vide ; au contraire, elle est bien plus réelle qu'aucune autre[10]. Elle n'est pas *a priori* comme le sont les connaissances purement formelles, elle est parfaitement *a posteriori* ; c'est pourquoi, précisément, il nous est impossible de l'anticiper dans le cas particulier, c'est pourquoi aussi nous sommes fréquemment induits en erreur sur nous-mêmes. — À la vérité, notre VOULOIR est la seule occasion que nous ayons de comprendre également de l'intérieur un processus qui se présente à l'extérieur ; c'est, par conséquent, la seule chose qui nous soit connue IMMÉDIATEMENT et non, comme tout le reste, simplement donnée dans la représentation. C'est là donc que se trouve l'unique donnée susceptible de devenir la clé de toutes les autres connaissances ou, comme je l'ai dit, l'unique porte étroite de la vérité. Par conséquent, nous devons apprendre à connaître la vérité à partir de nous-mêmes et non à l'inverse, nous-mêmes à partir de la nature. Ce qui nous est connu immédiatement doit nous fournir l'interprétation de ce qui nous est connu médiatement, et non l'inverse. Est-ce que, par hasard, on comprend mieux la trajectoire de la course d'une boule qui a subi un choc que notre propre mouvement qui suit la perception d'un motif ? Beaucoup se l'imaginent ; quant à moi, je soutiens le contraire. Nous reconnaîtrons toutefois que, pour l'essentiel, les processus qui viennent d'être évoqués sont, en effet, identiques, au même titre que le sont la note la plus grave encore audible de l'harmonie et la note de même nom située dix octaves plus haut.

Cependant, il convient, et je m'y suis toujours tenu, de prendre en compte le fait que la perception intérieure <*innere Wahrnehmung*> que nous avons de notre volonté, elle non plus, ne délivre en aucun cas une connaissance exhaustive et adéquate de la chose en soi. Cm[Ce serait le cas, si elle était une connaissance totalement immédiate. Mais parce qu'elle est elle-même médiatisée, c'est-à-dire parce que la volonté passe par une corporisation <*Korporisation*> pour se créer aussi un intellect (pour aider à ses relations au monde extérieur), et parce que c'est par cet intellect qu'elle se connaît alors comme volonté dans la conscience de soi (reflet nécessaire du monde extérieur), c'est pour ces raisons, dis-je, que cette connaissance de la chose en soi ne peut être parfaitement adéquate. D'abord, elle est liée à la forme de la représentation,]Cm C[elle est perception et, en tant que telle, se scinde en sujet et objet]C. Car, dans la conscience de soi aussi, le moi n'est pas absolument simple, il est composé d'un élément connaissant, d'un intellect, et d'un élément connu, la volonté. Celui-là n'est pas connu et celui-ci n'est pas connaissant, bien que tous deux convergent en un moi dans la conscience[11]. Mais c'est aussi précisément la raison pour laquelle ce moi n'est pas entièrement INTIME, pour ainsi dire transparent : il est opaque et demeure par conséquent une énigme à lui-même. Donc, même dans la connaissance intérieure, se produit encore une différence entre l'être en soi de son objet et la perception de celui-ci dans le sujet connaissant. Toutefois, la connaissance intérieure est affranchie des deux formes qui étaient attachées à la connaissance extérieure, à savoir de celle de l'ESPACE et de celle de la CAUSALITÉ laquelle

médiatise toute intuition sensible. En revanche, lui
reste encore la forme du TEMPS tout comme celle
de l'être-connu <*Erkanntwerden*> et du connaître
en général. Par suite, si, dans cette connaissance
intérieure, la chose en soi a, il est vrai, rejeté la plus
grande partie de ses voiles, elle ne paraît pas pour
autant encore totalement nue. En raison de la forme
du temps qui lui est encore attachée, chacun ne
connaît sa VOLONTÉ que dans la succession de ses
ACTES singuliers et non dans sa totalité, en soi et
pour soi. C'est pourquoi personne ne connaît son
caractère *a priori*, mais plutôt apprend à le connaître
dans l'expérience et cela, de manière toujours imparfaite[12]. Mais il n'en demeure pas moins que la perception, à travers laquelle nous connaissons les
mouvements et les actes de notre propre volonté, est
de loin ce qu'il y a de plus immédiat : elle est le point
où la chose en soi entre le plus immédiatement dans
le phénomène et est éclairée par son extrême proximité
avec le sujet connaissant. Aussi ce processus intimement connu est-il le seul et l'unique susceptible
de devenir l'interprète de tous les autres processus.

Car, à chaque fois que, des profondeurs obscures
de notre être intérieur, surgit dans la conscience
connaissante un acte de la volonté, il se produit alors
un passage immédiat de la chose en soi, située en
dehors du temps, au phénomène. Par conséquent,
l'acte de la volonté n'est que le PHÉNOMÈNE le plus
distinct et le plus proche de la chose en soi. Mais il
suit pourtant de là que, si tous les autres phénomènes pouvaient être connus de nous de manière
aussi immédiate et intérieure, nous devrions alors
justement les tenir pour ce que la volonté est en
nous. C'est en ce sens donc que j'enseigne que l'essence intime de chaque chose est VOLONTÉ et que je
nomme volonté la chose en soi. Ainsi la doctrine de

Kant de l'incognoscibilité de la chose en soi se trouve modifiée : on ne peut connaître cette chose en soi absolument et jusque dans ses tréfonds, mais, toutefois, celui d'entre ses phénomènes qui est de loin le plus immédiat et qui, par cette immédiateté, diffère *toto genere* de tous les autres, et tient lieu pour nous de chose en soi ; de sorte que nous devons ramener l'ensemble du monde des phénomènes à un monde où la chose en soi se présente dans la plus légère des enveloppes et ne reste phénomène que dans la mesure où mon intellect, seul capable de connaissance, demeure encore et toujours distinct du moi, sujet voulant, et où il ne se défait pas de la forme de la connaissance qu'est le TEMPS même dans la perception INTÉRIEURE <*innere Perzeption*>.

Par conséquent, à présent que ce dernier pas des plus décisifs est franchi, se pose encore la question de savoir ce que cette volonté, qui se présente dans le monde et comme monde, peut bien, en dernière instance, être en elle-même, ce qu'elle est, une fois qu'il a entièrement été fait abstraction du fait qu'elle se présente, ou plus généralement APPARAÎT en tant que VOLONTÉ, c'est-à-dire EST CONNUE en tant que volonté. — À cette question, il n'y aura JAMAIS de réponse, car, comme on l'a dit, l'être-connu entre lui-même en contradiction avec l'être-en-soi : toute chose connue est, en tant que telle, seulement phénomène. Mais la possibilité de cette question indique que la chose en soi, que nous connaissons le plus immédiatement dans la volonté, peut bien avoir, absolument en dehors de tout phénomène possible, des déterminations, des propriétés, des modes d'être qui sont pour nous tout simplement inconnaissables et insaisissables, et qui justement subsistent comme étant l'essence de la chose en soi, une fois que celle-ci, ainsi qu'il est exposé dans le livre IV, s'est délibérément supprimée en tant que VOLONTÉ et, par suite, est totalement sortie du phénomène et qu'alors, au regard de notre connaissance, c'est-à-dire du point de vue du monde des phénomènes, elle est passée dans un néant parfaitement vide. Si la volonté était la chose en soi absolument, ce néant serait lui aussi un ABSOLU, au lieu de quoi il se montre expressément comme un simple néant RELATIF[13].

Aussi bien dans notre livre II que dans l'ouvrage *De la volonté dans la nature*, j'ai fondé la doctrine selon laquelle, dans l'ensemble des phénomènes de ce monde, s'objective suivant différentes gradations précisément ce qui, dans la connaissance la plus immédiate, se manifeste comme volonté. Je souhaiterais, à présent, compléter la fondation de cette doctrine par quelques considérations qui s'y rapportent. Ainsi, je commencerai par présenter une série de faits psychologiques qui démontrent que, dans un premier temps, la VOLONTÉ intervient toujours dans notre conscience en tant qu'élément primaire et fondamental, et y affirme toujours une préséance devant l'intellect qui, à l'inverse, se révèle être en tout point secondaire, subordonné et conditionné. Cette démonstration est d'autant plus nécessaire que tous les philosophes avant moi, du premier jusqu'au dernier, situent dans la conscience CONNAISSANTE l'essence proprement dite de l'homme, ou encore son noyau ; aussi ont-ils conçu et présenté le moi ou encore, chez nombre d'entre eux, son hypostase transcendante nommée âme, comme étant d'abord et essentiellement CONNAISSANT, VOIRE PENSANT, et par suite comme VOULANT d'une façon simplement secondaire et dérivée. Cette erreur fondamentale ancestrale qui ne connaît aucune exception, cet énorme πρῶτον ψεῦδος [erreur première], ce ὕστερον πρότερον [conséquent au lieu de l'antécédent], il convient avant toute autre chose de l'écarter pour, en revanche, atteindre à une conscience parfaitement distincte de ce qu'est, conformément à sa nature, le mode d'être de la chose en question. Mais comme, après des millénaires de philosophie, une telle entreprise est un événement sans précédent, un développement détaillé s'impose ici. Ce phénomène spectaculaire de tous les philosophes se trompant sur ce point essentiel, voire faisant marcher la vérité sur la tête, pourrait s'expliquer, surtout chez les philosophes des siècles chrétiens, par le fait qu'ils avaient tous l'intention de différencier le plus possible l'homme de l'animal, mais sentaient confusément que la différence entre les deux devait résider dans l'intellect et non dans la volonté. De là est inconsciemment née en eux cette tendance à faire de l'intellect l'élément essentiel et principal, bien plus : à présenter la volonté comme une simple fonction de l'intellect. — Aussi, le concept d'une ÂME n'est-il pas seulement, ainsi qu'il est établi dans la *Critique de la raison pure*[14], inadmissible en tant qu'hypostase transcendante, il devient aussi une source d'erreurs irrémédiables puisqu'il établit par avance, C[dans cette « substance simple »]C, une unité indivisible de la connaissance et de la volonté, alors que leur séparation est justement la voie de la vérité. C'est pourquoi ce concept d'âme ne doit plus apparaître dans la philosophie, mais être bien plutôt abandonné aux médecins et aux physiologistes qui, après avoir déposé leur scalpel et leur spatule, entreprennent de philosopher avec les concepts transmis durant leur première communion. En tout cas, avec ces concepts, ils peuvent toujours tenter leur chance en Angleterre. Les physiologistes et anatomistes français sont restés C[(jusqu'à il y a peu)]C absolument indemnes de ce reproche.

C[Mais cette erreur fondamentale et générale a eu

encore une autre conséquence immédiate, et celle-ci
était parfaitement gênante pour tous ces philosophes :
comme, dans la mort, la conscience connaissante
s'éteint de tout évidence, ils se voient obligés soit de
faire valoir la mort comme un anéantissement de
l'homme, ce contre quoi s'insurge notre être, soit
d'avoir recours à l'hypothèse d'une perdurance de la
conscience connaissante, ce qui demande d'avoir
une foi solide, puisqu'à tout un chacun l'expérience
a montré à satiété l'absolue et entière dépendance
de la conscience connaissante vis-à-vis du cerveau, et
qu'il est au moins aussi facile de croire à une digestion sans estomac qu'à une conscience connaissante
sans cerveau. Ma philosophie seule permet de sortir
de ce dilemme, puisqu'elle est la première à situer
l'essence véritable de l'homme dans la volonté,
laquelle n'est pas essentiellement liée à la conscience
mais est à la conscience, c'est-à-dire à la connaissance, ce que la substance est à l'accident, ce que
l'objet éclairé est à la lumière, la corde à la table
d'harmonie, et qui entre dans la conscience de l'intérieur comme le monde des corps y entre de l'extérieur. De sorte qu'il nous est possible désormais de
concevoir l'indestructibilité de notre noyau véritable,
de notre essence vraie, en dépit de l'extinction de la
conscience dans la mort et de son absence, correspondant à cette extinction, avant la naissance. Car
l'intellect est aussi périssable que le cerveau dont il
est le produit ou bien plutôt l'action. Mais le cerveau
est, au même titre que l'organisme tout entier, un
produit, un phénomène, bref un élément secondaire
de la volonté qui seule est impérissable.]c

CHAPITRE 19*

DU PRIMAT DE LA VOLONTÉ
DANS LA CONSCIENCE DE SOI

C'est la volonté comme chose en soi qui constitue l'essence intime, vraie et indestructible de l'homme ; en elle-même, toutefois, elle est dépourvue de conscience, puisque la conscience est conditionnée par l'intellect, et que celui-ci est un simple accident de notre essence, c'est-à-dire qu'il n'est, en effet, qu'une fonction de notre cerveau, lequel, à côté des nerfs et de la moelle qui dépendent de lui, n'est qu'un simple fruit, un produit, voire aussi bien un parasite de notre organisme, dans la mesure où il n'intervient pas directement dans ses rouages internes et sert à la conservation de soi <*Selbsterhaltung*> simplement en régulant les rapports de l'organisme avec le monde extérieur. L'organisme, en revanche, est la visibilité, l'objectité de la volonté individuelle, il est son image telle qu'elle se présente précisément dans ce cerveau (dont nous avons appris dans le livre I qu'il était la condition du monde objectif en général). Voilà pourquoi aussi l'organisme est médiatisé par les formes de la connaissance propres à ce cerveau, l'espace, le temps, la causalité, et, par suite, se présente comme une chose étendue, agissant successivement, et matérielle, c'est-à-dire effective. Ce n'est que dans le cerveau que les membres sont aussi bien ressentis directement que perçus intuitivement au moyen des sens. — C'est pourquoi on peut dire : l'intellect est un phénomène secondaire, alors que l'organisme est le phénomène primaire, immédiat de la volonté ; la

---

* Ce chapitre se rapporte au § 19 du tome I.

volonté est métaphysique, l'intellect physique ; l'intellect est, au même titre que ses objets, un simple phénomène ; la volonté seule est chose en soi. Ensuite, on peut dire, en un sens de plus en plus IMAGÉ ou métaphorique : la volonté est la substance de l'homme, l'intellect est l'accident ; la volonté est la matière, l'intellect est la forme ; la volonté est la chaleur, l'intellect est la lumière.

Nous entendons, à présent, à la fois expliciter et documenter cette thèse à travers des faits relevant de la vie intérieure de l'homme ; et peut-être en tirerons-nous plus de fruits pour la connaissance de l'homme intérieur qu'on n'en recueillera jamais dans les nombreuses psychologies systématiques.

1) Non seulement la conscience des autres choses, autrement dit la perception du monde extérieur, mais aussi la CONSCIENCE DE SOI contiennent, ainsi qu'il a été évoqué plus haut, ce qui connaît <*das Erkennende*> et ce qui est connu <*das Erkannte*> : sans quoi, ce ne serait pas une CONSCIENCE. C[Car la CONSCIENCE consiste dans le connaître, lequel requiert ce qui connaît et ce qui est connu ; car la conscience ne pourrait avoir lieu s'il n'y avait en elle, face à ce qui connaît, quelque chose qui en est distinct, et qui est connu. S'il est vrai qu'il ne peut y avoir d'objet sans sujet, il ne peut non plus y avoir de sujet sans objet, autrement dit, il ne peut y avoir quelque chose qui connaît sans une autre, différente, qui est connue. Aussi, une conscience qui serait de part en part pure intelligence est impossible. L'intelligence est semblable au soleil, qui n'éclaire l'espace que s'il s'y trouve un objet pour renvoyer ses rayons.]C Ce qui connaît ne peut lui-même être connu en tant que tel, sinon il serait l'objet connu d'une autre entité connaissante. Or, dans la conscience, seule la volonté est ce qui connaît. Car non seulement

le vouloir et le décider, en leur sens le plus étroit, mais aussi tous les souhaits, aspirations, répulsions, espoirs, craintes, amours, haines, bref, tout ce qui constitue immédiatement le bonheur et le malheur <*Wohl und Wehe*>, le plaisir et le déplaisir d'un individu, ne sont manifestement qu'affections de la volonté, modifications du vouloir et du non-vouloir, ne sont précisément que ce qui, lorsqu'il agit au-dehors, se présente comme l'acte de la volonté proprement dit*[15]. Or, dans toute connaissance, ce qui est connu est l'élément premier et essentiel, et non ce qui connaît, dans la mesure où celui-là est πρωτό-τυπος [prototype] et celui-ci ἔκτυπος [ectype]. Ainsi, dans la conscience aussi, ce qui est connu, la volonté donc, doit être premier et originel ; ce qui connaît, en revanche, ne doit être que l'élément secondaire, adventice, le miroir. Ils sont l'un à l'autre ce qu'un corps illuminé est à un autre qui réfléchit la lumière, ou encore ce que la vibration de la corde est à la table d'harmonie, le son qui en naît étant alors la conscience. — Mais on pourrait aussi considérer la plante pour symboliser la conscience. La plante possède, comme on sait, deux pôles, sa racine

* C[Il est remarquable qu'Augustin en avait déjà une connaissance. En effet, dans le livre XIV du *De civ. Dei, c. 6*, il parle des *affectionibus animi* [affections de l'âme] que, dans le livre précédent, il avait rangées sous quatre catégories, *cupiditas, timor, laetitia, tristitia* [désir, crainte, joie, tristesse], et il dit : *voluntas est quippe in omnibus, imo omnes nihil aliud, quam voluntates sunt : nam quid est cupiditas et laetitia, nisi voluntas in eorum consensionem, quae volumus ? et quid est metus atque tristitia, nisi voluntas in dissensionem ab his, quae nolumus ? etc.* [la volonté est dans tous ces mouvements ; bien mieux, tous ces mouvements ne sont rien d'autre que des volontés. Qu'est-ce en effet que le désir et la joie sinon la volonté en accord avec ce que nous voulons ? Et qu'est-ce que la crainte et la tristesse, sinon la volonté en désaccord avec ce que nous ne voulons pas ?].]C

<*Wurzel*> et sa corolle <*Krone*> : l'une aspire à l'obscurité, à l'humidité, au froid, l'autre à la clarté, au sec, à la chaleur ; le point d'indifférence des deux pôles, le point où ils se séparent, affleurant le sol, c'est le rhizome <*Wurzelstock*> (*rhizoma, le collet* [en français dans le texte]). La racine est l'élément essentiel, primitif, pérenne, dont la mort entraîne celle de la couronne : elle est donc primaire. La corolle, en revanche, est l'élément apparent mais dérivé, elle disparaît sans que la racine meure : elle est donc secondaire. La racine représente la volonté, la corolle l'intellect, et le point d'indifférence des deux, le rhizome, serait LE MOI, lequel appartient à tous deux en tant qu'il est l'extrémité de chacun. Ce moi est le sujet identique *pro tempore* [temporaire] du connaître et du vouloir. Cette identité a fait l'objet de mon premier étonnement philosophique ; déjà, dans ma toute première dissertation sur le principe de raison[16], je lui avais donné pour nom miracle κατ' ἐξοχήν [par excellence]. Ce moi est le point de départ et le point de liaison, dans le temps, de l'ensemble du phénomène, c'est-à-dire de l'objectivation de la volonté : il conditionne le phénomène tout en étant conditionné par lui. — Cette métaphore pourrait même s'étendre à la constitution individuelle de l'homme. De même qu'une grande corolle ne peut jaillir que d'une grande racine, de même les plus grandes capacités intellectuelles ne se rencontrent que dans les volontés véhémentes, passionnées. Un génie qui aurait un caractère flegmatique, des passions atténuées serait comme ces plantes grasses qui possèdent d'imposantes corolles faites de feuilles épaisses alors qu'elles n'ont que de petites racines ; mais on ne trouvera pas un génie de ce genre. Que la véhémence de la volonté et la passion du caractère soient les conditions d'une intelligence supérieure se

traduit sur le plan physiologique par le fait que l'activité du cerveau est conditionnée par le mouvement que les grandes artères, qui affluent à la *basis cerebri* [base du cerveau], lui communiquent à chaque pulsation. Aussi, un pouls énergique, voire, ainsi que le dit Bichat[17], un cou court sont les conditions exigées par une grande activité cérébrale. Mais on trouvera assurément le contraire du cas évoqué plus haut : des désirs ardents, un caractère passionné et tumultueux accompagnés d'un intellect faible, c'est-à-dire d'un cerveau petit et mal conformé, sous un crâne épais ; c'est un phénomène aussi fréquent que répugnant que l'on pourrait à la rigueur comparer aux betteraves.

2) Pour ne pas en rester à une description imagée de la conscience et pour la connaître en profondeur, il convient de découvrir au premier chef ce qui se retrouve toujours de la même manière dans toute conscience et qui, étant l'élément commun et constant, sera par conséquent l'essentiel. Après quoi, nous considérerons ce qui distingue UNE conscience des autres, et ce sera, par conséquent, l'élément adventice et secondaire.

Nous ne connaissons la conscience que comme une propriété des êtres animaux. Aussi sommes-nous autorisés et même fondés à ne pas la penser autrement que comme une CONSCIENCE ANIMALE, si bien que cette expression est d'emblée tautologique. — Donc ce qui se retrouve toujours en CHAQUE conscience animale, même dans la plus imparfaite et la plus faible, voire ce qui se trouve à son fondement, c'est la prise de conscience immédiate d'un DÉSIR et, à des degrés très différents, de l'alternance de la satisfaction et de la non-satisfaction de ce désir. Nous savons cela en quelque sorte *a priori*. Car, en dépit de la diversité étonnante des innombrables espèces animales, en dépit de l'étrangeté que revêt à nos yeux tout nouveau spécimen de celles-ci encore jamais vu, il nous est néanmoins possible d'admettre d'emblée que le plus intime de leur essence est bien connu de nous, et même qu'il nous est parfaitement familier. Nous savons, en effet, que l'animal VEUT, nous savons même aussi CE QU'il veut, à savoir exister, être bien, vivre et se reproduire et, puisque nous présupposons en lui, avec une entière certitude, une identité avec nous, nous n'avons aucun scrupule à lui attribuer, inchangées, toutes les affections de la volonté que nous connaissons en nous-mêmes, et nous parlons sans la moindre hésitation de son désir, de sa répulsion, de sa crainte, de sa colère, de sa haine, de son amour, de sa joie, de sa tristesse, de sa langueur, etc. Toutefois, dès qu'il est question de phénomènes de pure connaissance chez lui, nous voilà tout à coup plongés dans l'incertitude. Nous n'oserions affirmer que l'animal comprend, pense, juge, sait. La seule chose que nous puissions lui attribuer avec certitude, ce sont les représentations en général, parce que, sans celles-ci, sa VOLONTÉ ne pourrait être affectée par tous ces mouvements que nous avons cités plus haut. Mais pour ce qui est du mode de connaissance des animaux et de sa limite exacte dans une espèce donnée, nous ne disposons là que de notions imprécises et sommes réduits à des conjectures. C'est pourquoi il nous est si difficile de communiquer avec eux. Nous n'y arrivons qu'artificiellement, à force d'expérience et d'exercice. C'est donc là qu'on trouve des différences entre les consciences. En revanche, désirer, convoiter, vouloir, ou détester, fuir, ne pas vouloir, appartiennent en propre à toute conscience : l'homme les partage avec les polypes. Aussi est-ce là que se situe l'essentiel et le fondement de toute conscience. Les différentes manières dont il se manifeste dans les différentes espèces animales repose sur l'étendue variable de leurs sphères de connaissance, lesquelles sont le lieu où résident les motifs de ces manifestations. Nous comprenons immédiatement, à partir de notre essence propre, tous les gestes et actions des animaux exprimant des mouvements de la volonté, aussi sympathisons-nous avec eux de multiples manières. En revanche, l'abîme qui nous sépare d'eux procède seulement et uniquement de la différence entre nos intellects. Entre un idiot et un génie, l'abîme n'est peut-être pas moindre qu'entre un animal très futé et un homme très limité. Aussi, à notre grand étonnement, surgit parfois de manière stupéfiante une certaine ressemblance entre eux, qui découle de la similitude de leurs inclinations et de leurs affects, et qui permet de les assimiler tous deux. Ces considérations montrent clairement que, dans tous les êtres animaux, la volonté est l'élément primaire et substantiel, alors que l'intellect n'y est qu'un élément secondaire, adventice, autant dire un simple instrument au service du premier, lequel, selon les besoins de ce service, est plus ou moins perfectionné et plus ou moins complexe. De même qu'une espèce animale naît pourvue de sabots, de griffes, de mains, d'ailes, de cornes ou de dents conformément aux fins de la volonté spécifiques à cette espèce, de même cette même espèce animale est dotée d'un cerveau plus ou moins développé, dont la fonction consiste en cette intelligence requise pour sa conservation. En effet, suivant l'échelle ascendante des espèces animales, plus l'organisation en est compliquée, plus ses besoins seront divers, et plus les objets qui conviennent à la satisfaction de ces besoins seront variés et spécifiquement déterminés, mais aussi plus tortueux et plus éloignés seront les chemins qui y mènent et qui doivent tous être trouvés et connus au moment requis. Les représentations des animaux n'en seront que plus complexes, plus précises, plus déterminées et plus cohérentes, de même que leur attention plus tendue, plus persévérante et plus sensible et, par suite, leur intellect, plus développé et plus perfectionné. Ainsi voyons-nous que l'organe de l'intelligence, c'est-à-dire le système cérébral et les organes des sens, vont d'un même pas avec l'accroissement des besoins et la complexification de l'organisme, et que l'accroissement de la part de la conscience qui REPRÉSENTE (en opposition avec celle qui VEUT) se traduit, physiquement, par un accroissement du cerveau par rapport au reste du système nerveux et, ensuite, par un accroissement du cerveau proprement dit par rapport au cervelet, puisque le premier est l'atelier des représentations (d'après Flourens[18]), tandis que le second est le directeur et le régulateur des mouvements. Or l'ultime pas franchi par la nature à cet égard est absolument énorme. Car non seulement la faculté de représentation INTUITIVE, laquelle, jusque-là, chez les animaux, était seule présente, atteint en l'homme le degré ultime de la perfection, mais vient encore s'y ajouter la faculté de la représentation ABSTRAITE, la pensée, autrement dit la RAISON et, avec elle, la réflexion <*Besonnenheit*>. Par cet accroissement significatif de l'intellect, c'est-à-dire par cet accroissement de la part secondaire de la conscience, cet intellect acquiert sur la part primaire une prépondérance dans la mesure où son activité devient dorénavant prédominante. Tandis que, chez l'animal, la prise de conscience immédiate de son désir satisfait ou non satisfait constitue de loin le point principal de sa conscience, et cela, d'autant plus que l'animal se situe plus bas dans l'échelle des espèces, de sorte que les animaux les plus inférieurs ne se distinguent plus des plantes que par ce supplément constitué de représentations confuses. Chez l'homme, il en va à l'inverse. Si véhéments que soient ses désirs et seraient-ils plus violents que ceux de n'importe quel animal et iraient-ils même jusqu'à la passion, sa conscience n'en demeurera pas moins constamment occupée et remplie par des représentations et des pensées. C'est sans aucun doute essentiellement ce constat qui a donné lieu à cette erreur fondamentale que tous les philosophes ont commise, et en vertu de laquelle ils ont postulé que la pensée était l'élément essentiel et primaire de la soi-disant âme, c'est-à-dire de la vie intérieure ou spirituelle de l'homme et, la plaçant toujours en première position, ils l'ont fait suivre de la volonté qui lui fut alors ajoutée au titre d'un simple produit de la pensée et d'un élément seulement secondaire. Mais si la volonté ne procédait que de la connaissance, comment les animaux et même les plus inférieurs dotés d'une connaissance tellement infime, pourraient-ils faire montre d'une volonté véhémente et indomptable ? Ainsi, parce que cette erreur fondamentale des philosophes transforme en quelque sorte l'accident en substance, elle les égare dans un dédale d'où ils ne peuvent plus sortir. La prépondérance relative de la conscience CONNAISSANTE sur la conscience DÉSIRANTE qui apparaît ainsi chez l'homme, c'est-à-dire la prépondérance de la part secondaire sur celle primaire, peut prendre, chez certains individus singuliers anormalement favorisés, des proportions telles que, aux moments où elle est portée à son point maximal, la part secondaire ou connaissante de la conscience peut entièrement se détacher de la part voulante et s'adonner pour elle-même à une activité libre, c'est-à-dire qui n'est pas suscitée par la volonté, et donc ne la sert plus aucunement; elle devient alors un miroir du monde, clair et purement objectif, d'où naissent les conceptions du GÉNIE qui font l'objet de notre livre III.

3) En parcourant de haut en bas l'échelle des animaux, on voit l'intellect se faire de plus en plus faible et imparfait; cependant, nous ne notons en aucun cas une dégradation correspondante de la volonté. Celle-ci se maintient bien plutôt partout identique et fait toujours preuve d'un grand attachement à la vie, d'un souci de l'individu et de l'espèce, d'un égoïsme et d'un manque absolu de scrupule vis-à-vis de tous les autres, avec tous les affects qui en procèdent. La volonté est présente, complète et parfaite, même chez le moindre insecte : celui-ci veut ce qu'il veut, et il le veut d'une manière tout aussi déterminée et parfaite que l'homme. La distinction ne se situe que dans CE QU'il veut, c'est-à-dire dans ses motifs, car ceux-ci sont l'affaire de l'intellect. En tant qu'élément secondaire, rattaché à des organes physiques, l'intellect passe, bien évidemment, par un nombre infini de degrés de perfection mais, en général, il est essentiellement limité et imparfait. La VOLONTÉ, en revanche, en tant qu'élément originel et en tant que chose en soi, ne peut jamais être imparfaite ; tout acte de la volonté est, tout entier, ce qu'il peut être. En raison de la simplicité attachée à la volonté en tant qu'elle est chose en soi et à l'élément métaphysique compris dans le phénomène, son ESSENCE n'admet aucune gradation, elle est à chaque instant ce qu'elle est tout entière ; il n'y a guère que ses EXCITATIONS qui connaissent des gradations, allant du plus faible penchant à la passion, et également son excitabilité, c'est-à-dire son intensité, allant du tempérament flegmatique au tempérament colérique. L'INTELLECT, en revanche, ne

présente pas seulement des degrés dans l'EXCITA-
TION, qui va de la somnolence à l'enjouement et à la
fougue, son essence elle-même présente des gradations, son niveau de perfection s'élevant par degrés
de l'animal le plus inférieur qui ne perçoit que de
manière confuse jusqu'à l'homme, et chez l'homme,
de l'idiot jusqu'au génie. La VOLONTÉ seule reste
partout complète et égale à elle-même. Car sa fonction est d'une simplicité extrême : elle consiste en un
vouloir et un non-vouloir, lesquels fonctionnent avec
une absolue facilité, sans effort, sans qu'il soit besoin
du moindre exercice. À l'inverse, la connaissance
possède une pluralité de fonctions et ne peut jamais
tout à fait progresser sans cet effort dont elle a
besoin pour fixer son attention, pour rendre intelligible son objet et, encore plus avant, pour penser et
réfléchir ; c'est pourquoi elle est capable de se perfectionner grandement par l'exercice et l'éducation.
Quand l'intellect présente à la volonté un simple
objet d'intuition, celle-ci dit aussitôt « oui » ou « non » ;
elle ne procède pas autrement même après que l'intellect s'est livré à des méditations et examens labo-
rieux pour, à partir de nombreuses données et au
moyen de combinaisons compliquées, faire ressortir
un résultat qui semble le plus conforme à l'intérêt de
la volonté. Alors, une fois le résultat obtenu, la volonté, qui entre-temps a pu se reposer dans l'oisiveté,
s'avance, comme le sultan au divan[19], et prononce
encore une fois sa monotone approbation ou désapprobation qui, certes, peut présenter des différences
de degrés, mais n'en demeure pas moins toujours
identique.

Cette différence fondamentale de nature entre la
volonté et l'intellect, la simplicité et le caractère originel, essentiels à la première, opposés à la qualité
complexe et secondaire du second, nous deviendra

plus nette encore, quand nous aurons examiné dans
notre être intérieur quel est ce singulier jeu d'échanges
auquel ils se livrent tous deux, et une fois que nous
aurons observé dans le détail comment les images et
les pensées qui s'élèvent dans l'intellect mettent la
volonté en mouvement, et à quel point leurs deux
rôles, celui de la volonté et celui de l'intellect, sont
parfaitement distincts et différents. Il est vrai que
l'on peut d'ores et déjà le percevoir à propos de certains faits réels qui affectent vivement la volonté,
alors qu'ils ne sont tout d'abord et en eux-mêmes
que de simples objets de l'intellect. Seulement, d'une
part, le fait que cette réalité ait d'abord été présente
dans l'intellect n'est pas aussi évident que cela ;
d'autre part, l'échange qui s'y produit ne se fait pas
aussi rapidement qu'il le faudrait pour qu'il puisse
facilement être perçu tout entier et apparaître de
manière très compréhensible. Ces deux conditions
sont, en revanche, réunies dès lors qu'il s'agit de
simples pensées ou imaginations que nous laissons
agir sur la volonté. Quand, par exemple, seuls et en
nous-mêmes, nous revenons en pensée sur certaines
situations, ou encore quand, devant la menace d'un
danger effectivement présent, nous nous représentons vivement la possibilité d'une issue malheureuse,
aussitôt la peur étreint le cœur et le sang se fige dans
nos veines. Mais si, ensuite, l'intellect passe à la possibilité de l'issue opposée et laisse l'imagination nous
dépeindre ce bonheur longtemps espéré et ainsi
obtenu, alors, aussitôt, le pouls se met à battre joyeu-
sement et le cœur se sent léger comme une plume,
jusqu'à ce que l'intellect s'éveille et sorte de ses
rêves. Si un prétexte quelconque en vient à susciter
en nous le souvenir d'une offense ou d'un tort subi il
y a longtemps, alors aussitôt colère et fureur se
déchaînent en notre poitrine, encore paisible quelques

instants plus tôt. Mais surgirait à ce moment-là, amenée là par le hasard, l'image d'une amante perdue depuis longtemps, entraînant à sa suite le roman tout entier des scènes enchanteresses vécues avec elle, alors, aussitôt, la colère céderait sa place à une profonde nostalgie et à la mélancolie. Enfin, si nous revient à l'esprit un méfait quelconque qui jadis causa notre honte, alors nous nous recroquevillons sur nous-mêmes, préférant encore disparaître sous terre tandis que le rouge nous monte aux joues et, souvent, nous cherchons à nous départir violemment de ce souvenir, à le détruire en proférant quelques propos, peu importe lesquels pourvu qu'ils réussissent en quelque sorte à effaroucher ces fantômes. — On le voit, si l'intellect se met à interpréter quelques airs de danse, la volonté, elle, ne peut rien faire d'autre que de danser dessus. Bien plus, l'intellect fait jouer à la volonté le rôle d'un enfant que sa gouvernante, par quelques paroles ou récits tour à tour heureux et tristes, fait passer à l'envi par les humeurs les plus contrastées. La raison en est que la volonté en elle-même est incapable de connaissance, et que l'entendement qui l'accompagne, lui, est incapable de volonté. Aussi la volonté se comporte-t-elle comme un corps que l'on met en mouvement, tandis que l'intellect se comporte comme la cause qui la met en mouvement, car il est le médium des motifs. Mais, dans tout cela, le primat de la volonté redevient évident lorsque, après avoir laissé faire l'intellect et avoir accepté d'en être le jouet, ainsi qu'on l'a dit, la volonté, tout à coup, lui fait sentir que, en dernier ressort, c'est elle qui détient le pouvoir souverain; alors elle lui interdit certaines représentations et empêche certaines pensées d'advenir, parce qu'elle sait, c'est-à-dire parce qu'elle a appris de ce même intellect que ces pensées ou représentations pourraient susciter en elle un mouvement quelconque semblable à ceux que nous venons de présenter. Aussi jugule-t-elle l'intellect et le contraint-elle à se tourner vers d'autres objets. Si pénible que cela puisse être, il faut bien qu'il en aille ainsi, si la volonté en a sérieusement décidé ainsi : car l'opposition qui en résulte ne provient pas de l'intellect qui, en tant que tel, reste toujours indifférent, au contraire de la volonté qui, sous un certain aspect, abomine une représentation pour laquelle, sous un autre aspect, elle ressent un certain penchant. Si une représentation lui semble, en effet, intéressante, c'est justement qu'elle l'émeut. Or, dans le même temps, la connaissance abstraite la prévient que cette même représentation la bouleversera et la plongera inutilement dans un état de tourment et d'indignité, c'est pourquoi elle tranche alors en suivant la connaissance abstraite et contraint l'intellect à lui obéir. On appelle cela « être maître de soi-même » : manifestement le maître est ici la volonté, et le serviteur, l'intellect, car c'est la volonté qui, en dernière instance, garde toujours la mainmise sur le gouvernement, par conséquent, c'est elle qui constitue le noyau, l'essence de l'homme. À cet égard, le titre de ἡγεμονικόν [faculté directrice] conviendrait à la VOLONTÉ. Toutefois, ce titre semblerait aussi devoir revenir à l'intellect, dans la mesure où il est le conducteur et le guide, où il est semblable à ce commissionnaire qui précède le voyageur étranger. À la vérité, la meilleure parabole de la relation entre la volonté et l'intellect serait celle de l'aveugle valide qui porte sur ses épaules le paralytique voyant[20].

Ce même rapport entre l'intellect et la volonté que nous venons de présenter ici, on le reconnaît également dans le fait qu'à l'origine, l'intellect est parfaitement étranger aux résolutions de la volonté. Il lui fournit les motifs, mais il n'apprend qu'après coup, entièrement *a posteriori*, quelle fut l'action de ces motifs, à l'instar d'une personne qui, dans une expérience chimique, ajouterait les réactifs et attendrait les résultats de l'expérience. Bien plus, l'intellect reste à ce point exclu des décisions et des résolutions secrètes de sa propre volonté qu'il lui arrive parfois de ne pouvoir en être informé qu'en les épiant, en les surprenant comme s'il s'agissait des décisions d'une volonté étrangère, si bien qu'il doit prendre la volonté sur le fait et saisir par surprise ses manifestations, pour arriver à accéder à ses véritables intentions. Supposons, par exemple, que j'ai imaginé un projet à l'encontre duquel, cependant, je conçois encore certains scrupules. Comme, par ailleurs, la possibilité de sa réalisation dépend de circonstances extérieures encore indécises et reste parfaitement incertaine, il m'apparaît assurément inutile de prendre une décision tout de suite et je décide de laisser reposer l'affaire pour le moment. Il m'arrive souvent dans ces cas-là de ne pas savoir à quel point j'ai secrètement fraternisé avec ce projet ni à quel point j'en souhaite la réalisation, nonobstant les scrupules : autrement dit, mon intellect n'en sait rien. Mais voilà que me parvient une nouvelle favorable à sa réalisation : aussitôt, je sens monter en moi une joie débordante et irrépressible, elle se répand dans tout mon être et, à mon grand étonnement, en prend possession durablement. Mon intellect vient juste d'apprendre à quel point ma volonté s'est déjà fermement emparée de mon projet et combien ce même projet se conformait pleinement à elle, tandis que mon intellect le tenait encore pour très problématique et encore insuffisamment mûr pour surmonter ces scrupules. — Prenons un autre cas : je suis entré avec beaucoup d'ardeur dans un engagement réciproque auprès d'une autre personne, pensant que cet engagement correspondait parfaitement à ce que je souhaitais. Mais désavantages et désagréments apparaissant, je me prends à me suspecter de réellement regretter ce que j'ai fait avec tellement d'empressement. Toutefois, je me départis aussitôt de cette idée en m'assurant que, même sans être lié, j'aurais suivi la même voie. Mais voici que, sans que je m'y attende, l'engagement est rompu par l'autre partie ; alors à mon grand étonnement je m'aperçois que j'en ressens une immense joie et un grand soulagement. — C[Souvent nous ne savons nous-mêmes pas ce que nous souhaitons ou ce que nous redoutons. Nous pouvons nourrir un souhait des années durant sans cependant nous l'avouer ou encore sans arriver à en avoir une conscience claire, parce que l'intellect n'en doit rien savoir, parce que la bonne opinion que nous avons de nous-mêmes risquerait d'en pâtir. Mais quand ce souhait se réalise, c'est à ce moment-là que nous apprenons à notre joie, laquelle ne va pas sans une certaine honte, que nous souhaitions, par exemple, la mort d'un proche parent dont nous héritons. De même, il arrive que nous ne sachions pas ce que nous redoutons véritablement, parce que nous n'avons pas le courage d'en prendre clairement conscience.]C — Il est même très fréquent que nous nous trompions complètement sur le véritable motif pour lequel nous faisons telle chose, et que nous nous abstenions de faire telle autre jusqu'à ce qu'enfin un hasard nous révèle ce secret, et que nous reconnaissions alors que ce que nous tenions pour le motif ne l'était pas en réalité, mais qu'il y en avait un autre dont nous n'avions pas voulu convenir, parce qu'il ne correspondait nullement à la bonne opinion que nous avons de nous-mêmes. Par exemple, nous nous abstenons de faire quelque chose pour des raisons purement morales, du moins nous le croyons. Toutefois, puisque, aussitôt le danger écarté, nous le faisons, nous apprenons après coup que seule la crainte nous en a dissuadés. C[Dans certains cas, cela peut aller jusqu'au point où un homme ignore le véritable motif de son action et va même jusqu'à ne pas se soupçonner d'avoir pu être amené à une telle action par un tel motif; or tel était pourtant bel et bien le motif de son action.]C — Soit dit en passant, nous avons à travers tous ces cas une confirmation et une explicitation de la maxime de La Rochefoucauld: «L'amour-propre est plus habile que le plus habile homme du monde[21]»; C[ce serait même un commentaire du γνῶθι σεαυτόν [connais-toi toi-même] de Socrate et de toute la difficulté qu'il y a à l'appliquer.]C Si, en revanche, comme l'ont imaginé tous les philosophes, l'intellect constituait notre être véritable, et si les résolutions de la volonté étaient un simple produit de la connaissance, alors seul LE motif, en raison duquel nous nous IMAGINONS agir, déciderait de notre valeur morale, en ce sens même où nous disons que c'est l'intention et non le résultat qui est décisive. En réalité, la distinction entre le motif allégué et le motif véritable deviendrait alors impossible. — Tous les cas présentés ici, et tout observateur attentif pourra trouver encore d'autres *analoga* dans sa propre expérience, nous montrent que l'intellect est étranger à la volonté au point de pouvoir parfois être mystifié par celle-ci: car il lui fournit des motifs mais ne pénètre pas les ateliers secrets où se prennent ses résolutions. C[Il est sans doute un confident de la volonté, mais un confident à qui on ne dit pas tout.]C On trouvera une confirmation de cela dans ce fait que, comme presque tout le monde a déjà eu l'occasion de l'observer, parfois l'intellect ne fait pas grande confiance à la volonté. Ainsi, lorsque

nous avons pris quelque grande et audacieuse décision — qui, en tant que telle, n'est, à proprement
parler, qu'une promesse que la volonté fait à l'intellect —, subsiste souvent en notre for intérieur un
léger doute encore inavoué, et nous nous demandons
si nous ne fléchirons pas ou ne reculerons pas au
moment de passer à sa réalisation, ou si nous serons
assez fermes et assez constants pour la porter à son
terme. Nous aurons besoin du fait accompli pour
nous convaincre nous-mêmes de l'honnêteté de notre
résolution.

Ainsi, tous ces faits témoignent de l'entière différence entre la volonté et l'intellect, ainsi que du
primat de la première et de la position subordonnée
du second.

4) L'INTELLECT se fatigue; la VOLONTÉ est infatigable. C[À la suite d'un travail intellectuel prolongé,
on ressent la fatigue du cerveau comme on ressent
la fatigue du bras après un travail physique prolongé.]C Tout CONNAÎTRE est lié à l'effort. Le VOU-
LOIR, en revanche, est notre essence propre, ses
manifestations se produisent sans aucune fatigue,
tout à fait spontanément. Aussi, quand notre VOLONTÉ
est fortement agitée, comme elle l'est lorsqu'elle est
en proie à un affect tel que la colère, la crainte, le
désir, l'affliction et autres, et que l'on exige de nous
quelque ACTE DE CONNAISSANCE dans l'intention,
par exemple, de corriger les motifs de ces affects,
alors la violence que nous sommes obligés de nous
faire atteste que s'opère bien le passage de l'activité originelle, naturelle et propre à soi, à l'activité
dérivée, médiate et contrainte. — Car la volonté
seule est αὐτόματος [automatique] et, par suite, elle
est ἀκάματος καὶ ἀγήρατος ἤματα πάντα C[(*lassitudinis et
senii expers in sempiternum*) [pour toujours infatigable et inaltérable[22]]]C. Elle seule agit sans y avoir

été contrainte, souvent trop tôt, ou avec excès, mais sans connaître la fatigue. Les nourrissons, montrant à peine une première faible trace d'intelligence, sont déjà remplis d'une volonté propre; ils se débattent frénétiquement, hurlent inutilement et révèlent l'impulsion de la volonté <*Willensdrang*> dont ils débordent, alors que leur vouloir est encore dépourvu de tout objet; autrement dit: ils veulent sans savoir ce qu'ils veulent. Les remarques de Cabanis vont dans ce sens également: «Toutes ces passions, qui se succèdent d'une manière si rapide, se peignent avec tant de naïveté, sur le visage mobile des enfants. Tandis que les faibles muscles de leurs bras et de leurs jambes savent encore à peine former quelques mouvements indécis, les muscles de la face expriment déjà par des mouvements distincts presque toute la suite des affections générales propres à la nature humaine: et l'observateur attentif reconnaît facilement dans ce tableau les traits caractéristiques de l'homme futur» (*Rapports du physique et du moral*, vol. I, p. 123[23]). — C[L'intellect, en revanche, se développe lentement, une fois le cerveau parachevé et l'organisme arrivé à maturité, ce qui constitue ses conditions nécessaires puisque, justement, il n'est qu'une fonction somatique. Au bout de sept années, le cerveau a déjà atteint sa taille finale, de sorte qu'à partir de cet âge, de manière très évidente, les enfants font montre d'intelligence, d'avidité de savoir et de raison. Puis vient la puberté: elle fournit en quelque sorte au cerveau un écho ou encore une table d'harmonie, et fait tout à coup passer l'intellect à un degré supérieur, elle l'élève même d'un degré considérable, pour ainsi dire d'une octave, tandis que, parallèlement, elle fait aussi baisser la voix d'une octave. Cependant, dans le même temps, apparaissent les désirs animaux et les passions qui se mettent à opposer une résistance à la raison qui auparavant régnait en souveraine; et cela ne va qu'en s'aggravant. Mais le caractère infatigable de la volonté]C est encore attesté par ce défaut de nature propre plus ou moins à tous les hommes, et que l'on ne saurait maîtriser que par l'éducation: la PRÉCIPITATION <*Voreiligkeit*>. La précipitation consiste en ceci que la volonté se précipite à sa tâche avant qu'il en soit temps. Elle est en effet l'élément purement actif et purement exécutif, qui intervient seulement après que l'élément investigateur et délibératif, c'est-à-dire connaissant, a pleinement et entièrement achevé sa tâche. Mais il est rare qu'on attende effectivement ce moment. À peine les quelques données sur les circonstances qui nous intéressent, ou sur les faits intervenus, ou encore sur les opinions étrangères transmises ont-elles été vaguement appréhendées et ramassées à la hâte par la connaissance que déjà, venant des tréfonds de l'âme, apparaît, sans qu'on l'y ait invitée, la volonté toujours disponible, infatigable. Elle se manifeste sous la forme de l'effroi, de la crainte, de l'espérance, de la joie, du désir, de l'envie, de l'affliction, de l'ardeur, de la colère, de la fureur; elle nous pousse à des paroles ou des actes trop prompts, le plus souvent suivis par le remords, une fois que le temps nous a appris que l'élément hégémonique, l'intellect, n'a pas pu venir à bout même de la moitié de sa tâche: appréhender les circonstances, réfléchir sur leurs connexions, et décider ce qu'il convient de recommander; car la volonté n'a pas attendu jusque-là mais, d'un saut, elle s'est présentée bien avant que le temps ne soit venu et a dit: «c'est à mon tour, à présent!»; aussitôt, l'élément actif a pris la main, sans que l'intellect lui ait opposé de résistance, vu qu'il n'est que son esclave, son serf et que, à la différence de cet αὐτόματος [automate], il n'agit ni au moyen de sa propre force ni au moyen de sa propre impulsion. Aussi est-il facilement écarté par la volonté et, sur un signe d'elle, réduit à l'inertie, tandis que lui-même, au prix d'efforts extrêmes, parvient à peine à la contraindre ne serait-ce qu'à faire une courte pause, pour lui laisser prendre la parole. Cela explique qu'elles sont rares et ne se trouvent guère que parmi les Espagnols, les Turcs et à la rigueur les Anglais, ces personnes qui, même devant les circonstances qui nous requièrent le plus, gardent LA TÊTE HAUTE, continuent à appréhender et à étudier la situation et, là où d'autres seraient déjà hors d'eux-mêmes, *con mucho sosiego* [avec une grande sérénité], ils posent encore une question. Rien à voir avec la placidité <*Gelassenheit*> de nombre d'Allemands et de Hollandais, qui, elle, repose sur le flegme et l'apathie. Iffland a su livrer une représentation inégalée de cette qualité que nous louons ici, en interprétant le rôle de Hetman, le cosaque de Benjowski[24]. Alors que les conjurés avaient attiré Hetman sous leur tente et lui brandissaient un fusil sous le nez, signifiant par là qu'au moindre cri ils appuieraient sur la détente, Iffland eut l'idée de souffler dans l'embouchure du fusil, suggérant par ce geste qu'il vérifiait si le fusil était chargé. — Sur dix choses qui nous irritent, neuf ne pourraient y parvenir si nous les comprenions vraiment à fond, en considérant leurs causes, et donc si nous reconnaissions leur nécessité et leur vraie nature ; nous le ferions bien plus souvent si nous les considérions comme des objets de réflexion plutôt que des objets d'enthousiasme et de chagrin. — Car la bride et le mors sont à un cheval indompté ce que l'intellect est à la volonté de l'homme : tenue par cette bride, elle doit être dirigée au moyen d'une instruction, d'avertissements, d'une culture, etc., puisqu'elle est en elle-même une force aussi sauvage et impétueuse que celle qui se manifeste dans des chutes d'eau — bien plus, comme nous le savons, elle est fondamentalement identique à cette force. Au comble de sa colère, de son ivresse ou de son désespoir, elle serre le mors entre ses dents, s'emballe et suit sa nature originelle. Dans la *mania sine delirio* [frénésie sans délire], quand elle a tout à fait perdu les rênes et le mors, elle révèle avec une clarté extrême quelle est sa nature originelle et démontre que l'intellect lui est tout aussi dissemblable que le mors l'est du cheval ; dans cet état, on peut aussi la comparer à une montre dont on aurait retiré quelque vis : la montre s'emballe sans plus s'arrêter.

Ainsi, ces considérations nous montrent que la volonté est l'élément originel, métaphysique, tandis que l'intellect est l'élément secondaire et physique. Car, en tant que tel, celui-ci est comme toute chose physique soumis à la *vis inertiae* [force d'inertie] et, par conséquent, il n'agit que lorsqu'il y est poussé par autre chose, par la volonté qui le gouverne, le dirige, l'encourage à l'effort, bref, qui lui prête l'activité qui ne l'habite pas originellement. Aussi se repose-t-il volontiers, dès qu'il lui est permis de le faire, et se montre-t-il paresseux, peu disposé à l'activité : un effort prolongé le fatigue jusqu'à l'user totalement, il s'épuise comme la pile de Volta par une série de décharges répétées. Cm[C'est la raison pour laquelle chaque travail intellectuel prolongé requiert des moments de pause et de repos sous peine de finir dans l'hébétement et dans l'impuissance. Mais quand ce repos a été continuellement refusé à l'intellect, quand il se tend outre mesure et sans relâche, il s'ensuit une usure persistante qui, avec l'âge, peut dégénérer en une totale impuissance, en un retour à l'enfance, en idiotie ou démence. Et ce n'est pas à l'âge, mais à un surmenage tyrannique prolongé de l'intellect et du cerveau qu'il faut imputer ces maux qui apparaissent dans les dernières années de la vie. C'est ce qui explique que Swift a sombré dans la démence, que Kant est retombé en enfance, que Walter Scott ainsi que Wordsworth, Southey[25] et bien d'autres *minorum gentium* [de moindre rang] ont sombré dans l'hébétement et l'impuissance. Goethe a gardé jusqu'à la fin un esprit clair, vigoureux et actif, parce que, ayant toujours été à la fois homme du monde et homme de cour, il n'a jamais exercé aucune contrainte sur lui-même pour mener ses occupations intellectuelles. Cela vaut également pour Wieland, pour Knebel[26], qui a vécu jusqu'à quatre-vingt-onze ans, ainsi que pour Voltaire. Voilà donc autant d'arguments qui contribuent à démontrer à quel point l'intellect est secondaire, physique, un simple instrument. C'est précisément ce qui explique]Cm qu'il ait besoin de passer au moins le tiers de sa vie dans une suspension totale de son activité, dans le sommeil, qui est repos du cerveau. Ce dernier n'est d'ailleurs qu'une fonction de l'intellect qui lui est, par conséquent, antérieur, comme l'estomac est antérieur à la digestion ou les corps aux chocs qu'ils subissent, et c'est avec le cerveau que l'intellect se flétrit et se tarit dans la vieillesse. — La VOLONTÉ, en revanche, en tant qu'elle est la chose en soi, ne manifeste aucune paresse, elle est absolument infatigable, son activité est son essence, elle ne cesse jamais de vouloir et lorsque, durant un profond sommeil, elle est délaissée par l'intellect, de sorte que, privée de motifs, elle ne peut agir à l'extérieur, elle reste, cependant, Cm[active en tant que force vitale]Cm et pourvoit, sans plus être perturbée, à l'économie intérieure de l'organisme et, Cm[*vis naturae medicatrix* [force curative de la nature]]Cm, elle ramène à l'ordre les irrégularités qui s'y sont glissées. Car, à la différence de l'intellect, elle n'est pas une fonction du corps <*Leib*>, c'est bien plutôt LE CORPS QUI EST SA FONCTION : aussi est-elle antérieure à cet *ordine rerum* [ordre des choses], puisqu'elle est son substrat métaphysique, l'en-soi du phénomène. Ce caractère infatigable, elle le partage sur toute la durée de la vie avec le CŒUR, ce *primum mobile* [premier moteur] de l'organisme qui, pour cette raison, en est devenu le symbole et le synonyme[27]. Elle ne disparaît pas avec l'âge, mais continue encore et toujours de vouloir ce qu'elle a voulu, elle devient même plus ferme et plus inflexible qu'elle ne l'a été dans la jeunesse, et si elle se fait plus intransigeante, plus obstinée, plus revêche, c'est que l'intellect lui-même est devenu plus insensible, de sorte que l'on ne peut à la rigueur l'atteindre qu'en utilisant ses faiblesses.

Ainsi, les FAIBLESSES et les IMPERFECTIONS ordinaires de l'intellect (absence de jugement, étroitesse, absurdité, sottise), telles qu'elles apparaissent chez la plupart des gens, seraient absolument inexplicables si l'intellect n'était pas un élément secondaire, un élément adventice, un simple instrument, mais l'essence originelle et immédiate de la prétendue âme ou, en général, de l'homme en son intériorité, comme les philosophes l'ont admis jusqu'ici. Car comment l'essence originelle pourrait-elle si fréquemment se tromper et faillir dans la fonction immédiate qui est sienne ? — L'élément RÉELLEMENT originel dans la conscience de l'homme, le VOULOIR, fonctionne parfaitement, précisément ; chaque être veut perpétuellement, vigoureusement et résolument. Considérer que ce qu'il y a d'immoral dans la volonté relève d'une imperfection suppose que l'on a adopté un point de vue fondamentalement erroné : la moralité a une source qui d'emblée et à proprement parler se situe au-delà de la nature, ce qui explique pourquoi elle est en contradiction avec les énoncés édictés par la nature. Aussi, elle s'oppose directement à la volonté naturelle qui, en tant que telle, est parfaitement égoïste. Bien plus, menée jusqu'à son terme, la moralité conduit à l'abolition de la volonté naturelle. Je renvoie ici à notre livre IV et à mon *Mémoire sur le fondement de la morale*[28].

5) La VOLONTÉ est l'élément réel et essentiel dans l'homme, tandis que l'intellect n'en est en revanche que l'élément secondaire, conditionné, dérivé : voilà ce que manifeste le fait que ce dernier ne peut réaliser sa fonction tout à fait clairement et correctement que tant que la volonté se tait ou s'interrompt. Au contraire, toute excitation notable de la volonté perturbe la fonction de l'intellect qui, chaque fois que la volonté s'y immisce, aboutit à des résultats faussés. L'inverse, cependant, n'est pas vrai et l'intellect n'est jamais, d'une façon semblable, un empêchement pour la volonté. De même, la lune ne peut nullement exercer son action quand le soleil est au zénith ; la lune elle-même, cependant, ne gêne pas le soleil.

Souvent, une grande FRAYEUR <*Schreck*> nous fait perdre nos esprits au point de nous pétrifier, ou encore de nous faire agir de manière insensée : par exemple, devant un incendie, nous courons dans les flammes. La COLÈRE <*Zorn*> ne nous permet plus de savoir ce que nous faisons et encore moins ce que nous disons. La FOUGUE <*Eifer*>, que, pour cette raison, on dit aveugle, nous rend incapables de prendre en considération les arguments des autres ou d'en trouver qui nous soient propres ou encore de les mettre en ordre. La JOIE <*Freude*> nous rend irréfléchis, sans scrupules et téméraires, le DÉSIR agit presque de la même manière. La CRAINTE

<*Furcht*> nous empêche de voir toutes les possibilités de fuite qui seraient encore là, toutes proches, et de les saisir. C'est pourquoi, pour triompher de dangers subits ou pour lutter contre des adversaires ou des ennemis, le SANG-FROID <*Kaltblütigkeit*> et la PRÉSENCE D'ESPRIT <*Geistesgegenwart*> sont les qualités les plus essentielles. Le sang-froid consiste à faire taire la volonté afin de laisser agir l'intellect. La présence d'esprit est l'activité de l'intellect non perturbée par la pression des faits agissant sur la volonté, et c'est pourquoi le sang-froid est la condition nécessaire de la présence d'esprit. Tous deux sont intimement apparentés, ils sont rares et n'existent chez les individus que de manière toute relative. Mais ils présentent cet avantage inestimable de permettre l'usage de l'intellect aux moments précisément où l'on en a le plus besoin, de sorte qu'ils confèrent une supériorité décisive à ceux qui en disposent. Ceux qui n'en disposent pas reconnaissent seulement après coup ce qu'il fallait faire ou dire. On dit très justement de quelqu'un qui cède à ses affects, c'est-à-dire dont la volonté est si fortement excitée qu'elle supprime la clarté de la fonction de l'intellect, qu'il est DÉSARMÉ : car la juste connaissance des circonstances et de leurs connexions est notre défense et notre arme dans le combat avec les choses et les hommes. C'est en ce sens que Balthasar Gracián écrit : *es la pasión enemiga declarada de la cordura* [la passion est l'ennemie déclarée de la prudence[29]]. — Or, si l'intellect ne différait pas totalement de la volonté, mais si, comme on le croyait jusqu'ici, le connaître et le vouloir avaient une racine commune, comme deux fonctions également originelles d'un être absolument simple, alors l'agitation et l'intensification de la volonté, en quoi consiste l'affect, impliqueraient également l'intensification

de l'intellect : seulement, comme nous l'avons vu, il en ressort bien plutôt paralysé et déprimé, et c'est d'ailleurs la raison pour laquelle les Anciens appelaient l'affect *animi perturbatio* [perturbation de l'âme]. En fait, l'intellect est semblable à la surface de l'eau, mais l'eau à la volonté ; son ébranlement, par conséquent, supprimerait aussitôt la clarté du miroir et la netteté de ses images. L'ORGANISME est la volonté elle-même, il est la VOLONTÉ incarnée, c'est-à-dire intuitionnée objectivement dans le cerveau ; c'est pourquoi des affects joyeux ou en général vigoureux peuvent affecter certaines de ses fonctions, comme la respiration, la circulation sanguine, la sécrétion de la bile, la force musculaire, qui s'en trouvent accélérées ou intensifiées. L'INTELLECT en revanche est une simple fonction du CERVEAU, il n'est nourri et porté par l'organisme qu'au titre de parasite, c'est pourquoi chaque perturbation de la VOLONTÉ et, avec elle, de l'ORGANISME perturbe ou paralyse la fonction du cerveau, qui, existant pour soi, ne connaît d'autres besoins que le repos et la nourriture.

Cette influence troublante de l'activité de la volonté sur l'intellect, il convient de ne pas se contenter de la déceler dans les seules perturbations occasionnées par les affects, elle doit également l'être dans bien d'autres falsifications de la pensée, d'autant plus tenaces qu'advenues progressivement, et qui sont le fait de nos inclinations. L'ESPOIR <*Hoffnung*> nous laisse entrevoir ce que nous souhaitons, la CRAINTE, ce qui nous préoccupe comme vraisemblable et proche, et tous deux grossissent leur objet. Platon (d'après Élien, *V. H.*, *13*, *28*[30]) a très bien appelé l'ESPOIR « le rêve de l'homme éveillé ». Son essence consiste en ceci : quand la volonté faillit à faire advenir l'objet de son espoir, elle a besoin de son serviteur, l'INTELLECT, pour au moins le lui faire miroiter en le lui dépeignant et, en général, pour endosser le rôle de consolateur qui apaise son maître, comme la nourrice apaise un enfant par des contes qu'elle arrange afin qu'ils acquièrent par là une apparence de vérité. Cependant, pour cela, l'intellect est obligé de faire violence à sa propre nature, puisque celle-ci est dirigée vers la vérité, et que, à l'encontre de ses propres lois, il doit se forcer à tenir pour vraies des choses qui ne sont ni vraies ni vraisemblables et qui, souvent, sont à peine possibles, et tout cela pour, le temps d'un instant, apaiser, tranquilliser et endormir la VOLONTÉ inquiète et indomptable. On voit distinctement à cela qui est le maître et qui est le serviteur. — Bien des gens ont fait l'observation suivante : lorsqu'une affaire, qui leur est importante, admet plusieurs développements possibles, alors ils les font tous entrer, du moins le croient-ils, dans un jugement parfaitement disjonctif[31]. Or voilà bien que l'issue s'avère être tout autre et, à leurs yeux, parfaitement inattendue. C'est que, sans doute, ils n'ont pas prêté attention à ce détail que, presque toujours, cette issue, à laquelle ils ne s'attendent pas, leur est défavorable. Ce qui peut s'expliquer par le fait que, alors que leur INTELLECT croyait embrasser toutes les possibilités, la pire d'entre toutes lui restait parfaitement invisible : la VOLONTÉ l'avait maintenue cachée, la lui avait en quelque sorte dissimulée sous sa main, c'est-à-dire qu'elle maîtrisait si bien l'intellect qu'il n'était plus capable de voir le pire de tous les cas, bien que ce dernier, puisqu'il est devenu réel, ait bel et bien été le plus vraisemblable. Toutefois, chez des âmes résolument mélancoliques ou encore devenues prudentes à la suite d'expériences de ce type, le processus s'inverse en ce que la préoccupation joue ici le rôle que l'espoir jouait là. C[La première apparence de danger les plonge aussitôt dans une peur infondée. Mais si l'intellect se met à étudier l'affaire, alors on le rejette en lui signifiant qu'il n'est qu'un incompétent ou même qu'un sophiste fourbe parce que, dans ces cas-là, il faudrait croire son cœur, dont les émois vaudraient, dans ces moments-là, comme autant d'arguments en faveur de la réalité et de l'importance du danger. De sorte que l'intellect n'est pas autorisé à rechercher les contre-arguments que, livré à lui-même, il aurait tôt fait de reconnaître. Il n'est utilisé que pour]C représenter l'issue la plus désastreuse, quand bien même il peut à peine la penser possible :

> *Such as we know is false, yet dread in sooth,*
> *Because the worst is ever nearest truth**[32].
>
> BYRON, *Lara. Ch. 1*

L'AMOUR et la HAINE faussent entièrement notre jugement : chez nos ennemis nous ne voyons que défauts, chez nos favoris que qualités, même leurs défauts nous semblent aimables. Notre AVANTAGE PERSONNEL, quel qu'il soit, exerce un pouvoir secret semblable sur notre jugement : ce qui lui convient, nous paraît aussitôt équitable, juste, raisonnable ; ce qui lui contrevient se présente à nous très sérieusement comme injuste, abominable ou inopportun et absurde. De là tant de préjugés, préjugés de rang, de métier, de nation, de secte, de religion. Une hypothèse, une fois adoptée, nous donne des yeux de lynx pour tout ce qui la confirme et nous rend aveugles pour tout ce qui la contredit. Ce qui va à l'encontre de notre parti, de notre plan, de notre souhait, de

---

* C[Nous redoutons sérieusement une chose que nous reconnaissons comme fausse, parce que le pire est toujours le plus près de la vérité.]C

notre espoir, souvent, nous ne pouvons absolument pas le concevoir ni le comprendre alors que cela apparaît clairement à tous les autres ; en revanche, ce qui est propice à ce parti, ce plan, ce souhait et cet espoir, si lointain soit-il, nous saute aux yeux. La tête barre tout accès à ce qui répugne au cœur. C[À certaines erreurs, nous nous accrochons toute notre vie et nous nous gardons bien d'en jamais examiner le fondement, tout simplement en raison d'une peur dont nous ne sommes nous-mêmes pas conscients : la peur de pouvoir découvrir que nous avons durant tant de temps cru et soutenu le faux.]C — Ainsi notre intellect est-il quotidiennement envoûté et corrompu par les mirages de nos inclinations. Bacon de Verulam l'a très bien exprimé par ces mots : *Intellectus* luminis sicci *non est ; sed recipit infusionem a voluntate et affectibus : id quod generat ad quod vult scientas : quod enim mavult homo, id potius credit. Innumeris modis, iisque interdum imperceptibilibus, affectus intellectum imbuit et inficit* [L'entendement humain n'est pas une *lumière sèche* ; en lui s'infusent la volonté et les passions : ce qui engendre des sciences taillées sur mesure, car ce que l'homme désire être vrai, il le croit de préférence […]. C'est de mille façons, parfois imperceptibles, que les passions imprègnent et imbibent l'entendement[33]] (*Org. nov.*, I, 49). Et telle est aussi manifestement cette résistance qui s'oppose à toutes les nouvelles conceptions fondamentales dans les sciences et à toutes les réfutations des erreurs sanctionnées. Car on aura beau être convaincu qu'il y avait là un incroyable manque de réflexion, on n'en aura pas moins de mal à l'apercevoir comme juste. C'est la seule manière d'expliquer que les vérités si claires et si simples de la théorie des couleurs de Goethe soient, encore à ce jour, toujours réfutées par les physiciens. Par quoi même Goethe dut apprendre que l'on se trouve dans une position bien plus difficile quand on promet aux hommes de les instruire que lorsqu'on promet de les distraire. Aussi vaut-il mieux naître poète que philosophe. Or, par ailleurs, plus une erreur aura été opiniâtrement soutenue, plus son renversement sera honteux. Il en va d'un système invalidé comme d'une armée vaincue, le plus malin est encore celui qui se sauve le premier.

À propos de ce pouvoir secret et immédiat que la volonté exerce sur l'intellect, il est encore un exemple mesquin et ridicule mais qui, cependant, présente l'avantage d'être frappant : lorsque nous faisons nos comptes, nous nous trompons bien plus souvent à notre avantage qu'à notre désavantage et cela, sans la moindre intention malhonnête, simplement par l'effet de ce penchant inconscient qui consiste à diminuer notre *debet* [débit] et à grossir notre *credit* [crédit].

Il convient enfin de citer encore ce fait : lorsqu'il s'agit de donner un conseil, la moindre intention du conseiller pourra l'emporter sur toute sa perspicacité, si grande soit cette dernière ; aussi ne devrions-nous pas supposer qu'il parle à partir de celle-ci, quand nous le soupçonnons de parler à partir de celle-là. À quel point il est impossible d'attendre de la part de gens, par ailleurs honnêtes, une sincérité pleine et entière, on peut le mesurer à ce fait que nous nous mentons souvent à nous-mêmes, soit que l'espoir nous corrompe, soit que la crainte nous envoûte, soit que la suspicion nous tourmente, soit que la vanité nous flatte, soit qu'une hypothèse nous aveugle ou encore qu'un objectif insignifiant et proche en entrave un autre lointain et important ; car, dans toutes ces situations, nous voyons à quel point est funeste l'influence immédiate et inconsciente qu'exerce la volonté sur la connaissance. Aussi ne nous étonnons pas que, si l'on demande un conseil, la volonté de celui que l'on consulte lui dicte immédiatement la réponse avant même que la question ait pu pénétrer jusqu'au forum de son jugement.

Je voudrais d'un mot seulement évoquer encore ici ce que j'ai amplement explicité dans le livre suivant, à savoir que la connaissance la plus parfaite, autrement dit la connaissance purement objective, c'est-à-dire l'appréhension du monde par le génie, a pour condition un silence de la volonté si profond que, aussi longtemps que dure cette appréhension, même l'individualité s'efface de la conscience, de sorte qu'il ne reste plus que l'homme comme pur sujet de la connaissance, lequel est le corrélat de l'Idée.

L'influence perturbatrice de la volonté sur l'intellect, attestée par tous ces phénomènes, s'oppose à la délicatesse et à la vulnérabilité de cet intellect, qui le rendent incapable d'opérer avec justesse dès que la volonté entre d'une manière ou d'une autre en mouvement; cela nous donne donc une preuve supplémentaire de ce que la volonté est le radical de notre être, et qu'elle agit par une force originelle, tandis que l'intellect, qui n'est qu'un élément adventice, soumis à de multiples conditions, ne peut agir que de manière secondaire et conditionnée.

S'il y a bien une perturbation et un trouble de la connaissance provoqués par la volonté, il n'est pas de perturbation que la connaissance provoquerait de manière immédiate sur la volonté; il nous est même impossible d'en concevoir une seule. Et personne ne consentirait à l'interpréter dans ce sens, en disant que la volonté a été induite en erreur par des motifs conçus de manière erronée; en effet, cette erreur relève d'un défaut de l'intellect inhérent à sa fonction proprement dite et, étant commise dans son seul domaine, elle n'influence la volonté que de manière complètement médiate. Il semblerait bien plus évident d'y voir l'IRRÉSOLUTION dans laquelle la volonté se fige, c'est-à-dire est bloquée, par le conflit entre les motifs que lui présente l'intellect. Seulement, si l'on considère la chose de plus près, il devient très clair que la cause de ce blocage ne réside pas dans l'activité de l'INTELLECT en tant que tel, mais uniquement dans les OBJETS EXTÉRIEURS que communique son activité. Or il se trouve que, dans ce cas-là, s'instaure entre ces objets et la volonté, ici partie prenante, un rapport qui fait précisément que ceux-ci la tirent dans des directions différentes avec une force relativement égale, et cette cause proprement dite n'agit qu'À TRAVERS l'intellect, qui est le médium des motifs, C[encore que, bien évidemment, à cette seule condition qu'il soit suffisamment perspicace pour appréhender ces objets et leurs multiples relations]C. L'irrésolution, comme trait de caractère, est tout autant conditionnée par la volonté que par l'intellect. Elle n'est sans doute pas le fait d'esprits extrêmement limités, d'une part parce que leur faible entendement ne leur permet jamais de découvrir dans les choses des qualités et des rapports aussi multiples, d'autre part parce que cet entendement n'est pas non plus de taille pour affronter cet effort de réflexion et de méditation que nécessitent l'appréhension de ces objets et la détermination des suites probables qu'implique ce pas; c'est ainsi que ces esprits limités préféreront encore se décider tout de suite, d'après leur première impression ou encore d'après une quelconque règle de conduite pourvu qu'elle soit simple. C'est le contraire qui se produit chez des personnes dotées d'un entendement considérable. Aussi, dès que, chez ces personnes, intervient en outre la délicate préoccupation de leur bien-être personnel, c'est-à-dire cet égoïsme très susceptible qui entend absolument avoir sa part et toujours rester en sécurité, une certaine anxiété naît qui se traduit par l'irrésolution. Cette propriété donc n'est le signe d'aucun manque d'entendement, mais bien plutôt de courage. Toutefois, il est de très grands esprits qui embrassent les circonstances et leurs vraisemblables développements avec une telle rapidité et une telle assurance que, pour peu qu'ils soient encore affermis par quelque courage, ils atteignent à cette résolution et cette fermeté qui les rend capables de jouer un rôle important dans les affaires de ce monde, si tant est que le temps et les circonstances s'y prêtent.

c[Les seuls blocages et perturbations décisifs et immédiats que la volonté puisse subir de la part de l'intellect pourraient bien être ceux, tout à fait exceptionnels, qui proviennent d'un intellect qui, dans son développement, aurait acquis une prépondérance anormale, c'est-à-dire qu'il serait doté de ce don suprême que l'on appelle génie. Mais un tel don est manifestement contraire à l'énergie du caractère et, par suite, à son activité. Ce ne sont donc pas les grands esprits à proprement parler qui produisent les personnalités historiques, capables de diriger et de dominer la masse des gens et de se battre dans les échanges de ce monde ; ces tâches conviennent à des personnes d'une bien moindre capacité intellectuelle, mais dotées d'une plus grande fermeté, résolution et persévérance de la volonté, lesquelles ne peuvent coexister avec une intelligence très élevée. Or, ces personnes présentent le seul cas véritable où l'intellect bloque directement la volonté.]C

6) En contrepoint des entraves et blocages que la volonté fait subir à l'intellect, j'entends, à présent, montrer à partir de quelques exemples comment, à

l'inverse, les fonctions de l'intellect peuvent parfois être stimulées et amplifiées sous l'impulsion et
l'aiguillon de la volonté, afin que nous puissions
connaître aussi de ce point de vue la nature primaire
de l'une et la nature secondaire de l'autre, et que
devienne visible que, dans la relation qu'il entretient
avec la volonté, l'intellect joue le rôle d'un instrument.

Un motif agissant avec force, comme un souhait
ardent ou une nécessité impérieuse, élève parfois
notre intellect à un degré dont nous ne l'aurions
jamais cru capable auparavant. Des circonstances
difficiles, qui nous obligent à accomplir certaines
choses, développent en nous de tout nouveaux talents
dont les germes nous étaient restés cachés et pour
lesquels nous ne nous connaissions aucune capacité.
— L'entendement du plus abruti des hommes devient
perspicace dès qu'il en va d'objets de son vouloir; il observe, est attentif, et distingue avec une
grande subtilité même les moindres circonstances,
du moment qu'elles ont un lien avec ses souhaits et
ses craintes. Ce sont là autant d'éléments qui contribuent à cette habileté rusée <*Schlauheit*> des abrutis
que nous constatons souvent, à notre grand étonnement. Ce qui fait dire à Isaïe, à juste titre, que
vexatio dat intellectum [la nécessité donne l'intellect[34]].
Cette parole est devenue proverbiale ; elle est d'ailleurs
apparentée à un autre proverbe, allemand[35] : «la
nécessité est mère de tous les arts» — dont il conviendrait toutefois d'exclure les beaux-arts, parce que le
cœur de leurs œuvres, qui est la conception, doit, si
celles-ci se veulent authentiques, émaner d'une intuition parfaitement exempte de volonté et, par là
seulement, purement objective. — L'entendement
des animaux, lui aussi, est considérablement accru
par la nécessité, à tel point que, dans des situations

difficiles, ce qu'ils réalisent est véritablement propre
à nous étonner. Par exemple, presque tous calculent
qu'il est plus sûr de ne pas fuir lorsqu'ils ne se
croient pas vus : ainsi, le lièvre demeure silencieusement tapi dans le sillon d'un champ et laisse passer
le chasseur tout près de lui ; les insectes, eux, font
les morts lorsqu'ils ne peuvent plus fuir, et ainsi de
suite. C[Mais l'on peut atteindre à une connaissance
plus exacte encore de cette influence de la volonté
en étudiant l'histoire de cette éducation que le loup
s'est à lui-même inculquée sous l'aiguillon de l'extrême difficulté de sa situation dans l'Europe civi-
lisée : on en trouvera l'exposé dans la deuxième lettre
de l'excellent livre de Leroy, *Lettres philosophiques
sur l'intelligence et la perfectibilité des animaux*[36]. Elle
est immédiatement suivie, dans la troisième lettre,
par l'évocation de la haute école du renard : placé
dans une situation critique identique, il est doté de
forces physiques bien moindres. Ce déficit est donc
pallié par un accroissement de l'entendement. Mais
c'est seulement dans la lutte incessante avec la nécessité et le danger, autrement dit sous l'effet de l'aiguillon de la volonté, que son intelligence atteint ce degré
élevé d'habileté rusée, qui le distingue en particulier
à un âge avancé.]C Dans tous ces cas d'accroissement de l'entendement, la volonté joue le rôle du
cavalier qui, à coups d'éperons, pousse son cheval
au-delà de la mesure naturelle de ses propres forces.

De même, la MÉMOIRE <*Gedächtnis*> est, elle
aussi, accrue sous l'impulsion de la volonté. Même
faible à l'ordinaire, elle retient parfaitement ce qui a
de la valeur au regard de la passion qui domine à ce
moment-là. L'amoureux n'omet jamais une occasion
qui lui soit propice ; l'ambitieux, jamais aucune oppor-
tunité qui s'accorde à ses plans ; l'avare n'oublie
jamais la perte qu'il a subie, ni le fier la blessure

d'honneur ; le vaniteux retient chaque mot d'une louange, jusque dans les moindres distinctions, pourvu qu'il en soit l'objet. Ce phénomène s'étend aux animaux également : le cheval reste planté devant l'auberge où il a été une fois nourri jadis ; les chiens ont une mémoire exacte de toutes les occasions, de tous les moments et de tous les lieux où leur a été jeté un bon morceau, et les renards, de toutes les cachettes où ils ont déposé leur butin.

Mais c'est encore l'observation de nous-mêmes qui donnera lieu aux remarques les plus fines. Parfois, un dérangement me fait entièrement oublier ce à quoi j'étais justement en train de penser C[ou même quelle était la nouvelle qui venait juste de m'arriver aux oreilles. Mais il suffit que cette affaire]C touche d'une manière ou d'une autre, et même de très loin, à mon intérêt personnel pour qu'il reste comme un écho de l'action qu'elle a exercée sur la volonté : je me rappelle, en effet, encore exactement à quel point elle m'a affecté, si ce fut en un sens désagréable ou agréable, et de quelle manière spécifique cela s'est produit, c'est-à-dire si, même dans une faible mesure, elle m'a blessé, si elle m'a angoissé, si elle m'a rempli d'amertume, ou affligé, ou encore si elle a suscité les affections contraires. Seule la relation de cette affaire avec ma volonté est donc restée dans ma mémoire, après que l'affaire elle-même en a disparu, et souvent cette relation devient le fil conducteur qui nous permet de revenir à l'affaire elle-même. Il arrive parfois que la vue d'un homme agisse sur nous d'une manière analogue, c'est-à-dire que nous nous souvenons, d'une manière générale seulement, que nous avons eu affaire avec lui, sans pour autant savoir ni où, ni quand, ni de quoi il s'agissait ; en revanche, sa vue réussit à provoquer encore assez exactement la sensation que cette relation a suscitée en nous autrefois :

si elle était agréable ou désagréable, et aussi dans quelle mesure et de quelle manière ; donc, la mémoire n'a gardé qu'un écho de la VOLONTÉ mais non de ce qui l'a provoqué. C[On pourrait appeler ce qui se situe au fondement de ce processus, la mémoire du cœur, et cette mémoire est bien plus intime que la mémoire de l'intellect. Dans le fond, la connexion entre les deux mémoires est telle que, à mûrement y réfléchir, on arrivera à cette conclusion : la mémoire, en général, a besoin du soutien d'une volonté comme d'un point d'appui ou, bien plutôt, comme d'un fil le long duquel se rangent les souvenirs, et qui les maintient ensemble ; on peut dire aussi que la volonté est en quelque sorte le fondement sur lequel adhèrent les souvenirs et sans lequel ils ne pourraient se fixer. Par conséquent, on ne saurait concevoir une mémoire dans une pure intelligence, c'est-à-dire dans un être purement connaissant et exempt de volonté. Donc, l'accroissement de la mémoire sous l'action de l'aiguillon de la passion, quelle que soit cette passion pourvu qu'elle domine à ce moment-là, est, comme il vient d'être exposé plus haut, seulement le degré supérieur de ce qui se produit en tout souvenir, en toute remémoration, dont la base et la condition sont toujours la volonté.]C — Tous ces faits rendent évident à quel point la volonté nous est plus intimement liée que l'intellect. Néanmoins, les faits suivants nous en donneront en plus la confirmation.

L'intellect obéit souvent à la volonté. Ainsi, par exemple, lorsque nous voulons nous rappeler quelque chose et que nous y parvenons au bout de quelques efforts ; de même lorsque nous décidons de réfléchir à quelque chose avec circonspection et exactitude, etc. Mais il arrive aussi parfois que l'intellect refuse catégoriquement d'obéir à la volonté, par exemple lorsque nous nous efforçons en vain de fixer notre attention sur quelque chose, ou encore lorsque nous réclamons en vain de notre mémoire qu'elle nous restitue quelque objet qui lui est familier : la colère de la volonté contre l'intellect en pareils cas permet parfaitement bien d'identifier la relation et la différence qu'il y a entre les deux. C[Parfois, tourmenté par cette colère, l'intellect fait montre d'un empressement inopiné et intempestif à la servir et, avec quelques heures de retard, ou même le lendemain matin, il rapporte l'objet que l'on exigeait de lui.]C — La volonté, en revanche, n'obéit jamais à proprement parler à l'intellect, elle est souveraine quand il n'est, lui, que son conseiller ministériel : il lui présente toutes sortes de choses parmi lesquelles elle sélectionne celles qui se conforment le mieux à son essence, encore que cette sélection soit déterminée par la nécessité ; car cette essence est immuable, tandis que les motifs se présentent à tel moment. C'est précisément ce qui explique qu'une éthique qui modèlerait et améliorerait la volonté elle-même est impossible. Car tout enseignement n'agit que sur la CONNAISSANCE ; or celle-ci ne détermine jamais la volonté elle-même, c'est-à-dire le CARACTÈRE FONDAMENTAL du vouloir, mais seulement son application aux circonstances présentes. Une connaissance corrigée ne peut modifier l'action que dans la mesure où elle montre à la volonté, avec une précision accrue, quels sont parmi les objets de son choix ceux qui lui sont accessibles et lui permet ainsi d'en juger avec une plus grande exactitude ; si bien qu'elle peut alors estimer avec une juste mesure quelle est sa relation aux choses, voir plus clairement ce qu'elle veut et, par suite, être moins sujette à l'erreur dans les choix qu'elle fait. Mais sur le vouloir lui-même, sur la direction principale ou la maxime fondamentale qu'il adopte, l'intellect n'a aucun pouvoir.

Croire que la connaissance détermine effectivement et entièrement la VOLONTÉ est croire que la lanterne qu'un individu porte la nuit est le *primum mobile* [premier moteur] de ses pas. — Quiconque, instruit par l'expérience ou les avertissements d'autrui, reconnaît et regrette un défaut fondamental de son caractère et prend alors la ferme et sincère résolution de s'améliorer et de s'en débarrasser, ne pourra empêcher qu'à la prochaine occasion son défaut s'exprime librement. S'ensuivront alors de nouveaux remords, une nouvelle résolution et un nouvel échec. Et lorsque la même chose se sera répétée plusieurs fois de suite, il s'apercevra qu'il ne peut s'améliorer, que ce défaut est inhérent à sa nature et à sa personnalité et, à vrai dire, qu'il ne fait qu'un avec lui. Dès lors, il se mettra à mépriser et sa nature et sa personnalité, à les condamner et sera habité par un sentiment douloureux qui peut aller jusqu'aux remords de conscience <*Gewissenspein*>. Mais il ne pourra, pour autant, changer ni sa nature ni sa personnalité. Nous voyons ici que ce qui condamne et ce qui est condamné se distinguent très nettement : nous voyons que l'un est un pouvoir purement théorique, qui consiste à prescrire et à proposer un changement de vie louable, donc souhaitable, tandis que l'autre est une donnée réelle, existante et inaltérable qui, en dépit du premier, prend un chemin radicalement différent. Alors le premier reste en retrait et se répand en lamentations impuissantes à propos des manières de la seconde, avec laquelle il finit par s'identifier à nouveau en vertu de cette affliction justement. Ici, intellect et volonté divergent très nettement. Et la volonté s'avère plus forte, indomptable, immuable, primitive, en même temps qu'elle apparaît comme cet élément essentiel dont tout dépend, puisque l'intellect se lamente sur son défaut sans pouvoir trouver

aucun réconfort dans la rectitude de la CONNAIS-
SANCE, laquelle est, cependant, la fonction qui lui
est propre. Ainsi s'avère-t-il être parfaitement secondaire, en partie spectateur d'actes qui lui sont étrangers et qu'il accompagne d'une louange ou d'un
blâme, tout aussi impuissants l'une que l'autre, et en
partie déterminable par l'extérieur, puisqu'il ne
conçoit et ne change les prescriptions qu'il établit
qu'en fonction de ce que lui enseigne l'expérience.
c[On trouvera des explications spécialement consacrées à cet objet dans les *Parerga*, t. 2, § 118[37].]c —
Il s'ensuit que la comparaison de nos modes de
pensée aux différents âges de la vie présente un
insolite mélange de persistance et de changement.
D'un côté, les dispositions morales de l'homme et du
vieillard restent semblables à ce qu'elles étaient dans
l'enfance ; de l'autre, tant de choses lui sont devenues
tellement étrangères qu'il ne s'y reconnaît plus et
s'étonne d'avoir pu autrefois dire ou pu faire telle ou
telle chose. Dans la première moitié de la vie, le plus
souvent le présent se rit du passé, bien plus, il lui
jette un regard de haut, même largement empreint
de mépris ; en revanche, dans la seconde moitié de
la vie, le regard rétrospectif porté sur hier se trouve
de plus en plus empreint d'envie. Or une étude plus
précise nous permet de découvrir que l'élément sujet
aux changements est L'INTELLECT avec ses fonctions de compréhension et de connaissance puisque
celles-ci, s'appropriant chaque jour de nouveaux
objets venus de l'extérieur, n'ont de cesse de présenter un système de pensée chaque fois modifié,
et qu'en outre, lui aussi s'accroît et décline avec
l'épanouissement et le dépérissement de l'organisme.
À l'inverse, cet élément inaltérable présent dans la
conscience, celui qui s'avère être sa base, c'est la
volonté, autrement dit les inclinations, les passions,

les affects, le caractère, encore qu'il nous faille toutefois prendre en compte les modifications qui dépendent des aptitudes physiques à la jouissance et, de ce fait, de l'âge. Ainsi, par exemple, le désir avide de jouissances sensuelles prendra, au moment de l'enfance, le visage de la gourmandise puis, dans l'âge adolescent puis viril, celui d'un penchant pour la volupté, et redeviendra gourmandise dans la vieillesse.

7) Si, conformément à l'hypothèse généralement admise, la volonté procédait de la connaissance, si elle en était le résultat ou le produit, alors, là où il y a beaucoup de volonté, il devrait également y avoir beaucoup de connaissance, de savoir et d'entendement. Or il n'en est absolument rien ; au contraire, nombreuses sont les personnes chez qui on trouve une volonté forte, c'est-à-dire décidée, résolue, constante, inflexible, obstinée et véhémente, unie à un entendement faible et impuissant ; si bien que quiconque se trouve avoir affaire à ces personnes en est réduit au désespoir de voir que leur volonté reste inaccessible à toutes les raisons et représentations, et qu'elle ne donne aucune prise, parce que, enfermée en quelque sorte dans un sac, elle VEUT sans rien y voir. Les animaux, dotés d'une volonté souvent véhémente, souvent tenace, ont encore moins d'entendement ; enfin les plantes ont une pure volonté sans aucune connaissance.

Si le vouloir découlait de la seule connaissance, alors notre COLÈRE devrait être exactement à la mesure de l'occasion qui l'a causée, ou du moins de la compréhension que nous en avons ; elle ne serait rien d'autre que le résultat de notre connaissance présente. Mais les choses se passent rarement ainsi : la colère va bien plutôt largement au-delà de sa cause occasionnelle. Notre rage et notre fureur, notre *furor brevis* [bref accès de folie[38]], souvent suscitées par des raisons infimes et sans que l'on fasse la moindre erreur à leur sujet, sont semblables aux fulminations d'un mauvais démon qui, emprisonné, n'attendait que l'occasion de se délivrer et jubile à présent de l'avoir enfin trouvée. Il ne pourrait en être ainsi si, au fondement de notre être, se trouvait un élément CONNAISSANT et si le vouloir n'était qu'un simple résultat de la CONNAISSANCE ; car alors comment le résultat pourrait-il contenir ce qui était absent dans ses éléments ? Or la conclusion ne peut rien contenir de plus que ce qui est dans les prémisses. La volonté se révèle donc ici aussi comme un être entièrement différent de la connaissance, laquelle ne lui sert qu'à des fins de communication avec le monde extérieur, après quoi elle suit les lois que lui dicte sa propre nature et sans emprunter à la connaissance autre chose qu'une cause occasionnelle.

En tant qu'instrument de la volonté, l'intellect est aussi différent de celle-ci que le marteau l'est du forgeron. Si, dans une conversation, l'intellect se trouve seul à parler, alors la conversation reste FROIDE ; tout se passe comme si l'homme en était lui-même absent. Aussi n'est-il guère possible pour lui de vraiment se compromettre ; il ne peut, à la rigueur, que se ridiculiser. Mais il suffit que la volonté s'en mêle pour que l'homme soit réellement présent : il S'ÉCHAUFFE et devient même souvent ARDENT. C'est, il est vrai, à la VOLONTÉ que l'on attribue toujours l'ardeur et la flamme. En revanche, on parle d'un entendement FROID ou encore on dit que l'on examine FROIDEMENT un problème, ce qui n'est qu'une manière de dire que l'on pense sans l'influence de la volonté. — Tenter d'inverser le rapport pour considérer la volonté comme un instrument de l'intellect, revient à faire du forgeron l'instrument du marteau.

Il n'est rien de plus contrariant que de se quereller avec un homme et de s'évertuer à le convaincre en employant force raisons et arguments, persuadé que l'on est de n'avoir affaire qu'à son ENTENDEMENT, et de découvrir finalement qu'il ne VEUT rien entendre et donc que l'on avait affaire à sa VOLONTÉ qui, fermée à toute vérité, argue délibérément de son incompréhension, de chicanes et de sophismes, tout en se retranchant derrière son entendement et sa prétendue incapacité à pénétrer les raisons qu'on lui avance. Car alors on n'a aucun moyen d'avoir prise sur lui : RAISONS ET DÉMONSTRATIONS EMPLOYÉES CONTRE LA VOLONTÉ sont autant de coups qu'un fantôme né d'un miroir concave porterait contre un corps ferme. De là aussi cette sentence souvent répétée : *stat pro ratione voluntas* [comme raison ma volonté suffit[39]]. — Les preuves de ce que l'on vient de décrire, la vie ordinaire nous en délivre à satiété. Malheureusement, on en trouvera aussi sur les chemins empruntés par les sciences. Et ce sera en vain que l'on attendra une reconnaissance des vérités les plus fondamentales ou encore des réalisations les plus rares de la part de ceux qui ont un intérêt à ne pas leur donner d'importance ; cela vient soit de ce qu'elles contredisent ce qu'ils enseignent quotidiennement, soit de ce qu'ils sont dans l'incapacité de les utiliser et d'en tirer un enseignement, ou encore, si toutes ces raisons n'y suffisent toujours pas, parce que de tout temps la solution des médiocres a été et sera celle-ci : « Si quelqu'un excelle parmi nous, qu'il aille exceller ailleurs[40] » — c'est ainsi que Helvétius a rapporté, de façon fort charmante, le propos des Éphésiens cités dans le cinquième livre des *Tusculanes* de Cicéron (*c.* 36[41]) ; c[ou encore comme l'énonce l'Abyssinien Fit Arari : « Le diamant est banni par les quartz[42] ».]c Donc quiconque attend

de cette horde toujours nombreuse une juste appréciation de ses réalisations subira une profonde désillusion, peut-être même passera-t-il un certain temps
sans pouvoir comprendre leur conduite, jusqu'à ce
que finalement lui aussi se résolve à ce constat : alors
qu'il croyait s'adresser à leur CONNAISSANCE, il
n'avait affaire qu'à leur VOLONTÉ et se trouvait tout
à fait dans le cas décrit plus haut, encore qu'il ressemble plutôt à cette personne qui soumettrait son
affaire devant un tribunal sans savoir que tous ses
assesseurs sont corrompus. Dans certains cas isolés,
il se peut même qu'il obtienne la preuve irréfutable
que c'est bien la VOLONTÉ et non la COMPRÉHENSION
<*Einsicht*> qui lui faisait front : c'est lorsque l'un
ou l'autre de ces médiocres se décidera à plagier son
œuvre. Alors il constatera avec étonnement à quel
point ces derniers étaient en réalité de fins connais-
seurs, à quel point leur tact se montre subtil dès qu'il
s'agit du mérite d'autrui et combien ils savent à coup
sûr repérer ce qui s'y loge de meilleur : en cela, ils
sont semblables aux moineaux qui ne manquent
jamais les cerises les plus mûres. —

Il y a une contrepartie à ce triomphe de la volonté
contrecarrant la connaissance, et celle-ci apparaît
lorsque, au moment de l'exposition de ses raisons et
démonstrations, on a d'emblée pour soi la volonté
des interlocuteurs : alors tout le monde est aussitôt
convaincu, les arguments se font percutants, quant au
problème, il devient clair comme le jour. Tout haran-
gueur populaire sait cela. — Dans un cas comme
dans l'autre, la volonté s'avère être la puissance primitive contre laquelle l'intellect ne peut rien.

8) Il convient à présent de considérer les propriétés
individuelles, c'est-à-dire les avantages et les défauts
de la volonté d'un côté et ceux de l'intellect de l'autre,
afin de faire clairement apparaître à partir de la rela-

tion qu'ils entretiennent l'un avec l'autre, et à partir de leur valeur relative, l'entière différence qu'il y a entre ces deux facultés fondamentales. L'histoire et l'expérience enseignent que tous deux apparaissent de manière parfaitement indépendante l'un de l'autre. Qu'il ne soit pas facile de trouver réunis en une seule personne un esprit d'une suprême excellence et un caractère de la même trempe s'explique assez par l'excessive rareté de ces deux qualités, alors que leurs contraires, qui sont partout à l'ordre du jour, se rencontrent quotidiennement l'un avec l'autre. Cependant on ne conclura jamais d'une bonne volonté à un esprit bien doté, de même que l'on ne conclura pas d'un esprit bien fait à une bonne volonté, ni même du contraire de l'une au contraire de l'autre : tout homme exempt de préjugé les considérera comme des qualités entièrement isolées dont la présence, prise pour elle-même, ne peut être établie que par l'expérience. Une grande limitation de l'esprit peut coexister avec une grande bonté de cœur, et je ne crois pas que Balthasar Gracián ait raison de dire : «*No ay simple, que no sea malicioso*» (Il n'est pas de simple sans malice[43]) (*Discreto, p. 406*) C[bien qu'il ait de son côté le proverbe espagnol : «*Nunca la necedad anduvo sin malicia*» (la sottise ne va jamais sans méchanceté)]C. Toutefois, il se peut que plus d'un sot soit devenu méchant pour les mêmes raisons que certains bossus : l'injustice naturelle dont ils sont victimes nourrit leur amertume, et ils pensent pouvoir compenser ce qui leur manque d'entendement par des perfidies, en recherchant par là un court triomphe. Du reste, cela rend aussi compréhensible ce qui fait que presque tout le monde a facilement tendance à se montrer méchant à l'égard d'un esprit largement supérieur. Par ailleurs, les sots jouissent souvent de la réputation d'avoir particulièrement bon cœur, ce qui toutefois se vérifie si rarement que je me suis longtemps demandé d'où ils avaient acquis cette réputation, jusqu'à ce que je puisse me flatter d'avoir trouvé la clé de ce mystère dans la raison qui suit. Chacun, mû par un trait secret, se choisira de préférence, comme fréquentation proche, une personne auquel il est un peu supérieur en intelligence ; car il ne se sent à l'aise qu'auprès de lui, puisque, d'après Hobbes, *omnis animi voluptas omnisque alacritas in eo sita est, quod quis habeat, quibuscum conferens se, possit magnifice sentire de se ipso* [le plus grand plaisir, et la plus parfaite allégresse qui arrive à l'esprit, lui vient de ce qu'il en voit d'autres au-dessous de soi, avec lesquels, en se comparant, il a une occasion d'entrer en une bonne estime de soi-même] (*de Cive, I, 5*[44]). C'est pour cette même raison que chacun fuit toute personne qui lui serait supérieure ; aussi Lichtenberg remarque-t-il à juste titre que «pour certaines personnes, un homme d'esprit est une créature plus funeste que le coquin le plus avéré[45]». De même, Helvétius écrit : «Les gens médiocres ont un instinct sûr et prompt pour connaître et fuir les gens d'esprit[46]», C[et le Dr Johnson nous assure que «*there is nothing by which a man exasperates most people more, than by displaying a superior ability of brilliancy in conversation. They seem pleased at the time ; but their envy makes them curse him at their hearts**» (Boswell, *aet. anno 74*[47]). Afin de placer dans une lumière plus crue encore cette vérité si généralement et si soigneusement dissimulée, j'ajouterai aussi à toutes ces citations l'ex-

---

* Rien n'exaspère plus la plupart des gens qu'une personne qui révèle au grand jour sa supériorité à briller dans la conversation. Sur le moment, ils semblent en avoir du plaisir mais, dans leur cœur, ils le maudissent par envie.

pression que lui donna Merk, le célèbre ami de
jeunesse de Goethe, dans son roman *Lindor*[48]: «Il
possédait les talents que la nature lui avait donnés
et ceux qu'il avait acquis par ses connaissances, et
ceux-ci avaient réussi à faire que, dans la plupart
des sociétés, il laissait loin derrière lui les personnes
de valeur qui étaient présentes. Si, dans ce moment
de ravissement que procure la vue d'un homme
extraordinaire, le public admet ces qualités sans
aussitôt les interpréter à mal, ce phénomène n'en
laisse pas moins derrière lui une certaine impression
qui, si elle vient à se répéter souvent, peut avoir des
conséquences désagréables pour celui qui en est le
responsable. Non que chacun prenne consciemment
bonne note qu'il a été blessé cette fois-là ; cependant,
dès qu'il en ira d'une promotion de cet homme, tous,
tacitement et non sans bonne grâce, se mettront en
travers de son chemin.» C'est pour cette raison
que,]C plus que toute autre chose, une grande supériorité d'esprit isole et nous fait haïr, en silence du
moins. Or c'est le contraire qui fait que les sots sont
si généralement aimés, d'autant que plus d'un ne peut
trouver que chez eux ce qu'il a nécessairement besoin
de rechercher, conformément à la loi de sa nature
énoncée plus haut. Nul ne s'avouera à soi-même la
vraie raison de cette affinité, et encore moins à
autrui ; aussi pour invoquer un prétexte plausible
attribuera-t-on à cet élu de notre choix une bonté de
cœur particulière qui, comme on l'a dit, n'est qu'en
de très rares cas réellement présente chez des esprits
limités, et encore que de manière fortuite. — L'inintelligence <*Unverstand*> n'est donc nullement favorable ou apparentée à la bonté du caractère. Mais,
par ailleurs, on ne peut affirmer qu'un entendement
<*Verstand*> développé y soit favorable ; ce que l'on
peut dire en revanche est bien plutôt qu'il n'y a

encore jamais eu de grand scélérat sans un entendement développé. Bien plus, une suprême élévation
intellectuelle peut coexister avec la pire des perver-
sités morales. Bacon de Verulam en a donné l'exemple :
ingrat, despotique, méchant et vil, il a fini par aller
si loin que lui, qui était grand lord chancelier et juge
suprême de l'Empire, se laissa corrompre jusque dans
des procès civils : accusé par ses pairs, il se reconnut
coupable, fut chassé de la maison des lords, condamné
à une amende de quarante mille livres ainsi qu'à
l'emprisonnement dans la *Tower* (voir la recension
de la nouvelle édition des œuvres de Bacon dans
l'*Edinburgh Review*, août 1837[49]). C'est la raison pour
laquelle Pope le dit «*the wisest, brightest, meanest
of mankind**» (*Essay on man*, *IV*, 282[50]). C[Nous
trouvons un exemple semblable en la figure de l'historien Guicciardini dont Rosini, dans ses *Notizie
storiche*[51] établies à partir de sources contemporaines
fiables et qu'il a jointes à son roman historique *Luisa
Strozzi*, dit : «*Da coloro, che pongono l'ingegno e il
sapere al di sopra di tutte le umane qualità, questo
uomo sarà riguardato come fra i più grandi del suo
secolo : ma da quelli, che reputano la virtù dovere
andare innanzi a tutto, non potrà esecrarsi abbastanza
la sua memoria. Esso fu il più crudele fra i cittadini
a perseguitare, uccidere e confinare etc.***»]C

Mais lorsqu'on dit d'un homme qu'«il a un bon
cœur en dépit d'une tête mal faite», et d'un autre

---

* Le plus habile, le plus éclairé, et le plus misérable des
hommes.

** C[Ceux qui placent l'esprit et l'érudition au-dessus de toutes
les qualités humaines, compteront cet homme au nombre des plus
grands de ce siècle : mais ceux qui font passer la vertu avant toute
autre chose, ne maudiront jamais assez son souvenir. Il était le
plus cruel de tous les citoyens, lui qui persécutait, assassinait et
proscrivait]C

qu'«il a une tête très bien faite en dépit d'un cœur
sec», chacun sent bien que, dans la première proposition, l'éloge l'emporte sur le blâme tandis que, dans
l'autre proposition, c'est l'inverse qui se produit. Ainsi,
lorsque quelqu'un a commis une mauvaise action,
nous voyons ses amis et lui-même tenter de faire
retomber la culpabilité de la VOLONTÉ sur l'INTEL-
LECT, autrement dit de faire passer les défauts du
cœur pour des défauts de l'esprit. Les mauvais
coups, ils les nommeront ABERRATIONS, et ils diront
qu'il n'y avait là que simple bêtise et manque de
réflexion, que ce n'était là que le fait de l'impru-
dence, de la stupidité ; au besoin ils allégueront un
paroxysme, un dérangement momentané de l'esprit
et, s'il s'agit d'un crime grave, ils iront jusqu'à arguer
de la folie, simplement pour exempter la volonté
de toute culpabilité. C[Et nous-mêmes, lorsque nous
avons causé un accident ou un dommage, de la
même manière, nous incriminons devant les autres
et devant nous-mêmes notre *stultitia* [stupidité], afin
d'éviter le reproche de *malitia* [malice]. De la même
façon, pour un jugement injuste prononcé par un
juge, il convient de savoir s'il s'est trompé ou s'il a
été corrompu, et la différence est énorme. Tout]C
cela prouve suffisamment que la VOLONTÉ seule est
le facteur réel, essentiel, le noyau de l'homme, que
l'intellect n'en est que l'instrument et que cet instrument peut toujours être défectueux sans que la
volonté y soit mêlée. Devant un tribunal moral, l'accusation de stupidité n'en est absolument pas une ;
au contraire, elle confère ici même certains privilèges.
Ainsi, pour exempter de toute peine un criminel
devant les tribunaux séculiers, il suffit dans tous les
cas de faire retomber sur son intellect la culpabilité
de sa volonté, en démontrant qu'il s'agissait ou d'une
erreur inévitable ou d'un dérangement de l'esprit ;

car alors le méfait aura aussi peu de gravité que lorsque la main ou le pied dérapent sans le vouloir. Mais je l'ai déjà amplement explicité dans l'appendice qui porte sur la liberté intellectuelle, joint à mon *Mémoire sur la liberté de la volonté*[52] ; j'y renvoie ici afin de ne pas me répéter.

C[Tous ceux qui ont donné le jour à une œuvre, lorsqu'ils voient que cette œuvre se révèle finalement insuffisante, s'en réfèrent à leur bonne volonté et disent qu'ils n'en ont pas manqué. Ils croient mettre ainsi l'essentiel à l'abri, à savoir ce dont ils sont vraiment responsables, ainsi que leur propre moi ; quant à l'insuffisance de leurs capacités, ils ne l'interprètent que comme le manque d'un instrument convenable.]C

On excuse un SOT en disant qu'il n'y est pour rien, mais si l'on voulait excuser un MÉCHANT en recourant au même argument, on se rirait de nous. Et pourtant l'une comme l'autre qualité sont innées. Ce qui prouve que la volonté est l'homme véritable, alors que l'intellect n'en est que l'instrument.

Aussi considère-t-on qu'il n'y a jamais que notre VOULOIR qui dépende de nous, c'est-à-dire est l'expression de notre être proprement dit et ce dont, par conséquent, on nous tient responsable. Aussi est-il absurde et injuste de vouloir nous demander raison de notre croyance, autrement dit de notre connaissance ; car, bien qu'elle commande en nous, nous sommes obligés de la considérer comme quelque chose qui est aussi peu en notre pouvoir que les événements du monde extérieur. À cela aussi on voit clairement que la volonté seule est l'élément intérieur et propre à l'homme, et que l'INTELLECT, en revanche, avec ses opérations qui, à l'instar du monde extérieur, se produisent selon des lois, est pour celle-ci un élément extérieur, un simple instrument.

C[On a toujours considéré les dons supérieurs de l'esprit comme un PRÉSENT <*Geschenk*> de la nature ou des dieux, raison pour laquelle, précisément, on les a appelés GABEN, *Begabung*, ou *ingenii dotes* ou *gifts* («*a man highly gifted*»), les regardant comme quelque chose de différent de l'homme lui-même, comme quelque chose qui lui serait échu par l'effet d'une faveur. Les qualités morales, en revanche, bien qu'elles aussi soient innées, n'ont jamais été considérées ainsi mais plutôt comme quelque chose qui émanait de l'homme lui-même, qui lui appartenait en propre, voire comme un élément constitutif de son propre moi. De sorte qu'encore une fois il s'ensuit que la volonté est l'essence véritable de l'homme et que l'intellect n'est que secondaire, un instrument, un équipement.

D'après cette manière de voir]C, toutes les religions promettent une récompense au-delà de la vie, dans l'éternité, pour tous les mérites de la volonté ou du cœur, mais elles n'en prévoient aucune pour les qualités de l'esprit, c'est-à-dire de l'entendement. La vertu attend sa récompense dans l'autre monde, l'habileté <*Klugheit*> dans ce monde-ci; quant au génie, il ne l'attend ni là-bas ni ici: il est à lui-même sa propre récompense. Aussi la volonté est-elle la part éternelle et l'intellect, la part temporelle.

Les liens, la communauté et le commerce entre les hommes reposent en règle générale sur des rapports qui relèvent de la VOLONTÉ, mais rarement sur des rapports qui relèvent de l'INTELLECT : on peut appeler MATÉRIELLE la première espèce de communauté, et FORMELLE la seconde. Participent de cette première espèce les liens de famille et de parenté, en plus de toutes les autres relations qui se fondent sur des objectifs ou des intérêts communs: professionnels, corporatistes, partisans et autres. Celles-ci, en effet, mettent uniquement en jeu une disposition d'esprit, des intentions, si bien qu'une très grande disparité de capacités intellectuelles et des niveaux d'éducation peut y exister. De la sorte chacun peut non seulement vivre avec chacun en paix et en unité ainsi que s'allier et œuvrer avec lui pour leur bien commun à tous deux. Le mariage est, lui aussi, une alliance des cœurs et non des esprits. En revanche, dans les communautés purement FORMELLES, les choses se passent autrement, puisque celles-ci n'ambitionnent qu'un échange de pensées, de sorte qu'elles exigent qu'il y ait une égalité des facultés intellectuelles et une égalité de culture. De grandes différences en la matière instaurent un gouffre infranchissable entre un homme et un autre, à l'instar, par exemple, de celui qui sépare un grand esprit d'un idiot, un savant d'un paysan, un homme de cour d'un matelot. Des êtres aussi hétérogènes ont du mal à se comprendre dès lors qu'il s'agit de communiquer des pensées, des représentations et des conceptions. Mais cela ne les empêche nullement de pouvoir nouer entre eux une étroite amitié MATÉRIELLE et d'être, par ailleurs, de fidèles alliés, des conjurés ou encore des obligés. Car parmi tout ce qui relève exclusivement de la VOLONTÉ, l'amitié, l'inimitié, la sincérité, la fidélité, la duplicité et la trahison sont autant d'éléments homogènes, formés d'une même pâte, et là ni l'esprit ni la culture n'instaurent de distinction : bien plus, l'homme sans culture peut, en la matière, souvent faire rougir le savant ou le matelot, l'homme de cour. Car il est possible de rencontrer, à des degrés de cultures les plus différents, les mêmes vertus et les mêmes vices, les mêmes affects et les mêmes passions et, quand bien même leurs expressions varieraient, elles n'en viendraient pas moins à se reconnaître mutuellement même chez les individus les plus hétérogènes ; c'est pourquoi ceux qui ont une disposition d'esprit semblable s'assemblent et ceux qui en ont une contraire s'opposent.

Les brillantes qualités de l'esprit génèrent l'admiration mais non la sympathie : celle-ci reste réservée aux qualités morales du caractère. Au nombre de ses amis, chacun préférera compter une personne sincère, bienveillante voire complaisante, accommodante et facile à contenter plutôt que toute autre qui n'aurait pour seule qualité que d'être spirituelle. Plus d'un obtiendra sur une pareille personne la préférence et cela, même en vertu de qualités insignifiantes, fortuites et extérieures, parce que ce sont ces qualités-là précisément qui correspondent à l'inclination d'un autre. Seule la personne elle-même dotée d'un grand esprit recherchera la société d'autres personnes spirituelles ; son amitié, en revanche, se dirigera vers des qualités morales, car c'est sur celles-ci que repose la haute estime dans laquelle on tient un homme et qui fait qu'un seul beau trait de caractère suffit à couvrir et à effacer les grands manques de l'entendement. Il nous suffit de connaître la bonté d'un caractère pour devenir patients et accommodants vis-à-vis des faiblesses de son entendement, ainsi que vis-à-vis de l'hébétude et de l'attitude puérile dues à l'âge. Un caractère résolument noble qui, cependant, souffrirait d'un manque total de qualités intellectuelles et de culture semble ne manquer de rien. À l'inverse, le plus grand des esprits, s'il est entaché de graves défauts moraux, nous paraîtra toujours répréhensible. — Car, de même que le flambeau et le feu d'artifice pâlissent et perdent leur éclat devant le soleil, l'esprit, le génie et même la beauté sont éclipsés et assombris par la bonté de cœur. Dès lors qu'elle atteint à un certain degré, elle réussit si bien à remplacer le manque des autres qualités que nous rougissons d'avoir pu à un moment donné en regretter l'absence. Et même le plus limité des esprits ou la plus grotesque des laideurs, sitôt qu'ils apparaissent accompagnés d'une extraordinaire bonté de cœur, se transfigurent en quelque sorte et apparaissent auréolés d'une beauté d'une essence supérieure, parce qu'une sagesse s'exprime en eux, qui réduit au silence toute autre personne. Car la bonté de cœur est une qualité transcendante, elle appartient à un ordre des choses qui excède cette vie-ci et demeure incommensurable à toute autre perfection. Là où elle est effectivement présente à un degré élevé, le cœur s'en trouve tellement grandi qu'il embrasse l'univers et que tout y trouve sa place, plus rien ne lui demeurant extérieur ; car en chaque être, elle reconnaît son être propre. Aussi fait-elle preuve envers les autres de cette indulgence infinie dont on n'use d'ordinaire qu'envers soi-même. Un tel homme est incapable de colère, et même lorsque, d'aventure, ses propres défauts intellectuels et physiques provoquent chez les autres une méchante raillerie, il ne s'adresse qu'à lui-même le reproche d'avoir été la cause de tels comportements et continue sans même se faire violence à traiter ces personnes de la manière la plus aimable dans l'espoir confiant qu'elles reviendront sur leur erreur au regard des siennes et qu'ils se reconnaîtront eux-mêmes en lui. — Que sont le génie et l'esprit en comparaison ? Que peut bien être encore un Bacon de Verulam ?

Ce résultat auquel nous venons d'aboutir en considérant notre manière d'apprécier les autres sera le même que celui auquel nous aboutirons si nous considérons la manière dont nous nous apprécions nous-mêmes. Et l'on constatera là encore à quel point la satisfaction de soi sur le plan moral et celle qui se situe sur le plan intellectuel sont fondamentalement différentes! La première naît lorsque, portant un regard rétrospectif sur notre conduite, nous voyons que nous avons pratiqué fidélité et sincérité au prix de lourds sacrifices, que nous en avons aidé plus d'un, pardonné plus d'un, que nous avons été envers certaines personnes meilleurs qu'elles ne l'ont été envers nous, de sorte que nous sommes autorisés à dire, avec le Roi Lear: «Pour moi, je suis bien plus victime du péché que pécheur[53]», et cette satisfaction serait à son comble si, d'aventure, quelque noble action enfouie dans notre souvenir brillait encore! La joie silencieuse que suscite en nous cet examen sera empreinte d'un profond sérieux. Et si nous en voyons d'autres qui, contrairement à nous, seraient restés en arrière sur ce chemin, loin d'en concevoir aucune joie, nous le regrettons, espérant sincèrement que tous puissent être comme nous. — Comme la conscience de notre supériorité intellectuelle agit différemment! Sa basse fondamentale, Hobbes l'a traduite de manière parfaitement appropriée dans ce propos déjà cité plus haut: *omnis animi voluptas omnisque alacritas in eo sita est, quod quis habeat, quibuscum conferens se, possit magnifice sentire de se ipso* [le plus grand plaisir, et la plus parfaite allégresse qui arrive à l'esprit, lui vient de ce qu'il en voit d'autres au-dessous de soi, avec lesquels en se comparant il a une occasion d'entrer en une bonne estime de soi-même[54]]. Une vanité impudente et triomphante, une morgue orgueilleuse et dédaigneuse à l'endroit des autres, une supériorité tranchée ou encore un délicieux chatouillement de la conscience qui s'apparente à celui que procurent les avantages physiques — voilà bien quel en est le résultat. Le contraste entre ces deux formes de satisfaction de soi indique que l'une concerne notre être véritable, intime et éternel, tandis que l'autre concerne quelque chose qui nous est plus extérieur, temporel, voire qui n'est qu'un avantage physique. Si l'intellect n'est au fond qu'une simple fonction du cerveau, la volonté, en revanche, est ce dont l'homme tout entier est la fonction, par son être et par son essence.

C[Mais regardons à présent au-dehors et observons que ὁ βίος βραχύς, ἡ δὲ τέχνη μακρά (*vita brevis, ars longa*) [la vie est brève, l'art est long[55]], et considérons que, le plus souvent, ces très grands et très beaux esprits sont balayés par la mort, à peine après avoir atteint le sommet de leur faculté productrice ; de même, les grands savants meurent juste au moment où ils accèdent enfin à une compréhension approfondie de leur science. On trouve là encore autant de preuves venant confirmer que le sens et le but de la vie ne sont pas d'ordre intellectuel, mais d'ordre moral.

Enfin, la distinction fondamentale entre les qualités intellectuelles et morales]C se révèle aussi dans le fait que l'intellect subit des changements hautement significatifs dans le temps, alors que la volonté et le caractère restent inchangés. — Le nouveau-né, qui n'a encore aucun usage de son entendement, y accède cependant au cours des deux premiers mois jusqu'à ce qu'il acquière l'intuition et l'appréhension des choses du monde extérieur ; j'ai déjà présenté ce processus de manière plus précise dans mon traité *Sur la vue et les couleurs*, p. 10 de la deuxième édition[56]. Ce premier pas, de la plus haute importance, est suivi par un autre bien plus lent, puisque ce n'est la plupart du temps qu'à partir de la troisième année que commence à se développer la raison qui aboutira à l'usage du langage, et par là à la pensée. Pourtant, la première enfance est irrévocablement vouée à l'ineptie et à la sottise. Tout d'abord, parce qu'il manque encore au cerveau d'être achevé physiquement, ce qui, tant pour sa taille que pour sa texture, n'arrive que dans la septième année. Ensuite parce que, pour arriver à une pleine et énergique activité, l'antagonisme du système génital est nécessaire, si bien que cette activité ne pourra commencer qu'avec la puberté. Or ce n'est que celle-ci qui confère alors à l'intellect la CAPACITÉ à subir un développement psychique, lequel ne peut s'acquérir qu'à force d'exercice, d'expérience et d'instruction. De sorte que l'esprit, à peine arraché à l'ineptie infantile, tombe dans les traquenards des erreurs sans nombre, des préjugés, des chimères dont certaines sont parfois d'une absurdité des plus éclatantes. L'esprit les retient opiniâtrement, si bien qu'il faudra attendre que l'expérience peu à peu lui en arrache certaines, tandis que d'autres disparaissent à son insu. Mais tout cela nécessite de nombreuses années de sorte que, s'il est vrai qu'on lui accorde la majorité à vingt ans, on n'en a pas moins remis à plus tard l'âge de la pleine maturité : à la quarantième année, l'âge des Souabes <*Schwabenalter*> ou âge de raison. Seulement, alors que ce développement PSYCHIQUE, qui trouve un appui à l'extérieur, est encore en pleine croissance, l'énergie PHYSIQUE interne au cerveau amorce son déclin. Cette énergie physique, parce qu'elle est dépendante de la pression artérielle et de l'action des pulsations du cœur sur le cerveau, et parce qu'elle est, par suite, dépendante de la prépondérance du système artériel sur le système veineux, ainsi que de la jeunesse et de la tendresse des fibres du cerveau et, de surcroît, de l'énergie du système génital, compte tenu de toutes ces dépendances, donc, cette énergie physique atteint son point culminant autour de la trente-cinquième année et, à partir de trente-cinq ans, amorce une légère régression, qui est d'emblée sensible du fait de la prépondérance croissante du système veineux sur le système artériel, de la consistance toujours plus dure et raide des fibres du cerveau ; mais elle serait plus sensible encore si, par ailleurs, le perfectionnement PSYCHIQUE, à force d'exercice, à force d'expérience, et grâce à l'accroissement des connaissances et à l'habileté acquise dans le maniement de ces connaissances, ne venait contrebalancer ses effets. Fort heureusement, cet antagonisme se prolonge jusqu'à un âge avancé, où le cerveau se met de plus en plus à ressembler à un instrument qu'on aurait usé à force d'en jouer. Cependant, la régression de cette énergie primordiale de l'intellect, qui repose entièrement sur des conditions organiques, a beau progresser lentement, elle n'en progresse pas moins continûment : la faculté de former une conception originale, l'imagination, la souplesse de l'esprit, la mémoire s'affaiblissent sensiblement et déclinent degré par degré jusqu'à atteindre cet âge bavard, dépourvu de mémoire, à moitié privé de conscience et finalement d'une infantilité totale.

La VOLONTÉ, en revanche, n'est pas touchée par tout ce devenir, par ces changements et par ces transformations, elle demeure du début à la fin immuablement la même. Le vouloir n'a pas besoin, comme la connaissance, d'être appris, il s'exerce parfaitement d'emblée. Le nouveau-né gesticule furieusement, il tempête, il crie : il veut avec une violence extrême bien qu'il ne sache pas encore ce qu'il veut. Car le médium des motifs, l'intellect, n'est encore absolument pas développé. La volonté est plongée dans l'obscurité au sujet du monde extérieur où résident ses objets et, à présent, elle tempête comme un prisonnier se débat contre les barreaux et les parois de son cachot. Mais peu à peu la lumière se fait et, aussitôt, les traits fondamentaux du vouloir humain universel ainsi que, dans le même temps, les modi-

fications qu'imprime l'individualité sur ceux-ci se
montrent au grand jour. Le caractère, déjà en train
d'apparaître, se révèle, il est vrai, d'abord sous des
traits inconsistants et indécis, parce que l'intellect se
dérobe encore à sa tâche qui consiste à lui présenter
les motifs ; mais, aux yeux d'un observateur attentif,
il a tôt fait d'annoncer son entière présence et, très
vite, elle ne pourra plus être méconnue. Les traits de
caractère apparaissent qui resteront les mêmes toute
la vie : les orientations fondamentales du vouloir, les
affects faciles à susciter, les passions dominantes s'expriment. C'est pourquoi les événements qui arrivent
à l'école sont la plupart du temps à ceux du cours de
la vie future ce que le prologue muet, qui précède et
annonce dans une pantomime le contenu du drame
représenté à la cour dans *Hamlet*, est à ce drame
lui-même[57]. Mais en aucun cas les facultés intellectuelles qui pointent dans l'enfant ne permettent de
pronostiquer ce qu'elles seront à l'avenir ; au contraire,
les *ingenia praecocia*, les enfants prodiges, deviennent
en règle générale des esprits plats, tandis que le
génie, à l'inverse, est souvent lent à saisir dans l'enfance, comprenant difficilement parce qu'il comprend
profondément. C'est ce qui explique que chacun
raconte en riant et sans aucune retenue les inepties
et les sottises de son enfance ; Goethe par exemple
raconte comment il a jeté toutes les gamelles par la
fenêtre (*Poésie et Vérité, t. I, p. 7*[58]) : car on sait parfaitement que tout cela ne concerne que la partie alté-
rable de nous-mêmes. En revanche, ses mauvais traits,
les méchancetés et les perfidies de sa jeunesse, un
homme prudent se gardera de les livrer, car il sent
qu'ils rendent encore témoignage de son caractère
actuel. On m'a raconté que, lorsque Gall, le phré-
nologue et anthropologue, devait entrer en contact
avec un homme qui lui était encore inconnu, il

amenait ce dernier à parler de ses années et de ses tours de jeunesse afin de surprendre, si possible, en lui les traits de son caractère ; en effet, son caractère devait nécessairement être resté le même. Là-dessus repose le fait que nous reconsidérons avec indifférence, en souriant même, et non sans un certain plaisir, nos bêtises et l'inintelligence de nos années de jeunesse, mais qu'en revanche les mauvais traits de caractère de cette époque, les méchancetés et les méfaits se dressent devant nous jusque dans notre grand âge comme des reproches imprescriptibles qui oppressent encore notre conscience. — Donc, tel que le caractère survient, tel il demeure, inchangé, jusque dans un âge tardif. Les attaques de l'âge qui consument peu à peu les forces intellectuelles laissent les qualités morales intactes. La bonté de cœur fait que le vieillard sera encore vénéré et aimé au moment où son esprit révélera déjà les faiblesses qui le ramèneront à l'enfance. La douceur, la patience, la sincérité, la véracité, le désintéressement, la philanthropie et autres demeurent tout au long de la vie et ne disparaissent pas avec la faiblesse de l'âge : dans l'œil clair du vieillard, elles apparaissent sans avoir perdu de leur vigueur, comme un soleil qui point entre des nuages d'un ciel d'hiver. Et de l'autre côté, la méchanceté, la perfidie, la cupidité, la dureté de cœur, la duplicité, l'égoïsme, les bassesses en tout genre, demeurent, inchangés, jusque dans un âge avancé. Nous ne le croirions pas et nous nous ririons de lui, celui qui nous dirait : « Dans mes jeunes années, j'étais un méchant coquin mais à présent je suis un homme sincère et d'une certaine noblesse d'âme. » Walter Scott a bien montré dans *Nigels Fortune*[59], à travers le personnage du vieil usurier, combien l'ardente avarice, l'égoïsme et l'injustice sont encore florissants et, à l'instar des plantes vénéneuses qui

poussent en automne, s'expriment encore avec force
alors que l'intellect a déjà sombré dans l'infantilité.
Les seuls changements qui se produisent dans nos
inclinations sont des suites immédiates de la régression de nos forces corporelles et ainsi de nos capacités à jouir : ainsi la volupté cédera le terrain à
l'ivrognerie, le goût du faste à l'avarice, et la vanité
à l'ambition ; tout comme l'homme qui, avant d'avoir
encore une barbe, s'en collait une fausse et qui, par
la suite, teindra en brun la sienne devenue grise entre-
temps. Ainsi, alors que toutes les forces organiques,
la force des muscles, les sens, la mémoire, l'esprit,
l'entendement, le génie s'usent et s'émoussent avec
l'âge, la volonté seule reste inchangée, intacte, cependant que l'impulsion et l'orientation du vouloir restent
les mêmes. Et, à vrai dire, sur certains points, la
volonté se montre plus résolue encore avec l'âge :
ainsi dans l'attachement à la vie qui, comme on sait,
croît avec les années ; ensuite dans la fermeté et
dans l'obstination au sujet de ce qu'elle a résolu,
dans l'entêtement, qui s'explique par l'amoindris-
sement de la réceptivité de l'intellect à de nouvelles
impressions et, donc, de la mobilité de la volonté que
provoquait l'afflux de motifs. C'est pourquoi la colère
et la haine des vieilles personnes sont implacables :

The young man's wrath is like light straw on fire ;
But like red-hot steel is the old man's ire. (Old Ballad)*

À la suite de toutes ces considérations, il devient
impossible à un regard un tant soit peu profond de
méconnaître ceci : l'INTELLECT doit d'abord traver-

---

* C[La colère du jeune homme est semblable à un feu de paille,
Mais de l'acier chauffé à blanc, tel est le courroux du vieil
homme.]C

ser une longue suite de développements progressifs pour ensuite, comme tout ce qui est physique, marcher au-devant de sa déchéance ; en revanche, la VOLONTÉ, elle, n'a aucunement part à cela, sinon en ceci qu'elle doit au début se débattre avec l'imperfection de son instrument qu'est l'intellect et qu'à la fin elle doit recommencer à se débattre avec son usure, mais elle-même naît fin prête et demeure inchangée sans jamais être assujettie aux lois du temps, du devenir et de la corruption. C'est pourquoi il convient de la reconnaître comme un élément métaphysique qui ne relève pas lui-même du monde phénoménal.

9) Les termes généralement utilisés et couramment compris de cœur *<Herz>* et de tête *<Kopf>* sont nés d'un sentiment très exact de la différence fondamentale dont il est ici question ; ils désignent et décrivent si bien leur objet qu'on les retrouve dans toutes les langues. Sénèque, par exemple, dit de l'empereur Claude *nec cor nec caput habet* [il est sans cœur ni tête] (*Ludus de morte Claudii Caesaris, c. 8*[60]). C'est à bon droit que le CŒUR, ce *primum mobile* [premier moteur] de la vie animale, a été choisi comme symbole et même comme synonyme de la VOLONTÉ, en tant qu'il est le noyau primitif *<Urkern>* de notre phénomène et qu'il le désigne par opposition à l'INTELLECT qui, lui, est véritablement identique à la TÊTE. On assigne au cœur tout ce qui, dans son sens le plus large, est l'affaire de la VOLONTÉ, comme le souhait, la passion, la joie, la douleur, la bonté, la méchanceté, et même ce que l'on a coutume de comprendre sous le terme d'« âme » *<Gemüt>* et qu'Homère exprime à travers φίλον ἦτορ [le bon cœur[61]]. Aussi dit-on : il a mauvais cœur ; cette chose lui tient à cœur ; cela lui vient du cœur ; ce lui fut

comme un coup au cœur ; cela lui brise le cœur ; son cœur saigne ; le cœur tressaille de joie ; qui peut lire dans le cœur de l'homme ? Et encore : cela vous déchire, vous broie, vous brise, vous soulève le cœur, vous touche au cœur ; il a bon cœur ; il a le cœur sec ; il n'a pas de cœur ; il a du cœur ; il n'a pas le cœur de faire ceci ou cela, etc. Et si le commerce amoureux est appelé tout spécialement *affaires de cœur* [en français dans le texte], c'est parce que la pulsion sexuelle est le foyer de la volonté et que le choix qui en relève constitue la principale affaire du vouloir humain naturel ; j'en donnerai la raison dans un chapitre détaillé, complémentaire du livre IV[62]. C[Dans son *Don Juan, c. 11, v. 34*[63], Byron en fait la satire et montre que, pour les dames, au lieu d'être une préoccupation du cœur, l'amour est une préoccupation de la tête.]C — La TÊTE, en revanche, désigne tout ce qui relève de la CONNAISSANCE. Aussi parle-t-on d'un homme de tête, d'une tête pensante, d'une tête subtile, d'une mauvaise tête et l'on dit : perdre la tête, garder la tête haute, etc. La tête et le cœur désignent l'homme tout entier. Mais la tête est toujours l'élément second, l'élément dérivé ; car elle n'est pas le centre mais seulement l'efflorescence suprême <*höchste Effloreszenz*> du corps. Lorsqu'un héros meurt, on embaume son cœur et non son cerveau ; en revanche, on conserve volontiers le crâne des poètes, des artistes et des philosophes. Ainsi, à l'*Accademia di S. Luca* à Rome, on a conservé le crâne de Raphaël qui s'est toutefois révélé être un faux ; en 1820[64], à Stockholm, on a vendu aux enchères le crâne de Descartes*[65].

La langue latine traduit également un certain sentiment de ce qu'est la vraie relation entre la volonté,

---

* C[*Times*, 18 octobre 1845, d'après l'*Athenaeum*.]C

l'intellect et la vie. L'intellect, c'est la *mens*, νοῦς ; la volonté, en revanche, c'est l'*animus* qui vient d'*anima* qui, à son tour, vient d'ἄνεμος [vent]. L'*anima* est la vie elle-même, le souffle, la ψυχή, mais l'*animus*, c'est le principe de vie et en même temps la volonté, le sujet des inclinations, des intentions, des passions, des affects ; aussi dit-on : *est mihi animus* et *fert animus* pour dire : «j'ai envie», ou encore *animi causa*, et autres expressions semblables ; il s'agit bien là du θυμός grec, c'est-à-dire de l'âme <*Gemüt*>, du cœur et non de la tête. *Animi perturbatio* [perturbation de l'âme] désigne l'affect, tandis que *mentis perturbatio* [perturbation de l'esprit] désignerait plutôt une forme de folie. Le prédicat *immortalis* est accolé à l'*animus* et non à la *mens*. Tout cela constitue la règle établie à partir de la grande majorité des cas, même si, ces concepts étant si étroitement liés, il ne peut manquer d'arriver que ces termes soient intervertis. C[Sous le terme de ψυχή, il semble que, d'abord et à l'origine, les Grecs aient compris la force vitale, le principe de vie, se doutant confusément qu'il devait s'agir d'un élément métaphysique, lequel ne serait donc pas affecté par la mort. C'est ce que démontrent entre autres les études conservées par Stobée sur la relation entre νοῦς et ψυχή (*Ecl.*, *lib. I*, *c. 51, § 7*, 8[66]).]C

10) Sur quoi repose l'IDENTITÉ DE LA PERSONNE ? — Pas sur la matière du corps, puisqu'elle devient autre au bout de quelques années. Pas sur la forme de cette même matière, puisqu'elle change dans son ensemble et dans toutes ses parties, à l'exception toutefois de l'expression du regard, à laquelle on reconnaît encore une personne même après de longues années ; C[ce qui prouve que, en dépit de tous les changements que le temps a provoqués en cette personne, il reste cependant en elle quelque chose

d'absolument immuable, et c'est précisément cette chose qui nous permet de le reconnaître encore après un si long intervalle et de le retrouver intact, comme autrefois ; il en va pareillement pour nous-mêmes ; car, aussi vieux que nous devenions, nous sentons intérieurement que nous sommes restés en tout point le même que celui que nous étions dans notre jeunesse, dans notre enfance. Cette chose qui demeure inchangée, toujours la même, et qui ne vieillit pas, c'est précisément le noyau de notre être, qui ne se situe pas dans le temps.]C — On admet que l'identité de la personne repose sur celle de sa conscience. Mais, si nous entendons sous le terme de conscience seulement la remémoration cohérente du cours de la vie, alors celle-ci n'y suffit pas. Sans doute, dans le meilleur des cas, en savons-nous plus sur le cours de notre vie que sur un roman que nous avons lu jadis ; mais ce que nous en savons reste cependant extrêmement peu de chose. Les événements principaux, les scènes les plus intéressantes sont restés imprimés ; quant au reste, pour un événement gardé en mémoire, mille autres ont été oubliés. Plus nous vieillissons, plus les choses passent sans laisser de trace. Le grand âge, la maladie, une lésion du cerveau, la folie peuvent nous priver entièrement de mémoire. Mais l'identité de la personne n'en est pas perdue pour autant. Elle repose sur une VOLONTÉ identique et sur le caractère immuable de celle-ci. C'est aussi elle qui rend l'expression du regard immuable. L'homme réside dans le CŒUR et non dans la tête. C[En raison de notre relation au monde extérieur, nous sommes, il est vrai, habitués à considérer le sujet de la connaissance, le je connaissant, comme notre moi véritable, qui s'alanguit le soir, s'évanouit dans le sommeil et le matin plein de ses forces renouvelées rayonne plus clairement. Cependant, il ne s'agit que d'une fonction cérébrale et non de ce moi qui nous est le plus propre. Notre véritable moi, le noyau de notre être, est ce qui se loge derrière le moi connaissant et qui ne connaît au fond rien d'autre que le vouloir et le non-vouloir, la satisfaction et la non-satisfaction, avec toutes les modifications de la chose que l'on nomme sentiments, affects et passions. Voilà ce que produit cet autre moi qui, lui, ne dort pas quand l'autre dort, qui demeure intact quand l'autre s'éteint dans la mort.]C — Tout ce qui, en revanche, relève de la CONNAISSANCE est exposé à l'oubli ; il arrive parfois que, même les actions d'une haute signifiance morale, nous ne puissions entièrement nous les remémorer des années plus tard, et que nous ne sachions plus comment nous avons agi dans une situation critique. Mais le CARACTÈRE LUI-MÊME, dont ces faits ne font que témoigner, on ne peut l'oublier : il est à présent identique à ce qu'il était autrefois. La volonté elle-même, considérée isolément et pour elle-même, persiste : car seule elle est immuable, indestructible, elle ne vieillit pas, elle n'est pas physique, elle est métaphysique, elle ne participe pas du phénomène, elle est ce qui se phénoménalise lui-même. J'ai démontré plus haut, au chapitre 15, combien l'identité de la conscience repose aussi sur la volonté ; il n'est donc pas nécessaire que je m'y attarde ici plus longtemps.

11) Aristote dit incidemment, au livre sur la comparaison des choses désirables : « mieux vaut bien vivre que vivre » (βέλτιον τοῦ ζῆν τὸ εὖ ζῆν, *Top. III, 2*[67]). On pourrait en déduire une double contraposition[68] : mieux vaut ne pas vivre du tout que mal vivre. Voilà qui paraît éclairant pour l'intellect et, pourtant, le plus grand nombre préfère très mal vivre que ne pas vivre du tout. Cet attachement à la vie ne peut donc, comme il a été montré dans le livre IV, avoir sa

raison dans son OBJET lui-même qui ici est la vie, laquelle est au fond une souffrance perpétuelle ou du moins, comme il sera montré plus loin au chapitre 28, une entreprise qui ne couvre pas ses frais ; cet attachement à la vie ne peut donc être fondé que dans le SUJET de celui-ci. Mais ce n'est pas dans l'intellect qu'il trouve son fondement, il n'est pas une conséquence de la réflexion, et n'est même en soi nullement une affaire de choix. Ce vouloir-vivre <*Lebenwollen*> est quelque chose qui va de soi, il est un *prius* [antécédent] de l'INTELLECT lui-même. Nous sommes nous-mêmes la volonté de vivre <*Wille zum Leben*>, aussi devons-nous vivre, bien ou mal. Et cet attachement à une vie qui en vaut si peu la peine est absolument *a priori* et non *a posteriori* ; c'est ce qui explique cette crainte excessive de la mort qui habite tout être vivant, et que La Rochefoucauld a exprimée avec une franchise et une naïveté rare dans sa dernière maxime[69]. Elle constitue aussi le fondement dernier de l'effet de toutes les tragédies et des actes héroïques, effet qui disparaîtrait si nous n'appréciions la vie qu'en fonction de sa valeur objective. C'est encore sur cette indicible *horror mortis* [horreur de la mort] que se fonde la phrase de prédilection de tous les esprits ordinaires et selon laquelle il faudrait être fou pour s'ôter la vie. Cependant, ce sentiment d'effroi fonde aussi l'étonnement mêlé d'une certaine admiration que provoque chaque fois cette action elle-même chez des esprits pensants, parce qu'elle va tellement à l'encontre de la nature de tout être vivant que nous ne pouvons nous empêcher d'admirer en un certain sens la personne qui commet cet acte ; bien plus, nous en concevons même un certain apaisement du seul fait de savoir que, dans le pire des cas, cette issue reste effectivement ouverte, ce dont nous aurions pu douter si cela

n'était confirmé par l'expérience. Car le suicide procède d'une décision de l'intellect, alors que notre
vouloir-vivre est un *prius* de l'intellect. Toutes ces
considérations, qui se trouvent dûment développées
dans le chapitre 28, confirment le primat de la
VOLONTÉ dans la conscience.

12) Cependant, rien ne démontre plus clairement
la nature secondaire, dépendante et conditionnée de
l'INTELLECT que son intermittence périodique. Durant
le sommeil, toute connaissance et toute représentation cessent totalement. Le noyau de notre être,
son élément métaphysique, qui est nécessairement
présupposé par les fonctions organiques puisqu'il en
est le *primum mobile* [premier moteur], est seul à
n'avoir pas droit à une pause, puisque la vie ne doit
pas s'arrêter, d'autant que, étant aussi un élément
métaphysique et, par suite, incorporel, il n'a pas
besoin de repos. Voilà pourquoi les philosophes, qui
ont érigé ce noyau métaphysique en ÂME <*Seele*>,
c'est-à-dire comme un être originel et essentiellement
CONNAISSANT, se sont vus contraints d'affirmer que
cette âme, dans sa fonction de connaissance et de
représentation, est absolument infatigable, et qu'elle
poursuit ses activités même durant le sommeil, à
ceci près que nous n'en garderions aucun souvenir
au réveil. Mais il était devenu facile de voir tout ce
qu'il y avait de faux dans une telle affirmation, à
condition d'écarter cette ÂME, à la suite de la doctrine de Kant. Car le sommeil et l'éveil montrent de
manière extrêmement claire à quiconque posséderait
un esprit impartial que le connaître est une fonction
secondaire et conditionnée par l'organisme au même
titre que n'importe quelle autre. Le CŒUR seul est
infatigable parce que son battement et la circulation
sanguine ne sont pas immédiatement conditionnés
par les nerfs mais sont précisément l'expression ori-

ginelle de la volonté. De même, toutes les autres
fonctions physiologiques, qui ne sont dirigées que
par les nerfs ganglionnaires, lesquels n'ont qu'une
connexion éloignée et très médiate avec le cerveau,
se poursuivent dans le sommeil, même si les sécrétions se produisent plus lentement et que même les
battements du cœur, en raison de leur dépendance
vis-à-vis de la respiration, laquelle est conditionnée
par le système cérébral (*medulla oblongata*) [bulbe
rachidien], subissent, avec celle-ci, un ralentissement. C'est sans doute l'estomac qui reste le plus
actif durant le sommeil, ce qu'il convient d'attribuer
au consensus spécifique provoquant quelques perturbations réciproques, consensus auquel il est arrivé
avec le cerveau à présent au repos. Durant un profond sommeil, le CERVEAU seul et, avec lui, le connaître
marquent une pause. Car il n'est que le ministère
des affaires extérieures, tout comme le système ganglionnaire est le ministère de l'intérieur. Le cerveau,
avec sa fonction de la connaissance, n'est rien d'autre
qu'une SENTINELLE placée là par la volonté pour
celles de ses fins qui se situent au-dehors ; postée en
haut, dans l'observatoire de la tête, elle inspecte tout
autour d'elle par la fenêtre des sens, en veillant à
prévenir d'où viendra la menace d'un malheur ou
encore où seront les profits à tirer, et ce n'est que
d'après son rapport que la volonté prendra ses
décisions. Durant tout ce temps, cette SENTINELLE,
comme toute personne prise dans un service actif, se
trouve dans un état de tension et d'effort ; aussi, sa
garde accomplie, voit-elle d'un œil favorable arriver
le moment où elle sera rappelée et où, comme tout
factionnaire qui quitte son poste, elle aura plaisir à
être relevée. Cette relève, c'est l'endormissement, et
c'est pour cette raison qu'il est si doux et si agréable,
et que nous nous y prêtons si complaisamment ; à

l'inverse, nous n'aimons pas qu'on nous secoue pour
nous réveiller, car ce geste rappelle brusquement la
SENTINELLE à son poste ; nous sentons alors, après
la systole bienfaisante, le retour de la pénible diastole
et de la dissociation de l'intellect et de la volonté.
Une prétendue ÂME qui serait spontanément et dès
l'origine un être CONNAISSANT devrait se sentir au
réveil comme un poisson qui retourne dans l'eau.
Durant le sommeil, où la vie végétative se poursuit
seule, la volonté agit seule selon sa nature originelle
et essentielle, sans être perturbée par l'extérieur,
sans que sa force se trouve amoindrie par l'activité
du cerveau et l'effort de la connaissance qui est sans
doute la plus difficile des fonctions organiques mais
qui, pour l'organisme, n'est qu'un moyen et non une
fin : c'est pourquoi, durant le sommeil, la force de la
volonté se consacre tout entière à la conservation et,
si besoin, à l'amélioration de l'organisme. C'est la
raison pour laquelle toutes les guérisons et toutes les
crises bienfaisantes se produisent dans le sommeil :
la *vis naturae medicatrix* [force curative de la nature]
ne peut mener librement son jeu que lorsqu'elle est
affranchie du fardeau de la fonction de connaissance.
L'embryon, parce qu'il doit encore former son corps,
dort continûment et le nouveau-né, la majeure partie
du temps. C'est en ce sens que Burdach (*Physiologie*,
t. III, p. 484[70]) explique lui aussi, et à juste titre, que
le sommeil est l'ÉTAT ORIGINEL.

Concernant le cerveau, je m'explique plus précisément la nécessité du sommeil par une hypothèse
C[qui semble avoir été soulevée pour la première fois
dans le livre de Neumann, *Von den Krankenheiten des
Menschen*, 1834, t. 4, § 216[71]. C'est celle-ci :]C la
nutrition du cerveau, c'est-à-dire le renouvellement
de sa substance par le sang, ne peut se produire durant
la veille parce que la fonction organique suprême de

la connaissance et de la pensée serait perturbée ou annulée par cette fonction si basse et matérielle de la nutrition. Ainsi s'explique que le sommeil n'est pas un état purement négatif, une simple pause de l'activité du cerveau, mais comporte dans le même temps un aspect positif. c[Et celui-ci se révèle par le fait que, entre la veille et le sommeil, il n'y a pas une simple distinction de degré, mais une frontière nette, qui se manifeste, dès que le sommeil apparaît, à travers les images des rêves, lesquelles sont totalement hétérogènes aux pensées qui nous étaient venues juste avant. Mais il y a encore une autre preuve de cet aspect positif, et c'est le fait que, lorsque nous avons des rêves angoissants, nous nous efforçons en vain de crier ou de parer aux attaques, ou de dissiper le sommeil ; c'est comme si l'on avait ôté le lien entre le cerveau et les nerfs moteurs, ou encore entre le cerveau et le cervelet (en tant que ce dernier est le régulateur des mouvements) : car le cerveau demeure dans son isolement, et le sommeil nous tient fermement dans ses griffes d'airain. Enfin, on peut aussi apercevoir cet aspect positif du sommeil dans le fait que, pour dormir, il faut encore une certaine force. C'est pourquoi une trop grande fatigue ainsi qu'une faiblesse naturelle nous empêchent de saisir le sommeil, *capere somnum*. Et cela s'explique par le fait que,]c lorsque le sommeil apparaît, le processus de nutrition doit déjà être mis en route, c'est-à-dire que le cerveau doit en quelque sorte commencer déjà à mordre dans quelque nourriture. L'afflux croissant du sang au cerveau durant le sommeil trouve lui aussi son explication dans le processus de nutrition ; de même, la position que l'on adopte instinctivement, consistant à croiser les bras au-dessus de la tête, s'explique parce qu'elle favorise cet afflux ; c'est encore le processus de nutrition qui explique pourquoi les enfants ont tellement besoin de sommeil tant que dure la croissance du cerveau, et pourquoi dans la vieillesse, en revanche, où apparaît une certaine atrophie du cerveau ainsi que dans toutes les autres parties du corps, le sommeil devient si rare. Et, pour finir, cela explique pourquoi un excès de sommeil entraîne une certaine hébétude de la conscience, en raison d'une hypertrophie momentanée du cerveau ; celle-ci, à la suite d'excès réguliers de sommeil, peut devenir chronique et engendrer une forme d'idiotie : ἀνίη καὶ πολὺς ὕπνος C[(*noxae est etiam multus somnus*) [c'est fatigant aussi de dormir longtemps[72]], *Od.*, *15*, *394*]C. — Par conséquent, le besoin de sommeil se trouve en relation directe avec l'intensité de la vie du cerveau et donc avec la clarté de la conscience. Les animaux dont la vie du cerveau est faible et confuse dorment peu et d'un sommeil léger ; c'est le cas, par exemple, des reptiles et des poissons. Mais je rappellerai à ce propos que le sommeil hibernal n'a du sommeil que le nom : elle ne consiste pas, en effet, en une inaction du seul cerveau, mais de l'ensemble de l'organisme ; elle est donc une sorte de mort apparente. Les animaux d'une intelligence considérable dorment longtemps et profondément. De même, les hommes ont d'autant plus besoin de sommeil que leur cerveau est développé et qu'il est actif tant en quantité qu'en qualité. Montaigne rapporte qu'il a toujours été un grand dormeur, qu'il a même passé une grande partie de sa vie à dormir, et qu'encore à un âge avancé il dormait d'une traite huit à neuf heures (liv. III, ch. 13[73]). De Descartes aussi on nous dit[74] qu'il aurait beaucoup dormi C[(Baillet, *La vie de Descartes*, 1693, p. 288[75])]C. Kant s'était imposé un sommeil de sept heures mais il lui devenait si difficile de s'y tenir qu'il avait commandé à un domestique de le forcer, contre sa volonté et sans écouter ses protestations, à se lever à une heure déterminée (Jachmann, *Immanuel Kant*, p. 162[76]). Car plus on est parfaitement éveillé, c'est-à-dire plus notre conscience est claire et en éveil, plus la nécessité du sommeil est grande, et donc plus nous dormirons longtemps et profondément. Exercer intensément sa pensée ou effectuer un travail cérébral soutenu, par conséquent, accroîtra le besoin de sommeil. Qu'un effort musculaire prolongé provoque une disposition au sommeil s'explique par le fait que durant cet effort le cerveau transmet continuellement, par l'intermédiaire de la *medulla oblongata* [bulbe rachidien] de la moelle épinière[77] et des nerfs moteurs, une impulsion aux muscles, laquelle agit sur leur irritabilité, de sorte que les forces du cerveau s'en trouvent épuisées : C[la fatigue que nous ressentons dans les bras et dans les jambes a son vrai siège dans le cerveau ; de même, la douleur que nous sentons dans ces mêmes membres est véritablement ressentie dans le cerveau, car il en va des nerfs moteurs comme des nerfs sensitifs. Pour cette même raison, les muscles qui ne sont pas actionnés par le cerveau, comme par exemple les muscles du cœur, ne se fatiguent jamais. Et c'est encore la raison pour laquelle]C on ne peut exercer sa pensée avec précision pendant ou après un grand effort physique. Que, durant l'été, on ait bien moins d'énergie intellectuelle que durant l'hiver peut en partie s'expliquer par le fait que l'on dort moins l'été et que, plus on a dormi profondément, plus on est alors dans un état de veille, plus on est « éveillé » par la suite. Mais que cela ne nous autorise pas à prolonger le sommeil plus que de raison ; parce que alors il perd en intensité, c'est-à-dire en profondeur et en fermeté, ce qu'il a gagné en extension, et il devient une pure perte de temps. C[C'est ce que signifiait Goethe aussi lorsque, dans la seconde partie de *Faust*, il dit de la somnolence du matin : « Le sommeil est une écorce, jette au loin cette écorce[78] ! » D'une manière générale]C donc, le sommeil confirme mieux que tout autre phénomène que la conscience, le percevoir, le connaître, le penser ne sont pas un état originel en nous, mais un état conditionné, secondaire. Ils sont une dépense somptuaire de la nature et même la plus élevée qu'elle se permette ; aussi, plus elle la mène avec faste, moins il lui devient possible de la poursuivre en se passant d'interruptions. Ils sont le produit, l'efflorescence du système nerveux cérébral, lequel est lui-même nourri par le reste de l'organisme comme un parasite. Comme nous le montrerons dans notre livre III, cela tient aussi au fait que le connaître est d'autant plus pur et d'autant plus parfait qu'il se détache de la volonté pour s'en isoler, ce qui donne lieu à l'appréhension purement objective, esthétique, de même qu'un extrait est d'autant plus pur qu'il s'est isolé de la matière dont il est tiré et qu'il s'est épuré de tout résidu. — C'est tout le contraire pour la VOLONTÉ, dont la manifestation la plus immédiate est la vie organique tout entière et d'abord le cœur infatigable.

Cette dernière considération se rattache déjà au thème développé dans le chapitre suivant ; aussi est-elle ici une manière de transition. Toutefois, il convient de faire encore la remarque suivante. Dans le somnambulisme magnétique, la conscience se dédouble et engendre deux séries de connaissances, parfaitement cohérentes en elles-mêmes mais aussi parfaitement séparées l'une de l'autre : la conscience éveillée ne sait rien de la conscience somnambulique. Mais, dans l'une et l'autre conscience, la volonté conserve le même caractère et demeure en tout point identique : dans l'une et l'autre, elle exprime les mêmes penchants et les mêmes dégoûts.

— Car, si la fonction admet d'être dédoublée, l'essence en soi, elle, ne peut l'être.

CHAPITRE 20*

OBJECTIVATION DE LA VOLONTÉ
DANS L'ORGANISME ANIMAL

J'entends par OBJECTIVATION l'acte de se présenter <*Sichdarstellen*> dans le monde réel des corps. Cependant, ainsi que je l'ai explicitement montré dans le livre I et dans les *Compléments* correspondants, l'objectivation est elle-même entièrement conditionnée par le sujet connaissant, c'est-à-dire par l'intellect et, par conséquent, en tant que telle, absolument impensable en dehors de la connaissance que nous en avons : car elle n'est d'abord qu'une représentation intuitive et, dans cette mesure, un phénomène cérébral. Si on la supprimait, il resterait la chose en soi. Celle-ci est la VOLONTÉ ; c'est là le thème du livre II, et c'est ce qui s'y trouve démontré en premier lieu à partir de l'organisme humain et animal.

On peut aussi définir la connaissance du monde extérieur comme la CONSCIENCE DES AUTRES CHOSES par opposition à la CONSCIENCE DE SOI. À présent que nous avons trouvé que, dans la conscience de soi, la volonté est l'objet véritable ou la matière de celle-ci, nous considérerons, dans cette même intention, la conscience des autres choses, c'est-à-dire la connaissance objective. Ici, ma thèse est à présent celle-ci : CE QU'EST L'INTELLECT DANS LA CONSCIENCE DE

---

* Ce chapitre se rapporte au § 20 du tome I.

SOI, C'EST-À-DIRE SUBJECTIVEMENT, SE PRÉSENTE,
DANS LA CONSCIENCE DES AUTRES CHOSES, C'EST-
À-DIRE OBJECTIVEMENT, COMME ÉTANT LE CERVEAU :
ET CE QU'EST LA VOLONTÉ DANS LA CONSCIENCE
DE SOI, C'EST-À-DIRE SUBJECTIVEMENT, SE PRÉ-
SENTE DANS LA CONSCIENCE DES AUTRES CHOSES,
C'EST-À-DIRE OBJECTIVEMENT, COMME ÉTANT L'OR-
GANISME TOUT ENTIER.

Aux preuves de cette proposition, fournies tant
dans notre premier livre que dans les deux premiers
chapitres de notre traité *De la volonté dans la
nature*[79], j'ajoute ici les compléments et les explicitations qui vont suivre.

L'essentiel des éléments nécessaires pour expliquer
la première partie de cette thèse a été apporté dans
le précédent chapitre : il y a été démontré, à partir
de la nécessité du sommeil, des modifications dues à
l'âge et des différences de conformations anatomiques,
que l'intellect, en tant que nature secondaire, dépend
entièrement d'un unique organe, le cerveau, dont il
est la fonction, comme la préhension est fonction de
la main ; qu'il est par conséquent physique comme
la digestion, et non métaphysique comme la volonté.
De même que la bonne digestion requiert un estomac
sain, fort, de même que la force des athlètes requiert
des bras musculeux et nerveux, de même une intelligence extraordinaire requiert un cerveau inhabituel-
lement développé, bien construit, se distinguant par
une fine texture et animé par une pulsation énergique. À l'inverse, la nature de la volonté ne dépend
d'aucun organe et ne peut se pronostiquer à partir
d'aucun. La plus grande erreur dans la phrénologie
de Gall, c'est qu'il postule qu'à certaines qualités
morales correspondent aussi des organes du cerveau.
— Des blessures à la tête accompagnées d'une perte
de substance cérébrale agissent en règle générale de

manière très nuisible sur l'intellect: elles ont pour conséquence une idiotie totale ou partielle, un oubli définitif ou temporaire de la langue, quelquefois cependant de l'une seulement des langues qu'on connaît, parfois encore des seuls noms propres, ou encore la perte d'autres connaissances que nous possédons, etc. En revanche, nous ne lisons nulle part qu'après un accident de ce genre, le CARACTÈRE aurait subi une modification, qu'un homme serait par exemple devenu moralement pire ou meilleur, ou qu'il aurait perdu certains penchants ou encore certaines passions, ou qu'il en aurait contracté d'autres; jamais. Car la volonté n'a pas son siège dans le cerveau, et elle est de surcroît, en tant qu'élément métaphysique, le *prius* [antécédent] du cerveau comme du corps tout entier, elle n'est donc pas modifiable par des blessures du cerveau. — Selon une expérience faite par Spallanzani et répétée par Voltaire[*80], un escargot dont on a coupé la tête reste en vie et, au bout de quelques semaines, une nouvelle tête lui pousse avec des antennes; avec cette tête, la conscience et la représentation réapparaissent, alors que, jusqu'à ce moment-là, par ses mouvements déréglés, l'animal ne manifestait qu'une volonté nue et aveugle. Nous trouvons donc ici aussi que la volonté est la substance qui demeure, tandis que l'intellect, conditionné par son organe, est un accident changeant. On peut l'appeler le régulateur <*Regulator*> de la volonté.

Tiedemann est peut-être celui qui, le premier, a comparé le système nerveux cérébral à un PARASITE (Tiedemann et Treviranus, *Journal für Physiologie*,

---

* Spallanzani, *Risultati di esperienze sopra la riproduzione della testa nelle lumache terrestri*, dans les *Memorie di matematica e fisica della Società Italiana*, tom. I, p. 581. Voltaire, *Les colimaçons du révérend père l'escarbotier*.

t. I, p. 62[81]). La comparaison est pertinente, dans la mesure où le cerveau, avec la moelle épinière et les nerfs qui se rattachent à lui, est implanté dans l'organisme qui l'alimente, sans contribuer lui-même, de son côté, DIRECTEMENT en quoi que ce soit à la conservation de l'économie de celui-ci ; c'est pourquoi la vie peut exister aussi sans cerveau, comme on le voit chez les monstres acéphales et aussi chez les tortues qui, après qu'on leur a coupé la tête, peuvent vivre encore trois semaines pourvu que la *medulla oblongata* [bulbe rachidien], qui est l'organe de la respiration, soit épargnée. Une poule, sur laquelle Flourens avait pratiqué l'ablation de l'encéphale tout entier, a vécu encore dix mois et s'est développée. Même chez l'homme, la destruction du cerveau n'entraîne pas directement la mort ; celle-ci n'est provoquée que par l'intermédiaire des poumons et, par suite, du cœur (Bichat, *Sur la vie et la mort*, part. II, art. 11, § 1[82]). En revanche, le cerveau assure le pilotage des rapports avec le monde extérieur : cela seul est son office et, par là, il acquitte sa dette envers l'organisme qui l'alimente, étant donné que l'existence de ce dernier est conditionnée par les rapports avec l'extérieur. Conformément à cela, le cerveau est la seule de toutes les parties de l'organisme qui ait besoin de sommeil, puisque son ACTIVITÉ est entièrement séparée de sa CONSERVATION, la première ne consommant que des forces et de la substance, la seconde étant assurée par le reste de l'organisme qui est comme sa nourrice ; son activité, ne contribuant donc en rien à sa subsistance, s'épuise et c'est seulement quand elle fait une pause, dans le sommeil, que l'alimentation du cerveau s'effectue sans obstacle.

La seconde partie de notre thèse[83] citée plus haut demandera une discussion plus détaillée, même après tout ce que j'ai dit sur le sujet dans les textes cités. — Déjà, plus haut, dans le chapitre 18, j'ai démontré que la chose en soi, qui est nécessairement au fondement de tout phénomène, et donc aussi de notre propre phénomène, se dépouille dans la conscience de soi de l'UNE de ses formes phénoménales, l'espace, et garde seulement l'autre, le temps ; c'est pourquoi elle se manifeste dans ce cas plus immédiatement que nulle part ailleurs, et que, d'après ce phénomène qui est le sien sous sa forme la plus dévoilée, nous la déclarons volonté. Or il n'est pas de SUBSTANCE PERMANENTE, telle la matière, qui puisse se présenter dans le temps seul ; parce qu'une telle substance, comme on l'a montré au § 4 du livre I, ne devient possible que par l'union intime de l'espace avec le temps. Par conséquent, dans la conscience de soi, la volonté n'est pas perçue comme le substrat durable de ses affections, par suite, elle n'est pas intuitionnée comme substance permanente ; il n'y a que ses actes, pris isolément, ses mouvements et états ainsi que ses décisions, ses désirs et ses affects, qui sont connus successivement et pendant le temps de leur durée, et cette connaissance est immédiate et non intuitive. La connaissance de la volonté dans la conscience de soi est donc, non pas une INTUITION de la volonté, mais au contraire une prise de conscience <*Innewerden*> tout à fait immédiate de ses mouvements successifs. En revanche, la connaissance tournée vers l'EXTÉRIEUR, transmise par les sens et accomplie dans l'entendement, a aussi, à côté du temps, l'ESPACE comme forme, ces deux formes étant très étroitement liées l'une à l'autre au moyen de cette fonction de l'entendement qu'est la causalité, et devenant ainsi justement INTUITION. Pour cette connaissance, ce qui, dans la perception intérieure immédiate, est saisi comme VOLONTÉ, se présente INTUITIVEMENT

en tant que CORPS ORGANIQUE, dont les mouvements isolés manifestent intuitivement les actes de
la volonté donnée individuellement, les parties et les
formes, ses aspirations durables, son caractère fondamental ; même la douleur et le bien-être sont des
affections tout à fait immédiates de cette volonté.

Cette identité du corps avec la volonté, nous en
prenons conscience, dans un premier temps, dans
les actions isolées de chacun des deux ; en effet, dans
ces actions, ce qui est connu dans la conscience de
soi en tant qu'acte immédiat et effectif de la volonté
est ce qui, simultanément et de manière inséparable,
se présente à l'extérieur comme un mouvement du
corps. Chacun entrevoit que toutes les résolutions
de sa volonté entrant momentanément en jeu et
provoquées par des motifs entrant eux aussi momentanément en jeu, ont tôt fait d'être reproduites en
autant d'actions de son corps, aussi fidèlement que
ces actions mêmes le sont par l'ombre de ce même
corps ; l'esprit non prévenu en tire le plus simplement
du monde que son corps n'est que le phénomène
extérieur de la volonté, c'est-à-dire la manière dont
sa volonté se présente dans son intellect intuition-
nant, ou encore qu'il est sa volonté même sous la
forme de la représentation. Ce n'est qu'en nous déro-
bant avec quelque violence à cette première leçon
trop simple que nous pourrons un bref instant nous
étonner de la façon dont procède l'action de notre
propre corps et y voir un miracle. Ce sentiment repose
sur le fait qu'entre l'acte de la volonté <*Willensakt*>
et l'action du corps <*Leibesaktion*>, il n'est effectivement aucune liaison causale : ils sont immédiatement IDENTIQUES, et leur différence apparente
vient seulement de ce qu'une seule et même chose
est perçue ici selon deux modalités distinctes de la
connaissance, la connaissance intérieure et exté-

rieure. — Le vouloir effectif n'est en effet pas sépa-
rable de l'agir, et un acte de la volonté au sens le
plus étroit du terme n'est tel que lorsque l'action l'a
marqué de ce sceau. En revanche, de simples résolutions de la volonté, avant d'être menées à bien, ne
sont que des projets et sont donc l'affaire de l'intellect seul : en tant que telles, leur place n'est que
dans le cerveau, et elles ne sont rien de plus que le
résultat des calculs mesurant les forces relatives des
différents motifs qui s'opposent, et c'est pourquoi, si
elles ont une grande vraisemblance, elles ne sont
jamais infaillibles. Elles peuvent en effet se révéler
fausses, non seulement parce que les circonstances
se sont modifiées, mais aussi parce que l'effet res-
pectif des motifs sur la volonté proprement dite a été
évalué de manière erronée, puisqu'il apparaît alors
que l'action ne suit pas fidèlement le projet : c'est
pourquoi justement, avant qu'elle soit menée à bien,
aucune décision n'est certaine. Ce n'est donc que
dans l'agir effectif que LA VOLONTÉ ELLE-MÊME est
active, c'est-à-dire dans l'action musculaire et par
suite dans l'IRRITABILITÉ[84] : c'est donc dans cette
dernière que s'objective la VOLONTÉ proprement
dite. L'encéphale est le lieu des motifs, le lieu même
où la volonté devient par eux faculté de vouloir
<*Willkür*>, c'est-à-dire où elle est plus précisément
déterminée par ces motifs. Ces motifs sont des représentations occasionnées par des excitations extérieures des organes des sens au moyen des fonctions
cérébrales ; elle sont travaillées pour former des
concepts, puis des décisions. Lorsqu'on en vient à
l'acte de la volonté effectif, ces motifs, dont l'atelier
est l'encéphale, agissent par l'intermédiaire du cervelet sur la moelle épinière et sur les nerfs moteurs
qui partent d'elle. Ces derniers agissent alors sur les
muscles, mais simplement comme des EXCITATIONS

de l'irritabilité de ces derniers ; en effet, d'autres excitations, galvaniques, chimiques et même mécaniques, sont capables de produire la même contraction que provoque le nerf moteur. Ce qui était donc MOTIF dans le cerveau et parvient au muscle par le conduit des nerfs agit comme une simple EXCITATION. La sensibilité est en soi totalement impuissante à produire une contraction musculaire : le muscle lui-même en est seul capable et cette capacité s'appelle IRRITABILITÉ, c'est-à-dire EXCITABILITÉ : elle est une propriété exclusive du muscle, comme la sensibilité est une propriété exclusive du nerf. Celui-ci, il est vrai, apporte au muscle la CAUSE OCCASIONNELLE de sa contraction, mais il n'est en aucun cas ce qui contracterait le muscle mécaniquement d'une manière ou d'une autre : cela se produit tout seul en vertu de l'IRRITABILITÉ, qui est la force propre du muscle. Cette force, saisie extérieurement, est une *qualitas occulta* [qualité occulte], et seule la conscience de soi la révèle comme étant la VOLONTÉ. Dans la chaîne causale brièvement exposée ici, qui va de l'influence d'un motif extérieur jusqu'à la contraction musculaire, la volonté n'intervient pas comme une sorte de dernier maillon de cette chaîne, mais elle est le substrat métaphysique de l'irritabilité du muscle ; elle joue donc ici précisément le même rôle que jouent les forces mystérieuses de la nature dans une chaîne causale physique ou chimique et qui sont au fondement de ce processus ; elles ne sont pas conçues comme étant elles-mêmes, en tant que telles, des maillons de cette chaîne causale, mais elles confèrent à tous les maillons de celle-ci la capacité d'agir, ainsi que je l'ai exposé en détail au § 26 du tome I. C'est pourquoi nous attribuerions la contraction musculaire à une mystérieuse force naturelle de ce genre, si celle-ci ne nous avait pas été révélée en tant que VOLONTÉ par une source de connaissance *sui generis*, à savoir la conscience de soi. Voilà pourquoi, comme nous l'avons dit plus haut, si nous partons de la volonté, notre propre mouvement musculaire nous apparaît comme un miracle ; parce qu'une stricte chaîne causale s'étend du motif situé à l'extérieur jusqu'à l'action du muscle, et que la volonté elle-même n'est pas conçue comme un maillon de cette chaîne, mais au contraire comme le substrat métaphysique qui fonde la possibilité d'une activation du muscle par le cerveau et le nerf aussi bien que de l'action musculaire présente : celle-ci est donc à proprement parler, non pas son EFFET, mais son PHÉNOMÈNE. Elle entre en tant que telle dans le monde de la représentation, dont la forme est la loi de la causalité, et qui se distingue totalement de la VOLONTÉ en soi ; c'est la raison pour laquelle, si l'on part de la VOLONTÉ, l'action musculaire prend, pour une réflexion attentive, l'aspect d'un miracle ; mais, à une recherche plus approfondie, cette action livre l'attestation la plus immédiate de cette grande vérité : ce qui, dans le phénomène, apparaît comme corps et action du corps, est en soi VOLONTÉ. — Maintenant, si d'aventure le nerf moteur qui conduit à ma main est coupé, ma volonté ne peut plus la mouvoir. Mais cela ne tient pas au fait que ma main aurait cessé d'être l'objectité, la simple visibilité de ma volonté comme l'est chacune des parties de mon corps, ou, en d'autres termes, que l'irritabilité aurait disparu ; cela tient au contraire au fait que l'influence du motif, qui seul peut mouvoir ma main, ne parvient plus jusqu'à elle et ne peut agir comme excitation sur les muscles de ma main, puisque la communication de cette excitation depuis le cerveau jusqu'à elle est interrompue. Ce qui se soustrait donc à proprement parler à ma volonté dans cette partie est seulement l'influence du motif. La volonté s'objective immédiatement dans l'irritabilité, non dans la sensibilité.

C[Afin de prévenir, sur ce point important, tout malentendu, en particulier ceux qui proviennent de la physiologie, dès lors qu'elle est pratiquée de manière purement empirique, j'entends analyser de manière un peu plus approfondie le processus tout entier. — Ma doctrine affirme que le corps tout entier est la volonté elle-même se présentant dans l'intuition du cerveau, entrée par conséquent dans les formes de la connaissance de celui-ci. Il s'ensuit que la volonté est présente dans le corps tout entier partout dans les mêmes proportions ; c'est d'ailleurs le cas, et l'on peut le démontrer, puisque les fonctions organiques ne sont pas moins l'œuvre de la volonté que les fonctions animales. Mais comment concilier avec cette théorie les faits suivants : les actions VOLONTAIRES, qui sont les manifestations les plus indéniables de la volonté, proviennent manifestement du CERVEAU, pour, après être passées par la moelle épinière, parvenir ensuite dans les branches nerveuses ; celles-ci, pour finir, mettent les membres en action, et si elle sont sectionnées, la possibilité d'un mouvement volontaire est supprimée. D'après cela, on devrait penser que le cerveau est le seul siège de la volonté comme il l'est de l'intellect et que, comme l'intellect, elle est une simple fonction cérébrale.

Il n'en va pourtant pas ainsi. Le corps tout entier est et reste au contraire la présentation de la volonté dans l'intuition, c'est-à-dire la volonté elle-même objectivement intuitionnée en vertu des fonctions cérébrales. Mais ce processus, dans le cas des actes de la volonté, repose sur le fait que la volonté — qui, selon ma doctrine, se manifeste dans tous les phéno-

mènes de la nature, y compris dans les phénomènes
végétaux et inorganiques — apparaît, dans le corps
humain et dans le corps animal, en tant que VOLONTÉ
CONSCIENTE. Or une CONSCIENCE est essentiellement quelque chose d'unitaire et exige, par conséquent, toujours un point central d'unité. La nécessité
de la conscience, comme je l'ai souvent analysé, est
amenée par le fait que, conséquence d'une complication accrue et, par suite, des besoins plus variés
d'un organisme, les actes de volonté de cet organisme
doivent être pilotés par des MOTIFS et non plus
seulement par des excitations comme dans les degrés
les plus bas. À cette fin, il faut que la volonté apparaisse ici pourvue d'une conscience connaissante,
c'est-à-dire d'un intellect qui soit le médium et le
lieu des motifs. Cet intellect, quand il est lui-même
intuitionné objectivement, se présente comme le cerveau avec ses dépendances, c'est-à-dire la moelle
épinière et les nerfs. Il est alors ce dans quoi, à l'occasion d'impressions extérieures, naissent les représentations, lesquelles deviennent des motifs pour
la volonté. Mais, dans l'intellect RATIONNEL, elles
connaissent en outre encore une autre élaboration
par la réflexion et la délibération. Un tel intellect
doit donc tout d'abord nécessairement réunir toutes
les impressions, telles que ses fonctions les ont élaborées, sous la forme d'une simple intuition ou de
concepts, en UN seul point qui devient pour ainsi
dire le foyer de tous ses rayons, afin que naisse cette
UNITÉ de la conscience qui est le MOI THÉORIQUE,
support de la conscience tout entière, dans laquelle
il se présente lui-même comme identique au moi
VOULANT, dont il est simplement la fonction de
connaissance. Ce point d'unité de la conscience, ou
moi théorique, est précisément l'unité synthétique
de l'aperception chez Kant, sur laquelle toutes les

représentations s'alignent comme dans un collier de perles et au moyen de laquelle le «je pense», fil du collier de perles, «doit nécessairement pouvoir accompagner toutes nos représentations[85]». — Ce lieu de rassemblement des motifs donc, là même où a lieu l'entrée de ces derniers dans le point focal unitaire de la conscience, c'est le cerveau. Là, les motifs sont simplement intuitionnés dans la conscience dépourvue de raison, et clarifiés par des concepts dans la conscience RATIONNELLE, c'est-à-dire, avant tout, pensés et comparés *in abstracto* ; après quoi, la volonté décide, conformément à son caractère individuel et immuable, et c'est ainsi que surgit la DÉCISION, laquelle, dès lors, au moyen du *cerebellum* [cervelet], de la moelle et des troncs nerveux, met en mouvement les membres externes. Car, bien que la volonté soit très immédiatement présente aussi dans ces derniers, en ce qu'ils sont simplement son phénomène, quand elle doit se mouvoir en fonction de MOTIFS ou même en fonction d'une délibération, elle a eu besoin d'un tel appareil pour appréhender les représentations et les élaborer en des motifs tels que ses actes interviennent en tant que décisions en conformité avec ceux-ci — exactement comme l'alimentation du sang par le *chylus* [chyle] a besoin d'un estomac et d'intestins où le chyle est préparé ; puis, une fois préparé, il afflue vers le sang par le *ductus thoracicus* [canal thoracique], lequel ici joue le rôle qui est celui de la moelle épinière dans notre cas. — On peut saisir la chose le plus simplement et le plus généralement de la façon suivante : la volonté est immédiatement présente comme irritabilité dans toutes les fibres musculaires du corps tout entier en tant qu'aspiration continue à l'activité en général. Mais si cette aspiration doit se réaliser, c'est-à-dire se manifester comme mouvement, ce mouvement doit, en tant que tel, posséder une direction, quelle qu'elle soit ; quant à cette direction, elle doit nécessairement être DÉTER-MINÉE par quelque chose, c'est-à-dire qu'elle a besoin d'un pilote ; or ce pilote est le système nerveux. Car à la simple irritabilité, qui est présente dans les fibres musculaires et qui est en soi pure volonté, toute direction est indifférente : elle ne se détermine donc vers aucune, mais se comporte comme un corps tiré avec une force égale dans toutes les directions : il reste au repos. Lorsque l'activité nerveuse s'ajoute comme motif (et dans le cas des mouvements réflexes comme excitation), la force de l'aspiration, c'est-à-dire l'irritabilité, reçoit une direction déterminée et produit dès lors les mouvements. — Toutefois, ces mouvements sont la manifestation extérieure d'actes de la volonté, lesquels n'ont besoin d'aucun motif, c'est-à-dire qu'ils n'ont pas besoin non plus que de simples excitations soient élaborées dans le cerveau pour devenir des représentations à partir desquelles elles deviendraient précisément des motifs ; ces mouvements se produisent immédiatement à la suite d'une excitation, le plus souvent interne ; ils sont des mouvements réflexes, provenant simplement de la moelle épinière, comme par exemple les spasmes et les crampes, et dans lesquels la volonté agit seule, sans le concours du cerveau. — D'une manière ana-logue, la volonté impulse la vie organique également par l'excitation nerveuse, qui ne provient pas du cerveau. En effet, la volonté se manifeste dans chaque muscle comme irritabilité de sorte qu'elle est, pour soi, en mesure de le contracter, toutefois seulement D'UNE MANIÈRE GÉNÉRALE ; pour que se produise une contraction déterminée à un moment donné, il faut, comme partout, une cause qui, ici, doit néces-sairement être une excitation. Celle-ci est partout fournie par le nerf qui traverse le muscle. Si ce nerf est en relation avec le cerveau, la contraction est un acte conscient de la volonté, c'est-à-dire qu'il résulte de motifs nés dans le cerveau en tant que représentations à la suite d'une influence EXTÉRIEURE. Si ce nerf N'est PAS en relation avec le cerveau, mais avec le *sympathicus maximus* [le grand sympathique], la contraction est involontaire et inconsciente, c'est-à-dire qu'elle est un acte au service de la vie organique, et l'excitation nerveuse qui le produit est occasionnée par une influence INTERNE ; ainsi, la pression que la nourriture ingérée exerce sur l'estomac, par exemple, le *chymus* [chyme] sur les intestins, ou le sang affluant sur les parois du cœur ; et l'acte est alors la digestion stomacale ou le *motus peristalticus* [mouvement de la digestion] ou les battements du cœur, etc.]C

Mais si nous voulons maintenant remonter encore d'un degré dans ce processus, nous découvrons que les muscles sont le produit et l'œuvre d'une condensation sanguine et qu'ils ne sont, dans une certaine mesure, que du sang solidifié, pour ainsi dire du sang coagulé ou cristallisé, parce qu'ils se sont assimilé, presque sans rien y changer, sa matière fibreuse (fibrine, *cruor*) et sa matière colorée (Burdach, *Physiologie*, t. 5, p. 686[86]). Mais on ne peut admettre que la force qui a formé les muscles à partir du sang soit distincte de celle qui les met ensuite en mouvement, en tant qu'irritabilité, à la suite d'excitations nerveuses que le cerveau fournit ; là, elle se donne alors à connaître à la conscience de soi comme ce que nous nommons VOLONTÉ. Autre chose encore démontre l'étroite connexion entre le sang et l'irritabilité : quand une partie du sang non oxydée revient au cœur, à cause d'une petite circulation sanguine imparfaite, l'irritabilité devient aussitôt prodigieusement faible, comme chez les batraciens. Le mouvement du sang est lui aussi, tout comme celui du muscle, un mouvement autonome et originel, il n'a pas même besoin, comme l'irritabilité, d'un influx nerveux et ne dépend pas même du cœur, ce qui apparaît de la manière la plus nette dans le reflux du sang vers le cœur à travers les veines, puisque, dans ce cas, le reflux n'est pas impulsé, comme la circulation artérielle, par une *vis a tergo* [force par-derrière] et que toutes les autres explications mécaniques, par exemple, par une force d'aspiration exercée par le ventricule droit, sont totalement insuffisantes (voir Burdach, *Physiologie*, t. 4, § 763 et Rösch, *Über die Bedeutung des Blutes*, p. 11 sq.[87]). C[Il est remarquable de voir que les Français, qui ne connaissent que des forces mécaniques, s'affrontent avec des raisons insuffisantes des deux côtés et que Bichat attribue le reflux du sang dans les veines à la pression exercée par les parois des vaisseaux capillaires, tandis que Magendie l'attribue à une impulsion cardiaque qui continuerait d'agir (Magendie, *Précis de physiologie*, vol. 2, p. 389[88]).]C Les fœtus, qui (selon la *Physiologie* de Müller[89]), sans cerveau ni moelle épinière, ont pourtant une circulation sanguine, témoignent de ce que celle-ci est indépendante du système nerveux, ou du moins du système nerveux cérébral. Et Flourens dit lui aussi: «Le mouvement du corps, pris en soi, et abstraction faite de tout ce qui n'est pas essentiellement lui, comme sa durée, sa régularité, son énergie, ne dépend ni immédiatement ni instantanément du système nerveux central, et conséquemment c'est dans tout autre point de ce système que dans les centres nerveux eux-mêmes qu'il faut chercher le principe primitif et immédiat de ce mouvement» (*Annales des sciences naturelles*, par Audouin et Brongniard, 1828, vol. 13[90]). — Cuvier dit lui aussi: «La circulation survit à la destruction de tout l'encéphale et de toute la moelle épinière» (*Mém. d. l'acad. d. sc.*, 1823, vol. 6; *Hist. d. l'acad.* par Cuvier, p. cxxx[91]). C[*Cor primum vivens et ultimum moriens* [Le corps est ce qui vit en premier et ce qui meurt en dernier[92]], dit Haller. Dans la mort, le battement du cœur est ce qui cesse en dernier.]C — Le sang a fait les vaisseaux eux-mêmes, puisqu'il apparaît, dans l'œuf, avant eux. Ils ne sont que les chemins qu'il a librement empruntés, puis qu'il a frayés, et que pour finir il a peu à peu condensés et enclos, comme Kaspar Wolff le professait déjà: *Theorie der Generation*, § 30-35[93]. Le mouvement du cœur, inséparable de celui du sang, est lui aussi un mouvement originel, même s'il est occasionné par le besoin d'envoyer du sang dans les poumons; il est, dans cette mesure, indépendant du système nerveux et de la sensibilité, ainsi que Burdach l'établit de manière détaillée. «Dans le cœur, écrit-il, un minimum de sensibilité apparaît avec un maximum d'irritabilité» (*l. c.*, § 769[94]). Le cœur fait partie du système musculaire aussi bien que du système sanguin ou vasculaire; à quoi on peut voir encore une fois que ces deux systèmes sont étroitement apparentés et forment un tout. Or, puisque le substrat métaphysique de la force qui met les muscles en mouvement, c'est-à-dire l'irritabilité, est la VOLONTÉ, il doit en être de même de la FORCE qui est au fondement du mouvement du sang et des formations qu'il a produites, en tant que ce mouvement et ces formations sont ce par quoi les muscles sont engendrés. La circulation artérielle déterminant, en outre, la forme et la grandeur de tous les membres, par suite, la forme du corps est tout entière déterminée par la circulation sanguine. De manière générale, le sang, qui alimente toutes les parties du corps, est donc aussi, en tant que fluide originel de l'organisme, ce qui a originel-

lement engendré et formé à partir de lui-même ce
même organisme. Et l'alimentation de ses parties,
qu'il est convenu de considérer comme la principale
fonction du sang, n'est rien d'autre que la continuation de cette production primitive. On trouve un
excellent exposé de cette vérité, qui va au fond des
choses, dans l'écrit de Rösch mentionné plus haut,
Über die Bedeutung des Blutes, 1839[95]. Il montre que
le sang est l'élément animé originel et la source de
l'existence comme de la conservation de toutes les
parties de l'organisme ; que tous les organes sont
nés de lui en s'en détachant et que, simultanément
et avec eux, le système nerveux, qui est principe
d'ordre et de direction, pour assurer le pilotage de
leurs fonctions préside, d'une part comme système
PLASTIQUE, à la vie des différentes parties ; d'autre
part comme système CÉRÉBRAL, à la relation avec le
monde extérieur. Il dit p. 25 : « Le sang était simultanément chair et nerf, et au même moment où le
muscle s'est détaché de lui, le nerf, également séparé,
est resté face à la chair. » Il va de soi ici que, avant
que ces parties solides ne soient détachées de lui, le
sang possède une autre qualité qu'après : il est alors,
tel que Rösch le définit, la fluidité originelle, chaotique, animée, visqueuse, en quelque sorte une
émulsion organique dans laquelle sont *implicite*
[implicitement] contenues toutes les parties qui viendront par la suite ; même sa couleur rouge, il ne l'a
pas tout au début. Voilà qui écarte l'objection que
l'on pourrait faire découler de ce que le cerveau et
la moelle épinière commencent à se former avant
que la circulation du sang ne soit visible et que le
cœur n'apparaisse. C'est en ce sens que Schultz, lui
aussi, dit (*System der Zirkulation*, p. 297[96]) : « Nous
ne croyons pas que la conception de Baumgärtner,
selon laquelle le système nerveux se forme avant le

sang, puisse être soutenue jusqu'au bout, puisque Baumgärtner fait dépendre l'apparition du sang de la formation des vésicules, alors qu'il apparaît bien plus tôt, présent sous une forme purement plasmatique déjà dans l'embryon et la série animale. » — Et même si le sang des invertébrés ne prend jamais la couleur rouge, ce n'est pas là une raison pour dénier qu'ils en ont cependant, ainsi que le fait Aristote[97]. — C[Il vaut la peine de noter ici les propos que, selon le récit de Justinus Kerner (*Geschichte zweier Somnambulen*, p. 78[98]), un somnambule ayant atteint le degré suprême de la clairvoyance a tenus : « Je suis si profondément en moi qu'il est possible à un homme de descendre en lui-même : la force de ma vie terrestre me semble avoir son origine dans le sang, de sorte qu'elle se transmet, par le biais de la circulation artérielle et par l'intermédiaire des nerfs, à mon corps tout entier tandis que la partie la plus noble du sang s'élève et se transmet au cerveau. »]C

Il ressort de tout cela que c'est dans le SANG que la volonté s'objective le plus immédiatement, puisque, à l'origine, celui-ci crée et forme l'organisme, l'achève par la croissance et le conserve ensuite continuellement, soit par le renouvellement régulier de toutes ses parties, soit, le cas échéant, par le rétablissement exceptionnel de parties lésées. En premier lieu, le sang produit ses propres vaisseaux, puis les muscles, dans l'irritabilité desquels la volonté se présente à la conscience de soi, et parmi les muscles également le cœur, celui-ci étant dans le même temps vaisseau et muscle et, pour cette raison, le centre véritable et *primum mobile* [premier moteur] de la vie tout entière. Mais pour la vie individuelle et la permanence de l'existence dans le monde extérieur, la volonté a besoin de deux systèmes auxiliaires : l'UN pour piloter et ordonner son activité interne et externe, et l'autre, pour le renouvellement constant de la masse du sang; elle a besoin donc d'un système qui pilote et d'un système qui entretient. C'est pourquoi elle se crée le système nerveux et le système intestinal: ainsi, aux *functiones vitales*, qui sont les fonctions les plus primitives et les plus essentielles, s'associent subsidiairement les *functiones animales* et les *functiones naturales*. Par conséquent, la volonté ne s'objective dans le système nerveux que médiatement et secondairement, dans la mesure en effet où celui-ci n'entre en jeu que comme un organe auxiliaire, comme une organisation par l'intermédiaire de laquelle sont portées à la connaissance de la volonté les impulsions, en partie internes, en partie externes, à partir desquelles elle doit se manifester conformément à ses fins: le système nerveux PLASTIQUE, c'est-à-dire le nerf sympathique, ce *cerebrum abdominale* reçoit, comme de simples excitations, les impulsions INTERNES, et la volonté y réagit localement sans que le cerveau en ait conscience; le CERVEAU reçoit les impulsions EXTERNES en tant que MOTIFS et la volonté y réagit par des actions conscientes, tournées vers l'extérieur. Par conséquent, tout le système nerveux constitue pour ainsi dire les antennes de la volonté, qu'elle tourne vers l'intérieur et vers l'extérieur. Les nerfs du cerveau et de la moelle épinière se scindent, à leur racine, en nerfs sensitifs et moteurs. Les nerfs sensitifs reçoivent les informations de l'extérieur, qui se rassemblent alors dans le foyer cérébral et y sont élaborées pour que naissent à partir d'elles, dans un premier temps en tant que motifs, des représentations. Mais les nerfs moteurs transmettent, en sous-main, comme des estafettes, le résultat produit par la fonction cérébrale au muscle sur lequel ce même résultat agit comme excitation et dont l'irritabilité est le phénomène immédiat de la volonté. On peut supposer que les nerfs plastiques se scindent également en nerfs sensitifs et moteurs, quoique à une échelle inférieure. — Le rôle que jouent les ganglions dans l'organisme, nous pouvons le penser comme une image réduite du rôle du cerveau, par quoi l'un servira à l'explication de l'autre. On trouve des ganglions partout où les fonctions organiques du système végétatif ont besoin d'une surveillance. C'est comme si, en ce domaine, la volonté, pour imposer ses fins, ne pouvait y parvenir elle-même simplement en agissant directement, mais avait besoin que son action soit soumise à une direction et par suite à un contrôle, comme lorsque nos simples facultés intellectuelles naturelles ne suffisent pas à l'exécution d'une tâche, et qu'il nous faut noter tout ce que nous faisons. Pour la partie interne de l'organisme, de simples ganglions nerveux suffisent à assurer cette direction et ce contrôle ; précisément parce que tout se passe à l'intérieur du domaine propre de l'organisme. Au contraire, pour ce qui est à l'extérieur de l'organisme, cette fonction a besoin d'une organisation du même type, mais très complexe : cette organisation est le cerveau avec les nerfs sensitifs qu'il déploie vers le monde extérieur. Mais même dans les organes qui communiquent avec ce grand centre nerveux, dans les cas très simples, il n'est pas besoin de porter l'affaire devant l'autorité suprême, une autorité subordonnée suffisant à faire le nécessaire : dans les mouvements réflexes découverts par Marshall Hall, tels que l'éternuement, le bâillement, le vomissement, ou le second temps de la déglutition, etc., cette autorité subordonnée est la moelle épinière. La volonté elle-même est présente dans l'organisme tout entier, puisque celui-ci est la simple visibilité de la volonté : le système nerveux y est partout présent simplement pour rendre possible une DIRECTION de ce que fait la volonté par un contrôle de cette action, et servir pour ainsi dire de miroir à la volonté, afin qu'elle voie ce qu'elle fait, à la façon dont nous nous servons d'un miroir pour nous raser. C'est ainsi que naissent les ganglions, ces petits appareils sensoriels à l'intérieur de l'organisme, pour l'exécution de tâches spéciales et donc simples : mais l'appareil sensoriel principal, le cerveau, est le vaste appareil ingénieux conçu pour exécuter les tâches complexes, aux multiples aspects, qui sont requises par le monde extérieur qui change sans cesse et sans règle. Là où les fibres nerveuses se réunissent en un ganglion, on trouve comme un animal spécifique, clos sur lui-même, qui, par l'intermédiaire des ganglions, dispose d'une sorte de connaissance faible, dont la sphère toutefois est limitée aux parties dont ces nerfs proviennent immédiatement. Or c'est manifestement la VOLONTÉ qui active dans ces parties une telle quasi-connaissance, et nous ne pouvons absolument pas penser cela autrement. Là-dessus repose la *vita propria* [vie spécifique] de chaque partie de l'organisme, comme chez les insectes : comme ils ont, à la place d'une moelle épinière, un double cordon nerveux avec des ganglions disposés à intervalles réguliers, chaque partie de l'organisme ayant la capacité de vivre pendant des jours après la séparation de la tête et du tronc ; c'est là-dessus aussi que reposent, en dernière instance, les actions qui ne sont pas motivées à partir du cerveau, c'est-à-dire l'instinct et l'instinct industrieux. Marshall Hall, dont je mentionnais plus haut la découverte des mouvements réflexes, nous a fourni sur le sujet, spécifiquement, une THÉORIE DES MOUVEMENTS INVOLONTAIRES. Une part de ces mouvements est normale ou physiologique : ce sont les fermetures des entrées et des sorties du corps, c'est-à-dire des *sphincteres vesicae et ani* [sphincters de la vessie et de l'anus] (dont l'action provient des nerfs de la moelle épinière), celles des paupières dans le sommeil commandées par le cinquième couple nerveux, du larynx (par le *nervus vagus* [nerf vague[99]]), lorsque des aliments passent près de lui ou que de l'acide carbonique veut y pénétrer, puis la déglutition, opérée par le pharynx, le bâillement, l'éternuement, la respiration, totalement involontaire dans le sommeil, partiellement à l'état de veille, et enfin l'érection et l'éjaculation aussi bien que la conception, etc. Mais une partie de ces mouvements sont anormaux ou pathologiques : le bégaiement, le hoquet, le vomissement, et aussi les crampes et les convulsions de toutes sortes, principalement dans l'épilepsie, le tétanos, l'hydrophobie et autres ; enfin les spasmes provoqués, sans qu'on le sente ou qu'on en ait conscience, par des excitations galvaniques ou autres de membres paralysés, c'est-à-dire sans relation avec le cerveau ; ou encore les spasmes d'animaux décapités, et enfin tous les mouvements et toutes les actions des enfants nés sans cerveau. Cm[Toute crampe est une rébellion des nerfs des membres contre la souveraineté du cerveau : les mouvements réflexes normaux sont au contraire des fonctionnaires subordonnés à l'autocratie légitime.]Cm Tous ces mouvements sont donc involontaires, parce qu'ils ne partent pas du cerveau et que, par suite, ils se produisent en réponse, non à des motifs, mais à de simples excitations. Les excitations qui les occasionnent parviennent simplement à la moelle épinière ou à la *medulla oblongata* [bulbe rachidien] et la réaction se produit alors immédiatement et provoque le mouvement. Le même rapport qui lie le cerveau au motif et à l'action, lie la moelle épinière à ces mouvements involontaires ; ce que le *sentient and voluntary nerv* [le nerf sensitif et volontaire] est dans le premier rapport, l'*incident and motor nerv* [le nerf incident et moteur] l'est pour le second. Mais, dans un cas comme dans les autres, il saute aux yeux que la volonté est le véritable moteur, et cela de manière d'autant plus évidente que les muscles animés de mouvements involontaires sont majoritairement aussi ceux qui sont mus, en d'autres circonstances, par le cerveau dans les actions volontaires dans lesquelles nous connaissons intimement, par la conscience de soi, le *primum mobile* [premier moteur] en tant que VOLONTÉ. L'excellent livre de Marshall Hall, *On the diseases of the nervous system*[100], est parfaitement approprié à mettre en évidence la distinction entre faculté de vouloir <*Willkür*> et volonté <*Wille*>, et à confirmer la vérité de ma doctrine fondamentale.

Pour illustrer ce qui vient d'être dit, rappelons-nous à présent ce qu'est la naissance d'un organisme très facilement accessible à notre observation. Qui fait le poussin dans l'œuf ? Serait-ce par hasard une puissance et un art qui, de l'extérieur, viendraient pénétrer à travers la coquille ? Oh non ! Le poussin se fait lui-même, et la force qui mène à bien et accomplit cette œuvre incroyablement complexe, si bien combinée et finalisée, est précisément celle qui, sitôt son œuvre accomplie, brise la coquille et effectue alors, sous l'appellation de VOLONTÉ, les actions externes du poussin. Ces deux choses, elle ne pouvait les réaliser simultanément : d'abord occupée au travail de formation de l'organisme, son souci n'était nullement dirigé vers l'extérieur. Mais, une fois ce travail achevé, ce souci entre en jeu sous la direction du cerveau et de ses fibres sensitives, les sens, qui sont l'outil préalablement préparé à cette fin et dont le service ne commence qu'à son éveil dans la conscience de soi en tant qu'intellect, qui est cette lanterne qui éclaire les pas de la volonté, son ἡγεμονικόν [faculté directrice], en même temps qu'il est le support du monde extérieur objectif, si limité que puisse être l'horizon de ce dernier dans la conscience d'un poulet. Mais ce qu'à présent le poulet peut réaliser dans le monde extérieur par l'intermédiaire de cet organe est, parce que transmis par un élément secondaire, infiniment moindre qu'au moment de son origine, quand il se faisait lui-même.

Nous avons appris plus haut que le système nerveux cérébral est un ORGANE AUXILIAIRE de la volonté, dans lequel, par conséquent, celle-ci ne s'objective que SECONDAIREMENT. Et donc que le système cérébral, bien que n'intervenant pas directement dans le cercle des fonctions vitales de l'organisme, mais pilotant seulement les relations de ce dernier à l'extérieur, n'en a pas moins l'organisme pour base ; que ce dernier l'alimente en rétribution de ses services et qu'il convient de considérer la vie cérébrale ou animale comme une production de la vie organique ; ainsi, le cerveau et sa fonction, la connaissance, c'est-à-dire l'intellect, appartient de façon immédiate et secondaire au phénomène de la VOLONTÉ : la volonté s'objective également en lui, et cela, comme volonté de percevoir le monde extérieur, c'est-à-dire comme un VOULOIR-CONNAÎTRE <*Erkennenwollen*>. Voilà pourquoi, même si la distinction entre le vouloir et le connaître est tellement grande et fondamentale en nous, leur substrat ultime commun reste le même, à savoir la VOLONTÉ en tant qu'elle est l'essence en soi du phénomène tout entier ; mais le connaître, l'intellect qui, dans la conscience de soi, se présente foncièrement comme secondaire, doit être considéré non seulement comme l'accident de cette essence, mais encore comme son œuvre et, par un détour, être reconduit à la volonté. L'intellect, physiologiquement, se produit en tant que fonction d'un organe du corps ; il faut donc le considérer, métaphysiquement, comme une œuvre de la volonté dont le corps tout entier est l'objectivation ou la visibilité. Donc la volonté de CONNAÎTRE, intuitionnée objectivement, est le cerveau, tout comme la volonté de MARCHER, intuitionnée objectivement, est le pied ; la volonté de SAISIR, la main ; la volonté de DIGÉRER, l'estomac ; d'ENGENDRER, les parties génitales, etc. Cette objectivation tout entière n'existe, il est vrai, que pour le cerveau, comme son intuition : en celle-ci, la volonté se présente en tant que corps organique. Mais le cerveau, dans la mesure où il CONNAÎT, ne se connaît pas LUI-MÊME ; il est CONNAISSANT, le sujet de toute connaissance. Mais dans la mesure où, dans l'intuition objective, c'est-à-dire dans la CONSCIENCE DES AUTRES CHOSES, il est CONNU et donc connu secondairement, il participe, en tant qu'organe du corps, de l'objectivation de la volonté. Car le processus tout entier est CONNAISSANCE DE SOI DE LA VOLONTÉ ; il part de la volonté et revient à elle, il constitue ce que Kant a nommé phénomène par opposition à la chose en soi. Ce qui, par conséquent, est CONNU, ce qui DEVIENT REPRÉSENTATION, c'est la VOLONTÉ, et cette représentation est ce que nous nommons le CORPS, lequel n'existe comme étendue spatiale se mouvant dans le temps que par l'intermédiaire des fonctions du cerveau, c'est-à-dire que dans le cerveau. Ce qui, en revanche, CONNAÎT, ce qui A CETTE REPRÉSENTATION est le CERVEAU, lequel toutefois ne se connaît pas lui-même, mais ne prend conscience de lui-même que comme intellect, c'est-à-dire comme élément CONNAISSANT, et donc subjectivement. Ce qui, vu de l'intérieur, est faculté de connaître est, vu de l'extérieur, le cerveau. Ce cerveau est une partie de ce corps précisément parce que lui-même participe de l'objectivation de la VOLONTÉ, c'est-à-dire que le VOULOIR-CONNAÎTRE de celle-ci, son orientation dirigée vers le monde extérieur, sont objectivés en lui. Par conséquent, le cerveau et, par suite, l'intellect sont immédiatement conditionnés par le corps et celui-ci l'est en retour par le cerveau ; toutefois il ne l'est que de façon médiate, en tant qu'élément spatial et corporel, dans le monde de l'intuition, mais non en soi, c'est-à-dire en tant que volonté. Donc, en dernier ressort, le tout est la volonté, qui devient elle-même représentation, il est cette unité que nous exprimons à travers le Moi. Le cerveau lui-même, dans la mesure où il EST REPRÉ-SENTÉ — par conséquent dans la conscience des autres choses, et par là secondairement —, n'est lui-même que représentation. Mais en soi, et dans la mesure où il REPRÉSENTE, il est la volonté, parce que celle-ci est le substrat réel du phénomène tout entier. Son vouloir-connaître s'objective en tant que cerveau et en tant que fonctions de celui-ci. — En tout état de cause, nous pouvons considérer la pile de Volta comme une métaphore, certes imparfaite mais capable, dans une certaine mesure, de nous rendre sensible l'essence du phénomène humain, tel que nous le considérons ici : les métaux et les fluides seraient le corps ; l'action chimique, base de l'action tout entière, serait la volonté ; et la tension électrique qui en provient, et produit éclairs et étincelles, serait l'intellect. Mais *omne simile claudicat* [toute comparaison est boiteuse].

À une époque très récente, dans la pathologie, la conception psychiatrique s'est enfin imposée, qui sti-pule que les maladies sont elles-mêmes un processus naturel de guérison qu'introduit la nature pour écar-ter un désordre qui s'est d'une manière ou d'une autre enraciné dans l'organisme, en venant à bout des causes de ce désordre; au cours du combat décisif, la nature peut emporter la victoire sur la crise et parvenir à ses fins, mais elle peut aussi y succomber. Cette conception ne revêt toute sa rationalité que si l'on l'examine de notre point de vue qui, dans la force vitale entrant ici en jeu comme *vis naturae medicatrix* [force curative de la nature], donne à reconnaître la VOLONTÉ. Dans l'état de bonne santé, elle est au fondement de toutes les fonctions organiques mais, lorsque des désordres s'introduisent venant menacer toute son œuvre, elle s'investit d'un pouvoir dictatorial pour étouffer les puissances rebelles et faire rentrer toutes choses dans l'ordre au moyen de mesures absolument extraordinaires et d'opérations tout à fait anormales (la maladie). Mais que, en revanche, comme Brandis le répète dans les passages de son livre, *Über die Anwendung der Kälte*[101], que j'ai cités dans la première section de mon traité *De la volonté dans la nature*, la VOLONTÉ ELLE-MÊME soit malade, c'est là un grossier contresens. Évoquant cela, je remarque dans le même temps que, dans son précédent livre de 1795, *Über die Lebenskraft*, Brandis n'a pas la moindre notion du fait que cette force vitale est en soi la VOLONTÉ, mais écrit au contraire p. 13 : « Il est impossible que la force vitale soit l'essence que nous ne connaissons que par notre conscience, puisque la plupart de nos mouvements se produisent sans que nous en ayons conscience. Affirmer que cette essence, dont le seul caractère connu de nous est la conscience, agirait inconsciemment aussi sur le corps, c'est à tout le moins tout à fait arbitraire et non démontré. » Et p. 14 : « Les objections soulevées par Haller contre l'opinion selon laquelle tous les mouvements seraient l'œuvre de la vie sont, à ce que je crois, irréfutables. » — Mais je m'avise, en outre, que dans son livre *Über die An-*

wendung der Kälte, la volonté entre brusquement et résolument en jeu comme force vitale, ce livre ayant été écrit dans sa soixante-dixième année, âge auquel il n'est bien évidemment jamais arrivé à quiconque de concevoir pour la première fois des idées fondamentalement originales. Si je tiens compte encore à ce sujet du fait qu'il emploie mes expressions « volonté et représentation » au lieu des expressions bien plus usuelles de « faculté de désirer et de connaître », je suis désormais convaincu, contrairement à mes suppositions antérieures, qu'il m'a emprunté ses idées fondamentales et qu'avec l'honnêteté qui caractérise aujourd'hui l'ordinaire du monde savant, il n'en a rien dit. C[On trouvera de plus amples remarques à ce sujet dans la deuxième édition de mon écrit *De la volonté dans la nature*, p. 14[102].]C

Aucun ouvrage n'est plus propre à confirmer et à éclairer la thèse qui nous occupe dans le présent chapitre que le livre, célèbre à juste titre, de Bichat, *Sur la vie et la mort*. Ses considérations et les miennes se soutiennent mutuellement : les siennes constituent le commentaire physiologique des miennes, et les miennes sont le commentaire philosophique des siennes, en sorte que c'est en nous lisant parallèlement qu'on nous comprend le mieux. Il sera surtout question ici de la première moitié de son livre, intitulée *Recherches physiologiques sur la vie et la mort*[103]. Il place, au fondement de ses analyses, l'opposition entre la vie ORGANIQUE et la vie ANIMALE, qui correspond à mon opposition entre volonté et intellect. Celui qui est attentif au sens, et non aux mots, ne se laissera pas induire en erreur par le fait qu'il attribue la volonté à la vie animale ; puisque, sous le terme de volonté, comme c'est habituel, il ne comprend que la faculté de vouloir <*Willkür*>, laquelle émane bien sûr du cerveau dès lors que, comme il a été montré plus haut, elle n'y est pas encore un vouloir réel mais le simple examen et calcul des motifs, dont la conclusion ou le bilan apparaissent, en dernier lieu, en tant qu'actes de la volonté. Tout ce que j'attribue à la VOLONTÉ proprement dite, il le confère à la vie ORGANIQUE et tout ce que je saisis comme étant l'INTELLECT est, chez lui, la vie ANIMALE. Chez Bichat, celle-ci a son siège dans le cerveau et ses dépendances, alors que celle-là siège dans tout le reste de l'organisme. Cette opposition courante, dans laquelle il les démontre toutes deux, l'une à l'encontre de l'autre, correspond à celle qui existe chez moi entre la volonté et l'intellect. En anatomiste et physiologiste, il part de ce qui est objectif, c'est-à-dire de la conscience des autres choses, alors que moi, en philosophe, je pars du subjectif, de la conscience de soi : et c'est alors une joie de voir combien nous avançons l'un et l'autre du même pas harmonieux, comme les deux voix d'un duo, même si chacun donne à entendre quelque chose d'autre. Aussi, que celui qui veut me comprendre le lise, et que celui qui veut comprendre Bichat plus profondément qu'il ne se comprend lui-même, me lise. Bichat nous montre, à l'article 4[104], que la vie ORGANIQUE commence plus tôt et s'éteint plus tard que la vie ANIMALE et que, par conséquent, cette dernière arrêtant toute activité durant le sommeil, dure quasiment deux fois plus que l'autre. Après quoi, aux articles 8 et 9[105], il montre que la vie organique réalise toute chose parfaitement aussitôt et comme allant de soi, alors que la vie animale, en revanche, a besoin de longs exercices et d'un long apprentissage pour cela. Mais c'est dans l'article 6[106] qu'il est le plus intéressant ; il y montre que la vie ANIMALE se limite entièrement aux opérations intellectuelles et qu'elle procède avec froideur et sans sympathie, tandis que les affects et les passions ont leur siège dans la vie ORGANIQUE, même si ce qui les occasionne réside dans la vie animale, c'est-à-dire dans la vie cérébrale : il a écrit là dix pages savoureuses que j'aimerais pouvoir recopier intégralement. Il dit p. 50 : « Il est sans doute étonnant, que les passions n'ayent jamais leur terme ni leur origine dans les divers organes de la vie animale ; qu'au contraire les parties servant aux fonctions internes, soient constamment affectées par elles, et même les déterminent suivant l'état où elles se trouvent. Tel est cependant ce que la stricte observation nous prouve. Je dis d'abord que l'effet de toute espèce de passion, constamment étranger à la vie animale, est de faire naître un changement, une altération quelconque dans la vie organique[107]. » Il expose ensuite la manière dont la colère agit sur la circulation sanguine et la pulsation cardiaque, puis montre la même chose à propos de la joie et, pour finir, de la peur. Là-dessus, il expose comment les poumons, l'estomac, les intestins, le foie, les glandes et le pancréas sont affectés par ces mêmes mouvements d'humeur et par ceux qui leur sont apparentés, et comment le chagrin réduit la nutrition ; mais après cela, il expose comment la vie animale, c'est-à-dire la vie cérébrale, n'est pas touchée par ces mouvements et poursuit tranquillement son cours. Il allègue le fait que, pour désigner des opérations intellectuelles, nous portons la main à notre tête, mais qu'au contraire nous la posons sur le cœur, sur l'estomac, sur les intestins quand nous voulons exprimer notre amour, notre joie ou notre haine et remarque qu'il faut que ce soit un bien mauvais comédien celui qui pour parler de son chagrin pose la main sur sa tête, ou sur son cœur pour parler des souffrances de son esprit ; il observe encore que, tandis que les savants font de la tête le siège de l'âme, le peuple sent bien les différences entre l'intellect et les affections de la volonté et les désigne toujours par des expressions exactes, par exemple quand il parle d'une tête bien faite, pleine de bon sens, fine mais qu'à l'opposé, il parle d'un bon cœur, d'un cœur sensible ou dit encore : la colère bout dans mes veines, m'échauffe la bile ; mes entrailles tressaillent de joie ; la jalousie distille son poison dans mon sang, etc.[108]. « Les chants sont le langage des passions, de la vie organique, comme la parole ordinaire est celui de l'entendement, de la vie animale : la déclamation tient le milieu, elle anime la langue froide du cerveau, par la langue expressive des organes internes, du cœur, du foie, de l'estomac, etc. » Il aboutit au résultat suivant : « La vie organique est le terme où aboutissent, et le centre d'où partent les passions. » Rien n'est plus propre que cet excellent livre, que ce livre fondamental à confirmer et à mettre en évidence que le corps n'est que la volonté elle-même incarnée (c'est-à-dire intuitionnée par l'intermédiaire des fonctions cérébrales, à savoir le temps, l'espace et la causalité), et par conséquent que la volonté est l'élément premier et originel, tandis que l'intellect, en tant que simple fonction cérébrale, est l'élément secondaire et dérivé. Mais ce qui est le plus admirable, et ce qui me procure la plus grande joie, dans le développement de la pensée de Bichat, c'est que ce grand anatomiste, sur le chemin que lui tracent ses pures considérations physiologiques, parvient même à expliquer l'immutabilité du CARACTÈRE MORAL par le fait que seule la vie ANIMALE, et donc la fonction cérébrale, est soumise à l'influence de l'éducation, de l'exercice, de la formation et de l'habitude, tandis que le CARACTÈRE MORAL relève de la vie organique, que le monde extérieur ne peut pas modifier, c'est-à-dire de la vie de tout le reste de l'organisme. Je ne puis m'empêcher de reproduire ici ce passage : il se trouve à l'article 9, § 2. «Telle est donc la grande différence des deux vies de l'animal (vie cérébrale ou animale et vie organique[109]) par rapport à l'inégalité de perfection des divers systèmes de fonctions, dont chacune résulte ; savoir, que dans l'une la prédominance ou l'infériorité d'un système, relativement aux autres, tient presque toujours à l'activité ou à l'inertie plus grandes de ce système, à l'habitude d'agir ou de ne pas agir ; que dans l'autre, au contraire, cette prédominance ou cette infériorité sont immédiatement liées à la texture des organes et jamais à leur éducation. Voilà pourquoi le tempérament physique et le *caractère moral* ne sont point susceptibles de changer par l'éducation, qui modifie si prodigieusement les actes de la vie animale ; car, comme nous l'avons vu, tous deux *appartiennent à la vie organique*. Le caractère est, si je puis m'exprimer ainsi, la physionomie des passions ; le tempérament est celle des fonctions internes : or les unes et les autres étant toujours les mêmes, ayant une direction que l'habitude et l'exercice ne dérangent jamais, il est manifeste que le tempérament et le caractère doivent être aussi soustraits à l'empire de l'éducation. Elle peut modérer l'influence du second, perfectionner assez le jugement et la réflexion, pour rendre leur empire supérieur au sien, fortifier la vie animale, afin qu'elle résiste aux impulsions de l'organique. Mais vouloir par elle dénaturer le caractère, adoucir ou exalter les passions dont il est l'expression habituelle, agrandir ou resserrer leur sphère, c'est une entreprise analogue à celle d'un médecin qui essaierait d'élever ou d'abaisser de quelques degrés, et pour toute la vie, la force de contraction ordinaire au cœur dans l'état de santé, de précipiter ou de ralentir habituellement le mouvement naturel aux artères, et qui est nécessaire à leur action, etc. Nous observerions à ce médecin, que la circulation, la respiration etc. ne sont point sous le domaine de la volonté (*Willkür*[110]), qu'elles ne peuvent être modifiées par l'homme, sans passer à l'état maladif etc. Faisons la même observation à ceux qui croient qu'on change le caractère, et par là même *les passions*, puisque celles-ci sont *un produit de l'action de tous les organes internes*, ou qu'elles y ont au moins leur siège[111]. » Le lecteur familiarisé avec ma philosophie peut bien concevoir combien ma joie fut grande lorsque j'ai découvert, dans les convictions forgées dans un domaine très différent du mien de cet homme extraordinaire et trop tôt arraché au monde, pour ainsi dire la preuve arithmétique de mes propres convictions.

Une autre preuve spécifique de la vérité selon laquelle l'organisme est la simple visibilité de la volonté nous est donnée par le fait suivant : quand les chiens, les chats, les volailles domestiques et bien d'autres animaux encore en proie à une très violente colère se mettent à mordre et que la blessure devient mortelle, voire quand, venant d'un chien, elle peut provoquer l'hydrophobie chez l'homme qu'elle a touché, sans que le chien soit enragé ni même qu'il le devienne par la suite. Car la plus extrême colère n'est rien d'autre justement que la volonté la plus résolue et la plus violente de détruire son objet. Or cela se manifeste précisément en ceci qu'instantanément, la salive se dote d'une force de corruption agissant en quelque sorte magiquement et témoignant par là que la volonté et l'organisme ne sont en vérité qu'une seule et même chose. c[C'est aussi ce qui ressort du fait qu'une violente colère peut très vite donner au lait maternel une qualité si corruptrice que le nourrisson meurt aussitôt de spasmes (Most, *Über sympathische Mittel*, p. 16[112]).]C

Cm[REMARQUES SUR CE QUI A ÉTÉ DIT DE BICHAT

Ainsi qu'il a été établi plus haut, Bichat a jeté un regard profond sur la nature humaine. Aussi a-t-il produit une analyse absolument admirable qui appartient à ce qui a été pensé de plus profond dans la littérature française. Mais voilà que, quelque soixante ans plus tard, Monsieur Flourens entre tout à coup en scène pour polémiquer dans son écrit *De la vie et de l'intelligence*[113]. Sans honte et sans précaution, il déclare faux tout ce que Bichat a mis en lumière sur ce sujet important et qui lui était tellement personnel. Et que lui oppose-t-il ? Des raisons contraires ? Non : des affirmations contraires* et des autorités, et à vrai dire aussi peu recevables que loufoques : à savoir Descartes — et Gall ! — Monsieur Flourens croit en effet être cartésien et, à ses yeux, en l'an 1858, Descartes est encore « le philosophe par excellence ». Or si Descartes est certainement un grand homme, ce n'est qu'en tant que pionnier : en revanche, il n'est pas un mot de vrai dans l'ensemble de ses dogmes ; et s'en réclamer aujourd'hui comme d'une autorité est franchement ridicule. Car, au XIXᵉ siècle, un cartésien en philosophie est exactement ce que serait

---

* « "Tout ce qui est relatif à l'entendement appartient à la vie animale", dit Bichat, et jusque-là point de doute ; "tout ce qui est relatif aux passions appartient à la vie organique" — et ceci est absolument faux. » Ah oui !? — *decrevit Florentius magnus* [ainsi en a décrété Flourens le grand].

un astronome ptoléméen, ou un chimiste stahlien. Mais, pour Monsieur Flourens, les dogmes de Descartes sont des articles de foi. Descartes a enseigné que «les volontés sont des pensées» [en français dans le texte]: ainsi soit-il, donc, même si tout le monde sent en son for intérieur que vouloir et penser sont aussi différents que le noir et le blanc. Voilà pourquoi j'ai pu établir plus haut, au chapitre 19, et rendre intelligible cette différence de façon détaillée et approfondie, en suivant toujours le fil conducteur de l'expérience. Mais surtout, à en croire Descartes, l'oracle de Monsieur Flourens, il y a deux substances fondamentalement différentes, le corps et l'âme. Par suite, en cartésien convaincu, Monsieur Flourens écrit: «Le premier point est de séparer, même par les mots, ce qui est du corps de ce qui est de l'âme» (I, 72[114]). Il nous enseigne plus loin que cette «âme réside uniquement et exclusivement dans le cerveau» (II, 137[115]) et, d'après un passage de Descartes, que l'âme, à partir du cerveau, envoie les *spiritus animales* [esprits animaux] comme des estafettes vers les muscles, mais qu'elle ne peut être affectée que par le cerveau, et c'est pourquoi les passions ont leur «siège» [*Sitz*] dans le cœur, en tant qu'il est altéré par elles, mais que leur «place» [*Stelle*] est cependant dans le cerveau. Fort bien, puisque c'est ainsi que parle l'oracle de Monsieur Flourens, lequel en est tellement édifié qu'il va jusqu'à lui adresser par deux fois une prière (II, 33 et II, 135[116]) afin qu'il puisse infailliblement vaincre ce Bichat qui ne sait rien, puisqu'il ne connaît ni âme ni corps, mais seulement une vie animale et une vie organique. Il lui fait ensuite la leçon avec condescendance, lui expliquant qu'il faut fondamentalement distinguer les parties de l'organisme où les passions ont leur siège («siègent») de celles que les passions affectent. —

Par suite donc, les passions AGISSENT à UNE place, alors qu'elles SE TROUVENT à une autre. Les choses corporelles ont coutume d'agir seulement là où elles sont : mais avec une âme aussi immatérielle, les choses peuvent bien prendre une autre tournure. À quoi ont-ils bien pu penser, lui et son oracle, en voulant distinguer ainsi *place* et *siège*, *siéger* et *affecter* [en français dans le texte] ? — L'erreur fondamentale de Monsieur Flourens et de son Descartes apparaît avec évidence dans le fait qu'ils confondent les motifs, ou causes occasionnelles des passions, lesquels résident certes, en tant que représentations, dans l'intellect, c'est-à-dire dans le cerveau, avec les passions elles-mêmes qui, en tant que mouvements de la volonté, résident dans tout le corps, lequel est (comme nous le savons) la volonté elle-même intuitionnée. — Comme nous l'avons dit, Gall est la seconde autorité invoquée par Flourens. J'ai dit, au début de ce chapitre 20 (et à vrai dire déjà dans l'édition précédente) : « La plus grande erreur dans la phrénologie de Gall, c'est qu'il postule qu'à certaines qualités morales correspondent aussi des organes du cerveau. » Mais ce que je blâme et rejette chez lui, c'est précisément ce que Monsieur Flourens loue et admire : car il porte dans son cœur la formule de Descartes : « les volontés sont des pensées » [en français dans le texte]. Conformément à cela, il dit p. 144 : « Le premier service que Gall a rendu à la *physiologie* (?) a été de ramener le moral à l'intellectuel, et de faire voir que les facultés morales et les facultés intellectuelles sont des facultés du même ordre, et de les placer toutes, autant les unes que les autres, uniquement et exclusivement dans le cerveau[117]. » Dans une certaine mesure, toute ma philosophie, mais tout particulièrement le chapitre 19 de ce volume, n'est qu'une réfutation de cette erreur fondamentale.

Mais Monsieur Flourens, en revanche, ne se lasse jamais d'estimer que c'est là une grande vérité et de louer Gall comme son auteur, par ex. p. 147 : « Si j'en étais à classer les services que nous a rendus Gall, je dirais que le premier a été de ramener les qualités morales au cerveau. » — Et p. 153 : « Le cerveau seul est l'organe de *l'âme*, et de *l'âme* dans toute la plénitude de ses fonctions (on voit que la simple ÂME cartésienne, comme noyau de l'affaire, se cache toujours derrière tout cela[118]) ; il est le siège de toutes les facultés morales, comme de toutes les facultés intellectuelles [...] Gall a ramené le *moral* à l'*intellectuel*, il a ramené les qualités morales au même siège, au même organe, que les facultés intellectuelles[119]. » Oh, comme Bichat et moi devrions rougir d'une telle sagesse ! — Mais, pour parler sérieusement, qu'est-ce qui pourrait nous abattre davantage, ou plutôt nous mettre davantage en colère que de voir rejetée une pensée profonde et juste et de voir préconisée, à sa place, une idée fausse et erronée ; de faire l'expérience que des vérités importantes, profondément cachées et conquises difficilement sur le tard, sont jetées à terre, et que l'on met à leur place encore une fois la même erreur, vieille et plate, dont on a tardivement triomphé ; de devoir craindre qu'à cause d'un tel procédé, les progrès si péniblement obtenus du savoir humain soient anéantis et que nous soyons ramenés en arrière ! Mais rassurons-nous, car *magna est vis veritatis et praevalebit* [grande est la force de la vérité et elle vaincra[120]]. — Monsieur Flourens est incontestablement un homme de grand mérite, mais, ce mérite, il l'a principalement acquis par des voies expérimentales. Or les vérités les plus importantes ne peuvent justement pas être obtenues par des expériences, mais seulement par la réflexion et la pénétration. C'est donc aussi par sa réflexion et par la profondeur de ses vues que Bichat a mis au jour ici une vérité qui compte au rang de celles qui restent inaccessibles aux efforts de Monsieur Flourens et à ses expérimentations, quand bien même, en bon cartésien authentique et conséquent, il martyriserait à mort une centaine d'autres animaux encore. Il aurait dû s'en rendre compte à temps et se dire : « Prends garde, vieux bouc, la maison brûle. » Mais la présomption et la suffisance — qui sont toujours l'apanage de la superficialité lorsqu'elle s'accompagne d'une outrecuidance déplacée —, avec lesquelles Monsieur Flourens entreprend de réfuter un penseur comme Bichat en se contentant de lui opposer des affirmations contraires, des superstitions de vieilles commères et de futiles autorités, et même de lui faire la leçon, de jouer au maître d'école et presque de se moquer de lui, cette présomption et cette suffisance, dis-je, trouvent leur origine dans l'institution de l'Académie où trônent dans leurs fauteuils ces Messieurs qui se donnent mutuellement de l'*illustre confrère* [en français dans le texte], qui ne peuvent absolument pas s'empêcher de se comparer aux meilleurs hommes qui furent jamais, de se prendre pour des oracles et qui, conformément à cette prétention, décrètent ce qui est faux et ce qui est vrai. Voilà ce qui me pousse et ce qui m'autorise à dire une bonne fois, sans détours, que les esprits effectivement supérieurs et privilégiés, qui naissent de temps à autre pour éclairer les autres, et dont Bichat fait bien sûr partie, sont pour ainsi dire « touchés par la grâce de Dieu », et le rapport qu'ils ont aux Académies (où ils n'occupent le plus souvent que le 41e fauteuil[121]) et aux *illustres confrères* qui les composent est par conséquent celui qu'ont les princes de sang avec les représentants du peuple issus de la foule. Pour cette raison, ces Messieurs les Académiciens[122] devraient ressentir une pudeur secrète (*a secret awe*) qui les avertirait de ne pas se frotter à un tel esprit — à moins qu'ils n'aient des raisons extrêmement pertinentes à présenter, mais sûrement pas de simples affirmations contraires et des invocations aux *placita* [préceptes] de Descartes, ce qui est, de nos jours, totalement ridicule.]Cm

CHAPITRE 21

RÉTROSPECTION ET CONSIDÉRATION
PLUS GÉNÉRALE

Si, comme l'ont montré les deux chapitres précédents, l'INTELLECT n'était pas d'une nature secondaire, alors tout ce qui se produit indépendamment de celui-ci, c'est-à-dire sans l'entremise de la représentation, comme, par exemple, la procréation, le développement et la conservation de l'organisme, la guérison des plaies, le remplacement ou le complément par vicariance de parties mutilées, la crise salutaire dans les maladies, les œuvres de l'instinct industrieux animal, les créations de l'instinct en général, alors tout cela, dis-je, n'aurait pas cet aspect infiniment plus réussi, infiniment plus accompli que tout ce qui se produit à l'aide de l'intellect, à savoir toutes les réalisations et œuvres conscientes et intentionnelles accomplies par les hommes ; et, comparées à celles-là, celles-ci ne sont que vastes bousillages. D'une manière générale, la NATURE désigne ce qui agit, ce qui met en mouvement, ce qui crée sans intervention de l'intellect. Le fait que cela soit justement identique à ce que nous découvrons en nous

comme VOLONTÉ constitue le seul et unique thème
de ce livre II, ainsi que de mon traité *De la volonté
dans la nature*. La possibilité d'une telle connaissance fondamentale repose sur le fait que la volonté
est éclairée immédiatement en nous par l'intellect
qui, ici, intervient en tant que conscience de soi;
sans quoi nous ne pourrions atteindre à une connaissance un tant soit peu plus précise de nous-mêmes,
aussi peu en nous qu'en dehors de nous, et nous
devrions faire face pour toujours à des forces naturelles insondables. Il nous faut éliminer la contribution de l'INTELLECT si nous voulons saisir l'essence
de la volonté en elle-même et pénétrer autant que
possible l'être intime de la nature.

Soit dit en passant, c'est pour cette même raison
que, de tous les philosophes, Anaxagore représente
mon exact opposé. Il a arbitrairement admis que
l'élément premier et originel, dont procède toute
chose, serait un νοῦς, une intelligence, un principe
de représentation, et il passe pour avoir été le premier à établir pareille conception. Selon celle-ci, le
monde aurait existé dans la représentation avant
d'exister en soi; chez moi, en revanche, c'est la
volonté dépourvue de connaissance qui fonde la
réalité des choses, dont l'évolution doit se poursuivre
très loin avant d'atteindre finalement la représentation et l'intelligence de la conscience animale; de
sorte que, chez moi, la pensée n'intervient qu'en
toute dernière instance. Or il se trouve que, entre-
temps, à en croire le témoignage d'Aristote (*Metaph.*,
I, 4), Anaxagore n'a pas su lui-même tirer grand-
chose de son νοῦς, il s'est contenté de le postuler et
de le laisser là, comme la peinture d'un saint, à
l'entrée, et il ne s'en est servi pour ses évolutions de
la nature que dans les cas d'extrême nécessité, dans
ces moments où il était sans savoir comment s'aider

autrement[123]. — Toute physico-théologie est le développement de cette erreur opposée à la vérité (exposée
au début de ce chapitre), erreur selon laquelle le
mode d'apparition des choses le plus parfait est celui
qui se produit par l'intermédiaire d'un INTELLECT.
Ainsi cette erreur verrouille-t-elle toute possibilité
d'une étude plus approfondie de la nature.

Depuis l'époque de Socrate jusqu'à la nôtre, nous
constatons que le principal objet des incessantes disputes entre philosophes est cet *ens rationis* [être de
raison] qu'on a appelé ÂME. Nous voyons le plus
grand nombre d'entre eux affirmer son immortalité,
ce qui veut dire son essentialité <*Wesenheit*> métaphysique, quand d'autres, cependant, soutenus par
les faits, présentent de manière irréfutable l'entière
dépendance de l'intellect vis-à-vis des organes corporels et n'ont de cesse de s'opposer à cette hypothèse. Cette ÂME, tous la considérèrent avant tout
comme quelque chose d'ABSOLUMENT SIMPLE, et
c'est de cette simplicité précisément qu'ils ont déduit
son essence métaphysique, son immatérialité, son
immortalité, C[alors que, de la simplicité, il n'a jamais
nécessairement découlé aucune essence métaphysique ; car, si nous ne pouvons penser la destruction
d'un corps possédant une forme que sous l'espèce
du démantèlement de ses parties, il ne s'ensuit nullement que la destruction d'une essence simple, dont
nous n'avons d'ailleurs aucune idée, ne serait pas
possible de quelque autre manière, par une disparition progressive, par exemple]C. À l'inverse, je
commence par éliminer la simplicité supposée de
notre essence subjective ou du moi, en démontrant
que les manifestations à partir desquelles on l'a
déduite ont deux sources très différentes. D'une part,
l'INTELLECT est physiquement conditionné et, en tant
que fonction d'un organe matériel, il dépend forcé-

ment de cet organe matériel et serait aussi impossible sans lui qu'une préhension sans main ; il participe donc du simple phénomène et partage avec lui le même destin. La VOLONTÉ, à l'inverse, n'est liée à aucun organe spécifique, elle est partout présente et représente partout cet élément mouvant et créateur ; elle est donc ce qui conditionne l'organisme tout entier et constitue en réalité le substrat métaphysique de l'ensemble du monde phénoménal. Par conséquent, elle n'est pas, contrairement à l'intellect, un *posterius* [terme postérieur], mais un *prius* [terme antérieur] de ce monde phénoménal, et ce dernier est dépendant d'elle quand elle ne l'est nullement de lui. Mais c'est le corps lui-même qui se trouve alors rabaissé à l'état de simple représentation, puisqu'il n'est que la manière dont la VOLONTÉ se représente dans l'intuition de l'intellect ou du cerveau. La VOLONTÉ, donc, qui dans tous les systèmes philosophiques antérieurs, par ailleurs si différents, n'intervenait que comme l'un des derniers résultats auxquels ils aboutissaient, est chez moi le tout premier des éléments. L'INTELLECT, en tant que simple fonction du cerveau, est touché par le déclin du corps, alors que la VOLONTÉ, en revanche, ne l'est nullement. C'est à partir de l'hétérogénéité de la volonté et de l'intellect, et de la nature secondaire du dernier, qu'il devient possible de comprendre que l'homme, au plus profond de sa conscience de lui-même, se sent éternel et indestructible, bien qu'il ne puisse avoir aucun souvenir qui aille au-delà de sa propre vie ni *a parte ante* [du côté de l'avant] ni *a parte post* [du côté de l'après]. Je ne veux pas anticiper ici sur l'explicitation de la véritable indestructibilité de l'homme, puisqu'elle se trouve dans le livre IV, mais j'ai simplement voulu indiquer ici le point auquel elle se rattache.

Or le corps est nommé simple représentation — une qualification qui est sans doute une expression partielle, mais vraie de notre point de vue. En effet, elle repose sur le fait suivant : dans l'espace, une existence est une étendue, et dans le temps, une série de modifications successives ; mais dans le temps et dans l'espace, une existence déterminée de manière plus précise par un lien causal n'est possible que dans la REPRÉSENTATION, puisque c'est sur les formes de la représentation que repose l'ensemble de ses déterminations, donc dans un cerveau dans lequel, par conséquent, une telle existence n'apparaît que comme un élément objectif, autrement dit étranger. C'est ce qui explique que même notre propre corps ne peut avoir une existence de cette nature que dans un cerveau. Car la connaissance que j'ai de mon corps en tant qu'étendue remplissant l'espace et mobile est seulement MÉDIATE : elle est une image qui naît dans mon cerveau au moyen des sens et de l'entendement. Mon corps ne m'est donné de manière IMMÉDIATE que dans l'action musculaire, dans la douleur ou dans le bien-être, lesquels participent d'abord et immédiatement de la volonté. — Toutefois, la réunion de ces deux modalités différentes de connaissance de mon corps nous transmet, par conséquent, cette compréhension plus poussée : toutes les autres choses qui, de la même manière, possèdent cette existence objective décrite ici, laquelle est d'abord dans mon cerveau, n'en sont pas pour autant moins présentes en dehors de mon cerveau, mais doivent également, en dernier ressort, précisément être EN ELLES-MÊMES ce qui dans la conscience de soi se révèle comme la VOLONTÉ.

CHAPITRE 22*

VUE OBJECTIVE DE L'INTELLECT

Il est deux modes fondamentalement différents de considérer l'intellect, lesquels reposent sur la différence du point de vue. Mais, si opposés soient-ils, ils nécessitent pourtant d'être ramenés à un point d'accord. — Le premier est SUBJECTIF ; il part de l'INTÉRIEUR, admet la CONSCIENCE comme une donnée, et nous expose par quel mécanisme le monde se présente au sein de cette conscience, et comment il s'y construit à partir des matériaux que livrent les sens et l'entendement. Il convient de voir en Locke l'auteur de ce mode de considération <*Betrachtungsweise*> que Kant a porté à un point d'achèvement incomparablement plus élevé. Notre livre I, ainsi que ses *Compléments*, lui sont consacrés.

Le mode de considération de l'intellect qui lui est opposé est le mode OBJECTIF : il part de l'EXTÉRIEUR, prend pour objet non pas la conscience mais les êtres, conscients d'eux-mêmes et du monde, donnés dans l'expérience extérieure, et il étudie alors quelle relation l'intellect de ces êtres entretient avec le reste de leurs propriétés, ce qui l'a rendu possible, ce qui l'a rendu nécessaire et ce qu'il réalise pour celles-ci. Le point de vue de ce mode de considération est empirique : il considère le monde et les êtres animaux qui y sont présents comme étant tout simplement donnés, puisqu'elle les prend comme point de départ. Aussi est-il d'abord zoologique, anatomique, physiologique, et ne devient philosophique

* Ce chapitre se rapporte à la seconde moitié du § 27 du livre I.

qu'une fois qu'il a fait le lien avec le premier mode de considération et qu'il a ainsi atteint à un point de vue plus élevé.

Le seul fondement qui existe jusqu'à présent pour ce mode de considération, nous le devons aux zoologistes et aux physiologistes, principalement français[124]. Il convient ici de nommer tout particulièrement Cabanis, dont l'excellent ouvrage *Des rapports du physique au moral* a été pionnier et, empruntant les chemins de la physiologie, a largement ouvert la voie à ce mode de considération. Mais au même moment œuvrait aussi le célèbre Bichat dont le sujet d'études était cependant bien plus vaste. Gall aussi doit être cité ici, même s'il a manqué le principal objectif qu'il poursuivait. L'ignorance et les préjugés ont porté l'accusation de matérialisme contre ce mode de considération, parce que celui-ci, se limitant exclusivement à l'expérience, ne connaît aucune substance immatérielle, aucune âme. Les progrès les plus récents dans la physiologie du système nerveux, accomplis par Charles Bell, Magendie, Marshall Hall et d'autres, ont également contribué à enrichir et à corriger la matière de ce mode de considération. Une philosophie qui, à l'instar de celle de Kant, serait entièrement ignorante de ce point de vue sur l'intellect ne pourrait être qu'unilatérale et, pour cette raison précisément, insuffisante[125]. Elle creuse entre notre savoir philosophique et notre savoir physiologique un gouffre à perte de vue, auprès duquel nous ne saurions jamais trouver satisfaction.

Il est vrai que tout ce que j'ai dit dans les deux chapitres précédents sur la vie et l'activité du cerveau procède déjà de ce mode de considération, de même que, dans mon traité *De la volonté dans la nature*, toutes les explications qui ont été placées sous la rubrique «Physiologie des plantes», ainsi que celles

qui se trouvent dans une partie de la rubrique «Anatomie comparée[126]», lui sont déjà consacrées; néanmoins, il reste que l'exposé de leurs résultats qui va
suivre ne sera aucunement superflu.

On acquerra une conscience d'autant plus vive du
contraste criant qu'il y a entre ces deux modes
opposés de considérer l'intellect si, poussant le problème jusqu'à ses retranchements, on comprend que
ce que l'un conçoit immédiatement comme une pensée
réfléchie, une intuition vivante, et qui constitue la
matière de ses recherches, n'est, pour l'autre, rien
d'autre que la fonction physiologique d'un viscère
qui a pour nom cerveau; bien plus: on est fondé à
affirmer que l'ensemble du monde objectif, malgré
son caractère temporellement illimité, spatialement
infini, insondable en perfection, ne serait à proprement parler qu'un certain mouvement ou une certaine
affection de la masse pulpeuse qui est présente dans
le crâne. Mais alors, demandera-t-on, tout étonné:
qu'est-ce donc que ce cerveau dont la fonction produit tout de même ce phénomène d'entre tous les
phénomènes? Qu'est-ce que la matière si celle-ci
peut être raffinée et élevée jusqu'à la puissance de
cette masse pulpeuse, de sorte que l'excitation de la
moindre de ses particules peut devenir le support et
le principe de l'existence d'un monde objectif? La
crainte qu'éveillent ces questions a mené à l'hypostase d'une substance simple qui serait une âme
immatérielle, laquelle logerait simplement dans le
cerveau. Mais nous, nous répondons, impavides:
cette masse pulpeuse, au même titre que tout élément
végétal ou animal, est elle aussi une formation organique semblable à toutes les autres masses pulpeuses
qui, bien que de moindre importance, lui sont apparentées et résident dans les demeures plus modestes
des crânes de nos frères dépourvus de raison et cela,

jusqu'au plus petit d'entre les petits, à peine capable d'appréhender quelque chose. Toutefois, cette masse pulpeuse est le dernier des produits de la nature, qui présuppose déjà tous les autres. Mais en soi et en dehors de la représentation, le cerveau, au même titre que toute autre chose, est lui aussi une VOLONTÉ. CAR EXISTER-POUR-UN-AUTRE <*Für-ein-Anderes-dasein*>, C'EST ÊTRE-REPRÉSENTÉ <*Vorgestelltwerden*>, ET ÊTRE-POUR-SOI <*Ansichsein*>, C'EST VOULOIR ; c'est précisément ce qui explique que la voie qu'emprunte le mode de considération purement objectif ne pourra jamais pénétrer à l'intérieur des choses, et que si nous tentons de trouver leur intérieur du dehors et de manière empirique alors, entre nos mains, cette intériorité se retourne sans cesse en une extériorité — la moelle de l'arbre aussi bien que son écorce, le cœur de l'animal aussi bien que sa fourrure, le blastoderme[127] et le jaune aussi bien que la coque de l'œuf. En revanche, en empruntant la voie du mode de considération subjectif, cette intériorité nous est accessible à tout instant : nous la trouvons d'abord en nous-mêmes en tant que VOLONTÉ et, remontant le fil directeur de l'analogie avec notre propre essence, nous pouvons déchiffrer le reste, étant parvenus à cette compréhension qu'un être en soi, indépendamment de son être-connu <*Erkanntwerden*>, c'est-à-dire de son se-présenter <*Sichdarstellen*> dans un intellect, n'est pensable que comme un VOULOIR.

Si, à présent, nous remontons dans l'appréhension OBJECTIVE de l'intellect en nous y enfonçant le plus loin possible, nous découvrons alors que la nécessité ou le besoin de la CONNAISSANCE EN GÉNÉRAL découle de la pluralité et de l'existence SÉPARÉE des êtres, c'est-à-dire de l'individuation. Car imaginons qu'il n'existe qu'UN SEUL être ; alors un tel être n'aurait nullement besoin de la connaissance puisqu'il n'y aurait rien qui lui serait différent et dont il devrait assimiler en lui l'existence de manière médiate, par la connaissance, c'est-à-dire par une image ou par un concept. Il serait justement LUI-MÊME déjà le tout dans le tout <*Alles in Allem*>[128], et il ne lui resterait donc plus rien à connaître, c'est-à-dire plus rien qui lui serait étranger et qu'il pourrait appréhender comme un ob-jet <*Gegenstand*>, ou objet <*Objekt*>. Dans la pluralité des êtres, en revanche, chaque individu se retrouve dans un état d'isolement vis-à-vis de tous les autres. C'est de cet état d'isolement que découle la nécessité de la connaissance. Le système nerveux au moyen duquel l'individu animal prend d'abord conscience de lui-même est limité par la peau ; toutefois dans le cerveau, et élevé au statut d'intellect, il transgresse cette limite au moyen de la forme de connaissance qui lui est propre et qui est la causalité. C'est ainsi que naît en lui l'intuition qui est conscience des AUTRES choses comme une image d'autres êtres dans le temps et dans l'espace, lesquels changent conformément à la causalité. — En ce sens, il serait plus juste de dire « seul le différent est connu par le différent » plutôt que « seul le semblable par le semblable », comme le fait Empédocle[129], qui énonce là une proposition bien vague et équivoque. Cependant, à certains égards, elle est vraie, tout comme, soit dit en passant, cette remarque de Helvétius aussi juste que belle : « il n'y a que l'esprit qui sente l'esprit : c'est une corde qui ne frémit qu'à l'unisson[130] », ce qui concorde tout à fait avec cette autre remarque de Xénophane : σοφὸν εἶναι δεῖ τὸν ἐπιγνωσόμενον τὸν σοφόν C[(*sapientem esse oportet eum, qui sapientem agniturus sit*) [il faut être sage pour pouvoir reconnaître le sage[131]]]C, et qui est un crève-cœur. — Or, d'un autre côté, nous savons que la pluralité des choses de même espèce n'est possible que dans le temps et l'espace, c'est-à-dire à travers les formes de la connaissance. L'espace ne naît que de ce que le sujet connaissant regarde au-dehors : l'espace est fait des modalités selon lesquelles le sujet appréhende quelque chose en tant qu'il est différent de lui. Or nous venons à l'instant de considérer que la connaissance en général était conditionnée par la pluralité et la différenciation. Donc la connaissance et la pluralité ou l'individuation existent et disparaissent de manière concomitante en ce qu'elles sont l'une et l'autre leur condition réciproque. — D'où il faut conclure qu'au-delà du phénomène, dans l'être en soi de toute chose, auquel le temps et l'espace et, par suite, la pluralité sont nécessairement étrangers, il ne doit pas non plus y avoir de connaissance[132]. « Connaître les choses en soi » au sens strict du terme serait donc impossible pour cette même raison, parce que là où commence la chose en soi, la connaissance disparaît et que toute connaissance dans son essence fondamentale ne porte que sur le phénomène. Car elle naît d'une limitation et c'est cette limitation précisément qui la rend nécessaire, afin d'en repousser les bornes.

Considéré d'un point de vue objectif, le cerveau est l'efflorescence de l'organisme[133]. Aussi n'est-ce que là où ce dernier a atteint à son plus haut degré de perfectionnement et de complexité que le cerveau apparaît dans son développement le plus avancé. Or nous avons appris dans le chapitre précédent que l'organisme était l'objectivation de la volonté ; donc le cerveau qui en est une partie doit, par suite, également participer de cette objectivation. En outre, l'organisme étant la visibilité de la volonté, c'est-à-dire étant en soi cette volonté même, j'en ai déduit que toute affection de l'ORGANISME affecte dans le même temps et de manière immédiate la VOLONTÉ, et que cette affection est donc ressentie de manière qui est soit agréable, soit douloureuse. Toutefois, avec une sensibilité accrue dans un système nerveux au développement plus avancé, il devient possible que des affections particulièrement douces soient ressenties par les organes sensitifs nobles, c'est-à-dire objectifs (la vue et l'ouïe) et aptes à les ressentir, sans que, en soi, la volonté en soit immédiatement affectée, c'est-à-dire sans qu'elles soient ni agréables ni douloureuses, de sorte qu'elles entrent dans la conscience comme des sensations en soi indifférentes et simplement PERÇUES. Or, dans le cerveau, cet accroissement de la sensibilité atteint un degré si élevé que même les impressions des sens perçues provoquent une réaction. Cette dernière ne provient pas de manière immédiate de la volonté mais est, en tout premier lieu, une réaction spontanée de la fonction de l'entendement : en partant de la sensation des sens immédiatement perçue, elle procède au passage à sa CAUSE, et comme le cerveau produit, dans le même temps, la forme de l'espace, c'est ainsi que naît l'intuition d'un OBJET EXTÉRIEUR. À partir de la sensation sur la rétine, laquelle n'est encore qu'une affection du corps et, dans cette mesure, de la volonté, l'entendement opère le passage à la CAUSE de cette sensation qu'il projette, au moyen de sa forme de l'espace, comme un élément extérieur et différent de la personne individuelle. Ce point de passage peut être considéré comme la limite entre le monde comme volonté et le monde comme représentation, ou encore comme le berceau de ce dernier. Or, chez l'homme, cette spontanéité de l'activité du cerveau laquelle, en dernière instance, lui est cependant prêtée par la volonté, va bien plus loin encore que la seule INTUITION ou l'appréhension immédiate de la relation causale ; elle va, en effet, jusqu'à former des concepts abstraits à partir de ces intuitions et jusqu'à opérer avec ceux-ci, c'est-à-dire jusqu'à PENSER, et c'est ce qui fait sa RAISON. Aussi ces PÉNSÉES sont-elles extrêmement éloignées des affections du corps, elles qui, parce que ce corps est objectivation de la volonté, peuvent, pour peu que leur intensité augmente, aussitôt se transformer en douleur même dans les organes des sens. Compte tenu de ce qui vient d'être dit, il est possible de considérer que la représentation et la pensée sont l'efflorescence de la volonté dans la mesure où elles procèdent de l'achèvement et de l'accroissement extrême de l'organisme, et que l'organisme est, en soi et en dehors de la représentation, la VOLONTÉ. Il est vrai que, dans mon explication, l'existence du corps présuppose le monde de la représentation, dans la mesure où lui aussi, comme corps ou objet réel, n'est que dans ce monde de la représentation. Mais, par ailleurs, la représentation présuppose tout autant le corps, puisqu'elle ne naît que par la fonction de ce corps. Ce qui est au fondement du phénomène tout entier, ce qui seul y est en soi et originellement, c'est exclusivement la VOLONTÉ. Car la volonté est ce qui, par ce processus précisément, prend la forme de la REPRÉSENTATION, autrement dit passe dans l'existence secondaire d'un monde d'objets, ou encore d'un monde connaissable. — Les philosophes avant Kant, à peu d'exceptions près, se sont attaqués à l'explication du processus de notre connaissance en partant du mauvais côté. Ils sont, en effet, partis d'une prétendue âme, d'un être dont la nature intérieure et dont la fonction propre consistait dans la pensée, et même, plus précisément, dans la seule pensée abstraite opérant à partir de purs concepts, lesquels concepts lui appartenaient d'autant plus absolument qu'ils étaient éloignés de toute évidence intuitive (je prierai ici le lecteur de se référer à la remarque qui se situe à la fin du § 6 de mon *Mémoire sur le fondement de la morale*[134]). Cette âme serait alors de manière incompréhensible tombée dans le corps où, pure pensée, elle ne connaîtrait que des perturbations produites d'abord par les impressions des sens et les intuitions, ensuite et plus encore par les désirs que celles-ci excitent en elle, et enfin par les affects, voire les passions auxquelles virent ces désirs ; tandis que l'élément qui appartiendrait en propre à cette âme, son élément originel, ne serait qu'une pure pensée abstraite. Ainsi confiée à cette pure pensée, elle n'aurait pour objets que les *universalia* [universaux], les concepts innés, les *aeternas veritates* [vérités éternelles] et laisserait tomber bien en dessous d'elle tout ce qui relève de l'intuition. De là provient ce mépris avec lequel aujourd'hui encore les professeurs de philosophie mentionnent la « sensibilité » <*Sinnlichkeit*> et le « sensible » <*das Sinnliche*> ; ils vont même jusqu'à en faire la principale source de l'immoralité, alors que ce sont ces sens précisément qui, secondés par les fonctions *a priori* de l'intellect, produisent l'INTUITION et sont la source pure et innocente de toutes nos connaissances dans laquelle toute pensée puise son contenu. On en viendrait à croire que ces messieurs ne comprennent jamais sous le terme de sensibilité que ce sixième sens propre aux Français[135]. — D'après ce qui vient d'être dit, on a donc fait, dans le processus de la connaissance, du produit ultime de cette connaissance, la pensée abstraite, son principe premier et originel, de sorte que, comme on l'a déjà dit, on a saisi le problème à l'envers. Selon ma présentation, comme l'intellect naît de l'organisme et, de ce fait, de la volonté, il ne pourrait donc exister sans elle ; de sorte que, sans elle, il ne pourrait non plus trouver de matière ni d'occupation, précisément parce que toute chose connaissable n'est qu'objectivation de la volonté.

Mais il n'y a pas que l'intuition du monde extérieur et la conscience de l'existence des autres choses qui se trouvent conditionnées par le cerveau et sa fonction; la conscience de soi l'est aussi. La volonté en soi est sans conscience, et elle le reste dans la majeure partie de ses phénomènes. Il faut qu'apparaisse en outre le monde secondaire de la représentation pour qu'elle devienne consciente de soi, à l'instar de la lumière qui ne devient visible qu'en présence d'un corps qui la renvoie, faute de quoi elle se perd dans les ténèbres, privée de son effet. La volonté, en produisant en tout individu animal un cerveau en vue de l'appréhension de ses relations avec le monde extérieur, accède alors à une conscience d'elle-même qui ne naît que dans ce cerveau au moyen du sujet de la connaissance, lequel appréhende les choses comme existantes, et le moi comme voulant. En effet, portée à son point le plus haut dans le cerveau, tout en étant disséminée dans toutes les parties de ce dernier, la sensibilité doit avant tout rassembler les rayons de son activité, les concentrer en quelque sorte en un point focal, non comme le ferait un miroir concave, en les dirigeant vers l'extérieur, mais comme le ferait un miroir convexe, vers l'intérieur. À partir de ce point, elle dessine d'abord la ligne du temps sur laquelle doit donc se présenter <*sich darstellen*> tout ce qu'elle représente <*vorstellt*>. Cette ligne est la forme première et essentielle de toute connaissance, ou encore la forme du sens intérieur. Ce point focal de l'ensemble de l'activité du cerveau est ce que Kant nommait l'unité synthétique de l'aperception[136]; c'est par lui seul que la volonté prend conscience d'elle-même, puisque ce foyer de l'activité cérébrale, ou encore l'élément connaissant, s'appréhende lui-même comme étant identique à la base propre de la volonté, dont elle procède, et qui est l'élément voulant : ainsi naît le moi. Ce foyer de l'activité cérébrale demeure cependant un simple sujet de la connaissance, capable, en tant que tel, d'être le spectateur froid, impartial, le simple directeur et conseiller de la volonté, ainsi que d'appréhender le monde extérieur de manière purement objective sans tenir compte de la volonté, de son bien-être ou de sa souffrance. Mais, dès qu'il se dirige vers l'intérieur, il reconnaît que la volonté est la base de son propre phénomène et s'assemble avec elle dans la conscience d'un moi. Ce point focal de l'activité cérébrale (ou sujet de la connaissance), en tant que point indivisible, est certes simple, mais il n'en est pas pour autant une substance (âme), il n'est qu'un état[137]. Et ce dont il est l'état, il ne peut le connaître que de manière indirecte, comme par reflet. Mais la cessation de cet état ne doit pas être considérée comme l'anéantissement de ce dont il est l'état. Ce moi CONNAISSANT et conscient est à la volonté ce que l'image qui se forme dans le foyer d'un miroir concave est à ce miroir même et, comme celle-ci, il n'a qu'une réalité conditionnée, qui n'est à proprement parler qu'une réalité purement apparente. Loin d'être premier (ainsi que l'enseignait Fichte, par exemple), il est, au fond, tertiaire puisqu'il présuppose l'organisme, lequel organisme présuppose la volonté. — Je reconnais que tout ce qui vient d'être dit ici n'est à proprement parler qu'image, symbole et, en partie, hypothèse ; seulement, nous touchons ici un point auquel la pensée, sans même parler de preuve, n'a guère accès. C[Aussi prierai-je le lecteur de comparer ce qui vient d'être dit avec ce

que j'ai amplement exposé dans le chapitre 20 à ce
même sujet.]C

Bien que l'essence en soi de tout existant consiste
dans sa volonté, et que la connaissance, avec la
conscience, ne s'y ajoute que comme un élément
secondaire, aux degrés supérieurs de l'échelle des
phénomènes, nous constatons néanmoins que la différence que la présence de cette conscience et de cet
intellect, ainsi que leurs différences de degrés, créent
entre un être et un autre, sont excessivement grandes
et riches de conséquences. L'existence subjective
des plantes, nous devons l'imaginer comme un faible
analogon, comme une simple ombre du bien-être
<Behagen> et du mal-être *<Unbehagen>*. Aussi, à
ce degré extrêmement faible, la plante n'a-t-elle de
connaissance que d'elle-même, elle ne sait rien de ce
qui lui est extérieur. En revanche, le moindre des
animaux situé immédiatement au-dessus d'elle, en
raison de besoins plus grands et spécifiés de manière
plus précise, est déjà amené à étendre la sphère de
son existence au-delà des limites de son corps. Cette
extension se produit grâce à la connaissance, puisque
cet animal a une confuse perception de son environnement immédiat d'où naissent des motifs pour son
action à des fins de conservation. Ainsi apparaît le
MÉDIUM DES MOTIFS, et ce médium est le monde
existant objectivement dans le temps et dans l'espace,
le MONDE COMME REPRÉSENTATION, aussi faible,
aussi vague, aussi ténébreux que soit ce premier
spécimen, le plus humble. Mais, à mesure qu'on
s'élève dans l'échelle des organisations animales, et
que le cerveau est de plus en plus parfaitement développé, ce monde s'imprime de plus en plus nettement,
sa représentation gagne en profondeur et en largeur.
Cet accroissement du développement du cerveau,
qui est accroissement de l'intellect et de la clarté de

la représentation à chaque degré supérieur franchi, est engendré par un BESOIN de plus en plus élevé et de plus en plus complexe de ces phénomènes qui sont propres à la volonté. Et c'est ce besoin qui en fournit la première occasion ; en vertu de sa *lex parcimoniae* [loi d'économie], la nature (c'est-à-dire la volonté qui s'objective en elle) ne crée rien sans nécessité, à plus forte raison pour la plus complexe de ses productions, c'est-à-dire un cerveau parfait : *natura nihil agit, frustra et nihil facit supervacaneum* [la nature ne fait rien en vain et ne crée rien de superflu[138]]. La nature a doté tout animal des organes nécessaires à sa conservation et des armes nécessaires à son combat, ainsi que je l'ai exposé de manière détaillée dans mon écrit *De la volonté dans la nature* sous la rubrique «Anatomie comparée[139]». C'est dans la même mesure qu'elle a fourni à chacun le plus important des organes dirigés vers l'extérieur, le cerveau, et l'a doté de sa fonction, l'intellect. Ainsi, plus l'organisation de l'animal est devenue complexe, par suite d'un développement plus élevé, plus la détermination de ses besoins est devenue variée et spécifique et, par conséquent, plus il est devenu difficile, et plus il dépendait des circonstances, de se procurer ce qui pouvait satisfaire ces besoins. Il a fallu dès lors un horizon <*Gesichtskreis*> plus large, une appréhension <*Auffassung*> plus exacte, une distinction plus fine des choses du monde extérieur, dans toutes leurs conditions et dans tous leurs rapports. Aussi, plus nous nous élevons dans l'échelle des animaux, plus nous voyons se perfectionner les facultés de représentation, avec leurs organes, leur cerveau, leurs nerfs et leurs organes des sens ; de même, à mesure que se développe le système cérébral, les différentes facettes du monde extérieur se présentent dans la conscience de manière de plus en plus nette, de plus en plus parfaite. L'appréhension du monde nécessite alors toujours plus d'attention et, parfois, cela peut aller jusqu'à la nécessité de perdre momentanément de vue sa relation à la volonté, de façon que cette appréhension du monde puisse se produire avec d'autant plus de pureté et d'exactitude. Et c'est là une chose qui n'apparaît résolument que dans l'homme, car il est le seul chez qui ait lieu une SÉPARATION PURE DU CONNAÎTRE ET DU VOULOIR. C'est là un point important que je ne fais qu'évoquer ici afin d'en indiquer le lieu et de pouvoir y revenir plus tard. — Mais même ces derniers pas dans l'extension et le perfectionnement du cerveau et, par suite, dans l'élévation des facultés de connaissance, la nature ne les effectue, au même titre que tous les autres, que pour répondre à une élévation des BESOINS, c'est-à-dire dans le but de servir la VOLONTÉ. Ce qu'elle vise et atteint en l'homme revient, pour l'essentiel, à la même chose et à rien de plus que les fins qu'elle poursuit dans l'animal : la nutrition <*Ernährung*> et la reproduction <*Fortpflanzung*>. Mais, en raison de l'organisation de l'homme, les exigences pour atteindre ces fins se sont à ce point démultipliées, accrues et spécifiées qu'une élévation de l'intellect incomparablement plus importante que celle que supposaient les degrés précédents était devenue nécessaire, ou constituait du moins le moyen le plus facile. Or, comme l'intellect, par essence, est un instrument à usages multiples et s'emploie aux fins les plus diverses, la nature a réussi, fidèle à son sens de l'économie, à couvrir désormais toutes les exigences des besoins de l'homme, devenus tellement variés, grâce à ce seul intellect. Ainsi a-t-elle exposé l'homme sans vêtement, sans arme naturelle pour se défendre ou pour attaquer, elle l'a même doté d'une force musculaire relativement réduite et placé dans une situation de plus grande vulnérabilité et de moindre endurance face aux influences adverses et au manque, en s'en remettant entièrement à cet unique et grand instrument auquel elle n'a ajouté que les mains qu'elle avait conservées de l'animal situé au degré immédiatement inférieur, le singe. Ainsi, avec l'apparition de cet intellect prépondérant, ce ne sont pas seulement l'appréhension des motifs, la diversité de ceux-ci et, de manière générale, l'horizon des fins qui se sont infiniment accrus, mais c'est aussi la distinction <*Deutlichkeit*> avec laquelle la volonté prend conscience D'ELLE-MÊME et qui est portée à son degré ultime à la suite de l'apparition d'une conscience entièrement claire, qui, soutenue par la faculté de connaître abstraitement, atteint alors à une parfaite réflexion <*Besonnenheit*>. Tous ces éléments, mais aussi cette véhémence de la volonté qu'il faut nécessairement présupposer comme support d'un intellect aussi développé, ont entraîné une élévation de tous les AFFECTS et jusqu'à engendrer la possibilité des PASSIONS, que l'animal ne connaît pas à proprement parler. Car la véhémence de la volonté marche d'un même pas avec l'élévation de l'intelligence, puisque, précisément, cette intelligence découle toujours de l'accroissement des besoins et de l'impériosité des exigences de la volonté et ce d'autant plus qu'intelligence et volonté se soutiennent mutuellement. La véhémence du caractère, en effet, est liée à une énergie plus grande des pulsations cardiaques et de la circulation sanguine, laquelle énergie contribue, sur le plan physique, à élever l'activité du cerveau. Par ailleurs, forte d'une appréhension plus vive des circonstances extérieures, la clarté de l'intelligence accroît les affects que provoquent ces mêmes circonstances. C'est pourquoi de jeunes veaux peuvent se laisser tranquillement embarquer dans quelque véhicule, alors que de jeunes lions, que l'on a juste séparés de leur mère, sont en proie à une agitation qui ne les quitte plus, et, du matin jusqu'au soir, ils rugissent inlassablement. Dans une situation semblable, un enfant se tourmenterait et hurlerait presque jusqu'à ce que mort s'ensuive. La vivacité et la véhémence du singe sont très exactement liées à son intelligence déjà très développée. Ce rapport de réciprocité explique que l'homme soit capable de bien plus grandes souffrances que l'animal, mais aussi de bien plus grandes joies lorsque ses affects sont satisfaits, son humeur bonne. De même, si son intellect hautement développé le rend plus sensible à l'ennui que l'animal, il peut aussi devenir, à condition d'être absolument parfait au niveau individuel, une source inépuisable de passe-temps. Dans l'ensemble, le phénomène de la volonté en l'homme est ainsi à celui de l'animal d'une espèce supérieure ce qu'est un ton donné à sa quinte prise jusqu'à trois octaves plus bas. Mais entre les différentes espèces animales, les différences de l'intellect, et par là de la conscience, sont énormes et présentent d'infinies gradations. Le simple *analogon* de conscience que nous devons encore attribuer à la plante sera, à l'existence subjective bien plus confuse encore d'un corps inorganique, à peu près ce que la conscience du plus infime animal est à cette quasi-conscience de la plante. On peut se figurer les gradations sans nombre de la conscience à travers l'image des différentes vitesses dont sont animés des points situés à des distances variables du centre d'un disque en rotation. Mais l'image la plus juste, ainsi que nous l'apprend notre livre III, l'image naturelle de ces gradations est la gamme, dans toute son étendue, du plus grave des tons encore perceptibles jusqu'au plus élevé. Or c'est le degré de conscience qui détermine le degré d'existence d'un être. Car toute existence immédiate est une existence subjective ; l'existence objective est présente dans la conscience d'un autre et seulement pour cet autre, c'est donc une existence tout à fait médiate. Le degré de conscience rend les êtres aussi différents que la volonté les fait égaux entre eux, puisqu'elle est ce point commun qui se trouve en tous.

Mais les distinctions que nous venons d'observer à l'instant entre la plante et l'animal, ainsi qu'entre les différentes espèces animales, se retrouvent également entre un homme et un autre. En effet, ici aussi, l'élément secondaire qu'est l'intellect fonde, à travers la clarté de la conscience et la distinction de la connaissance qui dépendent de lui, une différence énorme, fondamentale et indéniable dans toute la manière d'exister et, par suite, dans les degrés de celle-ci. Plus la conscience est développée, plus les pensées sont distinctes et cohérentes, plus les intuitions sont claires, plus les sensations sont ardentes. Ainsi tout gagne en profondeur, l'émotion, la nostalgie, la joie et la douleur. Les esprits plats et ordinaires ne sont pas même capables de vraies joies, ils vivent dans une forme d'hébétude. À l'un, la conscience ne présente, et encore dans une aperception indigente du monde extérieur, que sa seule existence individuelle avec, en plus, les motifs qui doivent nécessairement être appréhendés en vue de la conserver et de l'alléger ; à un autre, elle est une *camera obscura* [chambre noire] qui présente le macrocosme tout entier :

> *Er fühlet, dass er eine kleine Welt*
> *In seinem Gehirn brütend hält,*
> *Dass die fängt an zu wirken und zu leben,*
> *Dass er sie gerne möchte von sich geben.*

[Il sent qu'il tient un petit monde
Qui couve en son cerveau,
Que ce monde commence à agir et à vivre
Et qu'il aimerait volontiers en être libre[140].]

La différence dans toute la manière d'exister, fixée par les termes extrêmes de la gradation des facultés intellectuelles entre un homme et un autre, est tellement grande que celle qu'il y a entre un roi et un journalier semble infime en comparaison. Et là aussi, tout comme dans les espèces animales, il est possible de vérifier le lien entre la véhémence de la volonté et l'élévation de l'intellect. La condition du génie est un tempérament passionné ; un génie flegmatique est une chose impensable. Il faut bien qu'existe au préalable, semble-t-il, une volonté excessivement véhémente, c'est-à-dire démesurément désirante, pour que la nature puisse la doter d'un intellect anormalement développé qui soit à sa mesure ; d'ailleurs, l'explication simplement physique de cela nous renvoie à cette énergie supérieure avec laquelle les artères de la tête impriment un mouvement au cerveau et en accroissent la turgescence[141]. Mais sans doute la grandeur, la qualité et la forme du cerveau elles-mêmes sont-elles aussi l'autre condition du génie, sauf que celle-ci est incomparablement plus rare. En règle générale, les flegmatiques ont des facultés intellectuelles médiocres, et c'est pourquoi, pour ce qui est de l'esprit, les peuples nordiques, au sang froid, flegmatiques, sont en général sensiblement à la traîne des peuples méridionaux, vifs et passionnés ; encore que, comme l'a fort justement remarqué Bacon*[142], quand un homme du Nord a

---

* *De augm. scient., l. VI, c. 3.*

été hautement doté de talents par la nature, il peut atteindre à un degré auquel aucun homme du Sud n'a jamais accédé. De sorte que prendre comme critère de comparaison des facultés intellectuelles des différentes nations les grands esprits qu'elles ont produits est une habitude absurde, car cela revient à fonder la règle sur son exception. Il convient bien plutôt de considérer la grande pluralité qui fait une nation : une hirondelle ne fait pas le printemps. — Mais il nous faut encore remarquer ici que, justement, cette disposition à la passion, qui est une condition du génie, associée à la vivacité de son appréhension des choses, entraîne une telle excitation des affects dans la vie pratique, où la volonté entre en jeu, et cela surtout lors d'événements soudains, qu'elle perturbe et confond l'intellect ; en revanche le flegmatique, dans la vie pratique, garde l'entier usage de ses facultés intellectuelles, bien qu'elles soient moindres, de sorte que ses réalisations seront alors bien plus considérables que celles du plus grand génie. Ainsi un tempérament passionné favorise la constitution première de l'intellect, tandis que le flegmatique en favorise l'usage. C'est pourquoi le véritable génie n'est propre qu'aux réalisations théoriques pour lesquelles il choisit et attend son heure ; et cette heure sera précisément celle où la volonté est en complet repos et où aucune vague ne vient troubler le miroir pur de l'appréhension du monde. Pour la vie pratique, en revanche, le génie est malhabile et inutile, aussi est-il le plus souvent malheureux. C'est en ce sens que Goethe a composé *Le Tasse*[143]. Si le véritable génie repose sur la force ABSOLUE de l'intellect, force qui se paie au prix d'une véhémence aussi démesurée de l'âme <*Gemüt*>, la grande supériorité dans la vie pratique, qui fait les conquérants et les hommes d'État, repose sur la force RELATIVE de l'intellect, à savoir sur le degré le plus élevé de celui-ci, degré qui peut être atteint sans une trop grande excitabilité des affects, sans une trop grande véhémence du caractère, de sorte que cet intellect ne vacille pas, même au cœur de la tempête. Une volonté très ferme et une âme inébranlable, associées à un entendement efficace et subtil, suffisent amplement ici, C[mais tout ce qui va au-delà est nuisible, car une intelligence trop développée entrave la fermeté du caractère et la résolution de la volonté]C. C'est d'ailleurs pourquoi cette dernière forme d'éminence, loin d'être si anormale, est mille fois moins rare que la précédente; aussi y a-t-il toujours eu à toutes les époques de grands conquérants et de grands ministres, pour peu que les circonstances extérieures se montrent favorables au déploiement de leur action. Les poètes et les philosophes, en revanche, peuvent se faire attendre des siècles; néanmoins l'humanité peut se contenter de leurs rares apparitions puisque leurs œuvres demeurent et n'existent pas pour le seul moment présent, à l'instar des réalisations des autres. — En parfaite conformité avec sa loi de l'économie, évoquée ci-dessus, la nature n'accorde généralement l'éminence intellectuelle qu'à un très petit nombre, et elle ne concède le génie que comme la plus exceptionnelle de ses distinctions; quant à la grande masse de l'espèce humaine, elle l'équipe d'autant de forces intellectuelles que l'exige la conservation de l'individu et de l'espèce. Car le grand nombre de besoins de l'espèce humaine, qui ne cessent de croître à mesure qu'ils sont satisfaits, rend nécessaire que la partie de loin la plus grande de celle-ci passe sa vie à des travaux grossièrement corporels et entièrement mécaniques : à quoi pourrait bien alors lui servir un esprit vif, une imagination ardente, un entendement

subtil, une acuité pénétrante ? Ces qualités ne feraient
que rendre les gens inaptes et malheureux. Aussi
est-ce bien la plus précieuse de toutes ses œuvres
que la nature a maniée avec le moins de prodigalité.
À cet égard et afin de ne pas porter de jugements
injustes, on devrait aussi établir ce que l'on peut
attendre de manière générale des productions intellectuelles des hommes, ainsi, par exemple, des savants.
Puisque, en règle générale, ils ne sont devenus savants
qu'en vertu de circonstances extérieures, on devrait
commencer par les considérer comme des hommes
que la nature a destinés au travail des champs ; à
dire vrai, on devrait également ramener les professeurs de philosophie à cette même condition et
peut-être trouverait-on alors que leurs réalisations
correspondent parfaitement à toutes les attentes
qu'on pouvait justement en avoir. — Il convient de
remarquer que dans le Sud, où les nécessités de la
vie pèsent moins lourdement sur l'espèce humaine
et permettent plus d'oisiveté, les facultés intellectuelles même du plus grand nombre sont particulièrement alertes et subtiles. — D'un point de vue
physiologique, il est étonnant de constater que la
prépondérance de la masse cérébrale sur la moelle
épinière et sur les nerfs, d'après la découverte pénétrante de Sömmering[144], donne la véritable mesure
du degré de l'intelligence aussi bien chez les espèces
animales que chez les individus humains ; cette
prépondérance accroît aussi la mobilité immédiate
et l'agilité des membres et cela, parce que cette
grande disproportion rend plus marquée la dépendance de tous les nerfs moteurs vis-à-vis du cerveau ;
C[à quoi vient encore sans doute s'ajouter que, à la
perfection qualitative du cerveau, participe aussi celle
du cervelet, ce directeur des mouvements ; grâce à
tous les deux,]C tous les mouvements volontaires

acquièrent donc une plus grande légèreté, rapidité et souplesse, et en concentrant en un point le départ de toute activité, on obtient ce que Lichtenberg louait chez Garrick en disant qu'il «semblait présent tout entier dans les muscles de son corps[145]». Aussi la lourdeur de la démarche du corps indique-t-elle la lourdeur du cours des pensées et, au même titre que la mollesse des traits du visage ou l'hébétude du regard, elle est considérée comme l'indice d'un manque d'esprit tant chez un individu que dans les nations. C[Il est un autre symptôme de cette relation physiologique que nous évoquons ici : beaucoup de gens, dès que la conversation qu'ils ont avec leur compagnon commence à avoir quelque cohérence, sont obligés de s'arrêter de marcher et cela, parce que leur cerveau, dès qu'il doit articuler ensemble quelques pensées, n'a plus suffisamment de force pour mettre en mouvement les jambes par les nerfs moteurs : c'est que, chez ces gens, tout a été taillé trop juste.]C

De cette considération parfaitement objective de l'intellect et de son origine, il ressort que celui-ci est destiné à l'appréhension des fins <*Zwecke*>, dont la réalisation est une condition de la vie individuelle et de sa perpétuation, et qu'il n'est, en aucun cas, voué à restituer l'essence de la chose en soi indépendante du sujet connaissant et du monde. La sensibilité à la lumière propre à la plante fait qu'elle s'oriente dans sa croissance en direction de la lumière ; il en va de même pour la connaissance propre à chaque espèce animale, et même aussi pour celle propre aux hommes, encore qu'elle soit accrue selon le degré et dans la mesure exigée par les besoins de chacun de ces êtres. Chez tous, la perception reste une simple prise de conscience de leur relation aux autres choses et n'est en aucun cas destinée à présenter encore une fois dans la conscience du sujet connaissant l'essence véritable et absolument réelle de ces choses. L'intellect, parce qu'il procède de la volonté, a bien plutôt pour seule fonction d'être au service de celle-ci ; aussi est-il destiné à l'appréhension des motifs, et il est même tout entier conçu pour cela, de sorte que sa principale disposition est éminemment pratique. Et ce constat vaut encore dès lors que nous concevons la signification métaphysique de la vie comme éthique ; car nous découvrons alors que l'homme ne connaît qu'en vue de son action. Cette faculté de connaissance, dont la présence répond exclusivement à des fins pratiques, conformément à sa nature, n'appréhendera jamais que les relations des choses entre elles, et non l'essence propre de celles-ci, telle qu'elle est en soi. Or, tenir le complexe de ces relations pour l'essence du monde existant en soi et absolument, tenir les modalités selon lesquelles elles se présentent nécessairement en vertu des lois préconçues dans le cerveau pour les lois éternelles de l'existence de toute chose, et construire, d'après cela, une ontologie, une cosmologie et une théologie, telle est à proprement parler l'erreur ancestrale à laquelle la théorie de Kant a mis un terme. Donc, ici, notre mode objectif et, par conséquent, essentiellement physiologique de considérer l'intellect rencontre le mode transcendantal de le considérer. En un certain sens, notre mode de considération apparaît même comme une compréhension <*Einsicht*> *a priori* de celui de Kant, puisqu'il nous donne à connaître à partir d'un point de vue extérieur à celui-ci, c'est-à-dire génétiquement et donc en dévoilant sa NÉCESSITÉ, ce que, partant des données de la conscience, il n'a exposé que comme un état de fait[146]. Car, de notre mode objectif de considérer l'intellect s'ensuit le monde comme représentation,

déployé dans l'espace et le temps, progressant de
manière régulière selon la stricte loi de la causalité :
c'est d'abord un phénomène purement physiologique,
une fonction du cerveau, que ce dernier accomplit,
sans doute à l'occasion de certaines excitations extérieures, mais néanmoins selon ses lois propres. Ainsi
on comprend par avance que ce qui se produit dans
cette fonction, c'est-à-dire ce qui a lieu par elle et
pour elle, ne peut en aucun cas être tenu pour la
nature <*Beschaffenheit*> des CHOSES EN SOI, lesquelles diffèrent totalement de cette fonction et
existent indépendamment d'elle ; cela ne représente
d'abord que les modalités de cette fonction elle-
même, puisque celle-ci ne peut jamais connaître
qu'une modification très secondaire venant de ce
qui est présent de manière absolument indépendante
d'elle, mais qui agit sur elle comme une excitation et
la met en mouvement. Suivant ces principes, Locke
ne revendiquait pour les organes sensitifs ce qui
arrive à la perception par la SENSATION que pour
mieux le retirer aux choses en soi ; de même, dans
une intention semblable et en poursuivant cette même
voie, Kant a montré que tout ce que l'INTUITION
proprement dite rend possible, à savoir le temps,
l'espace et la causalité, est une fonction du cerveau ;
encore qu'il se soit bien gardé, il est vrai, d'employer
cette expression physiologique à laquelle cependant
nous mène nécessairement notre mode actuel de
considérer l'intellect et qui part de sa face opposée,
de sa face réelle. En poursuivant cette voie analytique qui était la sienne, Kant arriva à ce résultat,
que tout ce que nous connaissons n'est que PHÉ-
NOMÈNE. Ce que signifie à proprement parler ce
terme énigmatique, notre mode objectif et génétique
de considérer l'intellect le montre clairement : les
phénomènes sont des motifs pour les fins d'une

volonté individuelle, tels qu'ils se présentent dans l'intellect produit par cette volonté et pour cette volonté (intellect qui objectivement APPARAÎT PHÉNOMÉNALEMENT comme cerveau); aussi loin que l'on peut remonter dans leur enchaînement, ces phénomènes, appréhendés dans leur connexion, nous livrent le monde se déployant objectivement dans le temps et dans l'espace, monde que j'ai nommé le monde comme représentation. Dans la perspective qui est la nôtre disparaît également ce qu'il y a de choquant dans la doctrine kantienne : l'intellect ne connaît au lieu des choses telles qu'elles sont en soi que leurs simples phénomènes ; à la suite de quoi, il est conduit à des paralogismes et à des hypostases infondées qui découlent « de sophismes, non de l'homme, mais de la raison pure elle-même, et le plus sage de tous les hommes ne saurait s'en affranchir ; peut-être, à la vérité, après bien des efforts, parviendra-t-il à se préserver de l'erreur, mais non à se délivrer de l'apparence qui le poursuit et se joue de lui sans cesse[147] ». Ainsi, on dirait que l'intellect serait intentionnellement destiné à nous induire en erreur. Car la vue objective de l'intellect donnée ici, et qui comprend la genèse de celui-ci, rend intelligible le fait qu'il est exclusivement destiné à des fins pratiques, qu'il n'est que le MÉDIUM DES MOTIFS et, par suite, qu'en présentant de manière exacte ces motifs, il accomplit sa destination ; dès lors, si, à partir du complexe et de la régularité des phénomènes qui se présentent à nous objectivement, nous entreprenons de construire l'essence des choses telles qu'elles sont en elles-mêmes, nous ne pourrons le faire qu'à nos propres risques et périls, et qu'en engageant notre responsabilité. Car nous avons reconnu que la force intérieure de la nature, originellement dépourvue de connaissance et agissant dans l'obscurité, une fois qu'elle s'élève jusqu'à la conscience de soi, se dévoile à celle-ci comme VOLONTÉ ; cette étape, elle ne la franchit qu'au moyen de la production d'un cerveau animal et de la connaissance, qui est la fonction de ce dernier ; après quoi naît, dans ce cerveau, le phénomène du monde intuitif. Or, déclarer que ce simple phénomène cérébral, avec la régularité immuable attachée à ses fonctions, est l'essence en soi du monde et des choses comprises dans ce monde, essence indépendante de lui et existant avant et après lui, c'est manifestement faire un saut auquel rien ne nous autorise. C'est dans ce *mundus phaeno-menon* [monde du phénomène], c'est dans cette intuition naissant sous des conditions tellement diverses que sont puisés tous nos concepts ; ils ne tirent leur contenu que d'elle ou sinon qu'en rapport avec elle. Aussi ne sont-ils, ainsi que le dit Kant, que d'un usage immanent et non transcendant : c'est-à-dire que ces concepts qui sont les nôtres, ce premier matériau de la pensée, et, *a fortiori*, plus encore les jugements qui découlent de leur synthèse, sont inappropriés à la tâche qui consiste à penser l'essence de la chose en soi et la véritable connexion du monde et de l'existence : cette entreprise est, à vrai dire, analogue à celle qui consisterait à exprimer le volume d'un corps en centimètres carrés[148]. Car notre intellect, à l'origine déterminé à présenter à une volonté individuelle quelles sont ses fins mesquines, n'appréhende par suite que des RELATIONS entre les choses et ne pénètre pas en elles, dans leur véritable essence : il est, par conséquent, une pure force de surface, il adhère à la surface des choses et saisit seulement des *species transitivas* [images transitives] et non leur vraie essence. De là précisément découle qu'il n'est pas une seule chose, fût-ce la plus simple, fût-ce la plus infime des choses, que nous comprenons

et pouvons saisir de part en part; en chacune, reste
toujours quelque chose qui nous demeure inexplicable. — Précisément parce que l'intellect est un
produit de la nature et, par suite, n'est calculé par
elle qu'en vue de ses propres fins, les mystiques
chrétiens l'ont fort convenablement nommé «lumière
de la nature[149]», le renvoyant ainsi à ses limites : car
la nature est l'objet dont il est, lui seul, le sujet. Mais
au fondement de cette expression se trouve déjà la
pensée qui a engendré la *Critique de la raison pure*.
Qu'il nous soit impossible de comprendre le monde
par la voie directe, c'est-à-dire par une application
directe et non critique de l'intellect et de ses données,
mais que nous devions par la réflexion nous em-
bourber toujours plus profondément dans des énigmes
insolubles, provient précisément du fait que l'intellect, c'est-à-dire la connaissance, est déjà en soi
un élément secondaire, un simple produit, amené là
par l'évolution de l'essence du monde, laquelle, par
suite, lui était antérieure ; enfin, l'intellect est apparu
comme une percée à la lumière, venue des profondeurs obscures de l'aspiration <*Streben*> dépourvue
de connaissance, cette aspiration dont l'essence se
présente, en tant que VOLONTÉ, dans la conscience
de soi, qui fait son apparition en même temps. Cette
chose qui précède la connaissance comme sa condition et par laquelle elle a été d'abord possible, sa
base propre donc, ne peut être saisie de manière
immédiate par la connaissance elle-même, de même
que l'œil ne peut se voir lui-même. Ce sont plutôt les
relations qui, à la surface des choses, lient un être à
un autre qui constituent son seul et unique objet ; et
celles-ci n'adviennent que par cet appareil qu'est
l'intellect, c'est-à-dire par les formes de ce dernier
que sont le temps, l'espace, la causalité. Puisque,
précisément, le monde s'est formé sans l'aide de la

connaissance, son essence ne peut entrer tout entière
dans la connaissance elle-même, d'autant que celle-ci
doit d'emblée présupposer l'existence du monde ;
voilà pourquoi son origine ne peut non plus relever
de son domaine. Elle s'en tient par conséquent aux
relations entre les différents êtres présents, et c'est
ainsi qu'elle satisfait à la volonté individuelle, elle
qui n'existe justement que pour la servir. Car l'intellect, ainsi que nous l'avons montré, est conditionné
par la nature, il réside EN elle, il lui appartient À
elle ; il ne peut donc se tenir en face d'elle comme
face à un être qui lui serait entièrement étranger,
afin de s'assimiler toute son essence, de manière
absolument objective et intégrale. Il peut, si la chance
lui sourit, tout comprendre DANS la nature, mais non
la nature elle-même, à tout le moins pas de manière
immédiate.

Si humiliante que soit, pour la métaphysique, cette
limitation essentielle de l'intellect qui découle de sa
constitution <*Beschaffenheit*> et de son origine, elle
n'en possède pas moins un autre côté, qui pourrait
lui être d'une grande consolation. Cette limitation,
en effet, refuse aux affirmations immédiates de la
nature leur validité inconditionnelle que cependant
le NATURALISME soutient, et pour cause, puisque
que c'est ce qui le définit. Or, si, par suite, la nature
aussi nous présente tout être vivant comme sorti du
néant et comme destiné, après une éphémère existence, à y retourner pour toujours ; si elle semble se
plaire à créer sans cesse pour pouvoir ensuite sans
cesse détruire, et ne donner le jour à rien de constant ;
si, par suite, nous ne pouvons reconnaître comme
seul être persistant que la MATIÈRE qui, sans jamais
avoir été créée et sans jamais être périssable, engendre toute chose en son sein, d'où, semble-t-il, son
nom de *mater rerum* [mère de toute chose] ; si, à côté

d'elle, comme père des choses, la FORME, aussi fugitive qu'elle est constante, change à tout instant et ne peut se maintenir que tant qu'elle s'accroche à la matière comme un parasite (tantôt à l'une de ses parties tantôt à une autre), et dès qu'elle perd cette attache, elle disparaît, ainsi que le prouvent les paléothériums et ichtyosaures — alors nous devons certes reconnaître tout cela comme l'affirmation immédiate et non faussée de la nature ; cependant, en raison de l'origine, discutée plus haut, et de la CONSTITUTION DE L'INTELLECT qui en découle, nous ne pouvons reconnaître dans cette affirmation une VÉRITÉ INCONDITIONNELLE ; tout au plus pouvons-nous lui accorder une valeur toute CONDITIONNELLE, comme Kant l'a lui-même remarquablement fait en la nommant PHÉNOMÈNE en opposition à la CHOSE EN SOI.

En dépit de cette limitation essentielle de l'intellect, il est cependant possible d'atteindre à une certaine compréhension du monde et de l'essence des choses, en empruntant un détour, c'est-à-dire en recourant à une réflexion <*Reflexion*> poussée très loin et grâce à une liaison <*Verknüpfung*> artificielle de la connaissance dirigée vers l'extérieur avec les données de la conscience de soi. Mais il n'en reste pas moins que cette compréhension ne sera que très limitée, entièrement médiate et relative, elle sera une traduction en parabole, dans les formes de la connaissance, c'est-à-dire un *quadam prodire tenus* [il est possible d'avancer jusqu'à un certain point[150]] qui laissera nécessairement toujours un grand nombre de problèmes irrésolus. — En revanche, l'erreur fondamentale commise par l'ancien DOGMATISME détruit par Kant, quelles que soient les formes qu'il ait pu prendre, a toujours consisté à choisir pour point de départ la CONNAISSANCE, c'est-à-dire le MONDE

COMME REPRÉSENTATION pour, à partir de ses lois, déduire et construire l'étant <*das Seiende*> en général ; par suite, il a tenu ce monde de la représentation, avec ses lois, pour un être simplement présent et absolument réel alors que toute l'existence de ce monde est fondamentalement relative, alors qu'elle n'est qu'un simple produit ou encore un phénomène de l'essence en soi qui est à son fondement — ou, pour le dire autrement, le dogmatisme a construit une ontologie là où il n'avait matière que pour une dianoilogie. C'est en constatant que la CONNAISSANCE obéissait à des lois que Kant a découvert son caractère subjectivement conditionné et, pour cette raison, simplement immanent, c'est-à-dire inapte à tout usage transcendant ; c'est pourquoi il a nommé très justement sa doctrine la CRITIQUE DE LA RAISON PURE. Il développa cette théorie, d'un côté, en démontrant qu'en toute connaissance il y a une part considérable et entière d'*a priori* qui, en tant qu'elle est totalement subjective, détruit toute objectivité, et de l'autre en prétendant montrer que les principes de la connaissance, comprise comme purement objective, pour peu qu'on les poursuive jusqu'au bout, conduisent à des contradictions[151]. Seulement il a trop tôt admis qu'en dehors de la connaissance OBJECTIVE, c'est-à-dire en dehors du MONDE COMME REPRÉSENTATION, rien ne nous était donné, hormis peut-être encore la conscience morale <*Gewissen*> à partir de laquelle il construisit ce qui pouvait encore rester de métaphysique, c'est-à-dire une théologie morale à laquelle cependant il n'a accordé qu'une valeur simplement pratique et nullement théorique. — Mais il a omis de voir que, même si, en effet, la connaissance objective ou le monde comme représentation ne nous livre rien hormis des phénomènes accompagnés de leur connexion phénoménale et de leur *regressus* [régression[152]], notre propre essence appartient cependant nécessairement au monde des choses en soi, en ce qu'elle doit s'y enraciner ; mais, à défaut de pouvoir tirer ces racines au grand jour, il nous faut au moins saisir encore quelques données supplémentaires pour éclairer la connexion qu'il y a entre le monde des phénomènes et l'essence en soi des choses. Ici se trouve le chemin que j'ai suivi pour aller au-delà de Kant et au-delà de la limite qu'il avait tracée, sans jamais quitter cependant le sol de la réflexion et, par suite, de la probité, et par conséquent sans jamais faire le fanfaron et feindre une intuition intellectuelle ou une pensée absolue qui caractérise la période de pseudo-philosophie entre Kant et moi-même[153]. Dans sa démonstration de l'insuffisance de la connaissance rationnelle pour fonder l'essence du monde, Kant est parti de la connaissance comme d'un FAIT que nous livrerait notre conscience ; en ce sens, il a donc procédé *a posteriori*. Quant à moi, dans ce chapitre tout comme dans mon écrit *De la volonté dans la nature*, j'ai cherché à démontrer ce qu'était la connaissance selon son ESSENCE ET SON ORIGINE. J'ai donc tenté de démontrer qu'elle eſt un élément secondaire destiné à des fins individuelles et que de là s'ensuit qu'elle DOIT NÉCESSAIREMENT ÊTRE insuffisante pour fonder l'essence du monde ; j'ai donc ainsi abouti au même but mais *a priori*. On ne connaît rien entièrement et absolument avant d'en avoir fait le tour et d'être retombé par l'autre côté au point de départ. Aussi, dans cette connaissance fondamentale que nous considérons ici, il faut non pas seulement, comme Kant l'a fait, partir de l'intellect pour aboutir à la connaissance mais également, comme je l'ai entrepris ici, partir du monde pris tel qu'il existe pour aller vers l'intellect. Et alors, cette manière de voir qui est, en son sens large, physiologique devient un complément de cette autre manière de voir idéologique, comme diraient les Français[154], ou, plus exactement, transcendantale.

Plus haut, pour ne pas rompre le fil de ma présentation, j'avais différé l'explicitation d'un point que j'avais abordé, et c'était celui-ci : dans l'exacte mesure où, remontant l'échelle ascendante des espèces animales, l'intellect se développe et se perfectionne, le connaître se SÉPARE plus nettement DU VOULOIR et en devient ainsi plus pur. On trouvera l'essentiel sur ce sujet dans mon écrit *De la volonté dans la nature*, sous la rubrique « Physiologie des plantes » (p. 68-72 de la seconde édition[155]), à laquelle je renvoie le lecteur afin de ne pas me répéter, de sorte que je me contenterai d'y ajouter ici seulement quelques remarques. Comme la plante ne possède ni irritabilité ni sensibilité, et qu'en elle la volonté ne s'objective que comme plasticité ou comme force de reproduction, elle ne possède ni muscle ni nerf. Au stade le plus inférieur du règne animal, chez les zoophytes, notamment chez les polypes, nous ne pouvons pas encore constater nettement la séparation de ces deux éléments ; pourtant, nous pouvons en présupposer la présence, bien que ce ne soit qu'à l'état de fusion, parce que nous percevons en eux des mouvements qui procèdent, non pas comme ceux des plantes, en réponse à une excitation, mais en réponse à des motifs, c'est-à-dire à une certaine perception. C'est pourquoi précisément nous nommons ces êtres des animaux. Or, remontant l'échelle ascendante des espèces animales, les systèmes nerveux et musculaire se séparent plus nettement, jusqu'à ce que le premier, chez les vertébrés et plus complètement encore chez les hommes, se dédouble en un système organique et un système nerveux

cérébral et que celui-ci, à son tour, s'accroisse
jusqu'à former cet appareil fait d'un assemblage
extrêmement complexe et composé du cerveau et du
cervelet prolongé par la moelle épinière, des nerfs
cérébraux et spinaux, des faisceaux de nerfs sensitifs
et moteurs ; parmi ces organes, seul le cerveau avec
les nerfs sensitifs qui en dépendent et les faisceaux
de nerfs spinaux postérieurs sont destinés à ENRE-
GISTRER les motifs venus du monde extérieur, tandis
que toutes les autres parties ne sont destinées qu'à la
TRANSMISSION de ces mêmes motifs aux muscles
dans lesquels la volonté se manifeste immédiatement[156] ; dans la même mesure, le motif SE SÉPARE
plus nettement, dans la CONSCIENCE, de l'ACTE DE
LA VOLONTÉ qu'il suscite, et ainsi la REPRÉSEN-
TATION de la VOLONTÉ : de sorte que l'OBJECTIVITÉ
de la conscience ne cesse de s'accroître à mesure
que les représentations s'y présentent de manière
plus distincte et plus pure. Mais ces deux SÉPARA-
TIONS n'en sont à proprement parler qu'une seule et
même que nous avons ici considérée de deux points
de vue différents, à savoir du point de vue objectif et
du point de vue subjectif, ou encore d'abord dans la
conscience des autres choses et ensuite dans la conscience de soi. C'est sur le degré de cette séparation
que reposent, en dernière instance, la distinction et
la gradation des facultés intellectuelles aussi bien
entre les espèces animales qu'entre les individus
humains : il donne la mesure de la perfection intellectuelle. Car la clarté de la conscience du monde
extérieur, l'objectivité de l'intuition dépendent de
lui. Dans le passage cité plus haut que je viens de
rappeler, j'ai montré que l'animal ne perçoit les
choses que pour autant qu'elles sont des MOTIFS
pour sa volonté et que même les plus intelligents des
animaux ne dépassent guère cette limite, parce que

leur intellect adhère encore trop fermement à leur volonté, dont il a jailli. En revanche, même le plus abruti des hommes appréhende les choses en quelque sorte OBJECTIVEMENT, puisqu'il ne fait pas que connaître ce qu'elles sont relativement à lui-même mais appréhende aussi un peu ce qu'elles sont relativement à elles-mêmes et aux autres choses. Toutefois, ils sont fort peu nombreux ceux chez qui cette séparation atteint ce degré auquel ils deviendraient en mesure d'examiner et de juger objectivement n'importe quelle chose ; car le «voilà ce que je dois faire, voilà ce que je dois dire, voilà ce que je dois croire» est le but vers lequel, en toute occasion, leur pensée court en ligne droite et où leur entendement trouve aussitôt un repos bienheureux. Car penser est aussi insupportable à l'esprit faible que soulever un poids l'est au bras faible ; aussi tous deux s'empressent-ils d'y renoncer. L'objectivité de la pensée et d'abord celle de la pensée intuitive possède d'innombrables degrés qui reposent autant sur l'énergie de l'intellect que sur la séparation d'avec la volonté ; le plus élevé est le propre du GÉNIE puisque, en ce dernier, l'appréhension est si pure et si objective que, en toute chose particulière, se révèle immédiatement à lui, en plus de la chose même, l'essence de toute son ESPÈCE, c'est-à-dire l'IDÉE platonicienne de celle-ci, ce qui est conditionné par le fait que dans ce cas la volonté disparaît entièrement de la conscience. On atteint ici au point où notre mode actuel de considérer l'intellect, mode qui part de fondements physiologiques, se rattache au livre III, c'est-à-dire à la métaphysique du beau, où nous montrons que l'appréhension esthétique véritable, laquelle, à son degré le plus élevé, est le propre du seul génie, est l'état de la connaissance pure, c'est-à-dire entièrement exempte de volonté et par là absolument objective. D'après ce qui vient d'être dit, l'accroissement de l'intelligence, passant de la conscience animale la plus confuse à celle des hommes, est un DÉTACHEMENT progressif DE L'INTELLECT VIS-À-VIS DE LA VOLONTÉ, qui n'apparaît pleinement, encore qu'exceptionnellement, que dans le génie ; on peut donc le définir comme le degré suprême de l'OBJECTIVITÉ de la connaissance. La condition du génie, si rare, est une quantité d'intelligence résolument plus importante que ne l'exige le service de la volonté qui en est à son fondement. Aussi cet excédent, devenant libre, est-il le seul à proprement percevoir le monde, c'est-à-dire à l'appréhender tout à fait OBJECTIVEMENT, pour ensuite créer, composer, penser.

CHAPITRE 23*

SUR L'OBJECTIVATION DE LA VOLONTÉ DANS LA NATURE SANS CONNAISSANCE

Accomplir le premier pas dans la connaissance fondamentale de ma métaphysique consiste à comprendre ceci : la VOLONTÉ, que nous trouvons en notre intériorité, n'émane pas d'abord de la connaissance, comme l'a admis la philosophie qui ne l'a considérée jusqu'ici, à vrai dire, que comme une simple forme modifiée de cette connaissance, c'est-à-dire comme un élément secondaire, dérivé, à l'instar de la connaissance elle-même conditionnée par le cerveau, mais la volonté est au contraire le

* Ce chapitre se rapport au § 23 du tome I.

prius [antécédent] de la connaissance, le noyau de notre être et cette force originelle elle-même qui crée et conserve le corps animal en opérant ses fonctions tant inconscientes que conscientes. C[Que la volonté en elle-même soit sans connaissance, ce fait paraît aujourd'hui encore paradoxal aux yeux de nombreuses personnes ; pourtant, les scolastiques l'ont eux-mêmes cependant déjà reconnu et compris, puisque Jul. Cés. Vanini, homme parfaitement familiarisé avec leur philosophie (et célèbre victime du fanatisme et de la fureur de la prêtraille) dit, dans son *Amphitheatrum*, p. 181 : *Voluntas potentia coeca est, ex scholasticorum opinione* [La volonté est un pouvoir aveugle, selon l'opinion des scolastiques[157]]]C. — Et qu'en outre ce soit cette même volonté qui dépose le germe dans la plante afin qu'en sortent la fleur et la feuille ; que la forme régulière du cristal ne soit que la trace laissée par l'une de ses aspirations momentanées ; que, seul et vrai αὐτόματον [principe automatique] au sens propre du terme, elle se trouve au fondement de toutes les forces de la nature inorganique ; que ce soit elle qui joue, qui agisse dans tous ses multiples phénomènes, qui prête aux lois leur pouvoir et se donne elle-même à connaître jusque dans la plus grossière des matières en tant que pesanteur — comprendre tout cela, c'est accomplir le deuxième pas dans cette même connaissance fondamentale, un pas qui exige déjà une réflexion plus approfondie. Mais le plus grossier d'entre tous les malentendus consisterait à penser qu'il ne s'agit là que d'un MOT qui servirait à désigner ainsi une grandeur inconnue, alors que c'est, à la vérité, la plus réelle de toutes les connaissances réelles qui est portée ici à l'expression. Car c'est ce qui est totalement inaccessible à notre connaissance immédiate, qui nous est donc essentiellement inconnu

et étranger, et qui est désigné par le mot FORCE DE
LA NATURE, qu'il s'agit de réduire à ce que nous
connaissons le plus précisément et le plus intimement, et qui n'est accessible immédiatement que
dans notre essence propre, raison pour laquelle nous
devons le transposer de celle-ci aux autres phénomènes. C'est le savoir que l'élément intime et originel
dans tous les corps, en dépit de la si grande variété
de leurs changements et de leurs mouvements, est
partout le même selon l'essence ; que nous n'avons
qu'UNE SEULE occasion de le connaître de manière
immédiate et plus précise, c'est-à-dire dans les mouvements de notre propre corps ; et que c'est à la suite
de cette connaissance que nous devons lui donner le
nom de VOLONTÉ. C'est le savoir que ce qui, dans la
nature, agit et se meut pour se présenter dans des
phénomènes de plus en plus parfaits, après s'être
hissé assez haut pour que la lumière de la connaissance l'éclaire directement, c'est-à-dire après avoir
accédé à l'état de conscience de soi — existe alors en
tant que VOLONTÉ qui est ce que nous connaissons
le plus précisément et qui, par suite, ne peut être
expliquée par aucune autre, puisqu'elle en serait
bien plutôt elle-même l'explication. Elle est, par
conséquent, la CHOSE EN SOI, si tant est que celle-ci
ne puisse être jamais atteinte par la connaissance.
Aussi est-elle ce qui doit s'exprimer en toute chose
de ce monde de quelque manière que ce soit : car
elle est l'essence du monde, le noyau de tous les
phénomènes.

Comme mon traité *De la volonté dans la nature* est
vraiment tout entier consacré au sujet de ce chapitre
et qu'il fournit également tous les témoignages apportés par des empiristes impartiaux sur ce point
capital de ma doctrine, je n'ai ici qu'à ajouter encore
quelques compléments à ce qui a été dit dans cet

ouvrage, lesquels, par conséquent, se succéderont de manière quelque peu fragmentaire.

En tout premier lieu, donc, eu égard à la vie des plantes, j'attirerai l'attention sur les deux premiers chapitres, remarquables, du traité d'Aristote sur les plantes[158]. Le plus intéressant dans ce texte, comme c'est si souvent le cas chez Aristote, réside dans les opinions qu'il rapporte des philosophes plus anciens et plus profonds que lui. Là, on voit qu'Anaxagore et Empédocle ont très justement enseigné que les plantes tiendraient le mouvement de leur croissance du DÉSIR <*Begierde*> (ἐπιθυμία) qui les habite et, à vrai dire, ils allaient même jusqu'à leur prêter aussi la joie, la douleur, autrement dit la sensation. Platon, en revanche, ne leur reconnaissait que le DÉSIR seul et cela, en raison de leur puissant instinct de nutrition (cf. Platon dans le *Timée*, p. 403, *Bip.*[159]). À l'inverse, Aristote, fidèle à sa méthode habituelle, glisse à la surface des choses, et s'en tient à quelques indices isolés et à quelques concepts fixés dans des expressions courantes, soutenant que, sans sensation, il ne saurait y avoir de désir mais que, de celui-ci, les plantes seraient privées. Il se retrouve cependant, comme en atteste son propos confus, dans un embarras significatif jusqu'à ce qu'ici encore «où les idées manquent, un mot peut être substitué à propos[160]»: ce mot c'est τὸ θρεπτικόν, la faculté de la nutrition; c'est là ce que posséderaient les plantes, c'est-à-dire une partie de ladite âme, si l'on suit sa division favorite en *anima vegetativa, anima sensitiva et intellectiva* [âme végétative, sensitive, intellective[161]]. Mais ce n'est là qu'une quiddité scolastique, qui signifie que *plantae nutriuntur, quia habent facultatem nutritivam* [les plantes se nourrissent parce qu'elles possèdent une faculté de nutrition], et qui n'est qu'un mauvais succédané de la recherche bien plus approfondie de ses prédécesseurs qu'il critique[162]. Nous voyons aussi dans son deuxième chapitre[163] qu'Empédocle avait même reconnu qu'il y avait une sexualité chez les plantes, ce qu'Aristote critique également, cachant son manque de connaissance sur ce sujet derrière des principes généraux comme, par exemple, que les plantes ne peuvent réunir en elles les deux sexes, car elles seraient alors plus parfaites que les animaux. — C'est par un procédé semblable qu'il a repoussé le système astronomique de l'univers des pythagoriciens et c'est grâce à ses principes fondamentaux absurdes, exposés en particulier dans son ouvrage *De caelo*[164], qu'il a fait valoir le système de Ptolémée, privant ainsi l'humanité pendant 2000 ans d'une vérité d'une importance fondamentale qui cependant avait déjà été découverte.

Mais je ne puis m'empêcher de citer ici le propos d'un éminent biologiste de notre époque qui concorde exactement avec ma théorie. Il s'agit de G. R. Treviranus qui, dans son ouvrage *Über die Erscheinungen und Gesetze des organischen Lebens*, 1832, vol. 2, section I, p. 49, dit la chose suivante: «On peut concevoir une forme de vie où l'action de l'extérieur sur l'intérieur ne suscite que les seuls sentiments de plaisir et de déplaisir et, à leur suite, des DÉSIRS. Telle est la VIE DES PLANTES. Dans les formes supérieures de la vie ANIMALE, l'extérieur est ressenti comme quelque chose d'objectif[165].» Treviranus parle ici à partir d'une appréhension de la nature pure et impartiale; il est aussi peu conscient de l'importance métaphysique de la teneur de son propos que de la *contradictio in adjecto* [contradiction dans les termes] qu'il y a dans le concept d'une chose «ressentie comme quelque chose d'objectif» et qu'il développe même longuement par la suite. Il ne sait pas que toute sensation est, par essence, subjective et que tout ce qui est objectif relève de l'intuition et est, par suite, un produit de l'entendement. Mais cela ne nuit en rien à la vérité ni à l'importance de son propos.

En effet, la vérité selon laquelle une volonté peut aussi exister sans connaissance est évidente chez les plantes et, serait-on tenté de dire, même palpable. Car nous voyons ici une aspiration résolue, déterminée par les besoins, être modifiée de diverses manières et s'adapter aux différentes circonstances, alors que cette aspiration cependant est, selon toute apparence, sans connaissance. — Et c'est justement parce qu'elle est dépourvue de connaissance qu'elle étale ses organes génitaux dans une totale innocence : elle ne sait rien d'eux. En revanche, dès que la connaissance apparaît dans l'échelle des êtres, les organes génitaux sont déplacés en un endroit caché. L'homme, chez qui c'est un peu moins le cas, les voile volontairement : il en a honte.

C[La force vitale, tout d'abord, est donc identique à la volonté. Seulement, il en est de même de toutes les autres forces de la nature, bien que cela soit moins frappant.]C Si nous voyons donc que, de tout temps, on a reconnu qu'à la base de la VIE DES PLANTES il y avait un désir, c'est-à-dire une volonté, et que ce concept s'est exprimé de manière plus ou moins nette, en revanche, on voit que l'on ramène d'autant plus rarement les forces de la nature INORGANIQUE à ce même fondement, c'est-à-dire au désir, que notre propre essence s'éloigne plus de celle-ci. — En effet, la limite entre l'organique et l'inorganique est celle qui a été le plus nettement tracée dans toute la nature et sans doute est-elle la seule qui ne souffre aucun passage. De sorte que l'adage selon lequel *natura non facit saltus* [la nature ne fait pas de saut[166]] semble ici souffrir une exception. S'il arrive que bien des cristallisations affichent une forme extérieure semblable à une forme végétale, il n'en demeure pas moins qu'entre le moindre lichen, qu'entre le plus infime des champignons et tout le règne inorganique, il y a une différence essentielle et fondamentale. Dans le corps INORGANIQUE, l'élément essentiel et permanent, autrement dit ce sur quoi reposent son identité et son intégrité, c'est la MATIÈRE. L'élément inessentiel et muable, en revanche, c'est la FORME. Dans le corps ORGANIQUE, il en va précisément à l'inverse, car sa vie, c'est-à-dire son existence en tant qu'être organique, consiste justement dans un continuel changement de la MATIÈRE sous la persistance de la FORME. Son essence et son identité donc résident seulement dans la FORME. Aussi le corps INORGANIQUE trouve-t-il son principe de maintien dans le REPOS et dans l'exclusion de toute influence extérieure ; c'est seulement ainsi qu'il préserve son existence et, lorsqu'un tel état est pleinement atteint, un tel corps est d'une durée infinie. Le corps ORGANIQUE, en revanche, trouve son principe de maintien dans le MOUVEMENT incessant et la réception continuelle d'influences extérieures : dès que celles-ci viennent à disparaître, dès que le mouvement vient à s'interrompre, le corps organique meurt et cesse aussitôt d'être organique, même si la trace de l'organisme qu'il a été persiste encore quelque temps. — C'est pourquoi il est tout à fait inadmissible de parler, comme on le fait volontiers de nos jours, de la vie de l'inorganique, voire du corps terrestre, en affirmant de celui-ci tout comme du système planétaire qu'ils sont des organismes[167]. L'organique seul peut donner lieu au prédicat de vie. Or tout organisme est de part en part organique, il l'est dans toutes ses parties, et jamais aucune d'elles, même dans la plus infime de ses particules, ne pourrait être un composé ou un agrégat d'éléments inorganiques. Si donc la terre était un organisme, toutes les montagnes et falaises et tout l'intérieur de sa masse seraient nécessairement organiques et, par suite, il n'existerait rien qui soit inorganique, de sorte que le concept lui-même serait superflu.

En revanche, que le phénomène d'une VOLONTÉ est aussi peu lié à la vie et à l'organisation qu'à la connaissance et que, par suite, l'inorganique possède lui aussi une volonté dont les manifestations constituent l'ensemble de ses propriétés fondamentales et impossibles à expliquer plus avant, c'est là un point essentiel de ma doctrine ; cependant, les traces d'une telle pensée se retrouvent bien plus rarement dans les écrits de mes prédécesseurs que celles d'une pensée de la volonté dans les plantes, quoiqu'elle y soit aussi, il est vrai, déjà dépourvue de connaissance.

Dans la formation du cristal, on voit encore en quelque sorte un point de départ, comme une tentative de vie qui cependant n'aboutit pas, parce que le liquide dont il est constitué au moment de ce mouvement, et qui le rend semblable à un être vivant, n'est pas contenu dans une PEAU comme c'est toujours le cas chez un être vivant et qu'il n'a, par suite, ni les VAISSEAUX, dans lesquels le mouvement pourrait se continuer, ni quoi que ce soit qui le séparerait du monde extérieur. Aussi la rigidité le saisit-il au moment même de ce mouvement qui ne dure qu'un instant et dont il ne reste de trace que sous la forme d'un cristal. —

Comme l'indique déjà le titre, *Les affinités électives* de Goethe[168] reposent, encore qu'à l'insu de leur auteur, sur cette pensée que la volonté, qui constitue la base de notre essence propre, est la même que celle qui se manifeste déjà dans les moindres phénomènes inorganiques; c'est pourquoi la régularité <*Gesetzmässigkeit*> des deux phénomènes présente une parfaite analogie.

La MÉCANIQUE et l'ASTRONOMIE nous montrent d'ailleurs comment cette volonté se comporte quand elle apparaît aux degrés les plus inférieurs de son phénomène, sous la simple forme de la pesanteur, de la rigidité, de l'inertie. L'HYDRAULIQUE nous montre la même chose, là où la rigidité disparaît et où la matière liquide est abandonnée sans bride à sa passion dominante, la pesanteur. L'hydraulique peut en ce sens être appréhendée comme une description du caractère de l'eau, puisqu'elle nous indique quelles sont les manifestations de la volonté auxquelles elle est amenée par la pesanteur; et puisqu'en tout être non individuel il n'existe aucun caractère particulier à côté du caractère générique, celles-ci sont toujours exactement à la mesure des influences extérieures: on peut donc les déduire de l'expérience faite sur l'eau, les réduire à des traits fixes fondamentaux appelés lois et qui indiquent exactement comment l'eau se comportera dans toutes les diverses circonstances en vertu de sa pesanteur, de l'absolue mobilité de ses parties et de son manque d'élasticité. La manière dont elle est amenée à l'état de repos, c'est ce qu'enseigne l'hydrostatique; la manière dont elle est mue, c'est ce qu'enseigne l'hydrodynamique qui, cependant, doit aussi prendre en considération certains obstacles que l'adhérence oppose à la volonté de l'eau: à toutes deux réunies, elles constituent l'HYDRAULIQUE. — De la même manière, la CHIMIE nous enseigne comment se comporte la volonté lorsque les qualités intrinsèques à la matière, par la réduction à l'état de liquide, acquièrent toute liberté; commence alors ce jeu étonnant qui consiste à se chercher et à se fuir, à se séparer et à se réunir, à laisser passer l'un pour saisir l'autre, ce qu'atteste chaque précipité qui en résulte, bref, tout ce qu'on désigne sous le nom d'affinités ÉLECTIVES <*Wahlverwandschaft*> (expression entièrement empruntée au registre de la volonté consciente). — Mais l'ANATOMIE et la PHYSIOLOGIE nous donnent à voir comment se comporte la volonté pour engendrer le phénomène de la vie et l'entretenir un certain temps. — Le POÈTE, enfin, nous montre comment se comporte la volonté sous l'influence des motifs et de la réflexion. Il la montre, par conséquent, le plus souvent sous la forme la plus accomplie de ses phénomènes, c'est-à-dire chez les êtres raisonnables, dont le caractère est individuel et dont il nous présente les actions et les souffrances mutuelles sous la forme du drame, de l'épopée, du roman, etc. Plus la présentation de ses caractères sera rigoureuse, plus elle se conformera strictement à la nature, plus grande sera sa gloire ; c'est pourquoi Shakespeare se situe tout en haut. Le point de vue ici adopté correspond, au fond, à l'esprit dans lequel Goethe a pratiqué et aimé les sciences de la nature, bien qu'il n'en eût pas conscience *in abstracto*. Plus encore que par ce qui ressort de ses écrits, c'est par ses propres dires que j'en ai pris conscience.

Si nous considérons la volonté là où personne ne la conteste, c'est-à-dire chez les êtres connaissants, alors nous trouvons que son aspiration fondamentale <*Grundbestrebung*> est la CONSERVATION DE SOI <*Selbsterhaltung*> : *omnis natura vult esse conservatrix sui* [tout être naturel est conservateur de lui-même[169]]. Mais toutes les manifestations de cette aspiration fondamentale peuvent être ramenées à une recherche <*Suchen*>, à une poursuite <*Verfolgen*> ou à un évitement <*Meiden*> et à une fuite <*Fliehen*>, selon les causes qui les occasionnent. Or c'est là précisément ce que l'on peut également montrer, même au degré le plus inférieur de la nature et donc de l'objectivation de la volonté : c'est-à-dire LÀ où les corps n'agissent plus qu'en tant que corps de manière générale, là où ils sont réduits à des objets de la MÉCANIQUE et ne doivent plus être considérés que d'après les manifestations de l'impénétrabilité, de la cohésion, de la rigidité, de l'élasticité et de la pesanteur. À ce degré-là, la tendance à RECHERCHER se manifeste encore comme gravitation, mais la tendance à FUIR comme réception du mouvement, et la MOBILITÉ <*Beweglichkeit*> des corps sous l'effet de la pression ou du choc, laquelle constitue la base de la mécanique, est au fond une manifestation de leur tendance, qui leur est inhérente, à la CONSERVATION DE SOI. En effet, parce qu'ils sont impénétrables en tant que corps, cette mobilité est leur seul moyen d'assurer leur cohésion et leur maintien. Le corps subissant un choc ou une pression serait broyé par le corps qui le choque et le comprime si, pour assurer sa cohésion, il ne pouvait échapper à la violence de l'autre par la fuite ; d'ailleurs, quand cette fuite lui est interdite, c'est ce qui arrive réellement. On peut considérer que les corps ÉLASTIQUES sont encore les plus COURAGEUX parce qu'ils cherchent à refouler l'ennemi ou du moins à l'empêcher de continuer sa poursuite. Ainsi voyons-nous dans le seul mystère que la mécanique, par ailleurs si claire, laisse (avec la pesanteur), à savoir la transmissibilité du mouvement, une manifestation de la tendance fondamentale de la volonté dans tous ses phénomènes, c'est-à-dire l'instinct de conservation de soi qui, en tant qu'il est l'élément essentiel, se donne à connaître même au degré le plus bas de l'échelle.

Dans la nature inorganique, la volonté s'objective d'abord dans les forces universelles et ce n'est qu'en-

suite, au moyen de ces dernières, qu'il s'objective
dans les phénomènes, provoqués par les causes, des
choses particulières. J'ai suffisamment analysé la
relation entre cause, force naturelle et chose en soi
dans le § 26 du tome I. On voit d'après cela que la
métaphysique n'interrompt jamais la marche de la
physique, mais qu'elle ne fait qu'en reprendre le fil
là où elle l'abandonne, c'est-à-dire aux forces originelles, face auxquelles toute explication causale
trouve sa limite. Car c'est ici que commence l'explication métaphysique qui part de la volonté en tant
que chose en soi. Dans tout phénomène physique,
dans tout CHANGEMENT <*Veränderung*> affectant
les choses matérielles, il convient tout d'abord de
démontrer la CAUSE, laquelle est précisément un
CHANGEMENT particulier de même nature, intervenu
peu avant ; ensuite la FORCE DE LA NATURE originelle en vertu de laquelle cette cause a été capable
d'agir ; et c'est comme élément premier, comme
essence en soi de cette force, qu'on y reconnaîtra
alors la VOLONTÉ, par opposition à son phénomène.
Toutefois, cette volonté se révèle immédiatement
dans la chute d'une pierre, tout comme dans l'action
d'un homme ; la distinction tient seulement à ce que
sa manifestation particulière est provoquée ici par
un motif, là par une cause agissant mécaniquement,
comme par exemple la suppression de son support ;
mais, dans les deux cas, elle comporte la même nécessité, qu'elle repose là sur un caractère individuel, ou
ici sur une force naturelle universelle. Cette identité
essentielle et fondamentale devient même sensible
lorsque nous observons par exemple très attenti-
vement un corps dont on a rompu l'équilibre et qui,
en vertu de sa forme particulière, se déplace et roule
jusqu'à ce qu'il retrouve son centre de gravité : un
certain semblant de vie s'impose alors à nous, et

nous sentons immédiatement qu'ici est à l'œuvre quelque chose d'analogue au fondement de la vie. Et cette chose, c'est à vrai dire la force naturelle universelle qui, en soi identique à la VOLONTÉ, devient ici, pour un court instant, l'âme d'une quasi-vie. Ainsi, l'élément identique aux deux extrêmes du phénomène de la volonté se manifeste ici en affleurant dans l'intuition immédiate, puisque celle-ci suscite en nous le sentiment que quelque chose d'absolument originel, tel que nous le connaissons seulement à partir des actes de notre propre volonté, accède ici immédiatement au statut de phénomène.

C[Mais l'on peut aussi accéder à une connaissance intuitive de l'existence et de l'action de la volonté dans la nature inorganique par une autre voie, plus imposante celle-là, si l'on se plonge dans l'étude du problème des trois corps et si donc on apprend à connaître plus précisément et plus spécifiquement l'orbite de la lune autour de la terre. Les différentes combinaisons qui résultent du changement incessant de place de ces trois corps célestes les uns vis-à-vis des autres, tantôt accélèrent tantôt ralentissent l'orbite de la lune, et celle-ci tantôt se rapproche, tantôt s'éloigne de la terre; or il en va encore autrement selon que la terre est à sa périhélie ou à son aphélie, et tous ces éléments réunis amènent à une telle irrégularité dans son orbite que celle-ci prend une allure réellement capricieuse et qu'elle invalide jusqu'à l'invariabilité de la loi de Kepler, puisqu'elle décrit des surfaces inégales en des temps égaux[170]. L'observation de cette orbite est un petit chapitre à part entière de la mécanique céleste qui se distingue de manière sublime de la mécanique terrestre par l'absence de tout choc et de toute pression, c'est-à-dire de cette *vis a tergo* [force par-derrière] qui nous semble si compréhensible, et même par l'absence de toute chute réelle en ce qu'elle ne connaît, à côté de la *vis inertiae* [force d'inertie], aucune autre force motrice et directrice, sauf la seule gravitation, cette nostalgie <*Sehnsucht*> de l'union qui naît au-dedans des corps. Si, à partir de ce cas donné, on se représente son action jusque dans ses moindres détails, alors on reconnaît nettement et immédiatement dans cette force motrice ce qui nous est donné à connaître justement dans la conscience de soi comme étant la volonté. Car les changements dans l'orbite de la terre et de la lune, selon que l'une des deux est, par sa position, plus ou moins exposée à l'influence du soleil, présentent une analogie évidente avec l'influence de nouveaux motifs sur notre volonté et avec les modifications de notre action qui s'ensuivent.

Il est un exemple d'un autre genre, mais tout aussi éclairant, et c'est le suivant. Liebig (*Chemie in Anwendung auf Agrikultur*, p. 501) dit : « Si nous mettons du cuivre humide au contact d'un air chargé d'acide carbonique, alors le contact avec cet acide entraînera une augmentation du degré de l'affinité du métal avec l'oxygène de l'air telle que tous deux se combineront et que la surface du cuivre se couvrira d'une couche d'oxyde de cuivre vert mélangé à de l'acide carbonique. — Or, si nous prenons deux corps susceptibles de se combiner, au moment où ils entrent en contact, ils reçoivent des charges électriques opposées. Aussi, si nous mettons en contact du cuivre et du fer, la provocation d'une charge électrique spécifique anéantit la capacité du cuivre de se combiner avec l'oxygène, de sorte que, même dans les conditions évoquées plus haut, il garde tout son éclat[171]. » Le fait est connu et d'une utilité technique. Je ne l'introduis que pour dire qu'ici la volonté du cuivre, sollicitée et accaparée par sa répulsion électrique à l'égard du fer, laisse passer cette occasion qui se présentait de manifester son affinité chimique pour l'oxygène. Elle se comporte exactement comme la volonté dans l'homme, laquelle abandonne une action à laquelle elle se serait sentie portée en temps ordinaire, pour en accomplir une autre à laquelle l'appelle un autre motif plus puissant.]C

J'ai montré dans le tome I que les forces naturelles se situent en dehors de la chaîne des causes et des effets, puisqu'elles en constituent la condition générale, le fondement métaphysique, et qu'elles s'avèrent être par suite éternelles et omniprésentes, c'est-à-dire indépendantes du temps et de l'espace. Prenons en effet la vérité incontestée selon laquelle la dimension essentielle d'une CAUSE en tant que telle résiderait dans le fait qu'elle produit le même effet en ce moment présent qu'en n'importe quel autre moment de l'avenir ; cette vérité implique déjà qu'il y a dans la cause quelque chose qui est indépendant du cours du temps, c'est-à-dire en dehors de tout temps, et cette chose est précisément la force de la nature qui se manifeste en elle. En considérant l'impuissance du temps vis-à-vis des forces de la nature, on peut même se convaincre, en quelque sorte par une approche empirique et factuelle, de la pure IDÉALITÉ de cette forme de notre intuition. Lorsque, par exemple, une planète est amenée par une cause quelconque à entrer dans un mouvement de rotation, alors cette cause, si aucune autre nouvelle ne vient l'annuler, peut durer infiniment. Il ne pourrait en être ainsi si le temps était quelque chose en soi et possédait une existence réelle et objective, car alors il devrait lui aussi exercer une action, quelle qu'elle soit. Dans cette rotation, qui, une fois commencée, jamais ne s'arrête, sans se fatiguer ni s'éteindre, nous voyons donc, d'un côté, que les forces naturelles qui s'y expriment s'avèrent éternelles ou atemporelles et que, par suite, elles existent en soi et de manière absolument réelle ; nous voyons, d'un autre côté, que le TEMPS existe comme quelque chose qui ne se définit que par les modalités selon lesquelles NOUS appréhendons ce phénomène, puisque cette chose n'exerce sur notre appréhension elle-même aucun pouvoir, aucune influence : en effet, ce qui n'AGIT pas n'EST pas non plus.

Nous tendons naturellement à expliquer si possible tout phénomène naturel par la MÉCANIQUE. C'est sans doute parce que la mécanique s'aide des forces les moins originelles et donc les moins inexplicables, et qu'elle contient, en revanche, nombre de principes connaissables *a priori* reposant par conséquent sur les formes de notre intellect ; ce qui entraîne justement un plus haut degré d'intelligibilité et de clarté. Cependant, dans les *Principes métaphysiques de la science de la nature*, Kant a ramené l'efficience <*Wirksamkeit*> mécanique à une efficience dynamique[172]. En revanche, l'application d'hypothétiques explications mécaniques à des objets dépassant le domaine de la démonstration mécanique, auxquels participe par exemple même l'acoustique, est parfaitement injustifiée, et je ne croirai jamais que la plus simple des combinaisons chimiques ou encore que la différence entre les trois états d'agrégation puisse jamais trouver une explication mécanique, et encore moins les propriétés de la lumière, de la chaleur et de l'électricité. Celles-ci n'admettront jamais qu'une explication dynamique, c'est-à-dire une explication qui rende compte du phénomène à partir de forces originelles qui n'ont rien à voir avec celles du choc, de la pression, de la pesanteur et autres, et sont d'une espèce supérieure, en ce qu'elles relèvent d'objectivations plus nettes de cette volonté qui accède à la visibilité en toute chose. Je soutiens que la lumière n'est ni une émanation ni une vibration ; ces conceptions sont apparentées à celle selon laquelle la transparence s'expliquerait par la porosité et dont la fausseté manifeste démontre que la lumière n'est soumise à aucune loi mécanique. Pour en acquérir la conviction la plus immédiate, il suffit d'observer les effets d'un ouragan qui fait ployer, disperse et détruit toute chose alors que, pendant ce temps, un rayon de lumière, perçant à travers une trouée de nuages, se tient là sans être le moins du monde ébranlé, ferme comme un roc, de sorte qu'il indique immédiatement qu'il participe d'un autre ordre des choses que ne l'est l'ordre mécanique et il se tient là, aussi immobile qu'un fantôme. Or même ces édifications émanant des Français, qui font de la lumière un composé de molécules et d'atomes, sont d'une absurdité révoltante. De cette théorie comme, de manière générale, de l'ensemble de l'atomistique, on trouve l'expression éclatante dans le cahier du mois d'avril 1835 des *Annales de chimie et de physique*, dans un article sur la lumière et la chaleur par Ampère, par ailleurs un esprit très perspicace[173]. Là les objets solides, liquides et élastiques sont dits constitués d'atomes, et de leur agrégation seulement découleraient toutes les différences : on y dit même que si l'espace est divisible à l'infini, la matière ne l'est pas car, si la division est parvenue jusqu'aux atomes, une division poussée plus loin tomberait nécessairement dans les intervalles séparant les atomes ! La lumière et la chaleur y sont des vibrations des atomes, quant au son, il est une vibration de molécules composées d'atomes. — En vérité, les atomes sont une idée fixe des savants français, c'est pourquoi ils en parlent comme s'ils les avaient vus. On pourrait d'ailleurs s'étonner qu'une nation aussi portée sur l'empirisme, cette *matter of fact nation* que sont les Français, tienne si fermement à une hypothèse pareille, totalement transcendante, survolant toute possibilité de l'expérience, et qu'ainsi confortée, elle aille échafauder des constructions en l'air. Et c'est là justement une conséquence de l'état d'arriération où se trouve la métaphysique qu'ils s'évertuent tant à éviter, métaphysique très mal représentée par un Monsieur Cousin[174] qui, même avec la meilleure volonté du monde, n'en demeure pas moins un esprit superficiel et très pauvrement doté en jugement. L'influence antérieure de Condillac les a, au fond, maintenus à l'état de disciples de Locke. C'est pourquoi la chose en soi, à leurs yeux, n'est à proprement parler que la MATIÈRE, dont les propriétés fondamentales, l'impénétrabilité, la forme, la dureté et autres *primary qualities* constituent, en dernière instance, le principe d'explication de toute chose en ce monde ; de cela ils ne démordent pas, présupposant tacitement que la matière ne peut être mue que par des forces mécaniques. En Allemagne, la théorie kantienne a durablement conjuré et les absurdités de l'atomistique et toute physique purement mécanique, C[même si, à cette heure, ces conceptions sévissent ici aussi ; elles sont la conséquence de la superficialité, de l'inculture et de l'ignorance introduites par Hegel.]C — Cependant, on ne saurait nier que non seulement la porosité manifeste des corps naturels, mais aussi les deux doctrines spécifiques développées par la physique moderne ont visiblement contribué à favoriser ces abus atomistiques. Il y a d'abord la cristallographie de Hauy qui ramène tout cristal à la forme de son noyau, forme ultime qui toutefois n'est que RELATIVEMENT indivisible. Et, ensuite, la théorie de Berzelius des atomes CHIMIQUES lesquels, cependant, ne sont que les expressions des rapports de combinaison des corps, c'est-à-dire de pures grandeurs arithmétiques qui ne représentent au fond rien de plus que des jetons de calcul[175]. — En revanche, la thèse de la seconde antinomie où Kant défend les atomes, mais qu'il n'a placée là que dans un but dialectique, est, comme je l'ai démontré dans ma critique de sa philosophie, un pur sophisme : en aucun cas notre entendement ne conduit, de lui-même, à admettre les atomes[176]. Car peu de choses m'obligent à penser qu'un corps passant devant mes yeux, animé d'un mouvement lent, mais constant et uniforme, est constitué d'innombrables mouvements rapides, discontinus, interrompus par des moments de repos extrêmement brefs ; en revanche, je sais parfaitement que, si une pierre lancée décrit un vol plus lent qu'une balle tirée d'un fusil, celle-ci ne connaît toutefois aucun instant de repos sur son chemin. De même, peu de choses m'obligent à me figurer que la masse d'un corps est constituée d'atomes et d'intervalles les séparant, c'est-à-dire d'une densité absolue et d'un vide absolu, alors que je conçois sans aucune difficulté ces deux phénomènes comme étant toujours des *continua*, que le TEMPS, pour l'un, et l'ESPACE, pour l'autre, REMPLISSENT UNIFORMÉMENT. Mais de même qu'un mouvement peut être PLUS RAPIDE qu'un autre, c'est-à-dire parcourir un espace plus grand en un même temps, de même un corps peut être spécifiquement PLUS LOURD qu'un autre, c'est-à-dire contenir plus de matière à l'intérieur d'un espace égal : dans ces deux cas, la distinction réside dans l'intensité de la force agissante puisque Kant (suivant la méthode de Priestley) a très justement décomposé la matière en forces[177]. — Mais, même sans faire valoir l'analogie établie ici, si nous voulions persister à penser que la différence entre les poids spécifiques peut toujours avoir sa raison dans la seule porosité, une telle hypothèse conduirait non pas à l'atome mais toujours à une matière absolument dense, mais inégalement répartie dans les différents corps ; cette matière, plus aucun pore ne la traversant, ne serait tout simplement plus COMPRIMABLE mais resterait infiniment DIVISIBLE cependant, à l'image de l'espace qu'elle remplit ; parce que le fait qu'elle n'ait plus de pore ne signifie pas l'impossibilité d'une force susceptible d'abolir la continuité de ses parties. Car dire qu'une telle interruption ne serait possible que par un élargissement des intervalles déjà existants, c'est faire une assertion[178] tout à fait arbitraire.

Cm[L'hypothèse de l'atome repose précisément sur les deux phénomènes que nous venons de mentionner, à savoir la diversité des poids spécifiques des différents corps et la compressibilité qui leur est propre, puisque tous deux sont aisément explicables à partir de l'hypothèse de l'atome. Mais, dans ce cas, tous deux devraient exister dans une égale proportion — ce qui n'est nullement le cas. Car l'eau, par exemple, dont le poids spécifique est bien moindre que celui de tous les métaux, devrait avoir donc moins d'atomes et des interstices plus grands et, par suite, être très compressible ; or elle est presque totalement incompressible.

Défendre l'atome conduirait à prendre la porosité comme point de départ et à dire, par exemple : si tous les corps ont des pores, toutes les parties d'un corps ont des pores, et à poursuivre ainsi à l'infini si bien qu'ultimement il ne resterait plus d'un corps que ses pores. — La réfutation consisterait à dire que ce qui reste est absolument dépourvu de pores et, dans cette mesure, on devrait supposer ce reste comme absolument dense, ce qui ne signifierait pas

pour autant qu'il serait constitué de particules absolument indivisibles, à savoir d'atomes : il serait sans
doute absolument incompressible mais non pas
absolument indivisible ; car on devrait alors vouloir
soutenir que la division d'un corps serait possible en
pénétrant dans les pores, ce qui cependant n'est
absolument pas démontré. Si on le suppose toutefois,
alors on a certes des atomes, c'est-à-dire des corps
absolument indivisibles, donc des corps dont la cohésion de leurs parties dans l'espace serait tellement
puissante qu'aucune force possible ne pourrait les
séparer ; mais, de tels corps, on peut les supposer
aussi bien petits que grands, si bien qu'un atome
pourrait être aussi grand qu'un bœuf, pour peu qu'il
résiste à toutes les attaques possibles.

Si l'on se figure deux corps extrêmement différents dont on aurait liquidé tous les pores soit par
compression au moyen d'un marteau, soit par pulvé-
risation — est-ce que leur poids spécifique serait
alors le même ? — Ce serait là le critère de la dynamique.]Cm

CHAPITRE 24

SUR LA MATIÈRE

Il a déjà été question de la matière au chapitre 4
des *Compléments* du livre I, où nous l'avons évoquée
alors que nous procédions à un examen de la partie
de notre connaissance dont nous avons conscience *a
priori*. Toutefois, elle ne pouvait y être considérée
que d'un point de vue unilatéral, car nous n'y avions
envisagé que ses relations aux formes de l'intellect

et non à la chose en soi ; aussi ne l'avions-nous étudiée que sous sa face subjective, c'est-à-dire dans la mesure où elle est notre représentation et non sous sa face objective, c'est-à-dire d'après ce qu'elle peut être en soi. Dans le premier cas, notre résultat a été qu'elle est l'EFFICIENCE <*Wirksamkeit*> en général, appréhendée objectivement, mais sans détermination plus précise ; c'est pourquoi dans la table de nos connaissances *a priori*, jointe à ce chapitre, elle occupe la place de la CAUSALITÉ. Car la chose matérielle est la chose AGISSANTE (l'effectivement réel <*das Wirkliche*>) en général, et abstraction faite du mode spécifique de son agir <*Wirken*>. Voilà aussi pourquoi la matière, prise seulement en tant que telle, n'est pas objet de l'INTUITION mais seulement de la PENSÉE ; elle est donc, à proprement parler une abstraction. Dans l'intuition, en revanche, elle n'apparaît qu'en relation avec la forme et la qualité, en tant que corps, c'est-à-dire en tant qu'un mode parfaitement DÉTERMINÉ de l'agir. Par le seul fait que nous faisons abstraction de cette détermination plus précise, nous pensons la matière en tant que telle, c'est-à-dire détachée de toute forme et de toute qualité ; par conséquent, nous pensons sous la matière la forme simple et générale de l'agir, donc de l'EFFICIENCE *in abstracto*. L'agir déterminé plus précisément, nous le concevons alors comme l'AC-CIDENT de la matière ; ce n'est que par ce moyen qu'elle devient INTUITIVE, c'est-à-dire qu'elle se présente en tant que corps et objet de l'expérience. La MATIÈRE pure, en revanche, qui, comme je l'ai montré dans ma *Critique de la philosophie kantienne*, constitue à elle seule le contenu réel et légitime du concept de SUBSTANCE[179], est la causalité elle-même objectivement, c'est-à-dire pensée dans l'espace, et en tant qu'elle remplit cet espace. Conformément à quoi, toute l'essence de la matière consiste dans l'AGIR, et ce n'est que par cet agir qu'elle emplit l'espace et persiste dans le temps : elle est de part en part pure causalité. Par suite, là où il y a agir, il y a matière et la chose matérielle est la chose agissante en général. — Or la causalité elle-même est une forme de notre ENTENDEMENT, car elle nous est donnée dans la conscience *a priori*, au même titre que le temps et l'espace. Donc la matière relève, DANS CETTE MESURE et jusqu'à ce point, de la partie FORMELLE de notre connaissance. Elle est, par conséquent, liée au temps et à l'espace, donc objectivée, c'est-à-dire qu'elle est la forme de la causalité même inhérente à l'entendement et conçue comme ce qui emplit l'espace Cm[(on trouvera une analyse plus détaillée de cette discussion dans la deuxième édition de ma dissertation sur le principe de raison[180])]Cm. Mais, dans cette mesure, la matière n'est pas non plus OBJET de l'expérience, elle en est la CONDITION, au même titre que le pur entendement lui-même, dont elle est ainsi la fonction. Aussi n'existe-t-il de la matière qu'un concept et non une intuition : elle entre dans toutes les expériences comme un élément nécessaire de celles-ci sans cependant pouvoir être donnée dans aucune d'elles. Aussi ne peut-elle être que PENSÉE et cela, comme étant inertie absolue, inactivité, absence de forme, absence de propriété, tout en étant cependant le support de toutes les formes, de toutes les propriétés et de toutes les actions <*Wirkungen*>. Par conséquent, la matière est le SUBSTRAT de tous les phénomènes éphémères, donc de toutes les manifestations des forces de la nature et de tous les êtres vivants, substrat constant et nécessairement créé par les formes de notre intellect, dans lequel se présente le monde comme REPRÉSENTATION. En tant que telle et en tant

qu'issue des formes de l'intellect, elle se comporte
vis-à-vis de ces phénomènes eux-mêmes avec une
parfaite INDIFFÉRENCE, c'est-à-dire qu'elle est prête
à être le support de telle force naturelle ou de telle
autre, dès que, au fil conducteur de la causalité, les
conditions sont réunies pour cela. Mais, justement,
parce que son existence n'est que FORMELLE, c'est-
à-dire fondée dans l'INTELLECT, elle-même doit être
pensée, comme l'élément absolument permanent au
cours de tous ces changements, c'est-à-dire comme
l'élément qui n'a ni début ni fin dans le temps. C'est
ce qui explique que nous ne pouvons jamais renoncer
à penser que de toute chose peut en naître une autre ;
que, par exemple, du plomb peut naître de l'or,
puisque cela ne nécessiterait que de découvrir et de
susciter les états intermédiaires que la matière, en
soi indifférente, devrait traverser sur cette voie. Car
il n'est jamais possible de comprendre *a priori*
pourquoi cette même matière qui, à présent, est
support de la qualité du plomb ne pourrait pas
devenir un jour support de la qualité de l'or. — En
tant que PENSÉE *a priori*, la matière se distingue
toutefois des INTUITIONS *a priori* par le fait que nous
pouvons parfaitement l'effacer de notre pensée, ce
que, en revanche, nous ne pouvons faire avec le temps
et l'espace ; et cela signifie uniquement que nous
pouvons aussi nous représenter le temps et l'espace
sans la matière. Mais la matière, une fois qu'elle a
été placée dans le temps et dans l'espace, c'est-à-
dire une fois qu'elle a été pensée comme EXISTANTE
<*vorhanden*>, devient tout simplement impossible à
effacer de notre pensée, c'est-à-dire qu'il devient
impossible de nous la représenter comme disparue
ou anéantie ; tout au plus pouvons-nous la représenter comme déplacée dans un autre espace. Dans
cette mesure, elle est aussi indéfectiblement liée à

notre faculté de connaissance que le sont le temps et l'espace eux-mêmes. Toutefois, cette distinction qui fait qu'elle doit d'abord y être placée à discrétion en tant qu'existante indique déjà qu'elle ne relève pas de la partie formelle de la connaissance aussi entièrement et à tous les égards que le temps et l'espace, mais qu'elle contient dans le même temps un élément qui n'est donné qu'*a posteriori*. Elle est, en réalité, le point de contact entre la partie empirique de notre connaissance et son élément pur et *a priori*; aussi est-elle à proprement parler la pierre angulaire du monde de l'expérience.

C'est avant tout là où cesse toute assertion *a priori*, c'est-à-dire dans la partie ENTIÈREMENT EMPIRIQUE de notre connaissance des corps, donc dans la forme, dans la qualité et dans le mode d'action déterminé de ceux-ci, que se révèle cette VOLONTÉ que nous avons déjà reconnue et établie comme étant l'essence en soi des choses. Seulement, ces formes et ces qualités n'apparaissent jamais que comme des propriétés et des manifestations de cette MATIÈRE précisément, dont l'existence et l'essence reposent sur les formes subjectives de notre intellect; c'est-à-dire qu'elles ne deviennent visibles qu'en elles et donc par elles. Car tout ce qui peut bien se présenter en nous n'est jamais que la MATIÈRE agissant d'une manière spécifiquement déterminée. C'est de ces propriétés intimes, propres à cette matière, et impossibles à expliquer plus avant, que procède tout mode d'action déterminé des corps donnés; cependant on ne perçoit jamais la matière elle-même mais seulement ces effets et les propriétés qui fondent ces derniers, et ce n'est qu'après avoir isolé ces propriétés que l'on en vient à nécessairement penser la matière comme cet élément qui continue de subsister après coup, car, selon l'analyse menée plus haut, elle est la CAUSALITÉ <*Ursäch-*

lichkeit> même objectivée. — Par conséquent, la matière est cette chose à travers quoi la volonté, qui constitue l'essence intime des choses, entre dans la perceptibilité *<Wahrnehmbarkeit>*, devient intuitive *<anschaulich>*, VISIBLE. En ce sens, la matière est donc la VISIBILITÉ de la volonté, ou encore le lien entre le monde comme volonté et le monde comme représentation. Elle appartient à CELUI-CI, dans la mesure où elle est le produit des fonctions de l'intellect, et à CELUI-LÀ, dans la mesure où ce qui se manifeste dans tous les êtres matériels, autrement dit dans les phénomènes, est la VOLONTÉ. Aussi tout objet est-il, en tant que chose en soi, volonté et, en tant que phénomène, matière. Si nous pouvions dévêtir la matière et lui ôter toutes les propriétés qui lui sont attribuées *a priori*, c'est-à-dire toutes les formes de notre appréhension et de notre intuition, alors il nous resterait la chose en soi, à savoir ce qui, par ces formes, apparaît comme l'élément purement empirique dans la matière. Mais alors celle-ci n'apparaîtrait plus comme une chose étendue et agissante, autrement dit nous n'aurions plus aucune matière devant nous, nous n'aurions plus que la volonté. C'est précisément cette chose en soi ou volonté qui, devenant phénomène, c'est-à-dire entrant dans les formes de notre intellect, se manifeste en tant que MATIÈRE, à savoir comme ce support lui-même invisible mais nécessairement présupposé des qualités qui, elles, ne deviennent visibles que par lui ; c'est en ce sens donc que la matière est la visibilité de la VOLONTÉ. Aussi Plotin et Giordano Bruno avaient-ils raison non seulement dans leur sens mais aussi dans notre sens lorsque, comme il en a déjà été fait mention au chapitre 4[181], ils énoncèrent cette proposition paradoxale selon laquelle la matière elle-même, parce qu'elle n'est pas une étendue, est aussi incor-

porelle. Car l'étendue est fournie à la matière par
l'espace, qui est une forme de notre intuition ; quant
à sa corporéité <*Körperlichkeit*>, elle consiste dans
l'agir qui repose sur la causalité et, par conséquent,
sur la forme de notre entendement. En revanche,
toute propriété déterminée, c'est-à-dire tout ce qu'il
y a d'empirique dans la matière, et *a fortiori* la
pesanteur elle-même, repose sur ce qui n'est visible
que PAR la matière, sur la chose en soi, sur la volonté.
La pesanteur est toutefois le degré le plus bas de
l'objectivation de la volonté, aussi se manifeste-t-elle
en toute matière sans exception, et elle est, d'une
manière générale, inséparable de la matière. Or,
justement parce qu'elle est déjà une manifestation
de la volonté, il est vrai qu'elle relève de la connaissance *a posteriori* et non de celle *a priori*. Aussi
pouvons-nous encore à la rigueur nous figurer une
matière sans pesanteur, mais pas une matière sans
étendue, sans force de répulsion et sans permanence ;
car elle serait alors dépourvue d'impénétrabilité,
donc de volume, et serait par suite sans EFFICIENCE,
alors que c'est précisément dans l'AGIR, c'est-à-dire
dans la causalité, que consiste l'essence de la matière
en tant que telle ; et comme la causalité repose sur la
forme *a priori* de notre entendement, elle ne peut
donc être révoquée en pensée.

La matière est par conséquent la VOLONTÉ même,
non plus en soi mais en tant qu'elle est INTUITIONNÉE,
c'est-à-dire en tant qu'elle a adopté la forme de la
représentation objective : Cm[donc ce qui est matière
objectivement est subjectivement volonté]Cm. En
conséquence de quoi, comme nous l'avons montré
plus haut, notre corps n'est que la visibilité, l'objectité de la volonté, de même que tout corps est l'objectité de la volonté à l'un de ses degrés. Dès que la
volonté se présente à la connaissance objective, elle

entre dans les formes de l'intuition de l'intellect, dans le temps, l'espace et la causalité. Or ces formes la font aussitôt exister comme un objet MATÉRIEL. Nous pouvons représenter une forme sans matière mais non l'inverse, parce que la matière, dépouillée de la forme, serait la VOLONTÉ même, et que celle-ci ne devient objective qu'en entrant dans le mode intuitif de notre intellect et, par suite, qu'en se revêtant de la forme. Parce qu'il est le matériau de la forme nue, l'espace est la forme intuitive de la matière, mais la matière, elle, ne peut apparaître que dans la forme.

Quand la volonté devient objective, c'est-à-dire quand elle passe dans la représentation, la matière est le substrat universel de cette objectivation, ou plutôt elle est l'objectivation même prise *in abstracto*, c'est-à-dire abstraction faite de toute forme. La matière est, par conséquent, la VISIBILITÉ de la volonté en général, alors que le caractère de ses phénomènes déterminés trouve son expression dans la FORME et la qualité de son expression. Ce qui, par suite, est MATIÈRE dans le phénomène, c'est-à-dire pour la représentation, est en soi-même VOLONTÉ. Aussi ce qui vaut pour la matière dans les conditions de l'expérience et de l'intuition vaut pour la volonté en soi, et la matière reflète tous les rapports et toutes les propriétés de la volonté dans son image temporelle. Elle est, par conséquent, le MATÉRIAU <*Stoff*> du monde intuitif, tout comme la VOLONTÉ est l'essence en soi de toute chose. Les figures sont innombrables, la matière est une, tout comme la volonté est une dans toutes ses objectivations. De même que la volonté ne s'objective jamais comme un élément universel, c'est-à-dire en tant que volonté pure, mais toujours en tant qu'élément particulier, c'est-à-dire dans des conditions spécifiques et sous un caractère donné, de même la matière n'apparaît jamais en tant que telle, mais toujours en relation avec une forme et une qualité, quelles qu'elles soient. Dans le phénomène ou dans l'objectivation de la volonté, la matière représente la totalité de la volonté, qui est toujours une en toutes choses, tout comme elle-même est une dans tous les corps. De même que la volonté est l'élément absolument indestructible en toute chose existante, de même la matière est, dans le temps, l'élément impérissable qui subsiste dans tous les changements. Que, pour soi et, donc, séparée de la forme, la matière ne puisse être représentée ou être un objet d'intuition, repose sur le fait qu'elle est, en soi-même et en tant qu'élément purement substantiel des corps, la VOLONTÉ même ; laquelle volonté peut être objectivement perçue ou intuitionnée, non pas en soi, mais uniquement sous l'ensemble des conditions de la REPRÉSENTATION, et donc seulement en tant que PHÉNOMÈNE. Mais, dans ces conditions, la volonté se présente aussitôt en tant que corps, c'est-à-dire en tant que matière enveloppée par la forme et la qualité. Or la forme est conditionnée par l'espace, tandis que la qualité, ou l'efficience, est conditionnée par la causalité ; toutes deux reposent donc sur les fonctions de l'intellect. Sans elles, la matière serait la chose en soi, c'est-à-dire la volonté même. Comme nous l'avons dit, c'est là la seule raison qui ait pu amener Plotin et Giordano Bruno, par un chemin tout à fait objectif, à formuler cette assertion selon laquelle la matière serait en soi et pour soi sans extension, par suite sans spatialité, qu'elle serait donc sans corporéité[182].

Cm[Parce que la matière est donc la visibilité de la volonté et que toute force est en elle-même volonté, nulle force ne peut apparaître sans substrat matériel et inversement nul corps ne peut exister sans les forces qui l'habitent et qui constituent justement sa qualité. De ce fait, le corps est réunion de la matière et de la forme que l'on nomme matériau <*Stoff*>. Force et matériau sont inséparables, parce qu'au fond ils ne sont qu'une seule et même chose, puisque, comme Kant l'a montré, la matière ne nous est elle-même donnée que comme la réunion de deux forces, celle de l'expansion et celle de l'attraction[183]. Entre force et matériau, il n'y a donc aucune contradiction, ils sont bien plutôt une seule et même chose.]Cm

Partant de ce point de vue, la marche de nos considérations nous a amenés à cette conception métaphysique de la matière, et c'est sans hésiter que nous concéderons que l'ORIGINE temporelle des formes, des figures ou des espèces ne peut être dûment recherchée nulle part ailleurs que dans la matière. Il a bien fallu que formes, figures et espèces soient à un moment donné sorties de cette matière, puisque celle-ci n'est que VISIBILITÉ DE LA VOLONTÉ, laquelle constitue l'être en soi de tous les phénomènes. Lorsque la volonté devient phénomène, c'est-à-dire lorsqu'elle se présente OBJECTIVEMENT à l'intellect, la matière revêt la FORME comme sa visibilité, en vertu des fonctions de l'intellect. Cm[C'est pourquoi les scolastiques disaient : *materia appetit formam* [la matière aspire à la forme[184]].]Cm Que c'était là l'origine de toutes les formes des vivants ne fait aucun doute : il est même impossible de penser autrement. Puisque les voies de la perpétuation des formes restent encore ouvertes, et qu'elle sont assurées et conservées par la nature avec un soin et un zèle infinis, la question de savoir si aujourd'hui la *generatio aequivoca* [génération équivoque[185]] pourrait encore avoir lieu ne peut être tranchée que par l'expérience ; d'autant qu'alors, on pourrait lui opposer l'argument du *natura nihil facit frustra* [la nature ne fait rien en vain[186]] en renvoyant aux voies de la reproduction régulière. Et cependant, malgré les dernières réfutations dont elle a fait l'objet, je soutiens qu'à des degrés très inférieurs la *generatio aequivoca* est hautement vraisemblable, surtout, il est vrai, chez les entozoaires et les épizoaires[187] et, en particulier, chez ceux qui[188] naissent à la suite de certaines cachexies des organismes animaux[189] ; parce qu'en effet les conditions propres à leur vie ne se produisent que de manière exceptionnelle et qu'alors, leur forme ne pouvant se reproduire par la voie régulière, elle doit, pour cette raison, être toujours générée à nouveau, lorsque l'occasion se présente. Cm[Si bien que, dès que les conditions de la vie des épizoaires se présentent à l'occasion de certaines maladies chroniques ou cachexies, naissent, en fonction de ces conditions, des *pediculus capiti* ou *pubis* ou *corporis* [pou de tête, du pubis et du corps[190]] ; ils naissent d'eux-mêmes, sans œuf, aussi compliquée que soit la structure de ces insectes : car le pourrissement d'un corps animal vivant donne matière à des productions plus élevées que celle du foin dans l'eau qui ne donne lieu qu'à des infusoires[191]. Ou préfère-t-on croire que les œufs des épizoaires flottent constamment dans l'air, pleins d'espoir ? (Pensée horrible !) Que l'on songe plutôt à la phtiriasis qui existe encore aujourd'hui.]Cm Un cas semblable se rencontre lorsque, dans des circonstances particulières, les conditions de vie d'une espèce se retrouvent en un LIEU où cette espèce était étrangère. Ainsi, au Brésil, tout juste après l'incendie d'une forêt vierge, Auguste Saint-Hilaire vit sortir des cendres encore à peine refroidies une foule de plantes dont l'espèce était encore introuvable à des lieux et des lieux à la ronde ; Cm[tout récemment, l'amiral Petit-Thouars rapportait devant l'Académie des sciences qu'en

Polynésie, sur des îles de corail de formation récente, un sol se dépose progressivement, en partie au sec en partie mouillé par l'eau, et dont la végétation s'empare aussitôt, engendrant des arbres qui ne sont propres qu'à ces îles (*Comptes rendus*, 17 janv. 1859, p. 147[192]). — Partout où la pourriture se développe, apparaissent de la moisissure, des champignons et, dans les liquides, des infusoires. L'hypothèse si prisée de nos jours selon laquelle des spores et des œufs d'innombrables espèces de tous ces genres flottent dans les airs et attendent pendant des années une occasion opportune est plus paradoxale encore que celle de la *generatio aequivoca*. La pourriture est la décomposition d'un corps organique tout d'abord dans ses éléments chimiques les plus PROCHES ; or, parce que ceux-ci sont plus ou moins de la même nature dans tous les êtres vivants, alors, en pareil moment, la volonté de vivre présente partout peut s'emparer d'eux pour ensuite et en fonction des conditions engendrer des êtres nouveaux qui, se formant aussitôt de manière appropriée à la fin, c'est-à-dire en objectivant son vouloir du moment, naissent de la coalescence de ces éléments, tout comme le poulet naît du liquide de l'œuf. Mais là où une telle chose ne se produit pas, alors les matières pourries se décomposent en leurs éléments PLUS ÉLOIGNÉS qui sont leurs matières chimiques élémentaires et qui retournent dès lors dans la vaste circulation de la nature. La guerre menée depuis 10-15 ans contre la *generatio aequivoca*, avec ses cris de victoire précipités, est le prélude au déni de la force vitale et s'y apparente. Mais nous ne devons pas nous laisser duper par des arguments d'autorité et par des esprits effrontés qui nous assurent que les choses seraient d'ores et déjà tranchées, résolues et universellement reconnues. En réalité, la conception de la nature

mécanique et atomiste est bien plutôt en train
de courir à sa ruine et ses thuriféraires devront
apprendre que, derrière la nature, il y a un peu plus
qu'un simple choc et contre-choc. Tout récemment
(1859), Pouchet[193] a démontré de manière triom-
phale et approfondie, devant l'Académie française,
au grand dépit du reste de ses membres, la réalité de
la *generatio aequivoca* et l'inanité de cette hypothèse
hasardeuse selon laquelle partout dans l'atmosphère
et à tout instant flotteraient des milliards de germes
de tous les champignons de moisissure possibles et
des milliards d'œufs de tous les infusoires possibles,
jusqu'au jour où l'un ou l'autre trouverait par un
effet du hasard le milieu qui lui serait adéquat.]Cm

L'étonnement que provoque en nous l'idée que
l'origine des formes vient de la matière est, au fond,
semblable à celui que ressent une créature sauvage
lorsqu'elle se regarde pour la première fois dans un
miroir et s'étonne de voir sa propre image en sortir
pour venir à sa rencontre. Car notre essence propre
est la VOLONTÉ dont la matière est la simple VISI-
BILITÉ, laquelle toutefois n'apparaît jamais qu'avec
le VISIBLE, c'est-à-dire enveloppée par la forme et la
qualité ; elle n'est donc jamais perçue immédiatement,
mais toujours pensée en surcroît, en tant qu'elle est
cet élément identique en toutes choses, qui se tient
derrière toute la diversité des formes et des qualités
et qui est justement ce qu'il y a de proprement substantiel en elles toutes. C'est pour cette raison, précisément, qu'elle est un principe d'explication des
choses plus métaphysique que purement physique et
faire découler d'elle tous les êtres revient à réellement faire dériver leur explication d'un mystère ;
c'est ce que reconnaîtra toute personne qui ne confond
pas attaquer <*angreifen*> et comprendre <*begreifen*>.
En vérité, il ne s'agit nullement là de rechercher

quelle serait l'explication ultime et exhaustive des choses, mais seulement l'origine temporelle aussi bien des formes inorganiques que des êtres organiques, qui se situe assurément dans la matière. — Toutefois, il semble que la génération équivoque <*Urerzeugung*> de formes organiques, que l'engendrement même de leurs espèces soit aussi difficile à accomplir pour la nature que ne l'est, pour nous, l'effort de la comprendre : c'est cela, en effet, qu'indiquent les précautions tout à fait excessives qu'elle prend toujours pour conserver ses espèces une fois qu'elles existent enfin. Sur l'actuelle surface de cette planète, la volonté de vivre a, il est vrai, par trois fois, rejoué l'échelle de son objectivation et, à chaque fois, selon une modulation différente et indépendamment des autres, mais aussi à des degrés de perfection et de complétude très différents. En effet, on sait que le vieux monde, l'Amérique et l'Australie ont chacun leur échelle animale qui leur est propre, à chaque fois indépendante et parfaitement différente des deux autres. Sur chacun de ces grands continents, les espèces sont parfaitement différentes, bien qu'elles présentent entre elles, parce que ces trois continents appartiennent à une même planète, une analogie continue et parallèle. C[C'est pourquoi, pour la plupart d'entre eux, les *genera* [genres] sont les mêmes.]C Cette analogie ne pourra être que très incomplètement constatée en Australie où la faune est très pauvre en mammifères, et où il n'y a ni carnassiers ni singes. Elle est en revanche évidente entre le vieux monde et l'Amérique : l'Amérique présente toujours un *analogon* inférieur en matière de mammifères, mais toujours supérieur en matière d'oiseaux et de reptiles. Ainsi, elle a une avance puisqu'elle a le condor, les aras, les colibris ainsi que les plus grands batraciens et ophidiens, mais, par exemple, au lieu de l'éléphant, elle a le tapir, au lieu du lion, elle a le couguar, au lieu du tigre, le jaguar, au lieu du chameau, le lama, et au lieu du singe proprement dit, elle n'a que la guenon. Ce dernier manque, à lui seul, permet déjà de conclure qu'en Amérique la nature n'a pu aller jusqu'à l'homme, puisque même du degré immédiatement inférieur, du chimpanzé et de l'orang-outan ou du pongo, le pas à franchir jusqu'à l'homme restait démesurément grand. Par conséquent, nous trouvons que les trois races humaines qui, pour des raisons aussi bien physiologiques que linguistiques, sont, à n'en pas douter, également originelles, à savoir la caucasienne, la mongole, et l'éthiopienne, ont leur patrie dans le vieux monde seul, alors que l'Amérique, en revanche, est peuplée d'une population d'origine mongole qui a subi des mélanges ou des modifications résultant du climat et qui doit venir d'Asie. Mais, sur la surface de la terre immédiatement antérieure à l'actuelle, la nature était déjà arrivée par endroits aux singes, mais pas encore jusqu'à l'homme.

Le point de vue que nous avons adopté dans nos considérations nous a fait connaître la matière comme la visibilité immédiate de la volonté qui se manifeste en toutes choses ; mais même au point de vue d'une recherche purement physique, qui suit le fil conducteur du temps et de la causalité, elle vaut comme origine des choses ; de sorte que l'on est aisément amené à se demander si, même dans la philosophie, on ne pourrait adopter un point de départ aussi bien objectif que subjectif, et si l'on ne pourrait donc pas poser comme vérité fondamentale la proposition suivante : « il n'existe absolument rien en dehors de la matière et des forces qui lui sont inhérentes ». Mais à propos de ces « forces qui lui sont inhérentes » que l'on met en avant si facilement, il convient de rappeler que l'explication qui les présupppose renvoie à un miracle absolument incompréhensible et qu'alors soit on s'arrête à ce miracle, soit au contraire on le prend comme point de départ ; car chaque force de la nature, déterminée et inexplicable, qui fonde les diverses actions d'un corps inorganique ne constitue pas moins un miracle, en vérité, que cette force vitale se manifestant en tout corps organique. — J'ai analysé en détail ce point au chapitre 17 et l'ai exposé en montrant que jamais on ne pourra asseoir la physique sur le trône de la métaphysique, précisément parce qu'elle laisse absolument intacte la présupposition mentionnée, mais aussi bien d'autres encore ; de sorte qu'elle renonce d'emblée à l'exigence d'apporter une explication ultime des choses. Par ailleurs, il me faut rappeler ici la démonstration que j'ai faite vers la fin du chapitre précédent de l'insuffisance du matérialisme dans la mesure où, comme je l'ai dit, il est la philosophie d'un sujet qui oublie de se prendre lui-même en compte dans son calcul[194]. Mais toutes ces vérités reposent sur le fait que tout ce qui est OBJECTIF, tout ce qui est extérieur, n'étant jamais que perçu et connu, n'est aussi jamais que médiat et secondaire et donc ne peut absolument jamais être le principe d'explication ultime des choses ou le point de départ de la philosophie. Celle-ci, en effet, exige nécessairement de prendre l'absolument immédiat comme point de départ. Or il est manifeste que seul est immédiat ce qui est donné dans la CONSCIENCE DE SOI, ce qui est intérieur, SUBJECTIF. Aussi est-ce là un mérite remarquable de Descartes d'avoir le premier placé le point de départ de la philosophie dans la conscience de soi. C'est cette voie que les philosophes authentiques ont poursuivie, surtout Locke, Berkeley et Kant, chacun à sa manière. C'est à la suite de leurs recherches que j'ai été amené à remarquer et utiliser dans la conscience de soi non UNE mais DEUX données de la connaissance immédiate, la représentation et la volonté, l'usage combiné des deux permettant d'aller bien plus loin en philosophie, de même que, dans un problème d'algèbre, on va bien plus loin en détenant deux grandeurs connues plutôt qu'une.

Le caractère inévitablement faux du MATÉRIALISME repose, d'après à ce qui vient d'être dit, tout d'abord sur le fait qu'il part d'une *petitio principii* [pétition de principe] qui, à y regarder de plus près, se révèle être un πρῶτον ψεῦδος [une première erreur[195]], puisqu'elle part en effet de l'hypothèse que la matière est quelque chose qui est donné absolument et inconditionnellement, c'est-à-dire présent indépendamment du sujet de la connaissance : une chose en soi, donc. C[Il accorde à la matière (et, de cette manière, également à ses présuppositions : le temps et l'espace) une existence ABSOLUE, indépendante du sujet de la perception : telle est son erreur fondamentale.]C Après cela, il lui faut, s'il veut opérer loyalement, laisser inexpliquées les qualités données des matières, c'est-à-dire inhérentes aux matériaux ainsi qu'aux forces naturelles qui s'y manifestent, et finalement aussi la force vitale, et les présenter comme autant d'insondables *qualitates occultas* [qualités occultes] de la matière, tout en les prenant comme point de départ ; c'est ainsi que procèdent en vérité la physique et la physiologie, précisément parce qu'elles ne revendiquent nullement l'ambition d'être l'explication ultime des choses. Mais justement, pour éviter cela, le matérialisme procède, du moins tel qu'il a existé jusqu'ici, SANS loyauté : il dénie l'existence de toute force originelle, car il prétend faussement les ramener toutes, y compris la force vitale, à la simple efficience mécanique de la matière, donc aux manifestations de l'impénétrabilité, de la forme, de la cohésion, de l'impulsion, de l'inertie, de la pesanteur, etc., lesquelles qualités comportent le moins d'inexplicable en soi, justement parce qu'elles reposent en partie sur ce qui est certain *a priori*, par suite, sur les formes de notre propre intellect, qui sont le principe de toute intelligibilité. Mais l'intellect en tant que condition de tout objet, et donc de l'ensemble du phénomène, le matérialisme l'ignore entièrement. Dès lors, son projet consiste à reconduire tout qualitatif à un simple quantitatif, puisqu'il met le qualitatif au compte de la seule FORME, par opposition à la MATIÈRE proprement dite : à cette dernière, il ne laisse des qualités proprement EMPIRIQUES que la pesanteur, parce qu'elle apparaît d'emblée en soi comme un quantitatif, à savoir comme l'unique mesure de la quantité de la matière. Cette voie l'amène nécessairement à la fiction de l'atome qui devient alors le matériau par excellence à partir duquel il croit pouvoir échafauder les si mystérieuses manifestations de toutes les forces originelles. Mais, ce faisant, il n'a déjà plus du tout à proprement parler affaire à une matière DONNÉE empiriquement, mais à une matière qu'il est impossible de rencontrer dans la *rerum natura* [nature des choses], bien plus à un pur *abstractum* de cette matière réelle, c'est-à-dire à une matière qui n'aurait d'autres qualités que ces qualités MÉCANIQUES qui, à l'exception de la pesanteur, peuvent à peu près s'édifier *a priori*, justement parce qu'elles reposent sur les formes du temps, de l'espace et de la causalité, c'est-à-dire sur notre intellect : c'est à ce misérable matériau qu'il se voit réduit pour ériger ses constructions chimériques.

Cm[Ainsi devient-il inéluctablement ATOMISME. Cela lui était déjà arrivé dans son enfance avec

Leucippe et Démocrite, et aujourd'hui, comme s'il redevenait infantile avant l'âge, cela lui arrive de nouveau : c'est ce qui se passe chez les Français, qui n'ont jamais eu connaissance de la philosophie de Kant, et c'est ce qui se passe chez les Allemands, qui l'ont oubliée. Et, dans cette seconde enfance, il pousse cet atomisme jusqu'à un degré encore plus farfelu qu'il ne l'était dans sa première : non seulement les corps SOLIDES sont censés consister en des atomes, mais encore les LIQUIDES, l'eau et même l'air, les gaz et la lumière aussi, qui est censée être l'ondulation d'un éther hypothétique et absolument indémontré, un éther qui serait fait d'atomes et dans lequel les couleurs seraient engendrées par les différentes vitesses de ses atomes — une hypothèse qui, comme jadis celle des sept couleurs de Newton, part d'une analogie avec la musique admise de manière absolument arbitraire et ensuite développée de façon forcée. En vérité, il faut être d'une crédulité inouïe pour se laisser persuader que les innombrables tremblements de l'éther, issus de l'infinie variété des surfaces colorées existant dans ce monde bariolé, ne cessent de s'interpénétrer chacun sur un tempo différent et dans toutes les directions, de s'entrecroiser en tous points, sans jamais se perturber et que, au contraire, dans un tel tumulte et un tel chaos, ils engendreraient la vision profondément apaisée de la nature et de l'art ainsi illuminés. *Credat Judaeus Apella !* [Que le juif Apella le croie[196]!]. Il est vrai que la nature de la lumière est un mystère pour nous, mais mieux vaut l'avouer que de barrer le chemin à la connaissance future par de mauvaises théories. Que la lumière soit quelque chose de tout à fait différent d'un simple mouvement mécanique, ondulation, vibration ou trémulation, et même qu'elle soit de nature matérielle, c'est ce que démontrent déjà ses effets chimiques dont Chevreul a récemment présenté à l'Académie des sciences un bel éventail, en laissant agir la lumière du soleil sur des matières de différentes couleurs ; et le plus beau est qu'un rouleau de papier blanc exposé à la lumière produit les mêmes effets et le fait même encore six mois plus tard que lorsqu'il a été maintenu durant tout ce temps dans un étui en fer hermétiquement fermé : est-ce que, par hasard, la trémulation aurait fait une pause de six mois et aurait juste repris *a tempo* ? (*Comptes rendus*, 20 déc. 1858[197]). Toute cette hypothèse-des-trémulations-des-atomes-de-l'éther n'est pas seulement une élucubration de l'esprit, elle égale en stupidité et en maladresse le pire d'un Démocrite, mais elle est aussi suffisamment impudente pour se faire passer aujourd'hui pour une affaire convenue, de sorte qu'elle a obtenu que des milliers d'écrivassiers niais de toute discipline, à qui cependant la connaissance de ces choses échappe, la récitent comme une orthodoxie et y ajoutent foi comme à une parole d'évangile. — Mais la théorie des atomes va encore plus loin et l'on pourra bientôt dire : *Spartam, quam nactus est, orna* ! [Embellis Sparte, à présent que tu l'as obtenue[198] !]. On affuble maintenant l'ensemble de ces atomes de mouvements divers et incessants, de vibrations, de rotations, etc., selon leur fonction ; de même, chacun de ces atomes posséderait sa propre atmosphère faite d'éther, ou de que sais-je encore, et autres chimères du même acabit. — Les rêveries de la philosophie de la nature de Schelling et de ses disciples avaient au moins cet avantage d'avoir le plus souvent de la pénétration, de l'allant ou au moins d'être spirituelles, alors que celles des atomistes sont grossières, plates, misérables et gauches ; elles sont le produit d'esprits qui ne peuvent sérieusement penser aucune autre réalité qu'une matière fabulée, dépourvue de qualité, et qui serait du coup un objet absolu, c'est-à-dire un objet sans sujet. Mais, de surcroît, ces esprits ne connaissent d'autre activité que le mouvement et le choc, parce que ce sont les deux seules activités qui leur soient compréhensibles. Que tout se ramène à ce mouvement et à ce choc, voilà quelle est leur présupposition *a priori*, car ces deux activités sont leur CHOSE EN SOI à eux. À cette fin, la force vitale est reconduite à des forces chimiques (qui sont insidieusement nommées forces moléculaires) et tous les processus de la nature inorganique à un mécanisme, c'est-à-dire à l'action et à la réaction du choc et contre-choc. Et ainsi, à la fin, tout l'univers et toutes les choses qu'il renferme ne seraient plus qu'un tour de force mécanique, semblable à ces jouets activés par des leviers, des roues et du sable qui représentent une mine ou une exploitation agricole. — La source du mal est qu'à force de pratiquer le travail manuel de l'expérimentation, il y a eu désapprentissage du travail intellectuel de la pensée. Le creuset et les piles de Volta sont désormais censés en assurer la fonction : d'où ce profond dégoût pour toute philosophie.]Cm

Or on pourrait aussi tourner le problème autrement et dire que, tel qu'il est apparu jusqu'ici, le matérialisme n'aurait échoué que parce qu'il n'aurait pas suffisamment CONNU la MATIÈRE à partir de laquelle il pensait construire le monde, et que, à la place, il aurait eu affaire à un enfant substitué <*Wechselbalg*>[199], dépourvu de toute qualité. Au lieu de celui-ci, il aurait pu prendre la véritable matière donnée empiriquement (c'est-à-dire le matériau <*Stoff*> ou plus exactement les matériaux) telle qu'elle est, dotée des qualités physiques, chimiques, électriques, mais aussi de celles propres à produire la vie spontanément. S'il avait donc pris la vraie *mater rerum* [mère de toutes choses], du sein obscur de laquelle sortent tous les phénomènes et toutes les formes, pour y retourner un jour, alors, à partir de cette matière saisie dans son intégrité et connue dans sa totalité, le matérialisme aurait déjà pu se construire un monde dont il n'aurait pas eu à rougir. Très bien : mais alors le tour de force aurait seulement consisté à faire transiter les *quaesita* [ce qui est recherché] dans les *data* [ce qui est donné] : il aurait apparemment pris pour le donné et comme le point de départ de ses déductions la seule matière, alors qu'en réalité, il prenait toutes les forces mystérieuses de la nature qui sont attachées à la matière ou plus exactement qui nous deviennent visibles par elle — un peu comme lorsqu'on donne le nom du plat aux mets qu'il contient. Car, en vérité, pour notre connaissance, la matière est le VÉHICULE des qualités et des forces de la nature, lesquelles apparaissent comme ses accidents. Et c'est justement parce que j'ai reconduit celles-ci à la volonté que j'appelle matière la simple VISIBILITÉ DE LA VOLONTÉ. Mais, dépouillée de l'ensemble de ces qualités, la matière demeure comme une chose sans qualité, la *caput mortem* [tête morte] de la nature, à partir de quoi on ne peut rien faire honnêtement. SI EN REVANCHE on lui laisse toutes ces qualités ainsi qu'on l'a évoqué, on commet alors une *petitio principii* [pétition de principe] dissimulée, puisqu'on se fait donner par avance les *quaesita* pour des *data*. Or, ce qui AINSI ressort de cela, ce n'est plus à proprement parler un MATÉRIALISME mais un simple NATURALISME, c'est-à-dire une PHYSIQUE absolue, qui, comme nous l'avons montré au chapitre 17, ne peut jamais prendre et tenir la place de la métaphysique, justement parce qu'elle ne commence qu'après avoir déjà un grand nombre de présuppositions, et donc parce qu'elle n'entreprend jamais d'expliquer ce que sont les choses fondamentalement. Le pur naturalisme est, par conséquent, essentiellement fondé sur des *qualitates occultae* [qualités occultes] au-delà desquelles on ne peut aller d'aucune autre manière qu'en s'aidant de la source SUBJECTIVE de la connaissance, comme je l'ai moi-même fait ; ce qui ensuite, bien sûr, conduit à faire le long et pénible détour par la métaphysique, puisque cela suppose l'analyse intégrale de la conscience de soi ainsi que celle de l'intellect et de la volonté qui sont donnés en elle. — Cependant, partir de l'OBJECTIF, fondé sur l'INTUITION EXTÉRIEURE tellement distincte et tellement compréhensible, est une voie si naturelle et s'offrant si spontanément à l'homme que le NATURALISME et, à sa suite, le MATÉRIALISME, parce que le premier, incapable d'épuiser les choses, se révèle toujours insuffisant, constituent des systèmes auxquels les spéculations de la raison doivent arriver nécessairement et même en tout premier lieu. C'est pourquoi le naturalisme est né au tout début de l'histoire de la philosophie, dans les systèmes des philosophes ioniens ; c'est ensuite qu'est apparu le matérialisme, représenté par les doctrines de Leucippe et Démocrite, qui n'a cessé depuis de resurgir de temps à autre sous de nouvelles formes.

CHAPITRE 25

CONSIDÉRATIONS TRANSCENDANTES SUR LA VOLONTÉ COMME CHOSE EN SOI

La simple considération empirique de la nature permet déjà de reconnaître, depuis la plus élémen-

taire et la plus nécessaire manifestation d'une quelconque force naturelle jusqu'à la vie et la conscience
de l'homme, un passage continu s'accomplissant
par degrés progressifs dont les limites sont toutes
relatives, voire, le plus souvent, floues. La réflexion,
poursuivant cette vue en pénétrant un peu plus en
avant, a tôt fait de se convaincre qu'en chacun de
ces phénomènes, l'essence intime, ce qui se manifeste, ce qui apparaît, sont une seule et même chose
qui se présente avec toujours plus de distinction et
que, par conséquent, sous ces millions de figures
d'une infinie variété, derrière cette mise en scène
d'un spectacle sans commencement ni fin des plus
bariolés et des plus baroques, c'est cette essence
unique qui se dissimule derrière tous ces masques,
affublée d'un voile si épais qu'elle ne se reconnaît
pas elle-même, de sorte qu'elle se traite souvent sans
douceur. C'est ce qui explique que la grande théorie
de l'ἕν καὶ πᾶν [l'un et le tout] soit apparue si tôt en
Orient comme en Occident et qu'elle ait réussi à
s'affirmer envers et contre toute contradiction, ou
encore à sans cesse se renouveler. Mais nous voilà,
à présent, plus profondément initiés à ce mystère,
puisque nous avons été amenés par tout ce qui
précède à comprendre ceci : lorsqu'à cette essence,
au fondement de tous les phénomènes, se trouve
ajoutée, dans l'un quelconque de ces phénomènes,
une CONSCIENCE CONNAISSANTE, laquelle, dirigée
vers l'intérieur, devient CONNAISSANCE DE SOI, cette
essence se présente à celle-ci comme cet élément à
la fois si familier et si mystérieux, désigné par le mot
de VOLONTÉ. Par conséquent, nous avons appelé LA
VOLONTÉ cette essence fondamentale de tous les
phénomènes, conformément à la manifestation à travers laquelle elle se donne à connaître de la manière
la moins voilée ; par ce mot, par conséquent, nous

ne désignons nullement un *x* inconnu, mais, au contraire, cela même qui, d'un côté du moins, nous est infiniment plus connu et plus familier que tout le reste.

Rappelons-nous à présent une vérité dont nous trouvons la démonstration détaillée et approfondie dans mon *Mémoire sur la liberté de la volonté*[200] : en vertu de la validité sans exception de la loi de la causalité, le faire ou l'agir de tous les êtres dans ce monde apparaît comme toujours et rigoureusement NÉCESSITÉ par les causes qui le provoquent à chaque fois. À cet égard, il ne fait aucune différence de savoir s'il s'agit de causes au sens le plus strict ou d'excitations, ou encore de motifs, qui ont provoqué cette action, puisque ces distinctions se rapportent seulement au degré de réceptivité des êtres d'espèces différentes. Il ne faut se faire aucune illusion à ce sujet : la loi de la causalité ne connaît aucune exception, car tout lui est soumis avec une égale rigueur, depuis le mouvement d'une particule de poussière jusqu'à l'acte réfléchi de l'homme. C'est pourquoi, dans tout le cours du monde, jamais le vol d'une particule de poussière n'a pu décrire une ligne différente de celle qu'elle a décrite, pas plus qu'un homme ne peut agir autrement qu'il n'a agi ; et aucune vérité n'est plus certaine que celle-ci : tout ce qui se produit, d'infime ou de grand, se produit NÉCESSAIREMENT. De sorte qu'à chaque instant donné, l'état des choses dans son ensemble est fermement et exactement déterminé par l'état immédiatement antérieur, et qu'on remonte le cours du temps vers l'infini ou qu'on le redescende vers l'infini, il en sera toujours ainsi. Par conséquent, la marche du monde ressemble à celle d'une montre après qu'elle a été assemblée et remontée : de ce point de vue incontestable, donc, le monde est une pure machine, dont on ne peut entrevoir la fin *<Zweck>*. Et même si, de façon tout à fait illégitime, et, au fond, en dépit de toutes les lois de la pensée, on voulait faire l'hypothèse d'un premier commencement, cela ne changerait rien à l'essentiel. Car cet état premier des choses, posé arbitrairement à leur origine, aurait fixé et irrévocablement déterminé l'état immédiatement postérieur, en gros et jusqu'au moindre détail, et cet état aurait à son tour déterminé le suivant, et ainsi de suite, *per saecula saeculorum* [pour les siècles à venir], puisque la chaîne de la causalité, avec sa rigueur qui ne connaît aucune exception — ce lien d'airain de la nécessité et du destin —, occasionne, de façon irrévocable et inaltérable, chaque phénomène tel qu'il est. La seule différence serait que dans l'une des deux hypothèses, nous aurions une horloge remontée une seule fois, dans l'autre, un *perpetuum mobile* [mouvement perpétuel], mais la nécessité de la marche serait la même. Que l'acte de l'homme ne puisse faire exception, c'est ce que j'ai démontré de manière irréfutable dans le mémoire cité, puisque j'y ai montré comment cet acte procède à chaque fois de manière strictement nécessaire de deux facteurs, de son caractère et des motifs qui interviennent : celui-là est inné et immuable, ceux-ci sont nécessairement occasionnés au fil de la causalité par le cours du monde strictement déterminé.

Ainsi, de ce point de vue, auquel nous ne saurions absolument pas nous dérober puisqu'il est fixé par les lois de l'univers valables objectivement et *a priori*, le monde ainsi que tout ce qu'il renferme apparaît comme le jeu sans but et donc incompréhensible d'une nécessité éternelle, une ἀνάγκη [nécessité] insondable et inexorable. Or l'aspect choquant et révoltant de cette conception du monde inéluctable et irrévocable ne saurait être fondamentalement supprimé par aucune autre hypothèse que celle qui consiste à dire que si, d'un côté, tout être dans le monde est un phénomène nécessairement déterminé par les lois du phénomène, il n'en est pas moins, de l'autre, en soi-même VOLONTÉ, et même VOLONTÉ absolument LIBRE, puisque toute nécessité ne procède que des formes entièrement inhérentes au phénomène, à savoir du principe de raison sous ses formes diverses. De sorte qu'on doit également attribuer l'aséité à une telle volonté[201], puisque, en tant qu'elle est libre, c'est-à-dire que, en tant qu'elle est chose en soi et n'est donc pas soumise au principe de raison, elle ne peut dépendre de rien d'autre, pas plus dans son existence et dans son essence que dans son faire et dans son agir. Cette hypothèse seule permet de postuler autant de LIBERTÉ qu'il en est besoin pour contrebalancer la NÉCESSITÉ rigoureuse et inévitable qui régit le cours du monde. Aussi se trouve-t-on devant cette seule alternative : soit on considère le monde comme une pure machine fonctionnant avec nécessité, soit on reconnaît comme essence en soi de ce monde une volonté libre dont la manifestation n'est pas immédiatement l'agir, mais tout d'abord L'EXISTENCE <*Dasein*> ET L'ESSENCE <*Wesen*> des choses. Cette liberté, par conséquent, est transcendantale et coexiste avec la nécessité empirique comme l'idéalité transcendantale des phénomènes coexiste avec leur réalité empirique. J'ai démontré dans mon *Mémoire sur la liberté de la volonté* que c'est cette hypothèse seule qui permet de concevoir que l'acte d'un homme, bien qu'il procède nécessairement de son caractère et des motifs, n'en est pas moins le SIEN ; or, par là même, son essence est dotée d'ASÉITÉ. Et cela vaut également pour toutes les choses du monde. — La NÉCESSITÉ la plus rigoureuse, logiquement exécutée avec une conséquence

inflexible, et la LIBERTÉ la plus parfaite, élevée jusqu'à la toute-puissance, devaient toutes deux entrer
dans la philosophie au même moment et ensemble :
mais pour ne pas blesser la vérité, cela ne pouvait
avoir lieu que dans la mesure où toute la NÉCESSITÉ
était transférée dans L'AGIR ET LE FAIRE *<Wirken*
und Tun> (*operari*) de l'homme et toute la LIBERTÉ
dans l'ÊTRE ET L'ESSENCE *<Sein und Wesen>* (*esse*).
Ainsi se résout une énigme qui n'est aussi vieille que
le monde que parce que, jusqu'ici, on a exactement
fait l'inverse en cherchant la liberté dans l'*operari* et
la nécessité dans l'*esse*. Pour ma part, je soutiens, au
contraire, que tout être sans exception AGIT avec
une rigoureuse nécessité, mais que ce même être
EXISTE, et est ce qu'il est, en vertu de sa LIBERTÉ.
On ne rencontrera donc chez moi ni plus ni moins
de liberté et de nécessité que dans n'importe quel
autre système avant le mien, bien qu'on doive avoir
tantôt l'impression qu'il y en a trop, tantôt qu'il n'y
en a pas assez, selon qu'on est choqué de voir que la
VOLONTÉ est attribuée aux processus naturels jusqu'ici expliqués par la pure nécessité, ou de voir qu'on
attribue à la motivation la même rigoureuse nécessité
qu'à la causalité mécanique. Les deux ont simplement
échangé leurs places : la liberté a été transposée
dans l'*esse* et la nécessité limitée à l'*operari*.

Bref, le DÉTERMINISME est fermement établi : voilà
déjà un millénaire et demi qu'on s'est vainement
efforcé de l'ébranler, incité par certaines lubies bien
connues qu'on ne saurait tout à fait appeler par leur
vrai nom. Or, à sa suite, le monde est devenu un jeu
de marionnettes activées par des fils (les motifs), sans
qu'on puisse seulement entrevoir qui ce jeu est censé
amuser : si cette pièce a un plan, alors son directeur
est le *fatum* [destin], si elle n'en a pas, alors c'est la
nécessité aveugle. — Pour sortir de cette absurdité,

il n'est d'autre issue que de reconnaître que L'ÊTRE ET L'ESSENCE de toutes les choses sont d'emblée le phénomène d'une LIBERTÉ réellement et effectivement LIBRE, laquelle s'y reconnaît précisément elle-même ; car le faire et l'agir des choses ne sauraient être soustraits à la nécessité. Pour préserver la liberté du destin et ou du hasard, il convient de la sortir de l'action pour la transférer dans l'existence. —

Si, par conséquent, la NÉCESSITÉ ne revient qu'au phénomène et non à la chose en soi, c'est-à-dire à l'essence véritable du monde, il en va de même avec la PLURALITÉ. Je l'ai suffisamment montré au § 25 du tome I. Je n'ai qu'à ajouter ici quelques considérations qui contribueront à confirmer et à expliciter cette vérité.

Chacun ne connaît qu'UN SEUL être de manière absolument immédiate : sa propre volonté dans la conscience de soi. Il ne connaît tout le reste que médiatement et en juge ensuite par analogie qu'il prolonge selon le degré de sa réflexion. La raison dernière en est qu'il n'existe à proprement parler qu'UN SEUL ÊTRE. L'illusion de la pluralité (*mâyâ*) procédant des formes de l'appréhension extérieure et objective n'a pu pénétrer jusque dans la conscience intérieure et simple, si bien que celle-ci ne trouve jamais qu'un seul être.

Si nous considérons la perfection, qu'on n'admire jamais assez, dans les œuvres de la nature, cette perfection exécutée même dans les derniers et moindres des organismes, par exemple dans les organes de fécondation des plantes, ou dans la structure interne des insectes, avec un soin infini et un labeur inlassable, comme si la présente œuvre de la nature était une pièce unique à laquelle elle aurait consacré tout son art et son pouvoir ; si nous voyons cependant la même œuvre répétée à l'infini dans chacun des innombrables individus de toutes les espèces, accomplie avec un soin qui n'est pas moindre dans l'individu habitant l'endroit le plus reculé et le plus négligé où aucun regard n'a encore pénétré ; si nous examinons ensuite l'assemblage des parties de chaque organisme aussi loin qu'il nous est possible, sans jamais tomber sur une chose simple et donc dernière, encore moins sur une chose inorganique ; si enfin nous nous perdons dans le calcul de la finalité de toutes les parties de ce même organisme en vue de l'existence du tout, finalité en vertu de laquelle chaque être vivant est en soi et pour soi un être parfait ; si nous mesurons, ce faisant, que chacun de ces chefs-d'œuvre, et même s'il ne subsiste qu'un instant, a été reproduit d'innombrables fois déjà, et que, cependant, chaque exemplaire de son espèce, chaque insecte, chaque fleur, chaque feuille semble avoir été travaillé avec la même minutie que l'a été le tout premier exemplaire, et que la nature, loin donc de commencer à bâcler par fatigue, achève le dernier de la même et patiente main de maître que le premier — alors nous nous rendons compte, tout d'abord, que tout art humain diffère totalement de la création de la nature non seulement par le degré, mais encore par le genre ; ensuite, que la force originelle agissante, la *natura naturans* [nature naturante], est IMMÉDIATEMENT PRÉSENTE, ENTIÈRE ET INDIVISE, dans chacune de ses œuvres innombrables, dans la plus petite comme dans la plus grande, dans la dernière comme dans la première : il s'ensuit dès lors qu'en tant que telle et en soi, elle ne sait rien du temps et de l'espace. Si nous songeons par ailleurs que la production de ces formations ingénieuses <*Kunstgebilde*> démesurées ne coûte cependant absolument rien à la nature, qu'elle crée, avec une prodigalité inconcevable, des millions d'organismes qui n'arriveront pas à maturité, et qu'elle expose sans ménagement tout vivant à mille sortes d'accidents mais que, par ailleurs aussi, favorisée par le hasard ou dirigée par l'intention humaine, elle peut de bonne grâce livrer des millions d'exemplaires d'une espèce alors que jusque-là elle n'en donnait qu'un seul, de sorte que des millions d'exemplaires ne lui coûtent rien de plus qu'un seul — alors nous sommes, là aussi, amenés à comprendre que la pluralité des choses s'enracine dans le mode de connaissance propre au sujet, mais qu'elle est étrangère à la chose en soi, c'est-à-dire à la force originelle interne qui s'y manifeste, et que, par suite, le temps et l'espace sur lesquels repose la possibilité de toute pluralité sont de simples formes de notre intuition; bien plus : que même l'inconcevable ingéniosité <*Künstlichkeit*> de la structure, associée à la prodigalité la plus extrême dans les œuvres auxquelles elle l'applique, ne procède au fond que de notre mode d'appréhension des choses, puisque, en effet, l'aspiration originelle, simple et indivisible de la volonté en tant que chose en soi, lorsqu'elle se présente en tant qu'objet à notre connaissance cérébrale, doit prendre la forme d'un enchaînement artificiel de parties séparées entre elles selon un rapport de moyen à fin et exécutées avec une perfection excessive.

Nous avons évoqué ici l'unité de cette volonté que nous avons reconnue comme l'essence en soi du monde des phénomènes. Cette unité, située au-delà du phénomène, est métaphysique, de sorte que la connaissance que nous en avons est transcendante, c'est-à-dire qu'elle ne repose pas sur les fonctions de notre intellect et ne peut, par suite, être véritablement saisie par ces dernières. C'est pourquoi elle confronte nos considérations à un abîme dont la profondeur ne permet plus une vision parfaitement claire et entièrement cohérente, mais n'autorise que des coups d'œil isolés qui la font connaître dans tel ou tel rapport entre les choses, tantôt dans le subjectif, tant dans l'objectif, ce qui cependant ne manque pas de soulever des problèmes nouveaux que je ne prétends pas tous résoudre, préférant bien plutôt, là aussi, invoquer le *est quadam prodire tenus* [il est possible d'avancer jusqu'à un certain point[202]], davantage soucieux de ne pas proposer quelque chose de faux ou d'arbitrairement conjecturé, que de rendre intégralement raison de tout — au risque de ne livrer ici qu'une présentation fragmentaire.

Si on se rappelle, pour y réfléchir en profondeur, la théorie de la naissance du système des planètes, d'abord établie par Kant puis, plus tard, reprise par Laplace[203], théorie dont l'exactitude ne saurait être mise en doute, alors on voit que les forces de la nature les plus basses, les plus primitives et les plus aveugles, liées aux lois les plus inflexibles, font exister, par leur conflit au sein d'une matière une et identique et par les conséquences accidentelles qui en découlent, la structure fondamentale du monde, autrement dit la demeure future, aménagée et finalisée, pour d'innombrables êtres vivants, constituant un système d'ordre et d'harmonie, lequel provoque en nous un étonnement d'autant plus grand que nous le concevons plus nettement et plus précisément. Ainsi, par exemple, lorsque nous comprenons que chaque planète avec sa vitesse actuelle ne peut se maintenir que dans son lieu approprié, puisque, plus près du soleil, elle tomberait dedans, et plus éloignée, elle dériverait au loin ; de même, à l'inverse, si nous considérons son lieu comme donné : elle ne peut y demeurer qu'avec sa vitesse actuelle et aucune autre, puisque, si elle allait plus vite, elle s'éloignerait, si elle allait plus lentement, elle devrait tomber dans le soleil, de sorte qu'il n'y a qu'un lieu déterminé pour chaque vélocité déterminée d'une planète, problème que nous voyons résolu du fait que la même cause physique, agissant nécessairement et aveuglément, qui lui a attribué son lieu, l'a, dans le même temps et de cette manière précisément, dotée de cette vitesse adaptée à ce seul lieu, conformément à la loi de la nature selon laquelle un corps en rotation accroît sa vitesse à mesure que le cercle qu'il décrit diminue. Et, en dernière instance, lorsque nous comprenons enfin comment le système tout entier s'assure une existence infinie du fait que toutes les perturbations qui apparaissent inévitablement et interagissent dans la trajectoire des planètes doivent, avec le temps, se rééquilibrer ; ainsi, c'est précisément l'irrationalité des temps de révolution des planètes Jupiter et Saturne qui empêche que leurs perturbations mutuelles se reproduisent dans le même lieu, où elles pourraient devenir dangereuses, avec pour résultat que, apparaissant rarement et toujours en un autre lieu, ces perturbations doivent se neutraliser, à l'instar des dissonances dans la musique qui se résolvent en harmonie. Ces considérations nous permettent de reconnaître une finalité et une perfection que seul le plus libre des arbitres, conduit par l'entendement le plus pénétrant et le calcul le plus précis, aurait pu produire. Et pourtant, au fil conducteur de cette cosmogonie de Laplace si profondément réfléchie et si exactement calculée, nous ne pouvons nous soustraire à l'idée que des forces naturelles parfaitement aveugles, agissant en vertu de lois immuables, ne pouvaient, par leur conflit et par leur jeu sans intention les unes vis-à-vis des autres, rien réaliser d'autre que justement cette structure fondamentale du monde qui vient égaler l'œuvre d'une combinatoire poussée jusqu'à un degré excessif. Au lieu de

solliciter, comme le fit Anaxagore, l'aide d'une
INTELLIGENCE que nous ne connaissons que dans la
nature animale, où elle est réglée sur les seules fins
de celle-ci, une intelligence qui, ajoutée de l'extérieur, aurait adroitement utilisé les forces, une fois
qu'elles sont données et présentes, ainsi que leurs
lois, pour imposer ses fins propres, lesquelles sont
parfaitement étrangères à ces forces, nous reconnaissons, au contraire, dans ces forces naturelles les
plus inférieures, cette même volonté une et identique,
qui trouve précisément en elles sa première manifestation, et qui, s'y efforçant déjà vers sa fin, travaille, en vertu de ses lois originelles mêmes, à
s'approcher de sa fin dernière à laquelle doit par
conséquent servir et correspondre tout ce qui se
produit en vertu des lois aveugles de la nature; et il
ne pourrait en être autrement, dans la mesure où
tout ce qui est matériel n'est rien d'autre que précisément le phénomène, la visibilité, l'objectité de la
volonté de vivre, laquelle est une et unique. Ainsi, ce
sont déjà les forces les plus inférieures de la nature
qui sont animées par cette même volonté, laquelle,
au sein des êtres individuels dotés d'intelligence,
s'étonne ensuite de sa propre œuvre, tout comme le
somnambule qui s'étonne le lendemain matin de
tout ce qu'il a pu accomplir durant son sommeil, ou
plus exactement tout comme celui qui s'étonne de
sa forme qu'il aperçoit dans le miroir. Cette unité,
démontrée ici, entre l'accidentel et l'intentionnel,
entre le nécessaire et le libre, et en vertu de laquelle
les accidents les plus aveugles reposant cependant
sur des lois universelles sont en quelque sorte les
touches sur lesquelles l'esprit du monde joue ses
mélodies pleines de sens, confronte nos considérations, comme nous l'avons dit, à un abîme que même

la philosophie ne peut éclairer que d'une faible lueur, à défaut de l'illuminer entièrement.

Or j'engage maintenant une considération SUB-JECTIVE qui a toute sa place ici, mais à laquelle je puis cependant donner encore moins de clarté qu'à la considération objective que je viens de mener, puisque je ne pourrai l'exprimer qu'à travers images et métaphores. — Pourquoi notre conscience devient-elle plus claire et plus nette à mesure qu'elle se dirige vers l'extérieur, puisque sa plus grande clarté réside dans l'intuition sensible, laquelle appartient déjà pour moitié aux choses qui nous sont extérieures ? et pourquoi à l'inverse devient-elle plus obscure à mesure qu'elle se dirige vers l'intérieur et conduit, si on la poursuit jusqu'en son tréfonds, dans des ténèbres où toute connaissance s'arrête ? — Parce que, dis-je, la conscience présuppose une IN-DIVIDUALITÉ, laquelle relève déjà du seul phénomène, puisqu'elle est conditionnée, en tant que pluralité des êtres de même espèce, par le temps et l'espace. Notre intérieur, en revanche, a ses racines dans ce qui n'est plus phénomène, mais chose en soi, point que les formes du phénomène n'atteignent plus, si bien que les conditions principales de l'individualité font défaut et qu'avec celle-ci disparaît aussi la conscience claire. C'est en ce point radical <*Wurzel-punkt*> de l'existence que s'arrête la diversité des êtres, tout comme les rayons d'une sphère s'arrêtent en son centre ; et de même que dans celle-ci, la surface existe là où les rayons finissent et se brisent, de même la conscience n'est possible que là où l'essence en soi trouve son issue dans le phénomène, dont les formes rendent possible la séparation de l'individualité, sur laquelle repose la conscience limitée, pour cette raison, aux phénomènes. C'est pourquoi tout ce qui dans notre conscience est concevable de manière claire et intelligible n'est toujours situé qu'à la surface de cette sphère et tourné vers l'extérieur. Mais, dès que nous nous retirons entièrement de cette surface, la conscience nous abandonne — dans le sommeil, dans la mort, et en quelque sorte aussi dans l'action magnétique et magique : eux tous passent par le centre. Or c'est précisément parce que cette conscience claire, conditionnée par la surface de la sphère, n'est pas dirigée vers le centre, qu'elle reconnaît assurément les autres individus comme des êtres de même espèce, mais non comme identiques, ce qu'ils sont pourtant en eux-mêmes. L'immortalité de l'individu pourrait être comparée au départ d'un point de la surface par la tangente ; mais l'immortalité en vertu de l'éternité de l'essence en soi du phénomène tout entier serait le retour de ce point par le rayon vers le centre, dont la simple étendue est la surface. La volonté, en tant que chose en soi, est présente en chaque être, entière et indivise, tout comme le centre est partie intégrante de chaque rayon ; alors que l'extrémité périphérique de ce rayon est emportée dans un mouvement de rotation des plus rapides avec la surface, qui représente le temps et son contenu, son autre extrémité reste au centre, là où se trouve l'éternité, dans la plus profonde quiétude, parce que le centre est le point dont la moitié ascendante n'est pas distincte de sa moitié descendante. Aussi est-il dit dans la *Bhagavad-Gîtâ* : *Haud distributum animantibus et quasi distributum tamen insidens animantiumque sustentaculum id cognoscendum, edax et rursus genitale* [Indivisé dans les êtres, il semble divisé ; il porte les êtres qu'il lui faut connaître, il les dévore et il les produit[204]] (*lect. 13, 16. vers. Schlegel*). — Sans doute sommes-nous ici en train de verser dans une langue imagée et mystique, mais c'est la seule langue qui permette encore de

dire quelque chose de ce thème tout à fait transcendant. C'est pourquoi on me passera une dernière
métaphore : on peut s'imaginer l'espèce humaine
comme un *animal compositum* [animal composé],
forme de vie que présentent bien des polypes, en
particulier les flottants, *veretillum*, *funiculina*, et
autres[205]. De même que, chez ceux-ci, la partie de la
tête isole chaque animal singulier, alors que la partie
inférieure dotée d'un estomac commun à tous les
relie tous dans l'unité d'un processus de vie, de même
le cerveau doté de sa conscience isole les individus
humains, alors que la partie inconsciente, la vie
végétative, avec son système ganglionnaire où pendant le sommeil s'évanouit la conscience du cerveau,
pareille à un lotus qui, la nuit, sombre et plonge
dans les flots, représente une vie commune à tous
les individus, laquelle vie leur permet même, par
exception, de communiquer, ce qui se produit, par
exemple, lors de la transmission directe des rêves,
lors du transfert de pensées du magnétiseur à la
somnambule, enfin dans l'action magnétique ou, de
manière générale, magique, émanant d'un vouloir
intentionnel. Une telle action, en effet, lorsqu'elle a
lieu, se distingue *toto genere* de toute autre par cet
influxus physicus [influence physique], en ce qu'elle
est une véritable *actio in distans* [action à distance]
que la volonté émanant pourtant de l'individu accomplit en vertu de sa qualité métaphysique de substrat
omniprésent dans la nature tout entière. On pourrait
également dire que, de même que de sa FORCE CRÉA-
TRICE première, qui s'est éteinte après avoir accompli son œuvre dans les formes existantes de la nature,
il peut parfois, à titre exceptionnel, apparaître encore
un faible résidu qui s'exprime dans la *generatio aequivoca*, de même, de sa TOUTE-PUISSANCE première,
qui s'est intégralement dépensée après avoir accompli

son œuvre dans la présentation et la conservation des organismes, il peut encore rester pour ainsi dire un surcroît qui, exceptionnellement, peut devenir actif dans ces actions magiques. J'ai parlé de façon développée de cette qualité magique de la volonté dans *De la volonté dans la nature*[206], de sorte que je renonce volontiers ici à certaines considérations qui, bien que l'on ne puisse tout à fait les ignorer et les nier, ne peuvent néanmoins que reposer sur des faits incertains.

CHAPITRE 26[*]

SUR LA TÉLÉOLOGIE

La finalité <*Zweckmässigkeit*> générale de la nature organique, se rapportant au maintien de chaque être, ainsi que la conformité de cette nature organique avec l'inorganique ne trouveront jamais de lien aussi approprié avec un système philosophique qu'avec celui qui pose au fondement de l'existence de tout être naturel une VOLONTÉ, qui, par suite, exprime son essence et son aspiration non seulement dans les actions, mais d'emblée dans la FORME de l'organisme tel qu'il apparaît. Je n'ai fait qu'indiquer au chapitre précédent l'explication qu'offrait ma méthode de cet objet, explication que j'avais déjà exposée dans le passage du tome I cité plus bas, et plus clairement et plus complètement encore dans *De la volonté dans la nature* sous la rubrique «Anatomie comparée»[207]. J'y ajoute maintenant encore les remarques suivantes.

[*] Ce chapitre et le suivant se rapportent au § 28 du tome I.

Cet étonnement émerveillé qui nous saisit à chaque fois que nous considérons la finalité infinie de l'édifice des êtres organiques repose au fond sur une présupposition certes naturelle mais néanmoins fausse : la CONCORDANCE <*Übereinstimmung*> des parties les unes avec les autres, avec le tout de l'organisme et avec les fins que ce dernier poursuit dans le monde extérieur, telle que nous l'appréhendons et la jugeons par la CONNAISSANCE, c'est-à-dire par la voie de la REPRÉSENTATION, aurait été aussi introduite par cette même voie ; et ainsi, de même qu'elle existe POUR l'intellect, elle aurait aussi été produite PAR cet intellect. Bien sûr, quand il s'agit de NOUS, nous ne pouvons produire quoi que ce soit de régulier et de conforme à des lois, comme c'est le cas, par exemple, de tout cristal, que sous la conduite de la loi et de la règle ; de même nous ne produisons rien qui soit conforme à une fin sans le faire sous la conduite du concept de fin. Mais rien ne nous autorise à transposer notre propre limitation à la nature, puisque celle-ci est elle-même un *prius* [antécédent] de tout intellect et que son agir se distingue en tout point du nôtre, ainsi que nous l'avons dit au chapitre précédent. Ce qui donne l'apparence d'être tellement finalisé et tellement réfléchi, la nature le produit sans réflexion et sans concept de fin, parce qu'elle le produit sans représentation, laquelle est d'une origine parfaitement secondaire. Considérons en premier lieu ce qui est simplement conforme à une règle <*das Regelmässige*> avant d'aborder ce qui est conforme à une fin <*das Zweckmässige*>. Les six rayons égaux qui décrivent des angles égaux d'un flocon de neige n'ont été préalablement mesurés par aucune faculté de connaissance ; ils sont simplement l'aspiration de la volonté originelle telle qu'elle se présente à la connaissance au moment où celle-ci

vient s'ajouter. De même qu'ici la volonté réalise
une figure régulière sans l'aide des mathématiques,
de même elle organise les corps organiques et hautement finalisés sans l'aide de la physiologie. La
figure régulière dans l'espace n'existe que pour l'intuition, dont la forme propre est l'espace ; ainsi, la
finalité de l'organisme n'existe que pour la raison
connaissante dont la réflexion est liée aux concepts
de fin et de moyen. S'il nous était possible d'avoir
une compréhension immédiate de l'agir de la nature,
nous devrions reconnaître que l'étonnement téléologique évoqué ci-dessus est analogue à celui qu'a
ressenti ce sauvage que Kant évoque dans son explication du risible[208] : lorsqu'il vit jaillir d'une bouteille de bière que l'on venait d'ouvrir un jet continu
de mousse, il dit qu'il ne s'étonnait pas que cette
mousse puisse ainsi sortir de cette bouteille, mais de
la façon dont on avait pu l'introduire ; car nous
aussi, nous présupposons que la finalité des produits
de la nature a été introduite par la même voie que
celle qu'elle emprunte pour se présenter à nous.
C'est pourquoi notre étonnement téléologique peut
également être comparé à celui que les premières
œuvres des imprimeurs suscitèrent chez ceux qui,
présupposant qu'un livre était l'œuvre d'une plume,
considérèrent et admirent pour hypothèse que ceux-
ci étaient l'œuvre d'un démon. — Car, encore une
fois, c'est au moyen de ses propres formes, l'espace,
le temps et la causalité, que notre intellect appréhende en tant qu'objet l'acte de la volonté, en soi
métaphysique et indivisible, tel qu'il se présente
dans le phénomène d'un animal ; voilà pourquoi
c'est notre intellect qui crée d'abord la pluralité et
la diversité des parties et de leurs fonctions, pour
ensuite s'étonner de cette concordance parfaite issue
de l'unité originelle et de la conspiration qu'il y voit.

Cependant, c'est, en un certain sens, sa propre œuvre qu'il admire.

C[Si nous nous livrons à l'observation de la construction incroyable et infiniment ingénieuse de n'importe quel animal, serait-ce même celle de l'insecte le plus ordinaire, si nous nous abîmons dans l'admiration de celle-ci et que, tout à coup, nous vient à l'esprit que la nature abandonne ces mêmes organismes excessivement ingénieux et suprêmement complexes et, tous les jours et sans retour, les livre par milliers à la destruction, à l'action du hasard, à la rapacité des autres animaux, au caprice des hommes, alors cette prodigalité vertigineuse nous plonge dans la stupeur. Seulement, cet étonnement repose sur une amphibolie des concepts, puisque nous avons à l'esprit l'œuvre de l'art humain qui n'est produite que par l'intermédiaire de l'intellect et qu'au prix d'un triomphe sur la résistance d'un matériau étranger, ce qui, il est vrai, coûte un énorme effort. À la nature en revanche, ses œuvres, si ingénieuses soient-elles, ne coûtent aucun effort, puisque l'organisme n'est que la visibilité de la volonté présente dans le monde, visibilité qui prend corps dans le cerveau.]C

De cette constitution qu'expriment les êtres organiques, il résulte que la téléologie, présupposant la finalité de chacune des parties d'un corps, fait figure de fil conducteur parfaitement sûr pour considérer l'ensemble de la nature organique. En revanche, si on cherche, dans une intention métaphysique, à atteindre une explication de la nature qui aille au-delà de la possibilité de l'expérience, elle ne peut être convoquée qu'en second lieu et de manière subsidiaire pour confirmer seulement certains principes d'explication qui ont déjà été fondés par ailleurs. Car, en ce domaine, elle fait partie des problèmes dont il faut rendre raison. — Par conséquent, lorsqu'on trouve, chez un animal, une partie qui semble ne pas avoir de fin, il faut toujours se garder de supposer que la nature l'aurait produite sans lui donner de fin, comme pour jouer, ou par simple caprice. Une telle hypothèse serait à la rigueur pensable si on adopte l'hypothèse d'Anaxagore, selon laquelle la nature serait arrivée à sa disposition régulière *<Einrichtung>* par l'intermédiaire d'un entendement ordonnateur qui, en tant que tel, serait au service d'une faculté de vouloir *<Willkür>* étrangère, mais non si on adopte celle selon laquelle l'essence en soi (c'est-à-dire en dehors de notre représentation) de tout organisme serait à elle seule SA PROPRE VOLONTÉ ; car alors l'existence de chacune de ses parties est conditionnée par le fait qu'elle doit posséder une fonction quelconque pour cette volonté qui est à son fondement, et qu'elle exprime et réalise quelque aspiration de cette même volonté et, par suite, contribue à la conservation de cet organisme. Car, en dehors de la VOLONTÉ QUI APPARAÎT EN LUI et des conditions du monde extérieur dans lequel elle a délibérément entrepris de vivre, en dehors aussi du conflit avec ces conditions extérieures en fonction duquel sont conçues sa forme et sa disposition régulière tout entières, rien ne peut avoir eu d'influence sur lui ou avoir déterminé sa forme et ses parties : nulle faculté de vouloir, nulle lubie. C'est pourquoi tout DOIT NÉCESSAIREMENT être finalisé en lui. Aussi les CAUSES FINALES (*causae finales*) constituent le fil directeur qui permet de comprendre la nature organique, tout comme les causes efficientes (*causae efficientes*) permettent de comprendre la nature inorganique. C'est ce qui explique que, lorsqu'en anatomie ou en zoologie, nous nous trouvons dans l'incapacité de découvrir à quelle fin correspond une partie existante, notre entendement en conçoit une indignation qui est semblable à celle que produit en physique un effet dont la cause nous reste cachée. Et à l'instar de la cause, nous présupposons cette fin comme nécessaire et continuons de la chercher, aussi vaines qu'aient pu s'avérer les tentatives antérieures. C'est par exemple le cas pour la rate : on ne cessera de se perdre en conjectures sur sa fin jusqu'au jour où enfin l'une d'entre ces hypothèses sera confirmée comme la bonne. C'est également le cas des grandes défenses en spirale du babiroussa[209], des protubérances en forme de cornes de certaines chenilles, et de bien d'autres encore. Nous appliquons la même règle pour juger aussi les cas négatifs, par exemple quand, au sein d'un ordre aussi parfaitement uniforme que l'est celui des sauriens, une partie aussi importante que la vessie est présente dans de nombreuses espèces, mais est manquante chez d'autres, c[de même le fait que les dauphins et certains autres cétacés qui leur sont apparentés sont absolument dépourvus de nerfs olfactifs, alors que les autres cétacés et même les poissons en ont :]c il doit bien exister une raison déterminante pour l'expliquer.

Il est vrai qu'on a trouvé quelques rares et réelles exceptions à cette loi générale de la finalité dans la nature organique, et elles furent l'objet d'un grand étonnement ; cependant, parce qu'il est possible de leur trouver par ailleurs une autre explication, c'est le principe *exceptio firmat regulam* [l'exception confirme la règle] qui s'applique à ces cas-là. Par exemple : les têtards du crapaud pipa[210] ont une queue et des branchies alors que, contrairement aux autres têtards, ils ne nagent pas mais attendent leur métamorphose sur le dos de leur mère ; le kangourou mâle possède un début d'os qui chez la femelle sert

de support à la poche ; les mammifères mâles ont
eux aussi des tétins ; le rat *mus typhlus* a des yeux,
bien que minuscules, alors que son épiderme extérieur est dépourvu d'ouverture pour ces yeux, de
sorte que cet épiderme, doté de poils, les recouvre ;
la taupe des Apennins, deux poissons, la *muraena
caecilia* et le *gastrobranchus caecus* se trouvent dans
le même cas, C[de même le *proteus anguinus*²¹¹]C.
Ces rares et surprenantes exceptions à cette loi de la
nature, par ailleurs si stricte, ces contradictions de
la nature avec elle-même, nous devons nous les
expliquer à partir de la cohérence interne de ses
divers phénomènes les uns par rapport aux autres,
cohérence due à l'unité de ce qui apparaît en eux, en
conséquence de quoi la nature doit simplement
suggérer chez l'un tel élément réellement présent
chez un autre qui lui est apparenté²¹². C'est pourquoi
le mâle ne possède que le rudiment d'un organe
réellement présent chez la femelle. De même que la
différence des SEXES ne peut supprimer le type de
l'ESPÈCE, de même le type de tout un ORDRE animal,
comme, par exemple, celui des batraciens, s'affirme
même là où, dans certaines espèces (pipa), l'une de
ses déterminations s'avère superflue. Mais la nature
peut encore moins laisser disparaître sans trace une
détermination <*Bestimmung*> qui appartient au type
de toute une SECTION FONDAMENTALE (les vertébrés),
même lorsque cette détermination (les yeux) doit
s'effacer dans une espèce isolée (*mus typhlus*) parce
qu'elle y est devenue superflue ; aussi doit-elle suggérer ici au moins de manière rudimentaire ce qu'elle
réalise chez tous les autres.

C[Dans cette perspective, il devient même possible
d'entrevoir jusqu'à un certain point ce qui fonde ce
que R. Owen, en particulier, a si bien exposé dans
son *Ostéologie comparée*²¹³, à savoir l'HOMOLOGIE

dans le squelette que l'on remarque d'abord chez les mammifères puis, dans un sens plus large, chez tous les vertébrés. Ainsi, par exemple, tous les mammifères ont sept vertèbres cervicales et chaque os de la main et du bras de l'homme a son *analogon* dans la nageoire de la baleine, ou encore, l'os du crâne de l'oiseau dans l'œuf contient autant d'os que celui du fœtus humain, etc. Or tout cela indique un principe indépendant de la téléologie, mais qui n'en représente pas moins le fondement sur lequel la nature construit, ou encore le matériau donné par avance qu'elle utilise pour ses œuvres ; c'est précisément ce que Geoffroy Saint-Hilaire a présenté sous le nom d'« élément anatomique ». C'est l'*unité de plan* [en français dans le texte], le type premier fondamental <*Ur-Grund-Typus*> du règne animal supérieur, pour ainsi dire le ton que la nature choisit arbitrairement pour jouer sa partie.]C

Aristote (*De part. anim.*, *I, 1*) a déjà très justement défini la différence entre la cause efficiente (*causa efficiens*) et la cause finale (*causa finalis*) en ces termes : Δύο τρόποι τῆς αἰτίας, τὸ οὗ ἕνεκα καὶ τὸ ἐξ ἀνάγκης, καὶ δεῖ λέγοντας τυγχάνειν μάλιστα μὲν ἀμφοῖν C[(*Duo sunt causae modi : alter cujus gratia et alter e necessitate ; ac potissimum utrumque eruere oportet*) [Il y a deux sortes de causes : la cause finale et la cause efficiente et, quand on en parle, il faut tenir compte des deux[214]]]C. La cause EFFICIENTE est ce PAR QUOI <*wodurch*> quelque chose est, la cause finale est ce POURQUOI <*weshalb*> elle est : dans le temps, le phénomène qu'il faut expliquer a la première AVANT lui et la seconde APRÈS lui. Il n'y a que dans les actions arbitraires des êtres animaux que ces deux causes coïncident immédiatement, puisque ici la cause finale, la fin, se présente comme MOTIF ; mais parce qu'un tel motif est toujours l'authentique et vraie cause de

l'action, il en est entièrement la cause AGISSANTE
<bewirkende Ursache>, le changement antécédent
qui l'a provoquée, et en vertu duquel elle se produit
NÉCESSAIREMENT, et sans lequel elle ne pourrait se
réaliser, ainsi que je l'ai démontré dans mon *Mémoire
sur la liberté de la volonté*[215]. Car quel que soit
l'élément physiologique qu'on glisse entre l'acte de
la volonté et le mouvement du corps, la VOLONTÉ
reste toujours manifestement ce qui meut, et ce qui
la meut, ELLE, est le MOTIF venant de l'extérieur,
donc la *causa finalis* qui, par conséquent, intervient
ici comme *causa efficiens*. Nous savons par ailleurs,
à la suite de ce qui a été précédemment exposé, que
le mouvement d'un corps ne fait qu'un, au fond,
avec l'acte de la volonté, dans la mesure où il est son
simple phénomène dans l'intuition cérébrale. Il faut
bien retenir cette coïncidence *<Zusammenfallen>*
entre la *causa finalis* et la cause efficiente dans le
seul phénomène qui nous soit connu INTIMEMENT et
qui, pour cette raison, reste toujours ce que nous
considérons comme notre phénomène originel *<Ur-
phänomen>*[216] : car cela nous amène justement à
admettre que, au moins dans la nature organique,
dont la connaissance a pour seul fil conducteur les
causes finales, c'est une VOLONTÉ qui engendre les
formes. En réalité, nous ne pouvons clairement penser une cause finale autrement que comme une fin
intentionnelle, c'est-à-dire comme un motif[217]. Si
nous considérons précisément la cause finale dans
la nature, nous ne devons pas, pour exprimer son
essence transcendante, craindre une contradiction,
pour dire non sans audace : la cause finale est un
motif qui agit sur un être sans être connu de lui.
Car, en effet, les nids de termites sont le motif qui a
suscité la mâchoire sans dents du fourmilier, ainsi
que sa longue langue filiforme et gluante ; la coque

dure de l'œuf, qui tient prisonnier l'oisillon, est à n'en pas douter le motif de l'extrémité cornée dont est doté son bec pour la transpercer, après quoi il la rejette parce qu'elle ne lui sera plus d'aucune utilité. De même, les lois de la réflexion et de la réfraction de la lumière sont le motif de l'appareil optique si complexe et si excessivement subtil qu'est l'œil de l'homme, pour lequel ont été exactement calculées en fonction de ces lois la transparence de sa cornée, les différentes densités de ses trois humeurs, la forme de sa lentille, la couleur noire de sa choroïde, la sensibilité de sa rétine, la capacité de rétractation de sa pupille et toute sa musculature. Or ces motifs agissaient déjà bien avant d'avoir été perçus, et il ne peut en être autrement, si contradictoire que cela puisse paraître. Car c'est ici que se situe le passage du physique au métaphysique. Or nous avons reconnu celui-ci dans la VOLONTÉ ; c'est pourquoi nous devons comprendre que la volonté qui fait étendre la trompe de l'éléphant en direction des objets est aussi la volonté qui lui a donné sa forme et l'a produite en anticipant ces objets[218]. —

Voilà qui s'accorde avec le fait que, dans l'étude de la nature ORGANIQUE, nous sommes tout à fait renvoyés aux CAUSES FINALES, que nous les recherchons partout et expliquons tout à partir d'ELLES ; les CAUSES EFFICIENTES, en revanche, n'occupent là qu'une place entièrement subordonnée, elles ne sont que les instruments des causes finales et, comme dans les mouvements volontaires des membres, dont il a été convenu qu'ils étaient provoqués par des motifs extérieurs, elles sont bien plus présupposées que démontrées. Dans l'explication des FONCTIONS physiologiques, nous ne les recherchons qu'en cas de besoin, et encore, le plus souvent, c'est en vain. Or, dans l'explication de la GENÈSE DES ORGANES, nous ne les recherchons plus du tout, et nous nous contentons des seules causes finales ; nous gardons à la rigueur encore un principe tel que, par exemple, celui-ci : plus l'organe doit être grand, plus les artères d'où lui parvient le sang doivent être fortes ; mais des causes proprement EFFICIENTES qui ont produit, par exemple, l'œil, l'oreille, le cerveau, nous ne savons absolument rien. Et même dans l'explication des seules FONCTIONS, la CAUSE FINALE est de loin plus importante et plus pertinente que la CAUSE EFFICIENTE. C'est pourquoi il suffit que cette seule cause finale soit connue, pour nous instruire sur le principal et nous satisfaire, alors que la cause efficiente seule ne nous est d'aucun secours. Par exemple, si nous connaissions réellement la cause efficiente de la circulation sanguine, ce qui n'est pas vraiment le cas puisque nous sommes encore en train de la chercher[219], alors elle ne nous serait d'aucune aide sans la cause finale d'après laquelle, pour s'oxyder, le sang doit passer par les poumons et repasser ensuite dans le corps pour en assurer la nutrition ; or, sans même la cause efficiente, cette cause finale suffit largement à nous éclairer. Au demeurant, comme nous l'avons dit plus haut, je suis persuadé que la circulation sanguine n'a absolument aucune cause efficiente propre et qu'ici la volonté agit aussi immédiatement que dans le mouvement musculaire où les motifs la déterminent par le biais de l'influx nerveux, de sorte qu'ici aussi le mouvement serait immédiatement produit par la cause finale, c'est-à-dire par le besoin d'oxygénation dans les poumons, lequel besoin agit ici sur le sang comme un motif pour ainsi dire, sans qu'il y ait cependant médiation par la connaissance, puisque tout se passe à l'intérieur de l'organisme. — La prétendue métamorphose des plantes, une idée qui a été lancée à la légère par

Kaspar Wolff[220], et que Goethe a pompeusement présentée sous cette dénomination exagérée comme une découverte personnelle au cours d'un pénible exposé[221], relève de l'explication de l'organique par la causes EFFICIENTE, alors qu'au fond cette idée signifie simplement que la nature ne recommence pas chaque produit, et ne crée rien à partir de rien mais, continuant en quelque sorte d'écrire dans le même style, renoue avec ce qui existe déjà, utilise les formes antérieures, les développe et les élève à une puissance supérieure ; c'est exactement ainsi qu'elle a procédé pour l'échelle des animaux, suivant tout à fait cette règle : *natura non facit saltus, et quod commodissimum in omnibus suis operationibus sequitur* [la nature ne fait pas de saut, et emprunte dans chacune de ses entreprises le chemin le plus commode] (Arist., *De incessu animalium, c. 2 et 8*[222]). C[À vrai dire, expliquer la floraison en démontrant que la forme de la feuille est présente dans toutes ses parties me fait le même l'effet que lorsque je vois quelqu'un expliquer la structure d'une maison en montrant que toutes ses parties, ses étages, ses encorbellements, ses mansardes ne sont qu'un assemblage de briques, ne répétant que l'unité originelle de cette brique. Et l'explication du crâne par un assemblage de vertèbres[223] ne me semble valoir guère mieux, et me paraît même bien plus problématique ; encore que, ici aussi, il va de soi que la gaine du cerveau ne sera pas absolument différente et divergente de celle de la moelle épinière, dont elle est la continuation et le chapiteau final, mais qu'elle la prolonge de la même manière. Tout ce mode de considération relève de l'homologie de R. Owen évoquée plus haut.]C — En revanche, l'explication de l'essence de la fleur à partir de sa cause finale, qui vient d'un Italien dont le nom m'échappe, me semble proposer une solution

bien plus satisfaisante. La fin de la corolle, c'est :
1) la protection du pistil et de la *stamina* [étamine] ;
2) la préparation des sucs affinés concentrés dans le
pollen [pollen] et le *germen* [germe] ; 3) l'extraction à
partir des glandes de leur fond de l'huile éthérée,
laquelle, ensuite, sous la forme d'un parfum bien
odorant, enveloppe les anthères et le pistil et les
protège assez bien contre l'humidité de l'air. — Au
nombre des avantages des causes finales on compte
aussi le fait que toute cause EFFICIENTE repose en
dernier ressort sur un élément insondable, à savoir
sur une force naturelle, c'est-à-dire une *qualitas
occulta* [qualité occulte], de sorte qu'elle ne peut
livrer qu'une explication RELATIVE, alors que la
cause finale livre une explication suffisante et complète dans son domaine. Il est vrai que nous ne nous
déclarons réellement satisfaits que lorsque nous
connaissons dans le même temps et séparément les
deux causes, la cause efficiente également nommée
par Aristote ἡ αἰτία ἐξ ἀνάγκης [cause nécessaire] et la
cause finale, ἡ χάριν τοῦ βελτίονος [cause en vue du
meilleur[224]] ; par exemple lorsque nous nous étonnons
de leur rencontre, de leur merveilleuse conspiration,
en vertu de laquelle le meilleur se produit comme
s'il était absolument le nécessaire et, inversement, le
nécessaire comme s'il était simplement le meilleur
et non pas le nécessaire ; car dans ce cas s'éveille en
nous le pressentiment que ces deux causes, si différente que soit leur origine, sont indissociables à la
racine, dans l'essence en soi des choses. Or on
atteint rarement à cette double connaissance ; dans
la nature organique, parce que nous ne connaissons
que rarement la cause EFFICIENTE et, dans la nature
INORGANIQUE, parce que la cause FINALE reste problématique. Cependant, je voudrais l'expliciter à l'aide
de quelques exemples, pour autant que me le per-

mettent mes connaissances dans le domaine de la physiologie; mais les physiologistes pourront leur en substituer d'autres plus évidents et plus percutants. C[Le pou du nègre est noir. Cause finale : sa sécurité. Cause efficiente : sa nourriture est le *rete malpighi* [tissu malpighien] noir du nègre[225]. — On explique la coloration si variée, si flamboyante et vive du plumage des oiseaux des tropiques, bien que ce soit de façon très générale, par la puissante influence de la lumière dans la région entre les tropiques : c'est-à-dire par leur cause efficiente. J'indiquerais comme cause finale que ces plumages éclatants sont des uniformes d'apparat, qui permettent aux individus des espèces innombrables en ces contrées, et appartenant souvent au même genre, de se reconnaître, de sorte que chaque mâle peut trouver sa femelle. Et cela vaut également pour les papillons des diverses régions et des diverses latitudes.]C — On a observé que des femmes phtisiques tombent facilement enceintes au dernier stade de leur maladie et que, durant la grossesse, l'évolution de la maladie s'arrête, mais revient en force après l'accouchement et, la plupart du temps, entraîne la mort. De la même manière, des hommes phtisiques, dans leurs derniers instants de vie, procréent très souvent encore un enfant. La CAUSE FINALE est ici que la nature, partout si soucieuse et inquiète de la conservation de l'espèce, s'empresse, à l'approche de la disparition d'un individu encore dans la force de l'âge, de le remplacer par un nouveau. Quant à la CAUSE EFFICIENTE, en revanche, elle repose sur l'apparition, dans la dernière période de la phtisie, d'un état inhabituel d'excitation du système nerveux. C[On explique par la même cause finale un phénomène analogue à savoir que (d'après Oken, *Die Zeugung*, p. 65[226]), par un instinct inexpliqué, une mouche empoisonnée à l'arsenic s'accouple encore et meurt dans l'accouplement.]C — La CAUSE FINALE de la *pubes* [poils pubiens] chez les deux sexes et du *mons veneris* [mont de Vénus] du sexe féminin, c'est que, chez des sujets très maigres, les *ossa pubis* [os pubiens] ne doivent pas être visibles pendant la copulation, parce qu'ils pourraient susciter de la répulsion ; quant à la raison efficiente, on doit la chercher dans le fait qu'il y a des poils qui poussent partout où une muqueuse passe à la surface de l'épiderme, mais aussi dans le fait que les parties génitales et la tête sont pour ainsi dire deux pôles opposés, ce qui explique qu'elles présentent entre elles diverses sortes de relations et d'analogies, dont le fait d'être velues. — Cette même cause efficiente vaut aussi pour la barbe des hommes dont la cause finale est, ainsi que je le présume, que le pathognomonique, c'est-à-dire la rapide altération des traits du visage trahissant le moindre mouvement intérieur de l'âme, est particulièrement visible sur la bouche et tout autour de la bouche ; ainsi, pour que cette altération échappe au regard inquisiteur de l'adversaire au moment d'une négociation ou d'un événement soudain aux effets souvent dangereux, la nature (qui sait que *homo homini lupus* [l'homme est un loup pour l'homme[227]]) a donné à l'homme la barbe. La femme, en revanche, pouvait s'en passer, puisque la dissimulation et la maîtrise de soi (*contenance* [en français dans le texte]) lui sont innées. — Comme on l'a dit, on doit pouvoir trouver bien d'autres exemples plus adéquats pour démontrer à quel point l'agir totalement aveugle de la nature coïncide avec un agir apparemment intentionnel ou, comme l'énonce Kant, le mécanisme de la nature coïncide avec sa technique dans le résultat[228]. Ce qui implique que, par-delà cette différence, tous deux ont leur origine commune dans la volonté comme chose en soi. On contribuerait largement à élucider ce point de vue si on pouvait trouver par exemple quelle est la cause efficiente qui dirige le bois flottant vers les contrées polaires dépourvues d'arbres, ou encore celle qui a refoulé la terre ferme de notre planète principalement vers l'hémisphère Nord. En revanche, on peut considérer que la cause finale de ce dernier phénomène est que, sur cet hémisphère, l'hiver, qui coïncide avec le périhélie[229], qui accélère la course de la terre, y est de huit jours plus court et de ce fait aussi plus clément. Toutefois, si l'on considère la nature INORGANIQUE, la cause finale y est à chaque fois équivoque ; à plus forte raison, quand on a trouvé la cause EFFICIENTE, elle suscite en nous un doute qui nous fait nous demander si elle ne serait pas une conception purement subjective, une illusion conditionnée par notre point de vue. Dans ce cas, elle serait comparable à bien des œuvres d'art, par exemple à une grossière mosaïque, à un décor de théâtre, ou encore à cet assemblage de roches brutes, qui représente le dieu Apennin à Pratolino, près de Florence[230], autant d'œuvres qui n'agissent qu'à distance, mais disparaissent vues de près, puisqu'on voit alors à leur place la cause EFFICIENTE de l'illusion ; et pourtant ces formes sont effectivement présentes et ne sont pas que le fruit de l'imagination. C'est donc de façon analogue que se comportent les causes finales lorsque apparaissent les causes EFFICIENTES dans la nature inorganique. À vrai dire, il se peut même qu'une personne, douée d'une vue plus globale et plus vaste, nous approuve même si on ajoutait que ce phénomène présente quelques similitudes avec les *omina* [présages].

C[Si, au demeurant, quelqu'un voulait faire un mauvais usage de la finalité EXTERNE qui, ainsi qu'on

l'a dit, demeure toujours ambiguë, et l'utiliser pour
des démonstrations physico-théologiques, comme cela
se pratique de nos jours — encore que, espérons-
le, seulement chez les Anglais[231] —, alors il est, en
l'espèce, suffisamment d'exemples *in contrarium*
[pour le contraire], c'est-à-dire d'atéléologie, pour le
confondre. L'une des plus puissantes nous est offerte
par le fait que l'eau de mer n'est pas potable, de
sorte que l'homme ne se trouve jamais plus exposé
au danger de mourir de soif qu'au milieu des vastes
masses d'eau de sa planète. « En vue de quoi la mer
doit-elle donc être salée ? », devrait-on demander à
nos Anglais.]C

Dans la nature INORGANIQUE, les causes finales
passent au second plan, au point qu'une explication
établie à partir d'elles seules n'a plus rien de valable
et que l'on fait appel à la place aux causes EFFI-
CIENTES ; cela repose sur le fait que la volonté qui
s'objective aussi dans la nature inorganique n'apparaît plus sous la forme d'individus formant un
tout en soi, mais dans des forces naturelles et dans
leur action, dans lesquelles fin et moyen divergent
bien trop l'une de l'autre pour que leur relation puisse
être claire et pour que l'on puisse y connaître une
manifestation de la volonté. Ce phénomène apparaît
déjà, à un certain degré, dans la nature ORGANIQUE,
à savoir là où la finalité est EXTERNE, c'est-à-dire là
où la fin réside dans UN individu et le moyen dans
UN AUTRE. Et pourtant, là encore, elle demeure indubitable, tant que ces deux individus appartiennent
à la même espèce, et elle en devient même plus frappante. Au premier chef, on peut compter parmi ces
cas l'organisation des parties génitales des deux sexes,
calculée en fonction les unes des autres ; C[ensuite,
certaines dispositions favorisant l'accouplement : par
exemple, chez le *lampyris noctiluca* (le ver luisant),

le mâle, qui ne luit pas, est le seul à être doté d'ailes pour pouvoir aller chercher une femelle ; quant à la femelle, dépourvue d'ailes, parce qu'elle ne peut apparaître que le soir, elle possède la lumière phosphorescente afin de pouvoir être trouvée par le mâle. Toutefois, chez le *lampyris italica*, les deux sexes sont luisants, ce qui relève du luxe de la nature propre au Sud.]C Mais il y a un exemple frappant, parce que parfaitement spécifique, de la finalité dont il est question ici et c'est celui que nous livre Geoffroy Saint-Hilaire[232] à travers la belle découverte qu'il a faite dans sa vieillesse, et qui a trait à la constitution précise de l'appareil d'allaitement des cétacés. Comme, en effet, tout allaitement exige une activité respiratoire, il ne peut avoir lieu que dans un milieu lui-même respirable et non sous l'eau où cependant le petit de la baleine se tient suspendu aux mamelles de sa mère. Pour prévenir cela, l'appareil mammaire a été entièrement modifié de façon à devenir un organe d'injection, si bien que, introduit dans la gueule du petit, il lui injecte le lait sans que ce dernier ait besoin de l'aspirer. — Là où, en revanche, l'individu qui procure une aide essentielle à un autre appartient à une tout autre espèce, voire à un autre règne de la nature, nous douterons de cette finalité extérieure, tout comme dans le cas de la nature inorganique, à moins que la conservation des espèces n'en dépende manifestement. Or c'est le cas chez beaucoup de plantes dont la fécondation ne peut se dérouler sans l'intervention des insectes qui transportent le pollen sur le stigmate ou encore font fléchir les étamines vers le pistil : le berbéris ordinaire, bien des sortes d'iris et l'*Aristolochia clematitis* ne peuvent être fécondés sans l'aide des insectes (Chr. Conr. Sprengel, *Entdecktes Geheimnis*[233], etc., 1793 ; Willdenow, *Grundriss der Kräuterkunde*, 353). — Bien des plantes dioïques, monoïques et polygames[234] comme, par exemple, le concombre et le melon, sont dans le même cas. Ce soutien que le monde des plantes et des insectes reçoit l'un de l'autre se trouve excellemment exposé dans la grande *Physiologie als Erfahrungswissenschaft* de Burdach, vol. I, § 263[235]. Et Burdach d'ajouter cette très belle remarque : « Il ne s'agit ni d'un expédient mécanique ni d'un recours d'extrême nécessité, comme si, pour ainsi dire, la nature avait hier formé les plantes et, ayant commis une erreur, tenterait de la réparer aujourd'hui par les insectes ; c'est bien plutôt une très profonde sympathie du monde végétal pour le monde animal. L'identité de tous deux doit se révéler au grand jour : tous deux, enfants d'UNE MÊME mère, doivent exister l'un avec l'autre et l'un par l'autre. » — Et il poursuit : « Mais le monde organique entretient ce même lien de sympathie avec le monde inorganique », etc. Le second volume de l'*Introduction into Entomology by Kirby and Spence*[236] fournit également une preuve de ce *consensus naturae* [consensus de la nature], par cette observation que les œufs des insectes survivent à l'hiver en adhérant aux branches des arbres qui servent à la nutrition des larves et éclosent exactement au moment où la branche bourgeonne ; ainsi par exemple l'aphidé du bouleau éclôt un mois plus tôt que celui du frêne, de la même manière que des insectes des plantes vivaces passent l'hiver sur elles à l'état d'œufs, tandis que ceux des plantes annuelles, comme ils ne peuvent en faire de même, le passent à l'état de chrysalides.

Trois grands hommes ont rejeté la téléologie, ou l'explication à partir des causes finales — et nombreux sont les petits hommes qui ont machinalement répété leur parole. Il s'agit de Lucrèce, de Bacon de Verulam et de Spinoza. Chez tous les trois, la source de cette aversion est déjà suffisamment connue ; on sait, en effet, qu'ils pensaient que la téléologie était inséparable de la théologie spéculative, et qu'ils concevaient à l'égard de cette dernière une telle répugnance (bien que Bacon, cependant, ait cherché, il est vrai, à subtilement la dissimuler) qu'ils ont voulu pour la contourner emprunter le chemin qui lui était le plus éloigné. C[Mais Leibniz lui aussi est entièrement resté prisonnier de ce préjugé, puisque c'est avec une naïveté caractéristique qu'il l'a énoncé comme quelque chose qui irait de soi dans sa lettre à M. de Nicaise (*Spinozae op. ed. Paulus, vol. 2, p. 672*) : « les causes finales, ou ce qui est *la même chose*, la considération de la sagesse divine dans l'ordre des choses[237] » (*même chose* [en français dans le texte] : que diable !)]C. Aujourd'hui encore, certains Anglais partagent ce point de vue, comme les hommes du *Bridgewater-treatise*[238], Lord Brougham[239], etc., C[et même R. Owen, dans son *Ostéologie comparée*[240], pense la même chose que Leibniz ; mais j'ai déjà critiqué ce point dans le tome I[241]. Pour eux tous,]C la téléologie est immédiatement C[théologie et, à chaque fois qu'on identifie une finalité dans la nature, au lieu de réfléchir et d'apprendre à comprendre la nature, ils laissent éclater un cri puéril : *design ! design !* Sur quoi ils entonnent le refrain de leur philosophie de vieilles commères superstitieuses et ferment leurs oreilles à toutes les raisons que pourtant le grand Hume*[242] déjà leur avait opposées.

* Remarquons ici en passant qu'à en juger par toute la littérature allemande depuis Kant, il faudrait croire que toute la sagesse de Hume aurait consisté dans son scepticisme, faux à l'évidence, à l'encontre de la loi de la causalité, puisque partout on ne bruisse que de cela. Or, pour bien connaître Hume, il faut lire sa *Natural history of religion* et ses *Dialogues on natural religion* : on le découvre là dans toute sa grandeur ; avec son *essay 20, on national*

Cette misère anglaise est essentiellement à imputer à la méconnaissance de la philosophie kantienne, ce qui, 70 ans plus tard,]C n'est pas loin d'être une véritable honte pour tous les savants anglais ; mais cette méconnaissance, à son tour, repose en partie sur la funeste influence exercée par cet ignoble clergé anglais pour qui l'abêtissement sous toutes ses formes est une question d'honneur et cela, dans le seul but de pouvoir maintenir la nation anglaise, par ailleurs tellement intelligente, prisonnière de la plus dégradante des bigoteries. Aussi, animé par le plus bas des obscurantismes, il concentre toutes ses forces à lutter contre l'instruction du peuple, contre l'étude de la nature et même, de manière générale, contre le progrès du savoir humain ; et par ses relations, comme par son Mammon scandaleux et irresponsable qui ne fait qu'aggraver la misère du peuple, il étend son influence aux savants universitaires et aux écrivains, lesquels, par conséquent, se résignent à des précautions et des contorsions en tout genre (ainsi, par exemple, Th. Browne dans *On cause and effect*[243]) dans le seul but de ne pas avoir à croiser même de loin cette « froide superstition » (ainsi que Pückler[244] a très justement défini leur religion) ou les arguments couramment employés pour la défendre.

Quant aux trois grands hommes dont il est question ici, parce qu'ils ont vécu bien avant l'aube de la philosophie kantienne, on peut bien leur pardonner cette répugnance face à la téléologie en raison de son origine. Même Voltaire tenait pour irrécusable la preuve physico-théologique. Cependant, il convient de pénétrer plus avant en chacune de ces trois philo-

---

character, ce sont les écrits qui jusqu'à aujourd'hui lui ont valu — et je ne saurais aucun autre argument qui dise mieux sa gloire — la haine suprême de toute la prêtraille anglaise.

sophies. Tout d'abord, la polémique que Lucrèce mène (IV, 824-858[245]) contre la téléologie est si grossière et si lourde qu'elle se réfute elle-même et nous convainc du contraire. — Pour ce qui est de Bacon (*De augm. scient.*, III, 4[246]), eu égard à l'usage des causes finales, il commence par ne faire aucune distinction entre la nature organique et la nature inorganique (or c'est de cela qu'il s'agit principalement) puisque, dans les exemples qu'il emploie, il les confond. Ensuite, il bannit les causes finales de la physique et les transfère dans la métaphysique ; or celle-ci est pour lui, comme pour beaucoup de gens aujourd'hui, identique à la théologie spéculative. De sorte qu'il tient les causes finales pour indissociables de cette théologie spéculative, et qu'il s'engage si loin dans cette direction qu'il en arrive à blâmer Aristote d'avoir amplement usé des causes finales (ce pour quoi je lui consacrerai tout de suite un éloge spécial) sans les avoir jamais rattachées à la théologie spéculative. — Enfin, pour ce qui est de Spinoza (*Eth.*, I, *prop. 36, appendix*[247]), il révèle au grand jour de façon extrêmement nette qu'il identifie la téléologie avec la physico-théologie contre laquelle il décharge toute sa bile, à tel point qu'il glose le principe *naturam nihil frustra agere* [la nature ne fait rien en vain] de cette façon : *hoc est, quod in usum hominum non sit* [c'est-à-dire qui ne soit à l'usage des hommes[248]] ; de même : *omnia naturalia tanquam ad suum utile considerant, et credunt aliquem alium esse, qui illa media paraverit* [ils considèrent toutes les choses naturelles comme des moyens destinés à leur utilité propre, et ils en ont tiré l'argument pour croire que quelqu'un d'autre existait qui avait prévu ces moyens pour leur usage propre[249]] ; ou encore : *hinc statuerunt, Deos omnia in usum hominum fecisse et dirigere* [ainsi ils posèrent que les dieux destinent et règlent tout à l'usage des hommes[250]. Et c'est là-dessus qu'il s'appuie pour affirmer : *naturam finem nullum sibi praefixum habere et omnes causas finales nihil, nisi humana esse figmenta* [la nature ne comporte aucune fin, et toutes les causes finales ne sont rien d'autre que des fictions humaines[251]]. C[Le seul souci de Spinoza était de barrer la route au théisme : et il avait très justement reconnu que la preuve physico-théologique était sa plus puissante arme. Mais il fut réservé à Kant de réellement la réfuter[252] et à moi de donner l'interprétation juste du matériau qu'il avait fourni, en quoi j'ai satisfait au principe : *est enim verum index sui et falsi* [car le vrai atteste et lui-même et le faux[253]]. Or Spinoza n'a pas su s'aider autrement qu'en recourant à un coup désespéré qui a consisté à nier la téléologie elle-même, c'est-à-dire la finalité dans les œuvres de la nature, une affirmation dont le caractère monstrueux saute aux yeux de quiconque a appris à connaître un tant soit peu précisément la nature organique.]C Cette étroitesse de vue adoptée par Spinoza, associée à sa parfaite méconnaissance de la nature, témoigne suffisamment de son entière incompétence en cette affaire et de la stupidité de ceux qui, s'appuyant sur son autorité, croient devoir juger avec mépris des causes finales.

C'est tout à son avantage qu'Aristote se distingue de ces philosophes des temps modernes et se révèle ici sous son côté brillant. Il aborde la nature sans préjugés, sans rien savoir d'aucune physico-théologie, sans que pareille chose n'ait même jamais traversé son esprit, et sans jamais avoir considéré le monde en se demandant s'il avait été fabriqué de toutes pièces : son cœur est indemne de tout cela, et s'il émet des hypothèses sur l'origine des hommes et des animaux (*de generat. anim.*, III, 11[254]), il le fait sans tomber dans un raisonnement physico-théologique.

Il répète à l'envi ἡ φύσις ποιεῖ C[(*natura facit*) [la nature fait]]C, mais il ne dit jamais ἡ φύσις πεποίηται C[(*natura facta est*) [la nature a été faite]]C. Or, après avoir exactement et scrupuleusement étudié la nature, il découvre qu'elle procède partout suivant une finalité et il dit : μάτην ὁρῶμεν οὐδὲν ποιοῦσαν τὴν φύσιν (*naturam nihil frustra facere cernimus* [nous voyons que la nature ne fait rien en vain[255]], *de respir., c. 10*); et dans les livres *de partibus animalium*, qui donnent une anatomie comparée, il écrit : Οὐδὲ περίεργον οὐδὲν, οὔτε μάτην ἡ φύσις ποιεῖ. — Ἡ φύσις ἕνεκά του ποιεῖ πάντα. — Πανταχοῦ δὲ λέγομεν τόδε τοῦδε ἕνεκα, ὅπου ἂν φαίνηται τέλος τι, πρὸς ὃ ἡ κίνησις περαίνει· ὥστε εἶναι φανερόν, ὅτι ἔστι τι τοιοῦτον, ὃ δὴ καὶ καλοῦμεν φύσιν. — Ἐπεὶ τὸ σῶμα ὄργανον· ἕνεκά τινος γὰρ ἕκαστον τῶν μορίων, ὁμοίως δὲ καὶ τὸ ὅλον C[(*Nihil supervacaneum, nihil frustra natura facit. — Natura rei alicujus gratia facit omnia. — Rem autem hanc esse illius gratia asserere ubique solemus, quoties finem intelligimus aliquem, in quem motus terminetur: quocirca ejusmodi aliquid esse constat, quod Naturam vocamus. — Est enim corpus instrumentum: nam membrum unumquodque rei alicujus gratia est, tum vero totum ipsum*) [La nature ne fait rien de superflu et rien de vain. — La nature fait tout en vue d'un but. — Nous disons qu'une chose a lieu en vue d'une autre partout où peut apparaître un terme auquel aboutit le mouvement si rien ne l'arrête ; par suite, il est de toute évidence qu'il existe bien quelque chose de ce genre et que c'est précisément ce que nous appelons la nature. En effet le corps est un outil : car chacune de ses parties, aussi bien que l'ensemble, existe en vue d'une fin[256]]]C. Mais ce point est plus développé encore p. 645 et 663 de l'édition berlinoise *in quarto* ainsi que dans *de incessu animalium, c. 2* : Ἡ φύσις οὐδὲν ποιεῖ μάτην, ἀλλ' ἀεὶ, ἐκ τῶν ἐνδεχομένων τῇ οὐσίᾳ, περὶ ἕκαστον γένος ζῴου, τὸ ἄριστον C[(*Natura nihil frustra facit, sed semper ex iis, quae cuique animalium generis essentiae contingunt, id quod optimum est*) [la nature ne fait rien en vain, mais réalise toujours le meilleur parmi les possibles[257]]]C. À la fin de ses livres *de generatione animalium*, Aristote recommande même expressément la téléologie et blâme Démocrite pour l'avoir niée, ce dont justement Bacon, prisonnier de ses préjugés, le félicitera par la suite. Mais c'est en particulier dans *Physica*, *II, 8, p. 198*[258] qu'Aristote parle *ex professo* des causes finales et les présente comme le principe vrai qu'il convient d'adopter pour l'observation de la nature. En réalité, toute tête bien faite et bien réglée qui considère la nature tombera sur la téléologie et, en aucun cas, à moins d'être déterminé par des opinions toutes faites, sur la physico-théologie ni sur l'anthropo-téléologie que Spinoza fustige[259]. Concernant Aristote en général, je tiens ici à faire remarquer encore que ses doctrines, dès qu'elles traitent de la nature INORGANIQUE, s'avèrent extrêmement fautives et ne sont d'aucun usage, puisque dans les concepts fondamentaux de la physique et de la mécanique, il rend hommage aux plus grossières erreurs, ce qui est d'autant plus impardonnable qu'avant lui, les pythagoriciens et Empédocle étaient sur la bonne voie et avaient enseigné des choses largement supérieures. Ainsi qu'on le voit au deuxième livre du *de caelo* (*c. I, p. 284*[260]) d'Aristote, Empédocle avait déjà formé le concept d'une force tangentielle engendrée par la rotation et opposée à la pesanteur, alors qu'Aristote, de son côté, l'a rejeté. Or, quand il observe la nature ORGANIQUE, Aristote adopte l'attitude opposée : c'est ici son domaine, c'est ici que la richesse de ses connaissances, son observation pénétrante, ses aperçus parfois profonds, suscitent en nous l'étonnement. Ainsi, pour n'en donner qu'un exemple, il avait déjà reconnu l'antagonisme existant entre les cornes et les dents de la mâchoire supérieure des ruminants, en vertu duquel celles-là sont présentes là où celles-ci manquent, et inversement (*de partib. anim., III, 2*[261]). — Voilà aussi pourquoi il a estimé les causes finales à leur juste valeur.

CHAPITRE 27
DE L'INSTINCT
ET DE LA PULSION INDUSTRIEUSE

Par les pulsions industrieuses <*Kunsttriebe*> des animaux, il semble que la nature avait voulu remettre entre les mains du chercheur comme un commentaire explicitant son agir d'après des causes finales et la finalité des productions organiques qui en découlent et suscitent l'admiration. Car ces pulsions nous montrent de la façon la plus claire que des êtres peuvent travailler à une fin avec la plus grande résolution et avec la plus grande détermination sans pour autant connaître cette fin, sans même en avoir une représentation. C'est le cas, en effet, pour le nid d'oiseau, la toile d'araignée, la fosse du fourmilion, la ruche des abeilles si ingénieuse, l'extraordinaire termitière, etc.; du moins est-ce le cas pour ceux d'entre ces individus animaux qui réalisent pareilles œuvres pour la première fois. Car ni la forme de l'œuvre achevée ni son usage ne peuvent être connus d'eux. Mais c'est justement ainsi qu'agit la nature organisatrice <*organisierende Natur*>; voilà pourquoi, dans le chapitre précédent, j'ai donné une explication paradoxale des causes finales, en disant qu'elles étaient un motif qui agit sans être connu. Et comme dans l'agir procédant de la pulsion industrieuse, l'élément actif est manifestement et incontestablement la VOLONTÉ, ce doit être cette même volonté qui agit dans la nature organisatrice.

On pourrait dire que la volonté des êtres animaux est mue de deux manières différentes : soit par la motivation, soit par l'instinct *<Instinkt>*, c'est-à-dire soit par l'extérieur, soit par l'intérieur, par une occasion extérieure ou par un instinct intérieur, l'occasion extérieure étant explicable parce qu'elle existe à l'extérieur, tandis que l'instinct est inexplicable parce qu'il est purement intérieur. Seulement, à y regarder de plus près, l'opposition entre les deux n'est pas aussi prononcée que cela, et elle se réduit même au fond à n'être qu'une différence de degré. En effet, le motif n'agit qu'à la condition qu'il y ait un instinct intérieur, c'est-à-dire qu'il y ait une constitution déterminée de la volonté que l'on nomme son CARACTÈRE, auquel le motif, chaque fois, ne donne qu'une seule direction nette — il l'individualise dans un cas concret. De même, bien que l'instinct soit une pulsion *<Trieb>* prononcée de la volonté, il n'agit pas exclusivement de l'intérieur comme un ressort, mais lui aussi attend pour cela une circonstance extérieure, laquelle détermine au moins le moment où il se manifestera : pour l'oiseau migrateur, par exemple, cette occasion est la saison ; pour l'oiseau qui fait son nid, c'est le moment de la fécondation et l'arrivée du matériau approprié pour la construction du nid ; pour l'abeille, c'est, au commencement de la construction, la découverte du panier ou de l'arbre creux où se fera la ruche et, pour les aménagements suivants, bien d'autres circonstances particulières ; pour l'araignée, la découverte d'un coin bien approprié ; pour la chenille, la feuille adéquate ; pour l'insecte qui dépose ses œufs, un lieu le plus souvent très spécifique et parfois insolite où les larves, après éclosion, pourront alors trouver leur nourriture, etc. C[Il s'ensuit que, dans les œuvres réalisées par la pulsion industrieuse, c'est d'abord l'instinct de l'animal qui est actif, ainsi que l'intellect, bien que de façon subordonnée. L'instinct, en effet, indique le général, la règle ; l'intellect donne, lui, le particulier, l'application, en ce qu'il préside au détail de l'exécution, de sorte que, à chaque fois, le travail de ces animaux semble apparemment s'adapter aux circonstances. D'après tout cela,]C la distinction entre l'instinct et le pur caractère peut être établie ainsi : l'instinct est un caractère qui n'est mû que par un motif TRÈS SPÉCIFIQUEMENT DÉTER-MINÉ ; aussi l'action qui en découle est-elle à chaque fois de même nature. En revanche, le caractère que possède toute espèce animale comme tout individu humain est également une constitution de la volonté permanente et immuable, laquelle, cependant, peut être mue par des motifs fort différents en s'adaptant à ces motifs ; aussi l'action qui en découle peut-elle être très différente selon sa constitution matérielle. Cependant, cette action portera toujours la marque du même caractère ; c'est pourquoi elle l'exprimera et le manifestera à chaque fois. Par suite, la constitution matérielle de l'action par laquelle il se manifeste, est, pour l'essentiel, indifférente à la connaissance de ce même caractère. On pourrait, par conséquent, définir l'INSTINCT comme un CARACTÈRE incommensurablement UNIVOQUE et STRICTEMENT DÉTER-MINÉ. Il ressort de cette description que le fait d'être déterminé par la seule MOTIVATION présuppose déjà une certaine étendue de la sphère de la connaissance et, par suite, un intellect parfaitement développé. Ce fait n'est donc propre qu'aux animaux supérieurs et, de façon privilégiée, à l'homme, alors que le fait d'être déterminé par l'INSTINCT ne suppose qu'autant d'intellect qu'il est nécessaire pour percevoir le motif unique très spécifiquement déterminé et qui représente la seule et unique occasion de manifestation de cet instinct. Aussi l'instinct ne se produit-il que dans une sphère de connaissance extrêmement limitée et donc, en règle générale et dans son degré le plus élevé, chez les seuls animaux des classes inférieures, notamment chez les insectes. Comme, par conséquent, les actions de ces animaux ne nécessitent qu'une motivation extrêmement simple et minime, le médium de celle-ci, c'est-à-dire l'intellect ou le cerveau, n'est, chez eux, que très faiblement développé. Leurs actions extérieures sont, pour la majeure partie d'entre elles, placées sous la même conduite que les fonctions physiologiques intérieures qui ne réagissent qu'à des excitations; c'est-à-dire qu'elles relèvent du système ganglionnaire. Aussi celui-ci s'est-il développé de façon à devenir prépondérant: le tronc nerveux principal court sous le ventre sous la forme de deux cordons qui, à chaque membre du corps, forment un ganglion, lequel, par sa taille, ne le cède que de très peu au cerveau; il est, d'après Cuvier, un *analogon* non pas tant de la moelle épinière que du grand nerf sympathique[262]. Conformément à tout cela, il y a entre l'instinct et la conduite par la motivation un certain antagonisme, de sorte que l'instinct atteint son degré maximal chez les animaux, tandis que la détermination par la motivation est à son degré maximal chez l'homme; entre les deux, on trouve l'actualisation des autres animaux selon des degrés divers, en fonction de la prépondérance du système cérébral ou du système ganglionnaire. Et c'est justement parce que l'action instinctive et les opérations ingénieuses des insectes sont essentiellement dirigées par le système ganglionnaire que les considérer comme procédant du cerveau et les expliquer par ce biais nous conduit à des incohérences et revient à utiliser une fausse clé pour les déchiffrer. Mais cette même situation confère à leur agir une certaine ressemblance avec celui des somnambules, qu'on explique aussi par le fait que le nerf sympathique se substitue au cerveau pour diriger également les actions extérieures ; il suit de là que les insectes sont pour ainsi dire des somnambules naturelles. Il faut bien trouver des analogies pour rendre compréhensibles les choses dont on ne peut tout à fait venir à bout, et celle que nous venons d'avancer y pourvoira à un haut degré, si nous sollicitons aussi ce cas qu'évoque Kieser dans son *Tellurismus* (vol. 2, p. 250) : «Alors que le magnétiseur avait intimé à la somnambule dans son état de veille d'entreprendre une action déterminée, à son réveil, cette action fut exécutée sans qu'elle pût se souvenir de l'ordre intimé[263].» Il lui semblait donc qu'elle devait accomplir cette action sans réellement savoir pourquoi. Ce cas présente assurément une ressemblance extrêmement grande avec ce qui se produit chez les insectes avec leurs pulsions industrieuses : il semble à la jeune araignée qu'elle doive tisser sa toile sans, cependant, qu'elle n'en connaisse ni n'en comprenne la fin. Voilà qui nous rappelle également le démon de Socrate, qui avait éveillé en lui le sentiment de devoir s'abstenir d'une action que l'on attendait de lui, ou qu'il était sur le point d'accomplir, sans cependant savoir pourquoi : le rêve prophétique qui le lui avait suggéré était oublié. C[Nous trouvons de nos jours des cas parfaitement analogues dont d'ailleurs tout le monde a déjà fait le constat, aussi ne les rappellerai-je que brièvement.

Une personne avait retenu sa place sur un navire, mais au moment où le bateau devait mettre les voiles, sans qu'elle soupçonne une raison à cela, la personne en question n'a tout simplement plus voulu embarquer : le navire sombra. Une autre personne s'en va avec des compagnons voir une poudrière, mais arrivée à proximité, elle refuse d'aller plus loin, et saisie de peur, elle rebrousse précipitamment chemin sans savoir pourquoi : la poudrière sauta. Une troisième, un soir en pleine mer, est poussée sans aucune raison à ne pas se dévêtir, aussi s'étend-elle sur son lit tout habillée avec ses bottes et même ses lunettes : dans la nuit, le navire prend feu ; quant à elle, elle a fait partie des rares personnes qui ont pu se sauver dans la chaloupe. Tout ceci repose sur l'effet éloigné et sourd de rêves fatidiques oubliés, et nous livre une clé pour comprendre, par analogie, ce que sont l'instinct et la pulsion industrieuse.]C

Mais par ailleurs, ainsi qu'on l'a dit, les pulsions industrieuses des insectes jettent en retour une vive lumière sur ce qu'est l'action de la volonté dépourvue de connaissance dans le mécanisme intérieur de l'organisme et dans la formation de ce dernier. Car c'est sans peine qu'on verra dans une fourmilière ou dans une ruche l'image d'un organisme déplié et placé sous la lumière de la connaissance. C'est en ce sens que Burdach dit (*Physiologie*, vol. 2, p. 22) : « La formation et la pondaison des œufs reviennent à la reine, leur ensemencement et le souci de l'éducation reviennent aux ouvrières : en celles-là, l'ovaire, en celles-ci l'utérus sont en quelque sorte devenus des individus[264]. » Dans l'organisme animal, tout comme dans la société des insectes, la *vita propria* [vie propre] de chaque partie est subordonnée à la vie du tout, et le souci pour le tout passe avant celui pour sa propre existence ; plus même : celle-ci n'est voulue que de manière conditionnelle, alors que celle-là est voulue de manière inconditionnelle, raison pour laquelle il arrive que certains individus soient sacrifiés au tout, tout comme on ampute un membre pour sauver tout le corps. Ainsi, par exemple, lorsque l'eau barre le chemin du défilé des fourmis, les premières s'y jettent audacieusement jusqu'à ce que leurs cadavres s'entassent en une digue pour les suivantes. Une fois devenus inutiles, les bourdons sont tués. Si deux reines se trouvent dans la ruche, elles sont entourées des autres fourmis et se livrent un combat jusqu'à ce que l'une d'entre elles y laisse la vie. Après la fécondation, la mère des fourmis se coupe elle-même les ailes, celles-ci ne pouvant qu'être encombrantes sous terre pour la tâche d'intendance qui est désormais la sienne et consistant à fonder une nouvelle famille (*Kirby and Spence, vol. I*[265]). De même que le foie n'a d'autre volonté que de sécréter de la bile afin de servir à la digestion, et, en vérité, ne veut lui-même exister qu'à cette seule fin, comme d'ailleurs tout autre organe du corps, de même l'abeille ouvrière n'a d'autre volonté que de collecter du miel, d'en extraire de la cire et de construire des cellules pour la couvée de la reine, de même le bourdon n'a d'autre volonté que de féconder, la reine, que de pondre des œufs; toutes les parties ne travaillent ainsi qu'à la subsistance du tout, qui est la seule fin inconditionnelle, exactement comme les parties de l'organisme. La différence est seulement celle-ci: dans l'organisme, la volonté primitive agit aveuglément, alors que, dans la société des insectes, l'affaire se déroule déjà à la lumière de la connaissance, à laquelle, cependant, il n'est confié une participation décisive et même quelque choix que dans les accidents du détail, c'est-à-dire là où elle prête son secours ou adapte aux circonstances la tâche qu'il faut exécuter. Or, dans l'ensemble, les insectes veulent la fin sans la connaître, exactement comme la nature organique qui agit selon des causes finales ; aussi, ce qui est confié à leur connaissance, ce n'est pas le choix des moyens dans l'ensemble, mais seulement l'ordonnancement précis de ceux-ci dans le détail. C'est bien pourquoi leur manière d'agir n'est justement pas mécanique, ce qui apparaît avec le plus d'évidence lorsqu'on oppose un obstacle à leur activité. Par exemple, la chenille tisse sa coque sur une feuille sans en connaître la fin, mais si on en détruit le tissu, elle le raccommode aussitôt avec habileté. Dès le début les abeilles adaptent leur édifice aux circonstances données et elles remédient à tous les accidents et même aux destructions délibérées avec une efficacité parfaitement appropriée à chaque cas particulier (*Kirby and Spence, Introd. to entomol.* ; Hubert, *Des abeilles*[266]). Et si un tel phénomène n'a de cesse de susciter notre admiration, c'est parce que la perception des circonstances et l'adaptation à celles-ci sont apparemment l'affaire de la connaissance ; alors que nous leur accordons assurément la prévoyance la plus subtile pour l'espèce à venir et pour son lointain futur, nous savons bien qu'ils ne sont pas dirigés ici par la connaissance, puisqu'une telle prévoyance émanant de la connaissance nécessite une activité cérébrale élevée jusqu'à la raison. En revanche, pour ce qui est des modifications et des ordonnancements de détail, l'intellect même des animaux les plus inférieurs est de taille à faire face aux situations qui existent déjà ou qui se produisent, parce que, dirigé par l'instinct, il n'a qu'à combler les lacunes que ce dernier laisse. Ainsi, nous voyons les fourmis déplacer leurs larves dès que l'endroit devient trop humide et recommencer si l'endroit devient trop sec. Elles ne connaissent pas la fin en vue de laquelle elles agissent, elles ne sont donc pas dirigées par la connaissance ; en revanche, le choix du moment où le lieu n'est plus favorable aux larves, tout comme le choix d'un autre lieu où il convient de les porter, demeure l'affaire de leur connaissance. — Je voudrais ici encore évoquer un fait qui m'a été rapporté par quelqu'un qui en a fait l'expérience, bien que je l'aie retrouvé depuis chez Burdach qui, lui, le tenait de Gleditsch[267]. Pour examiner le nécrophore (*necrophorus vespillo*), ce dernier aurait attaché une grenouille, gisant morte à terre, à un fil dont il aurait attaché l'autre extrémité à une baguette, plantée de biais dans le sol. Comme à leur coutume, quelques nécrophores eurent tôt fait de creuser leur fosse sous la grenouille, mais celle-ci n'y descendait pas, contrairement à leur attente : après bon nombre de déambulations embarrassées, ils enterrèrent aussi la baguette. — La VERTU CURATIVE de la nature agit dans l'organisme comme une assistance qui est apportée à l'instinct, ou encore comme une amélioration qui est apportée aux œuvres de la pulsion industrieuse : non seulement elle cicatrise les plaies, restaurant même la masse osseuse et nerveuse, mais aussi, lorsque la perte d'un embranchement artériel ou nerveux entraîne la rupture d'une connexion, elle en établit une nouvelle, soit en grossissant d'autres artères ou d'autres nerfs, soit même en produisant éventuellement un nouvel embranchement, lequel pourvoira d'un organe vicariant toute partie ou fonction malade. Lorsqu'on perd un œil, elle affûte l'autre, lorsqu'on perd un sens, elle renforce tous les autres, elle referme même parfois une plaie mortelle à l'intestin en développant le *mesenterium* [mésentère] et le *peritonaeum* [péritoine[268]] ; bref, elle cherche à remédier de la manière la plus judicieuse à tous les dommages et à toutes les perturbations. Mais quand le dommage est absolument incurable, elle s'empresse de précipiter la mort et cela d'autant plus que l'organisme est d'un genre supérieur et donc d'autant plus sensible. Et on trouve même un cas analogue dans l'instinct des insectes : les guêpes, en effet, qui, durant tout l'été, ont consacré tous leurs efforts et leur labeur à nourrir leurs larves du butin de leurs rapines, tuent la dernière génération de celles-ci apparue en octobre, voyant le risque qu'elle encourt de mourir de faim (*Kirby and Spence, vol. I, p. 374*[269]). Mais on trouve encore des analogies bien plus insolites et bien plus spéciales encore que celles-là. Ainsi par exemple, lorsque la femelle du bourdon (*apis terrestris*, *bombylius*) pond ses œufs, les ouvrières sont saisies par un désir qui les pousse à les dévorer, qui dure six à huit jours et serait satisfait si la mère ne les empêchait pas de le faire, en veillant avec attention sur ses œufs. Mais, ce temps passé, les ouvrières ne montrent plus aucune envie de dévorer ces œufs, même lorsqu'on les leur offre et, lorsque les larves éclosent, elles s'empressent au contraire de les soigner et de les nourrir. On peut sans forcer le trait y voir une analogie avec les maladies enfantines, notamment la poussée dentaire, où les futurs nourriciers de l'organisme attaquent celui-ci, ce qui, si souvent, lui coûte la vie. — L'observation de toutes ces analogies entre la vie organique et l'instinct, et la pulsion industrieuse chez les animaux inférieurs, contribue à consolider toujours davantage la conviction que la VOLONTÉ est au fondement de l'une comme de l'autre, car elle démontre que dans l'action de la volonté, la connaissance joue un rôle subordonné, tantôt plus limité, tantôt moins limité, tantôt nul.

Mais il est encore un autre point de vue sous lequel les instincts et l'organisation animale s'explicitent mutuellement : c'est l'ANTICIPATION DU FUTUR qui apparaît en tous deux. Avec leurs instincts et leurs pulsions industrieuses, les animaux pourvoient aux besoins qu'ils ne ressentent pas encore, c'est-à-dire non seulement à leurs propres besoins mais aussi à ceux de la progéniture future ; ils travaillent donc à un but qu'ils ne connaissent pas encore et, ainsi que je l'ai montré dans *De la volonté dans la nature*, p. 45 (deuxième édition) à partir de l'exemple du *bombyx* [ver à soie], cela va si loin qu'ils poursuivent et tuent par avance les ennemis de leurs futurs œufs[270]. De la même manière, nous pouvons voir à partir de toute la corporisation d'un animal quels seront ses besoins futurs, quelles seront les fins qu'il poursuivra, puisqu'ils sont anticipés par les instruments organiques destinés à satisfaire les uns et à atteindre les autres. De là vient que la structure de chaque animal est parfaitement appropriée à son mode de vie, qu'il se trouve équipé de toutes les armes nécessaires pour attaquer sa proie et pour se défendre contre son ennemi, et que toute sa conformation est calculée en fonction de l'élément et du milieu dans lequel il sera amené à apparaître comme poursuivant. J'ai décrit en détail ces éléments dans mon écrit *De la volonté dans la nature*, sous la rubrique « Anatomie comparée »[271]. Nous pourrions ramener toutes ces anticipations, qui apparaissent aussi bien dans l'instinct que dans l'organisation des animaux, sous un concept de connaissance *a priori*, si celles-ci avaient pour fondement une connaissance. Mais, comme nous l'avons montré, ce n'est pas le cas : leur origine est plus profonde encore que le domaine de la connaissance, car elle réside dans la volonté en tant que chose en soi qui, comme telle, est aussi indépendante des FORMES de la connaissance, raison pour laquelle le TEMPS n'a aucune signification pour elle, et que le futur lui paraît aussi proche que le présent.

CHAPITRE 28*

CARACTÉRISTIQUE
DE LA VOLONTÉ DE VIVRE

Notre livre II s'est clos sur la question du but et de la fin de cette volonté qui s'est avérée être l'essence en soi de toutes choses dans le monde. Afin de compléter la réponse d'ordre général qui y fut donnée, j'ajouterai quelques considérations qui permettront une présentation globale du caractère de la volonté.

Procéder à cette caractérisation n'est possible que parce que nous avons reconnu que l'essence intime du monde était quelque chose d'entièrement réel et d'empiriquement donné. Au contraire, le nom d'« âme du monde[272] », par lequel bien des auteurs ont désigné cette essence intime, lui substitue d'emblée un *ens rationis* [être de raison], car le terme d'« âme » affirme l'existence d'une unité individuelle de la conscience qui, manifestement, ne revient pas à cette essence. D'autant que, de manière générale, le concept d'« âme » ne peut ni se justifier ni s'employer parce qu'il établit entre le connaître et le vouloir un lien indéfectible, tout en les hypostasiant, indépendamment de l'organisme animal. Ce terme d'ailleurs ne devrait jamais être employé autrement qu'au sens figuré : car ψυχή ou *anima* ne sont nullement aussi spécieux, puisqu'ils ne signifient que le « souffle ».

* Ce chapitre se rapporte au § 29 du tome I.

Mais la formule choisie par les soi-disant panthéistes est plus inappropriée encore. Toute leur
philosophie n'a jamais consisté qu'à intituler «Dieu»
cette essence intime du monde qu'ils ne connaissent
pas; avec quoi ils croient même avoir largement
accompli leur œuvre. Selon eux, le monde serait une
théophanie[273]. Mais il n'y a qu'à voir ce qu'est ce
monde peuplé d'êtres nécessiteux : ils ne subsistent
un temps qu'EN VERTU DU FAIT même de s'entredé-
vorer, et passent leur existence dans l'angoisse et la
détresse, endurant souvent d'effroyables tourments
jusqu'à ce qu'enfin ils se précipitent dans les bras
de la mort. Quiconque a une vision nette de ce
spectacle donnera raison à Aristote qui écrit : ἡ
φύσις δαιμονία, ἀλλ' οὐ θεία ἐστί C[(*natura daemonia est,
non divina*) [la nature est démoniaque, non pas divine[274]]]C ; *de divinat., c. 2, p. 463*. À vrai dire, il doit
reconnaître qu'un Dieu qui aurait consenti à se
métamorphoser en un monde pareil a forcément dû
être tourmenté par le diable. — Je sais fort bien que
les prétendus philosophes de notre siècle ne font que
reprendre Spinoza et se considèrent comme justifiés
par cette référence. Or Spinoza avait certaines raisons de donner ce nom à son unique substance afin,
sinon de sauver l'affaire, du moins le nom. Le souvenir des bûchers de Giordano Bruno et de Vanini
était encore tout frais dans les mémoires : eux aussi
ont été sacrifiés à ce Dieu en l'honneur duquel le
sang humain a coulé, en des sacrifices incomparablement plus nombreux que ceux qui ont été faits
sur les autels de tous les dieux païens des deux
hémisphères réunis. Si Spinoza, par conséquent,
appelle le monde «Dieu», il le fait à la manière de
Rousseau qui, dans son *Contrat social*[275], n'a de cesse
de désigner le peuple par ce nom : *le souverain* [en
français dans le texte]; mais on pourrait aussi le

comparer à ce prince qui, un jour, décida d'abroger la noblesse en son pays et eut soudain l'idée de ne la retirer à aucun de ses sujets mais, à la place, de les ennoblir tous. Cependant, nos sages d'aujourd'hui ont, à vrai dire, encore une autre raison de recourir à cette dénomination, ce qui ne la rend cependant nullement plus pertinente. Dans leur manière de philosopher, ils prennent tous comme point de départ non pas le monde, non pas la conscience que nous avons de ce monde, mais Dieu, qui serait quelque chose de donné et de connu, qui serait non pas leur *quaesitum* [le demandé], mais leur *datum* [le donné]. S'ils étaient encore des enfants, je leur montrerais que c'est là une *petitio principii* [pétition de principe], mais ils le savent aussi bien que moi. Seulement, après que Kant a prouvé que la voie du dogmatisme d'autrefois, qui a eu beau procéder de bonne foi, n'a jamais pu tracer ce trajet qui va de Dieu au monde, ces Messieurs prétendent encore aujourd'hui avoir trouvé une subtile issue et pouvoir jouer aux malins. Mais que le lecteur des temps futurs me pardonne de l'entretenir de gens qu'il ne connaît pas[276].

Tout regard porté sur le monde, que la philosophie a pour tâche d'expliquer, confirme et atteste que la VOLONTÉ DE VIVRE <*Wille zum Leben*> est loin d'être une hypostase arbitraire ou un mot creux, et qu'elle est la seule expression vraie de l'essence intime du monde. Tout force et pousse à l'EXISTENCE et si possible à l'existence ORGANIQUE, c'est-à-dire à la VIE, et ensuite à une élévation maximale de celle-ci. On voit dans la nature animale que la VOLONTÉ DE VIVRE est la tonalité fondamentale de son être, la seule et unique qualité immuable et inconditionnelle de celui-ci. Qu'on regarde cette pulsion de vie universelle, que l'on considère cet empressement infini, cette légèreté et cette luxuriance avec lesquels la volonté de vivre se presse d'exister impétueusement, partout et à chaque instant et, empruntant des millions de formes, se reproduisant par la fécondation et par les semences et, quand ceux-ci viennent à manquer, par la *generatio aequivoca* [génération équivoque]; qu'on considère combien elle saisit toutes les occasions pour tirer à soi avec avidité la moindre substance capable de vie; enfin, qu'on porte encore son regard sur sa panique effroyable, sur sa révolte farouche, quand, en quelque phénomène, elle est sur le point de se séparer de l'existence, à plus forte raison encore lorsque cette séparation a lieu dans une conscience claire. Il semble que, dans ce phénomène isolé, le monde tout entier doive être anéanti à jamais et que toute l'essence d'une vie à ce point menacée se réduise aussitôt à n'être plus que résistance et lutte désespérée contre la mort. Qu'on voie par exemple l'incroyable angoisse d'un homme en danger de mort, la sympathie immédiate et si profonde de tous les témoins de ce spectacle, et la jubilation infinie que provoque le fait de le savoir sauvé. Qu'on voie combien nous sommes pétrifiés d'épouvante lorsque nous entendons prononcer une sentence de mort; qu'on voie le profond effroi qui nous habite lorsque nous assistons aux préparatifs de l'exécution, et cette compassion qui nous déchire le cœur au spectacle de celle-ci. On pourrait penser alors qu'il s'agit de tout autre chose que de simplement écourter de quelques années une existence qui n'a jamais été qu'incertaine, vide, triste, rendue amère par mille tourments; au contraire, on ne manquerait pas de penser que c'est extraordinaire si une personne arrive quelques années plus tôt là où, après cette éphémère existence, il lui reste encore des milliards d'années à être. — De tels phénomènes montrent ainsi que j'ai eu raison d'avoir posé la

VOLONTÉ DE VIVRE comme ce qu'on ne peut expliquer plus avant, comme ce qui est bien plutôt le
fondement de toute explication, et que, loin d'être
l'écho de l'un de ces mots creux tels que l'Absolu,
l'Infini, l'Idée[277] et autres expressions semblables,
elle est l'élément le plus réel que nous connaissions,
voire le noyau de la réalité même.

Or, si nous faisons abstraction pour quelque temps
de cette interprétation que nous avons puisée en notre
intériorité, et que nous nous plaçons en étrangers
face à la nature, afin de l'appréhender objectivement,
nous découvrons que, à partir de l'échelon de la
nature organique, la nature n'est animée que d'UNE
SEULE intention : la CONSERVATION DE TOUTES LES
ESPÈCES. C'est à celle-ci qu'elle travaille : elle fournit
une profusion surabondante de graines ; elle donne
à la pulsion sexuelle sa véhémence impérieuse et cet
empressement à s'adapter à toutes les circonstances
et à toutes les occasions pour engendrer jusqu'à des
bâtards ; elle crée l'instinct de l'amour maternel
dont la puissance est si grande que, dans beaucoup
d'espèces animales, il surpasse l'amour de soi et
qu'une mère sacrifie sa vie pour sauver celle de son
petit[278]. L'individu, en revanche, n'a pour la nature
qu'une valeur indirecte, c'est-à-dire qu'il n'a de
valeur que dans la mesure où il est le moyen pour
conserver l'espèce. En dehors de cela, son existence
lui est indifférente, elle peut même le conduire à sa
perte dès qu'il cesse de pouvoir servir son dessein.
Si nous demandons : à quoi bon l'existence de l'individu ?, la réponse serait donc claire. Mais à quoi
bon l'espèce elle-même ? À cette question, la nature,
considérée du seul point de vue objectif, n'apporte
aucune réponse. On cherchera en vain à découvrir
une fin au spectacle qu'offre cette activité sans répit,
cette pulsion impétueuse à exister, ce souci anxieux

pour la conservation des espèces. Les forces et le temps des individus se dépensent dans l'effort pour leur propre entretien et celui de leur progéniture, et ils n'y suffisent qu'à peine, parfois même ils n'y suffisent pas du tout. Or, quand bien même il resterait, ici, un excédent de force et, là, de bien-être — et, chez la SEULE espèce douée de raison, de connaissance —, c'est encore bien trop insignifiant pour pouvoir valoir comme fin de toute cette agitation de la nature. — Considérée ainsi de manière purement objective et même en y portant un regard étranger, il semblerait justement que la nature n'ait qu'une préoccupation : que parmi toutes ses IDÉES (platoniciennes), c'est-à-dire que parmi toutes ses formes permanentes, aucune ne puisse se perdre. Ainsi la nature aurait été entièrement satisfaite par l'heureuse découverte de ses Idées et leur agencement (ce par rapport à quoi les trois peuplements animaux ayant précédé sur la surface de la terre ne constitueraient qu'un exercice). À présent, son seul souci serait que l'une de ses belles trouvailles puisse être amenée à disparaître, c'est-à-dire que l'une de ses formes puisse devoir sortir du temps et de la série causale. Car si les individus sont aussi fugaces que l'eau d'un ruisseau, les Idées, elles, sont aussi permanentes que les tourbillons de ce ruisseau : il n'y a que le tarissement de l'eau qui puisse les anéantir elles aussi. — Nous devrions nous arrêter à cette conception énigmatique, si la nature ne nous était donnée que de l'extérieur, c'est-à-dire objectivement, telle qu'elle est appréhendée par la connaissance, et si nous admettions aussi que cette même nature découle de la connaissance, c'est-à-dire qu'elle se situe dans le domaine de la représentation et qu'alors, par suite, nous devions nous maintenir dans ce domaine pour la déchiffrer. Or il en va autrement,

et nous sommes autorisés à pénétrer du regard L'IN-
TÉRIORITÉ DE LA NATURE; en effet, elle n'est rien
d'autre que NOTRE PROPRE INTÉRIORITÉ, là même
où la nature est arrivée au plus haut degré auquel
son activité a pu la hisser, là où elle est immédiatement touchée par la lumière de la connaissance,
c'est-à-dire dans la conscience de soi. Là, LA VOLONTÉ
se révèle à nous comme un élément *toto genere*
différent de la REPRÉSENTATION, dans laquelle la
nature se trouvait déployée en toutes ses Idées, et,
d'un seul coup, elle nous livre une explication que
jamais nous n'aurions trouvée sur la voie purement
objective de la représentation. Ici, donc, le subjectif
donne la clé de l'interprétation de l'objectif.

Pour caractériser cet élément subjectif ou volonté,
nous avons mis en avant le penchant excessivement
puissant qui habite tout animal et tout homme, et
qui consiste à maintenir la vie et à la prolonger le
plus longtemps possible. Pour le connaître comme
un élément originel et inconditionné, il faut encore
que nous ayons clairement à l'esprit que celui-ci
n'est nullement le résultat de quelque connaissance
objective de la valeur de la vie mais que, au contraire,
il est indépendant de toute connaissance ou, pour le
dire en d'autres termes, que tous ces êtres se présentent non pas comme tirés en avant, mais comme
poussés par-derrière.

Si, dans cette intention, on passe d'abord en revue
la série des animaux, impossible à percevoir dans sa
totalité; si on considère la variation infinie de leurs
formes elles-mêmes sans cesse modifiées en fonction
de leur mode de vie et de l'élément dans lequel ces
formes existent et sous lesquelles ils se présentent;
si, ce faisant, on considère, dans le même temps,
cette ingéniosité <*Künstlichkeit*> de la structure et

du mécanisme, inaccessible et cependant exécutée de manière également parfaite en tout individu; si, enfin, on mesure ce que représente cette dépense incroyable de force, d'habileté, d'intelligence, d'activité que chaque animal est contraint de faire sans cesse, toute sa vie durant; si, pénétrant ces phénomènes plus avant, on observe la diligence sans répit de ces misérables petites fourmis, l'activité étonnante et subtile des abeilles, ou si l'on regarde comment un nécrophore (*necrophorus vespillo*) enterre à lui tout seul en deux jours une taupe quarante fois plus grande que lui, afin de pouvoir y déposer sa couvée et d'assurer la nourriture à sa future progéniture (Gleditsch, *Physik. Bot. Ökon. Abhandl.*, III, 220[279]); si on se représente, ce faisant, que la vie de la plupart des insectes se réduit, d'une manière générale, à n'être rien d'autre qu'un incessant travail, pour préparer la nourriture et le séjour de leur progéniture qui sortira de ses œufs, laquelle progéniture, après avoir dévoré cette nourriture et s'être transformée en larve, vient à la vie simplement pour recommencer encore une fois ce même travail depuis le début; et ensuite si on réalise que, semblable à celles des insectes, la vie des oiseaux se passe, pour sa plus grande part, en longues et pénibles migrations, pour se consacrer, ensuite, à la construction du nid et à apporter la nourriture à sa couvée qui l'année suivante devra jouer le même rôle, et qu'ainsi tout n'a de cesse de travailler à l'avenir qui, ensuite, fera faillite — si on voit tout cela, on ne peut s'empêcher de regarder autour de soi pour y chercher le salaire de tant d'art et de peine, cette fin que tous ces animaux doivent bien avoir devant leurs yeux pour tant y aspirer, sans répit; bref, on se demande: que ressort-il de tout cela? qu'est-ce qu'on gagne à l'existence animale, qui réclame tant de dispositions sans nombre? — Or ce tableau ne nous montre rien d'autre que la satisfaction de la faim et de la pulsion copulatoire de l'espèce; à la rigueur aussi quelques instants de bien-être accordés de temps à autre, entre détresse et effort, à l'individu animal. Si on place côte à côte l'indescriptible ingéniosité des dispositions, la richesse extraordinaire des moyens et l'indigence de leur finalité et de leurs résultats, l'idée s'impose que la vie est une entreprise dont les bénéfices sont très loin de couvrir les frais. C'est encore plus évident chez certains animaux au mode de vie particulièrement simple. Qu'on considère, par exemple, la taupe, cette infatigable travailleuse. Elle s'évertue péniblement à creuser avec ses pattes démesurées, en forme de palette — telle est l'occupation de toute une vie, plongée dans une nuit constante; elle n'a que des embryons d'yeux pour fuir la lumière. Elle est le seul vrai *animal nocturnum*; en comparaison, les chats, les hiboux, les chauves-souris qui voient la nuit, n'en sont pas. Or qu'obtient-elle de cette vie pénible et dépourvue de joie? Nourriture et accouplement: autrement dit, les moyens de prolonger ce triste chemin et de le recommencer dans un autre individu. Tous ces exemples montrent clairement qu'entre les efforts et les tourments d'une vie et le bénéfice ou le gain qu'en tire cette même vie, il n'est aucune commune mesure. La conscience du monde intuitif chez les animaux voyants, encore qu'elle soit chez ceux-ci entièrement subjective et se limite à l'action des motifs, confère tout de même à leur vie l'apparence d'une valeur existentielle objective. Or la taupe AVEUGLE, dotée d'une organisation si parfaite, mais vouée à une activité sans relâche, et limitée à l'alternance des larves d'insectes et de la faim, rend évidente la disproportion entre fin et moyen. — Dans cette perspective, il est particulièrement instructif de considérer le monde animal lorsqu'il est livré à lui-même, dans ces contrées vides de toute présence humaine. Dans ses *Ansichten der Natur*[280], deuxième édition, p. 30 sq., Humboldt nous livre une très belle image de ce monde et de la souffrance que la nature elle-même lui réserve dès lors que l'homme n'y intervient pas. Il n'omet pas non plus, p. 44 sq., de considérer les souffrances analogues de l'espèce humaine partout et toujours en conflit avec elle-même. Toutefois, en partant de la vie des animaux, qui est si simple et si facile à embrasser du regard, il est plus aisé de saisir l'inanité et la vanité qui caractérisent toutes les aspirations du monde phénoménal. La variété des organisations, l'ingéniosité des moyens, par lesquels chacune d'entre elles se trouve adaptée à l'élément dans lequel elle vit et à la proie qui est la sienne, contrastent ici nettement avec l'absence de tout but final justifiable ; en lieu et place de cette fin, on trouve un bien-être qui ne dure qu'un instant, un plaisir fugace conditionné par le manque, de longues et nombreuses souffrances, une lutte continuelle, une *bellum omnium* [guerre de tous contre tous] où chacun est à la fois chasseur et chassé, le tumulte, le manque, la détresse et l'angoisse, les cris et les hurlements, et ainsi de suite in *saecula saeculorum* [pour les siècles des siècles], ou jusqu'à ce qu'enfin l'écorce terrestre éclate à nouveau. C[Junghuhn raconte qu'à Java il aurait vu un champ couvert à perte de vue d'ossements et qu'il l'aurait pris alors pour un champ de bataille ; mais ce n'était cependant que les ossements de grandes tortues de cinq pieds de long, de trois pieds de large et d'autant de haut. Ces tortues ont coutume d'emprunter ce chemin pour déposer leurs œufs hors de la mer, mais, à cet endroit, elles se font assaillir par des chiens sauvages (*canis rutilans*) qui, de toutes leurs forces réunies, les renversent sur le dos, leur arrachent la carapace inférieure, c'est-à-dire les petites écailles du ventre, et les dévorent vivantes. Après cela, souvent, un tigre vient fondre sur ces chiens. Or ce spectacle de désolation se reproduit des milliers et des milliers de fois, d'année en année. C'est donc à cette fin que les tortues sont nées. Mais de quelle dette doivent-elles s'acquitter pour endurer pareil supplice ? À quoi bon toute cette scène d'abomination ? Il n'est à cela qu'une seule réponse : c'est ainsi que s'objective la volonté de vivre[281]. Qu'on la considère et qu'on l'appréhende dans toutes ses objectivations, et alors on pourra atteindre à la compréhension de son essence et de celle du monde. Mais nous n'y parviendrons pas en construisant des concepts universels et en édifiant avec ceux-ci des châteaux de cartes. L'appréhension du grand]C spectacle qu'offre l'objectivation de la volonté de vivre, tout comme la caractérisation de son essence, exige évidemment une considération quelque peu plus précise et un développement plus vaste ; se débarrasser du monde en lui attribuant le titre de Dieu n'y suffit pas plus que de recourir à ce type de niaiserie que seule la patrie allemande est capable de proposer, qu'elle seule sait apprécier et qui consiste à expliquer que le monde est «l'idée dans son être-autre[282]», trouvaille qui, vingt années durant, a procuré aux imbéciles de mon époque un prodigieux contentement. C[Bien évidemment, d'après le panthéisme et le spinozisme, dont les systèmes de notre siècle ne sont que de pâles travestissements, toute chose se dévide effectivement à l'infini et il en ira ainsi pour l'éternité. Car le monde y est un Dieu, un *ens perfectissimum* [être le plus parfait] : c'est-à-dire que rien de mieux ne peut exister ni être pensé. Il n'a donc pas besoin de rédemption ;

et il n'y en a donc pas. Mais quant à savoir ce que serait le but de toute cette tragi-comédie, il n'est pas nécessaire d'aller le chercher très loin, puisqu'elle n'a pas de spectateur et que les acteurs eux-mêmes doivent endurer un supplice infini contre un maigre plaisir, et encore, purement négatif.]C

Or ajoutons maintenant encore la considération de l'espèce humaine. Sans doute l'affaire se complique-t-elle et prend-elle d'une certaine manière une apparence plus sérieuse ; pourtant, le caractère fondamental demeure inchangé. Là encore, la vie ne se présente nullement comme un don dont on pourrait jouir mais comme un devoir, comme un *pensum* dont nous devons nous acquitter par le travail ; de sorte que, en gros comme en détail, nous ne constatons partout que détresse générale, efforts sans répit, pressions incessantes, lutte infinie, activité contrainte accompagnés d'une astreinte extrême de toutes les forces du corps et de l'esprit. Des millions d'hommes, réunis en peuples, aspirent au bien commun et chacun à son propre bien ; mais ils sont des milliers à tomber, sacrifiés à ce même bien. C'est tantôt une illusion absurde, tantôt une politique par trop ratiocinante qui les monte les uns contre les autres et déclenche des guerres entre eux ; il faudra alors que la sueur et le sang de cette foultitude coulent à flots pour que s'imposent les idées, ou que soient réparées les erreurs, de quelques-uns. En temps de paix, l'activité de l'industrie et celle du commerce battent leur plein, les inventions font des miracles, on sillonne les mers, on rapporte des délices de tous les confins du monde, mais les flots engloutissent des milliers d'hommes. L'agitation est générale, les uns méditent, les autres agissent, et le tumulte est indescriptible. — Mais la fin dernière de tout cela, quelle est-elle ? Maintenir l'existence d'individus éphémères et tourmentés pendant un court intervalle de temps et cela, dans le plus heureux des cas, dans une détresse supportable et une absence de douleur relative, aussitôt suivies par l'ennui qui guette ; permettre ensuite la perpétuation de cette espèce et de toute son activité. — Considérée de ce point de vue, compte tenu de cette disproportion manifeste entre l'effort et le salaire, la volonté de vivre nous apparaît, prise objectivement, comme un fou, ou subjectivement, comme une illusion qui s'empare de tous les êtres vivants, lesquels, soumettant leurs forces à une extrême astreinte, travaillent à quelque chose qui n'a aucune valeur. Mais à y regarder de plus près, nous constaterons, là aussi, qu'elle est bien plutôt un élan aveugle, une pulsion sans aucune raison, sans aucun motif.

La loi de la motivation ne s'applique, ainsi qu'il a été développé au § 29 du livre I, qu'aux seuls actes particuliers et non au vouloir DANS L'ENSEMBLE ET EN GÉNÉRAL[283]. Cela implique que, si nous appréhendons l'espèce humaine et son activité DANS L'ENSEMBLE ET EN GÉNÉRAL, les choses ne se présentent pas de la même manière que si nous avons les yeux rivés sur des actes isolés. Là, elle apparaît semblable à un spectacle de ces marionnettes qu'on actionne d'ordinaire par des fils extérieurs ; mais, de ce point de vue, elles apparaissent comme des marionnettes mues par un rouage intérieur. Car si, comme on l'a fait plus haut, on compare l'activité sans répit, sérieuse et pénible des hommes avec ce qui en découle pour eux, ou même seulement avec ce qui pourrait éventuellement en découler, ce qui ressort alors, c'est cette disproportion qu'on a déjà évoquée et dans laquelle on reconnaît que ce qu'il s'agit d'atteindre, et qu'on prend comme une force motrice, est parfaitement insuffisant pour expliquer ce mouvement et cette activité sans relâche. Qu'est-ce, en effet, qu'un bref report de la mort, un petit soulagement de la détresse, un recul de la douleur, un apaisement momentané du désir face aux si nombreuses victoires que la détresse, la douleur, le désir remportent, et face à la certitude de la mort? Que peuvent pareils avantages, pris comme les véritables causes motrices d'une espèce humaine innombrable, sans cesse renouvelée, ne cessant de se mouvoir, de se presser, de se pousser, de se torturer, de se débattre, offrant le spectacle d'une histoire du monde tragi-comique, et, qui plus est, PERSISTANT dans cette existence grotesque, chacun la prolongeant le plus longtemps possible? — Manifestement, tout cela ne peut s'expliquer si nous recherchons les causes motrices en dehors des marionnettes et si nous nous figurons que c'est par suite d'une réflexion rationnelle ou quelque chose d'analogue (qui tirerait les fils[284]), que l'espèce humaine aspirerait aux biens qui lui sont présentés, dont l'obtention serait la rétribution proportionnée à son effort et à son supplice incessant. S'il fallait le comprendre ainsi, cela ferait longtemps que tout un chacun aurait dit: *le jeu ne vaut pas la chandelle* [en français dans le texte] et aurait quitté la partie. Mais au contraire: chacun veille sur sa vie et la protège comme un gage précieux dont il aurait à assumer la lourde responsabilité, au prix de soucis sans fin et d'une détresse fréquente, à quoi justement sa vie se passe. Le but et la raison, le gain final, bien sûr, il ne les voit pas; mais il a accepté telle quelle la valeur de ce gage, sur parole et de bonne foi, sans savoir en quoi elle consiste. C'est pourquoi j'ai dit que ces marionnettes ne sont pas actionnées par l'extérieur mais portent en elles un rouage en vertu duquel se produisent leurs mouvements. Ce rouage, c'est la VOLONTÉ DE VIVRE qui se montre sous la forme d'un moteur infatigable, d'une pulsion irrationnelle qui n'a pas sa raison suffisante dans le monde extérieur. Cette volonté retient les individus sur la scène et constitue le *primum mobile* [premier moteur] de leurs mouvements ; les objets extérieurs, les motifs ne font que déterminer la direction de ces mouvements dans les cas particuliers, car sinon la cause ne serait pas conforme à l'effet. Car, de même que toute manifestation d'une force naturelle a une cause, mais non la force naturelle elle-même, de même chaque acte de la volonté isolé a un motif alors que la volonté en général n'en a absolument pas. En vérité, ces deux sont une seule et même chose. Partout la volonté, en tant qu'elle est l'élément métaphysique, est la borne de toute considération, au-delà de laquelle il n'est nullement possible d'aller. C'est le caractère primordial et inconditionné de la volonté, tel que nous l'avons démontré, qui explique que l'homme aime par-dessus tout son existence pleine de détresse, de supplice, de douleur, d'angoisse et pleine d'ennui aussi, cette existence qui, considérée et soupesée d'un point de vue objectif, devrait lui répugner, et dont il redoute par-dessus tout la fin, laquelle est pourtant sa seule certitude*[285]. — C'est pourquoi il nous arrive souvent de voir telle figure misérable, défigurée et courbée par l'âge, le manque et la maladie, implorer du fond du cœur notre aide pour prolonger une existence dont la fin devrait cependant apparaître absolument souhaitable si le jugement objectif était ici déterminant. Mais au lieu de cela, c'est la volonté aveugle qui apparaît comme pulsion de vivre <*Lebenstrieb*>, joie de vivre <*Lebenslust*>, courage de vivre <*Lebensmut*> ;

---

* C[Voir Augustin, *de civit. Dei, l. XI, c. 27*, un commentaire intéressant qu'on peut comparer à ce qui vient d'être dit.]C

c'est le même principe qui fait croître les plantes. On pourrait comparer le courage de vivre à une corde qui serait tendue au-dessus de ce théâtre de marionnettes qu'est le monde des hommes : les marionnettes seraient suspendues à cette corde invisible et ne seraient qu'EN APPARENCE portées par le sol au-dessous d'elles (par la valeur objective de la vie). Mais si la corde vient à faiblir, la marionnette s'affaisse ; si elle rompt, la marionnette s'effondre car le sol sous ses pieds ne la portait qu'en apparence. Autrement dit, l'affaiblissement de la joie de vivre se manifeste sous la forme de l'hypocondrie, du spleen, de la mélancolie ; son tarissement total, sous la forme d'un penchant au suicide qui apparaît à la moindre occasion, serait-elle même purement imaginaire, puisque alors l'homme se cherche en quelque sorte querelle à lui-même pour se tuer comme bien des hommes cherchent querelle à d'autres dans un dessein semblable — mais au besoin il peut être poussé au suicide même sans occasion particulière (on en trouvera des preuves dans Esquirol, *Des maladies mentales*, 1838[286]). Et il en est de la persistance dans la vie comme de l'activité et du mouvement de celle-ci : on ne les choisit pas librement. En vérité, tout le monde souhaiterait se reposer, mais la détresse et l'ennui sont en quelque sorte le fouet qui maintient la toupie en mouvement[287]. C'est pourquoi l'ensemble, comme chaque chose singulière, porte la marque d'un état contraint ; et chacun, intérieurement paresseux, aspire au repos, mais doit cependant avancer, ressemblant en cela à sa planète qui ne tombe pas dans le soleil pour cette seule raison qu'une force, qui la pousse à aller de l'avant, ne lui permet pas de le faire. Tout se trouve donc pris dans une tension perpétuelle et dans un mouvement forcé, et l'activité du monde se produit, pour reprendre une expression d'Aristote, οὐ φύσει, ἀλλὰ βίᾳ C[(*motu, non naturali, sed violento*) [non pas naturel-lement mais violemment[288]].]C Les hommes ne sont qu'en apparence tirés en avant, en réalité, ils sont poussés par-derrière ; ce n'est pas la vie qui les attire, c'est la détresse qui les pousse en avant. La loi de la motivation, comme toute causalité, est une pure forme du phénomène. — Soit dit en passant, c'est là que réside l'origine du comique, du burlesque, du grotesque, de la face grimaçante de la vie : car tiré en avant contre sa volonté, chacun ne se comporte que comme il le peut, et la cohue qui en résulte prend souvent un aspect bouffon, même si le tour-ment qui s'y cache n'en est pas moins sérieux.

Toutes ces considérations nous montrent donc clai-rement que la volonté de vivre n'est pas une consé-quence de la connaissance de la vie ; elle n'est en aucune manière une *conclusio ex praemissis* [conclu-sions à partir de prémisses], et n'a absolument rien de secondaire. Elle est bien plutôt l'élément premier, inconditionné, la prémisse de toutes les prémisses et, pour cette raison précisément, le POINT DE DÉPART que toute philosophie doit adopter, puisque la volonté de vivre ne se produit pas en conséquence du monde, mais le monde en conséquence de la volonté de vivre.

Je n'ai guère besoin de faire remarquer que les considérations par lesquelles nous terminons ici le livre II annoncent déjà avec force le thème sérieux traité au livre IV ; elles permettraient même d'y pas-ser directement si l'architecture de mon ouvrage ne rendait pas nécessaire d'intercaler d'abord la seconde considération du MONDE COMME REPRÉSENTATION, notre livre III, au contenu bien plus allègre, dont la conclusion cependant annonce derechef ce thème sérieux.

COMPLÉMENTS DU

LIVRE III

Et is similis spectatori est, quod ab omni separatus spectaculum videt.

[Et il est semblable à un spectateur, qui, séparé de tout, voit un spectacle[1]]

Oupnek'hat, vol. I, p. 304

CHAPITRE 29*

DE LA CONNAISSANCE DES IDÉES

L'intellect, que nous n'avons considéré pour l'instant que dans son état initial et naturel de servitude à l'égard de la volonté, apparaît au livre III comme affranchi de cette servitude, bien qu'il convienne de remarquer aussitôt qu'il ne s'agit pas dans ce cas d'une libération durable, mais d'un bref répit, d'une délivrance exceptionnelle et, à vrai dire, simplement temporaire, du service de la volonté. — Comme j'ai traité de ce thème avec suffisamment d'ampleur dans le tome I, j'ajouterai seulement quelques considérations complémentaires.

Ainsi que je l'ai démontré au § 33, l'intellect au service de la volonté, œuvrant donc dans sa fonction naturelle, ne connaît à strictement parler que les RELATIONS entre les choses : à savoir, en premier lieu, les relations entre les choses et la volonté elle-même à laquelle appartient l'intellect, par où ces

* Ce chapitre se rapporte aux § 30-32 du tome I.

choses deviennent les motifs de la volonté, mais ensuite, également, afin de parfaire cette connaissance,
les relations des choses entre elles. C'est seulement
dans l'intellect humain que cette dernière connaissance se réalise de manière étendue et importante ;
dans l'intellect animal, en revanche, quand bien même
il serait déjà considérablement développé, elle ne se
réalise que dans des limites fort étroites. De toute
évidence, l'appréhension des relations qu'ont les
choses ENTRE ELLES n'est alors plus qu'INDIREC-
TEMENT au service de la volonté. Cette appréhension
assure ainsi la transition vers le connaître purement
objectif qui en est tout à fait indépendant : la première relève de la connaissance scientifique, le second
de la connaissance artistique. Car, si d'un objet on
appréhende directement des relations nombreuses
et multiples, celles-ci manifestent avec une évidence
croissante l'essence propre à cet objet, laquelle se
construit ainsi progressivement à partir d'un grand
nombre de rapports, bien qu'elle-même puisse s'en
distinguer entièrement. Sous ce mode d'appréhension, la servitude de l'intellect à l'égard de la volonté devient également de plus en plus indirecte, et
s'amoindrit. Si l'intellect a suffisamment de force
pour devenir prépondérant et pour se passer entièrement des relations qui lient les choses à la volonté,
et s'il appréhende à leur place ce qui s'exprime à
travers toutes ces relations, à savoir l'essence purement objective d'un phénomène, il abandonne non
seulement le service de la volonté, mais aussi l'appréhension de simples relations et par là même celle
de la chose singulière comme telle. Il flotte alors librement, n'appartenant plus à aucune volonté : dans la
chose singulière, il ne reconnaît plus que l'ESSENTIEL,
et par ce biais l'espèce tout entière de celle-ci ; il
possède par conséquent les IDÉES de ses objets, au

sens que je donne à ce mot dont on abuse si grossièrement, et qui coïncide avec le sens initialement platonicien ; bref, il possède les FORMES, les *species rerum*, permanentes, inaltérables, indépendantes de l'existence temporelle des êtres singuliers, ces formes constituant véritablement ce qui est purement objectif dans les phénomènes. Une Idée ainsi appréhendée n'est certes pas encore l'essence de la chose en soi elle-même, parce qu'elle est issue, précisément, de la connaissance de simples relations ; mais en tant que résultat de la somme de toutes les relations, elle est le CARACTÈRE véritable de la chose, et par là l'expression complète de l'essence se présentant comme objet à l'intuition, essence appréhendée non pas par rapport à une volonté individuelle, mais telle qu'elle s'exprime spontanément, par où elle détermine justement toutes ses relations connues jusqu'alors. L'Idée est le point radical <*Wurzelpunkt*> de toutes ces relations et par là le PHÉNOMÈNE complet et parfait ou, comme je l'ai formulé dans le texte principal, l'objectité adéquate de la volonté à ce degré de son phénomène[2]. Même la forme et la couleur, qui sont immédiatement données à l'appréhension qui perçoit l'Idée, n'appartiennent pas véritablement à celle-ci, car elles ne sont que le médium de son expression, puisque à strictement parler l'espace lui est aussi étranger que le temps. C'est dans ce sens que déjà le néo-platonicien Olympiodore disait, dans son commentaire de l'*Alcibiade* de Platon (édition Kreuzer de Proclus et d'Olympiodore, t. 2, p. 82[3]) : τὸ εἴδος μεταδέδωκε μὲν τῆς μορφῆς τῇ ὕλῃ· ἀμερὲς δὲ ὄν μετέλαβεν ἐξ αὐτῆς τοῦ διαστατοῦ, autrement dit, l'Idée, sans étendue en elle-même, a donné une forme à la matière, mais ce n'est que de celle-ci qu'elle tient son étendue. — Comme nous l'avons donc dit, les Idées ne révèlent pas encore l'essence en soi, mais seulement le caractère objectif des choses, donc toujours encore le phénomène; et même ce caractère, nous ne le comprendrions pas si nous ne connaissions pas par ailleurs l'essence intime des choses, au moins confusément, par le sentiment[4]. Cette essence elle-même ne saurait être comprise à partir des Idées, et encore moins par l'intermédiaire d'une quelconque connaissance simplement OBJECTIVE; elle resterait un éternel mystère si nous n'y avions accès par un tout autre côté. Ce n'est que dans la mesure où chaque être connaissant est aussi un individu, et par là une partie de la nature, que l'accès au noyau intime de la nature s'ouvre à lui, dans sa conscience de soi individuelle, où ce noyau se manifeste alors le plus directement, ainsi que nous l'avons vu, en tant que VOLONTÉ.

Ce qu'est l'IDÉE platonicienne, considérée en tant qu'image simplement objective, pure forme, et donc détachée du temps comme de toutes les relations, c'est ce qu'est, pris empiriquement et dans le temps, la *species*, ou espèce <*Art*>: celle-ci est ainsi le corrélat empirique de l'Idée. L'Idée est, à strictement parler, éternelle, mais l'espèce possède une durée infinie, quand bien même son phénomène pourrait disparaître d'une planète. Du reste, les noms pour les désigner se confondent: ἰδέα, εἶδος, *species*, espèce. L'Idée est *species*, mais non *genus*: c'est pourquoi les *species* sont l'œuvre de la nature, les *genera* celle des hommes, car ils ne sont que de simples concepts. Il y a des *species naturales*, mais il n'y a que des *genera logica*. Il n'y a pas d'Idées des artefacts, mais de simples concepts, c'est-à-dire des *genera logica* dont les sous-espèces <*Unterarten*> sont des *species logicae*. À ce que j'ai dit sur ce point au tome I, § 41, je voudrais encore ajouter qu'Aristote (*Metaph.*, *I, 9 & XIII, 5*) affirme lui aussi que les platoniciens auraient nié l'existence d'Idées pour les artefacts : οἷον οἰκία, καὶ δακτύλιος, ὧν οὔ φασιν εἶναι εἴδη C[(*ut domus et annulus, quorum ideas dari negant*) [comme une maison et un anneau, dont ils disent qu'il n'y a pas d'Idées[5]]]C. Il faut aussi voir sur ce point le scoliaste, p. 562-563 de l'édition in-4° de Berlin[6]. Par ailleurs, Aristote dit, *Metaph.*, *XI*, *3* : ἀλλ' εἴπερ (*supple* εἴδη ἐστί), ἐπὶ τῶν φύσει (ἐστί)· διὸ δὴ οὐ κακῶς ὁ Πλάτων ἔφη, ὅτι εἴδη ἐστὶν ὁπόσα φύσει C[(*si quidem ideae sunt, in iis sunt, quae natura fiunt : propter quod non male Plato dixit, quod species eorum sunt, quae natura sunt*) [mais si les idées peuvent exister, c'est seulement chez les êtres naturels ; c'est pourquoi Platon n'avait pas tort de dire qu'il n'y a d'Idées que des espèces naturelles[7]]]C, C[et le scoliaste remarque, p. 800 : καὶ τοῦτο ἀρέσκει καὶ αὐτοῖς τοῖς τὰς ἰδέας θεμένοις· τῶν γὰρ ὑπὸ τέχνης γινομένων ἰδέας εἶναι οὐκ ἔλεγον, ἀλλὰ τῶν ὑπὸ φύσεως (*hoc etiam ipsis ideas statuentibus placet : non enim arte factorum ideas dari ajebant, sed natura procreatorum*) [c'est aussi ce qu'enseignent ceux-là mêmes qui admettent les idées : car pour les artefacts, ils disaient qu'il n'y avait pas d'idées, mais seulement pour les produits de la nature[8]]. Au demeurant, la doctrine des Idées procède initialement de Pythagore, à en croire l'indication de Plutarque dans son ouvrage *de placitis philosophorum, l. I, c. 3*[9].]C

L'individu s'enracine dans l'espèce <*Gattung*> et le temps dans l'éternité, et de même que chaque individu ne s'y enracine que parce qu'il possède l'essence de son espèce en soi, il ne possède une durée dans le temps que parce qu'il est également dans l'éternité[10]. Au livre suivant, un chapitre particulier est consacré à la vie de l'espèce.

J'ai suffisamment souligné la DIFFÉRENCE <*Unterschied*> entre l'Idée et le concept au § 49 du tome I. Quant à leur RESSEMBLANCE <*Ähnlichkeit*>, elle repose sur ceci. Par le biais de l'intuition de l'individu connaissant, intuition conditionnée par les sens et par le cerveau, l'unité première et essentielle d'une Idée se trouve disséminée dans la multiplicité des choses singulières. Mais ensuite la réflexion de la raison restaure cette unité, mais seulement *in abstracto*, en tant que concept, *universale*, concept dont l'EXTENSION équivaut certes à l'Idée, mais qui, en prenant une FORME tout à fait différente, a perdu son évidence intuitive et, avec celle-ci, une déterminité complète. C'est en ce sens (mais en aucun autre) qu'on pourrait désigner les Idées, dans le langage des scolastiques, comme les *universalia ante rem*, les concepts comme les *universalia post rem*[11] : entre les deux se trouvent les choses singulières dont les animaux possèdent également une connaissance. — Le réalisme des scolastiques est certainement issu d'une confusion relative aux Idées platoniciennes, auxquelles on peut certes attribuer un être réel, puisqu'elles sont également les espèces, avec de simples concepts, auxquels les réalistes à leur tour voulaient prêter un tel être réel, suscitant alors l'opposition victorieuse du nominalisme.

CHAPITRE 30*

DU PUR SUJET DE LA CONNAISSANCE

L'appréhension d'une Idée et son entrée dans notre conscience ne sont possibles que par une altération <*Veränderung*> intérieure qu'on pourrait aussi bien

---

* Ce chapitre se rapporte aux § 33-34 du tome I.

considérer comme un acte de reniement de soi-
même, dans la mesure où c'est par cette altération
que la connaissance, d'un coup, se détourne totalement de la volonté individuelle, qu'elle délaisse
donc complètement le précieux gage qu'on lui a
confié, pour considérer les choses comme si elles ne
pouvaient jamais intéresser la volonté. Car ce n'est
que par ce biais que la connaissance devient le pur
miroir[12] de l'essence des choses. Toute œuvre d'art
authentique se fonde sur une connaissance ainsi
conditionnée, qui en est alors l'origine. Puisqu'elle
consiste dans l'élimination de tout vouloir, l'altération du sujet nécessaire à cette connaissance ne
saurait procéder de la volonté, ne saurait donc être
un acte de notre faculté de vouloir, bref elle ne
dépend pas de notre bon gré. Elle provient bien
plutôt de la seule prépondérance temporaire de l'intellect sur la volonté, ou, d'un point de vue physiologique, d'une forte excitation de l'activité cérébrale
intuitive sans aucune excitation des penchants ou des
affects. Afin d'élucider ce fait un peu plus en détail,
je rappelle que notre conscience a deux côtés : d'une
part, elle est conscience de NOTRE PROPRE SOI, qui
est la VOLONTÉ, d'autre part, elle est conscience
D'AUTRE CHOSE, et, comme telle, elle n'est d'abord
que connaissance intuitive du monde extérieur, appréhension des objets. Or, plus un côté de l'ensemble de
la conscience se manifeste, plus l'autre s'efface. Par
conséquent, la conscience D'AUTRE CHOSE, la connaissance intuitive donc, devient d'autant plus parfaite,
c'est-à-dire plus objective, que nous sommes moins
conscients de notre propre soi. Ce point présente
réellement un antagonisme. Plus nous sommes conscients de l'objet, moins nous le sommes du sujet ; en
revanche, plus celui-ci occupe la conscience, moins
notre intuition du monde extérieur est précise et

parfaite. L'état nécessaire à la pure objectivité de
l'intuition comporte, d'une part, des conditions permanentes dans la perfection du cerveau et dans la
constitution physiologique générale favorable à son
activité, d'autre part, des conditions éphémères,
dans la mesure où cet état est favorisé par tout ce
qui augmente la tension et la réceptivité du système
nerveux cérébral sans pour autant exciter une quelconque passion. Qu'on ne songe pas ici aux boissons
spiritueuses ou à l'opium : il y faut bien plutôt une
nuit de sommeil calme, un bain froid, et tout ce qui
confère, par l'apaisement de la circulation sanguine
et des passions, une prépondérance spontanée à
l'activité cérébrale. Ce sont en premier lieu ces
moyens qui, conformes à la nature, favorisent l'activité nerveuse du cerveau, et ce d'autant mieux,
bien évidemment, que le cerveau en général est plus
développé et plus énergique ; ils font que l'objet se
détache de plus en plus du sujet et finissent par
entraîner cet état de pure objectivité de l'intuition,
un état où la volonté est spontanément éliminée de
la conscience, où toutes les choses se tiennent devant
nous avec une clarté et une évidence accrues, si bien
que notre savoir semble porter quasi exclusivement
sur ELLES et à peine sur NOUS, et que notre conscience tout entière n'est donc presque plus rien
d'autre que le médium à travers lequel l'objet intuitionné apparaît dans le monde comme représentation. C[Nous parvenons ainsi à la pure connaissance
dénuée de volonté lorsque la conscience d'autre chose
devient tellement plus puissante que la conscience
de notre propre soi disparaît.]C Car nous n'appréhendons le monde de manière purement objective
que lorsque nous ne savons plus que nous en faisons
partie, et toute chose se présente avec d'autant plus
de beauté que nous sommes moins conscients de

nous-mêmes. — Comme toute souffrance procède de la volonté qui constitue le soi véritable, le retrait de ce côté de la conscience implique également l'abolition de toute possibilité de souffrance, par où l'état d'objectivité pure de l'intuition peut procurer un vrai bonheur, raison pour laquelle c'est dans cet état que j'ai pu voir l'une des deux composantes de la jouissance esthétique[13]. Mais en revanche, dès que la conscience de notre propre soi, c'est-à-dire la subjectivité, autrement dit la volonté, redevient prépondérante, un degré de malaise et d'inquiétude, à la mesure de cette volonté, fait son apparition : malaise, pour autant que la corporéité <*Körperlichkeit*> (l'organisme que la volonté est en soi) se refait sentir ; inquiétude, pour autant que la volonté, par une voie intellectuelle, remplit de nouveau la conscience, sous forme de souhaits, d'affects, de passions, de soucis. Car en tout point, la volonté, en tant que principe de la subjectivité, est l'opposé de la connaissance, voire son adversaire. La plus grande concentration de subjectivité se trouve dans l'authentique ACTE DE VOLONTÉ <*Willensakt*> qui par conséquent nous confère la conscience la plus évidente de notre soi. Toutes les autres excitations de la volonté ne sont qu'une préparation à cet acte : il est à la subjectivité ce qu'est le jaillissement de l'étincelle à l'appareil électrique. — Toute sensation corporelle est en soi une excitation de la volonté, et plus souvent d'ailleurs de la *noluntas* [nolonté] que de la *voluntas* [volonté]. L'excitation de la volonté par une voie intellectuelle est celle qui se produit au moyen des motifs : dans ce cas, c'est alors l'objectivité même qui éveille la subjectivité pour la mettre en jeu. C'est ce qui arrive dès qu'un objet quelconque n'est plus appréhendé de manière purement objective, c'est-à-dire sans intérêt, mais qu'il excite, indirectement ou directement, un souhait ou une aversion, fût-ce à travers un souvenir, car alors, il agit déjà comme motif, au sens le plus large de ce mot.

Je remarque à cet égard que si la pensée abstraite et la lecture, attachés à des mots, appartiennent également, au sens le plus large, à la conscience d'AUTRE CHOSE, c'est-à-dire à l'occupation objective de l'esprit, ce n'est qu'indirectement, à travers les concepts. Or ceux-ci sont le produit artificiel de la raison et, de ce fait, une œuvre de l'intention. Aussi, dans toute occupation abstraite de l'esprit, la volonté est le guide qui, selon ses intentions, indique une direction à l'occupation tout en concentrant l'attention, raison pour laquelle celle-ci ne va pas sans un certain effort, qui d'ailleurs suppose l'activité de la volonté. Avec ce genre d'activité intellectuelle, la parfaite objectivité de la conscience n'a donc pas entièrement lieu, comme c'est au contraire le cas lorsqu'elle accompagne, en tant que condition, l'appréhension esthétique, c'est-à-dire la connaissance des Idées.

D'après ce qui précède, l'objectivité pure de l'intuition, en vertu de laquelle nous ne connaissons plus la chose singulière comme telle, mais l'Idée de son espèce, est déterminée par le fait que nous ne sommes plus conscients de nous-mêmes, mais seulement des objets intuitionnés, que notre propre conscience ne subsiste donc plus que comme support de l'existence objective de ces objets. Ce qui rend cet état difficile à atteindre, et donc rare, c'est qu'en lui l'accident (l'intellect) maîtrise et abolit pour ainsi dire la substance (la volonté), fût-ce pendant un bref instant. Ici réside également l'analogie, voire l'affinité, entre cet état et la négation de la volonté présentée à la fin du livre suivant. — Car bien que la connaissance soit issue de la volonté et qu'elle s'enracine dans son phénomène, dans l'organisme, ainsi que nous l'avons montré au livre précédent[14], cette connaissance ne s'en trouve pas moins souillée, comme la flamme par ses combustibles et par sa fumée. C'est ce qui explique que nous ne pouvons appréhender l'essence purement objective des choses, les IDÉES qui s'y manifestent, que lorsque nous n'accordons pas d'intérêt aux choses pour elles-mêmes, lorsqu'elles n'ont aucun rapport avec notre volonté. Voilà pourquoi également les Idées des êtres nous parlent plus aisément dans l'œuvre d'art que dans la réalité. Car ce que nous voyons dans une image, ou dans une poésie, se trouve en dehors de toute possibilité d'un quelconque rapport avec notre volonté, puisque ce que nous y voyons n'existe déjà en lui-même que pour la CONNAISSANCE et s'adresse directement à elle. Par contre, l'appréhension des Idées dans la RÉALITÉ suppose pour ainsi dire de faire abstraction de notre propre volonté, de nous élever au-dessus de son intérêt, ce qui exige une énergie particulière de l'intellect. Celle-ci, à un degré supérieur et pour quelques instants, n'est propre qu'au génie, lequel consiste précisément dans la disponibilité d'une quantité de force cognitive plus grande que ne l'exige le service d'une volonté individuelle : cet excédent qui se libère permet alors d'appréhender le monde sans rapport avec la volonté. Que l'ŒUVRE D'ART facilite tellement l'appréhension des Idées dans laquelle réside la jouissance esthétique s'explique non seulement par le fait que l'art, par la mise en évidence de l'essentiel et l'élimination de ce qui ne l'est pas, présente les choses de manière plus claire et plus caractéristique, mais au moins autant par le fait qu'on atteint le plus sûrement le silence de la volonté nécessaire à l'appréhension purement objective de l'essence des choses, puisque l'objet intuitionné ne

se trouve pas lui-même dans le domaine des choses
susceptibles d'un rapport avec la volonté et n'est
rien de réel, mais une simple image <*Bild*>. Cela
vaut autant des œuvres de l'art plastique que de la
poésie dont l'action est, elle aussi, conditionnée par
l'appréhension désintéressée et dénuée de volonté,
c'est-à-dire purement objective. C'est cette appréhension, précisément, qui fait apparaître un objet
intuitionné comme PITTORESQUE, un événement de
la vie quotidienne comme POÉTIQUE. Car elle seule
répand sur les objets réels ce charme qu'on appelle
pittoresque dans le cas des objets vus par l'intuition
sensible, poétique dans le cas des objets vus par
l'imagination. Cm[Lorsque les poètes chantent la
sérénité du matin, la beauté du soir, le calme d'une
nuit de lune, etc., l'objet de leur célébration est en
vérité, et à leur insu, le pur sujet du connaître que
ces beautés de la nature font naître, et dont l'apparition provoque la disparition de la volonté de notre
conscience, par où advient cette tranquillité du cœur
que nous ne trouvons nulle part ailleurs dans le
monde. Car autrement, comment les vers

> *Nox erat, et coelo fulgebat luna sereno,*
> *Inter minora sidera*

[C'était la nuit et, dans le ciel serein, brillait la lune
Parmi les astres moindres[15]],

pourraient-ils avoir un effet aussi bienfaisant, voire
fascinant sur nous? — Par ailleurs,]Cm le fait que le
caractère nouveau et totalement inconnu des objets
d'une telle appréhension désintéressée et purement
objective lui soit favorable, explique que l'étranger,
ou le simple voyageur, reçoit l'effet du pittoresque[16]
ou du poétique par des objets qui ne parviennent

guère à provoquer ce même effet chez les gens du pays ; ainsi, chez l'étranger, la vue d'une ville tout à fait inconnue produit souvent une impression curieusement agréable qu'elle ne produit aucunement chez l'habitant de cette même ville, car elle procède du fait que cet étranger, sans lien aucun avec cette ville, ou avec ses habitants, la regarde de manière purement objective. Voilà sur quoi repose, en partie, le plaisir de voyager. C'est aussi ce qui semble expliquer qu'on cherche à favoriser l'effet d'œuvres narratives ou dramatiques en transférant la scène vers des époques et des pays lointains : en Allemagne vers l'Italie et l'Espagne, en Italie vers l'Allemagne, la Pologne, voire la Hollande. — Si l'appréhension intuitive, entièrement objective, purifiée de tout vouloir, constitue la condition de la JOUISSANCE <*Genuss*> des objets esthétiques, elle constitue d'autant plus la condition de la PRODUCTION <*Hervorbringung*> de ces objets. Tout bon tableau, tout poème authentique, porte la marque de cet état d'âme que nous avons décrit. Car seul ce qui est issu de l'intuition, plus exactement de l'intuition purement objective, ou s'en trouve directement stimulé, contient aussi le germe vivant d'où naîtront des œuvres authentiques et originales, non seulement dans les arts plastiques, mais aussi dans la poésie, et même dans la philosophie. Le *punctum saliens* [point d'origine] de toute œuvre belle, de toute pensée grande et profonde, est une intuition parfaitement objective. Or celle-ci est toujours conditionnée par le silence complet de la volonté, où ne subsiste alors que l'homme comme pur sujet de la connaissance. La disposition propice à la prédomination de cet état s'appelle précisément le génie.

Lorsque la volonté disparaît de la conscience, l'individualité se trouve également abolie, et avec elle sa souffrance et sa détresse. C'est pourquoi j'ai décrit le pur sujet de la connaissance subsistant alors comme l'éternel œil du monde[17] qui regarde, quoique à des degrés fort divers, à travers tous les êtres vivants, indifférent à leur génération comme à leur corruption. Cet œil du monde, identique à lui-même, toujours un, toujours le même, est ainsi le support du monde des Idées permanentes, c'est-à-dire de l'objectité de la volonté, alors que le sujet individuel, altéré dans son connaître par l'individualité issue de la volonté, n'a pour objet que des choses singulières, éphémère comme elles. — C'est en ce sens qu'on peut attribuer à chacun une existence double. En tant que volonté, et donc en tant qu'individu, il n'est qu'une seule chose et rien d'autre, ce qui lui donne largement de quoi faire et de quoi souffrir. En tant qu'il est apte à la représentation purement objective, il est le pur sujet de la connaissance dans la seule conscience duquel existe le monde objectif : comme tel, il est TOUTES LES CHOSES tant qu'il les intuitionne, et leur existence en lui est sans poids et sans difficulté. Car il s'agit de SON existence, dans la mesure où elle existe dans SA représentation : or, dans ce cas, son existence se trouve sans volonté. En revanche, pour autant qu'elle est volonté, elle n'est pas en lui. Chacun est heureux lorsqu'il est toutes les choses ; malheureux s'il n'en est qu'une seule. — Il suffit d'appréhender de manière purement objective n'importe quel état, n'importe quel homme, n'importe quelle scène de la vie, et d'en faire l'objet d'une description, que ce soit avec le pinceau ou avec des mots, pour en faire un phénomène intéressant, adorable, enviable, mais si on s'y trouve soi-même, si on l'est soi-même, on dit (bien souvent) que le diable seul pourrait l'endurer. C'est pourquoi Goethe dit :

Was im Leben uns verdriesst,
Man im Bilde gern geniesst.

[Ce qui dans la vie nous répugne
Dans l'image volontiers nous attire[18].]

À une certaine période de ma jeunesse, je m'efforçais sans cesse de voir ma conduite et moi-même d'un point de vue extérieur, et de m'en donner une description; sans doute était-ce pour m'en donner le goût.

Comme c'est ici la première fois que j'évoque la considération que je viens de conduire, c[je voudrais ajouter quelques explications psychologiques.

En règle générale, lors de l'intuition immédiate du monde et de la vie, nous ne considérons les choses que selon leurs relations, et donc selon leur essence et leur existence relatives, et non absolues. Nous regarderons ainsi, par exemple, des maisons, des bateaux, des machines, etc., en songeant à leur fin et à leur convenance par rapport à cette fin; des gens, en pensant à leur relation avec nous, s'il en existe une, puis aux relations entre eux, que ce soit dans leurs faits et gestes du moment, ou dans leur milieu social et dans leur métier, en portant éventuellement un jugement sur leur aptitude à l'exercer, etc. Nous pouvons pousser cette considération des relations plus ou moins loin, jusqu'aux maillons les plus lointains de leur enchaînement: si la considération gagne en précision et en étendue, elle restera la même selon sa qualité et son espèce. Il s'agit là de la considération des choses dans leurs relations, voire AU MOYEN de celles-ci, donc suivant le principe de raison. D'ordinaire, chacun est généralement soumis à ce mode de considération; je tends même à croire que la plupart des gens ne sont capables d'aucun autre. Mais si, par extraordinaire, il arrive que nous fassions l'expérience d'une augmentation momentanée de l'intensité de notre intelligence intuitive, nous voyons aussitôt les choses d'un œil tout à fait autre, car alors nous ne les appréhendons plus selon leurs relations, mais selon ce qu'elles sont en et pour elles-mêmes, et, à côté de leur existence relative, nous percevons soudain leur existence absolue. Chaque chose singulière représente alors son espèce, et c'est ainsi que nous appréhendons l'universel des êtres. Ce que nous connaissons de la sorte, ce sont les Idées des choses à travers lesquelles s'exprime maintenant un savoir supérieur à celui qui ne connaît que les simples relations. Nous aussi nous sommes alors affranchis des relations pour devenir le pur sujet de la connaissance. — Or ce qui par exception provoque cet état, ce sont des processus physiologiques internes qui épurent et élèvent l'activité du cerveau au point de susciter une soudaine montée de cette activité. De l'extérieur, ce même état est conditionné par le fait que nous sommes totalement étrangers à la scène contemplée, que nous en restons séparés, et que nous n'y sommes absolument pas impliqués de manière active.]C

Pour comprendre qu'une appréhension des choses purement objective, et donc exacte, n'est possible que lorsque nous les considérons sans aucun intérêt personnel, c'est-à-dire lorsque la volonté est silencieuse, il faut se rappeler combien chaque affect, ou chaque passion, perturbe et fausse la connaissance, voire combien chaque penchant, chaque aversion, déforme, imprègne, altère non seulement le jugement, mais déjà l'intuition première des choses. Qu'on songe, lorsqu'un heureux événement nous réjouit, combien le monde tout entier prend aussitôt une couleur enjouée, un aspect plaisant, mais combien, au contraire, il paraît sombre et lugubre lorsque nous sommes écrasés de chagrin; combien une chose inanimée qui doit devenir l'outil d'un processus que nous abhorrons semble revêtir une apparence hideuse, par exemple l'échafaud, le donjon où l'on nous conduit, la caisse à instruments du chirurgien, la diligence de l'amante, etc.; même des chiffres, des lettres, des sceaux peuvent nous adresser un ricanement affreux et produire sur nous l'effet de monstres terrifiants. Au contraire, les outils destinés à réaliser nos désirs ont immédiatement un aspect agréable et charmant, par exemple la petite vieille avec le billet doux, le Juif avec les louis d'or, l'échelle de corde pour nous évader, etc. De même qu'ici, dans le cas d'une nette répulsion ou attirance, l'altération de la représentation par la volonté est évidente, on la trouve à un degré moindre dans tout objet qui a un lien quelconque, si lointain fût-il, avec notre volonté, c'est-à-dire avec notre sympathie ou notre aversion. C'est seulement lorsque la volonté, avec ses intérêts, a évacué la conscience, et lorsque l'intellect obéit librement à ses propres lois en reflétant, comme pur sujet, le monde objectif, tout en se trouvant, poussé par lui-même, sans donc être stimulé par un vouloir d'aucune sorte, dans une activité et tension extrême, que les couleurs et les formes des choses se manifestent dans leur signification pleine et vraie: ce n'est ainsi qu'une telle appréhension peut donner naissance à des œuvres d'art authentiques dont la valeur durable et l'approbation toujours renouvelée qu'elles suscitent, procèdent précisément de ce qu'elles présentent l'aspect purement objectif comme ce qui fonde les diverses intuitions subjectives et donc déformées, comme ce qui est le seul élément qu'elles partagent avec certitude, et qui transparaît comme le thème commun de toutes ces variations subjectives. Certes, la nature qui s'étend sous nos yeux se présente de manière aussi diverse que les têtes sont diverses, et c'est tel qu'il la voit qu'un individu peut la restituer, que ce soit par le pinceau, ou le ciseau, ou les mots, ou les gestes sur une scène. L'objectivité seule rend capable d'être artiste, et elle n'est possible que si l'intellect, détaché de sa racine[19], de la volonté, flotte librement, tout en déployant une activité extrêmement énergique.

Au jeune homme dont l'intellect intuitif opère encore avec une énergie neuve, la nature se présente assurément sous une objectivité parfaite, et donc avec une beauté accomplie. Mais il arrive que la jouissance de cette vue soit perturbée par cette réflexion frustrante que les objets présents qui se manifestent avec une telle beauté n'ont pas de lien personnel avec lui, un lien en vertu duquel ils pourraient l'intéresser et le réjouir ; Cm[car il attend de sa vie qu'elle prenne la forme d'un roman captivant.]Cm « Derrière ce rocher proéminent attend peut-être la foule bien montée de mes amis ; près de cette chute d'eau repose peut-être ma bien-aimée ; ce bel édifice illuminé est peut-être sa demeure et cette fenêtre entourée de roses celle de sa chambre ; mais pour moi, ce monde si beau est ennuyeux ! », etc. À vrai dire, ces rêveries mélancoliques de jouvenceau expriment une demande proprement contradictoire. Car la beauté avec laquelle se présentent ces objets repose précisément sur l'objectivité pure, c'est-à-dire sur le caractère désintéressé de leur intuition ; un lien avec la volonté, lien dont le jeune homme déplore vivement l'absence, l'abolirait immédiatement, et par conséquent toute la magie, qui sur le moment lui procure quelque jouissance, bien qu'elle soit mêlée de mélancolie, n'existerait même pas. — Cm[La même chose vaut d'ailleurs pour tout âge de la vie et sous tous rapports : la beauté des objets d'un paysage qui nous ravit maintenant disparaîtrait si nous avions avec ces objets un lien personnel dont nous serions sans cesse conscients. Tout n'est beau qu'aussi long-temps que cela ne nous concerne pas, ne nous touche pas. (Je ne parle pas ici de passion amoureuse, mais de jouissance esthétique.) Ce n'est JAMAIS la vie qui est belle, mais seulement ses images, qui le sont au miroir transfigurateur de l'art ou de la poésie, notam-ment pendant la jeunesse, où nous ne connaissons pas encore la vie. Plus d'un jeune homme se trou-verait apaisé si on pouvait l'aider à acquérir cet aperçu.]Cm

Pourquoi la contemplation de la pleine lune a-t-elle un effet si bienfaisant, si apaisant, si exaltant ? Parce que la lune est un objet de l'intuition, mais jamais du vouloir :

> *Die Sterne, die begehrt man nicht,*
> *Man freut sich ihrer Pracht. — G.*

> [On ne désire pas les étoiles,
> On se réjouit de leur splendeur[20].]

Par ailleurs, la lune est SUBLIME[21], ou plutôt elle nous procure une émotion sublime, parce qu'elle décrit ses orbites sans aucun lien avec nous, éternel-lement étrangère à l'agitation terrestre, et qu'elle voit tout sans y prendre part. C'est pourquoi, lorsque nous la contemplons, la volonté, ainsi que sa cons-tante détresse, disparaît de la conscience, pour ne laisser subsister qu'une conscience de pure connais-sance. Peut-être vient encore s'y ajouter le sentiment que nous partageons cette contemplation avec des millions d'autres dont la diversité individuelle s'en

trouve effacée, en sorte qu'ils deviennent un par
cette contemplation même, ce qui augmente aussi
l'impression du sublime. Cette dernière enfin est
encore favorisée par le fait que la lune luit sans
réchauffer, ce qui, sans aucun doute, est la raison
pour laquelle on a pu l'appeler chaste, et l'identifier
à Diane. — En conséquence de cette impression tout
à fait bienfaisante sur notre âme, la lune devient peu
à peu notre amie intime, ce que, tout au contraire,
ne deviendra jamais le soleil que nous pouvons
regarder aussi peu en face qu'un bienfaiteur excessivement généreux.

En complément à ce j'ai dit au § 38 du tome I sur
la jouissance esthétique que procurent la lumière, la
réflexion et les couleurs, qu'on me permette de placer
encore cette remarque. La joie tout à fait immédiate,
irréfléchie, mais aussi bien indicible, qu'excite en
nous l'impression des couleurs intensifiée par le
brillant du métal, et plus encore par la transparence,
comme c'est par exemple le cas des vitraux, ou
davantage encore des nuages et de leur reflet, lors
d'un coucher de soleil, cette joie, dis-je, repose finalement sur le fait qu'ici, c'est de la manière la plus
facile, à savoir d'une manière presque physiquement
nécessaire, que nous prenons totalement part à la
connaissance sans la moindre excitation de notre
volonté, ce qui nous fait entrer dans l'état du pur
connaître, bien que celui-ci réside ici, pour l'essentiel,
dans la simple sensation de l'affection de la rétine ;
cette sensation, en elle-même tout à fait pure de
toute douleur et de tout plaisir, est cependant sans
aucune excitation directe de la volonté, et fait donc
partie du pur connaître.

CHAPITRE 31*

DU GÉNIE

L'aptitude principale à ce mode de connaissance décrit dans les deux chapitres précédents, cette source de toutes les œuvres authentiques des arts, de la poésie et même de la philosophie, c'est ce qu'on désigne, à proprement parler, par le nom de génie. Ainsi, comme les Idées platoniciennes constituent l'objet de ce mode de connaissance, mais qu'elles ne sont pas appréhendées *in abstracto*, mais seulement INTUITIVEMENT, l'essence du génie doit résider dans la perfection et l'énergie de la connaissance IN-TUITIVE. Par conséquent, nous voyons qu'on désigne le plus résolument par œuvres du génie celles qui procèdent directement de l'intuition et s'adressent à elle, c'est-à-dire les œuvres des arts plastiques, mais aussi celles de la poésie, qui médiatise ses intuitions par l'imagination. — Ici déjà pointe la différence entre le génie et le simple talent, lequel est une qualité qui, plus que dans la connaissance intuitive, réside davantage dans la plus grande habileté et la plus grande acuité de la connaissance discursive. Ceux qui en sont doués pensent avec plus de rapidité et plus d'exactitude que les autres ; le génie, en revanche, voit un autre monde qu'eux tous, parce que ce monde, dans sa tête, se présente avec plus d'objectivité, et donc avec plus de pureté et d'évidence.

L'intellect, selon sa destination, n'est que le médium des motifs ; par conséquent, à l'origine, il n'appréhende dans les choses rien d'autre que leurs rela-

---

* Ce chapitre se rapporte au § 36 du tome I.

tions directes, indirectes ou possibles avec la volonté. Chez les animaux, qui s'en tiennent quasi exclusivement aux relations directes, la chose est d'autant plus évidente : ce qui ne se rapporte pas à leur volonté n'existe pas pour eux. C'est pourquoi nous voyons parfois avec étonnement que même des animaux intelligents ne remarquent pas un phénomène par ailleurs frappant, par exemple lorsqu'ils ne manifestent aucune irritation face à une transformation visible de notre personne ou de l'environnement. Chez l'homme ordinaire s'ajoutent certes les relations indirectes, voire possibles avec la volonté, leur somme constituant l'ensemble des connaissances utiles ; mais la connaissance en reste, là aussi, aux RELATIONS. C'est la raison pour laquelle une tête ordinaire ne parvient pas à former une image des choses qui soit tout à fait pure et objective, car sa force d'intuition, dès qu'elle n'est pas excitée et mise en mouvement par la volonté, faiblit aussitôt et devient inactive, puisqu'elle n'a pas assez d'énergie pour une appréhension purement objective du monde qui procéderait de son propre ressort et serait SANS FINALITÉ. Au cas contraire, lorsque la force du cerveau possède un excédent tel qu'une image pure, évidente, objective du monde extérieur se présente SANS FINALITÉ — image qui est inutile aux intentions de la volonté, qui même les perturbe à des degrés supérieurs, voire qui peut leur devenir nuisible —, on peut dire qu'est présente pour le moins la disposition à cette anormalité désignée par le nom de GÉNIE <*Genie*>, celui-ci laissant entendre qu'ici un GÉNIE <*Genius*> étranger à la volonté, c'est-à-dire au Moi véritable, comme venu de l'extérieur, semble devenir actif. Pour le dire sans métaphore : le génie consiste en ce que la faculté cognitive s'est développée de manière bien plus considérable que ce qu'exige le SERVICE DE LA VOLONTÉ auquel elle était initialement destinée. C'est pourquoi, en toute rigueur, la physiologie pourrait compter un tel excédent de l'activité cérébrale, ainsi que le cerveau lui-même, pour ainsi dire parmi les *monstris per excessum*, qu'elle classe, comme on sait, à côté des *monstris per defectum* et de ceux *per situm mutatum*[22].

C[Le génie consiste ainsi dans un surcroît <*Überschuss*> anormal de l'intellect, surcroît dont la seule utilisation possible réside dans son application aux aspects universels de l'existence, ce qui le met aussitôt au service de l'espèce humaine tout entière, alors que l'intellect normal est au service du seul individu. Pour permettre de mieux saisir la chose, on pourrait dire que si l'homme ordinaire est composé de 2 / 3 de volonté et de 1 / 3 d'intellect, alors le génie est composé de 2 / 3 d'intellect et de 1 / 3 de volonté. On pourrait l'expliciter encore par une analogie chimique : la différence entre la base et l'acide d'un sel neutre, c'est que dans chacun, le radical a un rapport à l'oxygène inverse au rapport qui prévaut dans l'autre. En effet la base, ou l'alcali, est ce qu'elle est parce qu'en elle le radical prédomine sur l'oxygène, et l'acide est ce qu'il est parce qu'en lui c'est l'oxygène qui est prédominant. C'est ainsi que se conduisent l'homme ordinaire et le génie par rapport à la volonté et à l'intellect. C'est ce qui fait naître entre eux une différence radicale qui déjà se manifeste dans tout leur être, dans tous leurs faits et gestes, mais qui est surtout évidente dans leurs productions. Parmi ces différences, on pourrait encore ajouter celle-ci : alors que cette opposition totale entre les substances chimiques est au fondement de leur affinité et de leur sympathie les plus fortes, c'est habituellement plutôt le contraire qui est vrai pour l'espèce humaine.]C

L'expression la plus évidente suscitée par un tel

surcroît de la force cognitive se trouve le plus souvent dans la connaissance la plus originelle et la plus essentielle, la connaissance INTUITIVE, dont elle provoque la répétition dans une image : c'est la naissance du peintre et du sculpteur. Chez ces derniers, le chemin entre l'appréhension géniale et la production artistique est donc le plus court, raison pour laquelle la forme sous laquelle se présentent ici le génie et son activité est la plus simple, et sa description la plus aisée. Il n'en demeure pas moins que c'est bien là que réside la source où toutes les productions authentiques, dans tout art, dans la poésie, dans la philosophie même, trouvent leur origine, bien que leur développement ne soit pas aussi simple.

Qu'on se rappelle ici le résultat acquis au livre I, selon lequel toute intuition est intellectuelle[23] et non pas simplement sensuelle. Si maintenant on y ajoute la présente analyse, tout en rendant justice à la philosophie du siècle précédent qui a désigné la faculté de connaissance intuitive par le nom de «facultés inférieures de l'âme», on ne trouvera pas si fondamentalement absurde qu'Adelung[24], qui devait parler la langue de son époque, ait pu localiser le génie dans «une puissance remarquable des facultés inférieures de l'âme»; on ne trouvera pas non plus que cette affirmation soit digne de ce mépris moqueur avec lequel Jean Paul présente le génie dans son *Cours préparatoire d'esthétique*[25]. Si grandes que puissent être les qualités de l'ouvrage de cet homme admirable, je dois cependant faire remarquer que partout où il entend donner une explication théorique, ou plus généralement une leçon, sa description constamment railleuse, avançant sous une foule de métaphores, n'est pas la plus appropriée.

Mais c'est bien d'abord à l'INTUITION que s'ouvre et se dévoile l'essence authentique et véritable des

choses, bien que ce soit encore de manière conditionnée. Car tous les concepts, toutes les pensées ne
sont que des abstractions, donc des représentations
partielles tirées de celle-ci, ne résultant que d'une
privation. Toute connaissance profonde, la sagesse
authentique même, s'enracine dans l'appréhension
INTUITIVE des choses, ce que nous avons largement
examiné dans les compléments du livre I. Le processus de création qui communique l'étincelle de
vie à toute œuvre d'art authentique, toute pensée immortelle, est toujours une appréhension IN-
TUITIVE. Cm[Toute pensée primordiale se produit
par images.]Cm En revanche, ce sont les CONCEPTS
qui engendrent les œuvres du simple talent, les pensées simplement rationnelles, les imitations et, de
façon générale, tout ce qui s'adapte exclusivement
aux besoins du moment et à l'époque contemporaine.

Or, si notre intuition était toujours attachée au présent réel des choses, sa matière serait entièrement
placée sous l'empire du hasard, ce hasard qui n'apporte que rarement les choses au bon moment, qui
les ordonne tout aussi rarement de manière utile,
et qui, le plus souvent, nous en présente des exemplaires fort défectueux. C'est pourquoi l'IMAGI-
NATION <*Phantasie*> est nécessaire pour compléter,
ordonner, décrire, fixer et répéter à volonté toutes
les images significatives de la vie, selon ce qui est
requis par les fins d'une connaissance très profonde
et de l'œuvre considérable censée la communiquer.
C'est ce qui explique la haute valeur de l'imagination, cet instrument indispensable du génie. Car ce
n'est qu'en vertu de l'imagination que le génie, selon
les exigences imposées par le contexte de son art, de
sa poésie, ou de sa pensée, est capable de rendre
présent à son esprit tout objet, tout événement, par
une image vive, pour puiser sans cesse une nour-

riture fraîche de la source première de toute connaissance, l'intuitif. Celui qui est doué d'imagination peut pour ainsi dire convoquer des esprits qui, au moment opportun, lui révèlent les vérités que la réalité, dans sa nudité, ne dévoile que faiblement et rarement, et encore, le plus souvent, au mauvais moment. Celui qui n'a pas d'imagination est au premier ce qu'une moule accrochée à son rocher, en attente de ce que le hasard peut bien lui apporter, est à un animal mobile ou même ailé. Il ne connaît rien d'autre que l'intuition sensible réelle : en attendant qu'elle lui arrive, il ronge ses concepts et ses abstractions qui ne sont pourtant que les écorces et les enveloppes de la connaissance, et non son noyau. Cm[Jamais il n'accomplira quelque chose de grand, sinon dans le calcul et dans les mathématiques.]Cm — Les œuvres des arts plastiques et de la poésie, de même les productions de la mimique, peuvent également être considérées comme un moyen pour ceux qui n'ont pas d'imagination de combler ce manque au mieux, et pour ceux qui en ont d'en faciliter l'usage.

Bien que le mode de connaissance propre et essentiel au génie soit, d'après ce qui vient d'être dit, l'intuition, son objet véritable n'est pourtant aucunement constitué par les choses singulières, mais par les Idées platoniciennes qui s'y expriment, tel que nous en avons analysé l'appréhension au chapitre 29. Le trait fondamental du génie consiste précisément à toujours voir l'universel dans le singulier, alors que l'homme ordinaire ne reconnaît dans le singulier que le singulier comme tel, puisque ce n'est que comme tel que celui-ci appartient à la réalité, laquelle seule a un intérêt pour sa volonté, c'est-à-dire une relation avec elle. Le degré selon lequel tout un chacun est capable non pas de penser, mais de voir concrètement dans la chose singulière seulement celle-ci, ou déjà un élément plus ou moins universel, jusqu'au plus universel de l'espèce, donne la mesure de sa proximité avec le génie. Ce n'est ainsi que l'essence des choses en général, leur élément universel, le tout, qui est l'objet véritable du génie : l'étude des phénomènes singuliers est le domaine des talents, des sciences réelles dont l'objet n'est au fond toujours constitué que par les relations des choses entre elles.

Gardons ici à l'esprit ce qui a été amplement montré au chapitre précédent : l'appréhension des IDÉES est conditionnée par le fait que l'individu connaissant est le PUR SUJET de la connaissance, et que la volonté disparaît alors totalement de la conscience. — La joie procurée par certains *Lieder* de Goethe qui nous mettent sous les yeux un paysage, ou par les descriptions de la nature de Jean Paul, repose sur ce que nous prenons alors part à l'objectivité de ces esprits, c'est-à-dire à la pureté avec laquelle, en eux, le monde comme représentation s'est distingué, voire totalement détaché du monde comme volonté. — De ce que le mode de connaissance du génie est essentiellement un mode pur de tout vouloir et de ses relations, il suit également que les œuvres du génie ne procèdent pas d'une intention, ou d'un pouvoir arbitraire, car il est alors guidé par une nécessité de l'ordre de l'instinct. — Ce qu'on appelle l'éveil du génie, l'heure de l'inspiration, le moment de l'enthousiasme, n'est rien d'autre que l'affranchissement de l'intellect, lorsque celui-ci, temporairement déchargé de son service de la volonté, ne sombre pas dans l'inactivité, ne se relâche pas, mais, pour quelques brefs moments, devient actif tout seul, par lui-même. C'est alors qu'il est de la plus grande pureté et qu'il devient le clair miroir du monde, car totalement séparé de son origine, de la volonté, il est maintenant le monde comme représentation lui-même, concentré en UNE SEULE ET MÊME conscience. C'est en ces instants qu'est conçue, pour ainsi dire, l'âme des œuvres immortelles. En revanche, l'intellect n'est pas libre lorsqu'il réfléchit avec intention, car il est alors guidé par la volonté qui lui prescrit son thème.

Le sceau de la banalité, l'expression de vulgarité qui marquent la grande majorité des visages s'expliquent au fond par le fait qu'on peut y voir la rigoureuse subordination de leur connaître à leur vouloir, la chaîne solide qui les attache ensemble, et l'impossibilité qui s'ensuit d'appréhender les choses autrement que par rapport à la volonté et à ses fins. Au contraire, l'expression du génie, qui constitue l'évidente parenté entre tous ceux qui sont supérieurement doués, réside en ce qu'on peut y lire clairement l'absolution, la manumission de l'intellect à l'égard du service de la volonté, la prédominance du connaître sur le vouloir. Toute douleur procède de la volonté, alors que le connaître, en et par lui-même, est sans douleur et serein : c'est ce qui donne à leurs fronts élevés et à leur regard clair et lucide, lesquels échappent au service de la volonté et à sa détresse, cette touche d'une grande gaieté, quasi surnaturelle, qui, de temps à autre, se manifeste et coexiste fort bien avec la mélancolie imprégnant les autres traits du visage, en particulier la bouche, et qu'on pourrait bien à propos désigner par la devise de Giordano Bruno : *in tristitia hilaris, in hilaritate tristis* [gai dans la tristesse, triste dans la gaieté[26]].

La volonté, racine de l'intellect, s'oppose à toute activité de celui-ci visant autre chose que ses fins. C'est pourquoi l'intellect n'est capable d'une appréhension profonde et purement objective du monde extérieur qu'à condition de se détacher, fût-ce temporairement, de sa racine[27]. Tant qu'il lui demeure relié, il est incapable d'exercer une quelconque activité par ses propres moyens, car il est bien plutôt plongé dans l'hébétude aussi longtemps que la volonté (l'intérêt) ne le réveille pas pour le mettre en mouvement. Dans ce dernier cas, il est certes tout à fait apte, conformément à l'intérêt de la volonté, à connaître les relations entre les choses, comme le fait un esprit intelligent qui doit toujours aussi être un esprit éveillé, c'est-à-dire vivement excité par le vouloir ; or c'est pour cette raison même qu'il sera incapable de saisir l'essence purement objective des choses. C'est que le vouloir et ses fins le rendent unilatéral au point de ne voir dans les choses que ce qui s'y rapporte, alors que le reste soit disparaît, soit pénètre la conscience sous une forme altérée. Ainsi, un voyageur inquiet et pressé ne verra le Rhin, avec ses rives, que comme une barre et le pont qui l'enjambe comme un trait coupant cette barre. Dans la tête de cet homme, remplie par ses fins, le monde est comme une belle région sur le plan d'un champ de bataille[28]. Il est vrai qu'il s'agit là d'exemples extrêmes que j'ai pris pour leur caractère d'évidence, mais chaque excitation de la volonté, même minime, aura toujours pour conséquence une altération de la connaissance également minime, mais analogue à ces exemples. Le monde ne peut se manifester sous sa couleur et sous sa forme véritables, dans toute sa signification adéquate, seulement lorsque l'intellect, dégagé du vouloir, flotte librement au-dessus des objets et n'en exerce pas moins une activité intense, sans y être poussé par la volonté. Cet état va certes à l'encontre de la nature et de la destination de l'intellect, il est pour ainsi dire contre nature, et donc extrêmement rare : mais c'est là précisément que réside l'essence du GÉNIE, chez lequel seul cet état se produit avec constance à un degré supérieur, alors que chez les autres il ne se produit qu'à titre approximatif et exceptionnel. — C'est dans ce sens que je comprends Jean Paul (*Cours préparatoire d'esthétique*, § 12[29]) lorsqu'il fait consister l'essence du génie dans la RÉFLEXION <*Besonnenheit*>. Car l'homme ordinaire est roulé dans le tourbillon et le tumulte de la vie, à laquelle il appartient par sa volonté ; son intellect est rempli par les choses et les événements de la vie ; or de ces choses, et de la vie elle-même, il n'est aucunement conscient, tout comme le vendeur à la Bourse d'Amsterdam qui perçoit ce que dit son voisin sans entendre le bourdonnement de toute la Bourse, bourdonnement proche du bruit de la mer qui ne manque pas de susciter l'étonnement de l'observateur distant[30]. En revanche, pour le génie, dont l'intellect est détaché de la volonté, c'est-à-dire de la personne, ce qui se rapporte à celle-ci ne peut voiler le monde et les choses mêmes, mais il en prend clairement conscience, il les perçoit telles qu'en elles-mêmes par une appréhension objective : c'est dans ce sens qu'il est RÉFLÉCHI.

Cm[C'est cette réflexion qui rend le peintre capable de restituer fidèlement sur une toile la nature qu'il a sous les yeux, et le poète de faire renaître avec exactitude, au moyen de concepts abstraits, le présent intuitif, en le portant à la parole et, par là, à une conscience claire, de même d'exprimer par des mots tout ce dont les autres n'ont que le sentiment. — L'animal vit sans aucune réflexion. Il fait preuve de conscience, c'est-à-dire qu'il a une connaissance de lui-même, de son bien-être et de son mal-être, ainsi que des objets qui en sont l'occasion. Mais sa connaissance demeure toujours subjective, ne devient jamais objective : tout ce qui tombe sous elle semble aller de soi pour lui et ne peut donc jamais devenir un objet (objet de description) ni un problème (objet de méditation) pour lui. Sa conscience est ainsi tout à fait IMMANENTE. La conscience du vulgaire est de nature non pas identique, mais pour le moins apparentée, puisque sa perception des choses et du monde demeure elle aussi surtout subjective et essentiellement immanente. Cette conscience perçoit les choses dans le monde, mais point le monde ; ses propres faits et gestes, mais point soi-même. La réflexion s'impose progressivement à mesure qu'augmente, selon d'infinies gradations, la clarté de la conscience, jusqu'à ce que soit atteint ce point où parfois, bien que ce soit rarement et à des degrés d'évidence fort divers, on est traversé comme par un éclair et on se demande : « qu'est-ce que tout cela ? », ou encore « COMMENT cela est-il fait ? ». Si elle acquiert une grande évidence et impose durablement sa présence, la première question fera des philosophes, et la seconde, dans les mêmes conditions, des artistes ou des poètes. C'est ainsi que la noble vocation des deux plonge ses racines dans la réflexion, qui procède en premier lieu de l'évidence avec laquelle ils prennent conscience du monde et d'eux-mêmes pour ensuite les soumettre à leur méditation <*Besinnung*>. Or l'origine de ce processus tout entier, c'est que l'intellect, par sa prépondérance, s'affranchit temporairement de la volonté à laquelle il est initialement asservi.]Cm

Les présentes considérations sur le génie se rattachent, pour la compléter, à la description, donnée au chapitre 21[31], de LA SÉPARATION DE PLUS EN PLUS NETTE ENTRE VOLONTÉ ET INTELLECT. Ce phénomène atteint précisément son degré suprême dans le génie, allant jusqu'au détachement complet de l'intellect de sa racine, la volonté, en sorte que l'intellect devient ici entièrement libre, par où seul le MONDE COMME REPRÉSENTATION arrive à sa parfaite objectivation. —

Voici encore quelques remarques relatives à l'individualité du génie. — Aristote déjà, d'après Cicéron (*Tusc.*, I, 33)[32], a pu affirmer qu'*omnes ingeniosos melancholios esse* [tous les hommes de génie sont mélancoliques], Cm[citation qui réfère, sans nul doute, au passage d'Aristote dans les *Problemata*, 30, I[33].]Cm Goethe lui aussi dit :

> *Meine Dichtergluth war sehr gering,*
> *So lang ich dem Guten entgegen ging:*
> *Dagegen brannte sie lichterloh,*
> *Wann ich vor drohendem Uebel floh. -*
> *Zart Gedicht, wie Regenbogen,*
> *Wird nur auf dunkeln Grund gezogen :*
> *Darum behagt dem Dichtergenie*
> *Das Element der Melancholie.*

> [Mon ardeur poétique était presque rien
> Tant que je marchais vers le bien :
> Mais elle brûla de tout son feu
> Dès que je m'enfuis sous la menace des maux.
> Un poème aussi délicat qu'un arc-en-ciel
> Ne se dessine que sur un fond obscur :
> C'est pourquoi le génie poétique
> Aime tant l'élément mélancolique[34].]

L'explication, c'est que, la volonté n'ayant cesse de revendiquer sa domination originaire sur l'intellect, celui-ci, dans une situation personnelle défavorable, se soustrait plus facilement à celle-là, car il se détourne volontiers d'une circonstance contrariante pour se distraire, en quelque sorte, et pour se concentrer avec d'autant plus d'énergie sur le monde extérieur, atteignant par là plus facilement l'objectivité pure. Une situation personnelle favorable produira l'effet contraire. Cm[Mais dans l'ensemble, la mélancolie qui accompagne le génie repose généralement sur le fait que plus l'intellect qui éclaire la volonté de vivre est vif, plus la perception qu'a la volonté de sa condition misérable est claire.]Cm Le symbole de cette humeur sombre qui caractérise, ainsi qu'on l'a souvent remarqué, les esprits supérieurement doués, c'est le mont Blanc dont le sommet est le plus souvent ennuagé ; mais lorsqu'il arrive, surtout à l'aube, que le voile de nuages se déchire, et qu'alors la montagne, rougie par les rayons du soleil, regarde sur Chamonix depuis sa hauteur céleste au-dessus des nuées, c'est là une vue susceptible de bouleverser profondément l'âme de chacun. De même, le génie, le plus souvent mélancolique, fait preuve de temps à autre de cette gaieté particulière, déjà décrite plus haut et issue de la plus parfaite objectivité de l'esprit, gaieté dont seul lui est capable et qui scintille sur son front altier comme un éclat de lumière : *in tristitia hilaris, in hilaritate tristis*[35]. —

Au fond, tous les bousilleurs sont ce qu'ils sont parce que leur intellect, encore trop attaché à leur volonté, n'entre en activité que sous la stimulation de celle-ci, et lui demeure de ce fait totalement asservi. Ils sont par conséquent incapables de poursuivre des fins autres que personnelles, conformément auxquelles ils créent des tableaux mauvais, des poèmes sans esprit, voire des philosophèmes superficiels, absurdes et[36] très souvent malhonnêtes, surtout lorsqu'il s'agit, par une pieuse improbité, de se recommander auprès de quelque supérieur influent. Tous leurs actes, toutes leurs pensées sont ainsi personnels. Ils réussiront tout au plus à s'emparer de ce qu'il y a d'extérieur, d'aléatoire, d'arbitraire dans les œuvres authentiques pour en faire un style ; mais au lieu du noyau, ils ne saisiront que l'écorce, pourtant persuadés qu'ils ont atteint le maximum, voire dépassé leurs modèles. Si leur échec devient patent malgré tout, plus d'un espérera y arriver finalement avec un peu de bonne volonté. Mais c'est précisément cette bonne volonté qui l'en empêche, puisqu'elle ne vise que des fins personnelles, avec lesquelles il est impossible de s'adonner sérieusement à l'art, à la poésie ou à la philosophie. On pourrait dire à leur sujet qu'ils se font de l'ombre à eux-mêmes. Ils ne se doutent pas que seul l'intellect soustrait à la domination de la volonté et à tous ses projets, exerçant ainsi librement son activité, rend apte à d'authentiques œuvres, car l'intellect seul confère le sérieux véritable ; bien heureusement pour eux d'ailleurs, sinon ils se jetteraient à l'eau de désespoir. — Dans la MORALE, la BONNE VOLONTÉ est tout, mais dans l'art <*Kunst*>, elle n'est rien, car seule y prévaut l'aptitude <*das Können*>, comme l'indique déjà le mot. — Ce qui importe en dernière instance, c'est de savoir où situer le SÉRIEUX <*Ernst*> chez l'homme. Chez le grand nombre, il réside exclusivement dans leur bien-être et dans celui de leurs proches ; ils sont donc incapables de pourvoir à autre chose qu'à celui-ci, car aucune résolution, aucun effort volontaire et intentionnel, n'est à même de conférer le sérieux véritable, profond, authentique, ou de le remplacer, encore moins de le déplacer. En effet, le sérieux demeure toujours là où la nature l'a déposé ; or, sans lui, on ne réussit les choses qu'à moitié. C'est pour la même raison que les individus géniaux s'occupent souvent mal de leur propre bien-être. De même qu'une masse de plomb ramène toujours un corps à la position qu'exige son centre de gravité déterminé par ce poids, le sérieux véritable de l'homme n'a cesse de ramener la force et l'attention de l'intellect vers le lieu où il réside : de tout le reste, l'homme s'occupe sans vrai sérieux. C'est pourquoi seuls les hommes hors normes, extrêmement rares, dont le vrai sérieux ne réside pas dans la sphère personnelle et pratique, mais dans la sphère objective et théorique, sont capables d'appréhender l'essentiel des choses et du monde, autrement dit les vérités suprêmes, pour les restituer, d'une façon ou d'une autre. Car un tel sérieux de l'individu pourtant extérieur à l'individu, tombant dans l'objectif, ne peut être qu'une chose étrangère à la nature humaine, une chose non naturelle, voire surnaturelle ; or ce n'est que lui qui rend un homme grand, en vertu de quoi ses créations sont alors attribuées à un génie différent de lui, censé le posséder. Pour un tel homme, l'art, la poésie ou la pensée sont une fin, pour les autres, un moyen. Ceux-ci le font pour leur affaire, et savent généralement très bien comment la promouvoir, car ils s'adaptent aux contemporains dont ils sont disposés à servir les besoins et les caprices ; c'est pourquoi ils vivent le plus souvent dans des conditions heureuses, le premier, par contre, dans des conditions fort misérables. Car il sacrifie son bien-être personnel à une fin objective : il ne peut faire autrement, car c'est là que réside son sérieux. Mais eux font le contraire, c'est pourquoi ils sont petits, et lui grand. Pour cette raison, son œuvre est destinée à toutes les époques ; mais ce n'est le plus souvent que la postérité qui la reconnaît, alors qu'eux vivent et meurent avec leur époque. À vrai dire, on ne peut appeler grand que celui qui, lorsqu'il œuvre, que ce soit d'un point de vue pratique ou théorique, ne cherche pas à promouvoir son affaire personnelle mais seulement une fin objective ; or il demeure grand même si, dans le

domaine pratique, cette fin serait mécomprise, et
même si cette mécompréhension devait la faire
apparaître comme un crime. Qu'il NE CHERCHE PAS
À PROMOUVOIR NI LUI-MÊME NI SON AFFAIRE PER-
SONNELLE, voilà qui le rend GRAND, quelles que
soient les circonstances. En revanche, on appelle
PETIT tout agissement qui ne vise que des fins personnelles, parce que celui qui s'active ainsi ne peut
alors se reconnaître et se retrouver que dans sa propre
personne si infiniment minuscule. Au contraire,
celui qui est GRAND se reconnaît dans toutes choses,
et donc dans le tout : il ne vit pas seul, comme l'autre,
dans son microcosme, mais, bien plus, dans le macrocosme. C'est pourquoi c'est le tout qui lui importe,
et il cherche à le saisir pour le décrire ou pour l'expliquer, ou pour exercer une influence pratique sur
lui. Car rien ne lui est étranger, il sent que tout le
concerne. C'est en raison de cette extension de sa
sphère qu'on l'appelle GRAND. Par conséquent, ce
n'est que le héros véritable, dans tous les sens, et le
génie, qui méritent ce titre sublime : il indique que,
à rebours de la nature humaine, ils n'ont pas cherché
à promouvoir leur affaire personnelle, et qu'ils n'ont
pas vécu pour eux-mêmes, mais pour tous. — Alors
que, manifestement, la plupart des hommes seront
TOUJOURS petits et ne pourront JAMAIS être grands,
l'inverse, où un homme serait absolument grand,
c'est-à-dire constamment et à chaque instant, n'est
guère possible :

> *Denn aus Gemeinem ist der Mensch gemacht,*
> *Und die Gewohnheit nennt er seine Amme.*

> [Car l'homme est fait de ce qui est commun
> Et l'habitude est sa nourrice[37].]

Car souvent tout grand homme ne doit pas moins être individu, ne considérer que LUI-MÊME, bref être PETIT. Voilà sur quoi repose la remarque très juste qu'aucun héros ne demeure tel devant son valet de chambre, C[et non sur le fait que le valet de chambre ne saurait pas apprécier le héros; ce que Goethe, dans ses *Affinités électives* (t. 2, chap. 5[38]), présente comme une idée d'Ottilie.]C

Le génie est à lui-même sa propre récompense, car ce qu'on est de meilleur, on doit l'être nécessairement pour soi-même. Goethe dit : «Celui qui est né AVEC un talent et POUR un talent trouvera là sa plus belle carrière[39].» Lorsque nous levons nos yeux vers un grand homme du passé, nous ne pensons pas : «Quelle chance il a d'être admiré par nous tous encore maintenant», mais : «Quel bonheur pour lui d'avoir pu jouir directement d'un esprit dont les traces qu'il a laissées réjouissent encore les siècles.» La valeur se trouve non dans la gloire, mais dans la voie pour y parvenir, et la jouissance, dans la conception d'enfants immortels. C'est pourquoi ceux qui cherchent à montrer l'inanité de la gloire posthume en arguant que celui à qui elle est destinée n'en profite pas, sont à comparer à ce sophiste qui, à l'homme jetant des regards envieux au tas d'huîtres vides dans la cour de son voisin, voudrait savamment démontrer leur parfaite inutilité.

D'après la description que nous avons faite de l'essence du génie, celui-ci est contre nature dans la mesure où il réside dans ce que l'intellect, dont la destination véritable est de servir la volonté, s'émancipe de ce service pour être actif par lui-même. C[Le génie est ainsi un intellect devenu infidèle à sa destination.]C Voilà sur quoi reposent les INCONVÉ-NIENTS qui lui sont inhérents, et dont nous allons préparer maintenant l'analyse en comparant d'abord le génie avec un intellect résolument moins prédominant.

L'intellect de l'homme ordinaire, strictement attaché au service de sa volonté, donc occupé seulement, au fond, à la réception des motifs, pourrait être considéré comme le complexe de fils de fer qui agite chacune de ces marionnettes sur le théâtre du monde[40]. Voilà qui explique ce sérieux raide et guindé chez la plupart des gens, un sérieux que seul dépasse celui des animaux, lesquels ne rient jamais. Par contre, on pourrait comparer le génie avec son intellect détaché à un homme vivant qui jouerait parmi les grandes marionnettes du célèbre théâtre de marionnettes de Milan ; il serait le seul parmi elles à tout percevoir, et quitterait volontiers la scène pendant quelques instants pour jouir du spectacle depuis les loges : c'est là l'image de la réflexion géniale. — Or même l'homme tout à fait sensé et raisonnable se distingue fortement du génie par ceci que son intellect garde une orientation PRATIQUE, s'avise du choix des meilleurs moyens et fins, reste donc au service de la volonté, et exerce ainsi une activité conforme à la nature. Le sérieux de la vie, solide et pragmatique, que les Romains appellent *gravitas*, suppose que l'intellect NE CESSE PAS d'être au service de la volonté pour s'aventurer auprès de ce qui ne la concerne pas, raison pour laquelle il n'admet pas cette séparation entre l'intellect et la volonté, laquelle séparation est la condition du GÉNIE. L'esprit perspicace, voire éminent, qui est apte à des réalisations considérables dans le domaine pratique, l'est précisément parce que les objets excitent vivement sa volonté et le poussent à l'exploration incessante de leurs rapports et leurs relations. Son intellect est donc solidement attaché à la volonté. L'esprit génial, en revanche, voit flotter devant lui, en son appréhension objective, le phénomène du monde comme une chose étrangère, un objet de contemplation, qui refoule son vouloir hors de la conscience. C'est autour de ce point que tourne la différence entre l'aptitude à l'ACTION et l'aptitude à l'ŒUVRE. Celle-ci exige objectivité et profondeur de la connaissance, toutes deux présupposant une séparation totale entre l'intellect et la volonté, alors que celle-là exige une utilisation pratique de la connaissance, une présence d'esprit, une détermination nécessitant un intellect sans relâche occupé à servir la volonté. Lorsque le lien entre l'intellect et la volonté se dénoue, l'intellect qui s'est écarté de sa destination naturelle négligera le service de la volonté ; par exemple, dans une situation d'urgence, il ne cessera de revendiquer son émancipation, et ne pourra s'empêcher d'appréhender les environs, où quelque danger menace directement l'individu, selon l'impression pittoresque qu'ils dégagent. L'intellect de l'homme raisonnable et sensé, au contraire, est toujours à son poste pour envisager la situation et ses nécessités : dans tous les cas il prendra et exécutera la décision qui convient, et ne se laissera jamais aller à ces excentricités, à ces faux pas personnels, voire à ces sottises, auxquels le génie, lui, est exposé parce que son intellect n'est pas exclusivement le guide et le gardien de sa volonté, mais qu'il est tantôt plus, tantôt moins sollicité par la sphère purement objective. Cette opposition dans laquelle se trouvent les deux espèces d'aptitudes fort différentes, décrites ici de manière abstraite, Goethe l'a illustrée par le contraste entre le Tasse et Antonio[41]. Car la proximité, souvent notée, entre le génie et la folie, repose principalement sur cette séparation entre l'intellect et la volonté, essentielle au génie et pourtant contre nature. Or il ne faut aucunement attribuer cette séparation à ceci que la volonté qui accompagne le génie serait moins intense, puisque celui-ci est bien plutôt conditionné par un caractère vif et passionné, mais la raison en est que si l'intellect de celui qui a le sens de la pratique, l'homme d'action, est pleinement et entièrement requis par une volonté énergique, ce qui n'est même pas le cas de la plupart des gens, le génie est formé par un véritable surplus, totalement anormal, de l'intellect, qu'aucun service de la volonté ne requiert. Voilà pourquoi les hommes capables d'œuvres authentiques sont mille fois plus rares que les hommes d'action. C'est précisément ce surplus anormal de l'intellect, en vertu duquel celui-ci acquiert une prépondérance décisive, qui se détache de la volonté pour être actif, dans l'oubli de son origine, par sa propre force et par son propre ressort, donnant ainsi lieu aux créations du génie.

Par ailleurs, la conséquence de ce que le génie est constitué par l'action de l'intellect libre, c'est-à-dire émancipé du service de la volonté, c'est que ses productions ne servent aucune fin utile. Que ce soit de la musique ou de la philosophie, de la peinture ou de la poésie, l'œuvre d'un génie se soustrait à toute utilité. L'un des traits caractéristiques de l'œuvre géniale, c'est d'être inutile : c'est par là qu'elle acquiert ses lettres de noblesse. C[Toutes les autres œuvres humaines sont là pour préserver ou faciliter notre existence, sauf celles dont il est question ici : elles seules sont là en vue d'elles-mêmes et c'est en ce sens qu'il faut les considérer comme le fleuron ou le bénéfice net de l'existence.]C Voilà ce qui explique aussi l'émotion qui nous étreint lorsque nous en jouissons, car nous sommes alors comme arrachés à la pesanteur de la terre où sévit le besoin. — De manière analogue, nous ne voyons d'ailleurs guère le beau épouser l'utile. Les arbres grands et beaux ne portent pas de fruits ; les arbres fruitiers sont des arbuscules, petits et laids. Ce n'est pas la rose à fleur pleine des jardins qui est féconde, mais la petite rose sauvage quasi inodore. Ce ne sont pas les bâtiments utiles qui sont les plus beaux : un temple n'est pas un immeuble d'habitation. Un homme doué d'un esprit supérieur et rare qui serait contraint d'exécuter une tâche simplement utile dont le plus ordinaire des hommes pourrait se charger est pareil à un vase précieux décoré de la plus belle des peintures qu'on utiliserait comme casserole, C[et comparer les gens utiles avec les gens géniaux, c'est comparer des pierres de construction avec des diamants.]C

L'homme simplement pratique utilise ainsi son intellect pour remplir la fonction destinée par la nature, à savoir appréhender les relations des choses entre elles ou entre les choses et la volonté de l'individu connaissant ; en revanche, le génie s'en sert, à l'encontre de sa destination première, pour appréhender l'essence des choses. C'est pourquoi son esprit appartient non pas à lui-même, mais au monde qu'il contribue à éclairer dans un sens ou dans un autre[42]. Pour l'individu ainsi privilégié en découlent divers INCONVÉNIENTS. Car son intellect C[présentera généralement les défauts qui ne manquent pas d'affecter tout instrument qu'on utilise à une fin pour laquelle il n'a pas été fait. En premier lieu, il]C sera pour ainsi dire le serviteur de deux maîtres[43], puisque à la moindre occasion, il s'affranchira du service correspondant à sa destination pour poursuivre ses fins propres, et abandonnera ainsi la volonté, souvent fort mal à propos ; l'individu si doué devient alors plus ou moins inapte à la vie pratique, sa conduite rappelant parfois même la folie. Ensuite, en vertu de ses facultés cognitives intensifiées, il verra dans les choses plutôt l'universel que le particulier, alors que le service de la volonté nécessite principalement la connaissance du singulier. Mais lorsque à l'occasion cette force cognitive anormalement intensifiée en vient à se diriger d'un coup, avec toute son énergie, sur les affaires et les misères de la volonté, elle les appréhendera bien trop vivement et verra tout sous des couleurs trop criardes, éclairé d'une lumière trop crue, sous un grossissement monstrueux ; l'individu tombe alors dans les extrêmes. C[Ce qui suit peut servir à l'expliquer plus en détail. Toutes les grandes productions théoriques, quel qu'en soit le domaine, sont accomplies parce que leur auteur dirige toutes les forces de son esprit sur un seul et même point où il les fait converger pour les concentrer de manière si forte, solide et exclusive que tout le reste du monde disparaît alors à ses yeux, son objet remplissant toute la réalité. C'est précisément cette grande et puissante concentration, l'un des privilèges du génie, qui parfois se porte sur les objets de la réalité et les affaires de la vie quotidienne, lesquels, mis sous ce foyer ardent, connaissent alors un grossissement si monstrueux qu'ils apparaissent comme la puce qui, sous le microscope solaire, prend la stature d'un éléphant. Voilà qui explique que des individus supérieurement doués éprouvent parfois des émotions vives et diverses que les autres ne comprennent guère, eux qui les voient alors plongés dans le deuil, la joie, l'inquiétude, la crainte, la colère, etc., par des choses qui laisseraient de marbre un homme ordinaire.]C Le génie manque ainsi de SOBRIÉTÉ <*Nüchternheit*>, laquelle consiste précisément à ne voir dans les choses rien d'autre que ce qui leur revient réellement, en particulier eu égard à nos fins possibles : c'est pourquoi jamais un homme sobre ne saurait être un génie. À ces inconvénients s'ajoute une sensibilité exacerbée entraînant une vie nerveuse et cérébrale anormalement intense, et allant de pair avec le caractère véhément et passionné du vouloir qui détermine également le génie et se présente physiquement comme énergie des battements du cœur. Tout ceci donne facilement lieu à cette exaltation des émotions, à cette véhémence des affects, à cette mobilité de l'humeur, toujours dominées par la mélancolie, que Goethe nous a décrites dans *Torquato Tasso*[44]. Quel bon sens, quel sang-froid, quelle intelligence de la situation, quelle parfaite assurance et quelle régularité de conduite chez l'homme ordinaire bien doué, en comparaison avec les rêveries mélancoliques ou les excitations passionnées de l'homme génial dont le tourment intérieur est la matrice d'œuvres immortelles. — À cela s'ajoute encore que le génie vit dans une essentielle solitude. Il est trop rare pour pouvoir rencontrer facilement son semblable et trop différent des autres pour être leur ami. Chez eux, c'est le vouloir qui prédomine, chez lui, le connaître, raison pour laquelle leurs plaisirs ne sont pas les siens, les siens pas les leurs. Ils ne sont que des êtres moraux et n'ont que des relations personnelles, alors que lui est également pur intellect qui, en tant que tel, appartient à l'humanité tout entière. Le mouvement de pensée propre à son intellect, qui est détaché de son sol nourricier, de la volonté, pour n'y revenir que périodiquement, a tôt fait de se distinguer totalement de celui propre à l'intellect normal, attaché à sa racine. C'est pourquoi, et en raison de cette inégalité dans la démarche intellectuelle, le génie n'est guère apte à penser en commun, c'est-à-dire à converser avec les autres : écrasés par sa supériorité, ils trouveront aussi peu de plaisir dans sa compagnie que lui dans la leur. Par conséquent, ils se sentiront bien plus à l'aise avec leurs pairs, alors que lui préférera converser aussi avec ses semblables, bien qu'en règle générale ce ne soit possible qu'à travers les œuvres qu'ils ont laissées. Chamfort dit d'ailleurs très justement : « Il y a peu de vices qui empêchent un homme d'avoir beaucoup d'amis, autant que peuvent le faire de trop grandes qualités[45]. » Pour un génie, le plus heureux des destins est d'être dégagé du domaine pratique, où il n'est pas dans son élément, et d'avoir tout son temps pour sa création. — Le résultat de tout cela, c'est que, bien que le génie puisse procurer un bonheur suprême à l'individu qui en est doté pendant les heures où, adonné à son génie, il en jouit sans entraves, ce même génie, toutefois, n'est aucunement propre à lui offrir une vie heureuse, bien au contraire. L'expérience consignée dans les biographies en témoigne. Une contrariété extérieure vient encore s'y ajouter, puisque le génie, dans ses actes et ses œuvres mêmes, se trouve le plus souvent en opposition, et en lutte, avec son temps. Les simples hommes de talent se présentent toujours au bon moment, car de même qu'ils sont stimulés par l'esprit de leur époque et produits par le besoin de celui-ci, leur capacité se limite à lui suffire. Ils interviennent ainsi dans le développement culturel de leurs contemporains, ou dans la promotion graduelle d'une science particulière, et ils en récoltent récompense et approbation. Or la génération suivante ne trouvera plus goût à leurs œuvres qu'il faudra alors remplacer par d'autres qui ne manqueront pas de se faire. Le génie, par contre, fait effraction dans son époque comme une comète dans les orbites des planètes dont l'ordre parfaitement réglé et prévisible répugne à sa trajectoire totalement erratique. Il ne peut donc intervenir dans le développement culturel, préexistant et régulier, de son époque, mais il jette ses œuvres très au loin dans l'orbite qu'il trouve en arrivant (comme l'empereur qui, se vouant à la mort, lance son javelot dans les rangs ennemis), et où l'époque devra tâcher de les rattraper. Son rapport aux hommes de talent qui pendant ce temps atteignent leur point culminant pourrait s'exprimer dans les termes de l'Évangéliste : Ὁ καιρὸς ὁ ἐμὸς οὔπω πάρεστιν· ὁ δὲ καιρὸς ὁ ὑμέτερος πάντοτέ ἐστιν ἕτοιμος [Mon temps n'est pas encore venu, tandis que le vôtre est toujours prêt] (Jean 7, 6). — Le TALENT est capable de produire ce qui surpasse la faculté de production des autres, mais non leur faculté d'appréhension, raison pour laquelle il trouve immédiatement des gens pour l'estimer. La production du GÉNIE par contre surpasse tant la faculté de production que la faculté d'appréhension des autres, raison pour laquelle ils ne le perçoivent pas tout de suite. Le talent est pareil à un archer qui touche une cible que les autres ne peuvent atteindre, le génie pareil à celui qui en touche une que les autres ne sont pas même capables de voir : c'est pourquoi ils en ont seulement une connaissance indirecte et tardive qu'ils doivent, de surcroît, admettre sur parole. Dans ce sens, Goethe proclame dans son épître didactique : « L'imitation est innée en nous, ce qu'il faut imiter n'est point aisé à reconnaître. La perfection est rarement atteinte, plus rarement encore appréciée[46]. » Et Chamfort peut dire : « Il en est de la valeur des hommes comme de celle des diamants, qui, à une certaine mesure de grosseur, de pureté, de perfection, ont un prix fixe et marqué, mais qui, par-delà cette mesure, restent sans prix, et ne trouvent point d'acheteurs[47]. » Cm[Francis Bacon déjà l'avait affirmé : *Infimarum virtutum, apud vulgus, laus est, mediarum admiratio, supremarum sensus nullus* [Le vulgaire vante les vertus inférieures, admire les vertus moyennes, ne comprend pas les vertus

suprêmes[48]] (*De augm. sc., l. VI, c. 3*). Certes,
pourrait-on m'objecter, *apud vulgus*! — À cela il me
faudrait répliquer avec Machiavel : *Nel mondo non è
se non volgo**[49]. Dans le même esprit, Thilo (*Über den
Ruhm*) remarque qu'on appartient plus à la foultitude <*der grosse Haufen*> qu'on veut bien le croire[50].
— L'une des conséquences de cette reconnaissance
tardive des œuvres du génie, c'est que les contemporains ne les consomment que rarement dans la fraîcheur de coloris que confèrent la contemporanéité
et le présent, mais, comme les figues et les dattes,
dans un état plutôt sec que frais.]Cm —

Si enfin nous considérons le génie d'un point de
vue somatique, nous le voyons conditionné par plusieurs propriétés anatomiques et physiologiques qui,
isolément, sont rarement parfaites, se trouvent encore
plus rarement toutes réunies, mais sont toutes absolument indispensables, raison pour laquelle le génie
n'existe que comme une exception totalement isolée,
voire monstrueuse. La condition fondamentale, c'est
une prépondérance anormale de la sensibilité sur
l'irritabilité[51] et sur la faculté de reproduction, plus
précisément, ce qui complique l'affaire, dans un
corps masculin (les femmes pouvant avoir un talent
considérable, mais pas de génie, car elles restent
toujours dans le subjectif). De même, le système
cérébral doit être entièrement séparé et parfaitement
isolé du système ganglionnaire, en sorte de s'y opposer
franchement, suite à quoi le cerveau sera capable de
mener dans l'organisme sa vie de parasite de manière
bien nette, séparée, vigoureuse et indépendante. Il
est vrai qu'il ne tardera pas à exercer une influence
hostile sur le reste de l'organisme qu'il épuisera prématurément par sa vie intensifiée et par son activité

---

* Cm[Dans ce monde, il n'y a rien d'autre que du vulgaire.]Cm infatigable, si celui-ci n'est pas lui aussi d'une force vitale énergique et d'une bonne constitution, ce dernier élément faisant donc également partie des conditions. Il faut même un bon estomac, en raison du consensus spécifique et étroit entre cette partie et le cerveau. Mais le cerveau doit surtout avoir un développement et une taille inhabituels, et être particulièrement large et haut ; la profondeur, par contre, sera moins importante, et le cerveau aura une prépondérance anormale sur le cervelet. Si sa forme tant globale que partielle importe sans aucun doute beaucoup, nos connaissances sont encore insuffisantes pour déterminer cette forme avec précision, bien que nous puissions reconnaître aisément la forme d'un crâne indiquant une intelligence noble et élevée. La texture de la masse cérébrale doit être de la finesse et de la perfection les plus extrêmes, et de la substance nerveuse la plus pure, la plus clarifiée, la plus tendre et la plus excitable. Il est certain que le rapport quantitatif entre la substance blanche et la substance grise[52] a une influence décisive, mais, là non plus, nous ne pouvons pas encore l'indiquer. Cm[Cependant, le rapport d'autopsie du cadavre de Byron*[53] constate chez lui une proportion inhabituelle de la substance blanche par rapport à la substance grise, et un poids de son cerveau supérieur à 6 livres. Le cerveau de Cuvier pesait 5 livres ; le poids normal est de 3 livres.]Cm — Contrairement au cerveau prédominant, la moelle épinière et les nerfs doivent être extraordinairement minces. Il faut un crâne bien bombé, haut et large, d'une masse osseuse fine, pour protéger le cerveau sans le serrer d'une façon ou d'une autre[54]. Cette constitution tout entière du cerveau et du système nerveux est l'hé-

---

* Dans *Medwin's Conversations of L. Byron*, p. 333.

ritage de la mère ; nous y reviendrons dans le livre suivant. Mais cette même constitution est tout à fait insuffisante si l'héritage du père ne vient pas s'y ajouter sous la forme d'un tempérament vif et passionné qui, du point de vue somatique, se présente comme une énergie inhabituelle du cœur et, par suite, de la circulation sanguine, surtout vers la tête. Car c'est par là d'abord que s'accroît la turgescence propre au cerveau, en vertu de laquelle il pousse contre ses parois, ce qui explique qu'il s'échappe par les ouvertures causées par une lésion ; ensuite, le cerveau reçoit par la force requise du cœur ce mouvement intérieur qui diffère selon son soulèvement et son abaissement produits à chaque respiration, et qui consiste dans l'ébranlement de sa masse tout entière à chaque pulsation Cm[des quatre artères cérébrales]Cm dont l'énergie doit correspondre à l'augmentation quantitative du cerveau, ce mouvement étant d'ailleurs la condition indispensable de son activité. C'est pourquoi une petite stature et surtout un cou peu long favorisent cette activité, car le sang atteint le cerveau par une voie plus courte et avec plus d'énergie, raison pour laquelle les grands esprits ne sont que rarement d'une grande taille. Mais cette rapidité de l'acheminement n'est pas indispensable : Goethe par exemple était d'une taille supérieure à la moyenne. Or sans toute la détermination relative à la circulation sanguine, laquelle provient donc du père, la constitution favorable du cerveau, qui procède de la mère, donne tout au plus lieu à un talent, à un intellect fin, soutenu par un tempérament flegmatique qui ne manquera pas d'apparaître. Cette détermination du génie, provenant du père, permet d'expliquer bon nombre de ces défauts du tempérament décrits plus haut. Si par contre cette détermination n'est pas accompagnée par la première, comme c'est le cas avec les cerveaux d'une constitution normale, voire faible, elle produit une vivacité sans esprit, une chaleur sans lumière, elle livre des têtes brûlées, des hommes d'une agitation et d'une pétulance insupportables. Que de deux frères seul l'un ait du génie et souvent l'aîné, comme c'était le cas de Kant, s'explique d'abord par le fait que c'est seulement pendant l'engendrement de ce dernier que le père était dans la force de l'âge et au faîte de sa passion, tandis que l'autre condition, transmise par la mère, peut également s'atrophier par des circonstances défavorables.

Il me faut encore ajouter ici une remarque sur le caractère ENFANTIN du génie, c'est-à-dire sur certains points communs entre le génie et l'enfant. — Dans l'enfance en effet, comme chez le génie, le système cérébral et nerveux est nettement prédominant, car son développement précède largement celui du reste de l'organisme, en sorte que dès l'âge de sept ans, le cerveau atteint toute son étendue et toute sa masse. C'est pourquoi Bichat dit : «Dans l'enfance le système nerveux, comparé au musculaire, est proportionnellement plus considérable que dans tous les âges suivants, tandis que, par la suite, la plupart des autres systèmes prédominent sur celui-ci. On sait que, pour bien voir les nerfs, on choisit toujours les enfants» (*De la vie et de la mort*, art. 8, § 6[55]). Le développement du système génital par contre est le plus tardif et ce n'est qu'au seuil de l'âge viril que l'irritabilité, la reproduction et la fonction génitale sont au sommet de leur puissance où ils prédominent alors, en règle générale, sur les fonctions cérébrales. Voilà pourquoi les enfants, en général, sont tellement perspicaces, sensés, avides de savoir, aisés à instruire, et même, dans l'ensemble, plus disposés et plus aptes aux activités théoriques que les adultes, car suite à ce développement, ils ont plus d'intellect que de volonté, c'est-à-dire de penchant, de désir, de passion. Car l'intellect et le cerveau ne font qu'un, de même que le système génital se confond avec le plus véhément des désirs, raison pour laquelle je l'ai appelé le foyer de la volonté[56]. C'est bien parce que l'activité funeste de ce système sommeille encore tandis que celle du cerveau est déjà pleine de vivacité que l'enfance est l'âge de l'innocence et du bonheur, le paradis de la vie, l'Éden perdu, que nous regardons avec nostalgie tout le reste de notre vie. Or le fondement de ce bonheur, c'est que dans notre enfance, notre existence tout entière réside bien plus dans le connaître que dans le vouloir, une situation qui de surcroît trouve un appui extérieur dans la nouveauté de tous les objets. Voilà la raison pour laquelle le monde, à l'aube dorée de la vie, nous apparaît aussi frais, aussi magiquement étincelant, aussi attirant. Les désirs minuscules, les penchants inconstants, les soucis minimes de l'enfance ne sont qu'un faible contrepoids à cette prédominance de la faculté de connaître. Ainsi s'explique aussi le regard innocent et lumineux des enfants qui nous réjouit tant et atteint parfois, dans certains cas, à l'expression sublime et contemplative avec laquelle Raphaël a magnifié ses têtes de petits chérubins[57]. Les facultés de l'esprit se développent donc bien plus tôt que les besoins qu'ils sont destinés à satisfaire. La nature, ici comme partout et toujours, ne fait rien en vain, car pendant cet âge où prédomine l'intelligence, l'homme amasse une grande réserve de connaissances pour des besoins futurs qui, actuellement, lui sont étrangers. C'est pourquoi son intellect est alors continuellement actif, appréhende avec avidité tous les phénomènes, les médite et les réserve avec soin pour l'avenir, pareil à une abeille qui collecte bien plus de miel qu'elle n'en peut consommer, en anticipant ses besoins futurs. Ce que l'homme acquiert en aperçus et en connaissances jusqu'à la puberté dépasse certainement, dans l'ensemble, tout ce qu'il apprendra plus tard, aussi érudit qu'il puisse devenir, car il s'agit de la base de toutes les connaissances humaines. — C'est jusqu'au même âge que prévaut dans le corps enfantin la plasticité ; lorsqu'elle aura accompli son œuvre, ses forces se jetteront, par métastase, sur le système de reproduction, suite à quoi apparaît, avec la puberté, la pulsion sexuelle, la volonté devenant alors progressivement prédominante. L'enfance, avec sa soif d'apprendre et sa prépondérance théorique, est alors suivie par la jeunesse inconstante, tantôt fougueuse, tantôt mélancolique, laquelle passe ensuite à l'âge viril, intense et sérieux. C'est bien parce que l'enfant ne connaît pas cette pulsion fatale que son vouloir est si modéré et subordonné au connaître[58], ce qui explique ce caractère d'innocence, d'intelligence et de perspicacité propre à l'enfance. — Il n'est désormais presque plus nécessaire de formuler en quoi consiste la ressemblance entre l'enfance et le génie : elle réside dans le surcroît de force cognitive par rapport aux besoins de la volonté et dans la prédominance de l'activité purement cognitive qui en résulte. Chaque enfant est réellement un génie, et chaque génie est pour ainsi dire un enfant. L'affinité entre les deux se montre d'abord dans la naïveté et dans cette simplicité sublime qui est un trait fondamental du génie authentique ; elle se manifeste également par bien d'autres caractéristiques, au point qu'une certaine puérilité est un élément essentiel du génie. Les communications de Riemer sur Goethe (t. I, p. 184[59]) évoque le fait que Herder et d'autres reprochaient à Goethe d'être éternellement un grand enfant : ils l'ont certainement dit à raison, mais le lui ont reproché à tort. On raconte aussi de Mozart qu'il est resté un enfant toute sa vie durant (dans la biographie de Mozart par Nissen, p. 2 et 529[60]). C[Dans la nécrologie de Schlichtegroll (1791, t. II, p. 109[61]) on peut lire : « Dans son art, il est devenu très tôt un homme, mais dans tout le reste, il est toujours resté un enfant. »]C La raison première pour laquelle chaque génie est un grand enfant, c'est qu'il regarde le monde comme une chose étrangère, comme un spectacle, et donc avec un intérêt purement objectif. Ainsi, pas plus que l'enfant, il n'a cet esprit de sérieux, cette sécheresse qui caractérisent les gens ordinaires, lesquels, incapables d'aucun intérêt autre que subjectif, ne voient toujours dans les choses que des motifs pour leur action. Celui qui ne reste pas pour ainsi dire un grand enfant sa vie durant, mais devient un homme sérieux, sobre, toujours posé et raisonnable, celui-là pourra être un citoyen de ce monde fort utile et efficace, mais jamais un génie. En effet, le génie est ce qu'il est précisément parce que cette prépondérance du système sensible et de l'activité cognitive, naturelle à l'enfance, se maintient chez lui, de façon anormale, toute la vie, et devient donc permanente. Il est vrai qu'on en trouve aussi la trace jusque dans l'adolescence de certaines personnes ordinaires ; ainsi, on ne saurait méconnaître chez certains étudiants l'effort purement intellectuel, la géniale excentricité. Mais la nature retrouve toujours son chemin : ils se métamorphosent pour émerger, à l'âge adulte, comme philistins endurcis, au point qu'on est effrayé lorsqu'on les revoit plus tard. — Sur tout ce processus qui vient d'être exposé repose également la belle remarque de Goethe : « Les enfants ne tiennent pas ce qu'ils promettent ; les jeunes gens très rarement, et, quand ils gardent leur parole, c'est le monde qui ne la leur garde pas» (*Les affinités électives*, part. I, chap. 10[62]). Il s'agit de ce monde qui promet ses couronnes aux méritants pour les poser finalement sur les têtes de ceux qui deviennent les instruments de ses basses intentions, ou qui savent comment le tromper. C[— Conformément à ce qui vient d'être dit, de même qu'il existe une simple beauté de jeunesse que presque tout un chacun possède au moins une fois (la *beauté du diable* [en français dans le texte]), il existe une simple intellectualité de jeunesse, une disposition propre à appréhender, à comprendre, à apprendre, que chacun possède dans l'enfance, quelques-uns encore dans leur jeunesse, mais qui ensuite s'évanouit, comme cette beauté, précisément. Ce n'est que chez un tout petit nombre, les élus, que l'une comme l'autre dure toute la vie, au point qu'il en reste une trace visible même dans la vieillesse : ce sont eux les êtres véritablement beaux et véritablement géniaux.]C

Notre examen de la prépondérance du système nerveux cérébral et de l'intelligence dans l'enfance, ainsi que de son effacement à l'âge plus mûr, reçoit une importante explicitation et confirmation par ceci que chez l'animal le plus proche de l'homme, le singe, on trouve la même situation à un degré remarquable. On sait désormais avec certitude que l'orang-outang supérieurement intelligent est un jeune pongo ; lorsqu'il grandit, les traits anthropoïdes de son visage s'effacent, de même qu'il perd son étonnante intelligence, alors que la partie inférieure, animale du visage prend de l'ampleur, le front recule, de grosses *cristae* [crêtes osseuses], pour renforcer les muscles, donnent une forme animale au crâne, l'activité du système nerveux baisse et à sa place se développe une extraordinaire force musculaire qui suffit à sa conservation et rend ainsi superflue la grande intelligence. On notera l'importance particulière des propos de Frédéric Cuvier à ce sujet, expliqués par Flourens dans un compte rendu de l'*Histoire naturelle* du premier qui se trouve dans le numéro de septembre du *Journal des savants* de 1839 et a été imprimé à part sous le titre *Résumé analytique des observations de Fr. Cuvier sur l'instinct et l'intelligence des animaux*, par Flourens, 1841. On peut y lire, p. 50 : « L'intelligence de l'orang-outang, cette intelligence si développée, et développée de si bonne heure, décroît avec l'âge. L'orang-outang, lorsqu'il est jeune, nous étonne par sa pénétration, par sa ruse, par son adresse ; l'orang-outang, devenu adulte, n'est plus qu'un animal grossier, brutal, intraitable. Et il en est de tous les singes comme de l'orang-outang. Dans tous, l'intelligence décroît à mesure que les forces s'accroissent. L'animal qui a le plus d'intelligence n'a toute cette intelligence que dans le jeune âge. » — Plus loin, p. 87 : « Les singes de tous les genres offrent ce rapport inverse de l'âge et de l'intelligence. Ainsi, par exemple, l'Entelle (espèce de guenon du sous-genre des Semno-pithèques et l'un des singes vénérés dans la religion des Brames) a, dans le jeune âge, le front large, le museau peu saillant, le crâne élevé, arrondi, etc. Avec l'âge le front disparaît, recule, le museau proémine ; et le moral ne change pas moins que le physique : l'apathie, la violence, le besoin de solitude, remplacent la pénétration, la docilité, la confiance. "Ces différences sont si grandes", dit Mr. Fréd. Cuvier, "que dans l'habitude où nous sommes de juger des actions des animaux par les nôtres, nous prendrions le jeune animal pour un individu de l'âge, où toutes les qualités morales de l'espèce sont acquises, et l'Entelle adulte pour un individu qui n'aurait encore que ses forces physiques. Mais la nature n'en agit pas ainsi avec ces animaux, qui ne doivent pas sortir de la sphère étroite, qui leur est fixée, et à qui il suffit en quelque sorte de pouvoir veiller à leur conservation. Pour cela l'intelligence était nécessaire, quand la force n'existait pas, et quand celle-ci est acquise, toute autre puissance perd de son utilité". » — Et p. 118 : « La conservation des espèces ne repose pas moins sur les qualités intellectuelles des animaux, que sur leurs qualités organiques[63]. » Ce dernier point confirme ma proposition selon laquelle l'intellect, à l'instar des griffes et des dents[64], n'est rien d'autre qu'un instrument au service de la volonté.

CHAPITRE 32*

SUR LA FOLIE

La santé véritable de l'esprit réside dans une parfaite remémoration <*Rückerinnerung*>. Il ne faut certes pas entendre par là que notre mémoire garderait tout. Car le chemin parcouru de notre vie se rétrécit dans le temps, comme dans l'espace celui du promeneur qui regarde en arrière : il nous est parfois difficile de distinguer les années individuelles, et les jours sont, le plus souvent, impossibles à discerner. Or en vérité ce ne sont que les événements tout à fait identiques, revenant un nombre incalculable de fois, et dont les images se recouvrent pour ainsi dire, qui doivent converger dans la mémoire <*Erinnerung*> au point de devenir individuellement méconnais-

* Ce chapitre se rapporte à la seconde moitié du § 36 du tome I.

sables, alors que tout événement un tant soit peu singulier ou important doit pouvoir être retrouvé dans la mémoire, à condition que l'intellect soit normal, vigoureux et parfaitement sain. — Dans mon texte[65], j'ai décrit la FOLIE <*Wahnsinn*> comme le fil DÉCHIRÉ de cette mémoire qui se déroule de manière homogène bien que son ampleur et son évidence décroissent continûment. Les considérations suivantes sont destinées à confirmer ce fait.

Au sujet d'un événement dont il a été témoin, la mémoire d'un homme en bonne santé confère une certitude qu'on considère comme presque aussi solide et fiable que sa perception actuelle d'une chose, raison pour laquelle au tribunal, cet événement se trouve établi s'il l'affirme sous serment. En revanche, le moindre soupçon de folie invalidera aussitôt la déclaration d'un témoin. C'est donc ici que se trouve le critère distinctif entre la santé de l'esprit et la folie. Dès que je doute si un événement dont je me souviens a vraiment eu lieu, je jette des soupçons de folie sur moi-même, sauf dans le cas où je ne serais pas certain que ce n'était pas un simple rêve. Si un autre doute de la réalité d'un événement que je relate en témoin, mais sans pour autant mettre en cause ma sincérité, il me tient pour fou. C[Celui qui, par la répétition fréquente du récit d'un événement qu'il a inventé de toutes pièces, finit par y croire lui-même, peut sur ce point être considéré comme proprement fou.]C On peut croire un fou capable d'idées amusantes, de pensées intelligentes, voire de jugements exacts, mais on n'accordera pas de validité à ses témoignages sur des événements passés. C[Dans le *Lalitavistara*, la bien connue histoire de la vie du Bouddha *Shâkyamuni*, on raconte qu'au moment de sa naissance, dans le monde entier, tous les malades ont guéri, tous les aveugles retrouvé la vue, tous les sourds recouvré l'ouïe et tous les fous « retrouvé leur mémoire ». Ce dernier point est même mentionné en deux passages*[66].]C

Ma propre expérience, longue de plusieurs années, m'a conduit à conjecturer que, relativement, la folie apparaît le plus souvent chez les acteurs[67]. Et combien ces gens abusent-ils de leur mémoire ! Chaque jour ils doivent s'exercer à un nouveau rôle ou rafraîchir un ancien ; or ces rôles sont tous sans aucun lien entre eux, voire en opposition ou en contraste, et chaque soir l'acteur s'efforce de s'oublier entièrement pour être un autre. Voilà pour ainsi dire une voie royale pour la folie.

La description que je donne dans mon texte de la genèse de la folie sera plus intelligible si nous nous rappelons combien nous rechignons à penser à des choses qui contrarient fortement notre intérêt, notre fierté ou nos souhaits, combien il nous est pénible de nous décider à soumettre celles-ci à notre propre intellect pour un examen précis et sérieux, combien, en revanche, il nous est facile de nous en éloigner inconsciemment <*unbewusst*>, ou de les esquiver, combien, au contraire, les affaires agréables nous viennent spontanément à l'esprit et reviennent toujours bien que nous les chassions, raison pour laquelle nous méditons sur elles des heures durant. Cette répugnance de la volonté à laisser éclairer par l'intellect ce qui la contrarie abrite le lieu par où la folie peut faire effraction dans l'esprit. Car tout nouvel incident contrariant doit être assimilé par l'intellect, c'est-à-dire se voir assigner une place dans le système des vérités se rapportant à notre volonté et à son intérêt, quel que soit l'objet plus agréable qu'il ait eu

* *Rgya Tcher Rol Pa, Hist. de Bouddha Chakya Mouni*, trad. du tibétain par Foucaux, 1848, p. 91 et 99.

à refouler. Dès que ce processus est accompli, l'incident est déjà bien moins douloureux; mais cette opération elle-même est souvent fort douloureuse et, dans la plupart des cas, se déroule non sans lenteur et résistance. Cependant, ce n'est qu'à condition de s'accomplir à chaque fois correctement que la santé de l'esprit se maintient. Si, par contre, dans tel cas particulier, la résistance et la répugnance de la volonté à la réception d'une connaissance atteignent un degré tel que cette opération ne s'accomplit pas parfaitement, si, par suite, certains incidents ou circonstances demeurent totalement dissimulés à l'intellect parce que la volonté ne peut souffrir leur vue, et si le trou qui en procède se trouve alors aussitôt comblé d'une manière ou d'une autre en vertu de la nécessaire cohérence, on peut parler de folie[68]. Car l'intellect a abandonné sa nature pour plaire à la volonté : désormais, l'homme s'imagine ce qui n'existe pas. Or la folie qui naît ainsi devient maintenant le Léthé de souffrances infinies : elle était le dernier expédient de la nature angoissée, c'est-à-dire de la volonté.

Qu'il me soit permis de mentionner en passant un exemple illustrant remarquablement mon idée. Carlo Gozzi, dans *Mostro turchino*, acte I, scène 2[69], nous présente une personne qui a bu une potion magique entraînant l'oubli : elle a tout de la conduite d'un fou.

Selon la description donnée plus haut, on peut donc considérer qu'à l'origine de la folie se trouve le geste véhément de « se sortir de l'esprit » telle ou telle chose, ce qui n'est cependant possible qu'à condition de « se mettre dans la tête » telle ou telle autre. Le processus inverse, où le premier geste est le « se mettre dans la tête », le second le « se sortir de l'esprit », est plus rare. Or il a cependant lieu dans les cas où un individu garde constamment à l'esprit la cause qui a occasionné sa folie sans jamais pouvoir

s'en détacher ; il en va par exemple souvent ainsi
avec l'illusion amoureuse, l'érotomanie, où on médite
sans relâche sur la cause qui l'a occasionnée ; de
même avec la folie résultant du choc provoqué par
un accident soudain et effroyable. Les malades de ce
genre s'accrochent pour ainsi dire avec acharnement
à la pensée formulée en sorte qu'aucune autre pensée, et surtout aucune pensée contraire, ne puisse
apparaître. Or dans les deux processus on trouve le
même élément essentiel de la folie, à savoir l'impossibilité d'une remémoration homogène et cohérente
telle qu'elle puisse servir de base à notre réflexion
saine et raisonnable. — Le contraste décrit ici dans
sa genèse, s'il est appliqué avec jugement, pourrait
peut-être servir à faire un principe clair et profond
pour une classification de la véritable folie délirante
<*Irrwahn*>.

Je n'ai d'ailleurs pris en considération que l'origine
psychique de la folie, c'est-à-dire la folie provoquée
par des causes externes, objectives. Or elle est bien
plus souvent due à des causes purement somatiques,
à des malformations, ou à des désorganisations partielles du cerveau ou de ses enveloppes, également à
l'influence que d'autres parties affectées par une
maladie exercent sur le cerveau. C'est principalement dans le dernier genre de folie que peuvent se
manifester les fausses perceptions sensibles ou les
hallucinations. La plupart du temps cependant, les
deux origines de la folie vont participer l'une à l'autre,
surtout la psychique à la somatique. Il en va comme
avec le suicide : le suicide ne sera que rarement provoqué par la seule cause occasionnelle externe, car
il fait fond sur un certain mal-être physique, et selon
le degré atteint par celui-ci, il faut une cause occasionnelle externe plus ou moins grande, sauf si le
mal-être atteint le degré suprême, auquel cas il n'en

faut aucune. C'est pourquoi aucun malheur n'est assez grand pour pousser un homme au suicide, et aucun n'est assez petit pour ne pas l'y avoir déjà incité. J'ai décrit la genèse psychique de la folie, telle qu'elle est provoquée, à ce qui semble, par un grand malheur chez un individu sain. Chez l'individu qui possède déjà une forte disposition somatique à la folie, une contrariété minuscule sera suffisante. Je me souviens par exemple d'un homme dans un asile de fous qui a été soldat et qui est devenu fou parce que son officier lui a adressé la parole à la troisième personne du singulier[70]. Dans le cas d'une constitution physique bien marquée, et à condition que celle-ci soit arrivée à plein développement, aucune cause occasionnelle n'est nécessaire. Cm[La folie qui naît de causes purement physiques peut éventuellement, par l'inversion violente du cours de la pensée qui en est à l'origine, provoquer un certain type de paralysie ou une dépravation de certaines parties du cerveau, dépravation qui, si on n'y remédie pas au plus vite, devient permanente, raison pour laquelle la folie est guérissable dans ses débuts mais non si on attend trop longtemps.]Cm

Qu'il existe une *mania sine delirio*, une rage <*Raserei*> sans délire, Pinel l'a enseigné et Esquirol contesté, et depuis on a donné beaucoup d'arguments pour ou contre[71]. La question ne peut être tranchée que de manière empirique. Mais si une telle situation se présente réellement, on peut l'expliquer par ceci que, temporairement, la volonté se soustrait tout à fait à la domination et à la direction de l'intellect, et donc aux motifs, en vertu de quoi elle apparaît comme une force de la nature aveugle, violente, destructrice et se manifeste, par conséquent, comme une fureur qui veut détruire tout ce qui se trouve sur son passage. La volonté ainsi déchaînée est alors pareille au

fleuve qui a brisé le barrage, au cheval qui a désar-
çonné son cavalier, à l'horloge à laquelle on aurait
enlevé les vis d'arrêt. Or ce n'est que la raison, c'est-
à-dire la connaissance RÉFLEXIVE, qui est touchée
par cette suspension, mais non aussi l'INTUITIVE,
car autrement la volonté serait sans direction et
l'homme demeurerait immobile. L'enragé perçoit
bien plutôt les objets, puisqu'il se déchaîne contre
eux ; de même, il a conscience de sa conduite actuelle
et s'en souvient après. Mais il est sans aucune
réflexion, c'est-à-dire qu'il n'est aucunement dirigé
par la raison, et, par suite, entièrement incapable de
considérer ce qui est absent, passé ou à venir, ou
d'en tenir compte. Lorsque la crise est terminée et
lorsque la raison a recouvré sa maîtrise, elle fonctionne correctement, puisque son activité propre n'est
pas détraquée ou abîmée, la volonté ayant simplement
trouvé le moyen de se soustraire entièrement à elle
pendant un moment.

CHAPITRE 33*

REMARQUES DIVERSES
SUR LA BEAUTÉ DE LA NATURE

Ce sont, parmi d'autres facteurs, LA VÉRITÉ ET LA
CONSÉQUENCE si constantes de la nature qui nous
rendent la vue d'un paysage si extraordinairement
réjouissant. En cela, la nature ne suit évidemment
pas le fil directeur de la logique, en se mettant en
cohérence avec les principes de connaissance, avec

* Ce chapitre se rapporte au § 38 du tome I.

les propositions antécédentes et les conséquentes, les prémisses et les conclusions : elle suit le fil directeur de la loi de causalité, analogue au fil logique, en se mettant en cohérence de manière visible avec les causes et les effets. Toute modification, fût-elle minime, qu'un objet reçoit par sa position, sa réduction, son occultation, sa distance, son éclairage, sa perspective géométrique et aérienne, etc., est immanquablement indiquée par son effet sur l'œil, et exactement prise en compte : le proverbe indien « tout grain de riz jette ses ombres » trouve ici confirmation. C'est pourquoi tout apparaît ici avec une constante conséquence, avec une précise conformité aux lois, avec une exactitude cohérente et scrupuleuse : Cm[il n'y a point ici de tours de passe-passe.]Cm Si maintenant nous considérons la contemplation d'une belle vue comme un pur PHÉNOMÈNE CÉRÉBRAL, elle est, parmi tous les phénomènes cérébraux compliqués, le seul à être toujours tout à fait conforme aux lois, sans défaut et parfait, puisque tous les autres, notamment nos propres opérations de pensée, du point de vue de la forme comme de la matière, sont plus ou moins affectés de défauts ou d'erreurs. C'est cette qualité propre à la contemplation de la belle nature qui permet en premier lieu d'expliquer l'impression harmonieuse et tout à fait satisfaisante qu'elle produit, ensuite l'effet propice qu'elle exerce sur notre pensée tout entière, laquelle, en sa partie formelle, se trouve mieux disposée et pour ainsi dire purifiée, puisque ce phénomène cérébral, le seul à être sans défaut, permet au cerveau en général d'exercer une action entièrement normale, la pensée cherchant alors, quant à la conséquence, à la cohérence, à la conformité et à l'harmonie de tous ses processus, à suivre cette méthode de la nature, après que celle-ci lui a imprimé un élan favorable.

Une belle vue est ainsi une catharsis de l'esprit, comme la musique en est une pour l'âme selon Aristote[72]; c'est en sa présence que nos pensées seront les plus justes. —

Que la vue d'un MASSIF DE MONTAGNES qui soudain s'offre à nous provoque aisément un état affectif sérieux, voire sublime, repose en partie sur ceci que la forme des montagnes et la silhouette du massif qui en procède constituent la seule ligne toujours CONSTANTE du paysage, car les montagnes à elles seules résistent à la corruption qui affecte tout le reste, notamment notre propre personne si éphémère. Non que nous prenions clairement conscience de tout ceci en contemplant le massif: c'est l'obscur sentiment que nous en avons qui devient la basse fondamentale *<Grundbass>* de notre état affectif[73]. —

Alors que pour la silhouette et le visage humains l'éclairage du haut est vraiment le plus favorable, et l'éclairage du bas le moins, je serais bien aise de savoir pourquoi c'est exactement le contraire avec un paysage naturel. —

C[Comme la nature est donc esthétique! N'importe quel lopin de terre non cultivé et sauvage qui lui est librement mis à disposition, fût-il minuscule, à condition que la patte de l'homme n'y touche pas, elle le décore avec le meilleur goût, l'habille de plantes, de fleurs et d'arbustes dont le caractère spontané, la grâce naturelle, le groupement charmant témoignent de ce qu'ils n'ont pas grandi sous la baguette du grand égoïste, mais que la nature a pu ici se déployer en toute liberté. N'importe quel petit coin abandonné ne tarde pas à devenir beau. C'est sur cela que repose le principe des jardins anglais, qui consiste à dissimuler le plus possible l'art pour donner l'impression que la nature s'est librement déployée. Ce n'est qu'à cette condition qu'elle est parfaitement

belle, qu'elle montre avec la plus grande évidence
l'objectivation de la volonté de vivre encore dénuée
de connaissance qui se développe ici avec la plus
grande naïveté, parce que les formes ne sont pas
déterminées, comme dans le monde animal, par des
fins se trouvant à l'extérieur, mais immédiatement
par le sol, le climat et un tiers mystérieux en vertu
duquel tant de plantes nées du même sol et climat
n'en manifestent pas moins des formes et des caractères si divers.]C

La différence considérable entre les jardins anglais,
plus exactement chinois, et les anciens jardins français, qui sont maintenant de plus en rares, mais dont
existent encore quelques exemplaires prestigieux,
repose finalement sur ceci que les premiers sont
aménagés au sens objectif, les seconds au sens subjectif. Car dans ceux-là, la volonté de la nature, telle
qu'elle se manifeste dans l'arbre, la plante, la montagne, l'eau, est portée à l'expression la plus pure
possible de ses Idées, c'est-à-dire de son essence
propre. Dans les jardins français par contre ne se
reflète que la volonté du propriétaire qui a soumis la
nature en sorte qu'au lieu de ses Idées, elle porte
les formes correspondantes qui lui ont été imposées
comme autant de signes de son état d'esclavage :
haies tondues, arbres coupés selon diverses formes,
allées droites, arcades, etc.

CHAPITRE 34*

SUR L'ESSENCE INTIME DE L'ART

Ce n'est pas seulement la philosophie, mais aussi les beaux-arts qui, fondamentalement, œuvrent à résoudre le problème de l'existence. Car il suffit qu'un esprit s'adonne une seule fois à la contemplation purement objective du monde pour que s'éveille, aussi cachée et inconsciente qu'elle puisse être, une aspiration à saisir l'essence véritable des choses, de la vie, de l'existence. Voilà ce qui seul intéresse l'intellect comme tel, c'est-à-dire le pur sujet du connaître affranchi des fins de la volonté, de même que pour le sujet qui connaît en tant que simple individu, seules les fins de la volonté sont intéressantes. — C'est pourquoi le résultat de toute appréhension purement objective des choses, donc aussi de toute appréhension artistique, est une expression supplémentaire de l'essence de la vie et de l'existence, une réponse supplémentaire à la question : «Qu'est-ce que la vie ?» — Toute œuvre d'art authentique et réussie apporte, à sa manière, une réponse tout à fait juste à cette question. Mais les arts ne parlent tous que le langage naïf et enfantin de l'intuition et non le langage abstrait et sérieux de la RÉFLEXION <*Reflexion*>, raison pour laquelle leur réponse n'est qu'une image éphémère et non une connaissance universelle durable. C'est donc à l'adresse de l'INTUITION que toute œuvre d'art, tout tableau, toute statue, tout poème, toute scène, répond à cette question ; la musique aussi y répond, et plus

* Ce chapitre se rapporte au § 49 du tome I.

profondément que tous les autres arts, car elle exprime, par un langage directement intelligible mais intraduisible dans celui de la raison, l'essence la plus intime de toute vie et de toute existence. Tous les autres arts présentent ainsi à celui qui pose la question une image intuitive et lui disent : « Regarde, voilà la vie ! » — Leur réponse, si juste qu'elle soit, ne procurera cependant toujours qu'une satisfaction temporaire, jamais totale et finale. Car ils ne donnent toujours qu'un fragment, un exemple au lieu de la règle, jamais le tout qui ne peut être donné qu'avec l'universalité du CONCEPT. Donner une réponse durable et définitivement satisfaisante à l'adresse du concept, c'est-à-dire de la réflexion et *in abstracto*, voilà la tâche qui incombe à la philosophie. Or nous voyons ici le fondement de l'affinité entre la philosophie et les beaux-arts et nous pouvons en déduire combien l'aptitude aux deux, bien que fort différente dans l'orientation et dans les éléments secondaires, est fondamentalement la même.

Toute œuvre d'art s'efforce ainsi de nous montrer la vie et les choses telles qu'elles sont en vérité, alors qu'à travers le brouillard des contingences objectives et subjectives, elles ne peuvent être directement saisies par tout un chacun. C'est ce brouillard que l'art parvient à dissiper.

On s'accorde à admettre que les œuvres des poètes, des sculpteurs et des artistes plasticiens en général abritent des trésors d'une sagesse profonde, parce que s'y exprime la sagesse de la nature des choses elle-même dont elles n'ont plus qu'à traduire les propositions en les explicitant et en les répétant avec plus de précision. C'est aussi pourquoi tout un chacun qui lit un poème ou contemple une œuvre d'art doit assurément contribuer par lui-même à mettre au jour cette sagesse ; il ne peut donc en saisir qu'autant que le permettent son aptitude et sa culture, de même qu'un navigateur ne peut faire descendre son fil à plomb dans la mer profonde qu'autant que le permet sa longueur. Chacun doit se tenir devant un tableau comme devant un prince et attendre qu'il lui adresse la parole pour savoir ce qu'il va lui dire, et, pas plus qu'à celui-ci, ne s'adresser de sa propre initiative à celui-là, car il n'entendrait que lui-même. — Il suit de tout cela que les œuvres des arts plastiques abritent certes toute la sagesse, mais seulement *virtualiter* ou *implicite*, alors que la délivrer *actualiter* et *explicite* est la tâche de la philosophie, qui, à cet égard, est aux premiers ce que le vin est aux raisins. Ce qu'elle promet de délivrer est pour ainsi dire un gain déjà réalisé et comptant, une possession solide et durable, alors que celui issu des productions et des œuvres de l'art n'est qu'un gain qu'il faut toujours reproduire. En retour, elle adresse des exigences effrayantes et pénibles à remplir non seulement à celui qui est censé créer ses œuvres, mais aussi à celui qui doit les consommer. C'est pourquoi son public est petit, alors que celui des arts est grand. —

La participation du spectateur, stipulée plus haut, à la jouissance d'une œuvre d'art repose en partie sur ceci que chaque œuvre d'art ne peut agir que par l'intermédiaire de l'imagination <*Phantasie*>; l'œuvre d'art se doit, par conséquent, de stimuler cette imagination, laquelle ne doit jamais être exclue ou laissée inactive. C'est là une condition de l'effet esthétique et, partant, une loi fondamentale de tous les beaux-arts. Or il suit de cette même loi qu'il ne faut pas tout donner directement aux sens, mais plutôt autant qu'il est nécessaire pour mettre l'imagination sur la bonne voie, car il doit toujours lui rester quelque chose à faire, plus même : elle doit mettre la dernière main. Car même l'écrivain doit toujours laisser au lecteur un reste à penser ; comme l'a dit fort justement Voltaire : «Le secret d'être ennuyeux, c'est de tout dire[74].» En art, le meilleur est d'ailleurs trop spirituel pour être donné directement aux sens ; bien qu'engendré par l'œuvre d'art, il doit naître de l'imagination du spectateur. C'est la raison pour laquelle les esquisses des grands maîtres ont souvent plus d'effet que leurs tableaux achevés en peinture ; ce à quoi contribue également, il est vrai, un autre avantage, celui d'être accomplies en UN SEUL mouvement, au moment même de leur conception, alors que le tableau exécuté, puisque l'enthousiasme ne saurait durer jusqu'à son achèvement, ne se réalise que par un effort continu, grâce à l'intelligence de la réflexion et à la persévérance de l'intention. — Cette loi esthétique fondamentale dont il est question ici permet en outre d'expliquer pourquoi les FIGURES DE CIRE, bien que l'imitation de la nature puisse y atteindre son degré le plus haut, ne produisent jamais d'effet esthétique et ne sauraient donc être des œuvres d'art à strictement parler, puisqu'elles ne laissent aucun reste à l'imagination. Car la sculpture donne la pure forme sans la couleur ; la peinture donne la couleur, mais seulement la pure apparence de la forme. Les deux s'adressent ainsi à l'imagination du spectateur. La figure de cire, par contre, donne tout à la fois, la forme comme la couleur, par où naît cette apparence de réalité, l'imagination se trouvant exclue. — Tout à l'opposé, la poésie s'adresse même à la seule imagination qu'elle active par de simples mots. —

Le trait caractéristique fondamental d'un ouvrage bâclé, c'est, dans chaque discipline artistique, un jeu arbitraire avec les moyens de l'art, sans connaissance véritable de la fin[75]. C'est ce qu'on voit dans les piliers qui ne soutiennent rien, dans les volutes inutiles, dans les reliefs et les saillies d'une mauvaise architecture, dans les roulades et les figures, ainsi que dans le vain bruit d'une mauvaise musique, dans le cliquetis des rimes de poèmes pauvres en sens, etc. —

Il suit des chapitres précédents et de toute ma conception de l'art que la fin de celui-ci est de faciliter la connaissance des IDÉES du monde (au sens platonicien, le seul que j'admette pour le terme d'IDÉE[76]). Or les IDÉES sont essentiellement intuitives, et donc inépuisables en leurs déterminations précises. Leur communication ne peut ainsi s'accomplir que par la voie de l'intuition, qui est celle de l'art. Celui donc qui est rempli par l'appréhension d'une IDÉE peut légitimement choisir l'art comme médium de sa communication. — Le simple CONCEPT, en revanche, est entièrement déterminable, donc épuisable, et clairement pensé ; on peut en communiquer tout le contenu par les mots, froidement et sobrement. Mais vouloir le communiquer par une ŒUVRE D'ART, c'est emprunter un détour fort inutile et relève même de ce jeu, critiqué à l'instant, avec les moyens de l'art dans l'ignorance de la fin. Voilà pourquoi une œuvre d'art dont la conception ne procède que de concepts clairs est toujours inauthentique. Si maintenant, en contemplant une œuvre d'art plastique, en lisant un poème ou en écoutant une musique (qui entend décrire une situation déterminée), nous voyons, à travers l'abondance de tous les moyens artistiques, transparaître puis finalement apparaître un concept clair, limité, froid, sobre qui se révèle être le noyau de l'œuvre, dont la conception tout entière n'aura par conséquent consisté que dans l'acte de penser clairement cette œuvre pour s'épuiser entièrement par sa communication même ; alors nous éprouvons du dégoût et montrons de la désapprobation, car nous avons le sentiment qu'on nous a trompés, qu'on a abusé de notre intérêt et de notre attention. L'impression d'une œuvre d'art ne nous donne pleine satisfaction que lorsqu'elle nous laisse sur quelque chose que, malgré nos efforts pour le réfléchir, nous ne saurions réduire à la clarté d'un concept. Le trait caractéristique de cette origine hybride faite de simples concepts, c'est que l'auteur d'une œuvre d'art, avant de passer à son exécution, est capable d'indiquer, par des mots clairs, ce qu'il a l'intention de représenter ; ces mots suffiraient alors à remplir son objectif tout entier. C[C'est pourquoi, réduire un poème de Shakespeare ou de Goethe à une vérité abstraite dont le but serait d'être communiquée est une entreprise, de nos jours fréquente, aussi indigne que stupide[77].]C L'artiste doit certes penser lorsqu'il compose son œuvre, mais seul le pensé qui a été vu avant d'avoir été pensé déploie plus tard, lorsqu'il est communiqué, une force stimulante, et devient par là immortel. — Nous ne saurions réprimer ici cette remarque que de toute évidence, les œuvres réalisées en un seul mouvement, telle l'esquisse du peintre, déjà évoquée, qui est accomplie dans l'enthousiasme de la première conception et couchée sur le papier de manière pour ainsi dire inconsciente, telle aussi la mélodie, qui surgit sans aucune réflexion et comme par une inspiration, tel enfin le poème proprement lyrique, le simple Lied, où la tonalité affective, profondément ressentie, du présent et l'impression de l'environnement se diffusent spontanément par des mots dont la prosodie et les rimes s'imposent d'elles-mêmes, qu'elles toutes, dis-je, ont l'éminent privilège d'incarner l'œuvre pure issue de l'enthousiasme de l'instant, de l'inspiration, du libre mouvement du génie, sans aucune intervention de l'intention ou de la réflexion,

raison pour laquelle elles procurent plaisir et jouissance de part en part, n'ont rien qu'on devrait éliminer et possèdent un effet beaucoup plus infaillible
que celui des plus grandes œuvres d'art d'exécution
plus lente et plus réfléchie. Car dans celles-ci, dans
les grandes peintures d'histoire, dans les longues
épopées, dans les grands opéras, etc., la réflexion,
l'intention et le choix délibéré prennent une part
importante : l'intelligence, la technique et la routine
doivent ici combler les lacunes laissées par la conception géniale et l'enthousiasme, et toutes sortes d'éléments accessoires mais nécessaires doivent lier,
comme du ciment, les parties qui seules sont vraiment authentiques et excellentes. C'est ce qui explique
qu'au contenu de toutes ces œuvres, à la seule exception des chefs-d'œuvre les plus parfaits des maîtres
les plus immenses (comme par exemple *Hamlet*,
Faust, l'opéra *Don Giovanni*), soient inévitablement
mêlées des choses fades et ennuyeuses qui en gâchent
quelque peu la jouissance. En témoignent la *Messiade*,
la *Jérusalem libérée*, même le *Paradis perdu* et l'*Énéide* ;
c'est pourquoi Horace déjà fait cette remarque audacieuse : *quandoque dormitat bonus Homerus* [il arrive
à l'excellent Homère de sommeiller[78]]. Or s'il en est
ainsi, c'est parce que les forces humaines sont généralement limitées. —

La mère des arts appliqués est la nécessité, celle
des beaux-arts l'abondance. Le père des premiers
est l'intellect, celui des seconds le génie, lequel est
lui-même une sorte d'abondance, à savoir l'abondance de la force cognitive par rapport à la proportion exigée par le service de la volonté.

CHAPITRE 35*

SUR L'ESTHÉTIQUE DE L'ARCHITECTURE

Il suit de la déduction, conduite dans le texte, de l'élément purement esthétique de l'architecture à partir des degrés les plus bas de l'objectivation de la volonté, ou de la nature, dont elle entend porter à une claire intuition les Idées, que son thème unique et durable est LE SUPPORT ET LA CHARGE <*Stütze und Last*>, et sa loi fondamentale, qu'aucune charge ne peut exister sans support suffisant, et aucun support sans charge appropriée, le rapport entre les deux étant précisément celui qui convient. L'exécution la plus pure de ce thème est la colonne et l'entablement, raison pour laquelle l'ordre des colonnes est devenu pour ainsi dire la basse générale de l'architecture tout entière. Car dans la colonne et dans l'entablement, support et charge sont TOTALEMENT SÉPARÉS, en vertu de quoi leur influence réciproque, ainsi que le rapport entre eux, deviennent visibles. Il est vrai que support et charge se trouvent même dans un simple mur, mais les deux y sont confondus. Dans ce cas, tout est support, et tout est charge, d'où l'absence d'effet esthétique. Celui-ci ne se produit qu'avec la SÉPARATION et agit selon le degré de celle-ci. Car entre une colonnade et un simple mur, les degrés intermédiaires sont nombreux. Déjà sur le mur d'une maison où ont été percées fenêtres et portes, on cherche au moins à suggérer cette séparation par des pilastres saillants (par des antes) dotés de chapiteaux qu'on glisse sous la corniche, ou qu'on repré-

---

* Ce chapitre se rapporte au § 43 du tome I.

sente, si nécessaire, par une simple peinture, pour
indiquer d'une manière ou d'une autre l'entablement
et l'ordre des colonnes. Les piliers réels, de même
les consoles et les supports de toutes sortes, accomplissent déjà mieux cette séparation pure, à laquelle
l'architecture doit toujours aspirer, entre support et
charge. Eu égard à cette séparation, la colonne avec
l'entablement est proche de la voûte avec ses piliers
quand celle-ci est une construction particulière qui
ne les imite pas. Il est vrai que ceux-ci n'atteignent
pas, et de loin, l'effet esthétique de celles-là, car
support et charge n'y sont pas encore PUREMENT
SÉPARÉS, mais se confondent en passant l'un dans
l'autre. Dans la voûte elle-même, chaque pierre est à
la fois support et charge et même les piliers, surtout
dans une voûte d'arête, sont maintenus dans leur
position, du moins en apparence, par la pression
d'arcs contraires ; de même, c'est en vertu de cette
pression latérale que non seulement les voûtes, mais
aussi les simples arcs ne devraient pas reposer sur
des piliers, car il leur faut des piliers carrés plus
massifs. Or dans la colonnade, la séparation est
parfaite[79], puisque ici l'entablement apparaît comme
pure charge, et le pilier comme pur support. Ainsi,
le rapport entre la colonnade et le simple mur est
comparable au rapport entre une gamme qui monte
à intervalles réguliers et le son qui monte peu à peu
des mêmes graves aux mêmes aigus, sans marquer
les degrés, produisant ainsi un simple hurlement[80].
Car dans un cas comme dans l'autre la matière est
la même, la nette différence ne procédant que de la
PURE SÉPARATION.

Le support d'ailleurs ne CONVIENT pas à la charge
lorsqu'il suffit tout juste à la soutenir, mais lorsqu'il
la porte avec facilité et puissance de sorte à nous
rassurer totalement au premier coup d'œil. Or ce

surcroît du support ne doit cependant pas dépasser un certain degré, car autrement nous aurions en face de nous un support sans charge, ce qui contrarie la fin esthétique[81]. Pour déterminer ce degré, les Anciens ont élaboré, en tant que régulatif, LA LIGNE DE L'ÉQUILIBRE : on l'obtient en prolongeant, du bas vers le haut, la contraction d'épaisseur que possède la colonne, jusqu'à ce qu'elle se termine dans un angle aigu, par où la colonne devient un cône ; dès lors, n'importe quelle coupe transversale laissera la partie inférieure assez forte pour porter la partie supérieure coupée. Or on construit habituellement en établissant une résistance multipliée par vingt, c'est-à-dire on ne pose sur chaque support que $\frac{1}{20}$ de ce qu'il peut porter au maximum. c[Notre œil trouvera un exemple lumineux d'une charge sans support dans les parties en saillie sur les angles de certaines maisons édifiées selon le style et le bon goût du moment. On ne peut voir ce que soutient le support : les parties paraissent flotter et suscitent ainsi notre inquiétude.]c

Qu'en Italie même les édifices les plus simples et les plus sobres produisent un effet esthétique, alors que ce n'est pas le cas en Allemagne, repose principalement sur ceci que les toits y sont très plats. Car un toit élevé n'est ni charge ni support, puisque ses deux moitiés se soutiennent mutuellement, tandis que l'ensemble n'a pas un poids correspondant à son étendue. C'est pourquoi il offre à l'œil une masse étendue qui est complètement étrangère à sa fin esthétique et ne sert qu'une fin utile, avec pour résultat de perturber la première dont le thème n'est toujours que la charge et le support.

La forme de la colonne trouve sa seule raison dans le fait qu'elle procure le support le plus simple et le plus adéquat. c[Dans la colonne torse, l'inadéquation par rapport à sa finalité apparaît comme un affront intentionnel, et donc comme une insolence, raison pour laquelle le bon goût la condamne d'emblée[82].]C Le pilier carré, puisque la diagonale dépasse ses côtés, a des dimensions inégales d'épaisseur qui ne sont motivées par aucune fin et procèdent de ce que l'exécution en est par hasard plus facile, raison pour laquelle il nous plaît tellement moins que la colonne[83]. Le pilier hexagonal ou octogonal est déjà plus plaisant à voir, puisqu'il se rapproche davantage de la colonne ronde, car seule la forme de celle-ci est exclusivement déterminée par la fin. Or ceci est également le cas pour toutes ses autres proportions, au premier chef pour le rapport de son épaisseur à la hauteur, dans le cadre des limites admises par la diversité des trois ordres de colonne. Ensuite, sa contracture, à partir du premier tiers de sa hauteur, ainsi qu'un léger renflement exactement au même endroit (*entasis Vitr.*)[84], reposent sur ceci que la pression de la charge y est la plus forte. On a pu croire que ce renflement n'était propre qu'aux colonnes ionique et corinthienne, mais des mesures récentes ont montré qu'il l'était également à la colonne dorique, même à Paestum. Ainsi, dans une colonne, tout est le résultat exactement calculé à partir du rapport du support nécessaire à la charge donnée : sa forme entièrement déterminée, le rapport de sa hauteur à l'épaisseur, celui de ces deux derniers paramètres à l'espace intermédiaire entre les colonnes, et celui de toute la colonnade à l'entablement et à la charge qui y repose. Comme celle-ci est distribuée de façon homogène, les soutiens doivent l'être également, raison pour laquelle les groupes de colonnes sont une faute de goût. En revanche, dans les meilleurs temples doriques, la colonne d'angle se rapproche un peu plus de la colonne voisine, parce que le contact des entablements dans l'angle augmente la charge, par où s'exprime très clairement le principe de l'architecture, à savoir que les rapports de construction, c'est-à-dire ceux qui prévalent entre le support et la charge, sont essentiels, les rapports de symétrie, qui leur sont subordonnés, devant immédiatement leur céder la place. C'est généralement selon le poids de la charge tout entière qu'on choisira soit l'ordre dorique, soit les deux autres, plus légers, car le premier, en raison non seulement de son épaisseur plus importante, mais aussi de la position plus rapprochée des colonnes, qui lui est essentielle, est calculé pour des charges lourdes, fin à laquelle convient également la simplicité presque grossière de son chapiteau. Les chapiteaux ont généralement pour but de montrer que les colonnes soutiennent l'entablement et n'y sont pas encastrées comme des tenons, tout en agrandissant, par leur abaque, la surface de support. Ainsi, puisque c'est de la notion, bien comprise et appliquée avec méthode, d'un support suffisamment adéquat à une charge donnée, que découlent toutes les lois de l'ordre des colonnes, et donc aussi la forme et la proportion de la colonne, dans toutes ses parties et dimensions, jusque dans les détails, et puisque ces lois, en ce sens, sont déterminées *a priori*, on comprend très clairement, dès lors, l'erreur de cette idée si souvent répétée qu'un tronc d'arbre, voire la forme humaine (ce que malheureusement même Vitruve enseigne, IV, 1[85]), auraient servi de modèle à la colonne. Dans ce cas, la forme de celle-ci, pour l'architecture, aurait été purement fortuite, reçue de l'extérieur ; or une telle forme ne saurait nous parler de manière aussi harmonieuse et satisfaisante dès que nous l'apercevons dans la régularité qui lui est propre ; d'autre part, la moindre disproportion de cette forme ne pourrait aussitôt être éprouvée par des sens affinés et exercés comme désagréable et gênant, telle une dissonance en musique. Car cela n'est bien plutôt possible que parce que les fins et les moyens étant donnés, tout le reste est, pour l'essentiel, déterminé *a priori*, comme l'est en musique, pour l'essentiel, toute l'harmonie, la mélodie et le son fondamental étant donnés. C[Et tout comme la musique, l'architecture n'est aucunement un art imitatif, bien qu'on ait pu considérer à tort que tous deux le sont.]C

Le plaisir esthétique repose toujours, comme je l'ai amplement exposé dans le texte, sur l'appréhension d'une Idée (platonicienne). L'architecture, à la considérer exclusivement comme l'un des beaux-arts, a pour thème véritable les Idées des degrés les plus bas de la nature, c'est-à-dire la pesanteur, la rigidité, la cohésion, et non, comme on a pu le croire, la forme régulière, la proportion et la symétrie, qui, en tant qu'éléments purement géométriques et propriétés de l'espace, ne sont pas des Idées et ne sauraient donc constituer le thème d'un bel art. En architecture aussi elles ne sont donc que dérivées et n'ont qu'une signification subordonnée que je vais maintenant mettre en relief. Si l'architecture, comme bel art, avait pour tâche de n'exposer qu'elles seules, le modèle devrait avoir le même effet que l'œuvre exécutée. Or ce n'est aucunement le cas ; pour produire un effet esthétique, les œuvres de l'architecture doivent même être d'une taille considérable, et, d'ailleurs, ne peuvent jamais être assez grandes, mais facilement trop petites. L'effet esthétique est même, *ceteris paribus* [sous les mêmes conditions], en rapport direct avec la taille des édifices, car seules les grandes masses peuvent rendre éminemment évident et énergique l'effet de la pesanteur. C'est ce qui vient une nouvelle fois confirmer mon idée que l'aspiration et l'antagonisme de ces forces fondamentales de la nature constituent la matière esthétique véritable de l'architecture, matière nécessitant, selon sa nature, des masses importantes pour être visible, voire sensible. — En architecture, les formes, comme je l'ai montré plus haut avec la colonne, sont au premier chef déterminées par la fin immédiate de chaque partie dans la construction. Mais comme cette fin laisse indéterminé un quelconque élément, puisque l'existence de l'architecture se déploie d'abord dans notre intuition spatiale et s'adresse donc à notre aptitude *a priori* à exercer celle-ci, c'est la loi de la perceptibilité la plus parfaite et, partant, de la compréhension la plus facile, qui trouve application dans ce cas. Or perceptibilité et compréhension naissent toujours d'une plus grande régularité des formes et de la rationalité de leurs rapports. La belle architecture recourt par conséquent à des figures régulières diverses, faites de lignes droites, ou de courbes régulières, de même aux corps qui en sont issus, comme les cubes, les parallélépipèdes, les cylindres, les sphères, les pyramides et les cônes; elle recourt cependant, pour les ouvertures, à des cercles, ou à des ellipses, mais en règle générale à des carrés et plus souvent encore à des rectangles, ces derniers avec des côtés d'une proportion tout à fait rationnelle et aisément compréhensible (par exemple, non pas 6 : 7, mais 1 : 2, 2 : 3), enfin à des arcades aveugles ou à des niches, de proportion régulière et compréhensible. Pour la même raison, elle donnera volontiers aux édifices et à ses grandes divisions un rapport rationnel et facilement compréhensible entre la hauteur et la largeur; par exemple, elle fera en sorte que la hauteur d'une façade fasse la moitié de la largeur et posera les colonnes de manière que 3 ou 4 de celles-ci mesurent, avec leurs espaces intermédiaires, une ligne égale à la hauteur, formant ainsi un carré. Ce même principe de perceptibilité et de compréhension facile suppose aussi la possibilité d'embrasser aisément du regard l'ensemble : c'est cette dernière qui produit la symétrie, laquelle est d'ailleurs nécessaire pour délimiter l'œuvre comme un tout, et pour distinguer sa délimitation essentielle d'une délimitation fortuite, car ce n'est parfois qu'en se servant de cette délimitation comme d'un fil conducteur qu'on peut savoir si on se trouve devant trois bâtiments posés les uns à côté des autres ou devant UN SEUL. Ce n'est donc qu'à travers la symétrie que l'œuvre architectonique s'annonce d'emblée comme une unité individuelle et le développement d'une idée principale.

S'il est vrai, comme je l'ai montré plus haut en passant, que l'architecture ne doit aucunement imiter les FORMES de la nature, tels des troncs d'arbre, voire des figures humaines, elle n'en doit pas moins créer dans l'ESPRIT de la nature, notamment en faisant sienne la loi selon laquelle *natura nihil agit frustra, nihilque supervacaneum, et quod commodissimum in omnibus suis operationibus sequitur* [la nature ne fait rien en vain ni de superflu et, dans toutes ses opérations, suit toujours le chemin le plus commode[86]]; elle évite par conséquent tout ce qui est, même en apparence, inutile, et réalise à chaque fois son intention, que celle-ci soit purement architectonique, c'est-à-dire relative à la construction, ou relative à des fins utiles, par le chemin le plus court et le plus naturel, manifestant ainsi cette intention dans toute son évidence par l'œuvre elle-même. Elle atteint par ce fait à une certaine grâce[87] analogue à celle qui consiste chez les êtres vivants dans l'aisance et la convenance de chaque mouvement et de chaque position par rapport à l'intention. Nous voyons ainsi dans le bon style de l'architecture antique que chaque partie, que ce soit un pilier, une colonne, un arc, un entablement, ou une porte, une fenêtre, un escalier, un balcon, atteint sa fin par la voie la plus directe et la plus simple en dévoilant cette fin franchement et naïvement, comme le fait précisément la nature organique dans ses œuvres. Le style architectural de mauvais goût, par contre, cherche partout des détours superflus et se complaît dans l'arbitraire, avec pour résultat les entablements en saillie ou en creux, brisés sans aucun but, les colonnes groupées, les corniches fragmentées au-dessus des arcades des portes et des frontons, les volutes inutiles, les ornements, etc.; il joue, comme je l'ai dit plus haut à propos du trait caractéristique de l'ouvrage bâclé, avec les moyens de l'art sans comprendre les fins de celui-ci, à l'instar des enfants qui jouent avec les outils des adultes. C[Il en est déjà ainsi de toute interruption d'une ligne droite, de toute altération de l'élan d'une courbe, sans fin évidente.]C En revanche, c'est précisément cette simplicité naïve dans la présentation et dans la réalisation de la fin, laquelle correspond à l'esprit dans lequel la nature crée et produit, qui confère aux poteries antiques une beauté et une grâce de la forme telles qu'elles suscitent un étonnement toujours renouvelé, car elles se distinguent avec tant de noblesse de nos vases modernes au goût original, tous frappés du sceau de la vulgarité, qu'ils soient en porcelaine ou en argile. Lorsque nous voyons les vases et les outils des Anciens, nous avons le sentiment que si la nature avait voulu créer ce genre d'objets, elle l'aurait fait sous cette forme-là. — Cm[Comme nous considérons que la beauté de l'architecture procède principalement de la présentation directe des fins et de la réalisation de celles-ci par la voie la plus courte et la plus naturelle, ma théorie entre ici en contradiction avec celle de Kant, laquelle fait résider l'essence du beau dans une apparente finalité sans fin[88].]Cm

Le seul et unique thème de l'architecture ici présenté, le support et la charge, est simple au point que pour cette raison même cet art, dans la mesure où il est non pas un art utile, mais BEAU, est pour l'essentiel parfait et achevé depuis l'époque éminente des Grecs, du moins n'est-il plus capable d'un enrichissement significatif. L'architecte moderne en revanche ne peut franchement s'éloigner des règles et des modèles sans aussitôt faire plus mauvais. Il n'a donc d'autre choix que d'appliquer l'art hérité des Anciens et de défendre leurs règles autant que possible, selon les inévitables restrictions imposées par les besoins, le climat, l'époque et le pays. Car dans cet art, comme dans la sculpture, l'aspiration à l'idéal coïncide avec l'imitation des Anciens.

Je n'ai sans doute pas à rappeler que dans toutes ces considérations architectoniques, j'ai exclusivement envisagé le style architectural antique et non le soi-disant gothique Cm[qui, d'origine sarrasine, a été introduit dans le reste de l'Europe depuis l'Espagne, par les Goths.]Cm Peut-être ne faut-il pas dénier totalement au style gothique une certaine beauté qui lui est propre, Cm[mais lorsqu'il prétend égaler le style antique, il s'agit d'une présomption barbare qu'il ne faut en aucun cas tolérer. Après avoir regardé ces somptuosités gothiques, quel effet apaisant pour notre esprit que de voir un édifice exécuté dans les règles du style antique! Nous sentons aussitôt que c'est cela qui seul convient, qui seul est vrai. Que dirait un Grec de l'Antiquité si on pouvait le conduire devant nos célèbres cathédrales gothiques? — Βάρβαροι [Barbares]!]Cm — Le plaisir que peuvent nous procurer Cm[les œuvres gothiques reposе]Cm très certainement, en grande partie, sur l'association de pensées et les réminiscences historiques, donc sur un sentiment étranger à l'art[89]. Appliqué à ces œuvres, tout ce que j'ai dit de la fin proprement esthétique, du sens et du thème de l'architecture n'est plus valable. Car l'entablement dégagé a disparu et avec celui-ci la colonne : ici, le thème n'est plus le support et la charge, ordonnés et distribués pour illustrer le conflit entre rigidité et pesanteur. Aussi, il n'y a plus trace ici de ce qui caractérise le style architectural antique, à savoir cette rationalité pure et constante qui permet de rendre strictement raison de chaque élément, voire qui en expose spontanément la raison à tout spectateur pensant. Nous nous rendons compte assez vite qu'au lieu de cette rationalité, c'est un pouvoir arbitraire, guidé par des concepts hétérogènes, qui a imposé son règne ici, raison pour laquelle bon nombre de choses demeurent sans explication. Car seul le style architectural antique est pensé en un sens purement OBJECTIF, le gothique en un sens plus subjectif. — Or, de même que nous avons reconnu le déploiement du conflit entre rigidité et pesanteur comme la pensée esthétique fondamentale de l'architecture antique, on pourrait identifier comme pensée fondamentale de l'architecture gothique celle selon laquelle il s'agit de représenter la domination parfaite et la victoire de la pesanteur sur la rigidité. Par conséquent, la ligne horizontale, qui est celle de la charge, a presque totalement disparu, et l'action de la pesanteur n'apparaît plus que de manière indirecte, dissimulée dans les arcs et les voûtes, alors que la ligne verticale, qui tient lieu de support, exerce seule sa domination et incarne l'action victorieuse de la rigidité par des culées extrêmement hautes, par d'innombrables tours, tourelles et pointes qui, sans charge, poussent en hauteur. Alors que dans l'architecture antique, la tendance et la poussée du haut vers le bas se trouvent représentées et exposées au même titre que celles du bas vers le haut, ces dernières prédominent nettement ici, d'où l'analogie, souvent remarquée, avec le cristal, puisque la cristallisation se produit également par la domination de la pesanteur. Si maintenant nous voulions prêter ce sens et cette pensée fondamentale à l'architecture gothique, en la présentant ainsi comme légitimement opposée à l'antique, il faudrait objecter que le conflit entre rigidité et pesanteur que l'architecture antique expose si ouvertement et naïvement est réel et vrai, fondé en nature, alors que le dépassement total de la pesanteur par la rigidité demeure une simple apparence, une fiction, certifiée par l'illusion. — Chacun saisira aisément comment, de cette pensée fondamentale indiquée ici et des particularités de l'architecture gothique données plus haut, procède ce caractère mystérieux et hyperphysique qu'on lui reconnaît. Cm[Il naît, comme nous l'avons déjà mentionné, de ce qu'ici l'arbitraire a pris la place du purement rationnel, de ce qui se manifeste comme conformité constante des moyens à la fin. Les nombreux éléments proprement inutiles et pourtant soigneusement achevés incitent à supposer des fins inconnues, impénétrables, secrètes, c'est-à-dire provoquent cet aspect mystérieux. En revanche, le côté resplendissant des églises gothiques est le côté intérieur, parce qu'ici l'âme est pénétrée par l'effet de la voûte croisée, portée par des piliers élancés se dressant de façon cristalline, poussée à une hauteur extrême, effet qui nous promet une sécurité éternelle, puisque toute charge a disparu, tandis que la plupart des défauts évoqués se trouvent à l'extérieur. Dans les édifices antiques, le côté extérieur est plus avantageux, car on y voit mieux dans leur ensemble le support et la charge, alors qu'à l'intérieur, le plafond bas garde toujours un aspect pesant et prosaïque. Aussi, l'intérieur proprement dit des temples antiques était le plus souvent petit, alors que l'œuvre extérieure était nombreuse et imposante. On lui conférait un air sublime par la voûte sphérique d'une coupole, comme au Panthéon ; les Italiens, d'ailleurs, construisant selon ce style, en ont fait l'usage le plus étendu. À cela s'ajoute le fait que les Anciens, en tant que peuples du Sud, vivaient davantage à l'air libre que les nations nordiques, lesquelles ont privilégié l'architecture gothique.]Cm — Or celui qui voudrait à tout prix faire valoir l'architecture gothique comme une architecture essentielle et légitime pourra l'appeler, si de surcroît il aime les analogies, le pôle négatif de l'architecture, ou encore son mode mineur. — Dans l'intérêt du bon goût, il me paraît souhaitable qu'on investisse des moyens importants dans ce qui est objectivement, c'est-à-dire réellement bon et convenable, ce qui est beau en soi, et non dans ce dont la valeur ne repose que sur une association d'idées. Lorsque je vois comment notre époque incroyante s'empresse d'aménager les églises gothiques laissées inachevées par le Moyen Âge croyant, j'ai l'impression qu'on s'applique à embaumer le christianisme défunt[90].

CHAPITRE 36*

REMARQUES DIVERSES
SUR L'ESTHÉTIQUE DES BEAUX-ARTS

Si la beauté et la grâce sont au centre de la sculpture, l'expression, la passion, le caractère sont prépondérants en peinture ; il faut donc y restreindre d'autant l'exigence de la beauté. Car une beauté constante de toutes les formes, telle que l'exige la sculpture, briserait l'élément caractéristique, et fatiguerait par sa monotonie. D'où la possibilité, pour la peinture, de représenter également les visages laids et les figures émaciées, alors qu'il faut, à la sculpture, la beauté, même si celle-ci n'est pas toujours parfaite, et, dans tous les cas, la force et la plénitude des figures. Par suite, un Christ maigre sur la croix, un saint Jérôme moribond, décharné par l'âge et la maladie, comme dans le chef-d'œuvre du Dominiquin[91], constitueront un objet convenable pour la peinture ; par contre, l'effet produit par le saint Jean-Baptiste en marbre de Donatello dans la galerie de Florence[92], réduit par le jeûne à la peau et aux os, est répugnant, malgré l'exécution magistrale. — De ce point de vue, la sculpture semble appropriée à l'affirmation de la volonté de vivre, la peinture à sa négation, ce qui permettrait d'expliquer pourquoi la sculpture était l'art des Anciens et la peinture l'art des époques chrétiennes. — Dans l'analyse donnée dans le § 45 du tome I, selon laquelle la recherche, la connaissance et la détermination du type de beauté humaine reposent

* Ce chapitre se rapporte aux § 44-50 du tome I.

sur une certaine anticipation de celle-ci, qu'elles sont donc en partie fondées *a priori*, il me faut encore souligner que cette anticipation n'en requiert pas moins l'expérience qui vient la stimuler, de manière analogue à l'instinct des animaux, lequel, bien qu'il oriente *a priori* la conduite, nécessite cependant, pour les aspects particuliers de cette dernière, une détermination par les motifs. Car l'expérience et la réalité présentent à l'intellect de l'artiste des formes humaines qui, dans telle ou telle partie de la nature, sont plus ou moins réussies, puis lui demandent pour ainsi dire d'en juger, suscitant ainsi à partir de cette obscure anticipation, en bonne méthode socratique, la connaissance claire et déterminée de l'idéal. C'est pourquoi les sculpteurs grecs ont certainement pu tirer grand avantage de ce que le climat et les usages du pays leur offrirent toute la journée durant l'occasion de voir des formes humaines à moitié dénudées, et, dans les gymnases, complètement dénudées. Chaque membre appelait un jugement de leur sens plastique et qu'il fût comparé avec l'idéal qui, sous une forme implicite, se trouvait dans leur conscience. Ils avaient ainsi la possibilité d'exercer constamment leur jugement sur toutes les formes et tous les membres, jusqu'à leurs nuances les plus subtiles, par où leur anticipation initialement confuse de l'idéal de la beauté humaine pouvait progressivement s'élever à une évidence de la conscience qui leur conférait la faculté de l'objectiver dans l'œuvre d'art. — De manière tout à fait analogue, l'expérience individuelle est utile et nécessaire au poète pour la description des personnages. Car bien que son travail ne s'appuie pas sur l'expérience et sur les notions empiriques, mais sur la claire conscience de l'essence de l'humanité, telle qu'il la trouve en son propre for intérieur, l'expérience sert cependant de schème à cette conscience, lui permet d'être stimulée et de s'exercer. De ce fait, ce n'est pas moins l'expérience seule qui confère vie, certitude et ampleur à sa connaissance de la nature humaine et de sa variété, alors qu'elle procède, pour l'essentiel, sous un mode *a priori* et anticipatif. — Or le sens de la beauté des Grecs, si admirable, qui leur a permis, seuls parmi les peuples de la terre, de découvrir le véritable type normal de la forme humaine et d'établir en conséquence les canons de la beauté et de la grâce, afin que toutes les époques puissent les imiter, ce sens de la beauté, dis-je, nous pouvons en approfondir encore davantage les raisons en nous appuyant sur notre livre précédent et sur le chapitre 44 de celui-ci, en disant : cette chose même qui, lorsqu'elle n'est pas séparée de la VOLONTÉ, n'est autre que la pulsion sexuelle avec sa faculté de sélection finement discriminante, c'est-à-dire l'AMOUR SEXUEL (lequel, comme on sait, a donné lieu à de grandes aberrations chez les Grecs), devient, lorsqu'elle se détache de la volonté grâce à un intellect anormalement prépondérant tout en demeurant active, le SENS OBJECTIF DE LA BEAUTÉ pour la forme humaine, lequel, s'il se manifeste d'abord par un sens de l'art critique, peut s'élever jusqu'à la découverte et la présentation de la norme de toutes les parties et toutes les proportions, comme c'était le cas avec Phidias, Praxitèle, Scopas, etc. — Voilà qui rejoint alors ce que Goethe fait dire à l'artiste :

> *Dass ich mit Göttersinn*
> *Und Menschenhand*
> *Vermöge zu bilden,*
> *Was bei meinem Weib'*
> *Ich animalisch kann und muss.*

[Qu'avec l'esprit divin
Et la main humaine
Je puisse former
Ce qu'auprès de ma femme
Je peux et dois faire animalement[93].]

Et là aussi, de façon analogue, cette même chose qui, si elle demeurait attachée à la VOLONTÉ, ne serait que SAGESSE MONDAINE <*Weltklugheit*>, devient chez le POÈTE, si elle est séparée de la volonté grâce à la prépondérance anormale de l'intellect, la capacité de REPRÉSENTATION objective, dramatique. —

La sculpture moderne, quoi qu'elle produise, demeure analogue à la poésie latine moderne; elle est, comme cette dernière, un enfant de l'imitation, né de réminiscences. Si elle se laisse aller à quelque prétention à l'originalité, elle ne tardera pas à tomber dans l'erreur, et surtout celle, très grave, de travailler d'après la nature existante et non d'après les proportions des Anciens[94]. Canova, Thorvaldsen[95], et d'autres, sont comparables à Jean Second[96] et à Ovenus[97]. Il en va de même avec l'architecture, mais le rapport y est fondé dans l'art lui-même dont la partie purement esthétique, assez peu importante, fut déjà épuisée par les Anciens, raison pour laquelle l'architecte moderne ne saurait exceller que dans la mise en œuvre avisée de cette partie; C[il doit savoir qu'il s'éloigne toujours autant du bon goût qu'il dévie du style et du modèle des Grecs.]C

L'art du peintre, considéré pour autant qu'il a pour but de produire l'apparence de la réalité, peut, en dernière instance, être reconduit à ceci que le peintre sait pratiquer une DISTINCTION nette entre ce qui, dans le voir, est la simple sensation, donc l'affection de la rétine, c'est-à-dire le seul EFFET donné immédiatement, et sa CAUSE, c'est-à-dire les objets du monde extérieur, en vertu de quoi seulement peut naître leur intuition dans l'entendement ; il est ainsi capable, si la technique vient s'y ajouter, de produire le même effet dans l'œil par une cause tout à fait différente, à savoir par des taches de couleur étalées, grâce à quoi on recrée la même intuition dans l'entendement du spectateur, par l'inévitable reconduction à sa cause habituelle. —

Si l'on considère qu'on trouve dans chaque VISAGE HUMAIN un élément suprêmement primordial et original, qui manifeste une totalité qu'on ne peut attribuer qu'à une unité exclusivement constituée de parties nécessaires, laquelle nous permet de reconnaître un individu familier parmi des milliers, même après plusieurs longues années, bien que les possibles variations des traits du visage humain, surtout d'UNE SEULE ET MÊME race, soient extrêmement limitées, alors il faut douter qu'une chose d'une unité aussi essentielle, d'une primordialité aussi grande, puisse découler d'une source autre que des profondeurs secrètes et intimes de la nature ; or il s'ensuivrait qu'aucun artiste ne serait capable d'inventer réellement la particularité primordiale d'un visage humain, ou même de la composer d'après nature, à partir de réminiscences. Le résultat de ces efforts ne serait toujours qu'une composition à moitié vraie, voire impossible, car comment pourrait-il composer une réelle unité physionomique alors qu'au fond il ne connaît pas le principe de cette unité ? Pour chaque visage simplement inventé par un artiste, il faut donc se demander si c'est un visage réellement possible, et si la nature, le maître de tous les maîtres, ne serait pas amenée à le considérer comme bâclé, en montrant qu'on y trouve des contradictions flagrantes. Or ceci conduirait à ce principe que sur les peintures historiques ne doivent toujours figurer que des portraits qu'il faut alors choisir avec le plus grand soin en les idéalisant quelque peu. Il est connu que les grands artistes ont toujours aimé peindre d'après des modèles vivants, et qu'ils ont réalisé bon nombre de portraits. —

Bien que le but véritable de la peinture, comme de l'art en général, ainsi que nous l'avons montré dans notre texte, soit de nous faciliter l'appréhension des Idées (platoniciennes) des êtres de ce monde, ce qui nous transporte simultanément dans l'état du connaître pur, c'est-à-dire dénué de vouloir, on peut lui attribuer par ailleurs une beauté indépendante et autonome procédant de la simple harmonie des couleurs, du groupement plaisant, de la distribution avantageuse de l'ombre et de la lumière, et de la tonalité du tableau dans son ensemble. Ce genre de beauté subordonné, qui lui vient en supplément, favorise l'état du pur connaître ; il est en peinture ce que la diction, le mètre et la rime sont en poésie, car tous deux ne sont pas l'essentiel, mais bien ce qui produit un effet initial et immédiat. —

Voici encore quelques exemples pour compléter mon jugement, donné au § 50 du tome I, sur l'illégitimité de l'ALLÉGORIE en peinture. Au palais Borghèse, à Rome, on trouve ce tableau de Michel-Ange Caravage[98] : Jésus, en enfant d'environ dix ans, marche sur la tête d'un serpent, mais sans aucune crainte, avec la plus grande sérénité, alors que sa mère qui l'accompagne demeure également impassible ; à côté se tient sainte Élisabeth, regard solennel et tragique levé au ciel. Face à cet hiéroglyphe kyriologique, que pourrait penser un homme qui n'aurait jamais entendu parler de la semence de cette femme censée écraser la tête du serpent ? — À Florence, dans la salle de la bibliothèque du palais Riccardi, on peut voir sur le plafond peint par Luca Giordano[99] une allégorie censée dire que la science délivre l'intellect des attaches de l'ignorance : l'intellect est un homme robuste, entouré de cordes qui viennent de lâcher ; une nymphe lui tend un miroir, une autre lui présente une grande aile détachée ; au-dessus, la Science trône sur une sphère et, à côté d'elle, la Vérité nue, une boule dans la main. — À Ludwigsburg, près de Stuttgart, un tableau nous montre le Temps qui, sous la figure de Saturne, coupe les ailes de Cupidon : si cela doit signifier qu'avec la vieillesse, l'inconstance en amour s'apaise, alors ne doutons pas que c'est vrai. —

Ce qui suit peut servir à appuyer ma solution au problème de savoir pourquoi le Laocoon ne crie pas[100]. De l'effet manqué d'une représentation du cri par les œuvres des arts plastiques, essentiellement muets, on peut se persuader par les faits avec *Le Massacre des Innocents* de Guido Reni[101], qui se trouve à l'Académie des arts de Bologne : le grand artiste y a commis l'erreur de peindre six personnages en train de crier, bouche grande ouverte. — Pour plus d'évidence encore, qu'on songe à une représentation pantomimique dans un théâtre, et, dans une scène quelconque de ce même spectacle, un motif impérieux de crier qui s'impose à l'un des personnages ; si le danseur qui joue ce personnage voulait exprimer le cri en se tenant debout, bouche béante, le rire tonitruant de toute la salle attesterait le mauvais goût de la chose. — Comme le Laocoon a dû s'abstenir de crier pour des raisons qui ne résident pas dans l'objet à représenter, mais dans l'essence de l'art figuratif, l'artiste s'est vu confronté à la tâche de justifier cette absence de cri, afin de nous faire comprendre qu'un homme ne crie pas dans pareille situation. Il s'est acquitté de cette tâche en représentant la morsure du serpent non pas comme si elle s'était déjà produite, ni comme si elle allait se produire, mais à l'instant même où elle se produit, dans le flanc, avec pour résultat que l'abdomen se contracte, rendant le cri impossible. C'est Goethe qui a très justement découvert cette raison, la plus proche, quoique secondaire et subordonnée, et l'a explicitée à la fin du livre XI de son autobiographie, ainsi que dans son essai sur le Laocoon dans le premier cahier des *Propylées*[102], mais la raison la plus éloignée et primordiale, qui conditionne la première, c'est celle que j'ai donnée. Je ne peux m'empêcher de remarquer que sur ce point aussi, j'ai le même rapport à Goethe que sur la théorie des couleurs. — Dans la collection du duc d'Arenberg à Bruxelles[103], on trouve une tête antique de Laocoon qui a été découverte plus tard. Or la tête dans le groupe mondialement célèbre n'a pas été restaurée, comme on peut le constater[104] dans le tableau spécifique de toutes les restaurations du groupe, établi par Goethe à la fin du premier tome de ses *Propylées*, ce que confirme également le fait que la tête découverte après ressemble fort à celle du groupe. Il nous faut donc admettre qu'il existait une autre réplique antique du groupe, auquel appartenait la tête d'Arenberg. À mon sens, celle-ci surpasse tant en beauté qu'en expressivité celle du groupe : sa bouche est considérablement plus ouverte que l'autre sans pour autant émettre un cri proprement dit.

CHAPITRE 37*

SUR L'ESTHÉTIQUE DE L'ART POÉTIQUE

La définition la plus simple et la plus juste de la poésie que je voudrais établir, c'est qu'elle est l'art de mettre en jeu, par les mots, la faculté de l'imagination. J'ai indiqué comment elle y parvient au § 51 du tome I. Une confirmation spécifique de ce que j'y ai dit vient du passage suivant tiré d'une lettre de Wieland à Merk, publiée depuis: «J'ai passé trois jours et demi sur une seule strophe, alors qu'il s'agissait, au fond, d'un seul mot qui me manquait et que je ne pouvais trouver. J'ai tourné et retourné et la chose et mon cerveau, dans tous les sens, car s'agissant d'un tableau je souhaite, tout naturellement, porter la vision même qui flotte devant mon front devant celui de mes lecteurs, ce qui, souvent, *ut nosti* [comme vous savez], dépend d'un seul trait, d'une ombre, d'un reflet» (*Lettres à Merk*, éditées par Wagner, 1835, p. 193[105]). — Comme l'imagination du lecteur est la matière à travers laquelle l'art poétique présente ses images, ce dernier a l'avantage que l'exécution plus concrète, l'affinement des traits se constituent dans l'imagination de chacun de sorte à correspondre au mieux, dans une circonstance donnée, à son individualité, à sa sphère de connaissance, à son humeur, l'excitant ainsi avec le plus de vivacité, alors que les arts plastiques ne peuvent pas s'en accommoder, car dans leur cas UNE SEULE image, UNE SEULE figure doit suffire à tous, et celle-ci portera toujours plus ou moins la marque carac-

* Ce chapitre se rapporte au § 51 du tome I.

téristique de l'individualité de l'artiste, ou de son modèle, comme un supplément subjectif, ou aléatoire, sans efficace, mais d'autant moins que l'artiste est plus objectif, c'est-à-dire génial. C'est ce qui permet déjà d'expliquer en partie pourquoi les œuvres de l'art poétique produisent un effet bien plus puissant, plus profond, plus universel que les tableaux et les statues ; ceux-ci, du reste, laissent le plus souvent le peuple totalement indifférent, les arts plastiques étant, d'une façon générale, les arts qui produisent l'effet le plus faible. Cm[Une preuve curieuse de ce fait, c'est qu'on trouve et découvre des tableaux de grands maîtres dans des maisons particulières et dans toutes sortes d'endroits où, pendant de nombreuses générations, ils ne sont même pas enterrés ou cachés, mais tout simplement accrochés sans qu'on les remarque, demeurant ainsi sans effet. Lorsque je séjournais à Florence (1823), on a même découvert une Madone de Raphaël accrochée de longues années au mur d'une chambre de service d'un palais (dans le *quartiere di S. Spirito*), et ce parmi des Italiens, cette nation dotée avant toutes les autres du sens de la beauté. Voilà qui montre combien les œuvres des arts plastiques ont un effet peu direct et immédiat, et combien elles requièrent, bien plus que les autres, culture et connaissance pour être appréciées. Par contre, une belle et émouvante mélodie fera immanquablement le tour de la terre et une excellente poésie voyagera de peuple en peuple.]Cm Si les riches et puissants accordent leur plus grand soutien précisément aux arts plastiques[106] et n'investissent des sommes considérables que dans les œuvres qui en sont issues, Cm[si aujourd'hui, une idolâtrie, au sens exact, fait qu'on donne pour le tableau d'un maître ancien et célèbre la valeur d'une vaste propriété rurale, c'est, principalement, en raison de]Cm la rareté des chefs-d'œuvre dont la possession excite de ce fait la fierté, mais aussi parce que la jouissance de ces œuvres ne demande que peu de temps et d'efforts, et qu'elle est disponible à chaque instant sur un simple coup d'œil, alors que la poésie et même la musique imposent des conditions bien différentes, plus difficiles. Par conséquent, on peut se passer des arts plastiques : des peuples entiers, par exemple les peuples mahométans, vivent sans eux ; mais aucun n'est sans musique, sans poésie.

Or lorsque le poète ébranle notre imagination, son intention est de nous dévoiler les Idées, c'est-à-dire de nous montrer par un exemple ce qu'est la vie, ce qu'est le monde. Pour ce faire, la première condition est qu'il en possède lui-même la connaissance ; sa poésie sera en fonction de la profondeur ou de la platitude de cette connaissance. Ainsi, il y a autant de poètes qu'il y a de degrés de profondeur et de clarté dans l'appréhension de la nature des choses. Cependant, chaque poète ne manquera pas de se trouver excellent dans la mesure où il a représenté avec exactitude ce que LUI a connu, et dans la mesure où son image correspond à SON original ; il ne manquera pas de se considérer comme l'égal du meilleur, car il ne reconnaît pas plus dans l'image de celui-ci que dans la sienne propre, c'est-à-dire pas plus que dans la nature elle-même, puisque son regard ne pénètre pas plus en profondeur. Quant au meilleur, il se reconnaît comme tel parce qu'il remarque le regard superficiel des autres, parce qu'il remarque combien se trouve encore en réserve et qu'ils n'ont pas su restituer car ils ne l'ont pas vu, et combien son regard et son image portent plus loin. S'il comprenait aussi peu les superficiels qu'ils le comprennent lui, il serait dans le désespoir : comme il faut déjà un homme extraordinaire pour que justice lui soit rendue, et comme les mauvais poètes ne peuvent que l'estimer aussi bas qu'il est lui-même susceptible de le faire, il doit, pendant longtemps, se nourrir de sa propre approbation avant que n'arrive celle du monde. — Or on le prive également de cette possibilité lorsqu'on lui demande d'être bien modeste. Mais pour celui qui a des mérites et sait ce qu'ils coûtent, il est aussi impossible de ne pas les voir que pour un homme de six pieds de ne pas remarquer que sa hauteur dépasse les autres. S'il y a 300 pieds de la base d'une tour à son sommet, il y a très certainement autant du sommet à la base. Horace, Lucrèce, Ovide, et presque tous les Anciens, ont parlé d'eux-mêmes avec fierté, de même Dante, Shakespeare, Francis Bacon, et bien d'autres encore. Que quelqu'un puisse être un grand esprit sans rien en remarquer est une absurdité dont seule une désolante incapacité peut se persuader afin de prendre le sentiment de sa propre nullité pour de la modestie. Un Anglais a fait cette remarque juste et drôle que *merit* et *modesty* n'ont rien en commun sinon la première lettre[107] : Cm[Je soupçonne toujours les célébrités modestes d'avoir raison ; Corneille dit à ce propos :

> La fausse humilité ne met plus en crédit :
> Je sçais ce que je vaux, et crois ce qu'on m'en dit[108].

Enfin,]Cm Goethe l'a dit sans détour : « Seules les crapules sont modestes[109]. » Il aurait été plus pertinent encore d'affirmer que ceux qui s'empressent d'exiger de la modestie chez les autres, de pousser à la modestie, de s'écrier sans cesse : « Soyons modestes ! pour l'amour de Dieu, soyons modestes ! », sont d'AU-THENTIQUES CRAPULES <*Lumpe*>, c'est-à-dire des gnomes sans aucun mérite, des produits industriels fabriqués par la nature, des membres certifiés de cette racaille d'humanité. Car celui qui possède lui-même des mérites en laisse volontiers valoir, si, bien sûr, ils sont véritables et réels. Mais celui qui est dépourvu de toute qualité, de tout mérite, souhaiterait qu'il n'y en ait point : en voir chez autrui le met à la torture ; l'envie, livide, jaune, verte dévore son for intérieur ; il aimerait anéantir et exterminer toutes les personnes douées ; si hélas il doit les laisser vivre, c'est à condition qu'elles cachent leurs qualités, qu'elles les nient totalement, voire qu'elles les abjurent. Voilà donc la racine des discours élogieux, si fréquents, sur la modestie. Et lorsque ceux qui préconisent cette dernière ont l'occasion d'étouffer le mérite dans l'œuf, ou au moins d'empêcher qu'il éclose, qu'on en prenne connaissance : qui douterait qu'ils le feront ? Car c'est là la pratique qui correspond à leur théorie. —

S'il est vrai que le poète, comme tout artiste, ne nous présente toujours que le singulier, l'individuel, ce qui a fait l'objet de sa connaissance à LUI, et qu'il nous fait connaître par ce biais, n'en est pas moins l'Idée (platonicienne), l'espèce tout entière, raison pour laquelle ses images seront pour ainsi dire marquées par le type des caractères humains, des situations humaines. Cm[Le poète narratif, de même le dramatique, extrait de la vie ce qui est tout à fait singulier et le décrit avec précision en son individualité, révélant par là même l'existence humaine tout entière ; ce n'est qu'en apparence que son objet est le singulier, alors qu'en vérité c'est ce qui est partout et toujours.]Cm C'est ce qui explique que les sentences, surtout celles des poètes dramatiques, même sans être des formules générales, trouvent souvent à s'appliquer dans la vie réelle. — La poésie est à la philosophie ce que l'expérience est à la science empirique. Car l'expérience nous fait connaître le phénomène singulier comme un exemple, alors que la science en saisit la totalité à travers des concepts universels. Ainsi, la poésie veut nous faire connaître les Idées (platoniciennes) des êtres par le biais du singulier, de manière exemplaire, la philosophie veut nous apprendre à connaître, selon sa totalité et selon l'universel, l'essence intime des choses qui s'y exprime. — On voit par là que la poésie porte davantage le caractère de la jeunesse, la philosophie celui de la vieillesse. En effet, le talent poétique ne s'épanouit véritablement que dans la jeunesse ; de même, c'est dans la jeunesse que la réceptivité à la poésie est souvent pleine de passion : Cm[le jeune homme prend plaisir aux vers pour eux-mêmes et, bien souvent, se contente de quelque sous-produit. Avec les ans, ce penchant décroît peu à peu, et dans l'âge, on préfère la prose. Cette tendance poétique de la jeunesse corrompt bien souvent le sens du réel. Car de celui-ci,]Cm la poésie se distingue par le fait qu'en elle, la vie qui défile sous nos yeux est intéressante, mais indolore ; en revanche, dans le réel, elle est inintéressante tant qu'elle est indolore, alors qu'elle est douloureuse dès qu'elle devient intéressante. Le jeune homme qui a été initié à la poésie avant de l'être au réel exige alors de celui-ci ce que celle-là seule peut accomplir : c'est l'une des sources principales du malaise qui pèse sur les jeunes hommes les plus éminents. —

Le mètre et la rime Cm[enchaînent, mais ils]Cm sont Cm[également]Cm l'enveloppe dans laquelle se drape le poète et sous couvert de laquelle on lui accorde le droit de parler comme il ne le pourrait pas autrement. C'est cela qui nous plaît. — Cm[Car de tout ce qu'il dit, il n'est qu'à moitié responsable : l'autre moitié, c'est le mètre et la rime qui s'en chargent. — Le mètre, ou]Cm la mesure, en tant que rythme pur, trouve son essence dans le TEMPS seul, lequel est une intuition pure *a priori* et n'appartient donc, pour parler avec Kant, qu'à la SENSIBILITÉ PURE, alors que la rime est l'affaire de la sensation de l'organe auditif, c'est-à-dire de la sensibilité EMPIRIQUE. C'est pourquoi le rythme est un auxiliaire bien plus noble et digne que la rime que les Anciens, de ce fait, méprisaient, cette rime qui a son origine dans les langues imparfaites issues, aux époques barbares, d'une corruption des langues anciennes. La pauvreté de la poésie française repose principalement sur ceci qu'elle est limitée à la seule rime, ignorant la mesure, et se trouve accrue parce que, pour dissimuler son manque de moyens, elle a compliqué sa prosodie par une quantité de préceptes pédants, ainsi, par exemple, de ne faire rimer que des syllabes écrites de la même façon, comme si on s'adressait à l'œil plus qu'à l'oreille, de proscrire l'hiatus et d'interdire bon nombre de mots, etc., autant de préceptes auxquels la nouvelle école française de poésie tente de mettre un terme. C[Or, pour autant que je puisse en juger, dans nulle autre langue la rime ne produit un effet aussi agréable et puissant qu'en latin ; les poèmes rimés du Moyen Âge latin dégagent un charme tout particulier. La raison en est que la langue latine est incomparablement plus belle et noble que n'importe laquelle des langues modernes et elle se présente désormais avec beaucoup de grâce sous la parure et le clinquant propres à celles-ci, alors qu'à l'origine elle n'en faisait pas grand cas.]C

À y réfléchir sérieusement, on pourrait considérer comme un acte de haute trahison à l'égard de la raison le fait d'exercer la moindre violence contre une pensée, ou contre son expression juste et pure, dans l'intention puérile de faire reproduire après

quelques syllabes la même consonance du mot, voire
pour que ces syllabes elles-mêmes imitent une sorte
de mouvement sautillant. Or sans cette violence on
produirait bien peu de vers ; c'est de ce fait que, dans
une langue étrangère, les vers sont beaucoup plus
difficiles à comprendre que la prose. Si nous pouvions jeter un œil dans l'atelier secret des poètes,
nous verrions qu'on y cherche dix fois plus souvent
une pensée qui corresponde à une rime, qu'une rime
à une pensée, et même dans ce dernier cas, cela ne
va pas sans quelque concession du côté de la pensée.
— Or l'art de la rime, plébiscité par toutes les
époques et tous les peuples, défie ces considérations,
tant est grand le pouvoir que le mètre et la rime
exercent sur l'âme, et tant est efficace leur mystérieux *lenocinium* [moyen de séduction]. Je voudrais
m'expliquer ce fait par ceci qu'un vers à la rime
heureuse, par son effet indescriptiblement emphatique, suscite l'impression que la pensée qui s'y
exprime était comme prédestinée, voire préformée,
dans la langue, et que le poète n'avait qu'à l'y cueillir.
Même les trouvailles les plus triviales reçoivent, par
le rythme et la rime, un semblant de signification, se
pavanent sous cette parure, de même que chez les
filles, des visages ordinaires, par les bijoux, peuvent
capter le regard. Et même des pensées bancales et
fausses acquièrent l'apparence de la vérité par la
versification. À l'inverse, certains passages célèbres
de poètes célèbres se rétrécissent comme peau de
chagrin lorsqu'ils sont fidèlement transposés en
prose. Si seul le vrai est beau et si la parure préférée
de la vérité est la nudité, une pensée qui sous forme
de prose présente une allure grande et belle aura une
valeur plus authentique qu'une pensée qui produit
cet effet sous forme versifiée. — Que des moyens
paraissant si modestes, voire puérils, tels que le mètre

et la rime, exercent un effet aussi puissant, je me
l'explique de la manière suivante. Ce qui est immédiatement donné à l'oreille, à savoir la pure sonorité
verbale <*Wortklang*>, reçoit, par le rythme et la
rime, une certaine perfection et significance qui lui
est propre, car le donné immédiat devient de ce fait
une sorte de musique : la sonorité semble dès lors
exister par elle-même et non plus comme un simple
moyen, comme un simple signe d'un signifié, c'est-
à-dire du sens des mots. Elle semble entièrement
destinée à réjouir l'oreille ; par cette destination,
tout son objectif semble atteint et toutes les exigences,
satisfaites. Mais le fait qu'en même temps elle reçoive
de surcroît un sens, qu'elle exprime également une
pensée, se présente alors tel un supplément imprévu,
comme peuvent l'être les mots pour la musique, tel
un don inattendu qui nous surprend agréablement
et nous comble d'autant plus aisément que nous
n'avions formulé aucune exigence de ce genre ; si,
de plus, cette pensée est signifiante par elle-même,
si elle peut donc être également exprimée en prose,
nous sommes ravis. J'ai souvenir que lorsque j'étais
enfant, je me délectais longtemps de la sonorité
agréable des vers avant de découvrir qu'ils conte-
naient également du sens et des pensées. Ainsi il
existe, dans toutes les langues probablement, une
pure poésie faite d'un cliquetis sonore <*Klingklangs-
poesie*>, qui est presque totalement dénuée de sens.
Le sinologue Davis, dans le rapport préliminaire à
sa traduction du *Laou-sang-urh* ou *an heir in old age*
(Londres 1817[110]), remarque que les drames chinois
sont en partie composés en vers, lesquels sont chantés,
et il ajoute : «leur sens est souvent obscur et, à en
croire les Chinois eux-mêmes, le but premier de ces
vers est de flatter l'oreille, tandis que le sens est
négligé, voire entièrement sacrifié à l'harmonie».

Qui ne songera ici aux chœurs, souvent si difficiles à déchiffrer, de certaines tragédies grecques?

Le signe qui permet de reconnaître immédiatement le poète authentique, qu'il soit d'un genre inférieur ou supérieur, c'est la spontanéité de ses vers : ils se composent tout naturellement, comme par quelque dispensation divine, et ses pensées lui arrivent d'emblée sous forme versifiée. Le prosateur caché, en revanche, cherche la rime qui va avec la pensée, le bâcleur la pensée qui va avec la rime. Il est très souvent possible, dans une paire de vers en rime, de trouver lequel des deux est né d'une pensée, et lequel est né de la rime. C[L'art consiste à dissimuler ce dernier cas, afin que les vers de cette espèce ne donnent pas l'impression de ne remplir que des *bouts-rimés* [en français dans le texte].]C

À mon sentiment (les preuves n'ont pas lieu d'être ici), la rime, selon sa nature, n'est que binaire : son efficace est borné au retour unique de la même consonance et n'est pas amplifié par une répétition fréquente. Par conséquent, dès qu'une syllabe finale a reçu la syllabe qui lui est consonante, son effet est épuisé ; le troisième retour du son n'agit que comme une rime supplémentaire qui rencontre par hasard le même son mais sans amplification de l'effet ; il s'ajoute à la rime existante sans pour autant s'y lier pour produire une impression plus forte. Car le premier son ne résonne pas à travers le deuxième jusqu'au troisième, lequel est ainsi un pléonasme esthétique, une double audace, mais inutile. Ce sont ainsi les accumulations de rimes dans ce genre qui méritent le moins les lourds sacrifices qu'elles coûtent dans les huitains, les tercets et les sonnets ; ce sont elles qui torturent notre âme lorsqu'il nous arrive de lire les productions de cet acabit, car un mal de crâne rend impossible tout plaisir poétique. Que le grand esprit poète puisse, dans certains cas, dépasser ces formes et leurs difficultés pour s'y mouvoir avec aisance et grâce ne justifie pas, cependant, qu'on les recommande, car par elles-mêmes, elles sont aussi inefficaces que pénibles[111]. C[Et même chez les bons poètes qui se servent de ces formes, on peut fréquemment voir le conflit entre la rime et la pensée, où c'est tantôt l'une, tantôt l'autre qui l'emporte, c'est-à-dire où c'est la pensée qui se trouve atrophiée par la rime, ou la rime rétribuée par un faible *à peu près* [en français dans le texte]. Eu égard à ce qui vient d'être dit, je ne considère pas comme une preuve d'ignorance, mais de bon goût, que Shakespeare, dans ses sonnets, ait donné des rimes différentes à chacun de ses quatrains. En tout cas, leur effet acoustique ne s'en trouve aucunement diminué, et la pensée est bien plus mise en valeur qu'elle aurait pu l'être si on l'avait lacée dans les bottes espagnoles d'usage.]C

Il est désavantageux pour la poésie d'une langue d'avoir de nombreux mots non usités en prose et, d'autre part, de ne pas pouvoir se servir de certains mots de la prose. Le premier concerne sans doute surtout le latin et l'italien, le second le français, à propos de quoi on a pu parler récemment, et fort pertinemment, de *la bégueulerie de la langue française* [en français dans le texte]; les deux cas concernent moins l'anglais et moins encore l'allemand. Car ces mots qui appartiennent exclusivement à la poésie restent étrangers à notre cœur, ne nous parlent pas directement, donc nous laissent froids. Ils forment une langue poétique conventionnelle et ne sont, pour ainsi dire, que des sensations peintes et non réelles; ils excluent l'intimité. —

La distinction, tant discutée de nos jours, entre poésie CLASSIQUE et poésie ROMANTIQUE[112] me paraît finalement reposer sur ceci que la première ne connaît d'autres motifs que ceux purement humains, réels et naturels, alors que la seconde recourt également à l'effet de motifs artificiels, conventionnels et imaginaires ; parmi ces derniers il faut compter les motifs qui proviennent du mythe chrétien, ensuite ceux du principe, exalté et invraisemblable, de l'honneur chevaleresque, également ceux du culte, insipide et ridicule, christiano-germanique, qu'on voue aux femmes, enfin ceux de la passion amoureuse, verbeuse, lunatique, hyperphysique. C[Or, même chez les meilleurs poètes du genre romantique, par exemple chez Calderón, on peut voir comment ces motifs conduisent à une déformation grotesque des rapports humains et de la nature humaine. Sans même parler des *autós*, je ne me réfère qu'à des pièces comme *No siempre lo peor es cierto* et *El postrer duelo de España*[113], et autres comédies *en capa y espada* [de cape et d'épée] : aux éléments évoqués plus haut s'ajoute ici bien souvent cette sophistication scolastique dans la conversation, qui faisait alors partie de la culture intellectuelle des classes supérieures. On mesure alors l'avantage évident de la poésie des Anciens, laquelle reste toujours fidèle à la nature, avec pour résultat que la poésie classique possède une vérité et une justesse absolues, la romantique une vérité et une justesse seulement relatives, de manière analogue à ce qui a été établi pour l'architecture grecque et gothique.]C — D'autre part, il faut remarquer ici que tous les poèmes dramatiques ou narratifs qui situent la scène en Grèce antique ou à Rome ont cet inconvénient que notre connaissance de l'Antiquité, surtout pour ce qui concerne le détail de la vie, est insuffisante, fragmentaire, et n'est pas puisée dans l'intuition. Car c'est cela qui contraint le poète à éluder bon nombre de choses, et à recourir à des généralités, par où il glisse dans l'abstraction, son œuvre perdant ce caractère intuitif et individualisant tout à fait essentiel à la poésie. Voilà ce qui confère à de telles œuvres cette curieuse touche de vacuité et d'ennui. Dans ce genre, seules les pièces de Shakespeare y échappent, car il n'a pas hésité à représenter sous des noms grecs et romains des Anglais de son époque. —

À maints chefs-d'œuvre de la poésie LYRIQUE, notamment à certaines odes d'Horace (voyez par ex. la seconde du livre troisième) et à plusieurs chansons de Goethe (par ex. *Schäfers Klagelied*), on a pu reprocher qu'ils manquaient de cohésion et passaient du coq à l'âne[114]. Mais dans ces cas, la cohésion logique se trouve délibérément négligée, pour être remplacée par l'unité des sentiments fondamentaux et de l'état affectif qui s'y exprime, unité qui ressort d'autant plus qu'elle traverse comme un fil toutes les perles particulières et transmet l'alternance rapide des objets de la contemplation comme en musique l'accord de septième qui fait passer d'un mode à un autre, et par lequel le son fondamental qui continue d'y résonner devient la dominante du nouveau mode. La caractéristique décrite ici trouve son expression la plus évidente, allant jusqu'à l'exagération, dans la chanson de Pétrarque qui commence ainsi : *Mai non vo' più cantar, com' io soleva* [Jamais ne chanterai comme j'en avais coutume[115]]. —

Si l'élément subjectif prédomine en poésie lyrique, c'est, au contraire, l'élément objectif seul qui, tout à fait exclusivement, prévaut dans le drame. Entre les deux, la poésie épique, sous toutes ses formes et variations, de la romance narrative jusqu'à l'épopée au sens strict, occupe un large milieu. Car bien qu'elle soit, pour le principal, objective, elle n'en contient pas moins un élément subjectif qui ressort tantôt plus, tantôt moins et s'exprime par le son, par la forme de la récitation, ainsi que par les réflexions entre-mêlées. Ainsi, nous ne perdons pas tout à fait de vue le poète comme dans le drame.

C[Le but général du drame est de nous montrer par l'exemple ce que sont l'essence et l'existence de l'homme. Dans cette mesure, on peut nous soumettre leur côté triste ou joyeux, tout comme les transitions entre les deux. Mais déjà l'expression «l'essence et l'existence de l'homme» contient en germe une controverse: le principal, est-ce l'essence, c'est-à-dire les caractères, ou est-ce l'existence, c'est-à-dire le destin, l'événement, l'action? Tous deux sont d'ailleurs si intimement reliés qu'on peut les séparer dans leur concept, mais non dans leur représen-tation. Car ce sont les circonstances, les destins, les événements seuls qui portent les caractères à l'ex-pression de leur essence, et c'est des caractères seuls que naît l'action dont procèdent les événements. Il est vrai que dans la représentation, l'un ou l'autre aspect pourra être davantage mis en évidence, en fonction de quoi le jeu des caractères ou l'intrigue formeront les deux extrêmes.]C

Pour atteindre le plus parfaitement le but commun C[au drame et à l'épopée[116]]C, consistant à repré-senter par des caractères remarquables pris dans des situations remarquables les actions extraordi-naires qui en découlent, le poète doit d'abord nous présenter les caractères dans un état statique où seule leur coloration la plus générale est visible, pour ensuite faire intervenir un motif qui introduira une action de laquelle procédera un motif nouveau et plus puissant, lequel motif, derechef, suscitera une action encore plus remarquable, laquelle, à son tour, donnera naissance à des motifs encore plus nouveaux et toujours plus puissants, par où, dans un délai approprié à la forme, le calme initial cédera à une excitation passionnelle sous l'empire de laquelle se dérouleront désormais les actions remarquables à même de révéler dans une pleine lumière, et le cours du monde, et les qualités qui auparavant sommeillaient dans les caractères. —

Les grands poètes se transforment entièrement en chacun des personnages à représenter C[et parlent à travers eux, comme les ventriloques ; tantôt à travers le héros, tantôt à travers la jeune fille innocente, avec la même vérité et avec le même naturel,]C à l'instar de Shakespeare et de Goethe. Les poètes de deuxième rang transforment le personnage principal en eux-mêmes, à l'instar de Byron, alors que les personnages secondaires demeurent souvent sans vie, tout comme le personnage principal dans les œuvres des médiocres. —

Le plaisir que suscite en nous la TRAGÉDIE ne relève pas du sentiment du beau, mais de celui du sublime[117] ; c'en est même le degré le plus élevé. Car, de même qu'à la vue du sublime dans la nature, nous nous détournons de l'intérêt de la volonté pour adopter une attitude purement intuitive, de même, face à la catastrophe tragique, nous nous détournons de la volonté de vivre elle-même. En effet, la tragédie nous présente le côté effrayant de la vie, la misère de l'humanité, l'empire du hasard et de l'erreur, la chute du juste, le triomphe du mal, autrement dit, c'est précisément la nature du monde tout à fait contraire à notre volonté qu'on nous met sous les yeux. À cette vue, nous sentons que nous sommes exhortés à détourner notre volonté de la vie, à ne plus la vouloir, à ne plus l'aimer. Or, par ce biais précisément, nous comprenons qu'alors quelque chose d'autre en nous subsiste, dont nous ne pouvons absolument pas avoir de connaissance positive, mais seulement négative, en tant qu'il s'agit de ce que la vie NE VEUT PAS. C[Comme l'accord de septième réclame l'accord fondamental, comme la couleur rouge exige et produit même dans l'œil la verte, ainsi toute tragédie exige une existence d'un tout autre genre, un autre monde, dont la connaissance ne nous sera toujours donnée qu'indirectement, à l'exemple de cet appel.]C À l'instant de la catastrophe tragique, nous accédons à la conviction, plus profonde que jamais, que la vie est un rêve pénible dont il faut se réveiller. Ainsi, l'effet de la tragédie est analogue à celui du sublime dynamique[118], car, comme celui-ci, elle nous élève par-delà notre volonté et son intérêt, provoquant un revirement de notre état affectif au point que nous trouvons plaisir à la vue de ce qui la contrarie tout à fait. Ce qui confère à tout tragique, quelle que soit la forme sous laquelle il se présente, l'élan spécifique de l'élévation, c'est l'éclosion de la connaissance que le monde, la vie ne sauraient procurer de satisfaction véritable, et donc ne méritent pas qu'on s'y attache. C'est en cela que consiste l'esprit tragique : il conduit, dès lors, à la résignation.

Je concède que dans la tragédie des Anciens il est rare que cet esprit de résignation se manifeste et s'exprime directement. Certes, Œdipe à Colone meurt résigné, et de son gré, mais il trouve consolation dans la vengeance envers sa patrie. Iphigénie à Aulis est tout à fait disposée à mourir, mais c'est l'idée du bien de la Grèce qui la console et suscite le revirement de sa conviction intime en vertu de laquelle elle accepte maintenant volontiers la mort qu'auparavant elle voulait fuir par tous les moyens. Cassandre, dans l'*Agamemnon* du grand Eschyle, meurt de son gré (ἀϱϰείτω βίος [assez de la vie]) (v. 1306); mais elle trouve elle aussi consolation dans l'idée de vengeance. Hercule, dans les *Trachiniennes*, cède à la nécessité ; il meurt serein, mais non pas résigné[119]. De même l'Hippolyte d'Euripide[120], où on remarquera qu'Artémis qui apparaît pour le consoler lui promet temple et gloire posthume, mais ne réfère nullement à une existence allant au-delà de la vie, pour l'abandonner à sa mort, comme tous les autres dieux qui se détournent du mourant, alors que dans le christianisme ils s'approchent de lui, tout comme dans le brahmanisme et le bouddhisme, bien que pour ce dernier les dieux soient à proprement parler une idée étrangère. Chez Hippolyte, donc, on voit, comme chez la plupart des héros antiques, qu'il se soumet au destin inéluctable et à la volonté inflexible des dieux, mais non qu'il abandonne la volonté de vivre elle-même. De même que l'équanimité stoïcienne se distingue[121] foncièrement de la résignation chrétienne par ceci qu'elle n'enseigne que la manière de supporter avec sérénité le malheur nécessaire et irrévocable, et de l'attendre avec calme, alors que le christianisme enseigne comment abandonner la volonté de vivre, comment y renoncer, de même les héros tragiques des Anciens font montre d'une soumission résolue aux coups inévitables du destin, contrairement à la tragédie chrétienne, laquelle montre l'abandon de la volonté de vivre tout entière, l'heureuse sortie du monde dans la pleine conscience de son inanité et de sa vanité. — Or je partage tout à fait cet avis que la tragédie des Modernes est supérieure à celle des Anciens. Shakespeare est bien plus grand que Sophocle ; face à l'Iphigénie de Goethe, celle d'Euripide paraît presque grossière et vulgaire. Les *Bacchantes* d'Euripide sont un ouvrage ignoble et révoltant en faveur de la prêtraille païenne. Certaines pièces antiques n'ont aucune tendance tragique, tels l'*Alceste* et l'*Iphigénie en Tauride* d'Euripide ; d'autres suivent des motifs repoussants, voire dégoûtants, tels *Antigone* et *Philoctète*[122]. Presque toutes nous montrent l'espèce humaine sous l'empire terrible du hasard et de l'erreur, mais elles ne montrent pas la résignation qui en procède et permet de s'en délivrer. La raison en est que les Anciens n'avaient pas encore atteint le sommet de la tragédie ni réalisé son but; encore moins avaient-ils atteint une conception authentique de la vie. Si donc les Anciens représentent peu l'esprit de résignation, le fait que la volonté se détourne de la vie, dans leurs héros tragiques eux-mêmes, dans la conviction intime de ceux-ci, la tendance et l'effet spécifiques de la tragédie ne consistent pas moins à réveiller cet esprit chez le spectateur et à susciter cette conviction, quand bien même elle n'est que temporaire. Les horreurs sur scène lui mettent sous les yeux l'amertume et l'inanité de la vie, c'est-à-dire la vanité de tous ses efforts : l'effet produit par cette impression doit lui faire prendre conscience, fût-ce obscurément, qu'il serait mieux de détacher ses sentiments de cette vie, d'en détourner sa volonté, de n'aimer ni le monde ni la vie ; par où, dans les profondeurs de son âme, se trouve ainsi stimulée la conscience qu'à un vouloir d'un autre genre doit également correspondre un autre genre d'existence. — Car s'il n'en était pas ainsi, si la tendance de la tragédie ne consistait pas à s'élever au-delà de toutes les finalités et de tous les biens de la vie, à se détourner de la vie et de ses tentations, acte abritant déjà celui de se tourner vers une existence d'un autre genre bien que totalement insaisissable pour nous, comment se pourrait-il que la représentation du côté effrayant de la vie, mis sous nos yeux dans la lumière la plus crue, exerce sur nous un effet bienfaisant et nous procure une jouissance suprême ? Par elles-mêmes, la crainte et la pitié, dans l'excitation desquelles Aristote voit l'ultime finalité de la tragédie, ne relèvent pas vraiment des sensations agréables ; elles ne peuvent donc être une fin, mais seulement un moyen[123]. — La vraie tendance de la tragédie est ainsi l'exhortation à détourner la volonté de la vie, finalité ultime de la représentation intentionnelle des souffrances de l'humanité ; il en est également ainsi dans les cas où cette élévation résignée de l'esprit n'est pas indiquée par le héros lui-même, mais simplement suggérée chez le spectateur par la vue de grandes souffrances non méritées, et même méritées. — À l'instar des Anciens, certains Modernes se contentent de mettre les spectateurs dans l'état affectif décrit plus haut par la représentation objective du malheur humain à grande échelle, alors que d'autres représentent par le héros lui-même ce revirement de la conviction provoqué par la souffrance ; les premiers ne donnent pour ainsi dire que les prémisses et laissent la conclusion au spectateur, alors que les seconds donnent de surcroît la conclusion, ou la morale de la fable, dans le revirement de la conviction intime du héros, mais aussi dans la considération mise dans la bouche du chœur, ainsi que le fait par exemple Schiller dans *La Fiancée de Messine* : « La vie n'est pas le plus haut de tous les biens[124]. » Qu'il me soit permis de mentionner ici que l'effet authentiquement tragique de la catastrophe, c'est-à-dire la résignation et l'élévation de l'esprit des héros qu'il provoque, ne se présente rarement aussi purement motivé et aussi clairement exprimé que dans l'opéra *Norma*, où il apparaît dans le duo *Qual cor tradisti, qual cor perdesti* [Quel cœur tu as trahi, quel cœur tu as perdu], dans lequel la conversion de la volonté est signifiée avec évidence par le silence de la musique qui soudain se produit[125]. Du reste, même si l'on fait abstraction de son excellente musique, comme de la diction qui ne peut être que celle d'un livret d'opéra, cette pièce, considérée du seul point de vue de ses motifs et de son économie interne, est une tragédie de la plus grande perfection, un vrai modèle de la disposition tragique des motifs, de la progression tragique de l'action et du développement tragique, tout avec l'effet de dépassement du monde que ceux-ci produisent, effet qui, affectant la conviction des héros, ne manque de se transmettre ensuite au spectateur ; plus même, l'effet ici atteint est d'autant moins captieux, et d'autant plus représentatif de l'essence véritable de la tragédie, que nul chrétien ni conviction chrétienne n'y apparaissent. —

La négligence de l'unité du temps et du lieu qu'on reproche si souvent aux Modernes n'est un défaut que si elle va jusqu'à supprimer l'unité de l'action pour ne laisser subsister que l'unité du personnage principal, comme par exemple dans *Henri VIII* de Shakespeare[126]. C[Mais l'unité de l'action ne doit pas aller non plus jusqu'à toujours parler du même sujet, comme dans les tragédies françaises, qui respectent généralement cette unité avec tant de rigueur que le déroulement dramatique ressemble à une ligne géométrique sans largeur ; on n'a cesse d'y proclamer : « Avancez donc ! *Pensez à votre affaire !* » [en français dans le texte], et on expédie et dépêche l'affaire avec froideur, sans s'arrêter à quelque aberration qui en détournerait, sans regarder ni à droite ni à gauche. La tragédie shakespearienne, en revanche, est pareille à une ligne qui possède aussi quelque largeur ; elle prend son temps, *exspatiatur* [elle digresse] ; on y trouve des répliques, voire des scènes entières, qui n'apportent rien à l'action, ou même ne la concernent pas vraiment, mais par lesquelles nous apprenons à mieux connaître les acteurs, ou leur milieu, ce qui nous permet également de comprendre plus en profondeur l'action. Celle-ci reste certes le principal, mais pas exclusivement au point de nous faire oublier qu'en dernière instance le but est de représenter la nature et l'existence de l'homme en général.]C —

Le poète dramatique, ou épique, doit savoir qu'il incarne le destin dont il doit, par conséquent, revêtir le caractère impitoyable, de même qu'en tant que miroir de l'espèce humaine[127], il doit faire entrer en scène un grand nombre de personnages mauvais, voire infâmes, tout comme bon nombre de sots, de têtes excentriques et de fous, mais, de temps à autre, un homme qui serait raisonnable, quelque autre avisé, un autre honnête, un autre encore bon, et, à titre exceptionnel, un homme magnanime. À mon opinion, dans tout Homère, aucun personnage magnanime à proprement parler n'est représenté, mais certains peuvent être bons et honnêtes ; dans tout Shakespeare, on trouvera tout au plus quelques personnages nobles, mais aucun qui serait éminemment noble, par exemple, au mieux, une Cordélia[128], un Coriolan, alors que l'espèce décrite plus haut y est pléthore. Les pièces d'Iffland[129] et de Kotzebue[130], par contre, comptent bon nombre de personnages magnanimes, alors que Goldoni s'en est tenu aux recommandations exposées précédemment, par où il montre sa supériorité. C[En revanche, la *Minna von Barnhelm* de Lessing ploie fortement sous une magnanimité excessive et universelle ; mais] on ne trouvera guère autant de magnanimité que n'en possède le seul Marquis Posa dans toutes les œuvres complètes de Goethe. Il y a cependant une petite pièce allemande, *Pflicht um Pflicht* [Le devoir pour le devoir[131]] (un titre qui paraît tiré de la *Critique de la raison pratique*), qui n'a que trois personnages, mais tous trois d'une magnanimité exubérante. —

Pour leurs héros tragiques, les Grecs ont toujours choisi des personnages royaux ; la plupart des Modernes également. Non pas certes parce que le rang du personnage qui agit ou pâtit donnerait plus de dignité, car, comme il ne s'agit que de mettre en jeu des passions humaines, la valeur relative des objets qui servent à ce but est indifférente, une ferme faisant aussi bien l'affaire qu'un royaume. Aussi, la tragédie bourgeoise n'est pas du tout à rejeter absolument. Or, si les personnages dotés d'un grand pouvoir, d'une grande renommée se prêtent le mieux aux tragédies, c'est que le malheur à travers lequel nous sommes censés reconnaître le destin de la vie humaine doit être suffisamment grand pour paraître effrayant au spectateur, quel qu'il soit[132]. Cependant, les circonstances qui précipitent une famille bourgeoise dans la détresse et dans le désespoir paraissent souvent assez minimes aux yeux des grands et riches, et susceptibles d'être écartées par l'aide des hommes, voire par un détail ; de tels spectateurs ne peuvent donc être tragiquement ébranlés par ces circonstances-là. En revanche, les cas de malheur des grands et puissants sont absolument effrayants, et inaccessibles à tout secours extérieur, car les rois ne peuvent s'en sortir que par leur propre puissance, ou disparaître. À cela s'ajoute le fait que la chute est plus dure depuis une certaine hauteur. C[Ce qui manque donc aux personnages bourgeois, c'est la hauteur de chute.]C

Si la tendance et l'intention ultime de la TRAGÉDIE, ainsi que nous l'avons vu, consistent à se tourner vers la résignation, vers la négation de la volonté de vivre, il nous sera aisé de reconnaître dans son opposé, la COMÉDIE, l'exhortation à poursuivre l'affirmation de la volonté. Comme c'est inévitablement le cas de toute représentation de la vie humaine, la

comédie doit, elle aussi, mettre sous nos yeux souffrances et contrariétés, mais elle nous les montre
comme éphémères, dissoutes dans la joie, et, généralement, mêlées de succès, de conquête et d'espoir,
lesquels finissent toujours par l'emporter ; elle révèle
par là la matière inépuisable du rire dont regorge la
vie, voire ses contrariétés même, et qui est censé
nous faire garder notre bonne humeur en toutes
circonstances. En somme, la comédie veut signifier
que la vie, dans l'ensemble, est plutôt bonne, et, dans
le particulier, toujours amusante. Il est vrai qu'elle
doit se dépêcher de faire tomber le rideau dans un
moment joyeux, pour que nous ne puissions voir ce
qui vient à la suite, alors que la tragédie, en règle
générale, se termine de manière que rien ne puisse
s'ensuivre. En outre, si nous considérons cet aspect
burlesque de la vie avec quelque sérieux, tel qu'il se
manifeste dans les expressions et les gestes naïfs que
l'embarras minuscule, la crainte égoïste, la colère
momentanée, l'envie secrète et les nombreux autres
affects similaires impriment aux figures de la réalité
qui se reflète ici, figures considérablement éloignées
du type de la beauté, alors même sous cet aspect, le
spectateur réfléchi, par cette voie inattendue, peut
se convaincre que l'existence et l'action de tels êtres
ne sauraient constituer une fin par eux-mêmes,
qu'au contraire ils n'ont pu arriver à l'existence que
par une fausse route, et que ce qui se présente ainsi
est une chose dont il vaudrait mieux qu'elle ne soit
pas.

CHAPITRE 38*

SUR L'HISTOIRE

Dans le passage du tome I indiqué plus bas, j'ai amplement montré les raisons pour lesquelles la poésie contribuait bien plus que l'histoire à la connaissance de l'essence de l'humanité, et qu'on pouvait, dès lors, tirer plus de leçons véritables de la première que de la seconde. C'est également ce qu'avait compris Aristote, car il affirme : καὶ φιλοσοφώτερον καὶ σπουδαιότερον ποίησις ἱστορίας ἐστίν C[(*et res magis philosophica, et melior poesis est, quam historia*) [aussi la poésie est-elle plus philosophique et d'un caractère plus élevé que l'histoire[133]] (*De poet., c. 9*)]**[134].]C Cependant, pour éviter tout malentendu sur la valeur de l'histoire, je voudrais exposer mes pensées à son sujet.

Dans tout genre et dans toute espèce de choses, les faits sont innombrables, les êtres singuliers en nombre infini, la multiplicité de leurs différences inépuisable. Un simple coup d'œil sur cette situation donne le vertige à l'esprit assoiffé de savoir : si vastes que puissent être ses recherches, il se voit condamné à l'ignorance. — Or voici qu'entre en scène la SCIENCE : elle trie le nombreux innombrable, l'ordonne sous des concepts génériques qu'elle classe alors sous des concepts spécifiques, par où elle ouvre

---

* Ce chapitre se rapporte au § 51 du tome I.

** Je remarque en passant que par cette opposition entre ποίησις [poïèse] et ἱστορία [histoire], l'origine et, par là, le sens authentique du premier terme se manifeste avec une singulière évidence : il signifie, en effet, ce qui est fait, conçu, contrairement à ce qui résulte d'une enquête.

la carrière à une connaissance de l'universel et du particulier, connaissance qui comprend également le singulier innombrable, car elle vaut pour tout sans qu'il soit nécessaire de considérer chaque chose pour elle-même. Par ce biais, elle promet apaisement et repos à l'esprit qui cherche. Les sciences se placent alors les unes à côté des autres, surplombant le monde réel des choses singulières qu'elles ont distribuées entre elles. Mais au-dessus d'elles plane la philosophie, le savoir le plus universel et, donc, le plus important, qui promet de fournir les solutions auxquelles les autres ne font que préparer. — Seule l'HISTOIRE ne saurait entrer dans cette série, puisqu'elle ne peut se targuer du même avantage que les autres ; il lui manque, en effet, le caractère fondamental de la science, la subordination de ce qui fait l'objet du savoir, car elle n'en produit que la simple coordination. C'est pourquoi il n'y a pas de système de l'histoire comme il y en a un de chaque autre science. De ce fait, elle est bien un savoir, mais non une science. Car elle ne connaît jamais le singulier par l'universel et doit le saisir directement, contrainte, en quelque sorte, de ramper sur le sol de l'expérience pour avancer, alors que les sciences réelles le surplombent, car elles ont forgé des concepts compréhensifs par lesquels elles maîtrisent le singulier et, du moins jusqu'à une certaine limite, anticipent les choses de leur domaine en leur possibilité, en sorte qu'elles n'ont pas à s'inquiéter de ce qui, éventuellement, viendrait encore s'y ajouter. Cm[Les sciences, comme systèmes de concepts, parlent toujours d'espèces, l'histoire, d'individus[135]. Elle serait, dès lors, une science des individus, ce qui est contradictoire. Il suit également du premier point que toutes les sciences parlent de ce qui est toujours, alors que l'histoire, au contraire, parle de ce qui est

une seule fois puis n'est plus. Comme l'histoire, par
ailleurs,]Cm traite de l'absolument singulier et individuel, qui est par nature inépuisable, son savoir n'est
toujours qu'un demi-savoir imparfait. De surcroît,
chaque jour nouveau, en sa quotidienneté, lui
apprend ce qu'elle ne savait pas encore. — Objecter
à cela que l'histoire aussi aurait recours à la subordination du particulier sous l'universel, puisque les
époques, les régimes et les autres changements de
gouvernement et d'État, bref, tout ce qui figure sur
les tableaux d'histoire, serait l'universel auquel se
subordonnent les cas spécifiques, c'est prendre appui
sur une conception fausse de l'universel. Car cet
universel de l'histoire n'est que SUBJECTIF, c'est-à-
dire quelque chose dont l'universalité ne procède que
de l'insuffisance de la CONNAISSANCE individuelle
des choses, et n'est nullement OBJECTIF, c'est-à-dire
n'est pas un concept qui, en les pensant réellement,
comprend les choses. Même le plus universel en
histoire n'est finalement, pris en lui-même, que chose
singulière et individuelle, à savoir une époque longue,
ou un événement capital; à cet universel, le particulier se rapporte donc comme la partie au tout, mais
non comme le cas à la règle, comme cela se passe
dans toutes les sciences authentiques, qui livrent des
concepts et non de simples faits. C'est pourquoi, dans
les sciences, on peut, par la connaissance exacte de
l'universel, déterminer avec certitude le particulier
qui se présente. Si, par exemple, je connais les
propriétés générales du triangle, je peux également
indiquer les attributs nécessaires d'un triangle qu'on
me soumet; et ce qui vaut pour tous les mammifères, par exemple qu'ils possèdent deux ventricules
du cœur, sept vertèbres cervicales droites, un pou-
mon, un diaphragme, une vessie urinaire, cinq sens,
etc., je peux également l'affirmer de la chauve-souris

inconnue qu'on vient d'attraper, avant sa vivisection. Mais il n'en va pas ainsi en histoire, où l'universel n'est pas celui, objectif, des concepts, mais celui, seulement subjectif, de ma connaissance, laquelle ne saurait être appelée universelle que pour autant qu'elle est superficielle ; c'est pourquoi je peux certes savoir, en général, que la guerre de Trente Ans fut une guerre des Religions menée au XVIIᵉ siècle, mais ce savoir général ne me rend pas apte à donner des précisions sur son déroulement. — La même opposition s'avère en ceci que dans les sciences réelles le particulier et le singulier sont le plus certain, car reposant sur la perception directe, alors que les vérités universelles en sont seulement l'abstraction, raison pour laquelle l'erreur y est plus probable. Mais en histoire, c'est à l'inverse l'universel qui est le plus certain, par exemple les époques, la succession des rois, les révolutions, les guerres et les traités de paix ; par contre, le particulier des événements et de leur contexte est plus incertain, et le devient encore plus à mesure qu'on va dans le détail. De ce fait, il est vrai que l'histoire est d'autant plus intéressante qu'elle est spécifique, mais elle est également d'autant moins fiable et se rapproche dès lors, à tous égards, du roman. — Par ailleurs, on saura le mieux de quoi il retourne exactement avec le pragmatisme tant vanté de l'histoire si on se rappelle que parfois, on ne comprend les événements de sa propre vie, selon leur vrai contexte, que vingt ans après, alors qu'on en avait à disposition toutes les données au complet, tant est difficile la combinaison des effets découlant des motifs, compte tenu de l'intervention constante du hasard et la dissimulation des intentions. — Dans la mesure donc où l'histoire n'a pour objet véritable que le singulier, le fait individuel, les considérant seuls comme le réel, elle est le strict contraire et l'adversaire de la philosophie, laquelle contemple les choses à partir du point de vue le plus universel et prend explicitement pour objet l'universel qui demeure identique dans tout le singulier ; dans celui-ci, elle ne voit donc toujours que celui-là, et considère comme inessentiel le changement qui affecte le phénomène du premier : φιλοκαθόλου γὰρ ὁ φιλόσοφος Cm[(*generalium amator philosophus*) [le philosophe est ami du général[136]]]Cm. Tandis que l'histoire nous enseigne qu'à toute époque les choses étaient différentes, la philosophie s'efforce de nous faire accéder à la vue qu'à toute époque les choses furent, sont, seront identiques. En vérité, l'essence de la vie humaine, comme de la nature, existe partout intégralement, dans tout présent, et ne requiert que d'une appréhension profonde pour être exhaustivement connue. Or l'histoire espère remplacer la profondeur par la longueur et la largeur : tout présent ne lui est qu'un fragment qui doit être complété par le passé à la longueur infinie duquel se rattache un avenir également infini. Voilà sur quoi repose l'opposition entre les têtes philosophiques et les têtes historiques : les premières veulent sonder les raisons, les secondes veulent énumérer jusqu'au bout. Dans chaque aspect, l'histoire ne montre que l'identique, sous diverses formes ; or celui qui ne saura le reconnaître ni sous une forme, ni sous un petit nombre de formes, n'atteindra pas davantage à la connaissance de l'identique en les parcourant toutes. Les chapitres de l'histoire des peuples ne diffèrent, au fond, que par les noms et les dates : le contenu authentique et essentiel est partout le même.

Pour autant, donc, que la matière de l'art est l'ɪᴅᴇ́ᴇ, celle de la science le ᴄᴏɴᴄᴇᴘᴛ, tous deux s'occupent de ce qui existe éternellement et toujours de la même manière et non maintenant puis pas maintenant,

maintenant de cette manière-ci puis maintenant de cette manière-là ; c'est la raison pour laquelle tous deux s'occupent de ce que Platon établit comme l'objet exclusif du savoir réel. La matière de l'histoire, au contraire, c'est le singulier dans sa singularité et dans son accidentalité, c'est ce qui existe une seule fois puis plus jamais, c'est l'entrelacs transitoire d'un monde humain semblable à des nuages mus par le vent et qu'un minuscule hasard suffit à transformer complètement. De ce point de vue, la matière de l'histoire ne nous semble plus guère un objet digne d'une considération sérieuse, coûteuse en efforts, de l'esprit humain, lequel, justement parce qu'il est si éphémère, devrait choisir l'éternel comme objet de sa contemplation.

L'aspiration enfin, qui a fait son apparition partout par le biais, principalement, de la pseudo-philosophie hégélienne abêtissante et abrutissante pour l'esprit, et qui consiste à saisir l'histoire du monde comme une totalité planifiée, ou, comme ils s'expriment, de la « construire organiquement »[137], cette aspiration, dis-je, ne s'appuie, à la vérité, que sur un grossier et plat RÉALISME qui tient le PHÉNOMÈNE pour l'ES-SENCE EN SOI du monde tout en estimant que ce sont les figures et les processus dudit phénomène qui importent ; à cela s'ajoute qu'elle se soutient secrètement de certaines vues mythologiques fondamentales qu'elle présuppose sans mot dire ; autrement, on pourrait vraiment se demander pour quel spectateur on donne, en fin de compte, une telle comédie. — Car, puisque c'est à l'individu seul et non à l'espèce humaine que revient une unité réelle et immédiate de la conscience, l'unité du cours de sa vie est une simple fiction. De plus, de même que dans la nature les espèces seules sont réelles et les *genera* de simples abstractions, de même dans l'espèce humaine les individus et le cours de leur vie sont seuls réels, les peuples et leur vie de simples abstractions[138]. Enfin, les histoires construites, guidées par un plat optimisme, conduisent toujours à un État confortable, substantiel, opulent, avec une constitution bien réglée, une bonne justice et police, une bonne technique et industrie, et tout au plus à un perfectionnement intellectuel, car c'est le seul envisageable, puisque l'élément moral demeure, pour l'essentiel, inchangé. Or c'est le moral qui importe principalement, selon le témoignage de notre conscience la plus intime, laquelle réside seulement dans l'individu, en tant qu'orientation de sa volonté. En vérité, seul le cours de la vie de chaque individu possède une unité, une cohésion et une signifiance véritables ; il faut y voir une leçon, dont le sens est moral. Seuls les processus INTERNES, pour autant qu'ils concernent la VOLONTÉ, ont une réalité véritable, sont des événements réels, parce que la volonté seule est la chose en soi. Chaque microcosme abrite le macrocosme tout entier, celui-ci ne contenant pas plus que celui-là. La diversité est phénomène et les processus externes sont simples configurations du monde phénoménal, n'ont donc ni réalité ni signification directes, mais seulement indirectes, par leur rapport à la volonté de l'individu. Le désir de vouloir les interpréter et expliciter directement est ainsi semblable à celui de voir dans les formations des nuages des groupes d'hommes et d'animaux. — En effet, l'histoire ne raconte pas autre chose que le rêve long, lourd et confus de l'humanité.

Cm[Il faut renvoyer les hégéliens, qui vont même jusqu'à considérer la philosophie de l'histoire comme le but principal de toute philosophie, à Platon, lequel répète sans cesse que l'objet de la philosophie est ce qui est immuable et subsiste éternellement, et non ce qui est tantôt ainsi, tantôt autrement. Tous ceux qui proposent de telles constructions du cours du monde ou, comme ils l'appellent, de l'histoire, n'ont pas compris la vérité principale de toute philosophie, à savoir qu'à toute époque existe la même chose, que tout devenir et tout engendrement ne sont qu'apparents, que les Idées seules subsistent, que le temps est idéal. C'est ce que veut dire Platon, c'est ce que veut dire Kant. Dès lors, il faut chercher à comprendre ce qui EST présent, ce qui EST réellement, aujourd'hui et toujours, à savoir les IDÉES (au sens de Platon). Les sots, en revanche, sont d'avis qu'il faut d'abord que quelque chose devienne et vienne. C'est pourquoi ils donnent à l'histoire une place dominante dans leur philosophie et construisent celle-ci comme un plan universel prédéterminé conformément auquel tout est orienté pour le mieux, lequel état, qui doit *finaliter* [finalement] se produire, promettant d'être d'une parfaite magnificence. Ainsi, ils tiennent le monde pour totalement réel et en transfèrent le but dans le misérable bonheur terrestre, lequel, quand même il serait intensément cultivé par l'homme et favorisé par le destin, n'est, en fin de compte, qu'une chose creuse, trompeuse, fragile et triste, que ni constitutions, ni législations, ni machines à vapeur ni télégraphes ne parviendront jamais à améliorer substantiellement. Ainsi, ces philosophes et glorificateurs de l'histoire sont des réalistes niais, partant des optimistes et des eudémonistes, autant dire des compagnons insipides et des philistins endurcis, et, de surcroît, de mauvais chrétiens, car l'esprit authentique, le noyau véritable du christianisme, aussi bien que du brahmanisme et du bouddhisme, consiste à connaître la vanité du bonheur terrestre et à le mépriser totalement pour se tourner vers une existence d'un genre tout autre, voire opposé ; voilà, dis-je, l'esprit et le but du christianisme, le fin mot de l'affaire[139] ; mais ce n'est pas, comme ils le croient, le monothéisme ; c'est pourquoi le bouddhisme athée est bien plus proche du christianisme que le judaïsme optimiste et sa forme dérivée, l'islam.

Une réelle philosophie de l'histoire ne doit donc pas considérer, comme le font tous ces autres, ce qui, pour parler la langue de Platon, DEVIENT toujours et n'EST jamais, et le tenir pour l'essence véritable des choses, mais elle doit garder à l'œil ce qui est toujours et ne devient ni ne passe jamais. Elle ne consiste donc pas à élever les buts temporels des hommes à des buts éternels et absolus, pour ensuite, de manière artificielle et imaginaire, construire leur progrès avec toutes les implications, mais à comprendre que l'histoire n'est pas seulement mensongère dans son accomplissement, mais dans son essence, en prétendant raconter toujours autre chose lorsqu'elle parle des nombreux individus et des processus singuliers, alors que du début à la fin, elle ne fait que répéter la même chose, sous un autre nom et sous un autre habit. La vraie philosophie de l'histoire consiste, en effet, à comprendre que malgré tous ces changements incessants et leur chaos, on n'a toujours devant soi que la même et identique essence inaltérable qui se déploie de la même façon aujourd'hui qu'hier et qu'en toute éternité ; bref, elle doit connaître l'identique dans tous les processus, ceux des temps anciens comme des temps modernes, de l'Orient comme de l'Occident, et voir partout, malgré toute la différence des circonstances spécifiques, des modes et des mœurs, la même humanité. Cet identique réside dans les propriétés fondamentales du cœur et de la tête de l'homme, dont beaucoup sont mauvaises, quelques rares bonnes. La devise générale de l'histoire devrait être celle-ci : *eadem, sed aliter* [la même chose, mais autrement][140]. Si on a lu Hérodote, on a déjà assez étudié l'histoire à des fins philosophiques. Car on y trouve tout ce qui constituera l'histoire universelle postérieure : les faits et les gestes, la souffrance et le destin de l'espèce humaine telle qu'elle procède des propriétés mentionnées et du sort terrestre et physique.]Cm

Ce qui précède nous a fait accéder à la connaissance que l'histoire, comme moyen de connaître l'essence de l'humanité, est devancée par l'art poétique ; ensuite, qu'elle n'est pas une science à proprement parler ; enfin, que l'intention de la construire comme un tout avec un début, un milieu et une fin, et doté d'une cohésion significative, est une intention vaine, reposant sur une mauvaise compréhension des choses. Dès lors, il pourrait sembler que nous lui refusions toute valeur, à moins de montrer en quoi celle-ci consiste. Or, après avoir été vaincue par l'art et refusée par la science, il lui reste réellement un domaine tout à fait propre, différent de ces deux, où elle occupe une position éminemment honorable.

Ce que la raison est à l'individu, l'histoire l'est à l'espèce humaine. Car c'est en vertu de la raison que l'homme n'est pas borné, comme l'est l'animal, au présent étroit, intuitif, mais qu'il connaît également le passé beaucoup plus étendu auquel ce présent se rattache et duquel il procède ; c'est par là seulement qu'il acquiert une compréhension véritable du présent lui-même, et qu'il devient même apte à tirer des conclusions quant à l'avenir. Par contre l'animal, dont la connaissance dénuée de réflexion se limite à l'intuition et donc au présent, erre parmi les hommes, quand même il serait domestiqué, sous un mode ignorant, confus, naïf, désemparé et dépendant. — De façon analogue, un peuple qui ne connaît pas sa propre histoire est limité au présent de la génération actuellement vivante, raison pour laquelle il ne comprend pas ni lui-même, ni son présent propre, car il est incapable de rapporter celui-ci à un passé qui l'expliquerait ; encore moins est-il capable d'anticiper l'avenir. C'est par l'histoire seule qu'un peuple devient pleinement conscient de lui-même. Il faut donc considérer l'histoire comme la conscience rationnelle que l'espèce humaine a d'elle-même[141], et elle est à celui-ci ce qu'est à l'individu la conscience déterminée par la raison, réfléchie et cohérente, par la privation de laquelle l'animal demeure captif de l'étroit présent intuitif. Ainsi, chaque lacune dans l'histoire est comme une lacune dans la conscience qu'un homme a de lui-même par la remémoration ; et face à un monument pré-antique qui a survécu au savoir qui lui était associé, C[par exemple les pyramides, les temples et les palais du Yucatán,]C nous sommes aussi ignorants et stupides que l'animal face à l'action humaine dans laquelle il se trouve impliqué en tant qu'il est asservi, ou qu'un homme face à sa propre écriture chiffrée dont il a oublié la clé, ou encore un somnambule qui découvre le matin ce qu'il a fait pendant son sommeil. C'est donc dans ce sens qu'il faut considérer l'histoire comme la raison, ou la conscience réfléchie, de l'espèce humaine ; elle tient lieu de conscience de soi que toute l'espèce partage immédiatement, en sorte que ce n'est que par elle que cette espèce devient réellement un tout, l'humanité. Voilà la véritable valeur de l'histoire, C[et, par conséquent, l'intérêt universel et prédominant qu'on lui porte repose principalement sur le fait qu'elle relève d'une affaire personnelle de l'espèce humaine.]C — Or ce qu'est le langage à la raison des individus, à titre de condition indispensable de son usage, L'ÉCRITURE l'est à la raison, ici évoquée, de toute l'espèce, car ce n'est qu'avec elle

que commence son existence réelle, de même que
l'existence réelle de la raison individuelle ne commence qu'avec le langage. En effet, l'écriture sert à
restituer l'unité de la conscience de l'espèce humaine
sans cesse interrompue par la mort et, par conséquent, fragmentée, en sorte que la pensée qui s'est
fait jour chez l'ascendant est portée à son achèvement par le descendant ; elle remédie à la décomposition de l'espèce humaine et de sa conscience en
un nombre incalculable d'individus éphémères,
défiant ainsi le temps qui dans sa course irrésistible
va main dans la main avec l'oubli. Tout comme les
monuments écrits, les monuments DE PIERRE, qui
parfois sont plus anciens que ceux-là, sont à considérer comme une tentative pour parvenir à ce but.
Car qui voudra croire que ceux qui, dépensant sans
compter, ont sollicité les forces humaines de milliers
d'individus pendant de nombreuses années, pour
ériger pyramides, monolithes, tombeaux rocheux,
obélisques, temples et palais debout depuis des millénaires déjà, n'avaient à l'œil qu'eux-mêmes, la brève
durée de leur vie, laquelle était insuffisante pour voir
la fin de la construction, ou qu'ils avaient à l'esprit
le but ostensible que la foule inculte les forçait à
prétexter ? — De toute évidence, leur but réel était
de s'adresser aux descendants les plus lointains, de
se mettre en rapport avec eux, et, par là, de favoriser
l'unité de la conscience de l'humanité. Les édifices
des Hindous, des Égyptiens, même des Grecs et des
Romains, étaient calculés pour durer plusieurs millénaires, car leur horizon, en vertu de leur culture
supérieure, était plus vaste, alors que les bâtiments
médiévaux ou modernes ont envisagé tout au plus
quelques siècles, ce qui était également dû au fait
qu'on s'appuyait davantage sur l'écriture, après que
l'usage de celle-ci se fut généralisé, et plus encore

après qu'elle eut donné naissance à l'imprimerie. Mais on décèle également dans les bâtiments modernes le désir de s'adresser à la postérité, raison pour laquelle il est scandaleux de les détruire ou de les défigurer pour les mettre au service de fins basses et utilitaires. Les monuments écrits auront moins à craindre les éléments, comme les monuments de pierre, que la barbarie : leur effet est plus grand. Les Égyptiens, en couvrant de hiéroglyphes les monuments de pierre, voulaient unir les deux genres ; ils ajoutèrent même des peintures, pour le cas où l'on ne comprendrait plus les hiéroglyphes.

CHAPITRE 39*

SUR LA MÉTAPHYSIQUE DE LA MUSIQUE

De ma description du sens véritable de cet art merveilleux, donnée dans le passage, cité plus bas, du tome I, et que le lecteur aura présent à l'esprit, il résultait qu'entre ses œuvres et le monde comme représentation, c'est-à-dire la nature, on trouve non pas une ressemblance, mais un net PARALLÉLISME, lequel fut ensuite démontré. J'ai encore à ajouter quelques déterminations plus précises, dignes d'attention, dudit parallélisme. — Les quatre voix de toute harmonie, c'est-à-dire la basse, le ténor, l'alto et le soprano, ou son fondamental, tierce, quinte et octave, correspondent aux quatre degrés dans la série des êtres, à savoir le règne minéral, végétal, animal et humain. On en trouve encore une confirmation

---

* Ce chapitre se rapporte au § 52 du tome I.

remarquable dans la règle fondamentale de la musique selon laquelle un intervalle bien plus important doit rester entre la basse et les trois voix supérieures qu'entre celles-ci, en sorte que la basse ne doit jamais s'en approcher plus que d'une octave tout au plus, restant généralement encore davantage en dessous, conformément à quoi la triade de sons correcte se situe dans la troisième octave à partir du son fondamental. Il suit de là que l'effet de l'harmonie LARGE, où la basse est éloignée, est bien plus puissant et beau que l'effet de l'harmonie serrée, où la basse est plus proche, et qu'on n'introduit que lorsque la portée des instruments est limitée. Or cette règle n'est aucunement arbitraire, car sa racine n'est autre que l'origine naturelle du système tonal, dans la mesure où les premiers degrés harmoniques consonants, grâce aux vibrations coexistantes <*Nebenschwingungen*>, sont l'octave et sa quinte[142]. Dans cette règle, nous reconnaissons ainsi l'analogue musical de la constitution fondamentale de la nature en vertu de laquelle il existe une proximité bien plus grande entre les êtres organiques qu'entre ceux-ci et la masse inanimée, inorganique du règne minéral, ces deux étant même séparés par la frontière la plus nette et par le gouffre le plus profond qui puissent exister dans toute la nature. — Que la voix haute, qui chante la mélodie, soit à la fois partie intégrante de l'harmonie et, par là, se trouve associée même à la basse fondamentale la plus grave, c'est ce qu'on peut considérer comme un analogue de ce que LA MÊME matière qui dans un organisme animal est le support de l'Idée de l'homme, doit également présenter et porter les Idées de la pesanteur et des propriétés chimiques, c'est-à-dire des degrés les plus bas de l'objectivation de la volonté.

Comme la musique ne présente pas, comme tous

les autres arts, les Idées ou les degrés de l'objectivation de la volonté, mais, de manière immédiate, la
VOLONTÉ ELLE-MÊME, on s'explique de ce fait qu'elle
exerce un effet immédiat sur la volonté, c'est-à-dire
sur les sentiments, les passions et les affects de l'auditeur, avec pour résultat de les intensifier rapidement, voire de les transformer.

Aussi certainement que la musique, fort éloignée
de n'être qu'un simple auxiliaire de la poésie, est un
art autonome, voire l'art le plus puissant de tous, et
qu'elle atteint donc ses fins tout à fait par ses propres
moyens, aussi certainement n'a-t-elle pas besoin des
mots du chant, ou de l'action d'un opéra. La musique
comme telle ne connaît que les sons, mais non les
causes qui les font naître. Pour elle, la *vox humana*
[voix humaine] n'est ainsi, à l'origine et par essence,
rien d'autre qu'un son modifié, comme celui d'un
instrument, précisément, et qui possède comme n'importe quel autre son les avantages et les inconvénients particuliers découlant de l'instrument qui le
produit. Or que dans ce cas cet instrument serve par
ailleurs, en tant qu'outil du langage, à communiquer
des concepts, est une circonstance contingente que
la musique peut, accessoirement, mettre à profit
pour établir une relation avec la poésie, mais elle ne
doit jamais en faire son thème principal et ne viser
simplement et exclusivement que l'expression des
vers qui sont le plus souvent, et même essentiellement, insipides (comme Diderot nous le fait comprendre dans *Le neveu de Rameau*[143]). Pour la poésie,
les mots sont et demeurent un supplément étranger,
d'une valeur subordonnée, puisque l'effet des sons
est beaucoup plus puissant, plus immanquable, plus
rapide que celui des mots, lesquels, s'ils se trouvent
incorporés à la musique, doivent n'occuper qu'une
place complètement subalterne et s'accommoder

tout à fait à celle-ci. Or ce rapport s'inverse relativement à la poésie donnée, c'est-à-dire au chant, ou au libretto, auquel on ajoute une musique. Car aussitôt, ceux-ci deviennent pour l'art musical l'occasion de manifester sa puissance et sa faculté supérieure ; il donne, sur la sensation exprimée dans les mots, ou sur l'action représentée dans l'opéra, les révélations les plus profondes, les plus ultimes, les plus secrètes, il énonce leur vraie et authentique nature, il nous apprend à connaître l'âme la plus intime des processus et des événements dont la scène ne procure que la simple écorce, le simple corps. Eu égard à cette prépondérance de la musique, et pour autant qu'elle est au texte et à l'action ce qu'est l'universel au singulier, la règle à l'exemple, il peut sembler bien plus approprié de créer le texte pour la musique, plutôt que de composer la musique pour le texte. Cependant, selon la méthode courante, les mots et les actions du texte reconduisent le compositeur aux affections de la volonté qui leur sont sous-jacentes, et suscitent en lui-même les sensations qu'il convient d'exprimer, agissant de ce fait comme un stimulant de son imagination musicale. — Que l'ajout de la poésie à la musique nous soit si plaisant, et qu'un chant aux paroles intelligibles nous réjouisse si profondément, repose sur ceci que nos modes de connaissance le plus immédiat et le plus médiat se trouvent alors stimulés en même temps, et en association. Car le mode le plus immédiat est celui en vue duquel la musique exprime les affections de la volonté elle-même, alors que le mode le plus médiat est celui des concepts désignés par des mots. Lorsque les sensations parlent, la raison n'aime pas être tout à fait désœuvrée. La musique parvient certes, par ses propres moyens, à exprimer tout mouvement de la volonté, toute sensation, mais par l'ajout des mots, nous obtenons en outre leurs objets, les motifs qui les occasionnent. — La musique d'un opéra, telle qu'elle est présentée par la partition, possède une existence autonome, complètement indépendante, séparée, pour ainsi dire abstraite[144]; la succession des faits et les personnages lui sont étrangers et elle suit ses règles propres et immuables, raison pour laquelle la musique atteint aussi bien son plein effet sans le texte. Or cette musique, composée en vue du drame, est pour ainsi dire l'âme de celui-ci, puisque dans son association avec les événements, les personnages et les mots, elle devient l'expression de leur signification intime, de même que de leur nécessité ultime et mystérieuse qui repose sur cette dernière. C'est sur un sentiment confus de ce processus que repose au fond la jouissance du spectateur, s'il n'est pas un simple curieux. C[Cela dit, dans l'opéra, la musique manifeste sa nature hétérogène, et son essence supérieure, par son indifférence totale à l'égard de tout ce qui est matériel dans les processus ; en conséquence de quoi, elle exprime toujours avec la même manière la tempête des passions et le pathos des sensations qu'elle accompagne avec la même pompe de ses sons, que la matière de la pièce soit fournie par Agamemnon et Achille ou par les disputes d'une famille bourgeoise. Car pour elle, seuls existent les passions, les mouvements de la volonté, et à l'instar de Dieu, elle ne voit que les cœurs[145]. Elle ne s'identifie jamais à la matière ; c'est pourquoi, alors même qu']C elle accompagne les farces les plus ridicules et les plus extravagantes de l'opéra-comique, elle conserve son essentielle beauté, sa pureté et sa sublimité, et sa fusion avec ces processus ne parvient pas à la faire descendre de sa hauteur, laquelle est foncièrement étrangère à tout ridicule. La signification profonde et sérieuse de notre existence plane ainsi au-delà des bouffonneries et des misères infinies de la vie humaine et ne la quitte à aucun moment.

Considérons à présent la musique instrumentale pure. Une symphonie de Beethoven nous montre la plus grande confusion, qui n'en est pas moins fondée sur l'ordre le plus parfait, elle nous dévoile le conflit le plus vif qui devient, l'instant d'après, la plus belle des harmonies : C[c'est la *rerum concordia discors* [l'harmonie dissonante des choses[146]],]C une image fidèle et parfaite de l'essence du monde, ce monde qui roule au milieu d'un immense chaos de formes innombrables et se conserve lui-même par une perpétuelle destruction. C[Or à travers cette symphonie s'expriment également toutes les passions et les affects humains — la joie, la tristesse, l'amour, la haine, l'effroi, l'espoir, etc. —, selon d'infinies nuances, mais ils ne le font pour ainsi dire qu'*in abstracto*, sans aucune spécification : c'est qu'il s'agit de sa pure forme, sans la matière, comme un pur monde des esprits sans substance. Nous avons cependant tendance à la concrétiser lors de notre écoute, à la revêtir, dans notre imagination, de chair et d'os, et à y voir toutes sortes de scènes de la vie et de la nature. Mais, pris dans l'ensemble, ce n'est guère pour favoriser la compréhension, ni la jouissance que l'on peut en avoir, produisant bien plutôt l'effet d'un ajout hétérogène, arbitraire ; mieux vaut donc l'appréhender purement, dans son immédiateté.]C

Après avoir considéré la musique, tant dans ce qui précède que dans le texte, à partir de son côté métaphysique, c'est-à-dire eu égard à la signification intime de ses œuvres, il convient de soumettre pareillement à un examen général les moyens par lesquels, en agissant sur notre esprit, elle produit lesdites œuvres, afin de démontrer ce qui lie ce côté métaphysique de la musique au côté physique suffisamment étudié et connu. — Je pars de la théorie généralement connue, nullement ébranlée par des objections récentes, selon laquelle toute harmonie des sons repose sur la coïncidence des vibrations. Lorsque deux sons retentissent simultanément, cette coïncidence se produit ainsi à chaque deuxième, troisième ou quatrième vibration, en conséquence de quoi les sons deviennent octaves, quintes ou quartes l'un de l'autre, etc. Car aussi longtemps que les vibrations de deux sons ont un rapport réciproque rationnel, exprimable par de petits nombres, notre appréhension peut les saisir grâce à leur coïncidence récurrente : les sons se confondent et forment alors un accord. Si par contre ce rapport est irrationnel, ou s'il ne s'exprime que par de grands nombres, il ne se produit aucune coïncidence compréhensible des vibrations, car *obstrepunt sibi perpetuo* [elles se troublent sans cesse mutuellement], par où les sons répugnent à la compréhension dans notre appréhension, ce qu'on nomme alors dissonance. À suivre cette théorie, la musique permet, non pas comme l'arithmétique, de rendre intelligibles les rapports numériques rationnels et irrationnels à l'aide du concept, mais de les porter à une connaissance tout à fait immédiate et sensible à la fois. Le lien entre la signification métaphysique de la musique et son fondement physique et arithmétique, c'est que ce qui répugne à notre APPRÉHENSION, l'irrationnel, ou la dissonance, devient l'image naturelle de ce qui répugne à notre VOLONTÉ, et qu'à l'inverse, la consonance, ou le rationnel, se pliant aisément à notre appréhension, devient l'image de sa satisfaction. Comme par ailleurs l'élément rationnel et irrationnel dans les rapports numériques des vibrations autorise d'innombrables degrés, nuances, séries et variations, la musique devient, par son intermédiaire, la matière avec laquelle on peut fidèlement reproduire et res-

tituer, grâce à l'invention de la mélodie, tous les mouvements du cœur humain, c'est-à-dire de la volonté,
qui tend essentiellement, quoique à des degrés incal-
culables, à la satisfaction ou à l'insatisfaction. Nous
voyons donc ici les mouvements de la volonté transférée dans le domaine de la représentation pure,
laquelle seule est le théâtre où se produisent tous les
beaux-arts, car ceux-ci requièrent nécessairement que
la VOLONTÉ ELLE-MÊME reste hors jeu, et que nous
adoptions toujours la position de la CONNAISSANCE
pure. De ce fait, il ne faut pas susciter les affections
de la volonté elle-même, c'est-à-dire la douleur réelle
et le plaisir réel, mais seulement leurs substituts, ce
qui est adéquat à l'INTELLECT, comme IMAGE de la
satisfaction de la volonté, et ce qui lui répugne plus
ou moins, comme IMAGE de la douleur plus ou moins
grande. Ce n'est que de cette manière que la musique
ne provoque jamais notre souffrance réelle et qu'elle
nous réjouit même dans ses accords les plus déchi-
rants, et c'est avec plaisir que nous entendons narrée
dans son langage l'histoire secrète de notre volonté,
de ses émotions et aspirations, avec leurs multiples
retardements, leurs entraves et leurs tourments, et
ce même dans les mélodies les plus mélancoliques.
En revanche, là où, dans l'effroi du réel, c'est notre
VOLONTÉ ELLE-MÊME qui se trouve excitée et tourmentée de la sorte, nous n'avons plus affaire à des
sons ni à leurs rapports numériques, mais nous
sommes bien plutôt nous-mêmes la corde qu'on tend,
qu'on pince, puis qui tremble.

Comme par ailleurs, conformément à cette théorie
physique fondamentale, l'élément musical des sons
à proprement parler réside dans la proportion de
vitesse de ses vibrations, mais non dans sa force
relative, l'écoute musicale, dans l'harmonie, préférera toujours suivre le son le plus élevé plutôt que

le son le plus fort. C'est la raison pour laquelle le soprano, même dans l'accompagnement orchestral le plus puissant, domine et reçoit par là un droit naturel à l'exécution de la mélodie, ce qui, parallèlement, se trouve renforcé par sa grande vivacité fondée sur la même vitesse des vibrations, telle qu'elle se manifeste dans les phrases figurées, par où le soprano devient le représentant adéquat d'abord d'une sensibilité exaltée, réceptive à la moindre impression susceptible de la déterminer, ensuite, par voie de conséquence, d'une conscience exhaussée à son degré suprême et située au sommet de l'échelle des êtres. À son opposé se trouve, pour les raisons inverses, la basse au mouvement lent, qui ne peut monter et descendre que par grands intervalles, par tierces, quartes et quintes, chacune de ses progressions étant guidée par des règles rigides, ce qui fait de la basse le représentant naturel du domaine inorganique de la nature, privé de sentiments, inaccessible à ses impressions, déterminable à l'exclusive par des lois universelles. Il ne doit d'ailleurs pas monter d'un seul ton, par exemple d'une quarte à une quinte, car cela provoquerait, dans les voix supérieures, une séquence fautive de quintes et d'octaves[147] ; c'est pourquoi, en raison de son origine et de sa propre nature, il ne saurait jamais exécuter la mélodie. Quand bien même on l'en chargerait, on le fera au moyen du contrepoint, c'est-à-dire qu'il sera une basse TRANSPOSÉE, l'une des voix supérieures étant alors abaissée et travestie en basse ; mais dans ce cas, il lui faudrait en vérité encore une deuxième basse fondamentale pour l'accompagner. Il résulte de ce caractère contre nature d'une mélodie résidant dans la basse que les airs de basse, pleinement accompagnés, ne nous procurent jamais le même plaisir pur et inaltéré que l'air de soprano, lequel, lié à l'harmonie, est seul conforme à la nature. Soit dit en passant, on pourrait, dans le sens de notre métaphysique de la musique, comparer une telle basse mélodieuse obtenue par transposition, à un bloc de marbre sur lequel on aurait imprimé une forme humaine : de ce fait, il convient à merveille à l'hôte de pierre dans *Don Giovanni*[148].

Examinons maintenant plus en profondeur la GENÈSE de la mélodie, ce que nous ferons par la décomposition de celle-ci en ses éléments constitutifs, nous procurant par là le plaisir qui découle de ce qu'on porte à une conscience claire et abstraite des choses que chacun sait *in concreto*, grâce à quoi elles acquièrent un semblant de nouveauté.

Deux éléments composent la mélodie, l'élément rythmique et l'élément harmonique ; on peut aussi bien désigner celui-là de quantitatif, celui-ci de qualitatif, puisque l'un concerne la durée, l'autre la hauteur et la gravité des sons. C[Dans la notation musicale, le premier est rattaché aux lignes verticales, le second aux lignes horizontales.]C Tous deux sont fondés sur des rapports purement arithmétiques, c'est-à-dire sur des rapports de temps : l'un se base sur la durée relative des sons, l'autre sur la vitesse relative de leurs vibrations. L'élément rythmique est le plus essentiel, car il parvient à représenter isolément, sans l'autre, une espèce de mélodie, comme c'est le cas par exemple avec un tambour, bien que la mélodie parfaite exige les deux. En effet, elle consiste dans l'alternance d'un DÉSACCORD <*Entzweiung*> et de sa RÉCONCILIATION <*Versöhnung*>, ainsi que je m'apprête à le montrer, non sans avoir d'abord considéré de plus près l'élément rythmique, puisqu'il a été déjà question de l'harmonique dans ce qui précède.

Le RYTHME est dans le temps ce que la SYMÉTRIE

est dans l'espace, à savoir la division en des parties égales qui se correspondent entre elles; d'abord en des parties plus grandes, qui se décomposent à leur tour en des parties plus petites subordonnées aux premières. Dans la série des arts que j'ai établie, l'architecture et la musique constituent les deux extrémités. Aussi sont-elles, selon leur nature interne, leur force, l'étendue de leur sphère et leur signification, les antipodes les plus hétérogènes, voire de véritables antipodes: cette opposition s'étend même à leur forme phénoménale, car l'architecture est exclusivement dans l'ESPACE, sans aucun lien avec le temps, et la musique exclusivement dans le TEMPS, sans aucun lien avec l'espace*. Leur unique analogie en découle: comme la SYMÉTRIE en architecture, le rythme est ce qui ordonne et fait tenir ensemble en musique, par où on trouve confirmation, là aussi, que *les extrêmes se touchent* [en français dans le texte[149]]. De même que les éléments ultimes d'un édifice sont des pierres tout à fait similaires, de même ceux d'un morceau de musique sont-ils des mesures tout à fait similaires, lesquelles sont divisées à leur tour, par le levé et le frappé[150], ou, généralement, par la fraction numérique désignant la mesure, en des parties égales, qu'on peut alors, à la rigueur, comparer aux dimensions de la pierre. Plusieurs mesures composent la période musicale, laquelle possède également deux parties égales,

---

* Il serait faux d'objecter que la sculpture et la peinture seraient elles aussi exclusivement dans l'espace, car leurs œuvres n'ont peut-être pas de rapport immédiat, mais certainement médiat au temps, puisqu'elles représentent la vie, le mouvement, l'action. Il serait tout aussi faux de dire que la poésie, à titre de discours, appartient au temps seul: ceci vaut pareillement, mais de façon immédiate, pour les mots, dont la matière est tout ce qui existe, c'est-à-dire l'élément spatial.

l'une ascendante dont la marche aspire à la dominante, l'autre descendante, apaisante, retrouvant le
son fondamental. Deux, voire plusieurs périodes
constituent une partie, souvent symétriquement
redoublée, elle aussi, par le signe de reprise ; de deux
parties procède un petit morceau de musique, ou
simplement le mouvement d'un morceau plus grand ;
ainsi, un concerto ou une sonate se composent habituellement de trois mouvements, une symphonie
de quatre, une messe de cinq[151]. Par la distribution
symétrique et la division répétée jusqu'aux mesures
et leurs fractions, par la constante subordination,
hiérarchisation et coordination de ses membres,
nous voyons alors le morceau de musique assemblé
et achevé en un ensemble tel qu'un édifice peut l'être
par sa symétrie, à la différence près que ce qui est
exclusivement dans l'espace chez celui-ci est exclusivement dans le temps chez celui-là. Le simple sentiment de cette anologie a suscité au cours des trente
dernières années le mot audacieux que l'architecture
serait de la musique gelée <*gefrorene Musik*>. Son
origine remonte à Goethe, car il aurait dit, selon les
Conversations d'Eckermann, t. II, p. 88 : « J'ai découvert parmi mes papiers [...] une feuille dans laquelle
je définis l'architecture comme une musique figée.
Et vraiment il y a de cela. L'impression qui naît de
l'architecture se rapproche des effets de la musique[152]. » Il a probablement laissé tomber bien avant
déjà ce bon mot au cours d'une conversation, où des
gens, comme on sait, ne manquent jamais pour ramas-
ser ce qu'il lâche pour s'en parer ensuite en paradant.
Or, quoi qu'ait pu dire Goethe, l'analogie entre la
musique et l'architecture, que j'ai ici reconduite à
son seul fondement, qui est l'analogie entre le rythme
et la symétrie, ne s'étend qu'à la forme extérieure,
mais nullement à l'essence intime des deux arts,

laquelle diffère à l'extrême, au point qu'il serait ridicule de vouloir mettre au même niveau essentiel l'art le plus limité et le plus pauvre et l'art le plus étendu et le plus efficace. Pour amplifier l'analogie que je viens de montrer, on pourrait encore ajouter ceci que, lorsque la musique, pour ainsi dire dans un accès d'indépendance, saisit l'occasion d'un point d'orgue pour se répandre, arraché à la contrainte du rythme, par la libre fantaisie d'une cadence figurée[153], ce morceau de musique libéré du rythme peut être dit analogue à une ruine libérée de sa symétrie, et qu'on pourrait alors appeler, dans le langage hardi du bon mot, une cadence gelée.

Après avoir discuté le RYTHME, il me faut maintenant montrer comment l'essence de la mélodie consiste dans LE DÉSACCORD ET LA RÉCONCILIATION, toujours renouvelés, entre son élément rythmique et son élément harmonique. Alors que l'élément rythmique présuppose une mesure spéciale, son élément harmonique présuppose le son fondamental et consiste à dévier de celui-ci à travers tous les sons de la gamme, jusqu'à atteindre, par un détour plus ou moins long, un degré harmonique, le plus souvent la dominante ou la sous-dominante, qui lui procure un apaisement imparfait, pour ensuite, par le même long chemin, revenir au son fondamental, avec quoi se produira l'apaisement parfait[154]. Or les deux trajets doivent s'accomplir de façon que l'arrivée au degré évoqué plus haut, tout comme le retour au son fondamental, coïncide avec certains moments privilégiés du rythme, car autrement il n'y aurait aucun effet. Ainsi, de même que la suite harmonique des sons réclame certaines NOTES, avant tout la tonique, puis la dominante, etc., le rythme exige, de son côté, certains MOMENTS, certaines mesures en nombre déterminé, et certaines parties de ces mesures, qu'on appelle les temps forts ou favorables, ou encore les parties accentuées de ces mesures, opposées aux temps faibles ou contraires, ou aussi les parties non accentuées. Maintenant, le DÉSACCORD de ces deux éléments fondamentaux consiste en ce que l'exigence de l'un se trouve satisfaite et que celle de l'autre ne l'est pas, alors que la RÉCONCILIATION consiste en ce que tous deux sont satisfaits à la fois et en même temps. Car cette suite de sons qui se promène erratiquement jusqu'à atteindre un degré plus ou moins harmonique ne rencontre celui-ci qu'après un nombre déterminé de mesures, de surcroît à un temps fort de la mesure, par où ce degré devient pour elle un certain point de repos ; de même, le retour à la tonique doit la retrouver après un nombre identique de mesures et également à un temps FORT, ce qui produit alors une parfaite satisfaction. Aussi longtemps que cette coïncidence exigée pour la satisfaction des deux éléments n'est pas réalisée, le rythme peut, de son côté, suivre sa marche réglée, et les notes requises, de leur côté, intervenir assez souvent, sans produire pour autant l'effet d'où procède la mélodie. Que l'exemple suivant, tout à fait simple, serve à l'expliciter[155] :

Ici, la suite harmonique des sons rencontre la tonique dès la fin de la première mesure, mais elle n'en tire pas de satisfaction, parce que le rythme se trouve sur la partie la plus mauvaise de la mesure[156]. Aussitôt après, dans la deuxième mesure, le rythme a la bonne partie de la mesure, mais la suite des sons est arrivée à la septième. Ici, les deux éléments de la mélodie sont tout à fait DÉSACCORDÉS, ce qui produit chez nous un sentiment d'inquiétude. Dans la seconde moitié de la période, tout est inversé, et ils sont RÉCONCILIÉS dans le dernier son. On peut montrer que ce processus vaut pour chaque mélodie, et même, le plus souvent, selon une étendue encore bien plus grande. LE DÉSACCORD ET LA RÉCONCILIATION qui se produisent alors constamment entre ses deux éléments constituent, d'un point de vue métaphysique, l'image de la naissance de souhaits nouveaux, ainsi que de leur satisfaction. C'est bien pour cette raison que la musique flatte tant notre cœur, au point de lui faire miroiter la parfaite satisfaction de ses souhaits. Nous voyons dans ce déroulement de la mélodie, si nous l'examinons de plus près, coïncider une condition en quelque sorte INTERNE (l'harmonique) avec une EXTERNE (la rythmique) comme par un HASARD, que le compositeur, bien entendu, aura préparé et qu'on peut, dans cette mesure, comparer à la rime en poésie. Mais voilà précisément l'image de la coïncidence de nos souhaits avec les circonstances indépendantes, favorables, extérieures, autrement dit l'image du bonheur. — À cet égard, l'effet de la SUSPENSION mérite encore quelque considération. Il s'agit d'une dissonance qui retarde la consonance finale, attendue avec certitude, avec pour effet d'intensifier le désir que nous nourrissons à son égard et de rendre son arrivée d'autant plus satisfaisante, ce qui, de toute évidence, est analogue à la satisfaction amplifiée de la volonté par quelque retardement. La cadence parfaite exige d'être précédée par l'accord de septième sur la dominante[157], car seul le désir le plus pressant peut donner lieu ensuite à la satisfaction la plus profondément ressentie et à l'apaisement le plus parfait. Généralement, la musique consiste ainsi dans une constante

alternance entre des accords plus ou moins inquiétants, c'est-à-dire excitant plus ou moins le désir, et
des accords plus ou moins apaisants ou satisfaisants,
de même que la vie du cœur (la volonté) est une
constante alternance entre une inquiétude plus ou
moins forte, suscitée par le souhait et la crainte, et
un apaisement tout aussi varié. Par suite, la progression harmonique consiste dans l'alternance,
opérée dans les règles de l'art, entre la dissonance et
la consonance. Une suite d'accords purement consonants produirait un effet de saturation, de fatigue et
de vide, à l'instar du *languor*, suscité par la satisfaction de tous les souhaits. C'est la raison pour
laquelle il faut introduire des dissonances, alors
même qu'elles ont un effet inquiétant et presque
pénible, mais ce uniquement pour les dissoudre de
nouveau, après une préparation adéquate, dans les
consonances. J'irais même jusqu'à dire qu'il n'y a
dans toute la musique que deux accords fondamentaux : l'accord dissonant de septième et l'accord de
tierce harmonieux, auxquels on peut reconduire tous
les accords qui peuvent se produire. Cela correspond ainsi au fait que pour la volonté, il n'y a, au
fond, que l'insatisfaction ou la satisfaction, quelque
nombreuses que puissent être les formes sous
lesquelles elles se manifestent. Et de même qu'il y a
deux états affectifs fondamentaux <*Grundstimmun-
gen*> de l'âme, la sérénité, ou du moins la vigueur,
et la tristesse, ou du moins l'anxiété, la musique
possède deux modes, le majeur et le mineur, qui
correspondent à ces états, et elle doit toujours se
trouver dans l'un des deux. Et il est tout à fait
étonnant qu'il existe un signe de la douleur qui ne
soit ni physiquement pénible ni même conventionnel,
mais directement parlant et évident : le mode mineur.
Voilà qui permet de nous rendre compte à quel point

la musique est profondément ancrée dans la nature des choses et des hommes. — Chez les peuples nordiques, dont la vie est soumise à des conditions difficiles, notamment chez les Russes, c'est le mode mineur qui domine, même dans la musique sacrée. — L'allegro en mineur est très fréquent dans la musique française, et la caractérise : c'est comme si quelqu'un dansait alors que ses souliers le serrent.

C[J'ajoute encore quelques considérations annexes. — Lorsque, sous le changement de la tonique et, par là, de la valeur de tous les degrés, en fonction de laquelle le même son figure comme seconde, tierce, quarte, etc., les sons de la gamme sont analogues à des acteurs qui doivent jouer tantôt ce rôle-ci, tantôt celui-là, alors que leur personne demeure la même. Le fait que cette dernière n'est souvent pas tout à fait adéquate à ces rôles peut être comparé à l'inévitable impureté de tout système harmonique (évoquée à la fin du § 52 du tome I), produite par le tempérament également réparti[158]. —

Les uns ou les autres pourraient peut-être s'offusquer de ce que la musique, dont l'effet est si souvent d'élever notre esprit au point de nous donner l'impression qu'elle parle de mondes différents et meilleurs que le nôtre, ne fait que flatter, d'après la présente métaphysique que nous en proposons, la volonté de vivre, puisqu'elle représente son essence, lui dépeint ses succès par anticipation, et exprime pour finir sa satisfaction et son contentement. Puisse ce passage du *Véda* apaiser ces doutes : *Et* anand sroup, *quod forma gaudii est,* τον pram Atma *ex hoc dicunt, quod quocunque loco gaudium est, particula e gaudio ejus est* [Et on appelle l'*âtman* suprême *anand sroup*, ce qui est une sorte de joie, parce que partout où il y a une joie, celle-ci est une partie de sa joie] (*Oupnek'hat*, vol. I, p. 405 et vol. II, p. 215[159]).]C

COMPLÉMENTS DU
LIVRE IV

Tous les hommes désirent uniquement de se délivrer de la mort : ils ne savent pas se délivrer de la vie.

LAO-TSEU, *Tao-te-king*,
éd. Stan. Julien, p. 184[1].

Les *Compléments* de ce livre IV seraient très considérables si deux de leurs thèmes principaux qui en
demandaient tout spécialement, à savoir la liberté
de la volonté et le fondement de la morale, n'avaient
pas fait l'objet, à l'occasion de deux questions mises
au concours par deux académies scandinaves, d'un
traitement monographique détaillé, soumis au public
sous le titre *Les deux problèmes fondamentaux de
l'éthique* en 1841. De ce fait, je présuppose chez mes
lecteurs la connaissance dudit écrit aussi inconditionnellement que celle de l'écrit *De la volonté dans
la nature* pour les *Compléments* du deuxième livre.
J'exige d'ailleurs de ceux qui voudraient connaître
ma philosophie de lire la moindre ligne que j'ai
écrite. Car je ne suis pas un écrivailleur, un fabricant
de manuels, un tâcheron, ni quelqu'un qui aspire avec
ses écrits à complaire à un ministre, bref, je ne suis
pas de ceux dont la plume est sous l'influence
d'objectifs personnels : je ne cherche rien d'autre

que la vérité, et j'écris comme écrivaient les Anciens, dans la seule intention de fixer et de conserver mes pensées, afin qu'elles puissent un jour bénéficier à ceux qui sauront les méditer et les apprécier. C'est bien pourquoi je n'ai que peu écrit, mais avec réflexion et à des intervalles fort ESPACÉS dans le temps, en m'efforçant également de limiter le plus possible les répétitions, qui, dans les écrits philosophiques, sont inévitables pour des raisons de contexte, et auxquelles aucun philosophe n'échappe, avec pour résultat que la plupart des choses n'apparaissent qu'en un seul lieu. Voilà donc la raison pour laquelle celui qui veut apprendre de moi, et me comprendre, ne doit négliger rien de ce que j'ai écrit. Mais on pourra toujours me juger et me critiquer sans s'astreindre à cette peine, comme l'expérience l'a montré ; à ceux qui s'adonnent à cette pratique, je souhaite d'ailleurs bien du plaisir encore.

Cela dit, l'espace libéré dans ce quatrième livre de *Compléments* par ladite élimination de deux thèmes principaux nous est bienvenu. Car, comme les explications qui tiennent le plus à cœur à tout homme et forment dans tout système, à titre de résultats ultimes, le sommet de sa pyramide, se pressent également dans MON dernier livre, on accordera volontiers de l'espace supplémentaire à tout fondement plus solide, ou à tout développement plus détaillé les concernant. En outre, j'ai pu formuler un débat qui s'inscrit dans la doctrine de l'affirmation de la volonté de vivre, et qui était passé sous silence dans notre livre IV lui-même, de même qu'il fut complètement négligé par tous les philosophes avant moi : il s'agit de la signification intime, et de l'essence en soi, de l'amour sexuel, lequel parfois s'exalte jusqu'à la passion la plus intense ; un thème dont l'inscription dans la partie éthique de la philosophie ne saurait être considérée comme paradoxale dès qu'on en a reconnu l'importance². —

CHAPITRE 41*

SUR LA MORT ET SON RAPPORT À L'INDESTRUCTIBILITÉ DE NOTRE ESSENCE EN SOI

La mort est le véritable génie inspirateur, ou le musagète, de la philosophie, c'est pourquoi Socrate l'a appelée ϑανάτου μελέτη [préparation à la mort³]. Sans la mort, en effet, on ne philosopherait guère. Il est donc tout à fait à propos qu'on en place une considération spéciale à la tête du dernier de nos livres, le plus sérieux et le plus important.

L'animal vit sans véritable connaissance de la mort, raison pour laquelle l'individu animal jouit directement de toute l'impérissabilité <*Unvergänglichkeit*> de l'espèce, puisqu'il n'est conscient de lui-même que comme d'un être sans fin. Chez l'homme a nécessairement apparu, avec la raison, l'effrayante certitude de la mort⁴. Or, à l'instar de ce qui se passe dans la nature, où un remède, ou du moins son substitut, est toujours joint à un mal, la réflexion qui a provoqué la connaissance de la mort aide également à formuler des vues MÉTAPHYSIQUES susceptibles d'en consoler, ce dont l'animal n'éprouve pas le besoin, ni n'en possède la faculté. Là réside principalement la fin visée par toutes les religions et tous les systèmes philosophiques ; ils ne sont ainsi tout d'abord que l'an-

---

* Ce chapitre se rapporte au § 54 du tome **I**.

tidote contre la certitude de la mort, sécrété par la raison réfléchissante grâce à ses propres ressources[5]. Le degré cependant selon lequel ils atteignent cette fin est fort variable, et il faut bien voir que TELLE religion ou philosophie rendra l'homme bien plus apte que telle autre à envisager la mort d'un œil serein. Le brahmanisme et le bouddhisme, qui enseignent à l'homme à se considérer comme l'être primordial même, le *brahman*[6], essentiellement étranger à toute génération et à toute corruption <*Entstehen und Vergehen*>, feront bien meilleure œuvre en cette matière que ceux qui admettent que l'homme est créé à partir du néant et font commencer avec la naissance son existence réelle, reçue d'un autre. En Inde, nous trouvons par conséquent une assurance et un mépris à l'égard de la mort dont on n'a pas la moindre idée en Europe. Dans un domaine aussi important, il est tout à fait douteux, en effet, d'inculquer à l'homme des concepts faibles et inconsistants, en les gravant très tôt dans sa mémoire, le rendant par là à jamais incapable de recevoir des concepts plus justes et plus solides. Lui enseigner par exemple qu'il vient tout juste de naître à partir du néant, qu'il fut donc néant pendant toute une éternité, et qu'il n'en serait pas moins impérissable à l'avenir, revient à lui enseigner qu'il doit être responsable en toute éternité de ce qu'il fait et de ce qu'il ne fait pas, alors qu'il est de part en part l'œuvre d'un autre. Car, lorsque l'inconsistance de ces doctrines s'impose à lui, son esprit étant devenu plus mûr et la réflexion ayant fait son apparition, il n'a rien de meilleur à leur substituer, pire, il n'a même plus la capacité de comprendre ce meilleur, se privant par là de la consolation que la nature lui avait destinée, à lui aussi, pour compenser la certitude de la mort. C'est dans la suite de cette évolution que nous voyons aujourd'hui c[(1844)]c les socialistes, en Angleterre, parmi des ouvriers d'usine corrompus, et les Jeunes-Hégéliens[7], en Allemagne, parmi des étudiants non moins corrompus, s'abaisser jusqu'à une opinion absolument physique qui conduit à ce résultat: *edite, bibite, post mortem nulla voluptas* [mangez et buvez, après la mort il n'y a plus de plaisir[8]], ce qu'il faut bien appeler bestialisme.

À en juger cependant d'après tout ce qui a été enseigné sur la mort, on ne peut nier qu'au moins en Europe l'opinion des hommes, voire parfois du même individu, ne cesse bien souvent d'osciller entre la conception de la mort comme anéantissement absolu et la supposition que nous serions, pour ainsi dire dans notre chair et dans nos os, immortels. Les deux sont également faux, mais nous avons moins à trouver quelque juste milieu qu'à tâcher d'atteindre le point de vue supérieur depuis lequel de telles opinions s'évanouissent d'elles-mêmes.

Pour mener ces considérations, je voudrais tout d'abord partir d'une position tout à fait empirique. — Nous trouvons alors d'emblée le fait indéniable que, en conformité avec la conscience naturelle, ce n'est pas seulement pour sa propre personne que l'homme craint la mort plus que tout le reste, mais qu'il pleure aussi à chaudes larmes sur celle des siens, et ce, visiblement, non pas en égoïste déplorant une perte qui l'affecte, mais par compassion, suscitée par le grand malheur qui les a frappés, raison pour laquelle il condamnera comme insensible et sans cœur celui qui, dans ces cas, ne verse aucune larme et ne montre aucun signe d'affliction. c[À ce fait s'ajoute, parallèlement, ceci que la soif de vengeance, à ses degrés les plus élevés, veut la mort de l'adversaire, y voyant le plus grand mal qu'on puisse infliger.]c — Les opinions varient avec les lieux et les époques, mais la voix de la nature demeure toujours et partout identique à elle-même ; il convient dès lors d'y prêter attention avant toute chose. Or ce qu'elle semble dire ici en toute clarté, c'est que la mort est un grand mal. Dans le langage de la nature, la MORT signifie l'anéantissement. Et la mort est une chose sérieuse ; c'est ce que nous apprend déjà le fait que, comme chacun sait, la vie n'est pas une plaisanterie. On dirait que nous ne méritons pas mieux que les deux à la fois.

Or la crainte de la mort est indépendante de toute connaissance ; l'animal l'éprouve, bien qu'il n'ait pas de notion de la mort. Tout ce qui naît l'introduit avec soi dans le monde. Mais cette crainte *a priori* de la mort n'est que l'envers de la volonté de vivre que nous sommes tous. De ce fait, chez tout animal, le souci de sa préservation est tout autant inné que la crainte de sa destruction ; c'est donc celle-ci, et non simplement l'évitement de la douleur, qui se manifeste dans l'anxieuse prudence avec laquelle l'animal cherche à se mettre en sécurité, et plus encore sa progéniture, face à tout être potentiellement dangereux. Pourquoi l'animal fuit-il, pourquoi tremble-t-il, pourquoi cherche-t-il à se cacher ? Parce que, volonté de vivre de part en part et, par là même, voué à la mort, il voudrait gagner du temps. Compte tenu de sa nature, il en va de même pour l'homme. Le plus grand de tous les maux, la pire de toutes les menaces, c'est la mort, et la plus grande angoisse, l'angoisse de la mort. Rien ne suscite aussi irrésistiblement chez nous l'intérêt le plus vif que la menace qui pèse sur la vie d'autrui ; rien n'est plus terrible qu'une exécution capitale. Or l'attachement illimité à la vie qui se manifeste par là ne saurait procéder de la connaissance ni de la réflexion ; avant celles-ci, il apparaît bien plutôt comme stupide, car la valeur objective de la vie n'est guère assurée, et on peut pour le moins douter que cette vie soit préférable au non-être, plus même : si l'expérience et la réflexion avaient voix au chapitre, le non-être devrait l'emporter. Si on frappait aux tombes pour demander aux morts s'ils voulaient revenir à la vie, ils secoueraient la tête. L'opinion de Socrate, dans l'*Apologie* de Platon, va dans ce sens[9], et même le serein et aimable Voltaire ne peut s'empêcher de dire : « on aime la vie ; mais le néant ne laisse pas d'avoir du bon », ou encore : « je ne sais pas ce que c'est que la vie éternelle, mais celle-ci est une mauvaise plaisanterie[10] ». En outre, la vie devra dans tous les cas cesser bientôt, en sorte que les quelques années pendant lesquelles on a encore à exister s'évanouissent complètement devant le temps infini où on ne sera plus. Face à la réflexion, il peut alors même sembler ridicule de se soucier autant de ce laps de temps, de trembler autant lorsque sa vie ou celle d'autrui est menacée, ou d'écrire des tragédies dont le caractère terrible ne trouve son nerf que dans la crainte de la mort. Ainsi, ce puissant attachement à la vie est irrationnel et aveugle ; il s'explique uniquement par ceci que d'une part toute notre essence en soi est déjà en elle-même volonté de vivre, cette vie, aussi amère, courte, et incertaine qu'elle puisse être, étant par conséquent pour la volonté le bien suprême, d'autre part, que cette volonté, en soi et originairement, est dénuée de connaissance et aveugle. La connaissance par contre, fort loin d'être à l'origine de cet attachement à la vie, le combat bien plutôt, car elle dévoile l'insignifiance de la vie, et, par là même, lutte contre la crainte de la mort. — Lorsqu'elle sort victorieuse, et que l'homme envisage par conséquent la mort avec courage et sérénité, on rend hommage à cette grandeur, à cette noblesse ; nous célébrons alors le triomphe de la connaissance sur l'aveugle volonté de vivre, laquelle, pourtant, est le noyau de notre essence. De la même façon, nous méprisons celui chez qui la connaissance succombe dans cette lutte, celui donc qui est inconditionnellement attaché à la vie, s'oppose de toutes ses forces à l'approche de la mort et la reçoit dans le désespoir*[11], alors qu'il ne fait que prêter sa voix à l'essence primordiale de notre soi et de la nature. Accessoirement, on pourrait se demander comment l'amour illimité de la vie, ainsi que l'effort de la conserver à tout prix et aussi longtemps que possible, pourraient-ils être considérés comme vils, méprisables et, par les adeptes de toutes les religions, comme indignes de ces dernières, si cette vie était le don de dieux bienveillants à recevoir avec gratitude? Et comment le dédain qui la frappe pourrait-il paraître grand et noble? — Or ces considérations nous donnent confirmation sur quatre points: 1) la volonté de vivre est l'essence intime de l'homme; 2) elle est en elle-même dénuée de connaissance, aveugle; 3) la connaissance lui est initialement un principe étranger[12], ajouté après coup; 4) elle est en discorde avec elle et nous jugeons qu'il faut acclamer la victoire de la connaissance sur la volonté.

Si ce qui nous fait paraître la mort aussi effrayante était l'idée du NON-ÊTRE <*Nichtsein*>, nous devrions penser avec le même effroi au temps où n'étions pas encore. Car il est incontestablement certain que le

* C[*In gladiatoriis pugnis timidos et supplices, et, ut vivere liceat, obsecrantes etiam odisse solemus; fortes et animosos, et se acriter ipsos morti offerentes servare cupimus* [dans les combats de gladiateurs, nous allons jusqu'à éprouver de l'aversion pour les lâches qui nous supplient et nous conjurent de leur accorder la vie, tandis que nous désirons sauver ceux qui, pleins de courage et de résolution, s'offrent intrépidement à la mort]. *Cic. pro Milone, c. 34*]C

non-être après la mort ne saurait différer de celui avant la naissance, et, donc, ne saurait être davantage déplorable. Toute une infinité s'est écoulée alors que NOUS N'ÉTIONS PAS ENCORE, mais nous n'en sommes pas affligés. En revanche, nous trouvons dur, voire insupportable, qu'une deuxième infinité où NOUS NE SERONS PLUS serait censée suivre l'intermède momentané d'une existence éphémère. Cette soif d'exister serait-elle née de ce qu'entre-temps nous y avions pris goût, l'estimant comme la plus adorable des choses ? Certainement non, comme nous l'avons déjà brièvement évoqué plus haut, car l'expérience faite aurait bien plutôt pu susciter une nostalgie infinie du paradis perdu du non-être. Aussi, on accroche volontiers à l'espoir de l'immortalité de l'âme celui d'un «monde meilleur», signe que le monde présent ne vaut pas grand-chose. — Au mépris de tout cela, la question portant sur notre état après la mort a sans doute été discutée dix mille fois plus souvent, dans les livres et dans les conversations, que celle portant sur notre état avant la naissance. Théoriquement, l'une est pourtant un problème tout aussi concevable et légitime que l'autre ; partant, celui qui aurait apporté une réponse à la première aurait également clarifié la seconde. Nous avons des déclamations fort belles sur ce qu'il y a de choquant à penser que l'esprit de l'homme qui embrasse le monde et produit tant d'idées aussi hautement excellentes descendra lui aussi dans la tombe, mais sur ce que cet esprit a laissé passer une éternité tout entière avant de naître avec lesdites qualités, et que le monde a dû se débrouiller sans lui tout aussi longtemps, nous n'entendons rien. Pourtant, aucune question ne s'offre plus naturellement à la connaissance non corrompue par la volonté que celle-ci : un temps infini s'est écoulé avant ma naissance ; qu'étais-je

pendant tout ce temps? — On pourrait peut-être y
répondre d'un point de vue métaphysique : «Moi
j'étais toujours moi-même : tous ceux en effet qui
durant ce temps disaient moi étaient moi[13].» Mais
faisons abstraction de cela, nous qui avons adopté
une position d'évidence encore tout empirique, et
admettons que je n'ai pas été du tout. Je puis alors
me consoler du temps infini après ma mort durant
lequel je ne serai pas avec le temps infini durant
lequel je n'étais déjà pas encore, comme avec un
état tout à fait coutumier et vraiment confortable.
Car l'infinité *a parte post* [après la vie] sans moi ne
saurait être qu'aussi peu redoutable que l'infinité *a
parte ante* [avant la vie] sans moi, car tous deux ne
se distinguent en rien, sinon par la survenue d'un
rêve éphémère de la vie. Aussi, toutes les preuves de
la perdurance <*Fortdauer*> après la mort peuvent
également être appliquées *in partem ante*, où elles
démontreront l'existence avant la vie, hypothèse
adoptée par les hindous et les bouddhistes, par où ils
font preuve d'une extrême conséquence. Seule l'idéalité du temps selon Kant résout toutes ces énigmes,
mais nous n'en sommes pas encore là. Il ressort
cependant de ce qui vient d'être dit qu'il est aussi
absurde de regretter le temps où on ne sera plus que
de regretter celui où on n'était pas encore, car il est
indifférent que le temps qui ne remplit pas notre
existence se rapporte à celui qui le remplit en tant
qu'avenir ou passé.

Mais même si l'on fait entièrement abstraction de
ces considérations sur le temps, il est foncièrement
absurde de tenir le non-être pour un mal, car tout
mal, comme tout bien, présuppose l'existence, voire
la conscience, celle-ci cessant avec la vie, comme
c'est le cas pendant le sommeil ou la syncope, raison
pour laquelle son absence, comme ne comportant

aucun mal, nous est bien connue et familière, sa survenue étant assurément l'affaire d'un instant. C'est depuis ce point de vue qu'Épicure considère la mort pour dire, tout à fait avec raison : ὁ θάνατος οὐδὲν πρὸς ἡμᾶς (la mort n'a aucun rapport avec nous), en remarquant que tant que nous sommes, la mort n'est pas là, et une fois que la mort est là, alors nous ne sommes plus (*Diog. Laert., X, 27*[14]). Avoir perdu ce dont on ne saurait regretter la présence n'est apparemment pas un mal ; dès lors, le non-être que nous deviendrons <*das Nichtseinwerden*> doit nous inquiéter aussi peu que le non-être que nous avons été <*das Nichtgewesensein*>. Du point de vue de la connaissance, il n'y a donc aucune raison de craindre la mort : comme la conscience consiste dans le connaître, la mort n'est pas un mal pour elle. D'ailleurs, ce n'est en réalité pas cette partie CONNAISSANTE de notre moi qui craint la mort, car c'est dans la seule VOLONTÉ aveugle que s'enracine la *fuga mortis* [fuite de la mort] qui remplit tout le vivant. Or cette fuite, comme nous l'avons déjà évoqué plus haut, est essentielle à la volonté, précisément parce que celle-ci est volonté de vivre dont l'essence tout entière consiste à tendre vers la vie et l'existence, la connaissance ne lui étant pas inhérente dès l'origine, mais seulement suite à son objectivation dans des individus animaux. Lorsque, par l'intermédiaire de la connaissance, elle prend alors en vue la mort comme la fin du phénomène auquel elle s'est identifiée, et auquel elle se voit bornée, la volonté s'y oppose de tout son être et de toutes ses forces[15]. Quant à la question de savoir si elle doit réellement craindre la mort, nous l'examinerons plus loin, en nous rappelant alors la source véritable de la crainte de mourir que nous avons mise en évidence par la distinction adéquate entre la partie de notre être qui veut, et celle qui connaît.

D'après cette même distinction, ce qui pour nous rend la mort aussi effroyable n'est pas tant la fin de la vie, car personne ne saurait vraiment estimer celle-ci spécialement digne d'être regrettée, mais bien plutôt la destruction de l'organisme, car celui-ci est en vérité la volonté qui se présente comme corps. Mais cette destruction, nous ne la sentons véritablement que dans les maux de la maladie, ou de la vieillesse, alors qu'au contraire la mort elle-même ne consiste, pour le SUJET, que dans l'instant où la conscience disparaît, par la cessation de l'activité du cerveau. La propagation subséquente de cet arrêt à toutes les autres parties de l'organisme est déjà, à proprement parler, un événement postérieur à la mort. D'un point de vue subjectif, la mort ne concerne donc que la conscience. Ce qu'est l'éclipse de celle-ci, chacun peut s'en faire une idée approximative par son expérience de l'assoupissement, mais ceux qui ont été sujets à une véritable syncope le savent mieux encore, car le passage n'est pas aussi progressif et n'est pas médiatisé par les rêves ; la vision disparaît d'abord, alors qu'on est pleinement conscient, puis on perd immédiatement et profondément connaissance : la sensation, aussi longtemps qu'on puisse l'éprouver, n'est rien moins que désagréable, et il ne fait pas de doute que si le sommeil est le frère de la mort, la syncope est son frère jumeau[16]. Une mort violente ne saurait être douloureuse non plus, car en règle générale, on ne ressent aucunement même les blessures graves, pour ne les remarquer qu'après un certain temps à ses signes extérieurs ; si elles apportent rapidement la mort, la conscience s'éclipsera avant cette découverte, si elles tuent plus tard, il en sera comme avec d'autres maladies. Même ceux qui ont perdu connaissance dans l'eau, ou dans les vapeurs de charbon, ou par pendaison, déclarent ensuite, comme on sait, que c'était sans aucune douleur. Et enfin la mort naturelle à proprement parler, due à l'âge, ou à l'euthanasie, est un évanouissement, un flottement progressif hors de l'existence[17], sur un mode imperceptible. Dans l'âge, les passions et les désirs s'éteignent peu à peu, de concert avec la réceptivité à leurs objets; les affects ne trouvent plus de stimulants, car la faculté de représentation s'affaiblit toujours plus, ses images se ternissent, les impressions ne se fixent plus, passent sans laisser de traces, les jours se succèdent toujours plus vite, les événements perdent en signifiance, tout pâlit. Le vieillard, sous le poids des ans, titube çà et là, ou repose dans un coin, ombre, fantôme de ce qu'il était. La mort, que lui reste-t-il encore à détruire? Un jour, un somme sera le dernier, et ses rêves seront... ceux au sujet desquels s'interroge Hamlet dans le célèbre monologue[18]. Je crois que nous rêvons ces rêves ici et maintenant.

Il faut encore remarquer à cet égard que le maintien du processus vital, bien qu'il possède un fondement métaphysique, ne se fait pas sans résistance ni, par conséquent, sans effort[19]. C'est à cet effort que l'organisme succombe chaque soir, avec pour résultat de suspendre la fonction cérébrale et de réduire certaines sécrétions, la respiration, la pulsation cardiaque et le développement thermique. Il faut en conclure que l'arrêt total du processus vital doit être un formidable soulagement pour la force qui l'anime, participant peut-être de cette expression de douce satisfaction dans le visage de la plupart des morts. De façon générale, l'instant de la mort pourrait bien être similaire à celui du réveil après un lourd et angoissant cauchemar.

Il résulte de ce qui précède que la mort, si grande que soit la crainte à son égard, ne saurait être un mal au sens strict. Elle apparaît souvent, au contraire, comme un bien, une chose désirée : la Faucheuse amicale <*Freund Hain*>. Tous ceux qui ont buté contre d'insurmontables obstacles à leur existence, ou à leurs aspirations, tous ceux qui ont eu à souffrir d'incurables maladies, ou d'inconsolables chagrins, trouvent comme dernier refuge, qui souvent s'offre de lui-même, le retour dans le sein de la nature, duquel, comme tout le reste, ils avaient émergé pour une brève période, attirés par l'espoir de conditions plus favorables de l'existence que celles qui furent effectivement les leurs, et auquel le même chemin peut les reconduire à tout moment. Ce retour est la *cessio bonorum* [cession des biens] du vivant. Mais, là aussi, celle-ci ne s'accomplit qu'après une lutte physique ou morale, tant est forte la résistance de chaque individu à retourner à l'endroit même dont il est sorti si facilement et si volontiers pour entrer dans une existence si riche en douleurs, si pauvre en plaisirs. — Les Hindous donnent deux visages au dieu de la mort *Yama*, l'un fort effrayant et terrible, l'autre fort joyeux. Les considérations que nous venons de mener permettent déjà d'expliquer au moins partiellement ce fait.

D'après le point de vue empirique que, pour l'instant, nous tenons toujours, les considérations qui suivent semblent, elles aussi, toutes naturelles ; elles méritent, de ce fait, qu'on les clarifie pour les déterminer avec précision et en fixer les limites. La vue d'un cadavre m'indique que la sensibilité, l'irritabilité, la circulation sanguine, la reproduction, etc., ont cessé ici. J'en conclus avec certitude que ce qui auparavant les actualisait tout en m'étant toujours inconnu ne le fait désormais plus, par conséquent les a abandonnées. — Si maintenant j'entendais ajouter que cette chose était nécessairement ce que je n'ai connu que sous la forme de la conscience, partant de l'intelligence (âme), ma conclusion serait non seulement illégitime, mais visiblement fausse. Car la conscience s'est toujours manifestée à moi non pas comme cause, mais comme produit et résultat de la vie organique, en s'intensifiant ou en s'affaiblissant, selon les différents âges de la vie, selon la santé et la maladie, le sommeil, la syncope, le réveil, etc., toujours donc comme effet, mais jamais comme cause de la vie organique, se manifestant toujours comme chose qui apparaît et disparaît, puis réapparaît, tant que les conditions le permettent, mais jamais sans celles-ci. Oui, je vois aussi que le total délabrement de la conscience, la folie, loin d'emporter et de déprimer les autres forces, voire de menacer la vie, accroît de beaucoup celles-là, notamment l'irritabilité ou la force musculaire, et tend plus à prolonger qu'à écourter celle-ci, aussi longtemps que d'autres causes concomitantes n'interviennent pas. — Ensuite, je connaissais l'individualité comme qualité de toute chose organique et par là, dans le cas où celle-ci est consciente d'elle-même, comme qualité également de la conscience. Mais il n'y a aucune raison de conclure maintenant que cette même individualité serait inhérente à ce principe dispensateur de vie dont elle procède, et qui m'est totalement inconnu, d'autant moins que je vois que partout dans la nature, chaque phénomène singulier est l'œuvre d'une force universelle, agissant dans mille phénomènes similaires. — Or, d'autre part, il n'y a pas plus de raisons de conclure que, du fait de la cessation de la vie organique, la force qui, jusque-là, l'actualisait serait retournée au néant, aussi peu, d'ailleurs, que de conclure de l'arrêt du rouet à la mort de la

fileuse[20]. Si un pendule, en retrouvant son centre de
gravité, finit par revenir au repos, la vie individuelle
dont il semblait doté ayant donc cessé, personne
ne prétendrait que la pesanteur serait désormais
détruite, mais tout un chacun comprendrait qu'elle
poursuit son activité comme avant dans d'innombrables phénomènes. Il est vrai qu'on pourrait objecter
à cette image qu'ici, dans ce pendule, la pesanteur
n'a pas cessé d'agir, et qu'elle a seulement cessé de
manifester avec évidence son activité. Que celui qui
insisterait sur ce point songe à la place à un corps
électrique où, après sa décharge, l'électricité a réellement cessé son activité. J'ai simplement voulu
montrer par là que nous accordons directement
l'éternité et l'ubiquité même aux forces le plus inférieures de la nature, sans nous laisser tromper un
seul instant par le caractère éphémère de leurs
apparitions passagères. Il nous faut donc d'autant
moins croire que la cessation de la vie équivaudrait
à l'anéantissement du principe vital et, partant, la
mort à la disparition totale de l'homme. Le fait que
le bras puissant qui tendait l'arc d'Ulysse il y a trois
mille ans n'existe plus n'incitera aucun entendement
doué de pensée et bien réglé à considérer que la force
qui y agissait si énergiquement serait totalement
anéantie ; par suite, après avoir poussé plus loin la
réflexion, il ne sera pas non plus amené à admettre
que la force qui aujourd'hui tend l'arc n'aurait
commencé à exister qu'avec ce bras[21]. Il est bien
plus plausible de penser que la force qui, auparavant,
actualisait une vie désormais enfuie, est la même
que celle qui agit dans la vie présentement floris-
sante ; c'est même incontestable. Or nous savons avec
certitude, ainsi que nous l'avons montré au livre II,
que seul est périssable ce qui est compris dans la
chaîne causale, à savoir les seuls états et formes. En

revanche, la matière, d'une part, et les forces de la nature, d'autre part, ne sont pas touchées par le changement entraîné par les causes, car toutes deux constituent la présupposition de toutes ces modifications. Mais il nous faut d'abord penser le principe vital au moins comme une force de la nature, jusqu'à ce qu'une investigation plus profonde nous ait éventuellement permis de connaître ce qu'il est en soi. C'est donc déjà comme force de la nature que la force vitale demeure tout à fait inaltérée par le changement des formes et des états que la suite des causes et des effets suscite et emporte, et qui sont seuls soumis à la génération et à la corruption inhérentes à l'expérience. Dans cette mesure, il serait déjà possible d'apporter une preuve sûre à l'impérissabilité de notre essence véritable. Il est vrai que cela ne suffirait pas aux exigences auxquelles on a coutume de soumettre les preuves de notre continuité <*Fortbestehen*> après la mort et ne prodiguerait pas la consolation qu'on pourrait en attendre. Mais c'est mieux que rien, et celui qui craint la mort comme un anéantissement absolu ne devrait pas dédaigner la totale certitude que le principe le plus intime de sa vie demeure inaltéré par cette dernière. — On pourrait même aller jusqu'à établir l'hypothèse paradoxale que l'autre élément qui, à l'instar donc des forces de la nature, demeure inaltéré par le changement des états s'accomplissant au fil conducteur de la causalité, je veux dire la matière, nous assure, grâce à sa permanence <*Beharrlichkeit*> absolue, l'indestructibilité, laquelle devrait pouvoir consoler, par l'idée d'une certaine immutabilité, ceux qui ne peuvent en concevoir d'autre. «Quoi?», dira-t-on, «la permanence de la simple poussière, de la matière brute, serait à considérer comme la perdurance <*Fortdauer*> de notre essence?» — Mais attendez un peu! Connaissez-vous donc cette poussière? Savez-vous ce qu'elle est et ce qu'elle peut? Apprenez à la connaître avant de la mépriser. Cette matière, étendue là comme poussière et cendre, deviendra bientôt, dissoute dans l'eau, un cristal, brillera comme métal, fera alors jaillir des étincelles électriques, manifestera, grâce à sa tension galvanique, une force qui, décomposant les combinaisons les plus solides, réduit la terre en métaux; bien plus: elle deviendra spontanément plante ou animal et développera à partir de son sein mystérieux cette vie même dont vous, avec votre esprit borné, redoutez avec anxiété la perte. Perdurer comme cette matière, n'est-ce donc rien du tout? J'affirme même très sérieusement que cette permanence de la matière témoigne de l'indestructibilité de notre essence véritable, bien que ce ne soit que comme une image ou une analogie, ou plutôt comme une silhouette. Pour le voir, il suffit de nous rappeler la discussion de la matière donnée au chapitre 24[22] et le résultat selon lequel la matière pure, sans forme — cette base du monde de l'expérience jamais perçue en elle-même, mais toujours présupposée comme permanente —, n'est autre que le reflet immédiat, la visibilité comme telle, de la chose en soi, c'est-à-dire de la volonté, raison pour laquelle ce qui revient absolument à la volonté en soi vaut pour elle sous les conditions de l'expérience, la matière restituant ainsi sa véritable éternité sous l'image de l'immutabilité temporelle. Car, nous l'avons dit, comme la nature ne ment pas, une conception née d'une appréhension purement objective de cette nature et élaborée par une pensée conséquente ne saurait être complètement fausse; au pire, elle n'est que fort étroite et incomplète. C'est incontestablement le cas du strict matérialisme par exemple d'un Épicure, autant que de l'idéalisme absolu qui lui est opposé, par exemple celui d'un Berkeley, et, généralement, de toute opinion philosophique fondamentale procédant d'un juste *aperçu* [en français dans le texte] et développée avec probité. Or ce sont là toujours des conceptions extrêmement partiales qui, malgré leur opposition, sont SIMULTANÉMENT vraies, c'est-à-dire chacune l'est d'un certain point de vue, mais dès qu'on dépasse celui-ci, leur vérité n'apparaît plus que comme relative et conditionnelle. Seul le point de vue suprême — depuis lequel on peut toutes les embrasser du regard et reconnaître leur vérité simplement relative, et, outre celle-ci, leur fausseté — saurait être celui de la vérité absolue, si tant est qu'on puisse réellement l'atteindre. D'après cela, nous voyons, comme nous venons de le montrer, que même dans l'opinion fondamentale pour le moins grossière, car très ancienne, du matérialisme, on trouve encore la représentation de l'indestructibilité de notre véritable essence en soi, comme à travers une simple ombre de celle-ci, c'est-à-dire à travers l'immutabilité de la matière, à l'instar du naturalisme déjà supérieur d'une physique absolue à travers l'ubiquité et l'éternité des forces de la nature parmi lesquelles il faut au moins compter la force vitale. Même donc ces grossières opinions fondamentales déclarent que l'être vivant ne pâtit d'aucune destruction absolue par la mort, mais perdure dans et avec le tout de la nature. —

Les considérations qui nous ont conduits jusqu'à ce point, ainsi que les explicitations qui ensuite s'y rattachaient, partaient de la crainte, si frappante, de la mort, qui remplit tous les êtres vivants. Nous voudrions maintenant changer de point de vue, pour examiner comment, au contraire des êtres individuels, le TOUT de la nature se comporte à l'égard de la mort, et ce tout en demeurant encore sur un ferme terrain empirique.

Nous, il est vrai, nous ne connaissons pas de trictrac plus sublime que celui qui engage la vie et la mort ; nous envisageons la moindre décision les concernant avec la tension, l'intérêt et la peur les plus extrêmes, car à nos yeux, il y va du tout dans le tout[23]. — LA NATURE, en revanche, jamais menteuse, toujours sincère et franche, parle tout autrement de ce thème, à savoir comme Krishna dans la *Bhagavad-Gîtâ*[24]. Elle exprime ceci : la vie et la mort de l'individu n'importent absolument pas. C'est ce qu'elle montre en livrant la vie de tout animal, et aussi celle de l'homme, aux hasards les plus insignifiants sans intervenir pour la sauver. — Considérez l'insecte sur votre chemin : une déviation minuscule et inconsciente de votre pas décide de sa vie ou de sa mort. Voyez la limace des bois, sans aucun moyen de s'enfuir, de se défendre, de se camoufler, de se cacher : une proie offerte au premier venu. Regardez le poisson qui s'agite encore, insouciant, dans les filets ouverts ; la grenouille, privée par sa lourdeur de toute possibilité de fuite qui la sauverait ; l'oiseau, qui n'aperçoit pas le faucon planer sur lui ; les moutons, que le loup dans le buisson fixe et détaille. Eux tous déambulent en toute innocence, sans beaucoup de précautions, au cœur des dangers qui menacent leur existence à tout moment. En abandonnant ainsi sans réserve ses organismes si incroyablement ingénieux non seulement à la rapacité du plus fort, mais aussi au hasard le plus aveugle, au caprice de n'importe quel imbécile, au bon vouloir de chaque enfant malicieux, la nature exprime que l'anéantissement de ces individus lui est indifférent, ne lui porte pas dommage, ne signifie rien pour elle, et que, dans ces cas, l'effet importe aussi peu que la cause. Cela, elle l'exprime très clairement, sans jamais mentir, mais elle ne commente pas ses sentences et parle bien plutôt dans le style laconique des oracles. Si donc la mère universelle expose ses enfants avec une telle insouciance à mille dangers menaçants, sans protection, c'est bien sûr parce qu'elle sait que s'ils tombent, ils retombent dans son sein, où ils seront à l'abri ; dès lors, leur chute n'est qu'une farce. L'homme, elle ne le traite pas autrement que les animaux. Sa déclaration s'étend donc également à ce dernier : la vie ou la mort de l'individu ne lui importent pas. Par suite, ils devraient, d'une certaine façon, nous l'être également, car nous sommes nous-mêmes la nature. Si seulement notre regard était assez profond, nous serions certainement d'accord avec la nature, considérant la vie et la mort avec autant d'indifférence qu'elle. Nous devons cependant, par la réflexion, attribuer cette insouciance et cette indifférence de la nature à l'égard de la vie des individus au fait que la destruction d'un tel phénomène n'inquiète en rien son essence vraie et authentique.

Considérons par ailleurs ceci : non seulement la vie et la mort, nous venons de le voir, dépendent des hasards les plus minimes, mais l'existence des êtres organiques est généralement éphémère, l'animal et la plante naissent aujourd'hui et disparaissent demain, et la naissance et la mort se suivent en alternant rapidement, alors que l'inorganique, situé à un degré tellement inférieur, est assuré d'une durée beaucoup plus longue, une durée infiniment longue ne revenant qu'à la matière absolument sans forme, à laquelle nous l'attribuons même *a priori*. Une conception simplement empirique, mais objective et impartiale d'un tel ordre des choses, ne peut alors que conduire spontanément, me semble-t-il, à penser que cet ordre n'est qu'un phénomène superficiel, que cette naissance et cette disparition, dans leur constance, ne touchent nullement à la racine des choses et ne peuvent qu'être relatives, voire apparentes, que l'essence véritable et intime de chaque chose, demeurant entièrement mystérieuse, partout soustraite d'ailleurs à notre regard, n'en est pas affectée, perdure bien plutôt, imperturbable, même s'il est vrai que nous ne percevons ni ne comprenons la manière dont se produit ce processus, et que nous ne pouvons le penser qu'en général, comme une espèce de *tour de passe-passe* [en français dans le texte] qui s'accomplit sous nos yeux. Car, que le plus imparfait, le plus inférieur, l'inorganique perdure sans être inquiété, alors que les êtres les plus parfaits, les êtres vivants, avec leurs organismes infiniment compliqués et extraordinairement ingénieux, doivent naître toujours à nouveau tout entièrement et devenir absolument néant après un certain temps, pour céder la place à des êtres nouveaux, semblables à eux, venus du néant à l'existence, c'est là une absurdité si manifeste qu'on ne saurait y voir le vrai ordre des choses, mais bien plutôt une enveloppe qui le cache, plus précisément un phénomène conditionné par la nature de notre intellect. Et même tout l'être et le non-être de ces êtres singuliers par rapport auxquels la vie et la mort sont des contraires, ne peuvent être que relatifs; le langage de la nature, dans laquelle on nous les donne comme absolus, ne saurait donc être l'expression vraie et ultime de la nature des choses et de l'ordre du monde: il est simplement un *patois du pays* [en français dans le texte], c'est-à-dire une chose à la vérité seulement relative, prétendument telle, à comprendre *cum grano salis* [avec un grain de sel[25]] ou, pour le dire strictement, conditionnée par notre intellect. — Je prétends qu'une conviction immédiate et intuitive, de l'espèce de celle que j'ai tenté ici de circonscrire par des mots, devrait s'imposer à tout un chacun, mais seulement, il va de soi, à celui dont l'esprit n'est pas d'un genre particulièrement commun, susceptible de ne connaître absolument que le singulier comme tel, borné donc à la connaissance des individus, à l'instar de l'intellect animal. Celui en revanche qui, en vertu d'une capacité légèrement plus puissante, commence déjà à voir dans les êtres singuliers ce qu'ils ont d'universel, leurs Idées, celui-là participera aussi à un certain degré de ladite conviction, comme d'une conviction immédiate et, de ce fait, certaine. En effet, seules les petites têtes bornées craignent très sérieusement la mort comme leur anéantissement, alors que les esprits vraiment privilégiés ne sont aucunement concernés par ces frayeurs. Platon fonda à raison toute la philosophie sur la connaissance de la doctrine des Idées, c'est-à-dire sur la perception de l'universel dans le singulier. La conviction ici décrite, née directement de l'appréhension de la nature, a dû être extraordinairement vivante chez les auteurs sublimes, qu'on peine à considérer comme de simples mortels, des *Upanishads*[26] du *Véda*, car cette conviction nous parle à travers un nombre illimité de leurs sentences avec tant d'insistance que nous devons attribuer cette illumination directe de leur esprit à ceci que ces sages, étant plus proches, dans le temps, de l'origine de notre espèce, ont saisi plus clairement et plus profondément l'essence des choses que ne le peut une race déjà affaiblie, οἷον νῦν βροτοί εἰσιν [tels que sont les mortels d'aujourd'hui[27]]. Il est vrai que leur conception fut favorisée par la nature en Inde, vivante à un tout autre degré que chez nous dans le Nord. — Mais la réflexion menée par ce grand esprit de Kant a permis de nous conduire, par une autre voie, au même endroit, en nous apprenant que notre

intellect, par lequel se présente ce monde phénoménal soumis à un changement si rapide, n'appréhende pas l'essence vraie et ultime des choses, mais
seulement son phénomène, et ce, ainsi que je l'ai
ajouté, parce qu'il n'est initialement destiné qu'à
offrir les motifs à notre volonté, c'est-à-dire à lui
servir dans la poursuite de ses buts mesquins.

Mais poussons plus loin encore nos considérations
objectives et impartiales sur la nature. — Lorsque je
tue un animal, que ce soit un chien, un oiseau, une
grenouille, ou même un simple insecte, il est réellement impensable que cet être, ou plutôt la force
primordiale en vertu de laquelle un tel phénomène
aussi admirable se présentait encore l'instant d'avant
dans sa pleine énergie et vivacité, ait été réduit à
néant par mon acte insouciant et méchant. — Et
d'autre part, les millions d'animaux de toutes les
espèces qui à chaque instant, dans leur infinie multiplicité, entrent pleins de force et d'activité dans
l'existence, ne peuvent jamais ne pas avoir été avant
l'acte de leur engendrement et avoir accédé à un
commencement absolu à partir de rien. — Si je vois
maintenant, toujours dans cette perspective, l'un
d'eux se soustraire à mon regard sans que je sache
jamais où il va, et un autre apparaître sans que je
sache jamais d'où il vient ; si, en outre, tous deux ont
la même forme, la même essence, le même caractère,
et ne se distinguent que par la matière qu'ils n'ont
d'ailleurs de cesse durant leur existence d'éliminer
et de renouveler, alors l'hypothèse affirmant que ce
qui disparaît et ce qui prend sa place sont d'une
seule et même essence n'ayant subi qu'une modification minime, un renouvellement de la forme de
leur existence, et affirmant, par suite, que le sommeil
est pour l'individu ce que la mort est pour l'espèce,
alors cette hypothèse, dis-je, est tellement plausible

qu'il est impossible de ne pas l'adopter, si la tête, déformée dans sa première jeunesse par l'imprégnation d'opinions fondamentales fausses, ne s'en détourne pas d'emblée avec une crainte superstitieuse. Or soutenir le contraire en affirmant que la naissance d'un animal serait une génération à partir du néant et, par conséquent, sa mort équivalente à son anéantissement absolu, en ajoutant de surcroît que l'homme, créé lui aussi à partir du néant, n'en jouirait pas moins, en toute conscience, d'une perdurance individuelle et infinie, alors que le chien, le singe, l'éléphant seraient anéantis par la mort, c'est là une hypothèse que le bon sens ne peut que trouver révoltante et déclarer comme absurde. — Si, comme on le répète assez souvent, la comparaison des résultats d'un système avec les dires du sens commun est censée être la pierre de touche de sa vérité, alors je souhaite que les adeptes de cette théorie fondamentale, transmise, tel un héritage, de Descartes jusqu'aux éclectiques prékantiens, toujours en vigueur même parmi un grand nombre d'esprits cultivés en Europe, essaient une fois cette pierre de touche sur ce point.

L'authentique symbole de la nature, partout et toujours, est le cercle[28], car il est le schéma de son retour <*Wiederkehr*>, lequel, en effet, est la forme la plus universelle dans la nature, qu'elle réalise en toute chose, de la trajectoire des astres jusqu'à la mort et à la naissance des êtres organiques, et par où seul, dans le cours incessant du temps et de son contenu même, une existence permanente, c'est-à-dire une nature, devient possible.

Qu'on observe, en automne, le petit monde des insectes : on voit que l'un prépare son lit pour dormir de ce sommeil long et engourdissant de l'hibernation, qu'un autre se met en cocon pour hiberner en chrysalide pour se réveiller au printemps, rajeuni et achevé, que la plupart enfin, qui pensent trouver leur repos dans les bras de la mort, n'ont qu'à installer soigneusement le gîte adéquat pour leur œuf dont ils surgiront un jour, renouvelés. Voilà la grande leçon d'immortalité enseignée par la nature, qui veut nous enseigner qu'entre le sommeil et la mort, il n'y a pas de différence radicale, et que l'un menace aussi peu l'existence que l'autre. Le soin avec lequel l'insecte prépare une cellule, ou une fosse, ou un nid, y dépose son œuf, avec des provisions pour la larve qui en surgira au printemps prochain, puis meurt tranquillement, est tout à fait similaire au soin avec lequel un homme dispose, la veille, sa robe et son petit déjeuner pour le lendemain, puis va se coucher paisiblement. Ce soin, d'ailleurs, ne pourrait avoir lieu si, en soi et selon son essence véritable, l'insecte qui meurt en automne n'était pas aussi identique à celui qui éclôt au printemps que l'homme qui se couche pour dormir à celui qui se lève.

Après ces considérations, faisons retour sur nous-mêmes et sur notre espèce, pour lancer notre regard au loin, dans un très lointain avenir, en cherchant à nous représenter les générations futures avec ses millions d'individus sous la forme étrangère de leurs coutumes et habits, puis interjetons ces questions : d'où viendront ces individus ? où sont-ils maintenant ? où est l'abondante matrice du néant gros de mondes qui les abrite, ces générations futures ? La bonne réponse, donnée avec un sourire, serait sans doute celle-ci : où pourraient-ils être sinon là où le réel a toujours été et sera toujours, dans le présent[29] et dans le contenu de celui-ci, autrement dit auprès de toi qui, obnubilé, poses ces questions et, en méconnaissant sa propre essence, ressembles à la feuille sur l'arbre qui, fanée en automne, sur le point de tomber, déplore son déclin et refuse de se laisser consoler par la perspective de la verdure fraîche qui revêtira l'arbre au printemps, pour entonner sa plainte : « Mais ce n'est pas moi ! ce sont d'autres feuilles ! » — Ô feuille stupide ! Où voudrais-tu aller ? Et d'où viendraient les autres ? Où est le néant dont tu crains le gouffre ? — Connais donc ton essence propre, celle-là même qui est si pleine de cette soif d'exister, reconnais-la dans la force intime, mysté-rieuse, active de l'arbre, cette force qui, toujours UNE et identique à travers toutes les générations de feuilles, est à l'abri de la génération et de la cor-ruption. Car

Οἵη περ φύλλων γενεή, τοίη δὲ καὶ ἀνδρῶν

C[(*Qualis foliorum generatio, talis et hominum*)]C

[Les humains passent comme les feuilles[30]]

Que la mouche qui bourdonne autour de moi en ce moment s'endorme le soir et bourdonne de nouveau demain matin, ou qu'elle meure le soir et qu'au prin-temps, sortie de son œuf, bourdonne une autre mouche, voilà qui est au fond la même chose ; c'est bien pourquoi la connaissance qui présente ceci comme deux choses fondamentalement différentes n'est pas inconditionnée, mais relative, une connais-sance du phénomène et non de la chose en soi. La mouche réapparaît le lendemain matin ; elle en fera de même au printemps. Qu'est-ce qui distingue, pour elle, l'hiver de la nuit ? — Dans la physiologie de Burdach, t. I, § 275[31], nous lisons : « Jusqu'à 10 heures aucune *cercaria ephemera* (un infusoire) n'est visible (dans l'infusion), et à 12 heures, toute l'eau en fourmille. Elles meurent le soir et le len-

demain matin en naissent d'autres. Nitzsch en a fait
l'observation six jours d'affilée. »

Ainsi, tout ne dure qu'un instant et court à la mort[32].
La plante et l'insecte meurent à la fin de l'été,
l'animal, l'homme après quelques années : la mort ne
cesse de faucher. Mais malgré cela, et même comme
si de rien n'était, tout est toujours en son lieu et à sa
place, exactement comme si tout était impérissable.
En tout temps, la plante verdoie et fleurit, l'insecte
bourdonne, l'animal et l'homme se présentent dans
une jeunesse indestructible, et les cerises mille fois
goûtées, nous les retrouvons chaque été[33]. Les peuples,
eux aussi, se présentent comme des individus immortels, bien qu'ils changent parfois de nom ; c[leurs
gestes, leurs faits, leurs douleurs sont d'ailleurs les
mêmes en tout temps, même si l'histoire prétend
toujours raconter du nouveau ; car celle-ci est comme
un kaléidoscope qui, avec chaque tour, montre une
configuration nouvelle, alors qu'au fond nous avons
toujours la même chose devant les yeux.]c Quelle
idée donc s'impose plus irrésistiblement que celle
selon laquelle génération et corruption ne concernent
pas l'essence authentique des choses, et que celle-ci
n'en est pas altérée, qu'elle est donc immuable, avec
pour conséquence qu'absolument tout ce qui VEUT
exister existe réellement, continûment, infiniment.
Dès lors, à chaque instant donné dans le temps,
toutes les espèces animales, du moustique à l'éléphant, se trouvent réunies au complet. Elles se sont
déjà renouvelées des milliers de fois, tout en restant
les mêmes[34]. Elles ne savent rien de leurs semblables
qui ont vécu avant elles et vivront après elles : c'est
l'espèce qui vit toujours, et c'est à travers la
conscience de son impérissabilité et de leur identité
avec elle que les individus sont là, dans leur assurance. La volonté de vivre s'apparaît à elle-même

dans un présent sans fin, parce que celui-ci est la forme de la vie de l'espèce, laquelle, par conséquent, ne vieillit pas, mais reste toujours jeune. La mort est pour elle ce que le sommeil est pour l'individu, ou pour l'œil le battement des paupières, dont l'absence permet de reconnaître les dieux indiens lorsqu'ils apparaissent sous une forme humaine[35]. De même que le monde disparaît avec la tombée de la nuit sans pour autant cesser d'être un seul instant, l'homme et l'animal paraissent disparaître avec la mort, alors que leur essence véritable subsiste imperturbablement. Qu'on s'imagine maintenant cette alternance de la mort et de la naissance comme des vibrations infiniment rapides, et on tiendra l'objectivation permanente de la volonté, les Idées perpétuelles des êtres, fixées comme l'arc-en-ciel[36] au-dessus de la chute d'eau. C'est cela, l'immortalité temporelle. En conséquence de quoi, malgré des millénaires de mort et de corruption, rien n'a jamais été perdu, pas le moindre atome de la matière, moins encore quelque chose de l'essence intime qui se présente comme la nature. Nous pouvons donc à chaque instant nous écrier avec assurance : « En dépit du temps, de la mort, de la corruption, nous sommes encore tous réunis ! »

Il faudrait peut-être en excepter celui qui, à ce jeu, aurait dit un jour, du fond du cœur : « Je ne joue plus. » Mais ce n'est pas encore le lieu ici pour en parler[37].

C[Il convient cependant d'attirer l'attention sur ceci que les douleurs de la naissance et l'amertume de la mort sont les conditions constantes sous lesquelles la volonté de vivre se maintient dans son objectivation, c'est-à-dire, sous lesquelles notre essence en soi, inaltérée par le cours du temps et par l'extinction des espèces, existe dans un présent perpétuel et jouit du fruit de l'affirmation de la volonté de vivre. Cela est analogue au fait que nous ne pouvons être éveillés le jour qu'à condition de dormir la nuit ; on peut même y voir le commentaire que la nature donne pour faire comprendre ce passage difficile.]C[38]

Le substrat en effet, ou le remplissement, πλήρωμα, ou la matière du PRÉSENT, est foncièrement et tout le temps le même. L'impossibilité d'avoir une connaissance immédiate de cette identité, c'est précisément LE TEMPS, forme et borne de notre intellect. Le fait qu'en vertu du temps, l'avenir, par exemple, ne soit pas encore, repose sur une illusion que nous comprenons lorsqu'il s'est produit. Que la forme essentielle de notre intellect entraîne une telle illusion s'explique et se justifie par ceci que l'intellect n'est nullement issu des mains de la nature pour appréhender l'essence des choses, mais seulement pour appréhender les motifs, au service, donc, d'un phénomène individuel et temporel de la volonté[39].

C[À résumer les considérations qui nous occupent ici, on comprendra aussi le sens véritable de la doctrine paradoxale des Éléates, qu'il n'y a ni génération ni corruption, mais que le tout demeure immobile : Παρμενίδης καὶ Μέλισσος ἀνῄρουν γένεσιν καὶ φθορὰν διὰ τὸ νομίζειν τὸ πᾶν ἀκίνητον *(Parmenides et Melissus ortum et interitum tollebant, quoniam nihil moveri putabant. Stob. Ecl., I, 21)* [Parménide et Mélissos niaient la génération et la corruption, car ils croyaient que le tout était immobile[40]]. On comprendra aussi le beau passage d'Empédocle, conservé par Plutarque, dans le livre *Adversus Coloten, c. 12* :

> Νήπιοι· οὐ γάρ σφιν δολιχόφρονές εἰσι μέριμναι,
> Οἳ δὴ γίνεσθαι πάρος οὐκ ἐὸν ἐλπίζουσι,
> Ἤ τι καταθνήσκειν καὶ ἐξόλλυσθαι ἁπάντῃ.
> Οὐκ ἂν ἀνὴρ τοιαῦτα σοφὸς φρεσὶ μαντεύσαιτο,

'Ὡς ὄφρα μέν τε βιῶσι (τὸ δὴ βίοτον καλέουσι),
Τόφρα μὲν οὖν εἰσιν καί σφιν πάρα δεινὰ καὶ ἐσθλά,
Πρὶν δὲ πάγεν τε βροτοί, καὶ ἐπεὶ λύθεν, οὐδὲν ἄρ' εἰσίν.

(Stulta, et prolixas non admittentia curas
Pectora : qui sperant, existere posse, quod ante
Non fuit, aut ullam rem pessum protinus ire ; —
Non animo prudens homo quod praesentiat ullus,
Dum vivunt (namque hoc vitae nomine signant),
Sunt, et fortuna tum conflictantur utraque :
Ante ortum nihil est homo, nec post funera quidquam.)

[Demeurés ! Oui, leur vue, je le vois, est bien courte,
Puisqu'ils forgent l'idée qu'un non-étant pourrait
À l'être parvenir, ou bien que quelque chose
Pourrait bien en mourant tout entier disparaître.
Jamais il ne viendrait à la pensée d'un sage
Que le temps de la vie, au sens usuel de vie,
Avec tout son cortège et de maux et de biens,
Pourrait à lui tout seul constituer l'existence ;
Qu'avant d'être assemblés, qu'après s'être dissous,
Les mortels ne sont rien[41].]

Le passage tout à fait remarquable, et surprenant dans ce contexte, dans *Jacques le fataliste* de Diderot, mérite également qu'on le mentionne ici : « un château immense, au frontispice duquel on lisait : "Je n'appartiens à personne, et j'appartiens à tout le monde : vous y étiez avant que d'y entrer, vous y serez encore, quand vous en sortirez"[42]. »]C

Il est vrai que c'est dans ce sens précis où l'homme, lors de la génération, naît à partir du néant, qu'il redevient néant par la mort. Or il serait fort intéressant d'avoir une connaissance véritable de ce néant, car il suffit d'une perspicacité moyenne pour comprendre que ce néant empirique n'est aucunement absolu, c'est-à-dire un néant qui serait néant dans tous les sens du terme[43]. À cette compréhension conduit déjà la remarque empirique que les qualités des parents se retrouvent dans la progéniture et ont donc survécu à la mort. Mais j'aborderai ce sujet dans un chapitre spécial.

C[Il n'y a pas de plus grand contraste que celui entre la fuite irrésistible du temps, qui emporte avec lui tout ce qu'il contient, et l'immobilité rigide de l'existant réel, qui est en tout temps un et identique. Et si, depuis cette perspective, on regarde, en toute objectivité, les événements immédiats de la vie, on aperçoit clairement le *nunc stans* au centre de la roue du temps.]C — À un œil pourvu d'une durée de vie incomparablement plus longue, pouvant embrasser d'un seul regard l'espèce humaine dans toute son étendue, l'alternance constante entre la naissance et la mort ne se présenterait que comme une vibration continue, et, de ce fait, cet œil n'aurait pas même l'idée d'y voir un perpétuel devenir s'écoulant du néant au néant ; bien au contraire, de même qu'à notre regard l'étincelle qui tourne rapidement apparaît comme un cercle continu, le ressort qui vibre rapidement comme un triangle stable, le fil qui oscille comme un fuseau, l'espèce lui apparaîtrait comme l'étant et le permanent, la mort et la naissance comme des vibrations.

De l'indestructibilité de notre essence véritable par la mort, nous aurons des notions fausses aussi longtemps que nous ne serons pas résolus à l'étudier d'abord chez les animaux, et que nous prétendrons à une espèce particulière et distinguée de celle-ci, affublée du nom présomptueux d'immortalité. C[Or c'est bien exclusivement en raison de cette prétention, et de la conception bornée qui en procède, que la plupart des hommes répugnent si obstinément à reconnaître cette vérité si évidente que pour l'essentiel et le principal nous sommes la même chose que les animaux, au point même que devant la moindre allusion à notre parenté avec ceux-ci, ils reculent d'effroi. Or c'est le reniement de cette vérité, plus que tous les autres obstacles, qui leur barre la route pour accéder à la connaissance réelle de l'indestructibilité de notre essence. Car si on cherche quelque chose sur un mauvais chemin, c'est bien qu'on a perdu le bon, et on ne trouvera finalement jamais autre chose sur le premier qu'une déception finale. Poursuivons donc franchement la vérité, sans chimères préconçues, en nous laissant guider par la nature !]C Apprenez C[d'emblée]C, en observant tout jeune animal, à y reconnaître l'existence jamais vieillissante de l'espèce, laquelle offre à chaque nouvel individu, comme un reflet de sa jeunesse éternelle, une jeunesse temporelle, et le fait entrer sur scène avec autant de nouveauté et de fraîcheur que si le monde datait d'aujourd'hui. Demandez-vous sincèrement si l'hirondelle de ce printemps est vraiment tout à fait différente de celle du précédent et si entre les deux, le miracle de la création à partir du néant s'est réellement reproduit des millions de fois pour conduire autant de fois à la destruction absolue. — Je sais parfaitement que si j'assurais très sérieusement à quelqu'un que le chat qui joue en ce moment dans la cour est celui qui y faisait les mêmes bonds et les mêmes manœuvres voilà trois cents ans, il me croirait fou ; mais je sais tout aussi parfaitement qu'il est bien plus fou encore de croire que le chat actuel est de part en part et de la tête aux pattes tout à fait différent de celui d'il y a trois cents ans. — Il suffit de se plonger avec sérieux et avec minutie dans la contemplation de l'un de ces vertébrés supérieurs pour comprendre clairement que cet être inson-

dable, tel qu'il existe, ne peut absolument pas, pris
dans sa totalité, devenir néant ; pourtant, on en
connaît d'autre part la périssabilité. La raison en est
que dans cet animal, l'éternité de son Idée (espèce)
est inscrite dans la finitude de l'individu. Cm[Car
dans un certain sens, il est absolument vrai que dans
l'individu, nous avons toujours un autre être devant
nous, plus précisément dans le sens fondé sur le
principe de raison, qui comprend aussi le temps et
l'espace constitutifs du *principium individuationis*.
Mais dans un autre sens, ce n'est pas vrai, plus exactement au sens où la réalité ne revient qu'aux formes
permanentes des choses, aux Idées ; c'est ce que
Platon avait si parfaitement saisi, au point d'en faire
la pensée fondamentale, le centre de sa philosophie,
et de son appréhension, le critère de la capacité à
philosopher en général.]Cm

De même que les gouttes atomisées de la chute
d'eau rugissante se modifient à la vitesse de l'éclair
alors que l'arc-en-ciel, dont elles sont le support,
demeure dans un calme immobile, tout à fait inaltéré
par ce changement incessant, chaque Idée, c'est-à-
dire chaque espèce d'êtres vivants, reste inaltérée
par le changement continu de ses individus. Or la
volonté de vivre s'enracine réellement, pour s'y
manifester, dans l'Idée, ou l'espèce, raison pour
laquelle c'est la subsistance de celle-ci qui seule lui
importe vraiment. Les lions, par exemple, qui naissent
et meurent, sont comme les gouttes de la chute d'eau,
mais la *leonitas* [léonité], l'Idée, C[ou la forme]C du
lion, est comparable à l'arc-en-ciel imperturbable qui
se tient au-dessus. Voilà donc pourquoi Platon attri-
buait aux Idées seules, c'est-à-dire aux *species*, aux
espèces, l'être véritable et aux individus, simplement
l'incessante génération et corruption. C'est d'ailleurs
aussi du tréfonds de la conscience de son impéris-

sabilité que surgissent l'assurance et la tranquillité avec lesquelles tout individu, animal et également humain, déambule sereinement parmi une armée de hasards qui peuvent l'anéantir à chaque instant, et, de surcroît, va droit à la mort; mais son regard exprime le calme de l'espèce qui n'est pas concernée ni inquiétée par cette disparition. Or les dogmes incertains et changeants ne pourraient conférer ce calme à l'homme. Mais comme nous l'avons dit, l'observation de chaque animal nous apprend que la mort n'entrave pas la manifestation de la volonté, qui est le noyau de la vie. Cm[Quel insondable mystère réside dans chaque animal!]Cm Regardez le premier animal venu, regardez votre chien: avec quelle assurance et quel calme il se tient là! Des milliers de chiens ont dû mourir avant que ce fût son tour de vivre. Mais la disparition de ces milliers n'a pas inquiété l'Idée du chien: elle n'a pas été perturbée un seul instant par toutes ces morts. De ce fait, le chien se présente avec autant de fraîcheur et de force élémentaire que si cette journée était sa première, et qu'aucune ne pouvait être sa dernière, et dans ses yeux luit le principe indestructible qui lui est inhérent, l'*archeus*[44]. Qu'est-ce donc, qui a péri à travers tous ces millénaires? — Non pas le chien, il se tient là devant nous, intact, mais seulement son ombre, son image dans notre mode de connaissance lié au temps. Comment pourrait-on croire que périsse ce qui est toujours et toujours là et remplit le temps tout entier? — On peut certes expliquer la chose empiriquement: dans la mesure où la mort a anéanti les individus, d'autres ont surgi par génération. Mais cette explication empirique n'en est une qu'en apparence: elle remplace l'énigme par une autre. En fin de compte, l'intelligence métaphysique de la chose, bien qu'elle ne s'obtienne pas à si bon marché, est certainement la seule vraie et la seule satisfaisante.

Kant, selon son procédé subjectif, a mis en évidence cette grande vérité, quoique négative, que nous ne pouvons attribuer le temps à la chose en soi, car il se trouve préformé dans notre appréhension[45]. Cm[Or la mort est la fin temporelle du phénomène temporel ; mais, dès que nous éliminons le temps, il n'y a plus de fin, ce terme étant alors vidé de tout son sens.]Cm Moi cependant, selon une voie objective, je m'efforce maintenant de démontrer l'aspect positif de l'affaire, à savoir que la chose en soi demeure inaltérée par le temps et par ce qui n'est possible qu'à travers lui, la génération et la corruption, et que les phénomènes dans le temps ne pourraient même pas avoir cette existence éphémère sans trêve ni repos, au plus proche du néant, s'ils n'abritaient pas en eux un noyau d'éternité. L'ÉTERNITÉ, certes, est un concept qui n'est fondé sur aucune intuition, raison pour laquelle son contenu est seulement négatif, désignant, en effet, une existence intemporelle. Le TEMPS n'en est pas moins une simple image de l'éternité, ὁ χρόνος εἰκὼν τοῦ αἰῶνος, comme l'a dit Plotin[46], et de la même façon, notre existence temporelle est la simple image de notre essence en soi. Celle-ci doit résider dans l'éternité, précisément parce que le temps n'est que la forme de notre connaissance ; or ce n'est justement que par le temps que nous connaissons notre essence et celle de toutes les choses, comme périssable, finie, et vouée à l'anéantissement.

Au livre II, j'ai montré que l'objectité adéquate de la volonté comme chose en soi est, à chacun de ses degrés, l'IDÉE (platonicienne) ; de même, au livre III, que les Idées des êtres ont pour corrélat le pur sujet du connaître, partant, que la connaissance de celles-ci ne se produit qu'à titre exceptionnel, sous des conditions particulièrement favorables, et pour un certain temps. En revanche, pour la connaissance individuelle, c'est-à-dire dans le temps, l'IDÉE se manifeste sous la forme de l'ESPÈCE, qui est l'Idée, dispersée par son entrée même dans le temps. L'essence la plus intime de chaque animal, et aussi de chaque homme, réside ainsi dans l'ESPÈCE, dans laquelle, donc, s'enracine la volonté de vivre avec son activité si puissante, et non vraiment dans l'individu. En revanche, c'est dans celui-ci seul que se trouve la conscience immédiate, raison pour laquelle elle prétend différer de l'espèce, et qu'elle craint donc la mort. La volonté de vivre se manifeste, relativement à l'individu, comme faim et crainte de la mort ; relativement à l'espèce comme pulsion sexuelle et souci fervent pour la progéniture. Conformément à cela, nous voyons la nature, qui est libre de cette illusion de l'individu, aussi soucieuse de la préservation de l'espèce qu'indifférente à l'égard de la disparition des individus ; ceux-ci ne sont pour elle toujours qu'un moyen, celle-là, une fin. C'est pourquoi on trouve un contraste frappant entre son avarice dans la dotation des individus et sa prodigalité dès qu'il s'agit de l'espèce. Dans ce dernier cas, on tire effectivement chaque année des milliers de germes et plus d'UN SEUL individu, par exemple des arbres, des poissons, des crabes, des termites, et de bien d'autres encore. Dans le premier cas par contre, on accorde à chacun juste assez de forces et d'organes pour qu'il puisse péniblement gagner sa vie au prix d'efforts incessants, raison pour laquelle un animal, lorsqu'il est estropié ou affaibli, doit généralement mourir de faim. Et quand on a pu faire des économies occasionnelles, parce qu'on pouvait au besoin supprimer un organe, celui-ci a été retenu, même si c'était contraire à l'ordre ; c'est pourquoi de nombreuses chenilles sont privées d'yeux : les pauvres animaux tâtonnent dans l'obscurité pour avancer de feuille en feuille, ce qui, en l'absence d'antennes, se fait en sorte qu'elles se balancent en l'air de droite à gauche avec les trois quarts de leur corps jusqu'à rencontrer un objet, manquant alors souvent leur nourriture située tout à côté. Mais tout cela se produit suite à la *lex parsimoniae naturae* [loi de la parcimonie de la nature], dont la formulation *natura nihil facit supervacaneum* [la nature ne fait rien de superflu[47]] peut être complétée par *et nihil largitur* [et elle ne fait pas de largesses]. — La même tendance de la nature se montre également en ceci que plus l'individu, en vertu de son âge, est apte à la reproduction, plus s'y manifeste avec vigueur la *vis naturae medicatrix* [la vertu curative de la nature] ; de ce fait, ses blessures guérissent aisément et il se remet facilement d'une maladie. Ce pouvoir diminue avec la faculté reproductrice et tombe au plus bas lorsque celle-ci s'éteint, car dès lors, aux yeux de la nature, l'individu a perdu toute valeur.

Si maintenant nous jetons encore un regard sur l'échelle des êtres avec toute la gradation de la conscience qui l'accompagne, du polype jusqu'à l'homme, nous voyons certes que cette merveilleuse pyramide se maintient, par la mort incessante des individus, dans une oscillation constante, mais aussi qu'elle perdure à travers l'infinité du temps par le lien de la génération dans les espèces. Alors que, ainsi que nous l'avons montré plus haut, l'OBJECTIF, l'espèce, se présente comme indestructible, le SUBJECTIF, lequel n'existe que dans la conscience de soi de ces êtres, paraît n'avoir que la plus brève des durées et être sans cesse détruit, pour resurgir autant de fois, de façon incompréhensible, du néant. Il faut vraiment avoir la vue courte pour se laisser tromper par cette apparence et ne pas comprendre que même si la forme de la perdurance <*Fortdauer*> temporelle ne revient qu'à l'objectif, le subjectif — c'est-à-dire la VOLONTÉ, qui vit et apparaît à travers tout ceci et avec elle le sujet du CONNAÎTRE à travers lequel ce subjectif se présente — ne doit pas être moins indestructible. Car la perdurance de l'objectif, ou de l'extérieur, ne saurait être que le phénomène de l'indestructibilité du subjectif, ou de l'intérieur, celui-ci ne pouvant pas posséder ce qu'il n'a pas emprunté à celui-là, et ne saurait être essentiellement et primitivement un objectif, un phénomène, puis ensuite, secondairement et accidentellement, un subjectif, une chose en soi, une conscience de soi. Manifestement, celle-ci présuppose, comme phénomène, quelque chose qui se phénoménalise, comme être pour autre chose, un être pour soi, et comme objet, un sujet, mais non l'inverse, parce que dans tous les cas, la racine des choses doit résider dans ce qu'elles sont pour elles-mêmes, c'est-à-dire dans le subjectif, et non dans ce qu'elles sont d'abord pour les autres, dans une conscience étrangère. Conformément à ceci, nous avons trouvé, au livre I, que le bon point de départ pour la philosophie était nécessairement et essentiellement le point de départ subjectif, c'est-à-dire idéaliste[48]; de même, que le point de départ contraire, procédant de l'objectif, conduisait au matérialisme. — Mais, au fond, nous faisons un avec le monde bien plus que nous le pensons habituellement: son essence intime est notre volonté; son phénomène, notre représentation. Pour celui qui pourrait porter à une claire conscience cette unité, la différence entre la perdurance du monde extérieur après sa mort et sa propre perdurance après la mort disparaîtrait ; les deux se présenteraient à lui comme une seule et même chose, et il rirait même de l'illusion qui pouvait les distinguer. Car l'intelligence de l'indestructibilité de notre essence coïncide avec celle de l'identité du macrocosme et du microcosme. En attendant, on peut expliciter ce qui vient d'être dit par une expérience particulière, à réaliser dans l'imagination, expérience qu'on pourrait qualifier de métaphysique. Qu'on essaie donc de se représenter avec précision le temps, d'ailleurs pas si éloigné, où l'on sera mort. On fait alors abstraction de soi-même en laissant subsister le monde ; mais à son propre étonnement, on découvrira bientôt que ce faisant, on y était quand même. Car on croyait se représenter le monde sans soi-même, alors que dans la conscience, le moi est l'immédiat, par lequel seul le monde est médiatisé, pour lequel seul il existe[49]. C[C'est ce centre de toute existence, ce noyau de toute réalité, qu'on est censé abolir tout en laissant subsister le monde : c'est là une pensée qu'on peut certainement concevoir *in abstracto*, mais qui n'est guère réalisable. L'effort pour y parvenir,]C la tentative de penser le secondaire sans le primaire, le conditionné sans la condition, le supporté sans le support, échoue à chaque fois, à peu près comme celui qui consiste à penser un triangle rectangle équilatéral, ou l'apparition et la disparition de la matière, et autres impossibilités du même genre. Au lieu de ce que nous visions initialement, nous sommes envahis par le sentiment que le monde n'est pas moins en nous que nous en lui, et que la source de toute réalité se trouve dans notre intérieur. Au fond, le résultat est le suivant : le temps où je ne serai pas arrivera objectivement, mais subjectivement, il ne saurait jamais arriver. — On pourrait dès lors se demander jusqu'à quel point chacun croit vraiment, au fond de son cœur, à quelque chose qu'il est en vérité incapable de penser, ou si, peut-être — puisqu'à cette expérience purement intellectuelle, mais réalisée par tout un chacun plus ou moins clairement, s'ajoute la conscience la plus intime de l'indestructibilité de notre essence en soi —, notre propre mort n'est pas, en fin de compte, la chose la plus fictive au monde.

La profonde conviction de notre indestructibilité par la mort, que chacun, comme l'attestent également les inévitables remords de conscience à son approche, porte au fond de son cœur, dépend tout à fait de la conscience de notre nature originaire et éternelle; c'est pourquoi Spinoza l'exprime ainsi: *sentimus, experimurque, nos* aeternos *esse* [nous sentons et nous expérimentons que nous sommes éternels[50]]. Car un homme raisonnable ne peut se penser comme impérissable que pour autant qu'il se pense comme dénué de commencement, comme éternel, et, au fond, comme intemporel. Celui, au contraire, qui considère qu'il est devenu à partir du néant doit également penser qu'il redeviendra néant; car, qu'un temps infini ait pu s'écouler avant qu'il n'existe, mais qu'ensuite un deuxième temps infini ait commencé durant lequel il ne cessera jamais d'exister, c'est là une idée monstrueuse. La raison la plus solide de notre impérissabilité est vraiment le vieux principe *ex nihilo nihil fit, et in nihilum nihil potest reverti* [rien ne peut naître de rien, et rien retourner à rien[51]]. De là ce que Théophraste Paracelse dit très justement (*Werke*, Strasbourg, 1603, t. 2, p. 6): «L'âme en moi est devenue à partir de quelque chose; c'est pourquoi elle n'aboutira pas au néant: car elle vient de quelque chose[52].» Il énonce ainsi la raison véritable. Mais pour celui qui tient la naissance de l'homme pour le commencement absolu de celui-ci, la mort en est également la fin absolue. Car tous deux sont ce qu'ils sont au même sens ; c'est pourquoi chacun ne peut se penser comme IMMORTEL que dans la mesure où il se pense également comme NON NÉ, et dans le même sens. C[Ce qu'est la naissance, la mort l'est également, selon l'essence et la signification ; il s'agit de la même ligne décrite dans deux directions. Si celle-là est une réelle création à partir du néant, celle-ci est aussi un réel anéantissement.]C Ce n'est que par le biais de l'ÉTERNITÉ de notre essence véritable qu'on peut en penser l'impérissabilité, laquelle n'est donc pas temporelle. L'hypothèse selon laquelle l'homme est créé à partir du néant conduit nécessairement à celle selon laquelle la mort est sa fin absolue. En cela, l'Ancien Testament est pleinement conséquent, car une création à partir du néant ne s'accorde pas avec une doctrine de l'immortalité. Le christianisme néo-testamentaire en possède une parce qu'il est d'esprit indien et, partant, plus que probablement d'origine indienne, bien que transmise indirectement, par l'Égypte. Mais cette sagesse indienne s'accorde aussi peu à la souche juive sur laquelle elle a dû se greffer en Terre promise que la liberté de la volonté à l'être-créé <*Geschaffensein*> de celle-ci, ou :

> *Humano capiti cervicem pictor equinam*
> *Jungere si velit.*

> [Si un peintre voulait ajuster sous une tête humaine
> Le cou d'un cheval[53].]

Il est toujours fâcheux de ne pas pouvoir être foncièrement original et tailler dans le bois tout entier. — Le brahmanisme et le bouddhisme, au contraire, admettent, comme conséquence tout à fait logique de la perdurance après la mort, une existence avant la naissance, dont la vie présente est destinée à expier les fautes. Le passage suivant dans l'histoire de la philosophie indienne de Colebrook, dans les *Transact. of the Asiatic London Society, vol. I, p.* 577[54], montre à quel point ils ont conscience de la nécessaire conséquence en la matière : *Against the system of the Bhagavatas, which is but partially heretical, the objection upon which the chief stress is laid by Vyasa is, that the soul would not be eternal, if it were a production, and consequently had a beginning**. Et on lit par ailleurs dans la *Doctrine of Buddhism* d'Upham, p. 110[55] : *The lot in hell of impious persons call'd Deitty is the most severe : these are they, who discrediting the evidence of Buddha, adhere to the heretical doctrine, that all living beings had their beginning in the mother's womb, and will have their end in death***.

Celui qui ne conçoit son existence que comme le fruit du hasard doit, il est vrai, craindre de la perdre par la mort. En revanche, celui qui comprend, même très généralement, que cette existence repose sur quelque nécessité primordiale, ne croira pas que cette dernière, qui a suscité une chose aussi merveilleuse, soit limitée à cette période, mais qu'elle agit toujours. Mais celui qui considère que jusqu'à ce moment présent où il existe s'est déjà écoulé un temps infini,

---

* «Contre le système des Bhâgavatas, qui n'est hérétique qu'en partie, l'objection à laquelle Vyâsa accorde le plus de poids, c'est que l'âme ne serait pas éternelle si elle était produite et si, partant, elle avait un commencement».

** «En enfer, le lot le plus dur est celui de ces irréligieux qu'on appelle les Deitty : ce sont ceux qui, rejetant le témoignage de Bouddha, adhèrent à la doctrine hérétique selon laquelle tous les êtres vivants trouvent leur commencement dans le ventre maternel, et leur fin dans la mort.»

et donc une infinité de modifications, mais qu'il n'en est pas moins là, celui-là reconnaîtra son existence comme nécessaire : toute la possibilité de tous les états a donc déjà été épuisée sans pouvoir abolir son existence. Si jamais il pouvait ne pas être, il ne serait pas déjà maintenant. Car l'infinité du temps déjà écoulé, avec l'épuisement de la possibilité de ses événements en lui, garantit que ce qui existe, existe nécessairement. Chacun doit par conséquent se comprendre comme un être nécessaire, c'est-à-dire un être dont l'existence suivrait de sa définition vraie et exhaustive, si seulement on la possédait[56]. C'est réellement cette suite de pensées qui contient la seule preuve de l'impérissabilité de notre essence véritable qui soit immanente, c'est-à-dire bornée au domaine des données conformes à l'expérience. L'existence doit, en effet, être inhérente à cette essence, parce qu'elle apparaît comme indépendante de tous les états qui peuvent être suscités par la chaîne causale ; car ces états se sont déjà réalisés et pourtant notre existence s'en est trouvée aussi peu ébranlée que le rayon de lumière par la tempête de vent qu'il traverse. Si le temps pouvait spontanément nous conduire à un état bienheureux, nous y serions déjà depuis bien longtemps, car un temps infini se trouve derrière nous. Mais si, de la même façon, il pouvait nous conduire à la disparition, nous ne serions plus depuis bien longtemps déjà. De ce que nous sommes là maintenant suit, à bien y réfléchir, que nous devons être là toujours. Car nous sommes nous-mêmes l'être que le temps a accueilli en lui pour remplir sa vacuité, raison pour laquelle cet être remplit le temps tout entier de la même façon, le présent, le passé et l'avenir, et il nous est tout aussi impossible de nous extraire de l'existence que de l'espace. — À y regarder de près, il est impensable que ce qui est là une fois avec toute la force de la réalité puisse un jour devenir néant pour ensuite ne pas être durant un temps infini. C'est de ceci qu'est née la doctrine chrétienne de la restitution de toutes choses, et celle hindoue de la création toujours renouvelée du monde par Brahma, ainsi que des dogmes similaires de la philosophie grecque. — Le grand secret de notre être et non-être, pour l'élucidation duquel on a conçu ces dogmes et tous les dogmes s'en rapprochant, repose en dernier lieu sur ceci que la même chose qui constitue, objectivement, une série infinie dans le temps est, subjectivement, un point, un présent indivisible, toujours présent; mais qui le comprend? C'est Kant qui en a donné l'explication la plus claire, dans sa doctrine immortelle de l'idéalité du temps et de l'unique réalité de la chose en soi. Cm[De cette doctrine résulte que l'essence véritable des choses, des hommes, du monde, réside, de façon durable et permanente, dans le *nunc stans*[57], fixe et immobile, et que le changement des phénomènes et des événements n'est que la conséquence de l'appréhension que nous en avons par le biais du temps, forme de notre intuition.]Cm Ainsi, au lieu de dire aux hommes: «vous êtes engendrés par la naissance[58], mais immortels», il faudrait leur dire: «vous n'êtes pas néant», et leur apprendre à le comprendre Cm[dans le sens de cette formule attribuée à Hermès Trismégiste : Τò γὰρ ὂν ἀεì ἔσται (*Quod enim est, erit semper. Stob. Ecl., I, 43, 6*[59]) [Ce qui est, sera toujours].]Cm Si toutefois on devait y échouer, et que le cœur inquiet entonnât sa vieille plainte: «Je vois que tous les êtres, par la naissance, sont engendrés à partir du néant pour y retomber après un bref délai; ma propre existence aussi, actuellement dans le présent, se trouvera bientôt dans un lointain passé, et je serai néant!», la bonne réplique serait celle-ci : « N'es-tu donc pas là ? Ne le détiens-tu donc pas, ce précieux présent auquel vous tous, enfants du temps, vous aspirez avec tant de convoitise, ne le détiens-tu pas maintenant, réellement ? Et comprends-tu comment tu y es arrivé ? Connais-tu les chemins qui t'y ont conduit au point de pouvoir comprendre qu'ils te seraient barrés par la mort ? Une existence de ton soi, après destruction de ton corps, te semble inconcevable dans sa possibilité, mais peut-elle être plus inconcevable que ton existence actuelle et la voie qui t'y a mené ? Pourquoi devrais-tu douter que les chemins secrets qui ouvraient pour toi à ce présent n'ouvriront pas également à tout présent futur ? »

Si donc les considérations de cette espèce sont assurément propres à susciter la conviction qu'en nous se trouve quelque chose que la mort ne peut détruire, cela ne se produit cependant que par l'élévation à un point de vue qui ne considère pas la naissance comme le commencement de notre existence. Or il suit de là que ce qui a été montré comme étant indestructible par la mort n'est pas à proprement parler l'individu, lequel en outre, engendré par la naissance, portant en lui les caractères du père et de la mère, se présente comme une simple différence de l'espèce et dès lors ne peut, à ce titre, n'être que frappé de finitude. De ce fait, de même que l'individu n'a aucun souvenir de son existence avant la naissance, il ne peut en avoir de son actuelle après la mort. Or c'est dans la CONSCIENCE que chacun place son moi ; celui-ci lui apparaît donc comme lié à l'individualité avec laquelle disparaît de toute façon tout ce qui, en tant qu'individu, lui est propre et le distingue des autres. C'est pourquoi il ne peut plus distinguer sa propre perdurance sans individualité de la subsistance des autres êtres, et il voit sombrer son moi. Or celui qui attache de la sorte son existence à l'identité de la CONSCIENCE, réclamant de ce fait pour celle-ci une perdurance infinie après la mort, devrait penser à ceci que dans tous les cas, il ne saurait l'obtenir qu'au prix d'un passé tout aussi infini avant la mort. Car, puisqu'il n'a pas de souvenir d'une existence avant la mort et que sa conscience commence donc avec la naissance, il doit considérer celle-ci comme un engendrement de son existence à partir du néant. Mais dès lors, il acquiert le temps infini de son existence après la mort avec un temps aussi long avant la naissance, par où le compte se balance sans profit pour lui. Si en revanche l'existence que la mort n'affecte pas est une autre que celle de la conscience individuelle, elle doit être indépendante tant de la mort que de la naissance, et il sera donc également vrai de dire à son sujet : «je serai toujours» et «j'ai toujours été»; ce qui donne quand même deux infinités pour une seule. — Mais il est vrai que le terme «moi» renferme la plus grande équivoque[60], ainsi que pourra le constater aisément celui qui a à l'esprit le contenu de notre livre II et la distinction qu'on y opère entre la partie volitive et cognitive de notre essence. Selon la compréhension que j'ai de ce mot, je peux dire : «la mort est ma fin totale», mais aussi : «je suis une partie infiniment petite du monde et une part aussi infiniment petite de mon essence vraie constitue mon phénomène personnel que voici». Mais le moi est le point noir de la conscience[61], de même que, sur la rétine, c'est le point d'insertion du nerf optique qui est précisément aveugle, de même le cerveau lui-même est totalement insensible, de même que le globe solaire est sombre, et de même que l'œil voit tout, sauf lui-même. Notre faculté de connaître est toute dirigée vers l'extérieur, conformément au fait

qu'elle est le produit d'une fonction cérébrale engendrée pour la seule conservation de soi, c'est-à-
dire pour la recherche de la nourriture et la capture
de la proie. C'est pourquoi chacun ne sait de lui-
même que ce qu'il sait de cet individu tel qu'il se
présente dans l'intuition extérieure. Mais s'il arrivait
à prendre conscience de ce qu'il est en plus et par
ailleurs, il laisserait volontiers tomber son individualité, sourirait de la ténacité avec laquelle il y est
attaché, et dirait : « qu'ai-je à me soucier de la perte
de cette individualité, alors que je porte en moi la
possibilité d'innombrables individualités ? » Il comprendrait que, même s'il ne doit pas s'attendre à la
perdurance de son individualité, c'est tout comme
s'il allait en bénéficier, puisqu'il en abrite l'entière
compensation. — On pourrait par ailleurs considérer encore ceci que l'individualité de la plupart
des hommes est tellement misérable et indigne qu'ils
n'y perdraient rien, et que ce qui chez eux garde
quelque valeur est l'universel humain ; or à celui-ci,
on peut promettre l'impérissabilité. Oui, l'immuabilité rigide et le caractère borné de toute individualité, si elle devait perdurer à l'infini, devrait finir,
comme telle, en raison de sa monotonie, par produire
un dégoût si grand que simplement pour s'en débarrasser, on préférera devenir néant. Demander l'immortalité de l'individualité signifie, en vérité, vouloir
perpétuer une erreur à l'infini. Car, au fond, chaque
individualité n'est qu'une erreur spéciale, un faux
pas, quelque chose qui devrait mieux ne pas être,
voire cela même dont l'annulation constitue le but
de la vie. C'est aussi ce que vient confirmer ceci que
la plupart des hommes, et à vrai dire tous, sont faits
en sorte qu'ils ne pourraient pas être heureux, quel
que soit le monde où ils souhaiteraient évoluer. Car
dans la mesure où un tel monde exclurait l'indigence

et la difficulté, ils succomberaient à l'ennui, et dans la mesure où on préviendrait celui-ci, ils tomberaient dans la peine, le tourment et la souffrance. Pour contribuer à une situation bienheureuse de l'homme, il ne suffirait donc absolument pas de le transférer dans un «monde meilleur», mais il faudrait aussi qu'il soit soumis lui-même à un changement fondamental, c'est-à-dire qu'il ne soit plus ce qu'il est pour devenir ce qu'il n'est pas. Mais pour ce faire, il faudrait d'abord qu'il cesse d'être ce qu'il est, réquisit provisoirement satisfait par la mort, dont on peut déjà, de ce point de vue, comprendre la nécessité morale. Être transféré dans un autre monde et changer son être tout entier, voilà, au fond, une seule et même chose. C'est également sur ceci que repose finalement cette dépendance de l'objectif à l'égard du subjectif, exposée par l'idéalisme de notre premier livre ; par conséquent, c'est là aussi le point de rattachement de la philosophie transcendantale à l'éthique. Si on en tient compte, on estimera que se réveiller du rêve de la vie n'est possible que pour autant qu'avec lui se dissipe également tout son tissu fondamental ; or celui-ci est son organe même, l'intellect, avec toutes ses formes, au moyen duquel le rêve tisserait sa trame à l'infini, tant il lui est consubstantiel. Or cela même qui rêvait ce rêve en est quand même distinct, et subsiste seul. En revanche, l'inquiétude qu'avec la mort tout finirait est comparable au cas d'une personne qui penserait dans un rêve que seuls existent les rêves sans rêveur. — Mais, après que la mort a mis fin à une conscience individuelle, serait-il réellement souhaitable de la rallumer pour la faire perdurer à l'infini ? En grande partie et même souvent en totalité, son contenu n'est rien d'autre qu'un flux de pensées mesquines, triviales, pauvres et d'infinis soucis : qu'on les apaise donc enfin! — C[Les Anciens avaient donc tout à fait raison de faire graver sur leurs tombes: *securitati perpetuae*, ou *bonae quieti* [paix perpétuelle, ou bon repos].]C Mais si on réclamait ici, comme on l'a souvent fait, la perdurance de la conscience individuelle pour y attacher une récompense ou une punition dans l'au-delà, on ne voudrait, au fond, qu'associer la vertu à l'égoïsme. Or ces deux ne s'accorderont jamais; ils sont fondamentalement opposés. Par contre, ce qui est bien fondé, c'est la conviction immédiate, suscitée par la vue d'actes nobles, que l'esprit de l'amour, qui épargne tel de ses ennemis, qui sauve tel autre jamais vu auparavant au péril de sa vie, ne saurait jamais se volatiliser, ne saurait jamais devenir néant.

La réponse la plus fouillée à la question de la perdurance de l'individu après la mort se trouve dans la grande doctrine kantienne de l'IDÉALITÉ DU TEMPS, laquelle s'avère ici tout particulièrement féconde et riche en conséquence, car, par une connaissance toute théorique mais bien démontrée, elle remplace des dogmes qui, d'une façon ou d'une autre, mènent à l'absurde, écartant par là d'un coup la question métaphysique la plus irritante. Commencement, fin et perdurance sont des concepts qui ne tirent leur signification que du temps seul, leur validité présupposant donc celui-ci. Or le temps n'a pas d'existence absolue, il n'est pas la manière d'être en soi des choses, mais seulement la forme de la CONNAIS-SANCE que nous avons de notre existence et de notre essence, ainsi que de celles de toutes les choses, connaissance qui, par là même, est très imparfaite et bornée aux simples phénomènes. Ce n'est donc que par rapport à ceux-ci que les concepts de fin et de perdurance trouvent application, et non par rapport à ce qui se présente à travers eux, l'essence en soi des choses; appliqués à celle-ci, ces concepts n'ont plus aucun sens. C'est aussi ce qui se montre en ceci que la réponse à la question soulevée par ces concepts temporels devient impossible, et que toute affirmation d'une telle réponse, dans un sens ou dans l'autre, s'expose à des objections définitives. On pourrait certes soutenir que notre essence en soi perdure après la mort parce qu'il est faux qu'elle disparaisse, mais tout aussi bien qu'elle disparaît parce qu'il est faux qu'elle perdure : C[au fond, l'un est aussi vrai que l'autre]C. Certes, on pourrait ici, par voie de conséquence, établir quelque chose comme une antinomie. Mais elle reposerait sur une série de négations. On dénierait au sujet du jugement deux prédicats contradictoirement opposés, pour la seule raison que toute la catégorie de ces prédicats ne peut lui être appliquée. Mais si maintenant on ne lui dénie pas ces prédicats tout à la fois, mais séparément, il semblera que l'opposé contradictoire du prédicat dénié à chaque fois s'en trouve ainsi démontré. Mais ceci repose sur le fait qu'on compare ici deux grandeurs incommensurables, puisque le problème nous transpose sur une scène qui abolit le temps, tout en questionnant des déterminations temporelles qu'il est également faux d'attribuer ou de dénier au sujet ; voilà qui signifie précisément que le problème est transcendant. C[Dans ce sens, la mort demeure un mystère.]C

En retenant justement cette distinction entre phénomène et chose en soi, on peut en revanche établir l'affirmation que l'homme est certes périssable comme phénomène, mais que l'essence en soi de ce dernier ne s'en trouve pas affectée et qu'elle est donc indestructible, bien qu'on ne puisse lui attribuer aucune perdurance en raison de l'élimination des concepts temporels qu'elle implique. Nous serions ainsi conduits au concept d'une indestructibilité qui ne serait pas une perdurance. Ce concept cependant est un concept qui, obtenu par la voie de l'abstraction, peut toujours être pensé *in abstracto*, mais, n'étant pas confirmé par une intuition, ne peut devenir vraiment évident. Mais d'autre part, il faut se rappeler ici que nous n'avons pas, avec Kant, abandonné absolument la cognoscibilité de la chose en soi, mais que nous savons qu'il faut chercher celle-ci dans la volonté. Il est vrai que nous n'avons jamais affirmé une connaissance absolue et exhaustive de la chose en soi; nous avons bien plutôt parfaitement compris qu'il est impossible de connaître quelque chose selon ce qu'il est absolument en soi et pour soi. Car dès que je CONNAIS, j'ai une représentation; or celle-ci, étant précisément ma représentation, ne saurait être identique à ce qui est connu, mais le restitue sous une tout autre forme, en le transformant d'un être pour soi en un être pour les autres, en raison de quoi il faut donc toujours le considérer comme un PHÉNOMÈNE de celui-ci. Pour une conscience CONNAISSANTE, quelle qu'en soit la nature, il ne saurait donc y avoir jamais que des phénomènes. Cette conséquence ne peut pas même être écartée par le fait que c'est mon essence propre qui est l'objet connu, car dans la mesure où il tombe sous ma conscience CONNAISSANTE, il est déjà un reflet de mon essence, distinct de celle-ci, déjà phénomène à un certain degré. Dans la mesure donc où je suis le sujet connaissant, mon essence propre, au fond, n'est pour moi qu'un phénomène, mais, en revanche, dans la mesure où je suis moi-même immédiatement cette essence, je ne suis pas le sujet connaissant. Car il a été suffisamment prouvé que la connaissance n'est qu'une propriété secondaire de notre essence et qu'elle est impliquée par la nature animale de celle-ci. À strictement parler, notre volonté aussi nous ne la connaissons plus que comme phénomène et non selon ce qu'elle pourrait être absolument en soi et pour soi. Or dans ce livre II donc, ainsi que dans l'écrit *De la volonté dans la nature*, il a été montré et prouvé en détail que si, pour pénétrer au cœur des choses en laissant derrière nous ce qui n'est donné que médiatement et du dehors, nous retenons le seul phénomène dont l'essence nous offre l'accès à une vue intérieure, nous y trouvons incontestablement, comme noyau ultime de la réalité, la volonté, dans laquelle nous reconnaissons ainsi la chose en soi dans la mesure où celle-ci n'est plus sous la forme de l'espace, mais bien sous celle du temps, par conséquent seulement sous sa manifestation la plus immédiate, avec la réserve donc que cette connaissance que nous en avons n'est pas encore exhaustive ni tout à fait adéquate[62]. C'est dans ce sens que nous retenons, ici aussi, le concept de volonté comme chose en soi.

Cependant, on peut assurément appliquer le concept de fin à l'homme en tant qu'il est un phénomène dans le temps, et la connaissance empirique nous présente ouvertement la mort comme fin de cette existence temporelle. La fin de la personne est aussi réelle que l'était son commencement, et ce au sens même où nous n'étions pas avant la naissance, nous ne serons plus après la mort. Mais la mort ne peut supprimer plus que ce que la naissance avait posé ; elle ne peut donc supprimer ce qui primitivement avait rendu possible la naissance. Dans ce sens, *natus et denatus* [né et dé-né[63]] est une belle expression. Or la connaissance empirique tout entière ne livre que des phénomènes ; eux seuls sont affectés par les processus temporels de la génération et de la corruption, mais non ce qui se phénoménalise, l'essence en soi. C[Pour celle-ci, l'opposition, conditionnée par le cerveau, entre la génération et la corruption n'existe même pas, car elle n'a ici plus de sens, plus de signification. Cette même essence]C reste donc à l'abri de la fin temporelle d'un phénomène temporel et conserve toujours cette existence à laquelle on ne peut appliquer les concepts de commencement, de fin et de perdurance. Aussi loin que nous pouvons l'examiner, cette essence est, dans chaque être qui se phénoménalise, la volonté de celui-ci ; il en est de même chez l'homme. La conscience par contre consiste dans le connaître ; or celui-ci, comme activité du cerveau, partant, comme fonction de l'organisme, appartient, comme il a été assez montré, au seul phénomène et prend donc fin avec lui : c'est la volonté seule, dont l'œuvre ou plutôt l'image était le corps, qui est l'indestructible. La stricte distinction entre la volonté et la connaissance, laquelle, avec le primat de celle-là, constitue le caractère fondamental de ma philosophie, est ainsi l'unique clé de cette contradiction, qui se manifeste de diverses manières et se présente avec récurrence même à la conscience la plus grossière, que la mort est notre fin et que nous n'en sommes pas moins indestructibles, autrement dit l'unique clé du *sentimus, experimurque nos aeternos esse* [nous sentons et nous expérimentons que nous sommes éternels] de Spinoza[64]. Tous les philosophes se sont trompés en situant le métaphysique, l'indestructible, l'éternel en l'homme dans l'INTELLECT, alors qu'on le trouve exclusivement dans la VOLONTÉ, qui en diffère totalement, qui, seule, est originaire. Comme il a été exposé de la façon la plus fouillée au livre II, l'intellect est un phénomène secondaire et conditionné par le cerveau, raison pour laquelle il commence et finit avec celui-ci. La volonté seule est ce qui conditionne, elle est le noyau de tout le phénomène, elle est donc affranchie des formes de celui-ci, y compris du temps et, partant, elle est également indestructible. Avec la mort on perd par conséquent la conscience, mais non ce qui l'a engendrée et conservée : la vie s'éteint, mais non avec elle le principe de la vie qui s'y manifestait. Voilà donc pourquoi un sentiment certain dit à chacun qu'en lui se trouve quelque chose d'absolument impérissable et indestructible. Même les souvenirs frais et vifs de l'époque la plus éloignée, de la première enfance, témoignent de ce que quelque chose en nous ne se meut pas avec le temps, ne vieillit pas, mais demeure inaltéré. Mais on n'est pas parvenu à voir clairement ce qu'était cet impérissable. Ce n'est pas la conscience, pas plus que le corps, sur lequel repose manifestement la conscience. C'est bien plutôt ce sur quoi repose le corps avec toute la conscience. Or voilà précisément ce qui, en tombant sous la conscience, se présente comme VOLONTÉ. Certes, nous ne saurions aller au-delà du phénomène le plus immédiat de celle-ci, parce que nous ne saurions aller au-delà de la conscience, raison pour laquelle la question de savoir ce que cela pourrait être dans la mesure où cela NE TOMBE PAS sous la conscience, c'est-à-dire ce que c'est absolument en soi, demeure sans réponse.

C[Dans le phénomène et par l'intermédiaire de ses formes, le temps et l'espace comme *principium individuationis*, il semble que l'individu humain disparaît, alors que l'espèce humaine demeure et vit toujours. Mais dans l'essence en soi des choses, laquelle, comme telle, est affranchie de ces formes, toute la distinction entre l'individu et l'espèce s'évanouit également, et tous deux sont immédiatement un. Toute la volonté de vivre est dans l'individu tout comme il est dans l'espèce, raison pour laquelle la

perdurance de l'espèce n'est que l'image de l'indestructibilité de l'individu.]C

Comme l'intelligence si infiniment importante de
l'indestructibilité de notre vraie essence par la mort
repose ainsi entièrement sur la distinction entre le
phénomène et la chose en soi, je voudrais maintenant éclairer cette distinction de la lumière la plus
vive en l'explicitant par l'opposé de la mort, c'est-à-
dire par l'engendrement des êtres animaux, c'est-à-
dire par la GÉNÉRATION. Car ce processus aussi
mystérieux que celui de la mort nous met le plus
directement sous les yeux l'opposition fondamentale
entre le phénomène et l'essence en soi des choses,
c'est-à-dire entre le monde comme représentation et
le monde comme volonté, ainsi que toute l'hétérogénéité de leurs lois respectives. Car l'acte procréateur
se présente à nous de deux manières : d'abord pour
la conscience de soi, dont l'unique objet, ainsi que je
l'ai souvent montré, est la volonté avec toutes ses
affections ; ensuite, pour la conscience d'autre chose,
c'est-à-dire du monde de la représentation, ou de la
réalité empirique des choses. Or, du côté de la
volonté, c'est-à-dire du point de vue interne, subjectif,
pour la conscience de soi, cet acte se présente comme
la satisfaction la plus immédiate et la plus parfaite
de la volonté, autrement dit comme volupté. Du côté
de la représentation par contre, c'est-à-dire du point
de vue externe, objectif, pour la conscience d'autre
chose, cet acte est précisément la trame du tissu le
plus ingénieux, la base de l'organisme animal extraordinairement compliqué, qui n'a alors plus qu'à se
développer pour devenir visible à nos yeux ébahis.
Du côté de la représentation, cet organisme, dont seul
celui qui a étudié l'anatomie connaît la complexité
et la perfection allant à l'infini, ne peut être compris
et pensé autrement que comme un système conçu

avec les combinaisons les plus méthodiques et avec un art et une précision extrêmes, comme l'œuvre la plus laborieuse issue de la plus profonde des réflexions ; mais du côté de la volonté, nous savons, par la conscience de soi, que sa production est l'œuvre d'un acte qui est tout le contraire de la réflexion, d'une pulsion fougueuse et aveugle, d'une sensation excessivement voluptueuse. Cette opposition possède une affinité précise avec le contraste infini, mis en évidence plus haut, entre d'une part l'absolue légèreté avec laquelle la nature produit ses œuvres, de concert avec l'insouciance illimitée qui lui correspond et qui les offre à la destruction, et d'autre part la construction incalculablement ingénieuse et réfléchie de ces mêmes œuvres, lesquelles, à en juger à partir de cette construction, sont infiniment difficiles à réaliser et nécessitent qu'on veille sur leur conservation avec le plus grand soin imaginable — alors que c'est tout le contraire qui s'offre à nos yeux. — Alors que ces considérations, il est vrai tout à fait inhabituelles, nous ont permis de rapprocher par le plus vif des contrastes les deux côtés les plus hétérogènes du monde pour les tenir dans UNE SEULE main, pour ainsi dire, il nous les faut maintenant retenir, afin de nous persuader de la totale nullité des lois du phénomène, ou du monde comme représentation, dans le monde de la volonté, ou des choses en soi ; nous saisirons alors mieux que du côté de la représentation, c'est-à-dire dans le monde phénoménal, c'est tantôt un engendrement à partir du néant, tantôt un anéantissement total de l'engendré qui nous apparaît, tandis que de l'autre côté, ou de celui de l'en-soi, se présente une essence à laquelle appliquer les concepts de génération et de corruption n'a aucun sens. Car, en revenant au point radical <*Wurzelpunkt*> où, par le biais de la conscience de soi, le phénomène et la chose en soi se touchent, nous venons en quelque sorte de palper ceci, que tous deux sont absolument incommensurables, et que le mode d'être de l'un, avec toutes ses lois fondamentales, ne signifie rien, moins que rien, pour l'autre. — Je crois que peu d'esprits auront une compréhension correcte de cette dernière considération, et qu'elle sera déplaisante, voire choquante, à tous ceux qui ne la comprennent pas[65] ; ce qui, cependant, ne saurait jamais être une raison pour omettre une chose susceptible d'expliciter ma pensée fondamentale. —

Au début de ce chapitre j'ai expliqué que le grand attachement à la vie, autrement dit la crainte de la mort, ne provient nullement de la CONNAISSANCE, auquel cas elle résulterait de ce qu'on aurait reconnu une valeur à la vie, mais que cette crainte de la mort s'enracine bien plutôt directement dans la VOLONTÉ et procède de son essence primitive, où cette volonté est totalement dénuée de connaissance, où elle est, donc, la volonté de vivre aveugle. C[De même que nous sommes attirés dans la vie par la tendance à la volupté totalement illusoire, nous y sommes retenus par la crainte de la mort certainement tout aussi illusoire. Toutes deux procèdent directement de la volonté, qui est en soi sans connaissance. Si l'homme était au contraire un être purement CONNAISSANT, la mort devrait non seulement lui être indifférente, mais même lui être la bienvenue.]C Or il se trouve que la réflexion à laquelle nous avons abouti ici nous enseigne que ce qui seul est affecté par la mort n'est que la conscience CONNAISSANTE, tandis que la VOLONTÉ, pour autant qu'elle est la chose en soi, laquelle se trouve au fondement de tout phénomène individuel reposant avant tout sur des déterminations temporelles, est libre et, partant, impérissable.

Son aspiration à l'existence et à la manifestation, d'où procède le monde, se trouve toujours satisfaite, car celui-ci l'accompagne comme l'ombre accompagne le corps[66], n'étant que la visibilité de son essence. Qu'en nous elle n'en craigne pas moins la mort vient de ce qu'ici, la connaissance ne lui présente son essence qu'à travers le phénomène individuel, par où naît pour elle l'illusion qu'elle disparaîtrait avec celui-ci, de même que, par exemple, lorsque le miroir se brise, mon image qui s'y reflétait semble également détruite : voilà donc ce qui, contraire à son essence primitive qui est tendance aveugle à exister, la remplit de dégoût. Or il suit de là que cela même qui, en nous, est seul susceptible de craindre la mort, et qui, en effet, est seul à la craindre, la VOLONTÉ, n'en est pas affecté, et qu'en revanche ce qui s'en trouve affecté et disparaît réellement, est ce qui, selon sa nature, n'est susceptible d'aucune crainte, ni généralement d'aucun vouloir ou affect, étant par conséquent indifférent à l'être et au non-être, à savoir le pur sujet de la connaissance, l'intellect, dont l'existence consiste dans son rapport au monde de la représentation, c'est-à-dire au monde objectif, dont il est le corrélat et avec l'existence duquel, au fond, se confond la sienne propre. Alors que ce n'est donc pas la conscience individuelle qui survit à la mort, c'est ce qui seul y répugne qui lui survit : la volonté. C'est aussi ce qui explique cette contradiction que les philosophes, du point de vue de la connaissance, ont toujours démontré avec des arguments pertinents que la mort n'était pas un mal, et que la crainte de la mort demeure cependant imperméable à tout ceci : c'est qu'elle ne s'enracine pas dans la connaissance, mais dans la volonté seule. C[Ainsi, ce même fait que c'est la volonté seule et non l'intellect qui est l'indestructible explique pourquoi toutes les religions et toutes les philosophies n'attribuent une récompense dans l'éternité qu'aux seules vertus de la volonté, ou du cœur, et non à celles de l'intellect, ou de la tête.]C

Que ce qui suit serve à expliciter ces considérations. La volonté, qui constitue notre essence en soi, est d'une nature simple : elle veut seulement, elle ne connaît pas. Le sujet du connaître, en revanche, est un phénomène secondaire procédant de l'objectivation de la volonté : c'est le point d'unité de la sensibilité du système nerveux, pour ainsi dire le foyer où convergent les rayons d'activité de toutes les parties du cerveau. C'est pourquoi il doit disparaître avec celui-ci. Seul à être doté de connaissance, ce sujet se trouve en face de la volonté comme son spectateur et bien qu'il en soit issu, la connaît pourtant comme quelque chose qui diffère de lui, quelque chose d'étranger, il ne la connaît donc qu'empiriquement, dans le temps, par fragments[67], dans ses émotions et ses actes successifs[68], et de même n'apprend ses décisions qu'*a posteriori* et souvent très indirectement. Cela explique que notre essence propre soit une énigme pour nous, c'est-à-dire donc pour notre intellect, et que l'individu se considère comme récemment engendré et périssable, alors que son essence en soi est intemporelle, partant, éternelle. Ainsi, de même que la VOLONTÉ ne CONNAÎT pas, l'intellect au contraire, ou le sujet de la connaissance, est le seul à être CONNAISSANT sans vouloir d'aucune manière. On peut même le prouver physiquement par ceci que, comme nous l'avons déjà mentionné au livre II, selon Bichat, les divers affects ébranlent immédiatement toutes les parties de l'organisme et perturbent ses fonctions, à l'exception du cerveau, lequel peut s'en trouver affecté tout au plus médiatement, c'est-à-dire suite à ces perturbations (*De la vie et de la mort*, art. 6, § 2[69]). Or il suit de là que le sujet du connaître, pris en lui-même et comme tel, ne peut participer ou s'intéresser à rien, mais considère avec indifférence l'être ou le non-être de toute chose, voire de lui-même. Pourquoi donc cet être apathique devrait-il être immortel ? Il prend fin avec le phénomène temporel de la volonté, c'est-à-dire avec l'individu, comme il était né avec celui-ci. C'est la lanterne qu'on éteint après qu'elle a rempli son office. L'intellect, comme le monde de l'intuition qui n'existe qu'à travers lui, est pur phénomène, mais la finitude des deux n'inquiète pas ce dont ils sont le phénomène. L'intellect est une fonction du système nerveux cérébral ; or celui-ci, comme le reste du corps, est l'objectité de la VOLONTÉ. C'est pourquoi l'intellect repose sur la vie somatique de l'organisme, mais ce dernier repose lui-même sur la volonté. On peut donc d'une certaine façon considérer le corps organique comme le chaînon intermédiaire entre la volonté et l'intellect, C[bien qu'il ne soit, à strictement parler, que la volonté elle-même se présentant spatialement dans l'intuition de l'intellect.]C La mort et la naissance sont le constant renouvellement de la conscience de cette volonté en elle-même sans fin ni commencement, seule à être pour ainsi dire la substance de l'existence (mais chaque renouvellement comporte une nouvelle possibilité de négation de la volonté de vivre). La conscience est la vie du sujet de la connaissance, ou du cerveau, et la mort en est la fin. C'est pourquoi la conscience est finie, toujours nouvelle, et qu'elle doit toujours recommencer depuis le début. La VOLONTÉ seule perdure, mais à elle seule importe aussi de perdurer, car elle est la volonté de vivre. Au sujet connaissant, en lui-même, rien n'importe. Le moi, cependant, réunit les deux. — Dans chaque être animal, la volonté a conquis un intellect, lequel est la lumière qui éclaire les buts qu'elle poursuit. La crainte de la mort, soit dit en passant, repose peut-être, en partie, sur ceci que la volonté individuelle répugne à se séparer de son intellect dont le cours de la nature l'a doté, cet intellect qui est son guide et son gardien et sans lequel elle se sait désarmée et aveugle.

Enfin, avec cette analyse s'accorde aussi cette expérience morale quotidienne qui nous enseigne que la volonté seule est réelle, alors que ses objets, conditionnés par la connaissance, ne sont que des apparitions, ne sont qu'écume et vapeur, comme le vin que Méphistophélès verse dans la cave d'Auerbach; car après chaque jouissance sensible, nous aussi nous disons : « J'aurais pourtant bien juré boire du vin[70]. »

La crainte de la mort repose en grande partie sur l'apparence trompeuse que maintenant le moi disparaît alors que le monde demeure. Or c'est bien plutôt le contraire qui est vrai : le monde disparaît, mais le noyau le plus intime du moi, ce qui supporte et produit ce sujet dans la seule représentation duquel le monde avait son existence, perdure. Avec le cerveau disparaît l'intellect et avec celui-ci le monde objectif, sa simple représentation. Que dans d'autres cerveaux un monde similaire continue de vivre et de flotter est indifférent eu égard à l'intellect disparaissant. — Si donc la réalité authentique ne résidait pas dans la VOLONTÉ, et si l'existence MORALE s'étendant au-delà de la mort n'existait pas, alors, puisque l'intellect s'éteint avec son monde, l'essence des choses ne serait rien d'autre qu'une suite infinie de rêves courts et troubles, sans aucun lien entre eux; car la permanence de la nature sans connaissance ne consiste que dans la représentation temporelle de la nature connaissante. C'est donc un esprit du monde rêvant des rêves souvent sombres et lourds, sans but, sans fin, qui serait alors le tout dans le tout.

Lorsqu'un individu éprouve l'angoisse de la mort, on assiste au fond à ce curieux spectacle, qui prêterait même à sourire, où le maître des mondes, remplissant tout de son essence, et par lequel seul tout ce qui est tire son existence, se décourage et craint de disparaître, de sombrer dans l'abîme de l'éternel néant, alors qu'en vérité tout est plein de lui, et il n'y a pas de lieu où il ne serait pas, aucun être dans lequel il ne vivrait pas, car ce n'est pas l'existence qui le porte, mais lui qui porte l'existence. Pourtant c'est bien lui qui se décourage dans l'individu en proie à l'angoisse de la mort, puisqu'il est soumis à l'illusion, engendrée par le *principium individuationis*, que son existence serait bornée à l'être qui meurt actuellement : cette illusion fait partie du rêve pesant auquel il a succombé en tant que volonté de vivre. C[Mais on pourrait dire au mourant : « Tu cesses d'être quelque chose que tu aurais mieux fait de ne jamais devenir. »]C

Aussi longtemps qu'aucune négation de cette volonté ne s'est produite, ce que la mort laisse de nous est le germe et le noyau d'une tout autre existence dans laquelle un individu nouveau se retrouve, frais et primitif au point qu'il médite sur lui-même avec étonnement. Ce fait explique aussi la tendance exubérante et rêveuse des hommes jeunes aux sentiments nobles, à l'âge où cette fraîche conscience se déploie pleinement. Ce que le sommeil est pour l'individu, la mort l'est pour la volonté comme chose en soi. Elle ne supporterait pas de poursuivre à l'infini les mêmes tribulations, la même vie, sans gain véritable, si le souvenir et l'individualité lui restaient. Elle s'en débarrasse — c'est le Léthé — et, rafraîchie par ce sommeil de la mort et dotée d'un nouvel intellect, elle réapparaît sous la forme d'un être nouveau : «Un nouveau jour se lève au loin sur des plages inconnues[71] ! »

En tant que volonté de vivre qui s'affirme, l'existence de l'homme s'enracine dans l'espèce. La mort est ainsi la perte d'une individualité et l'acquisition d'une nouvelle, par suite, une modification de l'individualité, par l'œuvre exclusive de sa volonté propre. Car c'est dans celle-ci que se trouve la force éternelle capable de produire son existence avec son moi, sans cependant pouvoir l'y maintenir, en raison de sa nature. Car la mort est le *démenti* [en français dans le texte] que l'essence <*Wesen*> (*essentia*) de chacun reçoit dans sa prétention à l'existence <*Dasein*> (*existentia*), la manifestation d'une contradiction qui réside dans chaque existence individuelle :

> *denn alles was entsteht,*
> *Ist wert, dass es zu Grunde geht.*

> [car tout ce qui doit naître
> Est digne de disparaître[72].]

Or la même force, c'est-à-dire la volonté, dispose d'un nombre infini de ces existences, avec leur moi, mais elles redeviendront, elles aussi, tout aussi vaines et périssables. Comme chaque moi possède sa conscience séparée, eu égard à celle-ci, le nombre infini de ces moi ne se distingue pas d'un seul. — Dans cette perspective, il ne me semble pas fortuit qu'*aevum*, αἰών, désignent en même temps la durée de vie singulière et le temps infini : on devine en effet depuis ce point de vue, quoique confusément, qu'en eux-mêmes et en dernier lieu, les deux sont une seule et même chose, en conséquence de quoi il n'y aurait pas de différence si j'existais pendant la durée de ma vie, ou pendant un temps infini.

Il est vrai que nous ne saurions nous représenter tout ce qui précède sans recourir du tout à des concepts de temps ; mais il faut exclure ceux-ci dès qu'il s'agit de la chose en soi. Or les limites inébranlables de notre intellect impliquent qu'il ne saurait jamais se débarrasser définitivement de cette forme première et immédiate de toutes ses représentations pour simplement opérer sans elle. C'est pourquoi nous aboutissons ici assurément à une sorte de métempsycose, avec la différence importante cependant que celle-ci ne concerne pas toute la ψυχή [âme], c'est-à-dire l'être CONNAISSANT, mais la seule volonté, par où on élimine tant d'absurdités inhérentes à la doctrine de la métempsycose ; par ailleurs, nous avons bien conscience que la forme du temps n'intervient ici que comme une accommodation inévitable au caractère limité de notre intellect. Si nous recourons en plus au fait, à exposer au chapitre 43, que le caractère, c'est-à-dire la volonté, est hérité du père, mais l'intellect de la mère, nous y trouvons une confirmation de notre théorie que la volonté de l'homme, individuelle en soi, se séparerait, par la mort, de l'intellect reçu de la mère lors de la génération, et dès lors, conformément à sa nature désormais modifiée, au fil conducteur du cours absolument nécessaire du monde en harmonie avec celle-ci, recevrait, à travers une nouvelle génération, un nouvel intellect, avec lequel il deviendrait un nouvel être, qui n'aurait aucun souvenir d'une existence antérieure, puisque l'intellect, seul susceptible de se souvenir, est la partie mortelle, ou la forme, alors que la volonté est la partie éternelle, la substance. C[En conséquence, pour désigner cette doctrine, le terme de palingénésie est plus approprié que celui de mé-

tempsycose.]C Ces renaissances continuelles constitueraient alors la succession des rêves de vie d'une
volonté en soi indestructible, jusqu'au point où, ins-
truite et perfectionnée par des connaissances successives si vastes et variées sous une forme toujours
nouvelle, elle procéderait à sa propre abolition[73].

C[Avec cette théorie s'accorde également l'authentique doctrine, pour ainsi dire ésotérique, du bouddhisme, telle que nous avons appris à la connaître
grâce aux plus récentes recherches, car elle enseigne
non pas la métempsycose, mais une palingénésie
particulière reposant sur une base morale, qu'elle
développe et explicite avec une grande profondeur
d'esprit, comme on peut le voir dans la description
tout à fait intéressante et remarquable qu'en donne
Spence Hardy dans son *Manual of Buddhism*,
p. 394-396 (voir aussi p. 429, 440 et 445 du même
ouvrage), et dont on trouve une confirmation chez
Taylor, *Prabodh Chandro Daya, London, 1812, p. 35* ;
de même chez Sangermano, *Burmese empire, p. 6*,
ainsi que dans les *Asiat. Researches, vol. 6, p. 179* et
vol. 9, p. 256. Sur ce point, on lira également des
choses justes dans le très utile *Deutsches Kompendium
des Buddhaismus* de Köppen[74]. Cependant, pour la
grande majorité des bouddhistes, cette doctrine est
trop subtile, raison pour laquelle on leur prêche à la
place la métempsycose comme substitut plus facile à
saisir.]C

Il ne faut C[par ailleurs]C pas oublier que même
des raisons empiriques parlent en faveur d'une palingénésie de cette espèce[75]. Il existe, en effet, un lien
entre la naissance des êtres apparaissant récemment
et la mort de ceux qui ont vécu : c'est la grande
fécondité de l'espèce humaine qui survient suite à
des épidémies dévastatrices. Lorsque au XIVe siècle la
mort noire avait dépeuplé la majeure partie du vieux

monde, une fécondité tout à fait inhabituelle apparut dans l'espèce humaine, et les naissances de jumeaux furent très fréquentes, mais par un fait extrêmement curieux, aucun des enfants nés pendant cette période n'eut une denture complète : autrement dit la nature, déployant ses efforts, fut avare dans le détail. On en trouve le récit dans F. Schnurrer, *Chronik der Seuchen*, 1825[76]. Chez Casper, *Über die wahrscheinliche Lebensdauer des Menschen*, 1835[77], on trouve la confirmation de ce principe que l'influence la plus décisive sur la durée de vie et la mortalité dans une population donnée est le nombre de naissances, lequel se tient toujours au niveau de la mortalité, C[en sorte que partout et toujours, les cas de décès et les naissances augmentent et diminuent dans la même proportion, ce que l'auteur met hors de doute en accumulant les preuves tirées de nombreux pays et de leurs diverses provinces.]C Et pourtant, il ne saurait exister un lien causal PHYSIQUE entre ma mort antérieure et la fécondité d'un lit conjugal étranger, ou inversement. Ici le métaphysique apparaît donc indéniablement, et de façon stupéfiante, comme la raison explicative immédiate du physique. — Il est vrai que tout être nouveau-né entre frais et joyeux dans l'existence pour en jouir comme d'un cadeau ; mais rien n'est offert comme un cadeau, ni ne saurait jamais l'être. Sa fraîche existence a été payée avec la vieillesse et la mort d'une existence vécue, laquelle a disparu, mais contenait le germe indestructible qui a donné naissance à cette nouvelle existence : elles sont UNE SEULE ET MÊME essence. Démontrer le pont existant entre les deux reviendrait assurément à résoudre une grande énigme.

À vrai dire, la grande vérité que nous énonçons ici n'a jamais été totalement méconnue, même si on ne l'a jamais reconduite à son sens réel et précis, ce qui

ne devient possible que par la doctrine du primat
et de l'essence métaphysique de la volonté, et de
la nature simplement organique de l'intellect. Nous
voyons, en effet, que la doctrine de la métempsycose,
provenant des époques les plus anciennes et les plus
nobles de l'espèce humaine, fut toujours répandue
sur la terre, comme la croyance de la grande majorité
de l'humanité, C[voire, au fond, comme la doctrine
de toutes les religions, à l'exception de la religion
juive et des deux religions qui en sont issues; c'est
cependant dans le bouddhisme, nous l'avons déjà
dit, que nous en trouvons la forme la plus subtile et
la plus proche de la vérité. Tandis que les chrétiens
se consolent donc avec l'idée de se revoir dans un
autre monde, où l'on se retrouve en tant que
personne complète en se reconnaissant aussitôt, les
retrouvailles, dans ces autres religions, se font dès
maintenant, mais incognito; car dans le cycle des
naissances, et en vertu de la métempsycose, ou palingénésie, les personnes qui sont présentement proches,
ou en contact avec nous, renaîtront en même temps
que nous à la prochaine naissance, et entretiendront,
nous concernant, des rapports et des dispositions
identiques, ou du moins analogues à ceux actuels,
fussent-ils de nature amicale ou hostile (voir par ex.
Spence Hardy, *Manual of Buddhism*, p. 162[78]). La
reconnaissance, il est vrai, se borne ici à une obscure
intuition, à une réminiscence impossible à porter à
une claire conscience, renvoyant à un passé infiniment lointain, sauf pour le Bouddha lui-même, qui
jouit du privilège de reconnaître avec précision ses
naissances antérieures et celles des autres, ainsi que
le décrivent les *Jâtakas*[79]. Mais, de fait, si on considère d'un œil purement objectif, lorsque le moment
s'y prête, les faits et gestes des hommes dans la réalité, la conviction intuitive s'impose que non seule-

ment, d'après les Idées (platoniciennes), on a affaire
à ce qui est, et demeure, toujours la même chose,
mais encore que la génération actuelle, d'après son
noyau véritable, est franchement et substantiellement identique à chacune des précédentes. Reste
la question de savoir de quoi ce noyau est fait : la
réponse que donne ma doctrine est connue. Cette
conviction intuitive susdite peut être conçue comme
engendrée par une interruption momentanée de
l'efficacité des verres multiplicateurs, le temps et
l'espace. — Concernant l'universalité de la croyance
à la métempsycose, Obry dit avec raison dans son
excellent livre *Du Nirvana Indien*, p. 13[80] : « Cette
vieille croyance a fait le tour du monde, et était
tellement répandue dans la haute antiquité, qu'un
docte Anglican l'avait jugée sans père, sans mère, et
sans généalogie » (*Ths. Burnet*, dans Beausobre, *Hist.
du Manichéisme*, II, p. 391).]C Enseignée dans les
Védas déjà, comme dans tous les livres sacrés de
l'Inde, la métempsycose est, comme on sait, le noyau
du brahmanisme et du bouddhisme, et règne donc
aujourd'hui encore dans toute l'Asie non islamisée,
c'est-à-dire parmi plus de la moitié de toute l'espèce
humaine, comme la conviction la plus solide, et avec
une incroyable influence pratique. Elle était de même
la croyance des Égyptiens (Hérod. II, 123[81]) desquels
Orphée, Pythagore et Platon l'ont reçue avec enthousiasme ; surtout les pythagoriciens s'y attachèrent.
Qu'elle fut également enseignée dans les Mystères
des Grecs, c'est ce qui ressort indéniablement du
livre IX des *Lois* de Platon (*p. 38 et 42, ed. Bip.*).
C[Némésius (*De nat. hom.*, c. 2) dit même : Κοινῇ μὲν
οὖν πάντες Ἕλληνες, οἱ τὴν ψυχὴν ἀθάνατον ἀποφηνάμενοι,
τὴν μετενσωμάτωσιν δογματίζουσι (*Communiter igitur
omnes Graeci, qui animam immortalem statuerunt,
eam de uno corpore in aliud transferri censuerunt*)

[Tous les Grecs, qui ont admis que l'âme est immortelle, ont donc admis aussi le dogme de la métempsycose[82]]. L'*Edda* aussi, notamment dans la *Voluspa*, enseigne la métempsycose[83].]C Elle n'était pas moins la base de la religion des druides (*Caes.*, *de bello Gall.*, *VI*[84], - C[*A. Pictet, Le mystère des Bardes de l'île de Bretagne, 1856*[85]).]C Cm[Il y a même une secte mohamétane de l'Hindoustan, les Bohrahs, amplement décrite par Colebrook dans les *Asiat. Res.*, vol. 7, p. 336 sqq., qui croit à la métempsycose et s'abstient par conséquent de tout plat de viande[86].]Cm On en trouve des traces chez les peuples américains et nègres, et même chez les Australiens, comme il ressort d'une description précise, publiée dans un journal anglais, *The Times*, du 29 janvier 1841, de l'exécution de deux sauvages australiens pour incendie et meurtre. On peut en effet y lire : « Le plus jeune d'entre eux accepta son lot avec un esprit buté et résolu qui, comme on allait s'en rendre compte, aspirait à la vengeance ; car de la seule expression intelligible dont il se servait, il ressortait qu'il allait renaître comme "gaillard blanc", et c'est ce qui lui conférait sa détermination. » Cm[Dans le même sens, il est dit dans un livre d'Ungewitter, *Der Weltttheil Australien*, 1853[87], que les Papous en Nouvelle-Hollande considèrent les Blancs comme leurs propres parents revenus sur terre.]Cm Il suit de tout cela que la croyance à la métempsycose se présente comme la conviction naturelle de l'homme dès qu'il se met à réfléchir sans préjugés. Ainsi, elle serait réellement ce que Kant affirme à tort de ses trois prétendues Idées de la raison, à savoir un philosophème naturel de la raison humaine, procédant des formes de celle-ci ; et là où elle ne se trouve pas, d'autres doctrines religieuses positives l'ont refoulée. J'ai également pu remarquer que pour chacun qui en entend parler la première fois, elle paraît aussitôt évidente. Cm[Qu'on considère seulement avec quel sérieux Lessing lui-même parle en sa faveur dans les sept derniers paragraphes de son *Éducation de l'humanité*[88]. Lichtenberg aussi dit dans son portrait : « Je ne peux m'empêcher de penser que j'étais mort avant de naître[89]. » Même Hume, qui est si excessivement empirique, écrit dans son traité sceptique sur l'immortalité, p. 23 : « *The metempsychosis is therefore the only system of this kind that philosophy can hearken to*[*][90]. »]Cm Ce qui s'oppose à cette croyance, répandue parmi toute l'espèce humaine, évidente pour le sage comme pour le peuple, c'est le judaïsme et les deux religions qui en sont issues, dans la mesure où ces religions enseignent une création de l'homme à partir du néant pour laisser ensuite à cet homme la dure tâche d'y rattacher la croyance en une perdurance infinie *a parte post* [après la vie]. Certes, elles ont réussi, par le feu et l'épée, à refouler de l'Europe et d'une partie de l'Asie cette vieille croyance consolatrice de l'humanité ; reste à savoir pour combien de temps encore. Mais l'histoire de l'Église la plus ancienne témoigne à quel point ce fut difficile : la plupart des hérétiques, par exemple les simonistes, les basilidiens, les valen-

---

* « La métempsycose est donc le seul système de cette sorte que la philosophie puisse au moins écouter » — Ce traité posthume se trouve dans les *Essays on suicide and the immortality of the soul, by the late Dav. Hume, Basil 1799, sold by James Decker*. Grâce à cette réimpression bâloise, ces deux opuscules de l'un des plus grands penseurs et écrivains d'Angleterre ont été sauvés de l'oubli, après que dans leur patrie même, à la suite de la bigoterie stupide et absolument méprisable qui y régnait, ils eurent été mis sous le boisseau par l'influence d'une prêtraille puissante et insolente, à la honte durable de l'Angleterre. Il s'agit d'études menées sans aucune passion, froides et rationnelles, portant sur les deux objets mentionnés.

tiniens, les marcionites, les gnostiques et les mani-
chéens, étaient précisément tous acquis à cette vieille
croyance. Les Juifs eux-mêmes y ont, en partie, cédé,
comme le rapportent Tertullien et Justin (dans ses
dialogues[91]). On raconte dans le Talmud que l'âme
d'Abel a migré dans le corps de Seth puis dans celui
de Moïse[92]. Cm[Même le passage dans la Bible,
Matthieu 16, 13-15[93], n'a de sens raisonnable que si
on l'entend comme énoncé sous l'hypothèse du dogme
de la métempsycose. Certes, Luc, où on trouve aussi
ce passage (Luc 9, 18-20)[94], ajoute ὅτι προφήτης τις τῶν
ἀρχαίων ἀνέστη [un des anciens prophètes est res-
suscité], attribuant ainsi aux Juifs l'hypothèse qu'un
prophète aussi vieux puisse ressusciter en chair et
en os, ce qui serait manifestement absurde, puisqu'ils
savaient qu'il reposait dans son tombeau depuis six
à sept cents ans, et qu'il était donc depuis longtemps
tombé en poussière.]Cm En outre[95], le christianisme
a substitué à la transmigration des âmes et à l'expiation de tous les péchés commis dans une vie antérieure par cette même transmigration, la doctrine
du péché originel, c'est-à-dire la doctrine de la péni-
tence pour le péché d'un autre individu. Car dans les
deux cas on identifie, dans une perspective morale,
l'homme existant avec un homme ayant été présent
antérieurement; la transmigration des âmes le fait
directement, le péché originel indirectement. —

La mort est la grande correction que le cours de la
nature inflige à la volonté de vivre et à l'égoïsme qui
lui est essentiel; Cm[on peut dès lors la concevoir
comme une punition pour notre existence.]Cm[96] Elle
est la rupture douloureuse du nœud noué avec
volupté dans la procréation; elle est la destruction
violente, surgissant du dehors, de l'erreur fondamentale de notre être; elle est la grande déception.
Nous sommes, au fond, quelque chose qui n'aurait

pas dû être : c'est pourquoi nous cessons d'être. L'égoïsme consiste, en vérité, dans ceci que l'homme borne toute réalité à sa propre personne, en prétendant n'exister que dans la sienne et non dans les autres. La mort le détrompe en abolissant cette personne, en sorte que l'essence de l'homme, sa volonté, ne continue désormais de vivre que dans d'autres individus, tandis que son intellect, qui n'appartenait lui-même qu'au phénomène, c'est-à-dire au monde comme représentation, et n'était que la forme du monde extérieur, perdure aussi dans l'être de représentation, c'est-à-dire dans l'être objectif, comme tel, des choses, donc seulement dans l'existence de ce qui, auparavant, était le monde extérieur. Tout son moi ne vit donc désormais plus que dans ce qu'il avait considéré jusque-là comme un non-moi, Cm[car la différence entre le dehors et le dedans n'est plus. Il faut nous rappeler ici que]Cm l'homme le meilleur est celui qui fait le moins de différence entre lui-même et les autres, et ne considère pas ceux-ci comme un non-moi absolu, alors que pour le méchant, cette différence est grande, voire absolue, ainsi que je l'ai expliqué dans le *Mémoire sur le fondement de la morale*[97]. D'après ce qui précède, c'est cette différence qui définit le degré auquel la mort peut être considérée comme l'anéantissement de l'homme. — Or, si nous admettons que la différence entre ce qui est hors de moi et ce qui est en moi, en tant qu'elle est spatiale, seulement fondée dans le phénomène et non dans la chose en soi, n'est pas absolument réelle, nous ne verrons dans la perte de notre individualité propre que la disparition d'un phénomène, donc une disparition simplement apparente. Si réelle que cette différence puisse être pour la conscience empirique, d'un point de vue métaphysique, les phrases « je sombre, mais le monde perdure » et « le monde

sombre, mais je perdure » ne sont, au fond, pas vraiment distinctes.

Mais, outre tout cela, la mort offre la grande occasion de ne plus être moi ; heureux celui qui la saisit.
Pendant sa vie, la volonté de l'homme est sans liberté :
ses actes se déroulent avec nécessité sur la base de
son caractère immuable, suivant l'enchaînement des
motifs. Cm[Or chacun porte dans sa mémoire bon
nombre de ses actes qui sont pour lui source de
mécontentement. S'il devait vivre toujours, il agirait,
en vertu de l'immuabilité de son caractère, toujours
de la même façon. Il doit donc cesser d'être ce qu'il
est pour pouvoir sortir du germe de son essence
comme un être nouveau et différent. C'est pourquoi la
mort brise cette chaîne ;]Cm la volonté retrouve sa
liberté ; car c'est dans l'*esse*, et non dans l'*operari*, que
réside la liberté : *finditur nodus cordis, dissolvuntur
omnes dubitationes, ejusque opera evanescunt* [le nœud
du cœur est dénoué, tous les doutes évanouis, et toutes
les actions particulières dissipées] est une expression
fort célèbre des *Védas* que tous les védistes répètent
fréquemment*[98]. La mort est l'instant de cette libération C[de l'étroitesse d'une individualité, laquelle,
ne constituant pas le noyau le plus intime de notre
essence, doit bien plutôt être conçue comme une
aberration de celle-ci : la liberté vraie et primordiale
se rétablit à cet instant, lequel, au sens qui vient
d'être précisé, peut être considéré comme celui d'une
restitutio in integrum [remise en l'état]]C. C'est ce
qui semble expliquer la sérénité et l'apaisement sur
le visage de la plupart des morts. La mort d'un homme
bon est, en règle générale, paisible et douce ; mais

* Sancara, *s. de theologumenis Vedanticorum*, ed. F. H. H. Windischmann, p. 37. — *Oupnek'hat*, vol. I, p. 387, et p. 78. — Colebrooke, *Miscellaneous essays*, vol. I, p. 363.

mourir de plein gré, mourir de bon cœur, mourir avec joie est le privilège du résigné, de celui qui abandonne et nie la volonté de vivre. Car lui seul veut mourir RÉELLEMENT et non simplement EN APPARENCE, en conséquence de quoi il ne nécessite, ni n'exige, la perdurance de sa personne. Il abandonne volontairement l'existence, telle que nous la connaissons ; ce qui lui arrive alors est, à nos yeux, NÉANT ; parce que notre existence, relativement à ce qui lui arrive, est NÉANT[99]. C'est cela que la foi bouddhiste appelle NIRVÂNA, c'est-à-dire éteint*[100].

* On donne diverses étymologies du mot NIRVÂNA. D'après Colebrooke (*Transact. Of the Roy. Asiat. soc., vol. I, p. 566*), il dérive de VA, SOUFFLER, comme le vent, précédé de la négation NIR, signifiant donc « absence de vent », mais, comme adjectif, « éteint ». C[Obry, *du Nirvana Indien*, dit aussi : « Nirvanam en sanscrit signifie à la lettre *extinction*, telle que celle d'un feu ».]C – D'après l'*Asiatic Journal, vol. 24, p. 735*, on dit en fait NERAVANA, de NERA, « sans », et VANA, « vie », et la signification serait *annihilatio* [anéantissement]. – C[Dans *Eastern Monachism*, par Spence Hardy, *nirvâna* est dérivé, p. 295, de VANA, désirs coupables, avec la négation NIR.]C – J. J. Schmidt, dans sa traduction *Geschichte der Ost-Mongolen*, p. 307, affirme que le mot sanscrit NIRVÂNA est traduit en mongol par une phrase signifiant : « soustrait à la misère », « échappé à la misère ». – D'après les cours du même savant à l'Académie de Pétersbourg, NIRVÂNA est l'opposé de SAMSÂRA, qui est le monde des perpétuelles renaissances, de la concupiscence et du désir, de l'illusion sensible et des formes changeantes, de la naissance, du vieillissement, de la maladie et de la mort. – Dans la langue birmane, le mot *nirvâna* est transformé, par analogie avec les autres mots sanskrits, en NIEBAN, qu'on traduit par « disparition complète ». Voir Sangermano, *Description of the Burmese empire, transl. by Tandy, Rome, 1833, § 27.* Dans la première édition de 1819 j'ai pu écrire, moi-aussi, NIEBAN, car alors nous ne connaissions le bouddhisme qu'à travers des renseignements médiocres fournis par les Birmans.

CHAPITRE 42

VIE DE L'ESPÈCE

Au chapitre précédent, nous avons rappelé que les Idées (platoniciennes) des divers degrés des êtres, lesquels sont l'objectivation adéquate de la volonté de vivre, se manifestent, dans la connaissance de l'individu dépendant de la forme du temps, comme espèces, c'est-à-dire comme individus successifs et similaires reliés par la chaîne de la génération <*Zeugung*>, et que l'espèce est ainsi l'Idée (εἶδος, *species*) dispersée dans le temps. Il suit de là que l'essence en soi de chaque vivant consiste d'abord dans son espèce, laquelle, cependant, n'existe à son tour que dans les individus. Même si ce n'est qu'à travers l'individu que la volonté accède à la conscience d'elle-même, et que ce n'est donc qu'en tant que cet individu qu'elle se connaît immédiatement, la conscience, située en profondeur, du fait que son essence s'objective en vérité dans l'espèce, n'en apparaît pas moins par ceci que pour l'individu, les affaires de l'espèce comme telle, à savoir les rapports sexuels, la génération et la nutrition de la progéniture, sont infiniment plus importantes et intéressantes que tout le reste. C'est donc là ce qui explique chez les animaux, le rut (dont la véhémence se trouve excellemment décrite dans la *Physiologie* de Burdach, t. I, § 247, 257[101]); chez les hommes, la sélection soigneuse et capricieuse de l'autre individu pour satisfaire la pulsion sexuelle <*Geschlechtstrieb*>, qui peut aller jusqu'à l'amour passionné, à l'examen plus précis duquel je vais consacrer un chapitre particulier[102]; enfin, l'amour exubérant que les parents portent à leur progéniture.

Dans les compléments du livre II, la volonté a été comparée à la racine, l'intellect à la cime de l'arbre; il en est ainsi d'un point de vue intérieur, ou psychologique. Mais d'un point de vue extérieur, ou physiologique, les parties génitales sont la racine, et la tête, la cime. Ce ne sont certes pas les parties génitales qui pourvoient à la nutrition, mais les villosités intestinales, et pourtant ce sont celles-là, et non celles-ci, qui constituent la racine, car c'est par elles que l'individu est lié à l'espèce dans laquelle il s'enracine. Car physiquement, c'est un produit de l'espèce, métaphysiquement, une image plus ou moins parfaite de l'IDÉE, laquelle, sous la forme du temps, se manifeste comme espèce. En concordance avec le rapport qui vient d'être décrit, on trouve le fait que la plus grande vitalité et la plus grande décrépitude du cerveau et des parties génitales sont simultanées et liées. On peut considérer la pulsion sexuelle comme la poussée interne de l'arbre (de l'espèce) où la vie de l'individu croît, comme une feuille nourrie par l'arbre et contribuant à le nourrir : d'où la force de cette pulsion, surgissant des profondeurs de notre nature. Castrer un individu, c'est le couper de l'arbre de l'espèce où il croît pour le laisser dessécher, ainsi isolé, avec pour conséquence la dégradation des forces de son corps et de son esprit. — Le service rendu à l'espèce, c'est-à-dire la fécondation, est suivi, chez tout individu animal, par un épuisement instantané et un relâchement de toutes les forces, et chez la plupart des insectes, par une mort rapide, ce qui faisait dire à Celse : *seminis emissio est partis animae jactura* [l'émission du sperme est la perte d'une partie de l'âme[103]] ; l'extinction de la force procréatrice, chez l'homme, indique qu'il s'achemine désormais vers la mort ; l'usage excessif de cette force, à tout âge, abrège la vie, alors qu'au contraire la continence augmente toutes les forces, particulièrement la force musculaire, et faisait partie, pour cette raison, de la préparation des athlètes grecs ; cette même continence prolonge la vie de l'insecte jusqu'au printemps suivant. Tout cela signifie que la vie de l'individu n'est, en vérité, qu'une vie empruntée à l'espèce, et que toute force vitale est, pour ainsi dire, la force de l'espèce entravée par endiguement. Or cela tient à ce que le substrat métaphysique de la vie se dévoile immédiatement dans l'espèce, et seulement par l'intermédiaire de celle-ci dans l'individu. Ainsi, en Inde, on vénère le *lingam*, avec le *yoni*[104], comme symbole de l'espèce et de son immortalité, et on l'attribue précisément, comme contrepoids de la mort, à la divinité qui préside à celle-ci, Shiva.

Mais au-delà de tout mythe et symbole, la véhémence de la pulsion sexuelle, l'intense ardeur et l'extrême gravité avec lesquelles chaque animal, ainsi que l'homme, poursuit les affaires de cette pulsion, témoignent de ce que par la fonction qui lui est dédiée, l'animal appartient à l'ESPÈCE, où réside réellement et principalement son essence véritable, alors que toutes les autres fonctions et organes ne servent directement que l'individu dont l'existence est, au fond, seulement secondaire. Par la violence de cette pulsion, qui est la concentration de l'essence animale tout entière, s'exprime par ailleurs la conscience que l'individu ne perdure pas, et qu'il doit tout mettre en œuvre pour préserver l'ESPÈCE, laquelle abrite sa vraie existence.

Pour expliciter ce qui vient d'être dit, représentons-nous maintenant un animal dans son rut et dans l'acte procréateur. Nous observons chez lui un empressement, un sérieux que nous ne lui connaissons pas. Que se passe-t-il donc en lui ? — Sait-il qu'il doit mourir et que sa présente affaire fera naître un individu nouveau mais complètement similaire à lui pour le remplacer ? — De tout cela, il ne sait rien, puisqu'il ne pense pas. Mais il pourvoit à la perdurance de son espèce dans le temps avec une ardeur telle qu'on dirait qu'il en a connaissance. Car il sait qu'il veut vivre et exister, et exprime le plus haut degré de ce vouloir par l'acte procréateur : voilà tout ce qui se passe dans sa conscience. Aussi cela suffit-il tout à fait à la subsistance des êtres, parce que, précisément, la volonté est le radical, la connaissance, l'élément adventice. De ce fait, la volonté n'a pas besoin d'être constamment guidée par la connaissance ; dès qu'elle s'est décidée dans sa primitivité *<Ursprünglichkeit>*, ce vouloir va s'objectiver spontanément dans le monde de la représentation. Si donc c'est cette forme animale déterminée, telle que nous nous la représentions, qui veut ainsi la vie et l'existence, elle ne veut pas la vie et l'existence en général, mais elle les veut sous cette forme précise. Voilà pourquoi c'est la vue de sa forme dans la femelle de son espèce qui excite, chez cet animal, la volonté de procréer. Ce vouloir, considéré de l'extérieur et sous la forme du temps, se présente comme une telle forme animale conservée à travers un temps infini par le remplacement constamment réitéré d'un individu par un autre, c'est-à-dire par le jeu d'alternance de la mort et de la génération, lesquelles, vues sous cet angle, n'apparaissent plus que comme la pulsation de cette forme (ἰδέα, εἶδος, *species*) persistant à travers tout le temps. On peut les comparer aux forces d'attraction et de répulsion dont l'antagonisme constitue la matière[105]. — Ce qui vient d'être montré pour l'animal vaut également pour l'homme, car, bien que chez celui-ci l'acte procréateur soit accompagné par l'entière connaissance de sa cause finale, il n'est pas pour autant guidé par elle, mais procède directement, comme sa concentration[106], de la volonté de vivre. Il faut par conséquent le compter parmi les actes instinctifs. Car lors de la procréation, l'animal est aussi peu guidé par la connaissance de sa finalité qu'il l'est dans ses pulsions industrieuses ; dans ces derniers, la volonté se manifeste également, pour le principal, sans médiation de la connaissance, laquelle, ici comme là, n'est chargée que du détail. La généra-ration est pour ainsi dire la plus admirable des pulsions industrieuses, et son œuvre, la plus étonnante.

Ces considérations expliquent pourquoi le désir sexuel <*Begierde des Geschlechts*> possède un carac-tère très différent de tous les autres ; il n'est pas seulement le plus fort, mais il est encore, spécifi-quement, bien plus puissant qu'aucun autre. Partout on le présuppose tacitement comme nécessaire et inévitable, et il n'est pas, comme d'autres souhaits, une affaire de goût ou d'un caprice. Car il est ce souhait <*Wunsch*> même qui constitue l'essence de l'homme. En conflit avec lui, aucun motif n'est assez fort pour être assuré de sa victoire. Il constitue telle-ment l'affaire principale qu'aucune autre jouissance ne saurait compenser la privation de sa satisfaction : aussi, pour l'assouvir, l'animal et l'homme s'ex-posent à tous les dangers, s'engagent dans toutes les luttes. On trouve une expression quelque peu naïve de cette tournure naturelle dans l'épigraphe, bien connue, sur la porte, ornée d'un phallus, du *fornix* [lupanar] de Pompéi : *heic habitat felicitas* [ici habite la félicité], épigraphe naïve pour celui qui entrait, ironique pour celui qui sortait, et humoristique en elle-même. — Par contre, la force excessive de la pulsion procréatrice s'exprime avec gravité et dignité dans l'épigraphe qu'Osiris avait inscrite sur une colonne dédiée aux dieux éternels (d'après Théon de Smyrne, *de musica*, *c. 47*[107]) : «À l'esprit, au ciel et à la terre, à la nuit et au jour, au père de tout ce qui est et de tout ce qui sera et à Éros, souvenir de la magnificence de l'ordre de sa vie »; de même, dans la belle apostrophe que Lucrèce place au début de son œuvre :

Aeneadum genetrix, hominum divumque voluptas,
Alma Venus est.

[Mère des Énéades, plaisir des hommes et des dieux, Vénus nourricière[108].]

À tout ceci correspond le rôle que joue le rapport entre les sexes dans le monde humain, où il est véritablement le centre invisible de tous les faits et gestes, faisant partout saillie malgré tous les voiles jetés sur lui. Il est la cause de la guerre et la finalité de la paix, le fondement de la gravité et le but de la plaisanterie, la source inépuisable du mot d'esprit, la clé de toutes les allusions, le sens de tous les signes secrets, de toutes les demandes implicites et de tous les regards furtifs, la pensée et l'aspiration des jeunes, et souvent aussi des vieux, la pensée de chaque instant de l'impudique et la rêverie qui n'a cessé de hanter le chaste malgré lui, la matière à plaisanterie toujours disponible, pour la raison précise qu'il prend appui sur le sérieux le plus profond. Mais ce qui est piquant, et amuse le monde, c'est que l'affaire principale de tous les hommes est conduite en secret, ostensiblement ignorée le plus possible. Mais en fait, on voit cette même affaire à tout moment s'imposer en maître véritable et héréditaire du monde, par la grâce de son omnipotence, sur le trône ancestral pour railler de ses regards sarcastiques les dispositions prises pour l'apprivoiser, l'incarcérer ou du moins la restreindre, et, si possible, la dissimuler tout à fait, ou la maîtriser en tout cas pour qu'elle

n'apparaisse que comme une préoccupation acces-
soire et tout à fait subordonnée de la vie. — Or tout
cela s'accorde avec le fait que la pulsion sexuelle est
le noyau de la volonté de vivre, partant, la concentration de tout vouloir, raison pour laquelle j'ai appelé
les parties génitales, dans le texte principal, le foyer
de la volonté[109]. Oui, on pourrait aller jusqu'à dire
que l'homme est une pulsion sexuelle cristallisée, car
sa génération est un acte copulatoire, tout comme le
souhait de ses souhaits est un acte copulatoire, cette
pulsion étant seule à perpétuer et à concentrer son
phénomène tout entier[110]. La volonté de vivre, il est
vrai, se manifeste d'abord comme tendance à conserver l'individu, mais celle-ci n'est que l'échelon vers
la tendance à conserver l'espèce, cette dernière
tendance devant être d'autant plus intense que la vie
de l'espèce surpasse en durée, en étendue et en valeur
celle de l'individu. De ce fait, la pulsion sexuelle est
la manifestation la plus parfaite de la volonté de
vivre, son type qui s'exprime le plus nettement, avec
quoi s'accorde totalement ceci, à savoir que cette
pulsion génère les individus, tout comme elle prime
sur tous les autres souhaits de l'homme naturel.

C'est le lieu ici d'ajouter encore une remarque
physiologique qui éclairera aussi ma doctrine fondamentale exposée au livre II. La pulsion sexuelle est
donc le désir le plus intense, le souhait des souhaits,
la concentration de tout notre vouloir, et, par suite,
l'entière satisfaction du souhait individuel de chacun,
c'est-à-dire du souhait visant un individu déterminé,
constitue le sommet et la couronne de son bonheur,
et, par là, la fin ultime de ses aspirations naturelles[111] ;
avec la réalisation de celle-ci, il croit avoir tout réalisé,
avec son ratage, tout raté. Or nous trouvons un corrélat
physiologique de ceci dans la volonté objectivée, c'est-
à-dire dans l'organisme humain : le sperme, sécrétion

des sécrétions, quintessence de tous les sucs, résultat ultime de toutes les fonctions organiques, ce qui nous fournit une preuve supplémentaire de ce que le corps n'est que l'objectité de la volonté, c'est-à-dire la volonté elle-même sous la forme de la représentation.

À l'engendrement de la progéniture se rattache la préservation de celle-ci, et à la pulsion sexuelle, l'amour parental, tous deux perpétuant ainsi la vie de l'espèce. Par suite, l'amour que l'animal porte à sa progéniture possède, à l'instar de la pulsion sexuelle, une force qui surpasse de loin les aspirations visant simplement l'individu lui-même. C'est ce qui se montre dans le fait que même les animaux les plus paisibles sont prêts à livrer, au risque de leur vie, le combat fût-il le plus inégal pour leur progéniture, et que chez la plupart des espèces animales la mère, pour protéger ses petits, court au-devant de n'importe quel danger, voire parfois au-devant d'une mort certaine. Chez les hommes, cet amour parental instinctif est guidé et médiatisé par la raison, c'est-à-dire par la réflexion, mais se trouve parfois inhibé, ce qui, chez des caractères mauvais, peut aller jusqu'à son complet rejet ; c'est pourquoi nous pouvons observer ses effets le plus purement chez les animaux. Mais au fond, il n'est pas moins fort chez l'homme ; dans certains cas, nous le voyons ici aussi entièrement surmonter l'amour-propre, et aller jusqu'au sacrifice de la vie individuelle. Les journaux viennent par exemple de rapporter qu'en France, à Chahars[112], dans le département du Lot, un père s'est suicidé pour que son fils, dont le nom avait été tiré au sort pour faire le service militaire, devienne un fils aîné de veuve et soit, à ce titre, exempté dudit service (*Galignani's Messenger* du 22 juin 1843)[113]. Or chez les animaux, puisqu'ils sont incapables de réflexion, l'amour maternel (le mâle n'étant le plus souvent pas conscient de sa paternité) se manifeste directement et authentiquement, et donc dans toute son évidence et dans toute sa force. Il est, au fond, l'expression de la conscience, chez l'animal, que sa vraie essence réside plus directement dans l'espèce que dans l'individu ; c'est pourquoi il sacrifie au besoin sa vie pour que l'espèce soit conservée à travers les petits. Ici la volonté de vivre devient, comme pour la pulsion sexuelle, pour ainsi dire transcendante, puisque sa conscience s'étend, par-delà l'individu auquel elle est inhérente, à l'espèce. Pour ne pas faire une présentation simplement abstraite de cette seconde manifestation de la vie de l'espèce, mais pour la rendre présente à l'esprit du lecteur dans sa grandeur et dans sa réalité, je voudrais citer quelques exemples de la force excessive de cet amour maternel instinctif.

Prise en chasse, la loutre de mer saisit son petit et plonge sous l'eau avec lui ; lorsqu'elle refait surface pour respirer, elle le couvre de son corps pour qu'il puisse s'échapper, et s'expose aux flèches du chasseur. — On ne tue un baleinau que pour attirer la mère, laquelle s'empresse de le rejoindre et ne le quitte que rarement tant qu'il vit, même touchée par plusieurs harpons (Scoreby, *Tagebuch einer Reise auf den Wallfischfang*, traduit de l'anglais par Kries, p. 196[114]). — Près de l'île des Trois-Rois, au large de la Nouvelle-Zélande, vivent des phoques d'une taille colossale, appelés éléphants de mer (*phoca proboscidea*). Nageant autour de l'île en groupe bien ordonné, ils se nourrissent de poissons, mais possèdent sous l'eau certains ennemis cruels que nous ne connaissons pas, et qui leur infligent souvent des blessures graves, raison pour laquelle leur déplacement commun requiert une tactique particulière. Les femelles mettent bas sur le rivage : pendant qu'elles allaitent, ce qui peut durer de sept à huit semaines, tous les mâles les encerclent pour empêcher que, poussées par la faim, elles plongent dans l'eau, et si elles tentent néanmoins de le faire, ils s'y opposent en les mordant. Ainsi, ils jeûnent tous ensemble pendant sept à huit semaines et deviennent tous fort maigres, afin que les petits n'aillent pas dans la mer avant d'être en mesure de bien nager et d'observer la tactique appropriée qu'on leur apprend alors par des coups et des morsures (Freycinet, *Voy. aux terres australes*, 1826[115]). Ce cas montre aussi comment l'amour paternel, à l'instar de toute aspiration forte de la volonté (voir chap. XIX, 6), augmente l'intelligence. — Les canards sauvages, les fauvettes et bien d'autres oiseaux encore volent aux pieds du chasseur qui s'approche de leur nid et se mettent à voltiger, comme si leurs ailes étaient paralysées, pour détourner son attention de la progéniture sur eux-mêmes. — L'alouette cherche à faire partir le chien de son nid en s'offrant elle-même. De même, les biches et les chevrettes vont au-devant du chasseur pour éviter qu'on attaque leurs petits. — Certaines hirondelles ont pu entrer dans des maisons qui brûlent pour sauver leurs petits, ou pour mourir avec eux. À Delft, une cigogne s'est laissé dévorer par les flammes dans son nid lors d'un violent incendie, refusant d'abandonner ses fragiles petits qui ne savaient pas encore voler (*Hadr. Junius, Descriptio Hollandiae*[116]). Les coqs de bruyère et les bécasses se laissent attraper dans leur nid pendant qu'ils couvent. Le *muscicapa tyrannus* [gobe-mouches] défend son nid avec un courage particulier et s'oppose même à l'aigle. — c[On a coupé une fourmi en deux et on a pu voir la moitié antérieure mettre ses œufs à l'abri.]c — Une chienne, dont on avait extrait les petits en ouvrant son ventre, s'approcha d'eux, agonisante, en rampant, pour les câliner, puis ne commença à gémir violemment qu'au moment où on les lui retira (Burdach, *Physiologie als Erfahrungswissenschaft*, t. 2 et 3[117]).

CHAPITRE 43

HÉRÉDITÉ DES QUALITÉS

Lors de la procréation, les germes combinés des parents perpétuent non seulement les particularités de l'espèce, mais aussi celles des individus ; c'est ce que nous apprend, pour les qualités physiques (objectives, extérieures), l'expérience la plus quotidienne, C[et c'est aussi ce qu'on a reconnu depuis toujours :

> *Naturae sequitur semina quisque suae.*
>
> [Chacun suit sa nature[118]]
>
> *Catull.*]C

Si cela vaut aussi pour les qualités intellectuelles (subjectives, intérieures), lesquelles se transmettraient alors également aux enfants, est une question déjà souvent soulevée, à laquelle on a presque toujours répondu par l'affirmative. Un problème plus difficile qui se pose, c'est de savoir si on peut alors distinguer ce qui revient au père et ce qui revient à la mère, c'est-à-dire la part de l'héritage intellectuel transmis par chacun de nos parents. Si nous regardons ce problème à la lumière de notre connaissance fondamentale que la VOLONTÉ est la chose en soi, le noyau, le radical dans l'homme, l'INTELLECT par contre le secondaire, l'élément adventice, l'accident de cette substance, nous pouvons, avant même d'interroger l'expérience, formuler cette hypothèse vraisemblable :

lors de la procréation, le père, en tant que *sexus potior* [sexe supérieur] et principe procréateur, confère la base, le radical de la vie nouvelle, donc la VOLONTÉ, la mère par contre, en tant que *sexus sequior* [sexe inférieur[119]] et simple réceptacle principiel, le secondaire, l'INTELLECT. bref, l'homme hérite de son père ses qualités morales, son caractère, ses penchants, son cœur, mais de la mère, le degré, la nature et la tendance de son intelligence. Or cette hypothèse trouve réellement confirmation dans l'expérience, sauf qu'elle ne saurait se décider par une expérience physique sur une table de laboratoire, car elle procède en partie d'une observation précise et fine, s'étendant sur des années, en partie de l'histoire.

L'expérience individuelle possède les avantages d'une certitude complète et de la spécialité la plus grande, ce qui l'emporte finalement sur les désavantages que les premiers impliquent, à savoir que sa sphère est limitée, et que ses exemples ne sont pas connus de tous. En premier lieu, c'est donc à elle que je renvoie tout un chacun. Qu'il s'observe d'abord lui-même, qu'il avoue ses penchants et ses passions, ses défauts de caractère et ses faiblesses, ses vices et, s'il en possède, ses qualités et ses vertus ; qu'il se rappelle ensuite son père, et il ne manquera pas de remarquer chez celui-ci tous ces traits de caractère[120]. En revanche, il trouvera souvent chez la mère un caractère tout à fait différent[121], et une concordance morale avec celle-ci sera extrêmement rare, ne se produisant en effet que dans le cas fortuit très particulier d'une similitude de caractère chez les parents. Qu'il fasse cet examen par exemple pour l'irascibilité ou la patience, l'avarice ou la prodigalité, le penchant à la luxure, à la gourmandise ou au jeu, l'insensibilité, la bonté, la probité ou la duplicité, l'orgueil ou l'affabilité, le courage ou la lâcheté,

l'esprit pacifique ou l'esprit belliqueux, l'esprit conci-
liateur ou l'esprit rancunier, etc. Ensuite, qu'il mène
la même investigation auprès de tous ceux dont il a
pu connaître exactement le caractère et les parents.
S'il procède avec attention, jugement et sincérité,
notre principe ne manquera pas de se voir confirmé.
C[Par exemple, il verra ainsi la tendance spécifique
au mensonge, propre à certains individus, se retrouver
chez deux frères dans la même proportion, parce
qu'ils l'ont héritée du père ; c'est aussi pourquoi la
comédie *Der Lügner und sein Sohn*[122] est psychologi-
quement exacte.]C — Il faut cependant tenir compte
ici de deux restrictions inévitables que seul un esprit
ouvertement injuste considérera comme des échappatoires. La première, c'est celle-ci : *pater semper
incertus* [le père est toujours incertain]. Seule une
ressemblance physique évidente avec le père lève
cette restriction, mais une ressemblance superficielle, en revanche, n'y suffira pas ; car il peut exister
un effet tardif d'une fécondation antérieure en vertu
duquel les enfants d'un deuxième mariage ont parfois encore une légère ressemblance avec le premier
mari, C[et ceux conçus dans l'adultère avec le père
légitime.]C On a pu observer qu'un tel effet tardif est
encore plus manifeste chez les animaux[123]. La seconde
restriction, c'est que chez le fils, c'est certes le caractère moral du père qui apparaît, mais sous la modification qu'il a reçue d'un autre INTELLECT, souvent
fort différent (la part de l'héritage maternel), par où
une correction par l'observation devient nécessaire.
En fonction du degré de cette différence, cette modification peut être considérable ou médiocre, mais
jamais grande au point que les traits fondamentaux
du caractère paternel n'y seraient plus assez recon-
naissables ; c'est un peu comme si un homme s'était
travesti par des vêtements tout à fait étranges, une

perruque et une barbe. Si par exemple, en vertu de la part héréditaire maternelle, un homme est supérieurement doté de raison, c'est-à-dire de la faculté de réfléchir et de délibérer, les passions héritées du père en seront en partie bridées, en partie dissimulées, et, de ce fait, ne connaîtront qu'une expression méthodique et réglée, ou secrète, avec pour résultat une apparence fort différente de celle du père, lequel n'avait possiblement qu'un esprit fort limité, le cas inverse pouvant se produire également. En revanche, on ne trouvera absolument pas chez les enfants les penchants et les passions de la mère, mais bien souvent leur contraire[124].

Les exemples historiques ont sur ceux de la vie privée l'avantage d'être universellement connus. Mais, en contrepartie, ils sont influencés non seulement par l'incertitude et la fréquente falsification de toute tradition, mais encore par ceci qu'en règle générale ils ne relatent que la vie publique et non la vie privée, c'est-à-dire les actes politiques et non les manifestations plus subtiles du caractère. Je voudrais cependant prouver ladite vérité par quelques exemples, que ceux qui ont fait de l'histoire leur objet principal d'étude compléteront, sans aucun doute, par un nombre bien plus grand encore d'exemples tout aussi pertinents.

On sait que P. Decius Mus, avec une générosité héroïque, a sacrifié sa vie pour la patrie, en se précipitant à cheval, et la tête voilée, au milieu de l'armée des Latins, vouant solennellement lui-même et ses ennemis aux dieux des Enfers. Environ quarante ans plus tard son fils, du même nom, fit exactement la même chose dans la guerre contre les Gaulois (*Liv., VIII, 6; X, 28*[125]). C'est donc là vraiment une confirmation du *fortes creantur fortibus et bonis* [les vaillants sont engendrés par les vaillants et les braves[126]] d'Horace, C[dont l'inverse est exprimé chez Shakespeare:

Cowards father cowards, and base things sire base*[127].

L'histoire de l'Antiquité romaine nous présente des familles entières dont les membres, dans une longue succession, se distinguent par un amour de la patrie et un courage empreints d'abnégation, ainsi par exemple la *gens Fabia*[128] et la *gens Fabricia*[129].]C — Alexandre le Grand, C[en revanche,]C était assoiffé de domination et de conquête, comme son père Philippe. — L'arbre généalogique de Néron, que Suétone (*c. 4 et 5*[130]), dans une intention morale, place au début de la description de ce monstre, mérite une attention particulière. C[Il décrit la *gens Claudia* qui, à travers six siècles, s'est épanouie à Rome et a donné un grand nombre d'hommes actifs, mais arrogants et cruels. C'est d'elle que sont issus Tibère, Caligula et enfin Néron.]C Chez le grand-père déjà, et plus encore chez son père, se manifestent déjà toutes les effroyables qualités qui ne se développeront pleinement que chez Néron, en partie parce que son rang élevé leur laissait une latitude plus grande, en partie parce qu'il avait pour mère la ménade insensée Agrippine, laquelle n'était pas susceptible de lui conférer un intellect capable de brider ses passions. C'est ainsi que Suétone raconte qu'à sa naissance, *praesagio fuit etiam Domitii, patris, vox, inter gratulationes amicorum, negantis, quidquam ex se et Agrippina, nisi detestabile et malo publico nasci potuisse* [on vit même un présage dans les paroles de son père Domitius répondant aux félicitations de ses amis : qu'il n'avait pu naître d'Agrippine et de lui rien que de détestable et de funeste à l'État[131]]. — En revanche, Cimon était bien le fils de Miltiade, et

---

* C[Le lâche engendre un lâche, l'infâme se perpétue.]C

Hannibal celui d'Hamilcar, et la famille tout entière des Scipions est composée de héros et de nobles défenseurs de la patrie. Par contre, le fils du pape Alexandre VI était bien son image abjecte, César Borgia. C[Le fils du fameux duc d'Albe était un homme aussi cruel et méchant que son père.]C — Le fourbe et injuste Philippe IV de France, surtout connu pour l'atroce torture infligée aux Templiers, ainsi que pour leur exécution, avait pour fille Isabelle, épouse d'Édouard II d'Angleterre, qui s'insurgea contre celui-ci, le fit prisonnier et, après qu'il eut signé l'acte d'abdication, les tentatives pour le tuer par des sévices ayant échoué, le fit mettre à mort dans sa prison d'une façon bien trop épouvantable pour que je puisse la répéter ici. — Henri VIII d'Angleterre, tyran sanguinaire et *defensor fidei* [défenseur de la foi], avait pour fille d'un premier mariage la reine Marie, qui se distinguait autant par sa bigoterie que par sa cruauté ; ses nombreuses exécutions d'hérétiques sur le bûcher lui avaient valu le surnom de « *bloody Mary* » [Marie la sanglante]. La fille de son deuxième mariage, Élisabeth, avait reçu de sa mère, Anne Boleyn, une intelligence remarquable qui ne tolérait pas la bigoterie et modérait le caractère paternel en elle, sans toutefois l'effacer, en sorte qu'il transparaissait toujours de temps à autre, pour se manifester avec toute son évidence dans ses actes cruels dirigés contre Marie d'Écosse. — C[Van Geuns*[132] évoque, d'après Marcus Donatus, l'histoire d'une fille écossaise dont le père, alors qu'elle n'avait qu'un an, fut brûlé pour banditisme et anthropophagie ; bien qu'elle grandît dans un milieu tout à fait différent, elle développa en elle, en gran-

---

* C[*Disputatio de corporum habitudine, animae, hujusque virium indice*. Harderov. 1789, § 9.]C

dissant, le même appétit de la chair humaine, et, prise en flagrant délit d'y satisfaire, elle fut enterrée vivante. — Dans *Der Freimütige* du 13 juillet 1821[133], nous lisons cette nouvelle que dans le département de l'Aube la police poursuivait une fille pour soupçon d'assassinat des deux enfants qu'elle était censée amener à l'orphelinat, afin de garder pour elle le peu d'argent qu'on leur avait donné. La police trouva enfin la fille sur la route de Paris, noyée près de Romilly, et il s'avéra que son meurtrier n'était autre que son propre père.]C Qu'on nous permette encore de citer quelques cas plus récents, dont les journaux seuls, par conséquent, assurent la fiabilité. En octobre 1836, un certain comte Belecznai fut condamné à mort en Hongrie parce qu'il avait assassiné un fonctionnaire et gravement blessé des membres de sa propre famille ; auparavant, son frère aîné avait été exécuté pour parricide, et son père fut également un assassin (*Frankfurter Postzeitung* du 26 octobre 1836). Un an plus tard, le frère cadet dudit comte, dans la même rue où celui-ci avait tué le fonctionnaire, tira avec un pistolet sur l'agent du fisc chargé de contrôler ses biens, mais en le ratant (*Frankfurter Journal* du 16 septembre 1837). Cm[Dans la *Frankfurter Postzeitung* du 19 novembre 1857, une dépêche de Paris annonce la condamnation à mort du très dangereux bandit Lemaire et de ses complices, en ajoutant : « Le penchant criminel semble héréditaire dans sa famille et dans celles de ses complices, car plusieurs de leurs parents étaient morts sur l'échafaud. »]Cm[134] — Les annales de la criminalistique comportent sans aucun doute bon nombre de généalogies similaires[135]. — C[C'est la tendance suicidaire qui est par excellence héréditaire.

Si maintenant nous voyons par ailleurs que le remarquable Marc Aurèle avait pour fils le méchant

Commode, cela ne nous induira pas en erreur, car nous savons que la *Diva Faustina* [la Divine Faustine] était une *uxor infamis* [épouse décriée][136]. Bien au contraire, nous retenons ce cas pour présumer une raison analogue dans les cas analogues ; par exemple, je ne crois absolument pas que Domitien était le vrai frère de Titus, mais que Vespasien était lui aussi un époux trompé.]C —

Quant à la deuxième partie du principe que nous avons établi, à savoir l'hérédité de l'intellect maternel, elle jouit d'une reconnaissance bien plus universelle que la première, à laquelle s'opposent, prise en elle-même, le *liberum arbitrium indifferentiae* [libre arbitre d'indifférence], et, prise dans sa conception particulière, la simplicité et l'indivisibilité de l'âme. Déjà, la vieille expression allemande populaire « bon sens maternel[137] » atteste la reconnaissance ancienne de cette deuxième vérité ; celle-ci repose sur l'expérience faite que les qualités intellectuelles tant petites que grandes sont l'apanage de ceux dont les mères se distinguèrent plus ou moins par leur intelligence. En revanche, que les qualités intellectuelles du père ne se transmettent pas au fils, c'est ce que prouvent aussi bien les pères que les fils des hommes dotés des facultés les plus éminentes, car ces fils sont, en règle générale, des esprits tout à fait ordinaires, sans aucune trace des talents intellectuels du père. Si maintenant, à l'encontre de cette expérience maintes fois confirmée, une exception isolée se présente, comme c'est le cas avec Pitt et son père Lord Chatham[138], alors nous avons le droit, et même l'obligation, de l'attribuer au hasard, bien que celui-ci, en raison de l'extrême rareté des grands talents, soit alors l'un des hasards les plus extraordinaires. Mais ici vaut la règle : il est invraisemblable que l'invraisemblable ne se produise jamais. Par ailleurs, les grands hommes d'État (comme nous l'avons déjà mentionné au chap. 22) tirent leur grandeur autant des qualités de leur caractère, donc de la part héréditaire paternelle, que des talents de leur esprit. Mais je ne connais aucun cas analogue chez les artistes, les poètes et les philosophes, dont les œuvres seules peuvent être attribuées au génie véritable. Le père de Raphaël était certes peintre, mais non grand peintre ; le père de Mozart, ainsi que son fils, étaient musiciens, mais non grands musiciens. Mais il nous faut assurément admirer ceci que le destin, qui n'a accordé à ces deux plus grands hommes de leur discipline qu'une vie très brève, veilla, pour ainsi dire en guise de compensation, à ce qu'ils reçoivent dès leur enfance, et sans avoir à souffrir lors de leur jeunesse d'aucune perte de temps comme c'est souvent le cas chez les autres génies, l'instruction nécessaire, par l'exemple paternel et l'enseignement, dans l'art pour lequel ils étaient exclusivement destinés, en les faisant naître dans l'atelier même de celui-ci. J'ai pu faire de cette puissance mystérieuse et énigmatique qui semble diriger la vie individuelle l'objet d'une considération particulière dont j'ai fait part dans l'essai *Sur l'apparente intentionnalité dans le destin individuel* (*Parerga*, t. I)[139]. — Il faut encore faire remarquer ici que certaines activités scientifiques supposent certes de bonnes facultés innées, mais non pas réellement rares et exceptionnelles, les exigences principales étant ici l'ardeur de l'effort, l'application, la patience, l'instruction précoce et de qualité, des études menées avec constance et un exercice répété. C'est cela, et non l'hérédité de l'intellect paternel, qui explique qu'eu égard à cette tendance générale des fils à suivre volontiers la voie tracée par le père et à l'hérédité de la plupart des métiers dans certaines familles, on trouve également dans quelques sciences, qui demandent avant tout application et persévérance, quelques familles présentant une suite d'hommes méritants : il en est ainsi des Scaliger[140], des Bernouilly[141], des Cassini[142], des Herschel[143].

Concernant l'hérédité réelle de l'intellect de la mère, le nombre de preuves serait encore bien plus grand que l'actuel si le caractère et la destination du sexe féminin n'avaient pour effet que les femmes ne donnent que rarement des témoignages publics de leurs capacités intellectuelles, lesquels témoignages dès lors n'entrent pas dans l'histoire et ne parviennent pas à la connaissance de la postérité. Par ailleurs, en raison de la nature bien plus faible du sexe féminin, ces capacités n'arrivent jamais au degré qu'elles peuvent atteindre, sous des circonstances favorables, chez le fils ; compte tenu de leur nature, il nous faut, par conséquent, dans la même proportion, estimer d'autant plus leurs œuvres. Dès lors, pour prouver notre vérité, je n'ai sous la main que les exemples suivants. C[Joseph II était le fils de Marie-Thérèse.]C — Cardan écrit, au troisième chapitre du *De vita propria* : *mater mea fuit memoria et ingenio pollens* [ma mère excellait par la mémoire et l'esprit[144]]. — C[J.-J. Rousseau dit au premier livre des *Confessions* : « la beauté de ma mère, son esprit, ses talents, — elle en avait de trop brillants pour son état », etc., puis il cite un couplet de sa composition plein de grâce[145]. — D'Alembert était le fils illégitime de Claudine de Tencin, une femme d'un esprit supérieur, auteur de plusieurs romans et d'écrits du même genre qui, de son temps, ont trouvé un accueil très grand et sont, paraît-il, toujours lisibles (voir sa biographie dans les *Blätter für literarische Unterhaltung*, mars 1845, nos 71-73). — Que la mère de Buffon fût une femme remarquable, c'est ce qu'atteste le passage suivant tiré du *Voyage à Montbar*, par Hérault de Séchelles, et cité par Flourens dans son *Histoire des travaux de Buffon*, p. 288 : « Buffon avait ce principe qu'en général les enfants tenaient de leur mère leurs qualités intellectuelles et morales : et lorsqu'il l'avait développé dans la conversation, il en faisait sur-le-champ l'application à lui-même, en faisant un éloge pompeux de sa mère, qui avait en effet, beaucoup d'esprit, des connaissances étendues, et une tête très bien organisée[146]. » Qu'il évoque également les qualités morales est une erreur commise par le narrateur, ou repose sur ceci que sa mère avait par hasard le même caractère que lui-même et son père. D'innombrables cas, où la mère et le fils ont des caractères opposés, démontrent le contraire ; c'est bien pourquoi, dans *Oreste* et dans *Hamlet*, les plus grands auteurs dramatiques ont pu présenter mère et fils engagés dans un conflit hostile, le fils apparaissant comme représentant moral et vengeur du père. En revanche, le cas inverse où le fils apparaîtrait comme représentant moral et vengeur de la mère contre son père serait révoltant et, en même temps, presque ridicule. La raison en est qu'entre père et fils existe une identité réelle de l'essence, qui est la volonté, mais entre mère et fils seulement une identité de l'intellect, liée de plus à certaines conditions. Entre mère et fils peut prévaloir une opposition morale des plus grandes, entre père et fils l'opposition est seulement intellectuelle. De ce point de vue également il faut reconnaître la nécessité de la loi salique : la femme ne peut pas perpétuer la lignée.]C — Hume, dans sa brève autobiographie, écrit : «*Our mother was a woman of a singular merit**[147].» Sur la mère de Kant, nous apprenons

---

* Notre mère était une femme d'un rare mérite.

dans la biographie la plus récente de F. W. Schubert[148] : « D'après le jugement de son propre fils,
c'était une femme naturellement dotée d'un grand
bon sens. Pour l'époque, où les filles n'avaient que
rarement l'occasion de s'instruire, elle avait pu jouir
d'une instruction supérieure, et plus tard, elle conti-
nuait de s'occuper elle-même de sa formation. —
Lors de promenades, elle attira l'attention de son fils
sur bon nombre de phénomènes naturels, en essayant
de les expliquer par la puissance de Dieu. » —
Chacun sait aujourd'hui combien la mère de Goethe
fut intelligente, spirituelle et supérieure. C[Que de
pages ont été écrites sur elle, mais rien sur son père !
Goethe lui-même le décrivait comme un homme doté
de capacités médiocres.]C — La mère de Schiller
était accessible à la poésie et faisait elle-même des
vers dont on trouve un fragment dans la biographie
de Schwab[149]. — Bürger[150], cet authentique génie
poétique — auquel revient peut-être, parmi les poètes
allemands, le premier rang après Goethe, C[car à
côté de ses ballades, celles de Schiller paraissent
froides et artificielles —,]C a donné un récit sur ses
parents très significatif pour nous, et que son ami le
médecin Althof restitue par ces mots dans sa biographie parue en 1798 : « Le père de Bürger était
certes doté de connaissances nombreuses, eu égard
à la nature des études d'alors, tout en étant un homme
bon et honnête, mais il aimait son confort tranquille
et sa pipe à tabac au point qu'il devait, comme avait
coutume de le dire mon ami, prendre d'abord son
élan avant de consacrer un petit quart d'heure à
l'instruction de son fils. Son épouse était une femme
aux dispositions intellectuelles des plus extraordi-
naires, qu'on avait cependant si peu cultivées qu'elle
avait à peine appris à écrire lisiblement. Bürger était
d'avis qu'une culture convenable aurait permis à sa

mère de devenir la toute première de son sexe, bien qu'il ait plusieurs fois nettement réprouvé certains traits de son caractère moral. Cela dit, il croyait devoir à sa mère certaines dispositions de l'esprit, mais à son père la concordance avec le caractère moral de celui-ci[151].» — La mère de Walter Scott était poète et fréquentait les beaux esprits de son époque, comme nous le rapporte le nécrologue de W. Scott dans le *Globe* anglais du 24 septembre 1832. Qu'on imprima ses poèmes en 1789, c'est ce que m'apprend un article intitulé *Mutterwitz* dans les *Blätter für literarische Unterhaltung*, éditées par Brockhaus, du 4 octobre 1841, où on trouve une longue liste de mères d'hommes célèbres pleines d'esprit; j'en cite seulement deux: «La mère de Bacon connaissait excellemment les langues, rédigea et traduisit plusieurs ouvrages, et prouva dans chacun d'eux son érudition, sa perspicacité et son goût.» — «La mère de Boerhave se distingua par des connaissances de médecine.» — D'autre part, Haller nous a conservé une preuve solide pour la transmission héréditaire de la débilité mentale par les mères; il rapporte: *E duabus patriciis sororibus, ob divitias maritos nactis, quum tamen fatuis essent proximae, novimus in nobilissimas gentes nunc a seculo retro ejus morbi manasse seminia, ut etiam in quarta generatione, quintave, omnium posterorum aliqui fatui supersint* [À partir de deux sœurs patriciennes, qui avaient trouvé des époux grâce à leur richesse, alors qu'elles étaient presque complètement débiles, les germes de cette maladie, nous le savons, ont pénétré dans les familles les plus illustres, si bien que même parmi les descendants de la quatrième ou cinquième génération, quelques-uns sont débiles] (*Elementa physiol.*, lib. XXIX, § 8[152]). — De même, d'après Esquirol, la folie se transmet plus souvent par la mère que par le père[153]. Si ce dernier cas se produit, je l'attribue aux dispositions morales dont l'influence l'a occasionnée.

Il semble découler de notre principe que les fils de la même mère ont la même force intellectuelle, et si l'un est supérieurement doué, l'autre doit l'être également. Il en va réellement ainsi. Citons les Caracci[154], Joseph et Michael Haydn, Bernhard et Andreas Romberg[155], Georges et Frédéric Cuvier; j'y aurais également ajouté les frères Schlegel si le cadet, Friedrich, ne s'était pas aliéné l'honneur d'être cité aux côtés de son éminent, irréprochable et si remarquable frère, August Friedrich, par l'obscurantisme honteux pratiqué de concert avec Adam Müller dans le dernier quart de sa vie[156]. Car l'obscurantisme n'est peut-être pas un péché contre l'esprit saint, mais certainement contre l'esprit sain, qu'on ne saurait dès lors jamais excuser; c'est ce qu'il faut partout et toujours rappeler sans transiger à celui qui s'en est rendu coupable, en lui exprimant son mépris à chaque occasion, tant qu'il vit et même au-delà[157]. — Or il arrive tout aussi souvent que la conséquence susdite ne se produise pas; le frère de Kant, par exemple, était un homme tout à fait ordinaire. Pour expliquer ce fait, je rappelle ce qui a été dit au chapitre 31 sur les conditions physiologiques du génie. Il y faut non seulement un cerveau extraordinairement développé, parfaitement finalisé (la part de la mère), mais encore un rythme cardiaque très énergique pour l'animer, c'est-à-dire, subjectivement, une volonté passionnée, un tempérament vif: c'est la part héréditaire paternelle. Or cette qualité n'est à son apogée que pendant les meilleures années du père, et la mère vieillit encore plus vite. Par conséquent, les fils hautement doués, en règle générale les aînés, seront ceux conçus dans la force de l'âge des parents ; ainsi, le frère de Kant était son cadet de onze ans. De deux frères remarquables, l'aîné sera généralement le meilleur. Mais ce n'est pas seulement l'âge, mais aussi, pendant la procréation, un reflux passager de la force vitale, ou d'autres perturbations de la santé des parents, qui sont susceptibles d'atrophier la part de l'un ou de l'autre, en empêchant ainsi l'apparition d'un talent éminent, si rare pour cette raison même. C[Soit dit en passant, l'absence, chez les jumeaux, de toutes les différences évoquées à l'instant, est la cause de la quasi-identité de leur essence.

Si on devait trouver des cas particuliers où un fils supérieurement doué avait une mère sans esprit éminent, ceci s'expliquerait par le fait que cette mère elle-même a sans doute eu un père flegmatique, raison pour laquelle son cerveau extraordinairement développé n'a alors pas pu être suffisamment excité par l'énergie correspondante de la circulation sanguine, condition nécessaire que j'ai évoquée plus haut, au chapitre 31. Dans ce cas, elle n'a pas moins transmis son système cérébral et nerveux très parfait au fils, lequel a eu de plus un père vif et passionné, au rythme cardiaque énergique, par où est donnée l'autre condition somatique nécessaire pour une grande force de l'esprit. C'était là peut-être le cas de Byron, car les avantages intellectuels de sa mère ne sont mentionnés nulle part. — La même explication vaut pour le cas où la mère d'un fils génial, dotée de talents intellectuels remarquables, n'a pas eu elle-même de mère intelligente, le père de celle-ci ayant été un homme flegmatique.]C

On reconduira peut-être les éléments discordants, inégaux, fluctuants du caractère de la plupart des hommes au fait que l'individu n'a pas d'origine simple, puisqu'il reçoit la volonté du père, et l'intellect de la mère. Plus les parents étaient hétérogènes et mal assortis, plus cette discordance, cette contradiction intérieure, sera grande. Tandis que les uns excellent par leur cœur, d'autres par leur tête, on en trouve d'autres encore dont la qualité réside dans une certaine harmonie, une certaine unité de l'être tout entier, laquelle naît de ce que leur cœur et leur tête sont tellement concordants qu'ils se soutiennent et se mettent en valeur réciproquement, ce qui laisse supposer que leurs parents étaient bien assortis et se trouvaient en harmonie.

Concernant l'élément physiologique de la théorie exposée, je voudrais indiquer que Burdach, qui admet à tort que la même qualité psychique puisse être tantôt transmise par le père, tantôt par la mère, ajoute néanmoins (*Physiologie als Erfahrungswissenschaft*, t. I, § 306[158]) : « Dans l'ensemble, l'élément masculin a plus d'influence dans la détermination de l'irritabilité, tandis que l'élément féminin en a plus dans celle de la sensibilité. » — On peut également citer ici les propos de Linné dans son *Systema naturae, tom. I, p. 8* : *Mater prolifera promit, ante generationem, vivum compendium medullare novi animalis, suique simillimi, carinam Malpighianam dictum, tanquam plumulam vegetabilium : hoc ex genitura* Cor *adsociat ramificandum in corpus. Punctum enim saliens ovi incubantis avis ostendit primum cor micans, cerebrumque cum medulla : corculum hoc, cessans a frigore, excitatur calido halitu, premitque bulla aërea, sensim dilatata, liquores, secundum canales fluxiles. Punctum vitalitatis itaque in viventibus est tanquam a prima creatione continuata medullaris vitae ramificatio, cum ovum sit* gemma medullaris matris *a primordio viva, licet, non sua ante proprium* cor paternum [Une mère féconde produit, avant la génération, un vivant schéma *médullaire* du nouvel animal qui lui ressemble entièrement et qu'on appelle *carina Malpighiana*, semblable au duvet des plantes ; le *cœur*, issu de la génération, s'annexe cette forme pour la ramifier dans le corps. En effet, le point vital dans l'œuf couvé par un oiseau montre au début un cœur palpitant et le cerveau avec la moelle ; ce petit cœur s'arrête sous l'action du froid, est stimulé par le souffle chaud, et exerce au moyen d'une bulle d'air, progressivement dilatée, une pression sur les liquides, en suivant les canaux qui les contiennent. Ainsi le point de vitalité dans les êtres vivants est en quelque sorte une ramification médullaire de la vie, poursuivie à partir de la génération, puisque l'œuf est un *bourgeon médullaire de la mère*, lequel vit dès le début, bien que sa vie propre ne commence qu'avec le *cœur qui vient du père*].

Si maintenant nous mettons en rapport la conviction, acquise ici, de l'hérédité du caractère paternel et de l'intellect maternel avec nos considérations antérieures sur la vaste distance tant morale qu'intellectuelle que la nature a établie entre les hommes, ainsi qu'avec notre connaissance de l'entière immuabilité du caractère comme des capacités de l'esprit, nous arrivons à cette conception qu'un ennoblissement réel et profond de l'espèce humaine se produira moins par les effets conjugués de l'extérieur et de l'intérieur, c'est-à-dire par l'instruction et par la culture, que par la voie de la génération. c[Platon déjà avait cette idée lorsqu'il présenta l'étonnant plan pour multiplier et ennoblir sa caste de guerriers[159].]c Si l'on pouvait castrer tous les scélérats, envoyer toutes les oies au cloître, donner tout un harem aux personnes de caractère noble, procurer à toutes les filles d'esprit et d'entendement des hommes, mais des hommes entiers, on verrait bientôt émerger une génération qui produirait une époque supérieure

encore à celle de Périclès. — Sans même souscrire à
ces projets utopiques, on pourrait prendre en considération ceci que si, après la peine de mort, la cas-
tration était la punition la plus lourde, comme c'était
effectivement le cas, sauf erreur de ma part, chez
certains peuples anciens, le monde serait débarrassé
de généalogies tout entières de scélérats ; ce d'autant
plus sûrement que la plupart des crimes, comme on
sait, sont commis entre vingt et trente ans[160]. De
même, eu égard aux résultats, on pourrait se demander s'il ne serait pas plus avantageux d'accorder les
dots publiques distribuées dans certaines occasions,
non pas aux filles prétendument les plus vertueuses,
comme on le fait actuellement, mais aux plus intelligentes et aux plus spirituelles, d'autant plus qu'il est
pour le moins difficile de juger de la vertu, car Dieu
seul, comme on dit, peut sonder les cœurs. Les occasions de manifester un caractère noble sont rares et
dépendent du hasard ; de plus, la vertu de certaines
filles trouve une béquille solide dans leur laideur ; en
revanche, pour ce qui est de l'intelligence, ceux qui
en sont eux-mêmes dotés pourront en juger, après
examen, avec une grande certitude. — C[On pourrait
songer encore à une autre application pratique.
Dans beaucoup de pays, notamment en Allemagne
du Sud, les femmes ont cette mauvaise habitude de
porter des fardeaux parfois très lourds sur leur tête.
Ceci doit produire un effet désavantageux sur le
cerveau, avec pour résultat qu'il se détériore peu à
peu chez les femmes du peuple, et comme c'est d'elles
que les hommes reçoivent le leur, le peuple tout
entier s'abêtit toujours davantage, ce qui, pour beaucoup, n'est déjà plus nécessaire. En mettant fin à cette
habitude, on augmenterait donc la quantité d'intelligence dans l'ensemble du peuple, ce qui serait

le moyen le plus sûr pour augmenter la richesse nationale.]C

Mais laissons ces applications pratiques à d'autres et revenons maintenant à notre point de vue particulier, c'est-à-dire au point de vue éthico-métaphysique. En reliant le contenu du chapitre 41 à celui du chapitre actuel, nous obtiendrons le résultat suivant qui, malgré toute sa transcendance, possède un appui empirique immédiat. — C'est le même caractère, c'est-à-dire la même volonté individuellement déterminée, qui vit dans tous les descendants d'une lignée, de l'ancêtre jusqu'à l'actuel héritier. Or, dans chacun d'eux, la volonté est dotée d'un autre intellect, c'est-à-dire d'un autre degré et d'un autre mode de connaissance. De ce fait, à travers chacun d'eux, la vie se présente à elle d'un autre côté et dans une autre lumière ; elle en tire une nouvelle vue fondamentale, une nouvelle leçon. L'intellect s'éteignant avec l'individu, cette volonté ne peut compléter directement les aperçus d'une vie par ceux d'une autre. Mais suite à chaque nouvelle vue fondamentale, comme seule une nouvelle personnalité peut la lui conférer, son vouloir lui-même reçoit une autre orientation, s'en trouve donc modifié, et, ce qui est le principal, la volonté doit, à partir de cette modification, affirmer ou nier la vie à nouveaux frais. De cette façon, la disposition de la nature d'une association toujours changeante entre une volonté et un intellect — disposition qui provient de la nécessité de deux sexes de procréer — devient le fondement d'un ordre du salut[161]. Car en vertu de cette disposition, la vie présente sans cesse des faces nouvelles à la volonté (dont elle est l'image et le miroir), se retourne pour ainsi dire, sans discontinuer, sous son regard, laisse s'essayer sur elle des modes de perception toujours et toujours nouveaux, afin que dans chaque cas, elle se décide pour l'affirmation ou la négation, ces deux possibilités lui étant toujours ouvertes, à ceci près qu'une fois la négation réalisée, tout ce phénomène cesse C[pour elle avec la mort]C. Il suit de là que c'est précisément le constant renouvellement et le total changement de l'intellect, lui conférant une nouvelle vue du monde, qui lui ouvrent la voie du salut ; mais comme l'intellect provient de la mère, on y verra la raison profonde de ce que tous les peuples (à de rares et douteuses exceptions près) abhorrent et interdisent le mariage entre frère et sœur ; plus, un amour sexuel entre frère et sœur ne peut pas même naître, sauf dans des cas extrêmement rares basés sur une perversité contre nature des pulsions, sinon sur l'illégitimité de l'un des deux. C[Car d'un mariage entre frère et sœur ne pourrait procéder rien d'autre que toujours la même volonté avec le même intellect, tels qu'ils existent déjà unis dans les deux parents, c'est-à-dire la répétition stérile du phénomène déjà existant.]C

Si nous regardons maintenant de près et dans le détail la diversité, incroyablement grande et tellement évidente, des caractères, trouvant celui-ci si bon et altruiste, celui-là si méchant, voire cruel, voyant qu'un tel est un homme juste, honnête et sincère, tel autre, un homme plein de fausseté, un hypocrite, un escroc, un traître, une crapule incorrigible, alors un gouffre s'ouvre sous nos considérations, car nous nous creusons la tête en vain lorsque nous réfléchissons sur l'origine d'une telle diversité. Les hindous et les bouddhistes résolvent le problème en disant : « c'est la conséquence des actes de la vie antérieure ». Cette solution est peut-être la plus ancienne, et aussi la plus compréhensible, issue des plus grands sages de l'humanité, mais elle ne fait que reculer la question. Or on n'en trouvera guère de plus satisfaisante. Du point de vue de ma doctrine dans son ensemble, il me reste à ajouter qu'ici, où il est question de la volonté comme chose en soi, le principe de raison, comme simple forme du phénomène, ne s'applique plus, et qu'avec lui tombe aussi toute question sur les origines et les causes. La liberté absolue consiste justement dans le fait qu'un quelque chose n'est aucunement soumis au principe de raison comme principe de toute nécessité ; c'est pourquoi une telle liberté ne revient qu'à la chose en soi, qui est précisément la volonté. La volonté est ainsi, dans son phénomène, et donc dans l'*operari*, soumise à la nécessité ; mais dans l'*esse*, où elle s'est décidée comme chose en soi, elle est LIBRE. Dès que nous parvenons à ce point, comme c'est le cas ici, toute explication par les causes et les conséquences cesse, et il ne nous reste alors plus qu'à dire : ici se manifeste la vraie liberté de la volonté qui lui revient dans la mesure où elle est la chose en soi, laquelle cependant, comme telle, est sans raison, c'est-à-dire sans pourquoi. C[De ce fait, toute compréhension cesse ici pour nous, car notre compréhension tout entière repose sur le principe de raison et consiste dans la simple application de celui-ci.]C

CHAPITRE 44

MÉTAPHYSIQUE DE L'AMOUR SEXUEL

Ihr Weisen, hoch und tief gelahrt,
Die ihr's ersinnt und wisst,
Wie, wo und wann sich Alles paart ?
Warum sich's liebt und küsst ?
Ihr hohen Weisen, sagt mir's an !

Ergrübelt, was mir da,
Ergrübelt mir, wo, wie und wann,
Warum mir so geschah?

[*Vous, sages, à la science haute et profonde,*
Vous qui comprenez et savez
Comment, où et quand tout s'unit?
Pourquoi tout s'aime et se baise?
Vous, sages suprêmes, dites-le moi!
Expliquez ce qui se passa en moi,
Expliquez-moi où, comment, quand
Et pourquoi cette chose m'arriva]

BÜRGER[162]

Ce chapitre est le dernier des quatre qui, par leurs liens multiples et réciproques, forment une sorte d'ensemble subordonné; c'est ce que le lecteur attentif reconnaîtra sans qu'il soit nécessaire que j'interrompe mon exposé par des références et des renvois.

On a l'habitude de voir les poètes principalement occupés à dépeindre l'amour sexuel <*Geschlechtsliebe*>. Celui-ci est généralement le thème principal de toutes les œuvres dramatiques, des tragiques comme des comiques, des romantiques comme des classiques, des indiennes comme des européennes; il ne fournit pas moins la matière de la partie la plus grande, et de loin, de la poésie lyrique, autant que de l'épique, en tout cas si nous comptons parmi celle-ci les piles énormes de romans produits chaque année depuis des siècles déjà dans tous les pays civilisés d'Europe, aussi régulièrement que la terre produit ses fruits. Dans leur contenu principal, toutes ces œuvres ne sont rien d'autre que des descriptions variées, brèves ou longues, de la passion en question. Aussi, les descriptions les plus réussies de cette dernière, comme *Roméo et Juliette*, *La Nouvelle Héloïse*, *Werther*, ont atteint à une gloire immortelle. La Rochefoucauld[163] affirme pourtant qu'il en va de l'amour

passionné comme des fantômes, tout le monde en
parle, mais personne n'en a vu[164]; Lichtenberg, de
même, dans son essai *Über die Macht der Liebe*,
conteste et dénie la réalité et la naturalité de cette
passion[165]. Mais c'est là une grande erreur. Car il est
impossible qu'une chose considérée comme étrangère et contraire à la nature humaine, c'est-à-dire une
fable inventée de toutes pièces, puisse être inlassablement décrite, en tout temps, par le génie poétique,
et recueillie par l'humanité avec un intérêt inaltéré,
car la beauté dans l'art ne saurait aller sans vérité :

Rien n'est beau que le vrai ; le vrai seul est aimable.

Boil.[166]

Mais l'expérience confirme cependant, bien que ce
ne soit pas l'expérience quotidienne, que ce qui en
règle générale apparaît comme un simple penchant
certes vif, mais encore maîtrisable, peut, dans certaines circonstances, devenir une passion qui dépasse
en véhémence toutes les autres pour alors écarter
toutes les précautions, surmonter tous les obstacles
avec une force et une ténacité incroyables, si bien
que pour la satisfaire, on risque sa vie sans hésiter,
allant même jusqu'à la sacrifier si cette satisfaction
se voit absolument refusée. Les Werther et les Jacopo
Ortis ne sont pas seulement des figures de roman[167];
chaque année l'Europe en compte au moins une
demi-douzaine : *sed ignotis perierunt mortibus illi*
[mais ils ont péri d'une mort ignorée[168]], car leurs
souffrances ne trouvent pas d'autre chroniqueur que
le rédacteur du procès-verbal administratif, ou le
correspondant des journaux. Les lecteurs des rapports de police dans les journaux anglais et français
pourront vérifier l'exactitude de mes dires. Le nombre
de ceux que la même passion expédie à l'asile est

plus grand encore. Enfin, on trouve chaque année l'un ou l'autre suicide simultané d'un couple d'amoureux, empêché de se former par des circonstances extérieures ; je ne puis comprendre, cependant, comment ceux qui, assurés d'un amour réciproque et s'attendant à trouver dans la jouissance de celui-ci une félicité suprême, ne préfèrent pas se soustraire, par les démarches les plus extrêmes, à tout lien extérieur, en supportant tous les désagréments, plutôt que d'abandonner, en même temps que la vie, un bonheur plus grand que tout autre qu'ils puissent concevoir. — Mais quant aux degrés inférieurs et aux simples esquisses de cette passion, chacun les a sous les yeux tous les jours, et, tant qu'il n'est pas vieux, également dans son cœur.

D'après ce qui vient d'être rappelé, on ne saurait donc douter ni de la réalité de cette affaire ni de son importance, et au lieu de s'étonner que, pour une fois, un philosophe s'approprie ce thème perpétuel de tous les poètes, on ferait mieux de s'étonner qu'une chose qui joue généralement un rôle aussi important dans la vie humaine n'ait encore pratiquement jamais été examinée par les philosophes et soit toujours disponible telle une matière brute. Celui qui s'en est encore occupé le plus, c'est Platon, surtout dans le *Banquet* et dans le *Phèdre* ; mais ce qu'il expose à ce propos relève du domaine des mythes, des fables et des plaisanteries, et ne concerne d'ailleurs, en majeure partie, que la pédérastie grecque. Le peu que Rousseau dit de notre thème dans le *Discours sur l'inégalité* (p. 96, *ed. Bip.*) est faux et insuffisant[169]. L'explicitation kantienne de cet objet, dans la troisième section du traité *Sur le sentiment du beau et du sublime* (p. 435 sq. de l'édition Rosenkranz), est très superficielle et sans connaissance de la matière, par conséquent partiellement inexacte[170]. Enfin, chacun ne pourra trouver que plat et creux le traitement de la chose par Platner, dans son *Anthropologie*, § 1347 sq.[171]. C[À titre de divertissement, la définition de Spinoza en revanche mérite d'être citée pour sa prodigieuse naïveté : *amor est titillatio, concomitante idea causae externae* [l'amour est un chatouillement qu'accompagne l'idée d'une cause extérieure] (*Eth., IV, prop. 44, dem.*[172]).]C Je n'ai donc ni à solliciter mes prédécesseurs ni à les réfuter ; la chose s'est objectivement imposée à moi pour s'insérer d'elle-même dans l'enchaînement de mes considérations sur le monde. — Par ailleurs, je dois m'attendre à recevoir le moins d'approbation de la part de ceux qui sont eux-mêmes dominés par cette passion et cherchent par conséquent à exprimer leurs senti-ments exubérants par les images les plus sublimes et les plus éthérées ; ma conception leur paraîtra trop physique, trop matérielle, aussi métaphysique, voire transcendante qu'elle puisse au fond être[173]. Qu'ils considèrent en attendant que l'objet qui aujourd'hui leur inspire madrigaux et sonnets ne leur aurait pas même valu un regard s'il était né dix-huit ans plus tôt.

Car, tout état amoureux <*Verliebtheit*>, si éthéré qu'il puisse paraître, s'enracine dans la seule pulsion sexuelle ; plus, il n'est absolument qu'une pulsion sexuelle plus nettement déterminée, spécialisée, et individualisée au sens le plus strict. Compte tenu de ceci, considérons le rôle important que joue l'amour sexuel dans tous ses degrés et dans toutes ses nuances non seulement dans les pièces de théâtre et les romans, mais encore dans le monde réel. Avec l'amour de la vie, il apparaît comme le plus puissant et le plus actif de tous les mobiles, il sollicite sans relâche la moitié des forces et des pensées de la partie plus jeune de l'humanité, il est l'objectif ultime de presque toutes les aspirations humaines, il exerce une influence néfaste sur les affaires les plus importantes, il interrompt à toute heure les occupations les plus sérieuses, il plonge parfois dans une confusion momentanée même les plus grands esprits, il n'hésite pas à interférer, avec tout son linge sale, dans les négociations des hommes d'État et les recherches des savants pour les perturber, il s'entend à glisser ses billets doux et ses boucles de cheveux même dans les portefeuilles ministériels et les manuscrits philosophiques, il provoque tous les jours les disputes les plus embrouillées et les plus graves, il brise les relations les plus précieuses, il déchire les liens les plus solides, il sacrifie tantôt la vie ou la santé, tantôt la richesse, le rang et le bonheur, il fait d'un homme d'ordinaire sincère un homme sans scrupules, de l'homme jusqu'alors fidèle un traître, bref il se révèle dans l'ensemble comme un démon hostile qui s'efforce de tout pervertir, de tout brouiller, de tout renverser. On a alors envie de s'écrier : pourquoi autant de bruit ? pourquoi cette bousculade, cette fureur, cette angoisse, cette détresse ? Puisque au fond il s'agit seulement pour chaque Jeannot de trouver sa Jeanneton*[174], pourquoi pareille broutille doit-elle jouer un rôle aussi considérable et provoquer autant de trouble et d'embarras dans le cours si parfaitement réglé de la vie humaine ? — Mais au chercheur sérieux, l'esprit de la vérité révèle bientôt la réponse : ce n'est pas d'une broutille qu'il s'agit ; au contraire, le sérieux et l'ardeur de l'agitation sont à la mesure de l'importance de la chose. La fin ultime de toute intrigue amoureuse, qu'elle soit jouée en

---

* Je n'ai pas pu employer ici des termes directs ; que le cher lecteur veuille bien retraduire la phrase dans une langue aristophanesque.

brodequins ou en cothurnes, est réellement plus importante que toutes les autres fins de la vie humaine, et justifie par là cette profonde gravité avec laquelle tout un chacun la poursuit. Car ce qui s'y décide n'est rien de moins que LA COMPOSITION DE LA GÉNÉRATION FUTURE. Les *dramatis personae* [personnages du drame], qui entreront lorsque nous sortirons, trouvent la détermination de leur existence <*Dasein*> et de leur constitution <*Beschaffenheit*> ici même, dans cette frivole affaire d'amour. De même que l'être <*Sein*>, l'*existentia*, de ces futurs personnages est conditionné de part en part par notre pulsion sexuelle en général, de même leur essence <*Wesen*>, leur *essentia*, est-elle conditionnée de part en part par la sélection individuelle lors de la satisfaction de cette pulsion sexuelle, c'est-à-dire par l'amour sexuel, et s'en trouve, à tous les égards, irrévocablement fixée. C'est la clé du problème : nous apprendrons à mieux la connaître en l'appliquant, lorsque nous passerons en revue les degrés de l'état amoureux, du penchant le plus éphémère à la passion la plus intense, et que nous verrons que leur diversité est à la mesure du degré d'individualisation de la sélection.

L'ensemble de toutes les affaires d'amour de la génération actuelle est ainsi, pour l'espèce humaine tout entière, la sérieuse *meditatio compositionis generationis futurae, e qua iterum pendent innumerae generationes* [méditation sur la composition de la génération future, de laquelle dépendent à leur tour d'innombrables générations[175]]. Dans cette affaire extrêmement importante, il y va non pas, comme dans toutes les autres affaires, du sort INDIVIDUEL, mais de l'existence et de la nature spéciale de l'espèce humaine dans les temps futurs, raison pour laquelle la volonté individuelle se manifeste ici à une puissance supérieure, comme volonté de l'espèce ; c'est

sur cette extrême importance que reposent le pathé-
tique et le sublime des affaires amoureuses, le transcendant de leurs extases et de leurs douleurs, ce que
les poètes n'ont eu cesse d'illustrer depuis des millénaires par d'innombrables exemples, aucun thème,
en effet, ne pouvant égaler en intérêt celui-ci, puisqu'en touchant au sort de l'espèce, il est à tous les
autres, qui n'ont trait qu'au sort individuel, ce que le
corps est à la surface. C'est pourquoi il est si difficile
de s'intéresser à un drame sans intrigue amoureuse,
et que, d'autre part, ce thème ne paraît jamais éculé
même si l'on en use tous les jours.

Ce qui se manifeste dans la conscience individuelle comme pulsion sexuelle, sur un mode général
et sans viser un individu déterminé de l'autre sexe,
c'est, en soi et en dehors du phénomène, l'absolue
volonté de vivre. Mais ce qui se manifeste dans la
conscience comme une pulsion sexuelle visant un
individu déterminé, c'est, en soi, la volonté qu'a un
individu, exactement déterminé, de vivre. Or, dans ce
cas, bien qu'elle soit en elle-même un besoin subjectif, la pulsion sexuelle sait fort adroitement revêtir le masque d'une admiration objective pour ainsi
abuser la conscience, la nature réclamant ce stratagème pour parvenir à ses fins. Mais, si objective et
pourvue d'une touche de sublime que puisse paraître
cette admiration, tout état amoureux ne vise finalement que l'engendrement d'un individu d'une certaine nature ; c'est ce qui trouve confirmation en
premier lieu dans le fait que l'essentiel n'est pas la
réciprocité de l'amour, mais la possession, c'est-à-
dire la jouissance physique *<physischer Genuss>*.
La certitude de la première ne saurait donc en aucune façon consoler de l'absence de la seconde ; bien
au contraire, dans pareille situation, plus d'un s'est
déjà donné une balle. En revanche, lorsqu'un homme

passionnément amoureux ne connaît pas un amour
réciproque, il se contentera de la possession, c'est-
à-dire de la jouissance physique. C'est ce que montrent
tous les mariages arrangés, de même les faveurs, si
souvent obtenues d'une femme malgré son consentement, par d'importants cadeaux ou autres sacrifices, ainsi que les cas de viol. La procréation de cet
enfant déterminé est le but véritable, bien qu'ignoré
des protagonistes, de ce roman d'amour ; la manière
et les moyens d'y parvenir sont accessoires. — Aussi
grands que puissent être les cris poussés par les
âmes élevées et sensibles, notamment par les amoureux, face au réalisme brutal de mes considérations,
elles n'en sont pas moins dans l'erreur. Car la détermination précise des individualités de la génération
future n'est-elle pas une fin plus haute et plus digne
que tous leurs sentiments exubérants et toutes leurs
bulles de savon suprasensibles ? Peut-il même y en
avoir de plus grande et de plus importante parmi les
fins terrestres ? Elle seule correspond à la profondeur
avec laquelle on ressent l'amour passionné, à la gravité avec laquelle il apparaît, à l'importance dont il
colore les moindres détails qui le concernent et le
suscitent. Ce n'est qu'à condition de poser cette fin-là
comme la seule véritable que les complications, les
interminables efforts et tourments pour obtenir l'objet
de son amour, paraîtront appropriés à la chose. Car
c'est bien la génération future, dans toute sa déterminité individuelle, qui, poussée par toute cette agitation et toutes ces peines, accède à l'existence. Oui,
c'est déjà elle qui se manifeste dans la sélection si
circonspecte, si déterminée, si obstinée pour satisfaire
la pulsion sexuelle, et qu'on appelle aussi amour. En
vérité, l'inclination grandissante de deux amants est
déjà la volonté de vivre du nouvel individu qu'ils
sont capables et désireux d'engendrer ; la rencontre

même de leurs regards languissants fait déjà s'allumer une vie nouvelle qui s'annonce comme une future individualité harmonieuse et bien composée. C[Ils soupirent après une union réelle, désirent fusionner en un seul être pour ensuite exclusivement perdurer sous cette forme ; or ce désir se trouve comblé par leur progéniture, où les qualités transmises par tous les deux continuent de vivre, unies et fusionnées en un seul être.]C Inversement, l'aversion réciproque, nette et tenace entre un homme et une fille indique que ce qu'ils pourraient engendrer ne saurait être qu'un être imparfaitement organisé, discordant, malheureux. C[C'est pourquoi on trouve un sens profond dans le fait que Calderón appelle l'épouvantable Sémiramis la fille de l'air tout en l'introduisant comme issue d'un viol, suivi par l'assassinat de l'époux[176].]C

Mais ce qui attire finalement l'un vers l'autre deux individus de sexe différent avec une telle puissance et une telle exclusivité, c'est la volonté de vivre, laquelle se présente dans toute l'espèce et anticipe ici une objectivation de son essence, correspondant à ses objectifs, dans l'individu que tous les deux sont susceptibles d'engendrer. En effet, cet individu tiendra la volonté, ou le caractère, du père, l'intellect de la mère, et la corporisation des deux, bien que la forme dépende davantage du père, la taille de la mère, d'après la loi observable dans l'engendrement des bâtards chez les animaux, et qui repose principalement sur le fait que la taille du fœtus doit se conformer à la taille de l'utérus. La passion tout à fait particulière et individuelle de deux amants est tout aussi inexplicable que l'individualité tout à fait particulière et exclusive propre à chaque homme ; au fond, les deux sont une seule et même chose : celle-ci est *explicite* ce que celle-là était *implicite*. Il

faut réellement considérer que le tout premier engendrement d'un nouvel individu, le véritable *punctum saliens* [point d'origine] de sa vie, c'est cet
instant où les parents commencent à s'aimer l'un
l'autre — *to fancy each other*, comme le dit fort bien
une expression anglaise —, et, comme nous l'avons
dit, c'est dans la rencontre et la fixation de leurs
regards languissants que naît le premier germe d'un
être nouveau, qui, il est vrai, se trouve le plus souvent
étouffé, comme tous les germes. Cet individu nouveau est pour ainsi dire une nouvelle Idée (platonicienne) : or, de même que toutes les Idées aspirent
avec la plus grande véhémence à se phénoménaliser,
s'emparant à cette fin avec avidité de la matière que
la loi de causalité distribue parmi elles toutes[177], de
même, dans ce cas-ci, cette Idée particulière d'une
individualité humaine aspire avec la plus grande
avidité et la plus grande véhémence à sa réalisation
phénoménale. Cette avidité et cette véhémence constituent précisément la passion que les deux futurs
parents nourrissent l'un pour l'autre. Elle possède
d'innombrables degrés dont les deux extrêmes pourront être désignés par Ἀφροδίτη πάνδημος et οὐρανία
[Aphrodite ordinaire et céleste[178]] ; mais d'après son
essence, elle est partout une seule et même chose.
Or d'après le degré, elle sera d'autant plus puissante
qu'elle sera plus INDIVIDUALISÉE, c'est-à-dire que
plus l'individu aimé, en vertu de toutes ses parties
constitutives et de toutes ses qualités, sera exclusivement apte à satisfaire le souhait de l'amant et le
besoin fixé par l'individualité propre de celui-ci.
D'abord, et pour l'essentiel, le penchant amoureux
est orienté vers la santé, la force et la beauté, et donc
aussi vers la jeunesse, car la volonté demande avant
tout à présenter le caractère spécifique de l'espèce
humaine, comme base de toute individualité : l'amou-

rette ordinaire ('Αφροδίτη πάνδημος) ne va guère plus loin. À cela s'ajoutent ensuite des exigences plus spéciales, que nous examinerons dans le détail plus loin, et qui, si elles voient la possibilité d'être satisfaites, font s'intensifier la passion. Or les degrés suprêmes de celle-ci procèdent de cette correspondance mutuelle entre deux individualités, en vertu de laquelle la volonté, c'est-à-dire le caractère, du père et l'intellect de la mère réalisent, par leur union, cet individu précis que la volonté de vivre en général, laquelle se manifeste dans toute l'espèce, convoite d'un désir proportionné à sa grandeur et surpassant la mesure d'un cœur mortel, tout comme ses motifs surpassent le domaine de l'intellect individuel. Voilà donc l'âme d'une grande et véritable passion. — Plus la correspondance entre deux individus est parfaite, sous chacun des aspects si variés qu'il nous faudra encore examiner, plus la passion qu'ils ont l'un pour l'autre sera forte. Comme il n'y a pas deux individus tout à fait identiques, à chaque homme déterminé doit correspondre le plus parfaitement une femme déterminée, toujours eu égard à l'être à concevoir. Le hasard de leur rencontre est aussi rare que l'amour passionné au sens fort. Mais comme chacun en abrite au moins la possibilité, les descriptions qu'en donnent les œuvres poétiques nous sont intelligibles. — C'est bien parce qu'au fond la passion amoureuse tourne autour de la future progéniture et de ses qualités, et que c'est là que réside le noyau de cette passion, il peut exister entre deux jeunes personnes bien conformées de sexe différent, en vertu de l'adéquation de leur disposition, de leur caractère, de leur orientation intellectuelle, une amitié pure de tout amour sexuel ; il peut même y avoir à cet égard une certaine aversion chez eux. La raison en est qu'un enfant engendré par eux aurait des qualités physiques ou intellectuelles discordantes, bref son existence et sa nature ne correspondraient pas aux fins poursuivies par la volonté de vivre telle qu'elle se manifeste dans l'espèce. Dans le cas contraire d'une hétérogénéité des esprits, des caractères et des orientations intellectuelles, et de l'aversion, voire de l'hostilité qui en découle, l'amour sexuel peut cependant se former et subsister, créant alors un aveuglement au sujet de tout cela ; mais s'il entraîne au mariage, celui-ci sera très malheureux. —

Examinons maintenant la chose en profondeur. — L'égoïsme est une qualité si profondément enracinée dans toute individualité en général que pour exciter l'activité d'un être individuel, les fins égoïstes sont les seules sur lesquelles on puisse compter avec certitude. L'espèce possède certes un droit plus ancien, plus direct, plus grand sur l'individu que l'individualité fragile et périssable elle-même ; mais lorsque l'individu doit agir, voire se sacrifier pour la subsistance et la constitution de l'espèce, il n'est pas possible de faire comprendre à son intellect, réglé seulement sur les fins individuelles, l'importance de l'affaire au point d'obtenir un effet qui soit conforme à celle-ci. Dans pareil cas, la nature n'atteint sa fin qu'en implantant une certaine ILLUSION <*Wahn*> dans l'individu, en vertu de laquelle ce qui est en vérité un bien pour l'espèce lui paraîtra un bien pour lui-même, de sorte que ce bien serve à l'espèce alors que l'individu croit servir à lui-même, processus pendant lequel il poursuit une simple chimère qui s'évanouit aussitôt après, et qui, comme motif, prend la place d'une réalité. Cette ILLUSION, c'est l'INSTINCT. Dans la grande majorité des cas, il doit être considéré comme le sens de l'ESPÈCE, lequel présente à la volonté ce qui est utile à l'espèce, et à elle seule. Mais comme ici, la volonté est devenue individuelle, elle doit être trompée de façon à percevoir par le sens de l'INDIVIDU ce que lui présente le sens de l'ESPÈCE, c'est-à-dire de façon qu'elle croie poursuivre des fins individuelles, alors qu'en vérité elle ne poursuit que des fins générales (ce dernier mot pris au sens strict). Nous pouvons le mieux observer le phénomène extérieur de l'instinct chez les animaux, où son rôle est le plus prépondérant, mais nous n'apprendrons à en connaître le processus intérieur, comme tout ce qui est intérieur, qu'en nous-mêmes. Or on croit que l'homme n'a presque pas d'instinct, ou tout au plus celui qui, chez le nouveau-né, consiste à chercher et à prendre le sein maternel. Mais en réalité nous avons un instinct très déterminé, évident, voire compliqué, à savoir celui de la sélection si subtile, sérieuse et obstinée de l'autre individu en vue de la satisfaction sexuelle. Dans la mesure où elle est une jouissance sensible reposant sur un besoin pressant de l'individu, cette satisfaction n'a, en elle-même, rien à voir avec la beauté ou la laideur de l'autre individu. L'attention qu'on leur porte pourtant de façon si empressée, avec la sélection soigneuse qui en découle, ne se rapporte donc manifestement pas à celui qui choisit, bien qu'il s'imagine le contraire, mais à la fin véritable, à l'être à concevoir, dans lequel le type de l'espèce doit se conserver le mieux et le plus purement possible. Cm[Car même si mille contingences physiques et contrariétés morales peuvent engendrer en grand nombre des dégénérations de la forme humaine, le type authentique de celle-ci sera toujours rétabli, dans toutes ses parties constitutives ; c'est ce qui se produit sous la direction du sens de la beauté, qui préside toujours à la pulsion sexuelle, et sans lequel celle-ci descendrait au niveau d'un besoin répugnant.]Cm En premier lieu, ce sont donc les individus les plus beaux, c'est-à-dire ceux chez qui le caractère de l'espèce est marqué avec le plus de netteté, que chacun préférera résolument, et convoitera vivement ; mais en second lieu, il réclamera surtout chez l'autre individu les perfections dont il est privé lui-même, et il trouvera même belles les imperfections opposées aux siennes ; c'est pourquoi, par exemple, les hommes petits cherchent les femmes grandes, les hommes blonds les femmes brunes, etc.[179] — Le ravissement vertigineux qui saisit un homme à la vue d'une femme dont la beauté lui agrée, et qui lui fait miroiter l'union avec elle comme le bien suprême[180], c'est précisément LE SENS DE L'ESPÈCE, lequel, reconnaissant le sceau nettement marqué de l'espèce, veut perpétuer celle-ci avec elle. C'est sur ce penchant marqué pour la beauté que repose la préservation du type de l'espèce, raison pour laquelle il agit avec tant de force. Plus loin, nous consacrerons une considération spéciale aux critères qu'il suit. Ce qui guide donc ici l'homme est réellement un instinct visant l'optimum de l'espèce, alors que l'homme lui-même croit rechercher seulement l'accroissement de sa propre jouissance. — Nous disposons ici, en effet, d'une leçon sur l'essence intime de TOUT INSTINCT, qui sollicite presque toujours, comme dans ce cas, l'individu pour le bien de l'espèce. Car visiblement, la minutie qu'un insecte emploie à trouver une fleur déterminée, ou un fruit, ou un fumier, ou une chair, ou, comme les ichneumons, la larve d'un autre insecte, pour déposer ses œufs dans CE LIEU précis, ne redoutant aucune peine ni aucun danger pour y parvenir, est fort analogue à la minutie avec laquelle un homme, pour sa satisfaction sexuelle, choisit soigneusement une femme d'une constitution déterminée, lui convenant individuellement, et la désire, avec tant d'ardeur que bien souvent, pour arriver à ses fins, il sacrifie son propre bonheur, par un mariage absurde, par une amourette qui lui ravit sa fortune, son honneur et sa vie, et même par le crime, comme l'adultère ou le viol. Et tout cela simplement pour servir l'espèce avec le meilleur résultat possible, en accord avec la volonté de la nature partout souveraine, mais aux dépens de l'individu. Car l'instinct se donne toujours comme une action s'accomplissant comme d'après un concept de fin alors qu'elle n'en dispose d'aucun. La nature implante l'instinct là précisément où l'individu agissant serait incapable de comprendre la fin, ou réticent à la poursuivre ; c'est pourquoi il n'est ajouté, en règle générale, qu'aux animaux, et surtout aux animaux inférieurs, qui ont le moins d'intelligence, mais il a été également donné, quasiment pour l'unique cas ici considéré, à l'homme, lequel pourrait certes comprendre cette fin, mais ne la poursuivrait pas avec l'empressement nécessaire, c'est-à-dire aux dépens de son bien individuel. Comme pour tout instinct, la vérité revêt donc ici la forme de l'illusion pour agir sur la volonté. C'est bien une illusion voluptueuse qui fait miroiter à l'homme que, dans les bras de cette femme, il pourrait tirer de la beauté qui le séduit une jouissance plus grande que dans les bras de n'importe quelle autre ; illusion encore, que celle qui persuade fermement un homme porté sur UNE SEULE femme que la possession de celle-ci lui assurera un bonheur extraordinaire. Ainsi, il s'imagine que ses peines et ses sacrifices contribuent à sa propre jouissance, alors que ce n'est que pour préserver le type régulier de l'espèce, ou même pour qu'une individualité tout à fait déterminée, qui ne peut être engendrée que par ces parents-là, accède à l'existence. Le caractère de l'instinct, c'est-à-dire une action s'accomplissant comme d'après un concept de fin alors qu'elle n'en dispose d'aucun, est si pleinement présent ici que la victime de l'illusion abhorre même bien souvent, en voulant l'empêcher, la fin qui seule le guide, à savoir la procréation : c'est le cas dans presque toutes les affaires extraconjugales. D'après la caractérisation que nous venons de donner de la chose, tout amoureux, après la jouissance enfin obtenue, connaîtra une singulière déception, et s'étonnera de ce que l'objet si ardemment désiré ne lui procure rien de plus que n'importe quelle autre satisfaction sexuelle, de sorte qu'il ne se voit pas plus avancé qu'avant. Car ce souhait se rapportait à tous ses autres souhaits comme l'espèce se rapporte à l'individu, c'est-à-dire comme l'infini au fini. En revanche, la satisfaction ne profite, au fond, qu'à l'espèce, et, de ce fait, ne tombe pas sous la conscience de l'individu lequel, animé par la volonté de l'espèce, servait ici, par tous les sacrifices imaginables, une fin qui n'était même pas la sienne. C'est donc pourquoi chaque amoureux, après avoir enfin accompli le grand œuvre, s'estime berné, car l'illusion, par laquelle l'individu a été trompé par l'espèce, s'est dissipée. Aussi, Platon écrit à juste titre : ἡδονὴ (μὲν γὰϱ) ἁπάντων ἀλαζονέστατον (*voluptas omnium maxime vaniloqua*) [il n'y a pire imposteur que le plaisir[181]]. *Phileb. 319.*

Or tout ceci jette à son tour une lumière nouvelle sur les instincts et les pulsions industrieuses des animaux. Sans aucun doute sont-ils eux aussi captifs d'une espèce d'illusion, qui leur fait miroiter une jouissance individuelle, alors qu'ils travaillent avec tant d'empressement et d'abnégation pour l'espèce : l'oiseau construit son nid, l'insecte cherche le seul lieu adéquat pour ses œufs, ou chasse même une proie qu'il ne consommera pas lui-même mais qui devra être déposée comme pâture pour les futures larves, l'abeille, la guêpe, la fourmi, doivent s'appliquer à leurs constructions ingénieuses et à l'économie extrêmement compliquée de celles-ci. Ils sont certainement tous guidés par une illusion, qui recouvre le service de l'espèce sous le masque d'une fin égoïste. Voilà sans doute la seule voie qui s'offre à nous pour saisir le processus INTÉRIEUR, ou subjectif, sous-jacent aux manifestations de l'instinct. Mais d'un point de vue externe, ou objectif, nous constatons chez les animaux fortement asservis par l'instinct, notamment chez les insectes, une prédominance du système ganglionnaire, c'est-à-dire du système nerveux SUBJECTIF, sur le système cérébral, ou OBJECTIF ; il faut en conclure qu'ils ne sont pas tant poussés à agir par une conception objective, exacte, que par des représentations subjectives, suscitant des souhaits engendrés par l'action du système ganglionnaire sur le cerveau, et donc par une espèce d'ILLUSION ; voilà assurément le processus PHYSIOLOGIQUE pour tout instinct. — En guise d'éclaircissement, je cite encore un autre exemple, mais plus faible, de l'instinct chez l'être humain : l'appétit capricieux de la femme enceinte. Cet appétit semble provenir du fait que l'alimentation de l'embryon réclame parfois une modification particulière ou déterminée du sang qu'il reçoit ; la nourriture qui provoque cette modification se présente alors immédiatement à la femme enceinte comme un objet de désir intense, autrement dit, c'est encore une ILLUSION qui se produit ici. La femme a donc un instinct de plus que l'homme ; aussi, le système ganglionnaire est bien plus développé chez la femme. — C'est la grande prépondérance du cerveau chez l'homme qui explique qu'il ait moins d'instincts que les animaux, et que ces instincts peu nombreux puissent être facilement induits en erreur. Ainsi, le sens de la beauté qui

oriente instinctivement la sélection pour la satisfaction sexuelle s'égare lorsqu'il dégénère en penchant à la pédérastie[182], cas analogue à celui de la
mouche bleue (*musca vomitoria*) qui, au lieu de placer
ses œufs, selon son instinct, dans la viande avariée,
les dépose dans la fleur de l'*arum dracunculus* [gobe-
mouches], trompée par l'odeur cadavérique de cette
plante.

Nous pouvons acquérir la pleine certitude que
tout amour sexuel est fondé sur l'instinct, qui vise
toujours l'être à concevoir, par une analyse fouillée
de cet instinct, dont nous ne saurions donc nous
dispenser. — Il faut d'emblée évoquer ici le fait qu'en
amour, l'homme tend naturellement à l'inconstance,
la femme à la constance. L'amour de l'homme baisse
nettement dès qu'il a été satisfait ; toutes les autres
femmes, ou presque, l'excitent plus que celle qu'il
possède ; il aspire au changement. L'amour de la
femme, au contraire, augmente à partir de ce même
moment. C'est là une conséquence de la fin inhérente à la nature, laquelle vise la conservation et,
par suite, le plus grand accroissement possible de
l'espèce. Car l'homme pourrait aisément engendrer
plus de cent enfants par an, si autant de femmes
étaient à sa disposition ; la femme, en revanche, si
grand que puisse être le nombre d'hommes, ne peut
finalement mettre au monde qu'UN SEUL enfant par
an (les naissances de jumeaux exceptées). Voilà
pourquoi il cherche toujours d'autres femmes, alors
qu'ELLE s'attache fermement à un seul homme, car
la nature l'incite, instinctivement et sans réflexion, à
fixer celui qui devra nourrir et protéger la future
progéniture. Dès lors, la fidélité conjugale est artificielle chez l'homme, naturelle chez la femme, et
l'adultère de la femme est ainsi bien moins excusable que celui de l'homme, tant objectivement, en

raison des conséquences, que subjectivement, parce qu'il va contre la nature.

Mais pour aller plus en avant et nous persuader pleinement que l'attrait pour l'autre sexe, aussi objectif qu'il puisse nous paraître, n'est qu'un instinct masqué, c'est-à-dire le sens de l'espèce aspirant à conserver son type, nous devons même examiner de plus près les critères qui guident cet attrait, et analyser en détail leurs particularités, aussi curieux qu'il puisse être de voir figurer ces aspects spécifiques dans un ouvrage philosophique. Ces critères se divisent en ceux qui ont directement trait au type de l'espèce, c'est-à-dire la beauté, ceux qui visent des qualités psychiques, et, enfin, ceux qui sont simplement relatifs et procèdent de la nécessité de corriger ou de neutraliser les unes par les autres les unilatéralités et les anomalies des deux individus. Passons-les en revue l'un après l'autre.

Le critère suprême qui oriente notre choix et notre penchant est l'ÂGE. Nous acceptons généralement la période qui s'étend des années de la première menstruation aux années de la dernière, mais nous préférons nettement la période comprise entre la dix-huitième et la vingt-huitième année. Or, en dehors de cet âge, aucune femme ne saurait nous attirer : une femme vieille, qui n'a donc plus sa menstruation, suscite notre répugnance. La jeunesse sans beauté possède toujours de l'attrait ; la beauté sans jeunesse, aucun. — L'intention inconsciente qui nous guide alors est, visiblement, la possibilité de la procréation en général ; c'est pourquoi tout individu perd son attrait pour l'autre sexe à mesure qu'il s'éloigne de la période la plus favorable à la procréation ou à la conception. — Le deuxième critère est celui de la SANTÉ : les maladies aiguës ne nous dérangent que temporairement, les maladies chroniques, voire les cachexies[183], nous rebutent, car elles se transmettent à l'enfant. — Le troisième critère est l'OSSATURE, parce qu'il est à la base du type de l'espèce. À côté de l'âge et de la maladie, rien ne nous répugne davantage qu'un corps difforme : même le visage le plus beau ne peut compenser ce défaut ; on lui préférera absolument le plus laid des visages, si la stature est régulière. Par ailleurs, toute disproportion de l'ossature, par exemple un corps rabougri, trapu, aux jambes courtes, etc., nous frappe désagréablement, de même une démarche boiteuse, quand elle n'est pas la conséquence d'un accident extérieur. En revanche, une stature particulièrement belle, grâce à son charme, peut compenser tous les défauts. Cela explique aussi la grande valeur que tous attachent à la petite taille des pieds, trait caractéristique essentiel de l'espèce, puisque aucun animal n'a l'ensemble du tarse et du métatarse aussi petit que l'homme, ce qui est en rapport avec sa démarche verticale : c'est un plantigrade. C'est aussi pourquoi Jésus Sirach (26, 23, dans la traduction corrigée de Kraus) : « Une femme bien bâtie, aux jolis pieds, est comme des colonnes d'or sur des bases d'argent[184]. » La denture nous importe également, car, essentielle à la nutrition, elle est tout particulièrement héréditaire. — Le quatrième critère, c'est une certaine PLÉNITUDE DE LA CHAIR, c'est-à-dire une prépondérance de la fonction végétative, de la plasticité, parce qu'elle promet une alimentation riche du fœtus ; c'est aussi pourquoi une maigreur excessive nous repousse singulièrement. Une poitrine féminine généreuse exerce un attrait prodigieux sur le sexe masculin, car elle est en rapport direct avec les fonctions reproductrices de la femme, promettant une nutrition abondante au nouveau-né. Mais les femmes EXCESSIVEMENT grosses nous dégoûtent ; la cause en est que cette constitution est un signe de l'atrophie de l'utérus, c'est-à-dire de la stérilité : l'instinct le sait, mais pas la tête. — Ce n'est que le dernier critère qui concerne la BEAUTÉ DU VISAGE. Ici aussi, ce sont surtout les parties osseuses qui entrent en considération ; c'est pourquoi on regardera principalement à la beauté du nez, un nez trop court, retroussé, gâchant tout. Une petite courbure du nez, vers le bas ou vers le haut, peut décider du bonheur de l'existence d'innombrables filles, et à juste titre, car il y va du type de l'espèce. Une petite bouche, avec une petite mâchoire, est tout à fait essentielle, en tant que trait caractéristique du visage humain, au contraire des bouches animales. Un menton fuyant, pour ainsi dire tronqué, est tout particulièrement repoussant, parce que le *mentum prominulum* [menton proéminent] est un trait caractéristique exclusif de notre espèce. Enfin, nous tenons compte de la beauté des yeux et du front : elle dépend des qualités psychiques, surtout intellectuelles, héritées de la mère.

Bien entendu, nous ne saurions indiquer aussi précisément les critères inconscients qui, d'autre part, orientent le penchant des femmes. C[Dans l'ensemble, on peut avancer ce qui suit. Elles préfèrent les hommes entre trente et trente-cinq ans, plutôt que les jeunes hommes notamment, alors que ce sont eux pourtant qui incarnent la beauté humaine au plus haut degré. La raison en est qu'elles ne sont pas guidées par le goût, mais par l'instinct qui reconnaît dans cet âge l'acmé de la force procréatrice. D'une façon générale,]C elles regardent peu à la beauté, surtout à celle du visage ; tout se passe comme si elles se chargeaient exclusivement de la donner à l'enfant. Ce qui les gagne surtout, c'est la force de l'homme et le courage qui en dépend, car ils sont la promesse de la conception d'enfants vigoureux en même temps que d'un protecteur vaillant de ceux-ci. Eu égard à l'enfant, la femme peut, lors de la procréation, abolir tout défaut physique de l'homme, toute aberration du type, si elle est elle-même irréprochable sous ces rapports, ou si elle présente en elle l'excès contraire. Il faut en excepter les seules qualités de l'homme particulières à son sexe, et que la mère ne peut donc donner à l'enfant, comme la structure masculine de l'ossature, les épaules larges, les hanches étroites, les jambes droites, la force musculaire, le courage, la barbe, etc. Voilà pourquoi les femmes aiment souvent des hommes laids, mais jamais peu virils, car elles ne pourraient neutraliser leurs défauts.

Le deuxième genre de critères sous-jacents à l'amour sexuel, ce sont les critères concernant les qualités psychiques. Nous voyons ici que la femme est toujours attirée par les qualités du cœur ou du caractère de l'homme, héritées du père. Les femmes sont gagnées par excellence, par la fermeté de la volonté, la détermination et le courage, peut-être aussi par l'intégrité et la bonté. En revanche, les privilèges intellectuels n'exercent pas d'influence directe ou instinctive sur elles, précisément parce qu'ils ne sont pas héréditairement transmis par le père. Les femmes ne tiennent pas compte du manque d'intelligence ; une force intellectuelle prépondérante, voire du génie, facultés jugées anormales, pourraient même avoir une influence défavorable. De ce fait, on voit souvent tel homme laid, stupide et grossier supplanter auprès des femmes un homme bien formé, spirituel et aimable. Aussi, on conclut parfois des mariages d'amour entre des êtres tout à fait hétérogènes du point de vue de l'esprit : par exemple, lui est grossier, fort et borné, elle est d'une sensiblité délicate, d'une intelligence fine, dotée de culture, de sens esthétique, etc.; ou LUI génial et savant, ELLE une oie :

C[*Sic visum Veneri ; cui placet impares*
Formas atque animos sub juga aënea
Saevo mittere cum joco.]C
[Ainsi l'a voulu Vénus qui se plaît, par un jeu cruel, à envoyer
   sous le joug d'airain des corps mal appariés[185].]

Cela tient à ce qu'ici prédominent des critères tout à fait différents des critères intellectuels : ce sont ceux de l'instinct. Dans le mariage, il ne s'agit pas d'avoir des conversations spirituelles, mais d'engendrer des enfants; le mariage relie les cœurs, non les têtes. Les femmes qui prétendent être tombées amoureuses de l'esprit d'un homme usent d'un prétexte bien vaniteux et ridicule, ou alors il faut y voir la nervosité d'une créature dégénérée. — En revanche, dans l'amour instinctif, les hommes ne sont pas déterminés par les QUALITÉS DU CARACTÈRE de la femme, ce qui explique que tant de Socrate aient trouvé leur Xanthippe[186], par exemple Shakespeare, Albrecht Dürer, C[Byron,]C etc. Or dans ce cas, ce sont bien les qualités INTELLECTUELLES qui influent, parce qu'elles sont héritées de la mère; mais leur influence est légèrement dominée par la beauté physique, laquelle, touchant à des points plus essentiels, agit plus directement. Mais il peut arriver que par le sentiment ou par l'expérience de cette influence, les mères fassent apprendre à leurs filles les beaux-arts, les langues, etc., dans le but de les rendre séduisantes pour les hommes, par où elles veulent assister l'intellect par des moyens artificiels, tout comme elles gonflent la taille ou la poitrine, le cas échéant. — Il convient de rappeler que nous ne parlons toujours ici que de l'attrait tout à fait direct, instinctif, duquel seul procède l'ÉTAT AMOUREUX <*Verliebtheit*> véritable. Qu'une femme intelligente et cultivée estime chez l'homme son intelligence et son esprit, qu'un homme, par une réflexion rationnelle, examine et considère le caractère de sa fiancée, ne change rien à l'affaire dont nous parlons ici : ce sont là des éléments qui fondent un choix raisonnable dans le cas d'un mariage, mais pas l'amour passionné, qui est notre thème.

Je n'ai jusqu'ici tenu compte que des critères ABSOLUS, c'est-à-dire valables pour chacun; j'en viens maintenant aux critères RELATIFS, qui sont individuels, car ils sont censés rectifier les défauts déjà existants du type de l'espèce, en corriger les déviations que la personne accomplissant le choix porte déjà en elle, afin de reconduire à une présentation pure du type. Ici, par conséquent, chacun aime ce qu'il n'a pas. Partant de la nature individuelle et visant la nature individuelle, le choix qui repose sur ces critères RELATIFS est bien plus déterminé, tranché et exclusif que celui qui part seulement des critères absolus ; c'est pourquoi l'origine du véritable amour passionné se trouvera généralement dans ces critères relatifs, alors que celle du penchant ordinaire, plus léger, ne se trouvera que dans les critères absolus. Par suite, ce ne sont pas en général les beautés régulières, parfaites qui allument les grandes passions. Pour susciter un tel penchant réellement passionné, il y faut ce qu'on ne peut exprimer que par une métaphore chimique : les deux personnes doivent se neutraliser mutuellement, comme l'acide et l'alcali pour former un sel neutre. Les déterminations requises à cet effet sont pour l'essentiel les suivantes : premièrement, toute sexualité est unilatérale. Chez tel individu, cette unilatéralité sera plus

nettement prononcée et présente à un degré plus
élevé que chez tel autre ; c'est pourquoi, dans chaque
individu, elle pourra être mieux complétée et neutra-
lisée par tel individu de l'autre sexe plutôt que par
tel autre, car il lui faut une unilatéralité individuellement opposée à la sienne pour compléter le type
de l'humanité dans le nouvel individu à engendrer,
dont la constitution est toujours l'objectif de tous les
efforts. Les physiologues savent que la masculinité
et la féminité admettent d'innombrables degrés,
celle-ci pouvant tomber au niveau de la repoussante
gynandrie[187] et de l'hypospadias[188], celle-là s'élever
jusqu'au gracieux androgynisme, mais les deux côtés
permettent d'atteindre le parfait hermaphrodisme
des individus qui, tenant le milieu exact entre les
deux sexes, ne font partie d'aucun, et sont donc
inaptes à la reproduction. Pour cette neutralisation
mutuelle de deux individualités dont il est question
ici, il faut donc que le degré déterminé de la masculinité chez l'HOMME corresponde exactement au degré
déterminé de la féminité chez la FEMME, afin que les
deux unilatéralités puissent se supprimer mutuellement et directement. Par conséquent, l'homme le
plus masculin recherchera la femme la plus féminine
et *vice versa*, de même chaque individu recherchera
l'individu dont le degré de sexualité lui correspond.
Or les individus sentent instinctivement dans quelle
mesure la relation requise peut se produire entre
eux, et c'est ce sentiment, avec les autres critères
RELATIFS, qui est à la base des degrés supérieurs de
l'état amoureux. Tandis que les amoureux parlent
ainsi pathétiquement de l'harmonie de leurs âmes,
le noyau de l'affaire est le plus souvent la concordance, montrée ici, qui concerne l'être à concevoir
et la perfection de celui-ci ; cette concordance importe manifestement bien plus que l'harmonie de

leurs âmes, laquelle, peu après le mariage, se dissout souvent en une criante discordance. À ceci se rattachent alors les autres critères relatifs, basés sur le fait que chaque individu aspire à faire supprimer par l'autre ses faiblesses, ses défauts et ses déviations du type, afin qu'elles ne se perpétuent pas dans l'enfant à engendrer ou qu'elles ne deviennent pas des anomalies complètes. Plus un homme est faible eu égard à la force musculaire, plus il recherchera des femmes vigoureuses, et inversement. Mais comme par nature la femme possède généralement une force musculaire moindre, les femmes donneront généralement leur préférence aux hommes plus vigoureux. — Par ailleurs, un autre critère important est la taille. Les hommes petits ont un penchant prononcé pour les femmes grandes, et *vice versa*; chez un petit homme, la prédilection pour les femmes grandes sera d'autant plus passionnée qu'il a été conçu par un père d'une grande taille et n'est resté petit que par l'influence de la mère, car c'est du père qu'il tient la pulsation cardiaque avec son énergie capable d'alimenter en sang un grand corps; mais si son père et son grand-père étaient déjà petits, ce penchant se fera moins sentir. L'aversion d'une femme grande pour des hommes grands s'explique par l'intention de la nature d'éviter une race trop grande, dans la mesure où les forces mises à disposition par cette femme-là ne suffiraient pas à la faire vivre longtemps. Si une telle femme choisit quand même un grand mari, peut-être pour être plus présentable en société, c'est la descendance qui, en règle générale, aura à payer pour cette sottise. — Par ailleurs, le critère de la complexion est tout à fait décisif. Les individus blonds recherchent toujours des individus noirs ou bruns, mais l'inverse est rare. La raison en est que les cheveux blonds et les yeux bleus constituent déjà une variété, presque une anomalie, comparable aux souris blanches, ou du moins aux chevaux blancs. Ils ne sont autochtones dans aucune région du globe, pas même dans les environs des pôles, sinon dans la seule Europe, provenant manifestement de Scandinavie. En passant, qu'il me soit permis d'exprimer ici mon avis que Cm[la couleur blanche de la peau n'est pas naturelle à l'homme, car]Cm il a une peau naturellement noire, ou brune, comme nos ancêtres les Hindous; par conséquent, jamais aucun homme blanc n'est primitivement sorti du sein de la nature, Cm[et il n'y a donc pas de race blanche, même si on en parle beaucoup, mais tout homme blanc est un homme décoloré[189].]Cm Refoulé vers le Nord, qui lui est étranger, et où il ne survit qu'à la manière des plantes exotiques et a besoin, comme elles, d'une serre pendant l'hiver, l'homme est devenu blanc au cours des millénaires. Les Tsiganes, tribu indienne immigrée depuis seulement environ quatre siècles, manifestent le passage de la complexion des Hindous à la nôtre*. C'est pourquoi, dans l'amour sexuel, la nature tend vers les cheveux foncés et les yeux marron, comme vers le type primitif; la couleur blanche de la peau est devenue une seconde nature, mais pas au point que la peau brune des Hindous nous paraisse répugnante. — Enfin, chaque individu cherche dans les diverses parties du corps de l'autre le correctif de ses défauts et déviations, et ce d'autant plus ardemment que la partie est importante. C'est pourquoi les individus au nez plat sont fortement attirés par les nez aquilins, par les visages de perroquet; il en va de même pour toutes les autres parties. Les hommes dotés d'un corps et de membres exces-

---

* C[On trouvera plus de détails sur ce sujet dans les *Parerga*, t. 2, § 92 de la première édition.]C

sivement minces et allongés peuvent même trouver beau un corps exagérément trapu et raccourci. Les critères relatifs au tempérament opèrent de façon analogue : chacun préférera le tempérament opposé au sien, mais seulement dans la mesure où le sien est très prononcé. — Celui qui, d'après quelque critère, est très parfait, n'en cherchera et n'aimera pas pour autant l'imperfection sous ce critère, mais il s'en accommodera plus facilement que d'autres, parce qu'il préserve lui-même les enfants d'une grande imperfection de ce genre. Celui par exemple qui est lui-même très blanc ne sera pas heurté par le teint jaune d'un visage ; mais celui qui aura ce teint trouvera divine la blancheur éblouissante. — Le cas rare où un homme tombe amoureux d'une femme résolument laide se produit lorsque, en vertu de l'exacte harmonie, exposée plus haut, des degrés de sexualité, toutes ses anomalies sont diamétralement opposées aux siennes, opérant donc comme leur correctif. L'état amoureux atteint alors généralement un degré élevé.

Le profond sérieux avec lequel nous examinons en détail chaque partie du corps d'une femme, et inversement, la minutie critique avec laquelle nous inspectons une femme qui commence à nous plaire, l'obstination de notre choix, l'attention tendue avec laquelle le fiancé scrute sa fiancée, sa précaution pour n'être trompé sur aucune partie, la grande importance qu'il attache à chaque excès ou défaut dans les parties essentielles — tout ceci est tout à fait approprié à l'importance de l'objectif. Car le nouvel être à concevoir aura, toute une vie durant, à assumer, sous une forme similaire, cette partie-ci ou cette partie-là : une légère difformité de la femme peut, par exemple, provoquer chez son fils une bosse, et il en va ainsi pour tout le reste. — Certes, il n'y a aucune conscience de tout cela ; chacun croit, au contraire, accomplir ce choix difficile dans l'intérêt de sa volupté propre (qui, au fond, ne saurait être concernée) ; mais il l'accomplit exactement, compte tenu de sa corporisation propre, en conformité avec l'intérêt de l'espèce, l'objectif secret étant d'en garder le type aussi pur que possible. L'individu agit ici, sans le savoir, sur ordre d'un niveau supérieur, l'espèce, d'où l'importance qu'il attache à des choses qui pourraient et même devraient l'indifférer en tant qu'individu. — Il y a quelque chose de très particulier dans le sérieux profond et inconscient avec lequel, lors de leur première rencontre, deux jeunes gens de sexe différent se dévisagent, dans les regards scrutateurs et pénétrants qu'ils s'adressent, dans l'examen scrupuleux que tous les traits et toutes les parties des deux personnes ont à subir. Or cette investigation, cette inspection, c'est la MÉDITATION DU GÉNIE DE L'ESPÈCE sur le possible individu que tous deux sont susceptibles de concevoir, ainsi que sur la combinaison de ses qualités. Le résultat de cette méditation détermine le degré de l'attrait et du désir l'un pour l'autre. Ce dernier, après avoir déjà atteint un degré considérable, peut soudain s'éteindre, par la découverte d'un détail resté inaperçu. — Voilà donc comment, dans tous ceux qui sont aptes à la procréation, le génie de l'espèce médite sur la génération future. La nature de celle-ci est la grande œuvre qui occupe Cupidon, toujours actif, spéculant et réfléchissant. Face à l'importance de sa grande affaire, laquelle concerne l'espèce et toutes les générations à venir, les affaires des individus, considérées dans leur éphémère totalité, paraissent très accessoires ; c'est pourquoi il est toujours disposé à les sacrifier sans hésiter. Car il est aux individus ce qu'un immortel est aux mortels, et ses intérêts sont aux leurs ce que les intérêts infinis sont aux finis. Ainsi, dans la conscience d'administrer une affaire d'un genre supérieur à toutes celles qui ne touchent qu'au sort individuel, il s'en occupe avec une sublime impassibilité, au milieu du tumulte de la guerre, dans le chaos de la vie économique, pendant les ravages d'une peste, et jusque dans l'isolement des cloîtres.

Nous avons vu plus haut que l'intensité de l'état amoureux croît avec son individualisation, en montrant comment la nature physique de deux individus peut être telle que, pour restituer au mieux le type de l'espèce, l'un soit le complément tout à fait spécial et parfait de l'autre, et, de ce fait, le désire exclusivement. Ce cas déjà donne lieu à une passion importante qui, parce qu'elle n'est portée que sur un seul et unique objet, œuvrant pour ainsi dire sur ordre SPÉCIAL de l'espèce, acquiert aussitôt une touche plus noble et plus sublime. Pour la raison inverse, la simple pulsion sexuelle est commune, car elle est portée sur tous sans individualisation et n'aspire qu'à conserver l'espèce selon la quantité, sans beaucoup d'égards pour la qualité. Or l'individualisation, et avec elle l'intensité de l'état amoureux, peut atteindre un degré si élevé que sans sa satisfaction, tous les biens du monde, voire la vie elle-même, perdent leur valeur. La satisfaction fait alors l'objet d'un souhait qui dépasse absolument en véhémence tous les autres, prédisposant de ce fait à tous les sacrifices, et, dans le cas où la satisfaction est irrévocablement refusée, pouvant conduire à la folie ou au suicide. Les critères inconscients sous-jacents à une passion aussi démesurée doivent être d'une autre nature, plus dissimulée encore, que ceux mis en évidence plus haut. Dès lors, il nous faut admettre qu'ici, ce n'est pas seulement la corporisation[190], mais encore la VOLONTÉ de l'homme et l'INTELLECT de la femme, qui se trouvent dans une correspondance réciproque spéciale, en vertu de laquelle eux seuls sont aptes à concevoir tel individu déterminé dont l'existence est l'objectif du génie de l'espèce, pour des raisons qui, résidant dans l'essence de la chose en soi, nous sont inaccessibles. Pour le dire plus précisément : la volonté de vivre aspire ici à s'objectiver dans un individu tout à fait déterminé qui ne peut être conçu que par ce père avec cette mère. Ce désir métaphysique de la volonté en soi ne trouve d'abord pas d'autre sphère d'action dans la série des êtres que les cœurs des futurs parents, lesquels sont alors saisis par cet élan en croyant souhaiter spontanément ce qui, à cet instant, ne possède encore qu'une finalité purement métaphysique, c'est-à-dire située en dehors de la série des choses réellement existantes. Ainsi, surgissant de la source première de tous les êtres, c'est l'élan de l'individu futur, devenu possible dès ce moment, à entrer dans l'existence, qui se présente dans le phénomène comme cette passion élevée, méprisant tout ce qui n'est pas elle, que les futurs parents ont l'un pour l'autre, comme, de fait, une illusion sans pareille, au nom de laquelle l'amoureux donnerait tous les biens du monde pour s'accoupler avec cette femme, alors qu'en vérité, cet accouplement ne lui procure rien de plus que n'importe quel autre. Et pourtant c'est là l'unique objectif ; c'est ce qui ressort du fait que cette passion exaltée, comme toute autre, s'éteint par la jouissance, au plus grand étonnement des participants. Elle s'éteint aussi si, par exemple en raison de la stérilité de la femme (qui peut provenir, d'après Hufeland[191], de 19 défauts de constitution contingents), la fin métaphysique véritable est empêchée, comme c'est aussi le cas tous les jours avec les millions de germes étouffés abritant eux aussi ce même principe métaphysique qui aspire à l'existence, ce dont on se consolera en songeant que la volonté de vivre dispose d'une infinité d'espace, de temps, de matière et, partant, d'occasions inépuisables pour faire retour.

Théophraste Paracelse, qui n'a pas traité ce thème, et qui est étranger à toute la démarche de ma pensée, a pourtant aperçu, fût-ce vaguement, la conception ici exposée, car il a noté, dans un contexte tout différent et dans son style versatile, ces mots curieux : *hi sunt, quos Deus copulavit, ut eam, quae fuit Uriae et David ; quamvis ex diametro (sic enim sibi humana mens persuadebat) cum justo et legitimo matrimonio pugnaret hoc* [...] *sed propter Salomonem*, qui aliunde nasci non potuit, *nisi ex Bathsebea, conjuncto David semine, quamvis meretrice, conjunxit eos Deus* [c'est eux que Dieu a unis, comme par exemple celle qui appartenait à Urie, et à David ; bien que cette union (selon la conviction de l'esprit humain) fût diamétralement opposée à un mariage juste et légitime [...] mais à cause de Salomon, qui ne pouvait naître d'autres parents que de Bethsabée et de la semence de David, même adultères, Dieu les a unis] *(De vita longa, I, 5*[192]*)*.

La langueur désirante <*Sehnsucht*> de l'amour, l'ἵμερος, que les poètes de tous les temps sont constamment occupés à exprimer par d'innombrables tournures sans pour autant en épuiser la matière, sans même être en mesure de lui rendre justice, cette langueur qui, à la possession d'une femme déterminée, attache la représentation d'une félicité infinie, et à l'idée de ne pas l'obtenir, une douleur indicible, cette langueur douloureuse de l'amour, dis-je, ne peut tirer sa matière des besoins d'un individu éphémère, car elle est le soupir qu'exhale l'esprit de l'espèce, lequel se voit ici obtenir, ou perdre, un moyen irremplaçable pour atteindre ses fins, et, par conséquent, gémit profondément. L'espèce seule possède une vie infinie, elle seule est donc suscep- tible d'avoir des aspirations infinies, des satisfac- tions infinies, des douleurs infinies. Or celles-ci sont ici incarcérées dans les limites étroites d'une poitrine mortelle dont il ne faut dès lors pas s'étonner qu'elle menace d'éclater et ne puisse exprimer son intuition d'un délice infini, d'une douleur infinie. C'est là donc ce qui fournit la matière à toute poésie érotique d'un genre sublime, qui ainsi s'égare volontiers dans les métaphores transcendantes planant au-dessus de ce monde. Voilà aussi le thème de Pétrarque, la matière des Saint-Preux[193], des Werther[194] et des Jacopo Ortis[195], qu'on ne comprendrait pas, qu'on ne pourrait expliquer sans cela. Car cette extraordi- naire valorisation de l'aimée ne saurait reposer sur d'éventuels avantages intellectuels, ni, généralement, objectifs et réels, pour la simple raison déjà que bien souvent l'amoureux ne la connaît pas avec assez d'exactitude, comme dans le cas de Pétrarque. Seul l'esprit de l'espèce est capable de voir d'un seul coup d'œil la valeur qu'elle peut avoir pour lui, c'est-à- dire pour ses fins. Aussi, les grandes passions naissent généralement avec le premier regard :

Cm[*Who ever lov'd, that lov'd not at first sight*[196]?
Shakespeare, *As you like it*, III, 5

À cet égard, on trouve un passage remarquable dans le roman, célèbre depuis 250 ans, *Guzman de Alfa- rache*, de Mateo Aleman : *No es necessario, para que uno ame, que pase distancia de tiempo, que siga*

---

* Qui a jamais aimé, s'il n'a aimé au premier regard ?

*discurso, ni haga eleccion, sino que con aquella
primera y sola vista, concurran juntamente cierta
correspondencia ó consonancia, ó lo que acá solemos
vulgarmente decir, una* confrontacion de sangre, *à
que por particular influxo suelen mover las estrellas*
(Il n'est ni forcé ni nécessaire, pour que quelqu'un
aime, qu'un certain temps se passe, qu'il y ait réflexion
ni choix ; il est seulement requis avec cette première
et unique vue une certaine convenance, correspondance, ce que nous appelons vulgairement une
CONFRONTATION DE SANG, à quoi les astres nous
inclinent volontiers et nous portent par une particulière influence[197]) (*P. II, L. III, c. 5*). Ceci explique
aussi pourquoi]Cm la perte de l'aimée, par un
concurrent ou par la mort, constitue pour l'amoureux
passionné une douleur supérieure à toute autre, précisément parce qu'elle est d'un genre transcendant,
car elle ne le touche pas seulement comme individu,
mais affecte son *essentia aeterna* [essence éternelle],
la vie de l'espèce, sur ordre et volonté de laquelle il
était ici sollicité. C'est pourquoi la jalousie est aussi
cruelle et terrible, et le renoncement à l'aimée le
plus grand de tous les sacrifices. — Un héros a honte
de toutes les plaintes, excepté des plaintes amoureuses, car dans ce cas, ce n'est pas lui, mais l'espèce
qui gémit. — Dans la *Grande Zénobie* de Calderón,
on trouve dans le deuxième acte une scène entre
Zénobie et Décius, où celui-ci dit :

Cielos, luego tu me quieres ?
Perdiera cien mil victorias,
Volviérame, etc.

(Ciel ! tu m'aimes donc ? Je renoncerais à ce prix à cent mille
    victoires, je reviendrais, etc.[198].)

Dans ce cas, l'honneur, qui jusque-là dominait tout autre intérêt, se trouve évincé dès que l'amour sexuel, c'est-à-dire l'intérêt de l'espèce, intervient et voit la possibilité d'un net avantage, car cet intérêt est infiniment supérieur à tous les autres intérêts des simples individus, aussi importants qu'ils puissent paraître. Ainsi, c'est devant lui seul que s'inclinent l'honneur, le devoir et la loyauté, alors qu'ils ont résisté à toute autre tentation, ainsi qu'à la menace de la mort. — De même, nous constatons dans la vie privée que dans nul autre domaine la délicatesse de conscience est aussi rare ; même des gens d'ordinaire sincères et droits les écartent, et commettent l'adultère sans plus d'égards si l'amour passionné, c'est-à-dire l'intérêt de l'espèce, s'est emparé d'eux. Tout se passe comme s'ils avaient alors conscience d'une justification supérieure à celle que les intérêts des individus peuvent jamais donner ; c'est qu'ils agissent dans l'intérêt de l'espèce. Il faut noter à ce propos la remarque de Chamfort : « Quand un homme et une femme ont l'un pour l'autre une passion violente, il me semble toujours que, quels que soient les obstacles qui les séparent, un mari, des parents etc., les deux amants sont l'un à l'autre, DE PAR LA NATURE, qu'ils s'appartiennent DE DROIT DIVIN, malgré les lois et les conventions humaines[199]. » Si quelque lecteur trouvait là de quoi s'échauffer, qu'il soit renvoyé à la remarquable indulgence avec laquelle le Sauveur, dans l'Évangile, traite la femme adultère, en présupposant la même faute chez toutes les personnes présentes[200]. — De ce point de vue, la plus grande partie du *Décaméron* apparaît comme un pur mépris railleur que le génie de l'espèce déverse sur les droits et les intérêts des individus, qu'il foule aux pieds. — C'est avec la même légèreté que les différences de rang social et toutes les autres relations analogues, lorsqu'elles entravent le lien entre deux amoureux passionnés, sont écartées et déclarées comme nulles par le génie de l'espèce, lequel, poursuivant ses fins concernant des générations infinies, disperse comme une paille légère ces institutions humaines et ces réserves. Pour la même raison profonde, là où il y va des fins d'une passion amoureuse, tous les dangers sont volontiers bravés, et même celui qui d'ordinaire est craintif devient alors courageux. — Nous voyons également dans les pièces de théâtre et dans les romans, non sans nous en réjouir, que les jeunes gens qui défendent leur affaire d'amour l'emportent sur les vieux qui ne se soucient que du bien des individus. Car l'aspiration des amants nous paraît d'autant plus importante, plus sublime et par là plus juste que toute aspiration qui lui serait contraire, que l'espèce est plus importante que l'individu. C'est pourquoi le thème principal de presque toutes les comédies est l'apparition du génie de l'espèce et de ses objectifs qui contrarient l'intérêt personnel des individus représentés et menacent par là de miner leur bonheur. En règle générale il s'impose, ce qui, conforme à la justice poétique, satisfait le spectateur, car celui-ci sait que les objectifs de l'espèce priment largement sur ceux de l'individu. C'est pourquoi, au dénouement, tout à fait rassuré, il abandonne les amants triomphants, car il partage leur illusion consistant à croire qu'ils auraient fondé leur bonheur, alors qu'ils l'ont plutôt sacrifié pour le bien de l'espèce, s'opposant à la volonté prévoyante des vieux. Dans quelques comédies rares et atypiques, on a pu essayer d'inverser la chose en imposant le bonheur des individus, aux dépens des objectifs de l'espèce ; mais le spectateur partage alors la douleur subie par le génie de l'espèce, et ne se trouve pas consolé par les avantages, par là assurés, des individus. Comme exemples de ce genre, je songe à deux petites pièces fort connues : *La reine de 16 ans* et *Le mariage de raison*[201]. Dans les tragédies avec des intrigues d'amour, où les objectifs de l'espèce sont contrariés, les amants, qui en étaient les instruments, sombrent le plus souvent aussi : par exemple dans *Roméo et Juliette*, *Tancrède*[202], *Don Carlos*, *Wallenstein*, *La fiancée de Messine*[203], et dans bien d'autres encore.

L'état amoureux d'un homme produit souvent des phénomènes comiques, mais parfois aussi tragiques ; dans les deux cas, c'est parce que, habité par l'esprit de l'espèce qui le domine alors, il ne s'appartient plus, avec pour résultat que ses actes ne sont plus appropriés à l'individu. Ce qui, aux degrés supérieurs de l'état amoureux, confère à ses pensées une touche si poétique et sublime, voire une orientation transcendante et hyperphysique, par où il semble tout à fait perdre de vue son objectif véritable et très physique, c'est le fait qu'il est désormais animé par l'esprit de l'espèce, dont les affaires sont infiniment plus importantes que toutes les autres qui ne concernent que les individus, dans le but d'instituer, sur ordre spécial de cet esprit, l'existence tout entière d'une lignée indéfiniment longue dotée de CETTE nature-ci, précisément et individuellement déterminée, qu'elle ne peut recevoir que de LUI comme père et de son aimée comme mère, et qui, sans eux, n'accéderait jamais COMME TELLE à l'existence, alors que l'objectivation de la volonté de vivre exige expressément cette existence. C'est le sentiment d'agir pour une affaire d'une importance aussi transcendante qui élève l'amoureux si haut au-dessus de tout le terrestre, voire au-dessus de lui-même, et qui confère à ses souhaits très physiques une enveloppe aussi hyperphysique, au point que l'amour devient un épisode poétique même dans la vie de l'homme le plus prosaïque, la chose dans ce dernier cas prenant parfois une apparence comique. — Dans la conscience de l'amoureux, cet ordre de la volonté s'objectivant dans l'espèce se présente sous le masque d'une anticipation de l'infinie félicité qu'il serait censé trouver dans l'union avec cet individu féminin. Aux degrés suprêmes de l'état amoureux, cette chimère devient si éblouissante que, quand elle reste hors d'atteinte, la vie elle-même perd tout son charme et apparaît désormais tellement morne, fade, insipide que le dégoût qu'elle inspire l'emporte même sur les frayeurs de la mort, et par conséquent on l'abrège parfois de plein gré. Dans ce cas, la volonté de cet homme est emportée dans le tourbillon de la volonté de l'espèce, ou alors la volonté de l'espèce a pris un ascendant tel sur la volonté individuelle que si elle ne peut agir, en sa qualité première, pour l'espèce, elle dédaigne aussi d'agir pour l'individu. L'individu est ici un vase bien trop fragile pour contenir l'infinie langueur de la volonté de l'espèce concentrée sur un objet déterminé. Dans ce cas, l'issue est donc le suicide, parfois même le suicide simultané des deux amoureux ; à moins que la nature, pour sauver la vie, ne fasse intervenir la folie qui recouvre alors de son voile la conscience de cet état désespéré. — Il ne s'écoule pas une année où plusieurs cas semblables ne confirment la réalité de ce qui vient d'être décrit.

Or ce n'est pas seulement la passion amoureuse insatisfaite qui parfois trouve une issue tragique ; la passion satisfaite conduit, elle aussi, plus souvent au malheur qu'au bonheur. Car ses exigences entrent fréquemment et fortement en collision avec le bien-être personnel du protagoniste au point d'en saper les fondements, car elles sont inconciliables avec sa situation de départ et détruisent le projet de vie fondé sur celle-ci. Bien plus : ce n'est pas uniquement avec la situation extérieure que l'amour entre souvent en contradiction, mais encore avec l'individualité propre, jetant son dévolu sur des personnes qui, si on faisait abstraction du rapport sexuel, ne susciteraient chez l'amoureux que l'aversion, le mépris, voire l'horreur. Mais la volonté de l'espèce est tellement plus puissante que celle de l'individu, que l'amoureux ferme les yeux sur toutes les qualités qui lui répugnent, qu'il passe sur tout et méconnaît tout, pour se lier à jamais avec l'objet de sa passion ; voilà à quel point il est aveuglé par cette illusion qui, dès que la volonté de l'espèce s'est accomplie, disparaît, en ne lui laissant qu'une partenaire odieuse. C'est ici la seule raison qui explique pourquoi nous voyons souvent des hommes très raisonnables, et même excellents, liés à des dragons et des mégères, sans comprendre comment ils ont pu faire pareil choix. C'est bien pourquoi les Anciens représentaient l'Amour comme aveugle. Plus : un amoureux peut même connaître clairement, et regretter amèrement, les insupportables défauts de tempérament et de caractère de sa fiancée, qui lui promettent une vie tourmentée, sans pour autant être dissuadé :

> Cm[*I ask not. I care not,*
> *If guilt's in thy heart;*
> *I know that I love thee,*
> *Whatever thou art**[204].]Cm

*

> Cm[Je ne demande pas
> Je ne me soucie pas de savoir
> Si ton cœur est coupable ;
> Je sais que je t'aime,
> Quelle que tu sois]Cm

C'est qu'au fond il ne poursuit pas son intérêt, mais celui d'un tiers, qui doit encore naître, bien qu'il ait l'illusion de poursuivre son propre intérêt. Or c'est justement cette façon de ne pas poursuivre son propre intérêt, marque universelle de la grandeur, qui donne à l'amour passionné, à lui aussi, un air sublime, et en fait un objet digne de la poésie. — Enfin, l'amour sexuel peut même s'accommoder de la haine la plus extrême pour son objet, raison pour laquelle Platon déjà l'a comparé à l'amour des loups pour les agneaux[205]. C'est ce qui arrive quand un amoureux passionné, en dépit de tous les efforts et toutes les implorations, n'est absolument pas entendu :

Cm[*I love and hate her**[206].

Shakespeare, *Cymb.*, III, 5.]Cm

La haine pour l'aimée, qui alors s'allume, peut parfois aller jusqu'au point où il la tue pour se suicider ensuite. Chaque année nous apporte quelques exemples de ce genre ; on les trouvera dans les journaux. Cm[C'est pourquoi ce vers de Goethe est très juste :

Bei aller verschmähten Liebe! beim höllischen Elemente!
Ich wollt', ich wüsst' was ärger's, dass ich's fluchen könnte!]
  Cm

[Par tout amour dédaigné ! par les éléments de l'enfer !...
Je voudrais savoir quelque chose de plus odieux, que je puisse maudire[207] !]

---

* Je l'aime et je la hais.

Ce n'est vraiment pas une hyperbole lorsqu'un amant qualifie de CRUAUTÉ la froideur d'une bien-aimée et le plaisir vaniteux avec lequel elle se repaît de ses souffrances. Car il est sous l'influence d'une pulsion qui, apparentée à celle des insectes, le contraint, au mépris de tous les arguments rationnels, de poursuivre absolument son objectif en lui subordonnant tout le reste : c'est plus fort que lui. Ce n'est pas un seul, mais plusieurs Pétrarque déjà qui, leur vie durant, ont dû traîner leur aspiration amoureuse insatisfaite comme une chaîne, comme un poids attaché au pied, exhalant leurs soupirs dans les forêts isolées ; mais un seul Pétrarque avait aussi un don de poète ; aussi peut-on lui appliquer ce beau vers de Goethe :

Und wenn der Mensch in seiner Quaal verstummt,
Gab mir ein Gott, zu sagen, wie ich leide.

[Et si l'homme dans ses tourments reste muet,
Moi, les dieux m'ont donné de dire ma souffrance[208].]

En effet, le génie de l'espèce mène une guerre constante contre les génies protecteurs des individus, il est leur persécuteur et leur ennemi, toujours prêt à détruire sans pitié le bonheur personnel pour imposer ses objectifs. C'est même parfois le bien-être de nations tout entières qui a succombé à ses caprices ; C[Shakespeare nous en donne un exemple dans *Henri VI*, partie III, acte 3, scènes 2 et 3[209].]C La raison de tout ceci, c'est que l'espèce, qui abrite la racine de notre essence, possède un droit plus ancien et plus direct sur nous que l'individu ; c'est pourquoi ses affaires passent en priorité. C'est ce que sentaient les Anciens en personnifiant le génie de l'espèce dans Cupidon qui, en dépit de son aspect enfantin, est un dieu hostile, cruel, et donc décrié, un démon capricieux et despotique, et cependant maître des dieux et des hommes :

Σὺ δ' ὦ θεῶν τύραννε κἀνθρώπων, Ἔρως !

C[*(Tu, deorum hominumque tyranne, Amor!)*]C

[Et toi, tyran des dieux et des hommes, Éros[210] !]

Les flèches mortelles, la cécité, les ailes sont ses attributs. Ces dernières indiquent l'inconstance, qui n'apparaît généralement qu'avec la déception, conséquence de la satisfaction.

Car, comme la passion reposait sur un leurre qui faisait miroiter comme précieux à l'individu ce qui n'a de valeur que pour l'espèce, cette illusion doit se dissiper quand l'objectif de l'espèce est atteint. L'esprit de l'espèce, qui s'était emparé de l'individu, lui rend sa liberté. Ainsi abandonné, il retombe dans ses limites et dans sa pauvreté initiales, et voit avec étonnement que ses efforts aussi élevés, aussi héroïques, aussi infinis, ne lui ont pas apporté plus de jouissance que celle que peut procurer n'importe quelle autre satisfaction sexuelle : contre toute attente, il ne se trouve pas plus heureux qu'avant. Il comprend qu'il a été la dupe de la volonté de l'espèce. C[Aussi, le plus souvent, un Thésée satisfait quittera son Ariane.]C Si la passion de Pétrarque avait été comblée, dès ce moment son chant se serait tu, comme celui de l'oiseau dès qu'il a pondu ses œufs.

Je remarque ici, en passant, que même si ma métaphysique de l'amour déplaît tout spécialement aux protagonistes empêtrés dans cette passion, la vérité fondamentale que j'ai dévoilée, plus que toute autre

chose, devrait cependant rendre capable de la maîtriser, à supposer que des considérations rationnelles
puissent avoir un effet contre elle. Mais on en restera
sans doute à ce que disait ce comique antique : *quae
res in se neque consilium, neque modum habet ullum,
eam consilio regere non potes* [une chose qui ne
comporte en soi ni raison ni mesure aucune, tu ne
peux pas la régler par la raison[211]].

On conclut les mariages d'amour dans l'intérêt de
l'espèce et non dans celui des individus. Les concernés prétendent certes contribuer à leur bonheur
personnel, mais leur objectif véritable leur est à eux-
mêmes étranger, car il consiste à engendrer un
individu qui trouve en eux sa condition de possibilité. Mis ensemble par cet objectif, ils doivent alors
chercher à s'entendre le mieux possible. Or très
souvent le couple, réuni par cette illusion instinctive
qui constitue l'essence de l'amour passionné, sera
d'une nature tout à fait hétérogène. C'est ce qui
apparaît au grand jour lorsque l'illusion, comme il
est nécessaire, disparaît. De ce fait, les mariages
conclus par amour sont généralement malheureux,
car ils pourvoient à la génération future aux dépens
de la présente. *Quien se casa por amores, ha de vivir
con dolores* (Qui se marie par amour vivra sous les
tourments), comme le dit le proverbe espagnol. —
C'est le contraire pour les mariages de convenance,
généralement conclus d'après le choix des parents.
Les critères en vigueur ici, quelle que soit leur nature,
sont au moins réels et ne peuvent spontanément
disparaître. Ils pourvoient au bonheur des individus
présents, certes au détriment des individus futurs ;
or ce bonheur n'en demeure pas moins problématique. L'homme qui, dans son mariage, regarde plus
à l'argent qu'à la satisfaction de son penchant vit
davantage dans l'individu que dans l'espèce ; ce qui,

s'opposant directement à la vérité, paraît contraire à la nature et suscite un certain mépris. Une fille qui, contre les conseils de ses parents, décline la demande d'un homme fortuné et encore jeune, pour faire son choix d'après son seul penchant instinctif, en subordonnant tous les critères de convenance, sacrifie son bien individuel à l'espèce. Mais c'est exactement pourquoi on ne saurait lui refuser une certaine approbation, car elle a préféré le plus important en agissant dans le sens de la nature (plus précisément : de l'espèce), alors que les conseils des parents allaient dans le sens de l'égoïsme individuel. — D'après tout cela, il semblerait qu'avec la conclusion d'un mariage, c'est soit l'individu, soit l'espèce qui n'y trouve pas son compte. En effet, il en va ainsi le plus souvent : que la convenance aille main dans la main avec l'amour passionné est un heureux hasard tout à fait rare. La raison de la nature physiquement, moralement, et intellectuellement misérable de la plupart des hommes doit sans doute être cherchée dans le fait que les mariages ne sont d'ordinaire pas conclus d'après un choix et un penchant seuls, mais en fonction de divers critères extérieurs, et de circonstances contingentes. Mais si, à côté des convenances, on tient également compte, jusqu'à un certain degré, du penchant, on aura pour ainsi dire trouvé un compromis avec le génie de l'espèce. Les mariages heureux, on le sait, sont rares, car l'essence du mariage consiste dans ce que son objectif principal n'est pas la génération actuelle, mais future. Pour réconforter les âmes sensibles et amoureuses, j'ajoute cependant que parfois l'amour sexuel passionné est rejoint par un sentiment d'une tout autre origine, à savoir une amitié réelle, fondée sur la concordance des esprits, bien qu'elle n'apparaisse le plus souvent que lorsque l'amour sexuel proprement dit s'est éteint du fait de sa satisfaction. Le plus souvent, cette amitié proviendra alors de ce que les qualités physiques, morales et intellectuelles, complémentaires et correspondantes des deux individus d'où est issu l'amour sexuel en vue de l'être à concevoir, sont également, eu égard aux individus eux-mêmes, complémentaires en tant que qualités de tempérament et avantages intellectuels opposés, créant par là une harmonie des âmes. —

Toute la métaphysique de l'amour exposée ici se trouve dans un rapport précis avec ma métaphysique en général et l'effet de la lumière qu'elle renvoie sur celle-ci peut être résumé comme suit.

Nous avons vu que la sélection soigneuse qui guide la satisfaction de la pulsion sexuelle et s'élève par d'innombrables degrés jusqu'à l'amour passionné repose sur l'intérêt extrêmement sérieux que l'homme consacre à la constitution spéciale et personnelle de la génération future. Or cet intérêt tout à fait remarquable confirme deux vérités démontrées dans les chapitres précédents : 1) L'indestructibilité de l'essence en soi de l'homme, essence qui perdure dans cette génération future. Car cet intérêt si vif et si ardent, qui n'est pas issu d'une réflexion ou d'une préméditation, mais de la pulsion et de l'instinct les plus intimes, ne pourrait avoir une présence aussi irréductible et exercer un pouvoir aussi grand sur l'homme, si celui-ci était absolument périssable, et s'il était suivi dans le temps par une génération réellement et entièrement différente de lui. 2) Son essence en soi réside plus dans l'espèce que dans l'individu. Car cet intérêt pour la constitution spéciale de l'espèce, et qui est à la racine de toute intrigue amoureuse, du penchant le plus éphémère à la passion la plus sérieuse, est réellement pour chacun l'affaire la plus importante, celle dont la réussite ou l'échec le touchent le plus vivement, raison pour laquelle on l'appelle, par excellence, une AFFAIRE DE CŒUR; aussi, lorsque cet intérêt s'est exprimé avec force et résolution, on lui subordonne et on lui sacrifie si nécessaire tout autre intérêt qui a trait à notre seule personne. Par là, l'homme atteste que l'espèce lui est plus proche que l'individu et qu'il vit plus directement dans celle-là que dans celui-ci. — Mais pourquoi donc l'amoureux est-il suspendu aux yeux de son élue avec tant d'abandon, prêt à lui offrir n'importe quel sacrifice ? — Parce que c'est sa partie IMMORTELLE qui la réclame et la désire, tous les autres objets de désirs relevant toujours de sa partie mortelle. — Ce désir vif, voire fougueux, porté sur une femme déterminée, est ainsi un gage direct de l'indestructibilité du noyau de notre essence en soi et de sa perdurance dans l'espèce. Or considérer cette perdurance comme quantité négligeable et insuffisante est une erreur procédant de ce qu'on ne conçoit la survie de l'espèce que comme l'existence future d'êtres qui nous ressemblent mais ne nous sont identiques sous aucun aspect, et ceci à son tour parce qu'en partant de la connaissance dirigée vers l'extérieur, on ne tient compte que de la forme extérieure de l'espèce, telle que nous l'appréhendons par l'intuition, et non de son essence intérieure. Mais c'est précisément cette essence intime qui se trouve au fondement de notre propre conscience dont elle est le noyau, étant même de ce fait plus immédiate qu'elle, et qui, en tant que chose en soi affranchie du *principium individuationis*, est au fond une et identique chez tous les individus, que leur existence soit simultanée ou future. Or cette essence n'est autre que la volonté de vivre, cela même donc qui, avec tant d'empressement, désire vivre et perdurer, et qui, de ce fait, reste épargné et inattaqué par la mort.

Mais elle ne peut atteindre d'état meilleur que son état actuel, et, par conséquent, en même temps que la vie, lui est donnée la certitude du constant souffrir et mourir des individus. Le privilège de l'en affranchir revient à la NÉGATION de la volonté de vivre, par où la volonté individuelle s'extrait de la lignée de l'espèce et abandonne son existence en celle-ci. Pour savoir ce qu'elle est alors, les concepts et même toutes les données qui pourraient les remplir nous font défaut. Nous ne pouvons désigner cette chose que comme ce qui possède la liberté d'être ou de ne pas être volonté de vivre[212]. Pour ce dernier cas, le bouddhisme a le terme de NIRVÂNA, dont l'étymologie figure dans la note à la fin du chapitre 41. C'est le point qui reste à jamais inaccessible à toute connaissance humaine en raison de sa nature même. —

Si maintenant, à partir de la perspective adoptée dans cette dernière considération, nous jetons un regard sur le tumulte de la vie, nous voyons que tous sont occupés par les misères et les peines de cette vie, employant tous leurs efforts pour combler les besoins infinis et pour se prémunir contre les souffrances multiformes, sans pour autant pouvoir espérer en retour autre chose que le maintien de cette existence individuelle tourmentée pendant un bref laps de temps. Cependant, au milieu de cette agitation, nous voyons se rencontrer les regards désirants de deux amants ; mais pourquoi avec tant de mystère, de crainte, de dissimulation ? — Parce que ces amants sont les traîtres qui nourrissent en secret l'intention de perpétuer toutes ces misères et ces peines qui, autrement, arriveraient bientôt à un terme ; ils veulent empêcher que tout cela cesse, comme leurs semblables l'ont fait avant eux. Or ces considérations empiètent déjà sur le chapitre suivant.

ANNEXE AU CHAPITRE PRÉCÉDENT[213]

Οὕτως ἀναιδῶς ἐξεκίνησας τόδε
τὸ ῥῆμα· καὶ ποῦ τοῦτο φεύξεσθαι δοκεῖς;
Πέφευγα· τἀληθὲς γὰρ ἰσχυρὸν τρέφω.

[N'as-tu pas honte de me jeter ces paroles ?
Et comment crois-tu que tu pourras y échapper ?
J'y échappe. Je nourris la vérité puissante[214].]

Soph.

À la page 1996, j'ai évoqué en passant la pédérastie en la qualifiant d'instinct égaré. Cela m'avait
semblé suffisant lorsque je travaillais à la deuxième
édition. Depuis, en réfléchissant plus en avant sur
cette aberration, j'ai pu découvrir un curieux problème, mais aussi sa solution. Celle-ci présuppose le
chapitre précédent, tout en l'éclairant en retour d'une
lumière nouvelle, faisant donc figure de complément
et de preuve de la théorie fondamentale qui s'y
trouve exprimée.

La pédérastie, considérée en soi, se présente comme
une monstruosité non seulement contraire à la nature,
mais encore répugnante au plus haut degré et suscitant l'horreur, un acte que seule une nature humaine
complètement perverse, bizarre et dégénérée a pu se
plaire à pratiquer un jour, et qui se serait répété tout
au plus dans quelques cas tout à fait isolés. Or, si
nous interrogeons l'expérience, nous constatons que
c'est exactement le contraire : nous voyons en effet
qu'en dépit de son atrocité, ce vice était tout à fait
d'usage et fréquemment pratiqué à toutes les époques
et dans tous les pays du monde. On sait très bien qu'il
était généralement répandu chez les Grecs et les
Romains, publiquement accepté et pratiqué sans
honte ni pudeur. De ce fait témoignent plus qu'assez

tous les écrivains antiques. Surtout les poètes en sont tous remplis : même le chaste Virgile ne fait pas exception (*Ecl.* 2[215]). On l'attribue même aux poètes des temps primitifs, à Orphée (que les Ménades déchirent pour ce motif) et à Thamyris[216], voire aux dieux eux-mêmes. De même, les philosophes parlent bien plus de cet amour que de l'amour pour les femmes ; surtout Platon semble ne pas connaître autre chose, de même les stoïciens, qui le mentionnent comme digne du sage (*Stob. ecl. eth., l. II, c.* 7[217]). Platon, dans le *Banquet*[218], loue comme un acte héroïque incomparable le dédain de Socrate à l'égard d'Alcibiade qui s'offrait à lui dans ce but[219]. Aristote, lui aussi (*Pol., II, 9*), parle de la pédérastie comme d'une chose courante, sans la blâmer, rapporte que, chez les Celtes, elle était officiellement à l'honneur et que, chez les Crétois, elle fut favorisée par les lois, comme moyen de lutter contre la surpopulation, raconte (*c. 10*) la passion du législateur Philolaos pour les hommes, etc.[220]. Cicéron dit même : *apud Graecos opprobio fuit adolescentibus, si amatores non haberent* [chez les Grecs on considérait comme une honte, pour des adolescents, le fait de n'avoir pas d'amants[221]]. Les lecteurs savants n'ont guère besoin de preuves : ils en auront un grand nombre en mémoire, car les Anciens en regorgent. Mais même chez les peuples plus grossiers, notamment chez les Gaulois, ce vice était fort pratiqué. Si nous nous tournons vers l'Asie, nous voyons que tous les pays de ce continent, et ce depuis les époques les plus reculées jusqu'à nos jours, étaient pleins de ce vice, là aussi sans s'en cacher spécialement : chez les Hindous et les Chinois pas moins que chez les peuples de l'Islam, dont nous voyons les poètes s'occuper eux aussi bien plus de l'amour pour les garçons que de l'amour pour les femmes ; par exemple dans le *Gulistan* de Sadi, le livre *De l'amour* en traite exclusivement[222]. — Les Hébreux aussi n'ignoraient pas ce vice, puisque tant l'Ancien que le Nouveau Testament l'évoquent comme condamnable. Dans l'Europe chrétienne enfin, la religion, la législation et l'opinion publique ont dû le combattre de toutes leurs forces : au Moyen Âge, il était partout passible de la peine de mort, en France, encore au XVIe siècle, du bûcher, et en Angleterre, encore dans le premier tiers de ce siècle, on appliquait impitoyablement la peine de mort ; maintenant, c'est la déportation à vie. Voilà les puissantes mesures qu'on a dû mettre en œuvre pour contenir le vice ; on y a considérablement réussi, mais nullement jusqu'à son extirpation complète, car sous les voiles du plus profond secret, il rôde toujours et partout, dans tous les pays, parmi toutes les classes sociales, pour apparaître soudain au grand jour, là où on l'attend le moins. Aussi, malgré toutes les peines de mort, il n'en allait pas autrement dans les siècles antérieurs ; c'est ce qu'attestent les évocations du vice et les allusions s'y rapportant dans les textes de toutes ces époques. — Si maintenant nous récapitulons et méditons tout ce qui vient d'être dit, nous voyons la pédérastie se présenter à toutes les époques et dans tous les pays sur un mode fort éloigné de celui que nous lui présupposions au départ en la considérant seulement en elle-même, c'est-à-dire *a priori*. Car la complète universalité et le caractère indéracinable et persistant de la chose prouvent qu'elle procède, d'une façon ou d'une autre, de la nature humaine elle-même ; cette raison seule explique qu'elle puisse surgir avec nécessité en tout temps et en tout lieu, en confirmant la formule :

Naturam expelles furca, tamen usque recurret.

[Chassez la nature avec la fourche, elle reviendra toujours en
courant[223].]

Nous ne saurions donc nous soustraire à cette conséquence si nous voulons procéder avec probité. Or,
passer outre cet état de fait, en se contentant de
protester et pester contre ce vice, serait certes facile,
mais ce n'est guère là ma façon de traiter les problèmes. Car, ici comme ailleurs, je suis fidèle à ma
vocation innée à rechercher partout la vérité et à
aller au fond des choses, et je reconnais d'abord le
phénomène à expliquer, tel qu'il se présente, avec
les conséquences inévitables qui en découlent. Qu'une
chose aussi fondamentalement contraire à la nature,
et la contrecarrant même dans son objectif le plus
important et le plus décisif, soit censée procéder de
cette nature elle-même, voilà un paradoxe inouï, au
point que son explication constitue un problème fort
difficile, que je m'apprête cependant à résoudre en
dévoilant le secret de la nature qui le fonde.

Je prends pour point de départ un passage d'Aristote en *Polit., VII, 16.* Il y explique d'abord que les
jeunes gens engendrent des enfants imparfaits, faibles
et petits de taille, ensuite, que la même chose vaut
pour les rejetons des gens âgés : τὰ γὰρ τῶν πρεσβυτέρων
ἔκγονα, καθάπερ τὰ τῶν νεωτέρων, ἀτελῆ γίγνεται, καὶ τοῖς
σώμασι, καὶ ταῖς διανοίαις, τὰ δὲ τῶν γεγηρακότων ἀσθενῆ
*(nam, ut juniorum, ita et grandiorum natu foetus
inchoatis atque imperfectis corporibus mentibusque
nascuntur: eorum vero, qui senio confecti sunt,
suboles infirma et imbecilla est)* [car les rejetons des
gens âgés, tout comme ceux des jeunes gens, naissent
physiquement et intellectuellement imparfaits ; quant
à ceux des vieillards, ils sont débiles[224]]. Ce qu'Aristote

pose comme règle pour l'individu, Stobée l'établit
comme loi pour la communauté, à la fin de son
exposé sur la philosophie péripatéticienne (*Ecl. eth.,
l. II*, c. 7, *in fine*): πρὸς τὴν ῥώμην τῶν σωμάτων καὶ
τελειότητα δεῖν μήτε νεωτέρων ἄγαν, μήτε πρεσβυτέρων τοὺς
γάμους ποιεῖσθαι, ἀτελῆ γὰρ γίγνεσθαι, κατ' ἀμφοτέρας τὰς
ἡλικίας, καὶ τελείως ἀσθενῆ τὰ ἔκγονα (*oportet, corporum
roboris et perfectionis causa, nec juniores justo, nec
seniores matrimonio jungi, quia circa utramque
aetatem proles fieret imbecillis et imperfecta*) [pour
obtenir des corps robustes et parfaits, il ne doit pas
y avoir de mariages ni d'hommes trop jeunes ni
d'hommes trop vieux, car les enfants engendrés à
ces deux âges de la vie laissent à désirer et sont, en
fin de compte, débiles[225]]. Aristote prescrit par conséquent qu'au-delà de 54 ans, on ne doit plus donner
le jour à des enfants, bien qu'on puisse toujours
pratiquer le coït pour santé ou pour une autre cause
de ce genre. Il ne dit pas comment y parvenir, mais
il semble penser visiblement que les enfants engendrés à cet âge doivent être écartés par avorte-
ment, car quelques lignes avant il avait déjà conseillé
d'y recourir. — Or la nature, de son côté, ne peut
nier le fait qui se trouve au fondement de la pres-
cription d'Aristote, mais elle ne saurait non plus
l'abolir. Car, conformément à son principe *natura non
facit saltus* [la nature ne fait pas de saut[226]], elle n'a
pas pu faire cesser brutalement la sécrétion séminale
chez l'homme; ici, comme dans tout cas de dépérissement, c'est une détérioration progressive qui la
précède. Or la génération pendant cette période produirait des êtres faibles, débiles, infirmes, chétifs, à
la vie courte. C'est d'ailleurs ce qui arrive bien trop
souvent déjà: les enfants conçus à un âge avancé
meurent souvent très tôt, ou du moins n'atteignent
jamais le grand âge, sont plus ou moins fragiles,

maladifs, faibles, et leurs propres rejetons sont d'une
constitution similaire. Ce qui est dit ici de la conception à un âge déclinant vaut aussi bien pour l'âge
immature. Or rien n'importe plus à la nature que la
conservation de l'espèce et de son type authentique,
ce pour quoi elle a besoin d'individus bien constitués,
capables, vigoureux : c'est eux seuls qu'elle veut.
Bien plus : ainsi que je l'ai montré au chapitre 41,
elle ne considère au fond les individus que comme
des moyens, et l'espèce seule comme une fin. Nous
voyons ainsi la nature, à la suite de ses propres lois
et objectifs, parvenir à un point contrariant et se
retrouver dans une situation vraiment critique. Eu
égard à son essence, elle ne pouvait absolument pas
recourir à des expédients violents et dépendants d'une
volonté extérieure, comme celui indiqué par Aristote ;
encore moins pouvait-elle compter sur ce que les
hommes, instruits par l'expérience, reconnaîtraient
les inconvénients d'une conception trop précoce ou
trop tardive, et réfréneraient ainsi leur concupiscence suite à une réflexion froide et rationnelle. La
nature ne pouvait donc faire dépendre une chose
aussi importante de ces deux facteurs. Il ne lui
restait alors rien d'autre à faire que de deux maux
choisir le moindre. Mais à cette fin, elle devait faire
intervenir son instrument préféré, l'instinct, lequel,
comme je l'ai montré au chapitre précédent, guide
partout l'affaire si importante de la procréation en
suscitant les illusions les plus curieuses. Dans ce
cas, elle ne pouvait y parvenir qu'en l'induisant en
erreur : elle *lui donna le change* [en français dans le
texte]. Car la nature ne connaît que le physique, mais
non le moral : entre elle et la morale existe même un
antagonisme tranché. La préservation de l'individu,
mais surtout de l'espèce, dans l'état le plus parfait
possible : voilà son unique objectif. Physiquement, il

est vrai, la pédérastie nuit aux jeunes garçons séduits, mais non à un degré tel que des deux maux elle ne serait pas le moindre ; aussi est-ce celui-ci que la nature choisit pour prévenir largement à l'avance le mal beaucoup plus grand, la dépravation de l'espèce, empêchant ainsi un malheur durable et extensible.

À la suite de cette prévention de la nature, c'est à peu près à l'âge indiqué par Aristote qu'en règle générale se développe alors de façon imperceptible et progressive un penchant à la pédérastie, qui devient de plus en plus évident et déterminé à mesure que baisse la faculté d'engendrer des enfants vigoureux et sains. Voilà comment la nature arrange la situation. Notons cependant qu'il y a très loin de ce penchant naissant au vice lui-même. Certes, si on ne lui oppose aucun barrage comme en Grèce antique et à Rome, ainsi qu'en Asie à toutes les époques, il peut, encouragé par l'exemple, facilement conduire au vice. En Europe par contre, il est confronté à des motifs tellement puissants de la religion, de la morale, des lois et de l'honneur, que sa seule idée déjà fait reculer d'effroi presque chacun, en sorte que nous pouvons conjecturer que parmi environ trois cents individus sensibles à ce penchant, un seul tout au plus sera aussi faible et écervelé pour lui céder ; cela est d'autant plus sûr que ce penchant n'intervient qu'à l'âge où le sang se refroidit et où la pulsion sexuelle a généralement baissé, et qu'il trouve par ailleurs des adversaires assez puissants dans la raison arrivée à maturité, dans la sagacité acquise par l'expérience et dans la constance maintes fois exercée, que seule une nature initialement mauvaise lui succombera.

Cependant, la fin poursuivie alors par la nature se trouve atteinte en ceci que ce penchant entraîne une indifférence à l'égard des femmes, laquelle va en grandissant, se transforme en aversion, puis devient finalement du dégoût. Par ce biais, la nature atteint sa fin véritable d'autant plus sûrement que plus la force procréatrice de l'homme décroît, plus l'orientation contraire à la nature s'affirme. — Conformément à ceci, nous voyons que la pédérastie est toujours un vice d'hommes vieux. Ce sont toujours eux qui, de temps à autre, sont pris en flagrant délit, suscitant un scandale public. Aux hommes de l'âge proprement viril, ce vice est étranger, voire incompréhensible. Si une exception à cette règle devait se produire, ce ne pourrait qu'être, selon moi, en raison d'une dépravation accidentelle et prématurée de la force procréatrice, qui ne pourrait produire qu'une mauvaise progéniture, ce que la nature prévient en détournant cette force. C'est pourquoi les prostitués, qui malheureusement ne sont pas rares dans les grandes villes, adressent toujours leurs signes et leurs invites à des hommes d'un certain âge, jamais à ceux qui sont dans la force de l'âge, encore moins à de jeunes gens. Même chez les Grecs, où l'exemple et l'habitude ont pu parfois donner lieu à une exception à cette règle, nous voyons que les écrivains, surtout les philosophes, notamment Platon et Aristote, décrivent généralement et explicitement l'amant comme un homme âgé. À cet égard, ce passage de Plutarque dans le *Liber amatorius, c. 5* est remarquable : Ὁ παιδικὸς ἔρως, ὀψὲ γεγονώς, καὶ παρ' ὥραν τῷ βίῳ, νόθος καὶ σκότιος ἐξελαύνει τὸν γνήσιον ἔρωτα καὶ πρεσβύτερον (*Puerorum amor, qui, quum tarde in vita et intempestive, quasi spurius et occultus, exstitisset, germanum et natu majorem amorem expellit*) [L'amour des garçons vient tard, sur le déclin de la vie, comme un amour secret et faux, et cherche à expulser l'amour légitime[227]]. Même parmi les dieux, ce sont uniquement les plus vieux, Zeus et Héraclès, qui sont dotés d'amants masculins, mais non Apollon, Bacchus,

Mercure. — Cependant, en Orient, le manque de femmes, en raison de la polygamie, peut être à l'origine de certaines exceptions forcées à la règle, de même dans les colonies nouvelles et donc privées de femmes, en Californie, etc. — Par ailleurs, en conformité avec le fait que le sperme qui n'est pas encore mûr, ou qui est dépravé par l'âge, ne peut produire qu'une progéniture faible, mauvaise, imparfaite, on trouve souvent dans la jeunesse, comme dans la vieillesse, un penchant érotique de ce genre entre jeunes hommes, mais il ne conduit que très rarement au vice réel, car s'y opposent, outre les motifs cités plus haut, l'innocence, la pureté, la délicatesse de conscience et la pudeur du jeune âge.

Il résulte de cette description qu'alors que le vice examiné semble directement travailler contre les objectifs de la nature, surtout pour ce qui concerne son affaire la plus importante et la plus décisive, il doit en vérité servir ces objectifs, fût-ce indirectement, comme un moyen pour prévenir des maux plus grands. Car c'est ce phénomène de la force procréatrice déclinante et de la force procréatrice immature qui est un danger pour l'espèce; c'est pourquoi toutes les deux auraient dû, pour des raisons morales, être suspendues, mais il ne fallait pas y compter, car dans son activité, la nature ne prend jamais en considération l'élément proprement moral. Poussée dans l'aporie en raison de ses propres lois, la nature, par une perversion de l'instinct, a eu recours à un expédient, à un stratagème, et même, serait-on tenté de dire, elle s'est construit un pont aux ânes pour échapper au plus grand des deux maux, ainsi que nous l'avons exposé plus haut. Car elle a devant les yeux cet important objectif de prévenir une progéniture imparfaite susceptible de dépraver progressivement l'espèce tout entière, et, à cet effet, elle est sans scrupules dans le choix des moyens. L'esprit dans lequel elle opère ici est le même que celui avec lequel elle incite les guêpes à tuer leurs petits, comme nous l'avons évoqué plus haut au chapitre 27 ; dans les deux cas, elle recourt au mal pour éviter le pire : elle induit en erreur la pulsion sexuelle pour faire échouer ses conséquences les plus néfastes.

L'intention de ma description était d'abord de trouver une solution au problème étonnant exposé plus haut, mais aussi de confirmer ma doctrine, exposée au chapitre précédent, que l'instinct, dans tout amour sexuel, tient les rênes et génère des illusions, parce que la nature fait passer l'intérêt de l'espèce avant tout autre intérêt, et que ceci reste même valable pour cette aberration et dépravation de la pulsion sexuelle dont il est question ici ; car, ici aussi, la raison ultime qui s'est avérée, ce sont les fins de l'espèce, bien qu'elles ne soient dans ce cas que de nature négative, la nature procédant de manière prophylactique. C'est pourquoi cette considération éclaire en retour d'une lumière nouvelle toute ma métaphysique de l'amour. Mais, de façon générale, cet exposé a permis de mettre au jour une vérité jusque-là cachée qui, en dépit de son caractère étrange, n'en éclaire pas moins d'un jour nouveau l'essence intime, l'esprit et l'activité de la nature. Ainsi, il ne s'est pas agi de mettre en garde contre ce vice d'un point de vue moral, mais de comprendre l'essence de la chose. Par ailleurs, la raison ultime, véritable, profondément métaphysique du caractère condamnable de la pédérastie, c'est que, alors que la volonté s'affirme par son biais, la conséquence de cette affirmation, qui permet d'ouvrir la voie à la délivrance, c'est-à-dire de renouveler la vie, se trouve alors entièrement coupée. — Enfin, j'ai également voulu, en exposant ces pensées paradoxales, rendre un petit service aux professeurs de philosophie désormais fort déconcertés par la diffusion grandissante de ma philosophie qu'ils avaient si soigneusement occultée, en leur offrant l'occasion de me calomnier en m'imputant d'avoir défendu et recommandé la pédérastie.

CHAPITRE 45*

SUR L'AFFIRMATION
DE LA VOLONTÉ DE VIVRE

Si la volonté de vivre ne se présentait que comme pulsion d'autoconservation, il ne s'agirait que d'une affirmation du phénomène individuel, pour le laps de temps propre à sa durée naturelle. Les peines et les tracas d'une telle vie ne seraient pas considérables et l'existence prendrait une tournure légère et sereine. Mais comme, au contraire, la volonté veut la vie absolument et en toute éternité[228], elle se présente simultanément comme pulsion sexuelle portée sur une série infinie de générations. Cette pulsion abolit l'insouciance, la sérénité et l'innocence qui accompagneraient une existence simplement individuelle, et introduit l'inquiétude et la mélancolie dans la conscience, les accidents, les soucis et les tracas dans le cours de la vie. — Si, en revanche, comme nous le montrent quelques rares exceptions, elle est réprimée de plein gré, nous sommes en présence d'une conversion de la volonté, laquelle se retourne. Elle aboutit alors dans l'individu, sans continuer au-delà de celui-ci. Or ceci ne saurait arriver que

* Ce chapitre se rapporte au § 60 du tome I.

par un acte d'une douloureuse violence que cet individu exerce contre lui-même. Mais lorsque cela s'est produit, cette insouciance et cette sérénité de l'existence simplement individuelle sont restituées à la conscience et même portées à une puissance supérieure. — Par contre, c'est à la satisfaction de cette pulsion et de ce souhait, les plus véhéments qui soient, que se rattache l'origine d'une existence nouvelle, c'est-à-dire l'exécution recommencée de la vie, avec tous ses fardeaux, ses chagrins, ses besoins et ses douleurs, et ce dans un autre individu. Or, si tous deux étaient aussi différents absolument et en soi qu'ils le sont dans le phénomène, où serait la justice éternelle ? — La vie se présente comme une tâche, un pensum à remplir, et ainsi, en règle générale, comme une lutte perpétuelle contre le besoin. Par conséquent, chacun cherche à s'en tirer et à en réchapper le mieux possible ; il s'acquitte de la vie comme d'une corvée dont il est redevable. Or qui a contracté cette dette <*Schuld*> ? — Son géniteur, dans la jouissance de la volupté. C'est donc parce que l'un a joui de celle-ci que l'autre doit vivre, souffrir et mourir. Rappelons-nous cependant que nous savons que la diversité de l'homogène est conditionnée par l'espace et le temps, que j'ai appelés dans ce sens le *principium individuationis*[229]. Sinon, on ne pourrait sauver la justice éternelle. C'est précisément sur le fait que le géniteur se reconnaisse lui-même dans la progéniture que repose l'amour paternel, en vertu duquel le père est prêt à faire, à souffrir et à oser plus pour l'enfant que pour lui-même tout en y voyant une dette dont il doit s'acquitter.

On peut considérer la vie d'un homme, avec ses peines sans fin, ses besoins et ses souffrances, comme l'explication et la paraphrase de l'acte procréateur, c'est-à-dire de l'affirmation nette de la volonté de vivre ; cette affirmation implique par ailleurs qu'il doit payer sa dette à la nature, qui réclame une mort, et il pense avec angoisse à cette dette[230]. — Cela ne témoigne-t-il pas de ce que notre existence comporte une culpabilité <*Verschuldung*> ? — Certes, en dépit du tribut à payer périodiquement, la naissance et la mort, nous continuons d'exister et de jouir successivement de toutes les souffrances et de toutes les joies de la vie, aucune ne pouvant de ce fait nous échapper : voilà le fruit de l'affirmation de la volonté de vivre. Et pourtant la crainte de la mort, qui nous fixe dans la vie malgré toutes ses misères, est, au fond, illusoire, mais elle n'est précisément pas moins illusoire que la pulsion qui nous a attiré dans elle. On peut objectivement percevoir cette attraction elle-même dans la rencontre des regards languissants de deux amoureux : ils sont l'expression la plus pure de la volonté de vivre en son affirmation. Comme elle est ici douce et tendre ! Elle veut le bien-être, la jouissance paisible, le plaisir délicat, pour elle-même, pour autrui, pour tous. C'est le thème d'Anacréon. C'est ainsi qu'elle s'attire elle-même dans la vie, s'y insinue. Mais, une fois qu'elle y est, le crime succède à la tourmente, la tourmente au crime : atrocités et destructions remplissent la scène. C'est le thème d'Eschyle[231].

Or l'acte qui permet à la volonté de s'affirmer et à l'homme de naître est un acte dont tous ont profondément honte et qu'ils dissimulent donc soigneusement ; pris sur le fait, ils sont effrayés comme si on les avait surpris en train de commettre un crime. C'est un acte auquel on songe avec répugnance lorsqu'on a la tête froide, et avec horreur lorsque notre état d'âme est élevé. Sur cet acte, Montaigne, au chapitre 5 du livre III, sous la glose marginale « ce que c'est que l'amour», fournit des considérations détaillées, qui vont dans le même sens[232]. Il est suivi de près par une curieuse tristesse mêlée de remords, qu'on éprouve le plus fortement après le premier accomplissement de l'acte, et, de façon générale, avec d'autant plus d'évidence que le caractère est plus noble. Même Pline, le païen, nous dit: *homini tantum primi coitus poenitentia: augurium scilicet vitae, a poenitenda origine* [l'homme seul se repent du premier coït; ainsi le présage de la vie est à l'origine un repentir[233]] (*Hist. nat., X, 83*). Cm[Et d'autre part, que pratiquent et chantent les diables et les sorcières pendant leur sabbat dans le *Faust* de Goethe? La luxure et l'obscénité[234].]Cm Qu'enseigne (dans les excellents paralipomènes du même *Faust*) le satan en chair et en os devant la foule rassemblée? — La luxure et l'obscénité; rien d'autre[235]. — Or c'est uniquement et exclusivement grâce à la pratique ininterrompue d'un tel acte que l'espèce humaine subsiste. — Si l'optimisme avait raison, si notre existence devait être reconnue avec gratitude comme un cadeau émané d'une bonté suprême guidée par la sagesse, et, par là, considérée comme précieuse en soi, objet de louange et de joie, alors l'acte qui la perpétue devrait vraiment avoir une physionomie toute différente. Si, au contraire, cette existence est une sorte de faux pas, ou une fausse voie, si elle est l'œuvre d'une volonté primordialement aveugle dont l'évolution la plus heureuse consiste à faire retour sur elle-même pour s'abolir elle-même, alors l'acte perpétuant cette existence ne peut qu'avoir l'apparence qu'il a.

Concernant la première vérité fondamentale de ma doctrine, qu'il soit permis de remarquer ici que la honte susdite provoquée par l'affaire de la procréation s'étend même aux parties qui servent à l'accomplir, alors qu'elles sont innées comme toutes les autres. C'est là une autre preuve frappante que ce ne sont pas seulement les actes, mais déjà le corps de l'homme qu'il faut considérer comme le phénomène, l'objectivation de sa volonté, et comme l'œuvre de celle-ci. Car on ne saurait avoir honte d'une chose qui existerait sans sa propre volonté.

Par ailleurs, l'acte procréateur est au monde ce que le mot est à l'énigme. En effet, le monde est étendu dans l'espace et vieux dans le temps, et constitué d'une inépuisable multiplicité de formes. Or tout ceci n'est que le phénomène de la volonté de vivre ; la concentration, le foyer de cette volonté est l'acte générateur[236]. Ainsi, l'essence intime du monde s'exprime avec le plus d'évidence dans cet acte. À cet égard, il paraît même remarquable que l'acte lui-même soit parfois purement et simplement désigné par « la volonté », dans la formule allemande très significative : « il lui demanda de se soumettre à sa volonté[237] ». En tant qu'expression la plus évidente de la volonté, cet acte est donc le noyau, le résumé, la quintessence du monde. C'est bien pourquoi il permet de nous éclairer sur l'essence et l'agitation de ce monde : c'est le mot de l'énigme. C'est dans ce sens qu'on le comprend quand on parle de l'« arbre de la connaissance », car après en avoir eu connaissance, chacun ouvre ses yeux sur la vie, comme l'a également su Byron :

The tree of knowledge has been pluck'd — all's known[238].

D. Juan, I, 128.

---

* C[Quand est cueilli le fruit de l'arbre du savoir — tout se sait.]C

À cette caractéristique ne correspond pas moins le fait qu'il est le grand ἄρρητον [indicible], le secret de Polichinelle, qu'on ne doit jamais ni nulle part exprimer clairement, mais qui toujours et partout va de soi, comme la chose principale constamment présente à l'esprit de tous, raison pour laquelle on comprend aussitôt la moindre allusion à son sujet. Le rôle principal joué par cet acte et par ce qui en dépend dans le monde, où partout on noue, ou on présuppose, des intrigues amoureuses, est tout à fait approprié à l'importance de ce *punctum saliens* [point d'origine] de l'œuf du monde. L'amusant, c'est cette continuelle occultation de la chose principale.

Or regardez comment un intellect humain encore jeune et innocent, lorsqu'il découvre pour la première fois ce grand secret du monde, tremble d'effroi devant cette énormité ! La raison en est que sur le long chemin que la volonté initialement dénuée de connaissance devait parcourir avant de s'élever jusqu'à l'intellect, surtout à l'intellect humain et rationnel, elle est devenue étrangère à elle-même au point de ne plus connaître son origine, cette *poenitenda origo*, et que désormais, du point de vue de la connaissance pure, et donc innocente, elle y voit un objet d'effroi.

Que le foyer de la volonté, c'est-à-dire la concentration et l'expression les plus hautes de celle-ci, soit la pulsion sexuelle et sa satisfaction, se trouve énoncé de façon fort significative et naïve dans le langage symbolique de la nature par le fait que la volonté individualisée, autrement dit l'homme et l'animal, fasse son entrée dans le monde par la porte des parties génitales.

L'AFFIRMATION DE LA VOLONTÉ DE VIVRE, qui possède donc son centre dans l'acte générateur, est inévitable chez l'animal. Car ce n'est que chez l'homme que la volonté, qui est la *natura naturans*[239], S'ÉVEILLE À LA RÉFLEXION[240] <*Besinnung*>. S'éveiller à la réflexion signifie : connaître non plus seulement en vue des besoins momentanés de la volonté individuelle, en vue de son service dans l'urgence du présent — comme c'est le cas chez l'animal, à la mesure de sa perfection et de ses besoins qui vont main dans la main —, mais avoir atteint un spectre plus vaste de la connaissance en vertu d'une remémoration précise du passé et d'une anticipation approximative de l'avenir et, par là, avoir atteint un point de vue d'ensemble sur tous les aspects de la vie individuelle, de l'existence personnelle et de celle d'autrui, voire de l'existence en général. En effet, la vie de chaque espèce animale, à travers les millénaires de son existence, est en quelque sorte égale à un seul instant, car elle n'est que pure conscience du PRÉSENT, sans conscience du passé et de l'avenir, et donc de la mort. Dans ce sens, il faut la considérer comme un instant permanent, un *nunc stans*[241]. — C'est ici que nous voyons le plus clairement, soit dit en passant, que la forme générale de la vie, ou du phénomène de la volonté dotée de conscience, n'est d'abord et dans l'immédiat que le PRÉSENT[242] : le passé et l'avenir ne viennent s'ajouter que chez l'homme, et ce uniquement dans le concept ; ils ne sont connus qu'*in abstracto* et tout au plus élucidés par les figures de l'imagination. — Après donc que la volonté de vivre, c'est-à-dire l'essence intime de la nature, a parcouru toute l'échelle des animaux, pressée par son incessante aspiration à l'objectivation parfaite et à la jouissance parfaite — ce qui se produit souvent sur la même planète selon les multiples paliers des séries successives d'animaux toujours renaissantes

—, elle arrive finalement à l'être doué de raison, l'homme, où elle s'éveille à la RÉFLEXION. À partir de ce point, la situation commence à lui paraître problématique, elle est assaillie par la question de savoir quels sont l'origine et le but de tout cela, et, principalement, par la question de savoir si les peines et les tracas de sa vie et de ses efforts seront récompensés par quelque gain : *le jeu vaut-il bien la chandelle*? [en français dans le texte]. — Ceci est alors le point où, à la lumière d'une claire connaissance, elle se décide pour l'affirmation ou pour la négation de la volonté de vivre, bien qu'en règle générale elle ne puisse prendre conscience de ce dernier aspect que sous une forme mythique. — Dès lors, nous n'avons aucune raison de conjecturer qu'il puisse se produire quelque part une objectivation encore plus haute de la volonté, car elle a déjà atteint ici son point de conversion.

CHAPITRE 46*

DE LA VANITÉ
ET DES SOUFFRANCES DE LA VIE

Sortie de la nuit de l'inconscience et s'éveillant à la vie, la volonté se retrouve comme individu, dans un monde infini et illimité, parmi d'innombrables individus qui s'agitent, souffrent, errent, et, comme traversant un rêve angoissé, elle se hâte de retourner à son inconscience initiale. — Mais avant d'arriver à

* Ce chapitre se rapporte aux § 56-59 du tome I. Voir aussi sur ce sujet les chapitres 11 et 12 du deuxième tome des *Parerga et Paralipomena*.

ce point, ses souhaits sont sans bornes, ses exigences inépuisables, et chaque souhait satisfait en génère un autre. Aucune satisfaction possible en ce monde ne pourrait suffire à assouvir ses envies, à mettre un terme final à son désir, à remplir l'abîme sans fond de son cœur. À côté de cela, qu'on considère les satisfactions de toutes sortes généralement dévolues à l'homme : ce n'est souvent pas plus que la simple conservation de l'existence, acquise chaque jour au prix d'efforts inlassables et de soucis constants, dans la lutte contre le besoin, avec la mort en perspective. — Tout dans la vie indique que le bonheur terrestre est voué à l'échec, ou à être dévoilé comme illusion. Les dispositions qui en sont la cause sont profondément enracinées dans l'essence des choses. Il s'ensuit que la vie de la plupart des hommes est morne et courte. Ceux qui sont relativement heureux ne le sont le plus souvent qu'en apparence, ou alors ce sont, comme ceux avec une grande longévité, des cas exceptionnels et rares, dont la possibilité devait subsister — en tant qu'appât. La vie se présente comme une continuelle supercherie, en détail et en gros. Si elle a fait une promesse, c'est pour ne pas la tenir, sauf pour montrer combien peu souhaitable était l'objet souhaité : nous sommes ainsi abusés tantôt par l'espoir, tantôt par l'objet espéré. Si elle a donné, c'était pour prendre. La magie de la distance nous montre des paradis qui s'évanouissent comme des illusions d'optique dès que nous avons le ridicule de nous y rendre. Le bonheur, dès lors, se trouve toujours dans l'avenir, ou aussi dans le passé, et le présent peut être comparé à un petit nuage sombre que le vent chasse au-dessus de la surface ensoleillée : devant et derrière lui tout est lumineux, lui seul projette toujours une ombre. Le présent est ainsi éternellement insuffisant, mais l'avenir incertain, et le passé irrévocable. La vie, avec ses petites, grandes ou énormes contrariétés de chaque heure, de chaque jour, de chaque semaine, de chaque année, avec ses espoirs déçus et avec ses accidents déjouant tous les calculs, porte si manifestement la marque d'une chose qui doit nous dégoûter qu'il paraît difficile de comprendre comment on a pu méconnaître cet aspect et se laisser persuader qu'elle était là pour qu'on en jouisse avec gratitude, et l'homme, pour être heureux. Car ces perpétuelles illusions et désillusions, ainsi que la nature générale de la vie, se présentent bien plutôt comme si leur dessein calculé était de susciter la conviction que nos aspirations, nos agissements et nos luttes ne valent rien, que tous les biens sont vains, que le monde a fait banqueroute à tous les niveaux, et que la vie est une affaire qui ne couvre pas ses frais ; bref, comme si leur dessein était de provoquer notre volonté à s'en détourner[243].

La manière dont cette vanité <*Nichtigkeit*>[244] de tous les objets de la volonté se donne à connaître et à comprendre à l'intellect enraciné dans l'individu est, premièrement, le TEMPS. Il est la forme par laquelle cette vanité des choses apparaît comme leur périssabilité <*Vergänglichkeit*>, Cm[car en vertu de celle-ci toutes nos jouissances et tous nos plaisirs deviennent néant entre nos mains, au point que nous nous demandons ensuite avec étonnement où ils ont bien pu rester.]Cm Ainsi, c'est cette vanité elle-même qui est le seul élément OBJECTIF du temps, c'est-à-dire ce qui lui correspond dans l'essence des choses en soi, Cm[bref, elle est ce dont le temps est l'expression[245].]Cm C'est bien pourquoi le temps est la forme nécessaire *a priori* de toutes nos intuitions : tout doit se présenter sous cette forme, nous compris. Il suit de là que notre vie ressemble d'abord à un

paiement qui ne serait versé qu'en pfennigs de cuivre[246]
et dont on doit cependant donner quittance : les pièces
sont les jours, la quittance est la mort. Car en dernière instance, le temps prononce le verdict de la
nature sur la valeur de tous les êtres qui apparaissent
en elle en les détruisant :

Und das mit Recht : denn Alles was entsteht,
Ist werth, dass es zu Grunde geht.
Drum besser wär's, dass nichts enstünde.

[Et ceci à bon droit : car tout ce qui doit naître,
Est digne de disparaître.
Il serait donc mieux que rien ne venait à naître[247].]

Ainsi, la vieillesse et la mort, auxquelles toute vie
court nécessairement, sont elles-mêmes la condamnation, issue des mains de la nature même, prononcée
contre la volonté de vivre ; cette condamnation proclame que cette volonté est une aspiration qui doit
se mettre elle-même en échec : « Ce que tu as voulu
finit ainsi : tu dois vouloir quelque chose de mieux. »
Dans l'ensemble donc, la leçon infligée à chacun par
sa propre vie signifie que les objets de ses souhaits
sont toujours trompeurs, vacillent, puis tombent, et
apportent ainsi plus de tourment que de plaisir,
jusqu'au moment où l'assise et le sol sur lesquels ils
s'appuyaient tous finissent par s'écrouler, c'est-à-
dire lorsque sa vie même se trouve anéantie et qu'il
reçoit l'ultime confirmation de ce que ses aspirations et son vouloir étaient une erreur, engagés sur
une fausse route :

Then old age and experience, hand in hand,
Lead him to death, and make him understand,

After a search so painful and so long,
That all his life he has been in the wrong*248.

Mais il nous faut maintenant approfondir encore les aspects particuliers de la chose, car c'est sur ce sujet que mes théories ont suscité le plus d'objections. — Tout d'abord, il convient de consolider par ce qui suit la démonstration, menée dans le texte principal, de la négativité de toute satisfaction, c'est-à-dire de toute jouissance et de tout bonheur, par opposition à la positivité de la douleur[249].

Nous éprouvons la douleur, mais non l'absence de douleur ; le chagrin, mais non l'absence de chagrin ; la crainte, mais non l'absence de crainte. Nous éprouvons le souhait comme nous éprouvons la faim et la soif ; mais dès qu'il est satisfait, il en va avec lui comme avec la bouchée consommée qui, dès le moment où nous l'avalons, cesse d'exister pour notre sensation. Nous regrettons vivement les jouissances et les plaisirs dès qu'ils cessent d'être présents ; mais nous ne regrettons pas directement la douleur, même si elle cesse après avoir été longtemps présente, et nous y pensons tout au plus exprès, au moyen de la réflexion. Car la douleur et le manque seuls peuvent s'éprouver positivement et, de ce fait, s'annoncent spontanément ; le bien-être, au contraire, est purement négatif. C'est aussi pourquoi nous n'avons pas conscience comme tels des trois plus grands biens de la vie, à savoir la santé, la jeunesse et la liberté, tant que nous en jouissons, mais seulement après les avoir perdus, car eux aussi sont des négations. Nous

---

*   C[Ensuite, la vieillesse et l'expérience, main dans la main,
Le conduisent à la mort, et lui font comprendre
Qu'après de si longues et pénibles poursuites,
Il a été toute sa vie dans l'erreur.]C

ne remarquons les jours heureux de notre vie qu'après qu'ils ont cédé la place à des jours malheureux. — La réceptivité aux jouissances décroît à mesure que celles-ci augmentent : la jouissance devenue habitude n'est plus éprouvée comme telle. Or, de ce fait, la réceptivité à la souffrance augmente, car on regrette douloureusement ce qui était devenu habituel. Ainsi, la jouissance accroît la mesure de nos besoins et, par là, notre capacité à éprouver la douleur. — Les heures passent d'autant plus vite qu'elles sont agréables, d'autant plus lentement qu'elles sont pénibles : parce que c'est la douleur, mais non la jouissance qui est l'élément positif dont la présence se fait sentir. De même, nous prenons conscience du temps dans les moments d'ennui <*Langeweile*>, et non dans les moments de divertissement <*Kurzweil*>. Les deux cas prouvent que notre existence est la plus heureuse lorsque nous la sentons le moins ; dès lors, il serait mieux de ne pas l'avoir du tout. Une joie grande et vive n'est pensable absolument que comme la conséquence d'une grande détresse qui la précédait, car rien ne saurait encore s'ajouter à un état de satisfaction durable, sinon quelques moments de divertissement, ou quelque satisfaction de la vanité. C'est bien pourquoi tous les poètes doivent mettre leurs héros dans une situation angoissante et pénible pour pouvoir ensuite les en délivrer : en conséquence, le drame et l'épopée décrivent toujours des êtres en proie à la lutte, à la souffrance et à la tourmente, et tout roman est un panorama où on contemple les spasmes et les convulsions du cœur humain angoissé[250]. Walter Scott a montré de manière naïve cette nécessité esthétique dans la « conclusion » de sa nouvelle *Old mortality*[251]. — Tout à fait en accord avec la vérité que j'ai démontrée, Voltaire, pourtant si favorisé par la nature et la fortune, nous dit, lui aussi : « le bonheur n'est qu'un rêve, et la douleur est réelle », puis d'ajouter : « il y a quatre-vingts ans que je l'éprouve. Je n'y sais autre chose que me résigner, et me dire que les mouches sont nées pour être mangées par les araignées, et les hommes pour être dévorés par les chagrins[252] ».

Avant de proclamer avec tant d'assurance que la vie est un bien souhaitable, ou un objet de gratitude, qu'on compare, tête froide, la somme de toutes les joies possibles auxquelles un homme peut goûter dans sa vie, avec la somme de toutes les souffrances qui peuvent l'affliger. Je crois que la balance ne sera pas difficile à établir. Mais au fond, il est tout à inutile de se quereller pour savoir si ce sont les biens ou les maux qui prévalent dans le monde, car la simple existence du mal tranche la question, car ce dernier ne saurait jamais être effacé par un bien qui l'accompagne ou le suit, et donc ne saurait être compensé :

Cm[*Mille piacer' non vagliono un tormento**[253].

Petr.]Cm

Car, le fait que des milliers d'individus auraient vécu dans le bonheur et dans le délice n'abolirait jamais l'angoisse et le martyre d'un seul, aussi peu que mon bien-être actuel annulerait mes souffrances passées. Par conséquent, même s'il y avait cent fois moins de maux dans le monde qu'il n'y en a réellement, la pure et simple existence du mal suffirait à consolider une vérité qu'on peut exprimer de diverses manières, quoique toujours assez indirectement, à savoir qu'il ne faut pas nous réjouir, mais plutôt nous attrister de l'existence du monde ; que le non-être du monde est

---

* Cm[Mille plaisirs ne valent *un* tourment.]Cm

préférable à son être ; que le monde est quelque
chose qui, au fond, ne devrait pas être, etc. Byron en
a trouvé une formulation fort belle :

> Our life is a false nature, — 'tis not in
> The harmony of things, this hard decree,
> This uneradicable taint of sin,
> This boundless Upas, this all-blasting tree
> Whose root is earth, whose leaves and branches be
> The skies, which rain their plagues on men like dew —
> Disease, death, bondage — all the woes we see —
> And worse, the woes we see not — which throb through
> The immedicable soul, with heart-aches ever new*[254].

Si le monde et la vie étaient leur propre but final,
donc n'ayant besoin ni d'une justification en théorie
ni d'un dédommagement ou d'une compensation en
pratique, et s'ils n'existaient, comme le veulent par
exemple Spinoza et les spinozistes contemporains,
qu'en tant qu'unique manifestation d'un Dieu, qui,
animi causa [par caprice], ou pour se refléter lui-
même, accomplirait lui-même une telle évolution,
leur existence ne devant pas, dès lors, être justifiée
par des raisons, ou rachetée par ses effets ; alors ce
ne seraient pas les souffrances et les tracas de la vie
qui devraient être totalement compensés par les joies
et le bien-être dans cette même vie — chose d'ailleurs
impossible, comme nous l'avons dit, puisque ma dou-

---

* Cm[Notre vie est une fausse nature : ce n'est point dans l'harmonie des choses, ce dur décret, cette flétrissure de péché indéracinable, cet upas sans borne, cet arbre qui détruit tout, dont la
racine est la terre, dont les feuilles et les branches sont les cieux
qui font pleuvoir leurs pestes sur les hommes comme une rosée :
maladie, mort, esclavage, toutes les douleurs que nous voyons, et,
pires, les douleurs que nous ne voyons pas, qui palpitent jusqu'au
fond de l'âme inguérissable, avec des tortures toujours nouvelles
pour le cœur.]Cm

leur actuelle ne sera jamais abolie par des plaisirs futurs, ceux-ci remplissant leur temps comme celui-là remplit le sien —, mais il ne devrait pas y avoir de souffrance du tout, et la mort ne devrait pas exister ou ne pas revêtir un caractère effrayant pour nous. Ce n'est que dans ce cas que la vie pourrait payer sa propre rançon.

Or, comme notre situation est bien plutôt quelque chose qui ferait mieux de ne pas être, tout notre environnement en porte la trace — de même que dans l'enfer tout sent le soufre. Car chaque chose est toujours imparfaite et trompeuse, chaque aspect agréable mêlé d'un aspect désagréable, chaque plaisir n'est qu'un plaisir à demi, chaque joie porte en elle de quoi la troubler, chaque soulagement entraîne des difficultés nouvelles, chaque remède à nos besoins de chaque jour et de chaque heure peuvent nous abandonner à chaque instant et nous refuser leurs services, la marche sur laquelle nous posons notre pied peut s'écrouler, Cm[bref, les petits et grands accidents sont l'élément même de notre vie,]Cm ou, pour le dire d'un seul mot, nous ressemblons à Phinée dont les Harpies souillaient tous les plats, les rendant ainsi immangeables[255]. Deux moyens sont employés pour lutter contre cette situation. Premièrement, l'εὐλάβεια, c'est-à-dire la sagacité, la prudence, l'habileté ; mais elle n'a jamais fini d'apprendre, ne suffit pas, s'avère inutile. Deuxièmement, l'équanimité stoïcienne[256], qui entend désarmer tout accident en les anticipant tous et en dédaignant tout : en pratique, elle devient un renoncement cynique qui préfère se débarrasser une fois pour toutes de tous les remèdes et expédients ; elle fait de nous des chiens, tel Diogène dans son tonneau. La vérité, la voici : nous devons être misérables, et nous le sommes. De plus, la source principale des maux les plus graves qui affligent l'homme est l'homme lui-même : *homo homini lupus*[257]. Cm[Qui considère réellement ce dernier aspect sans se voiler la face voit le monde comme un enfer qui surpasse celui de Dante en ce que l'un doit y être le diable de l'autre. Certes, pour ce rôle, untel sera plus approprié que tel autre, surtout sans doute quelque archi-diable qui se présenterait sous la forme d'un conquérant et mettrait face à face plusieurs centaines de milliers d'homme en leur criant : « Mourir et souffrir, voilà votre lot : maintenant, avec vos fusils et vos canons, tirez-vous dessus les uns sur les autres ! » ; et eux de s'exécuter. — Mais, en règle générale,]Cm ce sont l'injustice, l'extrême iniquité, la dureté, et la cruauté qui qualifient les conduites des hommes les uns envers les autres. Voilà sur quoi repose la nécessité de l'État et de la législation, et aucunement sur vos sottes chimères. Or, dans tous les cas situés en dehors du domaine de la loi, la brutale indélicatesse de l'homme envers son prochain, procédant de son égoïsme illimité ou aussi de la méchanceté, ne manque pas de se manifester. Cm[Ce que l'homme fait à l'homme, c'est ce que montre par exemple l'esclavage des nègres, dont l'objectif ultime est l'obtention de sucre et de café. Mais il n'est pas besoin d'aller aussi loin : entrer à l'âge de cinq ans dans une filature de coton, ou dans toute autre usine, et à partir de ce moment être assis sur une chaise d'abord 10, puis 12 et enfin 14 heures tous les jours pour exécuter le même travail mécanique, c'est payer bien chèrement la joie de respirer. Or c'est là le sort de millions d'individus, et bien d'autres millions en ont un similaire.

Nous autres cependant,]Cm des accidents médiocres suffisent à nous rendre totalement malheureux ; mais rien au monde ne suffit à nous rendre totalement heureux. Quoi qu'on dise, le moment le plus heureux d'un homme heureux est celui où il s'endort, celui de l'homme malheureux le moment où il se réveille. — En outre, une preuve indirecte, mais certaine, de ce que les hommes se sentent malheureux, et qu'ils le sont donc effectivement, nous est donnée par l'envie terrible qui habite tout un chacun, et qui, dans toutes les situations de la vie, à l'occasion de n'importe quel avantage accordé à quelqu'un, quelle qu'en soit la nature, se réveille pour immanquablement répandre son poison. Parce qu'ils se sentent malheureux, les hommes ne peuvent supporter la vue de quelqu'un qu'ils supposent heureux ; celui qui se sent momentanément heureux voudrait dans l'instant diffuser son bonheur partout autour de lui, C[pour dire :

Que tout le monde ici soit heureux de ma joie[258].]C

Si la vie était en soi un bien estimable et préférable au non-être, la porte de sortie n'aurait pas à être occupée par des gardiens aussi épouvantables que la mort et ses frayeurs. Mais qui voudrait persévérer dans la vie telle qu'elle est si la mort était moins effroyable ? — Et qui pourrait supporter la seule idée de la mort, si la vie était une partie de plaisir ! Mais ainsi, le bon côté de la mort, c'est encore d'être la fin de la vie, et nous nous consolons des souffrances de la vie avec la mort, et de la mort avec les souffrances de la vie. La vérité, c'est que les deux sont inséparablement liées, car elles constituent une aberration dont il est aussi difficile que souhaitable de se délivrer.

Si le monde n'était pas quelque chose qui, pour le dire du point de vue PRATIQUE, ne devrait pas être, elle ne serait pas non plus un problème du point de vue THÉORIQUE ; son existence, bien plutôt, n'aurait besoin d'aucune explication, car soit elle serait tellement évidente par elle-même qu'aucun esprit ne s'en étonnerait ou poserait une question à son sujet, soit son but apparaîtrait de telle sorte qu'il serait impossible à méconnaître. Or elle est, bien au contraire, un problème impossible à résoudre, puisque même la philosophie la plus parfaite contiendra toujours un élément inexplicable, comme un précipité insoluble ou comme le reste que laisse toujours le rapport irrationnel de deux grandeurs. Si donc quelqu'un ose soulever la question de savoir pourquoi il ne vaudrait pas mieux qu'il n'y ait rien plutôt que ce monde, alors il apparaît qu'on ne saurait justifier le monde par lui-même, qu'on ne trouve aucune raison, aucune cause ultime, de son existence en lui-même, qu'on ne peut prouver qu'il existe en vue de lui-même, c'est-à-dire pour son propre avantage. — D'après ma doctrine, ceci tient à ce que le principe de son existence est expressément sans raison, car c'est une volonté de vivre aveugle, laquelle, comme chose en soi, ne saurait être soumise au principe de raison, qui n'est que la forme des phénomènes et qui seul peut légitimer tout pourquoi[259]. Or ceci est conforme à la nature du monde : car seule une volonté aveugle, et non pas une volonté capable de voir, a pu se mettre elle-même dans la situation dans laquelle nous nous voyons. Une volonté capable de voir, au contraire, aurait assez vite fait l'évaluation que l'affaire ne couvre pas ses frais[260], puisque des efforts et des luttes aussi gigantesques mobilisant toutes les forces, constamment accompagnés de chagrin, d'angoisse et de détresse, dans la perspective d'une destruction inévitable de toute vie individuelle, ne sauraient trouver de compensation dans cette

existence éphémère elle-même, conquise à ce prix
pour s'anéantir entre nos mains. C'est pourquoi l'explication du monde à partir du νοῦς d'Anaxagore,
c'est-à-dire à partir d'une volonté qui serait guidée
par la CONNAISSANCE, requiert nécessairement, pour
son embellissement, l'optimisme, qu'on s'empresse
ensuite d'établir et de défendre, au mépris du témoignage tellement criant d'un monde rempli de misère.
On y fait alors passer la vie pour un cadeau, alors
qu'il est évident que chacun qui aurait pu voir et
examiner ce cadeau avant l'aurait poliment refusé ;
c'est ainsi que Lessing admirait l'intelligence de son
fils qui, introduit de force dans le monde par le
forceps parce qu'il ne voulait absolument pas entrer,
s'empressa d'en sortir dès qu'il y était[261]. On objectera
contre ceci que la vie n'est censée donner qu'une
leçon d'un bout à l'autre ; mais tout un chacun pourra y répondre : « C'est bien pour cette raison que je
voulais qu'on me laisse dans le repos de ce néant
parfaitement suffisant, où je n'avais besoin ni de
leçons ni de rien d'autre. » Mais si on devait par-
dessus le marché ajouter que chacun aura un jour à
rendre compte de chaque jour de son existence, alors
il pourrait légitimement exiger qu'on rende d'abord
compte du fait qu'on l'ait arraché à son repos pour
le jeter dans une situation aussi fâcheuse, sombre,
angoissante, pénible. — Voilà où nous conduisent
des théories fondamentalement fausses. Car l'existence humaine, fort éloignée de porter les traits d'un
CADEAU, porte tout au contraire les traits d'une DETTE
contractée. La réclamation de cette dette apparaît
sous la forme des besoins urgents, des souhaits lan-
cinants et de la détresse infinie, que cette existence
même a établis. Il est de règle de consacrer toute sa
vie à rembourser la dette, mais, ce faisant, on n'en
amortit encore que les intérêts. Le remboursement

du capital se fera avec la mort. — Et quand fut contractée cette dette ? — Lors de la procréation. —

Si, par suite, on considère l'homme comme un être dont l'existence est punition et expiation, on le voit déjà sous une lumière plus vraie. Le mythe du péché originel (bien qu'il soit probablement emprunté, comme tout le judaïsme, au *Zend-Avesta* : *Bun-Dehesch*, 15[262]) est le seul point dans l'Ancien Testament auquel je puisse accorder une vérité métaphysique, quoiqu'elle soit simplement allégorique : c'est ce mythe seul qui me réconcilie avec l'Ancien Testament. Car il n'y a rien d'autre à quoi notre existence ressemblerait plus qu'à la conséquence d'un faux pas et d'une convoitise délictueuse. Le christianisme néo-testamentaire, dont l'esprit éthique, qui est celui du brahmanisme et du bouddhisme, est très étranger à l'esprit optimiste de l'Ancien Testament, a aussitôt, en toute sagesse, renoué avec ce mythe ; sans celui-ci, il n'aurait d'ailleurs trouvé aucun point d'ancrage dans le judaïsme. — Si l'on veut mesurer le degré de la dette ou de la faute qui pèse sur notre existence, qu'on considère les souffrances qui se rattachent à celle-ci. Toute grande douleur, qu'elle soit physique ou mentale, exprime ce que nous méritons, car elle ne saurait nous arriver si nous ne la méritions pas. Le christianisme voit également l'existence sous cette lumière ; c'est ce qu'atteste un passage du *Commentaire de l'Épître aux Galates* par Luther, *c. 3*, dont je n'ai que le texte latin : *sumus autem nos omnes corporibus et rebus subjecti Diabolo, et hospites sumus in mundo, cujus ipse princeps et Deus est. Ideo panis, quem edimus, potus, quem bibimus, vestes, quibus utimur, imo aër et totum quo vivimus in carne, sub ipsius imperio est* [or nous sommes, corps et biens, assu-jettis au diable et des étrangers, des hôtes dans ce monde dont le diable est le prince et le dieu. Le pain que nous mangeons, le brevage que nous buvons, les vêtements dont nous nous servons, bien plus, l'air que nous respirons et tout ce qui appartient à notre vie dans la chair est donc sous son empire[263]]. — On a pu se récrier contre l'aspect mélancolique et désolant de ma philosophie. Or cela tient seulement à ce que, au lieu d'inventer un futur enfer comme équivalent des péchés, j'ai montré que le lieu même où se trouvait la dette ou la faute, à savoir le monde, avait déjà quelque chose d'infernal : celui qui voudrait le nier peut facilement s'en rendre compte par l'expérience.

Et à ce monde, ce champ de bataille où grouillent des êtres tourmentés et angoissés, qui ne subsistent qu'à se dévorer les uns les autres, où chaque prédateur est donc le tombeau vivant de milliers d'autres et son autoconservation, un enchaînement de martyres, où la connaissance croît en proportion avec la capacité à éprouver la douleur, laquelle atteint chez l'homme son degré le plus haut, et d'autant plus haut que l'homme est plus intelligent, à ce monde, dis-je, on a voulu accommoder le système de l'OPTIMISME en nous infligeant la démonstration qu'il était le meilleur des mondes possibles. L'absurdité est flagrante. — Voici un optimiste qui m'enjoint à ouvrir les yeux et à regarder la beauté du monde, avec son soleil, ses montagnes, ses vallées, ses fleuves, ses plantes, ses animaux, etc. — Mais le monde est-il donc un panorama ? À les VOIR, ces choses sont certainement belles, mais à les ÊTRE, voilà une tout autre affaire. — Ensuite vient un téléologue et me fait l'éloge de la savante organisation grâce à laquelle les planètes n'entrent pas en collision, la terre et la mer ne se mélangent pas dans une bouillie informe mais restent joliment séparées, grâce à laquelle aussi toutes les choses ne se figent pas dans un gel perpétuel ni ne sont rôties par la chaleur, grâce à laquelle encore, suite à l'obliquité de l'écliptique, il n'y a pas de printemps éternel où rien ne pourrait s'épanouir, etc. Or toutes ces considérations et toutes les autres de la même espèce ne sont que de pures *conditiones sine quibus non.* Car si un monde est censé exister en général, si ses planètes sont censées subsister au moins aussi longtemps qu'il faut au rayon de lumière d'une étoile fixe éloignée pour leur arriver et ne pas filer aussitôt après la naissance comme le fils de Lessing, alors le monde n'aurait pas dû être aussi mal construit au point que son soubassement menace déjà ruine[264]. Or approchons des RÉSULTATS de cet ouvrage tant loué, considérons les ACTEURS qui s'agitent sur cette scène si solidement construite, et comprenons DÉSORMAIS qu'avec la sensibilité vient la douleur qui augmente à mesure que la première se développe en intelligence, et qu'ensuite, de concert avec celle-ci, la convoitise et les souffrances se manifestent et s'intensifient avec toujours plus de force, jusqu'au point où la vie humaine n'est plus que matière à tragédie ou à comédie, alors celui qui n'est pas hypocrite ne sera que difficilement disposé à entonner des alléluias. L'origine véritable, mais cachée de ces derniers a d'ailleurs été impitoyablement dévoilée par David Hume dans sa *Natural History of religion, sect. 6, 7, 8 and 13.* Le même, aux livres X et XI de ses *Dialogues on natural religion,* expose aussi, sans détour et avec des arguments fort plausibles, bien que différents des miens, la nature affligeante de ce monde, ainsi que la position intenable de tout optimisme, attaquant en même temps ce dernier en son principe[265]. Les deux œuvres de Hume sont aussi dignes d'être lues qu'elles sont aujourd'hui inconnues en Allemagne où on prend tout au contraire un plaisir extraordinaire, en bon patriote, au verbiage immonde débité par des cervelles indigènes et ordinaires pleines de fatuité, et qu'on proclame être de grands hommes. Or c'est Hamann qui a traduit ces *Dialogues*, Kant a revu cette traduction et dans sa vieillesse a voulu inciter le fils de Hamann à la publier, car celle de Platner lui paraissait insuffisante (voir la biographie de Kant par F. W. Schubert, p. 81 et 165[266]). — On apprend plus dans n'importe quelle page de Hume que dans les œuvres philosophiques complètes de Hegel, de Herbart et de Schleiermacher réunies.

Le fondateur systématique de l'optimisme, cependant, est Leibniz, dont je n'ai pas l'intention de nier les mérites philosophiques, bien que je ne sois jamais parvenu à pénétrer par la pensée la monadologie, l'harmonie préétablie et l'*identitas indiscernibilium*. Ses *Nouveaux essais sur l'entendement* ne sont qu'un extrait, accompagné d'une critique détaillée, mais faible, visant à le corriger, de l'ouvrage mondialement célèbre, à juste titre, de Locke[267] ; C[mais il s'y s'oppose à Locke avec aussi peu de bonheur qu'au système de la gravitation de Newton dans son *Tentamen de motuum coelestium causis*[268].]C La *Critique de la raison pure* est tout particulièrement dirigée contre cette philosophie leibniziano-wolffienne, et entretient avec celle-ci un rapport polémique, voire destructeur, comme elle entretient au contraire un rapport de continuité et de développement avec Hume et Locke. Cm[Si aujourd'hui les professeurs de philosophie s'efforcent de tous côtés de remettre sur pied Leibniz et ses sornettes, voire de le glorifier, alors qu'ils dévaluent et écartent le plus possible Kant, il faut en chercher la raison dans le *primum vivere* : car la *Critique de la raison pure* n'admet pas qu'on fasse passer de la mythologie juive pour de la philosophie, ni qu'on parle, sans façons, de l'« âme » comme d'une réalité donnée, ou d'une personne bien familière et bien accréditée, sans rendre compte de la méthode pour arriver à ce concept, ni de la légitimité à en faire un usage scientifique. Mais *primum vivere, deinde philosophari* [d'abord vivre, ensuite philosopher]! À bas Kant, *vivat* notre Leibniz! — Pour revenir donc à ce dernier,]Cm je ne saurais accorder d'autre mérite à la *Théodicée*, ce développement méthodique et ample de l'optimisme, que celui d'avoir fourni plus tard l'occasion au grand Voltaire d'écrire son immortel *Candide*, par où, il est vrai, la mauvaise excuse de Leibniz, maintes fois répétée, pour l'existence des maux dans le monde, à savoir que le mal engendre parfois le bien, aura trouvé une vérification inattendue pour lui[269]. Par le seul nom de son héros, Voltaire indiquait déjà qu'il suffit d'être honnête pour reconnaître le contraire de l'optimisme. Sur ce théâtre du péché, de la souffrance et de la mort, l'optimisme constitue vraiment une figure si étrange qu'il passerait pour de l'ironie si on ne disposait pas d'une explication satisfaisante de son origine grâce à Hume, qui, de façon si amusante, en a découvert, comme indiqué plus haut, l'origine secrète (à savoir, une flatterie hypocrite portée par la confiance outrageante qu'elle aboutisse).

Or, aux preuves manifestement sophistiques de Leibniz que ce monde serait le meilleur des mondes possibles, on peut opposer sérieusement et sincèrement la preuve qu'il est le PIRE des mondes possibles. Cm[Car le possible ne signifie pas ce qu'untel pourrait vaguement s'imaginer, mais ce qui peut réellement exister et subsister. Or ce monde]Cm est disposé comme il devait l'être pour pouvoir subsister selon une exacte nécessité : s'il était légèrement plus mauvais encore, il ne pourrait déjà plus subsister. Il s'ensuit qu'un monde plus mauvais, ne pouvant subsister, n'est pas même possible; ainsi, parmi les mondes possibles, il est lui-même le pire[270]. Car le monde atteindrait bientôt sa fin non seulement si les planètes entraient en collision, mais aussi si, parmi les perturbations réelles de leur trajectoire, il s'en trouvait une qui, au lieu de se rééquilibrer progressivement par les autres perturbations, persistait à augmenter. Les astronomes, qui savent combien tout cela dépend de la contingence des circonstances, à savoir, le plus souvent, du rapport irrationnel des périodes de révolution entre elles, ont péniblement trouvé par leurs calculs que tout se passera bien quand même et que le monde peut exister et continuer d'exister. Espérons, Cm[contre Newton qui était d'avis contraire,]Cm qu'ils ne se sont pas trompés dans leurs calculs, Cm[et que le *perpetuum mobile* mécanique qui se réalise dans un tel système planétaire ne finisse pas, comme les autres, par s'arrêter.]Cm — Et ici, sous l'écorce solide de la planète, règnent les puissantes forces de la nature, lesquelles, dès qu'un accident leur en donne la latitude, font nécessairement éclater cette écorce avec tout le vivant qu'elle porte, comme cela est déjà arrivé au moins trois fois sur notre planète, et comme cela arrivera probablement encore souvent. Le tremblement de terre de Lisbonne, ou de Haïti, l'ensevelissement de Pompéi ne sont que des allusions minuscules et malicieuses à cette possibilité. — Une faible[271] altération de l'atmosphère, alors qu'elle n'est même pas chimiquement vérifiable, peut causer le choléra, la fièvre jaune, la mort noire, etc., qui emportent des millions d'hommes: une altération à peine plus grande anéantirait toute vie. Cm[Une augmentation très modérée de la température dessécherait tous les fleuves et toutes les sources.]Cm — Les animaux ont

reçu juste assez d'organes et de forces qu'il est nécessaire pour qu'ils puissent, au prix d'efforts extrêmes,
pourvoir à leur subsistance et à la nourriture de leur
progéniture ; de ce fait, si un animal perd un membre,
ou seulement l'usage parfait de ce membre, il doit,
dans la plupart des cas, périr. De l'espèce humaine
elle-même, si puissants que puissent être les instruments qu'elle détient dans l'intelligence et dans la
raison, neuf dixièmes vivent dans une lutte continuelle contre le besoin, toujours au bord du précipice,
se tenant en équilibre au-dessus de celui-ci avec
grande peine et difficulté. Les conditions de survie
de l'ensemble comme de chaque être individuel sont
donc toujours données avec une exacte parcimonie,
sans jamais rien de superflu ; de ce fait, la vie individuelle est une lutte constante pour cette existence
elle-même, et menace de s'évanouir à chaque pas.
C'est bien parce que cette menace se réalise si souvent qu'il a fallu veiller, par l'excédent extraordinaire de germes, à ce que la disparition des individus
n'entraînât pas celle des espèces, qui seules importent
à la nature. — Le monde est donc aussi mauvais
qu'il peut possiblement l'être, si tant est qu'il doive
exister en général (c.q.f.d.). — La fossilisation d'espèces animales fort différentes ayant jadis habité
la planète nous livre, pour appuyer nos calculs, les
documents témoignant de mondes dont la subsistance n'était plus possible, et qui étaient donc encore
un peu plus mauvais que le pire parmi les mondes
possibles.

L'optimisme, C[au fond, est l'éloge injustifié que
fait de lui-même le véritable auteur du monde, la
volonté de vivre, qui, avec complaisance, se mire
dans son œuvre ; ce n']C est donc pas seulement une
doctrine fausse, mais encore pernicieuse. Car il nous

présente la vie comme un état souhaitable, et son but, comme le bonheur de l'homme. À partir de là, chacun croit alors avoir le droit le plus légitime au bonheur et à la jouissance ; s'il ne les reçoit pas en partage, comme cela arrive d'ordinaire, il est persuadé d'être l'objet d'une injustice, voire de rater le but de son existence, alors qu'il est bien plus exact de considérer que le travail, la privation, le besoin et la souffrance, couronnés par la mort, sont le but de notre vie (comme le font le brahmanisme et le bouddhisme, ainsi que l'authentique christianisme), car ce sont eux, précisément, qui conduisent à la négation de la volonté de vivre. Le Nouveau Testament présente le monde comme une vallée de larmes, la vie comme un processus de purification, et le symbole du christianisme est un instrument de torture. C'est pourquoi, lorsque Leibniz, Shaftesbury, Bolingbroke[272] et Pope[273] apparurent avec l'optimisme, on s'en scandalisait généralement parce qu'on lui reprochait de ne pas se concilier avec le christianisme, ainsi que le rapporte et explique Voltaire dans sa préface à son excellent poème *Le désastre de Lisbonne*, qui, lui aussi, est dirigé expressément contre l'optimisme[274]. Ce qui rend ce grand homme, que j'aime à louer pour parer aux invectives de scribouilleurs allemands mercenaires, résolument supérieur à Rousseau, et qui atteste la plus grande profondeur de sa pensée, ce sont trois aperçus auxquels il était parvenu : 1) l'idée, dont il est très pénétré, de la prépondérance des maux et des misères de l'existence ; 2) l'idée de la stricte nécessitation des actes de la volonté ; 3) l'idée de la vérité du principe de Locke que ce qui pense peut être matériel. Rousseau, en revanche, conteste tout ceci par les déclamations de sa *Profession de foi du vicaire savoyard*, une philosophie plate de pasteur protestant, C[de même qu'il polémique, dans ce même esprit, contre le beau poème de Voltaire évoqué à l'instant, défendant l'optimisme par un raisonnement bancal, superficiel et logiquement faux, dans sa longue lettre à Voltaire du 18 août 1756, entièrement écrite dans ce but[275]. Or la caractéristique fondamentale et le πρῶτον ψεῦδος [l'erreur première] de toute la philosophie de Rousseau, c'est de mettre à la place de la doctrine chrétienne du péché originel et de la corruption première de l'espèce humaine, une bonté native et une perfectibilité illimitée de cette même espèce, laquelle ne se serait égarée qu'en raison de la civilisation et de ses conséquences, puis d'établir sur ceci tout son optimisme et son humanisme.]C

Voltaire, dans son *Candide*, fait la guerre à l'optimisme sur un mode enjoué ; Byron fait de même, mais sur un mode grave et tragique, dans son chef-d'œuvre immortel *Caïn*[276], ce qui lui a d'ailleurs valu la gloire d'être insulté par l'obscurantiste Friedrich Schlegel. — Si, pour finir, je voulais, pour consolider ma théorie, convoquer les grands esprits de tous les temps qui se seraient prononcés dans ce même sens, opposé à l'optimisme, les citations seraient interminables, car presque chacun d'eux a pressé sa connaissance des misères de ce monde dans des paroles d'une grande force. Ce n'est donc pas pour confirmer, mais pour simplement orner ce chapitre, que je me permets de placer certaines expressions de ce genre à la fin de celui-ci.

Il faut d'abord souligner que les Grecs, si éloignés qu'ils puissent être de la vision du monde chrétienne ou de celle de la haute Asie, occupant résolument la position de l'affirmation de la volonté, n'en étaient pas moins profondément saisis par le malheur de l'existence. L'invention de la tragédie, qui est de leur fait, en témoigne d'emblée. Une autre preuve nous est donnée par la coutume thrace, d'abord rapportée par Hérodote (V, 4) et souvent évoquée par la suite, consistant à souhaiter la bienvenue au nouveau-né par des lamentations et à réciter tous les maux qui l'attendaient, mais à enterrer le mort, tout au contraire, dans la joie et la gaieté, puisqu'il avait échappé à des souffrances nombreuses et variées[277]. C[C'est ce que nous relatent ces beaux vers conservés par Plutarque (*De audiend. poet., in fine*) :

Τὸν φύντα θρηνεῖν, εἰς ὅσ' ἔρχεται κακά·
Τὸν δ' αὖ θανόντα καὶ πόνων πεπαυμένω
Χαίροντας εὐφημοῦντας ἐκπέμπειν δόμων.

(Lugere genitum, tanta qui intrarit mala :
At morte si quis finiisset miserias,
Hunc laude amicos atque laetitia exsequi.)]C

[Il faut chanter les chants de deuil quand naît un être humain pour la foule des maux qui l'attendent, mais lorsqu'il est mort et qu'il a fini de peiner, se réjouir et l'escorter hors de sa demeure avec des paroles de bon augure[278].]

Ce n'est pas par une proximité historique, mais par une identité morale de la chose que s'explique le fait que les Mexicains souhaitaient la bienvenue au nouveau-né par ces mots : «Mon enfant, tu es né pour endurer ; donc endure, souffre et tais-toi.» C[Et c'est selon le même sentiment que Swift (comme le rapporte Walter Scott dans sa biographie) avait très tôt pris l'habitude de célébrer le jour de sa naissance non comme un jour de réjouissance, mais d'affliction, et de lire à cette occasion le passage de la Bible où Job déplore et maudit le jour où on annonça dans la maison de son père : un fils est né[279].]C

Il serait trop long de copier le passage bien connu de l'*Apologie de Socrate*, où Platon fait dire au plus sage des mortels que la mort, quand bien même elle nous priverait à jamais de conscience, serait un gain merveilleux, puisqu'un sommeil profond, sans rêves, est toujours préférable à chaque jour de la vie, même la plus heureuse[280].

Une parole d'Héraclite dit :

Τῷ οὖν βίῳ ὄνομα μὲν βίος, ἔργον δὲ θάνατος.

C[(*Vitae nomen quidem est vita, opus autem mors.*)]C

Etymologicum magnum, voce βίος ;
voir *Eustath. ad Iliad., I, p. 31*)

[Pour la vie, le nom est vie ; mais son œuvre est la mort [281].]

C[On connaît bien ces vers de Théognis :

Ἀρχὴν μὲν μὴ φῦναι ἐπιχθονίοισιν ἄριστον,
Μηδ' ἐσιδεῖν αὐγὰς ὀξέος ἠελίου.
Φύντα δ' ὅπως ὤκιστα πύλας Ἀίδαο περῆσαι,
Καὶ κεῖσθαι πολλὴν γῆν ἐπαμησάμενον.

(*Optima sors homini natum non esse, nec unquam*
Adspexisse diem, flammiferumque jubar.
Altera jam genitum demitti protinus Orco,
Et pressum multa mergere corpus humo.)]C

[Le plus enviable de tous les biens sur terre est de n'être point
    né,
De n'avoir jamais vu les rayons ardents du soleil.
Si l'on naît, de franchir au plus tôt les portes de l'Hadès,
Et de reposer sous un épais manteau de terre[282].]

Sophocle, dans l'*Œdipe à Colone* (v. 1225), en donne le résumé suivant :

Μὴ φῦναι τὸν ἅπαντα νι-
κᾷ λόγον· τὸ δ' ἐπεὶ φανῇ,
βῆναι κεῖθεν, ὅθεν περ ἥ-
κει πολὺ δεύτερον, ὡς τάχιστα.

C[[*Natum non esse sortes vincit alias omnes: proxima autem est,*
ubi quis in lucem editus fuerit, eodem redire, unde venit, quam
ocissime.)]C

[Ne pas naître vaut mieux que tout, ou du moins retourner
vite d'où on est venu[283].]

Euripide dit:

Πᾶς δ' ὀδυνηρὸς βίος ἀνθρώπων,
Κοὐκ ἔστι πόνων ἀνάπαυσις.

C[[*Omnis hominum vita est plena dolore,*
Nec datur laborum remissio.)]C

Hippol. 189)

[La vie des hommes est toute souffrance, leur peine
n'a jamais de trêve[284].]

C[Et Homère ne disait-il pas déjà:

Οὐ μὲν γάρ τί πού ἐστιν ὀϊζυρώτερον ἀνδρὸς
Πάντων, ὅσσα τε γαῖαν ἔπι πνείει τε καὶ ἕρπει.

(*Non enim quidquam alicubi est calamitosius homine*
Omnium, quotquot super terram spirantque et moventur.)]C

Il. XVII, 446)

[De tout ce qui sur terre a souffle et mouvement, aucun être
n'est plus misérable que l'homme[285]]

Même Pline écrit: *quapropter hoc primum quisque*
in remediis animi sui habeat, ex omnibus bonis, quae

homini natura tribuit, nullum melius esse tempestiva morte (*Hist. nat.* 28, 2) [aussi chacun doit-il placer au premier rang des remèdes de son âme ce fait que de tous les biens accordés à l'homme par la nature, il n'en est pas de meilleur qu'une mort opportune[286]].

Shakespeare met dans la bouche du vieux roi Henri IV ces paroles :

> *O heaven! that one might read the book of fate,*
> *And see the revolution of the times,*
> *— — — — — how chances mock,*
> *And changes fill the cup of alteration*
> *With divers liquors! O, if this were seen,*
> *The happiest youth, — viewing his progress through,*
> *What perils past, what crosses to ensue, —*
> *Would shut the book, and sit him down and die*[*][287].

Enfin Byron :

> *Count o'er the joys thine hours have seen,*
> *Count o'er thy days from anguish free,*
>
> *And know, whatever thou hast been,*
> *'Tis something better not to be*[**][288].

---

* Oh! si l'on pouvait lire dans le livre du destin,
  Et y voir la révolution des siècles, [...] les moqueries du sort
  Et les vicissitudes qui remplissent la coupe du changement
  De liqueurs diverses! Oh! celui qui le verrait,
  Le plus heureux des jeunes gens, — en regardant le cours de
  sa vie,
  Les périls passés, ceux qui s'ensuivront,
  Fermerait le livre, s'assiérait et mourrait.
** Compte les joies que tes heures ont vues;
  Compte les jours où tu fus sans souffrance,
  Et sache, quel qu'ait été ton sort,
  Que le néant est quelque chose de mieux!

Mais[289] personne n'a traité de cet objet de façon aussi fouillée et exhaustive que de nos jours Leopardi[290]. Il en est tout rempli et pénétré : son thème est partout la dérision et la misère de cette existence, il s'en saisit à chaque page de ses œuvres, avec cependant une telle multiplicité de formes et de tournures, avec une telle richesse d'images, qu'il ne suscite jamais l'ennui, mais toujours, bien plutôt, un effet divertissant et stimulant.

CHAPITRE 47*

SUR L'ÉTHIQUE

C'est ici qu'on trouve dans ces *Compléments* la grande lacune qui provient du fait que j'ai déjà traité de la morale au sens restreint dans les deux mémoires de concours publiés sous le titre *Les deux problèmes fondamentaux de l'éthique*, dont je présuppose ici la connaissance, comme je l'ai déjà dit, afin d'éviter des répétitions inutiles. C'est pourquoi il ne me reste plus qu'à sélectionner des considérations particulières qui ne pouvaient être discutées dans ces mémoires, dont le contenu était, pour le principal, prescrit par les Académies, surtout d'ailleurs des considérations qui demandaient un point de vue plus élevé que celui, commun à toutes, que j'étais tenu d'adopter. Le lecteur ne sera donc pas surpris s'il les trouve ici selon un arrangement quelque peu fragmentaire. C[Cet arrangement, à son tour, a reçu une suite aux chapitres 8 et 9 du tome II des *Parerga*[291].]C

* Ce chapitre se rapporte aux § 55, 62, 67 du tome I.

Si les investigations morales sont incomparablement plus importantes que les physiques, et, en général, que toutes les autres, c'est qu'elles concernent
quasi directement la chose en soi, plus précisément
le phénomène de celle-ci où, directement touchée
par la lumière de la connaissance, elle dévoile son
essence comme VOLONTÉ. Les vérités physiques,
au contraire, ressortissent entièrement du domaine
de la représentation, c'est-à-dire du phénomène, et ne
montrent que la manière dont les phénomènes inférieurs de la volonté se présentent dans la représentation conformément à des lois. — Par ailleurs, dans
ses résultats, la considération du monde depuis son
côté PHYSIQUE, quelque loin et avec quelque succès
qu'on la conduise, ne nous procure aucune consolation : c'est du seul côté moral qu'on trouvera
matière à consolation, car c'est ici que les profondeurs de notre dedans le plus intime s'ouvrent à l'investigation.

Or ma philosophie est la seule qui accorde à la
morale son droit plein et entier ; car ce n'est que
lorsque l'essence de l'homme est sa propre VOLONTÉ,
c'est-à-dire qu'il est, au sens le plus strict, sa propre
œuvre, que ses actes sont réellement les siens et qu'on
peut les lui imputer. Mais dès qu'il a, au contraire,
une autre origine, ou qu'il est l'œuvre d'un être différent de lui, toute sa faute revient à cette origine ou
à cet auteur. Car *operari sequitur esse* [l'agir découle
de l'être[292]].

Mettre en rapport la force qui produit le phénomène du monde et, partant, en détermine la nature,
avec la moralité de la disposition <*Gesinnung*>, et
démontrer par là un ordre du monde MORAL comme
base fondamentale de l'ordre PHYSIQUE : voilà le
problème de la philosophie depuis Socrate. C'est ce

que le THÉISME a fait d'une façon puérile qui ne
pouvait suffire à une humanité devenue plus mûre.
C'est pourquoi le panthéisme, dès qu'il pouvait oser
sortir de sa réserve, s'y est opposé en démontrant
que la nature porte en elle-même la force en vertu
de laquelle elle se manifeste. Or c'était là faire nécessairement disparaître l'ÉTHIQUE. Cm[Spinoza essaya
certes, par endroits, de la sauver par des sophismes,
mais le plus souvent, il l'abandonne franchement, et
déclare, avec une effronterie qui étonne et irrite à la
fois, que la différence entre le juste et l'injuste, et,
plus généralement, entre bien et mal, est purement
conventionnelle, c'est-à-dire nulle en elle-même (par
ex. *Eth.*, *IV*, *prop. 37*, *schol. 2*[293]). Spinoza d'ailleurs,
après avoir été sous-estimé de façon imméritée durant
cent ans, est maintenant surestimé dans ce siècle à
la faveur d'un revirement de l'opinion. — Car tout
panthéisme doit]Cm[294] finir par se briser contre les
exigences indéniables de l'éthique et, partant, contre
les maux et les souffrances du monde. Si le monde
est une théophanie, tout ce que fait l'homme, et
même l'animal, est également divin et excellent; on
ne saurait rien blâmer, on ne saurait rien louer par
préférence; bref, pas d'éthique. C'est bien pourquoi,
suite au spinozisme renouvelé de notre époque[295],
c'est-à-dire au panthéisme, on a, en matière d'éthique,
touché le fond, et on est devenu tellement trivial qu'on
en a tiré un simple mode d'emploi pour une vie politique et familiale convenable, autrement dit pour un
philistinisme méthodique, achevé, jouisseur et confortable, censé constituer le but ultime de l'existence
humaine. Le panthéisme ne pouvait certes déboucher
sur des platitudes de cet acabit qu'à condition de
faire passer, comme une fausse monnaie Cm[(en
abusant fortement de l'*e quovis ligno fit Mercurius*

[on peut sculpter un Mercure dans n'importe quel bois[296]])]Cm, par tous les moyens trop connus, une tête ordinaire, Hegel, pour un grand philosophe, et à condition de faire tenir le crachoir à une foule de disciples tout d'abord subornés, tout simplement bornés ensuite. Ces attentats contre l'esprit humain ne restent pas impunis : la semence a levé. Dans le même sens, on a pu affirmer que la matière de l'éthique ne devait pas être l'agir des individus, mais celui des masses populaires comme seul thème qui soit digne d'elle. Rien ne saurait être plus faux Cm[que cette opinion basée sur le réalisme le plus trivial]Cm. Car dans chaque individu apparaît la volonté indivise tout entière, l'essence en soi, et le microcosme est égal au macrocosme. Les masses n'ont pas plus de contenu que chaque individu. L'éthique traite non pas de l'agir et de ses résultats, mais du VOULOIR, et le vouloir lui-même ne se produit toujours que dans l'individu. Ce n'est pas le destin des peuples, lequel n'existe que dans le phénomène, mais celui de l'individu qui se décide du point de vue MORAL. Les peuples, au fond, sont de pures abstractions : les individus seuls existent réellement[297]. — Voilà donc le rapport du panthéisme avec l'éthique. — Or les maux et les tourments du monde étaient déjà incompatibles avec le THÉISME, d'où les tentatives de celui-ci de se tirer d'affaire par toutes sortes d'échappatoires et autres théodicées, lesquelles cependant succombèrent sans reste sous les arguments de Hume et de Voltaire. Mais face aux aspects terribles du monde, le panthéisme, quant à lui, est définitivement intenable. Car ce n'est que lorsqu'on considère le monde entièrement depuis l'EXTÉRIEUR et selon le seul côté PHYSIQUE, et qu'on ne garde à l'œil rien d'autre que l'ordre, toujours renouvelé, et par là comparativement immuable, de l'ensemble, qu'il est à la rigueur admissible, quoique sur un mode symbolique, d'y voir un Dieu. Mais si on pénètre l'intérieur, si donc on ajoute le côté SUBJECTIF et MORAL, avec sa prépondérance de détresse, de souffrance et de tourment, de duplicité, de méchanceté, de scélératesse et de perversité, alors on se rend bientôt compte avec effroi qu'on a sous les yeux rien moins qu'une théophanie. — J'ai montré, et prouvé, surtout dans l'opuscule *De la volonté dans la nature*, que la force qui travaille et agit dans la nature est identique à la VOLONTÉ en nous[298]. Par là, l'ordre MORAL du monde se trouve réellement dans un rapport immédiat avec la force produisant le phénomène du monde. Car à la constitution de la VOLONTÉ doit correspondre exactement son PHÉNOMÈNE : voilà sur quoi est fondée la description de la JUSTICE ÉTERNELLE donnée aux § 63 et 64 du tome I, et le monde, tout en subsistant par sa propre force, acquiert une tendance MORALE constante. Ainsi donc, pour la première fois, le problème posé depuis Socrate se trouve réellement résolu et l'exigence de la raison pensante orientée vers l'élément moral, satisfaite. — Or je n'ai jamais eu la prétention d'établir une philosophie qui ne laisserait plus subsister aucune question. Dans ce sens, la philosophie est impossible : elle serait une doctrine de l'omniscience. Mais *est quadam prodire tenus, si non datur ultra* [il est possible d'avancer jusqu'à un certain point, s'il n'est pas donné d'aller au-delà[299]]: il y a une limite jusqu'où la réflexion peut avancer et JUSQU'À LAQUELLE elle peut éclairer la nuit de notre existence, bien que l'horizon demeure toujours obscur. Ma doctrine atteint cette limite dans la volonté de vivre, qui, eu égard à son propre phénomène, s'affirme ou se nie. Mais vouloir encore aller au-delà de ce point, ce serait, à mes yeux, comme vouloir s'envoler au-delà de l'atmosphère. Il faut nous en tenir là, même si les problèmes résolus génèrent des problèmes nouveaux. Il faut par ailleurs rappeler que la validité du principe de raison est limitée au phénomène[300] : c'était là le thème de ma première dissertation sur ce principe, publiée dès 1813[301]. —

J'en viens maintenant aux compléments de certaines considérations particulières. D'abord, je voudrais citer deux passages de poètes classiques pour appuyer mon explication, donnée au § 67 du tome I, que les PLEURS proviennent de la compassion dont on est soi-même l'objet. — À la fin du huitième chant de l'*Odyssée*, Ulysse, qui, en dépit de toutes ses nombreuses souffrances, n'a jamais été décrit en train de pleurer, éclate en sanglots lorsque, Cm[encore incognito,]Cm il entend chez le roi des Phéaciens le chanteur Démodocos chanter sa vie et ses actes héroïques passés, le souvenir de cette période brillante de sa vie soulignant le contraste avec sa misère actuelle[302]. Ce qui provoque ses larmes, ce n'est donc pas directement sa misère elle-même, mais la considération objective de celle-ci, l'image de sa situation présente, mise en relief par le passé : il compatit avec lui-même. — Euripide fait exprimer le même sentiment à Hippolyte, condamné mais innocent, pleurant sur son propre sort :

Φεῦ· εἴθ' ἦν ἐμαυτὸν προσβλέπειν ἐναντίον
στάνθ', ὡς ἐδάκρυσ' οἷα πάσχομεν κακά. (1084)

Cm[(*Heu, si liceret mihi, me ipsum extrinsecus spectare, quan-
topere deflerem mala, quae patior*)]Cm

[Ah! si je pouvais me trouver en face de moi-même, pour pleurer sur ma propre souffrance[303] !]

Enfin, on peut encore citer à l'appui de mon explication une anecdote que j'ai trouvée dans le journal anglais le *Herald* du 16 juillet 1836. Un client, après avoir entendu, devant le tribunal, la présentation de son cas par son avocat, pleura à chaudes larmes et s'écria : «Je ne pensais pas avoir souffert la moitié de ce que j'ai souffert avant de l'entendre aujourd'hui!» —

J'ai exposé au § 55 du tome I[304] comment un REPENTIR <*Reue*> moral réel était possible malgré l'immutabilité du caractère, c'est-à-dire du vouloir fondamental véritable de l'homme, mais je voudrais encore ajouter un éclaircissement que je dois faire précéder par quelques définitions. — Le PENCHANT <*Neigung*> est toute réceptivité plus vive de la volonté aux motifs d'un genre particulier. La PASSION <*Leidenschaft*> est un penchant si vif que les motifs qui l'excitent exercent sur la volonté une violence supérieure à tout motif possible pouvant les contrarier, par où son empire sur la volonté devient absolu, celle-ci se comportant alors de façon PASSIVE, PÂTISSANTE <*passiv, leidend*> à son égard. Il faut cependant remarquer sur ce point que les passions atteignent rarement le degré où elles correspondent exactement à la définition, car c'est bien plutôt en tant que simples approximations de ce degré qu'elles portent ce nom ; c'est pourquoi on trouve cependant des motifs contraires éventuellement susceptibles d'inhiber leur effet, à condition de pénétrer clairement dans la conscience. L'AFFECT <*Affekt*> est une excitation de la volonté tout aussi irrésistible, mais éphémère, par un motif qui tient sa puissance non d'un penchant profondément enraciné, mais simple-

ment de ce qu'il exclut momentanément, en apparaissant soudainement, l'effet contraire de tous les
autres motifs, car il consiste dans une représentation
qui, par sa vivacité excessive, éclipse totalement
toutes les autres, ou qui, pour ainsi dire, les recouvre
totalement par sa trop grande proximité, en sorte
qu'elles ne pénètrent pas dans la conscience pour
agir sur la volonté, par où, cependant, la faculté de
délibération, et donc la LIBERTÉ INTELLECTUELLE*[305],
se trouvent, dans une certaine mesure, abolies. Ainsi,
l'affect est à la passion ce que le délire de la fièvre
est à la folie.

Or la condition du repentir moral, c'est que, avant
l'acte, le penchant qui portait à l'accomplir ne
laissait pas une latitude suffisante à l'intellect, ne lui
permettait pas d'envisager clairement et complètement les motifs contraires s'opposant à cet acte et le
renvoyant bien plutôt, de façon répétée, vers ceux
qui y incitaient. Or ces motifs, après accomplissement de l'acte, sont désormais neutralisés par cet
acte même, et partant, ont perdu leur influence.
Maintenant, la réalité confronte l'intellect aux motifs
contraires, après que les conséquences de l'acte se
sont déjà produites, et l'intellect reconnaît alors
qu'ils auraient été plus forts si seulement il les avait
correctement envisagés et évalués. L'homme comprend donc que l'acte qu'il a accompli n'était pas
réellement conforme à sa volonté : cette connaissance est le repentir. Car il n'a pas agi avec une
pleine liberté intellectuelle, puisque tous les motifs
n'ont pas pu exercer leur effet. Ce qui excluait les
motifs opposés à l'acte était, dans le cas d'un acte
précipité, l'affect, dans le cas d'un acte prémédité, la

---

* J'ai discuté ce point dans l'appendice de mon *Mémoire sur la
liberté de la volonté*.

passion. Bien souvent, la cause en était aussi que sa raison lui présentait les motifs contraires *in abstracto*, sans être secondée par une imagination assez puissante pour lui soumettre, sous forme d'images, tout leur contenu et leur véritable signification. Des exemples de ce genre sont les cas où l'esprit de vengeance, la jalousie, l'avidité ont conseillé le meurtre : après l'accomplissement de celui-ci, ces motifs se sont éteints, et maintenant la justice, la compassion, le souvenir de l'amitié passée élèvent la voix et disent tout ce qu'ils auraient pu dire auparavant, si seulement on leur avait donné la parole. C'est alors qu'apparaît l'amer repentir et déclare : « Si ce n'était pas arrivé, cela n'arriverait jamais. » De ce repentir, la célèbre et vieille ballade écossaise *Edward, Edward!*, traduite d'ailleurs par Herder, nous livre un tableau incomparable[306]. — De façon analogue, la négligence de son propre bien-être peut provoquer un repentir égoïste ; par exemple, lorsqu'un mariage, par ailleurs déconseillé, est conclu suite à une passion amoureuse, laquelle, de ce fait, s'éteint, après quoi seulement les motifs contraires de l'intérêt personnel, de l'indépendance perdue, etc., pénètrent dans la conscience et parlent comme ils auraient parlé si on leur avait laissé la parole. — Ainsi, toutes ces actions procèdent, au fond, d'une faiblesse relative de l'intellect, pour autant que celui-ci se laisse subjuguer par la volonté dans les cas où, sans se laisser perturber par elle, il aurait dû inflexiblement exercer sa fonction de présentation des motifs. La véhémence de la volonté n'en est alors que la cause de façon MÉDIATE, dans la mesure où elle inhibe l'intellect, préparant de ce fait son repentir. — La RATIONALITÉ *<Vernünftigkeit>* du caractère (σωφροσύνη), opposée à sa passionnalité *<Leidenschaftlichkeit>*, consiste au fond, dans le fait que la volonté ne domine jamais l'intellect au point d'en entraver l'exercice correct de la présentation distincte, complète et claire des motifs, *in abstracto* pour la raison, *in concreto* pour l'imagination. Ceci peut aussi bien reposer sur la modération et la douceur de la volonté, que sur la force de l'intellect. Le seul réquisit, c'est que l'intellect soit assez fort, RELATIVEMENT à la volonté présente, c'est-à-dire que tous deux aient un rapport adéquat. —

Il faut encore ajouter les éclaircissements suivants aux traits fondamentaux de la DOCTRINE DU DROIT exposés au § 62 du tome I, ainsi qu'au § 17 du *Mémoire sur le fondement de la morale*[307]. Ceux qui, C[avec Spinoza[308],]C nient l'existence du DROIT en dehors de l'État confondent les moyens pour faire valoir ce droit avec le droit lui-même. Le droit n'est certes assuré de sa PROTECTION qu'à l'intérieur de l'État, mais lui-même existe indépendamment de celui-ci. Car la force peut seulement le réprimer, jamais l'abolir. Par suite, l'État n'est rien d'autre qu'une INSTITUTION PROTECTRICE, rendue nécessaire par les multiples attaques auxquelles l'homme est exposé, et dont il ne peut se défendre tout seul, mais seulement en association avec d'autres individus. Voici quels sont par conséquent les buts de l'État :

1) D'abord la protection à l'extérieur, laquelle peut s'avérer nécessaire tant contre des forces inanimées de la nature, mais aussi des animaux sauvages, que contre des hommes, et, partant, contre d'autres peuples, ce dernier cas étant le plus fréquent et le plus important, car le pire ennemi de l'homme est l'homme : *homo homini lupus*[309]. Si les peuples, eu égard à cette fin, établissent par les mots, sinon par les actes, le principe fondamental de toujours vouloir se conduire défensivement, jamais agressivement les

uns envers les autres, ils reconnaissent le DROIT DES GENS. C[Celui-ci n'est au fond rien d'autre que le droit naturel, transféré dans le seul domaine où il ait gardé son efficacité pratique, à savoir celui des rapports entre les peuples, où seul il doit s'appliquer, car son rejeton plus fort, le droit positif, ayant besoin d'un juge et d'un exécuteur, ne peut s'y faire valoir. Le droit des gens consiste, donc, en un certain degré de moralité dans le commerce entre les peuples, dont le maintien est une question d'honneur pour l'humanité. Le tribunal pour les procès qui ressortissent de ce domaine, c'est l'opinion publique.]C

2) La protection à l'intérieur, c'est-à-dire la protection des membres d'un État les uns contre les autres, c'est-à-dire la protection du DROIT PRIVÉ, par le maintien d'une SITUATION DE DROIT, qui consiste dans le fait que les forces associées de tous protègent chaque individu ; d'où ce phénomène que tous paraissent se conduire selon le droit, c'est-à-dire être justes, comme si aucun d'entre eux ne voulait faire du tort à un autre.

Mais, comme cela arrive toujours dans les choses humaines, la suppression d'un mal ouvre la voie à un mal nouveau ; ainsi, l'octroi de cette double protection implique le besoin d'une troisième protection, à savoir :

3) La protection contre le protecteur, c'est-à-dire contre celui, ou ceux, à qui la société a transféré l'application de la protection, autrement dit, la garantie du DROIT PUBLIC. Cette garantie semble réalisable le plus parfaitement par la distinction et la séparation de la trinité du pouvoir protecteur en pouvoir législatif, judiciaire et exécutif[310], en sorte que chaque pouvoir soit exercé par une autre instance, et indépendamment des autres pouvoirs. — La grande valeur, voire l'idée fondamentale de la monarchie, me semble

reposer sur ceci que, comme les hommes restent des hommes, il faut en placer un dans une position si élevée, lui donner tant de pouvoir, de richesse, de sécurité et d'absolue inviolabilité, qu'il ne lui reste plus rien à souhaiter, à espérer, à craindre POUR LUI-MÊME ; de ce fait, l'égoïsme, qui lui est inhérent comme à chacun, se trouve anéanti comme par neutralisation, et il devient désormais apte, comme s'il n'était pas un être humain, à exercer la justice et à ne plus viser son bien-être privé, mais le bien-être public. Voilà l'origine de cette présence pour ainsi dire surhumaine qui accompagne toujours la dignité royale et la distingue si profondément d'une simple présidence. C[C'est aussi pourquoi elle doit être héréditaire, c'est-à-dire non élective : en partie pour qu'aucun sujet ne puisse voir dans le roi son égal, en partie pour que le roi ne puisse s'occuper de ses descendants qu'en s'occupant du bien de l'État, lequel bien ne fait qu'un avec celui de sa famille. Si, au-delà du but ici exposé de la protection, on en attribue encore d'autres, imaginaires, à l'État, le but véritable pourrait facilement être mis en danger.]C

Le droit de propriété, selon mon exposé[311], naît exclusivement du TRAVAIL sur les choses. Cette vérité, déjà souvent énoncée[312], trouve une remarquable confirmation en ceci qu'on la fait même valoir d'un point de vue pratique, dans une déclaration de l'ex-président nord-américain Quincy Adams, qu'on trouve dans la *Quarterly Review* de 1840, n° 130, et aussi, repris en français, dans la *Bibliothèque universelle de Genève*, 1840, juillet, n° 55[313] : « Il y a des moralistes qui ont mis en doute les titres des Européens à s'établir en aucun cas sur les terres des aborigènes ; mais ont-ils mûrement examiné la question ? Le droit de possession des Indiens, relativement à la plus grande partie du pays, repose lui-même sur une base douteuse. Certainement les lois de la nature assuraient aux Peaux-Rouges, leurs champs cultivés, leurs bâtiments d'habitation, un espace suffisant pour leur subsistance, et tout ce que le travail personnel de chacun aurait pu lui acquérir en outre. Mais quel droit a le chasseur sur sa vaste forêt, qu'il a parcourue par hasard à la poursuite de sa proie ?, etc. » (John Quincy Adams, cité dans « Les Peaux-Rouges », p. 61). — C[De même, ceux qui, de nos jours, ont cru devoir combattre le communisme par des raisonnements (comme par exemple l'archevêque de Paris, dans une lettre pastorale de juin 1851[314]), ont toujours donné comme premier argument que la propriété résultait du travail, qu'elle n'était pour ainsi dire que l'incarnation du travail. Cela prouve une nouvelle fois que le droit de propriété ne doit être fondé que sur le travail appliqué aux choses, car ce n'est qu'à ce titre qu'il est librement reconnu et qu'il se fait moralement valoir.]C

Une preuve, d'un tout autre genre, de la même vérité, nous est fournie par le fait moral que, tandis que la loi punit le braconnage aussi sévèrement, dans certains pays et même plus sévèrement que le vol d'argent, l'honneur civil, qui est irrévocablement perdu par le second délit, n'est pas réellement entamé par le premier, puisque le braconnier, s'il ne s'est pas rendu coupable d'un autre délit, est certes stigmatisé par sa faute, mais il n'est pas considéré comme malhonnête, et il ne sera pas évité par tous, comme le voleur. Car les principes de l'honneur civil reposent sur le droit moral et non sur le droit purement positif ; or le gibier ne fait pas l'objet d'un travail, ni, par conséquent, d'une propriété moralement valide : le droit qui s'y applique est ainsi entièrement positif et n'est pas reconnu moralement.

Le DROIT PÉNAL devrait être fondé, selon moi, sur

le principe que ce n'est pas vraiment l'HOMME qui est puni, mais seulement son ACTE, afin que celui-ci C[ne se reproduise pas : le criminel n'est que ce qui donne la matière pour punir l'acte, pour que la loi, conformément à laquelle la punition s'exerce, conserve son pouvoir dissuasif. C'est ce que signifie l'expression : « Il est tombé sous le coup de la loi. »]C D'après la présentation kantienne, laquelle aboutit à un *jus talionis*, ce n'est pas l'acte, mais l'homme qui est puni[315]. — De la même façon, le système pénitentiaire entend moins punir l'acte que l'homme, afin qu'il se corrige, mais par là, on subordonne le but véritable du châtiment, qui est de dissuader de commettre l'acte, à celui, fort problématique, de la correction. Mais il est toujours malaisé de vouloir atteindre par UN SEUL moyen deux buts différents, d'autant plus si ceux-ci sont opposés, dans quelque sens que ce soit. L'éducation est un bienfait, le châtiment un mal : l'institution pénitentiaire est censée réaliser les deux à la fois. — Par ailleurs, si grande que puisse être dans de nombreux crimes la part d'inculture et d'ignorance associées à une détresse extrême, il ne faudrait pas pour autant la considérer comme la cause principale de ces crimes, car d'innombrables individus, qui vivent dans la même inculture et sous des conditions tout à fait similaires, ne commettent pas de crime. La part principale incombe finalement au caractère personnel, moral ; or celui-ci, comme je l'ai expliqué dans mon *Mémoire sur la liberté de la volonté*, est absolument immuable[316]. C'est aussi pourquoi une véritable correction morale n'est pas possible ; on peut seulement dissuader de commettre l'acte. On peut certes réussir à redresser la connaissance et à susciter le goût du travail : on verra par la suite le degré de cette influence. En outre, d'après la finalité du châtiment, telle que je l'ai exposée dans le texte principal, il est clair que l'apparente souffrance infligée par ce châtiment doit, si possible, surpasser la souffrance réelle ; or l'enfermement solitaire produit l'effet contraire. La grande peine qu'elle provoque est sans témoins et ne peut aucunement être anticipée par celui qui n'en a pas encore fait l'expérience : elle n'est donc pas dissuasive. Elle menace celui qui, en raison du manque et du besoin, est tenté de commettre un crime, avec le pôle opposé de la misère humaine, avec l'ennui, mais comme le remarque très justement Goethe :

> *Wird uns eine rechte Qual zuteil,*
> *Dann wünschen wir uns Langeweil.*

> [Si un vrai tourment nous est imparti
> Alors nous souhaitons l'ennui[317].]

Cette perspective l'en dissuadera donc aussi peu que la vue des prisons pareilles à des palais, que les gens honnêtes construisent pour les filous[318]. Or, si on veut considérer ces institutions pénitentiaires comme des institutions d'éducation, il est regrettable qu'on ne puisse y entrer que par le crime, alors qu'elles sont justement censées le prévenir. —

Que le châtiment, comme l'a enseigné Beccaria[319], doit se trouver dans un juste rapport avec le crime, ne repose pas sur le fait que le premier serait une expiation du second, mais sur ceci que le gage doit être proportionné à la valeur de ce qu'il garantit. C'est pourquoi chacun est en droit d'exiger en gage la vie d'un autre comme garantie pour la sécurité de sa propre vie, mais non pour la sécurité de sa propriété, pour laquelle la liberté d'autrui, etc., est un gage suffisant. Pour protéger la vie des citoyens, la peine de mort est donc absolument nécessaire. c[À

ceux qui voudraient l'abolir, il faudrait répondre:
«abolissez d'abord la mort, ensuite la peine de mort».
Aussi, elle devrait toucher tant la tentative prémé-
ditée du meurtre que le meurtre lui-même, car la loi
entend punir l'acte et non venger son accomplissement.]C En général, ce n'est pas l'indignité morale
de l'acte défendu, mais le dommage à prévenir qui
donne la mesure exacte du châtiment à infliger.
C'est pourquoi la loi peut légitimement punir de
réclusion le fait de laisser tomber de la fenêtre un
pot de fleurs, et de travaux forcés le fait de fumer du
tabac dans une forêt l'été, alors qu'elle y autorise
l'hiver. Mais il est excessif de punir de mort, comme
en Pologne, le fait de tirer sur un aurochs, car la
préservation de la race des aurochs ne doit pas être
payée par une vie humaine. C[Pour déterminer le
degré du châtiment, il faut également considérer, à
côté de l'ampleur du dommage à prévenir, la force
des motifs incitant à l'acte défendu.]C Le critère
prévalant du châtiment sera différent si ce qui l'a
réellement occasionné est l'expiation, la vengeance
ou le *jus talionis.* C[Aussi, le code criminel ne doit
pas être autre chose que la liste des motifs s'opposant à des actes criminels possibles; c'est pourquoi chacun de ces motifs doit nettement dominer
les motifs incitant au crime, et ce d'autant plus que
l'inconvénient résultant de l'acte à prévenir sera plus
important, la tentation de l'accomplir plus forte, la
difficulté de convaincre son auteur plus grande; et
ce toujours en présupposant, à juste titre, que la
volonté n'est pas libre, mais déterminable par des
motifs, sans quoi on n'aurait d'ailleurs aucune prise
sur elle.]C — Voilà pour ce qui concerne la doctrine
du droit. —

  ' Dans mon *Mémoire sur la liberté de la volonté*, j'ai
démontré la nature primordiale et immuable du

caractère inné dont procède la valeur morale d'une conduite[320]. Le fait est bien établi. Mais pour saisir les problèmes dans toute leur ampleur, il est parfois nécessaire de mettre fortement en évidence les contrastes. Ainsi, considérons la différence innée si extraordinairement grande qui existe entre les hommes, du point de vue moral comme du point de vue intellectuel. Ici, magnanimité et sagesse ; là, méchanceté et bêtise. Chez l'un, la bonté du cœur émane du regard, ou le sceau du génie marque son visage. La vile physionomie d'un autre est empreinte d'indignité morale et d'émoussement intellectuel tracés de façon évidente et indélébile par les mains de la nature elle-même : il a l'air d'avoir comme honte de son existence. Or à cet extérieur correspond vraiment l'intérieur. Il nous est impossible d'admettre que de telles différences, transformant tout l'être de l'homme, ne pouvant être effacées par rien, déterminant le cours de sa vie en conflit avec les circonstances, pourraient exister sans la faute ou le mérite de ceux qui en sont marqués, ou seraient le simple fruit du hasard. Ici déjà il apparaît avec évidence que l'homme doit être, dans un certain sens, sa propre œuvre[321]. D'autre part, la constitution des parents nous permet de prouver empiriquement l'origine de ces différences ; de plus, la rencontre et l'union de ces parents était visiblement l'œuvre de circonstances tout à fait aléatoires. — Ces considérations nous renvoient avec force à la différence entre le phénomène et l'essence en soi des choses, différence qui seule peut abriter la solution de ce problème. Ce n'est que par l'intermédiaire des formes phénoménales que la chose en soi se révèle ; ce qui procède de celle-ci n'en apparaît donc pas moins sous ces formes et donc également dans la chaîne de la causalité, et, par suite, se présente ici à nous comme l'œuvre d'une direction mystérieuse, incompréhensible des choses, dont le simple instrument serait le contexte extérieur, empirique, où, cependant, tout ce qui arrive est provoqué par des causes, et se produit donc en vertu d'une détermination nécessaire et extérieure, alors que son fondement véritable réside dans l'intériorité de l'essence qui apparaît ainsi. Certes, nous ne pouvons ici voir la solution du problème que de très loin, et en y réfléchissant, nous glissons dans un abîme de pensées, lesquelles sont vraiment, comme le dit Hamlet, des *thoughts beyond the reaches of our souls* [pensées hors de l'atteinte de nos âmes[322]]. J'ai présenté mes réflexions sur cette direction mystérieuse des choses, qu'on ne peut même penser que sur un mode allégorique, dans le traité *Sur l'apparente intentionnalité dans le destin individuel*, au tome I des *Parerga*[323]. —

Au § 14 de mon *Mémoire sur le fondement de la morale*, on trouvera une description de l'essence de l'ÉGOÏSME et la tentative ci-après pour en dévoiler la racine peut être considérée comme un complément apporté à cette description[324]. — La nature elle-même se contredit catégoriquement, pour ainsi dire, selon qu'elle parle depuis le singulier ou l'universel, depuis le dedans ou le dehors, depuis le centre ou la périphérie. Car son centre réside dans chaque individu, puisque chacun constitue toute la volonté de vivre. C'est pourquoi, quand bien même il ne serait qu'un insecte, ou un ver, la nature s'exprime à travers lui ainsi : « Moi seul je suis le tout dans le tout[325] ; ma conservation seule importe, tout le reste peut disparaître, car au fond ce n'est rien. » La nature parle ainsi du point de vue SINGULIER, c'est-à-dire de celui de la conscience de soi, et c'est là le fondement de l'ÉGOÏSME de tout être vivant. En revanche, du point de vue UNIVERSEL, qui est celui de la CONS-

CIENCE D'AUTRE CHOSE, c'est-à-dire de la connaissance objective lorsqu'elle fait momentanément abstraction de l'individu auquel la connaissance est attachée, autrement dit depuis l'extérieur, depuis la périphérie, la nature parle ainsi : « L'individu n'est rien et moins que rien. Je détruis chaque jour des millions d'individus, pour jouer et pour passer le temps ; je confie leur sort au plus capricieux et au plus malicieux de mes enfants, au hasard, qui les prend en chasse selon son bon plaisir. Je crée chaque jour des millions d'individus nouveaux, sans que mon pouvoir d'engendrement n'en soit jamais diminué, pas plus que la force d'un miroir n'est épuisée par le nombre des images du soleil qu'il projette successivement contre le mur. L'individu n'est rien. » — Seul celui qui sait réellement concilier et régler cette contradiction manifeste de la nature possède une vraie réponse à la question de la périssabilité ou de l'impérissabilité de son propre soi. Je crois avoir donné dans les quatre premiers chapitres du livre IV des *Compléments* quelques instructions utiles pour atteindre cette connaissance. On peut d'ailleurs également expliquer comme suit le point soulevé plus haut. Chaque individu, en regardant à l'intérieur de lui-même, reconnaît dans son essence, qui est la volonté, la chose en soi, laquelle est partout le seul réel. Il se saisit alors comme noyau et centre du monde et se trouve infiniment important. Mais si au contraire il regarde à l'extérieur, il est dans le domaine de la représentation, du simple phénomène, où il se voit comme un individu parmi d'innombrables autres individus, comme une chose extrêmement insignifiante, voire complètement évanescente. Par conséquent, vu de l'intérieur, chaque individu, même le plus insignifiant, chaque moi, est tout dans le tout ; vu de l'extérieur, par contre, il n'est rien, ou à

peu près rien. Voilà ce qui fonde la grande différence
entre ce que chacun est nécessairement à ses propres
yeux et ce qu'il est aux yeux de tous autres, c'est-à-
dire l'ÉGOÏSME que chacun reproche à chacun. —

Cet égoïsme génère notre erreur fondamentale à
tous, consistant à croire que nous sommes des non-moi
les uns pour les autres. Au contraire, être juste,
noble, humain n'est rien d'autre que la traduction
de ma métaphysique dans les actes. — Dire que
l'espace et le temps sont les formes pures de notre
connaissance, et non les déterminations des choses
en soi, c'est dire que la doctrine de la métempsycose,
«tu renaîtras un jour sous la forme de celui que tu
blesses maintenant et tu souffriras de la même blessure», équivaut à la formule brahmanique, souvent
citée, *tat tvam asi*, «tu es Cela»[326]. — Toute vraie vertu
procède de la connaissance immédiate et INTUITIVE
de l'identité métaphysique de tous les êtres, ainsi
que je l'ai montré plusieurs fois, notamment au § 22
du *Mémoire sur le fondement de la morale*[327]. Mais ce
n'est pas pour autant qu'elle découle d'une supériorité particulière de l'intellect ; bien au contraire,
même l'intellect le plus faible suffit à percer le *principium individuationis*, ce qui seul importe dans ce
cas. Ainsi, on peut voir le caractère le plus éminent
doté d'un entendement faible ; en outre, l'excitation
de notre compassion n'est accompagnée d'aucun
effort de notre intellect. Il semble plutôt que chacun
réaliserait l'indispensable pénétration du *principium
individuationis* si sa VOLONTÉ ne s'y opposait pas,
car, en vertu de son influence immédiate, secrète
et despotique sur l'intellect, elle en étouffe le plus
souvent l'émergence. Ainsi, toute la faute finit quand
même par incomber à la VOLONTÉ, comme il est
d'ailleurs nécessaire.

La célèbre doctrine de la métempsycose, évoquée

plus haut[328], ne s'éloigne de la vérité qu'en ceci qu'elle transfère dans le futur ce qui est déjà maintenant. En effet, elle ne laisse mon essence intime en soi exister dans autrui qu'après ma mort, alors qu'en vérité elle y vit aussi maintenant, la mort abolissant simplement l'illusion en vertu de laquelle je ne m'en rends pas compte ; de même que la masse innombrable d'étoiles brille toujours au-dessus de nos têtes, mais n'est visible pour nous qu'après le coucher de cet UNIQUE soleil proche de notre terre. De ce point de vue, mon existence individuelle, même si, comme ce soleil, elle éclaire tout pour moi, n'apparaît que comme un obstacle se trouvant entre moi-même et la connaissance de l'étendue véritable de mon essence. Et comme dans sa connaissance, chaque individu bute contre cet obstacle, c'est précisément l'individuation qui entretient l'erreur de la volonté de vivre quant à sa propre essence : c'est la *mâyâ* du brahmanisme. La mort est une réfutation de cette erreur et l'abolit. Je crois qu'à l'instant de notre mort, nous comprenons qu'une simple illusion limitait notre existence à notre personne. De ceci, on peut même trouver des traces empiriques dans certains états se rapprochant de la mort par l'abolition de la concentration de la conscience dans le cerveau. De ces états, le sommeil magnétique[329] est le plus remarquable, car lorsqu'il atteint les degrés supérieurs, notre existence se manifeste, au-delà de notre personne, et dans d'autres êtres, par plusieurs symptômes dont le plus frappant est la participation directe aux pensées d'un autre individu, ou, encore, la capacité de connaître ce qui est absent, éloigné, voire à venir, c'est-à-dire une sorte d'omniprésence.

C'est sur cette identité métaphysique de la volonté, comme chose en soi, à travers la diversité infinie de ses phénomènes, que reposent en général trois phénomènes, qu'on peut mettre sous le concept commun de SYMPATHIE : 1) la COMPASSION *<Mitleid>*, qui, comme je l'ai montré, est la base de la justice et de la philanthropie *<Menschenliebe>*, *caritas* ; 2) l'AMOUR SEXUEL *<Geschlechtsliebe>*, avec sa sélection capricieuse, *amor*, qui est la vie de l'espèce faisant valoir sa priorité sur la vie des individus ; 3) la MAGIE, dont font également partie le magnétisme animal et les cures sympathétiques[330]. Il faut donc définir la sympathie par la manifestation empirique de l'identité métaphysique de la volonté à travers la diversité physique de ses phénomènes, par où se manifestent des rapports qui sont totalement différents des rapports médiatisés par les formes phénoménales et soumis au principe de raison.

CHAPITRE 48*

SUR LA DOCTRINE DE LA NÉGATION DE LA VOLONTÉ DE VIVRE

L'homme possède l'existence et l'essence soit de sa propre volonté, c'est-à-dire AVEC son consentement, soit SANS celui-ci ; dans ce dernier cas, une telle existence, rendue amère par des souffrances nombreuses et inévitables, serait une injustice criante. — Les Anciens, notamment les stoïciens, mais aussi les péripatéticiens et les académiciens, s'efforcèrent en vain de prouver que la vertu suffisait à rendre la vie heureuse : l'expérience déclara haut et fort le

---

* Ce chapitre se rapporte au § 68 du tome I. Voir aussi sur ce sujet le chapitre 14 du deuxième tome des *Parerga*.

contraire. En vérité, les efforts de ces philosophes, bien qu'ils n'en fussent pas clairement conscients, étaient fondés sur la JUSTICE présumée de leur affaire : celui qui est INNOCENT, sans faute, doit être libre de toute souffrance, et partant, heureux. Or la solution sérieuse et profonde du problème réside dans la doctrine chrétienne que les œuvres ne justifient pas ; ainsi, un homme, eût-il toujours pratiqué la justice et la philanthropie, n'est pas pour autant, comme le croit Cicéron, *culpa omni carens* [complètement exempt de faute[331]] (*Tusc., V, 1*), car : *el delito mayor del hombre es haber nacido* (la plus grande faute <*Schuld*> de l'homme, c'est d'être né[332]), comme le savait, d'un savoir bien plus profond que tous ces sages, le poète Calderón, illuminé par le christianisme. C[La conséquence qui en découle, que l'homme vient au monde déjà entaché d'une faute, ne pourra sembler absurde qu'à celui qui considère qu'il vient tout juste d'être créé à partir du néant et qu'il est l'œuvre d'un autre.]C C'est suite à cette faute-là, procédant de sa volonté, que l'homme, même s'il a exercé toutes ces vertus, reste, à juste titre, exposé aux souffrances physiques et intellectuelles ; il n'est donc PAS heureux. C'est ce qui découle de la JUSTICE ÉTERNELLE dont j'ai parlé au § 63 du tome I. Mais la doctrine de saint Paul (Rom. 3, 21 sq.[333]), d'Augustin et de Luther[334], que les œuvres ne peuvent justifier, car nous sommes et restons tous essentiellement pécheurs, repose finalement sur ceci que, comme *operari sequitur esse* [l'agir découle de l'être], si nous agissions comme nous sommes supposés le faire, nous devrions également être ce que nous sommes supposés être. Mais alors, nous n'aurions aucunement besoin d'être DÉLIVRÉS de notre situation actuelle, délivrance que non seulement le christianisme, mais aussi le brahmanisme et le bouddhisme (sous le nom, exprimé en anglais, de *final emancipation*) présentent comme le but suprême ; autrement dit, nous n'aurions pas besoin d'atteindre un état totalement différent de notre état actuel, ou même un état à l'opposé de celui-ci. Or, comme nous sommes ce que nous ne devrions PAS être, nous faisons nécessairement ce que nous ne devrions PAS faire. C'est bien pourquoi nous avons besoin d'une transformation totale de notre esprit et de notre être, c'est-à-dire d'une régénération dont découle, comme sa conséquence, la réalisation de la délivrance. Même si la faute réside dans l'agir, dans l'*operari*, la racine de la faute se trouve dans notre *essentia et existentia*, car c'est de là que procède nécessairement l'*operari*, comme je l'ai montré dans le *Mémoire sur la liberté de la volonté*[335]. Il suit de là que notre seul et unique péché est le péché originel. Il est vrai que le mythe chrétien ne fait advenir le péché originel qu'après l'apparition de l'homme, et attribue à celui-ci, de manière imaginaire et *per impossibile*, une volonté libre, mais il le fait, précisément, en tant que mythe. Le noyau intime et l'esprit du christianisme sont les mêmes que ceux du brahmanisme et du bouddhisme : ils prêchent tous que la race humaine a endossé une lourde culpabilité par son existence même, à la différence près que sur ce point le christianisme ne procède pas, comme ces deux doctrines religieuses plus anciennes, de façon directe et sans détour, en admettant que la faute est posée par l'existence même, mais en la faisant découler de l'acte du premier couple d'êtres humains. Cela n'a pu être possible que par la fiction d'un *liberum arbitrium indifferentiae* [libre arbitre d'indifférence] et nécessaire seulement en raison du dogme fondamental juif dans lequel cette doctrine devait être implantée. Parce que, conformément à la vérité, la génération de l'homme lui-même est l'acte de la libre volonté, étant par là identique à la chute originelle, et que, de ce fait, le péché originel, dont découlent tous les autres péchés, apparut avec l'*essentia* et l'*existentia* de l'homme, mais que le dogme fondamental juif n'admettait pas une telle explication, Augustin enseigna dans les livres de son *De libero arbitrio*[336] que ce n'est qu'avant la chute originelle que l'homme était innocent en Adam et doté d'une volonté libre, et que depuis ce moment il était empêtré dans la nécessité du péché. — La loi, ὁ νόμος, au sens biblique, exige sans cesse que nous changions notre agir, alors que notre essence resterait la même. Or, comme c'est impossible, Paul dit que personne n'est justifié devant la loi : c'est la seule régénération en Jésus-Christ, par l'action de la grâce, en vertu de laquelle l'homme nouveau est généré et le vieux supprimé (c'est-à-dire opérant une transformation fondamentale de l'esprit), qui peut nous transporter de l'état de peccaminosité dans celui de la liberté et de la délivrance. Voilà le mythe chrétien relatif à l'éthique. Mais il est vrai que le théisme juif, sur lequel on l'a greffé, a dû recevoir des ajouts bien étonnants pour s'adapter à ce mythe : la fable de la chute originelle offrait alors le seul endroit propice pour le greffon de souche vétéro-indienne. C'est à cette difficulté surmontée par un coup de force qu'il faut attribuer le fait que les mystères chrétiens ont revêtu un aspect si curieux, qui répugne à l'entendement commun et rend plus malaisé le prosélytisme, cet aspect étant la cause de ce que le pélagianisme, ou le rationalisme d'aujourd'hui, par incapacité à en saisir le sens profond, s'opposent à ces mystères et tentent de les éliminer par exégèse, avec pour résultat, cependant, de reconduire le christianisme au judaïsme.

Mais pour le dire sans mythe : aussi longtemps

que notre volonté demeure identique, notre monde
ne saurait être différent. Certes, tous souhaitent être
délivrés de l'état de souffrance et de mort : tous
veulent, comme on dit, atteindre la félicité éternelle
et entrer au Royaume des Cieux, mais surtout pas
sur leurs propres pieds ; ils veulent y être transportés
par le cours de la nature. Or c'est chose impossible.
Il est vrai qu'elle ne nous laissera jamais tomber et
empêchera que nous devenions néant, mais elle ne
pourra toujours et toujours que nous ramener dans
son propre sein et nulle part ailleurs. Combien il est
fâcheux d'exister comme une part de la nature,
chacun peut en faire l'expérience avec sa propre vie
et sa propre mort. — Par suite, il faut assurément
considérer l'existence comme un égarement, la délivrance consistant à en revenir ; aussi, cette existence
est profondément marquée par cet aspect. C'est dans
ce sens que la conçoivent les vieilles religions sama-
néennes[337] et aussi le christianisme authentique et
primitif, quoique par certains détours ; d'ailleurs le
judaïsme lui-même, au moins par le dogme de la
chute (qui est son *redeeming feature*), abrite le germe
d'une telle conception. Seuls le paganisme grec et
l'islam sont tout à fait optimistes ; aussi, dans le premier, la tendance contraire a pu se manifester au
moins dans les tragédies ; c[mais dans l'islam, la
plus récente comme la plus mauvaise des religions,
elle s'est exprimée par le SOUFISME, ce phénomène
fort beau qui est entièrement marqué par l'esprit de
l'Inde où il a son origine, et qui existe déjà depuis
plus de mille ans]c[338]. En effet, le but qu'on peut
seul assigner à notre existence ne peut que consister
à savoir que nous ferions mieux de ne pas exister. Or
ceci est la plus importante de toutes les vérités, qu'il
faut donc énoncer, quelque grand que puisse être le
contraste qu'elle présente avec la manière contem-

poraine de penser en Europe, alors que dans toute l'Asie non islamisée, c'est la vérité fondamentale la plus reconnue, C[aujourd'hui comme il y a trois mille ans.]C

Si nous considérons maintenant la volonté de vivre dans l'ensemble et objectivement, nous devons la penser, d'après ce qui a été dit, comme prise dans une ILLUSION dont le détachement, c'est-à-dire la négation de toutes ses aspirations existantes, est cela même que les religions ont appelé le reniement de soi <*Selbstverleugnung*>, *abnegatio sui ipsius*[339] : car le soi véritable est la volonté de vivre. Les vertus morales, à savoir la justice <*Gerechtigkeit*> et la philanthropie <*Menschenliebe*> — car si elles sont pures elles procèdent, comme je l'ai montré, de ce que la volonté de vivre, pénétrant le *principium individuationis* [principe d'individuation], se reconnaît elle-même dans tous ses phénomènes —, sont le premier signe, le symptôme, que la volonté qui se phénoménalise n'est plus tout aussi fermement captive de cette illusion, mais que la désillusion a déjà commencé, en sorte que l'on pourrait dire, métaphoriquement, qu'elle bat déjà des ailes pour s'envoler. À l'inverse, l'injustice, la méchanceté, la cruauté sont indices du contraire, c'est-à-dire de l'enfermement le plus grand dans cette illusion[340]. Or, en second lieu, ces vertus morales permettent de favoriser le reniement de soi et, partant, la négation de la volonté de vivre. Car l'intégrité véritable, la justice la plus inflexible, cette vertu cardinale première, et la plus importante, présente une tâche si difficile à remplir que celui qui en fait acte de foi de façon inconditionnelle et de tout son cœur, doit faire des sacrifices, lesquels priveront bientôt la vie de sa douceur nécessaire pour s'y complaire et en détourneront ainsi la volonté, la conduisant donc vers la résignation. Car ce qui rend l'intégrité si honorable, ce sont les sacrifices qu'elle coûte : si elle s'exerce dans les petites choses, on ne l'admire pas. À vrai dire, son essence consiste dans ce que le juste ne décharge pas sur autrui les fardeaux et les souffrances par la ruse ou la force, comme le fait l'injuste, mais assume lui-même ce qui lui est destiné, avec pour résultat qu'il doit toujours porter toute la charge du malheur qui pèse sur la vie humaine. De ce fait, la justice devient un moyen pour favoriser la négation de la volonté de vivre, car le besoin et la souffrance, cette condition fondamentale de la vie humaine, en découlent tout en conduisant à la résignation. Or la vertu encore plus étendue de la philanthropie, *caritas* [charité], y conduit encore plus rapidement : car elle fait qu'on se charge même des souffrances initialement dévolues à autrui et qu'on s'en approprie ainsi une part plus grande que celle qui, suivant le cours des choses, reviendrait à soi-même. Celui qui est animé de cette vertu a reconnu sa propre essence dans autrui. C'est pourquoi il identifie son sort individuel avec le sort de l'humanité en général ; or ce dernier est un sort fort pénible consistant à peiner, à souffrir et à mourir. Celui donc qui, en se privant de tout privilège fortuit, ne veut pour lui-même pas d'autre sort que celui de l'humanité en général, ne saurait non plus vouloir celui-ci plus longtemps ; l'attachement à la vie et à ses jouissances doit bientôt disparaître pour faire place à un renoncement général : la négation de la volonté est donc près de s'accomplir. Puisque, d'après tout ceci, la pauvreté, la privation et la souffrance individuelle en tout genre sont déjà provoquées par le plus parfait exercice des vertus morales, beaucoup, peut-être à raison, rejettent comme superflue l'ascèse au sens le plus strict, c'est-à-dire l'abandon de toute possession, la recherche intentionnelle du désagréable et du répugnant, la torture de soi, le jeûne, le cilice et les macérations. La justice elle-même est le cilice qui n'a cesse de peiner son porteur, et la philanthropie, qui se défait du nécessaire, est le jeûne perpétuel*[341]. Cm[C'est bien pourquoi le bouddhisme rejette toute ascèse stricte et exagérée, qui joue un si grand rôle dans le brahmanisme, et donc toute torture de soi intentionnelle. Il se limite au célibat, à la pauvreté volontaire, à l'humilité et à l'obéissance des moines, à l'abstinence de toute nourriture animale et de toute mondanité.]Cm Puisque le but auquel conduisent les vertus morales est celui indiqué ici, la philosophie védique**[342] dit à juste titre qu'après l'accomplissement de la connaissance véritable et, à sa suite, de la résignation totale, c'est-à-dire de la régénération, la moralité ou l'immoralité de la conduite antérieure devient indifférente, et elle sollicite alors cette parole si souvent utilisée par les brahmanes : *finditur nodus cordis, dissolvuntur omnes dubitationes, ejusque opera evanescunt, viso supremo illo* [le nœud du cœur est dénoué, tous les doutes évanouis, et toutes les actions particulières dissipées, quand on voit le suprême[343]] (*Sancara, sloca 32*). Si choquante que puisse paraître cette théorie aux yeux de ceux

---

* Si, au contraire, on admet l'ascèse, la liste des mobiles ultimes de l'agir humain, établie dans mon *Mémoire sur le fondement de la morale*, à savoir 1) le bonheur personnel, 2) le malheur d'autrui et 3) le bonheur d'autrui, doit être complétée par un quatrième mobile, le malheur personnel, que je n'indique ici qu'en passant, dans l'intérêt de la conséquence systématique. Car dans ledit mémoire il m'a fallu passer sous silence ce quatrième mobile, puisque la question mise au concours était posée dans le sens de l'éthique philosophique prévalant dans l'Europe protestante.

** Voir F. H. H. Windischmann, *Sancara, sive de theologumenis Vedanticorum*, p. 116, 117 et 121 à 123 ; également *Oupnek'hat*, vol. I, p. 340, 356, 360.

pour qui une récompense au ciel, ou un châtiment
en enfer, constitue une explication bien plus satisfaisante de la signifiance éthique de l'agir humain, à
l'instar de ce bon Windischmann qui abhorre cette
doctrine tout en l'exposant, celui qui parvient à aller
jusqu'au fond des choses trouvera que ladite doctrine
concorde finalement avec la doctrine chrétienne,
telle qu'elle est défendue surtout par Luther, que ce
ne sont pas les œuvres, mais la foi seule accordée
par l'action de la grâce qui permet la félicité, et que,
par suite, nous ne saurions jamais être justifiés par
nos actes, mais que nous parvenons à la rémission
des péchés uniquement par les mérites du médiateur.
Il est même facile de voir que sans ces hypothèses, le
christianisme serait contraint d'établir des châtiments
infinis pour tous, et le brahmanisme des renaissances infinies pour tous, les deux excluant par là
toute possibilité de délivrance. Les œuvres du péché
et leurs conséquences doivent une fois être annulées
et détruites, que ce soit par l'opération d'une grâce
étrangère ou par l'accomplissement d'une connaissance individuelle plus parfaite, sans quoi le monde
ne pourrait avoir aucun espoir de salut ; mais après,
elles deviennent indifférentes. Cm[C'est aussi le sens
de la μετάνοια καὶ ἄφεσις ἁμαρτιῶν [repentance et rémission des péchés], que le Christ, alors ressuscité, charge
finalement ses apôtres d'annoncer, comme la somme
de leur mission (Luc 24, 47[344]).]Cm Car les vertus
morales ne sont pas le but ultime, mais seulement
un degré qui peut y mener. Le mythe chrétien situe
ce degré dans l'acte de manger les fruits de l'arbre
de la connaissance du bien et du mal, acte qui donne
lieu simultanément à la responsabilité morale et au
péché originel. En vérité, celui-ci est l'affirmation de
la volonté de vivre, dont la négation au contraire est
la délivrance procédant de l'éclosion d'une connais-

sance plus parfaite. Entre ces deux se situe l'élément moral, guidant l'homme de sa lumière sur le chemin qui conduit de l'affirmation de la volonté de vivre à sa négation, ou, pour le dire sur un mode mythique, de l'apparition du péché originel à la délivrance par le biais de la croyance dans la médiation du dieu incarné (*avatâr*) ou, d'après la doctrine védique, par le biais de toutes les réincarnations découlant des œuvres exécutées dans chaque cas, jusqu'à ce que s'accomplisse la connaissance droite, et avec elle la délivrance (*final emancipation*), MOKSHA, c'est-à-dire la réunion avec le BRAHMAN. Or les bouddhistes, en toute probité, ne désignent la chose que de façon négative, par le NIRVÂNA, qui est la négation de ce monde ou du SAMSÂRA. La définition du NIRVÂNA par le néant signifie seulement que le SAMSÂRA ne contient aucun élément susceptible de servir à la définition ou à la construction du NIRVÂNA[345]. C'est bien pourquoi les jaïnas, qui ne se distinguent des bouddhistes que par le nom[346], appellent les brahmanes adeptes du *Véda* des *shabda-pramânas*[347], un surnom censé signifier qu'ils croient par ouïe-dire ce qu'on ne peut ni savoir ni prouver (*Asiat. researches, vol. 6, p. 474*[348])[349].

Si certains philosophes antiques, comme Orphée, les pythagoriciens, Platon Cm[(par ex. dans le *Phae-done, p. 151, 183 sq. Bip.*[350], et voir]Cm *Clem. Alex., Strom., III, p. 400 sq.*[351]) déplorent, tout comme l'apôtre Paul, la communauté de l'âme et du corps, et désirent s'en libérer, nous comprenons le sens véritable et authentique de cette lamentation, puisque, au livre II, nous avons acquis cette connaissance que le corps est la volonté même, considérée objectivement comme phénomène dans l'espace.

C'est à l'heure de la mort que se décide si l'homme retombe dans le sein de la nature ou s'il ne lui appartient plus, mais… : pour cette antithèse, les images, les concepts et les mots nous font défaut, car ils ressortissent tous à l'objectivation de la volonté et donc en sont partie intégrante, ne pouvant dès lors exprimer d'aucune façon l'absolu contraire de la volonté, lequel contraire demeure pour nous une pure négation. Cependant, la mort de l'individu est la question à chaque fois et sans relâche relancée que la nature adresse à la volonté de vivre : « En as-tu assez ? Veux-tu sortir de mon sein ? » C'est pour qu'elle puisse être répétée suffisamment de fois que la vie individuelle est si brève. C'est là le sens des cérémonies, des prières et des exhortations des brahmanes au moment de la mort, qu'on trouve conservées dans plusieurs endroits des *Upanishads*, et aussi du souci chrétien de faire bon usage de l'heure de la mort, par le sermon, la confession, la communion et l'extrême-onction, et enfin des prières chrétiennes pour demander à être préservé d'une fin soudaine[352]. Le fait qu'aujourd'hui on trouve de nombreux individus qui souhaitent précisément une telle fin prouve seulement qu'ils n'adoptent plus le point de vue chrétien de la négation de la volonté de vivre, mais le point de vue de son affirmation, qui est païen.

Mais celui qui redoutera le moins d'être réduit à néant dans la mort, c'est celui qui a reconnu qu'il est néant dès maintenant, et qui ne s'intéresse donc plus à son phénomène individuel, car la connaissance a pour ainsi dire brûlé et dévoré la volonté en lui, en sorte qu'il n'y a en lui plus aucune volonté, plus aucune aspiration avide à une existence individuelle.

Il est vrai que l'individualité est d'abord inhérente à l'intellect, lequel, reflétant le phénomène, appartient à ce même phénomène dont la forme est le *principium individuationis* [principe d'individuation].

Mais elle est également inhérente à la volonté, dans la mesure où le caractère est individuel ; or c'est celui-ci qui est aboli par la négation de la volonté. Ce n'est donc que dans l'affirmation, et non dans la négation, que l'individualité est inhérente à la volonté. Déjà la sainteté attachée à tout acte purement moral repose sur le fait qu'une telle sainteté provient, en dernier lieu, de la connaissance immédiate de l'identité numérique de l'essence intime de tout vivant*[353]. Or cette identité n'est réellement présente que dans l'état de négation de la volonté (*nirvâna*), puisque l'affirmation (*samsâra*) de la volonté a pour forme le phénomène de celle-ci dans le multiple[354]. L'affirmation de la volonté de vivre, le monde phénoménal, la diversité de tous les êtres, l'individualité, l'égoïsme, la haine, la méchanceté ont une SEULE ET UNIQUE racine ; de même, d'autre part, le monde de la chose en soi, l'identité de tous les êtres, la justice, la philanthropie, la négation de la volonté de vivre. Si maintenant, comme je l'ai suffisamment montré, les vertus morales procèdent déjà de cette prise de conscience de cette identité de tous les êtres, et que cependant cette identité ne réside pas dans le phénomène, mais seulement dans la chose en soi, dans la racine de tous les êtres, alors l'acte vertueux est le passage momentané par ce point ; le retour permanent à ce point est la négation de la volonté de vivre.

Un corollaire de ce qui vient d'être dit, c'est que nous n'avons aucune raison de supposer qu'il y aurait des intelligences encore plus parfaites que celle de l'homme. Car nous voyons que celle-ci suffit déjà à conférer à la volonté la connaissance suite à laquelle elle se nie et abolit elle-même, par où se trouve écartée l'individualité, et, partant, l'intelligence, laquelle

---

* Voir *Les deux problèmes fondamentaux de l'éthique*, p. 274.

n'est qu'un instrument de nature individuelle et donc animale. Cette réflexion nous paraîtra moins choquante si nous considérons que même ces intelligences les plus parfaites possible dont nous supposons ici l'existence à titre expérimental, nous ne saurions les penser comme subsistant à travers un temps infini, car ce temps serait alors conçu de façon bien trop pauvre pour leur fournir des objets toujours nouveaux et dignes d'elles. Car, comme l'essence de toutes les choses est au fond une et unique, toute connaissance de celle-ci est nécessairement tautologique ; cette essence une fois saisie, comme ces intelligences les plus parfaites ne manqueraient pas de le faire, que leur resterait-il, sinon la pure répétition et l'ennui conséquent, à travers un temps infini ? De ce côté également, nous sommes donc renvoyés au fait que le but de toute intelligence ne peut être que de réagir à une volonté ; mais comme tout vouloir est une aberration, l'œuvre ultime de l'intelligence est l'abolition du vouloir dont elle avait servi jusque-là les objectifs. Dès lors, même l'intelligence la plus parfaite possible ne peut être qu'un degré transitoire vers un lieu qu'aucune connaissance ne saurait jamais atteindre ; bien plus : une telle intelligence ne peut occuper dans l'essence des choses que l'instant où s'accomplit la compréhension la plus parfaite.

En concordance avec toutes ces considérations et avec la démonstration, au livre II, que la connaissance trouve son origine dans la volonté, dont elle sert les objectifs, la reflétant par là même dans son affirmation, alors que le salut véritable réside dans la négation, nous voyons que toutes les religions, à leur point culminant, finissent par aboutir dans la mystique et les mystères, c'est-à-dire dans les ténèbres et l'occulte, lesquels, au fond, n'indiquent pour la connaissance qu'un lieu vide, à savoir le point où toute connaissance cesse nécessairement. C'est pourquoi, pour la pensée, ce point ne s'exprime que par des négations, alors qu'il se manifeste à l'intuition sensible par des signes symboliques, et dans les temples, par l'obscurité et le silence, dans le brahmanisme même par la cessation obligatoire de toute pensée et de toute intuition, dans le but de pénétrer profondément le fondement de son soi propre, en prononçant mentalement le mystérieux *OM*[355]. — La mystique, au sens le plus large, c'est toute instruction pour prendre directement conscience de ce que ni l'intention, ni le concept, ni aucune connaissance ne pourront jamais atteindre. Le mystique s'oppose au philosophe en ceci que le premier part de l'intérieur, le second de l'extérieur. Car le mystique prend son point de départ dans l'expérience intérieure, positive, individuelle, où il se voit comme l'être éternel, unique, etc. Mais il ne peut en communiquer rien d'autre que des affirmations; il faut donc le croire sur parole : par conséquent, il ne peut pas convaincre. Le philosophe en revanche trouve son point de départ dans ce qui est commun à tous, dans le phénomène objectif présent aux yeux de tous, ainsi que dans les faits de la conscience de soi, tels qu'ils existent en chacun. Sa méthode consiste donc à réfléchir sur tout ceci et de combiner les données qui s'y présentent : c'est pourquoi il est à même de convaincre. Il doit donc se garder de tomber dans la manière des mystiques et, par exemple en affirmant l'existence d'une intuition intellectuelle ou d'une perception prétendument directe de la raison[356], de faire croire à une connaissance positive de ce qui, éternellement inaccessible à toute connaissance, peut tout au plus être désigné par une négation. La philosophie tient sa valeur et sa dignité de ceci qu'elle dédaigne toutes les hypothèses qui ne seraient pas justifiables en raison, et qu'elle n'admet parmi ses données que ce qui peut être prouvé avec certitude dans le monde extérieur offert à l'intuition, dans les formes, constituant notre intellect, de l'appréhension de ce monde extérieur, et dans la conscience de notre propre soi commune à tous. C'est bien pourquoi la philosophie doit rester cosmologie, et ne saurait devenir théologie. Son propos doit se borner au monde : dire sous tous les aspects CE QU'EST ce monde dans son être le plus profond, voilà tout ce qu'elle peut espérer faire en toute probité. — Or ceci s'accorde avec le fait que ma doctrine, arrivée à son point culminant, prend un caractère NÉGATIF, se terminant ainsi sur une négation. Car dans ce cas elle ne peut parler que de ce qui est nié et abandonné ; mais ce qui est alors gagné et obtenu en contrepartie, elle est contrainte (à la fin du livre IV) de le qualifier de néant, et elle ne peut qu'ajouter en réconfort qu'il ne s'agit pas d'un néant absolu, mais seulement relatif. C[En effet, si quelque chose n'est rien de tout ce que nous connaissons, ce ne peut assurément rien être pour nous en général. Il ne s'ensuit pas pour autant que ce doive être absolument néant, que ce doit être néant pour tout point de vue possible et dans tout sens possible ; mais seulement que sur ce point nous sommes limités à une connaissance entièrement négative ; ce qui peut fort bien être lié à l'étroitesse de notre point de vue.]C — C'est ici précisément que le mystique procède positivement, et au-delà de ce point, il n'y a donc plus rien d'autre que la mystique. Celui qui voudrait ajouter un complément de cette espèce à la connaissance négative jusqu'à laquelle seule la philosophie peut le conduire, le trouvera sous sa forme la plus belle et la plus riche dans l'*Oupnek'hat*[357], ensuite dans les *Ennéades* de Plotin, chez

Scot Érigène, dans certains passages de Jakob Boehme, surtout dans l'ouvrage merveilleux de Madame de Guyon, *Les torrents*[358], chez Angelus Silesius, enfin dans les poèmes soufis dont Tholuck[359] nous a donné un recueil traduit en latin et un autre traduit en allemand, et dans bien d'autres ouvrages encore. C[Les soufis sont les gnostiques de l'islam; d'ailleurs Sadi les désigne par un terme qu'on traduit par les «clairvoyants»[360]. Le théisme, adapté aux capacités de la foule, pose la source première de l'existence en dehors de nous, comme un objet; toute mystique, et de même le soufisme, le ramène progressivement à l'intérieur de nous comme un sujet, et l'adepte finit par reconnaître, avec étonnement et joie, qu'il est lui-même ce sujet. Nous voyons ce processus, commun à toute mystique, exprimé par Maître Eckhart, le père de la mystique allemande, non seulement sous la forme d'un précepte pour le parfait ascète, à savoir «qu'il ne doit pas chercher Dieu en dehors de lui-même» (*Eckharts Werke*, Pfeiffer, I, p. 26[361]), mais encore présenté de façon assez naïve dans ce fait que la fille spirituelle d'Eckhart, après avoir connu en elle cette transformation, vient le voir pour lui lancer en jubilant: «Maître, réjouissez-vous avec moi, je suis devenue Dieu» (*ibid.* p. 465[362]).]C La mystique des soufis C[se manifeste généralement dans ce même esprit,]C surtout comme la conscience enivrée du fait qu'on est soi-même le noyau du monde et la source de toute existence, C[à laquelle tout revient.]C On peut également y trouver assez souvent l'exhortation à l'abandon de tout vouloir, abandon qui seul rend possible la libération de l'existence individuelle et de ses souffrances, mais cet aspect est toujours subordonné, et exigé comme quelque chose de facile. En revanche, dans la mystique hindoue, cet aspect est bien plus fortement présent, et dans la mystique chrétienne, il est tout à fait prédominant, au point que cette conscience panthéiste essentielle à toute mystique n'apparaît ici que de façon secondaire, suite à l'abandon de tout vouloir, comme union avec Dieu. Selon cette différence dans les conceptions, la mystique musulmane revêt un caractère fort serein, la mystique chrétienne un caractère sombre et douloureux, celle des hindous, surplombant les deux, s'en tenant, sur ce point également, à un juste milieu.

Le quiétisme, c'est-à-dire l'abandon de tout vouloir, l'ascèse, c'est-à-dire la mortification intentionnelle de sa propre volonté, et le mysticisme, c'est-à-dire la conscience de l'identité de sa propre essence avec celle de toutes choses ou avec le noyau du monde, sont très exactement liés, au point que celui qui professe l'un finira aussi par admettre l'autre, fût-ce malgré lui. — Rien ne saurait être plus surprenant que la concordance entre eux des auteurs exprimant ces doctrines en dépit de la grande différence des époques, des pays et des religions, et que la certitude inébranlable et la conviction fervente avec lesquelles ils exposent la substance de leur expérience intérieure. Ils ne forment pas une SECTE qui un jour se serait emparée d'un dogme théoriquement arbitraire pour l'adopter, le défendre et le propager ; bien plutôt ils n'ont souvent aucune connaissance les uns des autres, plus même : les mystiques, les quiétistes et les ascètes indiens, chrétiens et musulmans diffèrent entre eux sur tous les points, sauf en ce qui concerne le sens intime et l'esprit de leurs doctrines. On en aura un exemple tout à fait remarquable en comparant *Les torrents* de Madame de Guyon avec la doctrine védique, notamment le passage dans l'*Oupnek'hat*, tome I, p. 63[363], qui exprime le contenu de cet écrit français sous une forme très condensée, mais avec exactitude, voire avec les mêmes images, alors qu'autour de 1680, Madame de Guyon ne pouvait certainement pas en avoir connaissance. C[Dans la *Théologie allemande* (dont la seule édition à n'être pas tronquée est celle de Stuttgart, 1811[364]), il est dit aux chapitres 2 et 3 que tant la chute du diable que celle d'Adam seraient dues au fait que l'un comme l'autre s'est attribué le «je» et le «moi», le «mien» et l'«à moi»; p. 89 on peut ainsi lire: «Dans l'amour véritable, il n'y a plus ni "je", ni "moi", ni "mien", ni "à moi", ni "toi", ni "tien", ni rien de ce genre.» En accord avec ceci, on peut lire dans le *Kural*, traduit du tamoul par Graul, p. 8[365]: «La passion du "mon", dirigée vers l'extérieur, et celle du "je", dirigée vers l'intérieur, s'évanouissent» (cf. v. 346). Et dans le *Manual of Buddhism* de Spencer Hardy, p. 258[366], le Bouddha parle ainsi: «Mes disciples rejettent la pensée que ceci est "je", ou ceci est "mien".» Mais, de façon générale, si l'on fait abstraction des formes suscitées par les circonstances extérieures, et que l'on va au fond des choses, on trouvera que *Shâkyamuni*[367] et Maître Eckhart professent la même doctrine, sauf que le premier peut exprimer ses pensées franchement, alors que le second est contraint de les faire entrer dans la forme du mythe chrétien et d'adapter ses expressions en conséquence. Or cela va assez loin, au point que, chez lui, le mythe chrétien n'est presque plus qu'un langage imagé, un peu comme le mythe hellénique chez les néoplatoniciens: il le considère tout à fait comme une allégorie. À cet égard, il faut noter que la conversion de saint François de l'aisance à une vie de mendiant ressemble tout à fait au pas encore plus considérable qu'accomplit le Bouddha *Shâkyamuni* qui, de prince, devient mendiant, de même que l'ordre fondé par saint François n'était qu'une

sorte de sannyassisme. Il est également intéressant
de relever que son affinité avec l'esprit indien se
manifeste en outre dans son amour pour les animaux
dont il s'est très souvent occupé, les appelant toujours ses sœurs et ses frères ; de même, son esprit
indien inné se trouve attesté par son beau *Cantico*[368]
où il loue le soleil, la lune, les étoiles, le vent, l'eau,
le feu, la terre*[369].]C

Bien souvent, C[même]C les quiétistes chrétiens
avaient peu de connaissance les uns des autres, voire
pas du tout, ainsi par exemple Molinos et Madame
de Guyon ne connaissaient pas Tauler et la *Théologie allemande*, ou Gichtel[370] les premiers. De même,
la grande différence d'instruction n'a pas exercé d'influence considérable sur leurs doctrines, car certains,
comme Molinos, étaient savants, alors que Gichtel
et bien d'autres encore ne l'étaient pas. Leur grande
et intime concordance, ajoutée à la fermeté et à l'assurance de leurs énoncés, prouve d'autant plus qu'ils
parlent à partir d'une expérience intérieure véritable, une expérience qui, il est vrai, n'est pas accessible à chacun, mais réservée à quelques privilégiés,
raison pour laquelle on l'a appelée l'action de la
grâce, mais dont on ne saurait mettre en doute la
réalité pour les raisons susdites. Or, pour comprendre tout ceci, il faut les lire soi-même et ne pas
se contenter de récits de seconde main : car chacun
doit être entendu pour lui-même avant qu'on puisse
porter un jugement sur lui. Ainsi, pour connaître
le quiétisme, je recommande tout particulièrement
Maître Eckhart, la *Théologie allemande*, Tauler, Madame de Guyon, Antoinette Bourignon[371], l'Anglais

---

* C[*S. Bonaventurae vita S. Francisci, c. 8. — K. Hase, Franz von
Assisi, chap. 10. — I cantici di S. Francesco, editi da Schlosser e
Steinle, Francoforto s. M. 1842.*]C

Bunyan, Molinos*[372], Gichtel; il faut également lire, à titre de témoignages pratiques et d'exemples du profond sérieux de l'ascèse, la biographie de Pascal publiée par Reuchlin, ainsi que son histoire de Port-Royal, de même l'*Histoire de sainte Élisabeth*, par le comte de Montalembert C[et *La vie de Rancé*, par Chateaubriand,]C mais on sera pourtant loin encore d'avoir épuisé tout ce qui est d'importance dans ce genre[373]. Celui qui aura lu ces écrits en comparant leur esprit avec celui de l'ascèse et du quiétisme tel qu'il imprègne tous les textes du brahmanisme et du bouddhisme, et tel qu'il s'y exprime dans chaque page, devra admettre que toute philosophie qui rejette systématiquement dans son ensemble cette manière de penser, ce qui ne peut se faire qu'en déclarant que ses représentants sont des imposteurs ou des fous, doit être nécessairement fausse de ce fait même. Or c'est ce que font tous les systèmes européens, à l'exception du mien. Ce serait alors vraiment une folie pour le moins étrange que celle qui, à travers des situations et des personnes différentes au possible, s'exprimerait avec une telle concordance, une folie élevée de surcroît par les peuples les plus anciens et les plus nombreux de la terre, à savoir par environ trois quarts[374] de tous les habitants de l'Asie, au rang d'une doctrine principale de leur religion. Or aucune philosophie ne doit laisser en suspens le thème du quiétisme et de l'ascétisme si on la confronte à cette question, car, dans son contenu, ce thème se confond avec celui de toute la métaphysique et de toute l'éthique. C'est donc sur ce point que j'attends

---

* *Michaelis de Molinos manuductio spiritualis: hispanice 1675, italice 1680, latine 1687, gallice in libro non adeo raro, cui titulus: Recueil de diverses pièces concernant le quiétisme, ou Molinos et ses disciples. Amstd. 1688.*

de pied ferme toute philosophie avec son optimisme, en exigeant qu'elle s'explique à ce sujet. Et si, au jugement des contemporains, la concordance paradoxale et sans exemple de ma philosophie avec le quiétisme et l'ascétisme semble manifestement constituer une pierre d'achoppement, j'y vois bien au contraire une preuve de sa seule exactitude et de sa vérité, comme une raison qui explique pourquoi elle a été savamment ignorée et occultée dans les universités PROTESTANTES.

Car non seulement les religions d'Orient, mais aussi le christianisme authentique possèdent tout à fait ce trait ascétique caractéristique que ma philosophie met en évidence comme négation de la volonté de vivre, alors que le protestantisme, surtout dans sa forme contemporaine, tente de le dissimuler. Les ennemis déclarés du christianisme, qui ont récemment fait leur apparition, lui ont attribué les doctrines du renoncement, du reniement de soi, de la chasteté parfaite et, généralement, de la mortification de la volonté, qu'ils appellent fort justement du nom de « TENDANCE ANTICOSMIQUE »[375], en mettant en avant que ces doctrines appartenaient essentiellement au premier et authentique christianisme. Sur ce point, ils ont indéniablement raison. Mais qu'ils fassent alors précisément valoir comme une objection évidente et manifeste contre le christianisme cela même qui en constitue sa vérité la plus profonde, sa valeur supérieure et son caractère sublime, voilà qui témoigne d'un obscurcissement de l'esprit qu'on ne peut expliquer que par le fait que ces cervelles, comme, hélas, des milliers d'autres aujourd'hui en Allemagne, ont été entièrement corrompues et définitivement déformées par la misérable hegelânerie, cette école de la platitude, ce foyer de l'inintelligence et de l'ignorance, cette pseudo-sagesse qui déforme les crânes, mais qu'on commence enfin à reconnaître comme telle, et qu'on laissera à la seule Académie danoise le soin de vénérer, elle qui estime que ce charlatan balourd est un *summus philosophus* digne d'être défendu :

> Car ils suivront la créance et estude,
> De l'ignorante et sotte multitude,
> Dont le plus lourd sera reçu pour juge.
>
> Rabelais[376].

Il est tout à fait vrai que dans le christianisme authentique et premier, tel qu'à partir du noyau du Nouveau Testament il se développe dans les textes des Pères de l'Église, la tendance ascétique est évidente : elle est le sommet vers lequel aspire tout le reste. La doctrine principale de cette tendance est le précepte du pur et authentique célibat (ce premier pas important sur le chemin de la négation de la volonté), déjà énoncé dans le Nouveau Testament*[377]. Aussi, Strauss, dans son *Leben Jesu* (t. I, p. 618 de la première édition[378]), explique à propos de la recommandation du célibat, donnée en Mt 19, 11 sq. : « Pour ne rien faire dire à Jésus qui soit contraire aux opinions actuelles, on s'est dépêché d'INTRODUIRE SUBREPTICEMENT l'idée que Jésus n'aurait recommandé le célibat que pour respecter les circonstances de l'époque et pour ne pas entraver l'activité apostolique ; or, dans ce contexte, on trouve encore moins la trace de cette idée que dans le passage analogue en 1 Co 7, 25 sq. ; car ce passage fait également partie de ceux où des PRINCIPES ASCÉTIQUES, tels qu'ils étaient répandus chez les Esséniens, et probablement assez largement chez les Juifs, trans-

---

* Mt 19, 11 sq. — Lc 20, 35-37. — 1 Cor 7, 1-11 et 25-40 — (1 Th 4, 3 — 1 Jn 3, 3. —) Apo 14, 4.

paraissent aussi chez Jésus.» — Plus tard, cette orientation ascétique se manifeste plus nettement qu'au commencement, où le christianisme, encore à la recherche d'adeptes, ne pouvait pas formuler d'exigences trop hautes, mais dès le début du IIIᵉ siècle, elle est encouragée avec insistance. Dans l'authentique christianisme, le mariage n'est considéré que comme un compromis passé avec la nature peccamineuse de l'homme, comme une concession, une autorisation accordée à ceux qui manquent de forces pour aspirer à l'état suprême, et comme un expédient pour prévenir une corruption plus grande encore : c'est dans ce sens que le mariage reçoit la bénédiction de l'Église pour que le lien soit indissoluble. Or le célibat et la virginité constituent la consécration supérieure du christianisme permettant de rejoindre le rang des élus. Par eux seuls on accède à la couronne de vainqueur, à laquelle fait allusion, aujourd'hui encore, la guirlande sur le cercueil du célibataire, tout comme celle que la mariée dépose le jour du mariage.

Un témoignage sur ce point, provenant certainement de la première époque du christianisme, est cette réponse remarquable du Seigneur, extraite par Clément d'Alexandrie (*Strom.*, III, 6 et 9) de l'Évangile des Égyptiens : Τῇ Σαλώμῃ ὁ κύριος πυνθανομένῃ, μέχρι πότε θάνατος ἰσχύσει; μέχρις ἄν, εἶπεν, ὑμεῖς, αἱ γυναῖκες, τίκτητε Cm[(*Salomae interroganti «quousque vigebit mors?»; Dominus «quoadusque», inquit, «vos, mulieres, paritis»*) [Lorsque Salomé demanda au Seigneur : «combien de temps encore durera le règne de la mort?» [...] il répondit : «aussi longtemps que vous, les femmes, continuerez à enfanter»[379].]Cm Clément ajoute au c. 9 : τοῦτ' ἔστι, μέχρις ἄν αἱ ἐπιθυμίαι ἐνεργῶσι Cm[(*hoc est, quamdiu operabuntur cupidi-*

tates) [c'est-à-dire aussi longtemps qu'agiront les désirs[380]]]Cm, puis il rattache aussitôt à cette citation le célèbre passage en Rm 5, 12. Plus loin, chap. 13, il cite ces mots de Cassien : Πυνθανομένης τῆς Σαλώμης, πότε γνωσθήσεται τὰ περὶ ὧν ἤρετο, ἔφη ὁ κύριος, ὅταν τὸ τῆς αἰσχύνης ἔνδυμα πατήσητε, καὶ ὅταν γένηται τὰ δύο ἕν, καὶ τὸ ἄρρεν μετὰ τῆς θηλείας οὔτε ἄρρεν οὔτε θῆλυ Cm[(*Cum interrogaret Salome, quando cognoscentur ea, de quibus interrogabat, ait Dominus : «quando pudoris indumentum conculcaveritis, et quando duo facta fuerint unum, et masculum cum femina nec masculum nec femineum»*) [Lorsque Salomé demanda quand seraient révélées les choses qu'elle avait demandées, le Seigneur répondit : «quand vous foulerez aux pieds les voiles de votre pudeur, quand les deux sexes deviendront un seul, quand le sexe masculin sera comme le sexe féminin et qu'il n'y aura plus ni l'un ni l'autre[381]»]]Cm, autrement dit, quand vous n'aurez plus besoin du voile de la pudeur, parce que toute différence sexuelle aura disparu.

Or ce sont certainement les hérétiques qui sont allés le plus loin sur ce point : citons, dès le iie siècle, les tatianites ou encratites, les gnostiques, les marcionites, les montanistes, les valentiniens et les cassiens[382], qui, cependant, firent honneur à la vérité selon une logique impitoyable, en professant, dans l'esprit du christianisme, la continence totale, ἐγκράτεια, tandis que l'Église déclara savamment comme hérétique tout ce qui contrariait sa politique prévoyante[383]. Augustin rapporte des tatianites : *nuptias damnant, atque omnino pares eas fornicationibus aliisque corruptionibus faciunt : nec recipiunt in suum numerum conjugio utentem, sive marem, sive foeminam. Non vescuntur carnibus, easque abominantur* [ils condamnent le mariage et le mettent au nombre des fornications et des autres excès de la corruption, et aucune per-

sonne mariée, homme ou femme, ne peut faire partie
de leur secte. Ils ne font point usage de viandes, les
abhorrent toutes[384]] (*De haeresi ad quod vult Deum.
haer. 25*). Mais les Pères orthodoxes considèrent eux
aussi le mariage à la lumière décrite plus haut et
prêchent avec ferveur la parfaite continence, l'ἀγνεία.
Athanase[385] indique comme cause du mariage : ὅτι
ὑποπίπτοντές ἐσμεν τῇ τοῦ προπάτορος καταδίκῃ· [...] ἐπειδὴ
ὁ προηγούμενος σκοπὸς τοῦ θεοῦ ἦν, τὸ μὴ διὰ γάμου γενέσθαι
ἡμᾶς καὶ φθορᾶς· ἡ δὲ παράβασις τῆς ἐντολῆς τὸν γάμον
εἰσήγαγεν διὰ τὸ ἀνομῆσαι τὸν Ἀδάμ Cm[(*quia subjacemus
condemnationi propatoris nostri [...] nam finis, a Deo
praelatus, erat, nos non per nuptias et corruptionem
fieri : sed transgressio mandati nuptias introduxit,
propter legis violationem Adami*) [parce que nous
sommes sous le coup de la malédiction de notre
premier père... car c'était le but fixé à l'avance par
Dieu, que nous ne naissions pas par le mariage et la
corruption ; mais la transgression de ce comman-
dement a introduit le mariage, en raison de la désobéissance d'Adam[386]] (*Exposit. in psalm. 50*).]Cm.
Tertullien appelle le mariage *genus mali inferioris, ex
indulgentia ortum* [une sorte de moindre mal, né de
l'indulgence[387]] (*de pudicitia, c. 16*) et déclare : *matrimonium et stuprum est commixtio carnis ; scilicet
cujus concupiscentiam dominus stupro adaequavit.
Ergo, inquis, jam et primas, id est unas nuptias
destruis ? Nec immerito : quoniam et ipsae ex eo constant, quod est stuprum* [le mariage, comme l'adultère, est un commerce de la chair ; en effet, le
Seigneur a assimilé le désir charnel à l'adultère.
Mais, dira-t-on, tu rejettes donc aussi les premières
noces, les seules à cette époque ? Non sans raison :
car elles reposent elles aussi sur ce qu'on appelle
adultère[388]] (*de exhort. castit. c. 9*). Augustin lui-même
admet entièrement cette doctrine dans toutes ses

conséquences lorsqu'il dit: *novi quosdam, qui murmurent: quid, si, inquiunt, omnes velint ab omni concubitu abstinere, unde subsistet genus humanum? — Utinam omnes hoc vellent! dum taxat in caritate, de corde puro, et conscientia bona, et fide non ficta: multo citius Dei civitas compleretur, et acceleraretur terminus mundi* [j'en sais qui murmurent: qu'arriverait-il si tous les hommes embrassaient la continence? que deviendrait le genre humain? Plût à Dieu que tous eussent ce désir, inspiré par la charité "d'un cœur pur, d'une bonne conscience, et d'une foi véritable"; la Cité de Dieu serait plus promptement remplie, et la fin du monde arriverait plus tôt[389]] (*de bono conjugali c. 10*). — Et encore: *non vos ab hoc studio, quo multos ad imitandum vos excitatis, frangat querela vanorum, qui dicunt: quomodo subsistet genus humanum, si omnes fuerint continentes? Quasi propter aliud retardetur hoc seculum, nisi ut impleatur praedestinatus numerus ille sanctorum, quo citius impleto, profecto nee terminus seculi differetur* [dans cette noble entreprise, ne vous laissez arrêter par aucun des sophismes que pourront vous objecter des hommes vains; ils vous diront: Si tous embrassent la continence, comment se perpétuera le genre humain? Comme si le monde subsistait dans un autre but que pour donner au nombre prédestiné des saints le temps de s'achever, car à peine le sera-t-il, que le monde, cessera d'exister[390]] (*de bono viduitatis, c. 23*). On peut constater du même coup qu'il identifie le salut avec la fin du monde. — On trouvera les autres passages des œuvres d'Augustin se rapportant à ce sujet dans la compilation *Confessio Augustiniana e D. Augustini operibus compilata a Hieronymo Torrense,* 1610[391], sous les rubriques *de matrimonio, de coelibatu,* etc., ce qui devrait permettre de se convaincre que dans le christianisme ancien et authentique, le mariage n'était qu'une concession, dont le seul but était, d'ailleurs, la procréation des enfants, et que la continence parfaite était la vertu véritable largement préférable au mariage. À ceux qui ne voudraient pas eux-mêmes aller aux sources, je recommande, pour écarter d'éventuels doutes au sujet de cette tendance du christianisme, deux écrits : Carové, *Über das Cölibatgesetz*, 1832, et Lind, *De coelibatu Christianorum per tria priora secula, Havniae*, 1839[392]. Cependant, je ne renvoie aucunement aux opinions personnelles de ces auteurs, car elles sont à l'opposé des miennes, mais exclusivement aux comptes rendus et citations qu'ils ont soigneusement recueillis, et qui ne sont pas captieux mais entièrement fiables pour cette raison précise que les deux auteurs sont des adversaires du célibat, le premier un catholique rationaliste, le second un candidat en théologie protestante qui s'exprime tout à fait comme tel. Le premier ouvrage mentionné, t. I, p. 166, énonce à cet égard le résultat suivant : « Selon l'opinion de l'Église, exprimée chez les Pères de l'Église canoniques, dans les enseignements des synodes et des papes et dans d'innombrables textes de catholiques orthodoxes, la chasteté durable est appelée une vertu divine, céleste, angélique, et l'obtention de la grâce divine à cette fin suppose de demander cette chasteté avec grande ferveur. — Nous avons montré que Canisius et le concile de Trente[393] mentionnent cette doctrine augustinienne comme un dogme ecclésiastique invariable. Or elle a été maintenue comme dogme religieux jusqu'à nos jours, comme en témoigne très largement la revue *Der Katholik*, juin 1831[394], où on peut lire p. 263 : "Dans le catholicisme, l'observance d'une CHASTETÉ ÉTERNELLE, pour l'amour de Dieu, apparaît EN SOI comme le mérite SUPRÊME de l'homme. L'opinion que l'observance d'une constante chasteté, en tant que FIN EN SOI, SANCTIFIE et élève l'homme, trouve sa raison profonde, comme tout catholique instruit en a la conviction, dans le christianisme considéré selon son esprit et selon ses préceptes explicites. Le concile de Trente a levé tous les doutes possibles à ce sujet. [...] Tout homme impartial doit avouer cependant que non seulement la doctrine énoncée dans *Der Katholik* est réellement catholique, mais aussi que les arguments produits en faveur d'une raison catholique sont tout à fait irréfutables, car ils puisent directement dans la conception fondamentale de l'Église concernant la vie et sa destination." — Plus loin, p. 270, on peut lire dans ce même ouvrage : "Bien que Paul ait pu désigner l'interdiction du mariage comme une doctrine erronée, tout comme l'auteur encore plus juif de l'épître aux Hébreux, qui prescrit 'que le mariage soit honoré de tous et le lit nuptial sans souillure' (He 13, 4), on ne saurait pour autant méconnaître l'orientation fondamentale de ces deux hagiographes. Tous deux considéraient la virginité comme la perfection même, le mariage comme un expédient pour les faibles, ne devant être respecté qu'à ce titre. L'aspiration suprême, cependant, était portée sur une négation totale et matérielle de soi. Le soi doit se détourner et s'abstenir de tout ce qui ne procure qu'un plaisir individuel et temporel." — Enfin, p. 288 : "Nous sommes d'accord avec l'abbé Zaccaria qui entend déduire le célibat (non la loi du célibat) surtout de l'enseignement du Christ et de l'apôtre Paul." »

Ce qu'on oppose à cette conception chrétienne fondamentale et authentique n'est toujours et partout que l'Ancien Testament avec son πάντα καλὰ λίαν [tout était bien[395]]. C'est ce qui ressort avec une évidence particulière de cet important livre III des *Stromates* de Clément, où celui-ci, dans sa polémique contre les hérétiques encratites évoqués plus haut, ne leur oppose toujours que le judaïsme avec son histoire optimiste de la création, histoire avec laquelle l'orientation néo-testamentaire, négatrice du monde, se trouve incontestablement en contradiction[396]. Mais en vérité, le lien entre le Nouveau Testament et l'Ancien Testament n'est qu'extérieur, fortuit, voire forcé ; le seul point de rattachement qu'offrait l'Ancien Testament pour la doctrine chrétienne était, comme nous l'avons dit, l'histoire de la chute originelle, qui y occupe d'ailleurs une place isolée et n'y est pas sollicitée par ailleurs. D'après le récit évangélique, ce sont d'ailleurs justement les adeptes orthodoxes de l'Ancien Testament qui provoquent la crucifixion du fondateur, considérant que ses doctrines étaient en contradiction avec les leurs. C[Dans ledit livre III des *Stromates* de Clément, l'antagonisme entre, d'une part, l'optimisme avec le théisme et, d'autre part, le pessimisme avec la morale ascétique apparaît avec une évidence surprenante. Ce livre est dirigé contre les gnostiques, qui enseignèrent précisément le pessimisme et l'ascèse, notamment l'ἐγκράτεια (l'abstinence de toute espèce, mais surtout l'abstinence de toute satisfaction sexuelle), raison pour laquelle Clément les blâme vivement. On voit alors d'emblée percer cet antagonisme entre l'esprit de l'Ancien Testament et celui du Nouveau Testament. Car, exception faite de la chute originelle, qui figure dans l'Ancien Testament comme un *hors-d'œuvre* [en français dans le texte], l'esprit de l'Ancien Testament est diamétralement opposé à l'esprit du Nouveau Testament : celui-là est optimiste, celui-ci pessimiste. Clément lui-même souligne cette contradiction à la fin du chapitre 11 (προσαποτεινόμενον τὸν Παῦλον τῷ Κτίστη κ. τ. λ. [Paul s'opposant au Créateur, etc.[397]]), bien qu'il ne veuille point l'admettre en déclarant qu'elle n'est qu'apparente, en bon Juif qu'il est. Il est intéressant, en général, de voir comment, chez Clément, le Nouveau Testament et l'Ancient Testament s'entremêlent sans cesse, et comment il s'efforce de les réconcilier tout en essayant le plus souvent de chasser le Nouveau par l'Ancien. Tout au début du chapitre 3, il reproche aux marcionites d'avoir, à l'instar de Platon et de Pythagore, trouvé la création mauvaise, puisque Marcion enseignerait qu'elle est d'une nature mauvaise, d'une matière mauvaise (φύσις κακή, ἔκ τε ὕλης κακῆς), d'où la nécessité de ne pas peupler la terre et de s'abstenir du mariage (μὴ βουλόμενοι τὸν κόσμον συμπληροῦν, ἀπέχεσθαι γάμου)³⁹⁸. C'est cette idée que Clément, plus enclin en général à apprécier et à comprendre l'Ancien que le Nouveau Testament, ne peut absolument pas leur pardonner. Il y voit leur flagrante ingratitude, leur hostilité et leur révolte contre celui qui a créé le monde, contre le démiurge juste, dont ils seraient eux-mêmes les œuvres, alors qu'ils dédaigneraient faire usage de ses créations, « sortant des raisonnements conformes à la nature » dans leur rébellion impie (ἀντιτασσόμενοι τῷ ποιητῇ τῷ σφῶν, [...] ἐγκρατεῖς τῇ πρὸς τὸν πεποιηκότα ἔχθρᾳ, μὴ βουλόμενοι χρῆσθαι τοῖς ὑπ' αὐτοῦ κτισθεῖσιν, [...] ἀσεβεῖ θεομαχίᾳ τῶν κατὰ φύσιν ἐκστάντες λογισμῶν)³⁹⁹. — Dans sa ferveur sacrée, il ne veut même pas laisser aux marcionites l'honneur de l'originalité, mais, armé de son érudition bien connue, il leur reproche, s'appuyant sur les plus belles citations, que déjà les philosophes antiques, Héraclite et Empédocle, Pythagore et Platon, Orphée et Pindare, Hérodote et Euripide, sans oublier la Sibylle, déplorèrent profondément la nature misérable du monde, c'est-à-dire enseignèrent le pessimisme. Or, dans son savant enthousiasme, il

ne remarque pas qu'il apporte de l'eau au moulin
des marcionites, puisqu'il montre que

Alle die Weisesten aller der Zeiten

[Tous les plus sages de toutes les époques[400]]

ont enseigné et chanté la même chose qu'eux, et il
continue, confiant et intrépide, de citer les paroles
les plus tranchées et les plus énergiques que les
Anciens ont pu exprimer dans ce sens. Certes, ces
derniers ne sauraient pour autant le déconcerter :
les sages ont beau se lamenter sur la tristesse de
l'existence, les poètes se répandre en plaintes bou-
leversantes à ce sujet, la nature et l'expérience
contester à grands cris l'optimisme — voilà autant
d'éléments qui n'inquiètent guère notre père de
l'Église, puisque, sa révélation juive à la main, il
reste imperturbable. Le démiurge a fait le monde : il
suit de là qu'il est certain *a priori* que le monde est
excellent, quel que soit l'aspect qu'il pourrait revêtir.
— Il en va de même avec le deuxième point, l'ἐγκράτεια,
par où les marcionites manifestent, selon lui, leur ingratitude à l'égard du démiurge (ἀχαριστεῖν τῷ δημιουργῷ)
et leur insoumission avec laquelle ils refusent ses
dons (δι' ἀντίταξιν πρὸς τὸν δημιουργόν, τὴν χρῆσιν τῶν
κοσμικῶν παραιτούμενοι). Là aussi, les tragiques auraient précédé les encratites (aux dépens de l'originalité de ceux-ci) en affirmant déjà la même chose :
car, en déplorant eux aussi la misère sans fin de
l'existence, ils ont ajouté qu'il serait mieux de ne pas
faire naître des enfants dans un tel monde ; ce qu'il
illustre une nouvelle fois par les passages les plus
choisis tout en accusant les pythagoriciens d'avoir
pratiqué l'abstinence sexuelle pour cette raison. Mais
tout cela ne le dérange pas : il tient à son principe

qu'eux tous, par leur abstinence, pèchent contre le démiurge, puisqu'ils enseignent qu'il ne faut pas se marier, ne pas procréer d'enfants, ne pas mettre au monde de nouveaux malheureux, ne pas jeter des nourritures nouvelles à la mort (δι᾽ ἐγκρατείας ἀσεβοῦσιν εἴς τε τὴν κτίσιν καὶ τὸν ἅγιον δημιουργόν, τὸν παντοκράτορα μόνον θεόν, καὶ διδάσκουσι, μὴ δεῖν παραδέχεσθαι γάμον καὶ παιδοποίαν, μηδὲ ἀντεισάγειν τῷ κόσμῳ δυστυχήσοντας ἑτέρους μηδὲ ἐπιχορηγεῖν θανάτῳ τροφήν. *c. 6*[401]). — Dans son procès contre l'ἐγκράτεια, le savant Père de l'Église ne semble pas avoir pressenti que juste après lui on allait progressivement introduire le célibat dans le clergé chrétien pour finalement en faire une loi au XIᵉ siècle, le considérant comme conforme à l'esprit du Nouveau Testament. C'est précisément celui-ci que les gnostiques ont mieux compris que notre père de l'Église, qui est plus juif que chrétien. La conception des gnostiques apparaît clairement au début du chapitre 9, où on trouve une citation tirée de l'Évangile des Égyptiens : (αὐτὸς εἶπεν ὁ Σωτήρ, «ἦλθον καταλῦσαι τὰ ἔργα τῆς θηλείας» θηλείας μέν, τῆς ἐπιθυμίας· ἔργα δέ, γένεσιν καὶ φθοράν (*ajunt enim dixisse Servatorem : «veni ad dissolvendum Opera feminae» : feminae quidem, cupiditatis ; opera autem, generationem et interitum*) [le Sauveur lui-même a dit : «je suis venu pour abolir les œuvres de la femme». La femme, c'est-à-dire le désir ; les œuvres, c'est-à-dire la génération et la destruction[402]] ; mais tout particulièrement à la fin du chapitre 13 et au début du chapitre 14. Certes, l'Église avait pour tâche de mettre sur pied une religion capable de marcher et de tenir debout, dans le monde tel qu'il est, parmi les hommes ; c'est pourquoi elle déclara ces gens hérétiques. — À la fin du chapitre 7, notre Père de l'Église, en opposant l'ascétisme indien, jugé mauvais, à l'ascétisme judéo-chrétien, fait ressortir nette-

ment la différence fondamentale de l'esprit des deux.
Car, dans le judaïsme et le christianisme, tout reconduit à l'obéissance ou à la désobéissance à la volonté
de Dieu : ὑπακοὴ καὶ παρακοή, comme il convient, à
nous, créatures, ἡμῖν, τοῖς πεπλασμένοις ὑπὸ τῆς τοῦ
Παντοκράτορος βουλήσεως (*nobis, qui ab Omnipotentis
voluntate efficti sumus*) *c. 14.*[403]]. — À cela s'ajoute,
comme deuxième devoir, celui de λατρεύειν θεῷ ζῶντι,
de servir le Seigneur, de louer ses œuvres, de se
répandre en gratitude. — Il est vrai qu'il en va tout
autrement dans le brahmanisme et le bouddhisme,
car dans ce dernier toute amélioration, toute conversion et tout espoir d'être délivré de ce monde de la
souffrance, de ce *samsâra*, procèdent de la connaissance des quatre vérités fondamentales : 1) *dolor* [la
douleur], 2) *doloris ortus* [la naissance de la douleur],
3) *doloris interitus* [la destruction de la douleur],
4) *octopartita via ad doloris sedationem* [la voie octuple
conduisant à la cessation de la douleur]. — *Dham-
mapadam, ed. Fausböll, p. 35 et 347*[404]. On trouvera
l'explicitation de ces quatre vérités chez Burnouf,
Introduct. à l'hist. du Buddhisme, p. 629[405], ainsi que
dans toutes les présentations du bouddhisme.

En vérité,]C ce n'est pas le judaïsme, avec son
πάντα καλὰ λίαν [tout était bien], mais le brahmanisme
et le bouddhisme qui, selon l'esprit et selon la tendance éthique, sont parents du christianisme. Or ce
sont l'esprit et la tendance éthique qui constituent
l'essentiel d'une religion, et non les mythes dont elle
les revêt. C'est bien pourquoi je ne renonce pas à
croire que, d'une façon ou d'une autre, on peut
déduire les doctrines du christianisme de ces religions primordiales. Cm[J'ai donné quelques indices
dans ce sens dans le tome II des *Parerga*, § 379.
Il faut y ajouter que d'après Épiphane (*Haeretic.,
XVIII*[406]), les premiers judéo-chrétiens de Jérusalem,

qui s'appelaient Nazaréens, se seraient abstenus de toute nourriture animale.]Cm En vertu de cette origine (ou du moins de cette concordance), le christianisme appartient à la croyance ancienne, vraie, sublime de l'humanité, croyance en contradiction avec l'OPTIMISME faux, plat et pernicieux tel qu'il se présente dans le paganisme grec, dans le judaïsme et dans l'islam. La religion zend tient en quelque sorte le milieu entre les deux, car face à Ormuzd, elle trouve en Ahriman un contrepoids pessimiste. Comme l'a montré de façon fouillée J. G. Rohde dans son ouvrage *Die heilige Sage des Zendvolks*[407], la religion juive dérive de cette religion zende: Ormuzd est devenu Jéhova, Ahriman est devenu Satan, lequel, cependant, ne joue qu'un rôle très subordonné dans le judaïsme pour même disparaître presque complètement; l'optimisme devient alors prépondérant et le mythe de la chute originelle, lequel provient également (comme fable de Meschian et Meschiana) du *Zend-Avesta*[408], est le seul élément pessimiste qui reste, mais tombe dans l'oubli jusqu'au moment où le christianisme s'en saisit, en même temps que de Satan. Cependant, Ormuzd provient lui-même du brahmanisme, bien que d'une région inférieure de celui-ci: car il n'est autre qu'Indra, ce dieu subalterne du firmament et de l'atmosphère, rivalisant souvent avec les hommes, comme l'a très justement montré l'excellent I. J. Schmidt, dans son écrit *Über die Verwandtschaft der gnostisch-theosophischen Lehren mit den Religionen des Orients*[409]. Cet Indra-Ormuzd-Jéhova devait plus tard se fondre dans le christianisme puisque celui-ci est né en Judée, mais pour s'adapter au caractère cosmopolite de ce dernier, il abandonna ses noms propres pour être désigné dans la langue régionale de chaque nation convertie par le nom appellatif des individus surhumains qu'il avait écartés, comme θεός, *Deus*, qui dérive du sanscrit *deva* (comme *devil*, *Teufel*, diable), ou, chez les peuples gothico-germaniques, par le mot de *God, Gott*[410], dérivé d'Odin ou de Wotan, Guodan, Godan. De même, dans l'islam qui procède également du judaïsme, il prit le nom d'Allah, déjà en usage en Arabie. Cm[De façon analogue, les dieux de l'Olympe grec, lorsqu'ils furent transplantés en Italie à une époque préhistorique, ont adopté les noms des dieux qui régnaient auparavant; c'est pourquoi chez les Romains Zeus s'appelle Jupiter, Héra Junon, Hermès Mercure, etc.]Cm En Chine, le premier embarras des missionnaires est dû au fait que la langue chinoise ne possède pas de nom appellatif de ce genre, ni de mot pour exprimer la « création »*[411], puisque les trois religions de Chine ne connaissent pas de dieux, Cm[ni au pluriel ni au singulier]Cm.

Mais quoi qu'il en soit, ce πάντα καλὰ λίαν de l'Ancien Testament est réellement étranger à l'authentique christianisme : car dans le Nouveau Testament, il n'est toujours question du monde que comme d'un lieu dont on n'est pas, qu'on n'aime pas, qui est même dominé par le diable**[412]. Voilà qui s'accorde

---

* Voir *De la volonté dans la nature*, 2ᵉ édition, p. 124.
** Par ex. Jean 12, 25 et 31. — 14, 30. — 15, 18-19. — 16, 33. Col 2, 20. — Eph 2, 1-3. — 1 Jean 2, 15-17 et 4, 4-5. On peut voir sur ce point comment certains théologiens protestants, dans leurs efforts pour interpréter le texte du Nouveau Testament en fonction de leur vision du monde rationaliste, optimiste et prodigieusement triviale, vont jusqu'à franchement falsifier ce texte dans leurs traductions. Ainsi, H. A. Schott, dans sa nouvelle version ajoutée en 1805 au texte de Griesbach, a traduit le mot κόσμος dans Jean 15, 18-19 par *Judaei*, dans 1 Jean 4, 4 par *profani homines*, et στοιχεῖα τοῦ κόσμου dans Col 2, 20 par *elementa Judaica* ; alors que Luther, de façon correcte et honnête, rend toujours ce mot par « monde <*Welt*> ».

avec l'esprit ascétique du reniement du soi individuel et de la victoire sur le monde, esprit qui constitue, tout comme l'amour illimité du prochain et même de l'ennemi, le trait fondamental que le christianisme partage avec le brahmanisme et le bouddhisme, et qui atteste leur parenté. Dans nul autre cas il faut veiller à distinguer aussi fortement le noyau de l'écorce que dans celui du christianisme. C'est bien parce que j'ai une haute estime pour ce noyau que parfois je traite sans beaucoup d'égards l'écorce, qui, souvent, est plus épaisse qu'on le croit d'ordinaire.

En éliminant l'ascèse et son point central, la nature méritoire du célibat, le protestantisme a déjà abandonné, au fond, le noyau le plus intime du christianisme et doit, par conséquent, être considéré comme une apostasie par rapport à lui. C'est ce qui de nos jours est devenu manifeste dans le passage progressif du protestantisme à un rationalisme trivial, ce pélagianisme moderne, qui finit par aboutir à une doctrine d'un Père bienveillant qui a créé le monde pour que les choses s'y déroulent bien plaisamment (à quoi il a visiblement échoué), et qui, à condition que nous nous accommodions à sa volonté, quoique sur certains points seulement, nous réserve pour après un monde plus plaisant encore (dont le seul aspect regrettable est d'avoir une entrée si fatale). C'est là très certainement une bonne religion pour des pasteurs protestants installés, mariés et éclairés : mais ce n'est pas du christianisme. La doctrine du christianisme consiste à enseigner la profonde culpabilité de la race humaine par le fait même de son existence, et l'aspiration du cœur à s'en délivrer, délivrance qu'on ne peut atteindre que par les plus grands sacrifices et le reniement du soi individuel, c'est-à-dire par la conversion totale de la nature humaine. — Luther, du point de vue pratique, c'est-à-dire relativement aux scandales atroces de l'Église de son époque auxquels il voulait mettre un terme, avait sans doute raison ; mais du point de vue théorique, ce n'était pas le cas. Plus une doctrine est sublime, plus elle ouvre à des abus venant de la nature humaine généralement disposée à la bassesse et à la perversité ; c'est pourquoi les abus sont bien plus fréquents et plus considérables dans le catholicisme que dans le protestantisme. Ainsi par exemple, le monachisme, cette négation de la volonté pratiquée méthodiquement et en commun pour s'encourager mutuellement, est une institution d'un genre sublime[413], mais qui, pour cette raison même, trahit le plus souvent son esprit premier. Les abus scandaleux de l'Église ont indigné au plus haut point l'esprit honnête de Luther. Or c'est ce qui l'a conduit à vouloir retrancher le plus possible du christianisme, en le limitant d'abord au texte de la Bible ; mais ensuite, dans sa ferveur bien intentionnée, il est allé trop loin en attaquant le principe ascétique, c'est-à-dire le cœur du christianisme. Car, une fois le principe ascétique éliminé, le principe optimiste devait nécessairement prendre sa place. Mais l'optimisme, dans les religions comme dans les philosophies, est une erreur fondamentale qui entrave le chemin de toute vérité. D'après tout cela, le catholicisme me semble être un christianisme dont on a outrageusement abusé, et le protestantisme un christianisme dégénéré, le christianisme en général paraissant donc avoir connu ce destin auquel succombe tout ce qui est noble, sublime et grand dès qu'il est censé se maintenir parmi les hommes.

Et pourtant, même au sein du protestantisme, l'esprit essentiellement ascétique et encratite du christianisme a refait surface pour se manifester par un phénomène qui peut-être ne s'était encore jamais produit à cette échelle avec un caractère aussi tranché, à savoir par la secte des shakers en Amérique du Nord, fondée par l'Anglaise Anna Lee en 1774[414]. Les adeptes, déjà au nombre de 6 000, possèdent plusieurs villages, répartis en 15 communes, dans les États de New York et de Kentucky, principalement dans le district de New Libanon près de Nassau-Village. La caractéristique principale de leur règle de vie religieuse est le célibat et l'abstinence totale de toute satisfaction sexuelle. Comme l'admettent unanimement même les visiteurs anglais et nord-américains qui, par ailleurs, les raillent et les moquent de toutes les manières imaginables, cette règle est strictement et fort sincèrement observée, alors que frères et sœurs habitent parfois sous le même toit, mangent ensemble, et vont jusqu'à DANSER ensemble[415] lors de la messe à l'église. Car celui qui a fait ce plus grand de tous les sacrifices a le droit de DANSER devant le Seigneur : c'est lui le vainqueur, c'est lui qui a triomphé. Leurs chants d'église sont généralement gais, certains sont même des chansons joyeuses. Ainsi, la danse d'église qui suit le prêche est accompagnée par les chants des autres ; exécutée de façon rythmée et vive, elle se termine par une galopade continuée jusqu'à épuisement. Entre chaque danse, l'un des maîtres crie : « Souvenez-vous que vous vous réjouissez devant le Seigneur d'avoir mortifié votre chair ! car voici le seul usage que nous faisons de nos membres insoumis. » Du célibat découlent spontanément la plupart des autres règlements. Il n'y a pas de famille, ni donc de propriété privée, mais une communauté de biens. Tous portent les mêmes habits, à la manière des quakers, avec une grande propreté. Ils sont industrieux et travailleurs : l'oisiveté n'est point admise. Ils ont aussi le précepte tout à fait enviable d'éviter tout bruit inutile, comme de crier, de claquer les portes, de faire claquer les fouets, de frapper fort, etc. L'un des leurs a énoncé leur règle de vie en ces termes: «Menez une vie innocente et pure, aimez votre prochain comme vous-même, vivez en paix avec tous les hommes et abstenez-vous de faire la guerre, de faire couler le sang et de toute violence contre autrui, ainsi que de toute aspiration aux honneurs et aux distinctions du monde. Donnez à chacun ce qui lui revient et observez la SAINTETÉ, car sans elle personne ne peut voir le Seigneur. Exercez le bien à l'encontre d'autrui si vous en avez l'occasion et si vos forces le permettent.» Ils ne persuadent pas autrui de les rejoindre, mais ils soumettent les candidats à un noviciat de plusieurs années. Aussi, chacun est libre de partir, et on doit rarement exclure quelqu'un parce qu'il aurait fauté. Les enfants qu'on leur amène sont soigneusement éduqués, et ce n'est qu'après avoir atteint l'âge adulte qu'ils font profession de plein gré. On rapporte que dans les controverses de leurs maîtres avec des ecclésiastiques anglicans, ceux-ci ont le plus souvent le dessous, car les arguments sont tirés de passages bibliques du Nouveau Testament. On trouvera des récits détaillés sur eux principalement dans Maxwell, *Run through the United States*, 1841, également dans Benedict, *History of all religions*, 1830[416], ainsi que dans le *Times* du 4 novembre 1837 et dans la revue allemande *Columbus*, cahier de mai 1831. — Cm[Une secte allemande fort similaire en Amérique, qui vit également dans le strict célibat et la continence, est celle des rappistes, dont on trouve une description dans Franz Löher, *Geschichte und Zustände der Deutschen in Amerika*, 1853[417]. — On dit qu'en Russie les raskolniks forment une secte comparable. Les gichteliens vivent également dans une stricte chasteté. — Mais on trouve déjà chez les anciens juifs le modèle de toutes ces sectes, les esséniens, décrits d'ailleurs par Pline (*Hist. nat.*, V, 15[418]), qui peuvent être rapprochés des shakers, non seulement pour ce qui est du célibat, mais aussi dans d'autres domaines, comme la danse pendant la messe*[419], ce qui laisse supposer que la fondatrice de cette secte s'est inspirée de ce modèle.]Cm — Face à ces faits, que penser de cette affirmation de Luther : *ubi natura, quemadmodum a Deo nobis insita est, fertur ac rapitur,* fieri nullo modo potest, *ut extra matrimonium caste vivatur* [quand la nature, telle qu'elle a été implantée par Dieu, suit son cours, il n'est pas possible de demeurer chaste en dehors du mariage[420]] (*Catech. maj.*) ?

Bien que le christianisme n'ait pour l'essentiel enseigné que ce que toute l'Asie savait depuis longtemps déjà, et mieux, il n'était pas moins pour l'Europe une nouvelle et grande révélation qui, par la suite, transforma entièrement l'orientation spirituelle des peuples européens. Cm[En effet, le christianisme leur dévoila la signification métaphysique de l'existence]Cm et leur apprit ainsi à passer outre la vie terrestre étroite, pauvre et éphémère, et à ne plus considérer celle-ci comme une fin en soi, mais comme un état de souffrance, de faute, d'épreuve, de lutte et de purification, les mérites moraux, le renoncement radical et le reniement du soi individuel permettant de s'y arracher et de s'exhausser à une existence meilleure qui échappe à notre compréhension. Car le christianisme enseigna la grande vérité C[de l'affirmation et]C de la négation de la volonté de vivre Cm[sous la forme de l'allégorie : par la chute originelle d'Adam, la malédiction s'est

---

* Bellermann, *Geschichtliche Nachrichten über Essäer und Therapeuten*, 1821, p. 106.

abattue sur tous, le péché est entré dans le monde, la faute héréditairement transmise à tous, mais grâce à la mort sacrificielle de Jésus, tous les péchés sont lavés, le monde est sauvé, la faute abolie et la justice retrouvée. Or, pour comprendre la vérité elle-même contenue dans ce mythe, il ne faut pas seulement considérer les hommes dans le temps, comme des êtres indépendants les uns des autres, mais il faut appréhender l'Idée (platonicienne) de l'homme, qui est à la série des hommes ce que l'éternité en soi est à l'éternité étendue dans le temps; c'est pourquoi l'Idée éternelle de l'HOMME, qui s'étend en série des hommes dans le temps, apparaît encore par la chaîne de la génération, qui les relie, comme un tout dans le temps. Si on garde à l'esprit l'Idée de l'homme, on voit que la chute originelle d'Adam représente la nature finie, animale, pécheresse de l'homme, en vertu de laquelle il est voué à la finitude, au péché, à la souffrance et à la mort. Par contre, la conduite, l'enseignement et la mort de Jésus-Christ représentent le côté éternel, supranaturel, la liberté, la délivrance de l'homme. Or chaque homme, comme tel et en puissance, est tant Adam que Jésus, selon la compréhension qu'il a de lui-même et selon la détermination de sa volonté, en conséquence de quoi il est soit damné et voué à la mort, soit sauvé en ayant accédé à la vie éternelle. — Ces vérités, au sens allégorique comme au sens propre, étaient complètement]Cm nouvelles par rapport aux Grecs et aux Romains, qui étaient tout à fait absorbés par la vie sans pouvoir sérieusement regarder outre cette vie elle-même. Que celui qui douterait de ce dernier aspect considère comment Cicéron (*pro Cluentio*, c. 61) et Salluste (*Catil.*, c. 47) parlent de la mort[421]. Les Anciens, bien qu'ils fussent très avancés dans presque tous les autres domaines, étaient restés des enfants dans la chose principale, où même les druides les surpassèrent par leur enseignement de la métempsycose. Que certains philosophes comme Platon et Pythagore aient eu une pensée différente à ce sujet ne change rien dans l'ensemble.

Ainsi, cette grande vérité fondamentale, contenue tant dans le christianisme que dans le brahmanisme et le bouddhisme, à savoir le besoin d'être délivré d'une existence vouée à la souffrance et à la mort, et la possibilité d'atteindre cette délivrance par la négation de la volonté, c'est-à-dire par une opposition tranchée à la nature, est incontestablement la plus importante de toutes les vérités qui puissent exister, tout en étant tout à fait contraire à l'orientation naturelle de l'espèce humaine et difficile à saisir dans ses raisons profondes, car tout ce qui doit être pensé sur un mode universel et abstrait demeure tout à fait inaccessible à la majorité des hommes. Pour transférer cette grande vérité dans le domaine de son applicabilité pratique, il lui fallait donc un VÉHICULE MYTHIQUE, un vase pour ainsi dire, sans lequel elle se serait perdue et évaporée. La vérité a donc dû emprunter partout les habits de la fable, et s'efforcer en plus de se rattacher à ce qui, dans chaque cas, était historiquement donné, déjà connu et vénéré. Ce qui restait inaccessible *sensu proprio* à la foultitude de tous les temps et de tous les pays, eu égard à sa moralité vile, à son intelligence émoussée, à sa brutalité générale, a ainsi dû, dans un but pratique, lui être appris *sensu allegorico*, pour devenir dès lors son étoile conductrice. Ainsi, il faut considérer les doctrines religieuses évoquées plus haut comme les vases sacrés par lesquels la grande vérité reconnue et énoncée depuis plusieurs millénaires, voire depuis les débuts de l'espèce humaine, mais qui en elle-même restera toujours une doctrine secrète pour la masse de l'humanité, est versée à celle-ci en proportion de ses capacités à l'accueillir, et conservée et transmise à travers les siècles. Mais, comme tout ce qui n'est pas entièrement fait de cette matière indestructible de la vérité pure est exposé à la destruction, il faut, dès qu'un tel vase est menacé de se briser au contact d'une époque qui lui est hétérogène, en sauver le contenu sacré et le transférer pour le conserver à l'humanité. Or ce contenu qui ne fait qu'un avec la vérité pure, la philosophie a pour tâche de l'exposer sur un mode transparent, non mélangé, c'est-à-dire par des concepts abstraits et donc sans aucun véhicule, à ceux, toujours en fort petit nombre, qui sont capables de penser. C[Ce faisant elle est aux religions ce qu'est une ligne droite à plusieurs lignes courbes qui courent à côté d'elle : car elle exprime *sensu proprio*, et atteint directement, ce qu'elles ne montrent que de façon déguisée et détournée.]C

Si je voulais illustrer par un exemple ce qui vient d'être dit pour céder ainsi à une mode philosophique de mon époque, en tentant de dissoudre, disons le mystère le plus profond du christianisme, c'est-à-dire le mystère de la trinité, dans les concepts fondamentaux de ma philosophie, alors je m'y prendrais de la façon suivante, compte tenu des licences accordées dans ce genre d'interprétations. Le Saint-Esprit est la négation résolue de la volonté de vivre ; l'homme dans lequel cette négation se présente *in concreto* est le Fils. Il est identique au Père, c'est-à-dire à la volonté affirmant la vie et produisant par là le phénomène de ce monde perceptible, dans la mesure où l'affirmation et la négation sont des actes opposés de la même volonté dont la capacité à accomplir les deux constitue la seule vraie liberté. — Ceci, cependant, est à considérer comme un pur *lusus ingenii* [jeu de l'esprit].

Avant de clore ce chapitre, je voudrais donner quelques preuves pour appuyer ce que j'ai désigné, au § 68 du tome I, par l'expression δεύτερος πλοῦς [seconde navigation][422], c'est-à-dire le fait de provoquer la négation de la volonté par notre propre souffrance profondément éprouvée, et non simplement par l'appropriation de la souffrance d'autrui et par la connaissance de la vanité et de la désolation de notre existence que celle-ci confère. On peut se faire une idée de ce qui se produit dans l'intériorité de l'homme lors d'une élévation de ce genre, et lors du processus de purification qu'elle entraîne, si on considère ce qu'éprouve de façon analogue tout homme sensible assistant au spectacle d'une tragédie. Car au troisième et quatrième acte, cet homme est douloureusement affecté et angoissé par la vue du bonheur du héros qui se trouve de plus en plus troublé et menacé ; mais lorsqu'au cinquième acte, ce bonheur échoue et se brise complètement, il éprouve une certaine élévation de son âme qui lui procure une satisfaction d'un genre infiniment plus grand que celle procédant de la vue du héros heureux, quelle qu'ait pu être l'intensité de son bonheur. Or ceci, sous les pâles couleurs d'une compassion suscitée par une illusion reconnue comme telle, est analogue à ce qui se produit, mais avec la force du réel, lorsqu'un homme éprouve son propre destin au moment où un lourd malheur le conduit enfin dans le port de la résignation totale. C'est sur ce processus que reposent toutes les conversions qui transforment totalement l'homme, telles que je les ai décrites dans le texte. L'histoire de la conversion de Raymond Lulle que j'y ai rapportée[423] trouve un pendant frappant, remarquable de surcroît par son résultat, dans celle de l'abbé Rancé, qu'on décrira ici en quelques mots. Sa jeunesse était consacrée au divertissement et au plaisir ; plus tard, il eut une liaison passionnée avec Madame de Montbazon. Un soir où il lui rendait visite, il trouva ses appartements vides, en désordre, plongés dans l'obscurité. Avec son pied il buta contre un objet : c'était sa tête qu'on avait dû arracher du tronc, sans quoi le cadavre de la marquise subitement morte n'aurait pu entrer dans le cercueil en plomb se trouvant à côté. Après avoir surmonté son immense douleur, Rancé réforma, dès 1663, l'ordre des trappistes, qui alors s'était complètement écarté de ses règles strictes ; il entra aussitôt dans cet ordre, auquel il fit retrouver cette grandeur terrible de l'abnégation, et dans l'esprit de laquelle l'ordre subsiste encore aujourd'hui à la Trappe, où la négation de la volonté pratiquée méthodiquement, encouragée par les plus lourds renoncements et un mode de vie incroyablement sévère et pénible, remplit le visiteur d'un effroi sacré, alors que celui-ci, dès son arrivée, est d'emblée bouleversé par l'humilité de ces moines authentiques qui, émaciés par les jeûnes, le froid, les veilles, les prières et les travaux, s'agenouillent devant lui, ce rejeton du monde, ce pécheur, pour lui demander sa bénédiction[424]. De tous les ordres monastiques en France, c'est le seul à avoir entièrement survécu à toutes les révolutions, ce qu'il faut attribuer au profond sérieux qui l'anime incontestablement et élimine toute arrière-pensée. Même la décadence de la religion ne l'a pas touché, car il plonge plus profondément ses racines dans la nature humaine que n'importe quelle doctrine religieuse positive.

J'ai déjà évoqué dans le texte que le grand et soudain bouleversement de l'essence la plus intime de l'homme, que nous considérons ici et que les philosophes ont jusqu'ici parfaitement négligé, se produit le plus souvent lorsque l'homme doit envisager en toute conscience une mort violente et certaine, c'est-à-dire lorsqu'il doit être exécuté. Pour mettre ce processus encore plus en évidence, je ne pense pas faire injure à la dignité de la philosophie que de citer les déclarations de certains criminels avant leur exécution, quand bien même on se moquerait de moi en disant que je veux provoquer des sermons d'échafaud. Je crois bien plutôt que l'échafaud est un lieu propice à des révélations tout à fait particulières et un observatoire depuis lequel l'homme qui ne perd pas sa lucidité peut embrasser des perspectives sur l'éternité souvent bien plus amples et plus nettes que celles qui s'offrent à la plupart des philosophes courbés sur les paragraphes de leur philosophie et de leur théologie rationnelle. — Ainsi, un certain Bartlett, qui avait assassiné sa belle-mère, tint ce sermon d'échafaud le 15 avril 1837 à Glocester : « Chers Anglais, chers compatriotes ! Je n'ai à dire que très peu de mots, mais je vous prie tous, et chacun, de laisser pénétrer profondément dans votre cœur ces quelques mots, afin que vous vous en souveniez non seulement pendant que vous regarderez le triste spectacle qui se présente, mais que vous les rameniez chez vous et les répétiez à vos enfants et à vos amis. Voici donc l'objet des implorations que je vous adresse, moi un moribond, moi que l'instrument de la mort guette. Voici donc ces quelques mots : détachez-vous de l'amour de ce monde mourant et de ses vains plaisirs ; pensez moins au monde et plus à votre Dieu. Faites-le ! Convertissez-vous, convertissez-vous ! Car soyez certains que sans une conversion profonde et véritable, sans retour à votre père céleste, vous ne pouvez pas avoir le moindre espoir d'atteindre ces régions de la félicité, ce pays de la paix où j'ai maintenant la ferme conviction de me rendre d'un pas rapide» (d'après le *Times* du 18 avril 1837). La dernière déclaration du célèbre meurtrier Greenacre, exécuté le 1ᵉʳ mai à Londres, est encore plus remarquable. Le journal anglais *The Post* en a donné le récit, également reproduit dans le *Galignani's Messenger* du 6 mai 1837[425] : «Le matin de son exécution, un homme lui recommanda de s'en remettre à Dieu et de demander le pardon par la médiation de Jésus-Christ. Greenacre aurait répondu que demander le pardon par la médiation de Jésus-Christ serait une question d'opinion ; lui, Greenacre, serait plutôt porté à croire qu'aux yeux de l'être suprême, un mahométan est l'égal d'un chrétien et avait le même droit à la félicité. Depuis son incarcération, il aurait porté son attention sur des objets théologiques, et il aurait développé la conviction que l'échafaud serait un passeport (*pass-port*) pour le ciel.» C'est précisément cette indifférence affichée à l'égard des religions positives qui confère à cette déclaration un poids particulièrement important, car elle prouve que ces religions reposent non pas sur un délire fanatique, mais sur une connaissance individuelle directe. Mentionnons encore un autre extrait tiré du *Limerick Chronicle* et publié dans le *Galignani's Messenger* du 15 août 1837 : «Lundi dernier, Maria Cooney fut exécutée pour son meurtre révoltant de Madame Anderson. La misérable était si profondément remuée par l'énormité de son crime qu'elle baisa la corde qu'on lui mettait autour du cou en implorant humblement la grâce de Dieu.» — C[Enfin, citons le *Times* du 29 avril 1845 qui reproduit plusieurs lettres rédigées par Hocker, condamné pour le meurtre de Delarue, la veille de son exécution. Dans l'une d'entre elles, il écrit : «Je suis persuadé que si le cœur naturel n'est pas brisé (*the natural heart be broken*) et renouvelé par la grâce divine, aussi noble et aimable qu'il puisse paraître aux yeux du monde, il ne pourra jamais envisager l'éternité sans frémir intérieurement. » — Voilà donc lesdites perspectives sur l'éternité qui s'ouvrent depuis cet observatoire, et que j'ai d'autant moins hésité à placer ici que Shakespeare disait lui aussi :

> *out of these convertites*
> *There is much matter to be heard and learn'd**[426].
>
> (As you like it, last scene).]C

Strauss, dans son *Leben Jesu* (t. I, sect. 2, chap. 6, § 72 et 74[427]), a montré que le christianisme confère également à la souffrance comme telle cette force purifiante et sanctifiante ici décrite, tout en attribuant l'effet contraire au grand bien-être. Il affirme que les Béatitudes dans le Sermon sur la montagne n'auraient pas le même sens chez Luc (6, 21) que chez Matthieu (5, 3) : car seul celui-ci complète μάκαριοι οἱ πτωχοί [bienheureux les pauvres] par τῷ πνεύματι [en esprit], et πεινῶντες [les affamés] par τὴν δικαιοσύνην [de la justice] ; lui seul donc désigne les simples, les humbles, etc., alors que Luc désigne les pauvres à proprement parler, en sorte que l'opposition ici est celle entre la souffrance présente et le bien-être futur. Chez les ébionites, l'un des principes fondamentaux consiste à dire que celui qui prend sa part dans CE temps présent n'aura rien dans le temps futur, et inversement. Chez Luc, les Béatitudes sont ainsi suivies par autant d'οὐαί [malheur !] qu'on adresse aux πλούσιοις [riches], ἐμπεπλησμένοις [rassasiés] et γελῶσι [rieurs], au sens ébionite. Il écrit,

---

* C[De la bouche de ces convertis il y a bien des choses à entendre et à apprendre.]C

p. 604, que la parabole (Lc 16, 19) du riche et de
Lazare va dans le même sens, car elle n'évoque pas
les méfaits de l'un ou les mérites de l'autre, et ne
prend pas pour étalon des récompenses futures le
bien accompli ou le mal fait dans cette vie, mais le
mal enduré et le bien consommé ici-bas, au sens
ébionite. Strauss poursuit: «Les autres synoptiques
(Mt 19, 16; Mc 10, 17; Lc 18, 18) attribuent
également à Jésus une appréciation similaire de la
pauvreté extérieure, dans le récit du jeune homme
riche et dans la sentence du chameau et du trou
d'aiguille[428]. »

C[Si l'on va au fond des choses, l'on comprendra
que même les passages les plus connus du Sermon
sur la montagne contiennent une injonction indirecte à la pauvreté volontaire, et donc à la négation
de la volonté de vivre. Car le précepte (Mt 5, 40 sq.)
de suivre absolument toutes les injonctions qui nous
sont faites, de laisser notre manteau à celui qui veut
nous faire un procès et prendre notre tunique, etc.,
de même le précepte (Mt 6, 5-34) de ne pas nous
soucier de l'avenir, ni même du lendemain, et de
vivre au jour le jour, sont autant de règles de vie
dont l'observance conduit infailliblement à la
pauvreté totale, exprimant ainsi, de façon indirecte,
cela même que le Bouddha prescrit directement à
ses disciples, en leur donnant l'exemple : abandonnez
tout et devenez bikshus, c'est-à-dire mendiants. C'est
ce qui ressort avec plus d'évidence encore du passage
en Mt 10, 9-15[429], où les apôtres sont interdits de
posséder fût-ce des sandales ou un bâton, et sont
tenus de mendier. Ces préceptes deviendront plus
tard le fondement de l'ordre mendiant de saint François (*Bonaventurae vita S. Francisci, c. 3*[430]). Voilà
donc pourquoi j'affirme que l'esprit de la morale

chrétienne est identique à celui du brahmanisme et du bouddhisme. — De même, c'est en conformité avec toute cette théorie que je viens d'exposer que Maître Eckhart (*Werke* t. I, p. 492[431]) dit : « L'animal le plus rapide pour vous porter vers la perfection, c'est la souffrance. »]C

CHAPITRE 49

L'ORDRE DU SALUT[432]

Il n'y a qu'une SEULE erreur innée, c'est celle de croire que nous sommes là pour être heureux. Elle est innée parce qu'elle coïncide avec notre existence même, et que tout notre être n'en est que la paraphrase, voire notre corps son monogramme : car nous ne sommes précisément que volonté de vivre, mais ce que nous pensons sous le concept de bonheur, c'est la satisfaction successive de tout notre vouloir.

Aussi longtemps que nous persévérons dans cette erreur innée, et que des dogmes optimistes nous confirment peut-être dans cette erreur, le monde nous apparaît comme rempli de contradictions. Car à chaque pas nous devons faire l'expérience, en gros comme en détail, que le monde et la vie ne sont guère faits pour comporter une existence heureuse. Celui qui n'y réfléchit pas davantage n'en sera peiné que dans la réalité, alors que pour un être pensant une perplexité théorique vient s'ajouter au tourment éprouvé dans la réalité : pourquoi le monde et la vie, censés exister pour qu'on y soit heureux, répondent si mal à leur finalité ? Cette perplexité se manifeste d'abord par des soupirs : «Hélas, pourquoi tant de larmes sous la lune[433] ? », etc., mais elle est suivie par des doutes inquiétants touchant aux présuppositions de ces dogmes optimistes. On pourra toujours essayer de repousser la faute de son infélicité individuelle tantôt sur les circonstances, tantôt sur d'autres individus, ou encore sur sa propre malchance, voire sur sa propre maladresse, tout en reconnaissant par ailleurs comment tous ces facteurs y ont contribué. Mais cela ne changera rien au résultat, à savoir qu'on pense avoir manqué le but véritable de la vie, qui consisterait à être heureux ; les considérations à ce sujet, surtout quand la vie est déjà sur son déclin, aboutissent alors bien souvent à un grand abattement, raison pour laquelle presque tous les visages d'un certain âge portent les traits de ce qu'on appelle en anglais *disappointment*[434]. En outre, chaque jour de notre vie n'a pas manqué de nous enseigner que les plaisirs et les jouissances, même quand ils ont été satisfaits, sont en eux-mêmes trompeurs, ne tiennent pas ce qu'ils avaient promis, ne comblent pas notre cœur, et qu'enfin leur réalisation sera au moins gâchée par les désagréments qui l'accompagnent ou en procèdent, alors que les douleurs et les souffrances s'avèrent très réelles et dépassent souvent toute attente. Ainsi, dans la vie, tout est certainement fait pour nous faire revenir de cette erreur première et pour nous persuader que le but de notre existence ne consiste pas à être heureux. Oui, si nous y regardons de plus près, sans préjugés, elle se présente bien plutôt comme si son seul but était que nous ne nous y sentions PAS heureux, puisque cette même vie, par toute sa nature, possède le caractère de quelque chose qui doit nous dégoûter, nous rebuter, et dont il nous faut revenir comme d'une erreur, pour que notre cœur soit guéri de sa soif de jouir, et

même de vivre, pour qu'il se détourne du monde.
Dans ce sens, il serait plus approprié de placer le
but de la vie dans notre malheur, plutôt que dans
notre bonheur. Car les considérations à la fin du
chapitre précédent ont montré que plus on souffre,
plus on s'approche du but véritable de la vie, et plus
on est heureux, plus ce but recule. C'est aussi ce que
dit la fin de la dernière lettre de Sénèque : *bonum
tunc habebis tuum, quum intelliges infelicissimos
esse felices* [tu tiendras ton vrai bien quand tu recon-
naîtras que les plus malheureux des hommes, ce
sont les heureux[435]], bien qu'on puisse y voir une
influence chrétienne. — De même, l'effet particulier
de la tragédie repose au fond sur ceci qu'elle ébranle
cette erreur innée, en illustrant vivement par un grand
et frappant exemple la mise en échec des aspirations
humaines et la vanité de toute cette existence, dévoilant par là le sens le plus profond de la vie : c'est
bien pourquoi on la reconnaît comme le genre le
plus sublime de la poésie. — Celui donc qui, par une
voie ou par une autre, est revenu de cette erreur que
chacun d'entre nous abrite *a priori,* C[de ce πρῶτον
ψεῦδος [premier faux pas] de notre existence,]C verra
bientôt tout sous une autre lumière et trouvera alors
un monde non pas en harmonie avec ses désirs, mais
avec la vue qu'il en a. Les accidents, de quelque sorte
et de quelque ampleur qu'ils soient, provoquent encore en lui de la douleur, mais non de l'étonnement,
puisqu'il a compris que ce sont précisément la
douleur et la tristesse qui travaillent pour le but véritable de l'existence, c'est-à-dire pour la négation de
la volonté. C'est aussi ce qui lui donnera, face à tout
ce qui pourrait arriver, une mystérieuse sérénité,
semblable à celle que peut avoir un malade qui se
soumet à une cure longue et pénible dont il supporte
la douleur comme l'indice de son efficacité. — L'exis-

tence humaine tout entière nous dit très clairement
que sa destination véritable est la souffrance. La vie
est profondément immergée dans la souffrance et ne
saurait lui échapper : l'entrée s'y fait dans les larmes,
son déroulement est au fond toujours tragique, la
sortie plus encore. Il est impossible de ne pas y
reconnaître une certaine intentionnalité. En règle
générale, le destin vient contrarier radicalement les
projets d'un homme au moment même où il atteint
le but ultime de ses souhaits et de ses aspirations, ce
qui confère à sa vie une tendance tragique qui la
rend apte à le délivrer du désir avide dont chaque
existence individuelle est la manifestation, et à l'inciter à se séparer de la vie sans garder le désir pour
celle-ci et pour ses plaisirs. Ainsi, la souffrance est le
processus de purification par lequel seul, dans la
plupart des cas, l'homme est sanctifié, c'est-à-dire
ramené du faux chemin de la volonté de vivre. Ceci
explique qu'on évoque si souvent dans les livres
d'édification chrétienne le pouvoir salutaire de la
croix et de la souffrance, et que, plus généralement,
la croix, instrument du pâtir et non de l'agir, soit le
symbole de la religion chrétienne. Oui, déjà Quohélet,
encore juif mais déjà tellement philosophe, dit avec
raison : «Mieux vaut le deuil que le rire, car le deuil
corrige le cœur» (7, 4)[436]. Sous le terme de δεύτερος
πλοῦς, j'ai présenté la souffrance comme un succédané, pour ainsi dire, de la vertu et de la sainteté. Or
je dois prononcer ici cette parole audacieuse que,
tout compte fait, pour notre salut et notre délivrance
nous pouvons espérer plus de notre souffrance que
de nos actes. C'est dans ce sens précisément que
Lamartine, s'adressant à la douleur dans son *Hymne
à la douleur*, dit fort bien :

Tu me traites sans doute en favori des cieux,
Car tu n'épargnes pas les larmes à mes yeux.
Eh bien! je les reçois comme tu les envoies,
Tes maux seront mes biens, et tes soupirs mes joies.
Je sens qu'il est en toi, sans avoir combattu,
Une vertu divine au lieu de ma vertu,
Que tu n'es pas la mort de l'âme, mais sa vie,
Que ton bras, en frappant, guérit et vivifie[437].

Si donc la souffrance possède une force aussi salutaire, celle-ci ne peut que revenir à un degré encore supérieur à la mort, plus redoutée que toute souffrance. Ainsi, de façon analogue au respect mêlé de crainte que nous inspire une grande souffrance, on ressent une telle force devant chaque mort, et chaque décès se présente pour ainsi dire comme une sorte d'apothéose ou de canonisation; c'est bien pourquoi nous ne pouvons regarder sans respect le cadavre d'un homme, fût-il insignifiant, et, si curieuse que puisse sembler ici cette remarque, la sentinelle présente les armes devant chaque cadavre. La mort doit certainement être considérée comme le but véritable de la vie: au moment de mourir se décide tout ce dont le cours tout entier de la vie n'était que la préparation et le prélude. La mort est le résultat, le *résumé* [en français dans le texte] de la vie, ou la somme additionnée qui exprime en bloc toute la leçon que la vie donnait par détails et par fragments, à savoir que toutes les aspirations, dont la vie est le phénomène, étaient inutiles, vaines, contradictoires, et que s'en défaire est une délivrance. Ce que toute la lente végétation de la plante est au fruit, qui réalise maintenant d'un seul coup le centuple de ce qu'elle produisait graduellement et par petits bouts, la vie, avec ses obstacles, ses espoirs déçus, ses projets avortés et ses souffrances perpétuelles, l'est à la mort, qui fracasse d'un seul coup tout, mais absolument tout ce que l'homme a voulu, couronnant ainsi la leçon que la vie lui avait donnée. — Le cours achevé de sa vie, qu'on récapitule depuis son lit de mort, produit sur toute la volonté s'objectivant dans cette individualité évanescente un effet analogue à celui que produit un motif sur la conduite humaine, car il confère à celle-ci une orientation nouvelle qui apparaît dès lors comme le résultat moral et essentiel de la vie. C'est bien parce qu'une MORT SOUDAINE rend impossible cette rétrospection que l'Église considère une telle mort comme un malheur dont les prières doivent nous préserver[438]. Comme cette rétrospection, mais aussi la prévision nette de la mort, étant conditionnées par la raison, ne sont possibles que chez l'homme, et non chez l'animal, et comme de ce fait l'homme est seul à réellement vider le calice de la mort, l'humanité est le seul degré où la volonté puisse se nier et se détourner complètement de la vie. À la volonté qui ne se nie pas, chaque naissance confère un intellect nouveau et différent, jusqu'à ce que cette volonté reconnaisse la vraie nature de la vie et que, par voie de conséquence, elle ne la veuille plus.

Selon le cours naturel des choses, le dépérissement du corps favorise, dans l'âge, le dépérissement de la volonté. La soif des jouissances disparaît facilement avec la faculté de les goûter. La cause du vouloir le plus véhément, le foyer de la volonté, la pulsion sexuelle, s'éteint d'abord, ce qui place l'homme dans un état semblable à celui de l'innocence précédant le développement du système génital. Les illusions, qui faisaient passer des chimères pour des biens hautement désirables, disparaissent, remplacées par la connaissance de la vanité de tous les biens mondains. L'égoïsme est évincé par l'amour pour les enfants, par où l'homme commence déjà à vivre davantage dans le moi étranger que dans le sien propre, lequel ne sera bientôt plus. Voilà en tout cas l'évolution la plus souhaitable : c'est l'euthanasie de la volonté. Pour pouvoir espérer cette évolution, le brahmane doit, après les meilleures années de sa vie, abandonner ses possessions et sa famille, et mener une vie d'ermite (*Manou*, 6[439]). Mais si, à l'inverse, la convoitise survit à la capacité de jouir, et qu'on regrette désormais telle ou telle jouissance manquée au cours de la vie, au lieu de comprendre l'inanité et la vanité de toutes les jouissances ; et si à la place des objets de la volupté, pour laquelle le sens n'existe plus, se dresse le représentant abstrait de tous ces objets, l'argent, lequel excite dorénavant les mêmes passions véhémentes que suscitaient jadis, de façon plus excusable, les objets de la jouissance réelle, et si donc on veut maintenant, alors que les sens ont dépéri, un objet inanimé mais indestructible, et ce avec une convoitise tout aussi indestructible ; ou si, de la même façon, l'existence dans l'opinion d'autrui doit remplacer le rang de l'existence et de l'activité dans le monde réel et déchaîne ainsi les mêmes passions ; alors la volonté s'est sublimée et spiritualisée dans l'avarice, ou dans l'ambition, se jetant par là dans l'ultime forteresse que seule la mort assiège encore. Ainsi, le but de l'existence est manqué.

Toutes ces considérations fournissent une explication plus précise de la purification, de la conversion de la volonté et de la délivrance, que j'ai désignées au chapitre précédent par l'expression δεύτερος πλοῦς, et qui, suscitées par les souffrances de la vie, constituent sans doute le cas le plus fréquent. Car c'est la voie des pécheurs que nous sommes tous. L'autre voie qui conduit au même but, par le biais de la connaissance pure, puis par une appropriation des souffrances de tout un monde, c'est la voie étroite des élus, des saints, et qu'il convient donc de considérer comme une exception rare[440]. Sans la première voie, il n'y aurait pour la plupart aucun espoir de salut. Mais nous répugnons cependant à nous y engager, et nous nous efforçons au contraire, de toutes nos forces, à nous assurer une existence sûre et agréable, par où nous resserrons toujours plus les liens qui attachent notre volonté à la vie. Les ascètes agissent inversement, en rendant délibérément leur vie aussi pauvre, aussi austère et aussi dépourvue de plaisir que possible, parce qu'ils ont l'œil fixé sur leur bien véritable et ultime. Quant à nous, le destin et le cours des choses s'occupe bien mieux de notre affaire que nous-mêmes, en vouant partout à l'échec nos dispositions pour établir une vie de cocagne, dont la sottise se reconnaît déjà assez à sa brièveté, à son inconsistance, à sa vacuité et à son achèvement final par la mort cruelle, en jetant sur notre chemin épines sur épines, en nous administrant en toute occasion la souffrance salutaire, cette panacée de nos misères. Ce qui confère réellement à notre vie son caractère mystérieux et équivoque, c'est que deux buts fondamentaux diamétralement opposés s'y croisent sans cesse : d'une part, celui de la volonté individuelle portée sur un bonheur chimérique, dans une existence éphémère, onirique, trompeuse, où bonheur et malheur ne comptent pour rien par rapport au passé, alors que le présent se transforme en passé à chaque instant ; d'autre part, celui du destin porté assez manifestement sur la destruction de notre bonheur et, par là, sur la mortification de notre volonté et la suppression de l'illusion qui nous retient dans les rets de ce monde[441].

C[L'opinion répandue, surtout protestante, que le

but de la vie résiderait uniquement et exclusivement dans les vertus morales, c'est-à-dire dans la pratique de la justice et de la philanthropie <*Menschenliebe*>, trahit déjà son insuffisance par le simple fait que la moralité réelle et pure est si déplorablement rare parmi les hommes. Je ne veux même pas parler de vertu sublime, de noblesse de cœur, de magnanimité ou d'abnégation de soi, qu'on ne rencontre guère que dans les pièces de théâtre et les romans, mais je ne veux parler que de ces vertus dont on a fait des devoirs pour chacun. Que celui qui a atteint un certain âge songe à tous ceux à qui il a eu affaire : combien de gens réellement et véritablement HONNÊTES a-t-il rencontrés ? Pour parler franchement, la plupart n'étaient-ils pas, et de loin, l'exact contraire, en dépit de leur indignation éhontée au plus petit soupçon de malhonnêteté, ou seulement de mensonge ? L'égoïsme vil, la cupidité sans bornes, la friponnerie savamment dissimulée, sans oublier l'envie la plus dévorante et la mauvaise joie la plus diabolique, ne régnaient-ils pas en maître absolu au point que la plus petite exception était accueillie avec admiration ? Et la philanthropie ne se borne-t-elle pas le plus souvent à ne donner que ce qui est tellement superflu qu'on n'en aura jamais le besoin ? Et c'est dans ces traces si extraordinairement rares et faibles que devrait résider tout le but de notre existence ? Si, au contraire, on le place dans la conversion complète de notre être (lequel porte les mauvais fruits susdits), provoquée par la souffrance, la chose prend un aspect différent pour concorder avec ce qui existe réellement. La vie se présente alors comme un processus de purification, où le bain purifiant est la douleur. Quand le processus est arrivé à terme, il élimine les résidus antérieurs de l'immoralité et de la méchanceté, et il se produit alors ce que dit le *Véda* : *finditur nodus cordis, dissolvuntur omnes dubitationes, ejus que opera evanescunt* [le nœud du cœur est dénoué, tous les doutes évanouis, et toutes les actions particulières dissipées[442].]C[443]

CHAPITRE 50

ÉPIPHILOSOPHIE

En conclusion de mon exposé, je voudrais placer quelques considérations sur ma philosophie elle-même. Celle-ci, comme je l'ai déjà dit, ne prétend pas expliquer les raisons ultimes de l'existence du monde : elle s'en tient plutôt au factuel de l'expérience externe et interne telles qu'elles sont accessibles à chacun, et démontre, dans toute sa profondeur, la connexion véritable entre celles-ci, sans toutefois les dépasser en s'intéressant aux choses extramondaines et à leurs rapports au monde. Ainsi, elle ne conclut pas à ce qui existerait au-delà de toute expérience, mais fournit simplement une interprétation de ce qui est donné dans le monde externe et dans la conscience de soi ; elle se contente donc de comprendre l'essence du monde selon sa cohérence interne. Il s'ensuit qu'elle est IMMANENTE, au sens kantien du terme[444]. Mais c'est bien pour cette raison qu'elle laisse encore beaucoup de questions ouvertes, à savoir pourquoi ce qui est démontré dans les faits est ainsi et pas autrement, etc. Or les questions de ce genre, ou plutôt les réponses à ces questions, sont, au fond, transcendantes[445], autrement dit elles ne peuvent être pensées par l'intermédiaire des formes et des fonctions de notre intellect, et n'y entrent pas ;

celui-ci est donc à celles-là ce que notre sensibilité
est à d'éventuelles qualités des corps, pour lesquelles
nous n'avons pas les sens requis. Après toutes mes
explications, on pourrait par exemple demander
encore : quelle est l'origine de cette volonté, qui est
libre de s'affirmer, affirmation dont le phénomène
est le monde, ou de se nier, négation dont le phénomène nous est inconnu ? quelle est la fatalité,
située au-delà de toute expérience, qui a acculé cette
volonté à l'alternative hautement contrariante où
elle doit soit se phénoménaliser comme monde
dominé par la souffrance et par la mort, soit nier sa
propre essence ? Ou encore : qu'est-ce qui a poussé
la volonté à quitter le repos éternellement préférable
du néant bienheureux ? On pourrait faire remarquer
qu'une volonté individuelle peut précipiter sa propre
perte par une simple erreur lors du choix, c'est-à-
dire par une connaissance fautive ; mais comment la
volonté en soi, avant toute phénoménalisation, donc
avant d'être dotée de connaissance, a-t-elle pu s'égarer et se retrouver dans cette situation de perdition
qui est actuellement la sienne ? et d'où vient, plus
généralement, cette grande dissonance qui traverse
le monde ? On pourrait demander encore : jusqu'à
quelle profondeur plongent les racines de l'individualité dans l'essence en soi du monde ? C[À quoi on
répondrait peut-être : elles vont aussi loin que l'affirmation de la volonté de vivre ; mais elles cessent là
où s'accomplit la négation, car elles ont été engendrées avec l'affirmation. Or on pourrait même aller
jusqu'à soulever cette question :]C «Que serais-je si
je n'étais pas volonté de vivre ?», et encore d'autres
questions du même genre. — À toutes ces questions,
il faudrait d'abord répondre que l'expression de la
forme la plus universelle et la plus exhaustive de
notre intellect est le PRINCIPE DE RAISON, mais que

celui-ci ne s'applique de ce fait qu'au phénomène, et non à l'essence en soi des choses : or c'est sur lui seul que repose toute question sur les origines et les causes <*Woher und Warum*>. D'après la philosophie kantienne, il n'est plus une *aeterna veritas* [vérité éternelle], mais seulement la forme, c'est-à-dire la fonction, de notre intellect, lequel, essentiellement cérébral, c[n'est à l'origine qu'un simple instrument au service de notre volonté qu'il présuppose donc avec toutes ses objectivations. Or tout notre connaître, tout notre comprendre est attaché à ses formes, suite à quoi nous devons tout appréhender dans le temps, c'est-à-dire comme un avant et un après, ensuite comme une cause et un effet, et encore comme un haut et un bas, un tout et des parties, etc., et de cette sphère qui abrite toute la possibilité de notre connaître, nous ne pouvons absolument pas sortir. Ces formes, cependant, ne sont nullement adaptées aux problèmes ici soulevés, ni d'une quelconque façon propres ou aptes à saisir leurs solutions, à supposer qu'elles existent. C'est pourquoi, avec notre intellect, ce simple instrument de la volonté, nous butons partout contre des problèmes insolubles comme contre les murs de notre cachot.]c — On pourrait d'ailleurs émettre cette hypothèse au moins plausible que de tous ces objets de notre questionnement, aucune connaissance n'est possible non seulement POUR NOUS, mais en général, c'est-à-dire jamais, ni nulle part ; que ces rapports ne sont donc pas seulement inexplorables relativement, mais absolument ; que non seulement personne ne les connaît, mais qu'ils ne sont pas intrinsèquement cognoscibles, c[car ils n'entrent pas en général sous les formes de la connaissance.]c (Ce qui correspond à ce que Scot Érigène dit *de mirabili divina ignorantia, qua Deus non intelligit quid ipse sit* [de la merveilleuse ignorance divine, en vertu de laquelle Dieu ne sait pas ce qu'il est lui-même[446], *lib. II*). Car la cognoscibilité en général, avec ses formes essentielles, c'est-à-dire toujours nécessaires, du sujet et de l'objet, n'appartient qu'au PHÉNOMÈNE, et non à l'essence en soi des choses. Là où il y a de la connaissance, c'est-à-dire de la représentation, il y a seulement du phénomène, et nous sommes par là d'emblée situés dans le domaine du phénomène : nous ne comprenons même la connaissance en général que comme un phénomène cérébral, et non seulement nous n'avons pas la légitimité de la penser autrement, mais nous en sommes aussi incapables. On peut comprendre ce qu'est le monde comme monde : il est phénomène, et nous pouvons directement, à partir de nous-mêmes, en vertu de l'analyse minutieuse de la conscience de soi, connaître ce qui y apparaît ; il est dès lors possible, grâce à cette clé de l'essence du monde, de déchiffrer le phénomène tout entier dans sa cohésion, comme je crois l'avoir fait. Mais si nous quittons le monde pour répondre aux questions formulées plus haut, nous quittons aussi toute assise où sont seuls possibles non seulement l'enchaînement selon la cause et la conséquence, mais encore la connaissance en général : tout devient alors *instabilis tellus, innabilis unda* [une terre sur laquelle on ne peut se tenir, une mer dans laquelle on ne peut nager[447]]. L'essence des choses se trouvant avant le monde, ou au-delà du monde, et donc au-delà de la volonté, se refuse à toute investigation, parce que la connaissance elle-même, en général, n'est que phénomène, et n'a donc lieu que DANS le monde, de même que le monde n'a lieu que dans elle. L'essence intime, en soi, des choses, n'est pas elle-même connaissance, elle n'est pas un intellect, mais elle est au contraire privée d'intellect : la connaissance ne s'y ajoute que comme

un accident, un auxiliaire pour la phénoménalisation de cette essence, et ne peut donc appréhender et
accueillir celle-ci qu'à la mesure de sa propre constitution réglée sur des finalités tout à fait différentes
(celles de la volonté individuelle), et donc de façon
très imparfaite. C'est ce qui explique pourquoi il est
impossible d'avoir de l'existence, de l'essence et de
l'origine du monde une compréhension exhaustive
qui s'étendrait jusqu'à leur raison ultime et satisferait
à toutes les exigences. Voilà pour ce qui concerne
les limites de ma philosophie et de toute philosophie.

Mon époque a admis et compris la doctrine de l'ἑν
καὶ πᾶν [l'un et le tout], c'est-à-dire que l'essence
intime serait absolument une et identique dans
toutes les choses, après que les éléates, Scot Érigène,
Giordano Bruno et Spinoza l'eurent enseignée en
détail et que Schelling l'eut rafraîchie[448]. Mais savoir
CE QUE C'EST que cet un, et comment il en vient à se
manifester en tant que multiple, voilà un problème
dont on ne trouvera la solution que chez moi. — De
même, dès les temps les plus anciens, on a parlé de
l'homme comme d'un microcosme. J'ai inversé
le principe en montrant que le monde était un
macranthrope, dans la mesure où la volonté et la
représentation épuisent l'essence de l'un comme de
l'autre. Mais il est manifestement plus correct d'apprendre à connaître le monde à partir de l'homme,
que l'homme à partir du monde, car il faut expliquer
à partir de ce qui est immédiatement donné, c'est-
à-dire à partir de la conscience de soi, ce qui est
médiatement donné, c'est-à-dire ce qui est donné
dans l'intuition externe, et non l'inverse.

Je partage certes avec les panthéistes ce ἓν καὶ πᾶν,
mais non le πᾶν θεός [tout est Dieu], car je n'outre-
passe pas l'expérience (au sens le plus large), et
je me mets encore moins en contradiction avec les

données existantes. Scot Érigène explique, en toute cohérence avec l'esprit du panthéisme, que chaque phénomène est une théophanie; mais il faut alors également étendre ce concept aux phénomènes horribles et hideux: voilà des théophanies bien singulières! Je me distingue par ailleurs des panthéistes principalement sur les points suivants. 1) Leur ϑεός [dieu] est un *x*, une grandeur inconnue, alors que la VOLONTÉ, au contraire, est, parmi tous les possibles, l'élément qui nous est le plus exactement connu, le seul à être immédiatement donné, partant, le seul à être approprié pour expliquer tout le reste. Car il faut toujours expliquer l'inconnu à partir du connu, et non l'inverse[449]. — 2) Leur ϑεός se manifeste *animi causa* [par caprice], pour déployer sa gloire, voire pour se faire admirer. Mise à part la vanité qu'on lui suppose alors, ils se trouvent ainsi dans l'obligation de faire disparaître les maux colossaux du monde par des sophismes: or le monde n'en demeure pas moins dans une criante et effroyable contradiction avec son excellence fantasmée. Chez moi, au contraire, la VOLONTÉ, par son objectivation, quel qu'en soit le résultat, parvient à se connaître elle-même, ce qui rend possibles son abolition, sa conversion, sa délivrance. De ce fait, ce n'est que chez moi que l'éthique trouve un fondement solide et qu'elle est complètement développée, en concordance avec les religions sublimes et profondes, à savoir le brahmanisme, le bouddhisme et le christianisme, et non pas uniquement avec le judaïsme et l'islam. La métaphysique du beau, elle aussi, ne s'explique complètement qu'à la lumière de mes vérités fondamentales, et elle n'a ainsi nul besoin de s'abriter derrière des mots vides. Je suis seul à reconnaître avec probité les maux du monde dans toute leur ampleur, chose possible, car la réponse à la question de l'origine du mal coïncide avec celle de l'origine du monde. Au contraire, dans tous les autres systèmes, parce qu'ils sont tous optimistes, la question de l'origine du mal est la maladie chronique et incurable dont ils sont affligés, et qu'ils traînent leur vie durant, sous les palliatifs et les médicaments de charlatan. — 3) Je pars de l'expérience et de la conscience de soi naturelle, donnée à chacun, pour arriver à la volonté comme seul élément métaphysique, autrement dit, j'emprunte la voie ascendante, analytique. Les panthéistes, au contraire, empruntent, à l'inverse, la voie descendante, synthétique : ils partent de leur θεός [Dieu] qu'ils appellent parfois *substantia* ou Absolu, le négocient ou l'extorquent[450], et cet élément totalement inconnu doit ensuite expliquer tout ce qui est connu. — 4) Chez moi, le monde ne remplit pas toute la possibilité de l'être dans son ensemble ; il y a encore beaucoup de place pour ce que nous ne désignons que négativement par négation de la volonté de vivre. Le panthéisme, en revanche, est essentiellement optimisme ; or, si le monde est le meilleur de tous, il ne faut pas en chercher d'autre. — 5) Pour les panthéistes, le monde perceptible, c'est-à-dire le monde comme représentation, est une manifestation intentionnelle du Dieu qui lui est inhérent, une idée qui ne constitue pas vraiment une explication de son surgissement, mais au contraire réclame elle-même une explication ; chez moi, au contraire, le monde comme représentation n'apparaît que *par accidens*, car l'intellect, avec son intuition externe, n'est d'abord que le *medium* des motifs pour les manifestations plus parfaites de la volonté, *medium* qui atteint graduellement cette objectivité de l'évidence intuitive sous laquelle se présente le monde. Dans ce sens, je rends réellement compte de la genèse du monde comme objet perceptible, sans recourir, comme les panthéistes, à des fictions intenables.

En Allemagne, après la critique kantienne de toute théologie spéculative, les philosophants se sont tous rabattus sur Spinoza, avec pour résultat que toute la série de ces tentatives ratées, connue sous le nom de philosophie postkantienne, n'est que du SPINOZISME sous un accoutrement sans goût, drapé dans des discours inintelligibles de tout acabit, en outre déformé au possible. Après avoir exposé le rapport de ma doctrine au panthéisme, je voudrais donc préciser son rapport particulier au spinozisme. Or elle est à celui-ci ce que le Nouveau Testament est à l'Ancien. Ce que l'Ancien Testament a effectivement en commun avec le Nouveau, c'est le même Dieu créateur. De façon analogue, chez moi comme chez Spinoza, le monde existe par sa propre force et par lui-même. Mais chez Spinoza, la *substantia aeterna* [substance éternelle], l'essence intime du monde, qu'il intitule lui-même *Deus*, n'est autre, par son caractère moral et sa valeur, que Jéhova, le Dieu créateur qui applaudit à sa création et trouve que tout a été excellemment réussi, que πάντα καλὰ λίαν [tout était bien]. Spinoza ne lui a rien retiré d'autre que sa personnalité. Chez lui aussi, donc, le monde, avec tout ce qu'il contient, est tout à fait excellent, et comme il faut : c'est pourquoi l'homme n'a rien d'autre à faire que de *vivere, agere, suum esse conservare, ex fundamento proprium utile quaerendi* [vivre, agir, conserver son être sur le fondement de la recherche de l'utile propre[451]] (*Eth. IV*, prop. 67); c'est qu'il doit se réjouir de sa vie tant qu'elle dure, tout à fait dans l'esprit de Qohélet, 9, 7-10[452]. Bref, c'est de l'optimisme, le côté éthique étant par conséquent, comme dans l'Ancien Testament, faible, voire faux et en partie révoltant*[453]. — Chez moi, au contraire, la volonté, ou l'essence intime du monde, n'est nullement Jéhova, mais bien plutôt, pour ainsi dire, le Sauveur crucifié, ou alors le larron crucifié, selon le parti pour lequel elle s'est décidée ; il s'ensuit que mon éthique s'accorde entièrement avec l'éthique chrétienne et jusqu'aux tendances suprêmes de celle-ci, tout comme avec l'éthique du brahmanisme et du bouddhisme. Spinoza, en revanche, n'a pu se défaire du Juif : *quo semel est imbuta recens servabit odorem* [l'argile conservera longtemps le parfum dont elle s'est une fois imprégnée[454]]. C[Ce qui est tout à fait juif et de surcroît, associé au panthéisme, absurde et odieux à la fois, c'est son mépris pour les animaux, auxquels il refuse d'ailleurs tout droit, les considérant comme de simples objets pour notre usage : *Eth. IV, appendix, c. 27*[455].]C — Cela dit, Spinoza demeure un très grand homme. Mais pour l'estimer à sa juste valeur, il faut regarder son rapport à Descartes. Celui-ci avait nettement divisé la nature en esprit et en matière, c'est-à-dire en substance pensante et en substance étendue, tout comme il avait établi une opposition complète entre Dieu et le monde ; c'est aussi ce qu'enseignait Spinoza, tant qu'il était cartésien, dans *ses Cogitata metaphysica, c. 12*, publiées en 1665[456]. Ce n'est que dans ses

---

* *Unusquisque tantum juris habet, quantum potentia valet* [chacun jouit d'un droit mesuré par le degré de sa puissance]. *Tract. pol., c. 2, § 8.* — *Fides alicui data tamdiu rata manet, quamdiu ejus, qui fidem dedit, non mutatur voluntas* [une parole donnée reste valide seulement, tant que la volonté de celui qui s'engageait ne change pas]. *Ibid. § 12.* — *Uniuscujusque jus potentia ejus definitur* [le droit de chacun est défini par sa vertu, ou puissance]. *Eth. IV, prop 37, schol. I.* — C[C'est surtout le chapitre 16 du *Tractatus theologico-politicus* qui constitue un véritable abrégé de l'immoralité de la philosophie spinozienne.]C

dernières années qu'il comprit l'erreur fondamentale
de ce double dualisme; par suite, sa propre philosophie consiste principalement dans l'abolition indirecte de ces deux oppositions, à laquelle, cependant,
tant pour ne pas heurter son maître que pour
paraître moins choquant, il conféra un aspect positif,
sous une forme strictement dogmatique, alors que le
contenu en est essentiellement négatif. C'est ce sens
négatif que revêt également son identification du
monde avec Dieu. Car appeler le monde Dieu, ce n'est
pas l'expliquer: le monde ne demeure pas moins
une énigme sous le premier nom que sous le second.
Or ces deux vérités négatives avaient une importance pour leur époque, comme pour toute époque
où on trouve encore des cartésiens conscients ou
inconscients. Il partage avec tous les philosophes
d'avant Locke l'erreur de partir de certains concepts
sans en avoir auparavant examiné l'origine; ainsi, les
concepts de substance, de cause, etc., qui reçoivent
par ce procédé une validité bien trop étendue. —
Ceux qui, récemment, ne voulaient pas adhérer au
néo-spinozisme qui venait d'apparaître, comme par
exemple Jacobi, en étaient surtout dissuadés par
l'épouvantail du FATALISME[457]. Car il faut entendre
sous cette notion toute doctrine qui reconduit l'existence du monde, ainsi que la situation critique de la
race humaine dans ce monde, à une quelconque
nécessité absolue, c'est-à-dire en dernière instance
inexplicable. Or ils croyaient qu'il importait avant
tout de déduire le monde à partir du libre acte de la
volonté d'un être qui lui serait extérieur; comme si
on savait d'avance avec certitude laquelle des deux
options était plus exacte, ou simplement meilleure
par rapport à nous. Mais c'est surtout le *non datur
tertium* [tiers exclu] qu'on présuppose alors; aussi,
toute philosophie, jusqu'à ce jour, a défendu l'une

ou l'autre position. J'ai été le premier à me soustraire à cette alternative, en établissant réellement le
tertium : l'acte de la volonté d'où procède le monde
est le nôtre[458]. Il est libre, parce que le principe de
raison, duquel seul toute nécessité tire son sens, n'est
que la forme de son phénomène. C'est bien pourquoi
l'évolution de ce phénomène, dès qu'il accède à
l'existence, est absolument nécessaire : ce n'est qu'ensuite qu'il nous permettra de connaître la nature de
cet acte de la volonté, et ainsi de vouloir *eventualiter*
autrement.

Appendices

LEXIQUE

Le lecteur trouvera dans le corps du texte d'autres termes entre crochets obliques (<...>), qui ne sont pas toujours repris dans le présent lexique (*C.S.*)

Abfolge : séquence, série.
Absonderung : abstraction, distinction.
Ableitung : déduction, dérivation.
Alleit : totalité.
Allgemeinheit, allgemein : universalité, universel.
Annahme : hypothèse ; présupposition.
anschaulich : intuitif ; intuitionnable, perceptible, visible.
Anschaulichkeit : intuitionnabilité ; évidence intuitive.
Anschauung : intuition.
Aufeinanderfolge : succession.
Auffassung : appréhension.
Aufhebung : abolition, suppression (*remotio*).
Aufrichtigkeit : sincérité, droiture.

Begebenheit : événement (donné).
Begierde : désir, concupiscence, convoitise, appétition ; *Bestrebung, Streben* : aspiration, effort, tendance, conation ; *Trieb* : pulsion, instinct ; *Drang* : élan, implusion.
Begreifen : comprendre ; concevoir.
Beharrlichkeit : permanence.
Beschaffenheit : constitution, nature, manière d'être, qualité.
Besonnenheit : réflexion, réflexivité, lucidité.
Besinnung : méditation, réflexion.

Beweis: preuve, démonstration, argument.
Bild, Ebenbild, Nachbild, Urbild, Vorbild: image, image-copie
  (copie), copie (ectype), prototype (image idéale, archétype),
  modèle, original; *Nachbildung*: reproduction; *Gebilde*: configuration, formation; *Einbildung*: imagination.
Billigkeit: équité.

Darlegung: explication, exposition.
Darstellung: présentation, description; figuration, représen-
  tation.
Deutlickeit: distinction; évidence.
Durchsichtigkeit: perspicacité.

Eigenschaft: qualité; propriété.
Einsicht: compréhension, intelligence, aperçu, cognition.
Empfindung: sensation.
Empfänglichkeit: réceptivité.
Entstehen, Vergehen: génération, corruption.
Entsagung: renoncement.
Entstehung: genèse, naissance, surgissement; engendrement,
  génération.
Erkennbarkeit: cognoscibilité.
Erkenntnis: connaissance; reconnaissance.
Erkenntnisgrund: principe de connaissance.
Erklärung: explication, définition.
Erörterung: exposition.
Erscheinung: phénomène, apparition, manifestation.

Fertigkeit: maîtrise.
Forderung: postulat.
Fortdauer: perdurance.
Freigeisterei: libertinage.

Gebiet: domaine, ressort; *Feld*: champ; *Boden*: territoire.
Gesinnung: disposition; intention; caractère.
Glaubenslehre: doctrine de la foi.
Grund: raison (*ratio*); principe; cause; fondement.
Grundsatz: principe (*Prinzip, principium*); précepte.
Gut-böse, Wohl-Übel: bien-mal, agréable-désagréable (plaisant-
  déplaisant); bon-mauvais.

Handeln: agir; *tun*: faire (*facere*); *wirken*: agir (*agere*), effectuer, opérer.
Handlung: action, conduite; pratique; *Tat*: acte; fait.

Klugheit: prudence (*phronèsis*); habileté.
Künstlichkeit, künstlich: ingéniosité, ingénieux.

Lehre: doctrine; théorie.
Lehrmeinung: sentence.
Lehrsatz: théorème.

Neigung: inclination; *Hang*: penchant.

Menschenliebe: philanthropie; humanité.
Mitleid: compassion; pitié.

Recht, Gerechtigkeit: droit, justice; *Recht/Unrecht*: le juste et l'injuste.
Rechtmässigkeit, rechtmässig: légitimité, légitime.
Redlichkeit: probité; *Wahrhaftigkeit*: véracité; *Ehrlichkeit*: loyauté; *Aufrichtigkeit*: sincérité; *Rechtlichkeit*: droiture, rectitude.
Regung: affection; mouvement.
Reiz: attrait; excitation, stimulation.
Rührung: émotion.

Satz: principe, proposition; thème, position.
Scharfsinn: acuité.
Schluss: syllogisme; raisonnement (*ratiocinum*), déduction; conclusion.
Schlussfiguren: figures du syllogisme.
Schuld: dette, faute; *Verschuldung*: faute (*culpa*); *Schuldigkeit*: le dû (*debetum*), obligation; *Erbschuld*: dette héréditaire.
Schwärmerei: divagation, exaltation, enthousiasme, fantasme.
Selbstaufhebung: auto-abolition.
Selbstliebe, Eigenliebe: amour de soi, amour-propre.
Spitzfindigkeit: sophistication.
Stetigkeit, stetig: continuité, continu.
Stimmung: état affectif.

Triebfeder : mobile.
Trugschluss : sophisme.

Veränderung, Wechsel : changement, mutation, modification, altération.
Verbindung : synthèse, liaison ; *Zergliederung* : analyse.
Verderbtheit, Verkehrtheit : corruption, perversité.
vergänglich : périssable, éphémère, transitoire, muable, passager, fugace.
Vergänglichkeit : périssabilité, mutabilité.
Verhältnis : relation.
Verknüpfung : lien, connexion (*nexus*).
Vermögen : faculté (*facultas*), pouvoir.
Vernehmen : percevoir ; sentir.
vernünftelnd : ratiocinant.
Verstand : entendement ; intellect.
Verstandesbegriff : concept de l'entendement, concept intellectuel.
Verstehen : comprendre, entendre ; intellection.
Vollkommenheit : perfection.
von selbst : spontané.
Vorhabe : intention ; projet.
Vorsatz : projet.
Vorstellung : représentation ; idée.

Wahlentscheidung : choix préférentiel ; arbitre.
Wahlbestimmung : détermination du choix.
Wahn : illusion.
Wahrhaftigkeit : véracité.
Wahrnehmung : perception.
Wahrscheinlichkeit : probabilité ; *Scheinlichkeit* : vérisimilitude.
Wechselbegriff : concept réciproque.
Wiederholung : répétition ; reprise.
Willkür : arbitre, faculté de vouloir ; *freie Willkür* : libre arbitre (*arbitrium liberum*).
willkürlich, unwillkürlich : volontaire, involontaire ; *freiwillig* : spontané.
Willensakt : acte de volonté, volition, vouloir.
Wirklichkeit, wirklich : réalité (effective), (effectivement) réel ; actualité, actuel.
Wunsch : souhait.

Zeugung : génération, procréation.
Zusammenfallen : coïncider.
Zusammenfassung : compréhension.
Zweckmässigkeit : finalité.
Zusammenhang : contexte, connexion, liaison, cohérence, enchaînement.
Zusammensetzung : composition.
Zusatz, Folgerung : corollaire.

ABRÉVIATIONS
ET SIGLES UTILISÉS DANS LES NOTES

Schopenhauer

QR1 / QR2 : *De la quadruple racine du principe de raison suffi-sante* (versions 1813/1847), trad. F.-X. Chenet, Paris, Vrin, 1997.

SG1 : première édition (1813) de la *Quadruple racine du prin-cipe de raison suffisante*, in *Sämtliche Werke*, éd. P. Deussen, vol. III, Munich, Piper, 1912.

VC : *Textes sur la vue et les couleurs*, trad. M. Élie, Paris, Vrin, 1986.

VN : *De la volonté dans la nature*, trad. É. Sans, Paris, PUF, 1969.

PFE : *Les deux problèmes fondamentaux de l'éthique*, trad. C. Sommer, Paris, Gallimard, 2009.

LV : *Mémoire sur la liberté de la volonté* (in PFE).

FM : *Mémoire sur le fondement de la morale* (in PFE).

HN : *Arthur Schopenhauer. Der handschriftliche Nachlass*, éd. A. Hübscher, vol. I-V, Francfort-sur-le-Main, W. Kramer, 1966-1975 ; reprint DTV, Munich, 1985.

Autres

Ak. : *Kants gesammelte Schriften*, éd. *Preussische Akademie der Wissenschaften*, I-IX, Berlin, 1902 et suiv.

OP : Kant, *Œuvres philosophiques*, I-III, Paris, Gallimard, 1980-1986.

CFJ : Kant, *Critique de la faculté de juger* (in OP II).

CRP : Kant, *Critique de la raison pure* (in OP I).

CRPrat : Kant, *Critique de la raison pratique* (in OP II).

WA: *Martin Luthers Werke. Kritische Gesamtausgabe* [WA], Weimar, 1883-2005.
LO: Luther, *Œuvres*, Genève, Labor et Fides, 1957 et suiv.
KSA: Nietzsche, *Sämtliche Werke* (*Kritische Studienausgabe*), éd. G. Colli et M. Montinari, Berlin, DTV/de Gruyter, ²1988.

NOTES

1. Sénèque, *Lettres à Lucilius*, IX, 79, trad. mod. H. Noblot, Paris, Les Belles Lettres, 1989, t. III, § 17. HN V <530>, p. 163.

1bis. Goethe, *Zahme Xenien*, v. 5-8, in *Sämtliche Werke*, éd. K. Eibl, Francfort-sur-le-Main, DKV, 1988, I, p. 621. HN V <1457>, p. 407.

2. La mention apparemment étrange de la moisissure est en réalité une allusion à la théorie de la génération dite « équivoque », ou encore « spontanée », à laquelle se rallie Schopenhauer. Il admet, en effet, comme d'autre scientifiques de son époque, que certains micro-organismes puissent apparaître spontanément lors de processus de fermentation ou de décomposition. Sur ce point, cf. le chapitre 24, « Sur la matière », en particulier les pages 1645 sq. et les notes afférentes.

Le jeune Nietzsche fait écho à cette « fable » dans l'incipit de son traité posthume *Vérité et mensonge au sens extra-moral*, 1 (KSA 1/875), trad. M. Haar et M. B. de Launay, in *Œuvres*, t. I, Paris, Gallimard, 2000, p. 403 : « Au détour de quelque coin de l'univers inondé des feux d'innombrables systèmes solaires, il y eut un jour une planète sur laquelle des animaux intelligents inventèrent la connaissance. Ce fut la minute la plus orgueilleuse et la plus mensongère de l'"histoire universelle", mais ce ne fut cependant qu'une minute. Après quelques soupirs de la nature, la planète se congela et les animaux intelligents n'eurent plus qu'à mourir. / Telle est la fable qu'on pourrait inventer, sans parvenir à mettre suffisamment en lumière l'aspect lamentable, flou et fugitif, l'aspect vain et arbitraire de cette exception que constitue l'intellect humain au sein de la nature. »

3. Passage supprimé dans le manuscrit (1843) du tome II (B) : « Si l'on parle de soleils et de planètes, d'étoiles fixes et de voies lactées, on veut désigner en vérité un phénomène cérébral, un processus dans des cerveaux animaux. Nul n'a le droit d'avancer dans ma philosophie avant d'en être profondément convaincu. »

4. Sur le rapprochement entre rêve et représentation, cf. § 3 du tome I. Dans la *Critique de la philosophie kantienne*, Schopenhauer affirme qu'«une claire connaissance, une telle exposition sereine et réfléchie de cette constitution onirique du monde dans son ensemble <*diese traumartige Beschaffenheit der ganzen Welt*> sont vraiment la base de toute la philosophie de Kant, son âme et son mérite insurpassable» (cf. t. I, p. 765)

5. La formule «je pense, donc je suis» figure dans la quatrième partie du *Discours de la méthode* (AT VI, 32 ; *Œuvres philosophiques*, t. I, éd. Alquié, Paris, Garnier, 1988, p. 603). Cf. aussi *Principes de la philosophie*, I, § 10 (AT, IX, ii, 21, *Œuvres philosophiques*, t. III, p. 96).

6. Un raisonnement semblable est mis en œuvre par Schopenhauer au § 7 du tome I pour critiquer le matérialisme, cette philosophie prétendument objective (cf. p. 118).

7. Allusion à la théorie génétique de la perception empirique, exposée par Schopenhauer au § 21 de la QR2. Le «passage» de l'effet (c'est-à-dire de la sensation) à sa cause est le processus intellectuel dont Schopenhauer fait la cause de la constitution de l'intuition empirique, qu'il qualifie par suite d'«intuition intellectuelle». Cf. t. I, note 34, p. 976.

8. Allusion à la critique de l'«objet en soi» dans l'*Appendice* sur Kant (cf. t. I, p. 804-805).

9. CRP, «Esthétique transcendantale», p. 781 sq. HN V <293>, p. 94.

10. Schopenhauer renvoie ici à l'école écossaise de philosophie, dont la figure majeure fut Thomas Reid (1710-1796). Cette école revendique son attachement à l'expérience et prône un réalisme direct qui n'est autre, selon elle, que celui du bon sens. Cf. *infra* notes 33 et 76.

11. Sur la notion de croyance chez Jacobi et sur la distinction entre foi religieuse et notion «philosophique» de la

croyance, cf. l'introduction de L. Guillermit à sa traduction du
David Hume (Jacobi, *David Hume et la croyance. Idéalisme et
réalisme*, trad. L. Guillermit, Paris, Vrin, 2000, p. 40-58).

12. Schopenhauer fait ici allusion à la polémique que sus-
cita la publication en 1785 par Jacobi de l'ouvrage *Ueber die
Lehre des Spinoza in Briefen an den Herrn Moses Mendelssohn*
ainsi qu'à la réponse que lui fit Schelling en 1812 dans *Denk-
mal der Schrift von den göttlichen Dingen des Herrn Friedrich
Heinrich Jacobi und der ihm in derselben gemachten Beschul-
digung eines absichtlich täuschenden, Lüge redenden Atheismus*
(Tübingen, 1812). HN V <478>, p. 145.

13. Schopenhauer veut dire que la doctrine jacobienne de
la croyance dans le monde extérieur n'est qu'un moyen insidieux d'accréditer philosophiquement la notion de foi, afin de
« préparer le terrain », si l'on peut dire, à la religion. Sur ce
point, cf. *supra* la note 11.

14. Cf. CRP, « paralogisme de l'idéalité (du rapport extérieur) », p. 1443 sq. (A 369 sq.). Dans ce passage, Kant montre
que l'idéalisme transcendantal est compatible avec le réalisme
empirique (c'est-à-dire la position de choses extérieures à nous,
conçues néanmoins comme de simples phénomènes). À l'inverse, le « réalisme transcendantal » « se représente les phénomènes extérieurs [...] comme des choses en soi, qui existent
indépendamment de nous ». Pour Kant, « c'est justement ce
réaliste transcendantal qui, par la suite, joue l'idéaliste empirique : après avoir faussement supposé que, pour être des
objets extérieurs, les objets des sens devraient avoir aussi leur
existence en eux-mêmes et indépendamment des sens, il trouve,
à ce point de vue, toutes les représentations de nos sens insuffisantes à en rendre certaine la réalité ».

15. Sur la notion d'« idéalisme empirique » cf. CRP, p. 1137
sq. (A 491/B 519). HN V <293>, p. 94. Schopenhauer reprend
volontiers l'argument kantien qui montre que l'idéalisme transcendantal est compatible avec le réalisme empirique.

16. Il faut noter que, de la première édition du *Monde* au
Compléments, Schopenhauer infléchit nettement son interprétation de l'idéalisme dans un sens physiologiste, d'où la place
désormais prépondérante que prend la référence au travail
cérébral dans la constitution de l'objectivité. On a souvent
reproché à Schopenhauer sa physiologisation du transcendantal kantien, qui aboutit à faire de l'entendement une fonction

du cerveau. La représentation se trouve ainsi reconduite à l'organe comme à sa condition physiologique de production. Schopenhauer revendique d'ailleurs cette infidélité, qu'il met au compte d'un louable souci de réconcilier la philosophie et le savoir physiologique. Il va même jusqu'à dire qu'« une philosophie comme celle de Kant, qui ignore entièrement cette façon d'envisager l'intellect, est étroite et par là même insuffisante » (Chapitre 22). À propos de la dérive physiologisante de Schopenhauer, on doit cependant faire preuve d'une certaine vigilance philologique. L'étude du *Monde* montre que dans la *première* édition on ne trouve guère de trace de développements sur les rapports du cerveau et du transcendantal. Les passages des quatre premiers livres qui peuvent aller en ce sens sont tous des ajouts des éditions ultérieures. Bref, la physiologisation massive du transcendantal est, chez Schopenhauer, un développement qu'on peut dater de la seconde édition du *Monde* (1844), et qui se trouve concentré dans les *Compléments*. Notons encore que cette physiologisation, qui effraie les commentateurs, a pu paraître on ne peut plus conséquente. Ainsi, Ribot écrit que la transformation physiologique du transcendantal « était d'ailleurs toute naturelle, et il est probable que si Kant eût vécu un demi-siècle plus tard, en plein développement des sciences biologiques, il l'eût opérée lui-même » (Ribot, *La philosophie de Schopenhauer*, Paris, Alcan, 1874, p. 54). Enfin, il convient de ne pas crier trop vite à la contradiction entre la thèse idéaliste et la thèse physiologiste de la production des représentations par le cerveau, laquelle supposerait une option réaliste. Là encore, une certaine prudence s'impose puisque la production des représentations par le cerveau peut très bien s'allier à l'idéalisme, s'il est vrai que le cerveau lui-même... est une représentation. En tout cas, Schopenhauer dénonce très explicitement le matérialisme, qui oublie que son principe (la matière) n'a d'existence que pour un sujet (voir t. I, § 7).

17. Cette incise s'explique par la théorie schopenhauerienne de l'intuition intellectuelle : les animaux supérieurs possèdent comme les hommes une intuition intellectuelle, c'est-à-dire que leur intuition du monde extérieur est, comme celle de l'homme, résultat d'un travail cérébral par lequel l'impression sensible est élaborée pour former l'intuition d'un objet dans l'espace. Sur l'intuition intellectuelle, cf. t. I, note 34, p. 976.

18. m[Je recommande ici de lire tout particulièrement le

passage dans Lichtenberg, t. 2, p. 13, ancienne édition]m. Référence manuscrite de Schopenhauer dans son exemplaire personnel (1859). Cf. G. C. Lichtenberg, *Vermischte Schriften*, Göttingen, Dieterich, 1801, t. II, p. 447 (HN V <1531>, p. 426) : «Euler dit dans ses lettres sur différents sujet de la théorie physique (t. II, p. 228) qu'il y aurait des éclairs et la foudre, même si aucun homme n'existait que la foudre pût frapper. C'est une expression assez habituelle, mais je dois admettre qu'il ne m'a pas été facile de comprendre totalement ce qu'elle veut dire. Il me semble toujours que, si le concept d'*être* était quelque chose d'emprunté à notre pensée, et s'il n'y avait plus aucune créature sentante et pensante, alors plus rien ne *serait* non plus.»

19. Locke, *Essai sur l'entendement humain* (1690), liv. II, chap. XXVI, trad. Coste, Paris, Vrin, rééd. 1989, p. 254-258. HN V <338>, p. 109. Cf. Hume, *Enquête sur l'entendement humain*, VII, trad. A. Leroy revue et corrigée par M. Beyssade, Paris, GF, 1983, p. 128-146. HN V <261>, p. 73.

20. Locke affirme en effet qu'il ne faut pas confondre la chose telle qu'elle est avec la façon dont elle nous affecte. Sur ce point, on peut se reporter au chapitre de l'*Essai* sur les substances complexes. Cf. Locke, *Essai sur l'entendement humain* (1690), *op. cit.*, liv. II, chap. XXIII, p. 230 sq. HN V <338>, p. 109.

21. Schopenhauer fait ici allusion à la distinction lockéenne entre qualités premières et qualités secondes. Les secondes sont «idées ou perceptions dans nos esprits», les premières «modifications de la matière dans les corps qui causent de telles perceptions en nous» (Locke, *Essai sur l'entendement humain* [1690], liv. II, chap. 8, § 7, *op. cit.*). Cf. *infra*, la note 31.

22. Cf. Plotin, *Ennéades*, II, 5, trad. É. Brehier, Paris, Les Belles Lettres, 1989, p. 81.

23. Cf. Platon, *République*, IV, 497 d-e. Dans le manuscrit (1843) du tome II (B), Schopenhauer fait commencer le chapitre 2 après cette citation. Passage supprimé : «§ 2 / *Sur la doctrine de l'intuition du monde objectif* / Malgré toute son idéalité transcendantale, le monde objectif conserve une réalité empirique. L'espace n'est certes que dans et à travers ma tête, mais ma tête n'en est pas moins dans l'espace. La loi de causalité ne peut certes pas servir à écarter l'idéalisme, en construisant un pont entre les choses en soi et la connaissance,

et en garantissant ainsi une réalité absolue pour le monde qui se présente grâce à l'application de cette loi ; pourtant, cela ne supprime en aucune façon le rapport de causalité qui trouve incontestablement place entre le corps propre de tout être connaissant et le reste des objets matériels. Car, dans ce cas, nous sommes et nous restons dans le monde des objets, c'est-à-dire des phénomènes, c'est-à-dire de simples représentations. À celles-ci appartient le corps *<Leib>*, à l'instar de tous les autres corps *<Körper>* ; mais la totalité de ce monde de l'expérience reste conditionnée par la connaissance du sujet et par les formes de celle-ci. Ma tête n'existe que dans l'espace, cependant que l'espace n'existe que dans ma tête. L'application de la loi de causalité, par son action sur les corps animaux, garantit au monde intuitionné une réalité empirique, mais lui laisse ce faisant l'idéalité transcendantale et ne se destine qu'au simple phénomène. Au même titre que l'objet, le sujet (dans la mesure où il est simplement un être connaissant) appartient au phénomène, dont il constitue l'autre moitié complémentaire. De même que l'objet n'est que pour autant qu'il est connu, le sujet n'est que pour autant qu'il connaît. / Ici, au premier chef, *Cog.* 402, quelques remarques sur les sens, lesquels livrent les données immédiates pour l'intuition du monde objectif. »

24. Sur les qualités occultes, cf. t. I, note 155, p. 994.

25. Le texte précise quelques lignes plus loin qu'il s'agit de l'espace et du temps.

26. Allusion à la doctrine d'Anaxagore. Sur ce point, cf. Aristote, *Métaphysique*, A 3, 984b 15 ; A 4, 985a 15. Cf. aussi le célèbre passage du *Phédon*, 976-986.

27. *Prabod'h Chandro'Daya, or the moon of Intellect ; an allegorical Drama, translated from the Sanscrit and Pracrit from J. Taylor*, Londres, Longman, 1812. HN V <1168>, p. 341.

28. Raymond Lulle, *Liber lamentationis Philosophiae* ou *Duodecim principia philosophiae*, Paris, 1311. Le chapitre 1 s'intitule « *De forma* » et le chapitre 2, « *De materia* ». HN V <342>, p. 110. Sur l'utilité du dialogue comme mode de présentation philosophique, cf. *Parerga*, II, chap. 1, § 6.

29. Dans sa *Critique de la philosophie kantienne*, Schopenhauer explique que la catégorie de causalité ne peut en aucun cas servir à penser le rapport entre la chose en soi et le phénomène.

30. Sur la théorie de l'intuition intellectuelle, cf. QR2, § 21. Voir t. I, note 34, p. 976.

31. Locke, *Essai sur l'entendement humain*, *op. cit.*, liv. II, chap. 8, § 9 et 10, p. 89-90. HN V <338>, p. 109.

32. Kant, CRP, «De la synthèse de la recognition dans le concept» (A 103), p. 1409-1414. HN V <293>, p. 94.

33. T. Reid, *An Inquiry into the Human Mind. On the Principles of Common Sense*, Édimbourg, 1764. HN V <440>, p. 133.

34. La *regula falsi* (ou méthode dite «de la fausse position») est une méthode de résolution algébrique qui consiste à fournir une solution approchée (mais fausse par rapport au problème posé), pour conclure à la solution définitive au moyen d'un algorithme tirant parti de l'écart constaté. Cf. «Les méthodes de fausse position», in *Mathématiques au fil des âges*, IREM, Paris, Gauthier-Villars, 1987, p. 82-88. Schopenhauer veut dire ici que la position de Reid approche le problème (par sa juste critique de Locke), mais reste encore fausse car elle échoue à expliquer la genèse de l'intuition empirique.

35. Cf. Destutt de Tracy, *Éléments d'idéologie*, 1825-1827, 4 vol., t. I, chap. ɪɪ : «Penser, comme vous voyez, c'est toujours sentir, et ce n'est rien que sentir. Maintenant me demanderez-vous ce que c'est que sentir ? Je vous répondrai, c'est ce que vous savez, ce que vous éprouvez. Si vous ne l'éprouviez pas, ce serait bien inutilement que je m'efforcerais de vous l'expliquer : vous ne m'entendriez ni ne me comprendriez. Mais puisque vous avez la conscience de cette manière d'être, vous n'avez besoin d'aucune explication pour la connaître ; il vous suffit de votre expérience. Sentir est un phénomène de notre existence, c'est notre existence elle-même : car un être qui ne sent rien peut bien exister pour les autres êtres, s'ils le sentent ; mais il n'existe pas pour lui-même, puisqu'il ne s'en aperçoit pas.»

36. Condorcet, *Esquisse d'un tableau historique des progrès de l'esprit humain*, Paris, 1795. HN V <119>, p. 30.

37. Tourtual, «Sur la vision», in *Scriptores ophtalmologici minores*, éd. J. Radius, 1828.

38. Euler, *Briefe an eine deutsche Prinzessin über verschiedene Gegenstände aus der Physik und Philosophie*, éd. Johann Friedrich Junius, Leipzig, 1773, t. II, p. 68. HN V <830>, p. 250.

39. Cf. Schopenhauer, *Critique de la philosophie kantienne*, t. I, p. 804-805.

40. Sur la constitution de l'intuition empirique par le toucher, cf. QR2, § 21, p. 200.

41. Schopenhauer, *Über das Sehn und die Farben, eine Abhandlung*, Leipzig, Hartknoch, 1816, ²1854 ; VC.

42. Schopenhauer, *Commentatio undecima exponens Theoriam Colorum Physiologicam eandemque primariam*, in *Scriptores ophtalmologici minores, vol. tertium, edidit J. Radius*, Leipzig, Voss, 1830. HN V <494>, p. 151.

43. QR2, § 21, p. 190 sq.

44. On peut comparer la classification schopenhauerienne des cinq sens avec celle que donne Kant dans son *Anthropologie*, § 15-21 (Ak. VII, 153 sq. ; OP III, p. 971 sq.). Kant, comme Schopenhauer, distingue les sens selon qu'ils sont plus ou moins subjectifs. La vue apparaît à cet égard comme le sens supérieur.

45. Certains objets suscitent plus que d'autres la volonté. Ils relèvent en cela de ce que Schopenhauer nomme l'« attrayant » (*das Reizende*) ou l'« intéressant ». Sur l'attrayant, cf. t. I, § 40. Sur l'intéressant, cf. t. I, note 17, p. 372.

46. Schopenhauer renvoie aux *Annalen der Physik*, vol. X, p. 382, éditées de 1799 à 1824 par Ludwig Wilhelm Gilbert (1769-1824). Cette publication existe toujours ; elle a publié quelques-uns des articles fondateurs de la physique moderne, notamment les articles d'Einstein de 1905.

47. Sur la notion scientifique d'« éther », cf. l'article de W. Scott, in *Dictionnaire d'histoire et philosophie des sciences*, sous la dir. de D. Lecourt, Paris, PUF, 1999, p. 381-384.

48. Le labyrinthe est un ensemble complexe de cavités et de conduits qui communiquent entre eux et sont situés dans l'oreille interne. Le labyrinthe ou labyrinthe osseux est divisé en trois parties : le vestibule, les canaux semi-circulaires et la cochlée.

49. Le pont de Varole est la partie centrale et renflée du tronc cérébral située entre le mésencéphale et la moelle allongée (anciennement bulbe rachidien).

50. La *medulla oblongata* (ou bulbe rachidien, ou moelle allongée, ou myélencéphale) est la partie inférieure du tronc cérébral chez les vertébrés. Elle est située au-dessus de la moelle épinière et contre le cervelet.

51. Le thalamus (du grec θάλαμος = chambre) est une partie profonde du cerveau, paire et symétrique de chaque côté du troisième ventricule. Les deux thalamus forment les parties principales du diencéphale.

52. m[Lichtenberg, *Werke*, t. I, p. 43]m. Après «Jean Paul», référence manuscrite de Schopenhauer dans son exemplaire personnel (1859). Cf. G. C. Lichtenberg, *Vermischte Schriften*, Göttingen, Dieterich, 1801, t. I, p. 43 (HN V <1531>, p. 426): «Je suis extraordinairement sensible à tout bruit, mais il ne provoque plus aucune impression désagréable quand il est associé à un but rationnel.»

53. La poudre que forment les spores de lycopode peut être utilisée comme poudre lubrifiante (contre les inflammations et les irritations de la peau), au même titre que le talc.

54. Lichtenberg, *Vermischte Schriften, op. cit.*, p. 398. HN V <1531>, p. 426.

55. Sybarite: habitant de la cité antique de Sybaris, qui connut son apogée au vıı^e siècle av. J.-C. Les Sybarites étaient réputés pour leur raffinement et leur goût du luxe.

56. Schopenhauer reviendra plus en détail sur cette secte dérivée du protestantisme, fondée au début du xvııı^e siècle, au chapitre 48 des *Compléments*, en insistant sur la figure d'Anna Lee.

57. Les frères moraves constituent une secte religieuse originaire de Bohême, apparentée aux «frères tchèques».

58. *Parerga*, II, § 30, «Sur le vacarme et le bruit».

59. Allusion probable à l'invention du père jésuite Louis-Bertrand Castel (né en 1689), qui prétendit former des gammes de couleurs comme il y a des gammes de sons. Il conçut ainsi le principe d'un «clavecin oculaire» dont il réalisa, avec peu de succès, plusieurs prototypes. L'exposé des principes de ce clavecin se trouve dans les «Nouvelles Expériences d'optique et d'acoustique» (*Mémoires de Trévoux*, t. 69 et 70, 1735). Trad. allemande par G. Ph. Telemann, *Beschreibung der Augenorgel, oder Augenclavier*, Hambourg, 1739.

60. Cf. Platon, *Ménon*, 81 d-85 d.

61. Kant, CRP, «Esthétique transcendantale», § 1, p. 780 sq. HN V <293>, p. 94.

62. Clément d'Alexandrie, *Stromates*, VI, 2, § 23, l. 3, trad. P. Descourtieux, Paris, Le Cerf, 1999, p. 105.

63. Kant résume en effet toute la problématique de la

Critique de la raison pure dans la question de la possibilité de tels jugements : «On gagne déjà beaucoup à pouvoir faire tenir une foule de recherches sous la formule d'un seul problème. Par là, en effet, on ne facilite pas seulement pour soi-même son propre travail, en se le délimitant avec précision, mais on rend aussi plus facile à quiconque veut l'examiner de juger si nous avons ou non satisfait à notre dessein. Le problème propre de la raison pure est donc contenu dans la question : *Comment des jugements synthétiques* a priori *sont-ils possibles ?* » (CRP, Introduction, VI, p. 772 ; Ak. III, 39). On peut noter d'ailleurs que Schopenhauer n'a jamais envisagé la *Critique* sous l'angle de la question de la synthèse *a priori.* Pour lui, comme il le souligne dans sa *Critique de la philosophie kantienne*, l'apport de Kant consiste plutôt dans la distinction entre la chose en soi et le phénomène (cf. t. I, p. 761 sq.).

64. Owen, *Principe d'ostéologie comparée, ou Recherches sur l'archétype et les homologies du squelette vertébré*, Paris, Baillière, 1855, p. 405. HN V <923>, p. 275.

65. Sur le fondement intuitif de l'arithmétique, cf. § 15, p. 193 sq. (notamment l'analyse de l'acte de numération). Voir J. Rostand, «Schopenhauer et les démonstrations mathématiques», *Revue d'histoire des sciences et de leurs applications*, juillet-septembre 1953, p. 202-230.

66. Giordano Bruno s'appuie bien sur Aristote lorsqu'il affirme l'immobilité d'un corps infiniment grand dans le deuxième dialogue de son ouvrage *De l'infini, de l'univers et des mondes* (cf. *Œuvres complètes*, Deuxième Dialogue, trad. J.-P. Cavaillé, Paris, Les Belles Lettres, 1995, t. IV, p. 122-123). On peut en effet retrouver une référence semblable dans le chapitre 5 du livre I du *Traité du ciel* en 272 a (cf. *Traité du ciel*, I, 5, trad. C. Dalimier et P. Pellegrin, Paris, GF, 2004, p. 95-103).

67. Celle du concept de triangle rectangle avec le concept d'équilatéral.

68. Schopenhauer renvoie ici à un article du hégélien K. Rosenkranz, paru dans la revue hebdomadaire *Deutsches Museum* dirigée par R.E. Prutz (nº 20 du 14 mai 1857, Leipzig, Brockhaus).

69. J. H. Pestalozzi (1746-1827), pédagogue suisse, a fondé un institut à Yverdon-les-Bains qui fut célèbre en son temps, et

où il chercha à appliquer une pédagogie concrète inspirée des vues de Rousseau dans l'*Émile*.

70. Aristote, *Physique*, IV, 14, 223 a 17, trad. P. Pellegrin, Paris, GF, 2000, p. 267.

71. Ajout manuscrit de Schopenhauer dans son exemplaire personnel (1859) : m[Si l'arithmétique n'avait pas pour fondement cette pure intuition du temps, elle ne serait pas une science *a priori*, et, par suite, ses propositions n'auraient pas une certitude infaillible]m.

72. Cf. les alinéas b et c du § 6 de l'Esthétique transcendantale kantienne qui définissent le temps comme la «forme du sens interne, c'est-à-dire de l'intuition de nous-mêmes et de notre état intérieur», et comme la «condition formelle *a priori* de tous les phénomènes en général», «condition immédiate des phénomènes internes (de notre âme) et, par là même, condition médiate de tous les phénomènes», puisque «toutes les représentations [...] appartiennent toujours, en elles-mêmes, en tant que déterminations de l'esprit, à l'état interne» (AK. III, p. 60; A 33-34/B 49-50; CRP, p. 794-795.) Sur le «sujet du vouloir» comme «objet immédiat du sens interne», cf. QR2, § 40, et QR1, § 43.

73. Sur ce point, cf. la première partie du *Mémoire sur la décomposition de la pensée* in Maine de Biran, *Œuvres complètes*, éd. P. Tisserand, Genève-Paris, Slatkine, 1982, t. III, p. 43-56. Dans ce passage, Schopenhauer retourne à la position de Malebranche que Biran avait critiquée : Malebranche soutenait que nous n'avons pas d'intuition de notre puissance sur les mouvements du corps. Seul Dieu est cause de ces mouvements, notre propre acte de volonté n'étant que la cause occasionnelle de l'intervention divine. Biran dénonçait dans la position malebranchienne un aveuglement à l'évidence de l'effort, qui nous donne l'intuition de notre puissance causale sur les mouvements du corps. Schopenhauer revient à la position de Malebranche contre Biran : nous n'avons pas d'intuition de notre pouvoir sur les mouvements du corps propre, puisque l'acte de la volonté et l'action du corps ne sont qu'un seul et même fait, vu de deux points de vue différents.

74. Dans le t. I, § 18 (p. 247), l'identité de l'acte de la volonté avec l'action du corps est qualifiée de «miracle par excellence», et c'est d'une telle constatation que Schopenhauer tire la base

de sa métaphysique, à savoir l'identité de la volonté et de la représentation.

75. Maine de Biran, *Nouvelles Considérations sur les rapports du physique et du moral de l'homme*, ouvrage posthume publié par M. Cousin, Paris, Ladrange, 1834 ; *Œuvres*, t. IX, éd. F. Azouvi, Paris, Vrin, 1998. HN V <353>, p. 112.

76. T. Reid, *Essays on the Intellectual Powers of Man*, Essay VI : «Judgment», chap. 5 : «On the First Principles of Contingent Truths», Édimbourg, 1785.

77. T. Browne, *Inquiry into the Relation of Cause and Effect*, 4ᵉ éd., Londres, 1835. HN V <85>, p. 21.

78. Schopenhauer, VN, p. 136-137. Dans la dernière édition de la *Volonté dans la nature*, Schopenhauer renvoie à ce passage du chapitre 4.

79. Schopenhauer, QR2, § 21, p. 190 sq.

80. Le journal *Froriep's Notizen* de juillet 1838 rapporte les propos du professeur d'anatomie Alexander Friedrich von Hueck, l'un des fondateurs de la *Learned Estonian Society* à Tartu (alors appelé Dorpat), qui peut être considérée comme la plus ancienne société scientifique d'Estonie. Les premiers travaux, commencés en janvier 1838, portent principalement sur l'évaluation du niveau intellectuel des habitants.

81. Cette critique est développée dans le § 23 de la QR2.

82. Passage supprimé dans le manuscrit (1843) du tome II (B) : «... exemples, notamment dans le très recommandable *Précis de l'histoire de la philosophie* par Salinis & Scorbiae, Bruxelles, 1837, p. 259 sq., où sont présentées les propositions principales de Thomas d'Aquin.»

83. Kant, *L'unique fondement possible d'une démonstration de l'existence de Dieu*, in OP I, p. 317 sq.

84. La doctrine de Spinoza est assez largement citée et critiquée au § 8 de la QR2. Spinoza fonde sa démonstration de l'existence de Dieu sur le concept de cause, en faisant valoir que Dieu doit être *causa sui*. Mais Spinoza — et c'est sa grande faiblesse — n'a pas correctement cerné le domaine d'application du concept de cause : la cause relève du principe de raison, mais elle ne s'applique qu'à des changements spatio-temporels. Spinoza a confondu la cause, ou «principe de raison du devenir», avec la *ratio*, ou «principe de la connaissance» (la raison logique).

85. Cette affirmation résume bien la lecture empiriste que Schopenhauer tend à faire de la doctrine de Kant. Dire en effet que l'intuition est la source de *toute* connaissance, c'est négliger ce qui en constitue pour Kant la seconde source, à savoir la conceptualité : «Notre connaissance vient de deux sources fondamentales de l'esprit, dont la première consiste à recevoir les représentations (la réceptivité des impressions), et dont la seconde est le pouvoir de connaître un objet au moyen de ces représentations (la spontanéité des concepts) ; par la première un objet nous est *donné*, par la seconde il est *pensé* en rapport avec cette représentation» (Ak. III, 74 ; CRP, p. 812 ; A 50/B 74).

86. Cf. QR1. Dans le § 13, Schopenhauer montre que le principe de raison est l'expression générale du lien de nécessité qui relie toutes nos représentations. Tout le problème de la Dissertation consiste à montrer qu'il existe quatre formes bien distinctes de ce principe, qu'il importe de distinguer soigneusement. Cf. note 14, p. 972.

87. Sur la philosophie comme science «à partir de concepts», cf. CRP, *in* OP I, p. 1388 ; Ak. III, 542 ; A 837/B 865). Même critique au chapitre 4, p. 1208. On retrouve la même critique, transposée à la métaphysique, dans le chapitre 17, p. 1435.

88. Proclus, *Institutio theologica*, I, § 76 ; *Éléments de théologie*, trad. J. Trouillard, Paris, Aubier, 1965.

89. Passage supprimé dans le manuscrit (1843) du tome II (B) : «Or c'est ainsi que procède toute la théologie de Proclus, raison pour laquelle elle est fort instructive quant au point ici discuté : c'est un vrai modèle d'une "philosophie comme science à partir de purs concepts" (définition que malheureusement Kant enseigne aussi). De concepts tels que ἕν, πλῆθος ἀγαθόν, παράγον καὶ παραγόμενον, αὔταρκες αἴτιον, κρεῖττον, κινητόν, ἀκίνητον, κινούμενον, etc., on fait la matière première de la philosophie, tout en ignorant avec superbe les intuitions auxquelles ils doivent leur teneur, pour construire ensuite une théologie.»

Voir aussi p. 1270 sq. et note 161 *infra*.

90. Sur le principe *forma dat esse rei*, cf. par exemple Thomas d'Aquin, *Somme théologique*, Ia, q. 76, a. 6.

91. La notion d'absolu est cruellement moquée dans le § 20 de la QR2, en particulier p. 179.

92. Cf. en particulier le § 24 du livre II du tome I et le chapitre «Astronomie physique» de la VN.

93. Cf. QR2, § 20, en particulier p. 184 sq.

94. Cf. note 75, p. 2179. Le reproche de confusion de la force et de la cause apparaît dans plusieurs remarques marginales de Schopenhauer sur son exemplaire de Maine de Biran. Cf. HN V <353>, p. 112.

95. *Immanuel Kant's Sämtliche Werke*, éd. K. Rosenkranz et F. W. Schubert, Leipzig, Voss, 1838, t. I, p. 211 et 215. Cf. Ak. II, 104 ; OP I, p. 364 (« une chose est soumise à l'ordre de la nature lorsque son existence ou ses changements trouvent leur raison suffisante dans les forces de la nature. Pour cela, il faut d'abord que la force de la nature soit, en premier lieu, la cause efficiente (*wirkende Ursache*) ») et Ak. II, 106-107 ; OP I, p. 368 (« ce ne sont pas des causes différentes qui font que la terre est ronde, que les corps terrestres résistent à la force centrifuge, que la lune est maintenue sur son orbite. La seule pesanteur est la cause suffisante de la production de ces effets »).

96. Aristote, *Métaphysique*, Δ, 2, 1013a-1014a, trad. J. Tricot, Paris, Vrin, 1986, t. I, p. 247 sq.

97. VC, p. 39 sq.

98. LV, *in* PFE III : « La loi de causalité se manifeste selon la triple distinction des corps en corps inorganiques, végétaux et animaux ; la causalité qui régit tous leurs changements se manifeste également selon trois formes, à savoir comme cause au sens le plus étroit du mot, comme excitation ou comme motivation. »

99. Dans le livre II, § 20 (p. 256), c'est le phénomène qui est qualifié de « visibilité (*Sichtbarkeit*) de la volonté », synonyme d'« objectité de la volonté » (p. 258). Dans la *Volonté dans la nature*, la matière « n'est que la volonté devenue visible » (VN, p. 112).

100. Schopenhauer, QR2, § 21, p. 219.

101. Plotin, *Ennéades*, II, 4 (« Des deux matières »), chap. 8 et 9, trad. É. Bréhier, Paris, Les Belles Lettres, 1989, p. 61-63. « Qu'est-ce donc que cette matière une, continue et sans qualités ? Elle n'est pas évidemment un corps, puisqu'elle est sans qualités ; sinon, elle aurait une qualité » (*Ennéades*, II, liv. 4, § VIII, *op. cit.*).

102. Giordano Bruno, *De la cause, du principe et de l'un*, Quatrième Dialogue, in *Œuvres complètes*, t. III, trad. L. Hersant, Paris, Les Belles Lettres, 1996, p. 219 sq. Sur la matière

chez Bruno, cf. Dagron, *Unité de l'être et dialectique : l'idée de philosophie naturelle chez Giordano Bruno*, Paris, Vrin, 1999, p. 359 sq.

103. Stobée, *Eclogarum physicarum et ethicarum*, liv. I, chap. XII, § 5, H. L. Heeren, Göttingen, Vandenhoeck et Ruprecht, 1792. HN V <1355>, P. 383.

104. Kant, *Premiers principes métaphysiques de la science de la nature* (1786), *in* OP II, p. 347 sq. HN V <287>, p. 78.

105. Aristote, *Physique*, VI, 10, 241 a, trad. P. Pellegrin, Paris, GF, 2000, p. 349-353.

106. Traduction française *in* B. Cassin, *Si Parménide*, Cahiers de philologie, Lille, PUL, 1980, p. 311.

107. Cf. t. I, note 14, p. 972.

108. Schopenhauer fait sans doute ici référence au passage du deuxième chapitre des *Premiers principes métaphysiques*, où Kant propose une définition de la force d'attraction et de répulsion (cf. OP II, p. 403). La dualité attraction/répulsion a été spéculativement développée par la philosophie de la nature schellingienne, et par Schopenhauer à sa suite dans le § 27 du livre I. La référence aux *Premiers principes* y fait d'ailleurs une discrète apparition (p. 329-330).

109. Kant, *Premiers principes métaphysiques de la science de la nature*, in OP II, p. 400 sq. (Ak. IV, 496). HN V <287>, p. 78.

110. J. Priestley, *Disquisitions Relating to Matter and Spirit* (1777), 2ᵉ éd., Birmingham, 1782. HN V <425>, p. 129.

111. Kant, *Premiers principes métaphysiques de la science de la nature*, in OP II, p. 442-443 (Ak. IV, 527 sq.). HN V <287>, p. 78.

112. C. F. Wolff, *Theorie von der Generation*, Berlin, Birnstiel, 1764. HN V <960>, p. 283. C. F. Wolff (1734-1794), anatomiste et physiologue, est un des fondateurs de l'embryologie et théoricien de l'épigenèse. Ce même ouvrage est cité plus loin dans le chapitre 20, p. 1553.

113. J. Frauenstädt, *Briefe über die Schopenhauer'sche Philosophie*, Leipzig, Brockhaus, 1854. HN V <197>, p. 59.

114. Laplace, *Exposition du système du monde*, 4ᵉ éd., Paris, Courcier, 1813, V, II. HN V <896>, p. 266.

115. Kant, *Histoire générale de la nature et théorie du ciel* (1755), IIᵉ partie, chap. Iᵉʳ : « De l'origine du système planétaire et des causes de ses mouvements », *in* OP I, p. 60 sq. (Ak.

I, 261 sq.). Selon l'hypothèse de Kant, le système solaire s'est formé à partir d'une nébuleuse, qui tourne lentement sur elle-même, en s'aplatissant sous l'effet de la gravité, ce qui a pour effet de former des étoiles et des planètes.

116. Kant, *L'unique fondement possible d'une démonstration de l'existence de Dieu* (1763), IIe partie, Septième Considération, *in* OP I, p. 405-421 (Ak. II, p. 137 sq.).

117. J. H. Lambert, *Lettres cosmologiques sur l'organisation de l'Univers* (1761), trad. M. Darquier, Amsterdam, G. H. van Keulen, 1801.

118. Goethe, *Metamorphose der Pflanzen* (1790), éd. C. W. Ettinger, Gotha, 1790. HN V <1462>, p. 410. *La métamorphose des plantes et autres écrits de botanique*, trad. H. Bideau, Paris, Triades, 1992.

119. C. F. Wolff, *Theorie von der Generation, op. cit.* HN V <960>, p. 283.

120. En effet, la loi est déjà en partie connue de Hooke avant la parution des *Principia* en 1687 et même du *De motu* en 1684, où Newton expose pour la première fois la loi de gravitation. Hooke développe clairement le principe de la gravitation en 1674 dans un écrit intitulé *An Attempt to Prove the Annual Motion of the Earth*. Il formule le premier la loi de l'attraction universelle mais il ne l'établit pas, en partie à cause de sa méconnaissance des lois de la force centrifuge démontrée par Huygens.

121. D. Stewart, *Element of the Philosophy of the Human Mind*, Londres, Édimbourg, A. Strahan, T. Cadell and W. Creech, 1814, vol. II, p. 434.

122. R. Hooke, *The Posthumous Works*, Walford, 1705.

123. L.-G. Michaud (dir.), *Biographie universelle*, Paris, Michaud frères, 1811. Cette œuvre collective monumentale (90 volumes dans l'édition commencée en 1811) est l'œuvre des frères Michaud : Louis-Gabriel (1773-1858), imprimeur, et Joseph-François (1767-1839), historien. Elle connut une seconde édition en 45 volumes. Schopenhauer cite plus en détail cet article dans les *Parerga* (voir note 125).

124. La *Quarterly Review*, publiée à Londres par l'éditeur J. Murray, a été fondée en 1809. Elle a paru jusqu'en 1967.

125. *Parerga*, II, chap. 6, « Sur la philosophie et la science de la nature », § 86 (trad. fr. *in* Schopenhauer, *Philosophie et*

science, trad. A. Kremer-Marietti, Paris, Le Livre de Poche, 2001, p. 92 sq.

126. Dans ce passage, Schopenhauer considère la quantité de mouvement, c'est-à-dire le produit de la masse d'un corps par sa vitesse = *mv*. Même si, chez Descartes, la quantité de mouvement n'est jamais simplement réductible à la valeur absolue de ce produit, la formule *mv* résume cette grandeur de manière générale ; Descartes l'énonce clairement dans ses *Principes de la philosophie* en 1644. Sur ce concept se fonde la théorie du choc, car la force des corps qui se heurtent dépend de leur quantité de mouvement ; l'effet du choc (à savoir le fait qu'un des deux corps l'emporte ou non sur l'autre) dépend donc de la quantité de mouvement. Les premiers efforts pour mathématiser le choc sont dus à Descartes, mais le premier à être parvenu à une théorie satisfaisante est Huygens, dès les années 1654-1655, même s'il n'expose que plus tard ses résultats. Ici, Schopenhauer prend comme exemple l'effet du choc d'un marteau. Plus grande est la quantité de mouvement du marteau, plus grand est son effet, c'est-à-dire plus profondément le clou est enfoncé. À vitesse égale, le rapport des forces de deux marteaux dépend du seul rapport de leur masse. Donc l'enfoncement du clou sera d'autant plus important que le marteau sera plus lourd.

La notion de quantité de mouvement permet de donner une interprétation « dynamique » à la célèbre loi du levier d'Archimède. En effet, deux poids égaux, placés à des distances égales de l'axe de la balance, sont en équilibre ; des poids inégaux sont en équilibre, quand le rapport de leur distance à l'axe est inversement proportionnel à celui de leur masse et qu'il « compense » ainsi l'inégalité de leurs masses. Par exemple : un poids de 6 livres placé à une distance 1 de l'axe aura autant de force qu'un poids de 1 livre placé à une distance de 6 de l'axe. En effet, si les bras de la balance se mouvaient (cas impossible de déséquilibre des deux corps), le corps de 6 livres et celui de 1 livre se déplaceraient autour de leur axe en décrivant de manière synchrone et solidaire chacun un arc de cercle ; les vitesses angulaires de leur rotation seraient donc identiques, mais le petit corps tournerait le long d'un cercle de rayon 6 : il aurait donc une vitesse linéaire 6 fois plus grande que celle du grand corps, qui parcourrait un cercle de rayon 1. Autrement dit, la quantité de mouvement potentielle (Schopenhauer dit « intentionnelle » ou « virtuelle ») du petit corps est égale à la quantité de mouvement potentielle du grand corps : c'est pourquoi ils sont en équilibre, le rapport de leurs vitesses (potentielles) compensant le rapport inégal de leurs poids. Galilée a repris cette interprétation dynamique de la loi du levier dans ses *Discours et démonstrations mathématiques concernant deux sciences nouvelles* (4ᵉ Journée). Cf. *Opere di Galileo Galilei*, éd. nationale sous la dir. d'A. Favaro, Florence, 1890-1906, t. VIII, p. 310-312.

127. Termes latins abrégés : la vitesse est égale à la distance (*spatium*) divisée par le temps (*tempus*).

128. Dans ce passage, Schopenhauer pose le problème général suivant, qui est celui de la pesée : comment trouver le rapport entre les masses de deux corps ? Il faut le trouver à partir de la quantité de mouvement (*mv*). Or la quantité de mouvement se manifeste par ses effets dynamiques (par exemple : l'effet d'un choc ou d'une poussée) ; effets que Schopenhauer attribue ici à la «force vive», concept dynamique forgé par Leibniz (cf. *Discours de métaphysique*, § 17). Peser suppose donc de prendre en compte la force relative de deux corps, et de comparer leur quantité de mouvement ou mieux leur force potentielle. Il y a deux solutions pour cela, qui correspondent à deux systèmes de pesée. La première consiste à faire en sorte que le facteur de la vitesse soit neutre, autrement dit que les vitesses des deux corps soient égales ; ainsi l'inégalité de l'effet du mouvement pourra être attribuée directement à l'inégalité des masses des corps (autre facteur qui détermine leur quantité de mouvement). La seconde méthode suppose de calculer la vitesse, définie par le rapport distance/temps (par exemple : «40 m/seconde»). Prenons une balance : le mouvement de pesanteur est l'effet sur la masse d'un corps de l'attraction terrestre. Un corps pèse d'autant plus (= est d'autant plus attiré par la terre) qu'il a plus de masse. On peut peser les corps de deux façons :

1) Soit on place les corps à une distance égale de l'axe de la balance (balance à fléaux égaux) : si l'un des corps a plus de quantité de mouvement, c'est qu'il a plus de masse et il descendra, alors que l'autre corps s'élèvera.

2) Soit on place un corps sur un fléau de longueur x, et on regarde à quelle distance de l'axe il faut placer l'autre corps pour qu'il l'équilibre. Le rapport de leur masse sera le rapport inverse de la longueur des bras de la balance (système romain).

129. C[*vernunftlos* : <irrationnel>]C au lieu de B[*unvernünf-tig* : <déraisonnable>]B.

130. « Rien ne se fait tout d'un coup, et c'est une de mes grandes maximes et des plus vérifiées que *la nature ne fait jamais des sauts* » (Leibniz, *Nouveaux Essais sur l'entendement humain*, Préface, Paris, GF, 1966, p. 40). Cette formule trouve sa forme première chez Aristote : « La nature passe petit à petit des êtres inanimés aux êtres doués de vie, si bien que cette continuité empêche d'apercevoir la frontière qui les sépare, et qu'on ne sait auquel des deux groupes appartient la forme intermédiaire » (*Histoire des animaux*, VIII, 1588 b, trad. P. Louis, Paris, Les Belles Lettres, 1969, t. III, p. 2). Cf. aussi *Parties des animaux*, 681a, trad. P. Louis, Paris, Les Belles Lettres, 1990, p. 120.

131. C.-G. Leroy, *Lettres philosophiques sur l'intelligence et la perfectibilité des animaux*, Paris, Valade, 1802. HN V <899>, p. 269.

132. Sénèque, *Lettres à Lucilius*, IV, 37, § 4, trad. H. Noblot, Paris, Les Belles Lettres, 1995, t. I, p. 156. HN V <530>, p. 163.

133. Le processus de formation des concepts est donc décrit comme une abstraction des caractéristiques sensibles, en sorte qu'on retrouve ici l'idée énoncée dans les § 8 et 9 du livre I, selon laquelle l'ordre du concept n'est qu'un reflet affaibli de l'intuition sensible. Le concept est donc tiré de l'expérience, qui demeure toujours chez Schopenhauer la source de toute connaissance (cf. *supra*, note 85).

134. Kant, CRP, p. 999 sq. (A 275/B332 ; Ak. III 223). HN V <293>, p. 94.

135. Burke, *A Philosophical Enquiry into the Origin of our Ideas of the Sublime and Beautiful*, Basil, 1792. HN V <96>, p. 23.

136. Le titre donné par Schopenhauer est inexact. Le texte semble être celui qui a déjà été cité plus haut (cf. *supra*, note 76).

137. D. Stewart, *Element of the Philosophy of the Human Mind*, *op. cit.*, cf. *supra*, note 121.

138. Cf. Pic de La Mirandole, *De imaginatione* (1501), chap. II, trad. C. Bouriau, Chambéry, Comp'Act, 2005, p. 27. Schopenhauer pense probablement à ce passage : « L'âme se sert de la vertu phantastique pour concevoir et proposer à l'intellect seulement les ressemblances des choses sensibles. Elle se sert de la raison pour connaître celles-ci et juger ce qui est séparé des choses corporelles. Elle se sert de l'intellect pour

contempler les intelligibles entièrement purifiés non seulement de la matière, mais encore de tout ce qui soutient une ressemblance avec la matière. »

139. Spinoza, *Éthique*, II, prop. 40, scol. 2, trad. Ch. Appuhn, Paris, GF, 1985 : « ... de ce que nous avons des notions communes et des idées adéquates des propriétés des choses [...] j'appellerai ce mode *Raison* et *Connaissance du deuxième genre*. » Schopenhauer évoque le scolie de la même proposition pour des raisons semblables au § 16.

140. Illgens, *Zeitschrift für historische Theologie*, 1839, t. I, p. 182. Johann Heinrich Jung, dit Jung-Stilling (1740-1817), était professeur d'économie et écrivain : son l'œuvre la plus marquante reste son autobiographie en 7 volumes, où il se fait le chantre de l'amour du prochain et de l'abnégation éclairée par la lumière divine. Son œuvre, marquée par le prophétisme apocalyptique, eut une certaine influence sur le piétisme populaire et les communautés mennonites. Opposé à la théologie rationalisante de l'*Aufklärung*, Jung-Stilling préconise un retour aux sources bibliques, condition d'une renaissance spirituelle. Schopenhauer possédait plusieurs de ses ouvrages (cf. HN V <1018-1021>, p. 301), ainsi qu'une biographie (HN V <1019>, p. 302).

141. F. J. Gall et J. C. Spurzheim, *Des dispositions innées de l'âme et de l'esprit*, Paris, F. Schoell, 1811, p. 253. HN V <848>, p. 255.

142. Schopenhauer fait allusion au « Jugement » de l'Académie royale des sciences du Danemark, laquelle n'avait pas distingué son *Mémoire sur le fondement de la morale* à l'issue du concours ouvert pour l'année 1837, concours dont il était l'unique candidat. Pour le texte du « Jugement », cf. l'annexe à la fin de FM dans PFE. Cf. aussi les deux préfaces (1841/1860) dans le même ouvrage.

143. Aristote, *Métaphysique*, E, 2 ; K, 1, trad. J. Tricot, Paris, Vrin, 1986, t. I et II, p. 228-232 ; p. 99-104.

144. Cervantès, *Don Quichotte*, I, xix, éd. J. Canavaggio, Paris, Gallimard, 2001.

145. Buffon, *Discours de réception prononcé dans l'Académie française*, 25 août 1753 (dit « Discours sur le style »). Cité en français.

146. Cf. Gracián, *Oraculo manual y arte de prudencia* (1653), traduit par Schopenhauer entre 1829 et 1832 (HN IV/2, p. x-

xix et p. 131-284); *Oracle manuel et Art de prudence*, in *Traités politiques, esthétiques, éthiques*, trad. B. Pelegrin, Paris, Seuil, 2005.

147. Le syllogisme classique comprend trois propositions : la majeure, la mineure et la conclusion, déduite de la majeure par l'intermédiaire de la mineure.

148. Vauvenargues, *Réflexions*, in *Œuvres complètes*, Paris, Alive, 1999, maxime 131, p. 333. Cité en français.

149. Shakespeare, *Comme il vous plaira*, acte IV, sc. 1, in *Œuvres complètes*, Comédies II, trad. V. Bourgy, Paris, Laffont, 2000, p. 619 : «Un voyageur! Ma parole, vous avez bien motif d'être morose. Je soupçonne que vous avez vendu vos terres pour voir celles des autres? Cela fait, ayant beaucoup vu et ne possédant plus rien, on a les yeux riches et les mains pauvres.» HN V <1717>, p. 467.

150. Pope, *The Dunciad*, III (A), v. 190, in *The Poems of Alexander Pope*, vol. V, Londres, Routledge, 1963, p. 172. HN V <1697>, p. 463.

151. Héraclite, in *Les présocratiques*, éd. J.-P. Dumont, Gallimard, Paris, 1988, p. 155.

152. Helvétius, *De l'esprit*, disc. III, chap. 8, in *Œuvres complètes*, t. III, Hildesheim, Olms, 1967, p. 30-31 : «Il paroît donc que l'activité de l'esprit dépend de l'activité des passions. C'est aussi dans l'âge des passions, c'est-à-dire depuis vingt-cinq jusqu'à trente-cinq et quarante ans, qu'on est capable des plus grands efforts et de vertu et de génie. [...] Cet âge passé, les passions s'affoiblissent en nous ; et voilà le terme de la croissance de l'esprit : on n'acquiert plus alors d'idées nouvelles ; et quelque supérieurs que soient dans la suite les ouvrages que l'on compose, on ne fait plus qu'appliquer et développer les idées conçues dans le temps de l'effervescence des passions, et dont on n'avoit point encore fait usage.»

153. L'ectype (l'empreinte) s'oppose au prototype (la matrice). Les Idées sont les prototypes (*Musterbilder*, cf. § 25, p. 296), les phénomènes les ectypes.

154. «De l'influence des âges sur les idées et sur les affections morales», in *Rapports du physique et du moral*, IV, 1, Paris, 1805, p. 237-314.

155. Ajout manuscrit de Schopenhauer dans son exemplaire personnel (1859): m[de même que les grandes chaleurs ne commencent que lorsque les jours diminuent]m.

156. Byron, *Don Juan*, I, v. 1705-1712, trad. L. Bury et M. Porée, Paris, Gallimard, 2006, p. 113.

157. Aristote, *De l'âme*, III, 8, 432a 2, trad. R. Bodéüs, Paris, GF, 1993, p. 239. Un tel jugement est un contresens radical sur la *Critique*, qui, de part en part, s'oppose aux principes de l'empirisme, Kant prenant soin de préciser que, si toute connaissance commence *avec* l'expérience, elle ne résulte pas toute *de* l'expérience. Au fond, pour Schopenhauer, la connaissance ne peut avoir deux sources, contrairement à Kant, pour qui «notre connaissance vient de deux sources fondamentales de l'esprit, dont la première consiste à recevoir les représentations [...] et dont la seconde est le pouvoir de connaître un objet au moyen de ces représentations (la spontanéité des concepts)» (Ak., III, S. 74; A 50/B 74; CRP, p. 812). Cf. aussi la note 85.

158. Sur la filiation Locke-Kant, cf. l'*Appendice* sur Kant, p. 762, et le chapitre 2, p. 1176 (et la note afférente).

159. Citation de Kant déjà utilisée dans le chapitre 4, cf. *supra*, note 87.

160. Voir, plus haut, la théorie de la formation des abstractions.

161. Cf. Proclus, *Éléments de théologie*, trad. J. Trouillard, Paris, Aubier, 1965.

162. Le concept d'«entrave» est utilisé par Schelling dans sa philosophie de la nature pour désigner le point où la productivité naturelle s'immobilise dans un produit. Cf. notamment *L'introduction à l'esquisse d'un système de philosophie de la nature* (SW III, p. 289; trad. fr. Fr. Fischbach, Paris, Le Livre de Poche, 2001, p. 98).

163. On peut retrouver ces leçons dans Schleiermacher, *Éthique: le brouillon sur l'éthique de 1805-1806*, trad. C. Berner, Paris, Le Cerf, 2003.

164. Pseudo-Denys l'Aréopagite, *Les noms divins*, in *Œuvres complètes*, trad. M. de Gandillac, Paris, Aubier, 1943, p. 67-176.

165. Mélissos, in *Les présocratiques*, trad. J.-P. Dumont, Paris, Gallimard, 1988, p. 309-310.

166. Saloustios, *Des dieux et du monde*, § 7, 12, 17, trad. G. Rochefort, Paris, Les Belles Lettres, 1983.

167. Maxime de Tyr, *Dissertations de Maxime de Tyr*, XVIII,

trad. J.-I. Combes Dounous, éd. Bossange, Paris, Masson et Besson, 1802, t. II, p. 234.

168. Bruno, *De l'infini, de l'univers et des mondes*, Deuxième Dialogue, in *Œuvres complètes*, t. IV, trad. J.-P. Cavaillé, Paris, Les Belles Lettres, 1995, p. 122. Passage déjà cité au chapitre 4 des *Compléments*.

169. Aristote, *Traité du ciel*, I, 5, trad. C. Dalimier et P. Pellegrin, Paris, GF, 2004, p. 95-103.

170. «Nulle chose ne peut être mauvaise par ce qu'elle a de commun avec notre nature [*quod cum nostra natura commune habet*], mais dans la mesure où elle est mauvaise pour nous, elle nous est contraire» (Spinoza, *Éthique*, IV, prop. 30, trad. Appuhn, Paris, GF, 1985). «Dans la mesure où une chose s'accorde avec notre nature [*cum nostra natura convenit*], elle est nécessairement bonne» (prop. 31, trad. citée). Schopenhauer semble critiquer l'amalgame fait par Spinoza entre «avoir quelque chose de commun avec» et «s'accorder avec», tel qu'il peut apparaître au début de la démonstration de la proposition 31: «en tant qu'une chose s'accorde avec notre nature [*cum nostra natura convenit*], elle ne peut être mauvaise (*prop. préc.*)» (trad. citée).

171. Spinoza, Épître 50, in *Œuvres complètes*, Paris, Gallimard, 1954, p. 1231. *La science de la logique* de 1812 de Hegel dit explicitement: «la déterminité en général est négation (*determinatio est negatio*), disait Spinoza» (GW, 11, p. 76).

172. Ovide, *Métamorphoses*, liv. I, v. 16, trad. G. Lafaye, Paris, Les Belles Lettres, 1966, t. I, p. 7.

173. Cf. livre I, § 14, p. 185.

174. Kant distingue entre faculté de juger réfléchissante et faculté de juger déterminante (*bestimmende*), cette dernière est aussi dite subsumante. «La faculté de juger est en général le pouvoir de penser le particulier comme contenu sous l'universel. Si l'universel (la règle, le principe, la loi) est donné, alors la faculté de juger, qui subsume le particulier sous l'universel, *est déterminante* [...]. Mais si seul le particulier est donné, pour lequel la faculté de juger doit trouver l'universel, alors la faculté de juger est simplement *réfléchissante*. La faculté de juger déterminante sous des lois universelles transcendantales est seulement subsumante» (CFJ, *in* OP II, p. 933; Ak. V, 179).

175. Femmes dont le métier était d'acheter de vieux vêtements, des costumes ou bijoux, pour les revendre à domicile.

176. Cicéron, *De l'orateur*, II, 58, trad. E. Courbau, Paris, Les Belles Lettres, 1966. HN V <114>, p. 27.

177. Hutcheson, *A Short Introduction to Moral Philosophy* (1747), I, 1, § 14, in *Collected Works of Francis Hutcheson*, vol. IV, reprint Olms, Hildesheim, 1990, p. 28.

178. *Traité des causes physiques et morales du rire, relativement à l'art de l'exciter*, M. M. Rey, Amsterdam, 1768 (attribué à Dreux du Radier ou à L. Poinsinet de Sivry).

179. H. Home (1696-1782), philosophe écossais.

180. Platner, *Neue Anthropologie für Aerzte und Weiltweise, mit besonderer Rücksicht auf Physiologie, Pathologie, Moralphilosophie und Aesthetik*, § 894, Leipzig, S. L. Crusius, 1790. HN V <410>, p. 125.

181. Sur la théorie du ridicule de Kant, cf. CFJ, § 54, *in* OP II, p. 1120 sq. («le rire est un affect qui résulte du soudain anéantissement de la tension d'une attente»; Ak. V, p. 332). HN V <289> et <290>, p. 87.

182. Jean Paul, *Vorschule der Aesthetik* en particulier en I, VI «Ueber das Lächerliche», in *Sämtliche Werke*, vol. XLI, Berlin, 1827, p. 133 sq. HN V <1507>, p. 421; trad. fr.: *Cours préparatoire d'esthétique*, trad. A. M. Lang et J.-L. Nancy, Lausanne, L'Âge d'Homme, 1979.

183. Passage supprimé dans le manuscrit (1843) du tome II (B): «Dans le texte du tome I, j'ai évoqué de manière superflue et fausse deux objets réels qu'on subsumerait sous le concept; or ce n'est pas nécessaire, car *une* chose réelle et *un* concept suffisent déjà à provoquer le phénomène.»

184. Les syllogismes se répartissent en quatre figures selon la place du moyen terme dans la proposition majeure et dans la mineure. Si le moyen terme est sujet dans la majeure et prédicat dans la mineure, le syllogisme sera dit de la 1re figure. Ensuite, selon qu'il est prédicat dans les deux, ou sujet dans les deux, ou enfin prédicat dans la majeure et sujet dans la mineure, le syllogisme sera dit de la 2e, 3e ou 4e figure.

185. Épigramme d'E. A. W. von Kyaw (1770-1821), *Der schlechte Kanzelredner*, in *Epigramme*, Görlitz, 1809.

186. Shakespeare, *Roméo et Juliette*, acte III, sc. 1, in *Tragédies*, t. I, trad. J.-M. Déprats, Paris, Gallimard, 2002, p. 329; HN V <1717>, p. 467.

187. Cette anecdote que rapporte Schopenhauer est racontée par Heinrich von Kleist dans un article des *Berliner Abendblätter*, daté du 8 novembre 1810.

188. «Avec accompagnement obligé»: terme musical, qui qualifie les airs destinés à être accompagnés par un autre instrument.

189. M. G. Saphir (1795-1858), journaliste et essayiste autrichien.

190. Horace, *Art poétique*, v. 343, in *Épîtres*, trad. F. Villeneuve, Paris, Les Belles Lettres, 1989, p. 220: «<mêler> l'agréable à l'utile». HN V <1377>, p. 387.

191. *The Poetical Works of William Shenstone*, George Courtenay, J. Wenman, 1780, p. 30: «*To the memory / Of A. L. Esquire, / Justice of the peace for this country; / Who, in the whole course of his pilgrimage / Thro'a trifling ridiculous world, / Maintaining his proper dignity, / Notwithstanding the scoffs of ill-dispos'd persons, / And wits of the age, / That ridicul'd his behaviour, / Or censur'd his breeding, / Following the dictates of Nature, / Desiring to ease the afflicted, / Eager to set the prisoners at liberty, / Without having for his end / The noise or report such things generally cause / In the world, / (As he was seen to perform them of none) / But the sole relief and happiness / Of the party in distress, / Himself resting easy / When he could render that so; / Not griping or pinching himself / To hoard up superfluities; / Not coveting to keep in his possession / What gives more disquietude than pleasure, / But charitably diffusing it / To all around about him; / Making the most sorrowful countenance / To smile, / In his presence: / Always bestowing more than he was ask'd, / Always imparting before he was desire'd; / Not proceeding in this manner / Upon every trivial suggestion, / But the most mature and solemn deliberation; / With and incredible presence and undauntedness / Of mind, / with an inimitable gravity and economy / Of face, / Bidding loud defiance / To politeness and the fashion, / Dar'd let a f----t.*»

192. Peut-être une allusion à la célèbre tirade de *Jules César* de Shakespeare, où, maniant l'ironie par antiphrase, Antoine dit et répète que Brutus est un «homme honorable» (acte III, sc. 2).

193. Gozzi, *La Zobéide*, IV, 3, in *Opere*, éd. Petronio, Milan, Rizzoli, 1962, p. 473.

194. «*Oh grand bontà de' cavalieri antichi! / Eran rivali,*

eran di fè diversi, / E si sentian degli aspri copli iniqui / Per tutta la persona anco dolersi; / E pur per selve oscure e calli obbliqui / Insieme van, senza sospetto aversi » (*Orlando furioso*, I, 22).

195. Schiller, *La mort de Wallenstein*, III, 15, v. 2672, trad. J. Peyraube, Paris, Aubier, p. 76.

196. Schiller, *Die Bürgschaft*, v. 139-140, in *Schiller Werke und Briefe*, éd. G. Kurscheidt, Francfort-sur-le-Main, DKV, 1992, p. 30.

197. Voltaire, *L'enfant prodigue*, «Préface de l'éditeur de l'édition de 1738», in *Œuvres complètes*, t. III, *Théâtre II*, Paris, Garnier frères, 1877, p. 444. HN V <571>, p. 181. Cité en français, Schopenhauer souligne.

198. Épisode des *Aventures du baron de Münchhausen*, compilées en 1786 par Bürger.

199. D. Garrick (1717-1779), acteur et dramaturge britannique.

200. Peut-être une allusion au § 31 de la *Vorschule der Aesthetik* (*Cours préparatoire d'esthétique*) de Jean Paul (in *Sämtliche Werke*, vol. XLI, Berlin, 1827), où l'humour est défini comme un fini appliqué à l'infini (*ein auf das Unendliche angewandte Endliche*). Cf. *supra*, note 182.

201. Shakespeare, *Hamlet*, II, 2, in *Tragédies*, t. I, *op. cit.*, p. 773. HN V <1717>, p. 467.

202. Shakespeare, *Hamlet*, acte III, sc. 2, in *Tragédies*, t. I, *op. cit.*, p. 827. HN V <1717>, p. 467.

203. Jean Paul, *Titan*, in *Werke in drei Bänden*, Munich, Hanser, 1976, p. 557. HN V <1506>, p. 421.

204. Heine, *Romanzero*, Hambourg, Hoffmann und Campe, 1851; trad. fr.: *Romancero*, trad. L. Ambroise, Epervans, Éd. du Lanceur de pierres, 2006.

205. J. H. W. Tischbein (1751-1829). Artiste déjà cité à la fin du § 57 du livre III.

206. L'«Anwar Soheili» est une traduction persane (réalisée au début du XVIᵉ siècle) d'apologues indiens. Le passage est cité dans les *Parerga*, I (*Aphorismes sur la sagesse dans la vie*, chap. 5: «Parénèses et Maximes», I: «Maximes générales», trad. J.-A. Cantacuzène revue par R. Roos, Paris, PUF, 1994, p. 92).

207. Aristote, *Métaphysique*, Γ, 2, 1004 b-e, trad. J. Tricot, Paris, Vrin, 1991, t. I, p. 116-117; *Seconds Analytiques*, I, 11, 77 a, trad. J. Tricot, Paris, Vrin, 1987, p. 62.

208. C[*und eine Probe desselben im zweiten Bande der* **Parerga** *mitgeteilt*: <et j'en ai communiqué un échantillon dans le livre II des *Parerga*>]C au lieu de B[*den ich vielleicht einmal veröffentlichen werde*: <que je publierai peut-être un jour>]B. Voir Schopenhauer, *Parerga und Paralipomena*, Bd. II, Kap. II, § 26; Schopenhauer, *Eristische Dialektik* (1830-1831), *in* HN III, 666-695 (*La dialectique éristique*, trad. F. Norden, Bruxelles, Lefèvre, 1903; *L'art d'avoir toujours raison ou dialectique éristique*, trad. H. Plard, Strasbourg, Circé, 1990; *L'art d'avoir toujours raison*, trad. D. Miermont, Paris, Mille et Une Nuits, 1998).

209. Rutilius Lupus, un rhéteur romain de l'époque de Tibère, est connu pour un traité sur les figures de la pensée, *De figuris sententiarum et elocutionis*, qui se voulait une reprise en abrégé d'un traité de Gorgias d'Athènes.

210. Schopenhauer cite ici quatre exemples de raisonnements invalides. Sur l'impossibilité d'une conversion simple des universelles affirmatives, cf. Aristote, *Premiers Analytiques*, I, 2 : «Dans la prémisse affirmative, la conversion, tout en étant nécessaire, ne l'est cependant pas universellement : par exemple, si tout plaisir est un bien, quelque bien est aussi un plaisir» — et non : «tout bien est un plaisir» (Aristote, *Premiers Analytiques*, I, 2, 25 a 10 sq., trad. J. Tricot, Paris, Vrin, 1936, p. 7). Sur l'impossibilité du syllogisme à quatre termes, cf. *Premiers Analytiques*, I, 25 : «Il est évident aussi que toute démonstration se fera par trois termes et non davantage» (Aristote, *Premiers Analytiques*, I, 25, 41 b 36 sq., *op. cit.*, p. 126 sq.). Le troisième exemple cité par Schopenhauer est invalide, parce que de la vérité de la conclusion on ne peut conclure à la vérité des prémisses. Le quatrième exemple est invalide, parce que les syllogismes de la deuxième figure (c'est-à-dire ceux où le moyen terme est attribut dans les deux prémisses) ne sont valides que si l'une des deux prémisses est négative : «Si les termes sont universels, il y a aura syllogisme [de la deuxième figure] toutes les fois que le moyen appartient à un sujet pris universellement, et n'appartient pas à un autre sujet pris universellement, quel que soit celui des deux qui est négatif : autrement, pas de syllogisme possible» (Aristote, *Premiers Analytiques*, I, 5 27a 3 sq., *op. cit.*, p. 21).

211. Sur l'induction chez Aristote, cf. *Premiers Analytiques*,

II, 23; *Topiques*, I, 12, 105a 13. Sur l'ἀπαγωγή, cf. *Premiers Analytiques*, I, 5, 27a 15.

212. C'est-à-dire à la façon d'une conclusion affirmative.

213. Sur le *modus tollens*, cf. note 68, p. 2215.

214. Goethe, *West-östlicher Divan*, VI, *Buch der Sprüche*, *Hikmet Nameh*, 4; *Le Divan*, trad. fr. H. Lichtenberger, Paris, Gallimard, 1984, p. 92; HN V <1454>, p. 407.

215. Ces trois figures sont celles qui sont retenues par Aristote dans les *Premiers Analytiques*, I, 4 à 6.

216. Sur la première figure du syllogisme, cf. *Premiers Analytiques*, I, 4.

217. Les alcaloïdes constituent un ensemble de molécules d'origine naturelle, qui renferment du carbone, de l'hydrogène et, plus spécialement, de l'azote. Leur nom provient de l'arabe *al kali* (qui a donné «alcali»), indiquant ainsi leur caractère «alcalin» ou «basique», et du grec *eidos* (forme).

218. Galien (v. 131-v. 201), médecin et théoricien de la médecine romain. Auteur d'une œuvre considérable qui a eu un grand retentissement sur la médecine arabe. Sur la quatrième figure du syllogisme, ou «figure galénique», cf. F. Chénique, *Éléments de logique classique*, Paris, Dunod, 1975, t. II, p. 233 sq.

219. Ce principe classique figure par exemple dans les *Leçons de logique* de Kant (Ak. XXIV, 588-589).

220. Kant, *La fausse subtilité des quatre figures du syllogisme* (1762), trad. J. Ferrari, *in* OP I, p. 182-187.

221. Cette conclusion s'oppose donc à celle de Kant dans son opuscule: «Les règles suprêmes de tous les syllogismes conduisent immédiatement à cet ordre des concepts qu'on appelle la première figure, [...] tous les autres changements de place du moyen terme ne donnent une conclusion correcte qu'en conduisant [...] à des propositions qui sont liées selon l'ordre simple de la deuxième figure» (Kant, *La fausse subtilité*, § 6, *op. cit.*, p. 190; Ak. II, 58).

222. Shakespeare, *Jules César*, acte III, sc. 2, in *Tragédies*, t. I, trad. J. Hankins, Paris, Gallimard, Paris, 2002, p. 573. HN V <1717>, p. 467. Cf. *supra*, note 192.

223. Proclus, *Les commentaires sur le premier livre des Éléments d'Euclide*, Commentaire sur les propositions, I, trad. P. V. Eecke, Bruges, Desclée de Brouwer, 1948, p. 187.

224. Passage supprimé dans le manuscrit (1843) du tome II (B): «... expriment tellement mal la chose qu'on pourrait les

inverser dans l'usage. Car, si je reconduis *plusieurs* conséquences à *une* raison, ou si je construis, à partir de faits et d'éléments particuliers, le théorème universel, on peut appeler cela synthèse ; et si, à partir du théorème, je déduis les conséquences, et le décompose dans les éléments particuliers dont il est issu, il s'agit d'analyse.»

225. G. E. Schulze (1761-1833), qui était professeur à Göttingen, est surtout connu pour son livre polémique contre Kant et Reinhold : *Aenesidemus*. Schopenhauer étudia avec lui pendant un semestre la psychologie et la métaphysique durant l'hiver 1810. Cf. HN I.

226. Référence manuscrite de Schopenhauer dans son exemplaire personnel (1859) à ce texte du cahier *Senilia* : «L'utilité première de l'*étude des Anciens* est de nous préserver de la prolixité. Les Anciens se sont toujours efforcés d'écrire de manière concise et précise alors que la prolixité est le défaut de presque tous les Modernes. Les plus Modernes d'entre eux tentent de le corriger en supprimant quelques syllabes ou lettres. Aussi vaut-il mieux poursuivre l'étude des Anciens notre vie durant, même si nous n'y consacrons qu'un temps limité. Les Anciens savaient que l'on n'écrit pas comme on parle, quand les derniers Modernes ont même l'outrecuidance de faire imprimer les conférences qu'ils ont prononcées.»

227. Schopenhauer forge le néologisme *Deutschmichelei* à partir de la figure du *deutscher Michel* («der teutsch Michel», S. Franck, 1541), littéralement le «Michel allemand», qui désigne dans son sens premier un niais ne sachant pas de langues étrangères.

228. Voir également Schopenhauer, *Ueber die, seit einigen Jahren, methodisch betriebene Verhunzung der deutschen Sprache*, in HN IV/2, 36-87 ; *Parerga und Paralipomena*, Bd. II, Kap. 23, § 272-289.

229. Allusion à une scène de l'Évangile, où est décrite la rencontre entre Marie et Jésus, après que le tombeau de ce dernier a été trouvé vide : «Jésus lui dit : "Ne me touche pas, car je ne suis pas encore monté vers le Père"» (Jn 20, 17).

230. «Hottentots» est le nom que les Afrikaners donnèrent aux peuplades *Khoi-Khoin*. Ce terme pourrait provenir d'un mot signifiant «bègue» en hollandais ancien. C'est une allusion aux «clics» caractéristiques des langues *khoisan*.

231. Au lieu de *Schaam, Mährchen, Maass, Spaass*, ainsi orthographiés à l'époque de Schopenhauer.

232. Au lieu de *Lohn, Sohn, Staat, Saat, Jahr, Aal*.

233. Schopenhauer, *Parerga und Paralipomena*, Bd. II, Kap. 23, § 272-289 ; *Ueber die, seit einigen Jahren, methodisch betriebene Verhunzung der deutschen Sprache*, in HN IV/2, 36-87.

234. QR2, § 51, p. 291.

235. Goethe, *Hefte zur Morphologie*, 1824. À noter qu'en 1830, Goethe s'intéressa de très près à la dispute entre Cuvier et Geoffroy Saint-Hilaire au sujet de la possibilité d'une loi de communauté entre tous les animaux. Il cherchera à démontrer, et ce dès 1786, cette unité dans ses travaux en affirmant que la diversité anatomique résulte en fait d'un type primitif qui se modifie au gré de facteurs extérieurs (climats, alimentation, etc.). Schopenhauer lui-même se rallie à l'idée d'une « unité de plan » des organismes, qu'il fonde métaphysiquement dans le monisme de la volonté. Cf. t. I, note 5, p. 1000.

236. Passage supprimé dans le manuscrit (1843) du tome II (B) : « ... Cuvier, en partie même Schelling et quelques-uns de ses disciples en petit nombre. »

237. m[Les pythagoriciens avaient déjà fait cette distinction, comme on peut le voir dans Stobée (*Florilegium*, vol. I, p. 20) où elle est exposée avec très grande clarté et élégance]m. Ajout manuscrit de Schopenhauer dans son exemplaire personnel (1859). Cf. Stobée, cité dans l'édition de Th. Gaisford, *Joannis Stobaei Florilegium*, 1823, vol. I, p. 20 (HN V <1356>, p. 383).

238. Plutarque, *De l'éducation des enfants*, chap. 10, in *Traités 1 et 2*, trad. A. Philippon, Paris, Les Belles Lettres, 1987, p. 48.

239. Euclide, *Les Éléments*, trad. B. Vitrac, Paris, PUF, 1994, vol. I.

240. Schiller, « Gewissensskrupel », inclus dans le groupe *Die Philosophen* in *Schiller. Werke und Briefe*, éd. G. Kurscheidt, Francfort-sur-le-Main, DKV, 1992, p. 277. HN V <1566>, p. 433.

241. Euclide, *Les Éléments*, trad. citée.

242. Aristote, *Métaphysique*, A, 6, 987 b, trad. J. Tricot, Paris, Vrin, 1986, t. I, p. 53 sq.

243. C.A. Brandis, *Scholia in Aristotelem*, Berlin, G. Reimer, 1836.

244. W. Hamilton (1788-1856), mathématicien écossais qui enseigna à l'université d'Édimbourg.

245. W. Hamilton, *Über den Wert und Unwert der Mathematik*, Kassel, 1836.

246. Baillet, *La vie de Mr. Descartes*, II, 6, Paris, Mabre Cramoysi, 1693, p. 54. Cité en français. HN V <48>, p. 12.

247. Kieser, *System des Tellurismus oder thierischen Magnetismus*, II, § 271, Leipzig, Herbig, 1822, 2 vol.

248. Sur l'inconscient, cf. les développements du chapitre 15, p. 1365 : « L'inconscience est l'état originel et naturel de toute chose ; par suite, elle est aussi la base d'où émerge, chez des espèces particulières d'êtres, la conscience, laquelle est l'efflorescence suprême de celle-ci, c'est pourquoi aussi elle reste toujours prédominante. » Cf. aussi *Parerga*, II, § 340 : « Tout ce qui est originel et donc authentique chez l'homme agit comme toutes les forces de la nature, c'est-à-dire inconsciemment. »

249. Sur l'« unité originairement synthétique de l'aperception », cf. CRP, § 16, p. 853 sq. (Ak. III, 108 sq.).

250. Goethe, *Faust* I, v. 671, in *Théâtre complet*, trad. G. de Nerval, Paris, Gallimard, 1988, p. 1143 ; HN V <1456>, p. 407.

251. Kant, *Critique de la raison pure*, in OP I, Analytique transcendantale, I, II, § 16 <B131>, p. 853. HN V <293>, p. 94.

252. Sur le mécanisme d'association des idées, cf. le Complément précédent.

253. Newton, *Opticks*, I, 1, Londres, 1730.

254. Biot, *Traité de physique expérimentale et mathématique*, liv. V, « Analyse de la lumière », chap. 4, Paris, 1816.

255. « Le style est l'homme même » (Buffon, *Discours de réception prononcé dans l'Académie française*, 25 août 1753, dit « Discours sur le style »). Cf. *supra*, note 145.

256. Euler, *Briefe an eine deutsche Prinzessin über verschiedene Gegenstände aus der Physik und Philosophie*, Leipzig, Junius, 1773. HN V <830>, p. 250.

257. Diderot, *Le neveu de Rameau*, in *Œuvres*, Paris, Gallimard, 1951, p. 605 : « Il faut être profond dans l'art ou dans la science, pour en bien posséder les éléments. Etc. »

258. C[*Sternteleskop* : <télescope astronomique>]C au lieu de B[*Teleskop* : <télescope>]B

259. Byron, *The Prophecy of Dante* I, v. 166-167, in *The Complete Poetical Works*, vol. IV, Oxford, Clarendon Press, 1992, p. 221 ; *Œuvres complètes de Lord Byron*, trad. B. Laroche, Paris, Hachette, 1906, p. 333.

260. FM, § 6, *in* PFE, p. 111 sq.

261. Pour Schopenhauer, la vraie raison pratique, c'est l'application du concept abstrait à la pratique ; autrement dit, c'est la prudence.

262. Hérodote, *Enquête* I, 32, in *Œuvres complètes*, trad. A. Barguet, Paris, Gallimard, 1964, p. 64. HN V <1328>, p. 376.

263. Sénèque, *Lettres à Lucilius*, IV, 37, § 4, trad. H. Noblot, Paris, Les Belles Lettres, 1995, t. I, p. 156. HN V <530>, p. 163.

264. Aristote, *Éthique à Nicomaque*, VII, 11, 1152 b, trad. R. Bodéüs, Paris, GF, 2004, p. 392.

265. Le taureau de Phalaris est un taureau en fonte construit par Phalaris, tyran d'Agrigente, et dans lequel il faisait brûler vives ses victimes. Il est rendu célèbre par une remarque de Sénèque, *Lettres*, VII, ép. LXVI, 18 — c'est probablement à elle que pense Schopenhauer ici quand il évoque ces « débats infinis » sur la vertu et le bonheur.

266. Augustin, *La Cité de Dieu*, liv. XIX, 1, trad. C. Salles, in *Œuvres complètes*, t. II, Paris, Gallimard, 2000, p. 843.

267. Aristote, *Grande Morale*, I, 4, 1184b <2>, in *Les grands livres d'éthique*, trad. C. Dalimier, Paris, Arléa, 1995, p. 46.

268. Cicéron, *Les Tusculanes*, V, I, 2, in *Les stoïciens*, trad. É. Bréhier, Paris, Gallimard, 1962, p. 361.

269. Plutarque, *Sur les contradictions stoïciennes*, in *Œuvres morales*, t. XV, 1, trad. D. Babut, Paris, Les Belles Lettres, 2004, <18>, p. 50.

270. *Ibid.*, t. XV, 1, <26>, p. 62.

271. Stobée, *Eclogarum physicarum et ethicarum* (I et II), H. L. Heeren, Göttingen, Vandenhoeck et Ruprecht, 1792, vol. II, chap. 7. HN V <1355>, p. 383.

272. Épictète, *Dissertationes*, in *Les stoïciens*, op. cit., I, 4, p. 816 HN V <163>, p. 40.

273. Sénèque, *Lettres à Lucilius*, XIV, 90, 27, trad. H. Noblot, Paris, Les Belles Lettres, 1962, t. IV, p. 37. HN V <530>, p. 163.

274. *Ibid.*, XVII, 108, 35, p. 188. HN V <530>, p. 163.

275. Julien l'Apostat, «Contre les cyniques ignorants», IX <VI>, § 13, *Discours de Julien l'empereur*, in *Œuvres complètes*, t. II/1, trad. G. Rochefort, Paris, Les Belles Lettres, 1963, p. 161.

276. Sénèque, *De la tranquillité de l'âme*, VIII, 2, in *Les stoïciens, op. cit.*, p. 674.

277. Stobée, *Eclogarum physicarum et ethicarum* (I et II), *op. cit.*, vol. II, chap. 7. HN <1355>, p. 383.

278. Diogène Laërce, *Vies et doctrines des philosophes illustres*, VI, 2, § 78, éd. M.-O. Goulet-Gazé, Paris, Le Livre de Poche, 1999, p. 744. HN V <138>, p. 34.

279. *Ibid.*, VI, 2, § 44, p. 721. HN V <138>, p. 34.

280. *Ibid.*, VI, 2, § 71, p. 737. HN V <138>, p. 34.

281. Cf. le livre VI des *Vies et doctrines des philosophes illustres*, de Diogène Laërce, consacré à Antisthène et aux philosophes cyniques.

282. Ce n'est pas le fragment iv mais xxii que cite ici Schopenhauer; cf. Apulée, *Les Florides*, XXII, in *Apologies et Florides*, trad. P. Valette, Paris, Les Belles Lettres, 1960, p. 171.

283. A. Manzoni (1785-1873), *I promessi sposi*.

284. Cf. t. I, note 219, p. 1085.

285. Diogène Laërce, *Vies et doctrines des philosophes illustres*, éd. citée, VI, 9, § 104, p. 767. Cette sentence peut être attribuée au stoïcien Apollodore de Séleucie, qui pose la voie de l'ascèse comme un raccourci vers la vertu comparée aux grands systèmes philosophiques qui nécessitent l'acquisition de nombreuses connaissances. HN V <138>, p. 34.

286. Horace, *Épîtres*, I, 1, v. 106-107, trad. F. Villeneuve, Paris, Les Belles Lettres, 1955, p. 42. HN V <1377>, p. 387.

287. Rousseau, *Discours sur l'origine et les fondements de l'inégalité parmi les hommes*, Première partie.

288. Cf. Épictète, *Manuel*, VII, in *Les stoïciens, op. cit.*, p. 1113.

289. Cf. *ibid.* Sur le stoïcisme, cf. le § 16 du tome I.

290. Les capucins forment un ordre de la famille des franciscains. Ces deux ordres se distinguent par une pratique rigoureuse du vœu de pauvreté.

291. Sénèque, XVI, 98, 5, *Lettres à Lucilius*, trad. H. Noblot, Paris, Les Belles Lettres, 1962, t. IV, p. 121. HN V <530>, p. 163.

292. Diogène Laërce, *Vies et doctrines des philosophes illustres, op. cit.*, VII, 1, § 87, p. 847. HN V <138>, p. 34.

293. Épictète, *Entretiens*, III, 24, 84-89, in *Les stoïciens, op. cit.*, p. 1029-1030.

294. Marc Aurèle, *Pensées*, IV, 29, in *Les stoïciens, op. cit.*, p. 1164.

295. Sénèque, *De la tranquillité de l'âme*, XI, in *Les stoïciens, op. cit.*, p. 679-682. HN V <530>, p. 163.

296. Épictète, *Entretiens*, in *Les stoïciens, op. cit.*, II, 17, 21, 22.

297. Sénèque, *Lettres à Lucilius, op. cit.*, t. V, xx, 119, 2, p. 61. HN V <530>, p. 163.

298. Cicéron, *Les Tusculanes*, IV, 26, in *Les stoïciens, op. cit.*, p. 350.

299. Épictète, *Entretiens*, IV, 1, 175, in *Les stoïciens, op. cit.*, p. 1060.

300. Ritter et Preller, *Historiae philosophiae Graeco-Romanae ex fontium locis contexta*, Hambourg, 1838. HN V <457>, p. 139.

301. Sénèque, *Lettres à Lucilius, op. cit.*, IV, 31, 8, p. 139. HN V <530>, p. 163.

302. *Ibid.*, XIV, 92, 3, p. 51. HN V <530>, p. 163.

303. Arrien (95-175) est un historien romain de langue grecque. Disciple d'Épictète, c'est lui qui a recueilli les paroles du maître, pour en faire deux recueils : le *Manuel*, les *Entretiens*.

304. Diogène Laërce, *Vies et doctrines des philosophes illustres, op. cit.*, VII, 1, § 109, p. 857. HN V <138>, p. 34.

305. Sénèque, *Questions naturelles*, I, Préface, 13, trad. P. Oltramare, Paris, Les Belles Lettres, 1973, p. 11. HN V <531>, p. 163.

306. Règne minéral, règne végétal.

307. Aristote, *Métaphysique*, A, 2, 982 b, trad. J. Tricot, Paris, Vrin, 1986, t. I, p. 8-9.

308. Le raisonnement supposé semble être le suivant : les dieux sont supposés avoir créé les hommes. Or la survie par-delà la mort suppose le caractère éternel du noyau métaphysique de tout individu. Cette éternité n'est pas compatible avec le principe de la création dans le temps. Par suite, la survie après la mort entre en contradiction avec la position d'un principe divin créateur.

309. Sur les *Upanishads*, cf. t. I, note 8, p. 963 sq.

310. Aristote, *Métaphysique*, B, 2, 996 a-b, *op. cit.*, t. I, p. 75.

311. Diogène Laërce, *Vies et doctrines des philosophes illustres*, *op. cit.*, II, 95, p. 302. HN V <138>, p. 34.

312. Passage supprimé dans le manuscrit (1843) du tome II (B) : «C'est à ces parasites de la science, ce mot pris au sens zoologique, que Kant a peut-être pensé, lui qui, pareillement, ne fut découvert par le monde qu'après avoir passé ses soixante ans, lorsqu'il rédigeait cette remarque que "la puce, tant d'après son mode de vie que d'après son insignifiance, exprime fort bien la manière d'être de la plupart des hommes" (*Histoire naturelle du ciel*, p. 208 de l'édition Rosenkranz). »

313. Il s'agit du roi Frédéric II (1712-1786).

314. F. T. Ring, *Ansichten aus Immanuel Kant's Leben*, Königsberg, Göbbels & Unzer, 1805. HN V <456>, p. 139. Schopenhauer fait ici référence au licenciement du ministre von Zedlitz, à la mort de Frédéric le Grand, par son successeur ; or celui-ci se trouvait être le plus grand appui de Kant. Les conséquences ne se firent pas attendre : dès le 14 octobre 1794, Kant reçut une lettre le menaçant de sanctions lors de la publication de la seconde édition de *La religion dans les limites de la simple raison*.

315. Horace, *Satires*, II, 7, v. 82, trad. F. Villeneuve, Paris, Les Belles Lettres, 1989, p. 204.

316. Ainsi la métaphysique est-elle ici définie comme une *transphysique*. On retrouve cette acceptation dans les *Leçons* de Kant : «[…] quant au nom de *métaphysique*, il ne faut pas croire qu'il ait surgi par hasard, tant il convient précisément avec la science en question elle-même ; puisqu'ici φύσις signifie nature, mais, comme nous ne parvenons à atteindre le concept de nature autrement que par l'expérience, donc la science qui suit celle-ci se nomme métaphysique (de μετά-, *trans*, et *physica*). Il est une science qui se situe en quelque sorte hors du domaine de la physique, au-delà de lui» (Kant, *Metaphysik Heinse*, Ak., 28, 1. Sur la métaphysique chez Schopenhauer, on peut se reporter à la leçon : *Über den Begriff der Metaphysik*, in *Metaphysik der Natur (Philosophische Vorlesungen, Teil II)*, éd. Volker Spierling, Munich, Piper, 1984, p. 55-61. Traduction par J.-P. Ferrand dans le *Cahier de l'Herne* consacré à Schopenhauer, Paris, 1998, p. 234 sq.

317. L'hérésie pélagienne, du nom du moine Pélage (360-422), minimise le rôle de la grâce au profit de l'effort personnel et de l'exercice de la vertu. Elle insiste sur la liberté humaine et refuse l'idée d'une faiblesse morale héritée d'une faute première. Augustin a vigoureusement combattu les thèses pélagiennes.

318. Tertullien, *La chair du Christ*, V, 4, trad. J.-P. Mahé, Paris, Le Cerf, 1975, p. 229.

319. Cité aussi in *Parerga*, II, § 174 (trad. fr. in Schopenhauer, *Sur la religion*, trad. E. Osier, Paris, GF, p. 60). « Outre les lois qu'elle prescrit à chaque individu, la raison morale brandit en outre un drapeau de la vertu comme signe de ralliement pour que ceux qui aiment le bien se rassemblent autour de lui, et avant toute chose l'emportent sur le mal qui les attaque sans cesse » (Kant, *La religion dans les limites de la simple raison*, in OP III, p. 113 ; Ak. VI, 94).

320. Platon, *République*, VI, 494 a, in *Œuvres complètes*, *op. cit.*, t. I, p. 1076.

321. Il s'agit peut-être d'une allusion aux travaux de Feuerbach, dont l'*Essence du christianisme* est paru en 1841.

322. Passage supprimé dans le manuscrit (1843) du tome II (B) : « Il est vrai aussi que l'on n'a jamais réussi à interpréter les hiéroglyphes directement à partir d'eux-mêmes, mais seulement après que l'on avait déjà acquis leur sens par ailleurs, sur l'inscription de Rosette. »

323. Schopenhauer affirme cette « grande concordance » ou « harmonie » (*Übereinstimmung*) dès 1826 : la « description de la vie et de la doctrine ésotérique de Fo ou Bouddha [...] concorde merveilleusement *<wundervoll übereinstimmt>* avec mon système » (HN III, 305), écrit-il en référence à une série d'articles de M. A. A. Leroux-Deshauterayes parus dans le *Journal asiatique*, vol. 7, 1825, Paris (« Recherches sur la religion de Fo, professée par les bonzes Ho-chang de la Chine », p. 150-173 ; « Recherches sur la croyance et la doctrine des Disciples de Fo », p. 228-243 ; « Recherches sur la croyance et la doctrine des Disciples de Fo (suite) », p. 311-317 ; extraits notés dans HN III, 305-306 ; référence à cette « belle biographie », issue du bouddhisme zen chinois au IXᵉ siècle, dans VN, « Sinologie », 187, note). Si Schopenhauer est loin d'être le seul philosophe européen à s'être intéressé, à cette époque, aux courants philosophiques et religieux d'Asie (cf. le recueil

de L. Lütkehaus (éd.), *Nirwana in Deutschland. Von Leibniz bis Schopenhauer*, Munich, DTV, 2004; R.-P. Droit, *Le culte du néant. Les philosophes et le Bouddha*, Paris, Seuil, 1997; J. W. de Jong, *A Brief History of Buddhist Studies in Europe and America* [1974, 1976], Delhi, Sri Satguru, ²1987; H. de Lubac, *La rencontre du bouddhisme et de l'Occident*, Paris, Aubier, 1952, repris in *Œuvres complètes*, t. XXII, Paris, Le Cerf, 2000; R. Schwab, *La renaissance orientale*, Paris, Payot, 1950), et au-delà d'un certain orientalisme romantique et éclectique, il est l'un des premiers à avoir essayé d'en intégrer certains éléments théoriques dans son propre système; R. May, «Schopenhauers Global Philosophy, insbesondere in seiner Ethik. Zugleich ein Stück transeuropäischer Einflussforschung», in *Schopenhauer-Jahrbuch*, 82 (2001), p. 83-98, n'hésite pas à voir dans Schopenhauer l'un des tout premiers représentants d'une «pensée transeuropéenne» (p. 85), lui qui en 1818-1819 conjecturait que «l'influence de la littérature sanskrite ne sera pas moins profonde que ne le fut la renaissance de la littérature grecque au xvᵉ siècle» (*Préface à la première édition* [1818-1819], p. 51; cf. aussi t. I, § 63, p. 664-665: «La sagesse indienne, refluant vers l'Europe, provoquera un changement fondamental de notre savoir et de notre pensée»). — La nature du rapport entre Schopenhauer et le bouddhisme a fait régulièrement l'objet de débats et d'études plus ou moins informées; mais après les activités de P. Deussen, puis la première vague des années 1920 (voir *Schopenhauer-Jahrbuch*, 1927), il faut attendre les années 1980-1990 pour constater un réel regain d'intérêt, en partie lié à la publication des manuscrits de Schopenhauer (*Der handschriftliche Nachlass*, 1966-1975, reprint DTV, 1985), publication qui a sans doute contribué à une meilleure intelligence de la genèse et des sources du système. L'un des meilleurs spécialistes et éditeurs de Schopenhauer, et de nombreux interprètes à sa suite, considère pourtant l'influence du bouddhisme comme quantité négligeable, arguant que les sources de Schopenhauer seraient de deuxième ou de troisième main, qu'il n'aurait connu qu'un bouddhisme altéré, népalais, tibétain, chinois, qu'il n'aurait jamais distingué entre bouddhisme et brahmanisme, etc.; cf. A. Hübscher, *Denker gegen den Strom. Schopenhauer: Gestern —Heute—Morgen*, Bonn, Bouvier, 1973, p. 50; «Schopenhauer und die Religionen Asiens», in *Schopenhauer-Jahrbuch*, 60

(1979), p. 1-16. Mais des études récentes, basées sur des découvertes d'inédits et de nouvelles sources, ont contribué à corriger et à transformer l'état de la recherche sur la question ; les 45 pages de notes de cours sur l'Asie de 1811, l'*Oupnek'hat* très annoté et les notes à partir des *Asiatic Researches* (20 vol. de 1788-1839) n'ont pas été exploités par A. Hübscher dans le *Handschriftlicher Nachlass*, alors que les articles de la revue ont considérablement influé sur la conception schopenhauerienne du bouddhisme et l'appropriation de certaines notions fondamentales, notamment dans le volume 6 (métempsycose, palingénésie, *karma*, absence d'un dieu créateur, athéisme, morale supérieure, *samsâra* ou génération et corruption comme souffrance, *nieban/nirvâna* comme abolition de la souffrance, etc.); cf. maintenant U. App, «Notes and Excerpts by Schopenhauer Related to Volumes 1-9 of the *Asiatick Researches*», *Schopenhauer-Jahrbuch*, 79 (1988), p. 11-33 ; S. Atzert, «Schopenhauer und seine Quellen. Zum Buddhismusbild in den frühen *Asiatick Researches*», *Schopenhauer-Jahrbuch*, 88 (2007), p. 15-27 ; U. App, «Notizen Schopenhauers zu Ost-, Nord- und Südostasien vom Sommersemester 1811», *Schopenhauer-Jahrbuch*, 84, 2003, p. 13-39 ; «Schopenhauer's India Notes of 1811», *Schopenhauer-Jahrbuch*, 87, 2006, p. 15-31. — Le relevé, encore incomplet, des sources orientalistes et des ouvrages ou articles cités ou utilisés par Schopenhauer montre que pendant cinq décennies le philosophe a lu les publications scientifiques les plus importantes dans le domaine, l'excellente connaissance du français et de l'anglais, ce qui n'était guère courant chez ses pairs, lui permettant d'accéder aux meilleures traductions alors disponibles et à une vaste littérature secondaire de 1811 à 1860 (Deshauterayes, Rémusat, Schmidt, Hodgson, Bochinger, Upham, Csoma de Körösi, Sangermano, Hardy, Windischmann, Colebrooke, Burnouf, Koeppen, Gogerly, Spiegel, Obry, S...); sa bibliothèque contenait autant de documents orientalistes, pour la plupart perdus aujourd'hui, que de textes sur l'Antiquité gréco-romaine (124 ouvrages d'*orientalia* sur 1848 ; HN V, 319-365) ; il fréquentait les bibliothèques, bien fournies en la matière, de Weimar, Dresde, Berlin, Francfort. Sur la bibliothèque orientaliste de Schopenhauer et les emprunts, cf. J. Stollberg, «Arthur Schopenhauers Annäherung an die indische Welt. Ein bio-bibliographischer Versuch», in «*Das Tier, das du jetzt tötest, bist du selbst...* » *Arthur Schopenhauer und Indien*, Francfort-sur-le-Main, Klostermann, 2006, p. 5-34, avec répertoire commenté de la littérature secondaire sur le bouddhisme données par Schopenhauer dans VN, « Sinologie », p. 187-188, n. ; cf. aussi E. Osier, « Index chronologique des principales références orientalistes de Schopenhauer », *in* Schopenhauer, *Sur la religion (*Paralipomena, *paragraphes 174-182)*, traduction, présentation, notes annexes, bibliographie et chronologie par E. Osier, Paris, GF, 1996, p. 201-207 ; U. W. Meyer, « Schopenhauers Quellen indischer Weisheit » (sources primaires et secondaires), *Europäische Rezeption indischer Philosophie und Religion dargestellt am Beispiel von Arthur Schopenhauer*, Berne, Lang, 1994, p. 82-129 ; R.-P. Droit, « Bibliographie chronologique abrégée des publications orientalistes consacrées au bouddhisme entre 1800 et 1890 », *Le culte du néant, op. cit.*, p. 243-345. — Parmi les idées fausses et volontiers colportées qu'il convient de réviser figure celle, désormais réfutée par les textes, que Schopenhauer n'aurait eu connaissance du bouddhisme qu'après l'achèvement du *Monde* en 1818-1819, sans oublier que le terme de « bouddhisme » ne s'imposera en Europe que dans les années 1840 ; il faut peut-être dater son tout premier contact avec le bouddhisme en 1811 (cf. les notes de cours évoquées plus haut). Pour une mise au point informée, cf. U. App, « Schopenhauers Begegnung mit dem Buddhismus », in *Schopenhauer-Jahrbuch*, 79 (1998), p. 35-56 (chronologie thématique p. 55-56), qui circonscrit trois sources principales correspondant à trois phases de la « rencontre » de Schopenhauer avec le bouddhisme (1811-1817 ; 1825-1844 ; 1845-1860). 1) L'*Oupnek'hat* védico-bouddhique (cf. la note 8 p. 963). 2) Le *Sûtra en quarante-deux articles*, petit opuscule prétendument publié en chinois en 65 apr. J.-C. par des traducteurs indiens, qui passait pour l'un des premiers documents bouddhiques chinois (il fut plus probablement rédigé en Chine au vᵉ siècle). Ce manuel d'initiation fut traduit en français par J. de Guignes en 1756 (*Histoire générale des Huns, des Turcs, des Mogols, et des autres Tartares occidentaux...*, Paris, Dessaint et Saillant, 1756, t. II, p. 227-233), traduction à son tour traduite en allemand par C. Dähnert en 1768 (Greifswald, Röse, t. I, p. 343-351) et plus tard, sans mention de l'auteur, par J. Klaproth, « Ueber die Fo-Religion in China », *Asiatisches Magazin*, 1/3 (1802),

p. 149-169 : cette revue est sans doute le premier document sur le bouddhisme lu par Schopenhauer en 1813-1814 à Weimar (HN II, 245-246 ; art. de Klaproth cité dans HN I, 476 ; t. I, § 68, p. 715, note). La version connue de Klaproth et de Schopenhauer est une version très remaniée insérée dans un texte zen de 801. 3) Le *Sûtra du diamant* ou *Vajracchedikâ-prajñâpâramitâ* (868), très présent dans divers courants du bouddhisme *mahâyâna* au Tibet, en Chine, en Corée et au Japon ; dans une glose manuscrite de 1860, Schopenhauer réfère à la traduction d'I. J. Schmidt faite à partir d'une version tibétaine et à son commentaire ; cf. la note sur Schopenhauer et le néant, note 250, p. 1096. (*C. S.*)

324. Isaac Jacob Schmit (1779-1834) était un orientaliste, spécialiste de la langue et de la littérature mongole et tibétaine. Il fut membre de l'Académie des sciences de Saint-Pétersbourg. Schopenhauer possédait une bonne partie de sa production scientifique (cf. HN V <1182-1193>, p. 344-347). Voir aussi note 250, p. 1096.

325. Passage supprimé en B (1844) : « Puisse ce grand connaisseur des langues médio-asiatiques se plaire à nous communiquer bientôt quelques traductions choisies des écrits primaires, en puisant dans le trésor de bibliothèques boud-dhiques entières dont il est à même de saisir le contenu. »

326. Schopenhauer, VN, p. 185 sq.

327. « Analysis of the Kanjur », *Asiatick Researches*, vol. XX, Calcutta, 1836, p. 434. HN V <1091>, p. 320, repris dans C. Körösi, *Tibetan Studies*, New Delhi, Gaurav Publishing House, 1991. Sandor Csoma Körösi (1784-1842) est un grand orientaliste hongrois surtout reconnu pour la rédaction d'une grammaire et d'un dictionnaire tibétains.

328. Le *Kangyur*, ou « Traduction de l'enseignement du Bouddha », le canon du bouddhisme tibétain (avec le *Tengyur*), comporte plus de 92 volumes avec 1 055 textes ; il se divise en six parties : 1) *Tantrâ*, 2) *Prajñâpâramitâ*, 3) *Ratnakûta*, 4) *Avatamsaka*, 5) *Sûtra* (doctrines *Mahâyâna* et *Hînayâna*), 6) *Vinaya*. Cf. *Kanjur and Tanjur. The Tibetan Buddhist Canon*, Berkeley, Dharma Publishing, 1981 (120 vol.).

329. C'est Schopenhauer qui souligne dans sa traduction.

330. Cf. le tout début de l'*Éthique* : « J'entends par cause de soi ce dont l'essence enveloppe l'existence ; autrement dit, ce dont la nature ne peut être conçue sinon comme existante »

(Spinoza, *Éthique*, Ire partie: «De Dieu», définition I, trad. Ch. Appuhn, Paris, GF, 1985). Cf. aussi la proposition XI (et sa démonstration): «Dieu, c'est-à-dire une substance constituée par une infinité d'attributs dont chacun exprime une essence éternelle et infinie, existe nécessairement» (trad. citée). Pour la critique de la preuve ontologique, cf. QR2, § 7 et 8.

331. «Pour nulle autre cause une chose n'est dite contingente, sinon eu égard à un manque de connaissance en nous; car une chose dont nous ignorons que l'essence enveloppe contradiction, sans pouvoir rien affirmer avec certitude de son existence, parce que nous ignorons l'ordre des causes, une telle chose, dis-je, ne peut jamais nous apparaître ni comme nécessaire ni comme impossible et par suite nous l'appelons contingente ou possible» (*Éthique, op. cit.*, Ire partie, prop. 33, scolie I).

332. Cf. Platon, *Théétète*, 155 d, in *Œuvres philosophiques, op. cit.*, t. II, p. 103: «je m'émerveille prodigieusement de ce qu'il peut y avoir».

333. Ormuzd et Ahriman sont dans le zoroastrisme les figures du bien et du mal.

334. LV III, *in* PFE.

335. Schopenhauer fait de Kant, un peu rapidement, le fossoyeur de la métaphysique. C'est le Kant «brise-tout» dont parlait Mendelssohn (*Morgenstunden, oder über das Dasein Gottes*, in *Gesammelte Schriften*, éd. G. B. Mendelssohn, Leipzig, 1843, t. II, p. 235). Dans ses «Fragments sur l'histoire de la philosophie», Schopenhauer nomme lui aussi Kant «der Alleszermalmer» (PP I, 1, «Fragmente zur Geschichte der Philosophie», § 4). Sur le «mythe de l'*Alleszermalmer*», cf. Freuler, *Kant et la métaphysique spéculative, op. cit.*, § 60, «les deux sortes de réalités de la métaphysique et la naissance du mythe du "*Alleszermalmer*"», p. 275 sq.

335. Par exemple dans son examen de l'Idéal de la raison pure (WWV 1, p. 680).

336. Kant, CRP II, 2, sect. 9 (A 532-558 / B 560-586), p. 1166-1186. HN V <293>, p. 94; CRPrat I, L. I (Ak. V, 94-100), p. 722-729. HN V <294>, p. 94.

337. Kant, *Prolégomènes à toute métaphysique future*, § 53 (Ak. IV, 344), *in* OP II, p. 126.

338. Sur les qualités occultes, cf. t. I, n. 159, p. 996.

339. Cf. d'Holbach, *Système de la nature. Ou des lois du monde physique et du monde moral*, in *Œuvres philosophiques*

complètes, t. II, Paris, Alive, 1999, p. 164-643. HN V <255>, p. 71.

340. Aristote, *Métaphysique*, E, 1, 1026 a, trad. J. Tricot, Paris, Vrin, 1986, t. I, p. 227.

341. L. F. von Holberg (1684-1754), homme de lettres danois, connu surtout pour ses contes et comédies. La comédie *Le potier politique* date de 1722.

342. Dans la perspective de la pensée de Schopenhauer, ce n'est pas un appel à un quelconque surnaturel, mais la reconnaissance du caractère insuffisant de l'ordre phénoménal. La critique qui est faite dans ce passage de la «physique absolue» n'est donc pas une critique de la science *stricto sensu*, mais seulement celle de la prétention à ne vouloir tout expliquer qu'en fonction de l'ordre phénoménal, c'est-à-dire du principe de raison.

343. Cf. *infra*, note 149, p. 2222.

344. C[*der Art und Weise (dem Formellen) dieses Daseins [nach]*]: <[dans] les modalités (formelles) cette existence>]C au lieu de B[*der näheren Beschaffenheit desselben [nach]*: <[dans] la constitution plus proche de celle-ci>]B.

345. La fin du chapitre 12 présente les différentes branches de la science.

346. Goethe, *Faust*, I, v. 3225-3227 et 3232-3234, in *Théâtre complet*, *op. cit.*, 1988, p. 1208. HN V <1456>, p. 407.

347. Cf. CRP, *in* OP I, p. 1298 (Ak. III, 469).

348. Kant, *Prolégomènes à toute métaphysique future*, § 1 (Ak. IV, 265), *in* OP I, p. 29 : «[...] en ce qui concerne les *sources* d'une connaissance métaphysique, le concept de cette dernière implique déjà qu'elles ne peuvent être empiriques.»

349. Schopenhauer, VN, p. 135-149.

350. La «combinaison» de l'expérience interne avec l'expérience externe recouvre le fait primitif de la métaphysique de Schopenhauer, qui est lui-même d'emblée perçu comme double : l'identité de l'acte de la volonté (intérieurement appréhendé par la conscience de soi) et de l'action du corps (perçue comme une réalité extérieure, située dans l'espace phénoménal). Cf. t. I, § 18.

351. Importante précision sur la nature de la métaphysique de Schopenhauer. Le fait qu'elle se propose d'atteindre la chose en soi la contraint à abandonner les outils de la connaissance phénoménale, en particulier le principe de raison (qui,

selon les catégories de la *Quadruple racine*, régit aussi les raisonnements de type mathématique). En effet, ces outils ne sont pas adaptés à ce qui dépasse le champ des phénomènes. La vérité de la métaphysique ne saurait donc être établie par les mêmes voies que la connaissance phénoménale. Mais, en franchissant les limites de la phénoménalité, elle a aussi choisi de renoncer à la certitude apodictique de la connaissance scientifique. La suite du passage s'efforce de définir le mode de légitimation de la théorie métaphysique, dont il est clair qu'il ne peut prétendre à la certitude de la démonstration mathématique. D'où les formulations prudentes quant aux limites d'une telle théorie.

352. Allusion à la philosophie de l'histoire de Hegel.

353. Sur les limites de la connaissance métaphysique, cf. note 224, p. 1086.

354. La « nuit profonde » ici évoquée est à mettre en rapport avec les mystères qu'évoque la toute fin du livre IV du *Monde*, ainsi que les *Compléments* qui s'y rapportent : la réflexion bute alors sur le caractère inconcevable de la négation de la volonté, suspendue à une liberté insondable, qualifiée de « mystère ».

355. C[*fünfzig* : <cinquante>]C au lieu de B[*40* : <40>]B

356. Cf. Platon, *Apologie de Socrate*, 21 d.

COMPLÉMENTS DU LIVRE II

1. Goethe, *Ultimatum* (1827), v. 10-13, in *Sämtliche Werke*, t. II, éd. K. Eibl, Francfort-sur-le-Main, DKV, 1988, p. 508. HN V <1457>, p. 407. Exergue supprimé dans le manuscrit (1843) du tome II (B) : «*Nos habitat, non tartara, sed nec sidera caeli / Spiritus, in nobis qui viget, illa facit.*»

2. Schopenhauer, VN.

3. Schopenhauer, VN, p. 135-149.

4. Le point de départ de la philosophie de Kant se situe justement dans ce partage qu'il met bien en valeur dès sa thèse latine de 1770, dans laquelle il pose l'autonomie du sensible et une différence de nature entre le sensible et l'intelligible.

5. Sur l'intuition intellectuelle, cf. note 34, p. 976.

6. QR2, § 21, p. 219-220.

7. Cf. Plotin, *Ennéades*, II, 5, 5, trad. É. Brehier, Paris, Les Belles Lettres, 1989, p. 81.

8. Locke, *Essai sur l'entendement humain* (1690), liv. IV, chap. III, trad. Coste, Paris, Vrin, rééd. 1989, p. 439 sq. HN V <338>, p. 109.

9. Sur la doctrine de l'incognoscibilité de la chose en soi, cf. CRP, *in* OP I, p. 1000 : «Ce que les choses peuvent être en soi, je ne le sais pas, et n'ai pas besoin de le savoir, puisqu'une chose ne peut jamais se présenter à moi autrement que dans le phénomène» (Ak. III, 224).

10. Dans ce passage, Schopenhauer est à la recherche d'une terminologie adéquate pour décrire l'expérience de la volonté telle qu'elle se donne à la conscience de soi. Ici, il récuse le registre de l'intuition, mais, plus loin, il nomme cette expérience une «perception intérieure». Quoi qu'il en soit, le vocabulaire de Schopenhauer ne sera jamais très stable sur ce point pourtant essentiel.

11. Dans cette analyse cruciale, Schopenhauer fait rentrer l'expérience de la volonté dans les cadres de la théorie de la représentation, en la soumettant à la «forme fondamentale» de la représentation : la distinction de l'objet et du sujet (sur cette «forme fondamentale», cf. le début du § 1 de la première partie du *Monde*, ainsi que la fin du § 7). Le sujet de la connaissance «n'est pas connu», comme le pose le début du § 2, tandis que l'objet «n'est pas connaissant». Ce texte doit être rapproché d'une analyse du § 22 de la première partie, qui défend une position contraire : «En revanche, le concept de VOLONTÉ est le seul parmi tous les autres concepts possibles qui ait son origine NON dans le phénomène, NON dans la simple représentation intuitive, mais qui provienne de l'intérieur, de la conscience immédiate de tout un chacun dans laquelle ce dernier connaît son propre individu immédiatement d'après son essence, en dehors de toute forme et même de celle de sujet et d'objet puisque, dans le même temps, ici, le connaissant et le connu coïncident» (t. I, p. 264-265).

12. À la forme générale de la représentation, la dualité du sujet et de l'objet, qui détermine désormais l'expérience de la volonté, Schopenhauer ajoute la forme du temps, en montrant que l'expérience de la volonté est nécessairement temporelle. La volonté n'est connue que dans des «actes» successifs, c'est-à-dire dans ce que nous pouvons appeler des «volitions». Sur

ce point, le texte du chapitre reprend celui du § 18 du tome I,
p. 247.

13. Sur le néant relatif, cf. le début du § 71 du tome I.

14. Kant, *Critique de la raison pure*, in OP I, p. 1047 sq. HN V
<293>, p. 94.

15. Augustin, *La Cité de Dieu*, liv. XIV, chap. 6, trad. C. Salles,
in *Œuvres complètes*, t. II, Paris, Gallimard, 2000, p. 555.

16. QR2, chap. 7, § 42, p. 278.

17. Xavier Bichat (1771-1802), médecin et anatomiste, auteur des *Recherches physiologiques sur la vie et sur la mort*,
qui a toujours eu l'admiration de Schopenhauer, comme en
témoigne la lettre du 12 octobre 1852 à Frauenstädt. Le
chapitre 20 des *Compléments* est d'ailleurs largement consacré
aux analyses de Bichat.

18. Pierre Flourens est un médecin et biologiste français du
XIXᵉ siècle considéré comme l'inventeur de la neuroscience
expérimentale. Schopenhauer possédait ses ouvrages principaux et pense peut-être ici aux développements des *Recherches
expérimentales sur les propriétés et les fonctions du système
nerveux dans les animaux vertébrés*, Paris, Baillère, 1842. HN
V <836>, p. 252.

19. Le mot «divan» est un mot arabe d'origine persane,
dont la signification s'est étendue jusqu'à désigner l'assemblée
du gouvernement central présidée par le sultan. La salle du
divan est donc celle où siège le sultan.

20. Cette image est tirée de la fable du moraliste C. F. Gellert
(1715-1769), *Der Blinde und der Lahme*.

21. La Rochefoucauld, *Réflexions ou Sentences et maximes
morales*, in *Œuvres complètes*, Paris, Gallimard, 1964, p. 403.
Cité en français.

22. Cf. Homère, *Iliade*, VIII, v. 539, trad. R. Flacelière,
Paris, Gallimard, 1955, p. 231: «être immortel et ne jamais
vieillir».

23. Cabanis, *Rapports du physique et du moral*, Paris, Cra-
part, Caille et Ravia, 1805, vol. I, p. 123. HN V <802>, p. 243.
Cité en français.

24. A. W. Iffland (1759-1814), acteur et dramaturge qui
dirigea le Berliner Theater. Schopenhauer évoque ici la pièce
Benjowski oder die Verschwörung auf Kamtschatka, créée en
1795 par A. von Kotzebue.

25. Robert Southey (1774-1843), poète et historien anglais.

26. Karl Ludwig von Knebel (1744-1834), poète et traducteur allemand. Il fut un ami proche de Goethe.

27. Cf. les réflexions de Schopenhauer sur la circulation sanguine, dans le chapitre 26, p. 1682 (note 219).

28. FM, *in* PFE.

29. Gracián, *L'honnête homme*, X, in *Traités politiques, esthétiques, éthiques*, trad. B. Pelegrin, Paris, Seuil, 2005, p. 223.

30. Élien, *Variae historiae*, trad. A. Lukinovich et A.-F. Morand, Paris, Les Belles Lettres, 1991, 13, 29, p. 146 : « Les espoirs sont les rêves des hommes éveillés. »

31. Schopenhauer veut dire qu'on envisage alors un certain nombre de possibilités distinctes, qui s'excluent mutuellement.

32. Byron, *Lara Juan*, in *The Complete Poetical Works*, vol. III, Oxford, Clarendon Press, 1981, <225>, § 28, v. 622-623, p. 235 ; *Œuvres complètes de Lord Byron*, trad. B. Laroche, Paris, Hachette, 1906, p. 165.

33. Bacon, *Novum Organum*, IIᵉ partie, liv. I, § 49, trad. M. Malherbe et J.-M. Pousseur, Paris, PUF, 1986, p. 115. Schopenhauer souligne.

34. Cf. Is. xxviii, 18-19 : « Quant au fléau destructeur, lorsqu'il passera, vous serez piétinés par lui. Chaque fois qu'il passera, il vous saisira, car chaque matin il passera, et le jour et la nuit, et seule la terreur fera comprendre la révélation. »

35. C[*Ebendeshalb sagt Jesaja mit Recht* vexatio dat intellectum, *welches daher auch sprichwörtlich gebraucht wird : ihm verwandt ist...* : <Ce qui fait dire à Isaïe, à juste titre, que *vexatio dat intellectum*. Cette parole est devenue proverbiale ; elle est d'ailleurs apparentée à...>]C au lieu de B[*Imgleichen beruht hierauf das italienisch Sprichwort* la vessazione da intellecto... : <De même, le proverbe italien *« la vessazione da intellecto »*...]B

36. C.-G. Leroy, *Lettres philosophiques sur l'intelligence et la perfectibilité des animaux*, Paris, 1802. HN V <899>, p. 269.

37. *Parerga et Paralipomena*, II, viii : « Sur l'éthique », § 118.

38. Horace, *Épîtres*, I, ép. ii, v. 62, trad. F. Villeneuve, Paris, Les Belles Lettres, 1989, p. 48. HN V <1377>, p. 387.

39. Juvénal, *Satires*, VI, v. 223, trad. P. Labriolle et F. Villeneuve, Paris, Les Belles Lettres, 2002, p. 67.

40. Helvétius, *De l'esprit*, disc. II, chap. iii, note, in *Œuvres complètes*, t. II, Hildesheim, Olms, 1969, p. 29. Cité en français.

41. Cicéron, *Les Tusculanes*, V, 36, trad. J. Humbert, Paris, Les Belles Lettres, 1960, t. II, p. 156-157.

42. Voir N. N., « Fit Arari, des Abyssiniers, goldene Sprüche », in *Magazin für die Literatur des Auslandes*, 6 (1855), 23.

43. Gracián, *L'honnête homme*, VIII, in *Traités politiques, esthétiques, éthiques, op. cit.*, p. 215.

44. Hobbes, *Le citoyen*, I, § 5, trad. S. Sorbière, Paris, GF, 1982, p. 95.

45. Lichtenberg, *Vermischte Schriften*, Göttingen, Dieterich, 1844, vol. II, p. 177. HN V <1532>, p. 426.

46. Helvétius, *De l'esprit*, disc. II, chap. III, in *Œuvres complètes, op. cit.*, p. 28. Cité en français.

47. J. Boswell, *Life of Samuel Johnson, comprehending an account of his studies and numerous works, in chronological order; with his correspondence and conversations*, Londres, Henry Washbourne, 1848. HN V <1654>, p. 451.

48. J. H. Merck (1741-1791), *Lindor, eine bürgerlich-deutsche Geschichte* (1781), in *Ausgewählte Schriften zur schönen Literatur und Kunst*, Oldenburg, Schulzesche Buchhandlung, 1840. HN V <1540>, p. 428.

49. L'*Edinburgh Review*, fondé en 1802, fut un des journaux les plus influents du XIXᵉ siècle. Il cessa de paraître en 1929.

50. A. Pope, *An Essay on Man*, IV, v. 282, in *The Poems of Alexander Pope*, vol. III, 1, Londres et New York, Routledge, 1993, p. 154. Cf. Diderot: *Le modèle anglais*, in *Œuvres complètes*, t. I, Paris, Hermann, 1975, p. 259 : « le plus habile, le plus éclairé et le plus faible <méprisable> des hommes ». HN V <1697>, p. 463.

51. G. Rosini (1776-1855), *Luisa Strozzi, Storia del XVI secolo*, Pise, N. Capurro, 1833, vol. IV. HN V <1807>, p. 486.

52. Schopenhauer, LV, « Appendice », *in* PFE.

53. Shakespeare, *Le Roi Lear*, acte III, sc. 2, in *Tragédies*, t. I, trad. J.-M. Déprats, Paris, Gallimard, 2002, p. 147. HN V <1717>, p. 467.

54. Hobbes, *Le citoyen, op. cit.*, p. 95 : « Le plus grand plaisir, et la plus parfaite allégresse qui arrive à l'esprit, lui vient de ce qu'il en voit d'autres au-dessous de soi, avec lesquels en se comparant, il a une occasion d'entrer en une bonne estime de soi-même. »

55. Célèbre aphorisme d'Hippocrate rapporté par Sénèque dans *De la brièveté de la vie*, in *Les stoïciens, op. cit.*, I, 1, p. 695.

56. Schopenhauer, VC, p. 41 sq.

57. Shakespeare, *Hamlet*, acte III, sc. 2, in *Tragédies, op. cit.*, t. I, p. 817 sq. HN V <1717>, p. 467.

58. Goethe, *Poésie et Vérité*, trad. P. Colombier, Paris, Aubier, 1941, p. 14. HN V <1459>, p. 409.

59. W. Scott, *Les aventures de Nigel*, trad. R. de Cerisy, Paris, Firmin-Didot, 1890.

60. Sénèque, *L'apocoloquintose du divin Claude*, VIII, 1, trad. R. Waltz, Paris, Les Belles Lettres, 1966, p. 8. HN V <530>, p. 163.

61. Homère, *Iliade, op. cit.*, V, v. 250, p. 169.

62. Chapitre 44 des *Compléments*.

63. Byron, *Don Juan*, XI, 34, trad. L. Bury et M. Porée, Paris, Gallimard, 2006, p. 518.

64. C[1820]C au lieu de B[*vor einigen Jahren:* <il y a quelques années>]B

65. *The Times*, journal londonien fondé en 1785.

66. Stobée, *Eclogarum physicarum et ethicarum* (I et II), H. L. Heeren, Göttingen, Vandenhoeck et Ruprecht, 1792, vol. I, chap. 51, § 7-8. HN <1355>, p. 383.

67. Aristote, *Topiques*, III, 2, 118 a 6, in *Organon*, trad. J. Tricot, Paris, Vrin, 1990, p. 106.

68. La contraposition (ou encore *modus tollens*) est un procédé de logique, qui, partant d'une inférence (A implique B), pose la négation de la conséquence (non B) pour en tirer la négation de l'antécédent (donc non A). L'absence de la conséquence implique l'absence de la cause (que l'on peut alors « lever », d'où le nom de *modus tollens*).

69. La Rochefoucauld, *Réflexions ou Sentences et maximes morales*, maxime 504, in *Moralistes du xviie siècle*, éd. P. Soler, Paris, Laffont, 1992, p. 178-179.

70. C. F. Burdach, *Die Physiologie als Erfahrungswissenschaft*, vol. III, Leipzig, 1826-1832, p. 484.

71. C. G. Neumann, *Von den Krankheiten des Menschen*, Berlin, Herbig, 1829. Cet ouvrage n'existe qu'en un seul volume. Schopenhauer pense peut-être à un autre écrit de Neumann publié dans les années 1834 et qui est pensé comme le développement du premier : *Traité de pathologie spéciale et de clinique* en 4 volumes. On trouve une recension du premier ouvrage et une esquisse du projet du second dans le tome XXII du *Bulletin des sciences médicales* publié par la *Société pour la*

propagation des connaissances scientifiques et industrielles à Paris en 1830, p. 34-35.

72. Homère, *Odyssée*, XV, v. 394, in *Iliade et Odyssée, op. cit.*, p. 759.

73. Montaigne, *Essais*, liv. III, chap. xiii, éd. Balasmo et Magnien, Paris, Gallimard, 2007, p. 1145 : « Le dormir a occupé une grande partie de ma vie : et le continue encores en cet aage, huict ou neuf heures, d'une haleine. » HN V<374>, p. 117.

74. Passage supprimé en B : A[qu'il a passé beaucoup de temps au lit, en partie pour dormir, en partie pour réfléchir (Brucker, *hist. phil. tom. IV, pars II*)]A

75. Baillet, *La vie de Mr. Descartes*, Paris, Mabre Cramoysi, 1693, p. 288. HN V<48>, p. 12.

76. R. B. Jachmann, *Immanuel Kant geschildert in Briefen an einen Freund*, Königsberg, Friedrich Nicolovius, 1804. HN V <267>, p. 74.

77. Le bulbe rachidien se trouve au sommet de la moelle épinière.

78. Goethe, *Faust*, II, v. 4661, in *Théâtre complet*, trad. S. Paquelin, Paris, Gallimard, 1988, p. 1248 : « Le sommeil est une écorce ; jette au loin cette écorce ! » HN V <1456>, p. 407.

79. Schopenhauer, VN, p. 66-114.

80. Voltaire, *Les colimaçons du révérend père l'Escarbotier* (1768), in *Œuvres complètes de Voltaire*, t. XXI, Paris, Hachette, 1860, p. 15 sq.

81. F. Tiedemann et G. Treviranus, *Journal de physiologie*, t. I, Darmstadt, 1829, p. 62.

82. Bichat, *Recherches physiologiques sur la vie et la mort*, II, art. ii, § 1, Verviers, Marabout, 1973, p. 121 sq. HN V <774>, p. 238.

83. Cf. p. 1538.

84. Sur l'irritabilité, cf. note 51, p. 2241.

85. Kant, CRP, Analytique transcendantale, I, ii, § 16, *in* OP, I, p. 853 : « Le *je pense* doit *pouvoir* accompagner toutes mes représentations. » HN V <293>, p. 94.

86. K. F. Burdach, *Die Physiologie als Erfahrungswissenschaft*, Leipzig, 1826-1832, t. V, p. 686.

87. *Ibid.*, t. IV, § 763 ; Rösch, *Über die Bedeutung des Bluts im gesunden und kranken Leben, op. cit.*, p. 11 sq. HN V <938>, p. 279.

88. F. Magendie, *Précis élémentaire de physiologie*, Paris, Méquignon-Marvis, 1825, t. II, p. 389. HN V <907>, p. 270.

89. Muller, *Handbuch der Physiologie des Menschen*, Coblence, J. Hölscher, 1837.

90. V. Audouin, A. Brongniart et J.-B. Dumas, *Annales des sciences naturelles*, vol. XIII, Crochard, Paris, 1828. Cité en français.

91. Cuvier évoque cela au sujet de Flourens comme le souligne bien le *Bulletin des sciences médicales*, t. II, Paris, 1824, p. 211 : « Quant à la circulation, M. Flourens assure avoir constaté sur plusieurs animaux qu'elle survit à la destruction de tout l'encéphale et de toute la moelle épinière. Lorsque la respiration a cessé par la destruction des troncs nerveux, le sang passe noir, mais la circulation n'en est pas arrêtée pour cela. » Probablement extrait de Cuvier, *Mémoire de l'Académie des sciences*, vol. VI, 1823.

92. Aphorisme de Haller tiré d'*Elementa physiologiae corporis humanae* (liv. XXX, 2, § 23) constitué à partir d'Aristote ; cf. *De la génération des animaux*, II, 5, 741 b 16-19, trad. P. Louis, Paris, Les Belles Lettres, 1961, p. 74 : « Que le cœur soit le premier organe à se former, c'est ce que montre non seulement l'observation, mais encore ce qui se passe au moment de la mort : c'est l'organe que la vie abandonne en dernier. »

93. K. F. Wolff, *Theorie von der Generation*, Berlin, Birnstiel, 1764. HN V <960>, p. 283.

94. K. F. Burdach, *Die Physiologie als Erfahrungswissenschaft*, op. cit., t. IV, § 769.

95. K. Rösch, *Über die Bedeutung des Blutes im gesunden und kranken Leben*, Stuttgart, Hallberger, 1839. HN V <938>, p. 279.

96. Karl Heinrich Schultz-Schultzenstein, *Das System der Zirkulation in seiner Entwickelung durch die Tierreiche und im Menschen*, Stuttgart, 1836, p. 297.

97. Cf. Aristote, *Histoire des animaux*, IV, 1.

98. Justinius Kerner, *Geschichte zweier Somnambülen*, Karlsruhe, Braun, 1824, p. 78. HN V <1024>, p. 303.

99. Le nerf vague est un des nerfs crâniens qui prend son origine dans le bulbe. Trois sont sensoriels, cinq sont moteurs et les quatre autres ont à la fois une fonction sensorielle (ou sensitive) et motrice, et sont dits mixtes.

100. M. Hall, *On the Diseases and Derangements of the Nervous System*, Paris, Baillière, 1841. HN V <858>, p. 257.

101. J. D. Brandis (1762-1846), *Erfahrungen über die Anwendung der Kälte in Krankenheit*, Berlin, Reimer, 1833. HN V <786>, p. 241.

102. Schopenhauer, VN, p. 69 sq.

103. Bichat, *Recherches physiologiques sur la vie et la mort*, 3ᵉ éd., Paris, Brosson, Gabon et Cie, an XIII (1805). HN V <774>, p. 238. Pour la première partie de cet ouvrage, cf. l'édition récente d'A. Pichot : Bichat, *Recherches physiologiques sur la vie et la mort (première partie)*, Paris, GF, 1994.

104. Bichat, *Recherches physiologiques sur la vie et la mort*, *op. cit.*, I, art. ɪᴠ, p. 85 sq.

105. *Ibid.*, I, art. ᴠɪɪɪ et ɪx, p. 169-199.

106. *Ibid.*, I, art. ᴠɪ, p. 98 sq. Cf. en particulier le § 1.

107. *Ibid.*, I, art. ᴠɪ, § 2, p. 101-102.

108. *Ibid.*, I, art. ᴠɪ, p. 107.

109. Ajout de Schopenhauer entre parenthèses.

110. Ajout de Schopenhauer entre parenthèses.

111. Bichat, *Recherches physiologiques sur la vie et la mort*, *op. cit.*, I, art. ɪx, § 2, p. 198-199. Cité en français, Schopenhauer souligne.

112. Most, *Die sympathetischen Mittel und Curmethoden*, Rostock, Stiller, 1842, p. 16. HN V <1038>, p. 307.

113. Flourens, *De la vie et de l'intelligence*, Paris, Garnier frères, 1858, 2 vol. HN V <841>, p. 254.

114. *Ibid.*, t. I, p. 72.

115. *Ibid.*, t. II, p. 137.

116. *Ibid.*, t. I, p. 33 et t. II, p. 135.

117. *Ibid.*, t. II, p. 144.

118. Ajout de Schopenhauer entre parenthèses.

119. Cité en français, Schopenhauer souligne.

120. Cf. 3 Esdr ɪᴠ, 41 (Septante / *Hieronymi Vulgata, Liber tertius Esdrae, Apocryphi* : *magna veritas et praevalet*).

121. Il n'y a que 40 fauteuils à l'Académie française. Dans son livre *L'histoire du 41ᵉ fauteuil de l'Académie française* (Paris, V. Lerne, 1855), Arsène Houssaye (1815-1896) passe en revue tous les grands auteurs qui n'ont pas fait partie de l'Académie, et imagine leur discours de réception.

122. m[il y en a toujours des quantités]m. Ajout manuscrit de Schopenhauer dans son exemplaire personnel (1859).

123. Aristote, *Métaphysique*, A 4, 985a 17, trad. J. Tricot, Paris, Vrin, 1986, t. I, p. 20 : « Anaxagore se sert de l'Intelligence comme d'un *deus ex machina* pour la génération de son Univers ; quand il est embarrassé de désigner la cause de quelque phénomène nécessaire, il tire sur la scène l'Intelligence. »

124. Sur Schopenhauer et les physiologistes français, cf. S. Barbera, *Une philosophie du conflit. Études sur Schopenhauer*, chap. II : « La double connaissance du corps. Philosophie et physiologie », Paris, PUF, 2004, p. 51 sq. ; J. Lefranc, « Schopenhauer et les physiologistes français », *in* J. Lefranc (éd.), *Schopenhauer*, Paris, L'Herne, 1997, p. 49-58 ; É. Sans, « Schopenhauer et la physiologie », *in* VN, p. 19-26.

125. Cf. note 16, p. 1156.

126. Schopenhauer, VN, p. 115-134 et p. 91-114.

127. Le blastoderme constitue dans l'œuf la membrane primitive de l'embryon.

128. Cf. 1 Co, 15, 28 (*ut sit Deus omnia in omnibus*).

129. D'après Aristote, *Métaphysique*, B 4, 1000b 5, trad. J. Tricot, Paris, Vrin, 1986, t. I, p. 152 : « or il n'y a connaissance que du semblable par le semblable [...] selon Empédocle ».

130. Helvétius, *De l'esprit*, disc. II, chap. 4, alinéa 5, in *Œuvres complètes*, vol. I et II, Hildesheim, Olms, 1969, p. 47. Cité en français.

131. Diogene Laërce, *Vies et doctrines des philosophes illustres*, IX, 20, *op. cit.*, p. 1062. HN V <138>, p. 34.

132. m[C'est ce que le bouddhisme désigne par *prajña-pâramitâ*, c'est-à-dire l'au-delà de toute connaissance (voir I. J. Schmidt, *Über das Mahayana und das Pradschnâ-Pâramita*)]m. Ajout manuscrit de Schopenhauer dans l'exemplaire personnel de 1859.

133. Le mot « efflorescence » (*Efflorescenz*) est suffisamment caractéristique pour arrêter l'attention. On le trouve employé, pour qualifier le cerveau, chez certains physiologues français du XIXᵉ siècle, comme dans ce passage : « Il était donc plus naturel et plus raisonnable de placer dans les nerfs, comme premiers et d'abord seuls existants, l'origine de la moelle épinière et celle du cerveau, en considérant celui-ci comme un épanouissement ou comme une efflorescence de celle-là »

(J.-B. Demangeon, *Physiologie intellectuelle*, Paris, 1806, p. 331). La théorie qui fait du cerveau une « efflorescence » de la moelle épinière remonte à J.-C. Reil (1739-1813). On retrouve cette idée dans l'*Anatomie du cerveau* (1816) de F. Tiedemann (1781-1861).

134. Schopenhauer, FM, § 6, *in* PFE.

135. Schopenhauer fait peut-être allusion aux recherches de l'abbé Du Bos dans ses *Réflexions critiques sur la poésie et sur la peinture* (1719), II, sections xxi et xxii.

136. Kant, CRP, Analytique transcendantale, § 16 et 17, *in* OP I, p. 853-858 (Ak. III, p. 108-112). HN V <293>, p. 94.

137. Schopenhauer renvoie ici aux *Paralogismes* de la CRP. Le moi n'est pas une substance pensante, ce n'est que le « sujet transcendantal des pensées = X » (OP I, p. 1050 ; Ak. III, p. 265).

138. Aristote, *Marche des animaux*, 704 b 15, trad. P. Louis, Paris, Les Belles Lettres, 1973, t. II, p. 13 : « La nature ne fait rien en vain, mais réalise toujours le meilleur parmi les possibles. »

139. Schopenhauer, VN, p. 91-114.

140. Goethe, *Hans Sachsens poetische Sendung*, v. 11-14, in *Sämtliche Werke*, éd. I. Schmidt, Francfort-sur-le-Main, DKV, 1994, p. 123. HN V <1457>, p. 407.

141. Cette turgescence est le résultat de l'afflux du sang au cerveau. Voir à ce sujet plus haut l'analyse du rapport entre la longueur du cou et l'activité de l'intellect.

142. Bacon, *De dignitate et augmentis scientiarum* (1623), liv. VI, chap. 3, sophisme vi, in *The Works of Francis Bacon*, éd. Spedding, New York, J. Hurd and Houghton, 1864, vol. II, p. 450. HN <43>, p. 11.

143. Goethe, *Torquato Tasso*, in *Théâtre complet*, trad. H. Thomas, Paris, Gallimard, « Bibliothèque de la Pléiade », 1988. HN V <1452>, p. 406. HN V <1451>, p. 406.

144. S. T. Sömmering (1755-1830), médecin, anatomiste et anthropologue. Il développa une correspondance importante avec les grands esprits de son temps : Kant, Goethe, Alexander von Humboldt. Schopenhauer évoque ici ses recherches portant sur l'organisation des nerfs crâniens.

145. Lichtenberg, *Briefe aus England*, in *Vermische Schriften*, Göttingen, Dieterich, 1800-1802, p. 260.

146. Pour Schopenhauer, Kant est parti de la perception empirique comme d'un donné — c'est du moins ainsi qu'il comprend la donation de l'objet chez Kant (cf. CRP, p. 812 : « Notre connaissance vient de deux sources fondamentales de l'esprit dont la première consiste à recevoir les représentations (la réceptivité des impressions), et dont la seconde est le pouvoir de connaître un objet au moyen de ces représentations (la spontanéité des concepts) ; par la première un objet nous est *donné* ; par la seconde il est pensé en rapport avec cette représentation » ; Ak. III, 74). Sur ce point, cf. la *Critique de la philosophie kantienne*, t. I de la présente édition, en particulier les pages 784 et suiv.

147. Kant, CRP, Dialectique transcendantale, l. II, « Introduction », *in* OP I, p. 1045 (Ak. III, p. 261). HN V <293>, p. 94.

148. Un volume en effet ne peut s'exprimer qu'en centimètres cubes ; avec des centimètres carrés, on ne peut exprimer qu'une surface sans profondeur.

149. L'expression « lumière de la nature » est une notion récurrente de la pensée de Paracelse.

150. Horace, *Épîtres*, liv. I, ép. I, v. 32, trad. F. Villeneuve, Paris, Les Belles Lettres, 1989, p. 38. HN V <1377>, p. 387.

151. Schopenhauer fait ici allusion aux Antinomies de la raison pure exposées par Kant dans la Dialectique transcendantale de la *Critique de la raison pure*.

152. Pour Schopenhauer, tous les phénonèmes sont régis par le principe de raison suffisante, c'est-à-dire que, pour chacun d'eux, il est possible de désigner sa cause antécédente, laquelle admet elle-même une cause, et ainsi de suite à l'infini. Ainsi, le principe de raison sous la forme du principe de causalité est contradictoire avec l'idée d'une cause première, en particulier sous la forme d'une prétendue « cause de soi » (*causa sui*). Cf. la critique de Spinoza, *in* QR2, § 8.

153. Allusion moqueuse à Fichte et Hegel. Sur l'intuition intellectuelle, cf. t. I, note 34, p. 976, et note 63, p. 980.

154. Allusion à l'« idéologie », ou science de la formation des idées, terme popularisé par Destutt de Tracy (1754-1836), *Projet d'éléments d'idéologie*, publiée en 1801. L'œuvre sera progressivement enrichie et finalement éditée en 4 tomes en 1824-1825. Elle s'inscrit dans l'héritage de Locke et de Condillac.

Parmi les idéologues français, on compte aussi Cabanis et Bichat, fréquemment cités par Schopenhauer.

155. Schopenhauer, VN, p. 115-134.

156. La volonté s'y manifeste originairement comme irritabilité. Cf. plus haut, et la note 51, p. 2241.

157. Giulio Cesare Vanini, *Amphitheatrum aeternae Providentiae divino-magicum, christiano-physicum, nec non astrologo-catholicum, adversus veteres philosophos, Atheos, Epicureos, Peripatheticos, et Stoicos*, Ant. De Harsy, Lyon, 1615, exercitatio XXVIII, p. 181. Vanini, *Amphithéâtre de l'éternelle Providence divino-magique, christiano-physique, astrologico-catholique, contre les anciens philosophes, les athées, les épicuriens, les péripatéticiens et les stoïciens*, in *Œuvres philosophiques de Vanini*, trad. M.-X. Rousselot, Paris, A. Delahaye, 1842. HN V <566>, p. 180. Sur le concept de volonté chez les « scolastiques » de Boèce à Kant, cf. T. A. Ramelow, « Der Begriff des Willens in seiner Entwicklung von Boethius bis Kant », *Archiv für Begriffsgeschichte*, 46 (2004), p. 29-67.

158. Le corpus traditionnel des œuvres d'Aristote comprend un traité *Des plantes* (*De plantis*, ou *Peri phytoon*), qui est aujourd'hui classé parmi les textes apocryphes. Cf. Aristote, *On Plants*, in *Aristotle*, vol. XIV : *Minor Works*, trad. W. S. Hett, Londres, Loeb Classical Library/Harvard University Press, 1980, p. 143-159.

159. Platon, *Timée*, 77 a-c, in *Œuvres philosophiques*, *op. cit.*, t. II, p. 504.

160. Goethe, *Faust*, I, v. 1995-1996, in *Théâtre complet*, *op. cit.*, p. 1171. HN V <1456>, p. 407.

161. Cf. Aristote, *De anima*.

162. Il s'agit ici de la critique classique des « qualités occultes » scolastiques. Cf. sur ce point t. I, note 159, p. 996.

163. Cf. *Des plantes* (*Peri phytoon*), 817a - 817b 14. Cf. *supra* note 158.

164. Aristote, *Traité du ciel*, trad. C. Dalimier et P. Pellegrin, Paris, GF, 2004.

165. Trevinarus, *Über die Erscheinungen und Gesetze des organischen Lebens*, Brême, Heyse, 1832, vol. II, I, p. 49. Schopenhauer souligne. HN V <952>, p. 282.

166. Cf. note 130, p. 1235.

167. Schopenhauer fait sans doute allusion à l'usage tout particulier du concept de vie chez Hegel. Cf. *Hegel et la vie*,

J.-L. Vieillard-Baron (éd.), Paris, Vrin, 2004. Dans la *Philosophie de la nature*, Hegel affirme que « la nature est *en soi* un tout vivant ; le mouvement de son Idée à travers sa gradation consiste plus précisément à se poser, comme ce qu'elle est *en soi*, — ou, ce qui est la même chose, à sortir de son immédiateté et extériorité — qui est la *mort* — pour aller *dans elle-même*, afin d'être en tant qu'[un] *vivant*, mais, en outre, aussi à supprimer cette déterminité de l'Idée, dans laquelle elle est seulement vie, et à devenir l'esprit, lequel est sa vérité » (*Philosophie de la nature*, § 197, trad. B. Bourgeois, Paris, Vrin, 2004, p. 112). Pour Schopenhauer, on ne peut faire de la nature un tout vivant, dans la mesure où les propriétés vitales constituent les caractères propres de l'organique.

168. Goethe, *Les affinités électives*, in *Romans de Goethe*, *op. cit.* HN V <1452>, p. 406.

169. Cf. Cicéron, *Des termes extrêmes des biens et des maux*, V, ix, 26, trad. J. Martha, Paris, Les Belles Lettres, 1989, t. II, p. 123 : « Toute nature est conservatrice d'elle-même et ce qu'elle a devant elle comme fin et comme terme extrême, c'est de veiller à se maintenir dans le meilleur état que comporte son espèce. »

170. La première loi de Kepler énonce qu'un corps céleste, dans sa rotation autour du soleil, tantôt se rapproche, tantôt s'éloigne du soleil selon la forme d'une ellipse. La position la plus proche du soleil est la périhélie, la position la plus lointaine sur l'ellipse est l'aphélie. Selon la deuxième loi de Kepler, pour deux intervalles égaux de temps de rotation du corps céleste autour du soleil, l'aire formée par le déplacement du rayon (qui va du soleil au corps en rotation) est égale. Cette loi ne se vérifie pas pour le cas particulier de la lune, car la lune tourne elle-même autour de la terre. Aussi, les accélérations et décélérations du mouvement de la terre autour du soleil (à l'aphélie et à la périhélie) jouent sur le mouvement de la lune. L'orbite de la lune autour de la terre invalide la deuxième loi de Kepler, car des aires inégales de son plan de rotation sont passées en des temps égaux.

171. J. von Liebig, *Die Chemie in ihrer Anwendung auf Agrikultur und Physiologie*, Braunschweig, Vieweg, 1843, p. 501. HN V <900>, p. 269.

172. Kant, *Premiers principes métaphysiques de la science de la nature*, trad F. de Gandt, *in* OP II. HN V <287>, p. 78.

173. Ampère, «Note de M. Ampère sur la chaleur et la lumière considérées comme résultant de mouvements vibratoires», in *Annales de chimie et de physique*, vol. 58, 1835, p. 433-444.

174. Victor Cousin (1792-1867) noua des contacts étroits en 1817 et 1818 avec Hegel, Fichte et Schelling au cours de voyages en Allemagne. Schopenhauer possédait des traductions de ses œuvres (cf. HN V, <122 et 123>, p. 31).

175. R.-J. Haüy (1743-1822), minéralogiste, est l'un des fondateurs de la cristallographie géométrique. J. J. von Berzelius (1779-1848), chimiste suédois, inventa, pour exprimer la composition des corps, une méthode de formulation sur le modèle des formules algébriques; cette méthode reste la base de la notation actuelle.

176. Cf. *Critique de la philosophie kantienne*, t. I de la présente édition, p. 991. Kant, CRP, Dialectique transcendantale, liv. II, chap. II, section 2, «Deuxième conflit des idées transcendantales», *in* OP I, p. 1080 sq. (Ak. III, 300 sq.; A 434/B 462 sq.).

177. Cf. le chapitre II des *Premiers principes métaphysiques de la science de la nature*: «La *force d'attraction* est cette force motrice par laquelle une peut être cause qu'une autre s'approche d'elle [...]. La *force de répulsion* est cette force par laquelle une matière peut être cause qu'une autre s'éloigne d'elle. [...] Ces deux forces motrices de la matière sont les seules que l'on puisse concevoir» (Kant, *Premiers principes métaphysiques de la science de la nature*, trad. F. de Gandt, *in* OP II, p. 403; Ak. IV, 498). HN V <287>, p. 78.

178. C[*Behauptung*: <assertion>]C au lieu de B[*Annahme:* <hypothèse>]B.

179. Cf. *Critique de la philosophie kantienne*, t. I de la présente édition, p. 991.

180. Schopenhauer, QR2, § 21, p. 214 sq.

181. Cf. chapitre 4, p. 1215.

182. Sur la matière chez Giordano Bruno, cf. Bruno, *De la cause, du principe et de l'un*, Quatrième Dialogue, in *Œuvres complètes*, t. III, trad. L. Hersant, Paris, Les Belles Lettres, 1996, p. 219 sq. Cf. aussi Dagron, *Unité de l'être et dialectique: l'idée de philosophie naturelle chez Giordano Bruno*, Paris, Vrin, 1999, p. 359 sq. Sur la matière chez Plotin, cf. *Ennéades* II, IV, 8: «Qu'est-ce donc que cette matière une, continue, et

sans qualités ? Elle n'est pas évidemment un corps, puisqu'elle est sans qualités ; sinon, elle aurait une qualité » (trad. É. Bréhier, Paris, Les Belles Lettres, 1989, p. 61). Ces deux auteurs sont cités ensemble sur le même sujet dans le chapitre 4 (cf. note précédente, et les notes 101 et 102, p. 1215).

183. Kant, *Premiers principes métaphysiques de la science de la nature*, théorèmes 5 à 7, *in* OP II, p. 416 sq. et p. 508 sq. HN V <287>, p. 78.

184. Thomas d'Aquin, *Somme théologique*, Ia, q. 50, a. 2, 4, Paris, Le Cerf, 1990, t. I, p. 512.

185. Schopenhauer s'est beaucoup intéressé aux phénomènes de « génération spontanée » comme en témoignent plusieurs passages du *Nachlass*. « La volonté possède une *force créatrice* (*Schöpferkraft*) et une imagination créatrice, mais cette force créatrice a déjà réalisé son œuvre dans les Idées des formes de la nature existantes. Son œuvre s'arrête là. La *generatio equivoca* se révèle n'être qu'un *vestige* de cette force » (HN III, p. 623). Schopenhauer affirme par là que la puissance créatrice de la volonté (qu'il nomme par ailleurs « nature naturante ») s'est en quelque sorte épuisée dans la création des formes idéelles. Voilà pourquoi Schopenhauer soutient que les espèces animales et végétales sont en un nombre déterminé (celui qui résulte précisément de cet acte de création originaire). L'ordre temporel est pour lui synonyme de vacuité ontologique. Il serait par conséquent erroné de croire que quelque chose de radicalement nouveau, telle une nouvelle espèce, pourrait survenir *dans* le temps. Le produit de la génération équivoque est déjà métaphysiquement (c'est-à-dire idéellement) prédéterminé. La génération équivoque n'est donc que la manifestation phénoménale, donc ontologiquement seconde, de la puissance créatrice de la nature qui s'exprime originairement dans la création des Idées (et en particulier dans celle des espèces naturelles). Sur la génération équivoque, cf. aussi HN IV/2, p. 32. Cf. infra, notes 191 et 193.

186. Thomas d'Aquin, *Questions disputées sur la vérité*, **X**, *De mente*, Paris, Vrin, 1998, p. 76.

187. Lamarck définit dans son *Extrait du cours de zoologie du Muséum d'histoire naturelle sur les animaux sans vertèbres* (Paris, D'Hautel & Gabon, 1812, p. 43) les épizoaires comme des « animaux à corps mou ou subcrustacé ; diversiformes ; à tête indécise, comme ébauchée ; à forme symétrique commen-

çante; ayant des appendices divers, inarticulés, tenant lieu de pattes. [...] Les épizoaires sont des parasites externes, qui vivent aux dépens des autres animaux dont ils sucent la substance: voici les genres que je réunis sous cette division». Ils sont donc différents des entozoaires, qui sont des parasites internes.

188. C[[*bei*] *Epizoen, besonders solchen, welche...*: <[chez] les épizoaires et en particulier ceux qui...>]C au lieu de B[*bei solchen Parasiten, die...*: <chez de tels parasites, qui...>]B

189. La cachexie désigne un état de maigreur extrême, combiné à un état général détérioré. Cf. E.-L. Geoffroy (1725-1810), *Manuel de médecine pratique*, Paris, G. de Bure, 1800, p. 216.

190. Cf. *Histoire naturelle des animaux sans vertèbres*, par J.-B. P.-A. de Monet de Lamarck, J.-B. de Monet de Lamarck, G. P. Deshayes, H. Milne-Edwards, F. Dujardin, A. von Nordmann, Paris, J. B. Baillière, 1838, p. 50.

191. Micro-organismes simples se développant dans des infusions végétales, d'où leur appellation. Le développement des infusoires constitue un exemple privilégié pour les théoriciens de la génération spontanée.

192. Schopenhauer fait référence ici aux «Observations faites aux îles Galapagos» de M. l'amiral du Petit-Thouars publiées dans les *Comptes rendus* hebdomadaires des séances de l'Académie des sciences, t. 48, janvier 1859. Voilà un extrait du passage qu'évoque probablement Schopenhauer: «Examinons maintenant comment cette végétation des îles Galapagos, si curieuse par le moyen qu'elle donne de juger de l'ancienneté de formation de ces îles, a pu se produire. Nous avons vu qu'elle commence au sommet. Or, voici de quelle manière je la conçois. Les vents alizés se condensant sur la crête des montagnes y donnent une humidité qui, à la longue, produit sur le sol qu'elle décompose un limon qui devient la base de toute la végétation de l'île. Le développement de la végétation s'opère et s'y propage, comme je l'ai déjà dit, de proche en proche, en descendant jusqu'à la base. Mais ici se présente une question qui n'est pas facile à résoudre. D'où viennent les germes qui sont le point de départ de ce développement? Il faut nécessairement admettre qu'ils sont sortis des eaux pendant l'incandescence du volcan qui n'en aurait pas détruit le principe de germination, ou qu'ils aient été apportés au lieu

même où le limon s'est formé par les mouvements et la diffusion de l'atmosphère, soit par des oiseaux qui les y auraient déposés. Ce qui accroît la difficulté, c'est 1° que les vents alizés régnants soufflent du continent américain ; or, les plantes des îles Galapagos ne sont point identiques avec celles de ce continent, et on n'y trouve pas d'oiseaux semblables à ceux d'Amérique ; 2° que les îles de la Polynésie dont on pourrait faire venir les germes sont trop loin sous le vent. »

193. Schopenhauer fait ici référence à une note de F.-A. Pouchet (1800-1872) publiée dans le volume 47 (1858) des *Comptes rendus de l'Académie des sciences* et intitulée « Notes sur les proto-organismes animaux et végétaux nés spontanément dans l'air artificiel et le gaz oxygène ». Ce farouche adversaire de Pasteur affirme apporter là une preuve décisive en faveur de la génération spontanée et donc de sa théorie de l'hétérogénie (cf. son traité *Hétérogénie ou Traité de la génération spontanée*, Paris, Baillière, 1859).

194. Cf. t. I, § 7, p. 117.

195. Le πρῶτον ψεῦδος, ou « premier mensonge », désigne une fausse prémisse qui est cause de la fausseté de la conclusion d'un syllogisme (cf. Aristote, *Premiers Analytiques*, II, 18).

196. Horace, *Satires*, trad. F. Villeneuve, Paris, Les Belles Lettres, 1989, I, v, v. 100, p. 75. HN V <1377>, p. 387.

197. *Comptes rendus de l'Académie des sciences*, vol. 47, Paris, 1858.

198. Stobée, *Florilegium*, XXXIX, 10, éd. T. Gaisford, Leipzig, Kuehn, 1822. HN V <1356>, p. 383.

199. *Wechselbalg* doit s'entendre ici au sens de *changeling* dans *Hamlet*, acte V, sc. 2 (trad. Schlegel / Tieck) ; F.-V. Hugo rend le terme par « enfant substitué ».

200. Sur la démonstration de l'absolue nécessité de l'ordre phénoménal, cf. LV, chap. III : « La volonté devant la conscience d'autre chose », *in* PFE, p. 22-51. « Tout ce qui arrive, des choses les plus petites jusqu'aux plus grandes, arrive nécessairement » (*ibid.*, p. 49).

201. L'aséité (du latin *a se*, par soi) désigne la propriété de ce qui a sa propre raison d'être en soi-même et dont l'existence ne dépend pas d'un autre. Ce concept trouve son origine dans la tradition aristotélico-thomiste, et plus précisément dans la position d'un être qui serait cause première, sans être lui-même causé par rien. Schopenhauer, tout en reprenant le

concept d'aséité pour qualifier la volonté, a cependant toujours dénoncé comme absurde la *causa sui* (cause de soi) cartésienne et spinoziste, qui s'inscrit pourtant dans ce courant de pensée métaphysique (cf. en particulier QR2, § 8).

202. Horace, *Épîtres*, I, ép. I, v. 32, trad. F. Villeneuve, Paris, Les Belles Lettres, 1989, p. 38. HN V <1377>, p. 387.

203. Kant expose en effet, près de quarante ans avant l'*Exposition du système du monde* de Laplace, une théorie mécanique de la formation des mondes dans son ouvrage de 1755 *Histoire générale de la nature et théorie du ciel*. Il développe l'hypothèse selon laquelle notre système planétaire se serait formé à partir d'un nuage de gaz appelé « nébuleuse solaire ». Laplace en 1796 suivra une direction similaire. Sur ce point, on lira avec profit l'introduction que J. Seidengart fait de l'ouvrage, *in* Kant, *Histoire générale de la nature et théorie du ciel*, Paris, Vrin, 1984.

204. *Bhagavad-Gîtâ*, XIII, § 16, trad. S. Lévi et J.-T. Stickney, Paris, Librairie d'Amérique et d'Orient, Maisonneuve, Paris, 1976, p. 84. *Bhagavad-Gita, id est* θεσπέσιον μέλος, *sive Almi Krishnae et Arjunae colloquium de rebus divinis, Bharateae episodium. Textum recensuit annotationes criticas et interpretationem Latinam adjecit Augustus Guilelmus a Schlegel*, Bonn, Weber, 1823 (HN V <1092>, p. 320).

205. Selon les catégories modernes, les polypes sont des organismes marins fixés (tels le corail ou les anémones de mer) et font partie de la famille des cnidaires.

206. Schopenhauer, VN.

207. Schopenhauer, VN, p. 91-114.

208. Kant, *Critique de la faculté de juger*, § 54, *in* OP II, p. 1121. HN V <289> et <290>, p. 87.

209. Le babiroussa est une sorte de porc sauvage qui est caractérisé par d'énormes défenses recourbées. Il vit en Indonésie et en Papouasie-Nouvelle-Guinée.

210. Les têtards du crapaud pipa ou surinamien restent 4 à 5 mois sur le dos de la mère et ne se détachent de cette dernière qu'une fois complètement formés.

211. Le *Proteus anguinus* (ou « protée anguillard ») est un amphibien de la famille des protéidés (il est donc apparenté au triton ou à la salamandre). Il vit essentiellement dans les milieux aquatiques souterrains. Sous l'influence de son milieu privé de lumière, il perdu l'usage de ses yeux. Aveugle, il

s'oriente en fonction des autres sens (odorat et toucher). Ses yeux, recouverts par une couche de peau, restent néanmoins sensibles à la lumière. Les larves ont des yeux normalement conformés, mais leur développement s'arrête vite avant de rétrograder et d'entraîner une atrophie.

212. Schopenhauer s'intéresse de près aux recherches sur l'analogie des êtres naturels, en particulier sur l'«unité de plan» des organismes. Il y voit en effet une conséquence du monisme métaphysique. Cf. t. I, note 5, p. 1000.

213. R. Owen, *Principes d'ostéologie comparée*, Paris, Baillière, 1855. HN V<923>, p. 275.

214. Cf. Aristote, *Parties des animaux*, I, 1, 642 a, trad. P. Louis, Paris, Les Belles Lettres, 1990, p. 9.

215. Pour l'analyse de la motivation comme «cause motrice», cf. LV, chap. iii, *in* PFE, p. 26 sq.

216. Le phénomène originel est celui qui est décrit pour la première fois dans le *Monde* au § 19, et qualifié de «miracle»: à savoir la coïncidence de l'acte de la volonté et de l'action du corps, de la volition motivée avec le mouvement corporel objectif (je veux lever mon bras, mon bras se lève). C'est ce phénomène qui peut être qualifié d'originaire en cela qu'il constitue la base empirique de la métaphysique de Schopenhauer. En outre, Schopenhauer dit «notre» phénomène originaire pour le distinguer du «phénomène originaire» de Goethe, tel qu'il est développé dans sa théorie des couleurs (cf. t. I, note 52, p. 978).

217. «Le concept d'une chose, en tant que fin naturelle en soi, n'est donc pas un concept constitutif de l'entendement ou de la raison, mais peut être néanmoins un concept régulateur pour la faculté de juger réfléchissante, selon une analogie éloignée avec notre causalité d'après des fins en général» (CFJ, § 65, *in* OP II, p. 1167; Ak. V, 375).

218. L'adaptation de l'animal exposée ici à son milieu n'a donc rien à voir avec l'évolutionnisme de Lamarck ou de Darwin. Il ne s'agit pas d'une adaptation, parce que cela supposerait une antériorité du milieu. En parlant, à l'inverse, d'anticipation, Schopenhauer veut souligner que les rapports entre phénomènes organiques et nature inorganique doivent être pensés à partir de la contemporanéité métaphysique des Idées. Il y a donc une sorte de prédétermination de tous les phénomènes, qui découle de l'ordre métaphysique des Idées.

219. Remarque surprenante, puisque Schopenhauer semble ici délibérément ignorer les découvertes de William Harvey (1578-1647) et de Malpighi (1628-1694) sur la circulation sanguine.

220. Caspar Friedrich Wolff, *Theoria Generationis*, 1759 (en allemand : *Theorie von der Generation*, Berlin, F. W. Birnstiel, 1764). HN V <960>, p 283. Dans cet ouvrage, Wolff défend une théorie épigénétique.

221. Cf. Goethe, *Versuch die Metamorphose der Pflanzen zu erklären*, Gotha, Carl Wilhelm Ettinger, 1790 (HN V <1462>, p. 410). Goethe y montre que «les différentes parties de la plante naissent d'un organe absolument semblable, lequel, bien que restant toujours le même, est modifié et transformé par une progression» (*La métamorphose des plantes et autres récits botaniques*, trad. H. Bideau, Paris, Triades, 1999, p. 248).

222. Sur cette maxime qui postule la continuité de la nature, cf. *Histoire des animaux*, VIII, 1, 588b, trad. P. Louis, Paris, Les Belles Lettres, 1969, t. III, p. 2 ; cf. aussi *Parties des animaux*, 681a, p. 120.

223. Sur cette théorie de Goethe, cf. la mise au point de L. Van Eynde, in *La libre raison du phénomène. Essai sur la* Naturphilosophie *de Goethe*, Paris, Vrin, 1992, p. 184 sq.

224. Cf. *Physique*, II, 194 a, 30-32.

225. Le tissu malpighien est une des composantes du tissu corné. Il doit son nom au savant italien Malpighi (1628-1694).

226. L. Oken, *Die Zeugung*, Bamberg et Würzburg, Goebhardt, 1805, p. 65 HN V<919>, p. 273.

227. Plaute, *Asinaria*, in *Comédies*, trad. A. Ernout, Paris, Les Belles Lettres, 1967, t. I, acte II, sc. 4, v. 95 : «L'homme n'est pas un homme, mais un loup pour l'homme.»

228. Cf. R. Eisler, *Kant-Lexikon*, art. «Technique de la nature», Paris, Gallimard, 1994, p. 1015 sq.

229. Le périhélie est le point de l'orbite d'un corps céleste qui est le plus rapproché du soleil, l'aphélie étant le point où il se trouve le plus éloigné.

230. Il s'agit d'une impressionnante sculpture faite en rocher, lave, brique et barres de fer de 11 mètres de haut. Elle a été réalisée en 1580 par Giambologna et se trouve toujours à la Villa Médicis de Pratolino.

231. Cf. plus bas, et les notes 6, 7 et 8, p. 2238.

232. Geoffroy Saint-Hilaire, *Études progressives*, 1835.

233. C. K. Sprengel, *Das entdeckte Geheimis der Natur im Bau und in der Befruchtung der Blumen*, Berlin, 1793.

234. Une plante est dite dioïque lorsqu'elle possède soit uniquement des fleurs mâles, soit uniquement des fleurs femelles ; elle est monoïque quand la fleur est soit mâle, soit femelle, mais se trouve sur la même plante à des endroits différents ; elle est polygame lorsqu'elle possède des fleurs mâles, femelles et des hermaphrodites (qui ont à la fois étamines et pistil).

235. C. F. Burdach, *Die Physiologie als Erfahrungswissenschaft*, Leipzig, 1826, vol. I, § 263.

236. Kirby et Spence, *Introduction into Entomology*, Londres, Longman, Hurt & Rees, 1816-1826.

237. La correspondance avec l'abbé Nicaise sur l'amour de Dieu a été publiée en France par Victor Cousin dans *Fragments philosophiques*, Paris, Ladrange et Didier, 1847. Schopenhauer cite le texte à partir de ses œuvres complètes de Spinoza (HN V<540>, p. 166): *Opera omnia*, éd. G. Paulus, Bibliopolio Academico, 1803, vol. II, p. 672.

238. Le *Bridgewater-Treatise* regroupe en huit volumes les résultats du concours organisé par F. H. Egerton, comte de Waterbridge, qui avait décidé de récompenser les savants qui écriraient le meilleur traité sur la manifestation de la puissance, de la sagesse et de la bonté de Dieu au sein de la nature.

239. H. Brougham, *A Discourse on Natural Theology*, Bruxelles, 1835.

240. R. Owen, *Principe d'ostéologie comparée, ou Recherches sur l'archétype et les homologies du squelette vertébré*, Paris, Baillière, 1855.

241. Sur la critique de l'optimisme leibnizien, cf. par exemple le § 59.

242. Hume, *Histoire naturelle de la religion*, trad. M. Malherbe, Paris, Vrin, 1971. Dans le deuxième chapitre de cet ouvrage, Hume nie que la religion provienne de la contemplation de la nature. Il soutient que son origine provient de l'oscillation de l'esprit humain entre l'espoir et la crainte. Hume, *Dialogues sur la religion naturelle*, trad. M. Malherbe, Paris, Vrin, 2005. HN V<260>, p. 72. Hume, «Des caractères nationaux», in *Essais moraux, politiques et littéraires*, trad. J.-P. Jackson, Paris, Alive, 1999. HN V<262>, p. 73. Schopenhauer était très intéressé par la thèse de l'origine pratique de la religion exposée par Hume. On peut rappeler qu'il avait

proposé à un éditeur de traduire les deux textes, *Histoire naturelle de la religion* et *Dialogues sur la religion naturelle* (cf. lettre du 25 novembre 1824, in *Correspondance complète*, *op. cit.*, 1996, p. 125 : « La tendance principale des deux écrits est la suivante : premièrement, montrer que la croyance en des dieux [...] et l'adoration qu'on leur porte, ont leur origine dans l'angoisse et la crainte devant des forces inconnues, et qui proviennent du fait que la race humaine se laisse vivre ballottée par de nombreuses et grandes souffrances, sans vraiment en connaître les causes ; deuxièmement, montrer l'entière insuffisance de toutes les preuves de l'existence de Dieu. Le développement de l'ensemble est magistral, subtil et pertinent au plus haut point »).

243. T. Brown, *Inquiry into the Relation of Cause and Effect*, 4ᵉ éd., Londres, 1835. HN V <85>, p. 21.

244. H. Pückler-Muskau, *Briefe eines Verstorbenen*, 1830-1831, ouvrage qui connut un vif succès principalement dans sa traduction anglaise, *The Travels of a German Prince in England*, trad. S. Austin, Londres, 1832. Cet ancien militaire, architecte paysagiste et ami de Goethe, renommé pour ses récits de voyage, parle librement dans cet ouvrage des mœurs et des coutumes anglaises.

245. Lucrèce, *De la nature*, t. II, trad. A. Ernout, Paris, Les Belles Lettres, 1985, IV, 824-858, p. 34-36.

246. Bacon, *De dignitate et augmentis scientiarum* (1623), in *The Works of Francis Bacon*, éd. J. Spedding, New York, Hurd and Houghton, 1864, vol. II, III et IV, p. 264-297.

247. Spinoza, *Éthique*, I, prop. 36 et Appendice, trad. Appuhn, Paris, GF, 1985.

248. *Ibid.*

249. *Ibid.*

250. *Ibid.*, trad. modifiée.

251. *Ibid.*

252. Kant, CRP, *in* OP I, Dialectique transcendantale, II, III, 6, <AK III, 414-420> p. 1230-1237. HN V <293>, p. 94.

253. Spinoza, *Épître* 76.

254. Aristote, *De la génération des animaux*, III, 11, trad. P. Louis, Paris, Les Belles Lettres, 1961, p. 128-135.

255. Aristote, « De la jeunesse et de la vieillesse, et de la vie et de la mort, et de la respiration », in *Petits Traités d'histoire*

naturelle, trad. R. Mugnier, Paris, Les Belles Lettres, 1965, p. 113-114.

256. Aristote, *Parties des animaux*, I, 1, 641 b-642 a, trad. P. Louis, Paris, Les Belles Lettres, 1990, p. 8-9.

257. Aristote, *Marche des animaux*, II, 704 b, trad. P. Louis, Paris, Les Belles Lettres, 1973, p. 13.

258. Aristote, *Physique*, II, 8, 198 b 10 sq.

259. Cf. l'appendice de la première partie de l'*Éthique*.

260. Aristote, *Traité du ciel*, II, 1, 284 a <25>, trad. C. Dalimier et P. Pellegrin, Paris, GF, Paris, 2004, p. 189.

261. Aristote, *Parties des animaux, op. cit.*, III, 2, 662 b-664 a, p. 68-71.

262. Cf. G. Cuvier, *Leçons d'anatomie comparée*, recueillies et publiées par Duméril, Paris, Crochard, 1835 (2ᵉ éd ; vol. I-IX). HN V <818>, p. 248.

263. D. G. Kieser, *System des Tellurismus oder Thierischen Magnetismus*, Leipzig, Herbig, t. II, 1822, p. 250. HN V<1027>, p. 304.

264. C. F. Burdach, *Die Physiologie als Erfahrungswissenschaft*, Leipzig, 1826-1832, t. II, p. 22.

265. Kirby et Spence, *Introduction into Entomology*, Londres, Longman, Hurt & Rees, 1816-1826.

266. F. Hubert (1750-1831), *Nouvelles Observations sur les abeilles*, Paris, J.-J. Pasehoud, 1814. HN V <872>, p. 261. Kirby et Spence, *Introduction into Entomology, op. cit.*

267. Sur Gleditsch, cf. note 279, p. 2234.

268. Le péritoine est la membrane qui délimite la cavité péritonéale (contenant notamment l'estomac et le foie). Le mésentère est un repli du péritoine.

269. Cf. note 236, p. 2231.

270. Schopenhauer, VN, p. 105 sq.

271. *Ibid.*, p. 91-114.

272. *L'âme du monde* est le titre d'un ouvrage de Schelling publié en 1798 (trad. fr. : *De l'âme du monde*, trad. St. Schmidt, Paris, Éditions de la rue d'Ulm, 2007). Pour une généalogie de cette notion, cf. J. Moreau, *«L'âme du monde» de Platon aux stoïciens*, Paris, Les Belles Lettres, 1939.

273. Sur le panthéisme, cf. note 13, p. 967.

274. La signification de «démoniaque» n'a évidemment pas chez Aristote celle que Schopenhauer lui prête ici. Aristote, «De la divination dans le sommeil», in *Petits Traités d'histoire*

naturelle, 463 b, trad. R. Mugnier, Paris, Les Belles Lettres, 1965, p. 90.

275. Rousseau, *Du contrat social*, liv. I, chap. 6, Paris, GF, 1966, p. 52 : « Cette personne publique qui se forme ainsi par l'union de toutes les autres prenait autrefois le nom de *Cité*, et prend maintenant celui de *République* ou de *corps politique*, lequel est appelé par ses membres *État* quand il est passif, *Souverain* quand il est actif, *Puissance* en le comparant à ses semblables. »

276. Passage supprimé dans le manuscrit (1843) du tome II (B) : « Car je ne voudrais pas citer de noms pour ne pas être le marbre qui immortalise les éphémères. »

277. Cette remarque ne vaut évidemment que pour l'emploi non schopenhauerien du concept.

278. Passage supprimé dans le manuscrit (1843) du tome II (B) : « Sur ce point, on trouvera des exemples bien choisis dans la grande *Physiologie* de Burdach, t. 2, p. 93, 94, 113, 114 et t. 3, p. 124, 132-135. »

279. J. G. Gleditsch, *Vermischte physikalisch-botanisch-ökonomische Abhandlungen*, Halle, 1765-1767, vol. III, 220. Sur cet exemple, cf. aussi Schopenhauer, VN, p. 105 sq.

280. Humboldt, *Ansichten der Natur mit wissenschaftlichen Erläuterungen*, Stuttgart, Cotta, 2e éd. 1849, p. 30 sq. et p. 44.

281. Ajout manuscrit de Schopenhauer dans son exemplaire personnel (1859) : m[Ici l'histoire de l'écureuil et du serpent : elle se trouve dans le *Siècle* du 10 avril 1859, sur une feuille que je conserve dans *Philosophari* / Cet exemple montre quel est l'esprit qui anime la nature, lorsqu'il s'y manifeste, et combien est vrai le passage d'Aristote cité plus haut (p. *399*)]m. Le dossier *Philosophari*, dans le Cahier *Senilia*, contient plus de 13 extraits de journaux et 201 billets de notes et d'extraits (1830-1859 ; HN IV/2, 286). L'extrait de l'article en français publié dans *Le Siècle* du 10 avril 1859 est le suivant : « Un voyageur qui vient de parcourir plusieurs provinces de l'île de Java cite un exemple remarquable du pouvoir fascinateur des serpents. Le voyageur dont il est question commençait à gravir le Junjind, un des monts appelés par les Hollandais Peper-gebergte. Après avoir pénétré dans une épaisse forêt, il aperçut sur les branches d'un kijatile un écureuil de Java à tête blanche, folâtrant avec la grâce et l'agilité qui distinguent cette charmante espèce de rongeurs. Un nid sphérique, formé

de brins flexibles et de mousse, placé dans les parties les plus élevées de l'arbre, à l'enfourchure de deux branches, et une cavité dans le tronc, semblait les points de mire de ses yeux. À peine s'en était-il éloigné qu'il y revenait avec une ardeur extrême. On était dans le mois de juillet, et probablement l'écureuil avait en haut ses petits, et dans le bas, le magasin à fruits. Bientôt il fut comme saisi d'effroi, ses mouvements devinrent désordonnés, on eût dit qu'il cherchait toujours à mettre un obstacle entre lui et certaines parties de l'arbre : puis il se tapit et resta immobile entre deux branches. Le voyageur eut le sentiment d'un danger pour l'innocente bête, mais il ne pouvait deviner lequel. Il approcha, et un examen attentif lui fit découvrir dans un creux du tronc une couleuvre lien, dardant ses yeux fixes dans la direction de l'écureuil... Notre voyageur trembla pour le pauvre écureuil. — L'appareil destiné à la perception des sons est peu parfait chez les serpents et ils ne paraissent pas avoir l'ouïe très fine. La couleuvre était d'ailleurs si attentive à sa proie qu'elle ne semblait nullement remarquer la présence d'un homme. Notre voyageur, qui était armé, aurait donc pu venir en aide de l'infortuné rongeur en tuant le serpent. Mais la science l'emporta sur la pitié, et il voulut voir quelle issue aurait le drame. Le dénouement fut tragique. L'écureuil ne tarda point à pousser un cri plaintif qui, pour tous ceux qui le connaissent, dénote le voisinage d'un serpent. Il avança un peu, essaya de reculer, revint encore en avant, tâcha de retourner en arrière, mais s'approcha toujours plus du reptile. La couleuvre, roulée en spirale, la tête au-dessus des anneaux, et immobile comme un morceau de bois, ne le quittait pas du regard. L'écureuil, de branche en branche, et descendant toujours plus bas, arriva jusqu'à la partie nue du tronc. Alors le pauvre animal ne tenta même plus de fuir le danger. Attiré par une puissance invincible, et comme poussé par le vertige, il se précipita dans la gueule du serpent, qui s'ouvrit tout à coup démesurément pour le recevoir. Autant la couleuvre avait été inerte jusque-là, autant elle devint active dès qu'elle fut en possession de sa proie. Déroulant ses anneaux et prenant sa course de bas en haut avec une agilité inconcevable, sa reptation la porta en un clin d'œil au sommet de l'arbre où elle alla sans doute digérer et dormir.» Glose de Schopenhauer : «Cette histoire n'est pas importante du seul point de vue de la magie, mais aussi comme un argument en faveur du *pessimisme*. Qu'un animal soit agressé et dévoré par un autre, c'est sans doute un mal, mais on peut s'en remettre. Mais qu'un écureuil innocent, si démuni, assis à côté du nid de ses petits, soit contraint d'aller pas à pas, avec hésitation, en luttant contre soi-même, et malgré ses plaintes, vers la gueule grande ouverte du serpent, et de s'y jeter avec conscience — c'est une chose si révoltante et si horrible qu'on comprend alors qu'Aristote avait raison de dire ἡ φύσις δαιμονία, ἀλλ' οὐ θεία ἐστί. [la nature est démoniaque, mais non divine]. — Quelle atroce nature, que celle à laquelle nous appartenons!»

282. Il s'agit probablement d'une allusion au § 194 de la *Philosophie de la nature* de Hegel: «la nature s'est produite comme l'Idée dans la forme de l'*être-autre*» (*Encyclopédie des sciences philosophiques*, t. II: *Philosophie de la nature*, trad. B. Bourgeois, Paris, Vrin, 2004, p. 109.

283. La toute fin du § 29 du tome I du *Monde* explique en effet que «la volonté, dès lors qu'elle est éclairée par la connaissance, sait toujours ce qu'elle veut ici et maintenant mais qu'elle ne sait jamais ce qu'elle veut en général» (p. 356). Cette proposition fondamentale indique la limite indépassable de l'analyse de la volonté selon le principe de motivation (qui est une des figures du principe de raison). On peut toujours vouloir ceci ou cela pour tel ou tel motif, mais ce que laisse de côté cette analyse, c'est bien ce que veut la volonté en général, par-delà tous les motifs contextuels. Seule une analyse philosophique peut aller plus loin, pour montrer que la volonté est un principe cosmologique, et que ce qu'elle veut, par-delà les volitions singulières, c'est la vie: elle est une volonté de vivre (cf. en particulier le début du § 54 du tome I). Voilà pourquoi l'instinct sexuel est un phénomène si important: il manifeste phénoménalement la tendance cosmologique de la volonté: la volonté de l'individu est gouvernée par la pulsion sexuelle, car la reproduction est le moyen de l'affirmation de la vie. Et, finalement, la vie est voulue parce qu'elle permet la représentation, c'est-à-dire finalement la connaissance de la volonté par elle-même.

284. L'image de l'homme-marionnette apparaît dans le chapitre 31, p. 1764 (cf. note 40, p. 2240).

285. Augustin, *La Cité de Dieu*, liv. XI, chap. 27, trad.

C. Salles, in *Œuvres complètes*, t. II, *op. cit.*, 2002, p. 1013-1020.

286. J. E. D. Esquirol, *Des maladies mentales considérées sous les rapports médical, hygiénique et médico-légal*, Paris, Baillière, 1838. HN V<829>, p. 250.

287. La «toupie à fouet» est un modèle très ancien, où le mouvement de l'objet est entretenu par le fouet. Cf. Virgile, *Énéide*, VII, v. 378-384 : «On dirait la toupie qui vole sous les coups du fouet : des enfants la chassent en grands cercles autour des atriums déserts, captivés par leur jeu ; bondissant sous la lanière, elle se déplace en longues courbes : la troupe enfantine se penche tout ébahie, sans comprendre elle admire ce buis qui tournoie, et que raniment les coups : elle n'est pas moins pressée, la course qui entraîne la reine à travers les villes et les peuples farouches».

288. Texte modifié par Schopenhauer ; cf. Aristote, *Traité du ciel*, II, 13, 294 b, trad. C. Dalimier et P. Pellegrin, Paris, GF, 2004, p. 275 : «s'il n'existe pas de mouvements naturels [...] il y en a par contrainte».

COMPLÉMENTS DU LIVRE III

1. *Oupnek'hat (id est secretum tegendum)*, t. I, trad. et éd. A. H. Anquetil-Duperron, Paris, Levrault, 1801, p. 304. HN V <1157>, p. 338. Sur l'*Oupnek'hat*, cf. la note p. 8, p. 963.

2. Cf. t. I, § 30, et § 31.

3. *Proclus Diadochus. Initia philosophiae ac theologiae ex Platonicis fontibus ducta, sive Procli Diadochi et Olympiodori in Platonis Alcibiadem Commentarii*, II, éd. F. Creuzer. Francfort, 1820, p. 82. HN V<427>, p. 130.

4. Dans cette trop rapide notation, Schopenhauer présente une idée pourtant essentielle : il montre que la connaissance des Idées par le «pur sujet» esthétique est conditionnée par la connaissance intime et immédiate que chacun a de l'essence de la volonté. Autrement dit : pour comprendre en quoi la *Pietà* de Michel-Ange représente l'Idée de la douleur, il faut soi-même avoir eu le sentiment intime de la douleur (dont on sait qu'il s'agit d'une modalité étroitement liée à l'expérience

de la volonté). Traduit sur un plan plus général, cela signifie que l'autocontemplation de la volonté, dans l'expérience esthétique du pur sujet de la connaissance, est donc finalement ancrée dans le sujet du vouloir. Connaissance et volonté sont ainsi étroitement liées.

5. Aristote, *Métaphysique*, 1080 a 5, trad. J. Tricot, Vrin, Paris, 1986, t. II, p. 117 ; cf. 991 b 6, t. I, p. 49 : « par exemple une maison et un anneau, dont nous, Platoniciens, disons qu'il n'y a pas d'Idées ».

6. Schopenhauer renvoie à l'édition de C.-A. Brandis, *Scholia in Aristotelem*, Berlin, G. Reimer, 1836. Les pages 562 et suivantes rassemblent divers scolies sur la *Métaphysique* d'Aristote.

7. Aristote, *Métaphysique*, 1070 a 7, *op. cit.*, t. II, p. 158.

8. Cf. note 158, p. 995.

9. Plutarque, *Opinions des philosophes*, I, III, trad. G. Lachenaud, Paris, Les Belles Lettres, 1993, p. 74.

10. Être connaissant, l'individu participe de l'éternité du sujet de la connaissance (l'« œil éternel du monde » du livre III) ; être vivant, il participe de la vie éternelle de la nature (t. I, § 54).

11. À comparer avec l'*unitas post rem* et l'*unitas ante rem* du § 49 (t. I, p. 465).

12. Sur le sens de la métaphore du miroir, cf. note 71, p. 1066.

13. Cf. livre III, § 38. Schopenhauer y montre que le plaisir esthétique comporte une composante subjective (le sentiment d'ataraxie) et une composante objective (la connaissance des Idées).

14. Cf. le chapitre 19.

15. Horace, *Épodes*, in *Odes et Épodes*, XV, v. 1-2, trad. F. Villeneuve, Paris, Les Belles Lettres, 1991, p. 226. HN V <1377>, p. 387.

16. Sur le pittoresque, cf. HN III, § 65, p. 214.

17. Cf. § 54, p. 542, et la note 24.

18. Goethe, *Parabolisch*, in *Goethe. Sämtliche Werke*, éd. K. Eibl, Francfort-sur-le-Main, DKV, t. II, 1988, p. 370. HN V <1457>, p. 407.

19. Cette expression souligne la difficulté de la question de l'articulation de la volonté avec la connaissance dans la théorie de la contemplation esthétique. En effet, d'après la thèse

du monisme de la volonté, la connaissance elle-même doit pouvoir être reconduite à la volonté, puisque le monde est volonté. Dès lors, la connaissance, fût-elle pure, est d'une certaine façon au service de la volonté comprise non pas en son sens individuel, mais universel : la connaissance pure esthétique est ainsi une modalité de l'autoconnaissance de la volonté.

20. Goethe, *Trost in Tränen*, v. 25-26, in *Sämtliche Werke*, *op. cit.*, t. II, p. 58. HN V <1457>, p. 407.

21. Ici, Schopenhauer n'est pas très rigoureux, puisqu'on ne voit pas en quoi la description qu'il fait ici de la contemplation de la lune entre dans les cadres de la distinction entre beau et sublime qu'il a posée au § 39 du livre III. On n'y retrouve pas l'idée d'arrachement violent à la volonté qui est la caractéristique propre du sublime.

22. Dans *La naissance de la tragédie*, § 13 (KSA 1/90), Nietzsche se souviendra de cette typologie pour décrire le « génie » perverti de Socrate, « monstruosité *per defectum* ».

23. Sur l'intuition intellectuelle, cf. t. I, note 34, p. 976.

24. J. C. Adelung, *Über den deutschen Styl*, Berlin, Voss, 1785 (reprint Olms, 1974).

25. Jean Paul, *Cours préparatoire d'esthétique*, trad. A.-M. Lang et J.-L. Nancy, Lausanne, L'Âge d'Homme, 1979, Première Division, IIIᵉ Programme, « Sur le génie », § 11, p. 58 : « Considérer le génie, le plus précieux fruit de la terre, l'éveilleur des siècles endormis, comme une "extériorisation puissante des forces souterraines de l'âme", à la manière d'Adelung, et prétendre, ainsi qu'il le fait dans son livre sur le style, qu'on peut concevoir un génie sans intelligence : c'est tout justement concevoir les choses — sans intelligence.» HN V <1507>, p. 421.

26. Épigraphe de la pièce de Giordano Bruno, *Il candelaio* (Le fabricant de chandelles), parue à Paris en 1582. Trad. fr. in *Œuvres complètes*, t. I : *Œuvres italiennes*, trad. Y. Hersant, Paris, Les Belles Lettres, 2003.

27. Cf. *supra*, note 19.

28. Texte remarquable sur le caractère schématisant de la perception utilitaire. L'argumentation est dans le fond la même que celle que Schopenhauer applique à l'analyse des concepts, quand il montre que le concept est dans son essence une

fonction pratique de l'intelligence qui lui permet de classer commodément les choses (cf. § 36, p. 389).

29. Jean Paul, *Cours préparatoire d'esthétique*, *op. cit.*, § 12, p. 59 sq. HN V <1507>, p. 421.

30. C'est une reprise de l'analyse célèbre de Leibniz sur les «petites perceptions» inconscientes: le meunier finit par ne plus entendre son moulin.

31. Au chapitre 21 des *Compléments*.

32. Cicéron, *Tusculanes*, I, 33, trad. J. Humbert, Paris, Les Belles Lettres, 1970, p. 49.

33. Aristote, *Problèmes*, XXX, 1, trad. P. Louis, Paris, Les Belles Lettres, 1994, p. 29 sq.

34. Goethe, *Sprichwörtlich*, v. 309-316, in *Sämtliche Werke*, *op. cit.*, t. II, 1988, p. 395. HN V <1457>, p. 407.

35. Cf. *supra*, note 26, p. 2239.

36. Passage supprimé dans le manuscrit (1843) du tome II (B): «... s'ils veulent devenir professeur de philosophie,».

37. Schiller, *La mort de Wallenstein*, I, 4, v. 211-212, trad. J. Peyraube, Paris, Aubier, p. 10.

38. Goethe, *Les affinités électives*, II, 5, in *Romans de Goethe*, trad. P. Colombier, Paris, Gallimard, 1954, p. 274: «Il n'y a point, dit-on, de héros pour son valet de chambre. Or cela tient simplement à ce que le héros ne peut être reconnu que du héros. Mais il est vraisemblable que le valet de chambre saura apprécier son semblable.» HN V <1452>, p. 406.

39. Goethe, *Wilhelm Meister*, Première Partie, I, 14, in *Romans de Goethe*, *op. cit.*, p. 411; Schopenhauer souligne. HN V <1452>, p. 406.

40. Cette métaphore classique du *theatrum mundi* remonte au moins à Platon, *Lois*, 804 b. L'image de l'homme-marionnette se trouve déjà dans le chapitre 29, p. 1727.

41. Cf. Goethe, *Torquato Tasso*, trad. H. Thomas, in *Théâtre complet*, Paris, Gallimard, 1988, p. 663-774. Goethe évoque le contraste entre les personnages du Tasse et d'Antonio Montecatino dans ses *Conversations avec Eckermann* (à la date du 6 mai 1827): «J'avais la vie du Tasse, j'avais ma propre vie, et tandis que j'amalgamais ces deux figures, si singulières avec leurs caractéristiques, en moi surgit l'image du Tasse, auquel j'opposai — contraste prosaïque — le personnage d'Antonio, pour lequel je ne manquais pas de modèles» (cité par E. Henkel, *in* Goethe, *Théâtre complet*, *op. cit.*, p. 1656).

Goethe oppose le Tasse et Antonio comme le modèle du génie passionné à l'archétype de l'homme lucide, doté de la «sobriété» intellectuelle qu'évoque plus loin Schopenhauer.

42. L'artiste, comme dit le livre III, est ainsi le clair miroir de l'univers. Cette désappropriation du génie par rapport à lui-même s'explique par le fait que dans la contemplation esthétique, objective et donc désindividualisée, son intellect individuel en vient à coïncider avec le sujet pur, transindividuel. Sa contemplation participe alors de l'autocontemplation de la volonté, prise en son sens universel.

43. Par cette formule, Schopenhauer semble se souvenir ici de Mt, 6, 24 : «Nul ne peut servir deux maîtres : ou il haïra l'un et aimera l'autre, ou il s'attachera à l'un et méprisera l'autre.»

44. Goethe, *Torquato Tasso*, in *Théâtre complet, op. cit.* HN V <1452>, p. 406.

45. Chamfort, *Maximes, pensées, caractères*, chap. II, <110>, Paris, GF, 1968, p. 75. Cité en français. HN V<1607>, p. 442.

46. Goethe, *Wilhelm Meister*, Première Partie, I, VII, 9, in *Romans de Goethe, op. cit.*, p. 831. HN V <1452>, p. 406.

47. Chamfort, *Maximes, pensées, caractères, op. cit.*, chap. I, <88>, p. 67. Cité en français. HN V<1607>, p. 442.

48. Bacon, *De dignitate et augmentis scientiarum* (1623), VI, chap. 3, exemple IX, in *The Works of Francis Bacon*, éd. J. Spedding, New York, Hurd and Houghton, 1864, vol. II, p. 469-470. HN <43>, p. 11.

49. Machiavel, *Le Prince*, chap. XVIII, in *Œuvres complètes*, Paris, Gallimard, 1952, p. 342. HN V<1784>, p. 482.

50. L. Thilo, *Über den Ruhm*, Halle, Hemmerde und Schwetschke, 1803. HN V<554>, p. 177.

51. Cet énoncé s'éclaire par le chapitre 20. La conception que se fait Schopenhauer de l'irritabilité, confondue avec la contractilité musculaire, semble correspondre à celle que développe Haller (1708-1777) dans sa *Dissertation sur les parties irritables et sensibles des animaux* (1753). On notera que dans la querelle qui a opposé Cabanis à Haller, Schopenhauer semble plutôt se ranger du côté du second. Rappelons que Cabanis souhaitait, contre le modèle condillacien de la statue, qui n'admet qu'une sensibilité externe, faire droit à une sensibilité *interne*. Haller propose d'attribuer les fonctions

non conscientes de la vie organique à une propriété distincte de la sensibilité, à savoir l'irritabilité. (Cf. article «Cabanis» du *Dictionnaire des philosophes*, Paris, PUF, 1983, rééd. 1993, p. 470). L'irritabilité est assimilée par Schopenhauer à la faculté contractile des muscles; la sensibilité est la propriété des nerfs, qui transmettent les influx nerveux en provenance du cerveau ou vers lui. Pour Schopenhauer, l'irritabilité est une objectivation plus immédiate de la volonté que la sensibilité (qui sert d'auxiliaire aux fonctions intellectuelles). La prédominance de la sensibilité sur l'irritabilité indique donc une constitution supérieurement intellectuelle. Si l'on se reporte au § 292 de HN 1 (1814), on trouvera cependant un étonnant et précoce exemple du lien de dépendance étroit entre le fait primitif de la métaphysique (l'identité de l'expérience de la volonté et de l'action du corps) et la physiologie: «C'est un principe fondamental de ma philosophie que le *corps* n'est que l'*objectité*, la visibilité de la *volonté*, et que par conséquent il lui est identique, d'où le fait qu'à vrai dire le temps comme forme des objets ne s'applique qu'au corps, pas à la volonté. Mais où se trouve la preuve de cette identité? — Il n'y en a pas. Mais l'identité nous est immédiatement donnée. Que je *veuille* un mouvement de mon corps, et que celui-ci se produise constitue une seule chose, complètement indivisible. [...] En général, mon corps doit être considéré de deux façons différentes, 1) en tant qu'il est un objet immédiat de connaissance, et c'est cela qu'en physiologie on nomme sa *sensibilité*; 2) en tant qu'il est phénomène de la volonté; c'est ce qu'on nomme son *irritabilité*. [...] La sensibilité est le principe salvateur, l'irritabilité le principe de la damnation.»

52. Cf. C. A. Tison, *Neurologie périnatale*, Paris, Masson, 2005, p. 6: «Les cellules neuronales sont groupées dans certaines zones; leur couleur grisâtre explique la désignation de *substance grise* donnée à ces groupements cellulaire [...] les axones issus des neurones sont groupés pour former des faisceaux de fibres, du "câblage"; ces zones de transmission sont de couleur blanc nacré; elles sont désignées sous le terme de *substance blanche* qui contraste avec le cortex.»

53. T. Medwin, *Conversations of Lord Byron*, Princeton, Ernest J. Lovell, 1969. HN V<1661>, p. 457.

54. Passage supprimé dans le manuscrit (1843) du tome II (B): «(Qu'une grosse tête contient peu de cervelle, c'est ce que

l'observateur exercé peut reconnaître à la structure osseuse massive du crâne ; les grosses têtes <*Dickköpfe*> de ce genre sont en règle générale des têtes idiotes <*Dummköpfe*>).»

55. Bichat, *Recherches physiologiques sur la vie et la mort*, II, art. VIII, § 6, Verviers, Marabout, 1973. Cité en français. HN V<774>, p. 238.

56. Sur l'expression «foyer de la volonté», cf. chapitre 42, p. 1953.

57. Passage supprimé dans le manuscrit (1843) du tome II (B) : « Rousseau manque le principal lorsqu'il dit : "les enfants ont plus de forces que de besoins". Il serait plus juste de dire : ils ont plus d'intellect que de volonté. Car les forces, dont Rousseau note à juste titre le surcroît, ne sont nullement celles des muscles, mais celles des nerfs, les forces de l'esprit. »

58. Passage supprimé dans le manuscrit (1843) du tome II (B) : « C'est à cet égard seul que les enfants, comme le dit Rousseau, ont moins de besoins, mais non pour ce qui est du reste ; leur faiblesse et leur fréquente disposition à tomber malade leur en confèrent même presque plus qu'aux adultes. »

59. F. W. Riemer, *Mittheilungen über Goethe, aus mündlichen und schriftlichen, gedruckten und ungedruckten Quellen*, Berlin, Duncker und Humblot, 1841.

60. G. N. Nissen, *Biographie W. A. Mozart's*, Leipzig, Breitkopf & Härtel, 1828. HN V<1241>, p. 359.

61. F. Schlichtegroll, *Nekrolog : auf das Jahr 1791*, Gotha, Perthes, 1793, t. II, p. 109.

62. Goethe, *Les affinités électives*, in *Romans de Goethe*, *op. cit.*, I, 10, p. 191. HN V <1452>, p. 406.

63. P. Flourens, *Résumé analytique des observations de Frédéric Cuvier sur l'instinct et l'intelligence des animaux*, Paris, Ch. Pitois, 1841, p. 50, 87, 118. Cité en français. HN V <835>, p. 252.

64. Cf. Schopenhauer, CC, p. 382 : « L'origine de l'intellect [...] est bien basse et mesquine : l'organe avec lequel un animal traque sa proie. »

65. Il s'agit du § 36 du livre III, p. 357 et suiv.

66. *Rgya Tch'er Rol Pa ou Développement des jeux, concernant l'histoire du Boudha Çakya-Mouni*, traduit sur la version tibétaine du Bkahhgyour et revue sur l'original sanskrit, par Ph.-E. Foucaux, Paris, 1848, p. 91 et 99. HN V <1140>, p. 334. Repris sous le titre *Le* Lalitavistara *: l'histoire tradition-*

nelle de la vie du Bouddha Çakyamuni, Annales du musée
Guimet 6, Paris, Les Deux Océans, 1988. Le *Lalitavistara* donne
une « présentation détaillée » des deux dernières existences du
Bouddha *Shâkyamuni*, littéralement « le sage de la lignée des
Shâkya », dont est issu le Bouddha historique *Siddhârtha
Gautama*. Datant de la période de transition entre le *Hînayâna*
et le *Mahâyâna*, cette biographie du Bouddha fut conçue entre
le IIᵉ siècle avant et le IIᵉ siècle après J.-C. et remonte à l'école
du *Sarvâstivâda*.

67. Cette « expérience » a peut-être été recueillie dans le
milieu berlinois de l'actrice et danseuse Caroline Richter, dite
Medau (Medon), avec qui Schopenhauer a eu une longue
« liaison secrète » (lettre à Anthime Grégoire de Blésimaire,
10/12/1836) de 1821 à 1831). Sur le contexte de cette « liaison »,
cf. A. Hübscher, « Schopenhauers Berliner Geliebte. Unbe-
kannte Briefe », in *Schopenhauer-Jahrbuch*, 55 (1974), p. 39-52.

68. Ce chapitre a inspiré Freud, qui y a vu une forme d'anticipation de ses propres découvertes sur le travail de l'inconscient, plus précisément le phénomène du refoulement. Pour les
rapports entre Freud et Schopenhauer, voir la mise au point
faite par P.-L. Assoun dans *Freud, la philosophie et les philosophes*, Paris, PUF, 1976. Cf. aussi M. Henry, « La question du
refoulement », in *Présences de Schopenhauer*, R.-P. Droit (dir.),
Paris, Le Livre de Poche, 1991, p. 269-287.

69. Gozzi, *Il mostro turchino*, in *Opere*, Milan, éd. Petronio,
Rizzoli, 1962, I, 2, p. 593 sq.

70. Sur la fréquentation, par Schopenhauer, de la *Statio
Melancholicorum* de l'hôpital de la Charité à Berlin (1811-
1813), cf. livre III, § 36, p. 395 et note p. 53, p. 1032.

71. Philippe Pinel développe en grande partie ses thèses
dans son *Traité médico-philosophique sur l'aliénation mentale ou la manie*, Paris, Richard, Caille et Ravier, 1801, reprint Genève, Slatkine, 1980 ; Schopenhauer l'oppose ici à
J. E. D. Esquirol, dont il a déjà évoqué l'ouvrage *Des maladies
mentales considérées sous les rapports médical, hygiénique et
médico-légal*, Paris, Baillière, 1838, au chap. 28 des *Compléments*.

72. Aristote, *Pol.* VIII, 7, 1342 a 15.

73. L'allemand *Grundbass*, ou *Fundamentalbass*, traduit, à
partir du milieu du XVIIIᵉ siècle, la « basse fondamentale » de
Rameau. La basse fondamentale désigne la note la plus grave

d'un accord dans son état le plus simple (non renversé), par exemple : *mi-sol-si*. Dans l'accord *sol-si-mi*, la basse fondamentale est représentée par la note *mi*, et non par la note la plus grave (*sol*).

74. Voltaire, *Discours en vers sur l'homme*, VI, « Sur la nature de l'homme », v. 172, in *Mélanges*, Paris, Gallimard, 1961, p. 235 : « Le secret d'ennuyer est de tout dire. » Cité en français (*sic*). HN V <571>, p. 181.

75. Schopenhauer rejoint la pensée de l'«art pour l'art» en cela que le projet artistique ne saurait avoir pour finalité de servir les buts d'une volonté individuelle, ni de flatter nos instincts, d'où la distinction nette entre le beau et ce qui relève de l'attrayant (*das Reizende*), établie dans le livre III. Pour autant, l'art véritable n'échappe pas chez Schopenhauer à une certaine «finalité métaphysique» : la fonction de l'art, et sa raison d'être, c'est de faciliter la connaissance des Idées, ces dernières constituant les archétypes des êtres naturels. La condamnation de la colonne qui ne supporte rien n'est pas gratuite : en effet, seule l'opposition de la colonne et de l'entablement permet aux forces de pesanteur et de résistance de se manifester, ce qui constitue précisément la fin de l'architecture (cf. le § 43 et le chapitre suivant).

76. Rappel par Schopenhauer de sa critique du concept kantien d'Idée dans son *Appendice*, t. I.

77. Le même raisonnement fonde la critique de l'allégorie comme présentation intuitive d'un simple concept (cf. livre III, § 50).

78. Horace, *Art poétique*, v. 359, in *Épîtres*, trad. F. Villeneuve, Paris, Les Belles Lettres, 1989, p. 220. HN V <1377>, p. 387.

79. Dans cette description, on peut lire en creux une préférence nettement marquée pour un type d'architecture néoclassique, inspirée de la colonnade du temple grec. Inversement, l'architecture gothique, qui exploite au maximum l'arc brisé et le jeu des poussées latérales, est moins prisée par Schopenhauer, précisément parce qu'elle manifeste moins directement que la colonnade antique la dualité verticale des forces de pesanteur et de résistance.

80. Schopenhauer compare ici la montée du regard, du bas vers le haut d'un bâtiment, avec l'audition d'une gamme ascendante. Dans une colonnade distincte du mur, les niveaux

sont clairement marqués par l'opposition du chapiteau des colonnes et l'entablement. Le regard est ainsi structuré dans sa progression par les éléments mêmes de l'architecture, qui sont très saillants. Inversement, quand la structure fondamentale colonne-entablement tend à se fondre dans le mur, alors le regard passe du bas vers le haut du bâtiment en glissant sur la surface murale, tout comme un «glissando» sonore qui ne s'arrête sur aucun degré de la gamme.

81. Cf. le chapitre précédent, et la note 75.

82. La condamnation de la colonne torse exclut *de facto* le baldaquin du Bernin du panthéon architectural de Schopenhauer. Du reste, son canon esthétique en matière d'architecture le porte à préférer la présentation simple et directe des idées de pesanteur et de résistance, par l'entablement (pour la pesanteur) et la colonne (pour la résistance). D'où la condamnation de toutes les complications inutiles. La vertu première de la bonne architecture sera donc la simplicité, ainsi que le montre la suite du texte, notamment dans sa condamnation de l'architecture gothique. On trouve une remarque analogue dans le § 43, p. 434.

83. Schopenhauer veut dire que la colonne ronde présente la même épaisseur vue de tous les côtés. En revanche, la colonne carrée apparaîtra plus épaisse si le regard est parfaitement perpendiculaire à la diagonale de sa section (puisque la diagonale du carré est plus longue que le côté). On notera que, si l'explication est mathématique, le jugement est toujours formulé à partir de son effet esthétique.

84. *Entasis* : terme grec désignant le renflement de la colonne. Schopenhauer fait ici référence à Vitruve, architecte du Iᵉʳ siècle avant J.-C., et auteur du traité célèbre *De architectura* (Vitruve, *De l'architecture*, trad. P. Gros, Paris, Les Belles Lettres, 2003). Le livre III est en particulier consacré aux proportions idéales, et comporte des développements précis sur celles de la colonne. Schopenhauer s'en inspire directement.

85. Cf. Vitruve, *De l'architecture*, op. cit., IV, 1 <6>, p. 6.

86. L'énoncé de cette loi est ici construite à partir d'Aristote, *Marche des animaux*, II, 704 b, trad. P. Louis, Paris, BL, 1973, p. 13 : «La nature ne fait rien en vain, mais réalise toujours le meilleur parmi les possibles.» Cf. aussi *Histoire des animaux*, VIII, 1, 588 b, trad. P. Louis, Paris, Les Belles Lettres, t. III,

1969, p. 2 ; *Parties des animaux*, 681 a, trad. P. Louis, Paris, Les Belles Lettres, 1990, p. 120.

87. Sur la grâce, cf. livre III, § 45, p. 448.

88. Cf. Kant, CFJ, *in* OP II, p. 979 (Ak. V, 220) : « [...] sont dits conformes à une fin, un objet, un état d'âme ou une action [...] du simple fait que leur possibilité ne peut être expliquée et comprise par nous que dans la mesure où nous supposons à leur fondement une causalité d'après des fins, c'est-à-dire une volonté qui les aurait ordonnés ainsi d'après la représentation d'une certaine règle. La finalité peut donc être sans fin, dans la mesure où nous ne plaçons pas les causes de cette forme dans une volonté, mais où, cependant, nous ne pouvons nous rendre intelligible l'explication de sa possibilité qu'en la dérivant d'une volonté ». Sur la fin métaphysique de l'œuvre d'art, cf. *supra*, note 75.

89. C[*also auf einem der Kunst fremden Gefühl* <donc sur un sentiment étranger à l'art>]C au lieu de B[*also ein der Kunst fremdes Element enthält* <et il (le plaisir) contient donc un élément étranger à l'art>]B.

90. Schopenhauer fait allusion aux travaux entrepris sur la cathédrale de Cologne, en vue d'achever sa construction (ce qui ne sera fait qu'en 1880).

91. Domenico Zampieri, dit le Dominiquin (1581-1641), *La Dernière Communion de saint Jérôme*, 1614, tableau du maître-autel de l'église San Girolamo della Carità, conservé aujourd'hui à la Pinacothèque du musée du Vatican.

92. Donato di Niccolò di Betto Bardi, dit Donatello (1386-1466). Schopenhauer pense peut-être au marbre de Donatello conservé au musée du Bargello de Florence.

93. Goethe, « Kenner und Künstler », v. 16-20, in *Sämtliche Werke*, t. II, éd. K. Eibl, Francfort-sur-le-Main, DKV, 1988, p. 363. HN V <1457>, p. 407.

94. C'est-à-dire d'après les phénomènes, et non d'après le type idéal dégagé par les Anciens. Or la fin de l'art est précisément la présentation de l'idéal.

95. Antonio Canova (1757-1822), sculpteur italien, et Bertel Thorvaldsen (1770-1844), sculpteur danois, sont deux artistes traditionnellement associés au mouvement dit « néoclassique ».

96. Jan Everaerts, en latin Johannes Secundus, en français Jean Second (1511-1536), poète néerlandais. Son livre le plus

célèbre est le *Livre des baisers* (1541), où il s'inspire du poète latin Catulle et des poètes grecs.

97. John Owen, ou John Ovenus, ou Audoenus (1560-1622), auteur anglais, connu pour ses épigrammes latines qui lui ont valu le surnom de « Martial anglais ».

98. Michelangelo Merisi da Caravaggio, dit le Caravage (1571-1610), *La Madone au serpent* (1605), galerie Borghèse, Rome.

99. Luca Giordano (1632-1705), peintre italien, qui a réalisé notamment un cycle de fresques au Palazzo Medici Riccardi, Florence (1684-1686).

100. Sur le *Laocoon*, cf. livre III, § 46.

101. Guido Reni (1575-1642), *Le Massacre des Innocents* (1611), Pinacothèque de Bologne.

102. Goethe, *Poésie et Vérité*, XI, trad. P. Colombier, Paris, Aubier, 1941, p. 32 : « Toute l'attitude, aussi violente qu'ingénieuse, de la figure principale, se justifiait par deux motifs : l'effort contre les serpents et la fuite devant la morsure présente. Pour adoucir cette douleur, le bas-ventre devait se rétracter et rendre le cri impossible. » HN V <1459>, p. 409 ; « Sur Laocoon », in *Écrits sur l'art*, trad. J.-M. Schaeffer, Paris, Klincksieck, 1983. HN V <1460>, p. 410.

103. Le palais d'Arenberg (connu sous le nom de palais d'Egmont), propriété du duc d'Arenberg, a été acheté en 1918 par la Ville de Bruxelles et revendu en 1964 à l'État belge, qui l'a transformé en bureaux administratifs.

104. Passage supprimé dans le manuscrit (1843) du tome II (B) : « À en croire un récit oral, la tête du groupe bruxellois ne crie aucunement, lui non plus, mais serre les dents. »

105. *Briefe an Merck von Goethe, Wieland und andern bedeutenden Zeitgenossen*, Darmstadt, Wagner, 1835, p. 193.

106. C[*den bildenden Künsten* <aux arts plastiques>]C au lieu de B[*ihnen* <à eux>]B

107. m[Lichtenberg cite (nouvelle édition, vérifier dans les 4 derniers tomes) que Stanislas Leczinski aurait dit : la modestie est la vertu de ceux qui n'en ont pas d'autre (*sic fere*)]m. Ajout manuscrit de Schopenhauer dans son exemplaire personnel (1859). Cf. G. C. Lichtenberg, *Vermischte Schriften*, Göttingen, Dieterich, 1844, t. III, p. 19 (HN V <1532>, p. 426) : « La modestie devrait être la vertu de ceux à qui les autres manquent. »

108. Corneille, *Excuse à Ariste*, v. 35-36, in *La querelle du Cid*, Paris, Honoré Champion, 2004 : « La fausse humilité ne met plus en crédit, / Je sçay ce que je vaux, & croy ce qu'on m'en dit. » Cité en français (*sic*).

109. Goethe, « Rechenschaft », v. 71, in *Sämtliche Werke*, *op. cit.*, t. II, p. 92. HN V <1457>, p. 407.

110. *Laou-seng-uhr, or « An heir in his old age ». A Chinese drama*, par Wu Han-ch'ên, trad. J. F. Davis, Londres, J. Murray, 1817.

111. Passage supprimé dans le manuscrit (1843) du tome II (B) : « Cependant, je ne saurais passer sous silence que cette vérité que j'énonce ici admet des exceptions. Car, si dans un poème d'une certaine longueur seulement deux rimes reviennent toujours en alternance, leur effet conjugué, par l'importante accumulation, devient perceptible, ce qui engendre une étrange monotonie mélancolique, laquelle peut convenir à certains états affectifs particuliers ; je ne connais qu'un exemple de ce genre, à savoir le beau poème de Claudius, qui commence ainsi : *"Empfangen und ernähret vom Weibe wunderbar"*. »

112. Cf. Mme de Staël, *De l'Allemagne* (1813), IIᵉ partie, chapitre 11, « De la poésie classique et de la poésie romantique ». Cf. la célèbre déclaration de Goethe dans les *Conversations avec Eckermann* (à la date du 2 avril 1829) : « J'appelle classique ce qui est sain, et romantique ce qui est malade » (trad. C. Roëls, Paris, Gallimard, 1988, p. 287).

113. Calderón, *Il ne faut pas toujours caver au pire*, *Le dernier duel en Espagne*, in *Chefs-d'œuvre des théâtres étrangers. Théâtre espagnol : Calderón*, t. I et II, trad. par MM. Labeaumelle et Esménard, Paris, Dufey, 1829.

114. Horace, *Épodes*, III, 2, in *Odes et Épodes*, trad. F. Villeneuve, Paris, Les Belles Lettres, 1991, p. 97-99 (HN V <1377>, p. 387) ; Goethe, « Schäfers Klagelied » (1802), *in Sämtliche Werke*, *op. cit.*, t. II, p. 56 (HN V <1457>, p. 407).

115. Pétrarque, *Canzionere*, canzone cv, v. 1, trad. mod. P. Blanc, Paris, Garnier, p. 207.

116. C[*dem Drama mit dem Epos* <au drame et à l'épopée>]C au lieu de B[*ihnen* <à eux>]B

117. Pour la distinction du beau et du sublime, cf. t. I, livre III, § 39.

118. Le concept de « sublime dynamique » est repris de la *Critique de la faculté de juger* (§ 24). Par opposition au sen-

timent du sublime mathématique, qui est suscité par des objets immenses (comme les pyramides), celui du sublime dynamique est éveillé par des objets effrayants (orages, volcans, mer démontée). Face à de tels objets, nous faisons l'épreuve de notre impuissance physique, mais ils «nous font découvrir en nous une faculté de résistance d'une tout autre sorte, qui nous donne le courage de nous mesurer à l'apparente toute-puissance de la nature» (CFJ, § 24, *in* OP II, p. 1030).

119. Sophocle, *Œdipe à Colone*, in *Tragiques grecs. Eschyle, Sophocle*, sous la dir. de R. Dreyfus, Paris, Gallimard, 1967, p. 887 sq. (HN V <1352>, p. 382); Euripide, *Iphigénie à Aulis*, in *Tragiques grecs. Euripide*, trad. M. Delcourt-Curvers, Paris, Gallimard, 1962, p. 1279 sq; Eschyle, *Agamemnon*, v. 1306, in *Tragiques grecs. Eschyle, Sophocle, op. cit.*, p. 308; Sophocle, *Les Trachiniennes*, in *Tragiques grecs. Eschyle, Sophocle, op. cit.*, p. 499 sq. (HN V <1352>, p. 382).

120. Euripide, *Hippolyte*, in *Tragiques grecs. Euripide, op. cit.*

121. Cette idée est reprise de la fin du § 16, livre I.

122. *Antigone* et *Philoctète* sont des pièces de Sophocle.

123. Aristote, *Poétique*, chap. 6, 1449 b 27, trad. J. Hardy, Paris, Les Belles Lettres, 1990, p. 37.

124. Schiller, *Die Braut von Messina*, in *Schiller. Werke und Briefe*, éd. M. Luserke, Francfort-sur-le-Main, DKV, 1996, acte IV, scène finale.

125. Bellini, *Norma*, acte II, scène finale.

126. Passage supprimé dans le manuscrit (1843) du tome II (B): «... Shakespeare, de même dans la *Semiramis* de Raupach, et ailleurs.»

127. On se souvient en effet que l'artiste est un «clair miroir du monde» (t. I, livre I, § 27). Chaque art, en fonction de sa dignité, reflète donc l'essence des phénomènes mondains qui sont son domaine. Pour l'architecture, il s'agit des forces primitives de la nature, présentes dans les matériaux de construction. Pour le poète, il s'agit du caractère humain. Ainsi Schopenhauer peut-il dire que le poète tragique est le «miroir de l'espèce humaine».

128. Personnage du *Roi Lear*.

129. A. W. Iffland (1759-1814) fut l'un des plus célèbres acteurs allemands; il fut également auteur de plusieurs pièces de théâtre. Cf. S. Salehi, *August Wilhelm Ifflands dramatisches*

Werk. Versuch einer Neubewertung, Francfort-sur-le-Main, Lang, 1990.

130. A. F. F. von Kotzebue (1761-1819), célèbre dramaturge (*Sämtliche dramatische Werke*, 44 vol., 1827-1829). Cf. A. Gebhardt, *August von Kotzebue. Theatergenie zur Goethezeit*, Marburg, Tectum-Verlag, 2003.

131. P. A. Wolff, *Pflicht um Pflicht* [1814], in *Dramatische Spiele*, Berlin, Duncker und Humblot, 1823.

132. m[Euripide lui-même dit : φεῦ, φεῦ, τὰ μεγάλα μεγάλα καὶ πάσχει κακά [hélas, hélas, les grandeurs attirent également de grands malheurs] (*Stob. Flor.*, vol. 2, p. 299)]m. Ajout manuscrit de Schopenhauer dans son exemplaire personnel (1859). Il s'agit d'un fragment d'une pièce perdue d'Euripide intitulée *Alcméon* citée par Stobée, édition Th. Gaisford, *Joannis Stobaei Florilegium*, 4 vol., 1823-1824, II, 299 (HN V <1356>, p. 383). Cf. Euripide, *Tragédies. Fragments*, 15, trad. F. Jouan et H. Van Looy, Paris, Les Belles Lettres, 2002, p. 107.

133. Aristote, *Poétique*, 9, 1451 b 5, trad. J. Hardy, Paris, Les Belles Lettres, 1990, p. 42.

134. Dans son concept d'histoire, que résume la formule *eadem, sed aliter*, Schopenhauer paraît l'héritier à la fois de Platon et d'Aristote, puisqu'il soutient la supériorité de la connaissance des Idées ou des essences sur la connaissance relative aux données sensibles, contingentes, contradictoires, multiples (*Phédon* 96 a : l'«enquête sur la nature» (*historia*) étudie la cause qui préside à la génération et à la corruption), opposition accentuée par Aristote lorsqu'il distingue la connaissance descriptive des faits particuliers et la science qui a pour objet l'universel, le nécessaire, l'éternel (*Sec. Ana.*, I, 8, 75 b) ; il n'y a pas de science du contingent (*ibid.*, I, 33, 88 b 32) : l'histoire (*historia*), comme recherche et récit du particulier contingent (*das Einzelne*), n'est donc pas une science, ce qui explique, comme le rappelle Schopenhauer au début de ce chapitre 38 en citant Aristote, que le genre littéraire de la poésie peut être considéré comme «plus philosophique» que l'histoire (*Poét.*, IX, 1451 b 5-7 : «C'est pourquoi la poésie est quelque chose de plus philosophique et qui a plus de valeur que l'histoire : la poésie exprime plutôt le général, l'histoire le particulier» ; cf. aussi 1459 a 21).

135. Cf. livre I, § 51, p. 481.

136. Olympiodore, *In Platonis Alcibiadem Commentarii*, éd. F. Creuzer, Francfort, 1820, p. 160.

137. Sur la « construction » comme méthode philosophique, et sa critique par Schopenhauer, cf. note 65, p. 116.

138. Ce jugement vise évidemment Hegel, qui fait jouer à chaque peuple, et notamment au peuple allemand, un rôle spécifique dans le processus par lequel l'esprit du monde parvient à la conscience de soi : « En tant que ce développement est dans le temps et dans l'être-là, et, par là, en tant qu'histoire, ses moments et degrés singuliers sont les esprits des peuples ; chacun [de ceux-ci], en tant qu'esprit singulier et naturel dans une déterminité qualitative, est déterminé à n'occuper qu'*un seul degré* et à n'accomplir qu'une seule tâche de l'acte total » (Hegel, *Encyclopédie des sciences philosophiques*, t. III, *Philosophie de l'esprit*, § 549, trad. B. Bourgeois, Paris, Vrin, 1988).

139. L'expression *der Humor der Sache* réfère très probablement à Shakespeare, *Henri V*, acte II, sc. 1, v. 80 : « *That's the humour of it* ».

140. Cf. chapitre 38, p. 1850-1851.

141. Ce passage semble finalement rendre à l'histoire une dignité que les analyses précédentes ont fortement entamée. Bien plus, il suggère que l'on pourrait faire de l'histoire une forme d'autoconnaissance de l'humanité. Mais Schopenhauer se contente d'esquisser cette idée, qui ne connaît pas de fortune particulière dans son œuvre.

142. La vibration d'une corde de piano émet en effet une suite d'harmoniques supérieurs, dont les premiers sont à un intervalle d'octave, puis de douzième (soit l'octave plus la quinte de l'octave). Schopenhauer veut dire que l'ordre naturel d'émission des sons harmoniques doit servir de patron aux règles de l'harmonie en composition. Ainsi, l'harmonie resserrée est antinaturelle, puisque l'harmonie naturelle place un espace d'au moins une octave entre le son le plus grave et celui qui se trouve juste au-dessus.

143. Diderot, *Le neveu de Rameau*, in *Œuvres*, Paris, Gallimard, 1951, p. 644-646.

144. Sur le rapport de Schopenhauer à la « musique pure », cf. la note 149, p. 1047.

145. 1 S, 16, 7 : « Les vues de Dieu ne sont pas comme les vues de l'homme, car l'homme regarde à l'apparence, mais Yahvé regarde au cœur. »

146. Horace, *Épîtres*, I, 12, v. 19, trad. F. Villeneuve, Paris, Les Belles Lettres, 1955, p. 91. HN V <1377>, p. 387.

147. Dans les traités d'harmonie classique, il est admis comme règle fondamentale que deux voix ne peuvent s'enchaîner en formant des quintes ou des octaves successives (par exemple la succession de quintes *Do-sol/Ré-la*, ou la succession d'octaves *Do-do/Ré-ré*). La raison est d'abord esthétique : ces intervalles sonnent mal au sein de l'enchaînement des accords. Cf. T. Dubois, *Traité d'harmonie théorique et pratique*, Paris, Heugel, 1921.

148. Puisque la musique est l'image des Idées, de toutes les Idées, et de l'ensemble qu'elles forment, elle doit être idéalement polyphonique, c'est-à-dire qu'elle doit comporter un soprano, des voix intermédiaires et une basse. Voilà qui ramène à un rang inférieur toute musique monodique, et tous les instruments qui ne peuvent émettre qu'un son à la fois (dont l'instrument favori de Schopenhauer, qu'il pratiquait tous les jours : la flûte). Seconde conséquence : comme l'Idée de l'homme est l'idée supérieure, la musique doit faire du soprano l'élément qui guide toute l'harmonie, c'est-à-dire les autres voix de la polyphonie. C'est pourquoi la mélodie ne peut être confiée qu'au soprano, à la voix la plus aiguë, car c'est ce qui est conforme à la nature de la musique. Faire autrement serait une faute de goût, ce serait contre nature. Ce serait, nous dit Schopenhauer, en un raccourci étonnant, comme si un bloc de marbre se transformait en figure humaine : en effet, le bloc de marbre appartient à la nature inorganique qu'exprime par nature la voix de basse. Donner à la basse la mélodie qui revient par nature au soprano (image de la volonté humaine) serait comme vouloir insuffler la vie humaine à la nature inorganique. Il faut donc proscrire ce procédé en général. Ce qui a pour conséquence, notons-le au passage, de disqualifier un nombre considérable de compositions musicales et, par anticipation, quasiment tous les opéras de Wagner. Il y a cependant *un seul* exemple dans l'histoire de la musique où il se trouve justifié. Ce seul cas, c'est la scène de la statue du Commandeur dans *Don Giovanni* de Mozart. À ce moment du drame, la statue de pierre s'anime et met en garde Don Giovanni contre le feu de la damnation éternelle, en lui demandant de se repentir. Dans la scène, le rôle est confié à une voix de basse, qui chante ainsi la mélodie. L'usage est ici parfaitement jus-

tifié, dans la mesure où l'effet contre nature traduit précisément l'apparition du surnaturel, à savoir qu'un bloc de pierre soit effectivement mû par un analogue de la vie humaine.

149. On trouve la formule «les extrémités se touchent» notamment chez La Bruyère, *Les Caractères, suivis des Caractères de Théophraste*, Paris, Lefèvre, 1824, p. 394, et Pascal, *Pensées*, pensée 83 (327 B), in *Œuvres complètes*, éd. Lafuma, Paris, Seuil, 1963, p. 509.

150. Le «frappé» et le «levé» désignent ce qu'on appelle aujourd'hui plus communément le «temps fort» et le «temps faible». Le temps fort est le premier temps de la mesure, celui qui porte l'appui, celui qui est marqué dans la battue du chef d'orchestre, ou plus simplement frappé du pied dans la danse. Le temps faible est dit «levé» parce qu'il ne porte pas l'appui.

151. *Kyrie, Gloria, Credo, Sanctus, Agnus*.

152. *Conversations de Goethe avec Eckermann*, 23 mars 1829, trad. J. Chuzeville, Paris, Gallimard, 1949, p. 285. Dans ses *Maximes et Réflexions* (in *Écrits sur l'art, op. cit.*, p. 286), Goethe évoque aussi cette idée et semble l'attribuer à Schelling qui aurait déjà parlé de la musique dans ces termes : «Un noble philosophe parla une fois de l'architecture comme d'une *musique figée*, ce qui lui valut maint haussement d'épaules Nous sommes d'avis qu'on ne peut réintroduire cette belle pensée mieux qu'en qualifiant l'architecture d'art musical silencieux.» Schelling qualifie l'architecture de «musique figée» (*erstarrte Musik*) dans *Philosophie der Kunst*, § 107 (Schelling, *Sämtliche Werke*, t. V, p. 576); il parle plus loin de l'architecture comme d'une *konkrete Musik* ou encore comme d'une «musique éprouvée avec l'œil» (*mit dem Auge empfundene Musik*), *ibid.*, p. 593 sq.

153. Dans un concerto, la «cadence» est ce mouvement où l'orchestre cesse d'accompagner le soliste et lui laisse le champ libre pour une démonstration de virtuosité. Il arrivait que la cadence fût improvisée par le soliste, ce qui constituait donc, comme le souligne Schopenhauer, une forme d'«excursus» par rapport à la musique écrite.

154. Dans l'harmonie classique, tout morceau de musique est gouverné par une tonalité dominante, et donc par la note qui définit cette tonalité (la note *do* pour *do* majeur par exemple). En simplifiant, on peut dire que la pièce musicale, ou plus simplement la mélodie, doit commencer par cette note

et y retourner. Les autres notes de la gamme définissent des degrés plus faibles, qui en quelque sorte appellent le retour de la note tonale, ou premier degré de la gamme. C'est le cas pour l'enchaînement du quatrième au premier degré (« cadence plagale »), ou du cinquième au premier (« cadence parfaite »).

155. Passage supprimé dans le manuscrit (1843) du tome II (B) : « ... exemple, lequel, en raison de sa brièveté extrême, ne tire sa vivacité que du fait que la première moitié se termine par un intervalle dissonant, ce qui rend la chose d'autant plus sensible : ».

156. La dernière note de la première mesure (ici le *do*) ne peut pas être conclusive, même si c'est la note du ton (*do* majeur), parce qu'elle n'est pas placée sur un temps fort. Ce sera le cas dans la dernière mesure, qui est donc pleinement conclusive.

157. L'accord de septième de dominante est construit sur le cinquième degré de la gamme, et il s'étend sur un intervalle de septième, considéré comme dissonant, ce qui appelle la résolution de cette dissonance par l'accord parfait du ton.

158. Sur le tempérament égal et inégal, voir note 151, p. 1046.

159. *Oupnek'hat (id est secretum tegendum)*, t. I et II, trad. et éd. A. H. Anquetil-Duperron, Paris, Levrault, 1801-1802, p. 405 et 215. HN V <1157>, p. 338.

COMPLÉMENTS DU LIVRE IV

1. *Tao te King. Le livre de la voie et de la vertu, composé dans le vi*ᵉ *siècle avant l'ère chrétienne. Traduit en français, et publié avec le texte chinois et un commentaire perpétuel par Stanislas Julien*, Paris, Imprimerie royale, 1842, p. 184 (HN V <1142>, p. 335). La citation en exergue est une glose de Stanislas Julien tirée de sa traduction commentée. Cf. Lao-tseu, *Tao-tö King*, L, trad. Liou Kia-hway, in *Philosophes taoïstes*, trad. et éd. Étiemble *et al.*, Paris, Gallimard, 1969, p. 53 : « Sortir, c'est vivre ; / entrer c'est mourir. / Trois hommes sur dix sont sur le chemin de la vie. / Trois hommes sur dix qui sont sur le chemin de la mort. / Trois hommes sur dix qui étaient sur le / chemin

de la vie / s'acheminent prématurément vers / la terre de mort ; / pourquoi cela ? / Parce qu'ils aiment trop la vie. »

2. On doit noter que dans l'ensemble des *Compléments* du livre IV qui vont suivre, Schopenhauer isole les quatre premiers chapitres : au début du chapitre 44, il indique que ces quatre chapitres forment un tout. Il est vrai qu'ils ont en commun de traiter des rapports entre l'affirmation de la volonté de vivre et l'instinct de reproduction de l'espèce. Par ailleurs, on doit compter dans ce même sous-ensemble l'appendice au chapitre 44, qui traite de la pédérastie.

3. Platon, *Phédon*, 81 a.

4. Sur le lien entre la raison, la connaissance de la finitude et la souffrance, cf. livre I, § 9 et 16 ; livre IV, § 54. C'est la raison qui permet à l'homme de dominer le cours de sa vie, en la concevant comme une totalité vouée à la mort. Mais c'est aussi cette capacité qui le voue à l'angoisse de l'anticipation de sa mort, à laquelle échappe l'animal, qui se trouve dans un éternel présent.

5. On reconnaît la démarche généalogique de Schopenhauer : l'activité théorique est reconduite aux exigences de la vie, tout comme l'intellect est conçu comme une fonction rendue indispensable par les exigences de la survie physique de l'animal.

6. Dans l'*Oupnek'hat*, la résorption dans le *brahman*, la disparition de la dualité du « moi » et du « ceci », du « sujet » et de l'« objet », est commentée par Anquetil-Duperron dans sa dernière note (XLVIII ; *Oupnek'hat*, t. II, p. 402) comme *nihil*, au-delà de l'être et de l'homme : ... *dualitas existentiae evanescit ; nec ens, nec homo ; ambobus unum factis, nihil existit. Hoc est magna demersio, âtmaï purus* » (cité par U. App, « Nihil... », art. cit., 56, n. 26).

7. Feuerbach (1804-1872), Bruno Bauer (1809-1882), Max Stirner (1806-1856), Arnold Ruge (1802-1880) et Karl Marx (1818-1883).

8. Cf. Is 22, 13 : « Mangeons et buvons, car demain nous mourrons ! » ; 1 Co 15, 32 : « Si les morts ne ressuscitent pas, mangeons et buvons, car demain nous mourrons. »

9. Platon, *Apologie de Socrate*, 40 c-41 c, in *Œuvres complètes*, trad. L. Robin et M.-J. Moreau, Paris, Gallimard, 1950, t. I, p. 180-182.

10. Voltaire, *Lettre du 1er novembre 1769 à la marquise du Deffand*, in *Correspondance*, t. X, Paris, Gallimard, 1985,

p. 31 ; *Lettre du 27 juillet 1768 au comte d'Argental*, in *ibid.*, p. 568. Cité en français. HN V<571>, p. 181.

11. Cicéron, *Pour T. Annius Milon*, in *Discours*, XXXIV, 92, trad. A. Boulanger, Paris, Les Belles Lettres, t. XVII, 1967, p. 131.

12. Sur les différents sens de la volonté de vivre, cf. note 11, p. 1050. Si l'on prend le concept de volonté en son sens le plus large, on ne peut soutenir la thèse de l'hétérogénéité de la volonté de vivre et de la connaissance : ce serait contre le principe du monisme de la volonté. La connaissance est donc une modalité de la volonté, en tant qu'elle est précisément «volonté de vivre», c'est-à-dire volonté de connaissance, *Erkennenwollen*, vouloir-connaître. Cependant, si l'on prend la volonté de vivre au sens de la pulsion vitale individuelle, originellement inconsciente, on peut constater un clivage entre le vouloir et la connaissance (preuve en est d'ailleurs que, dans les phénomènes instinctifs, cette connaissance est soit congédiée, soit instrumentalisée).

13. En effet, l'individu, avec toute sa faculté de connaissance, n'est qu'une modalité phénoménale, c'est-à-dire transitoire, du pur sujet de la connaissance, éternel et transindividuel. L'expérience esthétique offre un aperçu fugitif de l'union métaphysique du sujet individuel avec le sujet universel. Voir pour tout cela les développements du livre III, ainsi que la note 61, p. 1034.

14. Diogène Laërce, *Vies et doctrines des philosophes illustres*, X, 125, éd. M.-O. Goulet-Gazé, Paris, Le Livre de Poche, 1999, p. 1309. HN V <138>, p. 34.

15. Ce passage montre bien la nécessité d'une conversion de la volonté, qui coïncide avec une forme de désindividuation. Seule l'illusion de la réalité substantielle de l'individu, qui nous fait penser qu'avec la mort nous perdons quelque chose (l'existence individuelle précisément), nous empêche de concevoir notre volonté comme un moment de la volonté universelle et éternelle, et notre connaissance comme un moment du pur sujet éternel de la connaissance.

16. La formule de la mort, frère (d'airain) du sommeil, ou du sommeil, frère de la mort, remonte peut-être à Homère, *Iliade*, XI, v. 241 ; XIV, v. 231 ; Hésiode, *Théogonie*, 211.

17. L'expression fait probablement allusion au «*Wir verschweben, wir verschwinden*» de Goethe, «Vérité supérieure,

vérité suprême», Le livre du Paradis, *Le Divan*, trad. H. Lichtenberger, Paris, Gallimard, 1984, p. 193. HN V <1454>, p. 407.

18. Shakespeare, *Hamlet*, acte III, sc. 1 : «Mourir... dormir,
dormir! peut-être rêver! Oui, là est l'embarras. Car quels rêves
peut-il nous venir dans ce sommeil de la mort, quand nous
sommes débarrassés de l'étreinte de cette vie? Voilà qui doit
nous arrêter» (trad. F.-V. Hugo).

19. Schopenhauer fonde métaphysiquement le sentiment
de l'effort par le fait qu'il conçoit l'organisme comme la victoire momentanée d'une Idée supérieure sur les Idées inférieures de la nature inorganique. Cf. les analyses du livre II,
§ 27, et les notes afférentes.

20. Clotho, l'une des trois Parques, représentée traditionnellement comme celle qui fabrique le fil de la destinée humaine.
Lachésis l'enroule sur le fuseau, et Atropos finit par le couper,
à la longueur de la durée d'une vie.

21. Cf. la remarque de Schopenhauer, notée en français
(*sic*), dans HN IV/1 [1831], p. 63-64 : «Ce jarret qui se tendait
avec tant de force il y a 1 000 ans, il a disparu. Mais pouvez-
vous raisonnablement croire que la force, qui le tendait, ait
été anéantie avec lui, et que celle qui maintenant tend le vôtre
aye commencé à exister seulement à votre naissance?»

22. Au chapitre 24 des *Compléments*, p. 1635-1657.

23. La formule réfère à 1 Co 15, 28 («... *damit Gott sei alles
in allem*», trad. Luther / *ut sit Deus omnia in omnibus*).

24. Cf. *Bhagavad-Gîtâ*, § 11-31, trad. S. Lévi et J.-T. Stickney,
Paris, Librairie d'Amérique et d'Orient, Maisonneuve, 1976.
Déjà cité dans le § 54 du livre IV.

25. Cf. Pline, *Histoire naturelle*, XXIII, 8, 149.

26. Schopenhauer réfère à l'*Oupnek'hat (id est secretum
tegendum)*..., t. I et II, trad. et éd. Anquetil-Duperron, Paris,
Levrault, 1801-1802. Sur Schopenhauer et les *Upanishads*, cf.
la note p. 8, p. 963.

27. Homère, *Iliade*, V, v. 304, trad. mod. R. Flacelière,
Paris, Gallimard, 1955, p. 171.

28. Sur l'image du cercle et de la tangente, appliquée au
temps, cf. livre IV, § 54, p. 537.

29. Sur l'éternel présent de la volonté, comparé à un éternel
midi, cf. livre IV, § 54, p. 540.

30. Homère, *Iliade*, *op. cit.*, VI, v. 146, p. 192.

31. C. F. Burdach, *Die Physiologie als Erfahrungswissenschaft*, Leipzig, 1826, t. I, § 275.

32. Schopenhauer sollicite ici le motif classique de la « course à la mort » (*cursus ad mortem*), qu'on trouve par exemple chez Sénèque, *Consol. ad Marciam*, XXI, 6 : « Dès l'instant où l'on voit la lumière, on prend le chemin de la mort, on va vers le terme fatal » ; Augustin, *De civitate Dei*, XIII, 10 : « Dès l'instant où l'on commence à vivre en un corps destiné à mourir, il n'est aucun acte qui ne soit un acheminement vers la mort » ; XIII, 10 : « Le temps de cette vie n'est rien d'autre qu'une course à la mort <*cursus ad mortem*> » ; et Luther dans son commentaire de Gn 3, 15 (LO XVII, 173 (WA 42, 146) : « Aussitôt sortis du sein de notre mère, nous commençons à mourir. » Cf. aussi t. I, § 57, p. 590 (la mort « finira par vaincre, car nous lui sommes livrés dès la naissance ») ; t. II, chap. 46, p. 2046 (« la vieillesse et la mort, auxquelles toute vie court nécessairement »).

33. C[*und die schon tausendmal genossenen Kirschen haben wir jeden Sommer wieder vor uns* <et les cerises mille fois goûtées, nous les retrouvons chaque été>]C au lieu de B[*und immer zirkuliert ein neues frisches Blut :* et sans cesse circule un sang nouveau et frais]B

34. Schopenhauer est hostile à la théorie de l'évolution des espèces. Pour lui, chaque espèce est la traduction phénoménale d'une Idée éternelle et immuable. Sur ce point, et sur le rapport avec Lamarck, cf. la note 8, p. 1022.

35. On peut ici filer la métaphore, et comparer l'œil jamais clos des dieux indiens avec cet œil éternellement ouvert qui est la métaphore du pur sujet de la connaissance, éternel. On retrouve d'ailleurs l'image de l'œil un peu plus bas dans le texte.

36. L'image de l'arc-en-ciel se trouve déjà au § 54, livre IV.

37. Cette remarque sépare nettement les considérations consolantes sur l'éternité de la vie universelle et la théorie de la négation de la volonté de vivre, que fait naître le constat de la nature intrinsèquement douloureuse de toute vie. On retrouve le même balancement dans le § 54 du livre IV, où à la solide certitude de l'homme de l'affirmation vitale succède la résignation de l'homme de la négation de la volonté de vivre.

38. Référence manuscrite de Schopenhauer dans son exemplaire personnel (1859) à ce texte du cahier *Senilia :* « Car la cessation des fonctions animales est le sommeil, celle des fonctions organiques, la mort. »

39. Référence manuscrite de Schopenhauer dans son exemplaire personnel (1859) à ce texte du cahier *Senilia :* « Il n'y a qu'un présent, qui est toujours, car c'est la seule forme de l'existence réelle. Il faut parvenir à comprendre que le passé ne se distingue pas en soi du présent, mais seulement dans notre appréhension, qui a comme forme le temps, en vertu de laquelle seule ce qui est présent diffère de ce qui est passé. Pour faire émerger ce savoir, qu'on s'imagine toutes les scènes et tous les événements de la vie humaine, mauvais et bons, heureux et malheureux, réjouissants et terribles, tels qu'au cours des époques et selon les divers lieux ils se présentent successivement à nous dans une multiplicité et une variété des plus colorées, comme étant là d'un coup et en même temps et pour toujours dans le *nunc stans*, alors qu'il semble que ce n'est que tantôt ceci, tantôt cela qui est là : on comprendra dès lors ce que signifie vraiment l'objectivation de la volonté de vivre. — De même, le plaisir que nous procurent les tableaux de genre vient principalement de ce qu'ils fixent les scènes fugaces de la vie. — C'est du sentiment de cette vérité que nous venons d'exprimer que provient le dogme de la métempsycose. »

40. Stobée, *Eclogarum physicarum et ethicarum* (I et II), H. L. Heeren, Göttingen, Vandenhoeck et Ruprecht, 1792, vol. I, chap. 21.

41. Plutarque, *Contre Colotès*, chap. xii, 1113D, in *Les présocratiques*, éd. J.-P. Dumont, Paris, Gallimard, 1988, p. 378-379.

42. Diderot, *Jacques le Fataliste et son Maître*, in *Contes et romans*, éd. M. Delon, Gallimard, Paris, 2004, p. 684. Cité en français. HN V <1612>, p. 443.

43. Le livre IV du *Monde* se termine précisément sur le renversement paradoxal où c'est l'être du monde phénoménal qui bascule dans le néant, tandis que le néant auquel ouvre la négation de la volonté de vivre laisse espérer une existence positive supérieure.

44. Le terme d'*archeus*, ou archée, qui remonte peut-être à l'alchimiste Basilius Valentinus (xive siècle), semble être un souvenir de Paracelse (*passim*, par exemple *Meteor*), dont Schopenhauer est un lecteur assidu (HN V <924>), et de son continuateur J. B. van Helmont, *Ortus medicinae* (Amsterdam,

1652), HN V <862> dont Schopenhauer cite de larges extraits dans *De la volonté dans la nature*, p. 175-179; 81 et note. L'archée paracelsienne, qui connaît trois espèces (*archeus terrestris*, *vegetalis*, *animalis*), agit comme *fabricator* dans les choses et comme *spiritus animalis* dans les organismes. La doctrine de l'archée sera reprise, sous le nom de «pulsion formatrice» (*Bildungstrieb*), par I. F. Blumenbach (dont Schopenhauer suivait les cours à Göttingen à partir de 1809), notamment dans ses *Institutiones physiologicae* (1787), 462, ouvrage dont l'édition de 1810 se trouvait dans la bibliothèque de Schopenhauer (HN V <782>).

45. Le temps est en effet une forme *a priori* (une «préforme») de l'intuition.

46. Plotin, *Ennéades*, III, 7, 11, trad. É. Bréhier, Paris, Les Belles Lettres, 1989, p. 132.

47. Cf. Aristote, *Marche des animaux*, II, 704 b; *Histoire des animaux*, VIII, 1, 588 b; *Parties des animaux*, 681 a.

48. Ce point est particulièrement développé dans le chapitre 1.

49. C'est la même illusion qui est au fondement de la théorie matérialiste (cf. livre I, § 7).

50. Spinoza, *Éthique*, V, prop. 23, scol., trad. R. Misrahi, Paris / Tel-Aviv, Édit. de l'Éclat, 2005, p. 309. Schopenhauer a déjà utilisé ce passage dans le livre IV (cf. p. 1926).

51. Perses, *Satires*, III, 84, trad. Cartault, Paris, Les Belles Lettres, 1966, p. 33 : «Rien ne peut naître de rien, rien retourner à rien.» Aristote dit en *Mét.*, 1062 b 24-26 que cet adage est «l'opinion commune de presque tous les philosophes de la nature». On le trouve chez Anaxagore (DK B 5, 17, t. II, p. 40-41), Empédocle (B 11-12, t. I, p. 313, 314), Démocrite (A 1, t. II, p. 84), Mélissos (B 1, t. I, p. 268). Lucrèce (*Ad Herodotum Epistola prima*, *in* Usener, *Epicurea*, p. 5), Bonaventure (*II Sent.*, dist. *1*, *p. 1*, *a. 1*, *qu. 1*, *ad arg.*), Descartes (*Discours de la méthode*, IV [VI, p. 34]), Spinoza (*Principes philosophiques de Descartes*, partie I, prop. 4, scol. [I, p. 154]), Ch. Wolff (*Ontologia*, § 60) et d'autres l'ont repris. Cf. J. Ecole, *La métaphysique de Christian Wolff*, Olms, Hildesheim, 1990, t. I, p. 149. Cf. aussi R. Sorabji, *Time, Creation and the Continuum. Theories in Antiquity and the Early Middle Ages*, Londres, Duckworth, 1983, p. 246, n. 65.

52. Paracelse, *Werke*, Strasbourg, 1603, vol. II, p. 6.

53. Horace, *Art poétique*, v. 1-2, in *Épîtres*, trad. F. Ville-neuve, Paris, Les Belles Lettres, 1989, p. 202.

54. H. T. Colebrooke, *On the Philosophy of the Hindus*, in *Transactions of the Royal Asiatic Society*, Londres, 1824, vol. I, p. 577.

55. E. Upham, *The history and doctrine of Budhism, popularly illustrated; with notices of the Kappooism, or Demon worship, and of the Bali, or planetary incantations of Ceylon*, Londres, 1829, p. 110. HN V<1204>, p. 350.

56. Ici, Schopenhauer développe de façon un peu provocante une idée qui contrevient à ses propres principes. En effet, l'idée que l'existence d'une chose puisse découler de sa défi-nition, comme celle du Dieu spinoziste, a été vertement criti-quée par Schopenhauer, dans une opposition très nette à Spinoza, dans son traité sur la *Quadruple racine*. Dans ce passage où plane justement l'ombre de l'*Éthique*, Schopenhauer se laisse aller à une forme de spinozisme cryptique, qui n'en est pas moins conséquent avec les principes métaphysiques de sa doctrine. En effet, comme la pensée et l'étendue découlent nécessairement de l'essence divine chez Spinoza, de même l'existence individuelle peut-elle être conçue comme néces-saire dans la mesure où elle participe de l'éternité du principe métaphysique ultime (que Schopenhauer, autre souvenir spi-noziste, appelle «nature naturante»): la volonté. Éternel, l'in-dividu peut être dit tel dans la mesure où il participe du processus d'objectivation de la volonté. Ce qui prend deux formes: sa vie et son esprit.

57. Sur cette expression, déjà utilisée dans les livres III et IV, cf. note 14, p. 1025.

58. Cm[*durch die Geburt entstanden*: <engendrés par la naissance>]Cm au lieu de C[*geboren*: <nés>]C

59. Stobée, *Eclogarum physicarum et ethicarum, op. cit.*, vol. I, xliii, § 6. HN V<1355>, p. 383.

60. Cette équivoque renvoie à la dualité sujet de la connais-sance/sujet du vouloir. On peut rapprocher cette équivoque de la «duplicité de notre être», affirmée par le § 54, ou de la «duplicité de la conscience» du § 39. La théorie esthétique du livre III creuse d'ailleurs cette faille, en faisant du sujet de la contemplation un sujet de la connaissance pur de tout vouloir. C'est finalement la structure métaphysique fondamentale du *Monde* qui maintient les deux bords ensemble, et sauve le

monisme, puisque la représentation (et avec elle le sujet de la connaissance) est finalement réintégrée à la volonté comme l'*organon* de son autoconnaissance : le monde est la connaissance de la volonté. Dans ses notes manuscrites de 1817, Schopenhauer écrit très clairement que sa philosophie « peut se résumer en une seule expression : le monde est la connaissance de soi de la volonté (*Selbsterkenntnis der Wille*) » (HN I, p. 462), affirmation reprise dans le § 71.

61. Sur le caractère inconnaissable du sujet de la connaissance, cf. le § 2. Voir aussi la reprise par Schopenhauer des *Paralogismes* kantiens dans sa *Critique de la philosophie kantienne*.

62. Sur les réserves à apporter à la connaissance de la chose en soi, cf. le chapitre 18.

63. Expression latine accompagnant les notices biographiques.

64. Spinoza, *Éthique*, éd. citée, V, prop. 23, scol., p. 309.

65. Passage supprimé dans le manuscrit (1843) du tome II (B) : « cela importe peu. Il est d'ailleurs bon, de temps en temps, de jeter aux chiens, rôdant dans les vestibules de la littérature, un os pour qu'ils s'amusent avec. Qu'on songe par exemple aux maraudeurs désespérés de l'armée hégélienne défaite, qui bivouaquent dans le bourbier des *Deutsche Jahrbücher* et débitent des discours comme les libertins dans les *Räuber* de Schiller ».

66. Cette image était déjà présente au § 54 du livre IV.

67. C[*stückweise :* <par fragments>]C au lieu de B[*teilweise :* <par parties>]B

68. Cf. § 18, p. 247 ; chapitre 18, p. 1458 et note 12..

69. Bichat, *Recherches physiologiques sur la vie et la mort*, Première Partie, I, art. VI, § 2, Paris, GF, 1994, p. 100 sq.

70. Goethe, *Faust*, I, v. 2334, in *Théâtre complet*, trad. G. de Nerval, Paris, Gallimard, 1988, p. 1182. HN V <1456>, p. 407.

71. *Ibid.*, v. 701, p. 1144. HN V <1456>, p. 407. Après cette citation, passage supprimé dans le manuscrit (1843) du tome II (B) : « À y regarder de plus près, ce n'est pas seulement l'intellect, physiquement conditionné, qui s'éteint avec la mort ; la volonté elle-même subit une modification, puisque dans l'individu mourant, elle est une volonté individuellement déterminée, pour ainsi dire un acte de volonté, mais qui, suite à la leçon reçue par la vie, prend une nouvelle décision, par où elle

revêt un autre caractère se présentant dans le nouvel être. —
Sa base seule est restée : c'est à elle seule qu'on peut attribuer
une subsistance métaphysique et une unité, en vertu desquelles
cette base est une et identique dans tous les êtres. Les volontés
individuelles entrent dans le phénomène, où elles se présentent
dans le multiple. »

72. Goethe, *Faust*, I, *op. cit.*, v. 1339-1340, p. 1158. HN V
<1456>, p. 407.

73. Sur l'appropriation schopenhauerienne de la notion de
métempsycose et ses sources bouddhiques, cf. M. Gerhard,
« Metempsychose und Palingenese. Begriffsgeschichte und
Begriffsaneignung in Schopenhauers Buddhismusrezeption »,
in M. Kossler (éd.), *Arthur Schopenhauer und die Philosophien
Asiens*, Wiesbaden, Harrassowitz, 2008, p. 47-77 ; U. W. Meyer,
« Metempsychose oder Palingenesie », *Europäische Rezeption
indischer Philosophie und Religion. dargestellt am Beispiel von
Arthur Schopenhauer*, Berne, Lang, 1994, p. 190-207.

74. R. S. Hardy, *A Manual of Budhism, in its Modern
Development*, trad. du singhalais, Londres, Partridge and
Oakey, 1853, p. 394-396 ; p. 429 ; p. 440 et 445. HN V <1121>,
p. 328 ; *Prabod'h Chandro'daya, or the Moon of Intellect ; An
Allegorical Drama*, trad. du sanskrit et du prakrit par J. Taylor,
Londres, Longman, 1812, p. 35. HN V <1168>, p. 341 ;
P. Sangermano, *A Description of the Burmese Empire*, Londres,
Allen and Co., 1833, p. 6. HN V <1181>, p. 344 ; C. F. Koeppen,
Die Religion des Buddha und ihre Entstehung, Berlin, Schneider,
1859. HN V <1139>, p. 334.

75. C[*eine Palingenesie dieser Art :* <une palingénésie de cette
espèce>]C au lieu de B[*eine dergestalt modifizierte Metempsychose :* <une métempsychose à ce point modifiée>]B

76. F. Schnurrer, *Chronik der Seuchen*, Tübingen, Osiander,
1825.

77. J. L. Casper, *Die wahrscheinliche Lebensdauer des Menschen*, Berlin, Dümmler, 1835. HN V <808>, p. 245.

78. R. S. Hardy, *A Manual of Budhism, in its Modern Development*, *op. cit.*, p. 162. HN V <1121>, p. 328.

79. Le *Jâtakamalâ* est un recueil canonique de contes populaires retraçant les 574 existences antérieures du Bouddha. Il
est constitué de 547 textes. Cf. G. Terral-Martini, *Choix de
Jâtaka*, Paris, Gallimard, 1958.

80. J.-B.-F. Obry, *Du Nirvana indien, ou De l'affranchisse-*

ment de l'âme après la mort, selon les Brahmanes et les Bouddhistes, Amiens, Duval et Hermet, 1856, p. 13. HN V <1155>,
p. 338.

81. Hérodote, *Enquête*, II, 123, in *Œuvres complètes*, trad.
A. Barguet, Paris, Gallimard, 1964, p. 192 : « Ce sont encore
les Égyptiens qui ont, les premiers, émis l'idée que l'âme
humaine est immortelle, qu'elle entre, lorsque le corps a péri,
dans un autre être animé qui naît à son tour, et qu'après avoir
passé par toutes les formes qui peuplent la terre, la mer et
l'air, elle pénètre de nouveau dans un corps humain à l'instant
de sa naissance ; cette migration, disent-ils, demande trois
mille ans. Certains Grecs ont adopté cette théorie, d'abord les
uns, puis les autres, en la présentant comme la leur. Je ne
citerai pas leurs noms, bien que je les sache. » Il s'agit sans
doute des orphiques, de Phérécyde, de Pythagore et d'Empédocle. HN V <1328>, p. 376.

82. Némésius d'Émèse, *De la nature de l'homme*, trad.
J. B. Thibault, Paris, Hachette, 1844, p. 57. HN V <386>,
p. 120 : Schopenhauer utilise l'édition bilingue *De natura
hominis*, Halle, Gebauer, 1802. PG 40.

83. Cf. *Edda poétique* [1210-1240], textes présentés et traduits par R. Boyer, Paris, Fayard, 1992, p. 532.

84. César, *Guerre des Gaules*, VI, xiv, trad. L.-A. Constans,
Paris, Les Belles Lettres, 1989, p. 187 : « Le point essentiel de
leur [*sc.* les Druides] enseignement, c'est que les âmes ne
périssent pas, mais qu'après la mort elles passent d'un corps
dans un autre. » HN V <1364>, p. 385.

85. A. Pictet, *Le mystère des Bardes de l'île de Bretagne*,
Genève, 1856. HN V <715>, p. 223.

86. H. T. Colebrooke, « On the Course of the Ganges through
Bengal », *Asiatic Researches*, VII, 1803.

87. F. H. Ungewitter, *Der Welttheil Australien*, Erlangen,
Palm und Enke, 1853.

88. G. E. Lessing, *Éducation du genre humain*, trad. M. B. de
Launay, Paris, Findakly, 1994, p. 57-60.

89. G. C. Lichtenberg, *Vermischte Schriften*, Göttingen, Dieterich, 1844, t. I, p. 32. HN V <1532>, p. 426.

90. Hume, « De l'immortalité de l'âme », in *Essais moraux,
politiques et littéraires*, trad. G. Robel, Paris, PUF, 2001, p. 690.
HN V <262>, p. 73.

91. Justin, *Dialogue avec Tryphon*, trad. G. Archambault, Paris, Picars et fils, 1909.

92. Dans le judaïsme, il faudrait plutôt chercher les équivalents d'une doctrine de la transmigration de l'âme dans la littérature kabbalistique à partir du XIIIᵉ siècle. Le premier texte qui intègre la doctrine dans sa théologie est la compilation du *Sefer ha-Bahir* (vers 1180, probablement rédigé en Provence). Sur le concept de migration de l'âme (*gilgul*), cf. G. Scholem, «Gilgul: Seelenwanderung und Sympathie der Seelen in der jüdischen Mystik», *Eranos Jahrbuch*, 24 (1955), p. 55-118; *La mystique juive. Les thèmes fondamentaux*, Paris, Le Cerf, 1985, p. 203-254.

93. Mt 16, 13-15: «Arrivé dans la région de Césarée de Philippe, Jésus posa à ses disciples cette question: "Au dire des gens, qu'est le Fils de l'homme?" Ils dirent: "Pour les uns, Jean le Baptiste; pour d'autres, Élie; pour d'autres encore, Jérémie ou quelqu'un des prophètes".» Schopenhauer veut dire que le Sauveur n'est pas à identifier avec tel ou tel individu, mais qu'il s'agit d'une figure humaine, l'homme de la négation de la volonté de vivre, qui se manifeste sous diverses apparences phénoménales.

94. Lc 9, 18-20: «Et il advint, comme il était à prier, seul, n'ayant avec lui que les disciples, qu'il les interrogea en disant: "Qui suis-je, au dire des foules?" Ils répondirent: "Jean le Baptiste; pour d'autres, Élie; pour d'autres, un des anciens prophètes est ressuscité".»

95. Cm[*übrigens:* <en outre>]Cm au lieu de C[*indem:* <car>]C

96. Réf. manuscrite de Schopenhauer dans son exemplaire personnel (1859) à ce texte du cahier manuscrit *Senilia:* «La mort dit: tu es le produit d'un acte qui n'aurait pas dû être; pour l'annuler, tu dois donc mourir.»

97. Schopenhauer, FM, § 16, *in* PFE.

98. F. H. H. Windischmann, *Sancara sive de Theologumenis Vedanticorum*, Bonn, Habicht, 1833, p. 8 sq. (HN V <1210>, p. 351); *Oupnek'hat (id est secretum tegendum)*, Paris, Levrault, 1801, t. I, p. 304 (HN V <1157>, p. 338); H. T. Colebrooke, *Miscellaneous Essays*, Londres, W. H. Allen and Co, 1837, t. I, p. 363 (HN V<1105>, p. 324). Cf. *Mundaka Upanishad*, II, II, trad. Martin-Dubost, Paris, Éditions orientales, M. Allard, 1978, p. 62: «Le nœud du cœur est dénoué, tous les doutes

évanouis, et toutes les actions particulières dissipées, quand on a reconnu ce Soi unique. »

99. Sur le concept schopenhauerien de néant et ses sources védico-bouddhiques, cf. § 71 et la note 250, p. 1096.

100. H. T. Colebrooke, *On the Philosophy of the Hindus*, in *Transactions of the Royal Asiatic Society*, Londres, 1824, vol. I, p. iv, p. 566. ; J.-B.-F. Obry, *Du Nirvana Indien, ou De l'affranchissement de l'âme après la mort, selon les Brahmanes et les Bouddhistes, op. cit.*, p. 3 (HN V <1155>, p. 338) ; R. S. Hardy, *Eastern Monachism : An Account on the Origin, Laws, Discipline of the Order of Mendicants Founded by Gôtama Buddha*, Londres, Partridge and Oakey, 1850 (HN V <1122>, p. 328).

101. C. F. Burdach, *Die Physiologie als Erfahrungswissenschaft*, t. I, § 247, 257, Leipzig, 1826.

102. Le chapitre 44.

103. A. C. Celse, *Traité de la médecine*, liv. V, trad. A. Védrènes, Paris, Masson, 1876.

104. Représentations symboliques des parties génitales masculines et féminines.

105. Cf. note 108, p. 2182.

106. L'idée d'une « concentration de la volonté de vivre » sera reprise et amplifiée dans le chapitre 45 des *Compléments*.

107. Théon de Smyrne, *Exposition des connaissances mathématiques utiles pour la lecture de Platon*, XLVII, trad. J. Dupuis, Paris, Hachette, 1892, p. 173.

108. Lucrèce, *De la nature*, liv. I, v. 1-2, trad. A. Ernout, Paris, Les Belles Lettres, 1990, t. I, p. 2.

109. Livre III, § 39, p. 414. Voir aussi livre II.

110. Cf. la formule de Schopenhauer dans HN IV/1 [1831], 61 : *homo est coitus aliquamdiu permanens vestigium.*

111. Cf. les considérations du chapitre 44 sur le choix du partenaire sexuel.

112. Sans doute Cahors.

113. Journal rédigé en anglais et publié à Paris par Giovanni Antonio Galignani (1757-1821). En 1904, le journal devient le *Daily Messenger.*

114. W. Scoresby, *Journal of a voyage to the Northern Whalefishery including researches and discoveries on the Eastern Coast of West Greenland, made in the summer of 1822 in the ship Baffin of Liverpool*, Édimbourg, Constable, 1823 ; *Tagebuch einer Reise auf den Walfischfang, verbunden mit Unter-*

suchungen und Entdeckungen an der Ostküste von Grönland, im Sommer 1822, übersetzt und mit Zusätzen und Anmerkungen versehen von Friedrich Kries, Hambourg, Perthes, 1825.

115. F. Péron, *Voyage de découvertes aux terres australes*, rédigé par F. Péron et continué par L. Freycinet, Imprimerie impériale, Paris, 1807-1816, 3 vol., 2ᵉ éd. 1824.

116. Hadrianus Junius, *Phalli, ex fungorum genere in Hollandiae sabuletis passim crescentis descriptio, et ad vivum expressa pictura*, Delft, Schinckelius, 1564.

117. C. F. Burdach, *Die Physiologie als Erfahrungswissenschaft*, t. II et III, Leipzig, 1826-1832.

118. Properce, *Élégies*, IV, 8, 20, trad. Paganelli, Paris, Les Belles Lettres, 1990, p. 102 ; faussement attribué à Catulle.

119. Cf. Apulée, *Les Métamorphoses*, VII, 8 et X, 23 (« sexe faible »), Paris, Les Belles Lettres, 1985, t. III, p. 12, 123.

120. Sans vouloir tomber dans l'autobiographie facile, il est difficile de ne pas voir dans cette théorie une influence des relations personnelles que Schopenhauer a entretenues avec ses propres parents. Concernant son père, Schopenhauer se montre plein de bienveillance et de piété filiale. Dans son *Curriculum*, il fait d'ailleurs un portrait moral de son « excellent père », et le décrit, tel qu'il fut lui-même, comme un homme « sévère et irascible » (lettres du 31 décembre 1819, in *Correspondance complète, op. cit.*, 1997, p. 61).

121. Sur les rapports entre Schopenhauer et sa mère Johanna, qui furent toujours houleux et distants, cf. par exemple R. Safranski, *Schopenhauer et les années folles de la philosophie*, trad. H. Hildenbrand, Paris, PUF, 1990. D'après la théorie de Schopenhauer, la mère transmet son intelligence à sa descendance (tandis que le père lui transmet son caractère). Là encore, il n'est sans doute pas innocent que Mme Schopenhauer mère fût elle-même une romancière à succès et une personne reconnue comme très spirituelle. Cette théorie de la transmission de l'intelligence par la mère est finalement peut-être le seul hommage (détourné !) que Schopenhauer ait rendu à Johanna...

122. *Der Lügner und sein Sohn* est une adaptation de la pièce de Collin d'Harleville *Monsieur de Crac dans son petit Castel ou les Gascons*, comédie en vers avec divertissement, créée le 4 mars 1791 par les comédiens français.

123. Note supprimée dans le manuscrit (1843) du tome II

(B) : « J. D. Hofacker, *Über die Eigenschaften, welche sich vererben*, 1828, § 30. — A. Walker, *Intermarriage*, 2nd edit., 1841, p. 274. »

124. Passage supprimé dans le manuscrit (1843) du tome II (B) : « Parce qu'ils en avaient un sentiment, les grands poètes ont mis en scène des fils nobles de mères indignes, comme Drest ou Hamlet. Mais autant que je sache, il n'y a pas, chez les authentiques grands poètes, de fils nobles de pères indignes ; le fait que Schiller, dans son *Don Carlos*, nous en présente un contredit tant la psychologie que l'histoire, c'est donc faux tant *a priori* qu'*a posteriori*. À cette époque, Schiller avait quitté la nature et faisait ses poèmes du point de vue de l'impératif catégorique. »

125. Tite-Live, *Histoire romaine. Livres VI à X*, VIII, 6 et X, 28, trad. A. Flobert, Paris, GF, 1996, p. 208-209 et p. 422-424. HN V <1383>, p. 389.

126. Horace, *Odes*, IV, 4, v. 29, in *Odes et Épodes*, trad. F. Villeneuve, Paris, Les Belles Lettres, 1991, p. 164. HN V <1377>, p. 387.

127. Shakespeare, *Cymbelin*, acte IV, sc. 2, in *Œuvres complètes*, *Tragicomédies I*, trad. V. Bourgy, Paris, Laffont, 2002, p. 719. HN V <1717>, p. 467.

128. Famille patricienne romaine. La *gens Fabia* a reçu ce nom parce qu'elle aurait importé dans la ville la culture de la fève (*faba*). Cette famille est restée célèbre pour s'être sacrifiée avec quatre mille Romains pour contenir l'avance des Véiens. Ainsi les trois frères Quintus, Céson et Marcus Vibulanus Fabius ont péri en 479 avant J.-C.

129. Le plus célèbre membre de la *gens Fabricia* reste Gaius Fabricius Luscinus, qui fut consul en 282 et 278 av. J.-C., et qui était célèbre pour son désintéressement. Cf. la « Prosopopée de Fabricius » de Rousseau dans le *Discours sur les sciences et les arts*.

130. Suétone, *Vies des douze Césars*, VI, 4 et 5, trad. H. Ailloud, Paris, Les Belles Lettres, 1989, t. II, p. 153-154.

131. *Ibid.*, p. 155.

132. S. J. Van Geuns et B. Nieuhoff, *Disputatio philosophica de corporum habitudine*, § 9, Moojeu, Harderov, 1789.

133. *Der Freimütige*, journal berlinois (1803-1840) dirigé par A. von Kotzbue.

134. m[Les Grecs connaissaient des cas similaires, comme

il ressort d'un passage des *Lois* de Platon (Stobée, *Florilegium*, vol. 2, p. 213)]m. Ajout manuscrit de Schopenhauer dans son exemplaire personnel (1859). Cf. Stobée, cité dans l'édition de Th. Gaisford, *Joannis Stobaei Florilegium*, 1822, vol. II, p. 213 (HN V <1356>, p. 383); Platon, *Lois*, IX, 856 c-d.

135. Passage supprimé dans le manuscrit (1843) du tome II (B): « Il faut encore rappeler ici que la population anglaise des États-Unis d'Amérique du Nord — laquelle s'est signalée par une malhonnêteté, mondialement connue, dans le commerce public comme privé, de même par le maintien obstiné de l'esclavage des nègres, ainsi que par le traitement inadmissible, d'une cruauté révoltante, infligé à ces derniers, mais encore par une manie sanguinaire et violente des duels, par des meurtres très fréquents et, généralement, par la brutalité de la conduite en tout genre — descend en son noyau de criminels déportés.

136. Schopenhauer sous-entend donc que Faustine, épouse de Marc Aurèle, l'aurait trompé avec un autre homme, qui aurait été le père de Commode et lui aurait transmis son caractère déplorable.

137. Schopenhauer emploie certainement *Mutterwitz* au sens que lui donnait Kant, pour qui cette sorte d'«esprit maternel» congénital désigne les «règles générales et innées de l'entendement» (*Anthropologie du point de vue pragmatique*, Ak. VII, 140; OP III, p. 958).

138. William Pitt, premier duc de Chatham (1700-1778), fut Premier ministre de Grande-Bretagne. Père de William Pitt dit «le Jeune» (1759-1806), qui fut lui aussi Premier ministre.

139. C[*welche ich in dem Aufsatze «Über die anscheinende Absichtlichkeit im Schicksale des Einzelnen» (*Parerga *Band I*) mitgeteilt habe*: <dont j'ai fait part dans l'essai «Sur l'apparente intentionnalité dans le destin individuel» (*Parerga* t. I.).>]C au lieu de B[*deren Mitteilung ich für eine andere Gelegenheit aufspare*: <dont je réserve la communication pour une autre occasion>]B. Cf. Schopenhauer, *Parerga et Paralipomena*, I, *Sur l'apparente intentionnalité dans le destin individuel*.

140. Jules César Scaliger (1484-1558), érudit et grammairien, père de Joseph Juste Scaliger (1540-1609), philologue, historien et chronologiste.

141. Jean Bernoulli (1667-1748), mathématicien et physi-

cien suisse. Jacques Bermoullier (1654-1705), mathématicien et physicien suisse, frère du précédent. Daniel Bernoulli (1700-1782), médecin, physicien et mathématicien suisse, fils de Jean Bernoulli. Son frère, Nicolas Bernoulli (1695-1726), fut lui aussi mathématicien.

142. Célèbre famille d'astronomes : Jean Dominique Cassini, dit Cassini Ier (Perinaldo, Imperia, 1625-Paris, 1712) ; Jacques Cassini, dit Cassini II (Paris, 1677-Thury, près de Beauvais, 1756), fils du précédent ; César François Cassini de Thury, dit Cassini III (Thury, 1714-Paris, 1784), frère du précédent ; Jean Dominique Cassini, comte de Cassini, dit Cassini IV (Paris, 1748-Thury, 1845), fils du précédent.

143. Willian Herschel (1738-1822), astronome britannique. John Frederick William Herschel (1792-1871), astronome britannique et fils du précédent.

144. G. Cardano, *De propria vita liber*, Paris, Jacobus Villery, 1643. HN V <109>, p. 26.

145. Rousseau, *Les confessions* in *Œuvres complètes*, Paris, Seuil, 1967, p. 122. Cité en français.

146. Flourens, *Histoire des travaux et des idées de Buffon*, Paris, Hachette, 1850, p. 288. HN V <839>, p. 253. Cité en français.

147. Hume, *Ma vie*, trad. Suard, Rezé-lès-Nantes, L'Anabase, 1992, p. 12. HN V <264>, p. 73.

148. F. W. Schubert, *Immanuel Kant's Biographie*, Leipzig, 1842.

149. G. B. Schwab (1792-1850), *Schillers Leben in drei Büchern*, Stuttgart, Liesching, 1840.

150. De G. A. Bürger, Schopenhauer possédait les *Sämmtliche Schriften*, éd. K. Reinhard, t. 1 et 2, Göttingen, Dieterich, 1796, les *Gedichte*, Göttingen, Dieterich, 1789 et le *Lenibuch der Ästhetik*, Berlin, Schüppel, 1825 (HNV <1434>, <1435>, <1436>, p. 402).

151. Althof, *Einige Nachrichten von den vornehmsten Lebensumständen Gottfried August Bürger's*, Göttingen, J. C. Dietrich, 1798. HN V <1437>, p. 403.

152. A. Haller, *Elementa physiologiae corporis humani*, XXIX, § 8, Lausanne et Berne, 1756-1766.

153. J. E. D. Esquirol, *Des maladies mentales considérées sous les rapports médical, hygiénique et médico-légal*, Paris, Baillière, 1838. HN V<829>, p. 250.

154. Les frères Carrache, peintres italiens : Annibal Carrache (1560-1609), Augustin Carrache (1557-1602). Leur œuvre la plus connue est sans doute le plafond de la galerie Farnèse du palais Farnèse à Rome.

155. Andreas Jakob Romberg (1767-1821), compositeur allemand. Bernhard Heinrich Romberg (1772-1841), cousin du précédent, violoncelliste et compositeur allemand.

156. Schopenhauer fait allusion au mysticisme qui marquera les dernières années de la vie de Friedrich Schlegel (1772-1829).

157. Passage supprimé dans le manuscrit (1843) du tome II (B) : « Est obscurantiste un homme qui éteint les lumières afin que ses camarades puissent commettre des vols. »

158. C. F. Burdach, *Die Physiologie als Erfahrungswissenschaft*, I, § 306, Leipzig, 1826.

159. Platon, *République*, V, 458 d-461 e, in *Œuvres complètes*, t. I, *op. cit.*, 1950, p. 1031-1035.

160. m[Lichtenberg, t. 2, p. 447, ancienne édition]m. Référence manuscrite de Schopenhauer dans son exemplaire personnel (1859). Cf. G. C. Lichtenberg, *Vermischte Schriften*, t. II, Göttingen, Dieterich, 1801, p. 447 (HN V <1531>, p. 426) : « En Angleterre, on a proposé de castrer les voleurs. L'idée n'est pas mauvaise : la punition est très dure, elle rend les gens méprisables tout en leur permettant d'avoir une occupation ; et si la tendance au vol est héréditaire, elle ne sera pas transmise. De même, la témérité s'apaise, et comme c'est la pulsion sexuelle qui incite si souvent aux vols, cette cause est également écartée. Mais il est plutôt malicieux de faire remarquer que les femmes empêcheraient d'autant plus leurs hommes de voler, puisque dans l'état actuel des choses, elles risqueraient de les perdre entièrement. »

161. Cf. le titre du chapitre 49.

162. Extrait de *Schön Suschen*, d'abord publié dans le *Deutsches Museum* du 3 mars 1776. Cf. G. A. Bürger, *Sämtliche Werke*, Hambourg, Hanser, 1987, p. 202.

163. C[*Larochefoucauld*]C au lieu de B[*ein deutscher Schriftsteller (ich weiss nicht gleich welcher):* <un auteur allemand (pour l'instant je ne sais plus lequel)>]B

164. Cf. La Rochefoucauld, *Réflexions ou Sentences et maximes morales*, in *Œuvres complètes*, Paris, Gallimard, 1964, max. 76, p. 413 : « Il est du véritable amour comme de

l'apparition des esprits : tout le monde en parle, mais peu de gens en ont vu. »

165. G. C. Lichtenberg, *Über die Macht der Liebe* (1777) in *Vermischte Schriften*, Göttingen, Dieterich, 1801, vol. I, p. 115-136. HN V <1531>, p. 426.

166. Boileau, *Épîtres*, v. 43, in *Art poétique*, Paris, GF, 1969, p. 65. Cité en français.

167. Jacques Ortis est le personnage clé du roman épistolaire *Les dernières lettres de Jacopo Ortis* (1802) d'Ugo Foscolo qui finit, comme Werther, par se suicider. HN V <1771>, p. 479.

168. Horace, *Satires*, I, 3, v. 108, trad. F. Villeneuve, Paris, Les Belles Lettres, 1989, p. 56. HN V <1377>, p. 387.

169. Rousseau, *Discours sur l'origine de l'inégalité* in *Écrits politiques*, Paris, Gallimard, 1964, p. 158 sq. HN V <461>, p. 140.

170. Kant, *Sur le sentiment du beau et du sublime*, *in* OP I, p. 476 sq.

171. Platner, *Neue Anthropologie für Ärzte und Weltweise*, Leipzig, Crusius, 1790, § 1347 sq.

172. Spinoza, *Éthique*, IV, prop. 44, dem., trad. mod. R. Misrahi, Paris/Tel-Aviv, Édit. de l'Éclat, 2005, p. 258.

173. La conception schopenhauerienne peut apparaître trop physique dans la mesure où elle reconduit l'amour à sa base organique, c'est-à-dire à la pulsion sexuelle. Cependant, elle est métaphysique dans la mesure où elle montre que les sentiments éprouvés par les individus s'expliquent par les fins que se propose la volonté universelle (c'est-à-dire, précisément, la perpétuation de l'espèce). Or la volonté est précisément un principe métaphysique. Plus loin d'ailleurs, Schopenhauer parle d'un « désir métaphysique ».

174. La locution, devenue proverbiale, réfère sans doute à Shakespeare, *A Midsummer Night's Dream*, acte III, scène 2, fin : « *Jack shall have Jill* », qu'A. W. Schlegel traduit par « *Hans nimmt sein Gretchen* », F.-V. Hugo par « Jeannot aura sa Jeanneton », formule que nous reprenons ici. Le jeune Schopenhauer en propose lui-même une « retraduction » dans une « langue aristophanesque », rédigée en français (*sic*) : « eh bon Dieu que d'embarras & de difficultés, afin que chaque vi trouve son con ! » (HN III [1821], p. 106).

175. L'auteur de cette formule est probablement Schopenhauer lui-même.

176. Calderón, *La hija del aire*, in *Las comedias*, Leipzig, E. Fleischer, 1820-1822, p. 688 sq. HN V <1819>, p. 489.

177. Cette idée est développée dans le § 27 du livre I.

178. Platon, *Banquet*, 180 d, in *Œuvres complètes*, t. I, *op. cit.*, 1950, p. 704.

179. Passage supprimé dans le manuscrit (1843) du tome II (B): «c'est pourquoi, par exemple, les hommes petits cherchent les femmes grandes, et ce de façon d'autant plus décidée qu'ils ont été eux-mêmes conçus par un père d'une grande taille et ne sont restés petits que par l'influence de la mère, car ils portent en eux l'énergie, surtout celle de la pulsation cardiaque, capable d'animer un grand organisme. L'aversion d'une femme grande pour des hommes grands s'explique par l'intention de la nature d'éviter une race trop grande, dans la mesure où les forces mises à disposition par cette femme-là ne suffiraient pas à la faire vivre longtemps. De même, les individus au nez plat seront fortement attirés par les nez aquilins, les blonds admireront les cheveux noirs, etc.»

180. Passage supprimé dans le manuscrit (1843) du tome II (B): «... suprême, ce "vertige qui, émanant des corps, excite puissamment les corps",».

181. Platon, *Philèbe*, 65c, in *Œuvres philosophiques*, t. II, *op. cit.*, 1950, p. 631.

182. Le cas de la pédérastie est étudié dans le petit appendice qui suit le présent chapitre.

183. État d'extrême maigreur et de faiblesse générale du corps.

184. Cf. Si 26, 18: «Des colonnes d'or sur une base d'argent, / ainsi de belles jambes sur des talons solides.»

185. Horace, *Odes*, I, 33, v. 10-12, in *Odes et Épodes*, trad. F. Villeneuve, Paris, Les Belles Lettres, 1991, p. 45. HN V <1377>, p. 387.

186. Femme de Socrate, réputée pour son mauvais caractère.

187. Fait qu'une femme présente des caractéristiques sexuelles masculines.

188. Malformation masculine, qui se traduit par une ouverture de l'urètre dans la partie inférieure du pénis, au lieu qu'elle soit située à son extrémité.

189. Dans les *Parerga*, II, § 92, Schopenhauer écrit que le mythique Adam doit être conçu comme noir.

190. C'est-à-dire la configuration corporelle.

191. Cf. C. W. Hufeland, *Die Kunst, das menschliche Leben zu verlängern*, 2ᵉ éd., Iéna, 1798 (HN V <875>, p. 261); *Anleitung zur physischen und moralischen Erziehung des weiblichen Geschlechts, nach E. Darwin bearb. und mit Zusätzen versehen von C. W. Hufeland*, Leipzig, Brockhaus, 1822, 2ᵉ éd. 1852.

192. Paracelse, *De vita longa*, Adam von Bodenstein, 1562, I, 5.

193. Héros de *Manon Lescaut* de l'abbé Prévost.

194. Héros des *Souffrances du jeune Werther* de Goethe.

195. Cf. Ugo Foscolo *Les dernières lettres de Jacopo Ortis*; note 167, p. 2273.

196. Shakespeare, *Comme il vous plaira*, acte III, sc. 5, in *Œuvres complètes, Comédies II*, trad. mod. V. Bourgy, Paris, Laffont, 2000, p. 615. HN V <1717>, p. 467.

197. Mateo Alemán, *La vie de Guzmán d'Alfarache*, in *Romans picaresque espagnols*, Deuxième Partie, liv. III, v, trad. P. Molho et J.-F. Reille, Paris, Gallimard, 1968, p. 680. Schopenhauer souligne *confrontacion de sangre* qu'il traduit par *Sympathie des Blutes*.

198. Calderón, *La gran Cenobia*, in *Las comedias*, Leipzig, E. Fleischer, 1820, p. 272. HN V <1819>, p. 489.

199. Chamfort, *Maximes, pensées, caractères*, Paris, GF, 1968, <357>, p. 133. Cité en français.

200. Jn 8, 1-11.

201. Comédies d'Eugène Scribe (1791-1861).

202. Tragédie de Voltaire.

203. Trois œuvres de Schiller.

204. T. Moore, *Irish Melodies*, VI, «Come, rest in this bosom», v. 7-8.

205. Platon, *Phèdre*, 241 d, in *Œuvres philosophiques*, *op. cit.*, t. II, p. 28: «Voilà ce qu'il faut savoir de l'amitié d'un amant: de bonnes intentions n'en accompagnent point la naissance; c'est plutôt comme de manger en vue de se rassasier et telle la tendresse des loups à l'égard des agneaux, telle aussi l'amitié des amants pour un jeune garçon.»

206. Shakespeare, *Cymbelin*, acte III, sc. 5, in *Œuvres com-*

plètes, Tragicomédies I, trad. V. Bourgy, Paris, Laffont, 2002, p. 705. HN V <1717>, p. 467.

207. Goethe, *Faust*, I, v. 2805 sq., in *Théâtre complet, op. cit.*, 1988, p. 1196. HN V <1456>, p. 407.

208. Goethe, *Torquato Tasso*, V, 5, in *Théâtre complet, op. cit.*, 1988, p. 773. HN V <1451>, p. 406.

209. Shakespeare, *Henri VI*, III, scène 2 et 3, in *Œuvres complètes, Histoires II*, trad. V. Bourgy, Paris, Laffont, 1997, p. 495 sq. HN V <1717>, p. 467.

210. Euripide, *Andromède*, in *Tragédies. Fragments*, trad. F. Jouan et H. Van Looy, Paris, Les Belles Lettres, 2002, <21>, p. 178.

211. Térence, I, 1, v. 57-58, *L'eunuque*, in *Comédies*, trad. Marouzeau, Paris, Les Belles Lettres, 1979, p. 227.

212. Schopenhauer résume les conclusions du § 71 du livre IV.

213. Cette annexe est un ajout de la troisième édition.

214. Sophocle, *Œdipe à Colone*, v. 354 sq., in *Tragiques grecs. Eschyle, Sophocle*, sous la dir. de R. Dreyfus, Paris, Gallimard, 1967, p. 656. HN V <1352>, p. 382.

215. Virgile, *Bucoliques*, II, trad. E. Saint-Denis, Paris, Les Belles Lettres, 1992, p. 44 sq. Cette églogue a pour sujet la passion malheureuse du berger Corydon pour le jeune Alexis. HN V <1409>, p. 396.

216. Figure de la mythologie grecque, Thamyris est un aède thrace, si fier de ses capacités qu'il prétend rivaliser avec les Muses ; pour punir sa présomption, les Muses le rendent aveugle et lui ôtent tout talent poétique. Cf. Homère, *Iliade*, II, 594-600.

217. Stobée, *Eclogarum physicarum et ethicarum* (I et II), H. L. Heeren, Göttingen, Vandenhoeck et Ruprecht, 1792, vol. II, chap. 7. HN V <1355>, p. 383.

218. Platon, *Banquet*, 216 a-219 d, in *Œuvres complètes*, t. I, *op. cit.*, 1950, p. 754-759.

219. m[Dans les *Mémorables* de Xénophon, Socrate parle de la pédérastie comme d'une chose irréprochable, et même digne d'éloges (Stobée, *Florilegium*, I, p. 57). De même dans les *Mémorables* (I, III, 8), où Socrate met en garde contre les dangers de l'amour, il parle si exclusivement de l'amour des garçons qu'on pourrait penser que les femmes n'existent pas]m. Ajout manuscrit de Schopenhauer dans son exemplaire

personnel de 1859. Cf. Stobée, *Florilegium*, éd. par Th. Gais-ford, Leipzig, Kuehn, 1823, t. I, p. 57. HN V <1356>, p. 383; Xénophon, *Mémorables*, I, 3, <8>, trad. L.-A. Dorion, Paris, Les Belles Lettres, 2000, p. 30.

220. Aristote, *Les politiques*, II, 9, 1269 b, trad. P. Pellegrin, Paris, GF, 1990, p. 181; *ibid.*, II, 10, 1272 a <9>, p. 190 et II, 12, 1274 a <8>, p. 200.

221. Cicéron, *La République*, trad. E. Bréguet, Paris, Les Belles Lettres, 1991, liv. IV, iii, § 3, p. 82.

222. M. Sadi (1184-1291), *Gulistan*, V. HN V <1179>, p. 343.

223. Horace, *Épîtres*, I, x, v. 24, trad. mod. F. Villeneuve, Paris, Les Belles Lettres, 1989, p. 82.

224. Aristote, *Les politiques*, éd. citée, liv. VII, 16, 1335b <16>, p. 508.

225. Stobée, *Eclogarum physicarum et ethicarum* (I et II), H. L. Heeren, Göttingen, Vandenhoeck et Ruprecht, 1792, vol. II, chap. 7. HN V <1355>, p. 383.

226. Cf. note 130, p. 2186.

227. Cf. Plutarque, *Dialogue sur l'amour*, V, in *Œuvres morales*, t. X., trad. Flacelière, Paris, Les Belles Lettres, 1980, p. 55-56: «L'Amour des Garçons [...] est comme un fils tard venu, né de parents trop vieux, un bâtard, un enfant de ténèbres, qui cherche à expulser l'Amour légitime, son aîné.»

228. Sur les sens différents de la volonté de vivre, cf. note 11, p. 1050.

229. Cf. le § 23 du tome I.

230. Selon le contexte, *Schuld* prend le sens de cause (*Ursache*), faute, dette, péché, culpabilité, responsabilité... Notons que *Schuld* peut référer, comme parfois chez Schopenhauer, à la mort, par exemple dans l'expression «payer sa dette à la nature» (*die Schuld der Natur bezahlen*). Ce lien entre faute (péché) et mort est noué par Paul dans le Nouveau Testament, car pécher, c'est corrompre la chair et l'assujettir à la mort: «le salaire du péché, c'est la mort» (Rm 6, 23), la mort est l'aboutissement du péché (Rm 6, 21), etc.

231. Au contraire d'Eschyle (526-426 av. J.-C.), qui développe une vision tragique, Anacréon (550-464 av. J.-C.) est un poète lyrique qui chante l'amour et la joie de vivre, essentiellement à travers des odes légères.

232. Montaigne, *Essais*, III, v, éd. Balasmo et Magnien, Paris, Gallimard, 2007, p. 882 sq. HN V<374>, p. 117.

233. Pline l'Ancien, *Histoire naturelle*, X, 83, trad. E. de Saint-Denis, Paris, Les Belles Lettres, 1961, p. 86.

234. Goethe, *Faust*, I, v. 3835-4222, in *Théâtre complet*, *op. cit.*, 1988, p. 1223-1233. HN V <1456>, p. 407.

235. Dans les *Paralipomena*, Schopenhauer fait référence à une scène devant prendre place à la fin de «La nuit de Walpurgis», mais qui a disparu de la rédaction finale. On peut trouver ces extraits dans *Faust*, in *Sämtliche Werke*, t. VII/1, éd. A. Schöne, Francfort-sur-le-Main, DKV, 1994, p. 544 sq.

236. L'idée d'une «concentration de la volonté» est déjà exposée au début du chapitre 42, p. 1950, ainsi qu'au chapitre 30, p. 1735.

237. C[*ihm zu Willen sein*: <se soumettre à sa volonté>]C au lieu de B[*seinen Willen tun*: <accomplir sa volonté>]B Le texte allemand dit *Er verlangte von ihr, sie sollte ihm zu Willen sein*. Le sens érotique du *Wille*, qui existe en ancien allemand (*zu / nach eines Willen sein, eines Willen tun / erfüllen / pflegen, zu seinem Willen bringen / begehren, seinen Willen haben / erlangen, damit unser beider Wille einer werde*, etc.), n'est plus usité.

238. Byron, *Don Juan*, I, v. 127, trad. L. Bury et M. Porée, Paris, Gallimard, 2006, p. 84.

239. La *natura naturans* est un concept emprunté à Spinoza. «Tandis que la *natura naturata* est l'objet de la physique, la *natura naturans* est l'objet de la métaphysique» (*Parerga et Paralipomena, Fragments sur l'histoire de la philosophie*, trad. Dietrich, Paris, p. 138-139.) De ce point de vue, on peut rapprocher le projet schopenhauerien du questionnement propre à la *Naturphilosophie* schellingienne, où s'exprime la volonté de retrouver la «nature naturante»: «Dans la mesure où nous posons le tout des objets non pas simplement comme produit, mais nécessairement en même temps comme productif, ce tout s'élève pour nous à la hauteur d'une *nature*, et, même dans l'usage courant de la langue, c'est bien cette *identité du produit et de la productivité*, et rien d'autre, qui est désignée par le concept de nature. La *nature* comme simple *produit* (natura naturata), nous l'appelons la nature en tant qu'*objet* (c'est à elle seule que se rapporte toute empirie). La *nature comme productivité* (natura naturans), nous l'appelons

la *nature en tant que sujet* (c'est à elle seule que se rapporte toute théorie)» (Schelling, *Introduction à l'esquisse d'un système de philosophie de la nature*, trad. F. Fischbach et E. Renault, Paris, Le Livre de Poche, 2001, p. 89.

240. «La volonté s'affirme elle-même signifie que, lorsque dans son objectité, c'est-à-dire dans le monde et dans la vie, sa propre essence, en tant que représentation, lui est donnée complètement et clairement, cette connaissance n'entrave nullement son vouloir, car c'est précisément cette vie ainsi connue qui, comme telle, est maintenant voulue par elle, non plus comme une pulsion aveugle, sans connaissance, mais désormais avec connaissance, conscience, réflexion» (§ 54, p. 546).

241. Sur le *nunc stans*, cf. t. I, note 14, p. 1025.

242. Sur le thème du présent éternel de la vie universelle, cf. livre IV, § 54, p. 539.

243. Il s'agit d'une forme d'inversion de la spéculation sur l'invitation que la nature nous lance à la contempler. Cf. t. I, note 65, p. 1035.

244. L'allemand *Nichtigkeit*, d'origine néo-testamentaire (par exemple Rm 8, 20), traduit *nihilitas* au sens de *vanitas*, vanité, que le français peut également rendre par le substantif «néant», ou par «nihilité» (attesté par exemple chez Montaigne, *Essais*, II, 6 : «la nihilité de l'humaine condition»; III, 18).

245. Sur le lien entre néant et forme du principe de raison (dont le temps), cf. livre I, § 3.

246. Les pièces de cuivre (*Kupferpfennige*) ou de billon étaient seulement considérées comme des coupures, des espèces de billets de confiance, de signes représentant une pièce d'argent trop petite pour être frappée en monnaie : bref, c'est de la «ferraille».

247. Goethe, *Faust*, I, v. 1339-1341, in *Théâtre complet*, *op. cit.*, p. 1158. HN V <1456>, p. 407.

248. J. Rochester, *A Satyr against Reason and Mankind*, in *The Complete Poems of John Wilmot Earl of Rochester*, éd. Vieth, Yale, NB, 2002, v. 25-28, p. 95.

249. Sur la positivité de la douleur par rapport au caractère négatif du plaisir, cf. livre IV, § 58.

250. Rappelons que les premiers héritiers de Schopenhauer, singulièrement en France, étaient des romanciers : Maupassant, Gourmont, Huysmans. L'«effet Schopenhauer» sera perceptible dans toute la littérature européenne de la

seconde moitié du xixᵉ siècle jusqu'à la Seconde Guerre mondiale et au-delà. La liste des écrivains «cardiognostes» (cf. J.-L. Chrétien, *Conscience et roman*, I, Paris, Minuit, 209, p. 19 et 34) se réclamant plus ou moins directement de Schopenhauer est longue : Jean Paul, Hebbel, Flaubert, Hugo, Raabe, Tolstoï, Strindberg, Tchekhov, Wedekind, Maeterlink, D'Annunzio, James, Hardy, Conrad, O'Neill, Kafka, Pirandello, Keyserling, France, Wilde, Proust, Rilke, Gide, Hesse, D. H. Lawrence, Melville, Zweig, Joyce, Borges, Svevo, Benn, Cendrars, Hamsun, Rolland, Tucholsky, Thomas Mann, Montherlant, Jünger, Céline, Kästner, Beckett, Schmidt, Bernhard... Cf. B. Sorg, *Zur literarischen Schopenhauer-Rezeption im 19. Jahrhundert*, Heidelberg, Winter, 1975 ; R.-P. Colin, *Schopenhauer en France : un mythe naturaliste*, Lyon, PUL, 1979, spéc. p. 149-206 ; A. Henry, «L'héritage français d'un vieux prophète», *Critique*, nᵒ 499 (1988), p. 965-981 ; *Schopenhauer et la création littéraire en Europe*, Paris, Klincksiek, 1989. Spécialement sur Schopenhauer/Proust : A. B. Anguissola, *Proust inattuale*, Rome, Bulzoni, 1976 ; B. Negroni, «Schopenhauer und Proust», *Schopenhauer-Jahrbuch*, 61 (1980), p. 104-126 ; A. Henry, «Proust lecteur de Schopenhauer : le nihilisme dépassé», *in* R.-P. Droit (éd.), *Présences de Schopenhauer*, Paris, Grasset, 1989, p. 163-178 ; *La tentation de Marcel Proust*, Paris, PUF, 2000 ; «Proust lecteur de Schopenhauer : les limites d'une fascination», *in* J. Lefranc (éd.), *Schopenhauer*, Paris, L'Herne, 1997, p. 363-376.

251. W. Scott, *The Tale of Old Mortality*, Edinburgh Edition of the Waverly Novels, Édimbourg, Edinburgh University Press, 1993.

252. Voltaire, *Lettre du 16 mars 1774 au marquis de Florian*, in *Correspondance*, XI, B, Paris, Gallimard, 1987, p. 640. Cité en français. HN V <571>, p. 181.

253. Pétrarque, *Canzionere*, canzone ccxxxi, v. 4, trad. P. Blanc, Paris, Bordas, p. 377. Schopenhauer souligne.

254. Byron, *Le Chevalier Harold*, IV, 126, trad. R. Martin, Paris, Aubier, p. 301.

255. m[Tout ce que nous touchons résiste, car chaque chose a sa propre volonté qu'il faut vaincre]m. Ajout manuscrit de Schopenhauer dans son exemplaire personnel (1859).

256. Sur le stoïcisme, cf. livre I, § 16 ; *Parerga*, I, «Fragments sur l'histoire de la philosophie», § 6, «Les stoïciens».

257. Cf. Plaute, *Asinaria*, acte II, sc. 4, v. 95, in *Comédies*, trad. A. Ernout, Paris, Les Belles Lettres, 1967, t. I : « Quand on ne le connaît pas, l'homme n'est pas un homme, mais un loup pour l'homme. »

258. Helvétius, *De l'esprit*, disc. III, chap. XII, note a, in *Œuvres complètes*, vol. III et IV, Hildesheim, Olms, 1967, p. 72 : « Que tout le monde ici soit heureux de ma joie ! »

259. Sur l'irréductibilité de la volonté au principe de raison, et sur les conséquences qui en découlent pour la métaphysique de Schopenhauer, cf. note 29, p. 1053 ; note 224, p. 1086.

260. Il faut lire la plupart des métaphores économiques de Schopenhauer, notamment dans ce chapitre 46, dans le contexte du débat au XVIIIᵉ siècle sur la théodicée, la compensation des maux et l'opposition entre « optimisme » et « pessimisme », débat dont il hérite (Leibniz, *Essais de théodicée sur la bonté de Dieu, la liberté de l'homme et l'origine du mal*, 1710 ; Pope, *An Essay on Man*, 1732-1734 ; Maupertuis, *Essai de philosophie morale*, 1749 ; Voltaire, *Poème sur le désastre de Lisbonne*, 1756, *Candide ou L'optimisme*, 1759...) ; sur les métaphores économiques dans l'œuvre, cf. M.-J. Pernin, « "Une entreprise qui ne couvre pas ses frais" », *in* R.-P. Droit (éd.), *Présences de Schopenhauer*, Paris, Grasset, 1989, p. 135-159. Rappelons que ce n'est qu'avec Schopenhauer que le « pessimisme », terme apparu en France au milieu du XVIIIᵉ siècle (*Observateur littéraire*, 1759) et utilisé pour la première fois en allemand par G. C. Lichtenberg en 1776, devient une doctrine philosophique, revendiquée comme telle dans la deuxième édition de 1844 du *Monde*. En plaçant sa « fondation systématique du pessimisme » sous la tutelle du *Candide* de Voltaire, Schopenhauer hérite de ce débat où les adversaires, nommés dans ce chapitre 46, sont Shaftesbury, Bolingbroke, Pope et Leibniz. Pour Schopenhauer, rien ne saurait compenser le mal, la somme des biens étant annulée par un seul mal, si éphémère ou rare fût-il. L'argument schopenhauerien de la singularité du mal entend s'opposer à toute position « optimiste » qui mise sur une compensation des maux par mille « commodités ordinaires et continuelles », position dont on trouve l'expression typique par exemple chez un Casanova de Seingalt : « Ceux qui disent que la vie n'est qu'un assemblage de malheurs veulent dire que la vie même est un malheur. Si elle est un malheur, la mort est donc un bonheur. Ces gens-là n'écrivirent pas ayant

une bonne santé, la bourse pleine d'or, et le contentement
dans l'âme, venant d'avoir entre leurs bras des Cécile, et des
Marine, et étant sûrs d'en avoir d'autres dans la suite. C'est
une race de pessimistes (pardon ma chère langue française)
qui ne peut avoir existé qu'entre des philosophes gueux et des
théologiens fripons ou atrabilaires» (*Histoire de ma vie*, t. I,
Laffont, Paris, 1993, p. 238; cf. aussi p. 253-254). (*C. S.*)

261. Cf. Lessing, *Lettre à Eschenburg*, décembre 1777, in
Sämtliche Schriften, Leipzig, vol. XII, p. 597-598.

262. Le *Bundehesch* est un des trois ouvrages qui constitue
le *Zend-Avesta*, qui regroupe une partie des enseignements de
Zoroastre; écrit en pelhui, il est composé de différents fragments relativement éclatés. Il est avant tout un écrit cosmo-
gonique, un «poème de la création» et le chapitre 15 narre
l'union de Mashye et Mashyane, le couple primif composé du
premier homme et de la première femme qui par orgueil vont
se révolter contre Ormuzd — le principe du bien.

263. Luther, *Commentaire de l'Épître aux Galates*, III, 1, *in*
LO, t. XV, trad. Esnault, Genève, Labor et Fides, 1969, p. 200.
D'après HN IV/1, p. 160, Schopenhauer a trouvé ce passage
chez Martin Delrio, *Disquisitionum magicarum libri sex...*,
Lov. 1599/1600, t. II, 28 : HN V <990>.

264. Au-delà de la métaphore gnostique du monde mal
agencé ou construit (*ungeschickt gezimmert*) par un artisan
démiurge défaillant, Schopenhauer a pu trouver chez Hume,
qu'il cite quelques lignes plus loin, l'idée d'un monde bâclé,
raté, fragile et imparfait, car ouvragé par un dieu trop jeune
ou trop vieux, puis abandonnant son travail jugé raté, et mort
depuis, sous l'œil cruel d'une divinité supérieure. Ce passage
de Hume est peut-être la plus ancienne occurrence du sens
moderne, non christologique, du syntagme «Dieu est mort»;
cf. R. Brague, *La sagesse du monde*, Paris, Fayard, 1999; éd.
revue LGF, 2002, p. 281. Mais, dans l'apparition du thème de
la mort de Dieu, concomitante de la fin du cosmos antico-
médiéval, il faut sans doute, entre Hume et Nietzsche (qui,
dans un fragment de 1873, 29 [86], *in* KSA 7/667-668, note
des extraits des *Dialogues* [*Gespräche über natürliche Religion*,
Leipzig, 1781, X. Teil]... peut-être après avoir lu les recommandations données par Schopenhauer dans ce chapitre du
Monde), situer Schopenhauer et son «regard horrifié par un
monde dépouillé de tout caractère divin, devenu stupide,

aveugle, fou, sujet à caution» (Nietzsche, *Le gai savoir*, V, § 357, trad. Klossowski ; KSA 3/602). (*C. S.*)

265. Hume, *Histoire naturelle de la religion*, trad. M. Malherbe, Paris, Vrin, 1971 ; *Dialogue sur la religion naturelle*, trad. M. Malherbe, Paris, Vrin, 2005. HN V<260>, p. 72.

266. F. W. Schubert, *Immanuel Kant's Biographie*, Leipzig, 1842, p. 81 et 165.

267. Passage supprimé dans le manuscrit (1843) du tome II (B) : «... Locke, qu'il suit paragraphe à paragraphe. En revanche, l'*Éthique* de Spinoza lui semblait si peu digne d'attention qu'après avoir, dans son exemplaire personnel, pourvu les trois premiers livres de gloses marginales brèves et tout à fait insignifiantes, il n'a plus lu les livres restants. On trouve un article détaillé à ce sujet dans les *Göttinger gelehrten Anzeigen*, 14 août, 1830.»

268. Leibniz, *Nouveaux Essais sur l'entendement humain*, Paris, GF, 1990. HN V <322>, p. 103 ; Locke, *Essai sur l'entendement humain* (1690), trad. Coste, Paris, Vrin, rééd. 1989. HN V <338>, p. 109 ; Leibniz, *Tentamen de physicis motuum coelestium rationibus*, in *Vorausedition zur Reihe VI — Philosophische Schriften — F. 8*, Munster, 1989, p. 1751-1753. HN V <322>, p. 103.

269. Leibniz, *Essais de théodicée*, Paris, GF, 1969. HN V <322>, p. 103 ; Voltaire, *Candide*, in *Romans et contes*, Paris, Gallimard, 1979, p. 145 sq. HN V <571>, p. 181.

270. Schopenhauer s'amuse ici à retourner contre l'optimisme leibnizien l'argument de l'optimum de la création divine. Plus loin, dans le chapitre 48, il offrira une interprétation très personnelle du dogme de la Trinité. Ce passage cependant ne doit pas être trop rapidement écarté comme un jeu, dans la mesure où lui seul semble présenter une proposition rigoureuse en faveur de la thèse qu'on associe communément à Schopenhauer, à savoir son fameux «pessimisme». Concernant plus généralement le «pessimisme» qu'on prête à Schopenhauer, on peut remarquer que le terme est très rarement employé par lui (et n'apparaît pas du tout dans la première édition du *Monde*). La distinction entre optimisme et pessimisme est surtout développée au chapitre 17, Schopenhauer reconnaissant au christianisme primitif une inspiration nettement pessimiste, pervertie par l'optimisme moderne.

271. C[*geringe :* <faible>]C au lieu de B[*kleine :* <petite>]B

272. Henry Saint John Bolingbroke (1678-1751), philosophe et homme politique, ami de Voltaire qui lui consacra un ouvrage (*Examen important de Milord Bolingbroke*, 1736).

273. Brean S. Hammond, *Pope and Bolingbroke. A Study of Friendship and Influence*, 1984.

274. Voltaire, *Poème sur le désastre de Lisbonne*, in *Mélanges*, Paris, Gallimard, 1961, p. 304 sq. HN V <571>, p. 181.

275. Rousseau, *Profession de foi du vicaire savoyard*, in *Émile*, Paris, Gallimard, 1969, p. 489 sq.; *Lettre du 18 août 1756 à Voltaire*, in *Correspondance complète*, t. IV, Genève, Les délices, 1967, <424>, p. 37 sq.

276. Pièce dramatique écrite par Byron en 1821, où l'auteur réécrit l'histoire d'Abel et Caïn en adoptant le point de vue de ce dernier. Byron, *Caïn*, trad. G. Merle, Paris, Allia, 2004.

277. Hérodote, *Enquête*, V, 4, in *Œuvres complètes*, trad. A. Barguet, Paris, Gallimard, 1964, p. 359: «La famille du nouveau-né se rassemble autour de lui et se lamente sur les maux qu'il devra subir puisqu'il est né, en rappelant toutes les calamités qui frappent les malheureux mortels; mais le mort est mis en terre au milieu des plaisanteries et de l'allégresse générale, puisque, disent-ils, il jouit désormais de la félicité la plus complète, à l'abri de tant de maux.» HN V <1328>, p. 376.

278. Plutarque, *Comment lire les poètes*, 36D, in *Œuvres morales*, t. I, trad. Philippon, Paris, Les Belles Lettres, 1987, p. 144.

279. W. Scott, *Mémoires sur Jonathan Swift*, in *Voyages de Gulliver*, Paris, Hachette, 1980; Jb 3, 1-23.

280. Platon, *Apologie de Socrate*, 40 d-e, in *Œuvres complètes*, t. I, *op. cit.*, p. 181.

281. Cf. Héraclite, *Fragments*, fr. 124 (48), trad. M. Conche, Paris, PUF, 1986, p. 423: «Pour l'arc, le nom est vie; mais l'œuvre est mort.»

282. Théognis, *Poèmes élegiaques*, I, vv. 425-428, trad. J. Carrière, Paris, Les Belles Lettres, 1975, p. 81-82.

283. Sophocle, *Œdipe à Colone*, v. 1225, in *Tragiques grecs. Eschyle, Sophocle*, sous la dir. de R. Dreyfus, Paris, Gallimard, 1967, p. 945. HN V <1352>, p. 382.

284. Euripide, *Hippolyte*, v. 189-190, in *Tragiques grecs. Euripide*, trad. M. Delcourt-Curvers, Paris, Gallimard, 1962, p. 218.

285. Homère, *Iliade*, XVII, v. 446, trad. R. Flacelière, Paris, Gallimard, 1955, p. 401.

286. Pline l'Ancien, *Histoire naturelle*, XXVIII, II, trad. E. Ernout, Paris, Les Belles Lettres, 1962, p. 21.

287. Shakespeare, *Henri IV*, II, III, 1, 46 et sq., in *Œuvres complètes. Histoires I*, trad. mod. J.-C. Sallé, Paris, Laffont, 1997, p. 655.

288. Byron, *Euthanasia*, in *Œuvres complètes de Lord Byron*, t. IV, trad. Paulin, Dondey-Dupré, Paris, 1830, XXVI, p. 214.

289. m[Balthasar Gracián, lui aussi, nous dépeint la misère de notre existence sous les couleurs les plus sombres dans le *Criticón, parte I, crisi 5*, juste au début, et *crisi 7*, à la fin, où il donne une description détaillée de la vie comme farce tragique]m. Ajout manuscrit de Schopenhauer dans son exemplaire personnel (1859), placé après les vers de Byron et avant cette phrase. Cf. Grácian, *Le Criticón*, trad. E. Sollé, Paris, Allia, 1998, Première partie, *crisi 5* et 7, p. 53 sq.

290. Sur Schopenhauer et Leopardi, cf. C. Elme, « La maladie du pessimisme au dix-neuvième siècle. — Un précurseur de Schopenhauer, Leopardi », *Revue des Deux Mondes*, XLVIIᵉ année, troisième période, t. 24, livraison du 15 novembre 1877 ; *Le pessimisme au XIXᵉ siècle : Leopardi, Schopenhauer, Hartmann*, Paris, Hachette, 1878 ; Francesco de Sanctis, *Schopenhauer et Leopardi*, trad. C. Dupré, La Grande-Motte, L'Anabase, 2002.

291. Schopenhauer, *Parerga et Paralipomena*, II, 8 et 9. Cf. Schopenhauer, *Éthique et politique*, trad. A. Dietrich, revue et corrigée par A. Kremer-Marietti, Paris, Le Livre de Poche, 1996.

292. Pomponazzi, *Tractatus de immortalitate animae* [Bologne, 1516], 76 ; rééd. Rome, 1925 ; éd. et trad. G. Morra, Bologne, 1954. HN V <421>, p. 128.

293. Spinoza, *Éthique*, IV, prop. 37, scol. 2, trad. R. Misrahi, Paris/Tel-Aviv, Éd. de l'Éclat, 2005, p. 253-255.

294. Au lieu de B[*selbst Spinoza konnte sich, um sie zu retten, nur durch Sophismen helfen. Denn...* : <même Spinoza ne pouvait qu'avoir recours à des sophismes pour la sauver. Car...]B

295. Cf. *infra*, note 448.

296. Cf. Apulée, *Apologie*, XLIII, trad. P. Valette, Paris, Les Belles Lettres, 1971, p. 53 : « Car, comme disait Pythagore, ce

n'est pas dans n'importe quel bois qu'il sied de sculpter un Mercure. »

297. Thèse déjà énoncée dans le chapitre 38 sur l'histoire.

298. Schopenhauer était particulièrement satisfait de ce texte et considérait qu'il apportait des confirmations décisives à sa théorie métaphysique, puisque fondées sur des théories et des observations scientifiques (« l'œuvre revêt une importance particulière pour ma philosophie : je pars en effet des données purement empiriques, des remarques faites par les natura-listes qui, libres de tout préjugé, suivent le fil de leurs re-cherches dans leur domaine propre, et j'aboutis ici directement au cœur même de ma métaphysique ; je mets en évidence ses points communs avec les sciences de la nature, fournissant par là, pour ainsi dire, la vérification de compte de mon dogme essentiel ; il reçoit de la sorte des fondements bien plus solides » (VN, Préface, p. 41).

299. Horace, *Épîtres*, I, 1, v. 32, trad. F. Villeneuve, Paris, Les Belles Lettres, 1955, p. 38. HN V <1377>, p. 387.

300. Sur le caractère nécessairement fini de la réflexion philosophique, contre toute prétention au savoir absolu, cf. livre IV, § 71.

301. C[*1813*]C au lieu de B[*vor 31 Jahren :* <il y a 31 ans>]B

302. Homère, *Odyssée*, VIII, in *Iliade et Odyssée*, *op. cit.*, p. 663 sq.

303. Euripide, *Hippolyte*, III, v. 1079, in *Tragiques grecs. Euripide*, *op. cit.*, 1962.

304. § 55, p. 570.

305. LV, Appendice, *in* PFE.

306. Herder, *Volkslieder*, Leipzig, Weygang, 1825, vol. II, « Stimmen der Völker », et III (5/16) HN V <1489>, p. 417.

307. FM, § 17, *in* PFE.

308. Sur les rapports entre droit naturel et droit civil chez Spinoza, on peut se reporter au chapitre II du *Traité politique :* « Par droit de nature, donc, j'entends les lois mêmes ou règles de la Nature suivant lesquelles tout arrive, c'est-à-dire la puis-sance même de la nature. Par suite le droit naturel de la Nature entière et conséquemment de chaque individu s'étend jusqu'où va sa puissance, et donc tout ce que fait un homme suivant les lois de sa propre nature, il le fait en vertu d'un droit de nature souverain, et il a sur la nature autant de droit qu'il a de puis-

sance» (Spinoza, *Traité politique*, chap. ii, § 4, in *Œuvres*, t. IV, trad. Ch. Appuhn, Paris, GF, 1966, p. 16).

309. Cf. note 251, p. 2281.

310. Passage supprimé dans le manuscrit (1843) du tome II (B): «L'examen et la vérification de la finalité de ce moyen ne sont pas du ressort de la philosophie, mais de celui de sciences inférieures, et de l'expérience pratique.»

311. Livre IV, § 62.

312. Notamment par Locke dans le *Second Traité du gouvernement civil*.

313. *Bibliothèque universelle de Genève*, t. 28, nº 55, juillet 1840.

314. Il s'agit de Marie-Dominique-Auguste Sibour (1792-1857), archevêque de Paris de 1848 à 1857. Son mandement du 8 juin 1851 plaide pour le droit de propriété. «Mandement pour développer et confirmer le décret du concile de Paris contre les erreurs qui renversent les fondements de la justice et de la charité», 8 juin 1851 (Paris, A. Le Clere et Cie, 1851).

315. Pour Kant, seule la *loi du talion*, lorsqu'elle est le fruit d'un tribunal public, permet d'attribuer la juste peine aussi bien en termes de qualité que de quantité; cf. *Métaphysique des mœurs*, in OP III, «Doctrine du droit», 49, 3 <AK VI 331>, p. 600 sq.

316. Schopenhauer, LV III, *in* PFE.

317. Goethe, *Sprichwörtlich*, v. 213-214, in *Sämtliche Werke*, t. II, éd. K. Eibl, Francfort-sur-le-Main, DKV, 1988, p. 392. HN V <1457>, p. 407.

318. Passage supprimé dans le manuscrit (1843) du tome II (B): «... la vue des prisons pareilles à des palais, que les gens honnêtes construisent pour les filous. En revanche, le fouettement en place publique, tant abhorré de nos jours, constitue un châtiment rapide, mais tout à fait dissuasif, et comporte de plus l'avantage d'être peu onéreux. On lui oppose le principe que les coups déshonorent l'homme, et même qu'à travers lui l'humanité se trouverait alors rabaissée; mais comme le fait de donner des coups est aussi naturel à l'homme qu'aux animaux le fait de mordre, je trouve ce principe faux et absurde. La franche superstition qui soutient ce principe se manifeste de la façon la plus éclatante dans la défense du bâton ou des verges, chez les militaires, par les coups de latte également destinés à provoquer de la douleur physique. Tant que ce

principe ne sera pas aboli partout, y compris dans les punitions militaires, il est vain de viser, par des lois, à la suppression de la pratique insensée du duel, ce monstre qui abandonne la vie des êtres les plus nobles aux mains d'êtres insignifiants et réclame chaque année de nombreuses victimes ; c'est une conséquence nécessaire du système de l'honneur chevaleresque, ce véritable temple commémoratif de la sottise. Les Européens devraient enfin condamner aussi cette caricature médiévale germano-chrétienne et apprendre à comprendre, en plein XIXᵉ siècle, ce que ni les Anciens, ni les peuples asiatiques, n'ont jamais mis en doute : que l'honneur d'un homme dépend uniquement et exclusivement de ce qu'il fait, et nullement de ce qui lui arrive ; que, par conséquent, il ne peut s'agir que d'un pseudo-honneur s'il est suspendu à la pointe de la langue de n'importe quel gamin insolent, ou s'il peut être perdu par un simple coup de sa main. »

319. Beccaria, *Des délits et des peines*, trad. M. Chevalier, Paris, GF, 1991, § 6, p. 72 sq., et § 27, p. 123 sq. HN V<62>, p. 14.

320. LV III, *in* PFE.

321. Cf. note 42, p. 1054.

322. Shakespeare, *Hamlet*, acte I, sc. 4, in *Tragédies*, t. I, trad. J.-M. Déprats, Paris, Gallimard, 2002, p. 724. HN V <1717>, p. 467.

323. C[*habe ich meine Gedanken dargelegt in dem Aufsatz* «*Über die anscheinende Absichtlichkeit im Schicksale des Einzelnen*» *im ersten Bande der* Parerga*:* <j'ai présenté mes réflexions dans le traité «Sur l'apparente intentionnalité dans le destin individuel» au tome I des *Parerga*>]C au lieu de B[*denke ich, wie schon gesagt, einmal bei einer anderen Gelegenheit mich auszulassen.:* <(ce à quoi) je pense me consacrer, ainsi que je l'ai déjà dit, à une autre occasion.>]B. Cf. Schopenhauer, *Parerga et Paralipomena*, I.

324. Schopenhauer, FM, § 14, in PFE. La question est aussi abordée dans le § 61 du livre IV.

325. Le «tout dans le tout» traduit *Alles in Allem* (1 Co 15, 28 : «... damit Gott sei alles in allem», trad. Luther / *ut sit Deus omnia in omnibus*).

326. Sur le *tat tvam asi*, cf. t. I, note 89, p. 1039.

327. Schopenhauer, FM, § 22, *in* PFE.

328. Dans le chapitre 41.

329. On dirait aujourd'hui : dans l'hypnose. Cf. le chapitre « Magnétisme animal et magie » de la VN.

330. La traduction de *Menschenliebe* par son décalque « philanthropie » nous semble le plus souvent préférable à « humanité », également légitime. La *Menschenliebe* de Schopenhauer peut être rapprochée de la tradition gréco-romaine de la *philanthropia* et de l'*humanitas*, telle qu'elle culmine chez Plutarque notamment, où elle figure au sommet des vertus et s'étend à tous les êtres vivants (*Vitae parall. Agis et Cleom.*, 13, 3 ; *Lyc.* 16, 6 ; *An seni sit ger. resp.*, 1, 783 E ; *Cato major.*, 5, 5) et chez Cicéron (*Ad Quint.*, I, 1, 27) ; cf. R. Reitzenstein, *Werden und Wesen der Humanität im Altertum* (1907) ; R. Harder, « Nachträgliches zur *Humanitas* », *Hermes*, 69 (1934), p. 64-74 ; F. Beckmann, *Humanitas. Ursprung und Idee* (1952) ; A. Hügli / D. Kipfer, *Philanthropie*, *HWPh* 7, p. 543-552 pour les références. Mais il faut également situer la notion schopenhauerienne dans l'héritage de la philosophie allemande de l'*Aufklärung*, où *Menschenliebe*, quasi synonyme de *Nächsten-liebe*, est une notion centrale ; cf. Ch. Thomasius, *Einleitung zur Sittenlehre* (1692, ND, reprint Olms, 1968 : *vernünftige Liebe anderer Menschen, allgemeine Liebe aller Menschen*), Ch. Wolff, *Vernünfftige Gedancken von der Menschen Thun und Lassen* (1720, reprint Olms, 1976) ; Ch. A. Crusius, *Anweisung vernünftig zu leben* (1744, ND, reprint Olms, 1969), 444, 531 ; J. G. Herder, *Menschenliebe als die Erfüllung des Gesetzes des Christentums*, *Sämmtliche Werke*, éd. B. Suphan, 32 (1899, reprint 1968), 403, 405, ainsi que dans le mouvement du « philanthropisme » (J. B. Basedow, *Elementarwerk*, 1744) ; voir aussi Kant, *Métaphysique des mœurs, Doctrine de la vertu*, § 26, Ak. VI, 449-450. — De même, nous choisissons généralement de rendre *Mitleid*, « phénomène primordial de l'éthique », par le décalque « compassion » ; *Mitleid* ou *Mitleiden* ne s'imposent qu'au XVIIᵉ siècle pour traduire *sumpatheia* et *compassio*. Mais il faut se souvenir que « pitié » (voire « miséricorde ») serait également approprié, car situant l'usage schopenhauerien dans la tradition rousseauiste, dont il s'écarte sur certains points importants (*Mémoire sur le fondement de la mémoire*, § 19), tradition à laquelle viennent se superposer les débats dans la philosophie de l'*Aufklärung ;* cf. notamment Ch. Wolff, qui distingue l'affect de la *commiseratio* (*Mitleiden*) de la *misericordia* (*Barmherzigkeit*) comme vertu : *Psychol. empirica* (1732),

éd. J. Ecole (reprint 1968), § 687 et § 696; la pitié est fondée sur l'amour pour autrui qui, comme *amor universalis*, fonde l'*universalitas misericordiae : Philos. moralis sive ethica* (1750), éd. J. Ecole (reprint 1970), § 688, 694, 697 (L. Samson, *Mitleid, HWPh*, 5, p. 1410-1416 pour les références), par où on retrouve la vertu médiévale de la *misericordia*, composante de l'amour du prochain (Lactance, Augustin, Thomas). Après Kant (*Observations sur le sentiment du beau et du sublime* [Ak. II, 215]; *Critique de la raison pure* [Ak. V, 118]; *Métaphysique des mœurs* [Ak. VI, 457]), c'est bien Schopenhauer qui modifie la discussion (*Mémoire sur le fondement de la morale*, § 18) en faisant de la compassion, associée à la justice, le fondement de la morale. — Il faut également tenir compte de la source confucéenne, latinisée, de Meng-tseu (Mencius), cité par Schopenhauer dans son *Mémoire sur le fondement de la morale*, § 19, note. Dans la traduction française par J.-P.-G. Pauthier (*Les livres sacrés de l'Orient*, Paris, 1841), on peut lire : « Le sentiment de la miséricorde et de la pitié, c'est de l'humanité » ; dans la traduction latine par S. Julien, *Meng tseu* [HN V <1152>], t. I, Paris, 1824 (liv. II, chap. **V; § XVI**, p. 131) : *misericordiae animus, humanitas est*; cf. R. May, « Schopenhauers Global Philosophy, insbesondere in seiner Ethik. Zugleich ein Stück transeuropäischer Einflussforschung », in *Schopenhauer-Jahrbuch*, 82 (2001), p. 91-92. — Enfin, précisons que Schopenhauer écrit *Geschlechtsliebe* = amour sexuel, c'est-à-dire l'amour entre sexe masculin et sexe féminin, terme qu'on trouve surtout au chapitre 44, précisément intitulé *Metaphysik der Geschlechtsliebe*. Sur le vocabulaire de l'amour (*Liebe*) comme *caritas, agapè* (= « compassion ») / *amor, eros* (= « génie de l'espèce ») et leur racine commune (= « volonté de vivre » transphénoménale et transindividuelle), cf. les notes dans HN IV/1 [1831], p. 54-55. (*C. S.*)

331. Cicéron, *Les Tusculanes*, V, 1, 4, in *Les stoïciens*, trad. É. Bréhier, Paris, Gallimard, 1962, p. 362.

332. Calderón, *La vie est un songe* [1635], I, 1, trad. mod. A. de Latour, Paris, Le Livre de Poche, 1996, p. 10. HN V <1820>, p. 489.

333. Rm 3, 27-30 : « Où donc est le droit de se glorifier ? Il est exclu. Par quel genre de loi ? Celle des œuvres ? Non, par une loi de foi. Car nous estimons que l'homme est justifié par la foi sans la pratique de la Loi. Ou alors Dieu est-il le Dieu

des Juifs seulement, et non point des païens ? Certes, également des païens ; puisqu'il n'y a qu'un seul Dieu, qui justifiera les incirconcis par le moyen de cette foi. »

334. Sur la « concordance » entre la doctrine luthérienne de la justification et la doctrine schopenhauerienne de la négation de la volonté de vivre, cf. § 63 et la note 244, p. 1091.

335. Schopenhauer, LV III, *in* PFE.

336. Augustin, *Le libre arbitre*, in *Dialogues philosophiques*, trad. S. Dupuy-Trudelle, Paris, Gallimard, 1998, p. 409 sq.

337. Les textes bouddhiques, comme les textes grecs anciens sur l'Inde, font fréquemment allusion aux « brahmanes et samanes », qui sont des hommes de savoir et de religion. Les brahmanes appartenant à la classe de même nom par la naissance et l'éducation ; les samanes sont voués par choix à une discipline souvent communautaire comme celle des moines bouddhistes.

338. Au lieu de : B[mais l'islam est la plus récente comme la plus mauvaise des religions>]B

339. Mt 16, 24.

340. Puisque l'injustice, la méchanceté sont toutes fondées sur l'égoïsme, lui-même fondé sur l'illusion du caractère substantiel de l'individualité. Sur ce point cf. livre IV, § 61.

341. Schopenhauer, FM, § 16, *in* PFE.

342. F. H. H. Windischmann (1811-1861), *Sancara sive de Theologumenis Vedanticorum*, Bonn, Habicht, 1833, p. 116, 117, 121-123 (HN V <1210>, p. 351) ; *Oupnek'hat (id est secretum tegendum)*, Paris, Levrault, 1801, t. I, p. 340, 356, 360 (HN V <1157>, p. 338).

343. Cf. note précédente.

344. Lc 24, 47 : « le repentir en vue de la rémission des péchés ».

345. Sur les sources védico-bouddhiques du concept schopenhauerien de néant, cf. la note 250, p. 1096.

346. Sur ce point, cf. J. Bronkhorst, « The Buddha and the Jainas Reconsidered », in *Asiatische Studien*, vol. 49, n° 2, 1995, p. 332-350.

347. Du mot *shabda*, le son, et *pramâna*, la croyance, la preuve.

348. *Asiatic Researches*, vol. VI, 1816, p. 474. HN V <1090>, p. 319.

349. Cm[(« *final emancipation* »), *Moschka, d.i. Wiedervereini-*

gung mit dem Brahm [...] *(«Asiatic researches» vol. 6, p. 474):*
<cf. traduction>]Cm au lieu de C[*als Absorption in das Brahm*
oder bei den Buddhaisten als Nirwana eintritt: <s'accomplisse
comme absorption dans le *brahman* ou, chez les bouddhistes,
comme *nirvâna*>]C

350. Platon, *Phédon*. Schopenhauer cite l'édition «bipon-
tine», ainsi appelée en référence à la ville de Deux-Ponts, en
Bavière.

351. Clément d'Alexandrie, *Stromates*, III, p. 400 sq. HN V
<648-649>, p. 208. PG VIII, 1098-1214; *Stromates*, III, Éd.
du Cerf coll. «Sources chrétiennes» (à paraître). Cf. également
l'édition récente espagnole avec bibliographie: Clemente de
Alejandría, *Stromata II-III*, introducción, traducción y notas
de Marcelo Merino Rodríguez, Madrid, Ciudad Nueva, 1998,
bibl. 31-47.

352. Sur la «male mort», cf. note 438, p. 2310.

353. Schopenhauer, FM, § 22, *in* PFE.

354. Sur le parallélisme *samsâra* = affirmation de la volonté
et *nirvâna* = négation de la volonté, cf. P. Abelsen, «Schopenhauer and Buddhism», in *Philosophy East & West*, 43/2
(1993), p. 255-278.

355. Placée après «*OM*», référence manuscrite de Schopenhauer dans son exemplaire personnel (1859) à ce texte du
cahier *Senilia:* «Si nous gardons à l'esprit cette essentielle
IMMANENCE DE NOTRE CONNAISSANCE ET DE TOUTE CONNAIS-
SANCE, laquelle immanence provient de ce que cette connaissance est secondaire et n'est engendrée que pour servir les
objectifs de la volonté, alors nous comprenons que tous les
mystiques de toutes les religions finissent par parvenir à une
sorte d'EXTASE, où toute connaissance, avec sa forme fondamentale SUJET ET OBJET, cesse entièrement, et nous assurent
qu'avoir atteint ce lieu situé au-delà de toute connaissance,
c'est avoir atteint leur but suprême, car ils sont arrivés là où il
n'y a plus ni sujet ni objet, ni donc aucune espèce de connaissance, précisément parce qu'il n'y a plus de volonté que la
connaissance avait pour seule destination de servir. / Celui qui
a compris cela ne trouvera plus excessivement insensé que des
fakirs s'assoient et tâchent, en fixant le bout de leur nez, de
bannir toute pensée et toute représentation, ni que dans
certains passages des *Upanishads* on donne l'instruction de
s'abîmer soi-même, en prononçant silencieusement et inté-

rieurement le mystérieux *OM*, dans les profondeurs de son intériorité, où s'évanouissent sujet, objet et toute connaissance ». Ce monosyllabe sacré, interjection liturgique, désigne le *brahman* lui-même en tant que son ; il est formé des trois lettres *A*, *U*, *M*, qui, selon les lois de la phonétique sanskrite, se fondent sur une seule, *O*, prolongée par un point d'orgue (marque de nasalisation), noté *M*. Cf. *Mundaka-Upanishad*, II, 2, trad. J. Maury, Paris, Librairie d'Amérique et d'Orient, Maisonneuve, 1981, p. 13 : « La syllabe *OM* est l'arc, l'*âtman* est la flèche, le *brahman* c'est la cible, enseigne-t-on. Il faut l'atteindre sans se laisser distraire. Il faut se rendre semblable à la flèche. » Cf. U. App, « *Oum*. Das erste Wort von Schopenhauers Lieblingsbuch », *in* J. Stollberg (éd.), « *Das Tier, das du jetzt tötest, bist du selbst…* » *Arthur Schopenhauer und Indien*, Francfort-sur-le-Main, Klostermann, 2006, p. 37-50, qui étudie et contextualise l'*aum* annoté par Schopenhauer dans son exemplaire personnel de l'*Oupnek'hat* latin.

356. Sur l'intuition intellectuelle, cf. t. I, note 34, p. 976.

357. Sur l'*Oupnek'hat*, cf. la note 8, p. 963.

358. Il s'agit plus exactement des *Torrents spirituels*, œuvre composée vers 1682, et publiée partiellement en 1704, in *Les Opuscules spirituels de Madame J. M. B. de La Mothe Guyon*, éd. Pierre Poiret, Cologne [Amsterdam], Jean de la Pierre, 1704. Schopenhauer possédait plusieurs ouvrages de ou sur Mme Guyon (HN V <667-672>), et notamment une édition de 1790 où figurent les *Torrents spirituels* (*Les Opuscules spirituels*, nouvelle édition, corrigée et considérablement augmentée, Paris, Les Libraires associés, 1790, 2 vol.). Pour une édition récente, cf. J.-M. B. Guyon, *Les Torrents*, Grenoble, Millon, 1992.

359. F. A. G. Tholuck, *Blüthensammlung aus der Morgenländischen Mystik*, Berlin, Dümmler, 1835 (HN V <1199>, p. 348) ; *Sufismus sive Theosophia Persarum Pantheistica*, Berlin, Dümmler, 1821 (HN V <1200>, p. 348).

360. M. Sadi, *Rosengarten*, Leipzig, Brockhaus, 1846. HN V <1179>, 343.

361. *Meister Eckhart, herausgegeben von F. Pfeiffer*, Leipzig, Göschen, 1857, t. I, p. 626. HN V <656>, p. 210.

362. *Ibid.*, t. I, p. 626. HN V <656>, p. 465.

363. *Oupnek'hat (id est secretum tegendum)*, trad. et éd.

Anquetil-Duperron, Paris, Levrault, 1801, t. I, p. 63. HN V <1157>, p. 338

364. Sur la *Théologie allemande*, cf. t. I, note 214, p. 1084.

365. K. Graul, *Tamulische Schriften zur Erläuterung des Vedanta-Systems oder der rechtgläubigen Philosophie der Hindus*, Leipzig, Dörffling und Franke, 1854, p. 8. HN V <1119>, p. 327.

366. R. S. Hardy, *A Manual of Buddhism, in its Modern Development*, Londres, Partridge & Oakey, 1853, p. 258. HN V <1121>, p. 328.

367. *Shâkyamuni*, littéralement «le sage de la lignée des *Shâkya*» dont est issu le Bouddha historique *Siddhârtha Gautama*.

368. François d'Assise, *Cantique de frère soleil*, in *Conseils et cantiques de saint François d'Assise*, trad. J. Larcena, Paris, Librairie de l'Arc, 1941.

369. Bonaventure, *Vie de saint François d'Assise*, trad. Vorreux, Paris, Éditions franciscaines, 1968, chap. VIII; C. A. Hase, *Saint François d'Assise*, Paris, M. Lévy, 1864, chap. X; *Conseils et cantiques de saint François d'Assise, op. cit.*

370. J. G. Gichtel (1638-1710) fut un ardent propagateur de la doctrine de Jakob Böhme, dont il édita les œuvres en 1682 à Amsterdam. HN V <666>, <664>.

371. Antoinette Bourignon (1616-1680), mystique née à Lille, eut une existence errante à travers l'Europe du Nord, souvent en butte à la persécution religieuse. Ses œuvres s'étendent sur 19 volumes, édités par son disciple Pierre Poiret. HN V <634-638>.

372. Miguel de Molinos, *Manuductio spiritualis...*, 1675; *Recueil de diverses pièces concernant le quiétisme, ou Molinos, ses sentiments et ses disciples*, Amsterdam, Wolfgang et Savouret, 1688 (HN <707>, p. 221).

373. H. Reuchlin, *Pascals Leben*, Stuttgart, Cotta, 1840; *Geschichte von Port-Royal*, Hambourg / Gotha, Perthes, 1839-1840 (HN V <725>, p. 225); C. F. Montalembert, *La vie de sainte Élisabeth de Hongrie*, Paris, Le Cerf, 2005 (HN V <708>, p. 221); Chateaubriand, *La vie de Rancé*, Paris, Le Livre de Poche, 2003 (HN V <645>, p. 207).

374. C[*dreiviertel*: <trois quarts>]C au lieu de B[*zweidrittel*: <deux tiers>]B

375. Ce syntagme réfère probablement à L. Feuerbach, *Das*

Wesen des Christentums, Leipzig, Wigand, 1841, p. 410 [2ᵉ éd. 1843, p. 467]. Schopenhauer possédait la première édition (HN V <659>). Feuerbach est cité aussi dans FM, § 11, n. 2, *in* PFE.

376. Rabelais, *Gargantua*, I, 58, v. 45-47, in *Œuvres complètes*, Paris, Gallimard, 1994, p. 151. Cité en français. HN V <1639>, p. 448.

377. Mt 19, 10-12 : «Les disciples lui disent : "Si telle est la condition de l'homme envers la femme, il n'est pas expédient de se marier." Il leur dit : "Tous ne comprennent pas ce langage, mais ceux-là à qui c'est donné. Il y a, en effet, des eunuques qui sont nés ainsi du sein de leur mère, il y a des eunuques qui le sont devenus par l'action des hommes, et il y a des eunuques qui se sont rendus tels à cause du Royaume des Cieux. Qui peut comprendre, qu'il comprenne !" » ; Lc 20, 34-35 : «Et Jésus leur dit : "Les fils de ce monde-ci prennent femme ou mari ; mais ceux qui auront été jugés dignes d'avoir part à ce monde-là et à la résurrection d'entre les morts ne prennent ni femme ni mari" » ; 1 Co 7, 8 : «Je dis toutefois aux célibataires et aux veuves qu'il est bon de demeurer comme moi » ; 1 Co 7, 32-33 : «Je voudrais vous voir exempts de soucis. L'homme qui n'est pas marié a souci des affaires du Seigneur, des moyens de plaire au Seigneur. Celui qui s'est marié a souci des affaires du monde, des moyens de plaire à sa femme ; et le voilà partagé » ; 1 Th 4, 3-5 : «Et voici quelle est la volonté de Dieu : c'est votre sanctification ; c'est que vous vous absteniez d'impudicité, que chacun de vous sache user du corps qui lui appartient avec sainteté et respect, sans se laisser emporter par la passion comme le font les païens qui ne connaissent pas Dieu » ; 1 Jn 3, 3 : «Quiconque a cette espérance en lui se rend pur comme celui-là est pur » ; Apo 14, 4 : «Ceux-là, ils ne se sont pas souillés avec des femmes, ils sont vierges. »

378. D. F. Strauss, *Das Leben Jesu kritisch bearbeitet*, t. I, Tübingen, Osiander, 1835 (reprint Waltrop, Spenner, 2003), p. 618.

379. Clément d'Alexandrie, *Stromates*, III, 6 (PG VIII, 1150).

380. *Ibid.*, III, 9 (PG VIII, 1167).

381. *Ibid.*, III, 13 (PG VIII, 1193-1194).

382. Toutes ces hérésies sont recensées par Augustin dans son ouvrage *Des hérésies* (cf. *infra*, note 384).

383. Par certains thèmes de sa doctrine, Schopenhauer peut sembler proche des mouvements gnostiques apparus vers le IIᵉ siècle apr. J.-C. Peut-être Schopenhauer, qui décrit «ce monde, ce champ de bataille où grouillent des êtres tourmentés et angoissés» (chap. 46, p. 2057), aurait-il souscrit à cette sombre parole caractérisant le monde comme terre de désolation : «Peine et angoisse recouvrent les choses comme la rouille recouvre le fer» (Basilide, cité par Clément d'Alexandrie ; cf. R. Brague, *La sagesse du monde, op. cit.*, p. 100, et plus généralement la description savante de cette *Grundstimmung* gnostique et acosmique, avec la prise en compte des principaux résultats de la recherche, p. 93-105 ; référence au néognosticisme de Schopenhauer p. 313). Schopenhauer retrouve les polémiques gnostiques contre certaines thèses de la théologie biblique, notamment contre la *Genèse*, dont il n'a de cesse de railler ce qu'il appelle l'«optimisme» («tout était bien»). Il semble hériter aussi du thème gnostique d'un démiurge mauvais, souvent identifié dans la tradition gnostique au Dieu de l'Ancien Testament (HN IV/1 [1832], p. 96 : «Dans ma dix-septième année, sans aucune formation académique, je fus bouleversé par la *misère de la vie* comme Bouddha dans sa jeunesse lorsqu'il vit la maladie, la vieillesse et la mort. Bientôt la vérité du monde, s'exprimant d'une voix forte et claire, évinça les dogmes juifs qu'on m'avait inculqués, et j'en vins au résultat que ce monde ne pouvait être l'œuvre d'un être d'une bonté absolue, mais bien celle d'un diable [*Teufel*] qui avait appelé à l'existence les créatures pour se délecter du spectacle de leurs tourments» ; HN IV/1 [1833], p. 160 : «pandiabolisme»), et du thème de la présence de l'âme dans la prison du monde où elle erre comme dans un cauchemar, abandonnée dans un rêve d'angoisse, thèmes également récurrents chez Schopenhauer : le monde phénoménal organisé par le principe de raison (espace, temps, causalité) est présenté comme un «cachot» (*Kerker*) où est enfermée la volonté de vivre (t. II, chap. 50, p. 2150), la vie humaine est décrite comme un «lourd et angoissant cauchemar» (t. II, chap. 41, p. 1885). Si Schopenhauer qualifie l'Ancien Testament (Genèse) tout comme le «paganisme grec» (*Timée*) d'«optimisme» (à l'exception des tragiques), il s'en prend à l'idée qui, en dépit des différences, leur est commune : la bonté du monde, créé ou éternel. Il suit de là une nécessaire dévalori-

sation du monde physique, pure illusion, dont il faut se délivrer grâce à une connaissance «ésotérique» réservée à une élite (§ 17, p. 1402 ; t. II, chap. 48, p. 2132), à «ceux qui savent» sortir du monde, c'est-à-dire, dans le vocabulaire de Schopenhauer, ceux qui accomplissent la négation de la volonté de vivre. — Plus généralement, pour Schopenhauer, les gnostiques et les hérétiques (encratites, marcionites, montanistes, etc.), cités dans ce chapitre 48, professent le «pessimisme» et l'ascétisme, par où il leur atteste une conformité à l'«esprit du christianisme», dont il écarte l'Ancien Testament (sur ce point, cf. la note 396 sur Schopenhauer et le christianisme, p. 2298). Ces deux éléments lui permettent de rapprocher, de façon plutôt hardie et problématique, ce christianisme purement néo-testamentaire, fortement teinté de gnosticisme et de luthérianisme (cf. la note 244 sur Schopenhauer et Luther p. 1091), du bouddhisme et du brahmanisme. Peut-être Schopenhauer se souvient-il de J. de Guignes, *Histoire générale des Huns, des Turcs, des Mogols et des autres Tartares occidentaux...*, Paris, 1756-1758, 4 t. en 5 vol., t. I, p. 233, cité par R.-P. Droit, *Le culte du néant*, Paris, Seuil, 1997, p. 55 : «Ceux qui jetteront les yeux dessus n'y trouveront qu'un Christianisme tel que les Hérésiaques chrétiens du Iᵉʳ siècle l'enseignoient, après y avoir mêlé les idées de Pythagore sur la métempsycose, & quelques autres principes puisés dans l'Inde.» Les affinités conjecturées par I. J. Schmidt, *Über die Verwandtschaft der gnostisch-theosophischen Lehren mit den Religionssystemen des Orients, vorzüglich dem Buddhaismus*, Leipzig, Cnobloch, 1828 (HN V <1191> ; également cité dans la 2ᵉ éd. de la *Quadruple Racine*, § 34, Paris, Vrin, p. 261), texte cité plus loin, constituent peut-être une autre source pour ce rapprochement opéré par Schopenhauer. Sur d'éventuelles similarités entre les gnoses d'Occident et plusieurs traditions religieuses indiennes et bouddhistes, cf. plus récemment G. Tucci, *Tibetan Painted Scrolls*, Rome, La Liberia Dello Strato, 1949, p. 210-213 ; E. Conze, «Buddhism and Gnosis», *in* U. Bianchi (éd.), *The Origins of Gnosticism*, Leyde, Brill, 1970, p. 651-667, qui a dégagé «*eight basic similarities between Gnosticism and Mahâyâna Buddhism*» et indiqué par ailleurs vingt-trois similarités possibles ; J. Doresse, *The Secret Books of the Egyptian Gnostics*, New York, Viking Press, 1960, p. 284-285 ; Stephen A. Kent, «Valentinian Gnosticism and Classical Samkhya : A Thematic and Structural Comparison», in *Philosophy East & West*, 30/2 (1980), p. 241-259; H. Kloss, *Gnostizismus und «Erkennt-nispfad»: ihre Gemeinsamkeit angesichts des «Wortes vom Kreuz»*. *Eine religionsphänomenologische Studie*, Leyde, Brill, 1983 (marcionisme et bouddhisme, p. 213-224); H.-J. Klimkeit, *Gnosis und Buddhismus an der Seidenstrasse*, Opladen, WV, 1986. (*C. S.*)

384. Augustin, *Des hérésies*, in *Œuvres complètes de saint Augustin traduites pour la première fois en français*, sous la dir. de L. Raulx, Bar-le-Duc, Guérin et Cie, 1869, t. XIV, p. 7.

385. C[*Athanasios*: <Athanase>]C au lieu de B[*Origines, der sich bekanntlich deshalb entmannt hat*: <Origène, dont il est bien connu qu'il s'est pour cela châtré>]B

386. Athanase, *Expositiones in Psalmos*, 50, 7 (PG XXVII, 239: ... *sed transgressio mandati nuptias induxit ob Adami iniquitatem*).

387. Cf. Tertullien, *La pudicité*, t. I, xvi, trad. C. Munier, Paris, Le Cerf, 1993, p. 235 sq.

388. Cf. Tertullien, *Exhortation à la chasteté*, IX, trad. J.-C. Fredouille, Paris, Le Cerf, 1985, p. 101.

389. Augustin, *De ce qui est bien dans le mariage*, X, in *Œuvres complètes de saint Augustin*, éd. citée, t. XII, p. 111.

390. Augustin, *Avantages de la viduité ou lettre à Julienne veuve*, XXIII, in *Œuvres complètes de saint Augustin*, éd. citée, t. XII, p. 164.

391. Torres, Jerónimo, *Confessio Ausgustiniana e D. Aurelii Augustini operibus compilata*, Cologne, Quentel, 1610. HN V <674>, p. 214.

392. Carove, *Über das Cölibatgesetz des römisch-katholischen Klerus*, Francfort-sur-le-Main, Brönner, 1832, t. I, p. 166; P. E. Lind, *De coelibatu christianorum per tria priora secula*, Havniae, Bianco Luno, 1839. HN V <698>, p. 220.

393. Pierre Canisius (1521-1597) fut l'un des premiers membres de la Compagnie de Jésus. En Suisse et en Allemagne, il s'efforça de lutter contre les progrès du protestantisme. Il a été déclaré saint et fait docteur de l'Église catholique.

394. Revue publiée à Strasbourg.

395. Gn 1, 31.

396. La volonté de séparer l'Ancien Testament du Nouveau Testament, et l'antijudaïsme, assurément problématique, qui en découle, peut rappeler le geste d'un Marcion dont l'anti-

thèse exégétique établie entre Nouveau Testament et Ancien Testament, entre le régime de la Foi et le régime de la Loi, conduit au refus de l'Ancien Testament; mais, plus sûrement, cette volonté s'appuie sur l'idée d'un christianisme néo-testamentaire primordial, lequel serait relié, plus qu'à l'Ancien Testament, au bouddhisme et au brahmanisme (t. I, § 68, p. 716; t. II, chap. 38, p. 1850; chap. 41, p. 1914; chap. 46, p. 2056; chap. 48, p. 2110, 2122, 2125, 2138; QR, § 34, p. 263; *Parerga*, II, § 179). Cette position précipite Schopenhauer dans une polémique, qui s'accentue à partir de la deuxième édition de 1844, contre l'Ancien Testament et le «judaïsme» (§ 68, p. 714), et, dans une moindre mesure, contre l'islam, voire contre le «paganisme grec» (chap. 17, p. 1412; chap. 48, p. 2094; chap. 50, p. 2153). Schopenhauer, qui refuse toute hypothèse d'un Dieu personnel (tant pour l'Ancien Testament que pour le Nouveau Testament: *Parerga* II, § 178), critique principalement la doctrine de la *creatio ex nihilo* qu'il voit condensée dans la Genèse (chap. 41, p. 1876, 1943), laquelle doctrine impliquerait aussi le rejet de toute doctrine de la métempsycose (chap. 41, p. 1940, 1943). De l'Ancien Testament, Schopenhauer ne voudrait garder que le dogme du péché originel (chap. 46, p. 2056; chap. 48, p. 2118), mais il est vrai qu'il n'est pas toujours cohérent dans son exclusivité, par exemple lorsqu'il sollicite la «justice» (*Gerechtigkeit*), présentée comme l'essence éthique de l'Ancien Testament, pour fonder, avec la «philanthropie» (*Menschenliebe*), essence éthique du Nouveau Testament, sa morale (FM, § 18), ou qu'il réfère au Talmud pour illustrer son histoire des doctrines de la métempsycose (chap. 41, p. 1944). Or, de façon générale, l'antijudaïsme de Schopenhauer semble devoir être inscrit dans une certaine tradition allemande de l'antijudaïsme théologique et de l'idée d'un christianisme supposé pur, fondé sur le Nouveau Testament, mais en dehors d'un antisémitisme au sens «ethnique», voire *völkisch* plus large, dont Schopenhauer, en raison de son éthique fondée sur la compassion (*Mitleid*) et la philanthropie, n'aurait sans doute approuvé aucune des prémisses (cf. par ailleurs dans *Parerga*, II, chap. IX, § 132, sa position assimilationniste et anti-émancipationniste qui défend, par «équité», l'octroi de droits civils mais non politiques aux Juifs, position proche de celle de Kant, également problématique, dans *Le conflit des facultés*, Ak. VIII, 53). Ce n'est pas le

lieu ici d'approfondir la notion controversée, issue de l'histo-
riographie du xixᵉ siècle, d'*Urchristentum* ; cf., sur l'histoire de
la recherche allemande et germanophone dans ce domaine,
S. C. Mimouni, *Le judéo-christianisme ancien. Essais historiques*, Paris, Éd. du Cerf, 1998, p. 457-463. Retenons ici qu'en
réduisant le christianisme à l'ascétisme de type encratite dont
il trouve la matrice dans le Nouveau Testament, Schopenhauer
est plus ou moins tributaire de cette notion de «christianisme
primitif», ou «proto-christianisme», qu'il a pu connaître par
exemple par Schleiermacher (dont il fréquentait les cours à
Berlin) et son «concept pur de christianisme» comme «christianisme primitif» (*Kurze Darstellung des theologischen Stu-
diums*, § 84, 88 [1811, ²1830], *Kritische Gesamtausgabe*, I/6
[1998], p. 358, 360). Cette idée d'un christianisme néo-testamentaire pur, à l'inflexion gnostique (les sectes gnostiques
préservent selon lui l'esprit du christianisme par leur défense
de l'abstinence), est associée chez Schopenhauer aux religions
de l'Inde, dont il oppose la position «pessimiste» à l'«optimisme» de l'Ancien Testament, de l'islam et du «paganisme
grec» (excepté les tragiques), son critère fondamental pour
distinguer les religions (chap. 17, p. 1412) étant, plus que le
monothéisme et le polythéisme, l'optimisme («affirmation de
la volonté») et le pessimisme («négation de la volonté»), c'est-
à-dire, en dernière instance, le degré de reconnaissance du
malum dans le monde. Et si, plus généralement, Schopenhauer
considère que sa philosophie fournit le système du «pessimisme», c'est qu'il prétend fournir le «sens propre» de cette
même «grande vérité» (le «contenu sacré» = la négation de la
volonté) exprimée au «sens allégorique» par le christianisme,
le bouddhisme et le brahmanisme (chap. 48, p. 1849, 2031).
— Sur l'antijudaïsme (théologique) de Schopenhauer, cf. aussi
les remarques d'E. Osier, *in* Schopenhauer, *Sur la religion
(Paralipomena, paragraphes 174-182)*, Paris, GF, 1996, p. 182-
183, n. 204 ; comm. du traducteur (ad § 34 B), *in* Schopenhauer,
QR, 346-347 ; E. de Fontenay, «La pitié dangereuse», *in*
R.-P. Droit (éd.), *Présences de Schopenhauer*, Paris, Grasset,
1989, p. 83-96 ; H. W. Brann, *Schopenhauer und das Judentum*,
Bonn, Bouvier, 1975. (*C. S.*)

397. Clément d'Alexandrie, *Stromates*, III, 11 ; référence à
Rm 7, 18.

398. «Ne voulant pas peupler la terre, ils s'abstiennent de

se marier » ; Clément d'Alexandrie, *Stromates*, III, 3. Au-delà
de la connaissance réelle que Schopenhauer pouvait avoir de
la doctrine de Marcion, connue seulement à travers Justin,
Irénée, Tertullien, Hyppolite et Clément (il n'en subsiste
aucune trace ni archéologique ni manuscrite : point de Nag
Hammadi marcionite), il ne nous paraît pas oiseux de rapprocher les deux auteurs. Dans la polémique antimarcionite
du *Stromates*, III, Schopenhauer ne cache pas sa sympathie
pour celui qui, aux yeux de l'hérésiologue Clément, est l'hérétique par excellence, puisque « ce géant [...] fait la guerre à
Dieu » (*Strom.*, III, 4), ce qui le prive de l'autonomie de sa
volonté et disqualifie son *enkrateia*. À côté de la question de
l'encratisme, Schopenhauer ne peut que souscrire aux éléments
doctrinaux que Clément rapporte de Marcion : comme Cassien,
dit Clément, Marcion dépend de Platon, car il a repris à Platon
et aux pythagoriciens l'idée que l'existence est mauvaise (III,
13), mais il l'a fait « sans gratitude ni compréhension » (III,
21). L'autre infidélité et usage illégitime de Platon que Clément
reproche à Marcion, c'est d'avoir doublé le pessimisme an-
thropologique de Platon d'un pessimisme cosmologique : pour
lui, la matière est mauvaise, car elle est l'œuvre du démiurge
(III, 12). La *genesis*, le monde en devenir, est considérée par
Marcion comme substantiellement mauvaise, mauvaise par
nature, car elle a été faite d'une matière de mauvaise qualité
par un « démiurge juste » et « ignorant » (aveugle, tyrannique et
arbitraire, comme la volonté de Schopenhauer), « Dieu de la
Loi » sans bonté ni amour : face à ce monde créé par ce
démiurge défaillant (débile), impliquant la servitude humaine
de la procréation, se trouve le « Dieu étranger », étranger car
absolument transcendant et inconnu jusqu'à la révélation du
Sauveur qui sauve le monde par un pur acte gratuit, selon un
dualisme radical qui fonde le refus du monde et l'hostilité
envers la génération professés par Marcion. Cette hostilité
envers le monde confère au marcionisme son caractère partiellement gnostique : Schopenhauer a d'ailleurs dû considérer la
doctrine marcionite essentiellement comme « gnostique », ce
qui veut dire, pour lui, « purement » chrétienne, car « ascétique » et « pessimiste » par opposition au supposé « optimisme »
de l'Ancien Testament, par où Schopenhauer retrouve, sans
doute à son insu, et sans oublier la différence des contextes
historiques, l'antithèse marcionite entre Nouveau Testament

et Ancien Testament. Mais au principe de cette hostilité
marcionite envers le monde, la seule façon d'échapper à la
«mauvaise» création étant dès lors l'abstinence poussée jusqu'à l'encratisme, se trouve la perception exacerbée du mal
omniprésent, perception que Schopenhauer revendique autant
que Marcion, à dix-sept siècles d'intervalle, investissant sur
cette question dans l'histoire de la pensée occidentale une
position similairement radicale. Si la réponse à la question
unde malum?, c'est le monde comme phénoménalisation de la
volonté objectivée à son plus haut degré dans le corps humain,
l'origine du mal coïncidant avec l'origine du monde (chap. 50,
p. 2154), la «négation de la volonté de vivre» se présente pour
Schopenhauer comme la seule voie de salut possible, abolissant
le mal par l'anéantissement du monde, opéré dans l'ascétisme: c'est par excellence dans le corps du Crucifié que la
volonté se retourne ou se convertit, par un pur acte de grâce,
comme le «Dieu étranger» de Marcion qui délivre le monde
dans un geste gratuit (chap. 50, p. 2156). — Sur la polémique
à propos de l'encratisme et des conceptions du mariage et de
la continence chez Clément et dans les systèmes gnostiques
qu'il combat dans *Stromates*, III, cf. J.-P. Broudéhoux, *Mariage
et famille chez Clément d'Alexandrie*, Paris, Beauchesne, 1970,
spécialement 27-61; sur la polémique antimarcionite dans
Stromates, III, cf. R. Riedinger, «Zur antimarkionitischen
Polemik des Klemens von Alexendreia», *Vigiliae christianae*,
29 (1975), p. 15-32; D. Wyrwa, *Die christliche Platonaneignung
in den Stromateis des Clemens von Alexandrien*, Berlin, de
Gruyter, 1983, p. 202-224; A. Le Boulluec, *La notion d'hérésie
dans la littérature grecque. II*e*-III*e* siècles*, Paris, Études augusti-
niennes, 2 vol., t. II, 1985, p. 290-297. Pour le dossier marcionite, cf. A. von Harnack, *Marcion. L'évangile du dieu étranger.
Une monographie sur l'histoire de la fondation de l'Église
catholique* [1921], trad. fr. B. Lauret, Paris, Le Cerf, 2003,
avec des contributions de B. Lauret, G. Monnot, E. Poulat et
M. Tardieu (dossier bibliographique p. 488-561); cf., dans ce
volume, B. Lauret, «L'idée d'un christianisme pur», p. 285-376,
où Schopenhauer est rapproché de Marcion en 368, n. 253.
(*C. S.*)

399. «S'opposant à leur créateur, rendus tout-puissants par
la haine qu'ils portent à celui qui les a créés, sans vouloir faire
usage de ses créations, sortant, à cause de leur révolte impie

contre Dieu, des raisonnements conformes à la nature»; Clément d'Alexandrie, *Stromates*, III, 3.

400. Goethe, «Kophtisches Lied», v. 3, in *Sämtliche Werke*, t. I, éd. K. Eibl, Francfort-sur-le-Main, DKV, 1987, p. 650. HN V <1457>, p. 407.

401. «À cause de leur abstinence, ils pèchent contre la création et leur saint créateur, dieu unique tout-puissant, et ils enseignent qu'il ne faut pas accepter le mariage et la procréation, ni mettre au monde à leur tour d'autres malheureux, ni fournir à la mort de la nourriture»; Clément d'Alexandrie, *Stromates*, III, 6.

402. Clément d'Alexandrie, *Stromates*, III, 9.

403. «À nous, qui avons été créés par la volonté du tout-puissant»; Clément d'Alexandrie, *Stromates*, III, 14.

404. *Dhammapada*, éd. Fausböll, Reitzel, Hauniae, 1855, p. 35 et 347. HN V <1114>, p. 325.

405. E. Burnouf, *Introduction à l'histoire du Buddhisme Indien*, Paris, Imprimerie Royale, 1844, t. I, p. 629. HN V <1102>, p. 323.

406. Épiphane, *Panarion adversus omnes Haereses*, XVIII.

407. J. G. Rhode, *Die heilige Sage und das gesammte Religionssystem der alten Baktrer, Meder und Perser oder des Zendvolks*, Francfort, Hermannsche Buchhandlung, 1820. HN V <1175>, p. 343.

408. L'*Avesta* (ou *Zend Avesta*) est l'ensemble des textes sacrés de la religion mazdéenne (religion de Zoroastre). On peut noter qu'Anquetil-Duperron, souvent cité par Schopenhauer, avait écrit un ouvrage sur le sujet: *Zend Avesta, ouvrage de Zoroastre contenant les idées religieuses théologiques de ce législateur, les cérémonies du culte religieux et plusieurs traits relatifs à l'histoire ancienne des Perses*, Paris, Tilliard, 1771.

409. I. J. Schmidt, *Über die Verwandtschaft der gnostisch-theosophischen Lehren mit den Religionssystemen des Orients, vorzüglich dem Buddhaismus*, Leipzig, Cnobloch, 1828. HN V <1191>, p. 347.

410. Passage supprimé dans le manuscrit (1843) du tome II (B): «Du christianisme, le mot est passé dans la philosophie scolastique, et ensuite dans les systèmes qui suivirent, jusqu'à être refoulé de la philosophie, par la critique kantienne de toute théologie spéculative, pour enfin devenir le sujet du

misérable bavardage des actuels professeurs de philosophie heureux de rendre service : un destin indigne de lui. »

411. Cf. Schopenhauer, VN, chapitre « Sinologie », en particulier p. 189 et suiv.

412. Signalons ici que Schopenhauer était un lecteur assidu de la Bible ; il en possédait plusieurs : *Novum Testamentum*, éd. Schott, Leipzig, 1839 (HN V <748>) ; *Vetus Testamentum*, éd. Breitinger, Zurich, 1730 (HN V <749>) ; *Biblia sacra Vulgatae Editionis…*, Anvers, 1645 (HN V <627>) ; *Die Bibel oder die ganze Heilige Schrift des Alten und Neuen Testaments*, trad. Luther, Halle, 1811 (HN V <628>) ; *Die Heiligen Schriften des Alten und Neuen Testaments*, trad. Luther, Tübingen, 1830 (HN V <629>), très annotée… Schopenhauer, qui ne savait pas l'hébreu, lisait volontiers la *Septuaginta*, éd. Breitinger, Zurich, 1730, 4 vol. ; cf. les gloses marginales à la LXX dans E. Hildebrand, « Schopenhauer liest die Septuaginta. Unveröffentlichte Randschriften Schopenhauers (3. Teil) », *Schopenhauer-Jahrbuch*, 69 (1988), p. 311-319. Cf. aussi les extraits et gloses « In Novum Testamentum » dans HN II, 391-395. Sur l'usage de la Bible, ou des Bibles, et pour les passages bibliques cités ou utilisés par Schopenhauer, cf. E. Hildebrand, « Schopenhauers Umgang mit der Bibel », *Schopenhauer-Jahrbuch*, 61 (1980), p. 175-181 ; « Schopenhauers Umgang mit der Bibel. Ein Nachtrag », *Schopenhauer-Jahrbuch*, 72 (1991), p. 111-112.

413. Ce jugement de Schopenhauer sur le monachisme le distingue de Hegel, qui en fut un sévère critique.

414. Anna Lee (1736-1784), figure centrale de la secte protestante des shakers (ainsi appelés en raison de leurs pratiques cultuelles extatiques), émigra de Grande-Bretagne en Amérique pour y fonder une nouvelle communauté. Celle-ci s'accrut du vivant d'Anna Lee, mais connut ensuite un rapide déclin, jusqu'à une extinction quasi totale.

415. C[*gemeinsam :* <ensemble>]C au lieu de B[*gemeinschaftlich :* <en commun>]B

416. A. Maxwell, *Run through the United States during the Automn of 1840*, Londres, H. Colburn, 1841 ; D. Benedict, *A History of all Religions as Divided into Paganism, Mahometanism, Judaism, and Christianity*, Providence, John Miller, 1824.

417. F. Löher, *Geschichte und Züstande der Deutschen in Amerika*, Cincinnati, Eggers & Bullov, 1847.

418. Cf. Pline l'Ancien, *Histoire naturelle*, V, 15, éd. H. Zehnacker, Paris, Gallimard, 1999, p. 78 : « les Esséniens, une nation solitaire, singulière par-dessus toutes les autres, sans femme, sans amour, sans argent, vivant dans la société des palmiers ».

419. J. J. Bellermann, *Geschichtliche Nachrichten aus dem Alterthume über Essäer und Therapeuten*, Berlin, F. Mauer, 1821. HN V <626>, p. 201.

420. Luther, *Le Grand Catéchisme*, in LO, t. VII, trad. P. Jundt, Genève, Labor et Fides, 1962, p. 66.

421. Cicéron, « Pour Cluentius », LXI, in *Discours*, t. VIII, trad. P. Boyancé, Paris, Les Belles Lettres, 1974, p. 159-160 ; Salluste, *La conjuration de Catilina*, XLVII, trad. A. Ernout, Paris, Les Belles Lettres, 1989, p. 98.

422. Livre IV, § 68, p. 721 sq. Cette expression réapparaît dans le chapitre 48, p. 2133. Elle est empruntée à Platon (*Phédon*, 99 d, in *Œuvres Complètes*, *op. cit.*, t. I, p. 828) : cette « seconde navigation » ou « navigation de remplacement » est celle qui utilise la rame en l'absence de vent. Autrement dit, il s'agit d'un pis-aller. Par cette expression, Schopenhauer désigne la voie de la négation de la volonté qui passe par l'expérience de la souffrance.

423. Livre IV, § 68.

424. L'un de ces « visiteurs » sera le romancier « schopenhaueriste » Huysmans, qui fera des retraites à la Trappe d'Igny (Marne) en 1892, 1893, 1894, 1896, après sa « conversion » : « *À rebours* a paru en 1884 et je suis parti pour me convertir dans une Trappe en 1892 » (« Préface écrite vingt ans après le roman » [1903], dans *À rebours*, Gallimard, 1977, rééd. 1992, p. 72-73). Car « de Schopenhauer, que j'admirais plus que de raison, à l'Ecclésiaste et au Livre de Job, il n'y avait qu'un pas » (*ibid.*, p. 60-61), un pas qui conduit de Des Esseintes à « saint » Durtal, de la « bouche d'un pistolet » aux « pieds de la croix ». S'il n'a lu, semble-t-il, que le recueil populaire *Pensées [maximes] et fragments* (trad. J. Bourdeau, Paris, Baillière, 1880, 27ᵉ éd. Alcan, 1922) avant d'écrire *À rebours* (1884), Huysmans pourrait avoir eu connaissance, ensuite, de la traduction du *Monde* par A. Burdeau (1888-1890) ou par J. A. Cantacuzène (1886), pour frémir à la lecture de ce chapitre 48.

Quoi qu'il en soit, au-delà des influences directes, on peut dire que par une sorte de «nécessité intime», ou de «complicité inconsciente», Huysmans «reproduit la progression conceptuelle dans l'évolution de sa production romanesque» (A. Roger, «Schopenhauer, Huysmans et Zola», *in* J. Lefranc, éd., *Schopenhauer*, Paris, L'Herne, 1997, p. 348 [346-355]). Il faut cependant se demander jusqu'à quel degré l'ascétisme de Durtal/Arthur n'est pas un ascétisme esthétique, un monachisme de papier, une simple *représentation* précisément, où les acteurs de l'esprit ascétique jouent les saints du désert dans un «désert de théâtre»: c'est ce que suggère Nietzsche, dans le portrait physiologique qu'il brosse de son «grand maître» (et de lui-même) dans la *Généalogie de la morale*, dont la IIIe dissertation est parsemée de citations cachées et d'allusions aux chapitres 48-50 du *Monde*. (*C. S.*)

425. Il s'agit d'un journal rédigé en anglais et publié à Paris par G. A. Galignani (1757-1821); en 1904, le journal devient le *Daily Messenger*.

426. Shakespeare, *Comme il vous plaira*, acte V, sc. 4. HN V <1717>, p. 467.

427. D. F. Strauss, *Das Leben Jesu, kritisch bearbeitet*, t. I, II, 6, § 72, 74, Tübingen, Osiander, 1835, reprint Waltrop, Spenner, 2003.

428. D. F. Strauss, *op. cit.*, t. I, II, 6, § 74. *Vie de Jésus*, § 77, trad. É. Littré, Paris, De Ladrange, 1864, p. 599 (cette traduction se fonde sur la 3e édition augmentée de 1838).

429. Mt 10, 9-10: «Ne vous procurez ni or, ni argent, ni menue monnaie pour vos ceintures, ni besace pour la route, ni deux tuniques, ni sandales, ni bâton: car l'ouvrier mérite sa nourriture.»

430. Bonaventure, *Vie de saint François d'Assise*, trad. Vorreux, Paris, Éditions franciscaines, 1968, chap. III.

431. *Meister Eckhart. Herausgegeben von F. Pfeiffer*, t. I, Leipzig, Göschen, 1857, p. 492. HN V <656>, p. 210.

432. Si la notion d'ordre de la grâce (*Heilsordnung*) a une tradition dans le christianisme romain, chez les Pères latins surtout, à partir d'Ep 1, 10, c'est plutôt le sens qu'il prend dans l'orthodoxie luthérienne et dans le piétisme qui semble former la toile de fond de ce chapitre, et qui concerne, dit très généralement, les modes de participation de l'individu au salut accordé par Dieu, c'est-à-dire les opérations de Dieu et

les processus correspondants dans l'âme humaine (*operationes Dei et mutationes in homine*). Le terme apparaît pour la première fois chez J. H. Bullinger, *De gratia Dei iustificante*, 1554, comme synonyme de *dispensatio salutis*. Chez J. F. Buddeus (1667-1729), *Institutiones theologiae dogmaticae*, Leipzig, 1723 (première occurrence du terme *ordo salutis*) et chez J. Carpov (1699-1768), le terme devient technique pour décrire les états de l'homme (*status hominis*) ou degrés de la vie chrétienne correspondant à l'action du Saint-Esprit; E. J. Danow (1741-1782) et F. V. Reinhard (1753-1812) définiront cinq degrés (*vocatio, illuminatio, conversio, sanctificatio, unio mystica*), comme autant d'époques que l'individu doit parcourir. J. A. Bengel (1687-1752) corrige cette orientation individuelle de l'ordre du salut en la reliant à l'évolution graduée et chronologique de l'économie divine dans l'Histoire. Remarquons que l'une des bases élémentaires de ces doctrines, délimitant le cadre de la discussion ultérieure, Schopenhauer compris, est peut-être la description que Luther lui-même donne du circuit de la vie chrétienne, par exemple dans son commentaire de l'épître aux Romains (cours de 1515-1516 retrouvé au début du xxᵉ siècle): dans sa scolie à Rm 12, 2 («Et ne vous modelez pas sur le monde présent, mais que le renouvellement de votre jugement vous transforme»), Luther décrit la progression spirituelle de ceux dont la vie consiste «à se mouvoir du bien vers le mieux», détaillant les cinq degrés de la vie chrétienne en devenir (*Kritische Gesamtausgabe* [WA] 56, 441-442; *Œuvres*, t. XII, Genève, Labor et Fides, 1985, p. 210-211; *Œuvres*, t. I, Paris, Gallimard, 1999, p. 86-87). Le chrétien passe ainsi du péché à la justice, du non-être spirituel (*non esse in spiritu*) à l'être spirituel (*esse in spiritu*) par la justification, et cette justification est son devenir spirituel. Chez Luther, selon le principe *agere sequitur esse* (ou *operari sequitur esse*, d'après la formule de Schopenhauer peut-être empruntée à Pomponazzi, *Tractatus de immortalitate animae*, 76), le devenir et l'être précèdent l'agir, tant dans les choses naturelles que spirituelles; l'homme ne devient pas juste par ses œuvres, mais par la justification dans laquelle Dieu lui donne un nouvel être: «Il faut d'abord changer sa personne, les actes viennent ensuite <*prius necesse est personam esse mutatam, deinde opera*>» (lettre à Spalatin, 19/11/1516, *in* WA, Br 1, 70, p. 29-31). C'est dans ce sens que Schopenhauer pouvait affirmer au chapitre précédent que « nous avons besoin d'une transformation totale de notre esprit et de notre être, c'est-à-dire d'une régénération [*Wiedergeburt*] dont découle, comme sa conséquence, l'accomplissement de la délivrance. Même si la faute réside dans l'agir, dans l'*operari*, la racine de la faute se trouve dans notre *essentia et existentia*, car c'est de là que procède nécessairement l'*operari* » (chap. 48, p. 2092). — Mais si, dans ce chapitre 49, Schopenhauer reprend et transforme certains thèmes de la doctrine de l'*ordo salutis*, sans parler des réminiscences de schèmes théologiques proprement luthériens, il le fait sans doute, principalement, dans le contexte de la diffusion plus large des théologoumènes de cette doctrine dans les cercles littéraires et philosophiques du xviiie siècle par le *Wilhelm Meister* de Goethe (1795-1796) et par la *Religionsschrift* de Kant (1793), à travers la thématisation du processus de formation (*Bildungsprozess*). Kant, dans *La religion dans les limites de la simple raison*, énonce ce principe fondamental de sa doctrine de la *Bildung* : « Ce qu'au sens moral l'homme est ou doit être, bon ou mauvais, il doit l'avoir fait ou le faire par *lui-même* » (Ak. VI, 44 ; OP. III, p. 60, trad. Philonenko), car, autrement, sa formation ne serait pas morale. Or ce processus ne serait pas un processus de formation s'il n'était pas aussi un passage (*Übergang*) du mal au bien. Il s'agit de penser la possibilité de ce passage, ainsi que le fait également Schopenhauer dans ce chapitre 48, passage qui ne saurait s'accomplir comme un changement du caractère empirique, par une réforme progressive des mœurs, mais par une « révolution » du « cœur », c'est-à-dire du caractère intelligible : « Il faut une *révolution* dans l'intention de l'homme (un passage de celle-ci à la maxime de la sainteté), et il ne peut devenir un homme nouveau que par une sorte de régénération, pour ainsi dire par une nouvelle création (Jn III, 5 ; comparer I Moïse I, 2 [Gn 1, 2]) et un changement de cœur » (Ak. VI, 47 ; OP III, p. 64). Cette transformation, si elle veut être morale, doit tomber sous le pouvoir du sujet, et elle sera possible « quand, par une unique et immuable décision, l'homme renverse le fondement suprême de ses maximes, qui faisait de lui un homme mauvais (et revêtant ainsi un homme nouveau) » (Ak. VI, p. 47-48 ; OP III, p. 64). Dans ce chapitre 49, on peut voir que Schopenhauer pense le processus de formation, ou la voie du salut, comme un passage du mal au bien et, plus précisément, comme un passage *par* le mal : « Tes maux seront mes biens » (Lamartine, cité par Schopenhauer dans ce chap. 49), car « l'animal le plus rapide pour vous porter vers la perfection, c'est la souffrance » (Maître Eckhart, cité par Schopenhauer au chap. 48). Cette « force salutaire de la souffrance » constitue le point de conversion dans l'économie schopenhauerienne du salut, laquelle, sur ce point, puise nettement dans la tradition chrétienne, plus précisément paulino-luthérienne (sur Schopenhauer et Luther, cf. la note 244, p. 1091). Un mal peut conduire à un bien selon une logique paradoxale qui n'est autre autre que la logique de la croix, dont Schopenhauer souligne d'ailleurs ici le « pouvoir salutaire » et la force symbolique. Si donc Dieu veut nous rendre vivants, il nous tue, et ce qui ne nous tue pas nous rend plus forts... : l'œuvre de Dieu doit frayer, par la croix et la passion, la voie pour l'amour divin justifiant la créature dans le péché. Nul hasard si Schopenhauer établit une identité d'essence entre la doctrine luthérienne de la justification et sa propre doctrine éthique : « Nous avons ainsi, nous aussi, fait découler de la pénétration de plus en plus claire du *principium individuationis*, d'abord la libre justice, ensuite l'amour jusqu'à l'abolition totale de l'égoïsme, enfin la résignation ou négation de la volonté » (§ 70, p. 747). Il faut passer par la ruine du vieil homme (c'est-à-dire de l'individu égoïste captif du *principium individuationis*) pour atteindre l'accomplissement de l'homme nouveau (c'est-à-dire du saint qui a percé l'illusion de ce même principe), bref, passer par l'*annihilatio* (la négation de la volonté) pour accéder à l'être spirituel (qui est « néant » pour le « monde ») : « Il vous faut abandonner votre premier genre de vie et dépouiller le vieil homme, qui va se corrompant au fil des convoitises décevantes, pour vous renouveler par une transformation spirituelle de votre jugement et revêtir l'homme nouveau qui a été créé selon Dieu, dans la justice et la sainteté de la vérité » (Paul, Ep 4, 22-24). Si la fin (*Zweck*) de la vie est la souffrance, cette fin n'est elle-même qu'un moyen (*Mittel*) : la souffrance est un véhicule de la grâce, elle est un « moyen de grâce » (*Gnadenmittel*) ordonné pour atteindre le « meilleur », comme le précise Schopenhauer dans une note curieuse de son *Cholerabuch* (HN IV/1 [1832], p. 97) qui paraît comme un reniement de son « pessimisme ». Or, dans ce chapitre 49, la souffrance est présentée comme un « succédané »

de la vertu et de la sainteté ; pour ceux qui ne sont pas des
saints, le processus de conversion par le « bain purifiant » de la
douleur est confié aux circonstances, qui usent la volonté de
vivre : c'est le « destin » qui opère la mortification de la volonté
et détruit l'illusion du monde, suscitant la connaissance de sa
vanité. C'est ce que Schopenhauer appelle ici la « seconde
navigation » (cf. aussi § 68, p. 721 sq.) à la portée des pécheurs
et distinguée de la voie royale des saints, ou, en d'autres
termes, la navigation des ascètes mondains et des philosophes,
ou encore, pour le dire avec le meilleur disciple de Schopenhauer, l'idéal ascétique de la « bête philosophe ». Cf. l'idée d'un
monachisme mondain et la défense du célibat des philosophes
dans le manuscrit « autobiographique » *Eis eauton* (HN IV/2,
p. 114-115 ; 118, 119), et les remarques sur l'autosuffisance du
philosophe dans *Parerga et paralipomena*, t. I, « Aphorismes
sur la sagesse dans la vie », II et V, B, 9, ainsi que Nietzsche,
Généalogie de la morale, III. — Sur la doctrine de l'*ordo salutis*,
cf. E. Herms, « Die Wirklichkeit des Glaubens. Beobachtungen
und Erwägungen zur Lehre vom *ordo salutis* », *Evangelische
Theologie*, 1982, p. 541-566 (réception kantienne, p. 552-553) ;
E. Wacker, *Ordo Salutis* [1898, ²1905], 1960, Jensen, Breklum.
(*C. S.*)

433. C. A. Overbeck, *Trost für mancherlei Tränen*.

434. Cf. HN IV/1 [1841], p. 267 : « *At the end of his life every
one feels disappointed. Ego.* »

435. Sénèque, *Lettres à Lucilius*, t. V, cxxiv, 24, trad. mod.
H. Noblot, Paris, Les Belles Lettres, 1991, p. 107.

436. Qo 7, 3, cité dans la traduction de Luther (*Prediger
Salomo*).

437. Lamartine, « Hymne à la douleur », in *Œuvres poétiques
complètes*, Paris, Gallimard, 1963, p. 361. Cité en français ;
Schopenhauer souligne.

438. Il s'agit ici d'une étonnante reprise de la thématique
de la « male mort », ou mort subite, qui peut être dite mauvaise
dans la mesure où elle empêche l'examen de conscience et le
repentir final, condition de la rémission des péchés. Dans la
pensée de Schopenhauer, la mort subite est mauvaise en cela
qu'elle ne permet pas le regard rétrospectif sur l'existence,
condition de sa totalisation et par suite de sa négation. Dans le
tome I, au début du § 54, Schopenhauer montre que c'est la

raison qui seule permet cette récapitulation totalisante de l'existence et donc la négation de la volonté.

439. *Lois de Manou* ou *Mânava-dharma-çastra*, trad. Loisleur-Deslongchamp, Paris, 1830-1833.

440. Sur le δεύτερος πλοῦς, cf. note 422, p. 2305.

441. Passage supprimé dans le manuscrit (1843) du tome II (B) : « À l'examen de l'essence de cette puissance mystérieuse, qu'on a pu personnifier, n'ignorant pas en elle une certaine intentionnalité, tantôt comme Destin, tantôt comme Providence, tantôt comme Génie protecteur de l'individu, je voudrais encore consacrer un chapitre à part, même si la nature de la chose implique nécessairement qu'un tel examen sera tout à fait transcendant, et qu'il nous fera sentir plutôt les limites de notre connaissance, au lieu d'aboutir à des résultats satisfaisants ; c'est pourquoi je ne m'y attelle pas volontiers, et uniquement parce que je trouve injuste de passer sous silence un problème qui s'impose plus ou moins à tout un chacun. »

442. Cf. *Mundaka Upanishad*, II, ii, trad. Martin-Dubost, Paris, Éditions orientales, M. Allard, 1978, p. 62.

443. m[Le quinzième sermon de Maître Eckhart, qui concorde avec ces vues, mérite tout à fait lecture]m. Ajout manuscrit de Schopenhauer dans son exemplaire personnel (1859). Cf. Maître Eckhart, *Sermons*, in *Traités et Sermons*, trad. A. de Libera, Paris, GF, 1993, t. XV, p. 311-315. HN V <656>, p. 210.

444. Passage supprimé dans le manuscrit (1843) du tome II (B) : « On peut même l'appeler science de l'expérience, mais alors elle doit être dite la plus universelle, car elle ne puise pas à des expériences particulières, comme toutes les autres, mais à la totalité de toute expérience. »

445. L'opposition transcendant/immanent est d'origine kantienne. Transcendant renvoie à ce qui dépasse l'expérience, et qui n'est donc susceptible d'aucune connaissance à proprement parler, puisque seule l'expérience donne un contenu aux concepts. « Transcendant » chez Schopenhauer doit s'entendre, en un sens kantien, comme ce qui dépasse les bornes de la connaissance possible, plus précisément de la connaissance par le principe de raison. Cf., par exemple, la « Spéculation transcendante (*transzendente Spekulation*) sur l'intentionnalité apparente dans le destin de l'individu » des *Parerga*. La spéculation, transcendante en tant que telle, peut alors désigner le

domaine propre de la métaphysique. Par exemple, au § 16 du *Fondement de la morale*, après avoir mis en évidence la pitié comme «phénomène originaire» (*Urphänomen*) de l'éthique, Schopenhauer ajoute qu'il s'agit d'un fait «mystérieux», qui suppose que les limites spatio-temporelles n'aient qu'une valeur relative. Or, pour aller plus loin, il faudrait franchir un seuil que seule la «spéculation métaphysique» *(metaphysische Spekulation)* peut franchir (PFE, FM, § 16, p. 740). Le § 20 évoque même une «mystique pratique» (*id.*, p. 238). De fait, le fondement ultime de la moralité «ne saurait être à son tour un problème de l'*éthique*, mais assurément [...] de la *métaphysique*» (*id.*, § 16, p. 182).

446. Scot Érigène, *De la division de la nature*, liv. II, 590 d, trad. mod. F. Bertin, Paris, PUF, 1995, p. 378.

447. Ovide, *Métamorphoses*, I, 16, trad. mod. G. Lafaye, Paris, Les Belles Lettres, 1966, t. I, p. 7.

448. Sur le panthéisme, cf. *Le crépuscule des Lumières : les documents de la «Querelle du panthéisme», 1780-1789*, P.-H. Tavoillot (éd.), Paris, Le Cerf, 1995.

449. Cette proposition est peut-être un souvenir de la double connaissance (*cognitio confusa* / *cognitio distincta* selon Thomas, *Summa theol.*, II-II, 188, 1, *ad* 4 ; I, 66, 1, *in contr.* 2) qu'Aristote évoque en *Phys.* I, 1, 184 a 16 sq. et *Mét.* VII, 3, 1029 b 3 sq.

450. Allusion à la dérivation totalement indue pour Schopenhauer de l'existence de Dieu à partir de l'idée d'une nécessité absolue, ou d'une cause de soi. Cf. la critique de Descartes et Spinoza dans la QR2, § 7 et 8.

451. Spinoza, *Éthique*, IV, prop. 24, trad. Ch. Appuhn, Paris, GF, 1985 : «Agir par vertu absolument n'est rien d'autre en nous qu'agir, vivre et conserver son être (ces trois choses n'en font qu'une) sous la conduite de la Raison, d'après le principe de la recherche de l'utile propre.»

452. Qo 9, 7-9 : «Va, mange avec joie ton pain, et bois de bon cœur ton vin, car Dieu a déjà apprécié tes œuvres. En tout temps porte des habits blancs et que le parfum ne manque pas sur ta tête. Prends la vie avec la femme que tu aimes, tous les jours de la vie de vanité que Dieu te donne sous le soleil car c'est ton lot dans la vie et dans la peine que tu prends sous le soleil».

453. Spinoza, *Traité de l'autorité politique*, II, § 8 et 12, in

Œuvres complètes, Paris, Gallimard, 1954, p. 926 et 928 ; *Éthique*, éd. citée, IV, prop. 37, schol. 1 ; *Traité théologico-politique*, 16, trad. Ch. Appuhn, in *Œuvres*, II, Paris, GF, 1965.

454. Horace, *Épîtres*, I, 2, v. 69, trad. mod. F. Villeneuve, Paris, Les Belles Lettres, 1955, p. 48. HN V <1377>, p. 387.

455. La référence donnée par Schopenhauer ne semble pas exacte. Il s'agit plus probablement de : Spinoza, *Éthique*, *op. cit.*, IV, prop. 37, scolie 1 : « Les hommes ont droit sur les bêtes beaucoup plus que les bêtes sur les hommes. Je ne nie cependant pas que les bêtes sentent ; mais je nie qu'il soit défendu pour cette raison d'aviser à notre intérêt, d'user d'elles et de les traiter suivant qu'il nous convient le mieux, puisqu'elles ne s'accordent pas avec nous en nature et que leurs affections diffèrent en nature des affections humaines. »

456. Spinoza, *Pensées métaphysiques*, XII, in *Œuvres complètes*, Paris, Gallimard, 1954, p. 294 sq.

457. Sur Spinoza et la querelle du panthéisme, cf. *supra* note 448.

458. Dans cette expression très dense on doit dégager deux idées. La première est que la volonté est une « nature naturante ». Le monde n'est rien d'autre que la « visibilité » de la volonté, la volonté qui se présente dans les formes de la phénoménalité, dans un mouvement d'« objectivation » (d'où résultent différents degrés d'« objectité »). Ce passage dans la visibilité s'accompagne d'une production à l'infini de phénomènes, tels les êtres naturels, qui se succèdent dans le temps. La volonté, comme nature naturante, est donc le principe dynamique qui rend visible le monde, et assure la reproduction des êtres vivants. Le second point que souligne cette phrase, c'est que, par application du principe moniste, la volonté qui anime tel être vivant est de même nature que celle qui est partout à l'œuvre, dans tous les phénomènes. À la limite, et dans son sens le plus général, la volonté comme nature naturante n'est pas essentiellement différente de celle qui meut notre corps. Voilà pourquoi les actes successifs de la volonté, tels qu'ils apparaissent dans l'expérience interne, participent de cette activité universelle qui est celle de la volonté comme nature naturante. Schopenhauer peut ainsi écrire que « l'acte de la volonté d'où procède le monde est le nôtre ».

INDEX DES NOMS

Cet index recense tous les noms de personnes cités par Schopenhauer. Les titres des œuvres des auteurs les plus souvent cités figurent dans l'entrée consacrée à l'auteur. Les noms des personnages bibliques, mythologiques, littéraires, artistiques ou politiques sont en bas de casse ; les noms des auteurs et commentateurs postérieurs à Schopenhauer, également en bas de casse, sont précédés d'un astérisque. L'indication n. signifie que le nom figure dans une note. L'index a été établi par Ugo Batini et Christian Sommer.

COMPLÉMENTS DU LIVRE I

PREMIÈRE MOITIÉ :
LA DOCTRINE DE LA
REPRÉSENTATION INTUITIVE

SECONDE MOITIÉ :
LA DOCTRINE
DE LA REPRÉSENTATION ABSTRAITE,
OU DE LA PENSÉE

COMPLÉMENTS DU LIVRE II

Table 2349

COMPLÉMENTS DU LIVRE III

COMPLÉMENTS DU LIVRE IV

APPENDICES

Composition Interligne.
Impression CPI Bussière
à Saint-Amand (Cher), le 24 septembre 2009.
Dépôt légal : septembre 2009.
Numéro d'imprimeur : 092625/1.
ISBN 978-2-07-039691-7./Imprimé en France.